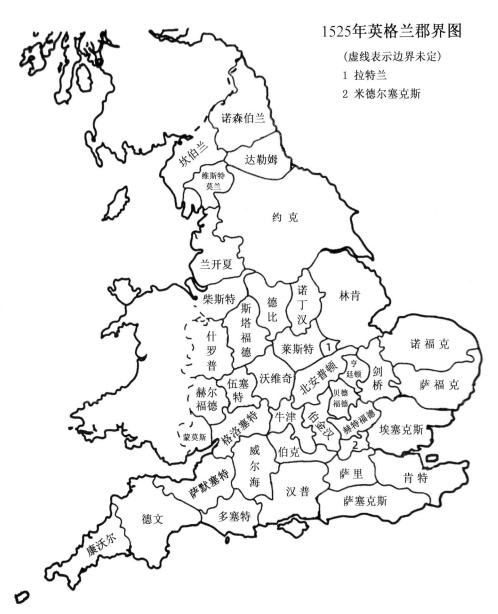

1525年英格兰郡界图

（虚线表示边界未定）
1 拉特兰
2 米德尔塞克斯

诺森伯兰

坎伯兰

维斯特莫兰

达勒姆

约克

兰开夏

柴斯特

斯塔福德

德比

诺丁汉

林肯

什罗普

伍塞特

沃维奇

北安普顿

亨廷顿

剑桥

诺福克

萨福克

赫尔福德

蒙莫斯

格洛塞特

牛津

贝德福德

白金汉

赫特福德

埃塞克斯

萨默塞特

威尔海

伯克

萨里

肯特

德文

多塞特

汉普

萨塞克斯

康沃尔

莱斯特

1

2

地图一　1525 年英格兰郡界图【据理查德·布里特内尔著《中世纪的终结？》（Richard Brit-
nell, *The Closing of the Middle Ages?* ）第 86 页地图译制】

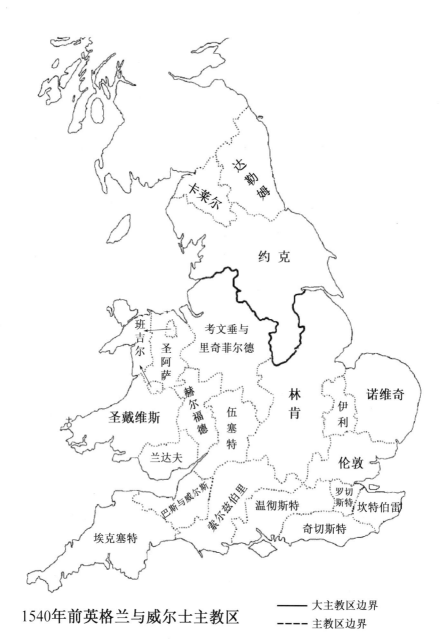

1540年前英格兰与威尔士主教区

—— 大主教区边界

- - - - 主教区边界

地图二　**1540 年前英格兰与威尔士主教区【**据肯尼斯·摩根主编《牛津英国史》

（Kenneth Morgan ed., *The Oxford History of Britain*, Oxford University

Press, 2010.）第 **243** 页地图译制**】**

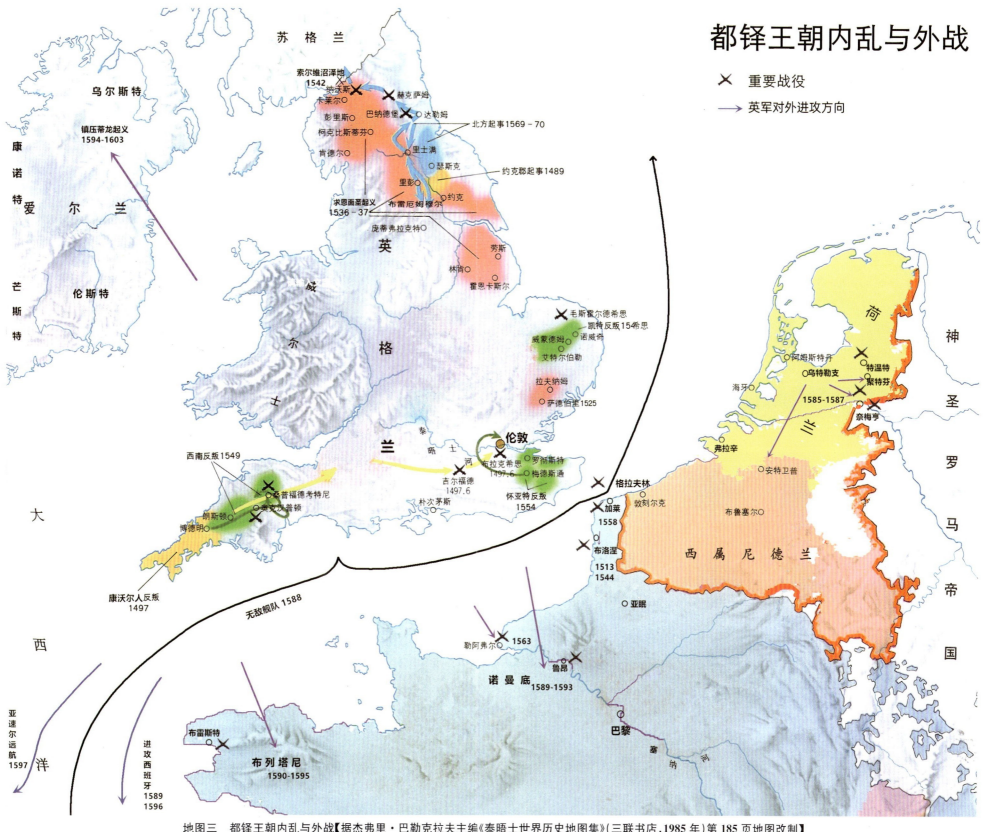

都铎王朝内乱与外战

✕ 重要战役

→ 英军对外进攻方向

苏格兰

乌尔斯特

索尔维沼泽地
1542

纳沃斯✕ ✕赫克萨姆
卡莱尔○
彭里斯○ 巴纳德堡✕ ✕达勒姆
柯克比斯蒂芬○ 北方起事1569－70
康诺特 肯德尔○ 里士满○
镇压蒂龙起义 瑟斯克○
1594-1603 里彭○ 约克郡起事1489
爱 求恩面圣起义 约克○
尔 1536－37 布雷厄姆穆尔✕
兰 庞蒂弗拉克特○
芒斯特 英 劳斯○
伦斯特 林肯○
霍恩卡斯尔○
威 格 毛斯霍尔德希思✕
尔 兰 凯特反叛154希思
士 威蒙德姆○ 诺威奇○
艾特尔伯勒○
拉夫纳姆○
萨德伯里1525○

大 西南反叛1549 ✕桑普福德考特尼
✕奥克汉普顿
朗斯顿○ 吉尔福德✕ 伦敦
布德明✕ 1497.6 布拉克希思 罗彻斯特○
1497.6 梅德斯通○
康沃尔人反叛 泰晤士河 怀亚特反叛
1497 朴次茅斯○ 1554

西 ✕格拉夫林
洋 无敌舰队1588 ✕加莱 敦刻尔克○
亚速尔远航 1558
1597 ✕布洛涅
1513
1544

勒阿弗尔✕ 1563

诺曼底
鲁昂✕
1589-1593

进攻西班牙 布雷斯特✕
1589 布列塔尼 巴黎
1596 1590-1595 塞纳河

荷 神
阿姆斯特丹○ ✕特温特
乌特勒支○ ✕聚特芬
1585-1587 ✕奈梅亨
海牙○ 兰
弗拉辛○ 安特卫普○
圣
西属尼德兰 罗
布鲁塞尔○ 马
帝
亚眠○ 国

地图三 都铎王朝内乱与外战【据杰弗里·巴勒克拉夫主编《泰晤士世界历史地图集》(三联书店,1985年)第185页地图改制】

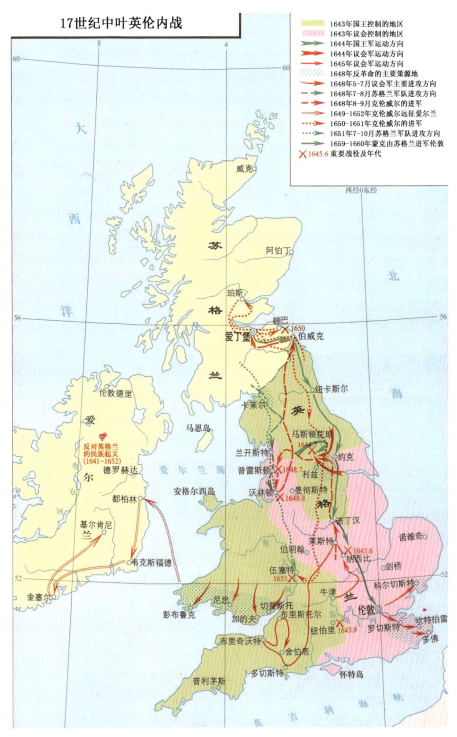

地图四　17世纪中叶英伦内战【截自张芝联、刘学荣主编《世界历史地图集》(中国地图出版社,2002年)第106页,部分译名有改动】

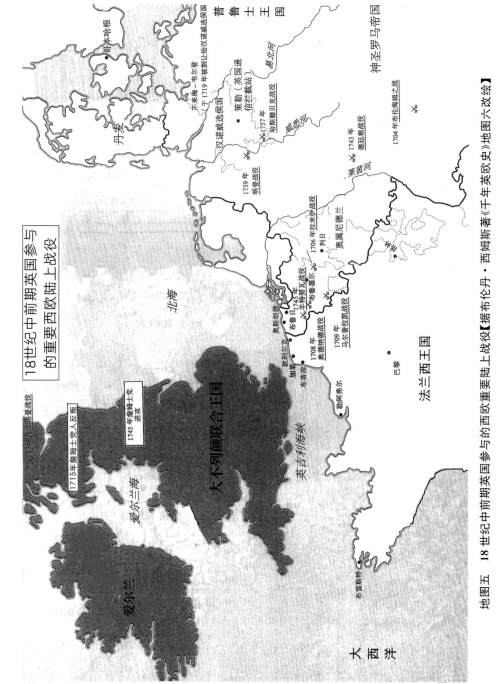

地图五　18世纪中前期英国参与的西欧重要陆上战役【诸布伦丹·西姆斯著《千年英欧史》地图六改绘】

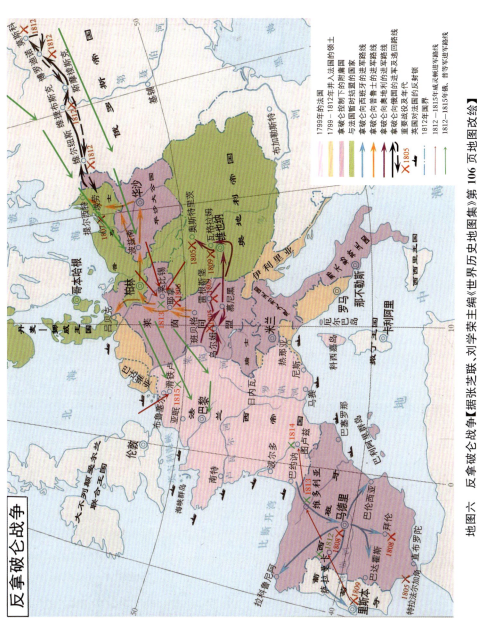

反拿破仑战争

地图六　反拿破仑战争【据张芝联、刘学荣主编《世界历史地图集》第 106 页地图改绘】

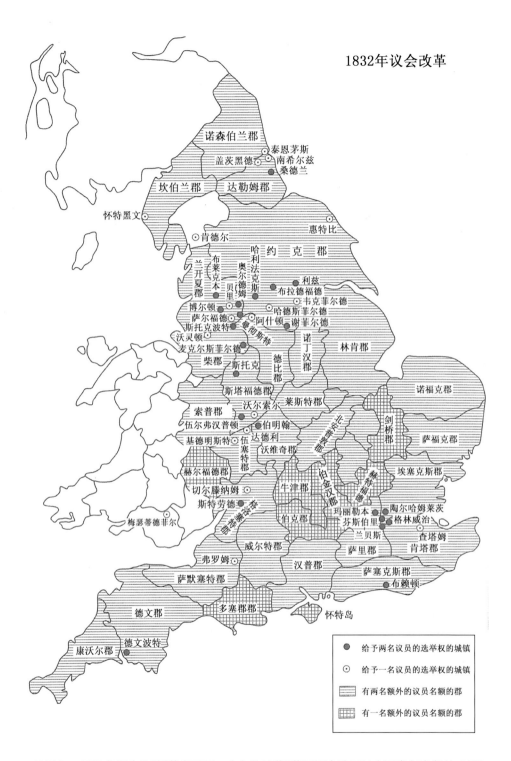

1832年议会改革

诺森伯兰郡
泰恩茅斯
盖茨黑德　南希尔兹
桑德兰
坎伯兰郡　达勒姆郡
怀特黑文
肯德尔　惠特比
哈利法克斯
约　克　郡
布莱克本
兰开夏郡　奥尔德姆　利兹
贝里　布拉德福德
博尔顿　韦克菲尔德
萨尔福德　哈德斯菲尔德
斯托克波特　阿什顿　谢菲尔德
沃灵顿　曼彻斯特
麦克尔斯菲尔德　诺丁汉郡
柴郡　斯托克　林肯郡
德比郡
斯塔福德郡　诺福克郡
沃尔索尔　莱斯特郡
索普郡　剑桥郡
伍尔弗汉普顿　伯明翰　萨福克郡
基德明斯特　达德利
伍塞特郡　北安普敦郡
赫尔福德郡　沃维奇郡　埃塞克斯郡
切尔滕纳姆　赫特福德郡
牛津郡
斯特劳德　伯金汉郡
格洛斯特郡　玛丽勒本　陶尔哈姆莱茨
梅瑟蒂德菲尔　伯克郡　芬斯伯里　格林威治
兰贝斯　查塔姆
弗罗姆　威尔特郡　萨里郡　肯塔郡
汉普郡
萨默塞特郡　萨塞克斯郡
多塞郡　布赖顿
德文郡　怀特岛
德文波特
康沃尔郡

● 给予两名议员的选举权的城镇
⊙ 给予一名议员的选举权的城镇
▨ 有两名额外的议员名额的郡
▨ 有一名额外的议员名额的郡

地图七　1832年议会改革【截自马丁·吉尔伯特著《英国历史地图》(中国青年出版社,2009年)第85页,部分译名有改动】

近五百年
英国政治史 上

British Political History since 1500

朱亮 著

南京大学出版社

图书在版编目(CIP)数据

近五百年英国政治史：上下册 / 朱亮著. —— 南京：
南京大学出版社，2025.5
　ISBN 978 - 7 - 305 - 27011 - 6

　Ⅰ. ①近… Ⅱ. ①朱… Ⅲ. ①政治制度史－英国－近
现代 Ⅳ. ①D756.19

中国国家版本馆 CIP 数据核字(2023)第 097497 号
审图号：GS(2023)4147 号

出版发行　南京大学出版社
社　　址　南京市汉口路 22 号　　　　邮　编　210093
书　　名　**近五百年英国政治史**
　　　　　JIN WUBAINIAN YINGGUO ZHENGZHISHI
著　　者　朱　亮
责任编辑　官欣欣　吴敏华

照　　排　南京南琳图文制作有限公司
印　　刷　江苏凤凰通达印刷有限公司
开　　本　718 mm×1000 mm　1/16　印张 77　字数 1288 千
版　　次　2025 年 5 月第 1 版　2025 年 5 月第 1 次印刷
ISBN 978 - 7 - 305 - 27011 - 6
定　　价　198.00 元(上下册)

网址：http://www.njupco.com
官方微博：http://weibo.com/njupco
官方微信号：njupress
销售咨询热线：(025) 83594756

凡　例

关于纪日，1752 年 9 月 14 日前为英国旧历。

关于数字，本书尽量遵从 2011 年版国家标准《出版物上数字用法》。除引文，一般用阿拉伯数字表示日期和计量，但为免与纪年、纪日等混淆，用汉字表示时段和人物岁数，如三十年、三十日、三十岁。

除引文，关于英国国名，1707 年前严格区分英格兰、苏格兰和爱尔兰；1707 年后的联合王国一般称英国，但仍严格区分联合王国各区域。

官职、地名、专有名词等首次出现时在附后括号内标注英文，但文艺复兴、基督、保守党、英格兰、亚洲、联合国等普通读者亦耳熟能详者不标。

英国人姓名和称谓非常复杂。本书人物一般只称姓氏，首次出现时用括号标注英文姓名，如丘吉尔（Winston Churchill）。为免混淆同姓之人，少数人全称姓名，如张伯伦三父子，约瑟夫·张伯伦和内维尔·张伯伦出现频率高，都写为张伯伦，但奥斯汀·张伯伦姓名全写。少数英文拼写有别的姓氏译名相同，如 Fawkes，Foxe，Fox 均译为福克斯；同一姓名偶有不同译法，如 Charles 惯译为查理，但英王 Charles Ⅲ 按中国官文译为查尔斯三世。同一名称的君主首次出现时标注英文王号，如乔治一世（George Ⅰ），但乔治二世、三世……不再标注英文；同一君主二次出现时一般略去 X 世，如乔治一世二次出现时只称乔治。某一爵位首次出现时标注英文，同一爵位可能属不同家族，故重要贵族首次出现时一般标注领爵者姓名，如第一代纽卡斯尔公爵（Thomas Pelham，1st Duke of Newcastle），第二、三……代同名爵位是否标注英文酌情而定。多数贵族一生爵位不断变化，据英国人惯例，其称谓也随之变化。对重要人物，本书按英国史书惯例称谓，如威廉·塞西尔无爵时只称姓氏，晋爵后称伯利勋爵。出现频率不高的贵族，只标注其爵名，略去爵级、姓名和世系，如马尔格雷夫(Earl of Mulgrave)。本书尽量减少人物称谓变化，但有时为行文所需或引文所限，不一而论，请读者据上下文自行辨别。总之，行文在避免引起读者误解的前提下尽量节省篇幅。

亨利七世(1485-1509)＋约克的伊丽莎白

阿瑟＋西班牙的凯瑟琳＋**亨利八世**(1509-1547)＋简•塞莫尔　玛格丽特＋詹姆士四世　　路易十二＋玛丽＋萨福克公爵

＋安妮•波琳

＋克莱夫的安妮

＋凯瑟琳•霍华德

＋凯瑟琳•帕尔

玛丽一世(1553-1558)　　**伊丽莎白一世**(1558-1603)　　**爱德华六世**(1547-1553)　　詹姆士五世＋吉斯•玛丽　　　弗朗西丝

弗朗索瓦二世＋玛丽•斯图亚特＋达恩利勋爵　**简•格雷**(1553)

博思韦尔伯爵＋

丹麦的安妮＋**詹姆士一世**(1603-1625)

亨利　　伊丽莎白＋巴拉丁选侯弗雷德里希五世　　　　　**查理一世**(1625-1649)＋亨利埃塔

鲁伯特　索菲亚　葡萄牙的凯瑟琳＋**查理二世**(1660-1685)　莫德纳的玛丽＋**詹姆斯二世**(1685-1689)＋安妮•海德　玛丽＋奥兰治的威廉

乔治一世(1714-1727)　　　　　　老僭位者　丹麦的乔治＋**安妮女王**(1702-1714)　　**玛丽二世**(1689-1694)＋**威廉三世**(1689-1702)

乔治二世(1727-1760)＋卡罗琳　　　　小僭位者

弗雷德里希　　　坎伯兰公爵

乔治三世(1760-1820)

乔治四世(1820-1830)＋卡罗琳　　约克公爵　　**威廉四世**(1830-1837)　　肯特公爵　　汉诺威国王奥古斯特

夏洛特

维多利亚女王(1837-1901)＋阿尔伯特

爱德华七世(1901-1910)

乔治五世(1910-1936)

爱德华八世(1936)　**乔治六世**(1936-1952)

伊丽莎白二世(1952-2022)

卡米拉＋**查尔斯三世**（2022-　　）＋戴安娜

1485 年以来的王室世系表

(仅包括本书出现的王室成员；黑体字为英王，括号内年代为其在位时间；＋表示婚姻)

历届首相

姓(爵)名	任职起始年月	姓(爵)名	任职起始年月
沃波尔	1721.4	格拉斯顿	1868.12
威尔明顿	1741.2	迪斯累利	1874.2
佩勒姆	1743.8	格拉斯顿	1880.4
纽卡斯尔	1754.3	索尔兹伯里	1885.4
德文	1756.11	格拉斯顿	1886.2
纽卡斯尔	1757.7	索尔兹伯里	1886.7
布特	1762.5	格拉斯顿	1892.8
乔治·格伦维尔	1763.4	罗斯贝里	1894.3
罗金汉姆	1765.7	索尔兹伯里	1895.6
查塔姆	1766.7	巴尔福	1902.7
格拉夫顿	1768.10	坎贝尔-班勒曼	1905.12
诺斯	1770.1	阿斯奎斯	1908.4
罗金汉姆	1782.3	劳合·乔治	1916.12
谢尔本	1782.7	博纳·劳	1922.10
波特兰	1783.4	鲍德温	1923.5
小皮特	1783.12	麦克唐纳	1924.1
阿丁顿	1801.3	鲍德温	1924.11
小皮特	1804.5	麦克唐纳	1929.6
威廉·格伦维尔	1806.2	鲍德温	1935.6

姓（爵）名	任职起始年月	姓（爵）名	任职起始年月
波特兰	1807.3	张伯伦	1937.5
珀西瓦尔	1809.10	丘吉尔	1940.5
利物浦	1812.6	艾德礼	1945.7
坎宁	1827.4	丘吉尔	1951.10
古德里奇	1827.8	艾登	1955.4
威灵顿	1828.1	麦克米伦	1957.1
格雷	1830.11	霍姆	1963.10
墨尔本	1834.7	威尔逊	1964.10
皮尔	1834.12	希斯	1970.6
墨尔本	1835.4	威尔逊	1974.3
皮尔	1841.8	卡拉汉	1976.4
罗素	1846.6	撒切尔	1979.5
德比	1852.2	梅杰	1990.5
阿伯丁	1852.12	布莱尔	1997.5
帕麦斯顿	1855.2	布朗	2007.6
德比	1858.2	卡梅伦	2010.5
帕麦斯顿	1859.6	梅	2016.7
罗素	1865.10	约翰逊	2019.7
德比	1866.6	特拉斯	2022.9
迪斯累利	1868.2	苏纳克	2022.10

1529—1687 年英格兰议会列表

（1689 年后年年开议会，不再列表）

君	（第×届议会）存在年份	（第×次会议）议事时间	解散日期
亨利八世	（5）1529—1536（改教议会）	（1）1529.11.3—12.17	1536.4.14
		（2）1531.1.16—3.31	
		（3）1532.1.15—5.14	
		（4）1533.2.4—4.7	
		（5）1534.1.15—3.30	
		（6）1534.11.3—12.18	
		（7）1536.2.4—4.14	
	（6）1536	1536.6.8—7.18	1536.7.18
	（7）1539—1540	（1）1539.4.28—6.28	1540.7.24
		（2）1540.4.12—7.24	
	（8）1542—1544	（1）1542.1.16—4.1	1544.3.29
		（2）1543.1.22—5.12	
		（3）1544.1.14—3.29	
	（9）1545—1547	（1）1545.11.23—12.24	1547.1.31（君亡自动解散）
		（2）1547.1.14—31	
爱德华六世	（1）1547—1552	（1）1547.11.4—12.24	1552.4.15
		（2）1548.11.24—1549.3.14	
		（3）1549.11.4—1550.2.1	
		（4）1552.1.23—4.15	
	（2）1553	（1）1553.3.1—31	1553.3.31

君	(第×届议会)存在年份	(第×次会议)议事时间	解散日期
玛丽一世	(1)1553	(1)1553. 10. 5—12. 6	1553. 12. 6
	(2)1554	(1)1554. 4. 2—5. 5	1554. 5. 5
	(3)1554—1555	(1)1554. 11. 12—1555. 1. 16	1555. 1. 16
	(4)1555	(1)1555. 10. 21—1555. 12. 9	1555. 12. 9
	(5)1558	(1)1558. 1. 20—3. 7	1558. 11. 17(君亡自动解散)
		(2)1558. 11. 5—17	
伊丽莎白一世	(1)1559	(1)1559. 1. 23—5. 8	1559. 5. 8
	(2)1563—1567	(1)1563. 1. 11—4. 10	1567. 1. 2
		(2)1566. 9. 30—1567. 1. 2	
	(3)1571	(1)1571. 4. 2—5. 29	1571. 5. 29
	(4)1572—1581	(1)1572. 5. 8—6. 30	1583. 4. 19
		(2)1576. 2. 8—3. 15	
		(3)1581. 1. 16—3. 18	
	(5)1584—1585	(1)1584. 4. 23—1585. 3. 29	1585. 9. 14
	(6)1586—1587	(1)1586. 10. 29—1587. 3. 23	1587. 3. 23
	(7)1589	(1)1589. 2. 4—3. 29	1589. 3. 29
	(8)1593	(1)1593. 2. 19—4. 10	1593. 4. 10
	(9)1597—1598	(1)1597. 10. 24—1598. 2. 9	1598. 2. 9
	(10)1601	(1)1601. 10. 27—12. 19	1601. 12. 19
詹姆士一世	(1)1604—1611	(1)1604. 3. 19—7. 7	1611. 2. 9
		(2)1605. 11. 5—1606. 5. 27	
		(3)1606. 11. 18—1607. 7. 4	
		(4)1610. 2. 9—7. 23	
		(5)1610. 10. 16—12. 6	
	(2)1614(糊涂议会)	(1)1614. 4. 5—6. 7	1614. 6. 7
	(3)1621—1622	(1)1621. 1. 30—6. 4	1622. 1. 6
		(2)1621. 11. 20—12. 18	
	(4)1624—1625	(1)1624. 2. 19—5. 29	1625. 3. 27(君亡自动解散)

(续表)

君	(第×届议会)存在年份		(第×次会议)议事时间	解散日期
查理一世	(1)1625		(1)1625.6.18—7.11	1625.8.12
			(2)1625.8.1—12	
	(2)1626		(1)1626.2.6—6.15	1626.6.15
	(3)1628—1629		(1)1628.3.17—6.26	1629.3.10
			(2)1629.1.20—3.10	
	(4)1640(短期议会)		(1)1640.4.13—5.5	1640.5.5
	(5)1640(长期议会)		(1)1640.11.3	
			(2)1644.1.22—4.16(牛津议会)	
共和国	1648—1653(残缺议会)		1648.12.6—1653.4.20	1653.4.20
	1653(巴尔朋议会)		1653.7.4—12.12	1653.12.12
	护国公议会	1654—1655	(1)1654.9.3—1655.1.22	1655.1.22
		1656—1658	(1)1656.9.17—1657.6.26	1658.2.4
			(2)1658.1.20—2.4	
		1659	(1)1659.1.27—4.22	1659.4.22
	1659(残缺议会)		1659.5.7—10.13	1660.3.16 (自行解散)
	1659—1660(残缺议会,1660 年 2 月 21 日长期议会恢复)		1659.12.26—1660.3.16	
	1660(非常议会)		(1)1660.4.25—9.13	1660.12.29
			(2)1660.11.6—12.29	
查理二世	(1)1661—1679 (骑士议会)		(1)1661.5.8—1662.5.19	1679.1.24
			(2)1663.2.18—7.27	
			(3)1664.3.16—5.17	
			(4)1664.11.24—1665.3.2	
			(5)1665.10.9—31	
			(6)1666.9.18—1667.2.8	
			(7)1667.7.25—29	
			(8)1667.10.10—1669.3.1	

君	(第×届议会)存在年份		(第×次会议)议事时间	解散日期
			(9)1669.10.19—12.11	
			(10)1670.2.4—1671.4.22	
			(11)1673.2.4—10.20	
			(12)1673.10.27—11.4	
			(13)1674.1.7—2.24	
			(14)1675.4.13—6.9	
			(15)1675.10.13—11.22	
			(16)1677.2.15—1678.5.13	
			(17)1678.5.23—7.15	
			(18)1678.10.21—12.30	
	排斥议会	(2)1679	(1)1679.3.6—5.27	1679.7.12
		(3)1679—1681	(1)1679.10.17—1681.1.10	1681.1.18
		(4)1681	(1)1681.3.21—28	1681.3.28
詹姆士二世	(1)1685—1687		(1)1685.5.19—7.2	1687.7.2
			(2)1685.11.9—20	

目　录

下册

引言　16世纪初的英格兰国家治理

中世纪英格兰盛行基于私人忠诚的封建制,没有成熟官僚体系,国王个人能力直接决定天下治乱。诺曼征服后,强势国王如威廉一世(William Ⅰ)、亨利一世(Henry Ⅰ)、亨利二世、爱德华一世(Edward Ⅰ)、爱德华三世、亨利四世、亨利五世均能确保国家太平,而无能之王威廉二世、史蒂芬(Stephen)、约翰(John)、亨利三世、爱德华二世、理查德二世(Richard Ⅱ)、亨利六世无力慑服贵族,他们治下要么政局高度紧张,要么战火纷飞。封建制度在13和14世纪逐渐瓦解,然而亚封建主义(bastard feudalism)继续支配着岛国政治,这种亚封建制比建立在土地分封基础上的经典封建制更危险,贵族豪强只要不吝赏赐,空头许诺也可动员武士为他们打仗。15世纪中叶,百年战争结束后大量原先在法征战的士兵返回家园,他们多无地产亦难觅商机,遂把战场转至本土。这些危险因素外加长期在位的黯主亨利六世无力调解贵族派系矛盾,导致15世纪中后期英格兰饱受战火蹂躏。这场后来被莎士比亚(William Shakespear)冠名为玫瑰战争(Wars of Roses)的杀伐,本质是兰开斯特家族和约克家族争夺王位。宫廷和王室的派系争执蔓延到地方时,已不受经典封建效忠原则约束,且为私利游移不定的各级贵族致使战争胜负和王冠主人变数无穷。只为权钱的混战导致百姓困苦、山河破碎。明君爱德华四世本有望还天下太平,却英年早逝且未留下合适继承人,英格兰痛失大好局面,烽火再燃。1485年,人心思宁时,亨利·都铎(Henry Tudor)在莱斯特(Leicester)郡的博斯沃思(Bosworth)以少胜多,杀死理查德三世,问鼎天下,开创都铎王朝并于是年10月30日加冕为亨利七世。

亨利夺得王位,英格兰改天换日,但时人多未察觉国泰民安就此来临,毕竟数十年厮杀历历在目,即便亨利也不相信博斯沃思是最后一次血战。从血统角度言,亨利坐上王位极显勉强。他也没有治国经验,甚至因长期流亡海外对英伦民情缺乏了解。背负诸多不利,亨利不敢丝毫懈怠,为巩固新王朝夙兴夜寐。三十年烽火已致生灵涂炭,亨利明智意识到国家亟须休养生息。即位之初他行事高度谨慎,效法同样名不正言不顺上位的亨利四世,停止一切外战,全力处理国内事务。1485 年 11 月,亨利召开其治下第一届议会(Parliament),借议会立法再次明确其君位并清理约克王朝遗留问题。[①] 理查德三世被宣布为篡权者,但亨利未质疑爱德华四世的合法性,因为此时他已娶爱德华四世长女伊丽莎白(Elizabeth)为妻,并期望这桩婚姻为其王冠平添砝码。1486 年 9 月,王后顺利产下一名男婴。王室与前朝血统之续接有利于笼络人心。亨利还重用爱德华四世的部分旧臣,地方官员几无变动。

对亨利来说,紧迫任务是肃清地方潜在叛乱。1486 年春,他迅速平定林肯(Lincoln)郡和沃维奇(Warwick)郡分别上演的两场小股叛乱。1487 年初,更严峻考验来临。牛津(Oxford)郡一名被收养男童兰伯特(Lambert Simnel)相貌酷似爱德华四世次子。兰伯特后被带到爱尔兰,当地总兵及部分贵族认定他是先王次子,随后拥其为爱德华六世。3 月,潜在王位竞争者、爱德华四世外甥林肯伯爵(Earl of Lincoln)背叛亨利并逃往尼德兰(Netherlands),统治尼德兰的勃艮第公国(Duchy of Burgundy)迅速承认了所谓的爱德华六世并提供 2000 日耳曼雇佣兵助其复位。5 月 24 日,兰伯特在都柏林大教堂加冕为王;6 月 4 日,林肯率军杀回英格兰。16 日,亨利在东斯托克(East Stoke)与林肯军队遭遇,王军未叛逃,亦未倒戈,但不愿死战,所幸亨利靠人数优势及运气获胜。林肯战死,其后兰伯特被送进宫廷充当厨师,爱尔兰总兵权衡利弊后复向亨利表忠。史家多视东斯托克之战为玫瑰战争最后一役,其实此战之后反叛仍不时上演。1488 年,约克(York)郡民众因灾荒生活困苦。当地曾因抵抗苏格兰人有功而享有免税待遇,然税官次年在约克郡照常征赋收税,愤怒的乡民揭竿而起,杀死达官显贵。5 月 22 日,萨里伯爵(Thomas

---

① S. B. Chrimes, *Henry Ⅶ*, Yale University Press, 1999, pp. 61 - 63.

Howard，Earl of Surrey)成功戡乱，乱党头目逃往佛兰德尔(Flanders)。国王宽恕了多数叛乱者，撤销了拟征税赋。

王朝初期，乱党习惯性打着前朝旗号起事。亨利降服兰伯特后，1489 年，法国水手沃尔贝克(Perkin Warbeck)又冒充爱德华四世幼子，扬言从苏格兰引兵入侵英格兰。亨利未来十年始终为此人心烦。这位从玫瑰战争的战火中走出的一代雄主高度警觉任何潜在的王位威胁者并因此高估了沃尔贝克的危险性，甚至外交政策也围绕沃尔贝克设计。1492 年，沃尔贝克在巴黎聚集了一百多名约克党人。亨利当年正是靠法国支持，引兵在爱尔兰登陆而夺得王位，自然对法方高度警惕，所幸此时法国人目光已瞄向意大利，不想身陷亚平宁时后院起火，需要英格兰友谊，亨利借此与法国达成《埃塔普勒条约》(Treaty of Etaples)。法王同意将沃尔贝克逐出巴黎并向亨利分期支付不菲的补偿金。① 不过神圣罗马帝国(Holy Roman Empire)不满亨利与法国单独缔约，承认沃尔贝克为英格兰王子并为其提供庇护。亨利强势回击，于 1493 年与帝国属地勃艮第断绝商业往来，随后在国内广布耳目，调查沃尔贝克同谋。1495 年初，一系列指控和审判上演，许多与沃尔贝克有联系的贵族和大臣被处决，其中包括王室大管家斯坦利(William Stanley)。斯坦利是亨利战胜理查德三世的首功之臣，深得国王信赖。根据并不令人信服的审判记录，他于 1493 年派心腹前往佛兰德尔与沃尔贝克接触并许诺给予支持。很难理解位极人臣的斯坦利为何勾连希望渺茫的冒牌王子。1495 年夏，沃尔贝克纠集几百人在林肯郡沿海登陆，很快就被地方武装击溃，旋又流亡到爱尔兰，但发现自己无法在那里站稳脚跟，最终逃往苏格兰。

亨利虽继续提防沃尔贝克，但逐渐察觉此人难成气候。是年 10 月，议会通过所谓的《既成事实法案》(de facto Act)，规定以后任何审判都不得追究博斯沃思战役以前的旧账，也即全面赦免当年效命约克家族而与亨利为敌者。② 这表明经十年努力，亨利确信他已克服约克家族卷土重来之危险。国际关系变动此时对亨利亦极为有利。《埃塔普勒条约》后，法兰西举国之力投置于阿

---

① S. B. Chrimes, *Henry Ⅶ*, p. 282.
② S. B. Chrimes, *Henry Ⅶ*, p. 178.

尔卑斯山以南，神圣帝国因沃尔贝克成事不足对其失去耐心，反法的神圣同盟迫切渴望英格兰支持，勃艮第因被英格兰中断商业往来利益大损，商人对皇帝外交政策叫苦不迭。1496年，勃艮第不再支持沃尔贝克，允许英格兰加入神圣同盟且不必承担对法作战义务。神圣帝国还与英格兰初步达成西班牙公主凯瑟琳(Catherine of Aragon)与亨利长子阿瑟(Arthur)婚约。沃尔贝克只剩唯一支持者苏格兰。1497年，苏格兰国王詹姆士四世(James Ⅳ)与沃尔贝克约定分别从北部和西部进兵英格兰腹地。亨利为迎战沃尔贝克筹集资金，西南康沃尔(Cornwall)郡民以贫困为由拒绝上税。此郡与英格兰大部分地区文化隔阂较深，且自古以来坚信北境战事与他们无关。一名铁匠率领康沃尔人向伦敦进兵，6月18日，王军击败他们，旋即处死那位铁匠。沃尔贝克本欲借康沃尔人叛乱浑水摸鱼，如今计划落空。9月，走投无路的他躲进汉普郡(Hampshire)境内一所修道院，数日后主动向亨利认罪，承认自己并非前朝王子。沃尔贝克是外国人，不能定性为叛国者，亨利将其关进监狱，1499年将其处决。詹姆士四世发现无机可乘，识趣地与英格兰缔结为期七年的和平条约。至此亨利不仅清除全部乱源且搭建了合理外交网络。

1502年，十六岁的太子阿瑟与凯瑟琳完婚后仅半年便早夭，王室遭创。晚年亨利疑心更重，担心步爱德华四世后尘，死后幼主继位。1503年，亨利身染重疾，消息传到加莱(Calais)时，当地驻防军官私议国王驾崩后之对策。亨利的间谍向其如下汇报："他们中一部分人谈到了伯金汉(Buckingham)勋爵，说他是高贵之人，当为王者；另一些人以同样的狡诈谈到了您的叛徒埃德蒙·德·拉·波尔(Edmund de La Pole)，但无一人谈到我尊敬的王子。"[1]亨利若于1502年驾崩，国祚确难预测。其后几年他对流亡在尼德兰的爱德华四世外甥、上文所说的波尔高度警惕，并于1506年以外交运作说服帝国允许英格兰将波尔引渡回国。此人自此被囚，1513年被处决。亨利在长子亡后说服西班牙与教廷同意凯瑟琳改嫁太子亨利，并把长女玛格丽特(Margaret Tudor)嫁给詹姆士四世，结织了一张对英格兰相对安全的外交姻亲网。[2] 亨利幸运活

---

① David Loades, *Politics and the Nation: England*, *1450 - 1660*, Blackwell, 1999, p. 92.
② S. B. Chrimes, *Henry Ⅶ*, pp. 284 - 286.

到1509年，彼时不仅太子亨利业已成年，英格兰政治清明、司法公正、社会安定、国库充裕。

亨利八世继位后仅逮捕并处决几位招人忌恨且已多少引起公愤的酷吏以收揽人心，行政和财政体制几无变动。先王留下的政府运转如常，但新君与先王性格迥异，一帮老臣很快被新人沃尔西（Thomas Wolsey）取代。沃尔西本是伊普斯维奇（Ipswich）一位屠夫之子。早年混迹牛津并掌握了粗陋的神学和法学知识，后足履西欧各地从商，但并未发财。退出商场后，沃尔西投靠亨利七世的红人福克斯（Richard Fox），在英格兰教界当差。亨利八世继位时，沃尔西只是王室教堂一名走卒，负责发放救济品。出身卑微却能在看重门第和身份的政治丛林中迅速脱颖而出之人必有大才。沃尔西精力充沛，工作不知疲倦。他有洞察人性之本能，善于揣摩主子意志并投其所好。他总能读懂亨利内心并绞尽脑汁向其献媚，浮夸的亨利则敞开心灵之门供其投机钻营。

亨利痴迷军功，崇尚骑士精神，临朝不久便摈弃了其父挖空心思缔造的外交关系。沃尔西为迎合亨利"建功立业"的急切心理，积极寻找战争理由。1513年，亨利对法开战并夺取了图尔奈（Tournai），这个易攻难守的小城战略价值不大且防卫成本极高，但足够亨利炫耀一阵子。当年真正有战略意义的是，萨里伯爵在弗洛登（Flodden）大胜与法结盟的苏格兰精锐并打死詹姆士四世，确保英格兰后院长期安全。1514年夏，英法缔结和平条约，沃尔西很可能是这一"难以解释的政策大反转"的主要幕后推手。① 两王宣布和平至少维系到其中一方驾崩后一年，亨利小妹玛丽（Mary）下嫁路易十二。这位老朽的法王并无艳福，1515年元旦病死。玛丽返英后下嫁老情人萨福克公爵（Charles Brandon，1st Duke of Suffolk）。法国新王弗朗西斯一世（Francis Ⅰ）继位，英法关系不明。不过弗朗西斯战略重点在意大利，当年9月他在马里尼亚诺（Marignano）大胜反法联盟，沃尔西此后在西欧外交界积极奔走，于1518年促成了一份国际和平协定，吹嘘亨利是欧洲仲裁。② 1519年，查理五世（Charles Ⅴ）继承神圣帝国帝位，西欧国际关系更加变幻莫测。亨利八世、弗

①　J. J. Scarisbrick, *Henry Ⅷ*, Methuen, 1981. p. 52.
②　John Guy, *Tudor England*, Oxford University Press,1988, pp. 105 - 106.

朗西斯一世及查理五世鼎足而立，这三位典型的文艺复兴时代君主年轻气盛，在位时间久长且大体重叠，他们均有强烈表现欲，因渴盼军事荣誉而穷兵黩武，把16世纪中前期的西欧搅得鸡犬不宁。为争取英方支持帝国与法国的战争，1520年5月底，查理五世造访英格兰并默认亨利与其平起平坐。亨利和沃尔西在哈布斯堡和瓦罗亚两大家族间待价而沽。6月，沃尔西促成亨利与弗朗西斯在著名的金缕地(Field of Cloth of Gold)尽兴狂欢。① 次年1月，亨利便与查理缔结秘密协定并约定对法开战。1522年英法战端再起，萨福克率上万士兵杀入法国，但将帅战略分歧甚巨且沃尔西不赞成这场战争，英军劳民伤财，一无所获，1524年撤出法国。② 1525年2月24日，法军在帕维亚(Pavia)大败，弗朗西斯亦被俘。亨利闻讯后欲趁火打劫，仅因战费无着落而怅然作罢。

　　这一时期亨利战争和外交多是盲目的即兴而为，却成就了沃尔西的飞黄腾达。沃尔西不仅活跃在西欧外交舞台，且任劳任怨保障后勤，赢得亨利高度信任。先王重臣并不嫉妒这位政治暴发户并确信他堪为国之柱石。沃尔西一路高升，1514年出任约克大主教，1515年担任大法官(Lord Chancellor)。大法官是当时英格兰最高行政长官，掌管国玺(Great Seal)，重要文件须王玺(Privy Seal)和国玺同时铅印才能生效。同年教皇为表彰沃尔西之功提拔他为枢机主教，三年后命其担任教皇代理(legate)。1529年倒台前，沃尔西权倾朝野，部分外国使节认为其影响力已超亨利。年轻的亨利并非勤政之君，讨厌繁文缛节，乐见沃尔西揽走大量公文案牍。沃尔西个人有如一部紧密运作的官僚机器，不仅手握行政和财政权柄，还管控教会并促进教俗两界责权互补。他的办公地点汉普顿宫(Hampton Court)豪奢无比，当时著名诗人斯克尔顿(John Skelton)作讽刺诗嘲问进宫奏事的大臣："去哪个宫？王宫还是汉普顿宫？"③

　　沃尔西的权势源于亨利的赏识和信任，更源于其天赋才华和惊人效率。他大胆改组御前会议，将部分事务交由专门机构处理，王国行政管理效率更

---

① J. J. Scarisbrick, *Henry Ⅷ*, p. 78.

② J. J. Scarisbrick, *Henry Ⅷ*, pp. 128–131.

③ John Guy, *Tudor England*, p. 85.

高,部门职能更显专业化。沃尔西利用这些机构布下恢恢天网,大小贵族都逃不过王室监管,一旦犯罪,很难逃脱惩罚。尽管亨利的国内政治要务已从其父的抑制地方贵族转向完善宫廷,但他仍不放过王位的潜在威胁者。1520 年底,在法征战的亨利致信沃尔西,命其监视、提防伯金汉公爵(Edward Stafford,3rd Duke of Buckingham)等五位显贵。① 伯金汉是亨利远亲,也是亨利七世属下 1503 年提及的王位潜在候选人。他富甲天下且拥有大量可随时召集为私人武装的家丁和佃农。他还嘲讽沃尔西是暴发户。1521 年,沃尔西巧妙利用国王多疑心理将伯金汉诱至伦敦进行审判,在没有任何证据的情况下挟制法官和朝臣最终审定他图谋不轨,不久后将其处决。头号贵族伯金汉轻易"伏法"而未引起任何反叛表明都铎王权已极度稳固,诸侯拥兵自重、动辄叛乱已成历史。潜在的贵族乱源去除殆尽,偶发事件完全不影响亨利稳坐江山。1517 年一群伦敦帮工和学徒为驱逐意大利商人上街打砸烧抢,事态很快平息。圈地运动激起零星乡村暴动,不过暴动主要针对地主和大佃农而非政府,更非王朝。15 世纪,东米德兰(East Midlands)等地圈地如火如荼,羊毛价高且放羊成本低廉,许多半农半商的地主圈围大片敞地和公地养羊,贱卖土地者成为流浪汉,莫尔(Thomas More)谓之"羊吃人"。政府担心人口下降和粮食短缺,坚决反对圈地。沃尔西曾命专门的调查委员会清查圈地造成的民怨与隐患。1529 年,政府下令所有非法圈占之地退牧还耕。

　　16 世纪的明朝官僚机器精密、发达,皇帝毕生足不出宫或几十年不上朝无碍天下太平,但 1500 年前后的英格兰官僚机构粗陋,国王骑马打天下,也要在马背上治天下。国王居无定所,在其多达数十个宫殿和城堡之间游移是常态,爱德华四世 1478 至 1479 年度移宫 60 次。② 亨利七世上位后便马不停蹄巡视天下,1485 年冬至 1486 年春,足迹遍履约克及西部各地。亨利八世时

---

① J. J. Scarisbrick, *Henry Ⅷ*, p. 120.

② Richard Britnell, *The Closing of the Middle Ages?* pp. 65 - 66.

代，即便安全隐患减小，国王也会借狩猎、比武等探查贵族实力并震慑他们。宫廷是权力中枢和行政效力之源。宫廷分为王宫（household）和内宫（chamber）两部分，分别由内府大臣（Steward）和宫务总管（Chamberlain）管理。前者负责数百宫廷仆役以及访客吃住并掌管王玺或国王印鉴（signet），后者负责国王起居。1495 年，内宫再细分，一部分负责王室公务，仍由宫务总管掌管，另一部分升级为私密性极高的禁宫（privy chamber），由侍寝男仆（Groom of the Stool）近身伺候国王起居。禁宫规模不大，配备起居室、浴室、更衣室等。在禁宫谋差者一般为骑士或乡绅，行政地位不高但油水丰厚且仕途光明。内宫在都铎王朝初期重要性与日俱增，亨利七世指示内宫税务司（Chamber Receipts）审核王室收支，夺走了原属财政署（Exchequer）的权力。亨利八世继位后，王室财务审核放松，但 1515 至 1520 年内宫税务司依旧每年审核账目 73644 镑，约占王室总收入的 1/3。[①]

御前会议（King's Council）是传统的王国管理主要机构。直到 16 世纪，御前会议仍无固定议期及议事程序，与会资政（councillor）人数众多，来自贵族、教士、官员、律师等群体，能较准确反映民情。爱德华四世共启用 124 名资政，亨利七世在位时计有 227 名资政。资政替国王了解各行业与地方政务、民情并建言献策，部分资政就是高官或地方官，是宫廷与臣民以及中央与地方的衔接器。资政朝议的第一要务是确保王室财务收支平衡，讨论王室地产管理及租赁、外交和国防等，有时甚至要再审核内宫已审的财务记录。资政地位不同，分为普通（ordinary）和机密（privy）两类。15 世纪大部分时间内都有机密会议（Privy Council）和普通会议之分，到亨利八世统治前期，普通资政和机密资政的开会频率和权势差别日渐拉开，当机密资政单独开会程序渐趋固定后，可以说机密会议就成了枢密院。[②] 亨利七世仍重视中世纪流行的王国大会议（Great Council）。王国大会议比御前会议更能广泛反映民意。1487 至 1502 年，亨利七世五度召开王国大会议，贵族和资政全体出席，"给出重大政治决定

---

① Richard Britnell, *The Closing of the Middle Ages?* p. 73.

② A. V. 戴雪等：《枢密院考》，上海三联书店，2017 年，第 34—35，122，150 页。英格兰国家机构多按惯例而非明确的行政命令或法律条文创设，一个机构往往运行很久才进入世人眼界，是故英国顶级史家和法学家对枢密院形成时间存在广泛争议。

并确保国家的代表支持这些决定"。① 御前会议和枢密院稳健运行后,王国大会议也未被完全遗弃。1529年和1640年,宗教改革和内战爆发两个关键节点,国王仍会召开王国大会议。可见,国家生死转折时,王国大会议是征询民意的最好机构,即便国王用意仅为摆个姿态。

控制御前会议是亨利七世加强王权的重要手段,不过亨利更喜欢设置各类专业机构以便绕开惯例和习俗对王权的干扰和限制。知法会议(Council Learned in the Law)在他创设的新机构中最臭名昭著。这个看似非正式的机构实有审判和敛财两大功能。② 亨利强迫贵族们发誓忠君且不违法乱纪,并要求他们签订书面保证(recognizance)。亨利及其心腹随时可找借口指控贵族们违背保证书并指示知法会议对他们开单重罚。亨利治下62家贵族中的36家被迫签署保证书,其中5家遭重罚,余者人人自危。亨利在位后期负责知法会议的达德利(Edmund Dudley)下狱后交代,亨利"就是要让许多人岌岌可危并以此为乐",达德利还坦承保证书"有违理性和善良之心",且亨利"内心深处并不打算动用那些罚金",仅意在让人"警觉、疑虑、恐惧"。③ 显然亨利主要着眼于政治控制和王朝安全。知法会议在朝野广布眼线,监视一切潜在乱源。亨利精妙构筑起密不透风的监察体系,高度重视情报收集,全国各地事无巨细均需向其禀报。一位现代史家总结称:

> 详细的个人信息是亨利政府的基础。财政信息使得他能够有效利用资源,敌对者意图的信息使得他能挫败图谋不轨者,冒犯法律的信息则是补救措施的基础。④

亨利七世的监控和高压搞得人心惶惶,亨利八世继位后放松了对贵族的监视,这既源于其"年轻及性格",也表明他对控制贵族的自信心增强。⑤ 为减

① John Guy, *Tudor England*, p. 59.
② S. B. Chrimes, *Henry Ⅶ*, p. 150.
③ John Guy, *Tudor England*, pp. 65 - 66.
④ David Loades, *Politics and the Nation*, p. 93.
⑤ David Loades, *Politics and the Nation*, p. 112.

少贵族怨气,亨利八世拘捕并处决先王两位酷吏恩普森(Richard Empson)和达德利,知法会议淡出历史。不过新王及沃尔西又搞出新的控制花样,星室法院(Court of Star Chamber)地位强化。最初的星室出现在 14 世纪中叶,直至都铎立国,星室法院才大显威力。不管是亨利七世 1488 年,还是亨利八世 1529 年授予其特权,当时的星室法院"只不过是披着另一个名称的枢密院","就是行使司法权的枢密院","星室法院行使的权力远比法律授予它的权力宽泛;并且,主要由枢密院成员组成的星室法院毫无出入地就等同于枢密院"。①换句话说,都铎初期司法部门和行政部门界限模糊,枢密院资政往往也是星室法院成员,"御前会议的司法权和星室法院的司法权并没有宪制上的区别",两者"事实上是一个会议"。② 亨利七世打压贵族时青睐知法会议,很少使用星室法院,是沃尔西这个政治能手挖掘星室法院潜能并将其发挥到极致。16 世纪中叶官学两栖的史密斯(Thomas Smith)就星室法院写道:"这个法院存在已久,但正是枢机主教沃尔西出任英格兰大法官时,其权威大增,他可以被认为是设计此法院之第一人,因为(这个法院)已很久未被重视,沃尔西增强了它的权威。"③沃尔西是典型的轻理论重实干的能臣,他只关心效率并明白效率之关键在用人。大陆履历助长了他的罗马法偏好并因此鄙视普通法程序烦琐。1515 年后,沃尔西将主要司法权力转移到星室法院并将其"变成自己的传声筒"和"高压工具"。④ 星室法院令人毛骨悚然,原因在于"它行使司法权时没有任何烦琐的仪式,也不适用陪审",搞一套"普通法法庭非常陌生的程序"且"使用刑讯"。⑤ 资政、地方治安法官和郡长随时可遭星室法院传唤、审讯,沃尔西甚至利用星室法院起诉三桩教士藐视王权案。他指使喽啰大肆搜罗可能的犯罪证据并将之"大部分送往星室法院"。很快星室法院的案卷便积压如山,1517 至 1520 年,沃尔西被迫设立一些辅助法院缓解星室法院压力,甚至于 1519 年在白厅(White Hall)再设一家专门法院,后更名为恩请法院

---

① A. V. 戴雪等:《枢密院考》,第 67 页。

② A. V. 戴雪等:《枢密院考》,第 138—139 页。

③ David Loades, *Politics and the Nation*, p. 115.

④ A. V. 戴雪等:《枢密院考》,第 136 页。

⑤ 梅特兰:《英格兰宪政史》,第 142 页。

(Court of Requests)。① 1525 至 1526 年，沃尔西还设立威尔士委员会(Council of Wales)并复活了理查德三世当年创设的北方委员会(Council of the North)，既为分流星室法院任务，也为强化对边远和边疆贵族的控制。②

沃尔西的天罗地网比亨利七世的恢恢天网有过之而无不及，不过二人目的不同，亨利七世为王朝安全，沃尔西则有两重动机。一是替君分忧，让长期在外打仗的亨利八世不必分心内政，二是借上述机构排斥异己，边缘化枢密院中的资政和宫廷官员。即便沃尔西理论上鞭长莫及的禁宫廷仆也成为被压制对象，他奏请亨利限制侍寝男仆动用资金的上限为 1 万镑，并要求侍寝男仆保留账目副本，以备核查。亨利七世和沃尔西创设的新机构有效巩固了王权，但都是权宜之计而非制度性变革。知法会议在亨利七世逝后被废除，星室法院、北方委员会、威尔士委员会虽长期保留，但沃尔西倒台后它们的作用大幅下降，主要用于迫害宗教异见人士。

早期都铎君主高度提防贵族，毕竟王朝就是在贵族们掀起的战乱的废墟上建立起来的。国王是最大贵族并因血统和教会的加冕礼而神圣，但王与贵族关系仍带有中世纪特色的模糊不清。都铎立国后，贵族对王权的军事威胁变小，但在财富上依然强大。贵族有公、侯、伯、子、男五等爵级。贵族级别多样，却凤毛麟角。贵族有严格标准，一般须年入 400 镑并由国王正式册封，受封后可列席上院(House of Lords)且爵位世袭，破产则失去传承资格，因嗜赌而败光家产的第三代肯特伯爵(Earl of Kent)1524 年死时，国王下令剥夺其子袭爵资格。亨利七世治下和亨利八世统治前期，很少册封贵族，1509 年英格兰只有 42 家贵族，亨利八世统治前期恢复了部分被削爵贵族，1529 至 1540 年，为强化上院贵族权力以对抗主教，册封了 7 名男爵并晋升了 3 名原有贵族爵级。③ 整个都铎王朝贵族大体保持在 60 家左右。贵族之下是骑士，1524 年

① John Guy，*Tudor England*，p. 91.
② A. V. 戴雪等：《枢密院考》，第 140 页。
③ John Guy，*Tudor England*，p. 46.

英格兰约有 500 名骑士,他们年入 120 至 200 镑不等。国王约占全国土地 1/4,贵族约占 10%,骑士约占 8%。骑士与贵族由国王或其代理人正式册封。与骑士一起被称为乡绅(gentry)的另外两个群体分别是准骑士(esquire)和士绅(gentleman),1524 年人数分别约 800 和 5000。[1] 准骑士一般是贵族或骑士的非长子,士绅则包括地位较高的官员和律师等专业精英。骑士须年入 40 镑才能支撑头衔,年入 40 镑以上的自由持有农(freeholder)可恭请国王册封他们为骑士并为国王效劳。准骑士和士绅并非正式头衔,无须册封。贵族一般被敬称为大人(lord)或先生(sir),乡绅只能称先生,当然这里的先生也是敬称,而非现代意义上男士皆可被呼的先生(mister)。大多数乡绅年入 300 镑以下,最低者 20 镑左右。不过少数为国王服务的乡绅富比王侯,1524 年的侍寝男仆康普顿(William Compton)年入 1655 镑。[2]

贵族和乡绅是俗界治理的中流砥柱,在中世纪西欧具备一定财产资格才能参与治国。国王的直接接触对象最多到乡绅这个层级,1474 年,爱德华四世巡视考文垂(Coventry)时要求该城年入 10 镑以上者出来接受其训话。[3] 不过国王、贵族、乡绅及其家庭成员仅占全国人口的 2%,比他们地位低的富裕约曼农(yeoman)勉强可谓乡村骨干。约曼农一般指依靠农业商品化租地经营的农场主,多数小康,少数精明胆大者收入比肩士绅。农夫(husbandman)是典型自耕农,耕作自有土地养家糊口。约曼农和农夫是自由持有农主体,16 世纪初约 6 万人,算上他们的家庭成员保守估计 30 万,约占总人口 12%。[4] 他们之下是最底层的劳工(labourer)及生活条件简陋的茅舍农(cottager),这两类身份重叠的人大都挣扎在生存线上。农村人口占 90%,余下 10% 城市人口不似农村等级分明,大商人有自主经营权,手艺人衣食无忧,城市工资劳动者地位近似农村茅舍农,刚从庄园获得解放或主动逃至城市的农奴临工难求,实同黑户或流民。

贵族和乡绅的地产合在一起至多和王室地产持平,加之玫瑰战争损耗及

---

① Richard Britnell, *The Closing of the Middle Ages?* p. 191.

② Richard Britnell, *The Closing of the Middle Ages?* p. 190.

③ Richard Britnell, *The Closing of the Middle Ages?* p. 190.

④ John Guy, *Tudor England*, p. 49.

亨利七世打压,到 16 世纪初,贵族很难再挑战王权。都铎王朝前期重点宣传亨利七世再造和平之伟业,不断渲染玫瑰战争血腥残酷并告诫臣民珍惜和平、感恩国王。文人亦配合君主,赋诗呼唤民众服从位于秩序之巅的国王:"狂暴大海中的汹涌波涛,冲刷不掉神命之君身上的圣油;位居其下的尘世的臣民,推翻不了上帝选出的代表。"①舆论引导、社会经济变革以及文艺复兴的熏陶共同导致 1500 年前后社会观念和政治游戏规则大幅改变。舞刀弄枪或杀伐征讨已非贵族主业,他们大都失去了好战精神,变得温文尔雅,全力投身政治、商业或面向市场的工农业。贵族若生纠纷,往往诉诸中央政府主持公道。过去贵族实力以他们豢养的私人武装及战力衡量,现在其地位往往由在中央所居官职来体现。小贵族和乡绅挤破脑袋寻机为政府效劳,以便实现人生价值或提升社会地位及声望。投靠贵族世家,以其家丁或管家身份为跳板的晋升途径日益不畅,王室和宫廷渐成为贵族及其子弟晋升的主要阶梯。

国王压倒贵族,并不意味着国王可以绕开贵族治国。对于没有常备军和系统地方职业官僚的国家来说,贵族即便没有行政职务,其广袤地产也足以构成一份或多份治域,"地方显贵的志愿行为"仍是国家秩序之保障。② 1525 年全国多地上演抗税骚乱时,地方贵族临时招募的武装而非国王军队才是平乱主力。贵族不再拥有中世纪的骑士武装,但他们有潜在兵源。1530 年代,诺森伯兰伯爵(Henry Percy,6th Earl of Northumberland)可随时征调 849 名骑兵和 1118 名步兵,而他在西北诸郡地产上的近万佃农随时可变身为私家兵员。伯金汉之毁灭既源于亨利和沃尔西的猜疑,亦源于他的树大招风。表面看,他平时仅有扈从 27 人,但 1521 年他可瞬间募集 400 人随行巡视他在威尔士的领地。③

王权向地方渗透不仅侵蚀贵族权力,郡长(Sheriff)更是受害者。都铎初期郡长权力大幅衰落,"国王的巡回法官"和"治安法官"夺走了郡长的"司法业务",由郡长主持的"郡法院变成了只能受理小额债务案件的法庭";治安权力

---

① 孟广林:《英国"宪政王权"论稿:从〈大宪章〉到"玫瑰战争"》,人民出版社,2017 年,第276—277 页。

② Richard Britnell, *The Closing of the Middle Ages?* p. 72.

③ Richard Britnell, *The Closing of the Middle Ages?* pp. 48,93.

也从郡长"指间溜走";郡长"甚至正在丧失作为收税者的权力"。① 郡长权力丧失意味着郡辖基层行政单位百户区(hundred)以及百户区之下的自然村更无权力,仅为地名。亨利七世天生不信任贵族并以篡权者的病态心理满腹狐疑地审视天下,他与各个时代加强中央集权的君主一样,重点提携出身寒微之人对抗显贵并削弱他们对显贵的依赖。英格兰这个注重财产权的国度盛行有产者治国,亨利猜忌贵族但不能提拔目不识丁或一穷二白的草根维系地方秩序,重用乡绅遂成唯一选择。他大幅启用不拿薪水的地方治安法官(Justice of Peace),授权他们参与地方行政管理并出席季审法院(Quarter Sessions)参与审案。都铎初期,每郡治安法官数量不等,一般不到10名,王朝后期发展到数十名。出任地方治安法官须具备20镑以上家产,乡绅有争取这种职位的天然优势。亨利八世继位后,沃尔西的地方管理基本沿袭亨利七世套路。到1520年代,地方治安法官已取代郡长和贵族成为国王主要的地方代理人。② 当然,这并不是说英格兰已形成中央集权制,因为王室官员只能与贵族分享地方权力且不能过于强势。王权向地方渗透的另一路径是王室地产管理的精细化。王室地产分布各地,地产打理者是国王"在乡村的耳目",和地方治安法官一样虽无薪水却差肥油厚,且极有可能受上级赏识而高就显官或教职。1520年代,地方上替亨利八世打理地产者达600人,其中骑士184人,准骑士148人。③

13至17世纪的英格兰王室与当代大多数国家政府有一点非常相似,那就是负债经营。15世纪晚期的有识之士已从理论上指出王权脆弱的重要原因是财政困难。1432至1433财政年度,亨利六世只有1.05万镑土地收入和2.6万镑关税收入。爱德华四世在位后期,上述两项收入分别增至4万镑和3.5万镑,他是理查德一世以来首位不欠债的英王。亨利七世统治晚期,土地收入增至年4.2万镑,年总收入达11.3万镑。关税增收得益于15世纪晚期

---

① 梅特兰:《英格兰宪政史》,中国政法大学出版社,2010年,第150页。

② John Guy, *Tudor England*, pp. 62 – 63.

③ Richard Britnell, *The Closing of the Middle Ages?* p. 99.

西欧商业普遍复兴,地产增收则得益于王室土地增加及管理水平提升。战死或绝嗣的贵族、骑士之土地大多归于王室或由国王监护,战败或反叛而被褫夺爵位和地产的显贵比比皆是,138 家显贵上了亨利七世通过议会宣布的《权利褫夺法》(Attainder)名单,其中 86 家未曾恢复地产。[1] 亨利八世统治前期,监管放松,王室关税和地产收入均小幅下滑,但靠开税和勒索仍能保证 18 万镑年收入。即便扣除通胀因素,王室收入从 1460 年代到 1520 年代仍增加了 80%,是王权稳固的重要原因。不过与当时法王年入 80 万镑及神圣帝国皇帝年入 110 万镑比,英王仍贫困寒酸。亨利八世要想在战场上与他们长期较量,就必须加大勒索力度,而对英王来说,勒索往往暗含着政治风险。

英格兰议会批税传统在中世纪晚期已经确立。议会是中世纪西欧各国普遍存在的精英议事机构,例如法国的三级会议便由教士、贵族和平民组成,英格兰议会最初也是教士、贵族和平民分开议事,教士与贵族后合为一院,故英格兰议会只有上院和下院(House of Commons)。召集议会有实际和象征双重意义,实际意义是,没有来自全国各地区和各阶层代表的同意,重大决定难以名正言顺;象征意义则是君臣上下、教俗两界齐聚一堂,彰显团结和谐之气氛。19 世纪以前,上院作用并不亚于下院,其代表由国王任命。亨利七世时代,上院参会人数从 88 至 101 人不等。[2] 20 余名主教是固定人选,大多数贵族也有席位,余下则是国王的少数亲信。教士有单独的宗教会议(convocation),鲜在上院过问俗务,偏远地区贵族常因私事缺席议事,故与国王关系密切的贵族或亲信在上院活跃且话语权较大。下院代表来自全国各选区。37 个郡均为选区,各有两名代表。城市选区相对复杂,绝大多数“郡的首府”和“主教驻节城市”以及自治市都是选区且有两名代表,伦敦则有 4 名代表。[3] 北方郡辖面积较大且城市较少,下院席位严重不足,这种情况至 19 世纪才会改变。乡郡骑士在下院“最活跃和最独立”,但乡郡和城市代表比例严重失衡,例如亨利

---

① John Guy, *Tudor England*, pp. 8 - 10.

② Michael A. R. Graves, *The Tudor Parliaments: Crown, Lords and Commons, 1485 - 1603*, Longman, 1985, p. 45.

③ 刘新成:《英国议会研究:1485 - 1603》,人民出版社,2016 年,第 44 页。

八世首届议会下院代表 298 人,74 人来自乡郡选区,224 人来自城市选区。①
15 世纪已明文规定乡郡选区代表由具备 40 先令财产资格的选民选举产生;
城市选区情况不一,有的选区所有市民都有选举权,有的则规定年入 40 先令
以上。都铎初期,英格兰选民约 3 万,占成年男性人口之 6%。贵族和乡绅的
地方影响力导致绝大多数乡郡议席实无竞争,人口较多的城市选区往往上演
真实选举,但选民较少的城市选区多被贵族操控,成为实同囊中之物的口袋选
区(pocket borough)。萨里郡境内的加顿(Gatton)选区只有一名选民兼候
选人。②

　　中世纪晚期英格兰的宪政王权是后世杜撰的无稽之谈。③ 不过立法权和
征税权理论上在议会,其至废立国王也要议会同意。亨利四世 1399 年篡位便
借议会操作增强合法性,亨利七世战场胜利后也须召集议会并由议会宣布他
为新王。肇始于 13 世纪晚期的议会在其最初一百年中实力不断上升,爱德华
二世和理查德二世时代,贵族常操控议会胁迫君主,即便爱德华一世和三世两
位强势君主也不敢过分藐视议会。然而到了 15 世纪,议会权势明显下滑,这
对都铎君主实乃大幸。亨利七世时代议会选举程序和议事规则沿袭过往,"无
程序上的重要革新",亦"无选举安排上的变化","立法措施鲜有重要性",24
年中议会开会时间累计仅 72 周。④ 都铎初期议会对王权极为恭顺,亨利七世
利用议会大面积褫夺理查德三世属下财产时,下院议员私存异议却不敢公开
反对。议会只是政治花瓶,"没有证据表明君主意图'收买'下院,亦无证据表
明政府需要这么做"。⑤ 这一时期立法主要源于君主意志并为王权服务,指望
议会彰显法治纯属奢望,"亨利七世治下法律本身不过是其卑鄙的搜刮手段之
一,而在他儿子治下,则是专制权力的体现"。⑥

　　议会批税主要分为三种。其一是关税。亨利七世第一届议会批准了国王
终身关税征收权,亨利八世继位第二年也获得相应权利。其二是中世纪惯行

---

① 梅特兰:《英格兰宪政史》,第 114 页。
② 刘新成:《英国议会研究》,第 46、58 页。
③ 孟广林:《英国"宪政王权"论稿》,第 327—335 页。
④ S. B. Chrimes, *Henry Ⅶ*, p. 135.
⑤ S. B. Chrimes, *Henry Ⅶ*, p. 144.
⑥ A. V. 戴雪等:《枢密院考》,第 77 页。

的十五分之一税和十分之一税(fifteenth and tenth),该税主要针对 1334 年核准的财产(主要是土地)征收 1/5 或 1/10 税额,向村镇或个人分摊。分摊随着时间推移有所调整,尤其是 1489 年纳入对动产的评估,但到 16 世纪初摊派已严重不公。议会亦有权向教产和教士征税,不过税额不大且征收细节由教士会议讨论。其三是津贴税(subsidy)。鉴于税赋分摊不公,1513 至 1515 年,法学家黑尔斯(John Hales)不再以村镇而以个人为单位重新评估地产、动产甚至工资收入,并以之为基础开税,其改革精妙之处是税率不固定。[①] 沃尔西擅权后,克服了个人财产评估的技术性难题,此后实同勒索的津贴税逐渐变成了笼统意义上的财产税。1529 年前,都铎君主以战争或平乱为借口,得到了议会批准的 1488 至 1492 年、1497 年、1504 年、1512 至 1517 年、1524 至 1527 年的征税权,也即都铎立国前五十四年,只有十七年可征收议会批准的财产税,年税额平均约 3 万镑。[②] 亨利七世从未重视这有限的财产税,亨利八世和沃尔西亦未对之寄予厚望。

都铎初期议会恭顺,对国王要求的税收鲜有抗议,然而议会从未忘记自身的批税权。根据习俗,国王须靠自己收入过活,没有战事,国王难借议会之名开税。1523 年,沃尔西强行冲进议会,要求议会批准更高税额。时任议长(speaker)莫尔警告他:议会自由发言的传统早已确立,并非议员的沃尔西擅闯议会,是侮辱议员且涉嫌违法。沃尔西虽对莫尔批评置若罔闻,但所求税额亦无人理睬。沃尔西领教了议会的桀骜不驯后便绕开议会广开财源。1522至 1523 年,他以借款为名并以未来税收为担保向富人强行勒索。1525 年初亨利八世准备再启战端时,沃尔西又要求富人"善意捐献"(Amicable Grant)。俗界捐献人被分为年入 50 镑以上、20 至 50 镑以及不足 20 镑者,分别按每镑3 先令 4 便士、2 先令 8 便士、1 便士上供;教士年入 10 镑以上者捐献 1/3,不足 10 镑者捐献 1/4。[③] 这种没有任何法理基础和惯例的勒索致举国哗然,遭全面抵制,甚至酿发多地起义,后被迫取消。强制贷款自毁王室声誉,而"善意捐献"证明绕开议会横征暴敛危险至极。

---

① John Guy, *Tudor England*, p. 98.
② Richard Britnell, *The Closing of the Middle Ages?* p. 116.
③ John Guy, *Tudor England*, p. 102.

中世纪英格兰是典型的政教并管。全国 37 个郡和散布其内的城市、村落是治理之经,层级分明的教区则是其纬,两者并存形成经纬交叉的治理网。16 世纪初,英格兰有坎特伯雷(Canterbury)和约克两个大主教区。前者负责英格兰南方及威尔士教务,被称为"全英教会首座"(Primacy of All England),后者负责北方教务,被称为"英格兰教会首座"(Primacy of England)。大主教理论上权压主教,英格兰和威尔士各有 17 和 4 个主教区,主教往往直接与国王或教廷打交道。主教区之下是堂区(或曰教区),行政管理粗陋及教会高度自治导致英格兰官方当时并无堂区登记准确数字,可信数据是 1291 年约有 9500 个堂区,1535 年全国教产评估时普查的堂区多达 8800 余个。[①] 16 世纪初,以每个堂区平均 3 名神职人员计,外加私人牧师、高级教士,直接为平信徒服务的入世教士(secular clergy)计约 26500 人。[②] 还有 10000 名修院修士(regular clergy)和 2000 名修女。当时英格兰总人口约 226 万,若以 1/4 成年男性计,约 7%成年男性为神职人员。鉴于教士队伍如此庞大,忽视这个时代的宗教就不可能理解英格兰历史。

主教是教会治理的绝对柱石。英格兰和威尔士主教区边界在诺曼征服前后已基本定型,并未随着人口增加而相应细分。与 16 世纪初法国 131 个主教区相比,英格兰主教区人口众多,收入丰盈,温彻斯特有欧洲首富主教区之名。英格兰主教财力厚实且管辖人口众多,并未沦为贵族附庸,英吉利教会自治权非常大。主教原则上由国王提名,按教会规章走选举过场,最后由教廷正式任命。主教是寒门子弟易争取的顶级职位,1529 年在任主教无一出自贵族家庭,当时英格兰教界名气最大的几位出身如下:大主教沃厄姆(Thomas Warham)出身自耕农,博学虔敬的罗切斯特主教费舍尔(John Fisher)来自商人家庭,伦敦主教图斯达尔(Cuthbert Tunstall)是乡绅子弟,而教皇代理人兼

---

① R. N. Swanson, *Church and Society in Late Medieval England*, Blackwell, 1989, p. 4.

② R. N. Swanson, *Church and Society in Late Medieval England*, p. 30.

约克大主教沃尔西是屠户之子。① 出身低微便于他们掌握民情并及时满足群众宗教诉求，但也导致他们对抗国王时底气不足。主教一般需在低级教职历练，为国王打理俗务或在王室教堂服务过的教士优先晋升主教。国王提名主教首先考虑的是政治和世俗功能而非精神服务或神学修养。主教是上院议员，国王常利用他们对抗世俗贵族。主教亦是御前会议常客，爱德华四世和亨利七世时代，御前会议资政按职业分类的话，教士比例最高。② 主教可能本身就是高官，1485 到 1523 年，大法官和掌玺大臣（Keeper of Privy Seal）全是主教。③ 亨利八世任命高级教士更多考虑外交。他任用沃尔西、加德纳（Stephen Gardiner）和图斯达尔为主教主要为了发挥他们的外交才能。两代亨利为争取英格兰在教廷话语权，还曾任命多位意大利籍主教。1497 至 1522 年的多任伍塞特（Worcester）主教、1504 至 1518 年的巴斯及威尔斯（Bath and Wells）主教、1524 至 1534 年的索尔兹伯里（Salisbury）主教都是意大利人并长期居留意大利。主教因俗务缠身而无暇兼顾精神服务，少数主教在官场长期混迹后，回归主教任上尽心履职，以求心安，沃尔西倒台后曾感慨“我若像勤勉侍奉国王一样侍奉上帝，他（指上帝）就不会在我的暮年遗弃我了”。④ 主教的主要教务是主持宗教法庭、任免堂区牧师（rector）和主座教堂（cathedral）教士、巡视堂区。主教区管理成熟，主教不在辖区时，通常由其副主教（vicar）或其指定的代理主教（suffrangan）处理教务。主教很少布道，1500 至 1535 年总计 44 位主教，仅费舍尔等 4 人留下了布道词。主教往往大学毕业，精于法律而非神学，部分甚至无水平登坛布道。1535 年，当考文垂和里奇菲尔德（Coventry and Lichfield）主教被要求布道维护王权时，他竟说“迄今为止，我从未上过布道坛”。⑤

　　两个大主教区和 17 个主教区都有主座教堂，当时 19 个主座教堂中的 9

　　① G. W. Bernard, *The Late Medieval English Church: Vitality and Vulnerability before the Break with Rome*, Yale University Press, 2012, pp. 56 - 57.

　　② John Guy, *Tudor England*, pp. 10 - 11.

　　③ Peter Marshall, *Heretics and Believers: A History of the English Reformation*, Yale University Press, 2017, p. 78.

　　④ John Guy, *Tudor England*, p. 115.

　　⑤ G. W. Bernard, *The Late Medieval English Church*, p. 64.

个控制在入世教士手中，另 10 个由修院或修士所建，所有权属于他们。主座教堂财力雄厚，群僧云集，除招聘合同工，在编专业圣职人员从 50 至 150 人不等，其中包括主座教堂主牧师（dean）、一般神职人员（canon）、主教助理（chancellor）、理财的司库（treasurer）等，其架构远超郡治所，近乎小型宫廷。主座教堂一般是主教驻跸之所，也是地方政务、文化中心，人流量及繁华度远胜郡首府。

　　主教高高在上，教会俗务主要落在堂区教士肩上。中世纪晚期，绝大多数平信徒每周做一次弥撒，一年至少领圣餐一次，从生到死既需要也摆脱不了教会提供的服务。① 教徒一生必须履行七项圣礼，出生时的洗礼到成年后的婚礼再至临终时的涂油礼全由教会操持，坚信礼等另外四项相对次要的礼仪也马虎不得。堂区教士要给予信众精神关怀，维护神学和道德规诫，慰藉病人和濒死之人，监督民众言行，张罗节日庆典，征收什一税（tithe）。堂区牧师主要精力消耗于社会管控和俗务，一般无暇布道，布道重任当时主要落在修士肩上。堂区牧师水平和主教相去甚远，即便富裕的诺维奇主教区，1500 至 1532 年大学毕业的教士比例仅 42%，偏远及贫困地区更难吸引高才生。堂区牧师一般来自乡绅、自耕农和农夫家庭。15 世纪后期教士职业一度魅力褪色，但 16 世纪初有所反弹。一个堂区一般配备一名牧师和两名副牧师（curate），人手不足时也招聘毫无神学知识的非在编牧师。当然非在编牧师往往要替在编牧师挡灾，工作出差错时首当其冲被抛出供信众发泄愤懑。② 教监（churchwarden）一般由俗人担任，负责教堂建筑和房舍维护等。中世纪晚期，堂区风靡小教堂（chantry），主要由世俗权贵捐资修建，供有身份的人专门礼拜。所有教士都要以身作则，为信众树榜立样。然而他们也是肉体凡胎，部分教士做不到守身如玉或隐藏婚姻，少数甚至包养情妇并生儿育女。教士群体中，严重违规违纪并受公开指责者比例并不高，但少数害群之马的些许瑕疵很容易被放大并玷污整个教会。③ 这主要因教规教纪标准极高，有如圣奥古斯丁（St Augustine）所言，教会之所以神圣非因教士圣洁，而是因为对教士的道

---

　　① R. N. Swanson, *Church and Society in Late Medieval England*, p. 276.

　　② R. N. Swanson, *Church and Society in Late Medieval England*, p. 62.

　　③ G. W. Bernard, *The Late Medieval English Church*, p. 69.

德品性要求极高。

教士收入与俗界一样层级鲜明,1520年代沃尔西教职年入约5000镑,可媲美当时英格兰最大贵族伯金汉。林肯主教和伊利主教分别年入3300镑和2134镑。罗切斯特主教区太小且主教费舍尔看淡钱财,其年入仅300镑,即便低微,也相当于一名小贵族年入。富裕或管辖人口较多的主教区要职人员亦收入不菲,约克和林肯两个主座教堂的主牧师年入300镑,最贫困的赫尔福德主座教堂主牧师年入也达38镑。① 少数堂区牧师年入可达100镑,但多数在15镑以下,约相当于乡绅或约曼农年入,堂区副牧师及非在编牧师年入仅4至6镑,和工资劳动者相差无几。②

中世纪盛期是所谓的教皇天下(papal monarchy),理论上教皇对一切人都有绝对权威。所有英吉利人都要服从教皇,而教皇有权开除任何信徒教籍。教皇还自称有权剥夺君主王冠,毕竟只有教会加冕的君主才具有合法性。高级教士上任之初要将部分收入上交教廷,名曰首岁教捐(annate)。教廷亦鼓励每家每户每年志愿向教廷上贡1便士,名曰彼得金(peter's pence)。普通民众礼拜时会祝福教皇和枢机主教,他们的日常生活(包括医疗和赈灾)少不了教会干预,无时不受教会控制。教会控制民众最重要的手段体现在婚姻方面。中世纪人生活圈子小,大部分人一生不离其所属村社及教区,择偶对象往往就是乡邻,择偶必须规避教会法规定的婚姻禁忌,婚姻若触犯教会法或教规,轻则放弃,重则受罚,连国王婚姻都要教皇手谕,平头百姓婚配更绕不开教会审批。

教廷、英吉利教会及国王三者关系复杂且模糊。教皇对英王权威几何,无法量化且争议极大。教皇与世俗君主斗争互有胜负。法王1294年囚教皇于法国南方小城,开世俗君主藐视教廷之先河。1378至1418年教会大分裂后,教会大公会议选举产生教皇,教皇权威一落千丈,更无力染指各国教务,甚至

① G. W. Bernard, *The Late Medieval English Church*, p. 82.

② Peter Marshall, *Heretics and Believers*, p. 46.

反过来成为世俗君主争相控制的对象。1494 年法国入侵意大利后,教皇更像一个半岛邦国的酋长,而非普世教宗。① 英王与教皇关系大体上也随这份教廷权威兴衰史摆动。亨利二世因杀死坎特伯雷大主教贝克特(Thomas Beckett)而向教皇屈服时,其所作让步多是空头承诺;约翰王与教廷斗争时全面处于下风主要因其个人智谋不足。从爱德华一世到都铎初期,英王对教皇优势逐渐确立。这主要体现为两点。其一是主教任免权越来越向国王倾斜。14 世纪以降,英王推荐人选基本都能上任主教。爱德华三世"不费吹灰之力就可确保他中意的人成为主教",亨利四世推荐人选仅两人未成,昏聩的亨利六世推荐人选仅一人被教皇否决。② 15 世纪晚期,教皇深陷意大利半岛俗务,更乐意满足天高地远的英王之愿,以争取都铎君主支持教皇国在意大利的战争。其二是国王不必再步约翰王后尘,不会因勒索教会而遭报复。1279 至1291 年,爱德华一世四次迫使教会上税,且 1291 年的税率已达 1520 年沃尔西向教会开税的标准。其后,即便懦弱无能的爱德华二世也敢大胆籍没圣殿骑士团(Knights Templar)在英财产。爱德华三世于 1340 年代向教会开税已无法理异议,只存税额之争。14 世纪晚期,英王每年从教会抽税约 14500 镑,16 世纪初数额略有下降,但也维系在 11000 至 12000 镑之间。③ 1484 至 1533年,英格兰教职界年均上贡罗马仅 4816 镑,只相当于国王勒索额之 40%。④国王还以非常规手法从教会勒索巨额款项。1522 至 1523 年,主教为沃尔西的强制借款贡献了 38000 镑,普通教士奉上了 18000 镑,其后臭名昭著的"善意捐献"也没饶过各级教士。⑤

英王与教皇斗争虽是常态,但和睦与合作才是主流,都铎初期这种合作尤为频密。1485 年,教皇英诺森八世(Innocent Ⅷ)便承认了亨利七世的婚姻与上位双双合法;1487 年,亨利恭请教皇开除支持兰伯特的爱尔兰主教教籍,教皇乐意为之;1489 年,教皇下诏允许亨利在圣所(sanctuary)附近驻军以防恶

① Peter Marshall, *Heretics and Believers*, p. 68.
② G. W. Bernard, *The Late Medieval English Church*, p. 27.
③ Peter Marshall, *Heretics and Believers*, p. 77.
④ 刘城:《英国教会史论文集》,首都师范大学出版社,2014 年,第 103—104 页。
⑤ G. W. Bernard, *The Late Medieval English Church*, pp. 22‐23.

人出入。其后教皇卷入复杂漫长的意大利战争，对千里之外的英王几乎有求必应。亨利为回馈教皇，1496 年与神圣帝国等结盟威慑法国；随后几年，教皇爽快成全了亨利子女的多桩婚姻，包括王子亨利与阿瑟遗孀凯瑟琳的争议结合。亨利八世继续维系其父与教廷的合作关系，1523 年侵法前，亨利发布口号称法王为"基督之敌"且"罪孽深重"。教皇为诱惑亨利参战，甚至秘密承诺将来在巴黎将亨利加冕为法王。亨利夺取图尔奈后，当地原法国主教吉拉德（Louis Guillard）不承认亨利治权，教皇利奥十世（Leo Ⅹ）遂任命沃尔西管理图尔奈教务。1515 年马里尼亚诺战后，利奥为讨好法王又出尔反尔把图尔奈教权给了吉拉德。亨利不满，埋怨教皇把英王管辖领地的宗教权给了不忠之人。[①] 不过这个小插曲后随着图尔奈防务成本太高由法国赎回而终结，对亨利与教廷的关系影响不大。

亨利与教廷合作甚欢，沃尔西的任命与使用最能说明这一点。亨利为沃尔西争取了教皇代理身份，以维护英格兰在错综复杂的国际关系网中之利益。一仆二主的沃尔西对亨利千恩万谢，明确表示"我更应为其恩泽服务并执行他的命令"。他并未食言，不但在外交界替亨利纵横捭阖，还拟订一揽子英格兰教会改革计划。其中包括：规范、监管修道院，为他的约克大主教辖区制定详细规章，拟创设新主教区以适应人口增长，向爱尔兰派遣英籍主教。[②] 他关切修院改革远甚堂区可谓切中要害，修院不仅浪费人力物力，且修士比入世教士更腐败堕落。沃尔西还分别在牛津大学和家乡创建枢机主教学院（Cardinal's College）和伊普斯维奇学院（Ipswich College），志在弘扬神学并培养高级人才。前者后演变为基督教会学院（Christ Church College），后者在沃尔西倒台后被撤销。文艺复兴时代，教皇在西欧大国任命使节代理各国教务是通行法则，沃尔西利用这种法则在亨利和教皇之间穿针引线。从 14 世纪中期到宗教改革时代，英格兰教士空前卷入俗务，1520 年代可谓"教士对政策影响力最大的沃尔西时代"。[③] 教皇指望沃尔西从英格兰为教廷增收；沃尔西给教皇空头许诺并从教廷拿到英王想要的诏令或特批；英格兰本土教士亦不嫉妒沃尔西

---

① Peter Marshall, *Heretics and Believers*, pp. 74 - 75.

② John Guy, *Tudor England*, p. 112.

③ R. N. Swanson, *Church and Society in Late Medieval England*, p. 104.

权势,甚至认为接受沃尔西领导要好于被亨利直接管辖。亨利、教廷、本土教士三者关系因沃尔西的存在而相得益彰。

英王需与教皇打交道,更需与本土教士互动。国王由教会加冕,但加冕时主教也要宣誓服从国王并赋予国王神性和魔力。自亨利三世修建威斯敏斯特(Westminster)大教堂并将忏悔者爱德华(Edward the Confessor)尸骨迁来后,除下落不明的爱德华二世以及被宣布为篡位者的理查德三世,国王死后一般葬在教会圣地威斯敏斯特。亨利七世继位后替德薄才寡的亨利六世正名,迁其尸骨厚葬于威斯敏斯特并上书教皇为其封圣。教会为国王服务首先体现在教导民众服从国王权威,支持国王军事行动。爱德华一世在佛兰德尔征战以及后世诸王忙于百年战争时,教会都会布道为国王们的军事正名并将其说成"上帝支持的神圣战争";1436年,加莱被围时,坎特伯雷大主教要各地教士布道为保卫此城的将士祈祷;1487年,亨利七世降服兰伯特时,约克教士高唱圣歌礼赞国王威加海内;1513年,亨利八世远征法国并夺取图尔奈时,教士同样以圣礼圣曲献媚;1525年,帕维亚战役后,沃尔西在伦敦领多名教士和修士张罗庆礼,布置篝火,为亨利八世拟兴师讨法铺陈舆情。即便和平年代,维护国王权威亦是教士本职。按惯例,堂区副牧师须每年四次向群众讲道,要求民众维护王威并谴责国王的敌人,不厌其烦向群众灌输"上帝希望国王被服从"之意识。[1]

理论上,本土教会高度自治且不受王权管辖。《大宪章》(Magna Carta)第一条就明言教会享有完全的自由,其权利不可侵犯。1462年,初登王位的爱德华四世为稳固王权发布安抚教会的《自由宪章》(Charter of Liberties),承认教会有权征收什一税并申明教士尽可能免于世俗法庭审判。[2] 教会特权主要体现在以下几个方面。首先,教会垄断教育。当时英格兰仅有的两所大学牛津和剑桥均隶属教会,其师生几乎垄断了高级教职和神学解释权,即便异端威克里夫(John Wycliffe)也是牛津教授。其次,教会有独立财政体系。中世纪晚期,英吉利教会地产与王室地产大体相当,约占全国地产20%至25%,土地

---

① G. W. Bernard, *The Late Medieval English Church*, pp. 24 - 26.

② R. N. Swanson, *Church and Society in Late Medieval England*, pp. 184 - 185.

产出或其租赁所得是教会主要收入。① 教会还能得到大量捐赠。信徒临终时其家属还要缴纳丧葬费。教会还征收什一税。什一税最初用于支付教士薪俸，英格兰最早的什一税记录出现在 10 世纪 20 年代，11 世纪末纳入了对动产的评估。什一税顾名思义从信徒财产抽取 1/10，动产评估困难，税额不大，逃税司空见惯，抗税鲜有。② 教堂税（church rate）支撑堂区教堂修缮等经费开支，其数额较小，但每户都要交纳。再次，教会管辖的圣所被视为神圣之地，俗人不得擅入，犯人常躲入其中避罪。1486 和 1487 年，乱党相继躲进牛津郡和达勒姆主教区的圣所，亨利七世撇开爱德华四世授予教会的自由，明示教会不得包庇窝藏叛国者并顺利拘捕罪犯。文官借机宣布："没有国王授权就不存在豁免权，除国王自己，任何人都无权拥有这种豁免权……教皇在王国范围内亦无能为力，因为宽恕或惩罚叛国罪的权力绝对属于国王。"③1516 年的一桩谋杀案主犯躲进圣所，拖延三年后闹到御前会议，亨利八世表示先王与先贤创设圣所不是让罪犯逍遥法外，继而出言威胁改革圣所"滥权行为"以恢复其原初的"真正用意"。④ 不过多数情况下圣所不是教会与国王争执焦点，打击罪犯时，教会一般主动配合王权，而两代亨利都未质疑圣所特权及存在理由。

教会最大特权体现在司法方面。教会拥有独立司法权并按教会法（Canon Law）决案。每个主教区都设主教或其代理人主持的宗教法庭（consistory court），其下往往还有副主教法庭（archdeacon's court），约克主教区便有五座副主教法庭。⑤ 宗教法庭一般审理遗嘱争执、道德败坏和异端，它基本无权过问财产纠纷，教区、修院、神学研修院等机构的财产纠纷须在普通法法院审理。教士享有所谓的教士特权（benefice of clergy），其无关经济及财产的罪行不受世俗法庭审理。教士不服判决可上诉罗马教皇法庭（Papal Curia），但 1351 年的《圣职空缺继任者法》（Statute of Provisors）和 1393 年的《藐视王权罪法》（Praemunire）极大限制了教士上诉罗马空间。亨利七世强力压缩教会法庭功

---

① R. N. Swanson, *Church and Society in Late Medieval England*, p. 196.

② G. W. Bernard, *The Late Medieval English Church*, pp. 154 – 155.

③ David Loades, *Politics and the Nation*, pp. 83 – 84.

④ Peter Marshall, *Heretics and Believers*, p. 85.

⑤ Richard Britnell, *The Closing of the Middle Ages?* p. 153.

能,授权其总检察长(Attorney General)霍巴特(James Hobart)等将大量涉及教士的案件转至季审法院或其他世俗法庭审理。[1] 亨利八世继位后直接用行政指示压制教会司法权。

1511 年,伦敦富商胡恩(Richard Huune)因拒绝向堂区牧师交纳夭亡幼子的停尸费(mortuary fee),轮番与各级教士起冲突,1512 年被伦敦主教区教会法庭开除教籍。1513 年,胡恩与友人指控神职人员违背《藐视王权罪法》,但伦敦高级神职人员反以胡恩散布罗拉德主义(Lollardism)将其拘禁并于 1514 年底在狱中将其迫害致死,继而反诬胡恩畏罪自杀并将其尸体置于火刑柱上焚烧。仵作验明胡恩系被谋杀,胡恩友人遂向世俗法庭指控伦敦主教助理豪西(William Horsey)犯下谋杀罪。伦敦主教菲茨詹姆士(Richard FitzJames)在舆情发酵后请求沃尔西出手干预,结果是豪西逍遥法外。1515 年议会在舆情压力下讨论此案,争议升级。沃尔西身临下院,表面上向议会道歉实则暗示要将案件上诉罗马。此时亨利介入,称"除了上帝,英格兰国王之上从不存在更高权威"并警告教士"我们不会比我们的祖先满足你们更多的愿望"。[2] 案件移交王室法庭后,主审法官援引普通法认定教士会议的指控违反了《藐视王权罪法》;王室教堂主牧师维西(John Versey)告诉亨利,世俗法庭因刑事犯罪审判神职人员并不违反神法。议会进一步讨论是否要为胡恩平反,拟将其被籍没的财产还给其子嗣并立法限制教士特权。教会不愿服输,继续纠缠,修士斯坦狄什(Henry Standish)出面为君主的教权辩护,教士会议反斥斯坦狄什为吃里爬外的异端。当法院、议会、教士会议等为胡恩案争执并上升到国体之争时,亨利出面干预,他的决定仍有和稀泥之嫌,但他的出面立即终止了争论。议会的平反建议没有下文,迫害胡恩的主谋以及为胡恩辩护的斯坦狄什均未受罚且数年后双双升任主教。亨利借胡恩案表明国王意见远高于法庭裁决和议会建议,"教皇当然仍是英吉利教会毋庸置疑的精神权威,但很少有人怀疑国王才是英吉利教会的主人"。[3] 然而亨利毕竟未从理论上阐述他是"教会的主人",教权与王权的边界仍模糊不清。

---

[1] Peter Marshall, *Heretics and Believers*, p. 84.

[2] Peter Marshall, *Heretics and Believers*, p. 94.

[3] G. W. Bernard, *The Late Medieval English Church*, p. 31.

1500年前后，英格兰主要宗教异端是罗拉德派(Lollardy)，其信徒遵循14世纪后期的牛津大学教授威克里夫教导。这个派别厌弃圣礼烦琐，否认圣餐礼(Eucharist)所用酒和面包与基督血肉的关联，反对朝圣和偶像崇拜，质疑教皇权威，在所有方面与后世新教(Protestantism)极尽相似。① 根据威克里夫的政治神学逻辑，"英王是国内所有教界和俗界之人群的最高统治者，所有人都应服从他的权威，教会的司法审判权也归国王所有"，这种"王在教上"论可谓一种初生的英吉利国家主义"在宗教领域的滥觞"。② 14世纪末，罗拉德派有燎原之势；亨利四世篡位后为安全与稳定计，重拳打压，15世纪大部分时间内它并没有多少信徒，仅在从牛津到伦敦西郊的泰晤士(Thames)河谷有零星阵地；16世纪初，罗拉德派略有复兴迹象，但远不足为患。

与罗拉德主义相比，路德(Martin Luther)教义的传播令教俗两界如临大敌。起初仅剑桥和牛津少数师生在英伦传播路德教义，但伦敦主教图斯达尔1520年出使帝国看到路德所撰檄文后"祈祷上帝勿让路德作品流入英格兰"。③ 亨利忧虞路德教义隐含的不服从精神，1521年初特撰《为七圣礼辩护》(Assertion Septem Sacramentorum)驳斥路德学说，博得国际好评，利奥十世亦赞亨利为"信仰的保卫者"，路德侮辱性回击称亨利是"愚蠢且渎神的国王"，长着"夸夸其谈的嘴巴和淫荡的面相"。博学的费舍尔和莫尔不能容忍国王受辱，发文与路德隔空论战。④ 1525年，农民战争肆虐德意志时，亨利再撰文痛斥"邪恶的异端和罗拉德主义者……在基督的民众间播撒叛乱的种子，最终摧毁了基督教世界的和平与安宁，正如最近德国发生的那些事情，在那里，马丁·路德与其他异端的诱惑及煽动已杀死无数基督子民"。⑤ 重行轻言的

---

① G. W. Bernard, *The Late Medieval English Church*, p. 208.
② 孟广林：《英国"宪政王权"论稿》，第303、305页。
③ Peter Marshall, *Heretics and Believers*, p. 125.
④ Peter Marshall, *Heretics and Believers*, pp. 126 - 127.
⑤ David Loades, *Politics and the Nation*, p. 126.

沃尔西起初误以为路德教义仅是罗拉德主义的某种翻版，未动用手中资源和教权组织教士与路德系统论战，结果传播路德教义的小册子借16世纪初迅速进步的印刷术很快充斥英伦。1524年，图斯达尔要求禁止宣传路德教义的小册子流入，更不许国内机构出版这类作品。不过当时民众阅读能力有限，没有知识界精英引导，他们大多不会质疑既定教会秩序和教义、教礼。到1525年底，对英伦来说，路德仅是"地平线上的一团黑云"，远未压城。①

钟情路德教义的英籍知识分子廷代尔（William Tyndale）辗转汉堡（Hamburg）和科隆（Cologne）等地，于1526年初在沃尔姆斯（Worms）出版英译本《圣经》。译文刻意改变教理和教义关键词含义，贬抑善功和圣礼。廷代尔教导读者，阅其译本将"获得新生、富有活力且享受基督鲜血之浇灌"，而莫尔则指控廷代尔心怀"明目张胆的异端目的"。② 1528年，廷代尔又发表《论基督徒的服从》（*The Obedience of A Christian*）一文，以清新易读文风质疑教义、教礼和既定教会秩序。廷代尔作品因脍炙人口的民族语言深受读者喜爱，而安特卫普（Antwerp）这座被称为异端天堂的商业城市为英欧思想交流和信仰交锋提供了便利，驻尼德兰大使1528年向沃尔西说："一过海，他们就不晓上帝，亦不知国王。"③鉴于异端威胁日甚，官方加大打压力度。修士巴恩斯（Robert Barnes）和剑桥学员比尔尼（Thomas Bilney）等人因支持路德学说或因信称义（justification by faith）而遭传唤并迫于官方压力撤回言论。一名商人因向英格兰输入500部廷代尔译本《圣经》而遭拘捕。1529年，亨利再下诏，禁止神职人员从事未经审核的布道，严禁进口传播异端邪说的书籍，更不许民众传阅这类书籍。④ 1529年夏，莫尔发表《论异端》（*Dialogue Concerning Heresies*），公开声称"烧死异端合法、必要且干得好"并以身作则对异端滥施酷刑，成为公认的维护传统教会的头号官方代表。⑤

---

① Peter Marshall，*Heretics and Believers*，p. 128.

② Peter Marshall，*Heretics and Believers*，p. 131‐132.

③ Peter Marshall，*Heretics and Believers*，p. 151.

④ P. L. Hughes and J. F. Larkin, eds, *Tudor Royal Proclamations*，3Vols, New Haven，1964‐1969，Vol. Ⅰ，pp. 181‐185.

⑤ Peter Marshall，*Heretics and Believers*，p. 158.

16世纪初的英格兰政体是二元性质的政教并管,两者平行但未合一。世俗层面,王权已巩固,国王位于权力金字塔顶端,对任何人都有绝对优势;贵族和士绅实力雄厚,他们可以利用地方影响力和议会等合法机构妨碍甚至威胁王权;好在亨利七世和八世均是明主,控制、利用乃至笼络贵族的技艺娴熟,英格兰政通人和。信仰及民事权力分配层面,各级教士权势和作用比肩贵族士绅。然而教会理论上的权力源泉仍在罗马,英格兰远非严格意义上的主权国家,更谈不上上下同心、教俗一体的民族认同感。抛开教廷权威不谈,本土教会至少半自治的地位也严重妨碍英王集权并延宕民族凝聚力之形成。15世纪,当西班牙和法国分别借再征服运动和百年战争形塑强大王权和中央集权国家时,枪口指向同胞的玫瑰战争削弱了英格兰贵族,便利都铎君主重建王权。然而从战火中巧夺江山的亨利七世仍是标准中世纪国王,亨利八世虽有文艺复兴时代君主风范,但在国家体制建设上并无实质性突破。与西班牙和法国相比,英格兰尽显落伍。无论亨利八世是否意识到这一点,英格兰若要跟上时代潮流,就得借一场针对外族或外来势力且主战场在本土的激烈博弈来强化王权、完善国家机器并增进民族凝聚力。作为岛国的英格兰本无这样合适的博弈对象,然而机缘巧合之下,亨利选中了教廷这个没有兵卒、实则又有千军万马的强大且特殊的敌人。

打倒教廷并拿本土教会开刀绝不在亨利执政前半期的行事日程表上。16世纪初的英吉利教会腐败是不争事实,但这种腐败在当时的天主教世界司空见惯。一方面,它不比早前两个世纪或同时代的欧陆诸国教会更腐败,另一方面,教会理论上的廉洁标准太高导致腐败常被不经意放大。总体看,16世纪初英格兰教会并无明显异常,"1530年代及其后发生的任何事情均无必然性"。① 异端形成了压力,但当局完全有能力御之。沃尔西拟定的教会改革主要针对修院,无意触动入世教士、现有教阶体制以及教皇精神权威。当时神圣

---

① G. W. Bernard,*The Late Medieval English Church*,p.236.

帝国和西班牙全力打压新教徒（Protestant），长期与教皇兵戎相见的强势法王弗朗西斯一世亦未摧毁教皇精神权威。否认教皇权威者一是与威克里夫同质的路德、茨温利（Huldrych Zwingli）以及稍晚的加尔文（John Calvin）、诺克斯（John Knox）等神学家，二是皇帝鞭长莫及的北欧诸侯及尼德兰人，君权对他们有名无实，他们则要借路德光芒进一步侵蚀皇权及教权。反观此时的英格兰，它与法国及西班牙一样王权稳固、海晏河清，实际控制英吉利教会的亨利没有理由冒天下大乱之险打倒教皇。然而人到中年的亨利此时也在为没有男嗣昼忧夜愁，数百年英格兰中世纪史似能告诉他杀伐果敢、能征善战的君主才能确保王朝久安。正是求子心切外加色迷心窍导致亨利与教廷以及本土教会部分势力势同水火。亨利明知搅乱教俗既定秩序风险极大，但性格强势的他宁可眼下冒险也不愿把隐患留到将来。奇妙的是，在与国内外反改革力量博弈过程中，亨利豁然察觉王权与教权的模糊关系给了他宽泛操作空间。稳固而强大的王权、实际手握的主教任免权，甚至相对恭顺的议会都是亨利发动宗教改革的本钱。随着改革深入，亨利获得无上精神权威和丰厚物质利益，结果改革自然没了回头路，英格兰历史就此翻开新篇章。

第一章　亨利改教(1529—1547)

1461 至 1485 年,英格兰王冠五次易主。1520 年代,亨利理解的玫瑰战争仍未彻底结束,有约克和兰开斯特家族血统的贵族大量存在,即便 1513 年和 1521 年连续冤杀埃德蒙·德·拉·波尔和第三代伯金汉公爵,亨利仍不确信王朝安全并为膝下仍无男嗣心急如焚。年长亨利六岁且多次流产的王后凯瑟琳 1525 年年满四十,怀孕诞子的希望日益渺茫。凯瑟琳是查理五世姨母,在亨利早年联手神圣帝国对付法国的斗争中,她的外交价值不菲。不过亨利 1521 年与法国修复关系,1525 年后彻底放弃攻法之念,凯瑟琳外交价值骤贬,甚至成了亨利眼里的外交障碍。外交考虑及王朝继承均诱使亨利离婚。1527 年 5 月,亨利向沃尔西透露他的良心常因与凯瑟琳的婚姻感到不安,而他与凯瑟琳所生王子之夭折是神的报复和惩罚,与法学家以及神学家的讨论结果愈发加剧亨利之疑虑。[①] 随着凯瑟琳人老珠黄,亨利早年对她的绵绵情意早被消磨殆尽,而亨利喜好猎艳求欢,其婚外情足以撰为一部风流韵事史。早在 1514 年他便与人通奸生子,后封这位私生子为公爵,甚至一度考虑册立其为合法王储。1525 年,亨利又勾搭上罗切福德(Lord Rochford)之女玛丽·波琳(Mary Boleyn)。1527 年,亨利再度移情别恋,与玛丽·波琳之妹安妮·波琳(Anne Boleyn)坠入爱河。安妮·波琳插足导致亨利下定离婚决心,然而她和亨利的其他情妇不同,她不是招之即来、挥之即走的普通女人,她要名分。

---

① G. W. Bernard, *The King's Reformation: Henry Ⅷ and the Remaking of the English Church*, Yale University Press, 2005, pp. 1 - 2.

吊起亨利胃口后，她拒绝与亨利同床，"显然，她越是拒绝，亨利越是欣赏她"。① 亨利因爱而迁就波琳，也担心波琳因未婚先孕、不洁私生活引起民众反感以及教会谴责。为长远计，亨利与波琳适当保持距离，但书信往来证实两人恋情火热，彼此朝思暮想。一波波婚外情反过来加剧了亨利对自己婚姻的怀疑。

沃尔西多年来也为国王个人大事劳神费心，不过他此时并不知晓亨利已心有所仪。沃尔西一直撮合安茹的热丽（Renee of Anjou）与亨利结为伉俪，既可进一步稳固英法关系，亨利也有望早得贵子。1527 年夏，沃尔西前往法国游说英法联姻，并试图用他在教廷的影响力替亨利解除与凯瑟琳的婚姻。与此同时，亨利瞒着沃尔西派心腹前往罗马，请求教皇克莱门特七世成全他与波琳。教皇要求亨利首先须证明他与凯瑟琳的婚姻无效。② 在法期间，沃尔西方知亨利早与波琳私通。亨利的变卦对沃尔西如冷水泼面，意味着国王已不再完全信任他。更不祥的是，罗切福德是其无法和解的政敌。沃尔西因独揽朝政四处树敌，现在各路政敌很可能迅速聚集到罗切福德身边，结成反对他的阵营。最要命的是，沃尔西进退失据。若为亨利解除他与凯瑟琳的婚姻，波琳自然上位为新王后，沃尔西不想看到这个结果；但若无法成全亨利，必被指责办事不力。沃尔西明知大事不妙却无选择，昧着良心为亨利卖命，毕竟只有满足主子心愿并不断取悦他才能保住权势。

1528 年初，亨利再派加德纳率团远赴罗马，与英王在意大利的代理人卡塞利（Gregory Casale）一起代表亨利向教廷呈递申诉书，请求教皇成立教令委员会（decretal commission）并任命沃尔西为委员会大法官，调查尤里乌斯二世（Julius Ⅱ）当年发布的特许令是否合规，再以调查结论为据裁定亨利离婚理由能否成立。加德纳等人软硬兼施，威胁称英法可能同时脱离教廷，而此时法军正在猛攻那不勒斯（Napoli）。6 月，克莱门特同意沃尔西和意大利人坎佩吉奥（Lorenzo Campeggio）为教令委员会负责人，调查这桩已维系了二十多年的争议婚姻。教皇纯为敷衍，他私下口谕坎佩吉奥能拖就拖，不要澄清婚姻

---

① J. J. Scarisbrick, *Henry Ⅷ*, p. 149.
② G. W. Bernard, *The King's Reformation*, p. 9.

是否合法，如若可能，还应说服亨利维系婚姻。一般认为，克莱门特为查理五世所挟，身不由己。实则他另有盘算，欲利用离婚案迫使查理五世在意大利适当让步。简言之，克莱门特在亨利和查理五世之间待价而沽，以期调停两用。

不过上述外交和政治算计并非克莱门特拒绝表态的根本原因，亨利离婚更大障碍在于他所提理由并不充分。亨利陈诉的离婚理由是《圣经·利未记》明言"不可露你弟兄妻子的下体"，"人若娶弟兄之妻，这本是污秽的事，羞辱了他的弟兄，二人必无子女"。① 亨利将王子夭折归罪于凯瑟琳原是自己嫂子。然而这个理由首先要解决一项神学矛盾。为凯瑟琳辩护的罗切斯特主教费舍尔认为《利未记》的诅咒只适用于兄弟健在之情况。凯瑟琳原是亨利嫂子，但在王兄阿瑟去世后才与亨利成婚，而《圣经·申命记》载："弟兄同居，若死了一个，没有儿子，死人的妻子不可出嫁外人，她丈夫的兄弟当尽弟兄的本分，娶她为妻，与她同房"；"妇人生的长子必归死兄的名下"。② 对比《圣经》中这两项矛盾的神学教导，亨利与凯瑟琳结合显然更符合《申命记》之要求，而非亵渎《利未记》。1528 年 10 月 28 日，坎佩吉奥抵达伦敦，起初欲说服凯瑟琳以继续享有王后尊荣为条件遁入修院，遭凯瑟琳严词拒绝。1529 年 5 月 31 日，沃尔西和坎佩吉奥主持的教令委员会开庭审理离婚案。亨利在庭审时虚伪表示深爱王后并祈盼婚姻合法，只叹神意难违。不过他的虚伪完全经不住凯瑟琳的事实回击。凯瑟琳对神学争论并无兴趣，她首先出庭否认沃尔西和坎佩吉奥有权主持教令委员会。她进一步辩称亨利并非无子女，他不仅有公主玛丽，且有"被上帝带去了幸福彼世"的早夭之子。凯瑟琳不仅从西班牙搞到了教皇当年批准她与亨利成婚的特许令副本，还一再声称自己当年与阿瑟均幼小无知，虽有婚礼却未圆房，她以完璧之身嫁与亨利，对此亨利从未否认。③ 费舍尔为凯瑟琳辩护称，她与亨利的婚姻法理充分，即便坎佩吉奥和沃尔西有教皇诏谕，亦无法废除既成之婚姻。④

庭审对亨利极为不利，不过沃尔西以及深受路德神学影响的克兰默尔

---

① 《圣经·利未记》(18.20)
② 《圣经·申命记》(25)
③ Peter Marshall, *Heretics and Believers*, pp. 170 - 171.
④ G. W. Bernard, *The King's Reformation*, p. 13.

(Thomas Cranmer)不愿坐视亨利输掉官司。针对凯瑟琳出示的教皇特许令，他们反击称无论圆房与否，只要存在婚姻协议，哪怕是口头的，也足以证明阿瑟与凯瑟琳的婚姻有效，也即凯瑟琳是亨利嫂子。沃尔西和克兰默尔的逻辑至少在教会法和神学上可持久为亨利辩护，但亨利对复杂的教义和神法极不耐烦，固执以《利未记》作为离婚唯一理由。他的固执难以赢得教廷和神学界支持。1529 年 4 月，克莱门特又派人捎话给亨利，若撤销尤里乌斯二世发布的特许令，后果不堪设想，教廷过往发布的所有诏令都可能遭质疑，基督教世界会天下大乱。

亨利霸道成性，既无心纠缠神学矛盾，也无视凯瑟琳所摆事实，更不理会教皇警告。他妄称《申命记》所载乃犹太人习俗，自己不必遵守。他对坎佩吉奥拖而不决极为不满，甚至怀疑沃尔西的忠诚，埋怨他与坎佩吉奥一样态度骑墙。沃尔西显然被误解了，他虽就离婚诉讼秉持的神学理论与亨利不完全一致，但身为臣子一直在竭尽所能帮亨利圆梦。夹在亨利和教皇之间的沃尔西两头受气，他抱怨教皇设定教令委员会仅为官样文章，表里不一只会激怒亨利。他甚至提醒教皇，亨利是迄今为止反对路德宗最卖力的世俗君主，失去亨利支持，教廷恐追悔莫及。法军 1529 年 6 月战败，教皇更需拉拢亨利牵制查理五世。值此关头，坎佩吉奥仍在教令委员会中作梗，无视亨利所求。沃尔西忧心如焚。身为枢机主教，他不希望案件交由基督教世界的法学家和神学家裁定，这会损害教廷权威。他更得设法阻止案件交由罗马教皇法庭（Rota）裁决，毕竟英格兰神职人员在罗马影响力微乎其微，亨利不可能得到有利诉讼结果。为此，亨利及支持其离婚的臣属须尽一切办法"确保案件不在教皇法庭"审理。[①] 一旦教廷裁决不利于亨利，沃尔西自身地位也会岌岌可危。他警告卡塞利等人，不仅国王将败诉，"自己也被彻底毁掉"。加德纳同样预测，教廷不仅会失去亨利支持，沃尔西也将遭"同样报应"。[②] 7 月，沃尔西愈发确信亨利不仅会怪罪他办事不力，且会牺牲他以发泄对教廷的怨气。

沃尔西的担心正在变成事实。亨利已确信指望教廷成全实无可能，遂改

---

① J.J. Scarisbrick, *Henry Ⅷ*, p. 228.

② G. W. Bernard, *The King's Reformation*, pp. 33 - 34.

变策略,倾向倚重本土权贵并绕开沃尔西。1529 年 7 月底,当坎佩吉奥宣布教令委员会休庭时,亨利让诺福克(Thomas Howard, 3rd Duke of Norfolk)和萨福克两位公爵通知坎佩吉奥,事情须尽早了结,三个月后教令委员会再度开庭时,无论裁决结果为何,必须结案。8 月,英格兰官方告知各国驻英使节有事不必再找沃尔西,要务交由诺福克、萨福克以及罗切福德处理。① 8 月 9 日,亨利下诏开 1523 年以来的首次议会。谣传亨利欲用议会反击教廷和教士,廷臣也闻风而动,纷纷与沃尔西切割且准备落井下石。② 9 月,沃尔西被迫卸任一切公职,王座法庭(King's Bench)指控他藐视王权,理由是他擅自以教皇诏令担任教皇代理,故他以教皇代理身份所做的"一切事情,包括他的财产"均应"受到诅咒"。③ 显然这是欲加之罪何患无辞,毕竟是亨利当年为沃尔西争取到了教皇代理身份。然而沃尔西在不对等的君臣较量中百口莫辩,不久,他的教产便遭籍没。也许亨利念及沃尔西曾于王室劳苦功高,宽恕了他的藐视王权罪。沃尔西心有不甘,欲利用其老部下克伦威尔(Thomas Cromwell)等人疏通,重新赢得亨利信任,然而其政敌已决意联手将其彻底整垮。1530 年 4 月,亨利要求沃尔西离开伦敦,前往约克就任他从未真正履职过的约克大主教。约克大主教在伦敦的居所约克宫(York Palace)亦落入亨利之手,并更名白厅,最初赐予波琳居住,后成英国政府所在地。沃尔西孤注一掷,暗通帝国驻英使节查普伊(Eustace Chapuys),还瞒着国王及伦敦政要与"法国及教廷代表联络",欲借往昔的国际影响力恢复权势。④ 这乃玩火自焚,亨利怒斥沃尔西"在国内外搞阴谋",身涉"放肆而又恶毒的行径",企图"借罗马教廷恢复他的财产和尊贵"。⑤ 沃尔西已在发配约克途中,亨利不依不饶,宣布他犯有叛国罪,须折返伦敦受审。年老体衰的沃尔西无法承受一连串突如其来的打击,于 11 月 29 日病死于莱斯特修道院。他因办理离婚不力而失宠倒台,本罪不至死,但他多年垄断朝政激起其他贵族和绅士不满,身兼枢

① J. J. Scarisbrick, *Henry Ⅷ*, p. 233.

② Peter Marshall, *Heretics and Believers*, p. 172.

③ G. W. Bernard, *The King's Reformation*, p. 36.

④ G. R. Elton, *Reform and Reformation*, Harvard University Press, 1977, p. 113.

⑤ J. J. Scarisbrick, *Henry Ⅷ*, pp. 239 - 240.

机主教须为教廷滥权腐化背锅,是教会"这个专横的权力机构一切错误的缩影"。① 亨利拿蜚声国际的枢机主教沃尔西祭旗明摆着在向教廷示威,标志着他开始"有条不紊地攻击教皇,申明自己的至高无上权力"。②

沃尔西垮台后,亨利对教会的攻击急速发酵。首先御前会议恢复了功能,诺福克、萨福克、罗切福德、新科大法官莫尔以及国王秘书加德纳组成新的权力中枢,他们都无明显的宗教背景。随后,亨利指使议会发布命令,禁止任何人以罗马的授权为名在英格兰担任任何世俗职务,英格兰臣民不许去罗马诉讼,他自己更不会去罗马出庭。1529 年 11 月召开的改教议会(Reformation Parliament)第一次会议充斥着浓烈的反教权气息,僧俗两界激烈交锋。编年史家兼议员霍尔(Edward Hall)说神职人员以打压异端为名,敛财、腐化并迫害良善,早已引起公愤。以费舍尔为代表的僧侣反斥议员教唆民众仇恨教士,放任下去,英格兰也将出现路德之流。③ 亨利从议会的反教权情绪中深受鼓舞,加快了行动步伐。1529 年底,亨利告诉查普伊,若教皇罔顾神学家意见,拒绝撤销尤里乌斯二世当年发布的特许令,"他将宣布教皇为异教徒并称自己可以在任何乐意的地方举行婚礼"。④ 1530 年 7 月,亨利召集贵族、主教以及修道院院长等集会,将一份有 40 余名贵族和 6 名主教签名的申诉书呈送克莱门特,抱怨教廷拖沓给英格兰造成了各种不利,并语带威胁称英吉利人不想进一步"伤害您的权威,除非您逼迫我们"。⑤ 10 月,萨福克以及安妮父亲、现已受封威尔特伯爵(Earl of Wiltshire)的罗切福德向亨利进言:在英格兰境内国王就是"皇帝和教皇"。与此同时,亨利警告教皇特使,若克莱门特仍拖而不办,他将向天下人宣布教皇权力不比古代以色列人领袖摩西(Moses)更大,其现有权力多属僭越,届时对教皇的伤害将"无法弥补"。⑥ 亨利还让他在罗马

① 约翰·马图夏克:《亨利八世与都铎王朝:"多面暴君"和他的传奇帝国》,中国友谊出版公司,2020 年,第 179 页。

② G. W. Bernard, *The King's Reformation*, p. 36.

③ Edward Hall, *Hall's Chronicle: Containing the History of England, during the Reign of Henry the fourth, and the Succeeding Monarchs, to the End of the Reign of Henry the Eighth*, London, 1809, p. 765.

④ G. W. Bernard, *The King's Reformation*, p. 37.

⑤ Peter Marshall, *Heretics and Believers*, pp. 180 - 181.

⑥ G. W. Bernard, *The King's Reformation*, p. 39.

的代理人转告教皇,根据英格兰习俗,任何人不得出席王国之外的法庭。如果说 1529 年时亨利尽力争取罗马支持以便在英格兰境内解决离婚案,既可了却个人心愿,又能避免与教廷决裂,那么到 1530 年下半年情势已彻底不同。短短一年,亨利姿态强硬了百倍,他"不仅挑战教皇的权威,且威胁与教皇撇清关系",以便树立"他自己的新权威"。① 箭已上弦,随时可发。

向教皇发难前,亨利还须确保国内神职人员支持,防止英吉利教会与罗马教廷里外勾连,合谋生乱。打倒沃尔西已对主教产生了敲山震虎之效,许多主教因沃尔西下场悲惨胆战心惊,他们都在不同程度上与沃尔西有牵连,随时可能成为倒霉的从犯。"从理论上说,所有神职人员现在都身处险境","默认或公开承认沃尔西的教皇代理权的神甫都难逃干系",斯托克斯利(John Stokesley)坦白:"我们由于脆弱以及缺乏智慧而对国王不敬,……我们所有教士都犯有藐视王权罪。"②亨利龙颜甚悦,任命斯托克斯利为伦敦主教,1531 年又任命加德纳为温彻斯特主教。一般情况下,只有主教犯法或病故,国王才有任命新主教机会。两位新主教的任命增强了改革派实力,但英格兰和威尔士总计 20 余位主教,亨利仍不能保证其中多数支持他打倒教皇。费舍尔等三位主教便是典型,他们为凯瑟琳伸张正义,代表她上诉罗马。亨利盛怒之下下令将他们逮捕入狱。为进一步震慑主教,克伦威尔建议亨利利用议会与教士斗争。1531 年初,改教议会第二次会议上演了亨利与僧侣激烈交锋的第一回合,亨利利用议会控诉十几位高级教士藐视王权,逼迫他们服软后再赦免其罪行,既彰显君威浩荡及亨利的宽宏大量,又起到充分震慑效力。为亨利站队的议员抨击教会敛财,指责教士身兼多职(pluralism)并据此对其罚款。重压之下,教士会议同意支付近 12 万镑罚金。③ 亨利的棒喝迫使神职人员在 2 月认可他以教士最高首脑行使权力,教士们只附加了"只要神法允许"这个条件,以便让神法和教会法表面一致。这个条件空洞抽象,对亨利下一步行动构不成实质性限制。亨利在与教士第一回合斗争中占得上风并从中认识到议会作为斗争工具仍有巨大潜力,从这个意义上说,1531 年议会为英格兰本土教会批

①　J. J. Scarisbrick, *Henry VIII*, p. 260.

②　G. W. Bernard, *The King's Reformation*, p. 45.

③　David Loades, *Politics and the Nation*, p. 129.

准离婚"埋下了伏笔"。①

自 1527 年初决意离婚，亨利做了大量准备工作。他反复与廷臣商讨对策，认真研读古代作品，其勤奋及博学令时人惊叹。亨利还向欧陆各国，特别是法国和意大利的大学派遣心腹代表，游说大陆神学家和法学家支持他离婚。克兰默尔也被派往罗马和博洛尼亚（Bologna），正是在与大陆学人的切磋中，他隐约察觉亨利有望胜诉。沃尔西令各地修道院提供档案和文书，证明英吉利教会创始之初的独立性；加德纳组织一批教授和神学家为亨利离婚搜集证据，编写文案。② 亨利自然不忘向其师傅莫尔求教，但莫尔反应冷淡。诺福克等人一再进言最佳办法是争取教皇撤销尤里乌斯当年发布的特许令，如此能将风险降至最低。亨利最初也不想与罗马撕破脸皮，但他仅表面尊重教皇，实则绵里藏针、攻势凌厉。他大肆鼓噪《利未记》教导显然是在提醒世人，教皇不能违背神法发布令状。如再引申，还可做如下理解——涉及神学争论的《圣经》文本不应以教皇意见为准，而应由法学家和神学家解释。这等于警示教廷，一旦迫不得已，亨利极有可能效仿路德教徒，彻底否定教皇权威。加德纳和卡塞利明确告诉克莱门特："国王之高贵足以绕开教皇处理离婚事宜。"③

为确保理论和历史依据更充分，亨利还授权克兰默尔领衔编纂《文集汇编》（Collectanea Satis Copiosa），该书大量援引《圣经》、教父哲学家和中世纪神学家作品中有利于亨利的证据。文献表明英吉利教会 2 世纪便已形成，远早于教廷之创设，因此英吉利教会没有理由服从罗马；"旧约中的国王、罗马皇帝以及早期英吉利国王"都证明英王不受教廷节制，享有世俗和精神的"双重权力"。④ 迂回支持改教的布道词令亨利信心倍增，神学家和法学家的论著也鼓励他大胆前进。廷代尔 1528 年在安特卫普出版《基督徒的服从》，称"王的法律就是神法"，廷代尔甚至还为教会史家笔下名誉扫地的约翰王翻案，莫尔斥其离经叛道并指责他是"英格兰异端首领"。波琳这个有心的女人故意诱导亨利注意廷代尔大作，亨利反对书中多数观点，但欣赏该书强调的世俗统治者

---

① 刘新成：《英国议会研究：1485—1603》，第 141 页。
② G. W. Bernard, *The King's Reformation*, pp. 14 - 16.
③ G. W. Bernard, *The King's Reformation*, p. 31.
④ G. W. Bernard, *The King's Reformation*, p. 49.

对俗人及教士均有绝对权威之论。亨利更想让民众接触廷代尔的《圣经》英译本，以便他们用浅显易懂的民族语言熟悉《利未记》。① 圣日耳曼（Christopher St German）的两本小册子——《博士与学生》（*Doctor and Student*）、《精神与世俗》（*Spirituality and Temporality*）均支持取缔教会自治权。很可能出自亨利本人之手的匿名作《真理之镜》（*A Glass of the Truth*）亦为离婚辩护。这些著作笔调一致：早期教会除了耶稣没有任何领袖，教皇权力是在历史演进中非法僭取的；恢复教会之纯洁必须摧毁教皇僭称的权威，不过上帝并不希望世间教会陷于无政府状态，世俗君主应积极担当教会治理之责。到 1531 年底，亨利已在与神职人员斗争中初尝甜头，又从史籍和推陈出新的当代著作中建立了更大自信，他不再担心被教皇开除教籍或教皇号召的僧侣反叛，打倒教廷的准备工作已经到位。

　　1532 年头几个月是英格兰宗教改革关键期。鉴于教皇法庭很可能开庭审理凯瑟琳的上诉，亨利做了两手准备。一是与法国以及德意志北部新教诸侯套近乎，争取广泛国际支持。二是进一步发挥议会功能。1 月 15 日，改教议会第三次会议召开，下院议员猛烈抨击僧侣滥权贪腐、迫害异己、草菅人命，"决定并同意将俗界遭受的所有苦难写出来呈递给国王"。② 亨利借风使船，亲自在议会提议停止向罗马上交首岁教捐。上院主教的反对完全在亨利预料之中，但下院反对者亦近半数，亨利不得已再次威胁议会并迫使其屈服。"他建议那些赞同真理以及王国之福祉的议员站到一边，不赞同者站在另一边；几位惧怕国王愤怒的议员站到了他这边，国王用这种办法得到了区区数票的优势。"③《首岁教捐法》（First Act of Annates）就这样生效。首岁教捐一年不过4500 镑，亨利仅想利用其向教皇施压，逼迫教皇同意其离婚，一旦事成，英格兰与教廷关系还有回旋余地。就首岁教捐激辩时，克伦威尔于 3 月 18 日抛出

① Peter Marshall, *Heretics and Believers*, pp. 177 - 178.
② Edward Hall, *Hall's Chronicle*, p. 784.
③ G. W. Bernard, *The King's Reformation*, p. 54.

《神职人员控诉书》(Supplication Against the Ordinaries),提议议会剥夺教会司法权,怂恿下院恭请国王改革宗教法及其诉讼程序。克伦威尔胃口比亨利更大,他想让"隶属罗马教廷的英吉利各教区只服从英格兰的民族权威"。①《神职人员控诉书》是克伦威尔杰作,亦是圣日耳曼法学思想的结晶,圣日耳曼认为教会法不能高于议会法和普通法,僧侣应服从议会。随后两个月,下院与宗教会议围绕《神职人员控诉书》激烈交锋。亨利本打算在下院与宗教会议之间保持至少表面的中立,但加德纳和大主教沃厄姆的强硬姿态激怒了亨利。加德纳和沃厄姆都支持离婚,但极力捍卫英吉利教会惯有的特权。加德纳是本土教会特权派的头领,在反对《神职人员控诉书》时公然叫嚣"教士权利源于上帝,不能被限制"。② 他还指控这份控诉书完全是"天性邪恶之人……诱惑明智、悲悯且立场坚定之人"。③ 沃厄姆欲效法 12 世纪的贝克特,随时准备殉教,养病中的费舍尔也撰文为教权辩护。阻力之大可见一斑,不过亨利鼓动下院议员与宗教会议抗争到底。5 月 10 日,亨利现身下院,要求教会法必须认可他提出的三项要求:国王有权否定将来的任何法律,当然包括教会法;现存教会法必须接受由教俗两界组成的委员会审查,废除不合理条款;一切教会法都必须支持国王权威。11 日,亨利在议会怒斥只认教皇而不承认国王宗教权威的人"只算我的半个臣民,甚至算不上臣民"。④ 随后他授权克伦威尔起草议案,随时准备下一轮斗争。14 日,亨利突然宣布议会休会至 11 月,次日指示诺福克等人转告教士会议,没有国王同意,教士会议不得开会。⑤ 查普伊说,教士若屈服,他们地位此后"不如鞋匠,鞋匠有权集会并制定行规"。⑥ 然而教士会议并无对抗资本,15 日,在威逼之下承认了亨利所提的三项要求。16 日,大法官莫尔辞职。他不愿否定凯瑟琳合法王后地位,否则良心不安;他更不能接受议会有权裁定国王是教会领袖,因为这将导致暴君专制并侵蚀"良

---

① G. R. Elton, *Reform and Reformation*, p. 150.
② Christopher Haigh, *English Reformations: Religion, Politics and Society under the Tudors*, Oxford University Press, 1993, p. 113.
③ Stanford E. Lehmberg, *The Reformation Parliament*, 1529 - 1536, p. 146.
④ Edward Hall, *Hall's Chronicle*, p. 788.
⑤ Peter Marshall, *Heretics and Believers*, p. 198.
⑥ Peter Marshall, *Heretics and Believers*, p. 197.

心自由"。① 莫尔辞职后,克伦威尔在枢密院权重大幅增加,行动更自由,他和波琳结成非正式政治联盟,网罗同道,权力天平进一步向他们倾斜。

到 16 世纪,教廷权威已丧失两个世纪,君主担心的并非教皇而是国内教士,因此教士会议服软比《首岁教捐法》影响更深远,"教会丧失了司法独立权,授权国王控制教会法并让国王与安妮·波琳的婚姻道路畅通无阻"。② 就在亨利对教会取得决定性胜利时,不妙消息传来。1532 年夏,弗朗西斯一世同意其子亨利迎娶佛罗伦萨的美第奇(Catherine de Medici)。美第奇是克莱门特亲戚,为防止法王与教皇勾连,亨利高调携波琳前往法国布洛涅会见弗朗西斯一世,在国际舞台出双入对展露藐视教皇之气魄,顺便警告教皇,法国太子妃美第奇不妨碍英法交好,两国仍会同孔出气。1532 年底,御医证实波琳怀孕并献媚称胎儿极有可能是王子,亨利确信很快将迎来盼望已久的合法王子,只需在孩子出生前与波琳成婚即可。天意似乎也要成全亨利,大主教沃厄姆于当年 8 月去世,根据惯例,间隔一年才能任命新任大主教,然而亨利迫不及待于 1533 年 1 月 24 日安排克兰默尔填补大主教空缺。这一任命"对激进派的成功至关重要",奇怪的是,亨利未征询教廷意见就擅自任命地位极高的大主教,克莱门特竟未表达任何异议。③

克兰默尔为报答亨利的破格提拔,殚精竭虑为其排忧解难。上任第二天,他便主持了亨利与波琳的秘密婚礼。波琳登堂入室后,为预防教廷干涉或否决亨利婚姻,亦为阻止国内教士上诉罗马,1533 年 3 月 14 日,由克伦威尔和克兰默尔炮制的《终止上诉法》(Act in Restraint of Appeals)提交下院讨论。该法明确"英格兰治域是一个帝国",国王对境内"所有类别及所有等级的人"拥有"全权的、全部的、彻底的权力"。④ 部分议员强烈抵制,克伦威尔将抗议最烈的 30 余名议员记录在册,其中包括斯罗克莫顿(George Throckmorton),克伦威尔警告他"待在家中,少谈政治"。⑤ 相反,上院世俗大贵族担心教俗两

---

① John Guy, *Tudor England*, p. 141.

② Christopher Haigh, *English Reformations*, p. 115.

③ John Guy, *Tudor England*, p. 132.

④ C. H. Williams, ed., *English Historical Documents*, Vol. Ⅴ, *1485 - 1558*, Routledge, 1996, p. 738.

⑤ John Guy, *Tudor England*, p. 134.

界权贵分裂引发社会动荡，反倒建议尽早落实《终止上诉法》。高级教士因对下院心生怨恨转而支持国王。他们意识到木已成舟，抵抗亦属徒劳，不如两害相权取其轻。教士宁可服从国王权威，也不甘受下院支配。4月7日，《终止上诉法》在议会通过。法学知识渊博的克伦威尔起草《终止上诉法》时，强调教会应当服从议会，但国王和以克兰默尔为代表的部分神职人员反对议会借机扩张权力。法案由议会颁布，强调的却是国王而非议会对教会的绝对权威，议会与教会、议会与国王的关系仍含混不清。国王既然绝对领导教会，理当可用王室命令昭告天下，但亨利偏偏要用议会立法明确君主教权。君臣皆知议会立法比王室诏令更具说服力，然而无人言明君权与议会权力孰高孰低。这种利弊兼有的宪政模糊性贯穿整个都铎王朝并延续至下个世纪，既导致无数冲突，又充满弹性，给各方宽阔进退空间。

国王与改革派在议会大获全胜，克兰默尔也在坎特伯雷举行的南部宗教会议上威逼利诱，收获巨丰。鉴于与会教士继续抵制亨利离婚，克兰默尔要求教士明确回答：与已故兄弟之妻的婚姻是否触犯神法以及教皇是否有权用特许状干涉这种婚姻。66名教士声称这种婚姻有违神法且教皇无权干涉，仅19人持相反意见；与会44位教会法学家认定凯瑟琳与阿瑟已完婚，只有6人对此否认。[1] 南方教士会议就这样以所谓的多数原则否定了亨利与凯瑟琳的婚姻，不久北方教士会议依样画瓢。教士会议已成橡皮图章。5月23日，克兰默尔以上述教士会议表决结果为据，名正言顺裁定亨利与凯瑟琳婚姻无效，五天后又裁定亨利与波琳合法成婚。缺席庭审的凯瑟琳不承认判决的合法性，但无济于事。

5月底和6月初的安妮王后加冕礼排场盛大，然而民间毫无喜庆，百姓沉默，莫尔拒绝出席，一位伦敦公职人员悬梁自尽以示抗议，两位仍称"凯瑟琳是真正王后"的妇女遭剥衣殴打后耳朵又被钉上木柱。[2] 国内臣民并未认可亨利所为，外部敌人也加大施压力度。7月，教皇谴责亨利的新婚非法并要求他在9月之前迎回凯瑟琳，否则开除其教籍。其后两月，亨利在等待波琳临盆的

---

① Christopher Haigh, *English Reformations*, p. 116.

② Peter Marshall, *Heretics and Believers*, p. 206.

同时,指使枢密院下令各地神职人员布道反击教皇,布道词需明确:教皇只是"罗马主教",在其"主教辖区外,不比其他任何主教享有更大权力";"在英格兰境内,罗马主教不比任何外国主教享有更多权力"。① 教皇派(Papist)这个带有贬义的词语应运而生,意指维护教皇权威的天主教徒,当时还无新教徒一词,与教皇派对应的改革派自称福音派(Evangelical),未卷入斗争者被称为英格兰天主教徒。② 9 月 7 日,波琳产下一位公主,取名伊丽莎白。亨利失望,但远不至于绝望,毕竟波琳再生男嗣可能性极大。

　　亨利不仅不能走回头路且要进一步捍卫他与波琳的婚姻。1534 年初,议会通过《继承法》(Succession Act),再次确认亨利与凯瑟琳婚姻无效,凯瑟琳身份只是王储遗孀(Dowager of Prince);波琳所生子女才能继位,任何反对波琳王后地位或伊丽莎白继承权之言行均属反叛罪。臣民须发誓拥护《继承法》。为减小民间阻力,平信徒誓词不包括谴责教皇,仅要求否认"外国权威或统治者";神职人员起誓时须明确驳斥"罗马主教"权威。③ 莫尔拒绝起誓,克伦威尔曾派人捎话劝诱莫尔承认国王教权,但莫尔警示:"一头狮子如果意识到了其力量,谁都难以约束之。"④莫尔于 4 月 14 日被押入大牢,费舍尔不久步其后尘。1534 年底,议会授权征税加强国防,同意国王从教会抽税,应对可能由教皇号令的外族入侵。最重要的是,11 月 3 日议会通过《至尊法》(Supremacy Act)确认国王就是"英格兰教会世间唯一最高首领",国王"享有全权和权威,不时地巡访、镇压、革除、改革、命令、纠正、抑制、修改(教会的)所有错误、异端、滥权、冒犯、蠢动及大恶"。⑤ 简言之,国王自此独享"精神和世俗一切权威"。⑥ 议会还颁布一系列辅助法案。紧接着《至尊法》生效的《叛国法》(Treasons Act)授权官方镇压宗教异见者;1535 年的《终结罗马主教权威法》(Act Extinguishing the Authority of the Bishop of Rome)规定任何捍卫教皇权威之言行均属藐视王权罪;根据 1534 年的《首岁教士俸禄支付法》(Act

---

①　Christopher Haigh, *English Reformations*, p. 117.

②　Peter Marshall, *Heretics and Believers*, pp. 158‐160.

③　Peter Marshall, *Heretics and Believers*, p. 210.

④　Peter Marshall, *Heretics and Believers*, p. 182.

⑤　C. H. Williams, ed., *English Historical Documents*, Vol. V, p. 746.

⑥　G. R. Elton, *Reform and Reformation*, p. 196.

for Payment of First Fruits)，神职人员禁止向罗马上贡，转而向国王献奉。1485 至 1534 年，神职人员平均每年只向教廷上贡不足 5000 镑，但 1535 年他们向亨利上贡 46052 镑，1536 年达 51770 镑。① 至此，亨利娇妻、权力、财富三全其美，英格兰宗教改革第一阶段结束。

英格兰宗教改革是席卷西欧的改革洪流的一支，但与大陆宗教改革路径有天壤之别。大陆改革是由路德、加尔文、茨温利这些神学家主导，他们的改教运动尽管也得到区域性诸侯或社区政府支持，但政治因素淡薄。英格兰宗教改革完全由亨利个人主导，受其意志驱使，且政治考量始终压倒教义及圣礼争执。从 1527 至 1535 年，亨利找到"忠诚、精明且博学的谋臣"助其改教，用"威逼利诱以及棒喝"迫使本土教会满足其愿望，确保了整个王国"默认"他的改革。② 亨利的权威无处不在，教义和教礼由他定夺，英格兰未因宗教分裂引发内战。大陆诸国则被宗教分歧撕裂，社会动荡不宁。无论是否巧合，亨利改教的外交时机选择非常明智。1530 年前后，查理五世最关心的是路德和土耳其人。克莱门特七世反对亨利擅自离婚，但没煽动英吉利人挺身造反；1534年 9 月，克莱门特病死，继任教皇保罗三世（Paul Ⅲ）甚至以否定尤里乌斯的特许状换取亨利放弃英吉利教会最高首脑，亨利在与教廷讨价还价中反而手握主动权。③ 法国乐见英格兰与罗马分离，以给查理五世加压。亨利娴熟利用 1530 年代西欧错综复杂的外交格局，为改教赢得了最佳国际环境。

在迫使教士会议屈服时亨利充分利用了议会，这一妙招把国王夫妇以及国王和教会的冲突转变为世俗精英与宗教上层人士的斗争。斗争的转向使得胜利天平迅速向国王倾斜，毕竟亨利与多数下院议员的世俗利益重叠，而教会和一部分大贵族仅在上院达成脆弱合作关系。对教会的指控几乎全由议会发起。后世同情凯瑟琳或天主教的学者不遗余力指控亨利恐吓议员，在议会选举中大肆贿选、威逼利诱，致使改教议会堕落成国王的顺服羔羊，多数议员噤若寒蝉，只是亨利掌中玩物。这多少是一种想当然的看法。下院根据 1430 年划分的选区选举产生。乡郡议员主要是骑士，其选举一般被地方大贵族左右，

---

① John Guy, *Tudor England*, p. 136.
② G. W. Bernard, *The King's Reformation*, p. 72.
③ J.J. Scarisbrick, *Henry Ⅷ*, p. 333.

国王很难直接干预。城市议员最关注其所在市镇利益，当选议员不唯国王马首是瞻。议会辩论记录显示下院不乏凯瑟琳同情者，但除了《终止上诉法》，他们并未强烈抵制其余各项针对教会的立法。当然，议员们并非热心宗教改革，而是痛恨教会腐败，嫉妒教士特权，亦关心王位继承。他们知道教会腐败和教士兼职早已激起公愤，王权若降服教会必能减少腐败。教士会议援引教会法与亨利抗争时，从不考虑普通法和成文法，议会立法在教士眼中一文不值。议员们对王位继承焦虑，而亨利只有一名合法继承人玛丽，他们对玛丽的教皇情结和哈布斯堡背景讳莫如深，更何况玛丽还是个女孩，廷臣和议员都希望拥立一位男性储君。此外，两院议员更明白，被国王利用也是自身扩张权力的好机会。都铎初期议会软弱，但在改教过程中，议会权势与王权共同扩张。王权与议会权力并非天然对立，两者当时一同侵蚀教会权力，齐头并进。

克伦威尔是设计并落实亨利宗教政策的头号干将。此人和沃尔西一样，出生寒微但晋升神速。他早年在大陆当过雇佣军，后混迹西欧各地，因意大利履历而熟悉亚平宁风土人情并深受文艺复兴背景下的政治文化熏陶。通过为英格兰驻教廷机构效力，克伦威尔打开了仕途之门，后投奔沃尔西充当其麾下一名小卒。1529 年克伦威尔当选议员，有了更高的展露才华之平台。沃尔西倒台后，亨利提拔的要员均不堪大用，诺福克空有沙场之勇，萨福克只按"生物本能而非政治计谋"为人处世，威尔特不过是沾女儿之光的无能外戚。[①] 亨利急需一位沃尔西替身，而克伦威尔"出身卑微，也是靠着自己的极佳本领和刻苦努力为人所知"，他的身上具有急于出人头地的寒门子弟的共性，"非常勤奋，有承担繁重差事的强大能力"，是亨利理想的马前卒，自然是"填补沃尔西留下的空缺的完美人选"。[②] 沃尔西倒台时，克伦威尔曾替其疏通，但未受牵连，1530 年底进入枢密院并替亨利打理王室地产，进一步彰显能吏之才。到1531 年，他已成功弯道超车，跻身重臣之列。克伦威尔未受过系统教育，反倒因此免受教条主义和陈规陋习束缚，用"原创性"思维和"特立独行"直面一切

---

① 约翰·马图夏克：《亨利八世与都铎王朝》，第 111 页。
② 特蕾西·博尔曼：《托马斯·克伦威尔：亨利八世最忠实的仆人鲜为人知的故事》，社会科学文献出版社，2019 年，第 107—109 页。

棘手难题,进而因功平步青云。① 他深谙权力之道,善于揣测国王意旨,对政治有奇禀异赋。1534 年,他荣膺首席国务大臣(Principal Secretary),成为行政管理中心人物。为回报亨利信任,克伦威尔尽显酷吏能臣之本色,强迫臣民发誓认可议会一系列新法,指令地方治安法官和郡守等基层官员深入乡村监督新宗教政策执行力度,无情打压反改革人士并排挤宗教保守派。他还别出心裁搞针对性极强的宣传,用拉丁语向英格兰知识界以及欧洲大陆人民宣传改教精神,对国内民众则用通俗易懂的英语,要求教区教堂配备英语版《圣经》,内宣和外宣都高度突出亨利个人的权威。他禁止出版贝克特作品并鼓励创作有利改教的政论文,据其授意,帕都瓦的马西利乌斯(Marsilius of Padua)的惊世名著《和平保卫者》(*Defensor Pacis*)于 1535 年在英格兰出版。该书一直是世俗贵族反对教会染指俗务的经典之作,它强调教会既然负责精神领域,那它应该关注来世和天国,不应插手平信徒和君主负责的世俗事务。

1536 年 1 月,凯瑟琳在远离伦敦的一所荒凉古堡病亡,亨利闻讯额手称庆。② 然而凯瑟琳冤家波琳也好运到头。凯瑟琳下葬当天,波琳流产了一个很可能是男性的畸形儿。这种巧合和背运令亨利极度不快,似乎应验了仇视其新婚姻之人的诅咒。波琳失宠,其政敌见缝插针,迅速将简·塞莫尔(Jane Seymour)推进亨利怀抱。克伦威尔警觉意识到波琳处境不妙,完全不顾他与波琳多年的非正式政治及宗教联盟,迅速与其撇清关系,倒向其政敌行列并狠命反咬。他指控波琳与人通奸并嫁祸称不洁私生活导致流产。这番栽赃替亨利摆脱了心魔,减轻了思想压力。亨利迅速移情别恋,已成路人的波琳 5 月19 日被斩。亨利费尽心机迎娶的王后两年间便落得如此下场,令人唏嘘。克伦威尔借机清除波琳同党,波琳父亲的掌玺大臣职位也变为亨利对克伦威尔的奖赏,亨利还册封克伦威尔为贵族(Lord Cromwell of Wimbledon)。克伦

---

① G. R. Elton, *Reform and Reformation*, p. 169.

② J. J. Scarisbrick, *Henry VIII*, p. 335.

威尔在除掉波琳过程中尽显阴险狠辣的酷吏本色,他揣准亨利心思后大胆栽赃污蔑,肉体折磨和精神施压等卑劣手法无所不用其极。

克伦威尔飞黄腾达自然引起贵族集团忌恨和恐惧,但他靠亨利授予的权柄及天生的机智圆滑继续肆无忌惮打压异己。他的揽权手法有二。其一是狐假虎威,没有门第的酷吏不仅替国王干活卖力且必须打着国王旗号发号施令,1534 年后,发往各地的指令往往"加盖国王御玺和克伦威尔印章",克伦威尔名号紧列国王之后。其二是阻绝政敌靠近国王的机会。在官僚体制并不成熟的时代,外加亨利这样肆意妄为的霸道君主,臣子远离宫廷就意味着失势,而克伦威尔"智胜对手的一个重要途径就是屡次用各种内政和外交差遣把他们从宫廷里支走"。① 自视甚高的加德纳一直与克伦威尔暗中争权,他于 1535 年撰书《论真正的服从》(De Vera Obedientia)贬斥教廷控制民族教会并为国王宗教治理权辩护,"上帝把照看臣民福祉的权力和责任赋予了国王,其中既包括照看臣民的宗教事务,也包括照看臣民的世俗事务"。② 不过加德纳对国王精神权力有所保留并以神学逻辑严密论证教士权力源于神法,教会当在高度自治基础上配合王权共同维护社会稳定。简言之,加德纳想同时抬高国王和本土教会权威,前者负责治理,后者仍拥有神学解释权。此外,《论真正的服从》反对因信称义并承认功业之效,与克伦威尔倡导的路德教思想南辕北辙,批评路德教妖风搞得人心惶惶。亨利晚年,英格兰教务基本沿袭加德纳构设的路径发展,不过此时亨利为掠夺教会和集权而无视加德纳大作,克伦威尔遂把加德纳赶去法国任大使。即便他扳不动的诺福克公爵也因话语权渐失而大部分时间赋闲乡间。克伦威尔的权力之手还逐渐伸向禁宫并将亲信赛德勒(Ralph Sadler)、梅塔斯(Peter Mewtas)等人安插进去。克伦威尔所有权势都源于亨利的信任,他从未忘记最初是靠替亨利打理地产博得赏识。1536 年初,他又围绕钱财做文章,促使《用益权法》(Statute of Uses)在下院通过,此法强迫此前享有税收豁免权的不动产(主要是土地)上税,搜刮之能令亨利心花怒放。

---

① 特蕾西・博尔曼:《托马斯・克伦威尔》,第 205、209 页。
② 刘城:《英国教会史论文集》,第 63—64 页。

精神领域中以克伦威尔为首的改革派也纷纷得势。1535 年初,克伦威尔被提拔为代理教监(Vicegerent),宗教权力仅次于国王。从 1532 到 1536 年,多位主教病逝,改革派主教纷纷填补空缺,沙克斯顿(Nicholas Shaxton)、拉铁摩尔(Hugh Latimer)、希尔赛(John Hilsey)、福克斯(Edward Foxe)分别出任索尔兹伯里、伍塞特(Worcester)、罗切斯特、赫尔福德主教。[①] 1530 年转任达勒姆主教的图斯达尔也识时务,1534 年初公开承认亨利是教会领袖。在这些主教支持下,克伦威尔和克兰默尔僧俗联手,大尺度引入路德教教义。1536 年夏,宗教大会通过路德教色彩鲜明的《十条信纲》(Ten Articles),强调因信称义,只承认施洗、圣餐、临终忏悔(Penace)三项圣礼,谴责传统七项圣礼中的另外四项亵渎虔诚信仰。[②] 为贯彻《十条信纲》,克伦威尔于 1536 年 8 月发布了他的第一轮宗教命令(First Injunctions),要求各级神职人员加大宣传力度,凸显国王宗教权威,按《十条信纲》布道传教,布道词须提倡信经(Creed)及十诫(Ten Commandments)。[③]

为巩固并检验宗教改革成果,1535 年夏,亨利巡察英格兰西部,克伦威尔伴驾。巡察发现的教士腐化堕落触目惊心,多数修士抵制改革,对新法和王室诏令阳奉阴违。修士向来按教皇命令行事并以教皇名义修炼,修炼理论是新教改革家猛烈攻击的炼狱学说。亨利本反感修士,此次巡察更令他确信"修士不值得信任"。[④] 克伦威尔派出的专员也在英格兰中北部巡察并发现修士敛财、迷信、鸡奸、与修女通奸等恶行,打压修道院和修士的证据信手可拈。改教以来,亨利得自讹诈和罚款的收入不断增加,继续紧盯修院财富是克伦威尔的重要工作。早在 1534 年 4 月,他便委派官员发起名为"教会估价"(valor ecclesiasticus)之调查。一年后统计的清查结果显示修院掌握了王国 2/3 财产和房产。[⑤] 这个数字虽有高估之嫌,但证实修院绝对是诱人肥肉。克伦威尔更知道,打压修院须从财政上摧毁其独立性,他公开宣扬修道无用论,借口

---

① Peter Marshall, *Heretics and Believers*, p. 217.

② Christopher Haigh, *English Reformations*, pp. 128 – 129.

③ C. H. Williams, ed., *English Historical Documents*, Vol. Ⅴ, pp. 805 – 808.

④ Peter Marshall, *Heretics and Believers*, pp. 225 – 226.

⑤ 特蕾西·博尔曼:《托马斯·克伦威尔》,第 216 页。

修院堕落腐化、无法提供优质精神服务,倡议解散之。亨利此时为外交和国防到处筹钱,敛修院之财充实亏空的国库甚合其意。君臣二人遂加大劫掠力度。古往今来,政治运动总会上演泼皮无赖的狂欢,克伦威尔委派的专员不乏地痞流氓和鸡鸣狗盗之徒,极尽栽赃陷害之能事。亨利更是为调查定下了必须有罪的基调,当北安普顿郡一所修院的修女被发现"虔诚、正派且顺从"时,亨利说调查员"收取了贿赂"。① 1536 年,在贵族和乡绅的鼓动和克伦威尔的怂恿下,亨利主导的"镇压修院议案"(Suppression Bill)在下院通过。②《第一部修院解散法》(First Act for the Dissolution of the Monasteries)随之出台,直陈资产不足 200 镑的修院衰败不堪,已丧失宗教服务功能,当被解散且其现有财产应"转为更好之用"。③ 1539 年后,许多大修道院也难逃厄运。克伦威尔和亨利的敛财手段完全是明目张胆的抢劫,约占英格兰土地总值 10% 的财产落入亨利腰包。④ 没收修院财产导演了自诺曼征服以来英格兰境内最大规模的财富易手,1536 至 1547 年,各类修道团体丧失了 2/3 财产,累计 130 万镑。⑤假使修院土地变为王室永久资产,或许能避免 16 世纪后期和 17 世纪前期的王朝财政危机,但王室旋将这些土地以较低价格卖给贵族和乡绅,未能从根本上巩固王朝根基,反倒壮大了乡绅经济实力。

　　狂飙突进之改革和欲壑难填的勒索敲诈激起的阻力自不必言。亨利可以威逼议会、廷臣、主教和知识分子屈服,但很难操控芸芸众生的一言一行。他的改革从一开始就蒙有一层道义阴影,在传统信仰根深蒂固的民众心目中,亨利离婚是对糟糠之妻忘恩负义的背叛。波琳口碑极差,影射她的"大眼睛妓女""婊子""母猪"一时成了民间高频用词。⑥ 帝国驻英大使查普伊发回维也

---

①　马图夏克:《亨利八世与都铎王朝》,第 314—316 页。

②　Christopher Haigh, *English Reformations*, p. 130.

③　C. H. Williams, ed., *English Historical Documents*, Vol. Ⅴ, pp. 771 - 773.

④　David Loades, *Politics and the Nation*, p. 146.

⑤　John Guy, *Tudor England*, p. 145.

⑥　马图夏克:《亨利八世与都铎王朝》,第 303 页。

纳(Vienna)的文件直称波琳为亨利姘妇。反对或诅咒亨利之声此起彼伏。伍塞特郡一位老人将恶劣天气归结为亨利倒行逆施触怒了上帝。1538年,一位诺丁汉修士谈及亨利时说:"他被恶魔附体了,因为他毫无仁慈。此世他是没救了。我保证他将是历代英王中死得最耻辱的一位。报复他吧!"①

　　第一位公然诅咒亨利的重量级人物是肯特郡患有癫痫的修女巴顿(Elizabeth Barton,Nun of Kent)。民间谣传的巴顿神奇履历可撰成一部幽灵小说。她自称预言家,1527年时抨击亨利离婚动机邪恶,她还蛊惑称,亨利若娶波琳"半年内"将失去王位。波琳加冕王后时,巴顿又散布谣言称"亨利已被天使剥夺王冠"。她煽动的敌视改教舆情激化了官民对立,早已惊动教会高层,沃厄姆生前曾多次与她会面,莫尔也曾提点她出言谨慎。克兰默尔1533年初夏初审巴顿,旋将其移交给克伦威尔处置,而克伦威尔自有办法让任何人招供。重压之下,巴顿承认自己说谎造谣,遂与多名同伙被捕入狱。700本小册子《修女之书》(The Nuns Book)亦遭查禁。御前会议宣布巴顿是骗子和妓女,1534年4月,官方绞死巴顿及其五名追随者并将巴顿头颅放在伦敦桥上杀鸡儆猴。②

　　巴顿被枭首示众标志着政府开始拿反对派祭旗。这是异端迭出的宗教大反转时代,荷兰裁缝约翰(John of Leiden)自己加冕为王,废除婴儿受洗,倡议财产公有和一夫多妻,追随他的信徒自称再洗礼派(Anabaptist)。这个派别很快传到英格兰。亨利和克伦威尔均担心再洗礼派扰乱人心,亦不想教皇以此为据指责宗教改革搞得人伦尽丧、社会失序,遂于1535年下诏谴责再洗礼派为"有毒异端"并严令打压。③ 费舍尔和莫尔这两位已被羁押两年的权贵也在劫难逃。费舍尔的死没有回旋余地,他暗中请求查理五世用武力捍卫英格兰天主教。1535年5月20日,保罗四世下诏任命费舍尔为枢机主教,希望亨利放费舍尔去罗马参加大公会议,亨利表示"会把(费舍尔)头颅送到罗马去戴枢机主教的帽子"。但他很快食言,6月22日,费舍尔被斩,其头颅没被送去

---

　　① David Loades, *Politics and the Nation*, p. 142.

　　② Peter Marshall, *Heretics and Believers*, pp. 195, 206 - 207,210.

　　③ P. L. Hughes and J. F. Larkin, eds, *Tudor Royal Proclamations*, Vol. Ⅰ, pp. 227 - 228.

罗马,而是挂到伦敦桥上。民间谣称头颅不腐,政府慌忙派人把头颅扔进泰晤士河。① 7 月 6 日,与亨利亦师亦友的莫尔被杀。这位英伦文艺复兴时期最杰出的人文主义者毁誉参半,他在亨利改教前打压异端手法比克伦威尔迫害反改革者更残酷,而面对改革派清算时则表现得镇定从容,临死前要围观群众"记住他是为神圣的天主教信仰而罹难"。② 莫尔还活在中世纪,坚信只有教会统一并由教皇领导才能确保基督教世界安宁,至死认为根据议会法对他的指控"直接与上帝以及整个教会的法律相抵触"。③ 仅此一条就可确定他必死无疑,若议会法不能定其反叛罪,议会法树立的国王教会首脑地位也将失效。若宽恕莫尔,亨利及各路改革派多年的努力岂不要付诸东流?

在第一轮宗教镇压中,约百人被害致死,与大陆国家相比,这个数字渺乎小哉。持异议者多消极服从,有条件或门路的抗议者选择外逃。波尔(Reginald Pole)是外逃代表。其外逃之初,亨利还派人设法说服他回国继续为国效力。波尔不为所动并誓言抗争到底。1536 年,他将作品《论教会一统》(De Unitate Ecclesiastica)寄给亨利,重申教皇权威,严厉谴责亨利倒行逆施,标志着他与亨利彻底决裂。1538 年,波尔亲众多被屠戮,几遭灭门。④ 其年近七旬的老母亦被逮捕下狱,三年后被斩。亨利和克伦威尔这对暴君酷吏丧心病狂的野蛮令人发指。

1536 年前的抗议和反对多是草根的言语诅咒以及教士与知识分子的非暴力不合作。至该年下半年,激进路德教宣传和大规模财产易手超出了反改革者容忍下限,多地上演群体性抗议与暴力事件,地方绅士和贵族亦卷入其中。1536 年 10 月初,林肯郡爆发了武装示威。示威者宣称他们绝无反意,只恳请国王了解并减轻他们的痛苦。他们书面提出如下要求:和平时期不得征税,保证教会自由,停止打压修道院,严惩宗教异端以及异端支持者(指克伦威尔、克兰默尔以及执行他们宗教政策的各级官员和僧侣),宽恕示威者。抗议最初由鞋匠梅尔顿(Nicholas Melton)发起,地方士绅随后加入并窃取了行动

---

① Peter Marshall, *Heretics and Believers*, pp. 223-224.
② Christopher Haigh, *English Reformations*, p. 120.
③ G. W. Bernard, *The King's Reformation*, p. 149.
④ G. R. Elton, *Reform and Reformation*, p. 279.

主导权。抗议者打着象征耶稣受难的五伤旗(Five Wounds of Christ),部分参与者高举圣餐杯或手擎绘有耕犁的旗帜,这些标识说明起事的宗教和经济原因交织于一起。① 前往平乱的贵族代表同意将抗议者诉求转达给国王。抗议队伍于 12 日自行散去,不过亨利并未承诺宽恕肇事者。

举国目光聚焦林肯郡时,北方地区正在酝酿一场规模更大的叛乱,史称"求恩面圣"(Pilgrimage of Grace)。北方贵族和乡绅本就抱怨北方议会代表偏少,王室政策很少顾及北方利益。没收修院财产、屠戮修士搞得人心惶惶,王室官吏侵蚀地方贵族和乡绅权利,扰民坏俗。北方权势阶层把上述祸害归咎于克伦威尔这位暴发户暗箱操作,蒙蔽国王。到 1536 年底,北方人的愤懑彻底爆发了。与林肯郡示威相比,约克郡叛乱规模甚大且捧出一位强力领袖阿斯克(Robert Aske)。此人通晓法律,担任过地方法官。他宣称:"此次面圣是为了保卫基督教、保卫英格兰国家、保卫国王陛下及贵族和平民,请求无上的国王改革这个国家中出错的事情,惩罚异端以及法律的颠覆者。"②攻占约克后,阿斯克向约克市长递交了一份陈情书,明确五点要求:一、恢复解散的修道院,二、撤销搜刮民脂民膏的《用益权法》,三、取缔议会批准的十五分之一税,四、将国王身边"出身低贱之人"革职,五、部分被视为异端的主教辞职。

骚乱很快波及诺森伯兰、坎伯兰、达勒姆等地。农民因圈地怨声载道,贵族因势力被削弱耿耿于怀,教士因修院解散牢骚满腹。贵族对骚乱的态度掺杂着明显的私利考虑,维斯特莫兰伯爵(4th Earl of Westmorland)和诺森伯兰伯爵表面向朝廷宣誓效忠,但语带威胁表示他们无法阻止族人或扈从加入乱党。诺森伯兰郡、达勒姆主教区以及约克郡北部骚乱严重的重要原因恰是上述两位伯爵的纵容及默许。坎伯兰(1st Earl of Cumberland)、德比(Edward Stanley, 3rd Earl of Derby)和什鲁斯伯里(4th Earl of Shrewsbury)三位伯爵则完全忠于朝廷。德比立场至关重要,起初他隔岸观火,引起了亨利警惕。为防万一,亨利遣使向德比许诺,他若募兵勤王,将得到兰开夏、柴郡以及威尔士北部大片领地。德比遂倒向政府。他的忠诚确保了兰开夏郡太平无

① Anthony Fletcher and Diarmaid MacCulloch, *Tudor Rebellions*, Longman, 2008, p. 30.
② Christopher Haigh, *English Reformations*, p. 147.

事。① 什鲁斯伯里也是关键先生,他确保了约克郡南部安宁。10 月 21 日,北方军事要津庞特弗拉克特(Pontefract)城堡陷落,守城将领达西勋爵(Lord Darcy)在反复犹豫后加入了叛军。军情火急,亨利命令已被克伦威尔架空的诺福克领兵戡乱。此时阿斯克支持者已过 3 万,诺福克可供差遣的兵力只有 8000。所幸阿斯克不愿再扩大事态,理由很简单,他否认自己叛乱,更不愿伤害国王及其财产。

亨利授权诺福克与起义代表谈判。起义者列出了二十四项要求,九项关于宗教,三项事关经济,六项涉及法律和行政。其中第二项要求"负责心灵关怀的教会最高首领如往昔惯例,保留给罗马圣座",特别强调"心灵关怀"意在表明国王的圣职任免权无须受到质疑。宗教方面的其余要求还包括查禁路德、梅兰希顿、廷代尔、圣日耳曼等人的异端邪说。② 政治诉求中,有一项特意要求惩罚克伦威尔并恢复玛丽的长公主地位。经济和政治要求附加在宗教诉求之后,足以证明"亨利的宗教改革引起了反叛"。起义期间几无军事战斗,相反,阿斯克及其同伙忙于复兴修道院,他们恢复了北方 26 所修道院中的 16 所。谈判时,他们特意强调恢复的修道院不得再被解散。③ 诺福克奏请亨利暂时示弱,同意起义者诉求,日后再伺机报复。亨利准奏。12 月 8 日,阿斯克要求追随者散去,他作为面圣带头人已完成使命。当年圣诞,阿斯克受邀去宫廷联欢,亨利甚至与之扶肩共饮。表面上看,危险阴云似已散去,但比格德(Francis Bigod)担心国王食言,于 1537 年 1 月在东奈丁(East Riding)发起新一轮武装反叛,达西勋爵亦参与其中。比格德支持宗教改革,但反对解散修道院,此外他认为什一税不应上交国王,当由教会机构支配。比格德还替穷人发声,致使有产阶层认为冲突已非宗教纠纷,而是阶级起义。贵族阶层遂联手清剿。什鲁斯伯里统领王军疯狂报复,他曾支持阿拉冈的凯瑟琳,亨利不计前嫌,未曾迁怒于他,为报答亨利宽宥及重用,他毫不手软向故旧达西痛下杀手。叛军败后,亨利新账旧债一起算,包括阿斯克、比格德、达西以及诺森伯兰伯爵

① Anthony Fletcher and Diarmaid MacCulloch, *Tudor Rebellions*, p. 33.
② Peter Marshall, *Heretics and Believers*, pp. 250 - 251.
③ Christopher Haigh, *English Reformations*, pp. 147 - 148.

之弟托马斯·珀西(Thomas Percy)在内的 144 人被处死。①

　　北方完全恢复平静后,亨利改组北方委员会,大量委派忠于朝廷的人出任北方各地行政官员,那里的传统贵族实力再度受到削弱。克伦威尔广泛安插忠于王室的乡绅对抗贵族并借机揽权。他起用大量出身低微、易于驾驭的人填补空缺,不仅遭北方贵族憎恨,亦遭诺福克这类宫廷贵族嫉妒。诺福克直言"边境不能靠这些卑鄙的人约束,而是要由具备贵族身份的人来管理",并为此与克伦威尔激烈争吵,以致需由亨利出面调停并如此安抚诺福克:"我相信你终将欣然承认我们在那里(北方)建立的井然秩序,……服侍我们的将是那些身份地位由我们指定的人。"②克伦威尔揽权属实,但王室获益最大,珀西这种边疆贵族世家实力大打折扣,对中央政府和王权的威胁日益弱化。自此,"英格兰在司法上前所未有地统一于王室权威之下,那些能够遏制和限制中世纪君主的复杂权力等级阶梯已烟消云散"。③ 1530 年,北方委员会管辖权只限于约克郡司法。此后数年,该机构权势急速上升,掌握了北方地区全部司法管辖权。北方委员会"不仅是一座北方的星室法院,且因其配备法院和治安委员会而能审理刑事案件和反叛罪,有权处死犯人并没收财产"。④ 司法与治安两种权力在都铎中央政府权力向地方渗透过程中最具代表性。

　　克伦威尔成为众矢之的,绝非偶然。为忠实贯彻亨利意志,高效推进改革,克伦威尔改组旧有官僚机构,将传统的权力中枢御前会议转变为枢密院,"国王贴身近臣"的权力转移到了"有组织的机构"——枢密院中,"枢密大臣变得更加显赫"。⑤ 克伦威尔还增设一批新机构完善管理并适应新形势。为管理王室资产,克伦威尔创建首岁教士俸禄与十分之一税法庭(Court of First Fruits and

---

① Anthony Fletcher and Diarmaid MacCulloch, *Tudor Rebellions*, p. 50.
② 特蕾西·博尔曼:《托马斯·克伦威尔》,第 304—305 页。
③ David Loades, *Politics and the Nation*, p. 147.
④ David Loades, *Politics and the Nation*, p. 148.
⑤ G. R. Elton, *Reform and Reformation*, pp. 217‑218.

Tenths),主管教会上贡给王室的财产;增设扩大法庭(Court of Augmentations)管理因解散修道院而流入王室的大量地产。伴随机构扩张,行政人员激增,借助这些机构和人员,克伦威尔构建了一张覆盖全国的行政网络。在完善现代国家机器方面,克伦威尔彪炳史册,部分史家赞誉他的政府机构改革和创新为"政府革命"。"1530 至 1542 年间,财政管理革命化了;……王玺办(the place of the privy seal)作为行政管理的中心被首席大臣办公室(the office of principal secretary)取代;……地位突出的大臣,组成一个正式的政府机构,也即枢密院。""宫廷只专门负责国王个人之事;财政交由全国性机构而非国王私仆"打理;"国务大臣和枢密院"不再是宫廷机构,而是全国性机构。[1] "克伦威尔是这场深思熟虑且影响深远的改革行动的幕后操控手。""当基于宫廷的行政管理被专门性的国家官僚部门和官员支撑的行政机构取代时,一场政府革命发生了",这场革命意义深远,甚至连 19 世纪的行政革命也建立在"1530 年代将宫廷从国家政府分离出去"的基础之上。[2]

简言之,克伦威尔将国王个人事务和国务分离开来,创设枢密院并使之议事常态化。官方 1540 年 8 月 10 日才正式明文组建枢密院,但其雏形至少可追溯到 1520 年代。"1539 年之前,就存在一个固定的资政会,被开始称为枢密院",它与传统的由数十人甚至上百人构成的资政会不同,参会人数更少,1540 年正式肇设时仅 19 人。枢密院正式形成后,"夺走了权力",自此"英格兰的政府就是国王的枢密院"。有了枢密院替宫廷分流政务,国王对贵族的依赖性减小,国家治理更多依靠出身卑微的职业化官僚。"亨利八世驾崩时,19 名枢密院成员中只有 6 名是贵族",且更重要的事实是:

> 1540 年后出席枢密院的所有贵族,没有一个不将自己的爵位归功于都铎王朝的统治者。因此,枢密院成员的地位与职责确实是同封建习惯与激情完全不相容的。枢密院要求能够持久地居住在伦敦,或者居住在伦敦附近,并且要在政治技艺与外交能力上进行锻

---

[1] G. R. Elton, *The Tudor Revolution in Government: Administrative Changes in the Reign of Henry VIII*, Cambridge University Press, 1969, p. 415.

[2] G. R. Elton, *The Tudor Revolution in Government*, pp. 423 - 424.

炼,还要对外交事务有所了解,这些都决定了中世纪时期的地方性政治无法再为枢密院输送封建大贵族。①

概而言之,枢密院创设后,贵族权势下滑,国家管理更加细化,官僚亦逐渐职业化。

克伦威尔不仅格局大气,技巧亦娴熟。他与沃尔西都仰仗国王的绝对信任管理国家,但两者有别。沃尔西轻视理论和体系,常即兴而作;克伦威尔则注重利用议会,确保他的创举制度化、长久化和合法化。都铎议会颇似橡皮图章,但它毕竟是最能体现民意的机构,在迫使教会服从过程中,所颁法案都经议会仔细审查并广泛讨论。成文法地位迅速提高,而教会和顽固派赖以顽抗的自然法和教会法地位无形中下降了。对克伦威尔而言,"成文法在其眼中不仅是实证法(positive law)的最高级工具,也是君主权威的明确表达"。② 故他主导的这场政府革命也促进议会权势上升,重要举措皆借议会立法付诸实践。王权强化、行政专业化、议会地位上升三者相得益彰,而非此消彼长。这看似有悖宪政理论,却是16世纪的事实。技巧方面,克伦威尔虽位极人臣,但其所有行动都打着国王旗号且与枢密院同僚保持表面的合作及和睦,即便诺福克大部分时间赋闲乡里、加德纳长期待在巴黎,他们仍是御前会议不可或缺的角色,与克伦威尔一道推动御前会议向枢密院转变。枢密院还经常染指司法审判,但其主要职能聚焦行政和财政,司法主要由星室法院处理。议会立法,枢密院主政,星室法院审判,三者分工具体、职责明晰。

政府革命与王权强化同步并举。克伦威尔无疑让行政管理专业化取得了质的飞跃,但枢密院仅是办事机构,一切权力之源仍在国王,而禁宫仍是亨利八世时代的行政枢纽。由侍寝男仆打理的禁宫负责国王私生活以及国王与外界的联络。禁宫官员行政级别不高,但近距离接触国王,仕途无限且能影响国王的赏罚和用人。由国王近臣组成的禁宫"如此靠近国王",因而"对行政权威构成明显的威胁"。③ 亨利勤政时几乎事事过问,懒散时数月不上朝。然而他

---

① A. V. 戴雪等:《枢密院考》,第150—158页。

② David Loades, *Politics and the Nation*, p.145.

③ G. R. Elton, *Reform and Reformation*, p.219.

决定一切政策,即便不上朝,也可从禁宫将命令传达给各级机关。亨利是国策总设计师,枢密院只是施工队,执行国王命令,贯彻国王意旨,并无决定权。国王个人意志和偏好依然决定着国策和治理方式。当时"政治之实践,在很大程度上还有紧急事件,仍是至关重要的;……直到 1538 和 1539 年间,克伦威尔作为一位政治家能够成功是因为他能满足王室的要求和直接需要"。① 沃尔西倒台、亨利离婚、波琳惨死以及"求恩面圣"均事发突然,而亨利个人意志主导每件大事的处理手法,克伦威尔仅通过逢迎亨利跻身高位并借机强化枢密院功能。部分学者根据亨利权势遮天、独裁专断,克伦威尔仅是办事走卒,贬抑乃至否认政府革命,这完全是道东说西。政府革命意指政务处理细化,行政效率提高,王权得到强化而非被削弱。枢密院是亨利而非克伦威尔的集权工具,克伦威尔自然没有资格和胆量操控枢密院,"求恩面圣"期间,乱党抱怨他在枢密院中安插亲信,排斥北方贵族,要求严惩他。叛乱平定后,克伦威尔为免成为众矢之的,刻意回避枢密院,为弥补自己在枢密院中权势的下滑,他转而加强禁宫建设并在其中广布眼线。② 克伦威尔也未能让枢密院议事规则化、办事程序化,他本人与枢密院存在巨大矛盾,他日倒台时,枢密同侪群起攻之、推波助澜将充分证实这一点。概言之,16 世纪,枢密院管理职能化、专业化,权势增强,但王权膨胀才是这个时代最显眼的政治特征,国王个人意志才是国策风向标并决定政策走势、执行力度及实施效果。即便到了 17 世纪,多位国君搞个人统治,无论枢密院还是议会均束手无策。

亨利改教最初只为离婚,连教会首脑地位也是离婚副产品。他并无兴致深究教义,对精神生活漠不关心。支持新教非其本心,然而开弓没有回头箭,为了离婚,他与克伦威尔及克兰默尔长时间同乘一辆战车。1537 年 10 月,简·塞莫尔在王子诞生后十天因产褥热离世,亨利又成鳏夫。1538 年夏,查

---

① John Guy, *Tudor England*, pp. 147‑148.

② John Guy, *Tudor England*, p. 164.

理五世与其宿敌弗朗西斯一世达成为期十年的和平协议;次年1月,双方又签订《托莱多条约》(Treaty of Toledo),天主教两大巨头暂时笑泯恩仇,把异教的亨利视为眼中钉并约定不单独同亨利和解。法国和西班牙一度召回驻英使节,天主教三大强国联合绞杀英格兰的凶兆折磨着亨利。教皇保罗三世也敏锐嗅到了外交气氛变味,于是年末开除亨利教籍并号召英格兰教徒勇敢反抗他们邪恶的国王。波尔四处游说,组织招募反攻英格兰的十字军。从1537年夏到1540年初,出于婚姻、外交、经济等方面综合考虑,亨利继续默认狂飙突进的宗教政策,巩固与北欧新教诸侯的感情。克伦威尔和克兰默尔乘机将奥格斯堡信纲以及维腾堡信条(Augsburg Confession and the Wittenberg Articles)植入英吉利人信仰。[①] 克伦威尔、克兰默尔和福克斯三人在1537年宗教会议上故意把信仰朝路德教方向引导,贬抑圣礼和圣餐变体论(transubstantiation),[②]否定善功,进而炮制出所谓的《基督徒手册》(The Institution of a Christian Man),又名《主教手册》(Bishops' Book)。亨利为筹集资金加强国防,加快了解散修道院的步伐。他认为修士在"求恩面圣"中煽风点火,暗中操控,事后他大肆捕杀修士,侵吞修院财产。1537年下半年,部分修院迫于亨利淫威,主动交出财产。改革派也帮亨利觅得更多打压修院的理由。他们披露肯特境内一副耶稣受难的十字架(rood of grace)实靠魔术装置忽悠信众,格洛塞特境内一处圣所所谓的基督血迹实乃鸭血冒充。[③] 克伦威尔顺势而为,于1538年发布第二轮宗教命令(Second Injunctions),禁止偶像崇拜,大肆破坏圣像,焚烧象征耶稣受难的十字架。他还积极配合亨利清算贝克特,因为贝克特"象征亨利八世厌恶的一切",各教堂供奉贝克特的神龛被毁,一位还俗的修士创作戏剧《贝克特背叛》(On the Treason of Becket)献媚亨利。[④] 克伦威尔还大量印刷并发放廷代尔版《圣经》。苦于英格兰印刷术落后,他先派人常驻巴黎印刷,后干脆将巴黎印刷技术及设备直接引入伦敦,提高印刷质量和数量。仅1539

---

① Christopher Haigh, *English Reformations*, p. 147.
② 圣餐变体论又译体化说或道成肉身,指圣餐礼所用的面包和酒分别象征着基督的肉和血。
③ Peter Marshall, *Heretics and Believers*, pp. 259 - 261.
④ Peter Marshall, *Heretics and Believers*, p. 264.

年,英格兰《圣经》发行量就达 3000 部。克伦威尔还将《圣经》价格从每部 13 先令 4 便士降至 10 先令。至其倒台时,他计划为每个教区配备一部新版《圣经》的宏伟计划已接近完成。①

为讨亨利欢心,同时也为联络英格兰与北欧新教诸侯感情,特别是争取施马尔卡登联盟(League of Schmalkalden)支持,1539 年底,克伦威尔积极撮合亨利与克莱夫的安妮(Anne of Cleves)缔结良缘,双方于 1540 年 1 月成婚。然而亨利婚礼当天便公开抱怨新娘相貌平平,这多少令克伦威尔忐忑不安。不久查理五世和弗朗西斯一世矛盾再起,弗朗西斯一世又向亨利抛出橄榄枝,法德联合入侵英格兰的阴霾瞬息散去。亨利又可肆意妄为了。他厚颜无耻地与克莱夫的安妮解除婚姻,迅速与诺福克侄女凯瑟琳·霍华德(Catherine Howard)姘居。凯瑟琳·霍华德年仅二十却是情场老手,她的风情万种把年老体衰的亨利迷得神魂颠倒。诺福克利用侄女这颗棋子扳倒克伦威尔的策略奏效。亨利因凯瑟琳·霍华德枕边风开始怀疑克伦威尔,加德纳等人火上浇油,而克伦威尔因多年强势早成众矢之的。

"求恩面圣"没有动摇亨利对克伦威尔的信任,但 "求恩面圣"时各界表露的宗教不满引起了亨利对宗教分裂的警惕。克伦威尔 1537 年后的宗教政策大尺度向路德教靠拢,亨利表面支持,但内心不安。1538 年,亨利感到必须返回宗教保守主义路径。当年年初,他批阅《主教手册》时给出了 200 多处修改,彰显了他对改革失控的戒心;年底他亲自主审兰伯特(John Lambert)之案,兰伯特不仅反对圣餐变体论,还有再洗礼派倾向。② 亨利判其死刑,旋又借此案发布诏令,肯定圣餐变体论,严禁普通人随意解释圣礼,没有特许令不得引入海外版本的《圣经》,谴责神职人员婚姻。③ 如上文所述,惮于法德和解对英格兰构成的潜在危险,1539 年的亨利没有底气与新教诸侯公开决裂,外交上依然寻求与新教诸侯合作,但国内宗教政策不再任由克伦威尔和克兰默尔尽兴改革。当年 5 月,亨利要求议会杜绝宗教分裂隐患,而克伦威尔因病缺席议会

---

① John Guy, *Tudor England*, p. 182.

② Peter Marshall, *Heretics and Believers*, pp. 270 - 271.

③ P. L. Hughes and J. F. Larkin, eds, *Tudor Royal Proclamations*, Vol. I, pp. 270 - 276.

第一阶段导致他在接下来的权力斗争中相当被动。① 以诺福克为首的保守派宗教见解得到亨利青睐,议会制定的《六条法案》(Act of Six Articles)肯定体化说并明言拒领圣餐将受惩罚,因为"神法"要求信徒接受圣餐,要求"教士独身"并"洁身自好"。反对该法的主教拉铁摩尔和沙克斯顿无奈辞职,克兰默尔在教士会议中独木难支,宗教反转的号角吹响了。②

克伦威尔定义神学的权力大幅受限,本届议会还颁布《位次法》(Act of Precedence)抑其威福。根据此法,克伦威尔位居群臣之首,但大法官、枢密会议主席、财政大臣、掌玺大臣等在枢密院中的地位亦不得动摇。亨利欲用《位次法》警醒克伦威尔他与枢密院同侪都是臣仆,无权使唤或架空其余各部大臣。克伦威尔意识到亨利开始冷落自己,欲提高自己在禁宫的话语权以弥补在枢密院中的明升暗降,他还积极牵线一桩新教婚姻以重新赢得亨利赏识和信任。然而他的操作弄巧成拙,克莱夫的安妮不能满足亨利色欲,还进一步败坏了国王本已自知狼藉的名声。克伦威尔的教义和教礼改革徒增亨利反感,而他精心张罗的婚姻和外交关系网到 1540 年初也崩盘,价值荡然无存。

1540 年春,亨利派诺福克前往法国磋商两国外交,进一步证实了他对克伦威尔的信任度在下滑。诺福克不辱使命,在巴黎成功离间法德,拓展了英格兰外交空间。使法归来途中,诺福克还得悉克伦威尔与异端暗中联络,归国后他在枢密院中指控克伦威尔包庇在加莱港猖狂活动的宗教异端分子。2 至 4 月间,加德纳也加快了攻势,在伦敦迎合圣意布道谴责路德教,修士出身的改革派干将巴恩斯指责加德纳"撒布毒药"。亨利介入后力挺加德纳,巴恩斯被迫收回言论并向加德纳求饶,随后他与几位改革派同伙被打入监牢。③ 这些改革派原指望克伦威尔替他们撑腰,但克伦威尔自身难保,也主动向加德纳示好,展现宗教保守主义姿态。鉴于宗教风向已变,克伦威尔在 4 月 12 日议会开幕时倡议宗教中间道路,维护信仰统一。亨利此时似还无意清算克伦威尔,4 月 18 日册封他为伯爵并任命他为宫廷大管家。然而 6 月 10 日克伦威尔突遭逮捕并被送进伦敦塔,其中凯瑟琳·霍华德是否起了作用至今仍是历史之

---

① 特蕾西·博尔曼:《托马斯·克伦威尔》,第 346—348 页。

② Christopher Haigh, *English Reformations*, p. 153.

③ Peter Marshall, *Heretics and Believers*, pp. 278 - 279.

谜。亨利在克伦威尔被捕当天便公布了其罪行——支持比路德教义更激进的
圣礼主义(sacramentary)并企图煽动反叛。这个罪名非常牵强,即便克伦威
尔确与路德教众往来密切,那也是当初亨利企图与施马尔卡登联盟套近乎而
授权克伦威尔主动为之。煽动反叛更是无稽之谈。指控并强加给他的都是莫
须有罪名。克伦威尔曾从狱中给亨利写信,否认罪行。他摇尾乞怜、丑态出
尽,仍难逃一死。未经公开审判,仅据《权利褫夺法》,克伦威尔便被判处死刑
并于 7 月 28 日迅速执行。当天亨利与凯瑟琳·霍华德举行了婚礼。

　　克伦威尔倒台原因甚多。第一,和沃尔西一样,替亨利处理婚姻问题不
力,触怒龙颜,这是直接原因。第二,他树敌太多,加德纳、霍华德家族以及多
数主教都决心扳倒他。如福克斯所说,其政敌联手整垮了他,他们"恶意满满,
不断给他找麻烦,直至最后用假证据和狡诈的污蔑使他失去了国王的信
任"。① 他的教界敌人也趁机火上浇油,"一些神职人员,尤其是那些与生俱来
的特权因他的手段而被剥夺的人,厌恶憎恨他,促成了他被人设计的结局"。②
第三,亨利基于全盘考虑决定处死克伦威尔。仇家和政敌一直厌恶克伦威尔,
但只有亨利决意毁灭他时,他的政教两界之敌才有机会反攻倒算。他的飞来
横祸应验了莫尔那句话——狮子明白了自己的力量,谁都无法约束之。克伦
威尔是帮狮子明白了力量的首功之臣,然而亨利不给活路,他只有死路一条,
需解释的是亨利为什么要他死。

　　克伦威尔的宗教激进主义搞得天怒人怨,在政教两界都造成了君臣离心、
国民分裂。就克伦威尔而言,"他主导的宗教改革超出了国王作为权宜之计的
界线;替亨利娶了一位错误妻子;并且当法兰西与帝国的谅解崩溃后,他亲路
德教的外交政策变成了负担,而不再是资产"。③ 对亨利而言,"他想要王室至
高无上权,渴望摧毁修道院及各类圣所,但他亦希望维系正统信仰和团结"。④
克伦威尔替亨利登上英吉利教会权力之巅并摧毁了修院,却又危及信仰稳定、

---

　　① John Foxe, *The Acts and Monuments*, ed. by S. R. Cattley and George Townshend,
Vol. Ⅴ, London, 1838, p. 397.
　　② Edward Hall, *Hall's Chronicle*, p. 839.
　　③ John Guy, *Tudor England*, p. 188.
　　④ G. W. Bernard, *The King's Reformation*, p. 578.

国民团结及君民互信。亨利心如木石休掉结发妻子,丧心病狂处死第二任和第五任妻子(见下文),寡廉鲜耻遗弃第四任妻子,怎会在乎一位臣子的性命?亨利也需把一切倒行逆施,甚至他的婚姻污点都推给克伦威尔,好为自己减轻罪恶、洗脱污名。酷吏鲜有善终,克伦威尔兔死狗烹的结局不过是"一位暴君精心策划的行动"。① 更可悲的是,他死到临头也没有与亨利讨价还价的资本,他在断头台上仍不忘讨好亨利并自辩称:"我以天主教信仰死去,不要怀疑我的任何信条,亦勿怀疑教会的圣礼。"②他所说的"信条"和"圣礼"当然指亨利想要的信条和圣礼,而非大陆新教改革家学说。③ 至于他自称为天主教而死,意在否认自己是异端,而不是说要维护教廷和传统,因为当时英格兰政治话语中还无新教一词,改革者和反改革者不是新教徒与天主教徒而仅有英格兰天主教徒和罗马天主教徒之别。

克伦威尔死后,亨利继续压制新教思想,力争宗教和谐及信仰一致。他明确要求将《六项法案》定为宗教生活指南,不得触动教阶体系,宗教连祷(litany)以及儿童识字本(primer)需用英语。1541 年 5 月和 7 月,亨利连下诏令,普及英语版《圣经》,拒不执行的堂区将被罚款 40 先令,恢复庆祝诸如路加(Luke)和马可(Mark)等《圣经》明确支持的节日。早对激进改革不满的伦敦主教波纳(Edmund Bonner)迎合圣意残酷打压激进改革派,清除克伦威尔余党并公开焚烧路德作品。④ 宗教保守主义者加德纳等人在亨利支持下涤除新教教义,甚至一度迫害克兰默尔。克兰默尔长期与克伦威尔一道大力倡导路德教教义,但亨利眼中的克兰默尔是饱学之士,一位纯粹的宗教理论家,与克伦威尔实非同类。亨利支持宗教反转,但保护他的大主教权威不受动摇。

---

① G. W. Bernard, *The King's Reformation*, p. 579.

② Edward Foxe, *Acts and Monuments*, Vol. Ⅴ, p. 402.

③ Edward Foxe, *Acts and Monuments*, Vol. Ⅴ, pp. 451 - 453.

④ P. L. Hughes and J. F. Larkin, eds, *Tudor Royal Proclamations*, Vol. Ⅰ, pp. 296 - 298, 301 - 302.

1543 年宗教会议发布《一切基督徒必需的信仰和学识》(*A Necessary Doctrine and Erudition for Any Christian Man*),这份文件在亨利主导和监督下制定,并以国王名义发布,故又名《王书》(*King's Book*)。《王书》否定了路德教菁华——因信称义,重新认可圣餐变体论,适度恢复偶像崇拜。不过《王书》坚决反对象征教皇权威的炼狱之说,禁止任何人借炼狱之说滥权或误导信众。阅读任何与《王书》教导不一致的宗教读物均将受惩罚。为防止曲解教义,官方还禁止文化素养不高的底层民众,特别是妇女,阅读任何版本《圣经》。此规剥夺了 90% 民众阅读《圣经》的权利。[1]《王书》将克伦威尔和克兰默尔改教成果清除殆尽,"只有与罗马决裂以及镇压修道院得以幸存"。[2] 亨利统治最后几年,为应付战争开支,再拿修道院开刀,教区小教堂成重点掠夺对象。教会任由王权摆布,民众也对劫掠教产习以为常,亨利可随心所欲掠夺而不必牵扯教义争论。1540 至 1542 年,亨利瓦解修院控制的主座教堂并在其基础上增设柴斯特、格洛塞特、彼得伯勒(Peterborough)、布里斯托尔(Bristol)、牛津五个主教区。自此至 1830 年代,英格兰和威尔士主教区没有变动。

1541 年,凯瑟琳·霍华德与人通奸,东窗事发,1542 年 2 月惨遭处决,亨利哀叹:"遇到这些品质恶劣的妻子,倒霉透顶!"[3]1543 年夏,亨利迎娶最后一任妻子帕尔(Catherine Parr)。帕尔有过两段婚姻,知书达理,颇富教养。她倾向新教,与一群人文主义者渊源颇深,尤推崇荷兰文化巨匠埃拉斯莫(Desiderius Erasmus)学说。年逾五旬的亨利受她照顾及感化,暴戾脾性有所收敛。帕尔不仅促成亨利与长公主玛丽和解,还将不少人文主义者揽入宫廷,负责爱德华王子和伊丽莎白公主的教育,深刻影响了他们的宗教观。以阿夏姆(Roger Ascham)为代表的改革派在宫廷中占优,亨利故意让他们向王子灌输反教皇意识,他担心自己百年后宗教保守派重树教皇权威。加德纳身边的宗教保守派暗窥时机,欲否定国王权威。1544 年初流产的一场阴谋牵连到加德纳外甥和莫尔之子。[4] 亨利不想再兴大狱,低调处理,以确保幼子在祥和氛

① Peter Marshall, *Heretics and Believers*, pp. 288-289.
② Christopher Haigh, *English Reformations*, p. 161.
③ John Guy, *Tudor England*, p. 189.
④ Peter Marshall, *Heretics and Believers*, p. 291.

围中继位。

晚年的亨利常为腿疾所苦,然雄风依旧。1541年,法西交恶,竞相争取英格兰支持,亨利外交重新强硬。1542年,英格兰和神圣帝国达成谅解,共与法国为敌;次年双方正式缔约,相约从东西两面夹击法国。向法国挥戈动武前,亨利为摆脱后顾之忧,决定击垮苏格兰,苏格兰与法国的传统友谊始终是英格兰历代君主心腹之患。1542年10月,诺福克领兵侵入苏格兰,在索尔维沼泽地(Solway Moss)打垮万余苏军,詹姆士五世蒙羞而死,留下嗷嗷待哺的幼女玛丽·斯图亚特(Mary Stuart)。亨利欲外交和军事双管齐下,彻底瓦解苏格兰人斗志。不过战败的苏军士气未丢,圣安德鲁斯大主教比顿(David Beaton)在法国支持下膏立玛丽·斯图亚特为君。亨利派赫特福德伯爵(Edward Seymour,Earl of Hertford)围攻爱丁堡,疯狂蹂躏苏格兰乡村,然而爱丁堡始终固若金汤,苏法联盟亦无丝毫松动迹象。亨利另辟蹊径,将外甥女道格拉斯(Margeret Douglas)嫁予苏格兰伦诺克斯伯爵(Earl of Lennox),欲扶植此君为傀儡及内应。1544年夏,亨利拖着残腿侵入法国,英军以加莱为根据地猛攻布洛涅,拿下此城。查理五世却背盟败约,单独与法国讲和,亨利只能集中资源巩固布洛涅胜果。伦诺克斯不堪大用,顶不住苏格兰军队反攻,1545年2月,苏军在法国支持下攻到英格兰境内,亨利陷入双线作战窘境。英军只能在布洛涅深沟壁垒,全力防御,以便集中资源支持赫特福德反击苏军。1545年9月,英军又一次打垮苏军并缴获丰厚战利品。赫特福德勇冠三军,外加国舅这份尊荣,在重臣中鹤立鸡群。法军在海上给英军造成了不小损失,所幸达德利(John Dudley)顶住了法军对怀特岛(Isle of Wight)的进攻。亨利晚年战事胜多败少,不过军费也耗空了国库,1542至1545年战争支出累计213万镑。[①] 王室收入和议会批准的税收远不够开支,重铸货币敛财仍不足以弥补资金缺口。亨利加紧搜刮修道院,1544年11至12月召开的议会授权国王解散小教堂、宗教研习学院、行会等,且所得全归国王所有。[②] 即便广开财源,到1545年底,亨利还是到了"破产边缘",他写信给佩吉特(William

---

① John Guy, *Tudor England*, p. 192.

② Peter Marshall, *Heretics and Believers*, p. 294.

Paget)称:"我已无计可施,不知接下来三个月如何度日。"①1546 年夏,英法停战,两国约定亨利继续保有布洛涅八年,届时法国有权用 200 万克朗(crown)赎回此城。②

为防不测,远征法国前,亨利指使议会出台《第三部继承法案》(The Third Succession Act)。此法规定王位由爱德华继承,玛丽和伊丽莎白继承权排在爱德华之后,变相承认了两女合法性。鉴于爱德华不及十岁,亨利表示他死前会立遗嘱指定一个摄政委员会替幼君处理国事。亨利统治最后一年,围绕摄政委员会人选,朋党倾轧再起,权斗激烈。赫特福德因赫赫战功以及与王子的血亲关系,权压群臣。海军指挥官达德利、王后帕尔的兄弟威廉·帕尔(William Parr)以及后来晋封彭布鲁克伯爵的赫伯特(William Herbert,1st Earl of Pembroke)等人争相攀附赫特福德。赫特福德在议会和枢密院中均不乏同党,他还买通了佩吉特和邓尼(Anthony Denny)两位宫廷内臣,前者是亨利最信任的幕僚,后者负责印玺保管和使用。亨利身虚体弱,赫特福德党羽代为签名盖印。凯瑟琳·霍华德被处决后,霍华德家族远离宫廷,但在枢密院中仍有一定影响力,年过七旬的诺福克公爵在教俗两界依旧活跃。亨利担心自己死后诺福克与加德纳一道向罗马再表忠心,寻机彻底铲除霍华德家族势力。诺福克之子萨里伯爵(Henry Howard,Earl of Surrey)放荡不羁,无视国法军纪,曾执意携妻子一道去加莱作战,遭亨利严厉训斥。一度传言萨里企图清洗枢密院,废黜亨利,操控王子登基。③ 1546 年 12 月,诺福克父子遭逮捕入狱。次年 1 月,萨里被处决;诺福克因亨利驾崩侥幸保命。亨利知道加德纳能力卓群,但提点摄政委员会:"可以确信,如果他在我的遗嘱中成为你们的一员,他会妨碍你们所有人,你们永不能约束他,他天性如此麻烦";"我自己能用他,……但你们永远不能"。④ 亨利断定自己死后加德纳必倒向罗马,向教皇屈膝。这份预判确有先见之明。为确保将后半生主要战果——国王的教会首脑地位——完整传给新王,亨利执意不许加德纳进入摄政委员会。

---

① J. J. Scarisbrick, *Henry Ⅷ*, p. 456.
② J. J. Scarisbrick, *Henry Ⅷ*, p. 464.
③ J. J. Scarisbrick, *Henry Ⅷ*, pp. 482 - 483.
④ John Foxe, *The Acts and Monuments*, Vol. Ⅴ, pp. 690 - 691.

12月底,亨利大限将至。30日,他召集赫特福德、佩吉特以及赫伯特公布遗嘱,内容包括:爱德华、玛丽和伊丽莎白依次享有继承权,成立摄政委员会管理国家至爱德华年满十八岁,摄政委员会实行多数制。这份遗嘱至今还保存在历史档案馆(Public Record Office),铅印日期为1546年12月30日。几百年来,史家为遗嘱铅印日期以及是否授权设立护国公争执不休。现代史家大多认为遗嘱并非12月30日铅印。他们猜测,1547年1月28日亨利大行前几小时,佩吉特趁亨利昏迷矫诏,添加了两项内容:其一是授权赫特福德担任护国公,其二是写明亨利已认可但尚未兑现的封赏。① 当然,也有可能是亨利临终前更改遗嘱,授权赫特福德必要时出任护国公。遗嘱未提玛丽·斯图亚特继承权利,伊丽莎白时代,拥护玛丽·斯图亚特继承英格兰王位的人质疑遗嘱真实性。这种质疑略显牵强,亨利有多名子女,何况刚与苏格兰交兵,遗嘱没必要扯到玛丽·斯图亚特。至于遗嘱是否授权设立护国公亦无争论必要,亨利将遗嘱递给赫特福德这一举动足以说明后者肩负托孤之责。②

亨利纵横天下近四十载,暴戾多变、冷血无情、骄奢淫逸并未遮蔽他的文韬武略和盖世功勋。他随时招募能征善战的军队,数度侵入邻国,扬威异域,在西欧国际关系网中纵横捭阖。他治理下的英格兰零星骚乱和地方反叛频频上演,但都不能动摇王权根基,更没恶化为中世纪司空见惯的内战。他随性逼迫议会立法顺从圣意。他毫无顾忌、无须正当法律审判先后处死多位权臣及几任王后。贵族和议员都不敢违逆君意,枢密院和议会均似橡皮图章。亨利已非封建君主,而是典型的文艺复兴时代的绝对主义君主。他的君权在不列颠史上空前绝后。借此君权,他以偶然和随性的方式开启宗教改革,却收获了始料未及的果实。他取代教皇自任教会首脑,带领英吉利人摆脱教廷奴役,创立了"民族教会"并享受"意义深远的新尊严",为民族留下了政教合一这笔最有价值的遗产。这遗产时至今日仍外壳保存完好。亨利的丰功伟绩给"英格兰的精神、心灵以及面貌均留下了深刻印记",他是"英吉利人的完美典范以及日益膨胀的民族自豪感的源泉"。③

---

① John Guy, *Tudor England*, pp.198-199.

② J. J. Scarisbrick, *Henry Ⅷ*, p.492.

③ J. J. Scarisbrick, *Henry Ⅷ*, pp.498,499,506.

第二章 王朝危机与宗教乱象
（1547—1558）

　　幼主继位是中世纪的大忌,16 世纪的英格兰仍不能摆脱这个魔咒。亨利殡天后,赫特福德操控宫廷和枢密院,三天后才将死讯通告天下。根据极有可能被篡改的遗诏,赫特福德被推选为护国公,旋又兼任爱德华六世监护人(governor)并顺理成章晋封萨默塞特公爵(Duke of Somerset)。根据 15 世纪惯例,1422 年和 1483 年亨利六世以及爱德华五世两位幼主继位时,先王均指定国王叔叔为护国公。因此,无论萨默塞特的护国公职权是否为亨利所授,时人并无异议。爱德华也亲口承认萨默塞特作为自己"未成年时期的保护者以及监护者"并无不妥,"绅士以及显贵们亦同意,因为他是国王的母舅"。① 萨默塞特为向支持并拥戴他的同僚表达谢意,同时也为了平衡权势和荣誉,不吝封官赐爵。达德利晋封沃维奇伯爵(Earl of Warwick),尼奥塞斯里(Thomas Wriothesley)晋封南安普顿伯爵(Earl of Southampton)。枢密院根据可能也是杜撰的亨利遗愿,把霍华德家族大量地产赏给萨默塞特及其党羽。佩吉特幕后策划了这一系列政治密谋,不久被萨默塞特提拔为王室总会计。国务大臣史密斯是经济专家,可惜萨默塞特并未充分挖掘这位剑桥大学教授之潜能,不过启用未到而立之年的塞西尔(William Cecil)担任私人秘书似乎又证明萨默塞特有识人之慧眼。

---

　　① W. K. Jordan, ed., *The Chronicle and Political Papers of King Edward Ⅵ*, Ithaca, Cornell University Press, 1966, p. 4.

爱德华聪颖可塑,但毕竟是九岁孩童。萨默塞特操控朝政人尽皆知,时人批评他胸无良策且贪得无厌,但其更大败笔是绕开枢密院,以裙带关系结织权责不明的圈子,滥用王室诏令进行统治。这种极不合规的权力操作很快激起部分贵族不满。南安普顿首先质疑圈子政治不合规矩,萨默塞特则毫不留情反诬南安普顿滥用司法权力,剥夺了他的大法官职务并将其赶出枢密院。萨默塞特打压同僚毫不手软,却不胜胞弟之扰,其弟托马斯(Thomas Seymour)认为一人身兼护国公和国王监护人不妥并援引历史称:亨利六世幼年时期,几位王叔分享不同职权。受沃维奇暗中唆使,托马斯要求萨默塞特将国王监护人一职让给自己。萨默塞特提拔托马斯担任海军大臣以为安抚,准允他与先王遗孀凯瑟琳·帕尔成婚,成全这对有情人。早在1543年,托马斯便与帕尔情投意合,只因亨利介入,托马斯才退避三舍。托马斯并未因兄长的笼络和迁就而安分守己。帕尔下嫁他不久因病去世,托马斯又打起了公主伊丽莎白的主意,伊丽莎白怀孕的假消息一度传得满城风雨。托马斯还企图绕开宫廷和枢密院,利用议会与其兄长分庭抗礼。[1] 最令萨默塞特无法容忍的是,托马斯吃里爬外,与被打倒的霍华德家族残余势力搅和在一起。1549年初,萨默塞特下令逮捕托马斯并指控他以身试法、罪不容诛,托马斯承认他私下向国王爱德华馈赠钱财但抗议这并不构成定罪理由。[2] 萨默塞特专断援引《权利褫夺法》将托马斯处决。无论针对托马斯的指控是否属实,他的造次和愚蠢都超出了萨默塞特容忍下限。护国公因手足相残背负些许道义指责,但若听之任之,兄弟阋墙只会毁掉整个家族,让沃维奇从中渔利。

亨利逝后两月,他的老冤家弗朗西斯一世也撒手人寰。法国新王亨利二世迫不及待要夺回布洛涅,为此还煽动苏格兰人骚扰英格兰北方边境。靠对苏战争起家的萨默塞特于1547年夏引兵伐苏,在爱丁堡城下打垮苏军,不过与先前历次对苏战争一样,英军无法攻破爱丁堡。为阻断法国援助苏格兰,同时也为了在苏格兰培植亲英势力,萨默塞特在从伯威克(Berwick)到爱丁堡的

---

① Stephen Alford, *Kingship and Politics in the Reign of Edward Ⅵ*, Cambridge University Press, 2002, p. 95.

② David Loades, *Intrigue and Treason: The Tudor Court*, 1547-1558, Longman, 2004, p. 41.

沿海边境修建了大量军事要塞,妄图困死爱丁堡城内居民。然而这些要塞并不能阻断法军与爱丁堡的联系,1548 年夏,法军顺利接走了玛丽·斯图亚特。对苏战事费钱 58 万镑,使用外国雇佣军近 7500 人,最后却一无所获。[1] 为筹集战费,萨默塞特继续贬值货币,加大对修道院的盘剥。社会经济方面,萨默塞特高调反对圈地运动并据此自称穷人之友。为平息圈地引起的民间怨气,萨默塞特成立专门的圈地应对小组,赴各地摸查情况,勒令贵族和大地主停止侵占公共牧场。他还指示议会颁布《流民法》(Vagrancy of Act),将居无定所的流浪汉遣回原籍,甚至威胁将他们卖为奴隶。政令不畅外加各地贵族地主抵制致使圈地调查小组工作完全流于形式。

　　萨默塞特亦未正确评估宗教形势,草率行事终酿大祸。亨利尸骨未寒,宗教争执便摆上台面。萨默塞特对教义本无兴致,然而为了将宗教保守主义者南安普顿逐出枢密院,他借宗教做文章,尽力讨好改革派贵族和主教。他操控的枢密院发布命令,规定此后所有的宗教法令均以国王名义发布,主教只是王室官员,不再享有特殊地位。爱德华六世第一届议会便撤销了亨利统治后期制定的迫害新教徒法案,允许传播新教思想的书刊在英格兰出版发行。1547 年 7 月,第三轮宗教命令(Third Royal Injunctions)公诸天下,它重点参考了 1538 年克伦威尔发布的第二轮宗教命令,明令禁止偶像崇拜。[2] 加德纳声称它有悖《王书》,与成文法冲突,而国王的任务是维持法律,萨默塞特置之不理。加德纳还警告,这道宗教命令"将给政府带来危险并鼓励煽动性的再洗礼派",萨默塞特同样充耳不闻。[3] 1548 年 2 月 6 日的王室诏令竟鼓励民众反对他们"早已习惯的古老礼仪及仪式"。[4] 值此前后,拉铁摩尔在伦敦布道煽动民众"扔掉一切圣像,摧毁所有偶像"。萨默塞特和克兰默尔还资助新教印刷品出版,仅 1548 年的伦敦就出版了 268 种,一位改革派作家称"书籍广为流传,人手一本"。受官方鼓励,新教徒在首都冲击圣保罗大教堂等圣所,批量捣毁伦

---

[1]　John Guy, *Tudor England*, p. 202.

[2]　Christopher Haigh, *English Reformations*, p. 169.

[3]　David Loades, *Politics and the Nation*, p. 166.

[4]　P. L. Hughes and J. F. Larkin, eds, *Tudor Royal Proclamations*, Vol. I, pp. 416 - 417.

敦城内圣像。萨默塞特伐苏归来后下令将圣像破坏运动扩展至全国。象征耶稣受难的十字架、圣徒画像、圣杯以及法衣等统统成为攻击目标。时人及后世部分史家将 1548 年而非 1534 年视为英吉利与罗马决裂的关键年份并非标新立异。[①] 加德纳的痛心疾首也证实了 1548 年新教徒之疯狂。加德纳法学和神学造诣均属一流,在法理上支持君主的教权,亦支持简化圣礼、打压修院等纯洁教会之举,但他坚决抵制因信称义,维护圣餐变体论并抗议破坏圣像,因为这些教义和礼俗均密切关涉灵魂救赎。[②] 加德纳认为横扫一切的破坏及无序激进思想蔓延是路德教之幽灵作祟,其疯狂已把北德意志搞得秩序大乱,英格兰当引以为戒并奋起抵制,否则王权最终会失去对教会的控制权。萨默塞特派塞西尔去警告加德纳勿讨论圣餐变体及弥撒等问题。[③] 加德纳置之不理并继续布道,与护国公和大主教唱对台戏,枢密院下令将其逮捕入狱并废止了 1543 年的《王书》。

萨默塞特厌恶偶像是假,垂涎教会财产是真,特别是耗资巨大的对苏战争令其财政捉襟见肘。偶像破坏仅是他变本加厉掠夺教会财产的序曲。1547 年底至 1548 年初,萨默塞特及其党羽炮制的解散小教堂议案提交议会讨论。两院议员和宗教保守主义者强烈抵制,萨默塞特被迫妥协,承诺为失去教产和薪俸的神职人员提供年金,保障他们生计,《小教堂法》(The Chantries Act)才勉强通过。[④] 该法否认炼狱学说,没收教堂圣物,连社会各界捐赠给教堂和修道院的器物也一并落入萨默塞特腰包。教会经济基础几近崩溃。克兰默尔趁热打铁,1548 年底,由他起草的教礼改革议案提交议会讨论,议案刻意否认体化说,遭伍塞特主教希斯(Nicholas Heath)、达勒姆主教图斯达尔抵制。克兰默尔和其支持者罗切斯特主教里德利(Nicholas Ridley)辩称体化说精粹在于精神展现,而非圣礼及其程序。萨默塞特、沃维奇等世俗贵族均附和此论,克兰默尔改革意见最终占了上风。1549 年 1 月议会通过《划一法》(Act of Uniformity 1549)统一圣礼,此法授权的《公祷书》(*Common Prayer Book of*

---

① Peter Marshall, *Heretics and Believers*, pp. 314 – 315.
② David Loades, *Politics and the Nation*, p. 167.
③ Peter Marshall, *Heretics and Believers*, p. 321.
④ Christopher Haigh, *English Reformations*, p. 173.

1549)系统规制了圣礼。这部公祷书刻意不提圣礼细节,也未明言信徒弥撒时需要奉献,仅禁止高举祝圣的面包和葡萄酒(elevation of host)。这种语焉不详,既暗示新礼仪与天主教礼仪的天壤之别,又避免触怒宗教保守主义者和天主教徒,在神学和礼仪方面摆出折中姿态。[①] 同一届议会还明确圣职人员婚姻合法。

改革派僧侣被激进新教思想冲昏头脑,萨默塞特不懂宗教且闭塞视听,完全不知民间宗教保守势力之强大,加上本已不得人心的对苏战争和流于形式的社会经济政策,1549 年夏,愤怒和不满催生了铺天盖地的叛乱。6 月初,德文与康沃尔两郡的叛乱将西南地区搅得鸡犬不宁。负责平叛的罗素(John Russell)兵力有限,萨默塞特担心米德兰地区(Midlands)圈地引发的不满酿成大规模叛乱,同时害怕法国趁火打劫,不敢增兵罗素。此外,萨默塞特信息不畅,对西南叛乱严重性估计不足,致使 2000 余名叛军在 7 月初围攻西南行政中心埃克塞特(Exeter)。康沃尔人宣称"他们不能接受由护国公主使的任何改革,也不会接受国王的法令,直到爱德华国王年满二十二岁"。[②] 叛乱者呈给枢密院的诉求明确要求"恢复使用《六条法案》","重建圣像","为炼狱中的逝者祈祷","用拉丁语举行弥撒",禁止英语版《圣经》,宽恕波尔罪行并邀其回国担任要职。他们胃口并不大,仅要求每郡重建两所修道院且不打算恢复教皇宗教首脑地位。[③]

一个月后,东安格利亚(East Anglia)地区爆发了更大规模的叛乱。如果说西南叛乱原因"主要是宗教方面的,但经济的不满亦牵涉其中",那么东安格利亚叛乱原因恰好相反,宗教不满是次要的,经济苦难是主要的。[④] 这一时期持久的物价高涨令百姓生计艰难,东安格利亚受苦尤甚。这片区域人口密集,农牧业并行发展,大贵族的羊群侵蚀公共牧场,严重损害了自耕农利益,农牧利益冲突根深蒂固。霍华德家族失势后,东安格利亚地区士绅失去了主心骨,地方权威坍塌。小佃农兼制革工人凯特(Robert Kett)号召小地主、自耕农起

---

① Christopher Haigh, *English Reformations*, p. 174.
② David Loades, *Politics and the Nation*, p. 171.
③ Peter Marshall, *Heretics and Believers*, pp. 329 - 331.
④ Anthony Fletcher, Diarmaid MacCulloch, *Tudor Rebellions*, p. 65.

来反抗大地主和贵族侵占他们世代赖以为生的公共牧场,部分还未彻底解放的农奴亦伺机而动。凯特起草的其中一条诉求称:"我们祈求所有受束缚者获得自由,因为上帝已洒了他珍贵的热血为所有人获得了自由。"[1]这种诉求好似 1524 至 1525 年德国农民战争在英格兰的回声。反对激进教义和新式教礼的保守派也趁机鸣冤叫屈,为起义推波助澜。克兰默尔称"我不知道一名绝对的教皇派人与异端或叛徒有何区别"。[2] 不管凯特是否意识到了反宗教改革力量可加利用,毫无疑问这种力量有助他聚拢党徒。万余人汇集至凯特麾下,7 月 22 日,他们攻下了英格兰当时第二大城市诺维奇。受命前往镇压起义的威廉·帕尔在诺维奇城下损兵折将,铩羽而归。萨默塞特在凯特起义爆发之初举棋不定,形势恶化后他又想安抚了事,未经枢密院商议便派私人代表告知起义者,政府会调查实情,惩罚违法侵害自耕农利益的大地主并宽恕起义者。[3] 凯特从官方让步中看到了申冤诉苦的希望,相信没必要再进攻伦敦。他在诺维奇成立地方政府,否认自己起义或造反并反复辩称他在替国王维系地方秩序、主持公道。

自威廉·帕尔兵败,事态实已失控。即便萨默塞特默认凯特越权行事,贵族集团也不可能容忍凯特沐猴而冠。以沃维奇为首的贵族意识到护国公对起义者表露的同情威胁到了贵族阶层整体利益,担心朝令夕改助长起义者的嚣张气焰并催生更可怕的连锁反应。萨默塞特既要与苏格兰作战,又得扑灭席卷全国的叛乱。亨利二世也借机对英宣战,扬言不仅要夺取布洛涅,还要收复加莱。国家几近崩坏,萨默塞特坐困愁城,只能硬着头皮号令各地贵族招兵买马,全力镇压起义。8 月中上旬,罗素利用外国雇佣军以及从牛津等地赶来驰援的地方贵族武装艰难将西南反叛镇压下去。8 月 16 日的考特雷(Sampford Courtenay)战役杀死了 4000 多名起义者,乱党威胁之大从这个死亡数字可见一斑。[4] 8 月下旬,沃维奇征调万余名正规军并在外国雇佣军助阵下,于杜辛戴尔(Dussindale)打垮凯特叛军主力。剿灭起义后,罗素和沃维奇在德文、康

---

[1] Anthony Fletcher and Diarmaid MacCulloch, *Tudor Rebellions*, pp. 158 - 160.
[2] Peter Marshall, *Heretics and Believers*, p. 335.
[3] Anthony Fletcher and Diarmaid MacCulloch, *Tudor Rebellions*, pp. 78 - 79.
[4] David Loades, *Politics and the Nation*, p. 172.

沃尔、萨福克以及诺维奇等地疯狂报复叛军嫌犯,无辜惨死者不计其数。沃维奇实力膨胀自不必说,罗素亦靠平叛功勋于 1550 年 1 月晋封贝德福德伯爵(1st Earl of Bedford),这个家族未来五百年官学两界人才辈出。

起义重挫护国公个人威严。对形势的误判以及应急时的优柔寡断都证明他不适合统御全局。特别是他绕开枢密院,用私人顾问暗中接洽叛党,令贵族同僚失去了对他的信任;他私下安抚叛军并承诺宽恕他们,致使贵族更有理由怀疑他煽动民粹、企图利用社会中下层摆脱贵族同僚的掣肘。即便亨利七世或亨利八世式的强势国王靠这种模式集权也充满风险,萨默塞特显然是玩火自焚。罗素和沃维奇借平叛成为兵权在握、尾大不掉的地方豪族,导致时局更加微妙。1549 年 9 月中旬,贵族间虽无正式接触,却不约而同达成扳倒萨默塞特之共识。没有资料证实沃维奇为政变主谋,但他的态度最为关键,而他至少默认这场政变。直到 10 月初,萨默塞特才意识到处境危险,然而他能征调的卫队以及临时拼凑的士兵仅千余人。他的亲信亦多庸才,对危险处境迅速做出反应的重量级人物只有克兰默尔一人。10 月 6 日,一帮显贵在沃维奇的伦敦居所集会,抨击萨默塞特所有政策并攻占了伦敦塔。萨默塞特裹挟国王逃往温莎(Windsor)城堡,其政敌散布谣言称他绑架幼君并求助法王支持。8 日,在西南诸郡及米德兰地区手握重兵的罗素宣布他支持枢密院同僚之行动,萨默塞特成了瓮中之鳖,只剩国王这一张牌了。情急之下,他以国王名义发布诏令,号召人民保卫国王及"他广受爱戴的护国公舅舅",抵制"最危险的阴谋"。[①] 或为顾及国王人身安全,政变者并不打算强攻温莎,提议和谈。佩吉特和克兰默尔作为护国公代表与沃维奇达成协议:萨默塞特放弃护国公称号,其人身安全无虞,现行宗教政策保持不变。[②] 萨默塞特缴械后,被关进伦敦塔。枢密院随后起草文件逐条罗列他的罪行。

萨默塞特并非安邦定国之才,他对叛党的同情以及政变期间诉诸民粹均触怒了贵族集团,政变发生后他裹挟爱德华作为护身符又被视为对国王不敬。他有胆无识,以护国公身份替国王施政,"高估自己,却时常忘记他实际上并非

---

① P. L. Hughes and J. F. Larkin, eds, *Tudor Royal Proclamations*, Vol. Ⅰ, p. 483.

② David Loades, *Intrigue and Treason*, pp. 49 - 50.

国王"。① 从整体上维护贵族集团利益是同僚认可其权势与地位的前提，然而他恰恰不胜此责。贵族们可以无视他的贪婪，却无法忍受他的无能。他执政两年有余，内外政策全如乱麻。佩吉特曾当面痛斥他"向苏格兰开战、与法国交兵，……因此事立法、为彼事下诏，诸事却相互矛盾"。② 简言之，萨默塞特德不配位，"缺乏他所占职位必备且协调的品质与性格"。③

扳倒萨默塞特后，沃维奇跃居群臣之首。他的政治禀赋远高于萨默塞特，长于变通，不囿于死板原则，时人称其为英格兰的亚西比德（Alcibiades）。④ 沃维奇与国王并无血亲关系，且有萨默塞特倒台之鉴，他不敢奢望护国公之尊荣，不搞圈子政治，主动恢复枢密院功能。他本人荣膺枢密院主席并将大量亲信安插进来，其弟安德鲁·达德利（Andrew Dudley）、女婿悉尼（Henry Sidney）、伊利主教古德里奇（Goodrich of Ely）、萨福克公爵亨利·格雷（Henry Grey）以及倒戈的佩吉特均被揽进枢密院。以沃维奇为首的上述六人为"最尊贵的国王提供善政"并负责他"荣耀的教育"之重任。⑤ 为提高行政效率，佩吉特效仿克伦威尔，为枢密院制定详细议事机制和规范程序。塞西尔也是沃维奇信得过的廷臣，刚及而立之年，却尽显老练，在沃维奇、枢密院、宫廷之间穿针引线游刃有余。为彰显宽宏大量，1550 年 4 月，沃维奇允许萨默塞特重返枢密院并安排长子娶其女为妻，结秦晋之好。沃维奇此举深层目的极可能是想用萨默塞特对付假想政敌南安普顿。南安普顿是不可小觑的枢密大臣，他已于 1549 年 1 月重返政坛，扳倒萨默塞特也有他的一份功劳。南安普顿行政经验丰富，是老资格的宗教保守主义者。反对激进宗教改革的人渴望南安普顿和加德纳领头恢复亨利宗教政策，加德纳此时待在牢里，南安普顿

① David Loades, *Intrigue and Treason*, p. 43.

② John Guy, *Tudor England*, p. 211.

③ Stephen Alford, *Kingship and Politics in the Reign of Edward Ⅵ*, p. 99.

④ Stephen Alford, *Kingship and Politics in the Reign of Edward Ⅵ*, p. 8.

⑤ W. K. Jordan, ed, *The Chronicle and Political Papers of King Edward Ⅵ*, p. 18.

更被视为保守派台柱。1549 年底和 1550 年初,神圣帝国驻英大使德尔福特(Van der Delft)认为英格兰廷臣分为两大阵营:南安普顿试图恢复宗教保守路线并支持玛丽公主出任摄政,以抑制沃维奇权势;沃维奇起初为争取帝国外交支持,也一度向德尔福特示好,不过确信爱德华是坚定新教徒后,为讨国王欢心,他全心全意转向宗教激进主义。帝国大使根据宗教立场划分派系算是号准了英格兰政治脉搏,改教以来,贵族间矛盾主要映射在宗教方面。不过沃维奇没有料到 1550 年夏南安普顿病故,萨默塞特随之失去了政治价值。1551 年 10 月,沃维奇以萨默塞特勾结英格兰中北部贵族企图推翻政府为由,将其逮捕。与此同时,他本人毫无争议晋封诺森伯兰公爵。次年 2 月,萨默塞特被斩。

　　诺森伯兰接手的国家形势不容丝毫乐观。刀光剑影和血腥场景仍历历在目,各类不满现状者怨气冲天。为防止起义死灰复燃,诺森伯兰要求各地行政官员和治安法官严密监控危险分子言行举止,全国笼罩着惶恐气氛。经济近乎令人绝望。1549 至 1551 年连续三年农业歉收,乡村凋敝、满目疮痍。1551 至 1552 年,布匹出口不畅,贸易大幅萎缩。自亨利八世统治后期开始的通货膨胀为物价飞涨推波助澜。流行病席卷全岛,肆虐的出汗病(sweating sickness)令人谈虎色变。身在深宫的爱德华对这种疾病的记载令人不寒而栗:"人若着凉,三小时就会死去","如果睡上六个小时,他就会发疯并且神志不清地死去"。[1] 面对疾病,诺森伯兰只能祈祷,不过针对贫困,他还是力图有所作为。1552 年,议会制定了《济贫法》(Poor Act),要求每个教区登记辖境流民并为其提供救济品。诺森伯兰还打算彻底清除通胀之弊,重铸货币。然而新发货币仍成色不足,遭普遍抵制。外交方面,诺森伯兰只求迅速结束萨默塞特发动的一系列战争。1550 年初,英法达成停战协议,英格兰承诺在 1556 年撤出布洛涅,但法国先前许诺的赎城费折半。尽管这与亨利遗愿相去甚远,诺森伯兰和负责谈判的佩吉特仍为来之不易的和平暗自庆幸,认为这是一桩务实交易。查理五世对英法和解自然不悦,不过更令他愤怒的是玛丽公主遭受的不公正待遇。随着爱德华宗教政策激进化,他与玛丽的姐弟关系也越来越僵。爱德华义正词严禁止玛丽行天主教礼仪并将她的扈从投入监牢。查理

---

[1]　W. K. Jordan, ed., *The Chronicle and Political Papers of King Edward Ⅵ*, p. 94.

五世苦厉内茬为身处险境的表妹撑腰，甚至以武力施压爱德华，要其尊重玛丽作为长公主享有的政治和宗教权利。

爱德华在位短暂六年，宫廷阴谋和官场恶斗从未止歇，然而相较宗教政策对英格兰历史进程的影响，一切阴谋和权斗都无足轻重。萨默塞特基于政治及财政考虑支持激进教改，诺森伯兰当权后，同样出于政治原因，以更激进姿态扶持新教。1550 年的《弥撒令》(Ordinal)要求移除教堂中石制祭坛(stone altar)，代之以木质祭桌(wooden communion table)。献祭(sacrifice)是圣餐变体论最重要的仪式支撑，为摧毁这种仪式，伦敦主教区下辖堂区大肆移除祭坛，里德利调任伦敦主教后更大张旗鼓加速移除石制祭坛或代之以木质祭桌。支持激进改革的胡珀(John Hooper)于 1550 年大斋节布道称："只要祭桌仍在，无知群众以及无知且被恶意误导的牧师就会一直想着献祭。"[1]《弥撒令》在各地遭广泛抵制，保守主义者痛斥萨默塞特和诺森伯兰是"两位残暴的专制者、上帝及神圣教会的敌人"，他们相信群魔乱舞皆因两位公爵操控幼主、倒行逆施所致，待国王成年，定会绞死"异端的恶棍"。[2]

1552 年 4 月，议会据新的《划一法》(Act of Uniformity of 1552)发布《1552 年公祷书》(Common Prayer Book of 1552)。克兰默尔为应对天主教会反宗教改革(Counter-Reformation)，与苏格兰激进改革家诺克斯及欧陆改革家加尔文等人频频书信交流，故新公祷书受激进新教思想影响极大。相较《1549 年公祷书》，《1552 年公祷书》阐释的教义更具加尔文教色彩，在肯定因信称义的基础上重点强调预定得救，"预定得救是上帝永恒的意志"。加尔文教抨击献祭是迷信作祟且为僧侣贪腐开方便之门，故《1552 年公祷书》坚决反对献祭并称"弥撒中的献祭是无稽之谈，乃用心险恶的欺骗"。政治家和神学家都知道宗教仪式比教义在形塑信众信仰过程中威力更大，故《1552 年公祷书》规制的详细礼仪更向加尔文主义靠拢，抵制圣餐变体论。《1549 年公祷书》虽简化了圣餐礼，依然声称面包和酒象征着基督的肉和血，而《1552 年公祷书》只称"领取并吃下这(面包)，牢记基督为你而死"，但没说面包与基督身体有何干

---

① Peter Marshall，*Heretics and Believers*，pp. 339 - 340.

② Christopher Haigh，*English Reformations*，p. 177.

系。① 这部新公祷书对教堂布置以及主教和牧师服饰的限定相当宽松,也不要求信众对圣母、使徒、教父等感恩。宗教保守派对《1552 年公祷书》之激进提心吊胆,但诺克斯认为它与彻底的加尔文主义仍有相当大的距离并将信徒领圣餐时的跪拜也视为偶像崇拜,力荐克兰默尔剔除跪拜礼。克兰默尔解释称跪拜绝非偶像崇拜,仅表示在基督面前谦卑。《1552 年公祷书》不仅攻击教皇,还严厉谴责再洗礼派。

1553 年 6 月 19 日,克兰默尔借王室诏令发布《四十二条信纲》(Forty-two Articles)。信纲既未经议会讨论,更没得到宗教界一致认可。它谴责教皇权威、教士独身、炼狱说、偶像崇拜及圣餐变体论,且只保留施洗和圣餐二礼。唯一令保守派满意的是它严厉谴责再洗礼派,不过这些许安慰不足以抵消保守派的愤怒,因为信纲推崇加尔文主义选民说并声称"我们无从知晓"上帝的选捡。信纲的巨大英吉利特色是继续强调国王的宗教权力,暗示爱德华是"与敌基督者战斗的世俗领袖",这又与加尔文主义逆向而行。② 如果说亨利八世搞的是没有教皇的天主教,那么到 1553 年,英吉利官方教会已变成有国王和主教的加尔文教。

诺森伯兰以宗教改革为名将大量教会财产充公,好在他不似萨默塞特那么贪婪,与支持他的各级贵族一道分享从教会榨取的不义之财,以之稳住多数贵族。尽管普通百姓与教俗两界宗教保守派仍对激进改革恨之入骨,但无人酝酿新的武装骚乱。世俗贵族和乡绅对凯特起义心有余悸,即便心怀不满,宁可沉默也不愿挥戈动武。不过保守的神职人员就没那么顺从了。1550 年,加德纳基于忠君思想勉强承认了《1549 年公祷书》和《划一法》。他因这种表态重获自由并列席枢密院会议,不过内心仍否认公祷书"善且合乎神意"。1551年 2 月,他被剥夺主教职位,再蒙牢狱之灾。与加德纳立场和遭遇类似的还有伦敦主教波纳(Edmund Bonner)以及达勒姆主教图斯达尔等名流。支持新教改革的里德利、博内特(John Ponet)、胡珀分别升任伦敦、温彻斯特及格洛塞特三地主教。他们与大主教克兰默尔、伊利主教古德里奇等垄断了教会领导

---

① Peter Marshall, *Heretics and Believers*, pp. 347 – 348.
② Peter Marshall, *Heretics and Believers*, pp. 353 – 354.

权,形成强力新教领导层并要求所有神职人员严格遵守《四十二条信纲》。这个新教领导层利用王权和国家机器加速推进加尔文主义改革,短短几年就将亨利晚年试图维系的没有教皇的天主教砸得面目全非。国教(Anglican)教义和礼仪均轮廓初现。

爱德华时代是英格兰向新教国家转变的关键阶段。1530年代,克伦威尔曾出任剑桥大学校长以及牛津大学高级理事,受其庇护和鼓励,大学培养了一批信仰坚定的新教神学家。爱德华继位后,来自斯特拉斯堡(Strasbourg)、科隆以及日内瓦(Geneva)等地的神学家与牛津、剑桥的博学之士一道宣讲路德和加尔文的教义。其中最狂热者当属诺克斯和胡珀,胡珀任伦敦主教期间,在繁忙的宗教会议和行政事务之外,每天坚持布道两次。[1] 这些热心的新教僧侣每次布道都能吸引大批听众,年轻人尤易被感召。当然,穷乡僻壤,特别是英格兰北方,新教牧师人手不足,那里的群众很难亲耳恭听新教牧师布道。不过新版《圣经》以及新教宣传读物广泛流行。16世纪中期,英格兰大约30％的男性和10％的女性能读懂普通书籍。这些具备阅读能力的精英大多乐意接受新教,还特别热衷为目不识丁者朗读并解释《圣经》。[2] 乡绅、职业精英、自耕农和聚集于城市的手工工匠最易接受新教。就地域看,英格兰东南部和米德兰地区农业相对发达,16世纪上半期,这些区域的农场主因普遍的粮价上涨发家致富,这些地方的乡绅和自耕农数量与比例远高于西部和北部。伦敦及其周边手工工场兴旺发达,聚集了大批专业化人士、工匠及商贾。经爱德华时代疾风骤雨般改革,新教之风遍吹英格兰中部和东南部。此外,大学周边、商业市镇以及罗拉德派聚集地,新教徒数量也相当可观。[3] 西南部、威尔士、兰开夏、诺森伯兰以及约克等地交通闭塞、经济落后、远离大学,新教缺乏生根发芽之土。总体看,爱德华时代,英吉利人分为罗马天主教徒、本土天主教徒、新教徒三类且多数人是第二类,行天主教礼仪但认可君主宗教权至高无上。新教徒人数远不及半,但操控国家机器、支配教阶体系、独享讲经布道的话语权,经济实力、文化水平及眼界都完胜天主教徒。假以时日,新教必大获全胜。

---

① Christopher Haigh, *English Reformations*, p. 189.
② Christopher Haigh, *English Reformations*, pp. 194 - 195.
③ Christopher Haigh, *English Reformations*, pp. 196 - 197.

亨利主导了英吉利宗教改革第一阶段,第二阶段改革源于爱德华及两位权臣萨默塞特和诺森伯兰鼎力支持。表面看,权臣、大主教及主教利用国家力量自上而下灌输新教教义、推行新教礼仪,实际上,宗教政策主要由国王意志决定,议会、大臣、主教、神学家都只是替国王办事。接受新教者多大程度上出于自愿无法量化,不过国王意志远比臣民心灵更具决定性。可以说,1547 年亨利驾崩以及爱德华继位导致原本保守的宗教政策突然转向激进。既然国王宗教偏好如此重要,那么一旦国王命运不测,宗教政策便可能瞬间大反转。1553 年,王祚突然终结将再一次导致宗教政策突然转向。

爱德华六世并非自幼身体羸弱、朝不保夕。诺森伯兰知道自己不可能永远挟天子令诸侯。他只想替国王理政至其成年,通过忠心耿耿的辅佐,争取国王亲政后自己仍能位居第一枢密大臣。以似是而非证据将萨默塞特逮捕入狱并处决对国民心理冲击巨大,不少人谣称诺森伯兰欲当又一位护国公。1551 年 10 月,爱德华年满十四周岁。为免授人话柄,诺森伯兰在这年圣诞期间将爱德华推到聚光灯下,张罗其大宴群臣。为彰显国人共沾君王雨露,次年夏天诺森伯兰安排爱德华巡视英格兰南方诸郡,王驾所至皆有地方贵族恭迎、陪同国王体察民情。爱德华大展聪颖之资和勤政之态,臣民则枯苗望雨般期待一位圣明之君福泽天下。

亨利当年因长兄早夭意外承命,不想独子亦寿短命薄。1553 年春,爱德华咳血不止,高烧不退,时日无多。他患了严重肺结核。根据亨利遗嘱,玛丽会毫无争议继位,爱德华的操作却搞得局势风云莫测。他一直不满玛丽的宗教信仰和行事风格,1553 年初草拟《遗赠条款》(Devise)剥夺两位同父异母姐姐的继位权,传位其小姑妈女儿弗朗西丝·格雷(Frances Grey, Duchess of Suffolk)之子。弗朗西丝·格雷当时只有三名待嫁女儿,爱德华遂做进一步安排——若自己大行时弗朗西丝·格雷仍膝下无子,她的三个女儿均可继位。议会并不知道《遗赠条款》,1553 年 3 月召开的议会对此只字未提,或许这与国王 3 月份身体一度好转有关。由于诺森伯兰将弗朗西丝·格雷长女简·格雷(Jane Grey)许配给自己儿子并于 1553 年 5 月仓促完婚,几百年来,始终有人相信诺森伯兰策划了《遗赠条款》并匆匆把简·格雷变为儿媳。没有任何史料能够佐证诺森伯兰知晓国王意愿,简·格雷下嫁其子当属巧合。① 直到 6 月,御医告诉诺森伯兰爱德华气若游丝、大限将至,诺森伯兰才决定利用王威扶正简·格雷。召集议会讨论并批准继承诏书为时太晚,只能由国王发令昭告天下。爱德华担心遗嘱效力不足或被朝臣篡改,执意以特许令(letters patent)强令国人认可简·格雷继位。这一操作令人咋舌,克兰默尔直言国王决定不符血统,与亨利遗愿相悖。廷臣在仓促召开的枢密会议上极不情愿承认了简·格雷继位权,但他们知道这其中暗含的深层宪制逻辑凶险无比。简·格雷合法继位将直接推翻亨利授意并得到议会批准的《继承法案》,也意味着君主仅凭个人喜好便可摧毁议会的成文法。若此,改教期间议会通过的所有法案都将面临严峻挑战。不过爱德华态度决绝,他的理由是:简·格雷虔诚善良且会贯彻现行宗教政策;玛丽继位必毁掉新教事业;至于伊丽莎白,其母通奸被斩足以证明她罪孽深重。② 宗教倾向决定了爱德华的临终安排,咽气前他不忘祈祷上帝"保佑国家防住教皇制"。③ 鉴于他执着坚持,大臣及多数伦敦市民在他临终前都认可了他的特许令。7 月 6 日,爱德华驾崩,简·格雷被扶植为新王。政局扑朔迷离,本已遭人怨恨的诺森伯兰更不得人心,人们普遍怀疑他一手布置了所有阴谋。职业史家多认为崇尚新教的爱德华是简·格雷继位的唯一决定者,诺森伯兰仅替国王完成心愿并从中将家族利益最大化。当然,也有可能是他操作精密,瞒天过海。

　　玛丽的天主教信仰妨碍了她的继位,不过近乎痴迷的信仰也是她夺回王位的精神动力。爱德华驾崩前两天,玛丽逃离伦敦,随后几日迅速穿过赫特福德郡、剑桥郡,在诺福克郡的肯宁豪尔(Kenninghall)短暂歇脚,7 月 12 日抵达萨福克郡的弗莱宁厄姆(Framlingham)城堡。玛丽旋在此地设立议事会并以女王名义发布诏令,号召忠于王室者讨贼除奸。诺森伯兰进退维谷,他必须趁

① David Loades, *Intrigue and Treason*, p. 121.
② David Loades, *Intrigue and Treason*, pp. 122 - 123.
③ Peter Marshall, *Heretics and Believers*, p. 357.

玛丽武装力量尚未壮大时将其击败,但又担心枢密院同僚反水,不敢离开伦敦。① 他命令各郡官员不惜一切代价镇压玛丽的支持者,但白费口舌,徒劳无功。13 日,派去拦截玛丽的水军倒戈,这致命打击了宫廷士气。14 日,诺森伯兰匆匆武装一支军队,仓促上阵。地方贵族地主多袖手旁观,拒绝为其卖命。19 日,如诺森伯兰所虑,枢密院承认玛丽为王。第二天,阿劳代尔伯爵(Earl of Arundel)、佩吉特等人抵达弗莱宁厄姆,告知诺森伯兰枢密院已宣布玛丽为王并奉劝他遣散武装、静候处置。诺森伯兰哀叹大势已去,多作抵抗亦属徒劳,表态服从枢密院决定。

从爱德华去世到诺森伯兰缴械,前后两周便胜负分晓。不过在枢密院倒戈前说玛丽必胜亦为草率之言。玛丽逃至萨福克就是要留宽后路,起事不成,还可从那里渡海逃往欧陆。帝国驻英大使也对玛丽逆袭持怀疑态度。玛丽最初的支持者主要局限在东安格利亚以及泰晤士河谷地区,且主要为实力有限的天主教徒。就全国看,多数人静观事变。玛丽成功逆袭是其自身优势和诺森伯兰缺陷的共同结果。其一,王朝正统性压倒了一切可变因素。玛丽是亨利长女且亨利遗嘱与立法都明确她的继承权排序在爱德华之后。纯正血统是玛丽的天然优势,支持她就是支持正统王朝。当时一首脍炙人口的流行歌谣唱道:"尽管我不喜欢玛丽女王毕其一生认可的宗教,然而在我心中,她乃取代我所厌恶之人的正当继承人。"②其二,多数臣民仍未接受新教,1549 年反叛已证明普罗大众并不反对国王取代教皇,但留恋传统教礼和习俗,玛丽看起来是当时能满足臣民宗教诉求的最佳人选。东安格利亚地区许多地主愿为玛丽肝脑涂地,仇恨新教改革或对诺森伯兰社会经济政策不满的人潮水般涌到玛丽身边。强大的宗教保守势力致使 1549 年乱党的幽灵仍在到处游荡,它对诺森伯兰的间接伤害远胜对萨默塞特的直接伤害。其三,与其说支持玛丽的力量决定了胜负结果,不如说诺森伯兰的诸多短板酿成了他的失败。他擅权多年及令人高度起疑的操作招致贵族精英普遍的忌惮和嫉妒。中部地区的巴斯伯爵、德比伯爵等大贵族察觉风向有变后,公开宣称支持玛丽,就连新教徒卡

---

①　David Loades, *Intrigue and Treason*, p. 125.

②　David Loades, *Politics and the Nation*, p. 186.

鲁(Peter Carew)和怀亚特(Thomas Wyatt)也放话支持玛丽。其四,即便诺森伯兰机关算尽,也无法让简·格雷的继位名正言顺。枢密大臣多迫于爱德华和诺森伯兰的压力,违心认可了简·格雷的继承权。教会权势人物中,只有伦敦主教里德利为简·格雷祈祷。他声称玛丽和伊丽莎白均未结婚,她们继承王位将带来更多麻烦和变数;他无视亨利的临终继承安排,污蔑玛丽和伊丽莎白都是私生女,因为亨利与她们母亲的婚姻早被否决;他还针对玛丽的天主教倾向大做文章,提醒民众玛丽继位可能致使得之不易的新教成就化为乌有。然而里德利的论调对玛丽杀伤力有限,毕竟大多数英吉利人认可玛丽和伊丽莎白的血统,何况半数民众仍是天主教徒。里德利布道词最能严重抹黑玛丽的是他预言玛丽“会借外国力量统治”。① 事后看来,里德利所言一语成谶,不过在大多数人眼里外国干涉仅仅是一种可能,提前恐外毫无必要。其五,诺森伯兰没有在爱德华病危时有效监视玛丽,成全她逃离首都,其后又无力迅速绞杀玛丽,讨伐玛丽时拼凑的部队仅千余人,亲自披挂上阵亦难挽败局。表面看,枢密院抛弃了诺森伯兰,实际上,玛丽成功外逃便敲响了他的丧钟。

　　玛丽夺得本属她的王位,都铎王朝克服了最具变数的继承危机。不过人们并不清楚玛丽要把国家导向何方,对史无前例的女王治国充满新奇又忐忑不安。玛丽给时人的印象是意志坚定、行动果敢且勇气可嘉,但相貌平平且不在乎仪表,缺乏文艺复兴时代君主渴望的认同与威严。玛丽临朝前未受系统政治历练,她的忠实臣仆均为泛泛之辈,夺位过程中汇聚到她身边的支持者也主要是东安格利亚地区的中间阶层,大贵族最后时刻才决定拥护正统。玛丽必须利用前朝遗老组建枢密院。② 诺森伯兰及其党羽当然要被绳之以法,佩吉特和阿劳代尔等人成为枢密重臣。爱德华时代遭迫害的加德纳重见天日,尽管他权欲熏心、性格偏执,但能力卓群,他的宗教保守主义和冤屈经历此时

---

① Peter Marshall, *Heretics and Believers*, p. 359.
② David Loades, *The Reign of Mary Tudor*, Longman, 1991, p. 18.

转化为位极人臣的资本。少女时代母亲遭受的不公以及自己的坎坷身世导致玛丽习惯性从西班牙和神圣帝国寻求支持和慰藉,这种心理在她主政后仍未褪色。玛丽临朝前两年最信任的谋臣是帝国驻英大使雷纳德(Simon Renard),此人不伦不类的身份"妨碍了玛丽与她的枢密院之间正常工作关系的发展",而玛丽完全意识不到太过依赖哈布斯堡皇室弊多利少,隐患无穷。[①]

玛丽王位失而复得更坚定了她以及受压制的天主教徒之意志,他们认为正是信仰正确感化了上帝,造就了奇迹的发生。这种心理暗示导致玛丽信仰顽固死板,政策至刚易折。这位心性本善的女王因命运的大起大落而长期受复仇心理支配。恢复其父没有教皇的天主教本是明智选择,但对玛丽来说这远远不够,只有把时钟拨回 1529 年前才能为自己正名并为生母沉冤昭雪。这种褊狭限制了王者应有的格局,埋下了失败的祸根。登位不久,玛丽就致信教皇坦承"她是最服从、最忠心于使徒宝座的人,神圣的教皇没有比自己更热心的女儿"。玛丽迫不及待摧毁新教,1553 年 10 月初,她的第一届议会召开,议题自然聚焦宗教。1534 年的《继承法》和《叛国法》都曾诅咒亨利与凯瑟琳的婚姻,并明言剥夺玛丽继承权,现在当然要废除。废除这两部法案不难,但世俗两界名流均担心这会危及君主的教会首脑地位。雷纳德谏告玛丽谨慎行事,摧毁君主教会领导权不能操之过急,否则危及得之不易的王位。流亡中的枢机主教波尔写信告诉玛丽,承认君主为教会首脑的法律无须废除,因为根据神法它们自动失效。在玛丽执意坚持下,议会撤销了《叛国法》。同一届议会否定了两部公祷书,再兴偶像崇拜,重申神职人员不得结婚。天主教徒和宗教保守派盼来了春天,他们短时间内迅速挂起大量圣像并竖起了无数祭坛,其中多数是他们在爱德华统治期间斗胆私藏的。[②] 重挂圣像、重竖祭坛仅是复兴天主教的表面文章,在废除公祷书的表决中,大约 80 名议员投了反对票,这预示着复兴之路绝不会一帆风顺。[③] 1554 年 3 月,发给教区的各项诏令付诸实践,引起了教会极大混乱。已婚神职人员比例高达 20%,玛丽借口已婚人员不得担任教职剥夺了多名主教权力并任命了 9 位新主教,波纳从里德利手中

---

① David Loades, *The Reign of Mary Tudor*, p. 25.

② Peter Marshall, *Heretics and Believers*, p. 380.

③ David Loades, *The Reign of Mary Tudor*, p. 104.

夺回了伦敦主教职位，前伍塞特主教希斯复职且在不久后升任约克大主教。不过低级圣职空缺短期内不可能填补，教会基层组织因人手不足几近失能。① 牛津和剑桥的新教徒也被剥夺教职，教育受到重创。

1554 年 4 月召开的第二届议会主题仍然是宗教。大法官加德纳试图借议会立法进一步打压新教徒并褫夺伊丽莎白继承权，掐灭二十年来新教改革孕育的世俗主义苗头，恢复教会产业并否定君主是教会首脑。佩吉特与阿劳代尔等枢密院同僚反对加德纳矫枉过正，他们认为枢密院并没有就加德纳所提事项达成一致。佩吉特担心加德纳霸道作风危及脆弱政治平衡。议会两院多数议员亦反对加德纳提案，他们最多只能容忍宗教政策回到亨利八世去世时之状态。② 世俗贵族不甘吐出从教会改革中获得的丰厚财产，也不能接受教会拥有独立司法权。因枢密院同僚及议会阻挠，加德纳野心未能得逞。玛丽情感上支持加德纳，但此刻还无底气公开违拗汹涌如潮的反对声浪，雷纳德也奉劝玛丽勿急于求成。面对强大而又危险的阻力，玛丽只能放慢恢复天主教之步伐，将复兴措施局限在教义、礼仪以及圣职任免方面，暂不追究解散修院导致的财产转移，也未用残酷手段迫害新教徒，对寻机外逃的新教徒听之任之。总体看，玛丽统治初期的宗教政策还算温和，控制在世俗贵族可忍受范围内。不过这种温和随着腓力（Philip）和波尔两人的到来迅速终结了。

玛丽继位时已三十七岁，为王朝着想，她需要一位继承人，这继承人首先应排除其妹伊丽莎白。为此，玛丽须尽早结婚。她仰慕小她十一岁的表侄、查理五世之子、现已丧偶的西班牙王储腓力，也即未来的腓力二世。腓力是坚定天主教徒，在抵抗土耳其人的战争中威名远扬，还拥有强大舰队和无尽资源。查理五世也希望腓力与玛丽结为伉俪，皇帝需与英吉利人联手夹攻法国。玛丽指派雷纳德着手安排与腓力联姻事宜。枢密院领袖加德纳预感婚姻将会酿成政治恶果，极力进谏女王打消与腓力成亲的念头。议会也请求女王在英格兰范围内遴选配偶。加德纳建议女王考虑与考特雷（Edward Courtenay）成婚，考特雷是爱德华四世重孙，渴望牵手玛丽。为挫败加德纳的计划，雷纳德

---

① David Loades，*The Reign of Mary Tudor*，p. 107.

② David Loades，*The Reign of Mary Tudor*，p. 120.

联手佩吉特抨击考特雷心胸狭隘、缺乏教养。考特雷人品和才能确实不堪,关键是玛丽从一开始就认定非腓力不嫁。除了佩吉特,枢密大臣全部反对玛丽择腓力为婿,依然无法动摇她的执着。婚配充分证实玛丽情感用事,她批评加德纳苦口婆心的劝谏是不忠,指责议会逾规越矩干涉她的私事。在雷纳德牵线下,1554 年初,英格兰与帝国达成了婚约。内容主要包括:玛丽与腓力若生子女,将来自动继位为英格兰和尼德兰君主;若无子嗣,腓力以及他的其余子嗣不得继承英格兰王位;腓力在英格兰没有行政权力,亦不得插手官职任免。这是一份对英格兰比较有利的婚约,因为佩吉特和雷纳德都知道英格兰人对一位外籍君主戒心极大,奉劝查理五世向英格兰适当让步以减小婚约阻力。婚约公诸天下后,除了少数期待腓力施赠的贵族,多数人,特别是新教徒以及失意贵族愤怒难遏,决定兵谏阻止这桩婚姻。

1553 年 11 月,得知玛丽与腓力联姻意向后,简·格雷父亲萨福克公爵亨利·格雷、考特雷、镇压 1549 年西南反叛的卡鲁以及肯特郡乡绅怀亚特等密谋起事,向玛丽武力示威,表达对其亲事之愤怒。卡鲁与怀亚特是新教徒,出于王朝情结支持玛丽,当玛丽在外交上让臣民感到受辱后,他们无法抑制内心愤懑,加入了叛党行列。此外,他们自认为在玛丽夺权中有一份功劳,却没受到重用,心生怨念。密谋者打算在德文郡、米德兰以及肯特郡等地同时举事,借法国外力阻止玛丽下嫁腓力,法国驻英大使正担心英西联姻对法不利。由于计划不周,雷纳德嗅到了起事风声。起事者仓促行动,呼应者寥寥,萨福克公爵兵败考文垂城下,卡鲁外逃,考特雷在加德纳包庇下隐姓埋名。怀亚特于肯特郡聚集了 3000 名追随者,前景亦不乐观,英格兰东南部乡绅大多认为事不关己,无意响应。怀亚特与 1549 年的凯特一样,辩称自己绝无反意,只想劝谏国君采纳忠言。政府派老迈的诺福克公爵领兵前往镇压,但平叛士兵在罗切斯特城下倒戈并高呼"我们都是英吉利人"。[1] 为赢得时间,玛丽同意起义者陈诉苦衷并承诺宽恕他们。怀亚特却因出人意料的胜利而信心爆棚,不切实际地要求控制玛丽作为人质并占领伦敦塔。1554 年 2 月初,怀亚特带领他

---

[1]　Penry Williams, *The Later Tudors*, *England*, *1547 - 1603*, Oxford University Press, 1995, p. 94.

的叛军强攻伦敦。王家卫队两位指挥官彭布鲁克伯爵和诺福克公爵之子威廉·霍华德（William Howard）前后夹击，很快打垮了叛军。

怀亚特起义的规模、持续时间、波及范围远不及阿斯克和凯特起义，战斗伤亡区区数十人。起义主力军是肯特郡境内乡绅和小骑士。他们在宗教改革过程中低价购置教会地产，积累了些许财富。玛丽冠冕堂皇复归天主教引起他们焦虑，担心得自教会的地产不保。起义者言行中透露的宗教因素并不明显，但肯特郡新教根基极牢，对颠覆新教的愤懑或许是隐藏在深层的动机。16世纪，哈布斯堡帝国和天主教几乎就是同义词，担心腓力其实是担心英格兰变为天主教帝国的附庸。宗教情结与初生爱国主义交织在一起，感召力极强。除萨福克公爵，大贵族均未支持或参与起义，然而他们镇压起义时敷衍了事，甚至故意放慢行军脚步，让怀亚特屡占先机。多数国民"置身事外"，直到起义军打进伦敦内城，威廉·霍华德才决定予以痛击。[1] 起义平息后，怀亚特接受审讯时自称动机单纯，仅为阻止腓力与玛丽成婚。近 500 人被控有罪，近百人被判处死刑。雷纳德和加德纳搜罗证据，欲将伊丽莎白牵连进去，借机除掉这个天主教的潜在威胁人物。佩吉特却千方百计维护伊丽莎白的安全，他认为给伊丽莎白定罪将酿成难以估量的政治灾难，所幸伊丽莎白本就清白无辜。怀亚特起义表明玛丽外交和择偶致使君民情感疏离，只有诉诸暴力方能逾越两者的心理鸿沟。不过玛丽仍不愿正视其中凶险，满心期待腓力早日到来。

1554 年 7 月 20 日，腓力登陆英格兰，旋即与玛丽完婚。腓力傲慢自大，却非浪得虚名，他已独立掌管西班牙多年，积累了丰富政治经验；其足迹遍履西班牙、意大利以及德意志多方区域，对各地风土人情以及欧洲国际关系了如指掌。腓力的资源和优势本应转化为玛丽治国理政的资本，然而腓力迎娶玛丽完全出于查理五世政治安排，他并不爱玛丽，甚至不关心玛丽死活，而玛丽在心灵上需要腓力的慰藉，在政治上更需要他的辅佐。腓力当然知道英格兰人对他并无好感，踏足英伦后，民众冷眼旁观，甚至对他及他的扈从报以嘘声。腓力广散钱财，不惜重金博取英格兰贵族强颜欢笑，同时极力保持克制，不插手英格兰内政。三个月后，玛丽误以为自己怀孕，光复天主教事业后继有人。

---

① Penry Williams, *The Later Tudors*, p. 96.

她喜出望外,期待与罗马尽快和解。

教廷派来促进和解的是流亡了二十三年的波尔,靠自身努力以及在教廷的广泛人脉,波尔以枢机主教身份担此重任责无旁贷。1553 年 8 月 13 日,波尔便致信玛丽祝贺她位尊九五并表示自己随时恭候待命。[1] 波尔并非顽固天主教徒,他对教义的理解与路德类似,但坚持教会必须一统,信仰也需一致。具体到英吉利教会,波尔与加德纳立场相仿,坚持归还教会丧失的一切财产。不过雷纳德和腓力均转告查理五世,恢复教产必致政治动荡,天主教徒也未必响应,因为部分天主教徒也从解散修院和没收教产中分到了一杯羹。查理五世从政治安全考虑,敦促教皇尤利乌斯三世指示波尔,归还教产不应成为和解前提,波尔极不情愿表示服从,但随时打算食言而肥。根据玛丽指示,议会撤销了当年驱逐波尔出境的法令并承认他是合法的教皇代理。1554 年 11 月,王室举行盛大仪式欢迎波尔重踏故土。与此同时,玛丽治下第三届议会宣布英吉利教会服从罗马,至于已转手的教产,现持有者根据良心决定是否归还教会。世俗贵族在枢密院中也就此事展开激烈争论,枢密院恪守亨利八世定下的原则——外国人或机构无权处置英格兰国境内的财产。波尔完全不顾教皇指示及先王遗训,亦无视枢密院意见,拒绝讨价还价,要求全面偿还教产。这位漂泊异域二十多年的权臣恪守古法,坚信世俗机构无权处置教产。他食古不化,对宗教改革以来的亘古巨变视而不见,"与时代潮流脱节",其墨守成规对教俗两界以及英格兰与教廷的和解均弊多益少。[2] 鉴于工作阻力太大,波尔一度以返回罗马相威胁;玛丽则暗示若波尔离开,她便退位。

经激烈博弈,1555 年 1 月的《撤销法》(Act of Repeal)申明英格兰重回罗马怀抱,接受教皇领导,但对敏感的教产归还事宜依旧语焉不详。玛丽还决定恢复被其父取缔的几部中世纪晚期迫害异端的法案,上院强烈抵制却无法阻

---

① John Edwards, *Archbishop Pole*, Routledge, 2016, p. 124.

② David Loades, *The Reign of Mary Tudor*, p. 124.

止《恢复异端法》(Revival of the Heresy Acts)生效。有此法为据,政府便可用暴力无所顾忌迫害新教徒了。本届议会还明确认可腓力享有与玛丽同等尊严,对腓力不敬便是冒犯玛丽;腓力与玛丽若诞子嗣且玛丽先腓力而死,腓力有权监国。[①] 玛丽第三届议会是其王权胜利的标志,取得了她梦寐以求的三大胜果:认可了腓力的亲王尊荣、完成了英格兰与罗马的和解、公然授权政府迫害新教徒。

议会甫一解散,玛丽和加德纳便放手大肆迫害新教徒。波尔和腓力担心迫害会令宗教冲突升级为政治灾难,出言相劝,但无力阻止玛丽的疯狂和加德纳的报复性宣泄。加德纳把约 80 名被囚者带至其住所,要求他们变节,仅两人服从。[②] 枢密院发出一道道命令要求各地治安法官逮捕新教布道者,严惩一切官方定义的异端分子,查禁并焚毁新教印刷品。1555 年的一道诏令禁止出版、持有、传阅廷代尔、诺克斯等新教鼓惑家著作。[③] 2 月 4 日圣保罗大教堂牧师罗杰斯(John Rogers)成了"玛丽女王时代……第一位殉教士,第一位罹遭火刑者"。[④] 其后几日,桑德斯(Laurence Saunders)、泰勒(Rowland Taylor)以及胡珀三位名士殉道。1555 年底至次年 3 月,声名远播的牛津三杰里德利、拉铁摩尔、克兰默尔亦遭毒手。拉铁摩尔临刑前仍不忘布道:"哪里正传布上帝的话,哪里就有迫害,布道者和听众都一样。你们所目睹的迫害就是福音,就是真理。"他教导信众,真正的信徒不该因迫害而退却,因为"蒙上帝恩宠,我们像蜡烛一样燃放光芒,我确信这光芒不会被扑灭"。[⑤] 1556 年 3 月 21 日,理论上仍是大主教的克兰默尔殉道。受刑前,他一度考虑变节,因为服从君主是英吉利新教徒的义务,既然女王要求臣民放弃新教,改宗便不算叛教。当天主教徒准备将他树为"改邪归正""弃暗投明"的模范时,他又以良心不安为由收回改宗意愿,慷慨赴死。大主教的死满足了玛丽的复仇快感,毕竟他主持了她父母的离婚案,是朝她伤口撒盐最多的仇敌。政府特意将火刑场设于繁华路

---

① David Loades, *The Reign of Mary Tudor*, p. 165.

② David Loades, *The Reign of Mary Tudor*, p. 273.

③ P. L. Hughes and J. F. Larkin, eds, *Tudor Royal Proclamations*, Vol. Ⅱ. pp. 57 - 60.

④ John Foxe, *The Acts and Monuments*, Vol. Ⅵ, p. 612.

⑤ John Foxe, *The Acts and Monuments*, Vol. Ⅶ, p. 550.

段或著名建筑附近,让民众亲眼看见所谓异端的下场。玛丽和加德纳希望烈火与鲜血形成寒蝉效应,不料民众广泛同情惨遭横祸的博学之士,官方本预想民众会为异教徒的死而雀跃欢呼,然而从他们的表情中读到的只有沉默与迷茫。

新教风潮哺育了一代英吉利人,新教徒人数虽不过半,但烈火和绞刑架绝无可能将他们彻底消灭。没有殉道勇气的多数新教徒隐瞒信仰躲灾避祸。1555 年一位受审者直言不讳告诉伦敦主教波纳:"英格兰有三种宗教",其一"是你信仰的";其二"与你信仰的截然相反";其三"看似与你的宗教一致,心灵则相反"。① 针对上述第三种人,波尔意识到攻心才是上策。相比玛丽和加德纳的嗜血无情,波尔认为肉体消灭并不能真正赢得新教徒心灵,不必对不公开反抗的新教徒严刑峻法,当务之急是重整教会组织与教阶体系。波尔甫一回到英格兰便担起大主教职责,尽管正式任命要等到 1556 年 3 月。他强化宗教纪律,重视教会基层组织功能,而非以酷刑和虐待恐吓新教知名领袖和他们的拥趸。他不允许耶稣会士(Jesuit)进入英格兰,但试图将已在欧陆步入正轨的反宗教改革理论和方法移植到英格兰。他启用合适人选填补主教空缺。1555 年 11 月至 1556 年 2 月,他抱病工作,连续召开宗教会议,规划复兴天主教的系统战略。宗教会议发布 12 项命令并以之指导英格兰反宗教改革:明确教规、纯洁教纪;主教不得随意离开所辖教区,须亲自布道,深入了解并满足基层民众精神需求;开办神学讲习班,培养专业化高素质神职人员。② 波尔躬身实践,兼任牛津和剑桥校长,培养天主教僧侣。

波尔主持宗教会议的同时,玛丽也于 1555 年 10 月召开其治下第四届议会。议会批准王室接下来两年征税 18 万镑,不过玛丽更关心天主教复兴和腓力加冕。她要求恢复首岁教捐和上贡教皇的什一税,多数议员虽不情愿,但恢复首岁教捐和什一税的议案还是以 193 对 126 票在下院通过。③ 玛丽得寸进尺,进一步要求没收流亡者财产以及为腓力举行加冕礼,议会无情拒绝这两件事并借它们亮明态度——不反对复兴天主教,不追究财产易手,亦不以宗教为

---

① Peter Marshall, *Heretics and Believers*, p. 391.
② John Edwards, *Archbishop Pole*, p. 176.
③ Penry Williams, *The Later Tudors*, p. 107.

名破坏财产权,但反感外国人过度干扰英格兰宪制和政治。当议会在极不愉快气氛中解散时,明智之士已察觉贵族及精英阶层对玛丽的迁就快要到头了。

　　玛丽无法完全驯服议会,只能继续用火刑加快光复天主教的步伐。1556年,85人惨遭火刑;1557年,82人被烧死;1558年,由于新教活跃分子或逃或死,加之玛丽健康恶化,各地官员松懈了对新教徒的审讯和拘捕,但仍有43人在火刑柱上殉教。① 迫害因人因地而异,伦敦主教波纳近乎变态,死在他手上的新教徒约120人;约克大主教希斯对迫害毫无兴致,这与其性格有关,更因北方新教徒较少。自1555年初至玛丽去世,约300人受迫致死,主要是伦敦周边和英格兰东南部的手艺人,他们的新教信仰和赴死精神最为坚定。300人的死亡数字与欧陆各国因宗教迫害致死的人数相比微不足道,不过英格兰史上历次宗教迫害致死人数与其相比,无出其右。屈打成招的所谓新教徒绝非个例,遭拘禁或被逼改宗者不计其数,少数有路径和路费者选择外逃。玛丽统治五年,约800名新教徒逃到大陆的斯特拉斯堡、法兰克福(Frankfurt)、巴塞尔(Basel)和日内瓦等地。② 有途径和资金逃亡大陆者凤毛麟角,大多数新教徒隐瞒信仰消极避祸或违心认同复辟政策。

　　火与血的迫害重创新教,但扑不灭新教火种,殉教者视死如归的气概激励着部分同胞前赴后继皈依新教。枢密院下达镇压令只是例行公事,不少地方官本就是新教徒,对上级命令阳奉阴违,甚至暗中保护教友。玛丽知道新教读物的危害性,禁止刊印传阅新教印刷品。1558年6月,她还下诏严禁从海外进口新教书籍,重点提防流亡在法兰克福、日内瓦等地的英籍新教徒作品。③ 然而玛丽不懂宣传工作技巧,忽视了印刷品也可作为复兴天主教的工具。她治下的天主教徒在与新教徒的舆论和意识形态争夺战中不着要领,无力从理论上重塑教皇权威。④ 反观新教徒,尤其是激进新教徒创作的感召力极强的战斗檄文不胜枚举。古德曼(Christopher Goodman)撰文《怎样服从最高权

---

① Eamon Duffy, *Fires of Faith: Catholic England under Mary Tudor*, Yale University Press, 2010, pp. 167-170.

② Christopher Haigh, *English Reformations*, p. 228.

③ P. L. Hughes and J. F. Larkin, eds, *Tudor Royal Proclamations*, Vol. II, pp. 90-91.

④ Christopher Haigh, *English Reformations*, p. 223.

威》(*How Superior Powers Ought to be Obeyed*),辱骂玛丽为"英格兰的妓女"并思考臣民是否应违背良心永远服从暴君。诺克斯撰文《吹响女人恶政之号角》(*First Blast of the Trumpet Against the Monstrous Regiment of Women*),论证女人不适合治国。[1] 这些著作大损玛丽声名,故意引导民众思考王权与教权关系,在理论上松动她的统治根基。现实层面,天主教复兴亦困难重重。已婚神职人员想方设法规避新宗教纪律,骨子里抵触反宗教改革,其中一部分不愿抛妻弃子,索性为家庭放弃教职。基层神职人员锐减,朝廷新策流于空文。最严峻的是,因无法恢复教会财产,特别是动产,玛丽的教会财政基础极为薄弱,连购买蜡烛、圣像、牧师法衣之资金亦捉襟见肘。

玛丽的血腥和无情拉大了她与臣民的心理鸿沟,矮化了她在民众中的形象,但不能据此断言她的天主教复兴因手段残暴而丧失道义并注定了最终的失败,否则就是疏于思考的"非历史判断"。[2] 首先,16 世纪是西欧宗教史特殊时代,野蛮迫害异己是家常便饭。玛丽烧死克兰默尔并不比亨利砍掉费舍尔更违背道义,怀亚特起义之冲击远不及"求恩面圣"。既然其父可用暴力和严刑酷法强推改革并成功压制乱党,就不能断定玛丽之血腥必然失败。其二,英格兰大多数人仍是不愿服从教皇的本土天主教徒,高度依恋传统礼仪,这是天主教复兴事业最有价值的民间资本。其三,到 1558 年夏,新教活跃分子或死或逃,逃亡者在海外建立了多个英吉利新教徒社区,但各路流亡者因教义争执和反扑手段争吵不休,根本无力反攻,也得不到国内新教徒策应。其四,玛丽已重建教会上层秩序,波尔又为反宗教改革制定了切实方案和详细计划。反宗教改革在 16 世纪中叶的中欧和波兰等地连续收复失地,表明天主教完全有可能卷土重来。最后,君主是信仰风向标,玛丽乃亨利长女、正统君主,多数臣民已习惯了国君作为教会领袖的事实,面对迫害,宁可沉默、逃跑或殉教,也不轻言反叛。借上述利好,天主教力量缓慢恢复,假以时日,教会基层组织也有逐步健全的可能。然而与 1547 年以及 1553 年一样,君主的生死无常再一次改变了宗教路向。

---

[1]　Peter Marshall, *Heretics and Believers*, p. 414.

[2]　Eamon Duffy, *Fires of Faith*, p. 79.

从 1555 年夏开始,命运不再眷顾玛丽。首先是腓力因尼德兰战事离开英格兰。腓力不爱玛丽,婚姻完全出于帝国政治需要。他热心的是与土耳其人及法国人的战争。他曾给玛丽带来希望,特别是玛丽在 1554 年秋误以为自己身怀六甲。腓力别后,加德纳于年底去世。腓力的离开令仍无身孕的玛丽极度失望,她再次陷入孤苦无依状态;加德纳之死又让她失去了最能干的辅弼,接替加德纳出任大法官的约克大主教希斯庸碌无能。贸易萎缩致使关税收入锐减,政府债台高筑。1555 年和 1556 年英格兰又遭逢 16 世纪最严重的自然灾害,粮食歉收,食物短缺。新教徒把天灾看成上帝对复兴天主教的惩罚。玛丽被这一切挫折击垮了,她卧床不起时,民间热议伊丽莎白继位在即,而这恰恰是她最不愿看到的结局。她反复给腓力写信,恳求他回到自己身边以为依靠,并期盼他能助自己留下一男半女。玛丽望穿秋水,可腓力对她的苦楚与孤寂漠不关心。1556 年,一群流亡在法的英格兰人企图向法王亨利二世借兵杀回祖国,推翻玛丽。民间关于法国入侵在即的谣言不胫而走,举国人心惶惶。更让玛丽尴尬的是,1556 年新当选的教皇保罗四世(Paul Ⅳ)并不认同她与波尔的复兴天主教措施,剥夺了波尔教皇代理之权并要求他前往罗马接受训话。这年秋天,教皇与法国联合发动了反哈布斯堡战争,腓力为壮大力量,不断向玛丽施压,怂恿英格兰参战。玛丽期待与丈夫并肩作战,但群臣对卷入错综复杂的欧陆争霸战争顾虑重重。为敦促英格兰迅速加入战团,1557 年 3 月,腓力回到伦敦游说,然而除了早已不受重用的佩吉特,枢密大臣皆反对参战。他们告诉腓力:

> 这个国家的普罗大众正为各类事情痛苦,一些人被饥荒折磨并希望偿还属于他们的钱财;一些人对宗教事务不满;所有的人都在谈论过往战争留下的创伤。现在让他们卷入一场新的战争(特别是连

自卫都不需要的战争)是非常危险的。①

　　君臣为和战争执不定时,1557 年 4 月下旬,王室远亲斯塔福德(Thomas Stafford)率领两艘法国战舰在斯卡伯勒(Scarborough)沿海登陆。斯塔福德大造舆论,谎称玛丽计划将十余座城堡交由西班牙人驻防,为捍卫亨利八世确立的"法律、自由以及传统",他自称护国公。② 政府很快挫败斯塔福德的军事冒险。无论此事是否腓力策划的苦肉计,腓力和玛丽有充足理由借机夸大法国入侵的危险性并呼吁英格兰先发制人。战争就这样稀里糊涂开打了,腓力第二次伦敦之行目的得逞。7 月初,腓力离开英格兰时,彭布鲁克伯爵指挥近万英军奔赴战场。他们的战场表现羞煞国人,1558 年 1 月 7 日,2000 名英军投降,法国人轻易夺回加莱港。加莱失陷本非末日,未给玛丽政权造成致命伤害,但英军火力太过分散,而玛丽能够调度的资源并不足以支持全面战争。吉斯・玛丽(Guise Mary)的苏格兰军队在北境枕戈待旦,随时可能向英格兰腹地推进。1556 年英格兰为灾荒所苦,1557 年又爆发大范围瘟疫。战争年消耗预计达 52 万镑,远超王室收入上限。枢密群臣哀叹:"不知如何筹钱","除非向人民开征新的稀奇古怪之税,但我们认为人民无法忍受"。③ 1558 年 1 月召开的第五届议会批准了 18 万镑税收,与战争支出相比仅杯水车薪。④ 政府只得到处举债,1558 年负债 30 余万镑。枢密院对腓力信誓旦旦夺回加莱的计划毫无信心,枢密大臣甚至怠工抗议这场无厘头战争,遍找借口规避朝议。自 7 月下旬至 11 月初,除阿劳代尔寥寥数人偶尔在枢密院露面,其余大臣完全不参加枢密会议,政府几近瘫痪。⑤ 玛丽心憔力悴,近乎绝望,健康急剧恶化。9 月初,波尔写信告诉腓力,只有他回到英格兰才能让玛丽起死回生。直到 10 月下旬,腓力才派代表来伦敦安慰玛丽,实际目的是监视英格兰政局动向。11 月 7 日,玛丽派人通知伊丽莎白有权继承王位,附带两个条件:偿还王室债务

---

① David Loades, *Politics and the Nation*, p. 204.
② David Loades, *The Reign of Mary Tudor*, p. 305.
③ David Loades, *The Reign of Mary Tudor*, p. 320.
④ David Loades, *The Reign of Mary Tudor*, p. 329.
⑤ David Loades, *The Reign of Mary Tudor*, p. 326.

以及保卫宗教。[①] 17 日，玛丽无嗣而终；十二个小时后，波尔随她而去。

命运之神在玛丽执政的最后三年抛弃了她，然而运气不能完全解释她的悲剧人生。玛丽自始至终未理解宗教保守主义与天主教的本质之别，恢复其父没有教皇的天主教本是正途坦道，但被复仇心理驱使的她不惜一切代价逆转 1529 年以来狂飙突进的新教进程。1553 年的幸运使她误以为臣民拥护她继位就是支持她的宗教和外交政策。到其统治尾声阶段，天主教复辟以及反宗教改革取得了一定成就。然而这份成就得不偿失，搞得人心惶惶，道义尽失，最终人亡政息。退而言之，即便成功恢复天主教，玛丽也不可能成功治国，因为她的婚姻、外交、军事和用人都证明她毫无治国天分。西班牙夫婿在她及臣民间打下了无形之楔，她的血腥与无情令臣民压抑窒息，她的帝国和教皇情结让民众倍感屈辱，她的偏执宗教、争议外交、鲁莽军事不断加深她与英吉利臣民的心理隔阂。她心灵脆弱，欠缺主见，太过依赖旁人，对异族的雷纳德和泥古不化的波尔言听计从。她不乏治国之才佩吉特和加德纳，但前者自 1554 年初便不受待见，后者于关键时刻病故。她的夫婿在其臣民眼中是毫不关心英格兰利益且包藏祸心的异族另类。玛丽政治上用人不察，宗教上策略失当，婚姻上感情用事，外交和军事上盲从他人。她为君五年只在首尾做了两件正确之事，1553 年勇敢夺位确保了王朝合法性；临终前勉强同意伊丽莎白继位，王朝正统性得以延续，排除了政治变数。若要为她再加点功德，那就是她以自己的悲情为胞妹伊丽莎白提供前车之鉴，提点后者毕生对宗教、人事、外交、战争以及个人婚姻高度谨慎。

---

① David Loades, *The Reign of Mary Tudor*, p. 336.

第三章　伊丽莎白的前期统治(1558—1579)

　　亨利八世当年为得到一位用以传承社稷的男嗣发动了宗教改革,然而命运最初赏给他的只是公主伊丽莎白。伊丽莎白褓褓之中便失去母亲,同父异母弟爱德华出生后,她更不受父王宠爱,继位次序也排在亨利子女之末。然而亨利恐没猜到光大都铎家族乃至英吉利王国荣耀的重担最终偏偏落在了伊丽莎白肩上。按 1545 年的《继承法》,伊丽莎白有权在玛丽驾崩且无子嗣的情况下承袭王位。王位继承人从来都是凶险角色,王家子女手足相残的概率远高于寻常百姓。玛丽终生讨厌并猜忌伊丽莎白,怀亚特反叛时,玛丽一度搜罗罪证逮捕她,所幸她与乱党毫无牵连。临终前玛丽才极不情愿同意她这位同父异母妹在维护天主教的前提下继位。不过伊丽莎白并不完全靠血统和玛丽口谕荣登大宝,她本就是朝野之所望。雷纳德确信不是一两个人,而是一个政治集团始终甘为伊丽莎白政治保护伞。英格兰多数臣民出于对都铎家族的忠诚,一直视伊丽莎白为无可争议的王位继承者。新教徒早就将她看成能够把英格兰变为新耶路撒冷的唯一候选人,相信她就是"以色列人的士师和复兴者"底波拉(Deborah)。①

　　臣民的殷切期待是伊丽莎白治国安邦的动力,也是巨大压力,即位之初,她面临的困难多如牛毛。英军因丢失加莱士气低落,各条战线哀鸿遍野。两大死敌法国和苏格兰又因玛丽·斯图亚特与法国王储弗朗西斯喜结连理而亲上加亲,英格兰外交形势更加凶险。玛丽撒手人寰时给王室留下 30 万镑债

---

① J. E. 尼尔:《女王伊丽莎白一世传》,商务印书馆,1992 年,第 67 页。

务,接踵而至的灾荒和瘟疫令人绝望,宗教分歧因一位信仰飘忽的新君继位而走向不明。外交、战争、宗教、财政等一切领域都到了崩溃的临界点,愁云惨雾笼罩全国。人们不知这位年轻且毫无治国经验的未婚女王到底能带领英吉利民族走多远,而首位女王失败的阴影必加重臣民对又一位年轻女王的怀疑。伊丽莎白和她掌舵的英格兰前途未卜。

事实很快证明臣民忧虑和怀疑实属多余。玛丽继承了其母性格,而伊丽莎白崇拜并效仿其父。早在爱德华六世时代,伊丽莎白的宫廷导师便对她天生的诸多优点不吝溢美之词,"美丽、才干、谨慎、勤奋,都集中在她的身上。……她的内心没有一般妇女所具有的那种缺点。她的坚韧不拔的精神可以和男子媲美"。[1] 伊丽莎白临朝不久,西班牙驻英大使就敏锐察知一位顶级政治家在英格兰及西欧登场了:"在我看来,她远比她的姐姐更令人畏惧。她发布命令,一意孤行,和她的父亲一样地专制。"[2]大使看到了伊丽莎白的威严,却忽略了她笼络人心的技巧。视事第一天,她就向满朝文武宣称:

> 尽管经上帝允许我作为一位政治人进行统治,……但我只是一位自然意义上的个人。因此,我希望你们所有人——我的先生们(主要是那些根据身份和权力跻身于贵族的你们)相助于我。我用我的治理、你们用你们的辅佐共同向全能的上帝做出满意的交代并恩泽我们凡间的后代。[3]

一朝天子一朝臣,玛丽临终时枢密院成员多达 39 人,伊丽莎白认为人多嘴杂,易生分歧,给君主咨询添乱,遂将玛丽时代的枢密大臣解雇了 3/4 并果断起用一拨新人,改组后的枢密院成员仅 19 人。[4] 枢密院不仅成功瘦身而且人才济济。爱德华六世时期已担任国务大臣的塞西尔位居新臣之首。塞西尔在萨默塞特倒台后短暂被囚,玛丽时代赋闲于家。伊丽莎白上位后迫不及待

---

① J. E. 尼尔:《女王伊丽莎白一世传》,第 18 页。
② J. E. 尼尔:《女王伊丽莎白一世传》,第 73 页。
③ David Loades, *Politics and the Nation*, p. 218.
④ Penry Williams, *The Later Tudors*, p. 94.

启用这位志虑忠纯的廷臣，称赞他说："无论在什么馈赠面前，你都能廉洁自持，永远忠于国家。你会不顾我个人意向如何，向我提供你自认为最好的意见。"①塞西尔姻兄尼古拉斯·培根(Nicholas Bacon)担任掌玺大臣，此君以中庸著称于世。曾因宗教立场逃亡德意志的诺里斯(Francis Knollys)、支持过简·格雷的北安普顿侯爵威廉·帕尔、镇压西南叛乱的贝德福德伯爵罗素(Francis Russell，2nd Earl of Bedford)均跻身枢密院。改组枢密院的同时，伊丽莎白亦更换了几个重要宫廷职位。帕里(Thomas Parry)担任王室财务总管，罗杰斯(Edward Rogers)有幸出任王室总会计兼宫廷御马官(master of horse)。许多新臣是新教徒，少数人甚至是新教徒中的激进派。群臣宗教立场并不一致，但都是平信徒。这与玛丽时代大相径庭，当时加德纳和波尔均同时手握行政权和教权。将教士拒于枢密院外足见伊丽莎白之精明，这不仅有利于君主手揽教权，且避免教务过度干扰俗务。至1560年，亨利八世时代排外和反教士干政的旧臣与伊丽莎白欣赏的新教能臣已形成默契。旧臣在地方承担主要的行政任务，而国君倚重的新教徒在朝廷控制着王国中枢。

妥当布局人事后，1559年1月15日，伦敦举行盛大庆典迎接女王加冕。新君龙章凤姿，在庆典中表现得平易近人且不失优雅与尊贵，赢得了臣民爱戴和拥护。这种热情拥戴与欢呼给伊丽莎白提供了迅速明确宗教政策的底气。天性精明的伊丽莎白继位伊始并不急于表露自己宗教倾向，她知道宗教太敏感，可以毫不夸张地说，自其父母相爱时，宗教就是国策风向标和治乱晴雨表，几乎所有恩怨情仇都是围绕着宗教展开的，谨慎处理宗教才能避免玛丽的悲剧。加冕礼主持人的选定足以见证宗教高度敏感。因波尔之死大主教当时空缺；而约克大主教希斯察觉伊丽莎白倾向新教，不愿效劳；伦敦主教波纳不仅是顽固天主教徒且因宗教迫害臭名昭著，由其主持必惹非议。女王斟酌再三，选择了辖地偏远、毫不起眼但也没有是非的卡莱尔主教。② 这反常之举足以表明宗教牵动全局。

与玛丽相比，伊丽莎白关注宗教的政治功能远多于教义和心灵慰藉，这是

---

① J. E. 尼尔：《女王伊丽莎白一世传》，第59页。

② Peter Marshall，*Heretics and Believers*，p. 424.

其父遗传给她的最优基因。玛丽驾崩当天,为稳妥起见,新君第一道诏令要求臣民勿"违背、更动或改变任何现行(宗教)秩序和法器"。[①] 直到圣诞前后,伊丽莎白才开始在宫廷礼仪中公开批评部分天主教仪式,表露出新教倾向。1559 年 1 月 25 日,伊丽莎白治下第一届议会召开。玛丽的议会已因其死亡自动解散,新选举产生的议员多厌倦了严刑峻法,期待宗教政策反转以收拾民心。培根在议会开幕时开门见山指出,"为了让这个国家的臣民有统一的宗教秩序",议会的首要任务是为宗教立法。[②] 女王急欲借议会恢复君主的教会首脑地位。天主教徒和激进新教徒对国君作为教会首脑颇有微词。这完全在伊丽莎白和塞西尔预料之中,后者在新君登基不久便着手草拟宗教新规,并准确预估到了天主教徒和激进新教徒这两大拦路虎会同时发难。塞西尔在斟酌宗教新政策时广泛征询同僚意见并用信件与部分流亡在外的新教徒交换意见,他们志在恢复《1552 年公祷书》、取缔弥撒并要求地方官和教士起誓"与罗马教皇断绝关系,认同新改革"。[③] 2 月 12 日,要求承认君王至高无上宗教权以及赞同礼仪划一的两部议案在下院通过,但遭上院和教士会议共同抵制。所幸此时激进新教徒大多还在海外,主要阻力来自顽固保守派和天主教高级教士。上院贵族多认为服从教皇是古老传统,标新立异不仅会导致国民分裂且会招致法、西等大陆强国敌意,恶化英格兰国际处境。[④] 多数高级教士继续维护教皇权威且坚持圣餐变体论,显赫神职人员中,只有约克大主教希斯表示忠于女王但拒绝认可她是教会首脑,这是典型的加德纳式服从。3 月下旬,上院对即将再次声明的君主至高无上宗教权含糊其词并否决了根据《1552 年公祷书》制定的宗教新礼仪。伊丽莎白盛怒之下宣布议会休会,议员和主教们在 3 月底至 4 月初的一周内围绕宗教议案激烈博弈。

正当伊丽莎白与顽固宗教保守派及偏执激进派针锋相对时,国际关系变化给她带来了转机。玛丽驾崩时,英、法、西三国王室都因战争濒临破产。断

①　P. L. Hughes and J. F. Larkin, eds, *Tudor Royal Proclamations*, Vol. Ⅱ, pp. 90 - 100.

②　T. E. Hartley, ed., *Proceedings in the Parliaments of Elizabeth Ⅰ*, 3 Vols, Leicester University Press, 1981 - 1995, Vol. Ⅰ, *1558 - 1581*, p. 34.

③　Peter Marshall, *Heretics and Believers*, pp. 421 - 422.

④　T. E. Hartley, ed., *Proceedings in the Parliaments of Elizabeth Ⅰ*, Vol. Ⅰ, p. 9.

断续续的和谈自1558年底已经开始,伊丽莎白希望在腓力的支持下收回加莱,腓力仍欲裹挟英格兰对法施压。伊丽莎白知道英格兰在三国中最弱,不堪消耗,亦怀疑腓力诚意。她更担心法西单独媾和,再以宗教名义发动一场对英格兰的圣战。英格兰尽早抽身方为上策。1559年4月3日,英、苏、法、西四国缔结《卡托—康布雷奇和约》(Peace of Cateau-Cambrésis)。根据此约,法国据有加莱八年,其后如继续保有此地须向英王支付50万克朗补偿金;亨利二世承认伊丽莎白是合法英王。至于西班牙,腓力在玛丽临终前已为伊丽莎白送上祝福。他担心玛丽·斯图亚特继承英格兰王位导致英、法、苏三国抱团,威胁西班牙和帝国利益。为讨好伊丽莎白,腓力力避为宗教与伊丽莎白较真,他仍需联英抗法。只要英格兰不与瓦罗亚家族走得太近,腓力愿意暂不干预英格兰宗教和内政,也不承认玛丽·斯图亚特为英格兰王位继承人。

《卡托—康布雷奇和约》签署当天,议会重开,顽固天主教教徒和宗教保守派无法再指望西班牙支持,只能放低姿态。一部新的《至尊法》顺利在上下两院通过,但新的《划一法》在上院仅以21对18票的微弱优势通过。[①] 这不仅预示着教礼争执没完没了,且3票多数还是女王威逼利诱和部分识趣权贵消极配合的结果。女王命令部分北方贵族维持地方秩序、勿来伦敦参与上院表决,温彻斯特主教怀特(John White)因对女王不敬已被下狱,连亨利八世都敬其三分的达勒姆主教图斯达尔为免尴尬故意缺席表决。[②]《至尊法》再次否定了教皇权威并认可君主是英吉利教会最高管理者(Supreme Governor),这与亨利八世坚持的教会首脑有所区别。虔诚新教徒认为只有耶稣才是教会唯一首脑(Head),君主只能代表上帝管理人间教会,但不能僭称首脑。《划一法》自动生成的《1559年公祷书》综合了1549和1552年两部公祷书内容,规制的礼仪相对灵活,教义明显偏向加尔文主义。其一,信徒按《1552年公祷书》行礼,但刻意遗漏《1552年公祷书》中的黑体字明示的礼拜仪式(black rubric),也即避而不谈领圣餐时是否行跪拜礼,克兰默尔和诺克斯当初争执的问题仍悬而不决。其二,牧师执礼时,穿戴《1549年公祷书》规定的法衣并使用其规

---

① Christopher Haigh, *English Reformations*, p. 241.

② Peter Marshall, *Heretics and Believers*, p. 432.

定的法器。其三，借用《1549年公祷书》对体化说的部分解释，新礼仪不承认面包和酒象征基督的肉与血，但又明言圣餐在精神层面体现了耶稣的存在。

伊丽莎白第一届议会的最大成就是重新确立了教义和礼仪。新教压倒了天主教。首先，女王个人宗教倾向是新教获胜的关键，继位后的第一个圣诞节期间她便流露出了对天主教弥撒仪式的反感。当然，攫取教会最高管制权才是她支持新教的根本动因。其次，下院议员多为新教徒，《1559年公祷书》主笔诺里斯在玛丽当政时曾流亡海外，不仅熟悉大陆新教理论家的学说，还在流亡生活中坚定了自己的新教立场。上院和宗教会议中的天主教顽固分子在玛丽和波尔死后群龙无首，在女王和下院的夹击下被迫屈服。伊丽莎白效仿其父，巧妙利用下院对抗上院，赢得了这次交锋的胜利。再次，枢密院立场也增强了伊丽莎白重塑官方教会之信心，枢密大臣多如塞西尔，新教立场坚定且不狂热，他们是伊丽莎白首战告捷的坚实后盾。①

伊丽莎白借世俗力量强制推行新教，奠定了未来几个世纪的国教基本架构，而上帝似乎从一开始就为她恢复新教创造便利。玛丽驾崩时，6个主教职位空缺，到1558年底，又有4位主教去世，伊丽莎白几无阻力便任命了10位主教。《至尊法》通过后，以图斯达尔为代表的一批天主教或保守派高级教士仍拒绝承认君主宗教领导权，伊丽莎白被迫剥夺他们教职并以温和新教徒填补空缺。逃亡在德意志和日内瓦等地的新教牧师闻讯伊丽莎白继位，立即向其发来贺信，表态随时听候差遣。女王启用了大批曾经流亡斯特拉斯堡和科隆的新教徒，但高度戒备正在或曾在日内瓦游荡的偏执狂。1559年7月，已婚剑桥大学教授帕克（Matthew Parker）被任命为坎特伯雷大主教，他对《至尊法》心存不满，不过秉性温和，心灵和现实协调得当，把忠君爱国看得比教义争端重要得多。流亡归来的格林达尔（Edmund Grindal）荣膺伦敦主教。接下来两年，越来越多新教徒上任主教，一度出现25位主教中的17位是玛丽时代的外逃者。② 1559年夏，王室发布宗教命令，要求神职人员恪尽职守，抵制偶像崇拜，允许神职人员结婚。女王还派遣专职委员会巡察各级教区，强制神职

---

① Penry Williams, *The Later Tudors*, p. 236.

② Diarmaid MacCulloch, *The Later Reformation in England*, *1547 - 1603*, Palgrave Macmillan, 2001, p. 31.

人员宣誓服从《至尊法》,按《1559 年公祷书》执礼。违令牧师要么辞职,要么被革职。从伊丽莎白继位到 1561 年 11 月,奇切斯特(Chichester)主教区下辖 287 堂区中的 61 名牧师被革职,罗切斯特和伦敦两个主教区分别流失了约 1/4 和 1/5 牧师。到 1560 年代中期,全国总计 800 名牧师被革职。主教区和主座教堂牧师因遭督察更严,牧师流失比例高于堂区。为弥补人手不足,格林达尔一度批量培训来自染织和餐饮业的速成牧师。[①]

　　枢密重臣和高级主教多是热心新教徒,他们贯彻政令和打压宗教异见者时态度强硬,甚至矫枉过正。伊丽莎白对宗教形势的评估要比主教和重臣更加客观,她知道多数臣民仍是"英吉利天主教徒",不反对国王宗教权威,但较真礼仪和偶像,只有给天主教平信徒私行礼仪空间才能确保天下太平。女王的宽容缓解了教会重建的阻力,无论神职人员还是平信徒,只要不公开否认君主的宗教领导权,一般不会因消极对抗受到惩罚,隐蔽行天主教礼仪也不会招致残酷迫害。平信徒因规避空间相对充分而安分守己,即使在天主教徒比例较高的北方地区,公开反对国教的平信徒亦寥寥无几。少数顽固天主教徒流亡海外,普通天主教徒则隐忍沉默,寄希望于局势再次反转,毕竟伊丽莎白暂无子嗣,天主教极有可能二度翻身。到 1560 年代初,伊丽莎白认为宗教已万事大吉,但教会权势人物、部分官员以及曾在大陆沐浴过激进改革之风的偏执分子认为改革才刚刚开始。树欲静而风不止。温和天主教徒及多数新教保守主义者接受女王对天主教徒的妥协,但冥顽不灵的耶稣会士和正在迅速成长的新教偏执狂随时准备挑战新近确立的宗教秩序。

◇　　◇　　◇

　　《卡托—康布雷奇和约》表面上为英格兰赢得了和平,实际暗藏更多凶险。法西暂时和解立即让亨利二世腾出手来干预苏格兰内政。1557 年,苏格兰贵族签署宗教协议,决定奉行新教。苏格兰摄政、玛丽·斯图亚特之母吉斯·玛丽为稳定苏格兰政局,起初容忍新教徒嚣张。当伊丽莎白的英格兰明白无疑

---

　　①　Peter Marshall, *Heretics and Believers*, pp. 443 - 444.

尊奉新教后,吉斯·玛丽担心伊丽莎白和苏格兰新教贵族暗通款曲。1559 年后,吉斯·玛丽开始压制苏格兰新教徒,是年 7 月,法王亨利二世突发暴毙,其年仅十五岁的儿子弗朗西斯二世继位,玛丽·斯图亚特先前已许配给这位新君。法国天主教代言人吉斯家族迫不及待干预苏格兰内政,还试图明确他们的王后玛丽·斯图亚特的英格兰王位继承权。8 月,法军登陆苏格兰。吉斯·玛丽的强势和法军的公然介入令苏格兰新教徒惶恐不安,他们立场之激进和态度之顽强都远超吉斯·玛丽预想。苏格兰陷入内战泥淖。伊丽莎白不能容忍法军在英格兰后院耀武扬威,起初她并未贸然发兵干涉苏格兰内战,只以金钱资助新教徒。到 1559 年底,苏格兰新教徒处境岌岌可危,塞西尔以辞职向伊丽莎白施压,逼其发兵。1560 年 1 月,英格兰海军以躲避风暴为由驶入福斯湾(Firth of Forth),截断了法军退路。3 月,陆军亦穿过英苏边界,全面干涉开始。陆军师出不利,但海陆两军的浩大声势足为苏格兰新教徒壮胆。6 月,吉斯·玛丽病亡。与此同时,法国宗教内战一触即发,急于从苏格兰抽身。7 月,塞西尔北上,各方缔结了《爱丁堡协定》(Treaty of Edinburgh)。英法均从苏格兰撤军,玛丽·斯图亚特需承认伊丽莎白为正统英王并认可苏格兰新教徒的信仰自由。《爱丁堡协定》以对英格兰极为有利的方式暂时驱散了不列颠上空密布的战云。

　　和平协定缔结后不到半年,弗朗西斯二世离奇死去,他的死亡产生了两个直接后果。其一,孀居巴黎的玛丽·斯图亚特在法国地位一落千丈,法苏关系降温冷却。1562 年初,玛丽原打算借道英格兰回国,并与伊丽莎白就外交及英格兰王位继承问题面谈。种种原因致使这一计划流产。8 月,玛丽乘船返回苏格兰,此时她并未急于打压新教徒,仅有节制地在王室小教堂内搞她的弥撒礼。玛丽不愿放弃她自封的"英格兰女王"称号,伊丽莎白自然不会承认她的王位继承权。更令玛丽郁闷的是,苏格兰新教徒大多指望伊丽莎白撑腰。作为报复,玛丽拒不承认《爱丁堡协定》。两位女王关系日益疏远,伊丽莎白不仅"抢夺了苏格兰臣民对玛丽的忠诚","并在苏格兰建立了一种玛丽非常讨厌的宗教和政治的统治"。[①] 所幸当时替玛丽处理政务的是她同父异母的兄弟

---

① J. E. 尼尔:《女王伊丽莎白一世传》,第 109 页。

莫内伯爵（James Stewart，Earl of Moray）和老练的梅特兰（William Maitland），两人都是亲英新教徒。得益于他们小心维系，英苏关系至少表面看起来仍然平静。其二，法国乱局加剧。吉斯家族代表的天主教徒与孔代亲王（Prince de Conde）以及科里尼将军（Gaspard de Coligny）代表的胡格诺教徒（Hugenots）之间爆发了嗜血的宗教仇杀。英格兰驻法大使斯罗克莫顿（Nicholas Throckmorton）以炽热新教情结建议伊丽莎白出兵支持胡格诺教徒，塞西尔和达德利（Robert Dudley）亦积极附和。伊丽莎白在满朝文武鼓动下，筹算以援助勒阿佛尔（Le Harve）的胡格诺教徒为由占领此城，作为将来换取加莱的本钱。英军不仅援助勒阿佛尔和迪耶佩（Dieppe）的胡格诺教徒，还试图解鲁昂之围。由于战线拉得过长，加之营中瘟疫蔓延，在法英军连吃败仗。1563年3月，胡格诺教徒和天主教徒暂时和解，英军扭转战局无望，匆匆撤回本土。1564年4月，英法缔结《特鲁瓦协定》（Treaty of Troyes），英格兰永远丧失了加莱，法国先前承诺赎回此城的补偿金也打了水漂。伊丽莎白深刻吸取教训，不再盲目向海外派兵。这对当时国力有限的英格兰或许是福——摆脱纠缠不清的欧陆战事更有利于慢慢积蓄实力。腓力二世当时专注于在地中海与奥斯曼帝国争霸，法国因宗教内战自顾不暇，接下来五年，来自法国和西班牙的威胁通通烟消云散，不列颠岛民终于可以"在几乎不受外部势力干扰的情况下主宰他们自己的历史了"。①

　　玛丽·斯图亚特之所以是个敏感人物，是因为她的祖母乃亨利七世长女，身上有货真价实的都铎血统，是英格兰王位有力竞争者。然而玛丽与法国王室的亲缘关系以及她的天主教信仰又是横亘在她与英格兰新教徒之间无法逾越的巨大障碍。激进新教徒反对玛丽继位，但王朝正统派和宗教保守主义者认为她是首选继承人。更麻烦的是，伊丽莎白是亨利八世唯一健在的子女，根据亨利留下的继承排位，若其所有子女均无嗣而终，都铎王位将由诺福克家族继承。诺福克家族如今家道中落，合法继承人、九日女王简·格雷之妹凯瑟琳·格雷（Catherine Grey）又因未婚先孕而声名狼藉，连同她的情夫一道在伦

① Wallace MacCaffrey, *The Shaping of Elizabethan Regime*, Princeton University Press, 1968, p. 146.

敦塔中以泪洗面。伊丽莎白继位时已二十五岁,臣民多盼其尽快结婚。神圣帝国的查理大公(Archduke Charles)与伊丽莎白门当户对。帝国如日中天,水陆两路均与英格兰相隔千里,结亲不会危及英格兰主权。然而女王担心与天主教徒查理成婚必然背负当初玛丽一世因下嫁腓力而招致的非议。出于外交礼节,女王并未立即对查理的求婚表态,只要求查理来英格兰先见一面。然而皇帝认为"这有损尊严",担心"求婚如果失败,将成为笑柄"。[1] 无论帝国和查理是否真诚对待这桩婚事谈判,伊丽莎白实则对查理并无兴趣,她早心有所属。

伊丽莎白终生与达德利关系异常亲密。二人青梅竹马,少时同在宫廷接受教育。据说在爱德华六世时代,情窦初开的伊丽莎白就对仪表堂堂、风度翩翩的达德利心生好感,无奈达德利当时已婚。1560 年达德利妻子不幸离奇死去,但伊丽莎白并不敢草率与达德利结为伉俪。君王婚姻本是政治,女性君主的婚姻更关系贵族权势平衡,稍有不慎便会酿成贵族派系争斗,"除非达德利得到枢密院和廷臣的强力支持,否则女王很明显不会选他作夫君"。[2] 达德利在贵族圈内口碑不佳,其祖父是亨利七世的酷吏,其父因操纵简·格雷继位而身败名裂,贵族们时常扒出达德利家族的不光彩勾当诋毁之。斯罗克莫顿和诺福克公爵(Thomas Howard,4th Duke of Norfolk)强烈反对女王屈尊下嫁达德利。部分大臣冷眼旁观,他们既不支持达德利攀龙附凤,又顾虑达德利有朝一日若与伊丽莎白喜结良缘,他们可能因当初的反对而仕途被堵。塞西尔亦反对女王与达德利结婚,斯罗克莫顿不断从巴黎写信怂恿塞西尔阻止达德利与女王成婚。塞西尔明白,达德利家族势力盘根错节,他的身边围聚着贝德福德伯爵以及爱尔兰总兵悉尼(Henry Sidney)等权贵,劝其退场绝非易事。他一度向当时西班牙驻英大使夸德拉(de Quadra)表示,若女王与达德利成婚,自己会考虑退出政坛。[3] 同为女王股肱之臣,塞西尔与达德利政见时常相左,性格亦大相径庭。塞西尔支持者主要是新教徒,达德利支持者当时多为宗教保守主义者;塞西尔行事沉稳,达德利则急躁冒进。女王与达德利私人感情

---

[1] J. E. 尼尔:《女王伊丽莎白一世传》,第 84 页。

[2] Wallace MacCaffrey, *The Shaping of Elizabethan Regime*, p. 104.

[3] Penry Williams, *The Later Tudors*, p. 242.

甚笃且于 1564 年册封他为莱斯特伯爵,但涉及国事她更愿倾听塞西尔良言。正是以塞西尔为首的廷臣或明或暗的反对打消了女王下嫁莱斯特的念头。

伊丽莎白始终反感议会和大臣讨论她的个人大事,理由是婚姻并非政务。然而世人皆知女王婚姻是头等国事,她不婚就不可能有合法子嗣,王位继承就悬而不决。1562 年,天花差点夺走这位童贞女王性命。举国暗地讨论一旦女王归天,何人承继大统。1563 年 1 月,议会为筹集对法战争费用召开,诚如女王预料,议题很快转向了她的婚姻及王位继承。议会开幕时,一位高级教士为女王婚姻预热,刻意布道称:"若您的父母也和您一样,(世间)哪会有您?"①两院联合请愿,恳求伊丽莎白指定储君。女王以其自身在玛丽一世时代的经历判定王位继承人不仅自身处境危险,甚至可能引起内战,储君之位的争夺有时比王位或皇位的争夺更激烈。一些激进新教徒公开支持凯瑟琳·格雷,伊丽莎白知道凯瑟琳·格雷是毫无主见的妇人,也不认可天主教徒和宗教保守主义者心仪的玛丽。玛丽是天主教徒,且其婚姻充满变数,草率指定她为继承人后患无穷;她已把苏格兰带向内战旋涡,若承继英格兰大统,不仅国教会不保,内战恐也难免。议员们起草一份请愿书,设想一旦女王驾崩,各种势力将会因争夺王位把国家撕裂,还耸人听闻地勾勒天主教复辟的可怖前景。塞西尔为阻止玛丽继位,炮制了一份女王遭遇不测后的摄政方案——枢密院监国直至议会选举产生新王。伊丽莎白果断出手扼杀了这种有伤君主神圣性的方案。不过议员们随后又转向关心女王人身安全,他们草拟的一份议案规定:否认女王宗教至高权(Supremacy)者以叛国罪论处,二次否认直接处死。一位受维斯特莫兰伯爵(Charles Neville, 6th Earl of Westmorland)庇护的议员抗议这是将宗教罪与行政罪混为一谈,结果下院 83 名议员反对议案,上院的诺森伯兰伯爵(Thomas Percy, 7th Earl of Northumberland)等也奋起抵制。经妥协和修改,生效的法案为贵族预留了较大豁免空间。②

激进新教徒心有不甘,他们继而怂恿如今已在教士会议占绝对优势的激进教士在 1563 年的坎特伯雷宗教会议上兴风作浪,在爱德华六世时代的《四

---

① Peter Marshall, *Heretics and Believers*, p. 454.
② Peter Marshall, *Heretics and Believers*, pp. 455 - 456.

十二条信纲》基础上改编出《三十九条信纲》(Thirty Nine Articles),流露更浓烈的反天主教情绪,规制了更严苛的清规戒律和礼仪细节。① 女王及时出手干预,遏止他们肆意妄为。女王对激进新教徒的冲动无动于衷并非因为她漠视宗教,恰恰相反,她知道只有伦敦、剑桥和东南部部分市镇新教徒居多。1564年,各地主教提交给枢密院的数据显示,只有不到一半的地方治安法官支持新教,1/3地方治安法官明确反对新教,兰开夏的25名治安法官中仅6人支持新教。萨塞克斯、汉普、赫尔福德等郡和整个北方的多数乡绅仍支持天主教。② 乡绅和地方治安法官是基层世俗秩序的支柱,触怒他们必致国内大乱。

宗教和婚姻亦须顾及外交影响,庇护四世和皇帝仍想用英格兰牵制法国,还在撮合伊丽莎白和查理的亲事。女王要吊住帝国胃口,塞西尔亦能参透其中玄机。1565年,在塞西尔联络下,伊丽莎白与查理结亲再现转机。查理本人也愿来英格兰与伊丽莎白见面,但皇帝"坚持查理大公和他带去的朝臣要有一个公开做天主教礼拜的场所",拟议的相亲因此蒙上不祥阴影。1563年议会已见证激进新教徒的偏执,外国天主教徒若再掺和进来,宗教分歧必致政治动乱。伊丽莎白再一次犹豫了。莱斯特乘机从中作梗。他知道,塞西尔、诺福克公爵、萨塞克斯伯爵(Thomas Radclyffe, Earl of Sussex)均力挺查理大公。在莱斯特眼中,即便塞西尔光明磊落,死对头诺福克和萨塞克斯却非善类。1565年,出于错综复杂的恩怨和嫉妒,诺福克和萨塞克斯结成了反莱斯特的政治联盟,两派党羽甚至在朝堂上随身佩带武器,多次剑拔弩张,各自吩咐属下针锋相对地穿戴颜色不同的服饰以区分敌我。③ 莱斯特对女王的非分之想随着时间推移逐渐淡却,但他抓住法国担心英格兰与神圣帝国联姻的心理,怂恿法方推出婚姻竞争者。法王查理九世年仅十五,伊丽莎白和美第奇王太后对婚姻谈判均无诚意,却都佯装热心。美第奇意在阻挠哈布斯堡与都铎联姻,伊丽莎白也不愿向法国人泼冷水,以免把他们推到苏格兰一边去。女王婚姻不仅事关国内政局,还牵动国际关系走势。

---

① Peter Marshall, *Heretics and Believers*, p. 457.
② Peter Marshall, *Heretics and Believers*, p. 464.
③ Wallace MacCaffrey, *The Shaping of Elizabethan Regime*, pp. 197 - 198.

英、法、帝国三方博弈时,1566 年 9 月 30 日,英格兰议会召开。1563 年议会并未解散,仅仅休会,同一批议员苦等三年无果后,决意"违逆君主意愿",将婚姻和王位继承人确定下来。议员们慷慨陈词,枢密群臣也言辞轰炸。诺福克在枢密会议上提醒女王,三年前她曾承诺讨论婚姻和王位继承。财政大臣温彻斯特侯爵(William Paulet,Marquess of Winchester)敬告女王议会可能因婚姻和王位继承人悬而不决拒绝拨款,他恳求女王要么指定继承人,要么解散议会。[1] 伊丽莎白只泛泛承诺自己打算结婚,接着讥讽催婚者动机不甚光彩并预言自己如若成婚,"那些闹事的带头人将来可能会厌恶她的丈夫"。她拒绝指定王位继承人,因为"王位继承人是个令人困惑的问题,充满了危及国家和她自己的威胁"。她提醒那些脾气大的议员不要太过放肆:"我虽然是女人,但我却具有和我君王地位相称的勇气,正如我的父亲具有的那样。……我永远不会屈服于暴力。"[2]这次对议会的雄辩演讲证实伊丽莎白是既不吃软也不怕硬的真命天子。为展示王威,她痛斥议员以下犯上,"在如此重要的事情上,竟然由脚指挥头"。[3] 下院议员似乎并不知趣,反指女王侵犯了议会言论自由,要求就议会特权展开辩论。宪政问题远比君臣关系和女王婚姻麻烦,幸好一首来自巴黎的诗歌及时转移了议员们的注意力。诗为庆祝苏格兰王子詹姆士降临人间而作,称其为"苏格兰、英格兰和爱尔兰的王子"。这等于向正在讨论的王位继承问题火上浇油。伊丽莎白适时退让,通知议会有自由辩论权利并同意削减拟议税收之 1/3。

然而宪政和税收并非核心议题,婚姻和王位继承更不是要领,宗教才是头等大事。英格兰新教徒到 1560 年代越来越明显分裂为保守和激进两派。两派都是坚定的加尔文主义者,相信预定得救和因信称义,否认教皇权威,以《圣经》为信仰唯一依据。不过激进新教徒认为 1559 年确立的教义和礼仪中包含大量由教皇人为制造的迷信因素,远不符合加尔文教教义。他们呼吁深化宗教改革,剔除其中天主教色彩,让信徒过上早期教会纯洁而神圣的宗教生活。《圣经》并非百科全书,不能作为人之所有行动的指南,对于《圣经》未曾明言的

---

[1] Wallace MacCaffrey, *The Shaping of Elizabethan Regime*, p. 212.

[2] J. E. 尼尔:《女王伊丽莎白一世传》,第 158 页。

[3] T. E. Hartley, ed., *Proceedings in the Parliaments of Elizabeth Ⅰ*, Vol. Ⅰ, p. 147.

行为,激进派和保守派的理解南辕北辙。激进派声称,《圣经》没有明文要求牧师执礼时身着长袍(vestment)、信徒领圣餐时行下跪礼、新人结婚时佩戴戒指,遵守这些礼仪是冒犯上帝和亵渎圣礼。对细枝末节的较真表明激进派是十足的原教旨主义者。保守新教徒认为上述诸类"琐事"(adiaphora)无关宏旨,信徒应依世俗权威,特别是君主命令行事。天主教徒乐见新教徒内讧并嘲讽为琐事争执的激进新教徒偏执,蔑称他们为清教徒(puritan)。清教徒则贬称冥顽不灵的教皇派为顽固天主教徒(recusant),该词本意指"拒绝参加(英吉利)教会活动之人"。① 至此,英格兰两个极端宗教派别称谓形成。根据清教徒对教义的理解以及对改革的诉求,还可将他们再细分为激进和温和两类。激进清教徒认为上帝的选民应将罪孽深重之人,特别是天主教徒逐出教会,禁止他们领圣餐,因为这些敌基督者穷尽心思玷污教会之纯洁。更危险的是,他们认为国教教阶体制与教皇非法领导的天主教等级制如出一辙,拒与伊丽莎白确立的宗教秩序妥协,主张用长老制取代主教制。温和清教徒也对教义和礼仪心存怨念,但认可国王宗教领导权和层级清晰的教阶体系,他们并不急于颠覆现存教会秩序。

清教徒希望伊丽莎白在王权稳固后进一步改革,然而伊丽莎白没有任何继续改革意愿。到 1560 年代中期,激进新教徒已公开蔑视 1559 年宗教安排,一些渐不耐烦的主教公然拒绝按《1559 年公祷书》履行圣职,狂热分子甚至诋毁公祷书中规定的牧师祭服实乃"迷信的罗马破布"。② 1564 年底,大主教帕克质问桑普森(Thomas Sampson)和汉弗雷(Lawrence Humphrey)两位牛津大学教师缘何拒绝穿戴《1559 年公祷书》要求的祭服。女王欲冷处理争执,写信警告大主教及其属下勿讨论这个问题,严令神职人员一律遵照《1559 年公祷书》行事。帕克表态调查事件之缘起,然而女王公开信和帕克着手的调查令法衣争执(vestiarian controversy)进一步发酵。1566 年 3 月,帕克发布《告示》(Advertisements),对狂热分子做出些微让步,允许牧师执礼时不穿长袍,但仍禁止牧师穿长袖白色法衣(surplice with sleeves)。不过伦敦部分神职人

---

① Peter Marshall, *Heretics and Believers*, pp. 467,470.

② Peter Marshall, *Heretics and Believers*, p. 464.

员对大主教的让步仍不满意,37 位牧师因拒绝服从《告示》遭停职三月,俸禄亦被没收。[①] 以伦敦主教格林达尔为代表的少数高级教士同情激进清教徒。不过格林达尔也奉劝激进派保持克制,他承认国教留有大量天主教残余,但强调应据女王旨意清污除垢,而非由激进派自作主张。所有主教均与女王及大主教一样,担心激进派的吹毛求疵动摇教阶体系,导致天下大乱。三个月后,多数被停职牧师复职,仅少数冥顽分子继续顽抗。女王在与清教徒第一轮斗争中胜出,不过清教徒并不服气,他们在法衣争执中形成身份认同并自信是上帝选民,随时准备找碴。不出所料,1566 年议会尾声阶段,清教徒开始滋事生非,提案要求将 1563 年宗教会议达成的《三十九条信纲》升格为法律,严惩败坏教规教纪者,严禁圣职买卖。[②] 议案在下院通过,但被上院否决。塞西尔联合格林达尔等十余位主教上书女王,恳请她理解并支持清教改革,女王非但置之不理,还严斥大主教帕克未事先禀奏便擅作主张借议会讨论宗教问题。[③]

　　火药味十足的议会解散后,塞西尔哀叹"继承人未能确定,婚姻没有下文,……宗教议案摆在那里"。[④] 然而该对这糟糕局面负责的不是女王,而是议员和大臣。清教徒只顾宣泄,完全不管所有教徒都是女王子民这个事实。他们一味催促女王结婚,逼迫她指定继承人。可他们却为支持的婚姻对象和拥护的继承人明争暗斗,互相拆台,又怎能强迫女王拍板? 实际上,伊丽莎白在接下来一年多里还在为婚姻积极努力。1567 年夏,她派萨塞克斯带着她的画像前往维也纳考察查理大公。萨塞克斯回国后禀奏女王,大公身体并无缺陷。然而伊丽莎白仍为信仰纠结,难道让大公私下行天主教礼,在公共场所和女王一起做国教礼拜吗? 11 月,她召集枢密会议讨论此事。萨塞克斯和诺福克力挺查理大公,而莱斯特担心女王下嫁查理之日就是自己前途葬送之时,不断在朝野散布天主教阴谋论,法国与尼德兰的宗教仇杀似能佐证莱斯特所言不虚。情况和一年前一样,贵族们各打算盘、私利优先,他们操心女王婚事是假,关心自己利益和仕途才是真。女王何等聪明,她知道在这种情况下与查理结婚必

---

① Patrick Collinson, *The Elizabethan Puritan Movement*, Jonathan Cape,1967, p. 76.

② T. E. Hartley, ed. , *Proceedings in the Parliaments of Elizabeth Ⅰ*,Vol. Ⅰ , p. 171.

③ Wallace MacCaffrey, *The Shaping of Elizabethan Regime*, pp. 213 - 214.

④ Penry Williams, *The Later Tudors*, p. 249.

加深贵族的派系裂痕以及臣民宗教分歧。她又一次放弃了婚姻。

　　苏格兰女王玛丽的悲剧反衬了伊丽莎白对婚姻的谨慎多么明智。婚姻对伊丽莎白来说是政治,玛丽却视之如儿戏。1564年,伊丽莎白放弃与莱斯特的姻缘后,曾打算将莱斯特作为一份特殊礼物赠予寡居的玛丽。此举既可防止玛丽与大陆某位天主教徒再婚,亦有助培育英格兰人对玛丽的认同感;日后若诞下一男半女,子嗣兼具英格兰和苏格兰血统,届时立玛丽为继承人便水到渠成。不过玛丽无心正视莱斯特,公开与达恩利勋爵(Henry, Lord Darnley)卿卿我我。达恩利是在苏格兰长大的血统高贵的英格兰人,他并无莱斯特的权势与智谋,却比莱斯特贪婪、傲慢、轻浮。他曾凝视一幅标注莫内伯爵田产的地图,嫉妒莫内阡陌纵横的土地。[①] 1565年7月,玛丽与达恩利结婚。莫内依靠苏格兰新教徒支持举旗反叛,被玛丽挫败,带着残兵败将逃至英格兰。莫内出逃,玛丽本应重用梅特兰稳住局势,但她想借机将苏格兰新教徒一并制服。无论在宗教情感上还是从政治现实考虑,梅特兰都不看好玛丽的疯狂举动,他寄情山水,不问世事。玛丽继续放飞自我。闪婚不久,达恩利缺点逐一暴露,此君游手好闲、终日买醉,对政务一窍不通。玛丽对他的热情骤然冷却,转而与出身卑贱的意大利琴师里奇奥(David Rizzio)关系暧昧。她的愚蠢行动"像一块磁铁一样把可怕的反对派分子吸引到了一起"。[②] 达恩利急于摘掉绿帽,莫内企图东山再起,梅特兰渴望施展才华。1566年3月9日晚,达恩利冲进宫廷内室,当着玛丽之面砍死了她的宠臣里奇奥。血案发生后,玛丽化解了她与莫内的恩怨,但无法原谅达恩利的鲁莽,王子詹姆士的出生也没改善冷冰冰的夫妻关系。百无聊赖的玛丽又倒向了有妇之夫博思韦尔伯爵(James Hepburn, Earl of Bothwell)的怀抱。这第三次婚姻终于葬送了她的前程。

　　博思韦尔是情场老手,政治上忠于吉斯·玛丽,与莫内为敌。玛丽为他那

①　J. E. 尼尔:《女王伊丽莎白一世传》,第142页。
②　J. E. 尼尔:《女王伊丽莎白一世传》,第146页。

一知半解的法国文化所倾倒。1567年2月初,达恩利死于玛丽与博思韦尔精心策划的爆炸。三个月后,玛丽与博思韦尔在义愤填膺的指责声中完婚。苏格兰贵族认为达恩利死不足惜,然而对博思韦尔占有玛丽愤怒难遏。他们打着为达恩利主持公道的幌子扯旗造反。玛丽众叛亲离,沦为阶下囚,博斯韦尔借口境外募兵远遁挪威。玛丽若愿与博思韦尔解除婚姻仍能保住王位,然而她继续痴恋博思韦尔,并放话表示愿随他浪迹天涯。6月,贵族们出示玛丽先前与博思韦尔的往来信件,证实她是血案共谋,足以被判死刑。尽管信件可能是伪造的,玛丽却百口莫辩,被迫同意让位儿子詹姆士,由莫内出任摄政。

伊丽莎白和她的大臣密切关注着苏格兰政局动荡。以塞西尔为首的几乎所有重臣都支持反叛贵族。然而伊丽莎白苦口婆心劝苏格兰贵族与他们的女王和解,派斯罗克莫顿北上调停。伊丽莎白不仅担心法国武力支持玛丽,且乱臣公开用武力废黜圣君与她的政治哲学相悖,她"不希望她的臣民从这个反对君主的事例中得到鼓励"。[1] 在她的认知中,即便君主犯错,臣子也不应用大逆不道的反叛损害其威严。1568年5月,玛丽越狱脱身,伊丽莎白仍表示她愿意居中调停,玛丽却表示她想避难法国。这更加深了伊丽莎白的警觉。玛丽未及登船,支持她的零星武装便溃不成军。穷途末路的苏格兰女王逃入英格兰国境。她十年内下嫁三任丈夫,与宫廷下人传出流言蜚语,诞下一子,还流产了一对双胞胎。如此不懂洁身自好的女人怎能为王?伊丽莎白每天都以圣明之举驳斥诺克斯女人天生不适合治国之谬论,玛丽却无时不用行动为诺克斯帮腔。

玛丽自投罗网给伊丽莎白出了道大难题。伊丽莎白起初希望将玛丽接至自己的宫廷,但枢密院反对,塞西尔提醒女王,善待这个祸水等于鼓舞英格兰境内天主教徒理直气壮要求承认玛丽王位继承权。伊丽莎白很快也意识到待玛丽如上宾不仅等于变相鼓励国内天主教徒,且会疏远以莫内为首的苏格兰贵族,他们希望伊丽莎白公正调停苏格兰的君臣仇怨。伊丽莎白表示她将公正处理玛丽和反叛她的贵族之矛盾,条件是玛丽承认《爱丁堡协定》,拒绝与法国结盟,按英格兰国教教规做礼拜。玛丽自诩天主教徒,但婚姻履历说明她并

---

[1] J. E. 尼尔:《女王伊丽莎白一世传》,第174页。

不虔诚,不会为了宗教而放弃爱情或政治。她能够忍受作为权宜之计的国教礼仪,待时机成熟时再将其扔进垃圾堆。接下来在约克开庭的审判对玛丽极为不利,莫内出示了她与博思韦尔合谋杀害达恩利的信件,玛丽声称信件系伪造却无力证伪,而伊丽莎白不能冒天下之大不韪公然替一位杀人犯开脱,何况枢密院试图以这些信件为据彻底整垮玛丽。11月,鉴于北方情势混乱,审判转移到威斯敏斯特,玛丽的特派员替她出庭。英格兰枢密院和莫内为首的苏格兰贵族要玛丽公开承诺禅位王子詹姆士,自此寓居英格兰。伊丽莎白对这份交易不置可否,而玛丽宁死不愿退位。审讯不了了之。

苏格兰这个边陲小国在西欧国际关系网中轻如鸿毛,然而它的国君玛丽却吸聚了世人目光,她的出逃又发生在英格兰国际处境恶化之时,遂成国际斗争最有价值棋子。新教徒对玛丽有多少警惕,天主教徒就对她抱有多少希望,不仅是英伦天主教徒,还有国际天主教徒。1566年上任的教皇庇护五世刻薄冥顽,威胁英格兰人,要其善待玛丽,教廷第一护法腓力二世也被英格兰海盗日益频繁的骚扰逐渐激怒,英西海上冲突正在升级。1562及1564年,霍金斯(John Hawkins)不顾西班牙贸易禁令,两次贩卖黑奴至西印度群岛,获利丰厚。1568年,在伊丽莎白授权下,霍金斯又一次闯入西印度群岛,后在墨西哥沿海的圣胡安港(San Juan)遭西班牙人袭击,损失惨重。1563年,尼德兰总督帕尔马的玛格丽特(Margaret of Parma)以尼德兰新教徒勾结英格兰商人为由,下令安特卫普对英格兰商人禁运。尽管禁令不久解除,但英西关系的未来蒙上了阴影。1566年,被逐出境的尼德兰新教徒屯聚在多佛(Dover)港,以打劫西班牙商船为生,逐渐变成神出鬼没的荷兰海盗(Dutch sea beggars),伊丽莎白精心为他们提供庇护。1567年,新任尼德兰总督阿尔瓦公爵(Duke of Alva)加大了打击尼德兰反叛新教徒的力度,他抱怨英格兰新教徒和商人扰乱尼德兰秩序,与奥兰治的威廉(William of Orange)领导的尼德兰新教徒串通一气,为他们提供变相支持。多年来,英格兰驻西大使曼(John Man)在马德里屡屡对天主教徒出言不逊,公开侮辱教皇,被腓力逐出西班牙宫廷。伊丽莎白盛怒之下召回曼,从此不再向西班牙派驻大使,两国大使级外交关系中断。腓力立即还以颜色,用德·斯皮斯(Guerau de Spes)撤换了先前与英格兰贵族沟通顺畅的驻英大使。① 德·斯皮斯藐视英格兰,陶醉于阴谋伎俩,他的出现令玛丽深受鼓舞,自然也就加深了新教徒对西班牙的敌意。这年年底,腓力分拨给阿尔瓦大量黄金,运金船因躲避风暴迫停英格兰南海岸,被英格兰人顺势扣押。这笔黄金是热那亚人提供的贷款,其所有权存在争议。英格兰人认为它属于热那亚商人,而德·斯皮斯坚称它是腓力财产。英格兰的美洲冒险活动和截取黄金的土匪行为触怒了西班牙人,作为报复,阿尔瓦扣押了在尼德兰的英格兰商人及货品。

　　英西关系恶化平添了玛丽抗争的资本,连塞西尔亦夸大形势之严峻,他提醒女王,腓力、教皇、玛丽以及国内天主教徒正在构织一张欲置英格兰于死地的阴谋大网,建议女王联合国外新教徒并肩作战。② 天主教徒此时希望借西班牙之力将玛丽立为王位继承人,部分新教徒也想利用玛丽大做文章,以便实现个人私欲。塞西尔在朝中大红大紫招致贵族同侪嫉妒,莱斯特和诺福克缓和了原先敌对关系,视塞西尔为劲敌,斯罗克莫顿也或明或暗为他们打气。莱斯特固然知道玛丽德不配位,但她毕竟是最有可能的王位继承人。为长远计,他和部分宗教保守主义者秘密撮合玛丽与诺福克牵手,并希望恢复英西正常外交关系。这期间莱斯特与德·斯皮斯过从甚密并为诺福克和玛丽暗中接洽提供便利。诺福克是当年被亨利八世斩首的萨里伯爵之子,英格兰唯一公爵,也是女王表弟。他的族人不乏天主教徒,他则是立场不太坚定的新教徒,若与玛丽结合,天主教徒和新教徒都能接受。无论从门第还是信仰考虑,他都是玛丽合适的夫婿。诺福克因莱斯特鼓动而鬼迷心窍,做起了春秋大梦,与玛丽鸿雁传书,互诉衷肠。然而他能否美梦成真取决于伊丽莎白。女王此刻并不急于帮玛丽复位,更不会松口承认玛丽为英格兰储君。当塞西尔将证据确凿的阴谋计划告诉女王时,女王龙颜大怒,要求诺福克澄清是非。诺福克一度逃到乡下避祸,旋又回伦敦自首,和斯罗克莫顿一起被关进伦敦塔。莱斯特虽是幕后主使,但女王念及私谊且不想牵连太广,宽恕了他。

　　合法扶植玛丽继位不成,绝望的反叛上演了,伊丽莎白遇到了其漫长统治

---

① Bernard Wernham, *The Making of Elizabethan Foreign Policy*, 1558 - 1603, University of California Press, 1980, pp. 35 - 36.

② Penry Williams, *The Later Tudors*, p. 255.

生涯中最剧烈的国内动荡。1570年前后，英格兰北方民众仍活在天主教文化氛围中。他们即便不反对女王的宗教领导权，也对1559年规制的礼仪细节视而不见。更令朝廷头疼的是，北部诸侯政治社会观念还停留在中世纪，盛行封建式臣仆忠义之风。贵族豢养大批为其效命的家丁，享受佃农对他们的恭顺，地方影响力胜于远在伦敦的国王。他们藐视朝廷政令，对中央过度干预地方事务心存戒备。亨利七世和亨利八世时代受打压的北方贵族在玛丽一世短暂统治期间有复兴迹象，特别是珀西家族。不过好景不长，伊丽莎白继位后又着手抑制北方贵族。以珀西和内维尔两家为代表的北方豪族牢骚满腹。① 此外，北方贵族对家世并不显赫的塞西尔权势遮天嫉妒在心，塞西尔浓郁的新教偏好在北方贵族眼里就是挑衅，他们对塞西尔的成见与他们的父辈1536年对克伦威尔的不满如出一辙。在这错综复杂背景下，玛丽的到来点燃了他们的希望，即便不能扶正玛丽，起码也要利用她迫使伊丽莎白在宗教和行政方面让步。他们与诺福克暗中碰头，共襄大业。诺福克身陷囹圄之际，他的姐夫维斯特莫兰伯爵以及诺森伯兰伯爵怂恿他与女王对抗到底，然而诺福克向女王投诚前，为减轻罪责，通过信使奉劝他们勿轻举妄动。② 两位伯爵骑虎难下，毕竟叛国这顶帽子太过沉重，可谓弥天大罪。就在他们犹豫时，其他北方天主教徒按捺不住了。

"求恩面圣"的老兵诺顿（Richard Norton）此时担任约克郡守，他已年逾古稀，但激情和斗志不减当年，举起象征耶稣受难的五伤旗，吹响了反叛号角。诺森伯兰和维斯特莫兰并未草率响应诺顿，不过他们的族人和属下已摩拳擦掌，全国盛传两位伯爵"即将反叛"。1569年10月，女王要求二人前往枢密院自证清白。北方政务会主席（Lord President of the North）萨塞克斯谏告女王勿打草惊蛇，以免把两位伯爵"逼上梁山"。不过女王尽显胆略，执意要求两位伯爵赶赴伦敦接受质询。两位伯爵走投无路，孤注一掷加入叛军。③ 除珀西家族和内维尔家族主要成员，诚挚的天主教徒以及地方自治倾向强烈的乡绅

---

① K. J. Kesselring, *The Northern Rebellion of 1569: Faith*, *Politics and Protest in Elizabethan England*, Palgrave Macmillan, 2007, pp. 47-49.

② K. J. Kesselring, *The Northern Rebellion of 1569*, p. 52.

③ K. J. Kesselring, *The Northern Rebellion of 1569*, p. 55.

也参与其中。11 月中旬,叛军控制了达勒姆主教区,他们重树祭坛,大搞弥撒,肆意报复已婚神职人员。[1] 约克郡和达勒姆主教区内,至少 85 所教堂公开撕毁《1559 年公祷书》和英语版《圣经》;叛军在达勒姆主座教堂用拉丁语行圣餐礼,严词谴责宗教分裂,庄严宣布服从罗马。[2] 叛军信心高涨,继续南下,扬言营救玛丽。政府迅速将玛丽转移至考文垂,玛丽或许仍想靠和平手段得到英格兰王位继承权,出人意料表示她不支持武装反叛,这多少令叛军泄气。萨塞克斯苦于没有把握取胜时,叛军却自爆软肋。两位伯爵一度招募了千余骑兵和 4000 多名步兵,然而很快无力支付士兵薪水,只得遣散部分武装。诺顿一度寄予厚望的西班牙援军也未出现。叛军势穷,退回达勒姆。12 月,萨塞克斯指挥政府军反击,叛军旋即溃不成军,诺森伯兰和维斯特莫兰仓皇逃往苏格兰。北方另一大贵族戴克(Leonard Dacre)原有意举事,关键时刻抽身自保,但起义平定后的审讯证实他难逃干系。女王传令他去伦敦澄清是非,戴克心中无底,抗令不遵。1570 年 2 月,政府军与戴克私人武装激战,戴克败逃苏格兰与其他流亡者会合。伊丽莎白指示萨塞克斯乘胜率军侵入苏格兰,打垮了流窜至此的叛军残余以及苏格兰国内亲玛丽的武装。1572 年,苏格兰政府将诺森伯兰交给英格兰,伊丽莎白将其斩首。维斯特莫兰和戴克逃往大陆,亡命天涯。同年,苏格兰亲英派的默顿伯爵(James Douglas, 4th Earl of Morton)出任幼主詹姆士摄政。1573 年初,亲玛丽的爱丁堡亦被英军攻破,苏格兰天主教贵族再无力反扑。随后几年,默顿主持苏格兰内政外交,英格兰后院在二十年动荡后总算平静下来。

叛军败亡原因甚多。首先是双方实力悬殊太过。这仍是一场区域性叛乱,中部和南部地区声援反叛的天主教贵族和乡绅寥寥无几,保王思想压倒了他们的宗教倾向。16 世纪,经济变革迅猛,北方贵族没能融入时代的商业浪潮,植根中世纪惯例的固定地租仍是他们的主要收入来源。在通货膨胀冲击下,他们的实际收入大打折扣,养兵能力有限。政治和宗教要素的多重考虑致使叛军无法明晰斗争纲领。他们渴望国际天主教徒出手相援,但又不敢公然

---

① K. J. Kesselring, *The Northern Rebellion of 1569*, p. 68.

② Peter Marshall, *Heretics and Believers*, p. 489.

呼吁境外势力支持，以免背负卖国骂名。他们支持玛丽并宣称保护她的人身安全，却不打算立即推倒伊丽莎白，只求册立玛丽为储。阶下囚玛丽爱莫能助，甚至不愿表态与叛军共赴生死。乱党宗教诉求也模糊不清，有些人强烈主张恢复天主教，有些人可以接受保守新教，承认女王领导教会但保留传统教礼，行偶像崇拜。亨利八世要笼络部分贵族并诓骗阿斯克才能平定"求恩面圣"，伊丽莎白轻而易举击溃叛军且英军趁势打到苏格兰境内。这充分证明都铎王朝立国以来打压北方贵族的一贯政策收到了实效。"中央政府的普遍影响正渗入偏远地区，正把地方忠诚归入对自己的忠诚"；地方治安与军事组织越来越依靠王室提拔任命的乡绅，大贵族的"军事精英概念"日渐淡薄，"领导战争的技术能力"亦今非昔比。[1] 叛乱期间，诺森伯兰郡的福斯特（John Forster）、约克郡的加尔格莱夫（Thomas Gargrave）等门第不高的地方官对王室保持死忠，经受住了考验。新教徒和各级官员不愿轻饶乱党，约克郡地方法院和北方委员会启动严厉审判。女王为彰显仁慈并充实国库，指令以罚款或籍没财产为主要惩罚方式。数百年来，北方贵族的离心倾向始终是伦敦君主的心腹之患。这次成功戡乱后，内维尔、珀西和戴克三大家族彻底沉寂，约翰王以来一直困扰朝廷的北方叛乱成为历史。

北方叛乱失败令天主教徒心伤欲碎，未及时伸手相援的教廷和国际天主教徒自惭形秽。为行补救，1570 年 2 月，庇护五世颁布著名的《革籍诏书》（*Regnans in Excelsis*），宣布伊丽莎白是异教徒而非真命天子，她的臣民理所当然应放弃对其忠诚。庇护五世号令一切天主教徒向伊丽莎白宣战，女王不甘示弱，针锋相对宣布传播教皇诏书者以及视她为异教徒者均犯有叛国罪。女王明白，经过几十年新教运动以及对北方叛乱的成功镇压，天主教徒影响力已今非昔比，不再是政权致命威胁，威望较高和煽动力强的天主教徒多亡命在外。她也知道教皇张狂姿态只为安慰英格兰天主教徒，政治家均不相信天主教徒能在英格兰扭转乾坤，腓力甚至埋怨教皇的虚张声势只会授英格兰官方打压天主教徒口实，恶化他们的处境。1570 年 5 月 24 日夜间，《革籍诏书》被

---

① 劳伦斯·斯通：《贵族的危机，1558—1641 年》，上海人民出版社，2011 年，第 129—131 页。

贴到伦敦主教办公室大门上。这本是个别天主教徒鬼祟之举,但激起了强烈的民众情绪反弹,似乎天主教徒无处不在,官方必须严阵以待。部分流亡天主教徒已察觉温和新教徒与激进新教徒矛盾重重,并打算利用这种矛盾为天主教徒争取少许活动空间,但教皇"这样一个死敌使英吉利教会的不完美显得相对微不足道",刺激新教徒抱团更紧,共同挤压天主教徒生存空间。① 此外,英格兰天主教徒也对教皇诏书的侵略性霸凌措辞不置可否,保守天主教徒也认可君主宗教治理权,他们的诉求至多是迫使伊丽莎白允许天主教徒自由行礼,搞弥撒和偶像崇拜,而非向女王开战。只有极少数极端天主教徒盲目奉教皇诏书为行动指南,多数则对其保持沉默。教皇诏书对英格兰的实际威胁几可忽略,这在里多尔菲(Roberto Ridolphi)阴谋案中体现得非常明显。

里多尔菲是一位佛罗伦萨银行家,曾因 1569 年充当诺福克公爵的线人而遭监禁。获释离开英格兰后,此君筹划阴谋的本性不改,1571 年春,由他牵线搭桥,各股醉心于颠覆伊丽莎白政权的力量妄想借尼德兰总督阿尔瓦的大军,在英格兰国内天主教徒的暗杀及武装起义配合下,一举推翻伊丽莎白的统治,恢复天主教。② 他们盘算营救玛丽后,撮合她与西班牙王子成婚并同时出任英苏两国君主。软禁中的玛丽起初犹豫不定,但很快便为里多尔菲虚幻的诱饵打动,曾被赦免的诺福克也与他们勾结到一起。阴谋纯属纸上谈兵。诺福克根本没有勇气揭竿而起,也没几个天主教徒愿随他以身试险。阿尔瓦则表示他毫无准备,还忠告腓力:没有英格兰国内大规模骚乱策应,登陆作战无异于天方夜谭。然而殷切期待阴谋的腓力已在冥思他的"英格兰大业"(Enterprise of England),他致信阿尔瓦:"我如此渴望完成这项事业,我内心如此依恋它,而且我如此深信我们的救世主上帝必定将它认作他自己的事业,以致我无法被劝阻。"③塞西尔抽丝剥茧,掌控了密谋者行踪。阴谋败露,诺福克公爵面临死刑。随着他的彻底垮台,天主教徒对玛丽曾经的期望也越来越似泡影。德·斯皮斯随后被驱逐出境,英西关系僵死。伊丽莎白趁机与法国重归于好,几百年来,英格兰大都是联合哈布斯堡皇室对抗瓦罗亚王室,而今

① Diarmaid MacCulloch, *The Late Reformation*, p. 57.
② Wallace MacCaffrey, *The Shaping of Elizabethan Regime*, p. 416.
③ 杰弗里·帕克:《腓力二世的大战略》,商务印书馆,2010 年,第 216 页。

这一国策寿终正寝了。

　　里多尔菲阴谋只停留在策划阶段,不过它发生在如此敏感时刻,牵涉其中的国内外名流势力如此强大,举国惊骇。它与不久前的北方叛乱一道产生了两大后果。其一是葬送了玛丽的前程,为枢密院和议会置玛丽于死地提供了口实。在新教徒尤其是清教徒眼里,玛丽不死,天下不宁,她就是"一只黑寡妇蜘蛛,位居一张危险蛛网的中心,引诱着英格兰内奸和外敌"。① 其二是助推英格兰人反天主教情绪和恐天主教心理,清教发展如火燎原。古往今来,境外势力哪怕隔空喊话式的口头围剿都会在目标国激起政治反弹,强化民众的恐外和仇外情绪,进而歇斯底里支持本国政府强硬防奸反谍。诺顿(Thomas Norton)这位因翻译加尔文《基督教原理》(Institutes)而名声大噪的清教徒在北方叛乱时写道,"仁慈、文雅、恩惠和爱均不能赢取一位教皇派……热爱女王陛下",对天主教徒随时须铁拳伺候。② 玛丽、教皇、腓力、里多尔菲中的任何一人随时都会刺激清教徒扣动圣战的扳机。这一时期主教任命也助长了清教风潮,1571 年格林达尔赴任约克大主教,此后几年他在北方打压天主教徒明显有扩大化嫌疑。伊丽莎白不想清教徒扰乱秩序,却也无力阻抑他们对国内外天主教徒发动圣战的炽热激情。清教徒借反天主教旋风大放厥词。1570年初,剑桥大学神学教授卡特莱特(Lady Margaret professor of divinity, Thomas Cartwright)在题为《使徒行迹》(Acts of the Apostles)的演讲中称:使徒早为教会规制了模范管理机制——牧师开会平等讨论教务,而英吉利教会当下体制就是蔑视使徒和《圣经》。③ 借公开谴责主教制,卡特莱特称颂的教会管理实已体现长老制风格。在剑桥大学副校长惠特吉夫特(John Whitgift)建议下,女王剥夺了卡特莱特教职。卡特莱特愤而远走日内瓦,与加尔文弟子贝扎(Theodore Beza)等谈经论道,而其国内同道欲借即将召开的

　　① Peter Marshall, *Heretics and Believers*, p. 495.

　　② Peter Marshall, *Heretics and Believers*, p. 492.

　　③ Patrick Collinson, *The Elizabethan Puritan Movement*, pp. 109 - 113.

议会为他抱打不平。

　　1571 年 4 月召开的议会硕果累累,总共通过近 50 条法案。这次议会原打算征税清偿平定北方叛乱的军费,随着议题深入讨论,女王及国家安全成了议员最关心话题。即便 1534 年《叛国法》恢复,议员和枢密大臣仍认为不足以保障女王安全。诺顿提案,在伊丽莎白有生之年,任何僭称的王位继承人均应被剥夺继承权,矛头直指玛丽。为抑制国内天主教徒勾结境外势力,议会立法严惩传布教皇诏书之人;不经官方许可,任何人不得离境;籍没流亡域外的天主教徒家产。主教们和枢密大臣还建议立法强制信徒领圣餐,纯洁教纪教规,提升神职人员理论水平,惩罚渎职教士。[①] 激进清教徒还围绕圣礼、祭服和法器纠缠,并得到诺里斯和莱斯特等世俗贵族撑腰。来自斯卡伯勒的议员斯特里克兰(William Strickland)吁请"广泛的教义及礼拜改革",建议牧师执礼时脱掉白色法衣。他还提案大幅改动《1559 年公祷书》,废止信徒领圣餐时的跪拜礼,禁止新婚夫妇交换戒指。最危险的是,他还志在强化牧师宗教治理权力和教义教礼解释权威。斯特里克兰因出言不逊和胃口太大一度被逐出议会并关进伦敦塔(很可能是女王暗中指使),不过他的教友借其遭遇指控议会特权和自由发言权受到侵犯。女王态度软化,4 月 21 日,斯特里克兰被释,当然,他的一揽子改革议案也全部不了了之。作为妥协,伊丽莎白同意《三十九条信纲》和一部刻薄的公职人员《签名法》(Subscription Act)生效。[②] 信纲不仅被树为本土信众言行准则,亦加剧了英吉利人与教廷的对立,因为信纲第 29 条摒弃了体化说且第 11 条强化了因信称义说:"我们在神面前得称为义,只因信奉救主耶稣基督之圣恩,而非因我们自己之善功或所作所为。"[③]女王知道,要所有信众遵守信纲并不现实,故信纲在执行过程中令严行宽。女王并不指望洞察臣民内心,控制其灵魂。她指示议会,臣民只要"安分守己,不公然厌恶和抵制王国法律",便可免于调查及审讯,她还特别要求将这份指示传达给所有教区。[④]

---

①　T. E. Hartley, ed., *Proceedings in the Parliaments of Elizabeth Ⅰ*, Vol. Ⅰ, p. 200.

②　Peter Marshall, *Heretics and Believers*, pp. 499 - 500.

③　刘城:《英国教会史论文集》,第 11 页。

④　Wallace MacCaffrey, *The Shaping of Elizabethan Regime*, p. 403.

1571 年议会只满足了部分温和清教徒胃口,伊丽莎白与激进清教徒的矛盾并未解决。双方对勒盘陀(Lepanto)海战的反应清晰表明分歧之巨。1571 年 10 月,腓力同父异母弟唐·胡安(Don John)指挥天主教联军在希腊海域的勒盘陀几乎全歼奥斯曼帝国舰队。伊丽莎白得到战报后命人在圣保罗大教堂布道祝贺基督徒胜利,但 1572 年初从日内瓦溜回国内的卡特莱特称教皇比穆斯林更阴险。清教徒同情的国际友人是对抗腓力和教皇的荷兰海盗,而这些海盗和卡特莱特一样仇视教皇甚于穆斯林,他们甚至在衣服上绣新月标志以示与教皇派不共戴天。[1] 清教徒的偏执已到敌人的敌人就是朋友这种变态地步,这导致 1572 年议会中清教徒与女王斗争更激烈。是年 5 月,伊丽莎白治下第四届议会开幕,议题围绕处理诺福克公爵以及玛丽展开。诺福克 1 月已被判处死刑,不过伊丽莎白两次撤回死刑判决书。培根、诺顿和诺里斯等名流必置诺福克于死地而后快,逼迫伊丽莎白以极为矛盾的心理同意了诺福克的死刑。塞西尔是诺福克垮台的直接受益者,他在枢密院权势进一步加强。与此同时,财政大臣温彻斯特侯爵病故,伊丽莎白任命塞西尔出任新财政大臣。加之上年年初塞西尔已被册封为伯利勋爵(Lord Burghley),其地位和名望均更上层楼。决定玛丽命运时,伊丽莎白再一次彰显了仁慈。借里多尔菲阴谋的惶恐气氛,议会两院和枢密院欲不惜一切代价处死玛丽。6 月 30 日,议会通过一项议案,彻底剥夺玛丽的英格兰王位继承权并以叛国罪判处她死刑,其子詹姆士继承权也一并被剥夺。议案呈交女王批准时,女王仅表示"她会考虑",玛丽是死是活下次议会再作讨论。[2] 和前几届议会一样,清教徒继续利用议会反复纠缠。皮斯托(Fristram Pistor)和斯奈奇(Robert Snagge)两位议员引入一项议案,欲授权主教允许牧师绕开《1559 年公祷书》执礼,诺里斯积极附和。[3] 女王及时干预,挫败议案,然而她的一己之力不足以确保天下安宁,此时清教徒在议会之外的搅和已近乎失控。

1572 年 6 月底,议会闭幕前夕,被剥夺圣职的伦敦牧师菲尔德(John

---

① Peter Marshall, *Heretics and Believers*, p. 502.

② Wallace MacCaffrey, *The Shaping of Elizabethan Regime*, p. 435.

③ T. E. Hartley, ed., *Proceedings in the Parliaments of Elizabeth I*, Vol. I, pp. 369 - 370.

Feild)及威尔考克斯(Thomas Wilcox)在议员间散发并传阅一份文件,名曰《对议会之劝诫》(*An Admonition to the Parliament*)。劝诫书抨击主教制无异于家长制,既不虔诚,亦与《圣经》文本不符;还指控"大主教""主教"这类头衔贩自"教皇商店",呼吁用牧师、执事(deacon)以及长者(elder)取代各级教士。[①] 劝诫书之激进连温和清教徒都惶恐不安。桑普森置身事外;汉弗雷表示他"愿意保持节制,希望天下太平";连那位呼号剥夺玛丽继承权的诺顿亦承认他"很不喜欢这些人的路线及奇思异想,还有劝诫书的内容"。[②] 女王对劝诫书震怒,她和大主教利用清教徒派系林立的弱点,加大打击力度,将任何拒绝遵从《1559年公祷书》者投入监牢,菲尔德和威尔考克斯被判处一年监禁。刑满释放后,菲尔德与卡特莱特等一道远遁日内瓦。表面看,这帮清教偏执狂暂被制服了,实则他们已达到扩散激进思想和扩大争论的目标。1572年11月,很可能出自卡特莱特或古德曼之手的《对议会之再劝诫》(*A Second Admonition to Parliament*)秘密刊行,该书不仅勾勒出更清晰的长老教体制,还大肆宣扬讲道训练(prophesyings)。所谓讲道训练,就是神职人员定期集会,学习并交流,以便高效履职。讲道训练可为任何教派服务,清教徒的讲道训练自然蕴含"反等级和分离主义倾向"。[③]

两份劝诫书对既定教会构成严峻挑战,惠特吉夫特受命与卡特莱特论战。卡特莱特坚称教会藏匿着太多敌基督徒,惠特吉夫特不否认尘世混入大量敌基督者,但这是上帝自由选择的必然结果,正因如此,才需国王和各级主教执行清规戒律,惩罚不敬之人。伊丽莎白没有耐心关注神学论争,1573年6月,她发布诏令,严厉谴责两部劝诫书并要求收缴所有流传的稿本。[④] 诏令震慑力有限,1573年夏,伦敦主教桑迪斯(Edwin Sandys)请求重臣伯利和莱斯特等出手抑制清教徒。伯利装聋作哑,莱斯特甚至为清教徒提供庇护。世俗大贵族大多想借清教徒炽烈的反天主教情绪培育反西班牙舆情。很多人已被这

---

① Patrick Collinson, *The Elizabethan Puritan Movement*, pp. 118 – 120.

② Patrick Collinson, *The Elizabethan Puritan Movement*, p. 121.

③ Patrick Collinson, *The Elizabethan Puritan Movement*, p. 179.

④ P. L. Hughes and J. F. Larkin, eds, *Tudor Royal Proclamations*, Vol. II, pp. 375 – 376.

种舆情冲昏了头脑,1573 年,一位失去理智的清教徒行刺霍金斯并致其重伤,只因霍金斯当时衣着华贵,凶手误以为他是女王新近大力提拔的鄙视清教徒的宗教保守主义者海顿(Christopher Hatton)。[1]

1575 年,帕克去世,格林达尔接任大主教。此前几年,他在担任约克大主教期间与萨塞克斯伯爵在北方打压天主教徒毫不手软,升职后他笼统表示要修补教会裂痕,实际上仍继续包庇清教徒。1576 年 2 月 8 日,新一届议会召开,格林达尔与伯利、财政总监(Chancellor of Exchequer)迈尔德梅(Walter Mildmay)等一道鼓动激进清教徒继续抗争。[2] 女王于当年 6 月和 11 月两次召见格林达尔并命令他打压清教运动,查禁讲道训练。女王担心这种集体学习和讨论给清教徒可乘之机并为他们变相壮胆。格林达尔认为他身为大主教,有权也有责任举办这种活动,抗旨不遵。他还斗胆训诫女王:"当您处理信仰和宗教事务时,您不能太绝对和专断",因为"上帝的意志,而非任何尘世俗人的意愿"决定"神的事情"。[3] 伊丽莎白盛怒之下将格林达尔软禁,仅保留他的大主教职位。格林达尔丧失履职条件,从 1577 年至他去世,大主教实际空缺。这更便于女王直接管理教会。格林达尔被囚期间,海顿的宗教界盟友桑迪斯调任约克大主教,埃尔默(John Aylmer)接任伦敦主教,惠特吉夫特宗教话语权也大幅上升。多位保守高级教士得到重用意味着清教运动必须降温,然而事实大相径庭,接下来十余年,清教徒还要继续纠缠。

初生的清教运动如一盘散沙,仅有伦敦和剑桥两块重要基地,面对官方打压,鲜有还手之力。不过清教徒没遇灭顶之灾,这不仅归功于其坚定意志和顽强抗争精神,还受益于复杂内外环境。首先,女王知道根除清教思想难比登天,她只要求臣民行为上顺服国教,无论天主教徒还是清教徒,只要遵纪守法便可安居乐业。其次,重臣和大批大贵族纵容清教思想蔓延。北方叛乱、《革籍诏书》、里多尔菲阴谋以及法国宗教屠杀等一连串事件如声声惊雷,即便头

---

[1] Peter Marshall, *Heretics and Believers*, p. 508.

[2] Chancellor of Exchequer 这个官职最初创设于 13 世纪初,当时权力最大的财政官是 Lord Treasurer,故本书将 Lord Treasurer 译为财政大臣,将 18 世纪后的 Chancellor of the Exchequer 也译为财政大臣,此前则译为财政总监。

[3] Peter Marshall, *Heretics and Believers*, pp. 518 - 519.

脑冷静的新教徒亦不可能完全免于对咄咄逼人的天主教报复之恐惧。高估天主教威胁是正常心理。伯利 1572 年收到一份来自汉普郡的 246 位乡绅名单，其中 97 人被标注为教皇派，47 人被标注为忠实教皇派。[1] 伯利和莱斯特认为清教徒虽不利于国民团结，却是反击天主教的天然先锋队，可妥当加以利用。沃尔辛厄姆(Francis Walsingham)相信邪恶天主教徒无处不在、无恶不作，利用偏执清教徒对付顽固天主教徒正好是以毒攻毒。莱斯特大胆替冒犯女王和大主教的清教徒说情减罪，1579 年，他为流亡归来的菲尔德提供了一个郊区布道师职位。[2] 伯利敦促特拉弗斯(Walter Travers)归国，聘他担任私人牧师，后又为他研习神学提供便利。除位高权重的显赫廷臣，诺福克和萨福克等地乡绅、名门望族的贵妇与清教徒亦同气相连，为他们提供衣食住所。最后，清教运动空间广阔并能得到权贵、名流甚至民众广泛支持，与 1570 年代西欧宗教格局及国际形势变化密不可分。勒盘陀海战后，天主教西班牙要收拾英格兰以及同为新教国家的尼德兰已属板上钉钉，而西班牙就是天主教大本营。法国宗教混战以及官方屠杀新教徒无时不在刺激英吉利人恐天主教心理。英格兰凶险的国际处境助推国民产生更强烈的恐天主教心理，只要反天主教情绪高昂，清教理论就不会失去市场，毕竟清教徒是天主教徒的死敌。

宗教是这个时代内政外交的首要考量。针对伊丽莎白的阴谋或反叛全都披着宗教外衣，她与玛丽矛盾的背后是新教徒与天主教徒的博弈，她的婚姻也因宗教遇阻。处理利益复杂且被宗教裹挟的内政外交时，权贵各有算盘，各派教徒受情感和偏见驱使，常走火入魔。女王必须时刻清醒，她要通盘考虑内政外交的平衡，或许还要兼顾个人大事。里多尔菲阴谋恶化了英西关系并促使英法抱团。1572 年，由于屯集在多佛的荷兰海盗越来越难以驾驭，伊丽莎白将他们驱逐出境，失去根据地的海盗攻占了尼德兰沿海的布里尔(Brille)和弗

---

① 　Peter Marshall, *Heretics and Believers*, p. 510.

② 　Patrick Collinson, *The Elizabethan Puritan Movement*, p. 202.

拉辛(Flushing)等城市。西班牙人判定这是伊丽莎白与海盗精心合演的一出戏,因为海盗金钱和物资主要来自英格兰。1570 年,法国暂停宗教内战,胡格诺教徒处境改善,政治话语权增强。美第奇王太后亦想改善英法关系,乐意其三子亨利娶伊丽莎白为妻。伯利力谏女王认真考虑这门亲事,既有望给王室带来一男半女,亦可冷却天主教徒支持玛丽的热情。新任驻法大使沃尔辛厄姆从巴黎发信告诉女王亨利王储身体没有缺陷。可惜宗教仍是择偶障碍,亨利要求永远行天主教礼仪,伊丽莎白无法成全他,然而考虑到西班牙战略重心已从地中海决定性北移,英法此时必须保持相互利用关系。

勒盘陀海战解除了穆斯林对西地中海的威胁,腓力腾出手来,可集中精力处理尼德兰事务了。这对英法均是不利消息,法王查理九世和胡格诺派领袖科里尼将军主张援助尼德兰新教徒,伊丽莎白欢迎法国人支持尼德兰新教徒,但也担心法国势力向低地国家渗透。1571 年,她派枢密大臣史密斯前往巴黎协助沃尔辛厄姆处理英法关系。史密斯告诉美第奇,伊丽莎白无法接受亨利的天主教礼仪,不过他又建议女王考虑与美第奇幼子阿朗松公爵(Francis, Duke of Alençon)联姻。阿朗松其貌不扬,但不囿于宗教成见,不会强求在英格兰行天主教礼仪。沃尔辛厄姆并不热心英法联姻,他不能忍受女王下嫁任何天主教徒。他年轻时在剑桥大学接受新教熏陶,玛丽一世时代曾经外逃,对其而言,"宗教流亡者的那种永远与黑暗势力做斗争的思想"已浸骨入髓并把他塑造成"圣战精神的化身"。[①] 可贵的是,宗教狂热并不干扰他的政治辨别力,亦不妨碍他充分发挥自己的政治奇才。他是伊丽莎白统治中期最能干的辅弼大臣之一,能把王朝联姻和外交条约剥离开来。1572 年 4 月,英法缔结《布卢瓦条约》(Treaty of Blois),承诺共同对西作战。《布卢瓦条约》墨迹未干,法国内政生变,这年 8 月 24 日夜,吉斯家族和美第奇联手疯狂屠杀熟睡中的巴黎胡格诺教徒,科里尼死于非命。随后几日,屠杀蔓延法兰西全境,是为著名的"圣巴托罗缪大屠杀"(Massacres of St Bartholomew's Day)。惨绝人寰的大屠杀加剧了全欧洲新教徒,特别是清教徒的恐惧。英格兰宗教分歧更敏感,部分人认为内战近在咫尺。不过大屠杀只暂时妨碍了与阿朗松公爵的

---

① J. E. 尼尔:《女王伊丽莎白一世传》,第 245 页。

婚姻谈判,对英法关系走势影响不大。

　　为躲避国内迫害与屠杀,大量胡格诺教徒逃到英格兰。伊丽莎白告诉法国大使,她会为躲避宗教迫害的法国新教徒提供生活便利,前提是禁止他们在英格兰境内从事任何阴谋。她的臣民比她更同情这些胡格诺教徒,莱斯特和沃尔辛厄姆资助他们金钱,鼓励他们时机成熟时杀回法国。女王和她的大臣都意识到这些流亡胡格诺教徒是一笔重要外交财富,只要他们杀回法国的希望不灭,便随时可致法国"不得安宁",这自然"符合英格兰的动机"。[①] 美第奇原指望大屠杀一劳永逸消灭胡格诺派,但法国天主教徒和胡格诺教徒结下血海深仇,法兰西大地狼烟四起。为免伊丽莎白直接资助法国境内外胡格诺教徒,美第奇积极撮合阿朗松与伊丽莎白。1574 年 5 月 31 日,法王查理九世病亡,亨利三世登基;阿朗松继承了亨利三世先前享有的安茹公爵(Duke of Anjou)衔并晋身法国王位继承人。亨利三世是顽固天主教徒,登基后立即与吉斯家族合力打压胡格诺教徒。胡格诺教徒则把新晋封的安茹公爵视为领袖。安茹财力有限、缺兵少将,但因身份特殊以及宗教观念淡薄在接下来十年被推到舞台中心,成为"欧洲政治关键人物之一"。[②] 沃尔辛厄姆以圣斗士般狂热要求女王支持安茹及胡格诺教徒,伯利一向对法国势力向尼德兰渗透保持警觉,也建议女王遏制亨利三世。不论伊丽莎白是否诚心与安茹结亲,她不会闲置安茹这张能为英格兰外交服务的好牌。打着结亲幌子谋取政治利益,这招屡试不爽。伊丽莎白表露对婚姻的渴望,又拒绝向大陆派遣一兵一卒。她只许诺资助她曾经的求婚者巴拉丁选侯卡西莫(John Casimir, Elector Palatine)1.5 万镑,怂恿他带兵袭扰法国,缓解胡格诺教徒压力。卡西莫抱怨伊丽莎白的金钱只是杯水车薪,但为了国际新教徒利益还是义不容辞侵入法国,迫使亨利三世罢兵讲和,胡格诺教徒处境改善。

　　尼德兰形势变化比法国内战更牵动英吉利人心。早在 1572 年夏,伯利就向女王提交了一份书面建议,奠定了伊丽莎白对荷政策基调。伯利和女王一致希望西班牙在给予荷兰人经济自主和宗教自由的前提下,与法国死杠到底。

---

　　① Wallace MacCaffrey, *Queen Elizabeth and the Making of Policy*, *1572 - 1588*, Princeton University Press,1981, pp. 188 - 189.

　　② Penry Williams, *The Later Tudors*, p. 271.

君臣二人不约而同判定法国控制尼德兰比西班牙控制尼德兰更威胁英格兰利益。[1] 1573 至 1577 年的低地形势向有利于新教徒的方向发展。阿尔瓦及其继任者雷克森斯(Luis de Requesens)连续损兵折将，被迫向荷兰人做出些许让步。伊丽莎白和伯利本有望看见想要的局面，然而奥兰治的威廉和唐·胡安二人改变了尼德兰历史进程。以威廉为代表的激进新教徒志在彻底摧毁西班牙的宗主权，而他并不能慑服尼德兰全体贵族，与联省议会(Estates)争执不休削弱了自身实力。1576 年，雷克森斯病故，腓力派勒盘陀的英雄唐·胡安出任新总督。唐·胡安刚上任便被兵变折磨得束手无策，一度同意伊丽莎白居中调停，承诺给荷兰人宗教信仰自由。[2] 不过这只是他的缓兵之计，1577 年底，唐·胡安乘尼德兰人内讧之机夺取那慕尔(Namur)；1578 年初，西班牙军队又攻占安特卫普。尼德兰叛军此前几年战果瞬间化为乌有。唐·胡安以游侠式冒险家口吻妄称下一步是征服英格兰。面对新形势，伊丽莎白被迫改变策略并决定加快干预尼德兰战事之步伐。

培根在 1578 年 3 月召开的御前会议上建议女王支持联省议会与安茹结盟，祸水南引，令法西相争，英格兰伺机渔利。然而这份以邻为壑之策隐患极大，联省议会过度依赖安茹很可能导致法国势力迅速向尼德兰渗透，对英格兰来说，这比西班牙人在尼德兰耀武扬威更难以忍受。伯利向来以最大恶意揣测法国插足尼德兰之用心，沃尔辛厄姆则以歇斯底里的反天主教情绪怀疑安茹动机不纯。女王决定听从伯利建议向尼德兰派出一支百余人组成的使团，由沃尔辛厄姆和五港联军司令(Lord Warden of the Cinque Ports)科布厄姆男爵(Baron Cobham)率队。使团任务是劝说联省议会放弃与安茹结盟，同时许诺给予叛军金钱援助。使团不久从尼德兰向女王奏报，叛军若想继续坚持，必须得到外国资助，眼下他们正与安茹接洽。伊丽莎白告诉使团，她会借款 10 万镑给联省议会。然而联省议会并不信任她的空头支票，鉴于情势凶险，尼德兰人已请求安茹出兵救急。安茹随后攻占了海诺特(Hainault)以及芒斯(Mons)，联省议会拥奉安茹为"低地自由的捍卫者"(defender of the belgic

---

[1] R. B. Wernham, *Before the Armada, the Emergence of the English Nation, 1485 - 1588*, New York, Harcourt, Bruce & World, 1966, p. 320.

[2] R. B. Wernham, *Before the Armada*, p. 329.

liberties)。伯利、沃尔辛厄姆、莱斯特三大重臣均对女王的拖延症顿足捶胸，沃尔辛厄姆哀叹"谏言不起作用的环节，我们唯一的补救只能是祈祷"。[①] 实际上，女王比群臣冷静得多。援助尼德兰叛军等于"公开挑战西班牙"，而"英格兰对此几无准备"；女王让法国人替自己挡灾，以便为"她的国家再争取七年的备战"。[②] 退而言之，即使英格兰资金及时到位，能否扭转战局依然存疑。10月，唐·胡安病死，接替他的帕尔马公爵（Alexander Farnese, Duke of Parma）文武全才。此人到任后分化瓦解叛军，有效促成了尼德兰南北分裂。1579年1月，天主教徒居多的南方各省缔结阿拉斯同盟（Unions of Arras），继续效忠西班牙；新教徒居多的荷兰、西兰（Zeeland）、乌特勒支（Utrecht）以及格罗宁根（Groningen）等北方省市组建乌特勒支联盟（Union of Utrecht），继续战斗。现代荷兰和比利时两国轮廓初现。帕尔马在政治和宗教上逐渐稳住了南方局势，对北方的征伐亦捷报频传。安茹无力招架，连吃败仗，英格兰再无理由作壁上观。

---

① Penry Williams, *The Later Tudors*, p. 281.

② R. B. Wernham, *Before the Armada*, p. 336.

第四章　伊丽莎白的后期统治(1579—1603)

　　伊丽莎白时代,英格兰对外战争胜绩傲人。然而女王本非穷兵黩武之人,在其统治前二十年中,和平是基本国策,尽管与苏格兰、法国、西班牙均有小规模军事冲突,但无论胜败,伊丽莎白都奉行零敲碎打、适时抽身的策略。到1570年代尾期,低地形势的变化严重危及英格兰战略安全,国际天主教与英格兰新教两种信仰水火不容。以女王之聪慧,当已看到英西迟早有一场事关国运的生死大战。不过一向谨慎的女王并不想高调出击,对她来说,首选策略是代理人战争。

　　伊丽莎白乘安茹被动之际再抛绣球,安茹也渴望英格兰资助以继续他的冒险事业。伯利与五年前一样,建议女王借机成婚,顺势把安茹变为可靠的战争代理人。1579年8月,安茹克服重重阻力抵达伦敦,受到伊丽莎白热情款待。女王虽年近半百,依然乐此不疲尽施解数展示结亲诚意。她的臣民因安茹到来瞬息撕裂了。莱斯特与沃尔辛厄姆不断放话称安茹的天主教信仰是婚姻迈不过的坎。激进清教徒受他们蛊惑对安茹动机高度存疑。悉尼(Philip Sidney)当女王之面侮辱安茹是"我们时代的妓女之子"。斯塔布斯(John Stubbs)出版小册子《大深渊之发现》(*The Discovery of a Gaping Gulf*),声称这桩婚姻将把英格兰拖入正在裂开的无底深渊,安茹若"把弥撒带到英国,它将变成一团野火","即使倾所有的海水也不能把它扑灭"。[①] 斯塔布斯呼吁同胞为自保而阻止女王下嫁外国天主教徒,关键是他还称女王婚姻需在议会

---

① J. E. 尼尔:《女王伊丽莎白一世传》,第261页。

中由国民代表共同商议，而伊丽莎白向来反感议会讨论她的个人之事。女王因斯塔布斯之放肆震怒，9 月 27 日，她下诏训斥斯塔布斯是"煽动性诽谤者"并要求清缴已散布出去的小册子，严厉追究小册子印刷者责任。[①] 斯塔布斯本难逃一死，枢密院重臣替其求情，最后他仅被砍掉书写小册子的右手。枢密院为女王婚事激辩五天，除伯利和萨塞克斯，其余重臣一律抵制这门亲事。按女王对个人大事一贯立场，实已放弃婚姻，不过她仍安慰安茹派驻伦敦的代办，会尽力争取臣民支持这门亲事。

伊丽莎白之所以震怒，一是因为她一向反感的清教徒太过放肆，二是宣泄对臣民无视她个人幸福之怨怒，但更主要动机是演戏给外国人看。法国当时盛传伊丽莎白为了婚姻要把沃尔辛厄姆免职并提拔一批支持结亲的宗教保守派或隐蔽天主教徒。法国人对他们的王子在英格兰激起如此风波脸上有光，安茹本人国际地位也陡然高升。为报伊丽莎白礼遇，安茹回国后对西班牙人作战更卖力。1580 年 9 月，联省议会决定奉安茹为国君并于次年发表《断绝法案》（Act of Abjuration），不再承认腓力的宗主身份，联省共和国宣告成立。1581 年 4 月，代表安茹的法国使节到访伦敦，继续洽谈伊丽莎白与安茹的婚姻，伊丽莎白表示她希望两国并肩对抗西班牙，但又直言联姻障碍太多，而法方坚持把婚约包括在谈判协议之内。为了继续让安茹充当战争代理人，7 月，伊丽莎白又派沃尔辛厄姆出使法国。沃尔辛厄姆反对婚约最激烈，他去巴黎表明女王已放弃婚姻，不过他是首席国务大臣，又是曾经的驻法大使，极高咖位既凸显女王重视英法关系又给足了法国人面子。沃尔辛厄姆动身前，女王没有给他任何谈判的具体指导意见，因此这次出使只是英方拖延之策。9 月，亨利三世告诉沃尔辛厄姆婚约是两国结盟的必要条件。与此同时，安茹为展示诚意并募集军费，决定再次前往英格兰面见伊丽莎白。10 月，安茹第二次抵达伦敦，女王和上次一样盛情款待这位贵宾并继续与之调情。安茹在英格兰旅居到次年 2 月，临别时，女王又赏赐他大量金钱。也许伊丽莎白芳心真动，也许只是逢场作戏，也许仅为稳住安茹这颗外交棋子，但她总计借款 7 万

---

① P. L. Hughes and J. F. Larkin, eds, *Tudor Royal Proclamations*, Vol. II, pp. 445 - 449.

镑给安茹是可以用数字计算的铁打事实。①

若安茹的确牵制了西班牙,7 万镑花销非常合算。伊丽莎白虽没放弃与西班牙和解的打算,然而英西关系 1570 年代后期断崖式恶化。1577 年 11月,在女王公开资助和暗中鼓励下,德雷克的船队从普利茅斯港扬帆开始了环球航行。接下来两年,德雷克先后在西班牙和非洲沿海、秘鲁等地疯狂劫掠西班牙商船。1580 年 9 月,德雷克满载而归。历时近三年的远航为投资者带来了 47 倍利润,女王分到 16 万镑,相当于王室年收入的 3/4。② 次年 4 月,伊丽莎白亲自登上德雷克的座舰金鹿号(Golden Hind)册封他为骑士。德雷克壮举暴露了西班牙帝国防务空虚,刺激一拨又一拨冒险家去海外投机或打劫,海盗一时成为时尚职业。亦商亦盗的英格兰人先后成立利凡特(Levant)、莫斯科(Moscow)、东印度(East India)等公司,财源滚滚。

对腓力来说,德雷克掠去的财富不过九牛一毛。1580 年,西班牙趁葡萄牙王位继承中断吞并了葡萄牙帝国,得到葡萄牙舰队如虎添翼,全球远洋贸易尽落其手。腓力还不至于为英格兰海盗骚扰挥戈动武,英西关系命门仍在尼德兰。1582 年,帕尔马猛攻佛兰德尔和布拉班特(Brabant)等地,安茹才干及可支配资源都远逊对手,连番受挫后退到法国境内。1584 年 5 月 31 日,安茹病死;一个多月后,威廉也被狂热天主教徒刺杀身亡。乌特勒支同盟瞬间痛失两位领军人物。1585 年初,帕尔马收复安特卫普和布鲁塞尔。情势一目了然,如果伊丽莎白或亨利三世继续袖手旁观,乌特勒支同盟必土崩瓦解。安茹病故对法国内政的冲击远大于对伊丽莎白的感情伤害。亨利三世无子,信仰胡格诺教的纳瓦拉的亨利(Henry of Navarre)成了瓦罗亚王位继承人,法国天主教徒无法接受这个事实。吉斯家族推举信仰天主教的波旁的亨利(Henry of Bourbon)为王位继承人,并组建了反对纳瓦拉亨利的天主教联盟。这个联盟实力有限,甘愿接受腓力资助。法国陷入新一轮内战,亨利三世无暇顾及尼德兰事务。伊丽莎白是时候公开伸出援手了。

英格兰军队挺进尼德兰之前,英西关系继续恶化。1582 至 1583 年,腓力

---

① Penry Williams, *The Later Tudors*, p. 285.

② R. B. Wernham, *Before the Armada*, p. 353.

的海军司令圣克鲁斯(Santa Cruz)驱走游弋在亚速尔(Azorez)群岛附近的英法等国海盗,英西两国在海上实已开战。[①] 与此同时,西班牙驻英大使门多萨(Mendoza)依靠前驻法大使斯罗克莫顿的一位信仰天主教的侄子弗朗西斯·斯罗克莫顿(Francis Throckmorton)作为他与玛丽联络的信使,正在策划一桩惊天阴谋。沃尔辛厄姆逮捕弗朗西斯·斯罗克莫顿,从对他的审讯得知,教皇和腓力正策动吉斯家族带兵侵入英格兰,目的是解救玛丽并将其扶上英格兰王座。不着边际的阴谋"远不止抹黑了西班牙在英吉利人眼中的形象,补救两国关系的希望完全没了"。[②] 1584 年 1 月,门多萨被驱出境,都铎时代最后一位西班牙驻英大使就这样打道回国了,两国官方交往彻底中断。玛丽被转移至斯塔福德郡境内,交予更严厉的清教徒监管。借斯罗克莫顿阴谋制造的惶恐气氛,伯利和沃尔辛厄姆为女王安全专门制定了"联保"(bond of association)章程。章程显然针对玛丽,它规定任何企图伤害女王、夺取王位者罪不容诛;任何试图夺取或支持夺取王位者均应被褫夺王位继承权。枢密院将章程印发到地方,要求地方官在章程上签名并起誓遵守章程,受到贵族和士绅热情拥护。[③] 反玛丽、反西班牙之风席卷全国,而反玛丽和反西班牙在当时就是反天主教。反天主教的排头兵清教徒借机滋事。

1570 年代后期,官方加大了打击清教徒的力度,但清教势力仍蓬勃发展。1580 年代,清教徒地方性集会——学习班运动(classical movement)在英格兰东南部遍地开花。萨福克与剑桥郡的清教徒披着研习神学的外衣,弘扬加尔文教教义。埃塞克斯境内的戴德姆(Dedham)从 1582 至 1589 年举办的学习班最负盛名,定期与会成员从未少于 13 人,他们热情洋溢,探讨话题涉及教义与教会体制所有敏感方面。[④] 受戴德姆模范学习班影响,1580 年代后期,伦敦、牛津、剑桥、萨福克、埃塞克斯等地均成立了规模不等的学习班,英格兰东南部和米德兰地区到处弥漫着清教徒的偏激与好斗气息。菲尔德野心勃勃,欲将学习班迸出的星火燃为燎原之势,并让火苗蹿到议会中。

---

① 杰弗里·帕克:《腓力二世的大战略》,第 221—222 页。

② Wallace MacCaffrey, *Queen Elizabeth and the Making of Policy*, p. 328.

③ Peter Marshall, *Heretics and Believers*, p. 551.

④ Patrick Collinson, *The Elizabethan Puritan Movement*, p. 225.

　　1584 年大选前,清教徒不辞辛劳游说选民支持同情清教的候选人。11
月,议会召开,财政总监迈尔德梅提议立法排除玛丽王位继承权,同时明确,女
王若遇不测,重臣组成临时政府处理国务。圣诞休会期间,伯利甚至草拟一份
提案,建议召开王国大会议,女王若有三长两短,大会议代行君权。次年年初,
议会重开,上述议案均被伊丽莎白否决。连伯利这种处变不惊的老臣都对女
王安全没有把握,可见斯罗克莫顿阴谋制造了何等惶恐的气氛。这惶恐又因
尼德兰危在旦夕似乎更加真实,更强烈的反西班牙舆情沸腾起来。清教徒不
仅欲置玛丽于死地,还要剥夺其子詹姆士的英格兰王位继承权。伊丽莎白以
不应株连后代为由及时阻止。① 当然,清教徒更大的宏愿是改革教会,他们组
织全国性院外请愿,敦请议会端视教会弊端,攻击主教是教会的"扭曲者
(deformer)而非改革者",呼吁用虔诚改革纯洁人间教会。② 长老派议员特纳
(Peter Turner)还提案用长老制及《日内瓦公祷书》(*Genevan Prayer Book*)取
代主教制和《1559 年公祷书》。③ 议案欲动摇国本,连一向同情清教徒的诺里
斯都无法忍受,自然也遭宗教保守主义者海顿强烈抵制。特纳议案没获得听
读机会。不过诺里斯和迈尔德梅等人提出的温和改革方案在下院通过,内容
包括重新启用被惠特吉夫特革职的激进清教徒、允许举办宗教学习班等。女
王及时出手,授意上院否决了一揽子温和改革议案。她无意任何改革,也"不
愿更改时下业已确立的与英格兰教会相关的任何法律"。④ 清教徒在 1584 至
1585 年议会上一无所获,不过他们煽动的恐天主教气氛足为对外战争铺陈
舆情。

　　安茹死后,尼德兰叛军欢迎伊丽莎白担任他们的最高统治者。女王看穿
荷兰人奉上的金杯毒酒会致英西全面开战,而她最多只愿打一场局部战争。
伯利认同女王之见,莱斯特、沃尔辛厄姆却催促女王尽早发兵并讥讽伯利是
"堕落怯弱的胆小鬼"。⑤ 女王在主战派强大压力下,派使节前往尼德兰商谈

---

　　① 刘新成:《英国议会研究》,第 335 页。

　　② T. E. Hartley, ed., *Proceedings in the Parliaments of Elizabeth* Ⅰ, Vol. Ⅱ, 1584 -
1589, p. 53.

　　③ Penry Williams, *The Later Tudors*, p. 305.

　　④ T. E. Hartley, ed., *Proceedings in the Parliaments of Elizabeth* Ⅰ, Vol. Ⅱ, p. 55.

　　⑤ Penry Williams, *The Later Tudors*, p. 305.

协同作战方案。到 1585 年初，除了伯利，女王及所有重臣都下定决心公开介入尼德兰战争。伯利分析外交，从不把宗教偏好置于国家利益之上。他对荷兰人印象极坏，抨击他们是一群内战内行、外战外行的好斗分子，一帮朝秦暮楚的忘恩负义之徒，他甚至不否认荷兰人是叛党，并称腓力只是做了"一件任何君主都会做的事情"。① 实际上，伯利比谁都清楚尼德兰与英格兰利益攸关，他只是希望用外交和金钱而非直接军事行动援助荷兰人。6 月，荷兰使节来到伦敦，再次将联省最高统治权赠予伊丽莎白，请求她赶紧发兵援救孤城安特卫普。伊丽莎白婉拒了荷兰人献上的高帽，但同意与他们并肩抗西。8 月，两国签订《农苏其条约》(Treaty of Nonsuch)，伊丽莎白承诺向尼德兰派出 6400 名步兵和 1000 名骑兵，每年拨款 12.6 万镑作为这支军队的开支。

由于双方拖沓，条约签订时安特卫普已失守，不过英格兰卷入战团已无可更改。1585 年底，莱斯特统率英军开进海牙，荷兰人热烈欢迎并拥奉他为尼德兰总督，莱斯特却之不恭，接受了总督名号。女王对莱斯特的高调和虚荣大发雷霆，鉴于伯利和沃尔辛厄姆为莱斯特开脱，女王强压怒火同意他担任"联省议会授权的总督"而非英格兰国君任命和辖制的总督。② 战斗正式打响后，莱斯特与他"最能干的将官及顾问们"争吵不休，"与联省头面人物的关系更糟"。③ 内讧严重损耗了联军战力，营中流行病肆虐，英军减员幅度惊人。1586 年夏，莱斯特连丢多城，9 月虽勉强挡住帕尔马推进步伐，然而英军副官亨利·悉尼在聚特芬(Zutphen)城下阵亡。悉尼之耻未雪，英军再受重挫。1587 年 1 月，莱斯特亲点的两位军官临阵叛逃，特温特(Deventer)和聚特芬两城落入敌手。莱斯特不仅损兵折将，还将奢靡之风带入军营，挥霍军费。1585 年 10 月至次年 10 月，女王军费开支超过 16 万镑，远多于《农苏其条约》预设的上限。④ 巨额军费和前线连番传来的败报浇灭了女王继续战争的热情。1587 年初，上年冬已归国的莱斯特、沃尔辛厄姆以及海顿等人一起催促增兵前线，女王置之不理，她想重走扶植战争代理人的旧套路。纳瓦拉的亨利

---

① R. B. Wernham, *Before the Armada*, p. 369.

② Penry Williams, *The Later Tudors*, p. 306.

③ R. B. Wernham, *Before the Armada*, p. 378.

④ R. B. Wernham, *Before the Armada*, pp. 377 - 378.

在天主教联盟压力下向伊丽莎白求援。沃尔辛厄姆出于新教情结当然支持纳瓦拉的亨利,伯利则巴不得法国永远内战,女王趁机选中纳瓦拉的亨利这位新的战争代理人。1587 年 1 月,伊丽莎白借款 3 万镑给纳瓦拉的亨利,助其在德意志境内招兵买马,袭扰法国东部城乡。不过纳瓦拉的亨利无力阻止天主教联盟节节胜利,伊丽莎白又捂紧了钱袋,不再援助他。伯利和沃尔辛厄姆早已习惯了女王的吝啬,但他们预判女王可能要为这次吝啬付出高昂代价。纳瓦拉的亨利若想胜利只有靠奇迹了,英格兰也将独自迎战传说中的无敌舰队(Armada)。

或许伊丽莎白最初仅打算利用纳瓦拉的亨利给天主教联盟施加一点压力,多一份与腓力谈判的筹码。1587 年初,她不顾满朝文武一致反对,通过与伦敦有业务关系的意大利商人向腓力传递和谈意愿。[1] 腓力的"英格兰大业"已准备妥当,他志在必得,对英方示弱置之不理。[2] 1587 年 6 月,帕尔马猛攻斯鲁伊斯(Sluys),直接威胁弗拉辛安全。伊丽莎白被迫派莱斯特统领 5000人马再赴战场。莱斯特重复着上年的错误,无法妥善处理与荷兰人的矛盾,还擅自把与自己有隙的约翰·诺里斯(John Norris)等军官监禁。7 月,帕尔马攻下斯鲁伊斯。伊丽莎白仍幻想与腓力和谈。1588 年 2 月,以第四代德比伯爵和克罗夫特(James Croft)为首的代表团会晤帕尔马代理人,英方提出,腓力若能补偿伊丽莎白提供给荷兰人的贷款并从尼德兰撤军以保证荷兰人的自由,英格兰就承认西班牙是尼德兰宗主国。替荷兰人还贷并撤军对腓力来说简直是天方夜谭,何况他征服英格兰的道路此时看似畅通无阻。失去伊丽莎白支持后,纳瓦拉的亨利损兵折将,自身难保。1588 年 5 月,吉斯家族的军队在街垒日[3]开进巴黎,亨利三世旋即加入天主教联盟。法国官方政府现已站到西班牙一边,英格兰孤立无援,腓力相信"英格兰大业"唾手可得。

在腓力眼里,英格兰海盗的劫掠以及伊丽莎白对尼德兰的军事干涉均是挑衅,不过这类挑衅还不足以刺激他将征服英格兰上升到"大业"的高度。征服驱动力是一种强烈的宗教使命感,按腓力的精神逻辑推演,新教的英格兰恰

---

① Wallace MacCaffrey, *Queen Elizabeth and the Making of Policy*, p. 392.
② 杰弗里·帕克:《腓力二世的大战略》,第五、六章。
③ 当年 5 月 12 日。

如伊斯兰教的奥斯曼帝国，是人间祸乱之源；作为天主教世界第一强国的圣君，他有责任把误入歧途的英吉利人揽回教皇怀抱。这种责任心在玛丽·斯图亚特遭斩后变得更强烈了。腓力为自己未曾尽力拯救玛丽懊悔，抨击伊丽莎白残忍暴虐。无论玛丽该死几回，她的履历早已将她升华为一种符号，一种天主教徒必须誓死捍卫的符号。玛丽因 1584 年的斯罗克莫顿阴谋差点搭上性命，但她从未吸取教训，她的雕虫小技根本逃不过睿智的女王和她那群老辣的廷臣之法眼。她的青春毁在一群不靠谱的男人手中，后半生乃至生命则被一批不着边际的妄想狂断送。1586 年初，监禁中的玛丽与法国驻英国大使取得联络，沃尔辛厄姆高度灵敏的情报系统侦破玛丽在啤酒桶底藏信与外界联络，继而顺藤摸瓜，查知一位年轻的天主教徒巴宾顿（Anthony Babington）正策划暗杀伊丽莎白并且已经与玛丽取得联系。为置玛丽于死地，沃尔辛厄姆故布陷阱，引诱玛丽的信使上钩。6 月下旬，巴宾顿写信向玛丽透露他的详细行动计划，而玛丽于 7 月回信巴宾顿，"热烈赞同这次阴谋和杀害伊丽莎白"。[1] 9 月，巴宾顿及其同伙被逮捕处决，玛丽则被转移至北安普顿郡的福瑟林黑（Fotheringay）城堡监押。

10 月，官方成立包括枢密大臣在内的多达 40 人的委员会会审玛丽，委员会根据两年前议会通过的《女王安全法》（Act for the Queen's Safety）裁定玛丽有罪，不过玛丽始终否认针对她的指控。10 月底，议会开幕，处置玛丽是本届议会主题。连宗教保守派海顿都历数玛丽罪行并认为她非死不可。激进清教徒更是火力全开，约伯·斯罗克莫顿（Job Throckmorton）杀人诛心，恶毒攻击玛丽是"煽动之女、背叛之母、不敬之助产士、邪恶之婢女、无耻之姐妹"。[2] 两院议员联合请愿，要求处死玛丽。伊丽莎白告诉他们，"一个处女的女王为了自身的安全竟然不惜采用流血手段，甚至对她的亲戚也采取流血手段"会让她蒙受巨大道义压力，何况用议会法处死只对上帝负责的君主不仅大逆不道，且会让后世造反者犯上弑君有例可循。迫于议会强大压力，12 月初，伊丽莎白同意将玛丽罪证公诸天下；事件至此已无转圜余地，1587 年 2 月 1 日，她签

---

① J. E. 尼尔：《女王伊丽莎白一世传》，第 295 页。
② T. E. Hartley, ed., *Proceedings in the Parliaments of Elizabeth* I, Vol. II, p. 229.

署了玛丽死刑令。国务次大臣戴维森(William Davison)次日将死刑令转交枢密院铅封,随后送往福瑟林黑。2月8日,玛丽被斩,临终前她再次声明"坚持信仰罗马天主教"并指定腓力为继承人。伊丽莎白自始至终为玛丽之死良心不安。签署死刑令后,她还一度询问戴维森能否让波利特(Amias Paulet)暗杀玛丽,既可舒缓自己良心压力,又能规避政治哲学上的矛盾。波利特不愿背负龌龊骂名,他说"上天不容我如此卑鄙地糟蹋我的良心"。伊丽莎白后来干脆把责任推给戴维森,怪罪他把死刑令转交枢密院。戴维森不过是奉命行事的小卒,但他须尽臣子本分,充当替罪羊,在伦敦塔中忍受一年半煎熬。[①]

处死玛丽并不能满足清教徒胃口,1587年2月下旬,议会休会后重开,尽管议长警示勿就激进清教改革滋事,但部分清教徒置若罔闻,继续裹挟民意向议会和女王施压。长老派议员科普(Anthony Cope)与温特沃斯(Peter Wentworth)欲将出自特拉弗斯之手的《信徒手册》(*Book of Discipline*)升格为法律。手册呼吁由长老派牧师接管堂区,将蔚然成风的学习班预设为迈向长老制的过渡机构,按《日内瓦公祷书》礼拜。[②] 借巴宾顿阴谋渲染的歇斯底里的反天主教气氛,约伯·斯罗克莫顿等轮番轰炸,迫使下院同意听读科普议案。女王再次及时干预,将科普及其四名同伙关进伦敦塔,议案胎死腹中。女王的强势触怒了温特沃斯,他慷慨陈词,抗议女王侵害议会自由及议员自由发言权,所幸海顿和惠特吉夫特联合教俗两界保守派挫败了清教徒的纠缠。女王一如既往态度决绝,她在3月8日回复清教改革请愿时义正词严告诫议会"不应干预宗教事务";"教会事务的全权、权威、裁断及至高无上权……当是一体的,且属于治理这个国家的君主"。[③]

伊丽莎白为处死玛丽之对错而纠结,以其聪慧定然预见到了此事的外交

---

① J. E. 尼尔:《女王伊丽莎白一世传》,第299—306页。

② Patrick Collinson, *The Elizabethan Puritan Movement*, pp. 307-308.

③ T. E. Hartley, ed., *Proceedings in the Parliaments of Elizabeth I*, Vol. II, pp. 363-364.

后果。玛丽之死激起了国际天主教徒强烈谴责。法国各地民众自发为玛丽祈祷并指控伊丽莎白冷血无情，教廷誓对英格兰开战，流亡在外的英格兰天主教徒翻阅史籍为腓力继承英格兰王位搜罗证据。腓力更咽不下这口气，毕竟他是玛丽殉教前指定的继承人，理应冲在为玛丽复仇的最前线；为行报复，他宣称有权继承英格兰王位，理由是他有根特的约翰之血统。英格兰外交孤立，除战力有限的荷兰，没有盟友。

开战两年多来，唯一让伊丽莎白感到欣慰的就是德雷克的海上行动。《农苏其条约》墨迹未干，伊丽莎白就下令德雷克放开手脚劫掠西班牙帝国任何属地。1585 年 9 月，德雷克率 21 条战船从普利茅斯出发，洗劫塞尔塔（Vigo）后穿越大西洋，连续攻占并洗劫了圣多明各（Santo Domingo）、卡塔赫纳（Cartagena）并试图夺取巴拿马（Panama）。返航途中，又去北美东海岸与雷利（Walter Raleigh）汇合，后者已在那里建立了罗阿诺克（Roanoke）殖民据点。1586 年 7 月，德雷克返回英格兰。1587 年初，闻悉腓力策划"英格兰大业"，德雷克决定先发制人。在女王和伦敦商人资助下，他武装了一支规模更大的舰队，4 月底突袭加迪兹港（Cadiz），摧毁 24 艘西班牙战船，其中包括一艘造价高昂的大帆船。5 月，德雷克潜伏于圣文森特角（Cape St Vincent）附近海域，阻断地中海与大西洋航线。6 至 7 月，他驶向亚速尔群岛，"拦截从美洲和印度返航的舰队"，截获了圣菲利普号（*San Felipe*）货船，船上所载货物价值 14 万镑。[1] 德雷克的神出鬼没迫使圣克鲁斯将西班牙海军主力从里斯本调至亚速尔群岛，推迟了入侵英格兰的计划。腓力此刻才意识到英格兰海军力量不可小觑，为提高"英格兰大业"成功的把握，他大幅调整原定战略。他指令所有舰队集结到一起，组成一支"巨型舰队"；放弃先夺取爱尔兰的计划，直接驶向英吉利海峡，"保卫帕尔马的入侵大军跨越海峡到达肯特郡沿岸"；最终在英吉利海峡导演一出史无前例的两栖登陆战。[2]

1588 年初，圣克鲁斯病死，他的死亡给无敌舰队带来了较大变数，新任海军司令西多尼亚（Medina Sidonia）办事拖沓，关键时刻常掉链子。腓力完成

---

① 杰弗里·帕克：《腓力二世的大战略》，第 252 页。

② 杰弗里·帕克：《腓力二世的大战略》，第 254 页。

"英格兰大业"的意志并未因圣克鲁斯之死而动摇。5月28日,无敌舰队搭载2.5万名水手和士兵驶出里斯本港,未料在拉科鲁尼亚附近海域遭遇风暴,损失多艘战船。西多尼亚认为此乃不祥之兆,建议推迟进军,腓力却训斥他:"我已将这一大业献给上帝","干下去,尽你的职责!"①闻讯无敌舰队出发,德雷克与海军司令霍华德(Charles Howard)主动出击,打算在对方靠近英格兰近海之前拦截决战,不巧英格兰海军也遇风暴,只得退回普利茅斯。7月19日,无敌舰队航经普利茅斯沿海时,分舰队司令建议直接攻击普利茅斯,西多尼亚表示他必须严格遵照腓力命令去海峡与帕尔马会合。无敌舰队进入海峡后遭英格兰海军侧击,无法按原计划靠岸,直到27日才在加莱沿海抛锚。此时帕尔马的5万大军还未集结完毕,两栖登陆战纯属纸上谈兵。英格兰海军借从天而降的西南风,利用火攻船(fire-ships)冲乱了无敌舰队阵型。面对猛烈火炮射击,西多尼亚无心恋战。7月30日,他下令舰队驶向北海;8月8日的格拉夫林(Gravelines)战役中,无敌舰队损失了2艘大型战舰和3艘辅助船只。此时无敌舰队主力犹存,帕尔马若能"在安特卫普或弗拉辛为其提供庇护和补给,它仍是可怕的威胁"。②然而帕尔马爱莫能助,西多尼亚如惊弓之鸟,只求快点奔逃回家,在绕经爱尔兰沿海归国途中,几十艘舰只触礁沉没。无敌舰队此战总计损失51条船只,其中包括4艘大型战舰;士兵损耗过万。英方仅损失8艘私人船只,死亡和失踪士兵约百人。

风向诚然令无敌舰队陷于被动,但英军大胜绝非运气。首先,英格兰备战比对手更充分,出色的情报工作让英军将领对无敌舰队动向了如指掌;而无敌舰队根本不熟悉英格兰周边水文和天气便贸然进攻。其次,两国综合国力固然悬殊,但海军实力不相上下,各有优劣。无敌舰队各类船只计130艘,英格兰多达200艘;无敌舰队船大,但大型战舰仅20艘,对手却多达25艘。③最关键的是,英格兰海军机动灵活,其舰载火炮射程甚至更远。德雷克和霍金斯等人在与西班牙人的长期战斗中积累了丰富经验,英格兰海员素质亦不亚于西班牙海员。帕尔马的陆军规模和战斗力远胜英格兰陆军,但只能望洋兴叹,

---

① 杰弗里·帕克:《腓力二世的大战略》,第340页。
② R. B. Wernham, *Before the Armada*, p. 408.
③ R. B. Wernham, *Before the Armada*, p. 401.

对战局几无影响。再次，两国国君性格迥异。伊丽莎白低调谨慎，从1579年扶植战争代理人到1585年正式发兵尼德兰，她始终精打细算，此非懦弱而是积蓄实力。腓力张狂骄纵，他的"英格兰大业"是"欧洲尽人皆知的秘密"。①最后，君主性格差异还导致两军作战方略高下立判。无敌舰队指挥体系不畅，重要行动由远在马德里的腓力遥控，前线将士须按部就班执行他拟定的死板方案。腓力一味强求海陆两军在英吉利海峡会合，致使无敌舰队多次贻误战机，处处被动挨打，何况帕尔马根本没做好准备。战情瞬息万变，腓力却无法及时得到战报，无敌舰队失利四天后他才收到败报，这足以说明问题。相反，伊丽莎白将作战权交给将领，自己只以最高领袖身份亲临前线鼓舞士气。她的即兴精彩演讲数百年后仍回荡在不列颠上空。

> 让暴君们去惧怕吧！上帝在上，我一直是这样行事的：我靠我的臣民的忠诚感情和善意得到最主要的力量和保卫。……和你们全体共存亡；为了上帝，为了我的王国，为了我的臣民，贡献我的荣誉和热血，甚至我的生命。②

这演讲道出了英胜西败的又一玄机——腓力靠自己，女王靠臣民。

大海战后，西班牙人短期内不可能再犯英格兰本土，天主教威胁和对暴君的恐惧暂时都解除了。新教徒首先将胜利归功于上帝，胜利乃上帝对其选民的奖赏。然而新教信仰来之不易，敌人不仅是气势汹汹的西班牙人，还有形形色色的国内外天主教徒。在没有硝烟的战场上，新教徒与他们的战斗从未停息，亦不敢懈怠。

1559年后天主教失去合法地位，然而基层教区中的"天主教神甫和遵循

---

① 杰弗里·帕克：《腓力二世的大战略》，第266页。
② J. E. 尼尔：《女王伊丽莎白一世传》，第323页。

传统的平信徒仍占多数"。① 只要天主教平信徒和低级神职人员承认君主教权,伊丽莎白就对弥撒和偶像崇拜佯为不见。她相信随着老一辈天主教徒自然死去,年轻一代臣民会逐渐接受新教。女王更不打算强迫拒行国教礼仪的天主教徒改宗新教;她还担心迫害天主教徒会恶化英格兰与欧陆各天主教国家的关系,也会给她的婚姻谈判制造障碍;此外,考虑到基层教区新教神职人员匮乏,伊丽莎白倒是乐意天主教神甫在恪守王法的前提下为王国精神事业贡献己力。1560 年代的宽容政策收效良好。一方面,不少天主教徒相信天主教在为期不远的将来还有复兴希望,若女王下嫁天主教徒或立玛丽·斯图亚特为储君,天主教卷土重来指日可待。另一方面,绝大多数天主教徒因宽容政策在政治上仍忠于女王和国家。1569 年反叛给新教徒特别是清教徒妖魔化天主教徒以口实,但女王一如既往阻止议会迫害天主教徒,1570 年代初,天主教徒处境并未严重恶化。

女王对高级神职人员和知识分子则刻薄多了。1559 年后,主教以及牛津和剑桥的教师都换成了新教徒,拒绝承认《至尊法》和《1559 年公祷书》的高级教士和教师被解职,其中多数是天主教徒。他们效仿玛丽一世时代的新教牧师避难海外并携手国际天主教徒向英格兰教会发难。百余名牛津师生外逃至罗马或鲁汶(Louvain),即便新教根深叶茂的剑桥也有多名享有盛誉的教授出走异域。1560 年代,聚集在鲁汶的流亡者出版大量高水平神学论著,捍卫天主教在英格兰的正统地位。1568 年,前牛津教授阿兰(William Allen)从鲁汶辗转至杜埃(Douai),创建英吉利学院(English College)。学院从英格兰招募年轻人,旨在将他们培养成一流神甫。为明确工作使命并激起国内天主教徒共鸣,阿兰指令学员"用英语布道"。② 克服严峻资金困难,英吉利学院成功吸引了大批来自英格兰的天主教徒,牛津的年轻学生趋之若鹜。1576 年,学院师生达 276 人。③

随着老一辈天主教神甫逝去,英格兰天主教神职人员日益不足。有鉴于

①　Christopher Haigh, *English Reformations*, p. 252.

②　Ian W. Archer and F. Douglas Price, eds, *English Historical Documents*, Vol. Ⅴ(A), *1558-1603*, Routledge, 2011, p. 787.

③　Christopher Haigh, *English Reformations*, p. 254.

此,英吉利学院于 1574 年向英格兰特派了 3 位神甫,他们因出色工作能力受到天主教徒欢迎,随后四年,杜埃总共向国内派出 58 名神甫。伊丽莎白统治后三十年,英吉利学院向外输送了约 600 名专职神甫,其中 460 人为英格兰天主教徒服务,余者活跃于国际天主教界。[1] 天主教徒与杜埃神学院积极互动,不少年轻天主教徒冒着被指控叛国的风险慕名前往杜埃进修深造。学院的成功还起了良好示范效应,羁留罗马的英格兰天主教徒在教廷支持下于 1578 年成立了性质相同的神学院,受训者一般都能升格为耶稣会士。1580 年,第一批耶稣会士潜入英格兰国境。每年在英工作的耶稣会士人数不及杜埃神学院毕业生的 1/10,但耶稣会士职业素养和理论水平更高,名气和感召力也在后者之上。勇敢且组织严密的耶稣会士试图力挽狂澜,为奄奄一息的英格兰天主教注入强心剂。耶稣会士起初小心翼翼,力避搅和政治,不把宗教与政治混为一谈。教皇格雷高里十三(Gregory XIII)也意识到命令英格兰天主教徒向其君主开战太过苛刻且会将神甫和耶稣会士置于更危险境地。1580 年,教廷重新解释 1570 年《革籍诏书》,明示弘扬天主教并不意味着向君主宣战。同年踏上故土的耶稣会士坎平(Edmund Campion)辩称:"我的责任是⋯⋯传播福音⋯⋯我从未想过,并且那些派我来的教父们也严禁我在任何方面干预国家事务或王国政策,因为那些事情并不属于我的使命。"[2]然而多数外来天主教神职人员还是希望借外国武装干涉完成英格兰天主教复兴事业。1581 至 1583 年,耶稣会士帕森斯(Robert Parsons)与被教皇提拔为枢机主教的阿兰也卷入斯罗克莫顿阴谋。巴宾顿则将阴谋活动导向高潮。

杜埃的神甫和罗马的耶稣会士频频活动令新教徒惶恐不安,枢密院三令五申严打外来天主教神职人员,议会也严刑律法惩罚天主教徒,为杜埃专职神甫或耶稣会士提供庇护被定性为重罪。伊丽莎白无意迫害国内天主教徒,但外来神职人员并不在她的宽容范围内。1577 年,梅恩(Cuthbert Mayne)成为第一位被处决的杜埃神甫。1581 年,迈尔德梅在议会中称"英格兰这唯一的新教君主国"面临"教皇及其同伙无可化解的恶意"渗透,必须立法捍卫女王和

---

[1] Christopher Haigh, *English Reformations*, p. 261.

[2] Ian W. Archer and F. Douglas Price, eds, *English Historical Documents*, Vol. V (A), p. 791.

新教。议会立法规定对拒行国教礼仪的天主教徒每月罚款 20 镑,对女王不忠或教唆他人敌视、污蔑女王均以叛国罪论处。[1] 尽管这项法案很少实施,然而它标志着天主教徒生存空间被明显压缩。1585 年初,议会出台一项更严苛法案,明令所有耶稣会士和外来神甫四十天内离境,否则一律以叛国罪论处,为他们提供庇护者亦面临重罪判罚。上述两届议会立法为打压天主教徒提供了法律依据。政府甚至强求臣民公开对一些"血腥问题"(bloody questions)表态,必须回答教皇是否有权废黜伊丽莎白、是否有权要求他国君主执行《革籍诏书》。若臣民回答教皇有这些权力或不置可否,政府便可以叛国罪指控他们。官方还特别注重文艺熏陶和媒介宣传,鼓励新教卫道士创作大量攻击天主教会和教皇、讴歌新教事业的文艺作品。福克斯《殉教者行传》(The Acts and Monuments of the English Martyrs)最为流行,此书最早成于玛丽一世时期,后不断修订,一版再版,成为仅次于《圣经》的家喻户晓之作。

　　1581 年夏,坎平因散发反新教论文被捕。部分枢密大臣欣赏他令人叹服的神学造诣,劝其皈依新教。坎平誓死不屈并傲慢斥责法官:"审判我就是审判你们的祖宗。"[2]坎平认为光复天主教与政治无关,他的行为当由教会法而非议会法裁定,但女王和她的新教臣民相信英吉利教会的新教教义和礼仪体现的是民族认同且关乎国家安全。宗教改革后的英格兰政教合一,信仰和政治融为一体,无法分离。反天主教就是爱国,信天主教就是叛国。1580 年代,英西战争致使反天主教声音一浪高过一浪,一切天主教徒都被视为包藏祸心的敌基督者。1585 年英西正式开战后,歇斯底里的反天主教情绪大肆蔓延。1577 至 1585 年,27 名神甫和 8 名平信徒因天主教丧命;1586 至 1592 年,69 位神甫和 28 位天主教平信徒罹难,其中 31 人死于 1588 年上半年,他们显然是恐无敌舰队心理的牺牲品。[3] 1593 年议会又通过两项迫害天主教徒的严厉法案,明文规定:拒行国教礼仪的天主教徒不得在其居所五英里之外的区域活动,神甫以及为神甫提供庇护的俗人必须承受与他们财富成比例的高额罚款。直到 1590 年代后期,随着西班牙威胁的减小以及清教运动进入低潮,对

①　Wallace MacCaffrey, *Queen Elizabeth and the Making of Policy*, p. 132.

②　Penry Williams, *The Later Tudors*, p. 291.

③　Christopher Haigh, *English Reformations*, p. 263.

天主教徒的镇压与迫害才相对放松。然而此时天主教徒在英格兰总人口中已不足 3%。天主教从半个世纪前的正统信仰沦落为人人喊打、东躲西藏的地下教会。

与 16 世纪英格兰历次宗教变革一样,君王态度决定教派命运,天主教也不例外。伊丽莎白当政初期宽容天主教徒,为他们留置一定活动空间。至其统治中期,内外政治和宗教形势的变化滋生了疯狂的反天主教情绪,在清教运动和民族主义双重压力下,女王无法违拗民意继续宽容天主教徒,天主教徒彻底丧失生存空间。他们从杜埃神甫和耶稣会士身上看到的些微曙光实为幻象。伊丽莎白时代,外来神甫和耶稣会士总计不超 800 人,其中约 1/4 被捕丧命。幸存者朝不保夕,依靠隐匿在城市以及散居乡野的零星天主教徒庇护苟延残喘。这些神甫和耶稣会士主要集中在英格兰东南部,既不愿意也不敢轻易踏足天主教徒相对集中的中北部地区。[①] 最需要天主教神甫的区域反而缺失精神关怀和鼓励。随着老一辈天主教徒逝去,天主教事业后继乏人。

天主教徒还陷入尴尬的身份认同困境。这尴尬依然困扰着当今世界部分天主教徒。1570 年《革籍诏书》已造成英格兰天主教徒分歧初现,卷入尼德兰战争加剧了国内外英吉利天主教徒分裂。玛丽被斩后,以阿兰为代表的流亡派与教皇及腓力沆瀣一气,极力诽谤伊丽莎白,否认其合法性及王威,还无中生有大肆渲染玛丽指定的继承人腓力当为英王;国内天主教徒不情愿也不敢否认伊丽莎白的正统君主身份,遑论承认腓力的合法性。国内神甫认为腓力如果为国家利益而非宗教事业侵略英格兰,天主教徒有责任与新教徒一起共御外辱。天主教徒在英西战争期间用行动证明他们不会因信仰通敌叛国。1594 年,阿兰客死他乡,天主教徒再也找不到威望及资历均可与其匹敌的领军人物。阿兰之死加速了国内外英吉利天主教徒分裂。1595 年,以帕森斯为首的一伙人合作发表小册子《关于英格兰下届王位继承的讨论》(*A Conference about the Next Succession to the Crown of England*),宣称王位并非单由血统决定,还应看国王是否恪守神法。小册子据天主教神学逻辑宣称西班牙公主是英格兰最合适的王位继承人,国内天主教徒和本土神甫对这

---

① Christopher Haigh, *English Reformations*, p. 265.

种牵强论调反应冷淡。① 流亡天主教徒及耶稣会士与国内天主教徒各说各话、渐行渐远。1598年,教皇克莱门特八世有意任命布莱克维尔(George Blackwell)为英格兰大祭司(Archpriest),统领英格兰神甫。本土神甫怀疑布莱克维尔是教廷和耶稣会傀儡,吁请教皇收回成命。克莱门特八世为照顾英吉利天主教徒感受特意指示大祭司履职时勿咨询耶稣会士意见。

　　天主教徒穷途末路时,其死敌清教徒也相对沉寂了。前文已述,至少从1577年开始,女王便强力抑制清教,她的决绝使得清教徒在1580年代的连续多次议会斗争中几无收获。女王是挫败清教徒的核心力量,以惠特吉夫特为首的国教高级教士作用也不容忽视。1583年,格林达尔去世,惠特吉夫特接任大主教,他是清教徒天生的克星。在圣保罗大教堂发表就职演讲时,他说清教徒与教皇派以及再洗礼派(Anabaptist)同样心怀叵测,都是教会敌人。他发布一系列条例,革除教会弊端,不给清教徒攻击、抹黑国教的明显口实;禁止清教徒私自集会或行与国教相悖的礼仪;威胁将任何藐视《公祷书》的公职人员革职。他还发文要求所有牧师严守三项规定:承认国王是教会首脑,现行《公祷书》与《圣经》并不相悖,《三十九条信纲》完全符合神的教导。② 清教徒普遍抵制大主教的严厉要求,400余名抗令牧师遭解职。执行新规但持保留意见的牧师也面临解职风险。女王和枢密大臣们一度担心惠特吉夫特的苛刻要求导致教会基层组织失控,他们认为神职人员遵守《1559年公祷书》即可行使职权。为清教徒开脱的重臣认为惠特吉夫特矫枉过正,诺里斯甚至说"主教的绝对权威在上帝的教导中并无依据"。③ 不少被革牧师靠行政力量干预得以复职,这使得他们更有底气去执拗抵制惠特吉夫特阐述的官方神学逻辑。惠特吉夫特强势还以颜色,利用宗教事务高等法院(Court of High Commission)大肆迫害清教活跃分子,查禁他们的印刷品和出版物。惠特吉

---

①　Penry Williams, *The Later Tudors*, p. 384.

②　Patrick Collinson, *The Elizabethan Puritan Movement*, pp. 244 - 245.

③　Peter Marshall, *Heretics and Believers*, p. 548.

夫特铁腕高压博得女王赏识，1586年，他被提拔为枢密大臣，是伊丽莎白治下首位跻身枢密院的高级教士，而宗教保守主义者海顿也在这年荣任大法官。

清教徒一向渲染天主教奸细无处不在，然而英西大战期间国内天主教徒忠君爱国，并非西班牙人和教皇内应。无敌舰队败后，西班牙威胁性降低，清教徒无法借歇斯底里恐外情绪继续宣泄，失去了抨击官方教会和天主教徒的理由。他们在1589年议会中沉默下来，这次议会几乎没受清教徒干扰。不过清教徒的院外纠缠仍有恃无恐。1588年底至1589年初，匿名作者马尔普里莱特（Marprelate）连续发表多本小册子抨击主教制，马尔普里莱特这个署名极具挑衅意味，直译当为"重击高级教士"，其真实身份可能是约伯·斯罗克莫顿。1590至1591年，大主教和其助手班克罗夫特（Richard Bancroft）将卡特莱特及其同伙带至宗教事务高等法院和星室法院严审，指控他们蔑视王权。被控者矢口否认他们对国君不敬，班克罗夫特也没有找到他们寻衅滋事的充分证据，在得到他们不再集会的保证后，将他们释放。然而惠特吉夫特和班克罗夫特在1593年议会上加大力度压制清教徒。本届议会出台的针对天主教徒的法案对清教徒同样适用，参与秘密集会的清教徒将与天主教徒一样罪责难逃。惠特吉夫特指使宗教事务高等法院根据《至尊法》及女王授权，全权处理教务，剑指清教徒而非天主教徒。清教徒失去了过往享有的特殊待遇，面对高压行迹大幅收敛，不过他们并不服气官方的霸道打压。他们利用议会进行斗争毫无疑问受到了亨利八世和伊丽莎白斗争策略的启发。这其中暗含着危险信号，过去宗教与行政的矛盾在法律领域中体现为普通法与神法的冲突，君主宗教权力的强化意味着神法衰落，但君权与普通法的矛盾骤然加剧。清教徒一旦利用普通法机构援引议会法捍卫其信仰，君主将面临巨大麻烦，下个世纪的君主将为这麻烦付出沉重代价。

1588年，最富组织才干的清教运动专家菲尔德去世，此后原已群龙无首的清教徒更似一盘散沙。另一位清教徒领袖温特沃斯因在1593年的议会上重提王位继承问题而遭终身监禁，三年后死在狱中。同情清教运动的世俗贵族亦相继亡故。莱斯特在大海战后一个多月离世；接下来两年，迈尔德梅和沃尔辛厄姆相继病故。清教徒失去了高层政治集团中多位重要庇护者。内外政局的变化以及个人命运之无常都预示着清教运动进入低潮。温和清教徒退居乡间,无意挑战国教垄断地位,亦不愿卷入政治。部分清教神学家主动缓和与国教的对垒并专注于自我提升。珀金斯(William Perkins)是与国教会表面暂时和解的代表,他坚信清教徒是真正的上帝选民,但清教徒当前主要任务是自我审视和心灵反省,而非喧嚣抗议。他的实验性加尔文主义(Experimental Calvinism)与1580年代激进清教徒的处世法则和斗争路径截然不同,间接促成了17世纪初英吉利的宗教和谐。珀金斯论著在其1602年去世前多次再版并被译为外文,在海内外新教徒中广为传阅。新一代清教徒多效仿珀金斯,专注心灵自省、沉湎教义讨论、热心福音传播。布道讲经和心灵感化取代了1570和1580年代的神学论战和议会纠缠。[1] 然而布道词比宗教檄文更有威力,点滴的福音传播和沉潜式教义发微润物无声,迟早会开花结果。一旦加尔文主义遇到危机或哪怕假想的天主教威胁再起,清教力量必然再度迸发。

　　天主教徒与清教徒在伊丽莎白时代都是被压制的少数派,生存空间渐窄,前途堪忧。清教徒因与国教并肩反教皇、反天主教,总体处境好过天主教徒。英格兰每个教派都不乏海外支持者,国外新教徒不断丰富清教徒斗争理论,而教皇和耶稣会士却屡帮倒忙,恶化英格兰天主教徒处境。天主教教义明确,教徒本应更团结一致,但流亡在外的天主教徒画地为牢,常被境外势力干扰,与国内天主教徒情感日益疏远。看似一盘散沙的清教徒却以加尔文教义和唯《圣经》论为纽带,悄悄然将星火燃至英格兰的孤村远镇和穷乡僻壤。这就是为什么下个世纪清教徒能系统性挑战国王和国教,而天主教徒只能搞阴谋和暗杀。

　　天主教式微反衬英格兰新教改革完成,对清教徒的成功抑制则标志着国教体制(Anglicanism)稳固下来。1580年前后,新教在堂区层面逐渐扎根,皈依新教的平信徒越来越多。这一时期平信徒的账目、日记、遗嘱等包含的英语版《圣经》、新教读物、新教律令等比重越来越高。1530年代至1550年代屡遭

---

① 迈克尔·沃尔泽:《清教徒的革命》,商务印书馆,2016年,第166页。

毁坏的教堂及附属建筑大多修茸一新,俗人捐赠和教堂税收也在增加。官方和国教徒(Anglican)借宗教节日不吝花销,张罗庆礼,不仅表明教会经济实力反弹且有助新教俘获更多信众。英语版《圣经》、《1559 年公祷书》、福克斯的《殉教者行传》等作品在伊丽莎白统治的前三十年中均刊印数十次。到伊丽莎白统治后期,根据官方命令和议会立法布道的牧师、遵守上述教令和法律的平信徒已成国民主体。[①] 他们就是英语语境中的服从者(Conformists)或国教徒。无论主动接受还是被迫服从新教礼仪的国民,英西海战后大都更加确信胜利源于神佑,是上帝对其选民的犒赏,而上帝护佑显然归因于新教信仰。

王权至上、加尔文主义、反天主教是国教体制的三块基石。国教承袭了中世纪教阶体系并把教会领袖从教皇换成了君主。伊丽莎白时代,主教仍不承认其权力源自国王,且从 1559 到 1643 年没有任何主教被免职似乎可以证明国王不能无端剥夺主教教职。[②] 然而事实是只有君主才能任免主教。单个主教与君主在权势上完全不对等,即便作为一个群体的主教也很难与君主对抗,更何况伊丽莎白懂得怎样从经济上拿捏他们。伊丽莎白时代,大多数主教入不敷出,直到 17 世纪初,主教经济状况才稍微好转。多位主教死时债务缠身且债主就是女王,竟有四位主教死时无钱下葬。[③] 这一方面因为教会自亨利八世以来财产和收入均损失惨重,另一方面因为圣职人员结婚养家开支不菲。主教的贫困压缩了他们与君主讨价还价的空间,更有利于君主揽权。君主在国教体制中居绝对主导地位,世俗权力和精神权威合于一体且都握于其手,毫无疑问对整合民族资源和凝聚民心大有裨益,将国家效率提至新档次。君主任免主教,主教监管副主教、执事并任命堂区牧师,再由堂区牧师控制信众,这套宗教秩序与君主、贵族、士绅、草根这道世俗秩序互为支撑、配合默契。君主独居这两重秩序的顶端,获益最大,英格兰君主制绵延不断的奥秘恰在于此。与中世纪教俗二元秩序相比,国教体制支撑的国家更加稳固。国教的加尔文主义特质激励其信徒急于用现实的成功证明他们是上帝选民,为此他们

① Peter Marshall, *Heretics and Believers*, pp. 541 - 543.
② Patrick Collinson, *Religion of Protestants*, *The Church in English Society*, *1559 - 1625*, Oxford University Press, 1982, p. 21.
③ Patrick Collinson, *Religion of Protestants*, p. 73.

不仅廉洁自律且奋发有为,加尔文主义塑造了一种与众不同的民族气质和精神风貌。此外,加尔文主义不仅有利于缓和国教徒与清教徒的矛盾,还形塑了英格兰与周边新教国家的关系,到 17 世纪,当国内加尔文主义遇到危机时,新教徒分别积极向苏格兰和荷兰求救并两次决定性改变了英格兰历史进程。王权至上和加尔文主义注定了英吉利国教会与天主教会不共戴天。拥护国王的教会首脑地位与承认教皇的宗教领导权无法兼容;信奉加尔文主义必然排斥天主教教义。教皇和天主教国家都是死敌,这使得当时国力仍弱小的英格兰新教徒始终神经紧绷,高度戒备国内天主教徒、西班牙人、法国人和爱尔兰人。英格兰人正是在与国内外天主教徒的斗争中走向了世界舞台的中心。无论这斗争背后有多少经济利益考量,宗教外衣都能将其包裹得严丝合缝、解释得冠冕堂皇。

　　抵制新教的神职人员丧失履职资格,大多数平信徒至少在礼仪上也变成了服从者,国教与民族性画上了等号。然而国教徒眼里的国教体系还有明显瑕疵,即便被边缘化了的天主教徒不敢公开活动,反教皇但不信国教教义且不服从官方礼仪的不从国教者(Nonconformists)却随时准备找事。从亨利八世开始由伊丽莎白完成的历时半个多世纪的改革缔造了一个新教性质的民族,但还不是一个由纯粹国教徒构成的民族,天主教徒和不从国教徒仅被制服,并未心服口服。[①] 从理论上稳固新教民族并回击不从国教者的任务落到了胡克(Richard Hooker)肩上。胡克生前未竟巨著《教会政体的法律》(*Of the Laws of Ecclesiastical Polity*)不仅驳斥清教徒铿锵有力,更系统阐释了教会与国家相互支撑的理由和路径。他指责清教徒吹毛求疵、死抠《圣经》、破坏共同体和谐,严重束缚人的理性和创造性。清教徒被胡克驳斥得体无完肤,加之惮其才华,竟然盗走了他的部分手稿。胡克首先把教会看成一个社会,这样就可大幅减少神学争论,方便论述教会世俗功能。他说:

　　　　教会的名称对我们来说,只意味着一个由人组成的社会,首先是联合成某种公共形式的政体,其次通过实践基督教信仰与其他社会

---

① Christopher Haigh，*English Reformations*，p. 280.

> 相区别;⋯⋯我们认为,没有人可以不是英格兰教会信众却是英格兰国家(commonwealth)国民,也没有人是英格兰国民却非英格兰教会信众。①

简言之,胡克提炼出了教民即国民这一理论。他的另一份理论贡献是把新教的政教合一国家与改革前的传统续接起来。他甘冒被指控为天主教洗白之风险,大胆指出:亨利改革前的英吉利教会是天主教会一部分,须给天主教会合法性,否则现存教会便失了根基,如无源之水。其后胡克才能转换笔锋,论证天主教会的历史根基与合法性并不能掩盖、亦不能克服它固有的政教分离这个致命缺陷,正是这一缺陷导致基督教世界纷争不断、乱象丛生,而英格兰国教会史无前例破解了难题,诚如《教会政体的法律》所说:"罗马主教把政体分成了两个不同的部分,不许教会依赖任何世俗君主或统治者的权势",而在"英格兰治域内⋯⋯我们居于其中的社会(society)既是教会也是共和国"。② 既然教会和国家合于一体,世俗权力和精神权威也就无法分割了,君主必须同时手握两种最高权力。胡克论述王权时开宗明义援引《圣经》称以色列人授予国王世俗和宗教两种权力。他总结君权并为之辩护称:

> 首先,有如基督是万有之主或万有之首,君主基于德行也治理一切,因此他在治理他的教会时权力至高无上,⋯⋯其次,一切权力,世俗的或宗教的都服从于他;再次,世俗长官被称为首领,⋯⋯仅次于基督的首领。
>
> ⋯⋯他(指君主)治理这个世界并以至高无上权威行事,我们一并尊重他为造福王国或治理教会所做之事。③

表面看,胡克理论与这个时代最杰出的法国学者博丹(Jean Bodin)的思

---

① Richard Hooker, *Of the Laws of Ecclesiastical Polity*, ed. by Arthur Stephen McGrade, Cambridge University Press, 1989, p.130.

② Richard Hooker, *Of the Laws of Ecclesiastical Polity*, p.138.

③ Richard Hooker, *Of the Laws of Ecclesiastical Polity*, pp.163,166.

想大相径庭,实则二者异曲同工。两人都看到了教权和君权分离的巨大危害,博丹呼吁一切权力无条件归于作为主权者的君主,胡克也主张教俗两权都无条件归于至高无上的君主。17 世纪中期,目睹动荡的霍布斯(Thomas Hobbes)综合胡克和博丹学说,再次重申一体化的国民与教民必须无条件接受作为世俗主权者的君主之号令。"国民与教民已经是合为一体了",在这一体中

> 世俗主权者既然是最高的牧者,全部臣民都交给他管辖;因之所有其他教士的任命、传教的权力以及执行其他教士职务的权力都是根据他的权力而来的;于是我们便也可以做出一个推论说:所有其他教士的传道、教诲和有关教士职位的其他一切职权,都是从世俗主权者那里得来的,他们不过是他的下属;正如同市长、法官、司令官等等都只是他的下属一样……①

当君权与教权紧密合于一体并通过礼仪得到强化时,英格兰教国体制就形成并完善了,胡克在语义学上"发明"了这个体制,此人登峰造极的政治神学成为今后三个世纪英格兰国体的理论支撑。② 当然,胡克学说也暗藏两种风险,埋下了 17 世纪英格兰动荡不宁的祸根。其一,胡克轻视加尔文主义、突出君主宗教权力为下一代神学家吹捧王权并反对预定得救论留出了较大空间,一旦君主利用强大宗教权力强硬曲解或破坏加尔文主义,必然激起加尔文主义者尤其是清教徒抗议,半个世纪后的内战正是这种抗议的升级。其二,君权与教权结合太紧并过分强调君主当为教会首领也限制了君主的宗教政策转圜空间,16 世纪英格兰君主支持的教派能够得势,或曰君主执宗教政策之牛耳,但 17 世纪的情况颠倒过来,数位想挑战教国一体制的国王,无论挑战加尔文主义还是拥护天主教,均一败涂地,而他们的失败又反衬了伊丽莎白时代形塑的教国一体制稳如磐石。

---

① 霍布斯:《利维坦》,商务印书馆,1985 年,第 436、441 页。

② Peter Lake, *Anglicans and Puritans? Presbyterianism and English Conformist Thought from Whitgift to Hooker*, Allen &Unwin, 1988, p. 227.

1588 年 11 月,伊丽莎白为君已三十年。她仍身体健朗、精力充沛,而辅佐和陪伴她的同龄人在此前后相继逝去。1591 年,海顿去世,功勋名臣仅剩伯利一人,这位睿智老人忍受着痛风病折磨继续为女王效劳并悉心栽培年近三十的次子罗伯特·塞西尔(Robert Cecil)。塞西尔相貌奇丑,不过继承了其父政治智慧且工作一丝不苟,前途无量。1591 年,经女王批准,塞西尔进入枢密院,虽无国务大臣之衔,承担的却是沃尔辛厄姆生前主持的工作。塞西尔的同龄人德弗雷(Robert Devereux)血统高贵,其父第一代埃塞克斯伯爵(Earl of Essex)生前曾任爱尔兰高级将领,1576 年病死任上,德弗雷顺理成章袭爵。其母亦来自名门,是弗朗西斯·诺里斯之女,1578 年,其母改嫁莱斯特,他成了莱斯特继子。其曾外祖母还是亨利八世老情人、伊丽莎白姨母玛丽·波琳。1577 年圣诞节,埃塞克斯第一次踏入宫廷便得到女王异乎寻常的溺爱。自 1584 年始,他成为宫廷红人,常通宵达旦陪女王打扑克。1585 年,埃塞克斯随莱斯特参加尼德兰战争,因英勇表现被提拔为宫廷御马官,这项职务每年能够给他带来 1500 镑收入。[1] 莱斯特逝后,其党羽继续拥护埃塞克斯以求庇护。这位风流倜傥的贵族青年迅速被捧为时代偶像,无法通过正道出人头地的“地主家没有钱的幼子们放弃原来打算当贵族的侍从这样的上等职业,而去当兵”,“宠臣埃塞克斯正是他们愿意拥戴的领袖”。[2] 他们相信他有能力引领他们奔赴战场,劫掠财富并赢得荣誉。血统、爵位、资源、权势、期望、责任齐集于这名二十岁毛头小伙身上,是福是祸,自有时间检验。

　　打退无敌舰队并不意味着结束战争,荷兰人还未赢得国家独立,腓力亦不愿罢兵言和,而被胜利冲昏头脑的英格兰海军将领们叫嚣主动出击。伊丽莎白时代的大胆海盗和优秀航海家层出不穷,雷利成就虽不如德雷克耀眼,却比后者更具备战略思维。雷利认为陆军深受后勤制约,大力发展机动性更强的

---

　　① Wallace MacCaffrey, *Elizabeth I : War and Politics*, *1588 - 1603*, Princeton University Press, 1992, p. 462.

　　② J. E. 尼尔:《女王伊丽莎白一世传》,第 350 页。

海军才符合英格兰国情;英格兰不能满足于劫财掠货,应建立压倒西班牙的海权。他积极倡议主动出击,在亚速尔群岛和西印度海域劫掠西班牙商船,切断西班牙帝国海上运输线。他的倡议得到霍金斯以及并不懂海战的埃塞克斯衷心附和。不过海军司令霍华德认为英格兰海军在家门口以逸待劳,可与西班牙海军一决高下,劳师远征恐无把握,他提醒女王向亚速尔进军绝非航向法国沿海那么简单。[①] 伯利父子认为尼德兰仍是英格兰海外战略要冲,遏制法国天主教徒与西班牙人的联盟是当务之急,一旦他们在法获胜,对英格兰的威胁近乎致命。伊丽莎白知道帕尔马大军战力仍在,英格兰应等尼德兰局势走向明朗后再定长远战略。海军倾巢而出风险太大,况且女王年收入仅 30 万镑,她不想将全部赌注压在浩渺无垠的海洋上。群臣理解女王难处,1589 年 2 至 3 月的议会批准了 32 万镑税收,尽管这笔钱分四年到账,却也免除了女王资助海军冒险的后顾之忧。

议会甫一休会,舰队便迫不及待启航。这是英格兰海军第一次大规模远航,随行战船上百艘,海员 1.9 万,耗资近 10 万镑,其中女王个人出资 4.6 万镑。[②] 这次行动标志着英格兰海军从战略防御和零星劫掠变为主动出击和大规模远征。舰队原打算摧毁尚未恢复战力的无敌舰队,然而无敌舰队事先得悉英格兰海军倾巢而出,全部停泊到比斯开湾(Bay of Biscay)嵌入内地的港口中。德雷克等人意识到攻击无敌舰队难度太大,加之比斯开湾的西班牙城市并不富裕,很难劫掠到财货,在葡萄牙流亡王室成员唐·安东尼奥(Don Antonio)蛊惑下,舰队决定南航夺取里斯本。舰队接下来在葡萄牙沿海游弋了两周,始终找不到合适登陆点。海盗们不甘心空手而归,打算去亚速尔群岛试试运气,舰队西行时却被风暴卷回英格兰。历时两月的远征一无所获,死伤和失踪海员过万,所幸战船无损。挫折在起航前已埋下伏笔。舰队没有明确首领,心浮气躁的埃塞克斯不可能听从德雷克指挥。如此庞大舰队未制定清晰战略便草率出航,既想与西班牙海军决战,又想劫掠财富。英军若猛攻比斯开湾的无敌舰队,"可能已把西班牙人在那里的全部力量摧毁",埃塞克斯却因

[①] R. B. Wernham, *After the Armada: Elizabethan England and the Struggle for Western Europe, 1588 -1595*, Oxford University Press, 1984, p. 2.

[②] Penry Williams, *The Later Tudors*, p. 333.

妄人唐·安东尼奥蛊惑天马行空,欲将其扶上葡萄牙王位。①

伊丽莎白并未押注海军,她更关心尼德兰和法国战局。1589年春,帕尔马加快了攻城拔寨的进度,不料夏天部属哗变迟滞了其行军脚步。拿骚的莫里斯(Maurice of Nassau)乘机反击,攻下布列达(Breda),荷兰人士气大振,帕尔马转入防御。与此同时,法国形势骤变。1589年初,亨利三世站到纳瓦拉的亨利一边,希望伊丽莎白资助其金钱打垮天主教联盟。枢密群臣和军人均怂恿女王快速行动,支持亨利三世,笼络他以牵制西班牙。不巧是年7月亨利三世遇刺身亡,纳瓦拉的亨利自称亨利四世,开启法国波旁王朝;他的对手波旁的亨利亦自封为王。亨利四世的胡格诺教背景疏远了法国天主教徒,波旁的亨利烜赫一时。鉴于亨利四世处境不妙,枢密院更有理由恳求女王出手相援。9月,女王同意借款2万镑给亨利四世并派遣维洛夫比勋爵(Lord Willoughby)带领4000军队攻打迪耶佩,缓解亨利四世在诺曼底的压力。1590年初,亨利四世靠英军助阵控制了诺曼底西部,兵临巴黎城下。腓力命令帕尔马将2万兵力也投入诺曼底战场,9月部署到巴黎;10月,腓力又派3000西班牙军在布列塔尼(Brittany)登陆,"援助那里的法国天主教徒"并修筑防御工事,"以供未来对英作战之用"。② 西欧国际冲突重心从尼德兰转移到法国北部。西班牙大军出现在诺曼底比驻扎在尼德兰对英格兰威胁更大,诚如一位老兵所言:"我们必须在所有港口驻扎军队,派遣足够的王家舰队长期为我们的商人护航。"③

英格兰必须阻止巴黎与布列塔尼两地的西班牙军会师,然而伊丽莎白可供支配的士兵和金钱不足以在尼德兰和法国双线作战,只能把军事资源重点向尼德兰投放。帕尔马大军移师法国后,莫里斯的荷兰军队和维内(Francis Vere)指挥的英军默契配合,1591年相继拿下聚特芬、特温特和奈梅亨(Nijmengen),到1592年,帕尔马首尾不能兼顾,驻扎在格罗宁根的西班牙孤军被包围。伊丽莎白为荷兰人的胜利贡献了1/4财力和1/6军队,莫里斯正

---

① R. B. Wernham, *After the Armada*, p.130.

② 杰弗里·帕克:《腓力二世的大战略》,第347页。

③ R. B. Wernham, *After the Armada*, p.190.

是靠这些援助才取得了对帕尔马的优势。① 与尼德兰战场相比,两支在法作战的英军一无所获。1591 年 7 月,伊丽莎白极不情愿同意了埃塞克斯率领主要由他自己招募的军队前去配合亨利四世攻打天主教徒盘踞的鲁昂。亨利四世此刻佯攻鲁昂诱使帕尔马驰援,以便决战。心高气傲的埃塞克斯不谙其中玄机,鲁莽上阵,损兵折将,遭伊丽莎白训斥。10 月,埃塞克斯再攻鲁昂,并要求该城守将出城单挑无奈对方高挂免战牌,而一心保存实力的亨利四世只在外围观望。埃塞克斯束手无策,1592 年 4 月放弃围城。与埃塞克斯同样碌碌无为的是诺里斯(John Norris),1591 年 5 月,他率 3000 军士投入布列塔尼战场。因后勤不畅和流行病肆虐,士兵或死或逃,到 1592 年初,布列塔尼英军仅存千人。在西班牙军和法国天主教徒夹击下,5 月和 9 月,诺里斯连吃两场败仗。伊丽莎白对亨利四世的圆滑自私嗤之以鼻,然而她比亨利四世更担心布列塔尼完全落入西班牙手中。为继续安抚亨利四世,女王承诺,只要他不单独与西班牙媾和,英方愿再派 4000 军士助阵诺里斯。女王的许诺不过是空头支票,亨利四世短期内亦无暇顾及布列塔尼,诺里斯只能靠残兵败将在那里苦撑。

　　1593 年初,面对西班牙军队和天主教联盟夹击,亨利四世左支右绌,地盘日蹙。苦等英格兰援兵无果,他转而分化天主教徒。是年 7 月,亨利四世宣布改宗天主教。他是现实主义政治家,为了王业可随时出卖灵魂且问心无愧。伊丽莎白闻讯后故作不可思议,实则她一贯秉持信仰当为政治服务,完全理解亨利四世所为。亨利四世改宗后,天主教徒纷纷投至其麾下,险情化解。他的成功逆袭充分证实宗教比千军万马更能决定政治和军事走势。1594 年 3 月,亨利四世攻入巴黎,年内有望荡平法兰西大部领土,然而他的高歌猛进短期内并不能替布列塔尼英军减压,腓力新派的援军在布列塔尼省府布雷斯特(Brest)附近构筑碉堡,欲切断诺里斯与海上的联系。诺里斯提醒伊丽莎白:"陛下您的国家从未发生过比西班牙占据布列塔尼更危险之事。"②亨利四世也催促伊丽莎白增兵布雷斯特,以他之狡黠,怎会不知伊丽莎白更无法忍受西

---

① Penry Williams, *The Later Tudors*, p. 338.

② R. B. Wernham, *After the Armada*, p. 528.

班牙军在布列塔尼耀武扬威。9月，伊丽莎白派2000士兵救援诺里斯，摧毁西班牙军队的工事。1595年初，布列塔尼英军全部撤出，诺曼底英军已于上年10月开往尼德兰，助荷兰人收复了格罗宁根。

　　击退无敌舰队后，英格兰又参与大陆战争长达六年，协助亨利四世夺得天下，襄助荷兰赢得事实上的独立。有一点可以充分证实英军之不可或缺，那就是英军甫一退出亨利四世便再陷被动。1595年，西班牙军占领康布雷(Cambrai)，次年4月又攻陷加莱。加莱是伊丽莎白牵肠挂肚的港城，鉴于西班牙攻势咄咄逼人，伊丽莎白宣布加莱是英格兰领土，准备再度联法抗西。1596年5月，英法缔结《格林尼治条约》(Treaty of Greenwich)，英方承诺向法派遣2000名远征军；1597年初，英、法、尼德兰又缔结三方协定，相约并肩御西。[1] 不过随着腓力年老体衰，西军攻势减弱，亨利四世也希望尽快结束战争，故英方承诺的2000军士无须兑现，然而不应低估英方主战姿态对西班牙的威慑作用。伊丽莎白和她的臣民为战争付出了惊人牺牲，无数士兵殒命异域，女王也耗尽了国库。"1589至1595年，伊丽莎白派遣2万士兵前往法国，8000士兵前往尼德兰，这六年间，对纳瓦拉的援助总计至少30万镑，对荷兰的援助至少75万镑。"[2]战争改变了西欧政治版图，新格局基本符合伊丽莎白预期、符合英格兰利益。

　　英格兰在陆战中只起辅助作用，却是当之无愧的海上主角。无敌舰队战败后，英西海上实力差距进一步缩小。1589年英格兰海军远征无功而返，伊丽莎白和她的海军将士短期内无资金组织报复性远征。贪婪的商人却迫不及待，他们比女王和军方更惦记全球输向西班牙的金银财宝，主动出资武装大量船只，期待与正规军一道冒险。1591年夏，霍华德指挥6艘王家战舰航向亚速尔群岛。8月底，英格兰海军被西班牙护航舰队包围，尽管主力幸运脱险，但负责殿后的"复仇"号(Revenge)被打得千疮百孔，船上官兵在弹尽炮熄后忍辱投降。1592年夏，霍华德和雷利再度出海，在亚速尔附近海域截获葡萄牙大帆船"马德雷"号(Madre de Dios)，船上所载金银、香料以及各类奇珍异

---

① Penry Williams, *The Later Tudors*, p. 351.

② John Guy, *Tudor England*, p. 343.

宝价值 20 余万镑,女王个人分赃 8 万镑,相当于她一年关税收入。① 此后几年,腓力继续强化护航体系并重建了无敌舰队,然而这不足以让贪财好利的英格兰海盗望而生畏。1595 年 8 月,德雷克与霍金斯率领 20 余条大型战船,搭载 2500 名水手出海,欲劫掠停泊在波多黎各岛圣胡安港(San Juan de Puerto Rico)的大帆船。西班牙人提前巩固了防御工事。海盗抵达目的地后无从下手。霍金斯在此病殁,德雷克独自指挥舰队企图洗劫巴拿马,遭西班牙当地驻军痛击,损失惨重,其本人不久病死。伊丽莎白时代两位最有野性的海盗均在此次远航中一去不归,对此二人来说,也许诡异凶险的加勒比海域命中注定是比天国更理想的灵魂栖息所。

　　埃塞克斯要在海上弥补他在鲁昂城下的名誉损失并维系对西战争热度,致使英格兰陆战中止后海战更吸引眼球。1596 年 6 月,霍华德与埃塞克斯率领 150 余艘战船和上万士兵远征加迪兹,西班牙人误判英军主攻目标在加勒比海或布列塔尼,加迪兹港的战船和商船均无防范。雷利攻入内港,摧毁多艘战船,还俘获两艘大型战舰。埃塞克斯领军登陆,盘踞该城两周之久,城内所有财货都是洗劫对象。西班牙海军司令西多尼亚下令纵火焚毁满载货品的商船,宁可将其化为灰烬,也不能落入英军之手。为彰显骑士风范,埃塞克斯承诺不伤害未做抵抗的平民。他还大胆提议英军永远驻扎加迪兹,掐住西班牙帝国咽喉。众将认为没有女王命令,此举太过张狂。远征加迪兹不仅使英军满载而归,更把埃塞克斯声誉推至顶点。为报复,腓力集结了近百艘战船,拟登陆爱尔兰,联手当地叛军袭击驻爱英军。10 月,西班牙舰队刚启程便遇风暴,损失 30 余艘战船,死伤 2000 余名士兵,被迫返港,腓力只好来年再作打算。1597 年 6 月,埃塞克斯不顾伯利反对,又率百余艘战船和 6000 名海员出海。和上年洗劫加迪兹不同,埃塞克斯这次想打垮驻扎在里斯本和拉科鲁尼亚等地的西班牙海军,继而在伊比利亚半岛西岸建立据点。腓力上年的厄运这次降临到了埃塞克斯头上。7 月,英军遭遇风暴,损失惨重。为减轻补给压力,埃塞克斯遣散非战斗人员,仅保留千余精锐。舰队第二次出海后又为风暴所苦,在西班牙沿海漫无目的的游弋一段时间后,埃塞克斯决定去亚速尔群岛碰

①　Penry Williams, *The Later Tudors*, p.341.

碰运气。由于他和雷利战略分歧严重，西班牙货船从他们眼皮底下溜走。10月，舰队仍一无所获，只得返航。亚速尔之行是伊丽莎白时代英吉利海军最后一次远航。舰队不仅空手而归，还有损埃塞克斯荣誉，伤害了他的自尊，这导致本已极度复杂的权力分配和人际关系更加微妙。

　　荣誉是埃塞克斯好战的驱动力，不过他也急需劫掠财富摆脱经济窘境。其父临终时留给他 1.8 万镑债务，其地产年入仅 1400 镑，加上御马官收入仍不够偿债。他的外祖父曾说他是"英格兰最贫困的伯爵"，他本人也承认"我若想平步青云，就得冒险致富；如不愿冒险，我此生都脱贫无望"。1589 年，他不顾女王质疑和反对，执意出海冒险便受这种逻辑驱使。冒险充满不确定性，何况还要成本，1589 年冒险和 1592 年鲁昂战争便花去了他 1 万余镑。这期间甜酒税和婚姻继承等增加了他的收入，不过仍不够开支，1593 年，他年入 5189 镑，债务却飙至 3 万镑。① 贫困的内里与鲜衣怒马的外在极不相称。

　　鲁昂战役证实埃塞克斯绝非掌兵之才，属下却把他虚张声势的气场吹捧为骑士风范。埃塞克斯不会独享这种风范，不吝赐予属下荣誉，他在前线擅自册封了 24 名骑士。"受封的人对埃塞克斯感恩戴德"，这些新晋骑士成了他"个人的追随者队伍，将来总有一天会对国家权力的平衡造成威胁"。② 伊丽莎白没对埃塞克斯滥权大动肝火，还准允他在鲁昂之战结束后跻身枢密院。不过他在枢密院中显得非常另类，"在每一个重要方面，他的雄心都与同僚，特别是塞西尔父子不同"。③ 他本无行政管理才能，对公文案牍更无兴趣，他只要战功和军事荣誉，渴望击败西班牙，幻想将伊丽莎白变为欧洲乃至世界主宰。女王和多数廷臣认为英格兰仅为自身安全而战，即便援助亨利四世也应适可而止，一旦西班牙不再侵略法国与尼德兰，英格兰就当抽身回归岛国之安宁。伯利父子和埃塞克斯的战略及外交分歧是伊丽莎白统治晚期党争的焦点。

---

①　Wallace MacCaffrey, *Elizabeth I*, pp. 464 - 465.

②　J. E. 尼尔:《女王伊丽莎白一世传》,第 350 页。

③　Wallace MacCaffrey, *Elizabeth I*, p. 476.

赢得外交胜利必须有和战大权,埃塞克斯在军人中的影响力超过伯利父子,不过军人没有和战大权,如想权势更上层楼,他还需灵敏情报系统并赢得文官支持。前掌玺大臣尼古拉斯·培根的两个儿子安东尼·培根(Anthony Bacon)以及弗朗西斯·培根(Francis Bacon)都是引人注目的青年才俊。培根兄弟和塞西尔是表兄弟,但伯利并不认可他这两个外甥的政治才干。培根兄弟遂投靠埃塞克斯,指望靠他拓宽晋升渠道。安东尼·培根曾居留法国十余年,结交三教九流,替沃尔辛厄姆搜集情报。弗朗西斯·培根是人类智慧史上的奇才,受雇埃塞克斯,担任法律顾问。沃尔辛厄姆死后,安东尼·培根回国闲居。弗朗西斯·培根将哥哥引荐给埃塞克斯,他的情报信息网遂成埃塞克斯的无价之宝,因为消息灵通是外交和军事成功的保障。1593 年 7 月,埃塞克斯答应为弗朗西斯·培根争取总检察长职位。弗朗西斯·培根不仅在年初的议会上因反对征税触怒了女王,且女王认为柯克(Edward Coke)更适合这个职位,何况伯利也支持柯克。1594 年 2 月,塞西尔奉劝埃塞克斯认清现实,为培根争取副检察长(Solicitor General)职位。埃塞克斯闻言暴跳如雷,语带威胁表示"一定要让弗朗西斯得到总检察长这个职位","谁要是想从我的手中为另外一个人夺走这个职位,……还不等他弄到手,我就要他付出代价"。[1]女王丝毫不受埃塞克斯狂言干扰,任命柯克为总检察长,后来干脆连副检察长职位也没给弗朗西斯·培根。埃塞克斯将挫折归咎于伯利父子背后捣鬼,实际上女王牢握人事大权且有用人标准,求职者必须"依靠自身优点证明其任职正当性并赢得君王认可"。[2]一句话,埃塞克斯独享恩宠,但恩宠为私,国事乃公。

替人谋职失败伤了埃塞克斯的自尊,不过只要战争还在继续,他扬眉吐气的机会俯拾皆是。1595 年和 1596 年已停火的陆战有重启之可能,海战仍未停歇,而 1596 年夏洗劫加迪兹令其名声大噪,他成了英格兰家喻户晓的英雄、令敌闻风丧胆的勇士。然而女王对这次洗劫并不十分满意。首先,她为被纵火焚毁的奇珍异宝扼腕叹息。其次,她对海盗们私自分赃极为不悦。最后,她

---

①　J. E. 尼尔:《女王伊丽莎白一世传》,第 365 页。

②　Wallace MacCaffrey, *Elizabeth I*, p. 485.

对埃塞克斯的高调起了戒心。驶离加迪兹前，埃塞克斯册封了 33 位骑士，这些新晋骑士对他感恩戴德，一位同时代著名诗人吹捧他是"英格兰的荣耀和全世界的奇迹"。[①] 不管有无意识，埃塞克斯的路数显然是危险的军事民粹主义（military populism），对贵族权势平衡和国家安定绝非祥兆。埃塞克斯登岸后马不停蹄去见伊丽莎白，女王却刻意贬抑他在这次行动中的作用。女王敲打完全中肯，舰队确由埃塞克斯和霍华德双重领导，而雷利功劳甚至比两位司令官更大。女王更清楚，除洗劫加迪兹，埃塞克斯迄今没有任何值得炫耀的战功，即便他不擅自册封骑士，女王恐怕也要抑其威福。埃塞克斯不谙其中微妙，自以为正处百尺竿头，想携胜利余威再去攻打加莱或保卫布洛涅，女王自然不允，而埃塞克斯咬定又是伯利父子暗中作梗。

远征加迪兹期间，塞西尔升任国务大臣。重武轻文的埃塞克斯难以释怀，他认为自己身赴险境与敌搏命，塞西尔竟凭舞文弄墨爬到自己头上。更让他自感委屈的是，女王要伯利父子负责清点并分配战利品。伯利父子深谙世故，分拨一笔给女王并刻意让埃塞克斯所得不菲。女王对伯利父子迁就埃塞克斯不以为然，安东尼·培根却妄称埃塞克斯的"勇武和德行"迫使"老狐狸"伯利"弯腰俯首"。[②] 弗朗西斯·培根倒是嗅到了其中微妙，他婉辞批评埃塞克斯"生性难于驾驭"；提醒他"在军事方面有一大批追随者"会让女王不安，因此要"继续掌握军务，但在表面上要装作放弃它"；忠告他学会为文职谋、为政事谋；劝勉他低调务实，在女王面前"强烈地表示您非常不喜欢声望和对声望的追求"；最后还告诫他"节约一些花费"，"只有女王陛下发现您能谨慎地处理自己的财产的时候，她才不但会认为您能够继续为她承担一定的职责，而且会认为您有较高的创造力"。[③]

弗朗西斯·培根点到了埃塞克斯公私、文武各方面缺点并献上了马基雅维利式的权术和政斗技巧，埃塞克斯根本听不进去这金玉良言并斥之"市

---

① Wallace MacCaffrey, *Elizabeth Ⅰ*, p. 404.

② Wallace MacCaffrey, *Elizabeth Ⅰ*, p. 501.

③ J. E. 尼尔：《女王伊丽莎白一世传》，第 375—376 页。

侩"。① 弗朗西斯·培根白费口舌,伊丽莎白对栽培埃塞克斯为国之栋梁也越来越无信心,开始提防他盘根错节的党羽和军事民粹。女王在埃塞克斯1597年出海前已察觉他破坏了贵族权力平衡,继而通过几项重要人事任命握其威风。② 1597年初,五港联军司令柯布厄姆勋爵病危,埃塞克斯为罗伯特·悉尼(Robert Sidney)谋求即将出现的空缺,悉尼家族是埃塞克斯党羽的"坚实核心"。③ 他的计划遭伯利父子抵制,女王暂让这一职位空缺,不过年底即让老勋爵之子布鲁克(Henry Brooke)子承父业。埃塞克斯当时忙于准备出海,没有为这一挫折怄气并积极争取塞西尔及雷利支持。1597年4月,三位少壮派权臣达成和解。塞西尔力挺埃塞克斯出海并助他出任军需大臣,埃塞克斯支持塞西尔担任监护总监(chancellorship of duchy),两人都同意雷利担任卫队长(captain of guard),女王也为他们和解送上祝福。④ 埃塞克斯归国前,女王晋封霍华德为诺丁汉伯爵(Earl of Nottingham),不仅表彰他在1588年战胜无敌舰队时的赫赫战功,还特意嘉奖他对加迪兹之战的得力指挥。埃塞克斯归国后控诉诺丁汉窃取了他的荣誉,因为在铺天盖地的宣传中,他才是洗劫加迪兹的第一英雄。

女王抑制埃塞克斯实属必要,他的裙带关系网远不止贪功冒进的贵族子弟。议会中不乏他的喉舌。他干预议会选举,1593年议会中的13名议员因其支持才顺利当选;1597年,又有10名议员在竞选中得到他的庇护和照应。⑤ 最危险的是,他被英格兰军人视为毋庸置疑的领袖,在尼德兰和法国领兵的前线将领均向他及时禀报战情,为他传递信息和情报。联省议会以及荷兰行政高官都相信埃塞克斯足以左右英格兰外交和军事政策。亨利四世也违心恭维埃塞克斯,挖空心思与他套近乎,仰仗他维持英格兰的欧战热情。为长远计,埃塞克斯还与詹姆士六世保持密切联系,詹姆士也视之为可靠朋友。以女王之明智,怎会不知埃塞克斯已成社稷和国家安全的潜在威胁,即便眼下能震慑

---

① Alexandra Gajda, *The Earl of Essex and Late Elizabethan Political Culture*, Oxford University Press, 2012, pp. 256 - 257.

② Alexandra Gajda, *The Earl of Essex and Late Elizabethan Political Culture*, p. 152.

③ John Guy, *Tudor England*, p. 441.

④ Wallace MacCaffrey, *Elizabeth I*, pp. 504 - 505.

⑤ Wallace MacCaffrey, *Elizabeth I*, p. 487.

住他,难保自己百年之后,他仍安分守己。

埃塞克斯在政界、军界和外交界势力坐大情有可原,在宗教界他也漫天撒网。1590年代,英格兰宗教进入相对平静期,但新教徒和天主教徒的潜在对立并未缓解,清教徒和天主教徒都在等待下任国王为他们撑腰。女王已入残年,王位继承人仍无定论,而埃塞克斯被认为有实力决定谁是下任国王并对未来朝政拥有极大话语权。清教徒指望他狠命打击西班牙,天主教徒指望他仗义执言,给他们行礼自由。埃塞克斯区别对待教皇和腓力,他认为天主教信仰未必有错,教皇罪在唯我独尊且干涉各国政治;而腓力欲独霸世界,危害各民族自由。① 由此可见,埃塞克斯对西班牙作战非由宗教驱动,与天主教法国的军事和外交合作亦不受宗教干扰。他并无强烈宗教情结和使命感,亦不纠结教义和礼仪,对所有教派均有吸引力,而他也乐意拉拢所有教派。国教是本,埃塞克斯不能忽略国教徒感受。他与大主教惠特吉夫特关系非同一般。1595年2月,他带领一帮扈从在剑桥大学为支持和炮制兰伯斯信条(Lambeth Articles)的惠特克(William Whitaker)及惠特吉夫特站队帮腔,谴责上帝普救众生论。然而是年6月他又为潜回英格兰的耶稣会士赖特(Thomas Wright)争取到"个人活动的自由",这等于"给英吉利天主教徒强烈信号"——埃塞克斯值得信赖。② 帕森斯等人1595年抛出《关于英格兰下届王位继承的讨论》并非仅仅为了舆论战,而是政治上的有的放矢。这本小册子号召天主教徒反抗并谋杀伊丽莎白,传言作者的初衷就是要把它献给埃塞克斯,将来自然成了政敌指控他的凭证。埃塞克斯受庇者有亨利·霍华德(Henry Howard)这类隐蔽天主教徒,还有家族宗教立场极度保守的南安普顿伯爵(Henry Wriothesley, 3rd Earl of Southampton)。埃塞克斯自然不会忘记承袭继父莱斯特衣钵去公开庇护清教徒,清教徒也想傍靠他这棵大树。1598年9月,卡特莱特以近乎谄媚的口吻欢迎埃塞克斯出任剑桥大学校长。1590年代后

---

① Alexandra Gajda, *The Earl of Essex and Late Elizabethan Political Culture*, p. 77.

② Alexandra Gajda, *The Earl of Essex and Late Elizabethan Political Culture*, pp. 108 - 109.

期指望埃塞克斯提携或摆脱打压的清教神学家和牧师有如过江之鲫。①

埃塞克斯笼络各教派时来者不拒,他在宗教界四面撒网既与1590年代宗教氛围相对和谐有关,也与政治现实有关,其本意是"在不同教派之间斡旋,抑制宗教紧张以便君主传承安全有序"。② 这个时代多数贵族都放手笼络各个教派,留宽后路。有人指控塞西尔包庇天主教徒绝非栽赃,亨利·霍华德等天主教徒既抱埃塞克斯大腿,也与塞西尔暗中勾连。埃塞克斯仅仅错在太过高调,毫不避嫌与各路不反对女王的教徒打得火热。这种张扬导致其倒台后政敌有足够素材指控他与天主教徒蝇营狗苟,原本受其庇护者也落井下石。1601年2月15日,赖特受审时称,他相信埃塞克斯"是天主教徒,隐藏信仰仅为政策计,以便继续招揽清教徒和新教徒加入其党"。③

埃塞克斯因树大招风而遭女王抑制,又因1597年远航一无所获荣誉受损,甚至部分属下也开始质疑其能力。他与伯利父子的关系也时好时坏。他从亚速尔空手归来时,伯利父子替他开脱,将出师不利归咎于运气以及恶劣天气。不过埃塞克斯认为伯利父子口蜜腹剑,因为作为他重要收入来源的甜酒税包税期将满,他抱怨塞西尔小题大做,为这事在女王面前对他恶语中伤。塞西尔即便公报私仇,至少表面上依程序办事。埃塞克斯有火没处发,1597年秋冬,他倍感受挫,"他那反复无常且内在分裂的性格"导致他变得更加敏感,觉得针对他的恶意诽谤与阴谋诡计无处不在。④ 他称病不朝,躲到乡间别墅排遣抑郁、舔舐伤口。僚属提点他,缺席枢密会议只会便宜伯利父子揽权,远离宫廷等于疏远女王。考虑到埃塞克斯毕竟是女王宠臣,老练的伯利主动化解尴尬,多次致信埃塞克斯,劝其为女王和国家分忧,回朝工作。女王也动了恻隐之心,同意埃塞克斯担任陆军统帅(Lord Marshal),这一职务至少让他面子上压倒了诺丁汉。⑤ 1597年9月,亨利四世打赢亚眠(Amens)战役,光复诺曼底和皮卡迪(Picardy);腓力卧床不起,时日无多。法西都有意结束战争。

① Alexandra Gajda, *The Earl of Essex and Late Elizabethan Political Culture*, pp. 117-118.

② Alexandra Gajda, *The Earl of Essex and Late Elizabethan Political Culture*, p. 140.

③ Alexandra Gajda, *The Earl of Essex and Late Elizabethan Political Culture*, p. 122.

④ Wallace MacCaffrey, *Elizabeth I*, p. 507.

⑤ Wallace MacCaffrey, *Elizabeth I*, p. 510.

1598 年 3 月,伊丽莎白派塞西尔率使团去巴黎交涉停战事宜,伯利年迈体衰,枢密院事务主要由埃塞克斯处理。为保证埃塞克斯从加迪兹劫掠的洋红与蓝靛高价售卖,伯利禁止两年内进口这两种染料。埃塞克斯则向塞西尔保证不做任何有悖其利益之事;塞西尔甚至提议,其父一旦过世,生前肩负职责概由埃塞克斯接掌。①

伯利父子与埃塞克斯罕见的融洽仅是昙花一现。5 月初,《韦尔万条约》(Treaty of Vervins)结束了法西战争。以伯利父子为首的多数枢密大臣也想结束对西战争,枢密院就和战利弊多次激辩。埃塞克斯知道和平意味着他以及他的党羽失去赢取功名的机会,他自视甚高的军事才能无用武之地,政治前景不明。他不仅私自接洽害怕失去英格兰支持的荷兰人,还撰书《申辩》(An Apologie of the Earle of Essex)为继续战争鼓噪。该书称英西一旦停战,荷兰自由必失;指控腓力言而无信,只是借和平争取喘息之机并孤立英格兰;预言西班牙迟早会再露凶相,届时英格兰得单独面对一个更强大、邪恶的霸权。② 埃塞克斯还担心英西和解为西班牙公主要求继承英格兰王位提供便利,帕森斯等天主教徒早就在国际舆论界为西班牙公主继承权造势。1598 年9 月,腓力三世继位,新王不可能外交示弱,高调主张其妹的英格兰王位继承权,而欧洲各地均谣传腓力三世正贿赂英格兰廷臣为其妹说话,塞西尔和霍华德都是西班牙重点拉拢对象且都同情天主教徒。③ 埃塞克斯集团与伯利父子围绕对西政策激烈交锋,埃塞克斯仍坚持他在《申辩》一书中的立场:"只爱自己的人喜好安逸、快乐和利益,但热爱痛苦、危险和名声的人显示他们热爱公共利益甚于他们自身";作为回击,伯利在枢密院掏出《圣经》念道:"嗜血之人得不到他应得的一半阳寿。"④伯利的话即将应验。

---

① Wallace MacCaffrey, *Elizabeth* Ⅰ, pp. 511 - 512.

② Alexandra Gajda, *The Earl of Essex and Late Elizabethan Political Culture*, pp. 99 - 104.

③ Alexandra Gajda, *The Earl of Essex and Late Elizabethan Political Culture*, pp. 105 - 107.

④ Penry Williams, *The Later Tudors*, pp. 364 - 365.

和战两派激烈争执时,爱尔兰形势陡转直下。1541年,亨利八世宣布英王为爱尔兰君主,爱尔兰自此变为英格兰半殖民地。伊丽莎白继位后,为压缩爱尔兰治理成本,告诫爱尔兰境内的英格兰人尽量将殖民活动局限于以都柏林为中心的东部沿海区(Pale),允许盖尔人(Gael)主导乌尔斯特(Ulster)、芒斯特(Munster)和康诺特(Connacht)三省事务。然而第一代埃塞克斯伯爵、腓力·悉尼等冒险家不断挤压盖尔人生存空间,残忍屠戮当地居民,既破坏了女王的怀柔政策,也把爱尔兰人逼上起义之路。1570年代和1580年代,爱尔兰人部族领袖在芒斯特境内领导过两场起义,均被英军轻而易举镇压。1580年代和1590年代初,英格兰殖民者变本加厉蚕食爱尔兰人地盘,殖民重点转向了北方的乌尔斯特。乌尔斯特境内盖尔人领主的权威和权益受到威胁。当地土著大族摈弃前嫌,联手抵御殖民者。蒂龙伯爵休·奥尼尔(Hugh O'Neill,Earl of Tyrone)被盖尔人推举为领袖,他"是一个善思敢为、谨慎小心而又精力充沛的天生领袖;号召爱尔兰人把各自的冤屈化为共同的冤屈,然后求得全民族的补偿"。[1] 1595年,蒂龙攻打英军要塞并初尝胜利。1596年,蒂龙拥兵超过6000,而英军主力却被埃塞克斯带去洗劫加迪兹。驻爱英军数量有限,无力反攻,只能加强防御,等待女王派遣援军。芒斯特境内爱尔兰人受蒂龙感召也举起义旗,绰号红休的休·奥唐奈(Hugh O'donnell)趁机控制了康诺特省部分领土。

　　民族起义涂抹浓厚宗教色彩是这个时代西欧的普遍现象。爱尔兰人多是坚定天主教徒,自然得到大陆天主教盟友声援。英爱局势极有可能步西班牙和尼德兰关系之后尘,若此,不仅英爱仇恨加深,且英爱战争将变为国际战争。伊丽莎白须防止英爱冲突国际化。她不想在镇压爱尔兰人时还得与西班牙鏖战,至少不想主动出海攻击西班牙。女王态度导致主和派意见占了上风。埃塞克斯变得越来越暴躁。1598年6月下旬,女王和埃塞克斯就新任爱尔兰总

---

　　①　艾德蒙·柯蒂斯:《爱尔兰史》(上),江苏人民出版社,1974年,第390页。

督(Irish Deputy)人选发生争执,女王因埃塞克斯无礼打了他一巴掌,埃塞克斯竟企图拔剑相向,幸好在场的诺丁汉及时化解险情。[1] 埃塞克斯鲁莽以下犯上足被绞死,然而他拒绝悔罪,扬长而去。此后两个月,他又负气不参加枢密会议。8月,伯利与世长辞。枢密院积压大量工作,埃塞克斯舅舅威廉·诺里斯(William Knollys)劝他为公职尽责,掌玺大臣埃杰顿(Thomas Egerton)谆谆教导他:"征服你自己才最需真正的勇气和坚韧。"[2]尽管孩子气妨碍埃塞克斯脱胎换骨为国之栋梁,但他天性具有强烈为公奉献精神,也渴望为君效劳。9月中旬,他向女王道歉后回枢密院工作。

1598年8月,英军在爱尔兰再次大败,女王和枢密院都认为必须派一位有分量的将军率领大部队前去平乱。枢密院起初同意蒙乔伊男爵(Charles Blount,8th Baron Mountjoy)统兵赴任。埃塞克斯委婉批评蒙乔伊既无资源亦无号召力,实则变相主动请缨。一般认为,埃塞克斯想用军功为自己增色,不排除他有这方面考虑,但清高自负的性格以及为君分忧的急切心理才是他态度决绝的主要原因。他知道"爱尔兰是英格兰人的坟墓"且爱尔兰沼泽地里没有诱人战利品,更知道远赴异域作战会给朝中政敌提供便利攻讦机会。然而他讨厌朝堂钩心斗角并相信沙场没有流言蜚语和恶语中伤,正如他所言:"宫廷是中枢,但我认为统兵是比荣誉更好的选择。"此外,他觉得自己"背负盛名,义不容辞"。他的政敌明知此行凶险,却心怀叵测助其往火坑里跳,因为"毁掉一个人,没有什么方法比让他肩负一项他不能胜任的使命更容易了"。女王亦怀疑埃塞克斯能否担此大任,却不便阻拦。一方面,平叛队伍声势浩大,须由一位显贵压阵。环顾朝野,总兵非埃塞克斯莫属。另一方面,女王想检验埃塞克斯能否克服心魔,用对国君的"忠诚与服从"压倒"他对国务大臣(塞西尔)的仇恨"。这多重因素终于导致埃塞克斯成了"盛名之囚徒"。[3]

1599年3月底,埃塞克斯统率1.7万余人的部队出发了。大批贵族子弟,或为其魅力感召,或为功名利禄,云集其麾下。埃塞克斯毫不避讳把出征队伍视为他的"家族部队","要使军中的官兵都成为他个人的随从,而不再是

① Alexandra Gajda, *The Earl of Essex and Late Elizabethan Political Culture*, p. 153.

② Wallace MacCaffrey, *Elizabeth I*, p. 518.

③ Wallace MacCaffrey, *Elizabeth I*, pp. 522 - 525.

一支国家的军队"。① 女王本令埃塞克斯直接进攻蒂龙老巢乌尔斯特,但埃塞克斯到达都柏林后以缺乏运输物资的马匹和船只为由,试图先荡平伦斯特(Leinster)、芒斯特、康诺特三地义军,盛夏来临后再解决蒂龙。他对胜利信心十足,国人亦看好胜利班师,莎士比亚已筹备上演历史剧《亨利五世》且将埃塞克斯比作 15 世纪初在法大杀四方的亨利五世。② 然而埃塞克斯有的只是匹夫之勇而非将兵之才,英军在芒斯特和康诺特漫无目的的进攻损兵折将,康诺特郡长命丧战场。7 月,埃塞克斯只得退回都柏林。女王严厉斥责他肆意妄为:"这些都是你自己行为的后果,与我们的意愿相反,我们无法忍受。"③她催促他立即进攻蒂龙,还下令将他擅自任命的骑兵司令南安普顿解职。都柏林政务会(Council of Dublin)不赞成攻打蒂龙,但埃塞克斯迫于女王压力,领4000 士兵北上。由于大量英军布防于南部各要塞,无论后勤供给还是野战兵力,蒂龙此时都占绝对优势。9 月初,埃塞克斯意识到胜利无望,决定与蒂龙和谈。和谈具体内容不得而知,但有谣言称埃塞克斯劝说蒂龙助他发动政变,他则满足蒂龙的愿望——爱尔兰独立。

女王与埃塞克斯的猜忌在这个夏天似巨石压在双方心头。英军出师以来,前线传来的一切信息均令女王震怒。埃塞克斯不集中兵力歼灭蒂龙已让女王火冒三丈,他还自作主张任命高级将领和副官;他刚到爱尔兰便册封了两位骑士,女王的亲笔去信禁止他随意滥权,他却顶风作浪,8、9 月间"竟然又授予 38 人骑士称号"。④ 埃塞克斯所为已是明目张胆的拥兵自重,向女王示威。或许他故意唱对台戏,对朝廷最近人事任命表达不满。埃塞克斯刚离开伦敦,女王便擢巴克赫斯特勋爵(Thomas Sackville, Lord Buckhurst)为财政大臣,填补伯利去世留下的空缺。巴克赫斯特长期从事外交,既不是埃塞克斯党羽,亦不属塞西尔圈子,此人高升还在埃塞克斯忍受范围内。然而塞西尔兼任监护总监(master of court of wards)以及他的长兄新伯利勋爵出任北方政务会主席,足以令埃塞克斯心理崩溃。监护总监差肥油厚,是埃塞克斯垂涎已久的

①　J. E. 尼尔:《女王伊丽莎白一世传》,第 389 页。

②　Penry Williams, *The Later Tudors*, pp. 369 - 370.

③　Alexandra Gajda, *The Earl of Essex and Late Elizabethan Political Culture*, p. 156.

④　J. E. 尼尔:《女王伊丽莎白一世传》,第 395 页。

职位;北方政务会不仅辖制半个英格兰,且为塞西尔兄弟与詹姆士打交道大开方便之门。① 塞西尔兄弟的擢升反映了女王对他们的绝对信任,埃塞克斯已靠边站了。

埃塞克斯确信这一切都因塞西尔弄权迷惑女王。他决定率 3000 人马在威尔士登陆,回伦敦清君侧。他向南安普顿和蒙乔伊透露计划,此二人没胆参与他的疯狂举动,亦不便阻拦他带领心腹回师问罪。一群愿为埃塞克斯赴汤蹈火的狂热分子追随他于 9 月 24 日启程归国,28 日晨抵达伦敦。女王对其行踪了如指掌,授权诺丁汉以防范西班牙入侵为由征调两支军队,一支负责抵御外敌,一支保卫宫廷。全国高度戒备,伦敦甚至设置了路障。② 28 日下午,女王召见塞西尔,和他评估了局势。当晚埃塞克斯行动自由被限。次日枢密会议召开,塞西尔宣读了对埃塞克斯的指控,埃塞克斯当场做了回答。女王当天并未明言意旨。枢密会议解散时,群臣站队泾渭分明,柯布厄姆、诺丁汉以及雷利等重臣为塞西尔架势,为埃塞克斯帮腔的多为传统贵族,即便蒙乔伊和威廉·诺里斯也很难算实力派。③ 然而"伦敦市内到处都是离开了驻爱尔兰军队的骑士、队长、军官和士兵","他们对塞西尔、雷利以及与埃塞克斯对立的派别其他人员,怀着恶毒的仇恨"。④ 首都气氛肃杀,但伊丽莎白依然从容镇静。10 月 1 日,她宣布将埃塞克斯软禁于掌玺大臣埃杰顿家中。

1599 年底和 1600 年初,各方翘首以待女王如何处置埃塞克斯。塞西尔想为埃塞克斯减罪,劝他服软。也许塞西尔算定女王不会饶恕埃塞克斯,才惺惺作态,彰显自己胸襟宽广;也许他的确担心埃塞克斯党羽来个鱼死网破,致使局面无法收场。雷利不念旧谊并落井下石,他警告塞西尔:"如果您认为怜悯这位暴徒是个好办法,那么,到您将来懊悔的时候那就无可挽回了";"埃塞克斯永远是女王的国家与她个人安全的一个毒瘤……如果他获得自由,我们一切人的好日子也将结束"。⑤ 雷利欲置埃塞克斯于死地,可能是想取代他的

---

① Penry Williams, *The Later Tudors*, p. 368.
② Wallace MacCaffrey, *Elizabeth I*, p. 526.
③ Penry Williams, *The Later Tudors*, pp. 370 - 371.
④ J. E. 尼尔:《女王伊丽莎白一世传》,第 398 页。
⑤ J. E. 尼尔:《女王伊丽莎白一世传》,第 401—402 页。

军中地位。6月初,女王任命一个专门审判委员会在约克宫指控埃塞克斯"在爱尔兰抗旨不遵、私通蒂龙、擅离职守",犯下"多种声名狼藉的错误且玩忽职守"。据上述罪行,他被剥夺枢密大臣、军需大臣以及陆军统帅职务。[1] 审判结束后,埃塞克斯无须蹲牢,可不失尊严居家闭门思过。随后几个月,他与女王仍有书信往来。人们普遍相信女王早晚还会给他机会改过自新。然而埃塞克斯9月致信女王,婉言恳求继续享有甜酒包税权,被断然拒绝。女王心意已决,埃塞克斯必须"退出公共服务",过平头百姓生活。[2] 埃塞克斯"一贯的气派生活,对支撑政治门面的大量门客的热情蓄养,以及军事远征沉重的个人支出,合在一起,使他陷入了沉重债务之中"。收入减少直接削弱了他豢养兵丁的能力,故"女王对其专营权的拒绝,意味着他将被迫放弃其政治地位,退隐山林"。政治和经济的双重打击"促使他做出了愚蠢的行为,付出了生命的代价"。[3]

　　埃塞克斯身陷绝境时,威廉·诺里斯、培根兄弟等往昔前拥后簇的大贵族均避而远之,蒙乔伊已接替他去爱尔兰掌兵。埃塞克斯身边只剩寥寥落魄小骑士,他若有自知之明,当归隐乡里,以寻常百姓终了此生。然而性格决定了他不会罢手。1600年下半年,他多次鼓动蒙乔伊与詹姆士分别带兵策应他在伦敦发动政变。蒙乔伊虽与詹姆士保持联系,但他奉劝埃塞克斯只要性命无虞绝不要铤而走险。多年来,埃塞克斯自认为和詹姆士在一条船上,他确信塞西尔与西班牙人有龌龊交易并有意安排西班牙公主继位,到1599年,"埃塞克斯和詹姆士命运看起来完全交织在了一起"。[4] 他扶持詹姆士并夸大西班牙威胁,这样既与塞西尔营垒分明又给出了与西班牙继续争霸战争的理由,权势、外交、军事三者兼顾。圣诞前后,埃塞克斯致信詹姆士,请求他以英格兰奸臣企图将王位交予西班牙公主为由,以王位继承人身份干预英格兰内政。他在信中称,奸臣不仅是他和詹姆士"共同的敌人",且"理性、荣誉和良心"都鞭

---

[1]　Penry Williams, *The Later Tudors*, p. 372.

[2]　Wallace MacCaffrey, *Elizabeth I*, p. 527.

[3]　劳伦斯·斯通:《贵族的危机》,第220页。

[4]　Alexandra Gajda, *The Earl of Essex and Late Elizabethan Political Culture*, p. 187.

策他"积极行动"以确保詹姆士是"确定无疑的王位继承人"。① 西班牙人此时的舆论宣传和天主教徒的四散谣言均夸大了西班牙公主继承英格兰王位的可能性。詹姆士无论在血统还是信仰上都比西班牙公主优势大得多,他并不担心王位继承生变,但纠结于要否支持埃塞克斯。若不予理会,待埃塞克斯熬过此劫,将来君臣心里均有疙瘩。然而公开声援埃塞克斯风险更大,无论埃塞克斯结局如何,詹姆士与塞西尔等权臣关系都会提前蒙上阴影,将来治国身背沉重负担。詹姆士左右为难,他承诺派使节来伦敦与埃塞克斯碰头,实则静观时变。很快埃塞克斯的仓促行动便让詹姆士摆脱了纠结。

苦等詹姆士回音无果,埃塞克斯孤注一掷,与心腹武力谋反。2月初,他和死党详细讨论夺取宫廷以及首都的方案;"一切军人,大胆自负的人,破产的人,心怀不满的人,狂妄地用自己的舌头去反对所有其他人的人"都是他招揽的对象。② 谣言遍起。2月7日,女王要求埃塞克斯前往御前会议做出解释,埃塞克斯置之不理。次日上午,埃杰顿等四位大臣亲自登门要求埃塞克斯遣散党羽,进宫自证清白。埃塞克斯非法扣押四人,接着带领200名左右死党走上街头宣称科布厄姆、雷利、塞西尔联手谋害他,呼吁市民"保卫女王、宗教和他的性命",高喊"英格兰王冠已卖给西班牙公主"!然而"埃塞克斯的行为让围观他的多数人感到困惑"。③ 他显然误判了西班牙危险性并高估了自己的煽动力和民间影响力,连军火商亦拒售武器给他。在街上游荡几小时后,埃塞克斯泄气了,准备回府时被塞西尔布置的军队封锁了归路,他下令开火强突,遭政府军反击,只能择水路狼狈返回宅邸。当天晚上,他被送进伦敦塔;2月25日,遭处决。政府善后时,"警惕公众对埃塞克斯的同情",尽量少杀,参与造反的从犯多获赦免。④

埃塞克斯造反是伊丽莎白晚年遭遇的最严重国内危机。一位刚过而立之年的宠臣瞬间从天堂坠入地狱,毁灭速度之快令人惊诧。少年得志以及女王

---

① Alexandra Gajda, *The Earl of Essex and Late Elizabethan Political Culture*, pp. 38 - 39.

② J. E. 尼尔:《女王伊丽莎白一世传》,第 407 页。

③ Alexandra Gajda, *The Earl of Essex and Late Elizabethan Political Culture*, p. 30.

④ Alexandra Gajda, *The Earl of Essex and Late Elizabethan Political Culture*, p. 32.

恩宠催生了他的特立独行、名高难副、德不配位。这场造反不仅是埃塞克斯性格缺陷使然，更是英格兰国家层面上严重政治危机的折射。伊丽莎白统治尾期，政坛形成了以埃塞克斯和塞西尔为首的两极，前者指控后者勾连外敌、假公济私、大奸似忠，后者指控前者无视君威、穷兵黩武并煽动军事民粹。① 党争又因教派竞逐和王位继承人迟迟不能确定而变得千头万绪，各教派和各股政治势力都为下任国君人选明争暗斗，埃塞克斯在一定程度上也是困扰伊丽莎白漫长统治生涯的第一悬疑——王位继承的牺牲品。

　　争权夺势、提前布局本非过错，但埃塞克斯策略简单且夹带着个人偏见。他把对手的圆滑和冷静视为卑鄙和心机，以"德行和邪恶的二分法"考量政治并确信政敌都是损公肥私的邪恶蠹虫，死到临头仍"错误地认为他对抗的对象是驼背的塞西尔，狡猾的雷利以及他们的党徒"，而事实上他对抗的是时代的潮流。② 他的愚蠢策略和认知错误均植根于滞留在中世纪的价值观。沃尔西、克伦威尔、伯利父子的履历共同证明两点。其一，门第已非为官最大资本；其二，替君主处理宗教、财务和外交而非沙场建功才是廷臣的要务。埃塞克斯从未理解这两点，军功支撑的荣誉和陈旧过时的骑士风范主宰着他的心灵，多次擅自册封骑士充分证实他对落后风气近乎偏执，严重妨碍他融入新式权力运行机制，在这种机制下，新式"文职官僚"取代了传统"军事贵族"担当国家管理的中坚。③ 都铎时代贵族实力锐减，有能力的靠能力发达，没能力的只能靠谄媚、诋毁、炫耀、结亲等路径上爬，而埃塞克斯鄙视这一切，甚至不屑于巴结女王。他以中世纪贵族身份为人处事，称君主与贵族相互扶持，"认为他的荣誉并非伊丽莎白恩赐"，坚信贵族手握重权是天经地义的祖宗之法。他说贵族若遭压制，"行政官员便会遭鄙视，结果是一切政府都要坍塌"。这与都铎抑制贵族、重用士绅的理念完全背道而驰。④ 埃塞克斯排斥这个时代的政治文化，他的身边围聚着大批在新式国家机构中找不到出路的没落贵族，在这个能力

---

① Alexandra Gajda, *The Earl of Essex and Late Elizabethan Political Culture*, p. 258.

② J. E. 尼尔:《女王伊丽莎白一世传》，第 411 页。

③ John Guy, *Tudor England*, p. 454.

④ Alexandra Gajda, *The Earl of Essex and Late Elizabethan Political Culture*, pp. 177 - 178.

比血统和门第更重要的年代,他是无数濒临破产却心有不甘的传统贵族的希望。一旦女王驾崩,他必是新王和社稷的巨大隐患。这或许是女王狠心除掉他的根本原因。

女王对这出君臣悲剧也负有一定责任。1590年以前,伊丽莎白一直以高超技巧娴熟驾驭君臣关系。早年的女王选贤任能独具慧眼,知人善用,总能保证人尽其才;在权力界限方面,她牢记建议权属于大臣,决定权在君主。晚年的伊丽莎白却屡番纵容埃塞克斯,让他的任性取代圣君的判断。早年的女王最为人称道的是她老辣的御臣平衡术,让现实主义者伯利和好战的莱斯特良性竞争,在宗教激进主义者沃尔辛厄姆和保守主义者海顿之间维系平衡。伟人晚年总一厢情愿复制早年的成功经历,伊丽莎白也不例外。她想将埃塞克斯栽培成第二个莱斯特,但莱斯特明白他的所有权力和荣誉均源于女王恩庇,而埃塞克斯不懂为臣之道,忤逆犯上,终致君臣反目。岁月侵蚀了女王的用人灵活性,惯用的平衡术失灵了,塞西尔和埃塞克斯无法复制伯利和莱斯特之间的精妙平衡,政局为恶性党争所累。埃塞克斯垮台后,塞西尔权势首屈一指,"操控着他的父亲始终不曾操控的权力",被詹姆士视为英格兰"事实上的国王"。① 詹姆士只需与塞西尔打交道便可以顺利继位,如果这有利于王朝和平更替,那么埃塞克斯的自我毁灭是他对国家的最大贡献。

武夫造反,廷臣倾轧,议会更不省心。早年的伊丽莎白以开明著称于世,她刚柔并济,允许议会表达异议,又禁止议会举动出格;她进退有度,懂得何时与议会妥协,何时用君权压制桀骜不驯的议员,必要时甚至将议员关押监禁;她总能准确把握君权的临界点在哪里,君主和议会关系处理得恰到好处。晚年的伊丽莎白却与议会频发冲突。1593年初,伯利父子以战争消耗太大为由,要求议会批准三项财产税。伯利鼓动上院提议,三项税收分别在三年内征

---

① David Loades, *Politics and Nation*, p. 266.

收,而非惯常的每年征缴一半。[1] 下院多数议员不反对三项财产税及其征收办法,然而弗朗西斯·培根追溯历史,论证上院提案不合程序,他强调税收的提议和批准权均属下院,上院只有否决权。[2] 这份质疑没有得到多数议员响应,但提醒所有人都要遵循古老宪制传统——君主、上院和下院都不能逾越各自权限。1594 至 1597 年,英格兰年年为灾荒所苦,面包价格暴涨,乞丐和流浪汉遍地游走。1597 年 10 月下旬,议会召开,弗朗西斯·培根提议出台法律保护耕地和农民权益,《耕地法》(Tillage Act)要求 1588 年后转化为牧场的土地恢复农作物种植,另一项关涉农地的法案要求地主招募佃农垦荒。[3] 本届议会还立法将流民和乞丐遣返原籍。批准新税以支付对西战争和爱尔兰平叛费用几乎未遭反对,然而下院部分议员严词批评垄断和专卖妨碍公正交易,指控政府滥权。掌玺大臣埃杰顿和稀泥,含混其词表示专卖当由法庭授权,但法庭不得损害女王威严。1601 年初,塞西尔与财政大臣巴克赫斯特等人磋商解决专卖引起的普遍不满,财政大臣承认垄断行业多如牛毛,且其多数"没有给女王陛下带来利益,对整个国家也无益"。[4] 10 月底,伊丽莎白时代最后一届议会召开,这届议会因著名的《济贫法》(Poor Relief Act)被后世牢记,不过议会辩论时火星四溅的两大话题是专卖和垄断。一位议员控诉称"在女王迄今实行的一切措施中,没有比专利权赐予更有损她个人的威望,更有害于国家和更为人民所憎恶的了";另有议员控诉专卖权享有者是"国家的吸血鬼"且"逍遥法外"。[5] 抗议煤油、淀粉、火柴、食盐等生活必需品的专卖激起全体下院议员共鸣。不过议员们给出的应对之策存在分歧,部分议员提议立法限制专卖和垄断,多数议员则认为向女王请愿更合情理,也更有望成功。请愿可彰显议会尊重女王,而立法则暗含议会权威高于王权,等于冒犯令人景仰的年迈女

---

[1] David Dean, *Law-Making and Society in Late Elizabethan England*, *the Parliament of England*, *1584 - 1601*, Cambridge University Press, 1996, p. 41.

[2] David Dean, *Law-Making and Society in Late Elizabethan England*, p. 44.

[3] T. E. Hartley, ed., *Proceedings in the Parliaments of Elizabeth I*, Vol. III, *1593 - 1601*, p. 222 - 224.

[4] David Dean, *Law-Making and Society in Late Elizabethan England*, p. 86.

[5] 刘新成:《英国议会研究》,第 353 页。

王,何况君主有权否决议会通过的任何议案。①

针对议员们陈诉的痛苦,11 月 30 日,女王在白厅向 140 名议员组成的代表团发表了极富感染力的《黄金演说》(Golden Speech)。她说:

> 我从来不是贪得无厌、搜刮民脂民膏、喜欢敛财的人,也不是严厉的、吝啬的君王,更不是挥霍浪费的人。我的心从来没有放在世俗的财富上,我所想的只是我的臣民的利益。你们奉献给我的一切,我并不据为己有,我只是把它们接受下来,再奉献给你们。

她还承诺解决垄断和专卖导致的民间疾苦:"我的君王尊严决不允许专利权给臣民造成痛苦,也不允许某些人以专利权为幌子,享有压迫人的特权。"②动情演讲软化了议员们的强硬姿态,暂时平息了他们的愤怒。反垄断及专卖是伊丽莎白最后两届议会最棘手议题,下院可被一位恪尽职守、为国操劳四十余载的古稀圣君感化,但不会轻易向她的继承者低头,垄断和专卖将给未来国君招致无穷麻烦。

诚如女王所言,她取之于民的财富都是为了国家。她收入有限,而战争花销又如无底黑洞,这就决定了她必须靠垄断和专卖补贴收入。对尼德兰的支援仍在继续,为保卫受西班牙人围攻的奥斯坦德(Ostend),维内将军指挥数千英军在尼德兰苦战。1600 年初,蒙乔伊出任爱尔兰总督,他与副手卡鲁(George Carew)配合默契,分工明确。卡鲁主攻芒斯特,蒙乔伊领主力围攻乌尔斯特。卡鲁各个击破,一年内荡平芒斯特境内叛军,扑灭南方起义。蒙乔伊在北方坚壁清野,毁坏乡村,切断蒂龙与外界的联系。乌尔斯特境内爱尔兰军民失去补给,饿殍遍野。1600 年,腓力三世决定支援爱尔兰叛军。蒂龙告诉西班牙人,如果援军数量达到 6000,可直接攻打芒斯特;若援军不及 4000,就去北方与他配合作战。然而腓力派出的军官达格威勒(Don Juan delÁguila)贸然率领 3000 余人在科克(Cork)西边的金塞尔(Kinsale)登陆。

---

① David Dean, *Law-Making and Society in Late Elizabethan England* , pp. 88 - 90.
② J. E. 尼尔:《女王伊丽莎白一世传》,第 421—422 页。

援军战力有限,策略失当,且得不到马德里后续支援,处境危险,反成累赘。蒂龙和休·奥唐奈被迫分拨士兵去南方增援达格威勒,削弱了乌尔斯特防御力量。蒂龙坚持与英军打消耗战,战绩不俗,然而他愚蠢的西班牙盟友却逼迫他打阵地战,结果爱西联军在1601年底损失惨重,蒂龙被迫退回乌尔斯特,达格威勒缴械投降。[①] 1602年下半年,英军从东、南、西三个方向围攻乌尔斯特,蒂龙地盘日蹙,部分属下弃他而去。1603年3月30日,蒂龙同意向他并不知道已经离世的伊丽莎白女王屈服。他仍可保有1594年起兵前的地盘和头衔,不过声誉不再,实力亦大不如前。1591至1595年,伊丽莎白每年为爱尔兰战争支付28987镑,从1595至1599年,每年飙升至103376镑,1603年战争结束时,王室总共为平爱叛乱花费了200万镑;累计42500名士兵被派往爱尔兰,占英格兰和威尔士男性劳力19%。[②] 王室收入以及议会批准的税收根本不足以应付多线战争,女王不仅靠专卖和垄断解燃眉之急,还诏令地方政府筹钱购买武器、建船造舰。沉重军事负担导致普遍不满和极大怨恨,所幸并未酿发严重骚乱。

王位继承人虽还未定,实则除詹姆士别无人选。埃塞克斯曾指控塞西尔企图将王位给予西班牙公主只是无凭猜测。塞西尔确实与国内温和天主教徒往来频繁,但目的是让他们疏远耶稣会士,分化敌对英格兰的国际天主教势力。埃塞克斯覆灭后,詹姆士的信使抵达英格兰,迅速改变立场,与塞西尔取得联系。塞西尔为巴结詹姆士,派心腹亨利·霍华德与之接洽。霍华德通过冗长书信向詹姆士透露英格兰政情并极力抹黑雷利和诺丁汉等人。塞西尔权势如日中天,枢密院和英格兰臣民亦不反对詹姆士继位,伊丽莎白无须明言,这王朝更迭都在世人预期之中。不可信史料称,女王临终前,枢密院恳请她言明继承人,她说:"除了一位国王,还能是谁?"塞西尔进一步追问,她则答曰:"除了我们的苏格兰表亲,还有谁?"[③]1603年3月24日凌晨,女王在伦敦郊外里士满宫(Richmond)辞世,"好像一轮光辉灿烂的太阳最后落入西方的一朵

①　艾德蒙·柯蒂斯:《爱尔兰史》(上),第410页。

②　Steven G. Ellis and Christopher Maginn, *The Making of British Isles: The State of Britain and Ireland*, *1450 - 1660*, Routledge, 2014, p. 284.

③　Penry Williams, *The Later Tudors*, p. 386.

云里"。①

伊丽莎白毫无疑问是英吉利人最伟大的君主。她继位时，国家因宗教撕裂，民众为信仰迷茫，王室几近破产，君主威严扫地。伊丽莎白以灵活、精妙的手法形塑出可用于界定英吉利民族性的国教信仰。她本着政治高于信仰之原则，用宽容精神和高超政治技艺规避了席卷法国和德意志等地的宗教内战在英格兰上演。她打造的这个韧性十足的新教国家在17世纪顶住了反加尔文主义者、清教徒、天主教徒的轮番冲击，甚至可以说是18和19世纪稳定繁荣的精神源泉和制度保障。她制服反叛贵族。至其统治晚期，贵族无论门第和出身多么高贵，都只能靠君王恩宠维系权势，经营庄园、豢养侍从对抗君主已无可能。中央层面，她重用贤良，尊重廷臣意见，发挥枢密院功能；地方层面，她强化治安法官和职业循吏作用。她不断完善国家机器，在父王基业上完成了都铎政府革命。她不轻启战端，但始终在积蓄力量，当新教信仰、民族利益和国家安全受损时，她义无反顾支援尼德兰和法国，英明领导对西战争，赢得了辉煌胜利。伊丽莎白是第一位具有世界眼光的英格兰君主，到其统治后期，英格兰已是与西班牙并驾齐驱的世界大国，其舰队与商船游弋于全球所有重要的海域和洋面。为避免国家被宗教撕裂，防止政治陷入贵族派系斗争的漩涡，女王终生未婚，牺牲了个人幸福，开启了一个民族的辉煌之旅。她的勤俭、宽容以及睿智赢得了臣民的衷心爱戴。即便晚年的战争、专卖和税赋加重了臣民负担，激起民怨，臣民也默默忍受并理解她一切所为都是为了她挚爱的人民。这位处女圣君稳固了教国合一的政体，降服了教俗两界的潜在乱源，留下了一个四境安宁却活力四射的英格兰，并在外战中消耗了死敌西班牙的实力，新君只管顺风顺水接掌权杖。

---

① J. E. 尼尔：《女王伊丽莎白一世传》，第430页。

第五章　詹姆士一世治国(1603—1625)

　　众所周知,英国仍是今日世界君主制国家之典范,英国人保王情结浓厚得令人难以思议。但是英国人对君王的要求是苛刻还是随性,这个问题千百年来争议极大。其一,英国人非常强调君主血统,改朝换代时君主血脉也得相延,1066 年至今,英王血统从未彻底中断。然而历史上英吉利人数次选择了血统不太纯正的君主。即便 1603 年的詹姆士一世在可供选择的君主中与都铎先王血统并不算远,1689 和 1714 年,英吉利人竟两次迎立与先王血缘关系较弱者为王。其二,王是英国人情感纽带、民族代言人,然而英国人似不在意王来自哪里,是否本族。詹姆士 1603 年被拥立为英吉利君王时,没有人质疑他是异族。一人领有多份治域在当时的欧洲司空见惯,但英格兰几乎无人介意要与世仇苏格兰人共拥一王。更奇怪的是,英格兰人没有因詹姆士是死敌玛丽·斯图亚特之子而排斥他,詹姆士也没有因生母惨死于英吉利人之手而对他的新臣民抱有成见。理解上述英国君主制历史之谜必须牢记:16 至 19世纪,英吉利人择君标准是宗教信仰第一,血统次之,民族再次之,甚至无关紧要。

　　伊丽莎白驾崩后,枢密院宣布詹姆士为英格兰新王。三天后,伦敦派出的信使抵达爱丁堡,向詹姆士禀报他已是英王。詹姆士随即致信塞西尔,承诺恪守职责,公正对待所有臣民。4 月 5 日,詹姆士从爱丁堡起驾赶赴伦敦。临行前他向爱丁堡市民借款 6000 余镑作为路费,同时向他的苏格兰臣民保证每三年回乡一次。① 詹姆士行至伯威克时，蜂拥而至的人群前来向新王表忠诚、献祝福。一个月后，詹姆士驾临伦敦，首都居民倾巢而出，夹道欢迎新王，万人空巷的盛况令詹姆士格外欣慰。要知道，过去两百年内，除亨利八世，没有哪位君主一帆风顺继位，何况詹姆士与伊丽莎白的血缘关系还要追溯到百年前的亨利七世。女王驾崩前后，包括塞西尔这样历经风浪的大臣都担心王位继承出现纰漏，甚至内战。詹姆士如今顺利抵达伦敦并受到热忱拥戴，举国上下如释重负。

詹姆士早从苏格兰治国经验中悟出了稳定秩序的诀窍。驾临英格兰后，他稳字当头，而稳定的关键是与英格兰贵族搞好关系。伊丽莎白临终时的 14 位枢密院成员全部留任。国务大臣塞西尔卓立鸡群，深得詹姆士信任，两年后，被册封为索尔兹伯里伯爵（Earl of Salisbury），父子两代的努力造就了此后三百余年英伦最显贵的豪门。索尔兹伯里也懂得投君所好，将自家别墅献给詹姆士，讨其欢心。巴克赫斯特继续担任财政大臣，一年后，詹姆士晋升其为多塞特伯爵。亨利·霍华德为詹姆士继位鞍前马后效劳，受封北安普顿伯爵是其应得的奖赏；其侄托马斯·霍华德（Thomas Howard）被封为萨福克伯爵，此人是 1572 年被处决的诺福克公爵之子，霍华德家族恢复了名誉和地位。除霍华德叔侄，詹姆士还擢五位苏格兰贵族进入枢密院，不过此举只有象征意义，苏格兰贵族不在英格兰境内承担具体行政职责，也几乎不参加枢密会议。詹姆士一再声称自己并非外国人，而是亨利七世后嗣，但私人感情方面他更倾向于他的苏格兰旧部，宫廷和寝宫侍臣主要是苏格兰人。部分英格兰贵族牢骚满腹，抱怨宫廷中的苏格兰人像可鄙的贫穷乞丐，抢走了他们邀功希宠的机会。詹姆士给苏格兰亲信大量赏赐，但英格兰政务主要由英格兰人打理，英格兰枢密院和苏格兰枢密院分开议事，互不干涉。詹姆士公私分明，在这一点上堪为君王表率。

詹姆士天性聪颖，表面的和谐并未蒙蔽他对形势的睿智分析，他对新王朝各类棘手问题心如明镜。在其南下途中，心怀不满的天主教徒和清教徒已争相向他申冤诉苦，清教徒呼吁这位加尔文主义的新君同情他们的遭遇；天主教

---

① Pauline Croft, *King James*, Palgrave Macmillan, 2003, p. 49.

徒更对这位玛丽·斯图亚特的儿子寄托希望,恳请他废止针对天主教徒的严刑苛律。社会经济方面,专卖和垄断激起了普遍怨愤。詹姆士踏进伦敦城时,要求废除专卖和垄断的声音不绝于耳。律师马丁(Richard Martin)为民请命,借公共演讲恳请新王整饬"不公正的垄断、司法的拖沓、教会的腐败"并中止"重税对穷人的盘剥"。① 不过詹姆士身为二元君主,宗教不公和经济苦难并非他的头等大事,他志在推动英苏两国彻底和解并尽快走向统一。1604 年议会主题便是不列颠岛的统一。

继位第一年,詹姆士原有充裕时间选举并召开议会,但为瘟疫所扰,议会推迟到次年 3 月 19 日才召开。议会刚开幕便上演了极不和谐的一出。财政总监福特斯鸠(John Fortescue of Salden)作为伯金汉郡议员出席议会,其所在选区胜选的议员却是古德温(Francis Goodwin)。大法官法庭(Court of Chancery)以古德温犯罪前科为由剥夺其参选资格。下院抗议大法官法庭侵犯了其特权,并声称只有下院本身才有资格规制选举程序和裁定选举结果。詹姆士通过代言人告诉下院,他以"绝对主义君主"指示"下院与法官协商解决"争议。詹姆士论调无异于火上浇油,下院忧虑大法官法庭有权界定议会特权将产生可怕后果,恳求詹姆士出言谨慎。詹姆士首次领教了议会的刚硬,不过他统一心切,不想鸡毛蒜皮的琐事干扰统一大业,遂指令伯金汉郡选区重选,承认下院有权裁定选举结果。② 詹姆士加冕时便自称"不列颠的治理者",相信自己肩负统一不列颠的神圣使命。继位不久,他在一道诏令中对统一不吝溢美之词:"幸福的统一"是"最强烈的欲求";"往昔的一切不愉快记忆会一扫而光;两国居民将变成一个王国的臣民"。③

詹姆士瞅准时机在议会中正式提议统一是经过深思熟虑的,因为统一涉及宗教和法律的复杂变更,而只有议会才有立法权。无奈议会对统一议题颇感索然无味,下院第一刺头桑迪斯(Edwin Sandys)表示,统一必须调整法律,

① Tim Harris, *Rebellion: Britian First Stuart Kings*, *1567 - 1642*, Oxford University Press, 2014, p. 65.

② Roger Lockyer, *The Early Stuarts: A Political History of England*, *1603 - 1642*, Longman, 1999, pp. 103 - 104.

③ James F. Larkin and Paul L. Hughes, eds, *Stuart Royal Proclamations*, Vol. I, *Royal Proclamations of King James I*, Oxford University Press, 1973, p. 19.

而古老的英格兰法是英格兰民族性之菁华,更改法律必然伤及英吉利人引以为豪的古老传统;他更不相信苏格兰人会毫无怨言接受英格兰法。[1] 1604 年4 月 20 日,詹姆士命令两院各自推选部分议员成立负责统一的联合委员会。委员会工作阻力重重,桑迪斯又借国号搅局,他称若采用"不列颠"为国名,"英格兰王国便解散了";塞西尔亦忠告詹姆士,"王国所有法官"与议会看法一致,变更国名为"大不列颠"意味着"现行所有法律均彻底废止"。[2] 绝大多数下院议员认为更改法律兹事体大,短短数日,大臣和下院便对统一事宜失去兴趣,转而讨论其他事项。统一雄心遇挫,詹姆士于 7 月 17 日警告下院议员"我希望你们以后能更温顺地行使你们的自由",随后便宣布议会休会。[3]

詹姆士不会因议会推三阻四而放弃统一宏愿,10 月下旬,他绕开议会,发布诏令称:"毫无疑问,两个民族只有一位首脑,……我们认为终止英格兰和苏格兰两个相互分离的国号是大有裨益的,我们有意并决定采用大不列颠之王为名号。"[4]群臣和议员对诏令仍无动于衷。此后两年因瘟疫肆虐以及天主教徒阴谋活动(见本章后文),议会基本处于休会状态。直到 1606 年冬詹姆士第一届议会第三次会议开幕,他才有机会再次向议会提议统一并强调其为"重中之重"。他要求议员们郑重讨论三件事。其一,中止两国相互冲突的法律和律令;其二,两国臣民经商与通行自由;其三,詹姆士继承英格兰王位前出生的苏格兰人应在英格兰境内享有公民权利。[5] 随后几个月,支持詹姆士提议的弗朗西斯·培根与反对者多番唇枪舌剑,亦无定论。1607 年复活节后,桑迪斯为彻底挫败詹姆士统一雄心,建议两国不应为商业、通行以及公民归化(naturalisation)等细节问题浪费口舌,而是实现彻底统一。所谓彻底统一,按桑迪斯理解就是苏格兰人接受英格兰法,而毋庸置疑苏格兰人无论如何也不

---

[1]　此桑迪斯是伊丽莎白时代同名同姓的主教之子。

[2]　Roger Lockyer, *The Early Stuarts*, p. 107.

[3]　J. P. Kenyon, *The Stuart Constitution, 1603 - 1688*, Cambridge University Press, 1986, p. 37.

[4]　James F. Larkin and Paul L. Hughes, eds, *Stuart Royal Proclamations*, Vol. I, p. 19.

[5]　Roger Lockyer, *The Early Stuarts*, p. 109.

会接受这样的统一。[1] 到 1607 年 5 月议会休会时,詹姆士枉费心机的统一大业完全泡汤。不过法官借 1608 年的加尔文案(Robert Calvin's Case)裁定 1603 年后在英格兰境内出生的苏格兰人享有英格兰公民的一切权利,这份判决对后世英美诸国移民与归化政策影响深远。

詹姆士期待统一,议员们却盘算怎样减轻他们所代表选民的痛苦。议会开幕第一天,罗斯(Robert Wroth)便在下院提出一揽子缓解民间疾苦的议案,矛头直指国王监护权(wardship)和王室征购权(purveyance)。监护权是国王的一项古老权利,指贵族死时其继承人未成年,国王有权替继承人管理财产直至其成年,在此期间,得自不动产之大部分收入归国王所有。王室征购权亦由来已久,它指王室有权以低于市场的价格采购宫廷生活物资,包括王室车驾外出等项目的开支。王室会计与伙食供应局(Board of Green Cloth)负责征购。伊丽莎白时代,迫于议会对王室征购权的抨击,伯利曾奏请女王改革征购权。伊丽莎白不愿让步,此事也就不了了之。詹姆士继位后,征购权给臣民造成的负担更重了,因为国王、王后、王子亨利(Prince Henry)均有单独寝宫。索尔兹伯里希望通过废除监护权和征购权换取议会爽快批税,从体制上改善王室收支。罗斯议案背后的主使可能就是索尔兹伯里。上院议员据詹姆士指示同意以每年 5 万镑议会特批税收买断王室征购权,但下院只能接受每年 2 万镑,协商无果。王室会计和伙食供应局也不承认它有滥权之嫌。1606 年初,下院议员海尔(John Hare)提出一项更激进议案,禁止王室会计与伙食供应局以低于市场价采购物资。不出所料,海尔议案被上院否决。詹姆士为平息下院怒气,发布诏令,承诺缓解王室征购权给臣民造成的负担,但眼下仍须照旧征购,诏令不忘申明征购权是"王室最古老的一项荣誉"。[2] 此后二十年,每届议会均有涉及征购权的讨论,但规范征购的努力始终没有实质性突破。相较征购权,下院并不否认监护权属于国王的特权之一,不过议员们依然希望国王特权和法律的界线更加清晰,正是这一界线的模糊不清导致 16 至 18 世纪王权与议会冲突频发。

---

① Pauline Croft, *King James*, p. 65.

② James F. Larkin and Paul L. Hughes, eds, *Stuart Royal Proclamations*, Vol. I, p. 138.

1606 年初,索尔兹伯里借天主教阴谋催生的不安气氛,以保卫王业为由说服下院批准了高达 45 万镑税收。不过詹姆士收支仍每况愈下。伊丽莎白统治后期,战争开销和通货膨胀给王室财政造成巨大压力。议会当时不吝批税,女王节衣缩食且当时大规模海外远征主要靠私人投资。她去世时虽留下 30 万镑债务,但考虑到部分贵族、主教以及荷兰人欠女王大笔债务,她实际上勉强保持债务平衡。詹姆士继位后立即停止了对西战争,爱尔兰起义亦已平定,他的财政状况理应好过伊丽莎白。然而事与愿违,詹姆士生活奢靡,对宠臣和属下,特别是苏格兰旧臣属赏赐无度。他没有理财观念,更不懂得精打细算、细水长流。他的开支永远是无底洞。当然,詹姆士亦有非人为苦衷。他无力抑制通货膨胀,许多收入项目无法随通胀适时调整,例如针对顽固天主教徒的罚款。他有家室且必须维护宫廷与王室的体面。更致命的是,国家财政体系存在结构性弱点。

财政困难是都铎王朝后期与斯图亚特王朝前期多位君主的死穴,也是这个时代西欧各国君主普遍面临的难题。法王亨利四世和路易十三通过关闭三级会议、改革财税体系化解难题,而英格兰财政体系却停留在 14 世纪。自爱德华三世以来,除亨利八世和爱德华六世时代拍卖地产所得,英王收入来源几乎未变。[①] 议会批税是重要收入,然而贵族和士绅习惯性隐瞒产业,重新清丈土地的呼吁得不到他们响应。登记在册的动产和不动产均打了折扣,议会所批税收很难足额征收。议员虽抱怨税额庞大,对实征数额却心知肚明。[②] 王室地产的地租是国王收入又一来源,然而固定地租在通货膨胀冲击下逐年递减。亨利八世和爱德华六世掠夺和拍卖教会地产苦渡难关,伊丽莎白和詹姆士干脆直接变卖地产解燃眉之急,从长远看,这种杀鸡取卵之策严重削弱了王室财政基础。16 世纪至 17 世纪中期,英王权力越来越大,日子却越过越苦。关税是国王第三项重要收入,不过关税税率自玛丽一世以来从不曾调整,关税收入亦因通货膨胀严重缩水。詹姆士继位时,王室得自正常途径的收入只有

[①] Conrad Russell, *The Causes of the English Cival War*, Oxford University Press, 1990, p. 166.

[②] Conrad Russell, *The Causes of the English Cival War*, p. 178.

亨利八世继位时的 40%。① 财政体系上的弱点逼迫王室依靠专卖等非法手段
增收,巧立名目无处不在。自伊丽莎白统治后期开始,名目繁多的垄断遭广泛
抵制和严词批评。雪上加霜的是,王室往往将垄断承包给黑心私商或贪腐地
方官,以便节约行政成本或干脆让地方官大吃回扣。

1604 年,财政大臣多塞特调整关税收入,使其与通货膨胀挂钩。多塞特
还聘财政专家及包税人替国王打理关税,此举亦增加了王室收入。与西班牙
停战后,地中海贸易额迅猛增长。多塞特和塞西尔又盯上了利润丰厚的利凡
特公司。1606 年,利凡特公司商人比蒂(John Bate)因抗议王室税吏对其进口
的葡萄干征税而遭逮捕。比蒂申诉他进口的货物不在议会批准的不动产税之
列,主审法官却声称进口货物源自国外,不属英格兰臣民财产,理在关税征收
之列。此案判决词称:

> 进出口贸易必须通过国王的港口,港口是国王的家门,他有绝对
> 权力任意决定何人拥有进出港口权利。对商人开放的港口是国王的
> 港湾和栖息所,为港口更安全起见,国王迫不得已为其提供防御和工
> 事,为其任命税吏征收关税。为此职责,国王有理由从中获益。②

比蒂案确立了国王界定进出口货物的绝对权力,按国王意志征税是其特
权,这等于将强制性税收合法化。多塞特和索尔兹伯里利用这一判决将更多
商品,特别是奢侈品列入强制征税范围。詹姆士统治期间平均每年的强制性
收入高达 7 万镑,得自议会批准的年均收入才 4.1 万镑。③

1606 年,多塞特陈情下院,詹姆士负债额已达 73.5 万镑,且以每年 8.1
万镑的亏空额继续飙升。④ 实际情形远比多塞特所说严峻。1608 年,詹姆士
债务飙至 100 万镑。当年接替多塞特担任财政大臣的索尔兹伯里发现国库连
应急之钱也无着落,他提醒詹姆士"除了节俭,英格兰国王……不可能富裕,亦

---

① Tim Harris, *Rebellion*, p. 116.
② J. P. Kenyon, *The Stuart Constitution*, p. 55.
③ Tim Harris, *Rebellion*, p. 119.
④ Pauline Croft, *King James*, p. 73.

不可能安全",劝诫他不能再对苏格兰宠臣赏赐无度,詹姆士却匪夷所思地根据苏格兰统治经验辩称财政由枢密大臣打理,国王无须操心。[1] 索尔兹伯里只得压缩其他项目开支替国王减债并着手改革王室收支体系,欲从根本上扭转局面。1610 年 2 月,詹姆士治下第二届议会召开,索尔兹伯里恳请下院认真对待国王债务。他列举了十项詹姆士可以接受的让步做诱饵,包括向王室土地承租人让步、废除监护法庭以及王室征购权等。作为回报,议会应批准60 万镑税收,分三年征收。这便是著名的"大协议"(great contract)。下院议员不满足上述让步,要求彻底废除监护法庭。艰苦讨价还价后,索尔兹伯里同意彻底废除监护权。然而议员们的兴致很快转向另一件事。

1607 年,剑桥大学钦定法学教授科威尔(John Cowell)在其出版的教科书《阐释者》(*Interpreter*)中鼓噪为国王批税是议会之义务,他还厚颜无耻宣称王在法上。科威尔曲文阿世,詹姆士乐听其言,然而下院要求科威尔撤回观点并公开道歉。迫于压力,3 月 21 日,詹姆士亲临下院,称他的权力虽由上帝授予,但他会恪守法律。25 日,他违心发布诏令批判科威尔著作。詹姆士的让步并未软化下院议员的抗争态度,他们还试图推翻比蒂案判决。温特沃斯(Thomas Wentworth)发言称下院有权否决强制性税收,比蒂案判决不具备普通法效力,臣民不必遵守。5 月 21 日,詹姆士将两院议员召至白厅,警告他们:讨论君主可以做什么、不可以做什么是非法的;臣民不得质疑君主特权;即使暴君也是上帝派来对"臣民的诅咒",臣民只能"祈求上帝让国王行善"。詹姆士的训话令议员们极度震惊。温特沃斯援引 15 世纪著名法学家福特斯鸠(John Fortescue)的宪制理论予以反驳;福勒(Nicholas Fuller)抨击詹姆士完全误读了英格兰历史,不了解英格兰宪政先例,嘲笑"詹姆士对英格兰政务太过陌生"。下院因此起草一份《抗议书》(Remonstrance)并于 25 日在格林尼治宫(Greenwich)当面向詹姆士宣读。《抗议书》称"自由辩论"是议会"古老且不容置疑的权力","一切涉及臣民的正当事宜"都属自由辩论内容。面对议会的强硬姿态,詹姆士表示他绝非有意掠夺臣民财产,亦无意侵犯他们的自由,自己的言论仅就进出口商品而言。6 月下旬,下院议员赫德利(Thomas

---

[1] Pauline Croft, *King James*, p. 75.

Hedley)向詹姆士详细阐释英格兰混合宪政传统并告诉他强制性征税与《大宪章》以及"英格兰普通法"相悖。最后,下院全体一致通过一项法案旨在明确:"根据英格兰法,非经议会同意,国王针对臣民财产的任何强制性税收均为非法。"①

　　直到 7 月,议会才认真讨论"大协议"。下院要求废除王室征购权、监护权以及其他多项基于特权的收入,作为补偿,詹姆士每年将得到 20 万镑津贴税。詹姆士表示最多只能承诺不再增加强制性税项。双方预期相差太远,自然无法谈妥,结果下院只批了 10.7 万镑税收,与索尔兹伯里拟定的 60 万镑相去甚远。议会夏季休会,10 月重开时多数议员对"大协议"已失兴味,以所在选区公务缠身为由拒不与会。当时英格兰下院议员计 497 名,出席开幕式者不足百人。索尔兹伯里敦促议员们尽快批准"大协议",议员们却变得更加刻薄,要求每年 20 万镑津贴税需包括国王源自强制性税收所得,若照此执行,每年 20 万镑津贴税会缩水 7 万镑。② 詹姆士坚持废除强制性税收须另行补偿,议会拒不接受。"大协议"就这样破产了。詹姆士并未违背夏季休会前的计划,是下院在议会重开后要价加码,开出了国王无法接受的新条件,致使"大协议"谈崩。索尔兹伯里煞费苦心替王室改革收入体制,然而抛出"大协议"前,他未同主要议员沟通,严重低估了议会立场之顽固,倒是詹姆士早看透了议会的抠门,批评索尔兹伯里幼稚相信议员的善意。詹姆士自始至终视"大协议"为鸡肋,即便谈妥且不考虑通货膨胀,他每年也不过多得 8.5 万镑。③

　　"大协议"破产并未影响詹姆士财政,然而围绕它的较量加深了詹姆士对议会的嫌恶,加剧了君臣信任危机。财政总监凯撒(Julius Caesar)建言国王不该指望议会,而应充分利用特权广开财源。凯撒所言不虚,1610 年,詹姆士得自监护权和王室征购权等名目的收入达 8.5 万镑,强制性税收 7 万镑,加之索尔兹伯里精打细算替詹姆士节流开源,王室财政在此前后大有起色。不幸的是,1612 年,索尔兹伯里因长期超负荷工作积劳成疾,英年早逝。詹姆士失去了理财好手,而他铺张浪费习性难改。他原指望太子亨利与法国公主结亲

---

①　Tim Harris, *Rebellion*, pp. 121-124.

②　Roger Lockyer, *The Early Stuarts*, p. 122.

③　Roger Lockyer, *The Early Stuarts*, p. 123.

给王室带来 24 万镑嫁妆。① 孰料十八岁的太子当年 11 月病殁。1613 年,詹姆士又负债 50 余万镑。他已对议会批税不抱希望,但弗朗西斯·培根好事,怂恿他干预选举,产生一届亲国王的议会;绅士内维尔(Henry Neville)则向詹姆士保证他有信心说服议会批税。亲西班牙的天主教徒萨福克伯爵想借议会搅黄极有可能的英法联姻,也建议詹姆士再开议会。培根一介书生,内维尔人微言轻,当选议员根本不卖他们面子。索尔兹伯里病故后,新任国务大臣文伍德(Ralph Winwood)外交官出身,对统筹议会一无所知。这一切意味着即便再开议会,恐怕也是白忙一场。

1614 年 4 月 5 日,詹姆士第三届议会开幕,他大打宗教牌,夸大天主教徒威胁,继而陈述一系列缺钱理由。9 日,他将议员诏至白厅宴会大厅(banqueting house),抛出一份"让步书"(Bills of Grace),承诺十余项改革。多数议员认为詹姆士的让步尺度太小,不值得讨论,反而揪住其他问题不放。他们坚称培根身为总检察长无资格参与下院议事,痛斥强制性税收祸国殃民。桑迪斯等人控诉强制性征税意味着国王可绕开议会制定法律。他们说这种情况只会发生在法国,继而恶语中伤法王亨利四世因强行开税而遭暗杀实乃报应。② 议会辩论很快变为人身攻击。亨利·蒙塔古(Henry Montague)无情痛斥那些"认为国王可以制定强制性税收法律的人不过是国王的马屁精";豪斯金斯(John Hoskyns)说明智的君主当如 11 世纪的克鲁特大帝(Cnut the Great),把外国人遣返原籍,而 1282 年的西西里晚祷起义(Sicilian Vespers)恰因外国人飞扬跋扈而起。③ 豪斯金斯借古讽今,肆无忌惮影射国王和他的苏格兰亲信。詹姆士忍无可忍,6 月 7 日,下令解散议会并将豪斯金斯等人关进伦敦塔。詹姆士受够了议会的恶语相向和喋喋不休,他向西班牙大使抱怨说,他对"前朝君主能够忍受这样的事情"感到十分"惊讶"。④ 这届持续两个月的议会没有通过任何议案,世人戏称为糊涂议会(addled parliament)。

詹姆士再也不信开议会有何裨益,然而他的债务到 1614 年 5 月维持在

---

① Pauline Croft, *King James*, p. 92.
② Tim Harris, *Rebellion*, p. 132.
③ Pauline Croft, *King James*, p. 93.
④ Tim Harris, *Rebellion*, p. 134.

68万镑高位,必须广拓财路。从1611年起,詹姆士开始出售一种名曰从男爵(baronet)的头衔,至1614年,詹姆士已从中获取9万多镑收入。不过这项荣誉因大肆出售而迅速贬值,起初一个从男爵开价1000余镑,1622年仅值200余镑。① 糊涂议会解散后,为解燃眉之急,大主教阿伯特(George Abbot)号召宗教机构和神职人员主动捐款,贵族和廷臣腆脸效仿。阿伯特带头捐140镑,伦敦主教捐120镑,温彻斯特主教捐一个价值100镑的金杯,文伍德与大法官埃里斯梅(Lord Ellesmere)各捐100镑。文伍德还胁迫伦敦市民上贡1万镑。1614年7月,枢密院向各郡发文,要求地方士绅响应捐款倡议,捐款名义上自愿,但强迫、警告与威胁等手段屡见不鲜,不少拒捐之人被带到星室法院问罪。普遍的抵制情绪和消极规避致使捐款额累计仅6万余镑,与国王债务相比实乃杯水车薪。② 1616年,詹姆士以25万镑价格将布里尔和弗拉辛两城交由荷兰人赎回。③ 1614年,考克因(William Cocknyne)向詹姆士献计:禁止向荷兰商人出口未加工的羊毛,英格兰产羊毛必须在本国加工成布匹再出口。考克因预估关税收入能年增4万镑,詹姆士遂命其督办羊毛收购、加工及出口。英格兰羊毛加工技术粗糙,加之荷兰人抵制,英格兰羊毛贸易额锐减,威尔特和格洛塞特等地一度爆发牧民和织工骚乱。考克因弄巧成拙,不仅未增加关税收入,还致使英格兰毛纺业遍地萧条。

索尔兹伯里和太子亨利相继病故对内政外交均影响深远。索尔兹伯里死后,北安普顿和萨福克叔侄承担主要行政工作,替国王理财,为詹姆士挖掘了凯撒和克兰菲尔德(Lionel Cranfield)两位财政专家。他们在外交上亲西班牙与天主教国家。与他们竞争的宫廷总管彭布鲁克(William Herbert,3rd Earl of Pembroke)和大主教阿伯特支持巩固与新教国家的友谊。1614年,北安普顿病逝,詹姆士擢萨福克为财政大臣。萨福克权势陡增且有凯撒和克兰菲尔

---

① Tim Harris, *Rebellion*, p. 127.
② Tim Harris, *Rebellion*, pp. 135 - 136.
③ Pauline Croft, *King James*, p. 95.

德两位得力助手,本该前途无量,然而一系列是非毁掉了他的前程。詹姆士寝宫向以污秽不堪臭名远扬。他少年时代因被一位法国贵族夺去贞操而留下了心理阴影,后虽迎娶王后安妮(Anne of Denmark)且夫妻关系和睦,但中年后无法控制自己的性取向了。1607 年,苏格兰人卡尔(Robert Carr)成为詹姆士宠臣并于 1613 年晋封萨默塞特伯爵。萨默塞特虽非枢密大臣,但凭靠与国王特殊关系,充当宫廷与枢密院乃至全国政务的中转器。詹姆士并不恼火萨默塞特与已婚的第三代埃塞克斯伯爵夫人弗朗西丝(Frances Howard)真心相爱。弗朗西丝此时已经以埃塞克斯性无能为由与其离婚。1613 年底,在詹姆士热心支持下,萨默塞特与弗朗西丝成婚。弗朗西丝是萨福克侄女,萨默塞特与霍华德家族遂往来频密。萨默塞特婚后逐渐冷淡詹姆士,詹姆士倍感苦恼。

1614 年夏,彭布鲁克和阿伯特乘机将英俊帅气的乔治·维利尔斯(George Villiers)送到詹姆士身边。詹姆士爱上维利尔斯,但也不想疏远萨默塞特,他希望萨默塞特与维利尔斯和谐相处。然而萨默塞特越来越反感詹姆士并对眼中钉维利尔斯傲慢无礼。1615 年 10 月,弗朗西丝卷入一桩谋杀案的消息传开。詹姆士表示他作为国王,绝不包庇任何凶手。他告诉萨默塞特:"对于这种性质的事件,我别无选择,首先会按我在上帝面前的良心行事,其次才会考虑我在世人心目中的形象"。[①] 贵为人君的詹姆士为主持正义,宁将声名抛诸脑后,足证其与众不同之个性。1616 年,萨默塞特夫妇被关进伦敦塔。萨福克也逐渐失去詹姆士信任,两年后被维利尔斯施计整垮。到 1618 年,詹姆士继位时的重臣或死或退,现在独享恩宠且位居中枢的是晋封为伯金汉伯爵(Earl of Buckingham)的维利尔斯。詹姆士堂而皇之告诉世人,他与伯金汉的关系恰如耶稣和使徒约翰。[②] 此时詹姆士对时局判断依然精准,但已年逾五旬且因长期酗酒和纵欲疾病缠身,为君责任心下滑,对国事日益懈怠。为减轻工作压力,他将大量政务交由伯金汉处理。伯金汉于国并无尺寸之功,短短数年竟从无名鼠辈位极人臣,追名逐利者为献媚而踏破他的门庭。

外事方面,詹姆士拒绝从狭隘的宗教教派视角分析国际形势,他的外交指

---

① Pauline Croft, *King James*, p. 91.

② Pauline Croft, *King James*, p. 97.

导思想是基督教普世和平主义。继位第二年,他不顾新教徒和海外冒险主义者反对,与西班牙缔结了停战协定。此后十余年,詹姆士一直在北欧新教国家与西班牙之间维持平衡。这种平衡明显反映在他为几位子女张罗的婚姻中。他本计划太子亨利与法国结亲,只因太子早殁而作罢。新太子查理自幼身体羸弱,朝野担心一旦查理再出意外,只能由公主伊丽莎白继位了,而伊丽莎白现已女大当嫁,她的婚事也要考虑外交和宗教影响。1613 年 2 月,伊丽莎白与巴拉丁选侯弗雷德里希(Frederick V of the Palatinate)在伦敦成婚,不列颠与北欧新教国家关系更加亲密。詹姆士为外交平衡,希望查理从天主教国家择偶。1615 年后,随着查理长大成人,詹姆士不顾新教徒极力反对,一厢情愿让查理娶西班牙公主为妃。英西结秦晋之好不仅符合詹姆士的基督教和平思想,且有助提升英格兰海外贸易额,进而增加关税收入,而西班牙作为首屈一指的富国,嫁妆定然丰厚。

詹姆士的如意算盘在 1618 年面临严峻考验。席卷欧陆的三十年战争爆发,北欧新教徒和南欧天主教徒上演总决战。波西米亚(Bohemia)议会拒绝承认费迪南德大公(Ferdinand)为波西米亚国王并告诉弗雷德里希,他若带兵帮波西米亚人对付哈布斯堡皇室,波西米亚人愿奉他为王。弗雷德里希经不住诱惑,为鲁莽付出了惨痛代价。1619 年,费迪南德大公成为帝国皇帝费迪南德二世,决心报复波西米亚人和弗雷德里希。1620 年,弗雷德里希指挥的新教军队在白山(White Mountain)惨败,其老巢巴拉丁选侯国也被部分西班牙将士参与的天主教军队攻陷,弗雷德里希狼狈逃至海牙。詹姆士据正统主义观认为弗雷德里希无权继承波西米亚王位,故从一开始就反对他轻举妄动,而今更有理由埋怨他鬼迷心窍、自食其果。詹姆士更担心英格兰出兵导致英西交恶。1609 年西班牙与荷兰签署的十二年停战协定即将到期,西荷均无意继续维持和平。垂死的西班牙国王腓力三世担心英格兰再度联手荷兰对西作战,指示驻英大使贡多马尔伯爵(Count of Gondomar)千方百计阻止英格兰参战。詹姆士顺势而为,确保英格兰免蹚欧战浑水。然而英苏两国百姓鼓噪参战,无论从宗教立场还是从亲情关系考虑,他们都坚信援助弗雷德里希责无旁贷。

詹姆士极力避战,却不能置民意于不顾。1620 年秋,他告诉枢密院会助弗雷德里希夺回巴拉丁。组织陆军深入欧洲腹地，劳师远征，从天主教联盟军队手中夺回巴拉丁难比登天，何况陆军军费远高于海军。手头拮据的詹姆士须召集议会讨论和战之策。近七年无议会统治后，1621 年 1 月，詹姆士召开了他治下的第四届议会。他在开幕式上直陈召开议会是为了捍卫宗教和巴拉丁选侯国，议员们满意他的发言，同意批准数额 16 万镑的两笔税收以作军需。詹姆士称赞这是"慷慨、高贵且不锱铢必较之举"。① 然而和谐气氛转瞬即逝。部分议员以七年不开议会为据表达他们对议会功能丧失的担心，私下碰头讨论议会应至少每年召开一次。此外，由于詹姆士及伯金汉把专卖和垄断权授予他们的裙带，物价虚高，劣质货充斥市场并致合格商品滞销，手艺人和工场主叫苦不迭。下院中抨击专卖和垄断之声不绝于耳。好在议员们并未直接将矛头对准国王和伯金汉，而是瞄向了弗朗西斯·培根。培根 1617 年出任大法官，借伯金汉庇护贪污受贿。伯金汉为免其弟因掌控多项垄断专营权而受攻讦，故意牺牲培根供下院泄愤。詹姆士也表示他绝不容忍公职人员贪赃枉法。培根被解除公职，听候处置。南安普顿伯爵和桑迪斯等议员仍不依不饶，在下院煽风点火并试图串通部分上院议员，逼迫国王做更多让步。现已升任监护总监的克兰菲尔德请求詹姆士惩罚南安普顿之类的捣乱分子。詹姆士致歉他并不知道专利持有人哄抬物价、牟取暴利，同时为安抚下院情绪，他承诺取消 20 余项垄断。议员们总算得到了一丝安慰，6 月初，议会休会前，他们表示还会为发兵援助巴拉丁提供财政便利。议会休会后，詹姆士的确取消了他承诺废除的垄断项目，不过也没忘记将南安普顿和桑迪斯投入监牢。此时的詹姆士根本没有出兵计划，他的特使迪格比（John Digby）正在维也纳努力就归还巴拉丁与神圣帝国及西班牙代表磋商。11 月，迪格比从维也纳归来，带给詹姆士的却是谈崩的消息。詹姆士"要么遗弃他的孩子和巴拉丁，要么宣战"。② 他原打算来年再召集议会，现在必须立即召开议会商讨和战大计。

议会重开后，詹姆士发现局面大有失控之势，原因有四。其一，议会召集过于仓促。其二，当年夏天，克兰菲尔德晋封米德尔塞克斯伯爵，移步上院，下

---

① Roger Lockyer, *The Early Stuarts*, p. 136.

② Roger Lockyer, *The Early Stuarts*, p. 139.

院与枢密院沟通不畅,议事日程混乱无序。其三,这届议会第一次会议虽磕磕绊绊,但总体气氛还算和谐且詹姆士多少还惦记着并未正式兑现的两笔税收,致使他对议会好战和好斗情绪估计不足。其四,詹姆士与议会的矛盾已非钱税之争,而是根本性的和战之别。以菲利普斯(Robert Phelips)为首的议员主张立即对西开战,增援曼斯菲尔德伯爵(Count Mansfeld)指挥的巴拉丁残兵败将和英格兰志愿军。受宗教狂热支配的菲利普斯叫嚣,不仅要在国外与天主教军队鏖战,更要严厉镇压国内天主教徒,"为巴拉丁而战是为了捍卫我们在国内的安全"。① 詹姆士无意将宗教与外交、军事搅和在一起,他仍对外交解决巴拉丁以及英西联姻抱有强烈幻想。当他的代言人在议会中表露此意时,下院议员普遍愤怒,高呼"我们的王储必须与我们的信徒结婚"。② 一些议员更加警觉,怀疑詹姆士动机。他们继而表示已批准的两笔税收须到1622年5月才能开征,来年夏季前不得再批新税;当下要务是恳请国王"惩处国内耶稣会士和教皇派",然后才能讨论如何以及何时援助巴拉丁。③

歇斯底里的反天主教气氛迫使詹姆士软化姿态,他让戈林(George Goring)向下院展示一份致腓力四世的信件。信件措辞近似通牒,要求腓力四世要么停战,要么与费迪南德二世决裂。詹姆士本意极有可能是外事内解,警告腓力四世英格兰议会求战心切,敦促他将巴拉丁还给弗雷德里希。不管这招怪棋是否对西班牙人奏效,至少它吊起了国内议员胃口,误以为詹姆士将动真格,对西开战并武力夺取巴拉丁。下院欲借机断了詹姆士的英西结亲念头,呈交一份请愿书,直陈"我们最高贵的王储应在适当的时候幸福地与我们的信徒结婚"。④ 詹姆士勃然大怒,斥责议会干涉王室婚姻是越权行事。贡多马尔因英伦反西情绪高涨焦虑不安,詹姆士安抚他会适时解散议会。12月18日,下院呈交一份抗议书,声明言论自由是下院特权,且王室、国家及国防均是议会讨论合理事项。30日,詹姆士在枢密院中亲手将抗议书撕毁。负责起草抗议书的法官爱德华·柯克(Edward Coke)被逮捕,初出茅庐的激进派议员皮

---

① Roger Lockyer, *The Early Stuarts*, p. 140.

② Roger Lockyer, *The Early Stuarts*, p. 140.

③ Roger Lockyer, *The Early Stuarts*, p. 141.

④ Roger Lockyer, *The Early Stuarts*, p. 142.

姆(John Pym)亦遭软禁,因为他在议会煽风点火称:"如果教皇派得到纵容,他们就会要求宽容,继而要求平等,再要求优越权势,最后消灭所有对立教派。"①议员狂吠不仅是宗教情绪的宣泄,且至少想以宣战表明一种姿态——英格兰力挺欧陆新教徒。一味避战的詹姆士为免局势失控于1622年1月6日下令解散议会。

议会解散后,詹姆士一如既往寄希望于谈判解决巴拉丁归属。1622年下半年,詹姆士的代表与费迪南德二世以及腓力四世的代表在布鲁塞尔长期交涉,为达成和平,詹姆士释放了国内在押天主教徒以示诚意,然而神圣帝国军队却在此时攻陷了巴拉丁首府海德堡(Heidelberg),天主教徒手握更大筹码,漫天要价。詹姆士还致信教皇格雷高利十五(Gregory ⅩⅤ),呼吁他向天主教徒施压,结束战争,恢复和平。教皇表示无能为力。詹姆士在外交和道义上已为巴拉丁尽力,至于军事远征,按17世纪初军费开支算,英格兰并无实力向欧陆派遣足以夺取巴拉丁的将士,詹姆士的搪塞充分说明此时的英伦臣民皆醉君独醒。

詹姆士不轻启战端还源于他的宗教观。统治英格兰前期,他与议会的矛盾主要是税收和财政,偶涉宪政,而到后期双方仍为税收争吵,但主要矛盾已转向外交和军事,焦点是英伦是否加入三十年战争。詹姆士无视议会参战之请植根于他与众不同的宗教观,他是17世纪上半叶为数不多的能把宗教和政治剥离的西欧君主,这并非说他无视宗教,相反,他深知治国安民需要宗教,但各教派须和平共处,而和平共处的前提是宗教宽容。伊丽莎白统治后期,英格兰宗教冲突表面已趋平静,詹姆士乐于维持现状,他的继位对宗教走势影响微乎其微。在当时西欧多数人为信仰而狂热的氛围中,回避教派纷争和仇恨绝无可能,但詹姆士始终应对自如。他的高明宗教政策常为史家称道。

---

① Derek Hirst, *England in Conflict*, 1603 - 1660: *Kingdom*, *Community*, *Commonwealth*, Arnold, 1999, p. 108.

　　1603 年詹姆士南下途中,蜂拥而至的各类教徒便向他呈递请愿书。天主教徒恳请他效法法王亨利四世包容各派教徒,他们特别提醒他是天主教徒玛丽·斯图亚特之子。清教徒也迫不及待向詹姆士申冤诉苦,他们组织的起愿队伍声势浩大,多达千人,史称"千人请愿"(millenary petition)。他们恳请詹姆士主持"一场恰当且神圣(godly)的改革"。① 改革主要内容包括:严惩不在所辖堂区居住的牧师以及身兼多职的神职人员,下令废止洗礼用的十字架,信徒禁戴婚戒、恪守安息日,牧师须穿白色法衣。清教徒还变相攻击主教制,其激进思想引起了詹姆士的重视。几天后,詹姆士便隆重刊布《王室礼物》(*Basilikon Doron*)一文。这篇长文原是詹姆士为教育其长子亨利而精心撰写,淋漓尽致地体现了詹姆士的宗教观。詹姆士无意据教义和礼仪审视教徒,他更在乎信徒是否忠君。他将清教徒和天主教徒都分为温和与激进两类。长老派这样的激进清教徒与天主教徒中的教皇派同等危险,因为他们均是藐视国王、伺机兴风作浪的极端分子。这两种人必须受到压制,惩罚他们决不能心慈手软。②

　　1604 年 1 月 14 日,宗教会议在汉普顿宫召开。牛津大学神学家雷诺兹(John Reynolds)建议主教和长老共同行使地方宗教权力,遭詹姆士痛斥。詹姆士视主教制为国本,也正是在这次会议上,他明确宣布"没有主教就没有国王",这一神学政治理论贯穿其统治之始终。③ 詹姆士重申 1583 年惠特吉夫特的三项命令继续有效,要求牧师严格遵守划一仪规。詹姆士只承诺规范宗教纪律,纠正神职人员身兼多职、擅离职守之歪风。他的承诺远不能满足哪怕温和清教徒的胃口。清教徒在汉普顿宫会议上的激进言行引起了詹姆士进一步警惕。不久,他要求议会整理亨利八世以来颁布的所有宗教法律和条例,涤除含混不清和相互矛盾的条款,汇编成宗教法。1604 年的宗教法无甚新意,重申国教教义并压制清教思想。许多地方的清教徒决意抵制这部宗教法,清

---

　　①　J. P. Kenyon, *The Stuart Constitution*, p. 119.

　　②　Johann P. Sommerville, ed., *King James Ⅵ and Ⅰ: Political Writings*, Cambridge University Press, 1994, p. 7.

　　③　Kenneth Fincham and Peter Lake, "The Ecclesiastic Policy of King James Ⅰ," *Journal of British Studies*, Vol. 24, No. 2 (Apr. 1985), p. 174.

教乡绅和贵族掀起了声势浩大的抗议活动，少数地方甚至上演了暴力冲突。詹姆士毫无退缩之意，多次下令将抵制宗教法的牧师革职，他甚至在 1607 年的议会中公开抨击不服从的牧师"藐视国王的权威和命令"，是"煽动性的宗派主义者"。① 在詹姆士、大主教班克罗夫特以及伦敦主教阿伯特的联手压制下，大多数神职人员极不情愿默认了新的宗教法。

不过詹姆士的严打主要针对高级主教和部分屡教不改的堂区牧师，1604 至 1609 年，仅 80 名左右牧师被革职，占官方按立牧师总数约 1/10。到 1611 年，顽固的激进清教徒或闭嘴，或被逐出教会，自此直至詹姆士驾崩，仅两位牧师遭解职。② 很明显，詹姆士对付清教徒之策师法伊丽莎白，令严行宽，给温和清教徒充分活动空间。温和清教徒不满国教会的蛮横及打压，但他们认为更要紧任务是与天主教徒战斗，他们与国教徒有加尔文主义和恐天主教两条纽带，故有条件游走于"国教会的边缘"，与国教会若即若离。③ 他们生存能力极强固然受惠于詹姆士刻意为之，更主要归功于部分主教和士绅的包庇。清教牧师、主教、士绅这三种人常因共同的剑桥教育背景而志趣相投。④ 他们相互扶持，各取所需。改教以来，贫困始终制约着英格兰教会发展空间。伊丽莎白时代，没有任何主教与贵族联姻，他们只能退而求其次，与乡绅或城市工商业者联姻。⑤ 这无形中拉近了他们与清教徒的关系。主教和牧师在伊丽莎白时代借债度日司空见惯，清教牧师尤为困苦，与卡特莱特同辈的清教徒多缺衣少食。到詹姆士统治后期，神职人员收入略微好转，但仍旧寒碜，不少清教牧师须兼营小买卖养家糊口。市场布道屡见不鲜，地摊就是祭坛。这比在教堂传布清教思想效果好得多。⑥ 与神职人员对比鲜明的是，士绅收入大涨。从都铎初期到 1640 年，士绅占地从 25％上升到 50％，主要得自教会损失的土地和王室拍卖的地产。士绅在清教徒中最有活力，因他们的存在，清教平信徒经

---

① Kenneth Fincham and Peter Lake, "The Ecclesiastic Policy of King James Ⅰ," p. 178.

② Kenneth Fincham and Peter Lake, "The Ecclesiastic Policy of King James Ⅰ," p. 181.

③ John Spurr, *English Puritanism*, *1603 - 1689*, Palgrave Macmillan, 1998, p. 65.

④ Patrick Collinson, *Religion of Protestants: The Church in English Society*, *1559 - 1625*, Oxford University Press, 1982, p. 187.

⑤ Patrick Collinson, *Religion of Protestants*, p. 71.

⑥ Patrick Collinson, *Religion of Protestants*, p. 139.

济实力和社会名望都大幅上扬,以殷实财力接济收入不稳的清教牧师。士绅在经济变革中累积财富时担心贫富分化滋生社会动荡和道德败坏,指望恪守戒律的清教徒替他们稳定人心、维系道德。被革职的牧师无须为生计发愁,贵族士绅争相聘请他们担任私人牧师。士绅还能通过控制什一税干预基层牧师任免,即便无法为非官方按立牧师提供合法职位,也可资助他们在基层游走布道,这种布道不受堂区和教区地理限制,更有利于扩散清教思想,逐渐"撕裂并分化"官方理解的教会国家。① 结果,詹姆士治下宗教界看似平静如水,却是清教势力成长的黄金时代。

詹姆士给清教徒活动空间,亦给天主教徒相对宽松生存环境。君临英格兰后,迫于新教徒压力,同时出于财政收入考虑,詹姆士要求严格执行伊丽莎白时代确立的对拒行国教礼仪的天主教徒的罚款法案,天主教徒极为反感和失望。1604 年夏,天主教徒沃特森(William Watson)纠集同伙,策划以暴力奇袭王室卫队,继而将詹姆士囚禁,逼迫他承诺给予天主教徒信仰自由。沃特森因密谋泄露被捕,供出了同伙布鲁克(George Brooke)。布鲁克交代其兄柯布厄姆勋爵希冀依靠西班牙金钱支持推翻詹姆士统治。对柯布厄姆的审讯又将雷利牵扯进来。沃特森被判处死刑,柯布厄姆和雷利被判处终身监禁。这两位伊丽莎白重用的贵族在詹姆士继位后失宠,因官场失意萌生了不轨念头。密谋促使詹姆士进一步收紧了对天主教徒的政策。他下令驱逐耶稣会士和天主教神甫出境。绝望的天主教极端分子铤而走险。1604 年,天主教徒盖茨比(Robert Gatesby)和福克斯(Guy Fawkes)等人租下毗邻议会大厅的一幢房屋,密谋在通向议会大厅的地下室里埋藏 20 桶炸药,以期在 1605 年 11 月 5 日议会开幕时炸死国王和朝廷重臣。届时他们的策应者将在米德兰地区煽动民众造反并拥戴詹姆士之女伊丽莎白为君。索尔兹伯里极有可能早就得到有关密谋的情报,但他为了妖魔化天主教徒并营造恐天主教氛围,迟至 11 月 3 日晚才下令拘捕和审讯福克斯。盖茨比闻讯密谋败露,逃至斯塔福德郡境内,在战斗中被杀。福克斯不久被绞死。是为"火药阴谋"(Gunpowder Plot)。

"火药阴谋"粉碎后,新教徒借机发泄狂热的反天主教情绪,这种情绪利弊

---

① John Spurr, *English Puritanism*, p. 71.

兼有,有效控制并因势利导,它是凝聚英格兰人心的精神法宝,如若失控则是致命乱源。1605年1月9日,议会开幕,索尔兹伯里以天主教威胁无处不在为由,建议议会批准4万镑税收用于肃反。议会则建议没收顽固天主教徒财产,而非例行的每年对他们人均罚款20镑。议会还要求制定新法,强迫天主教徒宣誓忠于国王、谴责教皇对世俗君主的废黜权。英格兰天主教大祭司布莱克维尔也要求天主教徒作上述宣誓。然而教皇保罗五世和天主教大知识分子贝拉明(Robert Bellarmine)致信布莱克维尔,严厉批评他立场软弱。詹姆士遂撰文反击教廷。1608年初,他匿名发表长篇论文《为忠诚誓言辩护》(*Apologie for the Oath of Allegiance*)。此文很快被译为拉丁文和法文,在当时知识界广为流传,它有明显的胡克思想印迹,但行文和逻辑均彰显詹姆士才思敏捷、聪慧过人。詹姆士借文批评教皇僭称有权废黜世俗君主,"在我的臣民之间制造分裂",搅得天下不得安宁。[①] 若教皇放弃这项非法权力,就不是新教徒所说的敌基督者。詹姆士在文中将天主教徒分为温和与激进两类。温和天主教徒忠于国王,激进派则盲从教皇,藐视君主。打击激进天主教徒,特别是教皇派,詹姆士绝不手软,但温和天主教徒是他眼中的良民。北安普顿伯爵是人尽皆知的隐蔽天主教徒,这并不妨碍他在詹姆士手下官运亨通。

詹姆士牢牢掌握着高级神职人员任免权,兼顾派系平衡。随着班克罗夫特步入暮年,阿伯特成为大主教热门候选人。阿伯特是坚定加尔文主义者且反对清教思想。1608年,他肩负圣命,前往苏格兰与长老派论战,为主教制和英格兰国教礼仪辩护,出色完成了任务,巩固了詹姆士对他的信任。1611年,阿伯特顺理成章晋升为大主教。他的温和立场确保了教会稳定和宗教政策的连续性。就在阿伯特出任大主教前后,阿米尼乌主义(Arminianism)在英格兰抬头。荷兰神学家阿米尼乌(Jacobus Arminius)与加尔文主义者均反教皇并坚持因信称义,但阿米尼乌及其信徒反对预定论,否认拣选说,相信神爱所有人,因而给予普世的救赎,在救赎过程中,人的自由意志也起重要作用。阿米尼乌主义有向早期教会救赎学回归之味,虔诚加尔文主义者斥之为没有教皇的天主教。阿米尼乌主义在17世纪初的北欧新教世界连续荡起涟漪,阿米

---

① Johann P. Sommerville, ed., *King James VI and I: Political Writings*, p. 86.

尼乌 1609 年病逝并不影响其学说继续风行。加尔文主义者逐渐警觉,1618
年 11 月至次年 5 月,国际加尔文教徒代表在荷兰多特(Dort)连开 180 场会
议,驳斥阿米尼乌主义并发布了五项教令,联省议会后又以法律形式重申加尔
文主义。阿米尼乌派愤愤不平,自称抗议派(Remonstrants)。

　　阿米尼乌风潮早就波及英伦,1610 年代,阿米尼乌主义在英格兰兴起的
证据信手可拈。1613 年,格劳秀斯(Hugo Grotius)游历英格兰时,可畅通无
阻与英格兰阿米尼乌派神学家互动。詹姆士只笼统表示他相信恩典神学
(theology of grace),不愿卷入加尔文主义者和阿米尼乌派的神学纠纷。詹姆
士统治前期,重要神职人员均是加尔文主义者,但随着阿米尼乌主义抬头,以
安德鲁斯(Lancelot Andrewes)为代表的阿米尼乌派也得到詹姆士信任。
1611 年定稿的钦定版《圣经》译者多达 54 人,既包括坚定加尔文主义者,也包
括潜在的阿米尼乌主义者。① 在 1613 年的埃塞克斯离婚案争执中,阿伯特基
于神法及道德考量坚决反对离婚,詹姆士持论相反,君臣意见冲突天下尽知;
阿米尼乌主义者安德鲁斯以及尼尔(Richard Neile)赞成国王所谓的高见,受
到重用,尼尔旋即获任林肯主教。阿伯特长期敌视一切天主教徒,与詹姆士的
普世和平主义也不尽一致。在詹姆士统治中期,高级神职人员形成泾渭分明
的两大派。阿伯特与伦敦主教约翰·金(John King)是加尔文主义中坚,安德
鲁斯和尼尔则是阿米尼乌派先锋,他们身后还站着年轻的牛津大学神学家劳
德(William Laud)以及宗教法学家霍森(John Howson)。阿伯特指控安德鲁
斯同情荷兰抗议派;以霍森否认教皇是敌基督者污蔑他是教皇派,抨击他在履
行圣职时为周末嬉娱(sunday sports)辩护;谴责劳德是十足教皇党人并多次
抑制他的升迁。安德鲁斯和霍森提醒詹姆士,须时刻提防阿伯特的清教思想。
两派矛盾激化时,詹姆士总是各打五十大板。他批评霍森搬弄是非,声称仅凭
阿伯特坚定捍卫主教制便足以证明他明白大是大非。当然詹姆士也不轻信阿
伯特的教唆,拒绝把否认教皇是敌基督者与教皇派混为一谈,几年后,霍森被
提拔为牛津主教。② 詹姆士超然于教义争执之上,只要不危及政治稳定,他不

---

　　① Kenneth Fincham and Peter Lake, "The Ecclesiastic Policy of King James Ⅰ," p. 187.
　　② Kenneth Fincham and Peter Lake, "The Ecclesiastic Policy of King James Ⅰ," pp. 193 -
196.

会禁止这种争执。詹姆士也乐见不同教派信徒互掐,他们互相攻讦恰为国王提供了充分调停空间,有利于巩固国王的教会领袖地位。

三十年战争打响后,以阿伯特为首的加尔文主义者视战争为新教徒对天主教徒的圣战。但詹姆士是人尽皆知的基督教世界和平主义者,他刻意淡化战争的宗教色彩,欲用联姻与外交谈判恢复和平,至少要替弗雷德里希要回巴拉丁。他的方略在宗教界、议会和枢密院均遭强烈抵制。阿伯特是反对与西联姻的排头兵,他默许神职人员撰文批评联姻政策,还在枢密院中煽动反天主教情绪。教俗两界加尔文主义者的过激反应引起詹姆士极度反感和高度警惕。1620 至 1622 年,他多次发布王室诏令,禁止牧师布道时谈论"国事"。①然而树欲静风不止,新教徒尤其是清教徒仍为战争鼓噪,而詹姆士完全不予理睬。他无愧于自诩的"亨利七世后人",千难万阻都不能打消他与西班牙结亲之愿。新晋布里斯托尔伯爵(1st Earl of Bristol)迪格比远赴马德里游说腓力四世将其妹玛丽公主(Infanta Maria)嫁于查理。婚约一旦达成,西班牙武装将撤出巴拉丁并向费迪南德二世施压,将巴拉丁归还给弗雷德里希。詹姆士指望联姻一并解决财政和巴拉丁两大难题,他对婚约的估值未免太高了。主导西班牙政务的奥利瓦雷斯伯爵(Conde de Olivares)认为与英格兰联姻对西班牙弊多益少,玛丽公主也不愿下嫁新教徒。詹姆士仍相信宗教障碍可以克服,查理已把玛丽当作梦中情人,他与贡多马尔打得火热,希望大使能减少玛丽对他的误会。

为示诚意,1623 年 2 月 17 日,查理与伯金汉动身,随后化装穿越法国,3月 7 日抵达马德里。查理不请自来令西班牙人措手不及。出于外交礼节,腓力四世没有直接回绝查理的求婚,随即想方设法制造婚约障碍。西班牙要求英格兰废除迫害天主教徒的法律,还说王室婚姻须由教皇发布特许令。奥利

---

① James F. Larkin and Paul L. Hughes, eds, *Stuart Royal Proclamations*, Vol. Ⅰ, pp. 495 - 496.

瓦雷斯原以为教皇替费迪南德二世着想,不会让西班牙和英格兰走得过近,必然拒发特许令。然而格雷高利十五想借机诱惑查理改宗天主教,慷慨发布了特许令。教廷为安抚腓力四世,同时也为英格兰天主教徒着想,特许令明言英格兰枢密院和议会须允诺玛丽及其侍女行天主教礼仪。查理在马德里缔结的婚约还包括一项秘密条款——三年内废除英格兰所有打压天主教徒的法律。詹姆士结亲心切,即便阿伯特在宫廷布道中公开哀叹查理屈尊赴西求亲有辱国格,他也听而不闻。[1] 他亦不在意王室将因此丧失对顽固天主教徒的罚款收入。为犒赏伯金汉媒妁之功,未等其归国,詹姆士便遥封他为公爵。自1572年诺福克被处决,英格兰已半个世纪未封公爵了。詹姆士垂涎丰厚嫁妆,查理期待抱得美人归,伯金汉在等庆功宴。然而腓力四世和奥利瓦雷斯无法就巴拉丁让步并借口成婚时机还未成熟,不许玛丽随查理一道踏足英格兰,婚约遂成一纸空文。查理和伯金汉扫兴而归,颜面无存。10月23日,他们在朴茨茅斯停船上岸,民众因玛丽未随查理而来额手称庆。查理从群众反应中察觉国人反天主教情绪空前强烈。他决心利用这种情绪报复西班牙,强烈的报复欲说明他极好面子且气量褊狭。

1623年底至1624年初,查理和伯金汉想方设法阻止詹姆士以及主和派大臣与西班牙修复关系。詹姆士年事已高且为关节炎和肾结石等病所苦,查理决策权重越来越大,围绕他逐渐形成一个所谓的"爱国联盟",连痛恨伯金汉的柯克及彭布鲁克也被笼络进来。联盟松散,但对西开战口径一致,其骨干轮番向詹姆士施压,要求召开议会商讨战事。1624年2月,詹姆士治下最后一届议会召开。查理怂恿主战派议员废止已维系了二十年的英西和平条约。伯金汉故意向下院公布他和查理在西谈判细节,以便议员们认清和谈讨要巴拉丁无望。詹姆士借机要钱,他说发动对西战争,议会必须批税78万镑,其中一部分用于清偿王室债务。[2] 议员们为外交领域的"圣明革命"(the blessed revolution)欢呼,但对詹姆士要求的天文数字税收极为震惊。枢密院经过讨论,建议先行批准其中一部分,余额待战争开打后再行斟酌。查理和伯金汉也

---

[1] Kenneth Fincham and Peter Lake, "The Ecclesiastic Policy of King James Ⅰ," p. 200.

[2] Roger Lockyer, *The Early Stuarts*, p. 147.

提醒詹姆士,一次性批准巨额税收不太现实,最后议会同意暂批 24 万镑。3月 23 日,詹姆士变卦,他亲临下院声明已批税收远不足以应付战争,还特别强调:英西交恶后,"你们应当用你们的智慧、金钱和力量"支持战事。① 显然,詹姆士丑话先言,若议会日后不愿跟进批税,他会随时停战。

实际上,詹姆士根本无意对西宣战,他仅表示放弃英西结亲,不再指望从谈判桌上讨回巴拉丁。议会以一贯的不信任心态关注着詹姆士举动,批税仅有口头同意,税收议案还未进入听读阶段,而詹姆士连动员部队的资金也拿不出。此外,君臣对战争性质更存争议,詹姆士一再强调战争仅为夺取巴拉丁,无关宗教。下院议员却把发兵视为对敌基督徒的十字军行动,他们更隐蔽的目标是打着宗教幌子去海上劫掠西班牙的金银财宝。4 月初,新教议员开始攻击天主教徒,菲利普斯危言耸听:"西班牙在英格兰若无同党,绝不可能伤害到我们。"②这话只是重复着 1580 年代的陈词滥调——国内天主教徒与西班牙里外勾连并妄图颠覆英格兰新教体制。宗教狂热分子还请求国王下诏,加大惩罚顽固天主教徒力度。这等于逼迫国王承认战争与宗教密不可分,而詹姆士态度决绝——和战不关神与教。鉴于国王和下院均无意让步,查理主动站出来缓和气氛,承诺即便将来娶天主教徒为妻,也只允许妻子在宫中行天主教礼仪,对宫外天主教徒的压制不会放松。

外交争执还牵动高层人事斗争。财政大臣米德尔塞克斯因反战而惹火烧身。他提醒国王与议会,开战必损害英格兰海外贸易,导致关税收入锐减。詹姆士完全认同他的高见,无奈查理和伯金汉都想搞垮他。查理欲借惩罚米德尔塞克斯彰显主战姿态,伯金汉则出于私怨。米德尔塞克斯原受伯金汉庇护才荣膺财政大臣,随着翅膀变硬,他逐渐威胁伯金汉权势。他指责伯金汉误诱国王伤风败俗、挥霍无度,他还怂恿自己的妻舅勾引国王。伯金汉怒不可遏。5 月初,他的喽啰向下院曝光米德尔塞克斯贪污受贿并出示确凿证据。米德尔塞克斯被罚 5 万镑,身囚伦敦塔。詹姆士对米德尔塞克斯倒台深感惋惜。此人理财四年,节流开源,部分缓解了王室财政困难。詹姆士对此心知肚明,

---

① Roger Lockyer, *The Early Stuarts*, p. 148.

② Roger Lockyer, *The Early Stuarts*, p. 149.

但他一贯不愿公开包庇贪污犯。此外,米德尔塞克斯反复规劝詹姆士量入为出,詹姆士受够了他的师爷派头和喋喋不休。

5 月中旬,议会终于通过约 30 万镑税收议案,但不忘申明税收用途及监管细则,特意强调须由下院指定成立的财政专门小组和战争委员会负责税款调拨。相较 1604、1610、1614 及 1621 年议会,1624 年议会勉强算是取得了成功。这主要归功于查理的主战姿态博得了下院多数议员好感。詹姆士得到了税收,心情并不畅快。他不仅对议会斤斤计较反感透顶,也对宗教圣战毫无兴致,何况区区 30 万镑在通胀大潮中根本不足以支撑一场军事远征。议会解散后,詹姆士仍恪守和平,继续维持英西友好关系。是年夏天,伦敦有剧院上演一出讽刺已离任的西班牙驻英大使贡多马尔的戏剧——《象棋比赛》(*A Game at Chess*)。西班牙新大使强烈抗议,远在米德兰狩猎的詹姆士闻讯后立刻指示枢密院下令停演此剧。

詹姆士对西示好,且力避宗教裹挟政治、军事和外交,导致他与他的多数新教臣民冲突频起。议会里的火药味早就蔓延到了威斯敏斯特大厦之外,宗教界反应尤烈。加尔文主义者,尤其是激进清教徒愤愤不平。阿米尼乌派却心领神会,默认詹姆士内外政策。詹姆士越来越赏识阿米尼乌派,圣职任命首先考虑他们。安德鲁斯和同情阿米尼乌派的蒙田(George Montaigne)分别升任温彻斯特和伦敦主教。詹姆士本厌恶劳德,早就看穿此人野心勃勃,但劳德在尼尔支持下,还是获得了威尔士境内辖地面积最大的圣戴维斯(St Davids)主教区主教职位。加尔文主义者嫉妒阿米尼乌派得势,不断挑事,屡屡搬出1580 年代以前的法令和信条反击阿米尼乌派,致使詹姆士统治尾声阶段教派斗争白热化。

1624 年,阿米尼乌神学家蒙塔古(Richard Montagu)为迎合圣意并回击加尔文教徒的理论攻击,撰文《再让老家伙闭嘴》(*A New Gagg for an Old Goose*),称《圣经》和国教会信条都从未明言预定论,故预定论只是一小撮走火入魔之人的臆想;此文还刻意模糊英格兰国教与罗马天主教会的界线,痛斥清教宗派主义。① 蒙塔古之文招致加尔文主义者严厉批评,阿伯特为此向詹姆士告状,控诉蒙塔古是教皇派。詹姆士反对上纲上线,他回应称:若指控蒙塔古为教皇派,那么国王自己也是教皇派。詹姆士还授意蒙塔古撰写新文进一步澄清其论点。1625 年初,蒙塔古又呈上《向凯撒申诉》(*Appello Caesarem*)一文,痛斥清教徒利用虚伪的服从妄图将长老制引入英格兰,取代国教,实乃十恶不赦的颠覆分子。不过 1624 年秋詹姆士健康骤然恶化,伯金汉预感国王不久于人世,转而逢迎查理,詹姆士倍感孤寂,致信伯金汉曰:"今年圣诞节我们举行一场新婚礼,此后永不分离,……我宁可与你一道流浪天涯海角,也不愿忍受没有你的悲惨鳏夫生活。"②孤寂无助的詹姆士知道自己行将就木,无心理会教义争执,何况英西联姻谈判早已破产,外交和联姻分歧造成的君臣矛盾有所缓和,他对清教徒的厌恶不那么强烈了,蒙塔古事件也就没了下文。詹姆士即便健康如昔,也不会因蒙塔古怂恿而迫害清教徒。他是宗教宽容主义者和基督教普世和平主义者,尽管驾崩前几个月他只能靠酗酒而非上述宽容及和平精神缓解病痛。1625 年 3 月 27 日,詹姆士中风身亡。

詹姆士治理不列颠二十二年,淫乱放纵为人不齿,铺张浪费屡遭诟病,君权神授理论饱受批评,一味避战令臣民失望。其私生活和个性确有争议,其他批评都失公允。詹姆士挥霍无度,但不强迫议会批税。拜议会所赐,詹姆士治下的不列颠轻徭薄赋,臣民负担与同时代欧洲各国相比极轻。百姓在瘟疫和灾荒年月可勉强糊口,实属万幸。教国体制本就暗含君权神授,君主代表上帝治理教会是教国大厦的理论基石,而清教徒和天主教徒才会反对君权神授。财政困难是 17 世纪西欧君主普遍难题,詹姆士的挥霍仅加剧了他的财政困难,西、法等国君主可绕开议会广开财路,詹姆士却被议会掣肘,即便节衣缩食,王室财力亦无可能支撑长期战争。有鉴于此,詹姆士恪守和平,何况三十年战争主战场远离不列颠岛,詹姆士实没必要效仿伊丽莎白援荷、助法、抗西。当然,詹姆士避战主因植根于基督教普世和平主义理念,这种理念不仅折射在外交领域,亦支配着对内政策。他的宽容主义确保各教派和平相处,最高明的

---

①   Nicholas Tyacke, *Anti-Calvinists: The Rise of English Arminianism*, *c. 1590 - 1640*, Oxford University Press, 1990, p. 149.

②   Pauline Croft, *King James*, p. 127.

是,各教派和平相处且主次有别。都铎王朝教国体制定型,而詹姆士提炼出了"没有主教就没有国王"这份通俗简练之理。此理道出的等级结构确保英格兰教会秩序井然、王权稳固,进而确保詹姆士治下的不列颠既没外战之祸,亦无内战之险。反观同时代西欧各国,均不同程度卷入内外战争旋涡。詹姆士墓志铭中的"和平"与"正义"两个词可谓其一生的写照。他的统治看似乌烟瘴气,实则处处闪熠着睿智。他不勉强英苏合并,不逼迫议会批税,不强求宗教划一。他不触动这三大天条,垂拱而治,英伦太平,而他的儿子偏要挑战这些天条,惹来杀身之祸。

第六章 查理一世的前期统治(1625—1642)

二十四岁的新君查理一世英气逼人,举手投足处处展现与其父颓废慵懒截然不同之风采。人们普遍期待万象更新。查理态度严肃、恪职尽守,使命感极强。一年前他的对西强硬立场迎合了这个时代的强烈反天主教情绪,况且查理依靠议会支持对西备战,议会起初誉之"天生属于议会的君王"。查理继位后急欲发动对西战争,军费支出预计每年上百万镑,如此庞大的数额只能指望议会拨款。从詹姆士殡天到 6 月 18 日查理第一届议会召开,仅隔八十天。其间,查理还要为迎娶赫丽塔(Henrietta Maria)操心,这位信奉天主教的法国公主于议会召开前两天才抵达伦敦。查理并没有为召集议会做足准备,仓促行事致使局情充满不确定性。按惯例,议会召开前,国王信任的大臣会游说议员支持国王的政策,至少确保下院领袖不反对国王。查理或许认为他上年与议员们的良好关系足以保证一切进展顺利。他以一年前对西开战的不成文约定为由,要求议会迅速拨款,至于议员们陈诉的各种苦难,留待下个议期另作讨论。下院议员远不像查理预想的恭顺。5 月初为顺利迎娶赫丽塔,查理曾宣布暂停执行对顽固天主教徒的罚款,新教徒疑虑陡增。议员们希望加大对天主教徒惩罚力度,查理却提醒他们,宗教事务向由国王全权负责,议会无权插手。这陈词滥调毫无说服力,议员们就天主教威胁还以颜色,只批准 14 万镑税收,远少于查理预期数额。若开战,仅海军一年的支出就高达 30 万镑。7月 8 日,查理和伯金汉要求增加税款,已批 14 万镑只能算作议会给新君登基的见面礼。① 议员们充耳不闻并借口瘟疫盛行纷纷躲至乡下。11 日,查理宣布议会休会,但声明 8 月初将在牛津重开。议员们在牛津续开的议会上仍不愿就批税松口并把矛头指向伯金汉。查理露骨表示,拒不批税严重伤及国王荣誉,其危害比瘟疫更大。他还毫不避讳替伯金汉开脱,声称指责伯金汉等于质疑国王任命大臣的权力。② 面对查理的强词夺理,议员们拒绝屈服,他们一如既往担心天主教反扑和国王专制。8 月 12 日,议会解散。

查理在他的第一届议会上便领教了议员们的不逊,不过他的战争意向不会因议会咎啬而改变。查理和伯金汉想用军事行动树立新君威望并挽回在议会丢失的颜面,更想向臣民展示他们对天主教国家立场强硬。10 月,军事素人伯金汉自命不凡,领兵远征加迪兹,一败涂地。查理更觉得颜面无存。他又鲁莽发动了对法战争,借口是法王路易十三用英格兰借给他的船只围攻胡格诺教徒,查理要求路易归还船只,对方置之不理。查理恼羞成怒,对法宣战,援救拉罗谢尔的胡格诺教徒。1626 年初,胡格诺教徒与法王和解,查理不知如何收场。他临朝一年,政策多随性而为,既无大局观亦无长远规划,内政外交均遇重挫。他不仅急于证明自己是一代雄主且无论何时何地都将一切事情与自己荣誉扯到一起,屡致政策丧失回旋余地。既无理由继续援助胡格诺教徒,就当趁机停战,查理却拉不下面子,继续坚持用战争维护所谓的荣誉。他的外交和军事日程表上排满了好大喜功的项目:迫使西班牙归还巴拉丁,支持其舅丹麦国王克里斯蒂安四世(Christian IV)南征北战,军事威慑法国。为践履这些政策,查理只能再次召集议会,筹措资金。

1626 年 2 月 8 日,查理治下第二届议会召开。为减少批税阻力,查理在议会召开前将爱德华·柯克、罗伯特·菲利普斯等惯常的捣蛋分子发配地方出任郡官。然而他没料到需面对埃利奥特(John Elliot)这个更难缠的刺头。埃利奥特原是伯金汉僚属,在权力争斗中输给了约翰·柯克(John Coke),后者不仅替伯金汉掌管海军且被提拔为国务大臣。埃利奥特因仕途受挫迁怒伯金汉。他呼吁议会成立专门委员会调查伯金汉远征加迪兹期间的渎职行

---

① Richard Cust, *Charles Ⅰ : A Political Life*, Longman, 2005, pp. 46 - 47.

② Richard Cust, *Charles Ⅰ*, pp. 48 - 49.

为。① 詹姆士当年虽包庇伯金汉,但随时抛出培根、米德尔塞克斯等人供下院泄愤;查理不同,他会不惜一切代价庇护他眼里的忠臣并视此为君主威严和荣誉之体现。他认为弹劾伯金汉就是对国王不敬,主动替伯金汉挡灾并安慰他:"他们针对的不是你,他们质询的是我","随便他们做什么,你不会被关进伦敦塔"。② 查理认为议会严重越权,他不否认议会有权陈诉苦难,但逼迫国王则是大逆不道。3月29日,他将两院议员召至白厅,考虑到自己不擅演讲,他指示掌玺大臣考文垂(Thomas Coventry)代为发言。考文垂提醒议会勿滥用自由并警告议员:可以向国王建议但决不能胁迫国王。议员们对考文垂的发言置若罔闻,继续集中火力弹劾伯金汉。

5月8日,下院书面列举了伯金汉一系列罪状,包括"行为不轨、玩忽职守、欺上瞒下以及其他犯罪行为",呼吁两院一道审理伯金汉。③ 伯金汉只承认自己政策有误,否认违法。上院当时若不愿配合下院,伯金汉定能蒙混过关,但他长期狐假虎威,祸国殃民,早已四面树敌,激起公愤。上院和枢密院中的彭布鲁克伯爵、阿劳戴尔伯爵(Thomas Howard,14th Earl of Arundel)以及大主教阿伯特都欲彻底扳倒伯金汉。查理一度将阿劳戴尔和埃利奥特等人关进伦敦塔,招致两院共同抗议。上院以阿劳戴尔缺席为由,拒绝开会;下院也以议员不因言论遭逮捕为由暂停议事。查理无奈将阿劳戴尔和埃利奥特等人释放。④ 查理不止一次诉诸暴力,但每在关键时刻打起退堂鼓,这种外强中干以后还会多次上演,而每次上演都必然损耗他十分珍视的所谓荣誉。查理如若明智,应立即解散议会,而非不切实际等待议会口头许诺的30万镑税收。议员们的火力始终集中在伯金汉身上,只有伯金汉不再"干涉国家大事",他们才会考虑批税,因为伯金汉的滥权与无能只会糟蹋民脂民膏。⑤ 6月初,布里斯托尔伯爵又指控伯金汉误导查理信仰天主教且怀疑伯金汉毒死了先王詹姆士。查理不能容忍议会再漫无边际争论下去,否则他也将涉嫌弑父,至少要背

① Roger Lockyer, *The Early Stuarts*, p. 265.

② Richard Cust, *Charles I*, p. 53.

③ Roger Lockyer, *The Early Stuarts*, p. 266.

④ Roger Lockyer, *The Early Stuarts*, p. 267.

⑤ Roger Lockyer, *The Early Stuarts*, p. 268.

负纵容伯金汉行凶的骂名。6 月 15 日,议会解散。查理的头两届议会均不欢而散。议员们并不诚心支持战事,亦对战争方略和对象心存疑虑,更不相信伯金汉这个跛扈的暴发户有将兵之才。查理求战心切,但无法容忍议会讨价还价,把议会的刚硬视为对国王荣誉的伤害。他与议会合作的前提是议会温顺、服膺君主。

1626 年夏,外交和军事形势均不乐观。西班牙陈兵佛兰德尔,法国权臣红衣主教黎塞留(Cardinal Richelieu)进攻拉罗谢尔,克里斯蒂安四世招募的北欧新教将士也被神圣帝国悍将瓦伦斯坦(Albrecht von Wallenstein)指挥的天主教军队击垮。由于上年给予克里斯蒂安每月 4 万镑援助的承诺无从兑现,查理深感愧疚,为食言自责。他安慰丹麦驻英使节,将驻扎在荷兰的英军划归克里斯蒂安调遣,还承诺后续资金很快将到位。然而钱从哪来? 他再也不想开议会,于是诉诸强制借款。强制借款的法理基础是君权神授,查理认为君主因神授特权而不受世俗法律羁绊,有权为公共福祉强行筹措资金。他还将强制借款与自己荣誉联系起来,拒绝借款就是无视君主荣誉。查理态度决绝,枢密院只好用威胁、恐吓等非法手段强迫民众出钱。查理一度声称要将格洛塞特郡 150 名拒绝借款者送到海外服役,威胁将质疑强制借款合法性的法官解职。查理还授权牧师布道时为强制借款辩护。梅恩沃林(Roger Maynwaring)的布道词称:"任何国王如果下达不与上帝之原初法律抵触的命令,……臣民不应该冒遭诅咒以及背叛上帝的风险,质疑或违抗君主意志,扫君主之兴。"[1]阿伯特因拒绝审批此类布道词之刊行,遭查理软禁。1627 年,查理命令法官审理达尼尔(Thomas Darnell)等五名拒绝借款的骑士(Five Knights),希望借此案判决为强制借款正名并树立法律依据。然而法官们根据普通法无法给五骑士定罪,只能"依据国王特别命令"将他们继续监禁。强制借款为查理带来 24 万余镑收入,相当于 1626 年议会拟批税额的 80%,但严重损害了君主信誉,新一轮君臣冲突必然更加剧烈。[2]

1626 年底,黎塞留没收波尔多海域的英格兰运酒船,为查理提供了再度

---

① J. P. Kenyon, *The Stuart Constitution*, pp. 13 – 14.

② Richard Cust, *Charles I*, pp. 65 – 67.

对法开战的口实。查理也迫切需要为伯金汉挽回声誉，对法用兵若获胜，伯金汉便可一雪前耻。1627 年夏，伯金汉再以支援胡格诺教徒为名率 6000 英军进攻拉罗谢尔，折兵损将过半，灰头土脸撤回英格兰。伯金汉屡屡战败已不再是他个人能力问题，人们普遍质疑查理用人水平。查理非但拒绝检讨，反而决意再战以挽回颜面。他计划于 1628 年发动更大规模对法战争，然而仅重整海军一项开支就需 60 万镑，查理又考虑重开议会。枢密院此时正忙于修复强制借款造成的君民紧张关系，并不赞成开议会。查理一意要战，枢密群臣遂不便阻拦。

3 月 17 日，查理的第三届议会召开，他在开幕演讲中警告议员们不要讨价还价。激进派议员一如既往不予配合，他们要借议会重树受损的法制权威并清除强制借款的恶劣影响。4 月 4 日，下院表示只有国王同意议员申诉苦楚，才会考虑批准 30 万镑税收。议员们所称的苦楚主要指强制借款、强行驻兵于民宅以及军事法（martial law）滋生的扰民乱象。查理仍宣称监禁抗税者属于国王特权，总检察长希斯（Robert Heath）替国王起草一份宣言，重申国王有权为国家安全之需制定临时性措施，军事法与民法并不冲突。双方再陷僵局。5 月初，下院起草《权利请愿书》（Petition of Right），明言国王不得无视法律将他人监禁，矛头直指强制借款及一系列暴政苛法。5 月中旬又传来了英军从法国沿海铩羽而归的消息，下院抗争更加硬气。5 月底，上院也认可了《权利请愿书》，这足证查理倒行逆施已致"上、下两院均对他失去了信心"。①

查理本应解散议会，罢兵休战，但为了荣誉，他执意军队速返战场，扭转战局。为筹措军费，他必须满足议会开列的批税条件，同时考虑承认《权利请愿书》具备法律效力。《权利请愿书》内容计八条，前七条主要追述历代英王和《大宪章》承诺的民权以及议会批税之权。第八条强调："未经议会法律共同认可，任何人此后都不得被强迫交纳任何赠礼、借款、恩惠、税收以及诸如此类的勒索"；国王应下令撤走驻扎于民宅的"士兵与海员"；"军事法应被废止或撤销"。② 6 月 14 日，查理书面回复《权利请愿书》，但不忘警示议员："认可你们

<hr />

① Roger Lockyer, *The Early Stuarts*, p. 274.

② Barry Coward and Peter Gaunt, eds, *English Historical Documents*, Vol. Ⅴ(B), *1603 - 1660*, Routledge, 2010, p. 238.

的一切自由"并不意味着议会可以"伤害我的特权"；"（我已）满足你们的要求，尽了我之本分"；"若本次议会无法达致满意结果，罪责全在你们，我无须担责"。① 两天后，议会批准了税收。查理本应立即解散议会，但他认为议会应对《权利请愿书》生效感恩国王，同意国王终身享有吨税和磅税（tonnage and poundage）征收权。吨税和磅税是两种关税，按国王享有终身关税征收权之传统，查理的要求并不过分。然而爱德华·柯克等人以短期内无法制定恰当税率（book of rates）为由，婉拒了查理所求并提醒他："征收吨税和磅税，以及其他未经议会批准的强制性税收，侵害了这个王国的基本自由，与陛下您对《权利请愿书》的庄严回复相悖。"②查理担心议会再就吨税和磅税发难，索性于 26 日解散议会。

1628 年夏，查理摆脱议会纠缠后发现已无对法开战借口，胡格诺教徒已向法国官方屈服，黎塞留管理的法国兵强马壮。查理不愿再招惹法国，但仍想用外交或军事胜利封堵悠悠众口。他继续奉劝西班牙归还巴拉丁，西班牙置之不理，修复英西关系的计划泡汤。他继续支持丹麦对哈布斯堡家族作战并酝酿武力夺取巴拉丁。然而兴兵就得花钱且只能召集议会筹钱。就在查理纠结时，枢密院建议再开议会，缓解过去三年君臣对立情绪，化解积怨。伯金汉于 8 月 23 日被费尔通（John Felton）刺杀身亡，枢密群臣估计伯金汉之死已使议会失去攻击靶心。查理准确料到，若开议会，过去几年阿米尼乌主义之盛行必刺激议会就宗教政策发难。不过为了军费他还是硬着头皮再开议会。1629 年 1 月 20 日，查理的第三届议会第二次会议开幕。最初几天，查理摆出让步姿态，但议员们抱怨他无视《权利请愿书》，抨击税官巧立名目、横征暴敛。商人罗勒（John Rolle）因拒交吨税和磅税被税官扣押财货，埃利奥特以此为据，指控税官藐视刑律。一位欲替查理开脱的枢密大臣提醒下院，税官之罪不应牵扯国王。查理却像先前替伯金汉挡灾一样，告知下院，税官一切行为都源自

① Barry Coward and Peter Gaunt, eds, *English Historical Documents*, Vol. Ⅴ（B），p. 241.

② Barry Coward and Peter Gaunt, eds, *English Historical Documents*, Vol. Ⅴ（B），p. 246.

"他的授权"。① 按查理逻辑,下院指控税官等于质疑国王任命官员的权力。他还担心,危难时弃卒自保会令所谓的忠臣心寒。查理确信,有他的庇护,下院往时弹劾伯金汉无果,现今也无法治税官之罪。

查理早已习惯下院就宪政所发的陈词滥调,他更担心宗教吸睛并专设了预防机制。本次议会召集前,查理同意由上下两院各四名成员组成一个专门委员会讨论宗教问题,防止宗教争执扰乱议会批税程序。委员会于1628年底强迫蒙塔古放弃反加尔文主义论调,同时召开的兰伯斯宗教会议重新发布《三十九条信纲》,命令牧师布道及执礼时在"字面及语法上"均须与信纲完全一致。这些预防机制说明查理政治嗅觉灵敏,知晓宗教已取代税收成为头等民怨。然而他的预防机制并未奏效。议会召开三天后,以皮姆为首的议员便要求澄清加尔文主义为国教正统教义,严惩向国王建言献策的阿米尼乌主义者。查理多次声明,禁止议会干涉当由国王独揽的宗教事务。1629年2月下旬,查理嗅到宗教冲突夹杂的火药味,宣布议会休会至3月2日;3月2日,又宣布休会至10日。皮姆等议员群起抗议,宣称只有下院自身才有权决定何时休会并多次将企图离席的议长强摁回座位。霍莱斯(Denzil Holles)当场宣布三条重大决定:

> 任何人试图改变宗教,拥护或支持引入背离纯正且正统教会的教皇制或阿米尼乌主义,均被视为这个王国和共同体的死敌。
>
> 任何人建言或建议征收未经议会批准的吨税和磅税,从事或参与征收,同样被视为政府的颠覆者,是王国和共同体的死敌。
>
> 任何商人或其他自愿屈服的人,缴纳未经议会批准的吨税和磅税,一样被视为对英格兰自由的背叛,是王国和共同体的敌人。②

霍莱斯欲一并清算宗教和税收问题且不加掩饰指控查理就是王国和人民的死敌。他宣布完毕后,下院自行解散。

---

① Roger Lockyer, *The Early Stuarts*, p. 280.

② Barry Coward and Peter Gaunt, eds, *English Historical Documents*, Vol. Ⅴ(B), p. 255.

3月4日,查理下令逮捕9名下院议员,27日又发表一份措辞严厉的宣言,声明"任何人无论何时再建言王室召开议会,将被视若藐视王威"。① 紧张气氛弥漫全国,查理和枢密院担心激进派议员煽动民粹主义骚乱。以彭布鲁克为首的温和派建议查理主动缓和朝野矛盾,查理不予理睬。彭布鲁克次年病亡。他是这一时期少有的既愿为查理效命也能与乡绅对话的开明人士,他死后宫廷与乡野的对立更加尖锐。② 查理和财政大臣维斯顿(Richard Weston)的铁腕政策愈发收紧,非理性报复心理驱使查理严惩在押议员。埃利奥特和霍莱斯等议员也如查理一样强硬,誓将牢底坐穿,拒绝以国王特许获允保释,被判监禁。1632年,埃利奥特病死狱中,直接被埋在伦敦塔内,只因查理不许其亲朋收尸,查理的刻薄善妒并不合乎王道。

查理关闭议会等于断了重要财路,再战已不现实,财政和外交政策都需调整。这位珍惜荣誉的国王不再大肆出售爵位和官职,但变本加厉靠专卖和垄断增收,得自关税、监护权、森林法的收入亦相当可观。查理节流与开源并举,为此必须终止战争,不再支持大陆新教徒。亲西班牙的维斯顿和新任牛津大学校长劳德亦劝查理与西和解。1630年,英西签订《马德里条约》(Treaty of Madrid),重申1604年和平精神。1631年,英西还秘密议定瓜分荷兰,作为对西班牙归还巴拉丁的补偿,不过这一龌龊计划从未付诸执行。1632年,瑞典军队战败,北欧新教徒两大领袖古斯塔夫·阿道夫(Gustavus Adolf)和巴拉丁选侯弗雷德里希病故,恢复巴拉丁一事此后无人问津。查理外交政策虽令新教徒不满,但卸掉军事负担大幅缓解了财政压力,是无议会统治或曰个人统治(personal rule)的前提。

个人统治之下,查理是唯一决策者,不仅免于议会干扰,枢密院功能和枢

---

① James F. Larkin and Paul L. Hughes, eds, *Stuart Royal Proclamations*, Vol. Ⅱ, *Royal Proclamations of King Charles Ⅰ, 1625 -1646*, Oxford University Press, 1983, pp. 226 - 228.

② Derek Hirst, *England in Conflict*, p.133.

密大臣权力亦遭削弱。各部大臣单独向查理禀报所负责之专项事务。没有哪位大臣像昔日的伯金汉那样,在私交和公务两方面都受到查理高度信任。维斯顿贵为财政大臣,但无伯金汉的裙带关系网。温特沃斯本是激进派议员,1628 年受封男爵后立场转向,在蔑视议会这一点上与查理持见略同。温特沃斯不是伯金汉式媚上欺下的小人,他有独到政治见解,还有把见解付诸实践的高明手段。然而或许因为能力强且有主见,他常因具体策略忤逆查理。此外,个人统治期间,他主要在爱尔兰担任总兵,对内政,尤其是民政和宗教影响不大。汉密尔顿(James Hamilton)与查理私交甚笃,不过他的军人履历和苏格兰背景并不适合替查理打理政务。劳德最受查理信任,也是枢密大臣,但查理不让他过问世俗事务。伊丽莎白和詹姆士擅于利用廷臣倾轧和派系争斗强化君主权威,查理则厌恶廷臣拉帮结派,也不许任何大臣干预人事任命。1635年,维斯顿去世,查理提拔伦敦主教贾克森(William Juxon)署理财政部,还命他担任海军总司令。贾克森是两百年来第一位教士出身的财政大臣,他的高就出乎所有人意料。一般认为,贾克森来自伦敦富商之家,与各城市同业公会联系密切,查理相信他能克服征税阻力。贾克森工作勤勉,态度恭顺,是查理欣赏的模范官员,然而其人循规蹈矩,毫无创意,不能指望他解决王室财政的结构性难题。

严禁任何大臣凌驾于同僚之上必致查理要做的决策太多,肩责极重。查理工作勤勉,责任心强,宵衣旰食,平均每年主持枢密会议达 40 次之多,远超其父。[1]重大决策悉出自国王之手,各部大臣不问对错,只管执行。行政井然有序,贪腐与渎职在一定程度上受到遏制。然而膨胀的王权也助长了查理的独断和自负,廷臣意见越来越无足轻重。廷臣是国王与臣民联系的纽带,轻视他们必阻塞视听,加深君民隔阂。查理并未意识到君民情感逐日疏远,甚至不承认这一点,他坚信自己执政为民并强调公共福祉高于个人私利,商人和议员抗税是典型的置私利于公共利益之上的不道德行为。劳德和温特沃斯同意查理之见,怂恿他搞"专横治理"(rule of thorough)。"专横治理"旨在促进国家机器高效、便捷运转,增进公共福祉。查理从未明确界定何为公共福祉,仅大

---

① Richard Cust, *Charles Ⅰ*, p. 174.

言不惭强调他有权确定什么符合公共福祉。即使习俗、法律有悖他认定的公共福祉，查理也会霸道动用特权碾压习俗和法律。"专横治理"下多数政策充满善意，但无视习俗，害民坏法，推行起来阻力重重。查理命滨海百姓效仿荷兰人围海造田，诏令林肯郡官吏疏浚河渠，募民屯田。乡民屡诉屯田之弊，但地方官报喜瞒忧，而查理不了解实情，结果民怨载道，区域性骚乱迭起。[1]

查理个人统治期间最大成就是海军建设。在其眼中，海军是与西、法等国竞争的王牌利器，他反复宣称大不列颠岛周边海域属于英王势力范围。海军保障商路畅通，还关乎国家安全和英王荣誉，大建海军无可厚非。1631 年，查理命令海军部呈奏海军现状调查报告，后又足登甲板、身临船坞视察海军建设细节。三年后，宏伟海军建设计划出台。海军军费主要来自船税（ship money）。1634 年夏，查理指示枢密院拟定船税税额和征收细节。10 月，第一份船税令发到沿海各市镇，是年船税收入 8 万镑。随后几年，内陆居民也须交纳船税。1635 至 1641 年，船税年均为国王增收近 20 万镑。[2] 有如此可观资金支持，英格兰海军规模和战力均显著提升，为 17 世纪后期历次海战胜利奠定了基础。

与所有未经议会批准的税收一样，船税也遭激烈抵制。1637 年，伯金汉郡地主汉普登（John Hampden）因拒交船税被捕。查理年初就船税之合法性征询过法官意见，法官称国王可以以国家安全受到威胁为由强令民众交纳船税。年底汉普登受审时，其辩护人圣约翰（Oliver St John）并不否认国王有权用行政命令征收船税，但辩称时下英格兰安全无虞，国王在船税令状中"没有宣布针对国家的任何战争"，故船税乃"国王在和平时期，未经议会同意，以保卫国家为由拿走臣民财产"。[3] 会审汉普登的 12 位法官中，5 位认同圣约翰意见。尽管另外 7 位法官足以给汉普登定罪，但此案严重损毁了国王形象，"其伤害及错误是无以言表的"，"捍卫尊严、尊重并恪守法律均无从谈起"。[4] 与十年前的"五骑士案"一样，查理靠蛮横和淫威赢了判决，输了道义。

---

① Richard Cust, *Charles I*, p. 187.

② Derek Hirst, *England in Conflict*, p. 147.

③ Barry Coward and Peter Gaunt, eds, *English Historical Documents*, Vol. Ⅴ（B），p. 389.

④ Earl of Clarendon, *History of the Great Rebellion and the Civil Wars*, 6Vols, Oxford, 1888, Vol. Ⅰ, p. 151.

个人统治不得人心,但它至少证实两项道理。其一,开议会是不必要的。只要维持和平,无须议会批税,王室也可保证收支平衡。1610 至 1621、1629 至 1640 两个连续十一年议会未批任何税收,王室财政并未出现巨大困难。实际上,即便开议会,王室能指望的拨款也是杯水车薪。詹姆士在位期间,议会总计批税 91 万镑,年均区区 4.1 万镑,而他每年得自关税和垄断等的收入近 50 万镑。查理个人统治后期,年收入约 90 万镑,但 1625 至 1628 年连续三届议会拨款从未超过 30 万镑。① 到个人统治后期,王室虽无积蓄,但已基本实现收支平衡。其二,个人统治是可行的。查理成功迫使各级法院屈从君意,星室法院、宗教事务高等法院、枢密院足以保证垄断、专卖正常运营,船税顺利征收。查理一定知道法王自 1614 年以来从未开过三级会议,法王的成功证明无议会统治可以常态化。不过查理更应明白,法王拥有一支强大的常备陆军为其卖命,而英王只有海军。没有常备陆军,国王不仅难以对外登陆作战,还须小心翼翼确保岛内和平。不幸的是,查理灾难性宗教政策引发了战争,一场需要强大陆军的战争,最终毁掉了极有可能常态化的个人统治。

查理的宗教观少时便深受其父 1603 年刊布的《王室礼物》一文影响,对宗教与王权的关系领悟深刻。青年时代他认真研读过胡克作品,尊安德鲁斯为宗教导师。因此二人宗教学说熏陶,查理终身厌恶加尔文主义,鄙夷清教徒,对其偏见根深蒂固。与其父一样,查理认为清教思想天然倾向民粹,与英格兰教俗两界历史悠久的等级制水火不容。区别仅在于,詹姆士将清教徒分为温和与激进两类,查理则无视这种区分。1623 年,查理刚从西班牙返回英格兰,安德鲁斯、尼尔和劳德三位主教便向查理的随行牧师雷恩(Matthew Wren)打探查理宗教观,雷恩回话称查理“力挺教会的教义、教纪以及正当地位”,“我对他比对他的父亲更有信心”。② 这三位主教据此基本探明了查理在宗教上捍

---

① Roger Lockyer, *The Early Stuarts*, pp. 50,237.

② Nicholas Tyacke, *Anti-Calvinists*, pp. 113 - 114.

卫正统，容不下异类。其后，他们想方设法投查理所好。查理甫一继位，劳德便意识到出人头地的机会来了。1625 年 4 月，劳德私下将高级神职人员分为正统主义者和清教徒两大类。他眼里的正统主义者，是拥护教阶体系、特别强调国王教会首脑地位的国教徒。劳德此举流露出他将加尔文主义者边缘化并取而代之的勃勃野心。查理也毫不避嫌就多特宗教会议的五项命令咨询安德鲁斯意见，他虽无意深究教义，但向资深阿米尼乌主义者讨教此事足以表明立场。[①] 查理还迫不及待任命尼尔为私人牧师（clerk of closet），宫廷教堂主牧师和救济品分发员（almoner）两个职位也在阿米尼乌派手中。加尔文主义教士接近国王的门槛越来越高。

1625 年议会召开后，下院指控蒙塔古妄图颠覆国教，拟议将其批捕，查理及时干预，化解了蒙塔古的牢狱之灾。此举令阿米尼乌派信心陡增。[②] 他们摸清了国王的宗教立场，此后抨击多特宗教律令、鄙视加尔文主义便有了靠山。在 1626 年 2 月 2 日举行的查理加冕礼上，劳德、尼尔、科辛（John Cosin）等阿米尼乌主义者风头完全盖过了加尔文主义者。几天后，劳德在议会开幕时肆无忌惮攻击清教徒。加尔文主义者势要夺回阵地。国务大臣约翰·柯克与总检察长希斯主张毫不留情反击；阿伯特授意其助手准备论战材料，揭示阿米尼乌派的裴拉鸠斯主义（Pelagianism）本质。彭布鲁克伯爵担心与阿米尼乌派针锋相对会触怒查理，授意温和加尔文主义者豪（Joseph Hall）撰文《中间道路》（Via Media），有意重回詹姆士的宽容立场。2 月中旬，彭布鲁克、约翰·柯克以及枢密院主席曼彻斯特伯爵（Henry Montagu，1st Earl of Manchester）等人均出席了约克宫宗教会议，他们打算继续从蒙塔古身上寻找突破口，反击阿米尼乌派，然而人数并不算多的阿米尼乌派居然成功保护了蒙塔古。与此同时，上院也拒绝配合下院对蒙塔古发难。蒙塔古全身而退，阿米尼乌主义者信心更足，科辛得意扬扬宣称"国王永远支持我们的事业"。[③] 加尔文主义者此时最大困难并非国王偏祖阿米尼乌派，而是他们内部分歧太大，无法制定系统反击策略，亦未料到查理宗教政策极速转向。

① Nicholas Tyacke，*Anti-Calvinists*，p. 167.
② Nicholas Tyacke，*Anti-Calvinists*，pp. 151 - 152.
③ Richard Cust，*Charles I*，p. 91.

为阻止宗教分歧引起的火药味扩散,同时也为顺利争取议会拨款,查理继位之初不想过度惹恼议会中的加尔文主义者,他于1626年4月下令停止宗教口舌之争并表示不会偏袒任何一方。议会解散前,查理却突然变卦,他一生中无数次言而无信,这一次对宗教秩序和教派力量对比冲击最大,标志着"加尔文主义者命运的关键转折"。[1] 6月14日官方发布的白厅诏令称:"英格兰教会已幸福确立并诚心信奉纯正宗教",国王"绝不喜欢……与其正确且正统立场不相符的新主张"。[2] 诏令没有明确何种性质的"新主张",字面上对加尔文主义者和阿米尼乌派一视同仁。然而两天后尼尔在查理授意下警告剑桥大学高层勿为预定论辩护,与此同时,伯金汉这个不学有术之人出任该校校长。剑桥部分师生遂上行下效,诋毁加尔文主义和清教徒。三一学院院长(master of Trinity College)布鲁克(Samuel Brooke)声色俱厉称清教徒天生反骨、分裂教会和国家,而"预定论是清教之根"。[3] 剑桥大学是加尔文主义大本营,这块阵地的丢失重创了加尔文派实力。两周后,宗教事务高等法院援引6月14日诏令,禁止发文非难蒙塔古,豪的《中间道路》也不许再行刊布。查理继位仅一年零三个月,就将加尔文主义作为英格兰国教的核心教义变相否决了。加尔文主义者在议会和枢密院中仍占多数,但阿米尼乌派已与国王结成牢不可破的联盟,前途更被看好。

1628年议会上,清教徒伯顿(Henry Burton)再次谴责阿米尼乌主义。本届议会主要忙于《权利请愿书》之起草及讨论,查理软硬兼施,转移议员们注意力,成功冷却宗教争执。7月,蒙塔古被提拔为奇切斯特主教。8月,伯金汉被刺极大强化了查理对清教徒的恶劣印象。此案发生后,舆情明显偏向凶手费尔通,赞其为民除害、为国除奸,堪为男子楷模。查理震惊并非因为治国不能没有伯金汉,而是确信凶手目无法纪且变相传播极端主义。凶手的清教徒身份更加剧了查理对清教思想的憎恶。雷恩借凶案在查理面前污蔑清教徒是"最有害的一群人,对在他们看来和耶稣会士一样坏的君主最危险;他们和他

---

① Richard Cust, *Charles I*, p. 92.

② James F. Larkin and Paul L. Hughes, eds, *Stuart Royal Proclamations*, Vol. II, p. 91.

③ Nicholas Tyacke, *Anti-Calvinists*, p. 57.

们的头目费尔通秉持相同信条,那就是,杀害与他们党羽为敌的任何人都合法;他们的所有教义和行为都趋向无政府主义"。① 雷恩此话道出了清教徒的好斗和偏执,更点出了国王与清教徒互不谅解之症结所在。查理嫌恶清教徒思想叛逆、举止偏激,妨碍圣君想要的秩序与和谐。伯金汉命案后,查理与清教徒的相互敌视渐无缓解可能。前文已述,1629 年议会有意清算宗教问题,查理预先布局仍无法避免议员们热议宗教。他两次宣布休会致使议会不欢而散,个人统治开始。

从 1588 年战胜无敌舰队到开启个人统治,四十年来君主与议会主要冲突是财政,包括税收、垄断、专卖等,1629 年政情有向 1588 年前回归之态势,宗教复为不解之结。查理非常清楚,宗教政策导致君臣陌路相向,此后个人统治的头等要务是防止宗教起火,财政、人事、外交都可讨论、退让,但宗教在双方眼里都是国本,没有回旋余地。宗教冲突虽非查理走上个人统治的唯一原因,却是导火索,亦是决定性因素。霍莱斯在议会关闭前把宗教列在三条宣言之首实属故意为之,旨在突出加尔文主义之神圣性并告诫国民时刻提防查理搞阿米尼乌主义。然而失去了议会这个主要斗争工具,加尔文主义者仅凭口号和意志是斗不过查理的。议会关停后,"反对派的最后沟通渠道被关闭了,牧师和非神职的清教徒要在激进的密谋和移民之间做选择",温和加尔文主义者丧失了宗教话语权,激进加尔文主义者逃至境外避祸。② 阿米尼乌派彻底占据上风。1625 至 1641 年,只有三位加尔文主义者升任主教。个人统治后期,坎特伯雷、约克、温彻斯特、伦敦四个最重要主教区均在阿米尼乌派掌控下。

亨利改教以来,国王个人宗教立场始终决定宗教政策走向,查理亦不想例外。他认为"选民""原罪"这些概念太过深奥,上帝意志深不可测,凡人不应妄自揣测。他反复强调自己是新教徒,对阿米尼乌派与加尔文主义者的争执并无兴致,实则明显偏袒前者。他支持阿米尼乌派非因教义,而是源于阿米尼乌主义中蕴含的等级制思想以及信徒对国王宗教权威的服从,清教民粹主义则与等级制水火不容且否认王权。查理坚信教阶体制是秩序基石,阿米尼乌主

---

① John Spurr, *English Puritanism*, p. 85.
② 迈克尔·沃尔泽:《清教徒的革命》,商务印书馆,2016 年,第 162 页。

义"与加尔文主义的原初平等主义相反,阿米尼乌派强调教会和国家的等级制",这与查理的教会及国家认知不谋而合。[1] 查理自诩基督徒楷模,上帝在世间代理人,治理教会不受议会成文法约束,他的宗教意见就是神法。曲意逢迎者说"王室教堂的布置加上国王的行为就是宗教权威",比成文法更有效力。17世纪上半叶,为王权辩护甚至神化国王的献媚主教和牧师明显增多,尽管这是当时西欧政治思想主流,但在英格兰多因查理个人之故。瓦伦丁(Henry Valentine)号召民众"膜拜国王","因为在所有受造物中,国王最为伟大";梅恩沃林则写道:"没有人可以,也没有人能够探究明白国王们那高深的言谈和深切的忠告"。[2] 查理尽情享受这类吹捧,更容不得质疑君主神学权威的清教徒。

查理是阿米尼乌主义风靡的关键人物,劳德则身体力行为其推波助澜。如果加尔文主义是英格兰教会的教义精粹,劳德就是"降临于英格兰教会的最大灾难"。[3] 此人神学造诣平平,靠投查理所好博取信任。他从未自称阿米尼乌主义者,但其一切做法都在颠覆加尔文主义,变相支持阿米尼乌派且手法更高明、隐蔽。劳德与多数高级教士不同,他漠视教义争执并围绕礼仪和教阶秩序苦下功夫;他注意礼仪细节并强调僧侣权力;他细审教会财政,欲从源头上切断清教牧师收入;他承袭胡克学说,认为罗马天主教有误但教皇未必是敌基督者。1616年,身份仅为格洛塞特主教区执事(dean)的劳德斗胆将祭坛置于教堂东端并要求受俸牧师(prebendary)拜之,引发轩然大波。不久,林肯主教尼尔和诺维奇主教哈斯莱特(Samuel Harsnett)响应劳德,将祭桌由木质换成石制,也移至教堂东端。[4] 查理继位后,劳德在宗教界大红大紫,连升三级。1626年9月,安德鲁斯病死,劳德升任王室教堂主牧师;次年4月,他和尼尔一起跻身枢密院;1628年7月,又晋升伦敦主教。1633年,阿伯特去世,劳德如愿荣膺坎特伯雷大主教。贾克森打理财政以及劳德等高级教士身兼枢密大臣证实,查理治下教权和行政权出现并拢之势,也符合查理的教国一体化思

---

[1]　Nicholas Tyacke, *Anti-Calvinists*, p. 246.

[2]　迈克尔·沃尔泽:《清教徒的革命》,第178—179页。

[3]　Patrick Collinson, *Religion of Protestants*, p. 90.

[4]　Kenneth Fincham and Nicholas Tyacke, *Altars Restored: The Changing Face of English Religious Worship*, 1547 - c. 1700, Oxford University Press, 2007, pp. 115 - 119.

路。不过查理天性多疑,劳德本有潜力成为沃尔西式身披僧袍的权臣,仅因查理忌讳臣子揽权,劳德权力之手无法触及更多领域。查理不给劳德神职任免权,但对基层教会知之甚少且极度信任劳德,故劳德间接决定神职人员升黜。劳德亦知为臣者本分,他寡言低调,但总能猜透查理心思且有讨好查理之诀窍。他总能及时、准确向基层教会暗示查理意愿,基层牧师则心领神会迎合查理喜好。

劳德出任大主教后立即怂恿查理发布詹姆士1616年制定的《嬉娱指南》(Book of Sports)。这份指南鼓励臣民周日娱乐,与清教徒的恪守安息日戒律格格不入,招致清教徒强烈抗议。詹姆士对清教徒的道德伪装不以为然,他认为古老的娱乐消遣早已成为民众的一份精神食粮,如按严格加尔文主义要求民众研经听道,他们会产生逆反心理,反感国教,怀念天主教时代;堵死民众文娱途径,他们未必与道貌岸然的清教徒一样恪守清规戒律,反而会流连酒馆、光顾妓院、出入赌场。[①] 1633年10月,查理和劳德再次发布《嬉娱指南》且发布的动机与詹姆士有所区别,他们认为改革前的英格兰教会和传统的英格兰社会均等级分明,但大众嬉娱是等级间的润滑剂,恢复传统生活方式不仅有利于捍卫等级制亦有助打破民众身份隔阂,营造欢愉和谐的社会气氛。查理和劳德还确信加尔文主义传到英伦前,英格兰教俗两界相处融洽,社会充满活力,而今加尔文主义却搞得民众道路以目、神经紧绷、疑神疑鬼。发布《嬉娱指南》的同时,劳德命人将圣乔治教堂的祭坛移至教堂东端,并用围栏隔开。为彰显圣礼之庄严,劳德要求司仪神父(celebrant)站在围栏里向跪于栏外的堂区民众发放圣餐,他坚称这不仅符合教会法,也是"最得体、最有序的"圣餐礼。[②] 到1630年代后期,英格兰和威尔士教堂的祭坛摆放及布置、圣餐礼几乎全遵劳德指导。劳德要求各级教士逐字逐句按照官方历次发布的信条执礼,毫不留情打压阳奉阴违的清教牧师,大幅压缩詹姆士时代游走于国教会边缘的清教徒活动空间。

劳德打压清教甚合君意,而查理不仅重视礼仪细节,更关心教堂布局和内

---

① Christopher Hill, *The Century of Revolution*, 1603 - 1714, New York, Routledge, 1980, p. 71.

② Kenneth Fincham and Nicholas Tyacke, *Altars Restored*, p. 211.

外装饰。教堂外观必须宏伟、气派,内景亦装饰精致以营造肃穆氛围和盛世气象。尼尔最早在达勒姆主教区开启教堂大整修。1629 年,查理诏令全国范围内整修教堂。1631 年,尼尔晋升约克大主教。北方各教区教堂翻新、装修蔚然成风。同年,查理决定重修圣保罗大教堂。劳德晋升大主教后,圣保罗大教堂外表更加华美、壮观,内部一切细节都极尽豪奢,散发着雅致及富贵气息。整修圣保罗大教堂耗资巨大,查理个人出资 1 万镑,劳德出资 1000 镑,还强制教俗两界捐资 10 万余镑。焕然一新的圣保罗大教堂成为南方建筑之典范,查理称之为"我们全部统治疆土内最完美、最显耀的教堂""我们所有教堂之母"。[1] 到 1630 年代后期,堂区教堂的祭坛也用精美布匹甚至挂毯包裹,教堂窗户装上彩色玻璃,连埋葬教士的高坛(chancel)的墙壁也布满色彩斑斓的雕刻画。[2] 查理刻意用富丽堂皇的布局营造歌舞升平的盛世幻象,表达内圣外王之愿景,但所有这一切都是加尔文主义者坚决抵制的偶像崇拜和奢侈浪费。

查理和劳德的奢靡之风及礼仪规制令加尔文主义者愤怒绝望。他们哀叹新教改革成果已化为乌有;他们相信查理的终极目标是把天主教迎回英格兰,而阿米尼乌主义只是查理实现终极目标的过渡工具;他们抨击宫廷和教会中大量天主教徒误导查理坠向错误深渊。劳德倡导的礼仪与天主教极其相似;王后则是公开的天主教徒,查理加冕时,王后因排斥新教礼仪和着装而拒绝出席,一度招致举国非议;1635 至 1637 年,查理和其代理人蒙塔古多番接触教廷驻英代表。加尔文主义者固然找不到查理复兴天主教的直接证据,但他纵容劳德、偏袒王后、密会教皇代表都是不争事实。宗教领域这些变化似乎证实,国王和阿米尼乌派"压制已确立的纯正宗教","引入教皇制"的"阴谋与行动"近在咫尺。[3]

教堂之奢华、祭坛之摆放、礼仪之傲慢以及对安息日的亵渎,在清教徒眼里都是赤裸裸的挑衅。清教徒珍视上帝之下的抽象平等,跪拜旨在凸显牧师与平信徒的身份差异,严重背离加尔文主义的平等精神。[4] 清教徒提倡戒律

① Kenneth Fincham and Nicholas Tyacke,*Altars Restored*,p. 235.

② Kenneth Fincham and Nicholas Tyacke,*Altars Restored*,p. 253.

③ Nicholas Tyacke,*Anti-Calvinists*,pp. 227 - 228.

④ Christopher Hill,*The Century of Revolution*,p. 70.

和勤劳,厌恶娱乐、慵懒和虚度光阴的消遣,对跪领圣餐怨言满腹,对《嬉娱指南》充满敌意。这恰如柏金斯理解:"懒惰的大众总是倾向于天主教思想,总是更愿意娱乐而非劳动,其成员不会找到通往天国的道路。"①1629 年,一位清教地方官把歉收归为"我们的罪孽",因为部分粮食被用于酿酒导致酗酒成风,触怒了上帝。② 连刺杀伯金汉也被理解为凶手替上帝主持正义,因为伯金汉辱国害民、下流做作、浮夸势利。③

查理和劳德知道清教徒牢骚满腹,毫不手软打压敢于对抗的清教徒。1632 年,伯纳德(Nathaniel Bernard)抨击劳德和查理"把裴拉鸠斯主义错误注入上帝确立的我们教会的教义,树高高的祭坛和苦像,向其鞠躬、膜拜,这些东西可耻地象征着罗马教会,给许多人心灵造成无法修复的伤害,我们怎能不认为这些人是教会和国家的敌人?"④伯纳德很快被拘下狱,不久惨死。并非人人都有勇气如伯纳德公开反抗,部分清教徒背井离乡远徙美洲。1629 至1640 年,79 位牧师移民美洲,其中的 52 位曾受到不同程度的迫害。⑤ 1630 年代再现玛丽一世时代的大逃亡,2000 多人逃离英格兰。后在美洲开拓出一片新天地的谢泼德(Thomas Shepard)移民前曾哀叹"上帝已离开"英格兰,"大部分敬畏上帝的人们的内心都把那条救赎之路转向了新世界"。⑥ 然而在当时技术条件下,移民并非良策,多数人在静静等待反攻和报复的时机。

伊丽莎白和詹姆士的宗教政策均弹性十足,国教徒、清教徒可以共存,连忠君的天主教徒也有生存空间。查理蔑视加尔文主义,他在国教外壳下搞阿米尼乌主义且从未公开说要颠覆加尔文主义,但开罪了一切加尔文主义者并给部分国教徒和清教徒联手反抗提供了充分理由。不过就实力对比看,清教徒已失去讲坛和议会并流失了部分活跃分子,本没多少机会翻身,而查理对英格兰教会的整顿看起来也相当成功——他固然开罪了清教徒,但大部分国教徒只警惕他的阿米尼乌主义,远不至于要和清教徒同流。查理若有所节制,完

---

① 迈克尔·沃尔泽:《清教徒的革命》,第 237—238,246 页。

② John Spurr, *English Puritanism*, p. 73.

③ 迈克尔·沃尔泽:《清教徒的革命》,第 273 页。

④ John Spurr, *English Puritanism*, p. 90.

⑤ John Spurr, *English Puritanism*, p. 92.

⑥ 迈克尔·沃尔泽:《清教徒的革命》,第 162 页。

全有望长期碾压清教徒,但他胃口太大,当他的手伸向苏格兰时,灾祸降临了。

　　查理 1600 年 11 月出生于苏格兰,因身体羸弱 1603 年 3 月并未随其父南下,次年夏才于伦敦父子聚首。查理继位后,苏格兰事务主要由格拉厄姆(William Graham)打理。直到 1633 年夏,查理才北上举行苏格兰国王加冕礼。贵为国王,查理却对这块生他的土地非常陌生,他的加冕礼按英格兰圣公会礼仪举行,使用国教公祷书,主礼人着英格兰主教服饰,且用横栏将祭桌隔开。苏格兰教会信奉彻底的加尔文主义,主教与长老共同管理教会,平信徒选举产生长老,教会管理折射强烈平等主义色彩。在苏格兰加尔文教徒眼中,查理加冕礼简直就是挑衅。在苏期间,查理信任随行人员远胜苏格兰贵族,无疑加剧了他与苏格兰臣民之隔阂。查理还强迫苏格兰贵族纳税,缓解王室财政困难。

　　苏格兰人不悦,而查理对长老制的仇恨浸骨入髓,无法忍受苏格兰人继续奉行长老制、蔑视国王和主教。至少自 1635 年起,查理便酝酿改革苏格兰教会。在劳德以及苏格兰籍近臣麦克斯韦(James Maxwell)等人协助下,1637年,查理亲自校改、批准的苏格兰版《公祷书》定稿。查理全然不顾苏格兰牧师、长老和贵族感受,甚至懒得征询他们的意见。他想当然认为苏格兰人会像英格兰人一样忍受阿米尼乌主义。1637 年 7 月 23 日,当查理代理人在爱丁堡教堂宣读苏格兰版《公祷书》时,苏格兰人新怨旧恨一起爆发了。他们认为查理不仅亵渎他们的神圣信仰,还企图颠覆苏格兰独立国家地位。1637 年下半年,苏格兰陷入混乱,抗议升级,波及该国全境。苏格兰枢密院无力平息逐渐升温的乱局。1638 年初,苏格兰财政大臣特拉奎尔(Earl of Traquair)和汉密尔顿侯爵南下伦敦,向查理禀报实情并劝其让步。查理担心退让助长苏格兰人藐视国王之气焰,局面更难收拾。苏格兰天主教徒孔恩(George Con)及尼斯达尔(Earl of Nithsdale)趁机向查理进谗言,把抗议描绘成瑞典和荷兰等国操纵的国际加尔文宗阴谋。1638 年 1 月,查理发布《大宣言书》(Large Declaration),谴责抗议并将其定性为少数心怀不轨的长老派勾结境外势力煽动民众反叛。

面对查理的顽固,苏格兰人无路可退。1638年2月,苏格兰贵族制定《民族公约书》(National Covenant)。除高地苏格兰、偏远的阿伯丁以及保王情结浓厚的圣安德鲁斯,苏格兰其余地方绝大多数人签名支持《民族公约书》,签名者均被称为公约派(Covenanters)。公约派表示,未经苏格兰宗教会议和苏格兰议会同意,不得对苏格兰宗教教义和组织进行任何改革。为争取最大化支持,《民族公约书》只字不提主教体制,仅把教皇制和《公祷书》视为不可容忍之敌。相较16世纪后期诺克斯等神学家为苏格人制定的《信纲盟约》(Confession of Faith),《民族公约书》更强调人与人的互助,而非人神之间的盟约。查理要求臣民绝对忠诚,在他眼里,人与人的互助契约必削弱个人对君主的顺从、弱化王权。他反复强调,认可《民族公约书》意味着国王变成摆设性的威尼斯总督(Doge)。他更担心,公约派得势刺激英格兰加尔文主义者群起效仿,英格兰国教体制和阿米尼乌主义都将面临严峻考验。①

孔恩、尼斯达尔和亲西班牙的重臣考丁顿(Francis Cottington)等天主教徒怂恿查理兴兵讨伐公约派,国务大臣约翰·柯克和北方军务重臣诺森伯兰伯爵劝查理勿轻易动武,劳德未就和战表态。汉密尔顿是苏格兰人,理应在苏格兰事务中享有更大发言权,愿替国王排忧解难。他参加过三十年战争,是苏格兰家喻户晓的英雄。他也曾长期替国王在苏格兰征税,深得查理器重和信任。当时他是最有希望促成英苏和解的关键人物。汉密尔顿是温和派,深知加尔文主义和长老制在苏格兰神圣无比,力谏查理让步,撤回《公祷书》。查理态度决绝,不愿退步。汉密尔顿只好另谋他策。他试图利用苏格兰族际仇恨和宗教分歧缔造一个苏格兰保王派,用以瓦解公约派。此策并非异想天开。1638年4月,部分激进苏格兰加尔文主义者呼吁撤销《公祷书》,限制主教权力,定期召集宗教会议。少数贵族担心长老压倒主教并攫取教会领导权。汉密尔顿从他们身上看到了分化瓦解公约派的希望。6月,汉密尔顿北上谈判,临行前他接到查理指示——公约派须彻底屈服并交出签名的《民族公约书》。汉密尔顿明知查理态度是谈判最大障碍,但圣意难违,只能尽力与公约派周

①　Richard Cust, *Charles I*, p. 230.

旋。汉密尔顿在苏期间连续给查理发信,恳求他收回《公祷书》并承认苏格兰宗教会议之权力,劳德也意识到问题严重并力劝查理让步。查理此时已考虑武力解决,而苏格兰人也变得更加激进,不再给汉密尔顿调停机会。11月21日,长老派控制的宗教会议在格拉斯哥召开,汉密尔顿一度欲以国王名义解散会议,与会者全然不理并投票否决了詹姆士时代历次苏格兰宗教会议制定的条款,谴责查理发布的《公祷书》为教皇制。最激进的是,这次宗教会议废除了主教制并否决了国王对苏格兰教会的权力,宣布长老会议(Kirk)全权管理苏格兰教务。

1639年初,查理计划三路大军讨伐公约派:安特利姆侯爵(Marquess of Antrim)指挥温特沃斯分拨的爱尔兰军队在苏格兰西部登陆作战,汉密尔顿在苏格兰东部保王派支持下进攻阿伯丁,查理统率3万人在约克集结后北征。计划很快落空,安特利姆的爱尔兰军队未敢轻举妄动;公约派抢先控制阿伯丁,汉密尔顿进攻爱丁堡因装备太差无功而返。查理本人预想的3万大军也是虚张声势,他实际集结兵力不足2万,且多为缺乏训练、不愿卖命的手艺人。此外,英格兰长期和平,军工生产几近荒废。英军战力大打折扣。人心向背更一目了然。英格兰人根本没做战争准备,更没对战争"达成共识"。在加尔文主义者眼中,这是一场"错误的战争",理由是查理不为欧陆新教徒出力,却"招兵买马对付自己的新教臣民"。[1] 集结在约克城下的贵族也对战争表示怀疑,毕竟这是1323年以来首次未经议会讨论而由国王直接发动的陆战。对手公约派不少人曾在三十年战争中当过雇佣军,实战经验丰富,更可怕的是,他们精诚团结,如铁板一块。

主教战争(Bishops' War)打响后,查理领军沿特维德河(Tweed)前进,5月底抵达伯威克附近。6月4日,霍兰伯爵(Earl of Holland)指挥的先锋部队中了亚历山大·莱斯利(Alexander Leslie)的疑兵之计,误以为苏军多达3万人。苏军实际上仅1.5万人且骑兵少得可怜。查理不知胜算几何,屈尊和谈。6月18日,英苏达成伯威克和平(Pacification of Berwick),公约派解散军队,

---

[1]　Michael Braddick, *Gods' Fury*, *England's Fire*: *A New History of the English Civil Wars*, Allen Lane, 2008, p. 82.

查理同意召集苏格兰宗教会议和苏格兰议会，分别解决宗教和民政问题。伯威克和平仅为口头协议，查理和公约派对其理解相去甚远。查理坚持主教必须参加宗教会议，公约派则认为格拉斯哥宗教会议已废除主教制。8月，苏格兰宗教会议正式宣布废除主教制并将决议提交苏格兰议会批准。查理起初以宣布苏格兰议会休会加以阻挠，11月14日干脆将其解散，和平协议流产。

1639年底至1640年初，双方均积极备战并争取外援。查理希望西班牙出手相帮，公约派则呼吁路易十三施以援手。查理计划重组一支3.5万人的军队，预估耗资100万镑。个人统治期间节衣缩食积攒的少许家底已经耗光，查理考虑开议会筹集军费。温特沃斯从爱尔兰抽身归来并向查理透露他有信心控制议会。召集议会令发出后，民众充满期待，十一年无议会统治累积的怨怒看起来有申诉渠道了。62个选区上演了竞选宣传，多数选区可产生两名议员，计约1/4议员由选举产生。15世纪制定的选民财产资格限制在16和17世纪前期通货膨胀冲击下，已非难以跨越的门槛。英格兰约1/3成年男性拥有选举权。[1] 这决定了新产生的议会广泛代表英格兰中上阶层利益，而清教徒是中等阶层之中坚，他们珍惜从天而降的机遇，精心组织选举，成功把代言人送进下院。查理想让这样的议会恭顺温良几无可能。

4月13日，议会开幕。掌玺大臣芬奇（John Finch）的开幕演讲只字不提宗教，开门见山痛斥苏格兰人叛乱，直言国王急需资金对其用兵。查理还当众展示截获的苏格兰人勾结法王的信件，作为他们出卖岛民利益的铁证。议员们从一开始就没打算让议会顺利议事。多数议员对查理的战争毫无兴趣，他们抱怨十余年不开议会致使法治和圣礼废弛，急于陈诉苦难。查理无议会统治期间变得更固执褊狭，根本不理解英格兰人对战争的冷漠和对公约派的同情。起初只有上院的萨伊（Viscount of Saye and Sele）和下院的皮姆等为数不多的议员同情公约派，然而嗅觉灵敏的皮姆从多数议员的厌战情绪中察觉到了有机可乘。皮姆纯为搅局而来且希望查理和十一年前一样固执，若此，议会

---

① Austin Woolrych, *Britain in Revolution，1625 - 1660*，Oxford University Press，2002，pp. 130 - 131.

必然不欢而散,届时全岛局势只会更乱。① 4 月 17 日,皮姆建议彻底清算无议会统治期间的强制性税收以及宗教错误。受其鼓动,下院要求申冤诉苦后才能讨论税收。4 月 21 日,芬奇表示议会若诚意批税,国王可停征船税。部分温和议员认为国王既已让步,议会也该考虑批税。然而激进议员塞默尔(Francis Seymour)提醒同仁,以查理一贯的言而无信,如此仓促批税太过草率。② 5 月初,查理和国务大臣老韦内(Henry Vane the Elder)暗中做塞默尔工作,说服他同意王室以放弃船税换取议会拨款。其后老韦内提议议会批准 12 笔税款,计 65 万镑。不少议员直言数额太大,无法接受。按当时惯例,下院税收动议需议员一致同意,查理知道说服皮姆和其忠实拥趸难比登天。5 月 8 日,他耐心尽失,解散议会。这次议会存在时间不及四周,史称短期议会(Short Parliament)。

与短期议会同时召开的宗教会议亦受万众瞩目,毕竟英苏两地祸端都在宗教。议会解散当天,群众聚集到圣乔治广场(St George's Field),打算发动声势浩大的针对劳德的游行。劳德被迫逃离大主教驻地兰伯斯宫,外出避险至 5 月底才返回办公。③ 宗教会议本应与议会同时解散,查理却执意教士们继续开会。他个人主导的宗教会议罔顾民情,强行制定了《1640 年宗教法规》(1640 Book of Canons)。查理借法规抨击英苏两国"动机邪恶"的叛党"煽动不辨真伪"的群众生事,妄图颠覆政府及社会。法规之苛严连温和加尔文主义者亦无法容忍,何况宗教会议本无权颁布宗教法规。法规无异于火上浇油,其赤裸裸的反加尔文主义令清教徒不寒而栗。伯顿为表达抗议,刊文宣布"退出英格兰教会",因为教会"已与罗马事实上合一"。④ 9 月底,查理迫于巨大压力,勉强同意暂缓执行这部法规,留待下次宗教会议另行商讨。

苏格兰人密切关注着英格兰议会和宗教会议进展并发现英格兰境内同情他们事业者大有人在。受此鼓舞,8 月 20 日,苏军越过边境线,主动发起进

---

① Conrad Russell, *The Fall of the British Monarchies, 1637 - 1642*, Oxford University Press, 1991, pp. 98 - 99.

② Conrad Russell, *The Fall of the British Monarchies*, pp. 110 - 111.

③ Michael Braddick, *God's Fury, England's Fire*, p. 93.

④ David R. Como, *Radical Parliamentarians and the English Civil War*, Oxford University Press, 2018, p. 61.

攻。查理分拨部分军队防御纽卡斯尔,本人坐镇约克指挥。公约派在 8 月 28 日的纽伯恩(Newburn)战役中击溃了温特沃斯指挥的王军,占领纽卡斯尔和达勒姆,英格兰腹地门户洞开。查理师出不利,财政亦破产,不过作为一位好面子君主,他只能硬着头皮再战。纽伯恩战役影响绝不限于士兵伤亡和城池得失,此役"立即让苏格兰人成为英格兰政治中的一股力量"。① 十余名大贵族亦不再允许查理任性而为,他们是宪政主义者,早对无议会统治满腹怨言。② 在北方士绅阶层中极具影响力的曼彻斯特和诺森伯兰两位伯爵也认同上述大贵族之见。查理不能无视大贵族感受,匆忙在约克召集由贵族代表组成的王国大会议商讨对策。大会议是中世纪国王经常采用的议事机构,查理绕开议会,召集大会议,不仅证明他对人多嘴杂的议会失去信心,也表明他只愿与他信任的大臣和贵族合作。大贵族们说服他首先停战,再重开议会。10 月初的《里彭协议》(Treaty of Ripon)规定:查理为侵入北方诸郡的苏军每天支付 850 镑军费,苏军暂停进攻,其他事宜由即将召开的英格兰议会商讨决定。

公约派胜利对查理的打击是致命的。首先,查理只能指望议会拨款解决苏军每天 850 镑支出,必须再开议会且无法再随意解散之。其次,英格兰境内清教徒和公约派息息相通,有公约派支持的清教徒与查理讨价还价时底气十足、胃口变大。再次,都铎立国以来,所有反叛均以失败收场,王权似乎牢不可摧。公约派胜利改变了这种舆见,敌视查理的英格兰人看到了反叛奏效的希望。最后,公约派以宗教名义兴兵毫无疑问会鼓励英格兰清教徒为加尔文主义而战并彻底粉碎阿米尼乌主义。

11 月 3 日,议会召开。这届议会直到 1660 年才自行解散,史称长期议会(Long Parliament)。查理开门见山表示期待"一届幸福的议会"并要求议员们"和我一样放下彼此的所有猜忌",以便将"乱党赶出这个王国"。③ 然而参

---

① Conrad Russell, *The Fall of the British Monarchies*, p. 145.

② Michael Braddick, *God's Fury, England's Fire*, p. 105.

③ *Cobbett's Parliamentary History of England from the Earliest Period to the Year 1803*, 36Vols, London, 1806 - 1820, Vol. Ⅱ, pp. 630, 632.

会议员大多诚心替其所在选区选民发声,急于向国王转达选民诉求。① 普通议员要求大致归为三类:议会决定税收、结束个人统治、废止阿米尼乌主义。议员们要申诉的问题车载斗量,而议会之召集又如此仓促。针对潮水般涌向威斯敏斯特的请愿书,议会临时成立五个大委员会和十六个专门委员会分门别类加以讨论。② 7 日,皮姆在下院慷慨陈词。他利用与生俱来的化繁为简能力,将议题归纳为法律和宗教两大门类且置宗教于"绝对优先"地位。③ 他声称国王受奸臣蛊惑,欲用教皇制和专制统治取代英格兰国教和法治传统。他抢占道义制高点并以精彩发言博得多数议员掌声,利用英格兰人恐天主教心理迅速笼络了部分同道,其中包括颇负名望的上院议员贝德福德伯爵(Francis Russell, 4th Earl of Bedford)。贝德福德是温和加尔文主义者,本着贵族责任心替查理纠错以匡扶社稷,此时他并未识破皮姆的煽动家和阴谋家本质。1640 年底至 1641 年春,他与皮姆结成实为政治联盟的将塔(Junto),不断向查理施压。将塔目标有三:其一,惩罚以温特沃斯和劳德为代表的奸臣;其二,明确议会批税权;其三,遏制主教权力,迫使主教与普通神职人员合作并确保宗教法服从议会法,进而借议会立法粉碎阿米尼乌主义并为清教徒争取宽松活动空间。公约派也给皮姆和贝德福德壮胆。公约派与查理的代表谈判时提出八项要求,其中包括:查理必须认可苏格兰宗教会议决定,同意苏格兰议会通过的《三年法案》(Scottish Triennial Act)。公约派还想摧毁英格兰主教制以弘扬苏格兰宗教制度的表率作用。他们告诉皮姆和贝德福德,摧毁英格兰主教制是"没有回旋余地的要求"。④ 受公约派启发,1641 年 2 月 16 日,长期议会也通过了一项英格兰的《三年法案》,规定每三年至少召开一次议会且每次会期不少于五十天。

　　11 月 10 日,长期经略爱尔兰、现已晋封斯特拉福德伯爵(1st Earl of Strafford)的温特沃斯归来,此人手握近万正规军,议会担心查理利用这支军队武力镇压议会,立即将斯特拉福德逮捕并关进伦敦塔。12 月中旬,劳德亦

① Austin Woolrych, *Britain in Revolution*, p. 157.
② Michael Braddick, *God's Fury, England's Fire*, p. 122.
③ Conrad Russell, *The Fall of the British Monarchies*, p. 217.
④ Michael Braddick, *God's Fury, England's Fire*, p. 127.

遭指控并于次年3月被送进伦敦塔。为迅速除掉斯特拉福德这个潜在威胁，1641年4月初，哈瑟里格（Arthur Haselrig）提议一项不经审判即可判人死刑的《褫夺权利法》。这帮指控查理藐视法制的议员草菅人命时比查理粗暴百倍。21日，斯特拉福德死刑在下院三读通过。查理如若狡猾，当果断牺牲此人以平息众怒，但他和上院均欲出手救人。5月3日，查理调集军队去伦敦塔营救斯特拉福德，劳而无功。在此期间，皮姆等鼓动伦敦市民发起大规模游行示威向国王和上院施压，欲置斯特拉福德于死地而后快。鉴于群众施压以及枢密院劝阻，查理打消了保全斯特拉福德之念头，在其死刑书上签字。多年后，查理临死前仍对此事念兹在兹，抱憾他"曾经被迫使一个不公正的裁决生效"，而自己的不幸结局正是那桩不公正裁决的报应。[①] 议会不经审判匆忙处死斯特拉福德，实因忌惮其麾下军队却无法坐实他武力镇压议会之罪名。1640年11月，斯特拉福德并无打算武力压制议会，指责他怂恿国王动武纯属栽赃。短期议会解散后，斯特拉福德的确向查理建言："您在爱尔兰有一支军队，您可将其调到这儿来降服这个王国，……一个夏季的妥当布置即可解决问题。"斯特拉福德所谓的"这个王国"指苏格兰，他当时要查理调集爱尔兰驻军对付苏格兰人，此次带大军来英格兰也是要与苏格兰人决战而非镇压英格兰议会。[②]

　　指控斯特拉福德期间，为防止查理故伎重演、解散议会并推翻议会已取得的成就，议会宣布：不经议会同意，国王不得单方面将其解散，亦不得宣布休会。整垮斯特拉福德和劳德后，议会又废除星室法院等机构，重创了亨利七世以来加强王权取得的硕果，诚如一位当代史家所言：

> 废除星室法院和宗教事务高等法院并弱化枢密院和其他特权机构的司法权力，导致了北方委员会的消失。（这些措施）证明：为了纠正那些被视为1630年代的滥权行为并保证将来不再出现滥权，有必要废除查理个人统治之前，甚至他的父亲继位前便久已存在的国王

---

① 查尔斯·弗思：《克伦威尔传》，商务印书馆，2002年，第195页。
② Conrad Russell, *The Fall of the British Monarchies*, p. 126.

政府的施政机构。①

5月12日,斯特拉福德受死当天,议会批准40万镑税收,外加一项人头税。人头税预估总额100万镑,由于普遍逃税和抗税,实际只征得25万镑。6月22日,议会允许征收两个月吨税和磅税以解燃眉之急,其后继续征收须获议会同意。所有税率决定权属于议会,未经议会批准的税项一律废止。8月初,船税和国王各种封建收入一并废除。长期议会税收改革极为彻底,王室开支此后主要依赖议会恩赐。1640年前,议会批税只占王室收入25%;1660年后,对应比重高达90%。② 查理为两支军队巨额兵饷所累,面对议会咄咄逼人之态,无讨价还价余地,只得牺牲斯特拉福德和劳德并认可上述多项改革。

至1640年夏,皮姆及其同道已迫使查理舍弃了权臣并默认议会的税收主宰权,但离和解仍有万里之遥,因为宗教争议才刚刚触及要点。皮姆等心心念念要废除主教制,查理则坚持"没有主教就没有国王",主教制存废没有妥协余地。议会开幕伊始,宗教就是吸睛焦点。皮姆及其党羽呼吁释放伯顿、普林(William Prynne)、巴斯特维奇(John Bastwick)三位激进清教徒。1637年,此三人因发表抨击国教和阿米尼乌主义的作品而受到星室法院审判,均遭割耳并被判处终身监禁。1640年11月下旬,三人均被释放。当他们沉冤昭雪后从监狱赶向伦敦时,成千上万民众夹道欢迎。③ 这有如迎接英雄凯旋的景况不仅表明个人统治和宗教迫害不得人心,也证实清教活跃分子通过蛊惑把普罗大众政治参与意识激发出来。查理愈发被动,1629年君臣因宗教分歧太大而被迫关闭议会的场景再现,这种场景现在还夹杂着1629年不曾有的民粹喧嚣。查理一贯警惕的清教民粹主义开始显示威力,皮姆等议员利用时局煽

①　G. E. Aylmer, *Rebellion or Revolution? England*, 1640 - 1660, Oxford University Press, 2002, pp. 18 - 19.

②　Michael Braddick, *God's Fury*, *England's Fire*, p. 141.

③　Michael Braddick, *God's Fury*, *England's Fire*, p. 120.

动反天主教情绪,从 1640 年 11 月到次年夏初,清教徒或同情清教徒的议员提议下院议员当场起誓或行宗教礼仪自证与教皇派势不两立,制造天主教威胁无所不在的惶恐气氛。来自英格兰与威尔士交界处、长期包庇清教徒的哈雷(Robert Harley)11 月 15 日在下院提议用圣礼逐一检验下院议员,"以便发现他们中的教皇派";长老派议员雷(John Wray)声称要"挥斧砍掉教皇制之枝叶"并"斩断其根"。①

这帮歇斯底里的清教徒肆意捏造天主教阴谋并成功唆使民众向当局施压。12 月 11 日,伦敦市民向下院提交"根枝请愿书"(Root and Branch Petition)。1 万余人在请愿书上签名,护送请愿书的队伍达 1500 人。② 请愿书痛斥教皇派和天主教徒招摇过市,鼓动民众颠覆现存教会体制。其关键词句称:"教皇制在发展,教皇党人在增加,许多地方出现了神甫和耶稣会士",而"大量虔诚且能干的人却被排斥在教会管理层之外"。有鉴于此,请愿书继而恳求议会清算教会:"教会政体,连同其基础、其根与枝,应一并废除;代表其利益的一切法律应宣布无效;我们之间应根据上帝教导建立正确的教会政体。"③请愿书还指出,化解宗教矛盾才能终结英苏两国的战争。激进清教议员借民众反天主教情绪穷追猛打,抛出"根枝议案",欲彻底摧毁主教制,推行长老制及类似于后世公理会式(Congregationalist)教会管理方式。1641 年 2 月 8 日和 9 日,下院就"根枝议案"激辩,因其内容事关国体,各方断断续续唇枪舌剑了近三个月,5 月初,议案才在下院通过。议案严令主教退出上院,禁止他们担任行政职务并剥夺其司法权。5 月 27 日,议案提交上院表决,上院多数议员一心保卫"伊丽莎白确立的宗教体制免受阿米尼乌主义亵渎",但坚决反对为了打倒阿米尼乌主义而动摇主教制。④ 下院预估到了上院主教会拼命抵制,在此前后专门炮制了一份"排斥主教议案"(Bishops Exclusion Bill),上院全然不理并于 8 月 3 日否决了"根枝议案"。

"根枝议案"不仅遭主教和宗教保守派强烈抵制,也引起苏格兰部分贵族

---

① *Cobbett's Parliamentary History*,Vol. Ⅱ,pp. 669-672.

② Michael Braddick,*God's Fury*,*England's Fire*,p. 129.

③ J. P. Kenyon,*The Stuart Constitution*,pp. 154-155.

④ John Morrill,*The Nature of the English Revolution*,p. 73.

忧虑。后晋封蒙特罗斯侯爵的格拉厄姆(James Graham，1st Marquess of Montrose)原是公约派领袖之一,随着阿吉尔(Earl of Argyll)实力上升,在苏格兰权力分配中遭边缘化的格拉厄姆嫉妒阿吉尔得势,主动向查理示好。查理一直想利用苏格兰人内讧瓦解公约派,遂宣布他将于夏天前往苏格兰商讨和平方案。查理8月10日动身前刻意改组枢密院。因贝德福德是年5月初病死,查理与大贵族关系明显缓和。老韦内仍担任国务大臣;觊觎财政大臣之位的皮姆希望落空;布里斯托尔伯爵熬出了头,他曾为查理婚姻四海奔波但因操作无果而受冷落,后又因顶撞伯金汉而触怒查理,伯金汉被刺后他与查理关系仍无好转,查理落难后才发现此人正直且温和,是现存秩序的坚定捍卫者,擢其为枢密大臣并委以重任。查理此前已明确主教制不得动摇这条底线,现又通过改组枢密院明确了另一条底线——国王任免大臣的权力不容置疑。上院否决"根枝议案"以及枢密院顺利改组说明查理收复了部分权势,保王党雏形出现。以布里斯托尔为首的世俗贵族和以贾克森为首的十余名主教是第一批保王党骨干。他们厌恶"根枝议案",反感"皮姆王"(Pym King)这种大逆不道的名头。他们担心皮姆煽动激进派和群氓颠覆教俗两界秩序,借人头税激起的普遍不满指控皮姆唯恐天下不乱,摆明以捍卫天下太平为己任,而查理恰是"现存秩序的捍卫者"。[①]

　　查理在苏格兰离间公约派弄巧成拙,差点导致阿吉尔等人再度兴兵造反。更糟的是,查理滞留苏格兰期间,爱尔兰人揭竿起义,本已千头万绪的局面更加复杂。1603年后爱尔兰表面太平。信奉长老教的苏格兰人和信奉国教的英格兰人纷纷去爱尔兰殖民,向此岛腹地推进垦殖运动。他们残酷压制信奉天主教的爱尔兰人,侵占土著家园,也侵犯更早时候去往爱尔兰垦荒但信仰天主教的英格兰后裔利益,致使岛上宗教冲突和利益纠纷异常复杂。斯特拉福德出任爱尔兰总兵期间,在反对派中挑拨离间,铁腕压制心怀不满者,与各类爱尔兰种植园主结下了不解之仇。斯特拉福德将驻爱军队主力调离时,爱尔兰政务委任给其表亲旺德斯弗德(Christopher Wandesford)。此人既无文韬又乏武略,爱尔兰局面危如累卵。1640冬,旺德斯弗德病死,拟议的新总兵根

---

① Richard Cust，*Charles I*，pp. 297-299.

本未去履职。1641 年夏,苦大仇深的爱尔兰人抓住不列颠倒内讧这千载难逢的良机扯旗造反。他们伪造一份查理支持他们起事的信件,竖起反旗,爱尔兰旋即陷入无政府状态。

爱尔兰人理直气壮宣称为争取民族独立而战,但英格兰人看到的是天主教色彩浓厚的血腥反叛和敌基督暴行,他们对爱尔兰数百年的压迫始终披着反天主教外衣。起初,查理未明确对爱尔兰起义表态。下院拟拨款 5 万镑,发兵 8000,援助爱尔兰新教徒,查理仍无回应。他的不动声色给皮姆捏造天主教阴谋提供了绝好素材。皮姆借机攻击查理与爱尔兰叛军串通一气,纵容天主教徒残害新教徒,并造谣称这仅是庞大天主教复兴计划之序曲。[①] 贝德福德死后,支持皮姆的大贵族越来越少,但他极尽污蔑之能事、变本加厉煽动民粹、无限夸大教皇制之危险,用以叫板查理。因他鼓动,11 月初,下院激进派单独行动,起草著名的《大抗议书》(Grand Remonstrance),细数查理外交、财政和宗教等方面的倒行逆施,控诉他企图用政变摧毁议会并涉嫌玩弄军事阴谋。《大抗议书》核心内容关乎宗教,它指控"教皇党人、阿米尼乌派、恶棍"恶行昭彰,公然"结成一体"图谋颠覆英吉利人纯正的信仰;继而号召民众将主教逐出议会。

> 我们发现所有这些错误的根源在于企图颠覆基本的法律和治理原则,这个王国的宗教和正义坚实建立在那些法律和治理原则之上。……耶稣会的教皇主义者憎恶法律,因为法律是他们垂涎已久的宗教改变及颠覆之障碍。……主教们以及部分腐化的神职人员为划一礼仪和迷信喝彩,这些礼节和迷信是他们自己的宗教暴政和篡权之自然结果,且为暴政和篡权提供更可行的支持。[②]

经过激辩,11 月 22 日,《大抗议书》在下院以 159 对 148 票的微弱多数通过。随后有议员建议立即刊印《大抗议书》以便将其内容公诸天下,下院为此

---

① Richard Cust, *Charles I*, p. 311.

② J. P. Kenyon, *The Stuart Constitution*, p. 210.

进行讨论和投票,直到 12 月 15 日才以 135 对 83 票通过印发决议。投票结果表明下院对《大抗议书》分歧甚巨,而"日益明显的分歧预示着重大政治变化"。① 1640 年的上下两院一致反阿米尼乌主义,然而 1642 年的反阿米尼乌主义者分裂成拥护伊丽莎白宗教体制的国教徒与要求深化改革、铲除主教的清教徒,正是这一分裂"导致内战不可避免"。②

爱尔兰起义给了皮姆等人祭出《大抗议书》之契机。此前议会两院多数议员认可税收和司法改革,也呼吁制止阿米尼乌主义,但多数议员反对婴儿脏水一起泼、坚持主教制不动摇。正是《大抗议书》抛出的宗教改革诉求酿成了议会分裂,以海德(Edward Hyde)为代表的原先批评国王个人统治的议员转向保王。查理支持者越来越多。11 月 25 日,他从苏格兰归来,进入伦敦时受到大批群众热情拥戴。嗅到民意的些许变化后,查理解雇了保卫议会的卫队指挥官埃塞克斯并以不受议会信任的多塞特(Earl of Dorset)代之。12 月 1 日,《大抗议书》提交查理签署,其序言明确提出将主教逐出议会、废除阿米尼乌主义礼仪,还敦促查理赶走议会不信任的枢密大臣。11 日,清教徒煽动民众呈递一份有 1.5 万人签名的请愿书,要求将"教皇派的权贵和主教赶出上院"。③面对清教徒攻势和群情躁动,保王派沉着应对。23 日,海德替查理起草的回复文件驳斥《大抗议书》未经上院批准便要国王签署,不合宪制程序;文件拒不承认查理宗教政策有误,也否认枢密大臣违法滥权。④ 有理有据的回复激起宪政主义者和国教保守派强烈共鸣,查理若继续保持冷静,少些固执,完全有机会赢回局面。

皮姆派议员在此期间连续碰壁。查理归来后,同意组建军队去爱尔兰平叛,军费暂靠借款,以平叛后没收叛党土地作为借款抵押。按惯例,平叛大军应由国王任命的总兵指挥,总兵再任命副总兵,国王对副总兵保留否决权。此时谣传爱尔兰叛军正与英格兰天主教徒串联接洽,查理企图借他们之力对付议会。在被夸大的恐天主教氛围中,议会反对把军队指挥权交给查理任命的

① Michael Braddick, *God's Fury*, *England's Fire*, p. 171.
② John Morrill, *The Nature of the English Revolution*, p. 85.
③ David R. Como, *Radical Parliamentarians and the English Civil War*, p. 109.
④ Austin Woolrych, *Britain in Revolution*, p. 209.

总兵,以免他用这支军队镇压议会。12 月初,下院通过的"征兵议案"
(Impressment Bill)旨在把属于国王的征兵权转给议会,但被上院否决;哈瑟
里格炮制一份类似议案,拟规定议会享有军官任免权,但在保守派抵制下也无
下文。议会欲靠冠冕堂皇的立法夺取军权,查理则用行动证明君主的军权不
容置疑。12 月 23 日,他任命保王派伦斯福德(Thomas Lunsford)为伦敦塔卫
官(lieutenant),遭下院和伦敦市务会(Common Council)强烈抵制,查理遂改
任拜伦(John Byron)为伦敦塔卫官,当然,此人也是保王派。1642 年 1 月 2
日,查理大幅改组枢密院。老韦内因对查理不忠,此前已被解职;另一位国务
大臣文德班克(Francis Windebank)有鉴劳德和斯特拉福德之祸,担心因包庇
天主教徒受议会指控,流亡法国。查理提拔尼古拉斯(Edward Nicholas)与法
克兰(Lord Falkland)担任国务大臣并任命卡尔佩伯(John Culpepper)为财政
大臣。

圣诞至新年期间,双方支持者在首都剑拔弩张,骑士党(Cavaliers)和圆头
党(Roundheads)两大诨号值此前后盛传开来。[1] 皮姆和其清教党徒利用宣传
技巧在 1641 年 12 月 21 日的伦敦市务会选举中大获全胜,伦敦市长和市议府
(Court of Alderman)权力遭削弱。皮姆及其党徒越发嚣张,27 日,他们煽动
伦敦暴民阻止主教进入上院履职,12 位主教声称上院在他们缺席期间的所有
决定无效。然而上院世俗贵族因暴民和下院共同施压而屈服,与 12 位主教划
清界限。31 日,下院要求查理派卫队保护议会安全,且卫队指挥必须是埃塞
克斯。下院显然预感到了查理可能武力镇压议会。

上院分裂虽削弱了查理实力,但他已靠改组政府和更换卫队指挥官加强
了实力,此时他应保持耐心,静等情绪躁动的民众恢复平静,届时皮姆等人不
战自溃,毕竟天主教阴谋并无过硬证据,而阿米尼乌主义更多只是一种神学争
论,激不起民众兴趣。然而当查理风闻议会正搜罗证据准备弹劾王后时,自己
反倒先失去了理智,决定先发制人,武力镇压议会。[2] 1 月 3 日,他指示总检
察长以叛国罪指控皮姆、汉普登、哈瑟里格、斯特罗德(William Strode)以及霍

[1] Austin Woolrych, *Britain in Revolution*, p. 211.
[2] David R. Como, *Radical Parliamentarians and the English Civil War*, p. 111.

莱斯五名议会派领袖和活跃分子(Five Members)并授意武力逮捕他们后再行定罪。不料行动走漏风声,皮姆情人、寡妇卡莱尔女伯爵(Countess of Carlisle)将消息及时透露给埃塞克斯。五议员迅速乘船逃离威斯敏斯特,藏身于民区。4 日,查理领 400 号卫兵闯入议会大厅,未见五议员踪影。他要求议长伦索尔(William Lenthall)告知五议员行踪,伦索尔坦称"自己只是议会仆人,既没看见,也不能说"。① 查理扑空说明他的情报和消息并不灵通,五议员脱身也说明伦敦市民中的确支持议会者居多。查理强逮五议员未果不仅自毁声誉,还导致他在接下来的斗争中再度被动。首先,主教战争以来,查理并无严重违宪之举,但武力强闯议会一次性败光了他此前累积的保卫宪制之名声。议会被视为神圣机关,武力强闯既犯大忌又授人话柄,国王及王后勾结外国人和天主教徒、颠覆国教、埋葬自由的谣言似乎不证自明。5 日,议会以安全为由,宣布转移到伦敦市政厅(Guildhall)继续开会,几天后当五议员与议会重返威斯敏斯特时,民众对他们胜利归来报以阵阵喝彩。其次,议会可以国王滥用军权为由名正言顺要求接管军权和人事任免权,这在法理上对王权尤为致命。其后短短半个月,议会做出多项重大决定。一、首都卫戍部队交由清教徒斯基彭(Philip Skippon)指挥;二、制定《军事条例》(Militia Ordinance),要求所有军官按议会指令行事;三、恳请国王立即遣散在任枢密群臣,任命议会推荐的大臣;四、下令十八岁以上成年男性宣誓捍卫纯正信仰。② 这四项决定致使和谈彻底无望,和解再无可能。

查理逮捕五议员失算后,他在伦敦已失群众基础,1 月 10 日,他转移到汉普顿宫,几天后移宫温莎。他已决定到北方招兵买马,准备内战,仅为王后能顺利离开伦敦以及王子安全,又在伦敦附近逗留两个月。2 月初,上院在出席人数不足的情形下通过"排斥主教议案",铁心要摧毁国教。有鉴于此,大批保王党人陆续离开议会,转而追随查理。③ 1641 年冬和 1642 年春离开威斯敏斯特的是一个"国教派"。④ 宗教保守主义者对激进清教主义不屑一顾,他们和

① Austin Woolrych, *Britain in Revolution*, p. 213.

② Austin Woolrych, *Britain in Revolution*, p. 215.

③ Conrad Russell, *The Fall of the British Monarchies*, pp. 470 - 471.

④ John Morrill, *The Nature of the English Revolution*, p. 66.

查理一样无法容忍教阶体系崩溃，确信这必致人间失序。为保卫国教，保王党人形成。保王党人"主要是为了捍卫教会，捍卫君主制只是第二位的"。[1] 保王党人离开议会给了议会党更大的翻云覆雨空间，2月15日《军事条例》在上院通过即是明证。《军事条例》并非源于某种宪政理念，而是议会党坚信查理卷入天主教阴谋，丧失了保护纯洁教会之能力，议会必须挺身而出替国王保卫信仰。[2] 部分留在伦敦的大贵族极为纠结，他们质疑《军事条例》的合宪性但又不想推卸保卫国教之义务。查理自然察觉到了议会激进之举正助推保王党壮大。为争取更多保王党人，也为家属安全，他一度同意在"排斥主教议案"与《军事条例》的基础上继续谈判。他的和谈姿态或许只是缓兵之计。2月底，王后安全登上开往荷兰的船只，王子亦脱险，查理可放手一搏了。

议会党也在积极备战并与他们地方上的同道建立起攻守同盟。为将战争责任推给查理，3月初，皮姆又导演一出假戏。他明知查理不会接受议会一系列决定，却派代表与查理在纽马克特（Newmarket）谈判，结果可想而知。查理明确宣布不接受一切未经他同意的法案，并强调是议会得寸进尺逼得他走投无路。[3] 3月19日，查理抵达约克，此地贵族和乡绅对流浪中的国王并不热情。王后写信鼓励查理控制存备大批军械的赫尔城。4月8日，查理宣布他要利用赫尔城武器前往爱尔兰平叛。议会党认为他动机不纯，更怀疑他勾结爱尔兰天主教徒且担心他利用赫尔城武器镇压议会派。22日，查理率300骑兵抵达赫尔城下，该城守官霍瑟姆（John Hotham）早接到议会命令，不放查理进城。查理借机宣布议会和霍瑟姆根据非法的《军事条例》拒国王于城外，率先毁坏宪政，将内战责任推给议会党。在此前后，查理适当软化先前的顽固立场，争取温和派支持。海德的得力宣传把查理树为捍卫秩序和保卫财产的不二人选。5月5日，议会宣布《军事条例》正式执行。这刺激又一批贵族和议员北上，聚集到查理身边。保王党力量进一步壮大。

部分贵族仍想阻止战争。6月初，以埃塞克斯和诺森伯兰为代表的大贵族起草《十九条建议》（Nineteen Propositions）送交查理作为谈判基础。因"排

---

[1] G. E. Aylmer, *Rebellion or Revolution?* p. 31.

[2] John Morrill, *The Nature of the English Revolution*, p. 62.

[3] Richard Cust, *Charles I*, p. 336.

斥主教议案"已决定摧毁国教,《十九条建议》不必再谈主教制废留,其主旨内容是剥夺国王行政权。第一条宣布:"上院议员、陛下您的枢密院其他成员以及诸如此类的国家重要官员和大臣,不管在国内还是海外,除非得到议会两院同意,均须被逐出枢密院或被剥夺现有职位;填补空缺职位者应得到议会两院同意;所有枢密大臣均需宣誓正当行使权力,唯此才能得到议会两院认可。"第二条要求"一切王国重大事情……只能在议会中辩论、解决并执行"。第九条要求查理"接受议会两院的军事命令"。[①] 对宪政保王主义者而言,议会绕开国王遴选大臣、操控军队是闻所未闻的制度变革。由法克兰和卡尔佩伯领命主笔回复并驳斥《十九条建议》。他们阐释英格兰混合宪政的精粹在于"君主制、贵族制和民主制的理想平衡",以珠玑字词将查理定格为宪制守护人。[②]《十九条建议》如若施行,国王变成虚君,宪制也将毁坏,这对 17 世纪的英格兰人太过超前、太不可思议。大量宪政主义者遂加入保王党。支持 1628 年《权利请愿书》者,内战爆发时,仍有 15 人在世,其中 8 人为议会党,7 人为保王党。[③] 1630 年代坚决抵制船税但 1642 年为捍卫国教而热情涌向国王者络绎不绝。到 1642 年夏,3/4 的上院议员和 2/5 的下院议员不再支持议会党,除伦敦和东安格利亚,地方上保王党人与议会党人比例为 2 比 1。[④] 至此,查理在宗教和宪政两个方面都笼络了大批实力派,成功把内战责任推给议会党,他可底气十足拒绝《十九条建议》了,和解可能性荡然无存。

自内战爆发,史家对其原因的解释新意迭出,研究成果亦汗牛充栋:从17、18 世纪的大叛乱到 19 世纪的清教徒革命,从 19 世纪宪政冲突到 20 世纪的阶级斗争以及贵族危机,再到最近三十年来流行的修正主义等。理解内战缘起须还原内战前环环相扣的重要史实。查理在英格兰的个人统治不得人

① J. P. Kenyon, *The Stuart Constitution*, pp. 223 - 225.

② Austin Woolrych, *Britain in Revolution*, p. 223.

③ Conrad Russell, *The Causes of the English Civil War*, p. 143.

④ Richard Cust, *Charles I*, p. 352.

心，但也没遭遇严峻挑战。他因个人统治小有成就而变得更专制和自以为是，以至于忘了自己虽身兼英格兰、苏格兰、爱尔兰三国之王但三个国家只有"同一国王"这唯一共性，进而误判苏格兰国情以及苏格兰人的宗教容忍下限，主教战争因此而起。[1] 军事溃败和财政压力迫使查理重开议会，而解散短期议会后不到半年被迫再开议会，彻底暴露了王室财政困境且为敌视国教者壮胆。英格兰加尔文主义者和宪制主义者利用长期议会清除个人统治之积弊，废止王室非法收入，规范议会程序，惩罚所谓奸臣。面对苏格兰人的军事胜利和军费勒索，查理在财政上被议会派捏住七寸，只能忍痛牺牲左膀右臂——劳德和斯特拉福德，并默认议会派的改革措施。就宪制言，1641 年 8 月前，议会的要求及查理的让步，性质都属纠正无议会统治之弊，而非抽象宪制理论驱动的激进主义改革，议会只想恢复传统的混合宪制。[2]

然而死结并不在宪制而在宗教，"不管多么不情愿"，查理毕竟与"将法治问题放在第一位的人"和解了，但他绝不会与"把宗教问题放在第一位的人"和解。[3] 查理宗教政策强硬，以皮姆为首的清教徒也不愿妥协且宗教诉求随着矛盾升级愈发激进。双方对主教制以及教会与国家关系的理解判若天渊，这导致 1641 年夏看似有望和解的局面陡转直下。爱尔兰起义爆发后，皮姆借题发挥，捏造所谓天主教阴谋煽动群氓，抛出《大抗议书》，为清教徒深化"未完成的宗教改革"指路明向。此时原本被动的查理反而处境改善，因为《大抗议书》催生了第一批保王党。不过查理未能成功分化苏格兰人并减少他们的敌意，继而鲁莽行事，武力逮捕五议员致使议会派有充足证据引导民众相信国王构织天主教阴谋。为捍卫新教改革成果、推进清教事业，议会理直气壮通过了《军事条例》和"排斥主教议案"并冠冕堂皇表示要替国王保卫纯洁教会。这两项法案连同《十九条建议》蕴含的激进宪政思想彻底埋葬了和解的可能性，也为查理反击创造了条件，保王党借机指控欲颠覆教会和宪制的是议会，而非国王。查理志在不列颠臣民信仰统一、礼仪划一。他无力降服清教徒，却有理由自诩宪政和国教守护者并以之笼络人心。他无力让三个体制和信仰迥然不同

---

[1] Conrad Russell，*The Fall of the British Monarchies*，p. 525.

[2] John Morrill，*The Nature of the English Revolution*，p. 51.

[3] Conrad Russell，*The Fall of the British Monarchies*，p. 527.

的国家和解,但有能力打造一个强大的保王党用以支撑一场内战。①

　　清教徒以议会名义推行的激进宗教改革激起了国教徒浓浓敌意,教俗两界均分裂为水火不容的两派。查理在北部和西部找到大量支持者,这些区域的中世纪依附关系尚存蛛丝马迹,盛行宗教保守主义,也是天主教徒天然庇护所。东南部以及米德兰地区因农场革命和贸易兴旺发达,多数自耕农和手艺人不仅积攒了财富,且乐于接受清教思想。双方阵营中均不乏贵族和乡绅,总体看,大贵族多支持国王,乡绅、自耕农和手艺人多倾向支持议会。不过这并不等于说国王代表大贵族利益,议会党代表自耕农和手艺人利益。自耕农和手艺人出身寒微,但非因出身寒微而支持议会党,是清教思想激发了他们的斗志。大贵族要捍卫国教和混合宪制,他们支持国王守护传统责无旁贷。内战的宗教分野一目了然。议会党人是清一色清教徒,解构国教并粉碎假想的天主教阴谋是他们的强力黏合剂,但对教会未来之构建并无共识埋下了他们将来分裂之伏笔。保王党主要是国教徒和少许天主教徒,但有少数例外,如查理外甥、王党军队指挥官鲁伯特亲王(Prince Rupert)并无明显的教派偏好,他出于血缘关系及个人权势为查理而战,讥讽议会党人打着宗教幌子掩饰邪恶世俗目的。总而言之,"没有任何一位捍卫劳德改革前的宗教秩序的人成为议会党,也鲜有要求宗教激进改革者支持国王","英吉利内战不是第一场欧洲革命,而是最后一场(欧洲)宗教战争"。②

---

① Conrad Russell, *The Causes of the English Civil War*, p. 209.

② John Morrill, *The Nature of the English Revolution*, pp. 65, 68.

第七章　内战与共和(1642—1658)

　　原则上说,主教战争已开启不列颠内战,不过英吉利内战并无确切起始时间,一般以 1642 年 8 月查理在诺丁汉竖起王旗为标志。早在 6、7 月份,柴郡和赫尔福德等地宗教立场不同的人便带领私家扈从打响零星战斗。8 月,查理的正规军正式投入战斗。王军主要有三支。纽卡斯尔伯爵(William Cavendish, Earl of Newcastle)指挥的北方王军欲以约克为大本营夺取英格兰中部,继之向东部沿海地区推进。西路军由霍普顿(Lord Hopton)和康沃尔的格伦维尔家族(Grenvilles)指挥,目标直指萨塞克斯和萨里诸郡。中路军由鲁伯特统率,直接威胁伦敦。战争初期,议会军指挥混乱,各自为战,王军因准备较为充分而占据主动。1642 年 10 月 23 日,沃维奇境内的边山(Edgehill)上演了第一场大规模战斗。鲁伯特骑兵优势明显,但未能消灭议会军主力;埃塞克斯从容脱身,撤回了伦敦。11 月 12 日,王军夺取米德尔塞克斯境内的布伦特福德(Brentford),前锋逼近伦敦西郊。查理信心十足把大本营迁到牛津并以之为临时首都。查理的战略是先清除地方上的议会军再一鼓作气拿下伦敦,结束战事。此时他若集中火力从南、北、西三个方向同时进攻伦敦,或许 1642 年底有机会击败议会军主力。议会党抓住喘息之机,迅速筹集大量资源并鼓舞伦敦市民齐心协力保卫首都。鲁伯特因伦敦军民顽强抵抗受阻于特纳姆格林(Turnham Green),战争陷入胶着。

　　战争初期,双方均为内部凝聚力不足而苦恼。王军方面,鲁伯特早在欧陆证明了军事天分,但这个二十出头的小伙执掌军权难免招致其他将领嫉妒和非议。乔治·迪格比(George Digby)与鲁伯特势如水火,海德、卡尔佩伯等温和廷臣亦不满鲁伯特嗜血、张扬。所幸有查理这个明确权力核心,保王党及其军队总体团结一致。议会党内矛盾尖锐。以霍莱斯、霍兰以及埃塞克斯为代表的温和派关注现实甚于宗教,他们担心军事对抗升级过度冲击既存政治和社会秩序,从未彻底抛却和解念头。老维内和哈瑟里格等人认为查理不可理喻,相信只有武力才能迫使他回到谈判桌前并接受议会制定的条件。皮姆、汉普登和圣约翰等人是查理死敌,但他们自诩中间派,倡议和谈,实为拉拢中立者而惺惺作态。① 议会党致命短板是没有公认领袖。皮姆名望在外,但领导艺术非其所长,远不能驾驭全局。议会军分散于全国各地,埃塞克斯名为议会军总指挥,实际上乡绅武装各自为战。1643 年,议会党为提高战斗力对军队部署作了稍微明确的调整,埃塞克斯的主力以伦敦为大本营,直接与王军主力争夺牛津至伦敦的中间区域;费尔法克斯(Thomas Fairfax)以家族影响力招募乡勇在北方威慑约克;东部联盟所属武装归于曼彻斯特伯爵(Edward Montagu, 2nd Earl of Manchester)麾下,克伦威尔(Oliver Cromwell)为其副手;南方各郡部队听从沃勒(William Waller)调遣。重新部署后的议会军仍战略模糊,许多将官只想积聚力量,好让查理明白不可能用武力迫使议会就范,别无选择从而与议会和谈。议会军多数将官不敢奢望击败王军,部分人甚至为以下犯上有悖为臣之道而良心不安。7 月布里斯托尔的陷落大大鼓舞了保王党士气。9 月,保王党进攻纽伯里(Newbury),埃塞克斯全身而退,议会军撤回伦敦。1643 年底力量平衡仍未打破。

军事僵持时政治形势却急速改变。1643 年 8 月,议会党内部出现严重裂隙,上院多数贵族打算向查理屈服,这帮在 1642 年初围绕《军事条例》争执时抛弃了主教的显贵现在自食恶果,悔不当初。下院发动包括几千名伦敦妇女在内的民众上街示威游行,反对上院屈膝。一周后,以霍兰和第五代贝德福德伯爵为代表的部分上院议员离开伦敦,前往牛津向查理谢罪。12 月,查理命令留在威斯敏斯特的议员参加来年初在牛津召开的新议会,这招离间议会党的攻心战略实则暗示威斯敏斯特议会已无合法性。1644 年初,44 名上院议员和 137 名下院议员出席了牛津议会,若几位想参加却身不由己的议员能够赴

---

① Derek Hirst, *England in Conflict*, pp. 205 - 207.

会,牛津议会计 175 名议员出席。而内战期间,出席威斯敏斯特议会的上院议员每次平均不到 20 人,下院议员亦不足 200 人。① 议会党并不能否认国王召集议会的权力,查理也未宣布解散威斯敏斯特议会,他担心解散议会授议会党以口实——违背《三年法案》。

查理笼络人心时,议会党也在联络盟友。如果说 1640 至 1641 年的苏格兰和爱尔兰加速了英格兰内战的爆发,那么 1643 年的苏格兰和爱尔兰则改变了英伦全岛战争进程。这年夏天,皮姆和圣约翰意识到议会党有散伙之忧,不久汉普登战死,皮姆更觉独木难支,遂孤注一掷,欲借苏军之力战胜查理并迫使他回到谈判桌前。8 月初,议会党代表到达苏格兰寻求与公约派军事合作,公约派要求宗教联盟是军事结盟的前提。鉴于议会党内部分裂后力量的削弱以及查理的军事优势,以皮姆为首的议会党接受了苏格兰人抛出的《神圣联盟与公约》(The Solemn League and Convenant),同意按长老制重建英格兰教会。9 月 25 日,英格兰议会和威斯敏斯特宗教会议对《神圣联盟与公约》盟誓:"在教义、礼仪、戒律以及管理方面维护苏格兰改革后的教会","推动三个王国宗教亲密联合与统一"。② 根据此约及誓言,议会党不仅军事上坚决对抗查理,还要启动激进宗教改革,以示与国教徒势不两立。此外,英格兰议会还须为苏格兰军队每月提供 3 万镑军费。③ 与公约派结盟充分暴露了议会党的道德双标,三年前他们指控查理榨取民脂民膏供养苏军,如今他们自己为了私利公然引狼入室并为苏军奉上更慷慨军饷。如果说 1637 年查理强迫苏格兰人接受英格兰国教,那么如今的苏格兰人胃口更大,欲把苏格兰教礼和信仰推销给英格兰人。皮姆 1643 年底病死之前,英苏两国反国教的激进加尔文宗信徒已谈妥合作条件。反劳德但不反主教制的宗教保守派承受着巨大良心压力,他们明知引入长老制必致英格兰教会地动山摇却束手无策。1644 年初,4 名苏格兰议会代表和 21 名英格兰议会代表组成两国委员会(Committee of Both Kingdoms),这个委员会成为未来几年议会党决策机关,其主要任务是

---

① Michael Braddick,*God's Fury*,*England's Fire*,p. 315.

② Barry Coward and Peter Gaunt,eds,*English Historical Documents*,Vol. Ⅴ(B),p. 582.

③ Michael Braddick,*God's Fury*,*England's Fire*,p. 310.

监督将官行为并为战争提供决策。

议会党与苏格兰人合作时，查理也争取爱尔兰起义军支持，允许后者加入王军。联手爱尔兰叛党并未显著增强王军战斗力，查理却为此遭受强烈道义谴责，得不偿失。并非所有爱尔兰天主教徒都参与了1641年起义，但起义军是清一色天主教徒。"爱尔兰天主教徒在内战中为国王作战，极大增强了清教议会党人的宣传力，这种宣传即便没有将国王描绘成企图颠覆英格兰宗教和自由、广泛存在且令人无限警惕的教皇阴谋的工具，也将其描绘为这一阴谋的自愿的傀儡。"①查理所为足证他毫无民心洞察力，完全不理解英格兰人和苏格兰人的仇天主教和恐天主教心理，他又一次为宗教政策不慎付出了代价。

苏格兰军队参战效果立竿见影。苏军与费尔法克斯的北方议会军汇合后立即对约克形成包围之势。6月，曼彻斯特和克伦威尔率领的东部联军（Eastern Association）穿过林肯郡抵达约克城郊。守卫约克的纽卡斯尔伯爵腹背受敌，进退两难。查理认为约克是第二重要的城市，象征意义远大于军事意义。他指令纽卡斯尔死守约克并派鲁伯特率军驰援。鲁伯特沿西部海滨向北高歌猛进，沿途攻占博尔顿（Bolton）、利物浦（Liverpool）等城，继而越过奔宁山脉（Pennines），抵达马斯顿荒原（Marston Moor）。鲁伯特不顾急行军后的人困马乏，迅速发功进攻。他的得力副官戈林（George Goring）勇冠三军，很快撕开了联军防线。② 费尔法克斯父子及苏军骑兵指挥官亚历山大·莱斯利弃营逃窜。然而鲁伯特骑兵未能迅速歼灭敌手，反被克伦威尔指挥的骑兵从侧翼击溃。大卫·莱斯利（David Leslie）指挥的苏格兰步兵与克伦威尔所部乘机大开杀戒。这是内战中最血腥、最艰难的一仗。保王党骑兵逃离战场，步兵损失惨重。查理在北方的生力军或死或逃，纽卡斯尔蒙羞受辱，无颜面对查理，流亡海外。议会军的胜利酣畅淋漓，而克伦威尔的骑兵是胜利之关键。

马斯顿荒原战役还不足以打破力量平衡，此役之后，议会军人数超过了王军，但自身也伤亡不少，需要时间整休。8至9月，查理在中南部取得一系列胜利。埃塞克斯在康沃尔境内完败，10月7日，第二次纽伯里战役也以议会

---

① G. E. Aylmer, *Rebellion or Revolution?* p. 61.

② 此戈林是本书第五章中同名同姓之人的儿子。

军失败收场。蒙特罗斯在苏格兰境内大胜阿吉尔,短期内议会党无法指望苏格兰人有效支援了。议会党和议会军前景不明,内讧陡然加剧。埃塞克斯兵败后,一度联系乔治·迪格比,有意重开和谈之门。1644 年 11 月与 1645 年 1 月,双方代表在牛津和乌克斯桥(Uxbridge)举行两次会谈。议会方面表示,查理若"愿意对《神圣联盟与公约》盟誓",同意"议会通过的彻底废除大主教、主教的法令"并承认威斯敏斯特宗教会议的改革措施,禁止宫廷中的弥撒礼,议会党愿放下武器与之和解。① 查理已在西南部巩固了军事优势,要其接受上述苛刻条件无异于天方夜谭。

部分议会党领导人急欲和谈源于独立派(Independent)势力在枪炮声中坐大,此派在 1644 年秋冬形成了三条独立的政治和宗教诉求:一、"彻底击败国王,议会至高无上";二、"承诺某种不言明的宗教宽容",在这种宽容下,"发自内心的虔诚"比教义和礼仪重要;三、"强烈抵制教士专横权力的威胁"。② 结果,乌克斯桥谈判期间议会军将领上演唇枪舌剑。克劳福德(Lawrence Crawford)指控克伦威尔将长老派士兵逐出军队并大量接纳独立派士兵,克伦威尔抱怨他的顶头上司曼彻斯特不切实际地幻想和谈,曼彻斯特对克伦威尔日趋激进忧虑不安。曼彻斯特称:"即便我们击败国王九十九次,他仍是国王","但如果国王击败我们一次,我们将被绞死"。克伦威尔则反诘曼彻斯特:"我们当初为什么拿起武器? 今后索性不战也罢。"他还一针见血指出,曼彻斯特的失败并非"偶然",也非"仅仅因为他的鼠目寸光",而是因为"他不愿全力以赴",根源在于他担心"国王败得太惨对和谈不利"。曼彻斯特气急败坏指责克伦威尔将三教九流招入军队,纵容独立派,徒增和谈障碍。埃塞克斯亦附和曼彻斯特称:"后人会说我们让他们挣脱了国王的枷锁,却将他们置于大众的枷锁中。"③随着军中出现独立派,原先因坚决反查理而被割耳的普林如今也公开声援曼彻斯特,谴责独立派贩卖"反君主、反议会、无政府逻辑"。④

---

① Barry Coward and Peter Gaunt, eds, *English Historical Documents*, Vol. Ⅴ(B), pp. 696 - 697.

② David R. Como, *Radical Parliamentarians and the English Civil War*, p. 271.

③ Christopher Hill, *God's Englishman: Oliver Cromwell and the English Revolution*, New York, the Dial Press, 1970, pp. 71 - 72.

④ David R. Como, *Radical Parliamentarians and the English Civil War*, pp. 295 - 297.

1644年冬至次年春的争吵表明议会党内激进和保守两股力量有分裂迹象，亦表明皮姆秉承的团结和战两派的政策已经毁坏，军中激进主义与日俱增。《神圣联盟与公约》饱受非议，宗教保守派鄙视并恐惧激进长老制，激进清教徒又对长老派嗤之以鼻。值此前后，流言盛传苏格兰人有意与国王在长老制基础上和谈，还有谣言称以埃塞克斯为首的主和派打算与苏格兰人搁置宗教分歧，拥戴国王，齐力阻止激进清教思想蔓延。克伦威尔和圣约翰等主战派别无选择，他们察觉要迅速结束战争就必须重组军队并把幻想和谈者逐出军队指挥层。克伦威尔告诉下院："军队若不改组，战争若不竭尽全力，人民无法继续承受，你们将被迫接受耻辱的和平。"[1]主战派靠煽动民粹和激进军人逐渐占据上风。1645年2月17日和4月3日，议会分别通过了《新模范军法令》（New Model Army Ordinance）和《自抑法令》（Self-Denying Ordinance）。《新模范军法令》将所有军队重组为10支骑兵队和12支步兵队，每支骑兵队和步兵队分别由600和1200人组成，费尔法克斯出任军队总司令。《自抑法令》要求"两院议员"及"两院任命或授权的"所有军官在"该法通过后四十天内离职"。[2] 曼彻斯特及埃塞克斯等离开军队领导职位，克伦威尔也不例外。主和派对《自抑法令》拍手称快，因为克伦威尔也将失去军权。克伦威尔的确一度去职，但两个月后再度出任骑兵总指挥。保守派、保王党人以及后世许多史家认为《自抑法案》只是克伦威尔排挤其他军官、独揽军权的阴谋。事实并不完全如此。

去职期间，克伦威尔只身投入战斗并以个人名义积极招兵买马。5月底，保王党围攻莱斯特城，该城居民请求议会任命克伦威尔为东部联盟司令，带兵解围，只因上院阻挠未果。不过克伦威尔已名声在外，机会很快再度降临。1645年初，查理派鲁伯特率领一支军队北上，试图与苏格兰保王军指挥官蒙特罗斯建立直接联系。费尔法克斯意识到形势危急，联合僚属请求议会任命克伦威尔为新模范军骑兵司令。上院拒不同意，下院以军情火急为由单方面

---

[1] Ian Gentles, *The New Model Army in England，Ireland and Scotland*，1645－1653，Blackwell, 1992, p. 6.

[2] Barry Coward and Peter Gaunt, eds, *English Historical Documents*, Vol. Ⅴ（B），p. 538.

同意了费尔法克斯的请求。费尔法克斯指挥的议会军原本决定猛攻牛津,后按两国委员会命令开往中部地区与克伦威尔的骑兵汇合。6 月 14 日,克伦威尔女婿伊雷顿(Henry Ireton)袭击莱斯特郡境内王军哨所纳西比(Naseby)。鲁伯特建议查理避敌锋芒;军事外行乔治·迪戈比认为不战而走会挫伤士气,一贯好面子的查理听信其言导致满盘皆输。议会军士气昂扬且人数占绝对优势。王军战死 1000,被俘 4000,武器辎重丧失殆尽,鲁伯特率领无心恋战的骑兵败走。克伦威尔在纳西比的上佳表现迫使上院同意他继续担任骑兵司令三个月。他先前的主动辞职"以并不太高的代价换取了一大群贵族和敌人被逐出军队",继而在危急情势下以优异表现跃升为"议会派战争不可或缺的"帅才。①

纳西比决战后查理再未能征调大股有生力量投入战场。7 月 10 日,克伦威尔追至萨默塞特境内的朗波特(Langport),消灭了最后一支成建制的王军。8 月下旬,布里斯托尔落入议会军之手。战争扫尾阶段,议会军以摧枯拉朽之势清除保王党的散兵游勇。危急情况下,乔治·迪戈比苦谏查理设法与蒙特罗斯的苏格兰保王军取得直接联系,但知易行难。1646 年 5 月,走投无路的查理遁往苏格兰军营。向苏格兰人投降证明他的政治判断力并不差。6 月,牛津陷落,鲁伯特逃往法国。第一次内战结束。

议会党胜利因素众多,苏格兰人帮忙、清教徒斗志、克伦威尔军事天赋、查理战略失误等都不可忽略,不过新模范军释放的战斗力最具决定性。其一,克伦威尔招兵有严格标准。他知道大贵族与国王多是故交,不许大贵族或其扈从加入新模范军以免他们的瞻前顾后动摇军心;他认为无产者参军动机不纯,只想趁乱掠夺富人财产。结果,自耕农、手艺人、小店主就成了新模范军主要兵源,这些人大多正是清教徒,有一定的身份认同感,痛恨国王和主教,为信仰而战。其二,军队财务管理效率显著提高。1645 年以前没收的保王党人土地大都被地方政府截留,甚至流入私人腰包。军队改组后,没收的土地和财产直接用于支付军人工资。新模范军成立后的两年中,"薪饷支付相当规律"。1647 年,议会累欠军饷 300 万镑,但至少一半是新模范军成立前的旧账,且新

---

① Ian Gentles, *The New Model Army in England，Ireland and Scotland*，pp. 26‐27.

模范军成立后拖欠额之 60% 属于军官薪饷，拖欠普通士兵的薪饷占比不高。① 其三，与改组前的军队相比，新模范军不仅军纪更严明，精神面貌亦焕然一新。新模范军在"加尔文主义的清教思想以及较小程度的自由意志的唯信仰论（libertarian antinomianism）驱动下，克服对他们自身社会出身的疑虑以及对挑战神圣国王的恐惧"，变身"铁打之人"，以"战无不胜的信念""践行上帝的意愿"，或曰他们自认为从事的是"圣战"。②

保王党军队被击败，国教体制亦坍塌。《神圣联盟与公约》签订后，热心长老制的清教徒开始大刀阔斧改革英格兰教会，他们控制的议会和威斯敏斯特宗教会议连续发布多项法案，急欲铲除国教。1643 年秋，议会下令捣毁用于描绘耶稣被钉死的苦像（crucifix）和十字架，砸掉与耶稣、圣母玛利亚或其他圣徒有关的一切画像、图案和迷信装饰；1644 年下令移除象征天主教礼仪的圣洗池（font）；年底又发布命令，要求所有信徒严格执行斋戒，禁止普罗大众庆祝圣诞节、复活节等传统节日。1645 年 1 月，威斯敏斯特宗教会议以《公众礼拜指南》（Directory of Public Worship）取代惯行的公祷书。③ 议会党不仅标新立异，军事胜利还为他们大肆损毁艺术和建筑等提供心理暗示，将野蛮破坏理解为神启。主座教堂遭殃最甚，达勒姆主座教堂和伦敦圣保罗大教堂甚至被改造为兵营。清教徒军功最大，搞破坏时胆气最足，自然也要把他们仇恨的传统教会管理体制推倒重建。议会党用一种四级管理体系取代传统主教区和堂区制。普通堂区依然是教会最小的基层单位，信徒选举产生长老管理堂区。堂区之上设立班区（class），一个班区管辖范围大致相当于一个百户区，大体上包括十余个堂区。班区之上是省区（province），省区管辖范围相当于一个郡，伦敦为一个专门省区。最后再设立一个全国宗教会议（national synod），直接执行议会制定的宗教法令。④ 新教会体制主要有两大特征，一是长老成为教会管理骨干，二是议会宗教权威至高无上。

---

① Ian Gentles, *The New Model Army in England, Ireland and Scotland*, pp. 49 - 52.

② Ian Gentles, *The New Model Army in England, Ireland and Scotland*, pp. 118 - 119. 唯信仰论指基督徒蒙上帝恩宠而无须遵守摩西律法，又译"反律法主义"。

③ John Morrill, *The Nature of the English Revolution*, pp. 153 - 154.

④ John Morrill, *The Nature of the English Revolution*, p. 155.

　　清教徒破坏有力,但建设不足,创设的新管理体系浮泛无根。长老派控制的议会在短短三年中推行的清教改革计划巨细靡遗,从管理体制到礼仪细节均有涉及,但成效甚微。1647年军队占领伦敦后,议会功能丧失,改革戛然而止。《公众礼拜指南》发布后的半年中,只有不到1/10的堂区拿到该文件,国教公祷书仍广泛使用。主座教堂惨遭洗劫和毁坏,但堂区教堂大多保存完好。许多地区根本未曾建立班区。基层百姓早适应了国教信仰和礼仪,各类宗教节日一如既往广受欢迎。清教改革成就有限,除了时间仓促,还有以下原因。首先,改革派人手严重不足,清教徒毕竟只占总人口1/10且多数没有宗教管理经验。原先的主教和牧师丧失圣职后大多改头换面、变更身份,继续承担教会基层管理工作,想方设法庇护国教体制和礼仪并私藏大量法器。其次,原先教会法庭拥有的权力划归季审法院,继而落入地方治安法官手中,这种世俗控制令基层神职人员极为不满,他们带头抵制清教改革。其三,教会中坚分子内战爆发时主要目标是废止劳德宗教管理模式(Laudism),绝无推倒国教之意。教俗两界大多数人或明或暗的排斥及抵制注定了清教改革阻力重重、流于形式。[1]

　　全面理解1646至1647年错综复杂的局面须分析国王、议会和军队这三个主要权力实体对未来政局的构想。横亘在议会与查理间的主要障碍与1642年并无不同,教会如何治理和国王是否拥有任免大臣的绝对权力仍是两大必须明确的问题。长期议会的议员认为首要任务是国王归位,至于查理是否接受议会提出的条件,如何处理内战期间追随查理的保王党人,留待其归位后再行商讨。议会代表与被囚禁在泰恩河畔纽卡斯尔的查理和谈,他们提出的惯称为"纽卡斯尔和谈建议"的主要内容是:未来二十年内,查理必须认可内战期间议会的宗教和行政改革,特别是承认《神圣联盟与公约》。二十年期限说明议会党绝无废除君主制之意,他们只是不信任查理其人。按常理,二十年

---

①　John Morrill, *The Nature of the English Revolution*, p. 169.

能把查理熬死,新君继位再视情况决定宗教政策。[①] 宗教方面,查理非但不认可新的教会体制以及被拍卖的教会土地,更不能放弃教会首脑地位。行政方面,查理坚称,议会既然仍承认他是正统君王就等于给了他任免大臣之绝对权力。部分保守议员提议将海德等人定性为误导国王的奸臣,由他们替查理担罪以减少其归位阻力。姑不论军方是否同意,查理不可能不知道 14 世纪贵族曾用此法对待爱德华二世和理查德二世,而这两位国王的悲惨结局妇孺皆知。

查理蒙尘且军事上没有翻身可能,却傲慢拒绝和谈建议,实则自有他的盘算。他敏锐察觉苏格兰人、议会党内部长老派和独立派等矛盾尖锐,仍相信可以利用敌人内讧分化、瓦解他们。事实证明他对敌人内部矛盾的分析确实精准,也充分利用了这些矛盾,结果却未如其愿。缘何? 因为议会已经失去国事决定权。军队早已换血,议员还是老面孔且多为长老派。军人和议会矛盾已取代查理与议会分歧成为国之死结,军队干涉议会以及军内矛盾决定着未来十余年不列颠政治及宗教走势。新模范军对议会党的军事胜利居功至伟,内战结束后其去留成了最棘手问题。新模范军中大量独立派士兵对长老制嗤之以鼻。维持新模范军的高额军费得自议会开征的诸多新税,百姓因苛捐杂税怨声载道,尤痛恨消费税。内战刚结束,霍莱斯及其支持者占多数的议会便积极筹集资金偿付苏格兰将士工资,一来换取他们早点撤回故土,二来提前酬谢他们将查理交给英格兰议会党。1647 年初,公约派将查理交给英格兰议会军,查理被转移至霍姆比(Holmby),从纽卡斯尔到霍姆比,查理虽身陷囹圄却受到沿途百姓热情拥戴,这表明民众不仅痛恨重税盘剥,亦反感清教改革。1月 31 日,公约派领到英格兰议会偿付的工资后返回苏格兰。至于英格兰军队,议会欲将他们派往爱尔兰镇压起义并以爱尔兰土地抵偿欠薪。这个想法原则上可行,但对多数议员来说只是画饼充饥,何况军队并不买账。几年后的事实证明只有克伦威尔呼风唤雨般魔力才有资格使唤军队并将霍莱斯等人的想法付诸实践。军官不满工资拖欠,亦无兴趣远征爱尔兰。他们的理论家李尔本(John Lilburne)在中下层军官中很快网罗大量拥趸并煽动他们对抗议会。理解李尔本,简略回顾一下他过去几年的经历便可窥见一斑。此人内

---

① Michael Braddick, *God's Fury*, *England's Fire*, p. 465.

战初期是一名少校军官,后因拒绝对《神圣联盟及公约》宣誓被驱逐出军队。他拒绝宣誓的理由很简单——厌恶长老制。1646 至 1647 年,他又顶撞上院,撰文称"下院是英格兰最高权力机关"且"权力源自人民",结果被捕入狱。① 不过铁窗并未完全阻断他与众多激进派的书信往来。

　　1647 年 3 月,军队干政的步伐加快。议会爽快支付苏格兰士兵薪饷,对英格兰士兵薪饷却一拖再拖,军人倍感受辱,决定与议会摊牌。每团军队选派两名代表作为他们的利益代言人与议会谈判。谈判期间,议会得到军人和伦敦激进分子煽动叛乱的证据,霍莱斯遂在议会中公开抨击克伦威尔煽动下层士兵造反。克伦威尔及其军中亲信否认鼓动士兵骚乱,但人尽皆知他是激进军人之后台。军队此时分化加剧,部分保守军人,其中有些身兼议员,决定退出政界;激进派军官迅速填补了他们留下的空缺。5 月底,议会两院决定清偿士兵薪饷并解散军队,至于士兵的宗教和政治不满,待其解散后再作讨论。这显然无法满足士兵要求,士兵薪饷已变成小事,其宗教和政治诉求才是大麻烦。6 月 2 日,很可能受克伦威尔指使,低级军官乔伊斯(George Joyce)带领一群士兵劫持了查理。霍莱斯认定克伦威尔是乔伊斯的幕后主使,下令逮捕克伦威尔,克伦威尔仓皇逃往军营避难。② 4 日,查理被转移至纽马克特(Newmarket),恰巧第二天激进军官在此集会,这足以说明乔伊斯只是一张无缝密谋网上的一颗棋子。集会军官成立了政治机构——军官委员会(General Council),其主要成员是各团指挥及士兵代表。军官委员会旋即起草了一份《大请愿书》(Large Petition),批评议会失职,罔顾为议会浴血奋战的士兵利益。③《大请愿书》还提倡大尺度的宗教自由,建议改组议会、改革司法并要求与国王及上院深入谈判以捍卫既得革命果实。遭劫持的查理一再质问乔伊斯幕后主使是谁并痛斥他无法无天、大逆不道。④ 查理还向议会传话,叮嘱议员们守护荣誉、捍卫法律。他这样做很可能是为了激化军人和议会矛盾,以便局

---

① David R. Como, *Radical Parliamentarians and the English Civil War*, pp. 330 - 332.

② Michael Braddick, *God's Fury*, *England's Fire*, p. 494.

③ Barry Coward and Peter Gaunt, eds, *English Historical Documents*, Vol. Ⅴ(B), pp. 1322 - 1323.

④ Ian Gentles, *The New Model Army in England*, *Ireland and Scotland*, p. 170.

面乱上加乱。

面对军人之嚣张与激进,霍莱斯等保守议员动员驻扎在伦敦的民兵加强戒备并招募新兵以防不测。为争取广泛群众支持,议会取缔了消费税,还废止了宗教苛律,恢复圣诞等传统节假。长老派和独立派的内战乌云笼罩在英格兰上空。军队率先出手,提议弹劾霍莱斯及其10名同僚。霍莱斯等人被军队的嚣张气焰唬住了,主动停止募兵,接受和谈。6月26日,被军队列上弹劾名单的11名议员退出议会。① 克伦威尔此时并不同意武力攻占伦敦。就在激进士兵和军官们蠢蠢欲动却又苦于师出无名时,一场暴民运动为他们提供了动武的契机。一伙主要由帮工和学徒组成的不法分子在一些心有不甘的长老派怂恿下,痛骂霍莱斯之流外强中干,鄙视他们一再向军队妥协退让。暴民是非不分,冲进议会,吓走了包括曼彻斯特伯爵在内的部分长老派议员。8月6日,军队借口议会自由受到威胁,强行开进伦敦并叫嚣继续弹劾霍莱斯诸人。弹劾程序尚未启动,霍莱斯及其同僚已被吓破了胆,逃之夭夭。他们骨子里的猥琐气质大概就是后世部分史家所说的资产阶级的软弱性。

议会并未因霍莱斯等议员逃离变成温顺羔羊,军队发现留守的议员虽不如霍莱斯声名显扬,但这丝毫无损他们捍卫长老制的决心。长老派与军队的矛盾并未根本化解。军队认为长老派及其控制的议会背叛了人民利益,议会已取代国王成为军人死敌。军人宁与国王合作也要搞垮议会,故对议会苛求之至,对国王反倒仁慈手软。攻占伦敦前,独立派军人代表伊雷顿和兰伯特(John Lambert)起草了一份《建议纲要》(Heads of Propositions),拟作国王归位条件。纲要第一次提出了下两个世纪宪制改革之要领——按人口和各选区纳税额重新分配议席。军队如此建议的另一动机是增加税收以便养兵。关于议会权力,纲要还特别规定:"议会必须每两年召开一次","议期一百二十天,除非休会或自行同意解散"。纲要的宗教政策充分体现了克伦威尔意愿,主张容忍一切反教皇的教派。纲要对军权格外敏感,明言议会完全掌控军队:

> 未来十年,海陆两军的兵权由目前召开以及未来召开的英格兰

---

① Michael Braddick, *God's Fury*, *England's Fire*, p. 498.

议会中的两院指挥和控制,在上述未来十年内由议会两院任命和指
定的人指挥……未来十年议会两院根据法案和法令,筹集并使用被
认为必要的金钱,征募并指挥被认为必要的武装力量。①

《建议纲要》并未明显削弱国王行政权及王室其他特权,亦未限制国王遴
选大臣的权力且承认国王对议会通过的法案拥有否决权。与"纽卡斯尔和谈
建议"相比,这份对君主较为奢侈的纲要仍无法得到查理认可,因为纲要虽小
幅抬高议会权力但容忍一切反教皇派别。在查理看来,容忍一切反教皇的派
别就是颠覆教国体制,向清教徒屈膝,他以军人无权起草议案为由,轻蔑拒绝
了纲要。

若查理拒绝接受《建议纲要》源于他在豪赌军队即将内讧,他算赌对了。
长老派和独立派矛盾升级时,独立派与平等派(Levellers)又起了激烈争执。
下层士兵戏谑拥护《建议纲要》的高级军官为"老爷"(Grandees),高级军官反
过来污蔑下层士兵为"鼓动者"(Agitators),"鼓动者"则自称平等派。平等派
从来不是"统一的、纪律严明的组织",至少可分为李尔本式的"温和的宪政主
义平等派"、以《大请愿书》主笔沃尔温(William Walwyn)为代表的"激进主义
的平等派"以及怀特(Francis White)上校等"崇尚暴力的平等派"三大类。②
10 月,平等派起草代表激进士兵利益的纲领——《人民公约》(Agreement of
the People)并呈交给高级军官讨论。这份公约主旨是按人口重新调整选区议
会代表名额并强调议会的至高无上权。公约首先宣布长期议会流弊丛生,理
当解散,"为避免显然因同样掌权的人③的长期在位而导致的诸多不便,目前
的议会必须在我主诞生第 1648 年 9 月的最后一天解散"。公约不再为选民设
定财产资格并详细澄清选举日及选举人的就职期限:"人民理所当然每两年一
次按现任议会解散前制定的办法选举自己的代表组成议会,选举日为每隔一
年的三月的第一个星期四,每隔一年的四月的第一个星期四为议员在威斯敏

---

①　J. P. Kenyon, *The Stuart Constitution*, pp. 269 - 271.

②　Christopher Hill, *The World Turned Upside Down: Radical Ideals during the English Revolution*, Penguin, 1991, p. 114.

③　指长期议会的议员。

斯特就职起始日。"公约没有谈及国王与议会关系，仅宣称民选产生的议会权力至高无上：

> 这个民族现在和未来（议会）代表的权力仅低于选举它的选民。这些权力包括：制定、更改和废除法律，建立和废除官衙及法院，任命、撤免和责问各级行政官员，决定战争及和平，与外国磋商。①

军官委员会同意平等派推选两名代表在普特尼教堂（Putney）与军官们讨论国事。之所以选定普特尼教堂，是因为 1647 年 4 月以来，许多军人不时聚集在此讨论薪饷和解散后的生计问题，辩题本不敏感，但从 10 月 28 日持续到 11 月 11 日的辩论直触宪政，导致普特尼辩论在英格兰历史上具有特殊意义。除雷斯伯勒（Thomas Rainsborough）上校，高级军官都不同情平等派。费尔法克斯因病当时并不在军队核心层，克伦威尔手握军政大权，伊雷顿等人早就思忖如何驳斥并压制平等派的无理要求。辩题相当宽泛，包括：谁是军队利益的忠实捍卫者；军官若违背军人利益，军人是否有权违抗军官命令；《人民公约》所说的议会选举资格的具体含义是什么；军队与国王关系、军队纪律以及是否把《人民公约》交由全体军人讨论等。从主要辩手雷斯伯勒和伊雷顿 10 月 29 日的辩论记录可窥双方主要分歧。雷斯伯勒称："我认为即便英格兰最贫穷之人也可以像最高贵的人一样生活……每个人都生活于首先得到他自己认可并将自己置于其下的政府之中。"伊雷顿则反驳："我认为，这个王国中没有恒产（permanent fixed interest）者无权处理王国事务，也无权决定或选举将为我们制定我们在此应当遵守的法律的人。"②显然，雷斯伯勒的立论基调是抽象意义上的公民平等参政权，伊雷顿则强调基于财产的权力分配原则。

伊雷顿对《人民公约》构想的选民投票资格嗤之以鼻，大多数军官虽表示可调整选举资格，但无法就调整细则达成一致。至于将《人民公约》交由集会军人签名这项危险建议，军官们坚决抵制并试图将其扼杀于摇篮中。克伦威

---

① J. P. Kenyon, *The Stuart Constitution*, p. 275.

② Michael Braddick, *God's Fury*, *England's Fire*, p. 516.

尔自始至终反对《人民公约》,与查理一样反对军队干预立法,以他为代表的独立派将官把稳定秩序视为首要任务,希望与现存议会合作,方便征税以供养军队,争取天下早日安定。平等派既对议会失望,又对军官向议会妥协不满,故提出更激进政纲以期打破僵局并满足底层军人诉求。然而他们的政治主张在一个强调等级制和财产权的国度中显得太过激进,连独立派军官都感到荒诞不经,遑论在其他群体中找到拥护者。普特尼辩论后,一小撮失望至极的平等派士兵在赫特福德郡境内的瓦尔(Ware)发动兵变。支持兵变者寥寥,刚刑满释放的李尔本就在瓦尔附近游荡,但他仅观望而非参与;雷斯伯勒亦对克伦威尔镇压兵变保持沉默。三位兵变主要策划者被判死刑,其中一人依抽签法被处决。事后,当权派起草一份《抗议书》(Remonstrance)斥责激进分子和兵变参与者违法乱纪、异想天开。费尔法克斯亦签名支持《抗议书》,他严厉谴责煽动分子,指示各方讨论话题聚焦"偿付拖欠薪饷""解放学徒"等具体事项而非不着边际的民权理论。①

　　查理若耐心静观独立派与平等派逐渐升级的矛盾,确有机会赢回局面。然而他的逃跑很快促使独立派与平等派搁置眼下分歧,再次同仇敌忾,齐力应付第二次内战。这其中苏格兰公约派立场转圜再一次改变了不列颠政治走势。公约派密切关注英格兰人内斗,他们与长老派一样没料到击败查理这个大敌后冒出了更多的"小妖"。长老派失势以及各种激进宗教思想漫延逐渐刺激公约派神经。1647 年秋,公约派设法与被囚的查理取得联系,怂恿他逃跑。军队听闻查理接洽公约派代表,愤怒至极,议会和军中均有人提议废黜国王。同时,普特尼辩论的余音回响在伦敦上空并传至全国每个角落,查理误以为平等派不杀国王誓不罢休。待在汉普顿宫的查理已无安全感,11 月 11 日,他在两名保王党人帮助下逃出汉普顿宫,流落到怀特岛。② 按常理,查理必知怀特

---

① Barry Coward and Peter Gaunt, eds, *English Historical Documents*, Vol. Ⅴ(B), p. 1104.

② Richard Cust, *Charles Ⅰ*, pp. 435 - 436.

岛无法为其提供安全,且王后、王子及保王党骨干均流亡于欧洲大陆,穿过英吉利海峡比前往与朴茨茅斯仅一湾浅水之隔的怀特岛更合常理。即便查理考虑到了流亡欧陆授人以卖国求生之口实,爱尔兰和苏格兰任何地方也比怀特岛更安全。一般认为克伦威尔故布陷阱,刺激查理逃跑并暗中遥控逃跑路线。他需用一桩惊天大事来转移国人视线并消解军内矛盾,遂煽动士兵威胁查理人身安全,制造查理处境危险之假象促其逃亡,而怀特岛守卫是克伦威尔的亲戚兼亲信哈蒙德(Robert Hammond)上校。克伦威尔欲擒故纵,以查理逃跑来加深人民对他的不信任感并败坏他的名声。也有当代学者认为查理逃跑失败事出偶然。他逃跑前并无明确路线规划,哈蒙德不久前在汉普顿宫觐见查理并"亲吻他的手",查理对他抱有些许幻想。哈蒙德虽是克伦威尔表弟,但厌恶军队干政且已辞去军职,只想以怀特岛总督这份闲职回归恬淡乡村生活。查理逃至怀特岛后没有及时找到开往大陆的船只,哈蒙德不闻不问。[①]对哈蒙德的误判以及没能找到船只改变了查理命运。

因在怀特岛的查理接二连三犯下不可饶恕的错误。首先,他轻蔑拒绝了议会又一次提议的和解方案。即便查理走投无路,议会仍提出所谓的"四项议案"(Four Bills)争取和解,"四项议案"与《建议纲要》基本精神大体一致,对查理并不算苛刻。不识时务的查理对"四项议案"视而不见,反而把赌注压在苏格兰人身上,与他们密谋串通。因为"四项议案"没有提及《神圣联盟与公约》,苏格兰人认识到英格兰长老制已名存实亡,更有理由怂恿查理顽抗。12月26日,查理与苏格兰人正式结盟,他本人不对《神圣联盟与公约》盟誓,但同意臣民对其盟誓,他还违心承诺在英格兰推行三年长老制,其后再由威斯敏斯特宗教会议决定是否续延。[②] 其次,查理企图借苏格兰武装扭转乾坤纯粹是痴人说梦。表面看,他构想的宏伟翻盘计划并非空中楼阁,苏格兰军队从北方入侵,业已成年的王子查理从大陆引兵登陆英格兰本土,两支大军加上形形色色的保王主义者都是可观力量。然而事实很快将会证明,他期待的救兵要么战力不足,要么只是幻觉。苏格兰正值内讧,查理的支持者只有以汉密尔顿侯爵

---

① Austin Woolrych, *Britain in Revolution*, pp. 394 - 395.

② Michael Braddick, *God's Fury, England's Fire*, p. 523.

为首领的部分苏格兰人,一向厌恶查理的阿吉尔与其族人及部属冷眼旁观。查理与他的苏格兰支持者串通,

> 对双方来说都是一桩愚蠢交易,苏格兰人不可能如费尔法克斯和克伦威尔那样武装起一支能够带来胜利的军队。就查理而言,……求援于苏格兰人是其一生中最具灾难性的决定。[1]

查理异想天开的里外勾连迫使独立派和平等派搁置分歧、再度携手。"四项议案"被拒的消息传到威斯敏斯特后,克伦威尔及其同党立刻表示此后不再与国王进行任何谈判,开始备战。4 月底,苏格兰议会在激烈争吵后宣布《神圣联盟与公约》破产,号召军民为英格兰长老制而战。汉密尔顿带领装备奇差、纪律松弛的公约派军队进入英格兰,8 月 17 日,在普雷斯顿(Preston)被克伦威尔和兰伯特指挥的精锐部队打得弃甲曳兵,万余人被俘。兰伯特此役功不可没,他在军中地位迅速上升。在苏格兰反查理力量策应下,英军兵不血刃占领了爱丁堡。英格兰境内少数海军军官倒向查理,但大部分人没有公开反对议会党。议会牢牢掌控着伦敦形势,零散上演的地方保王党人起义多为癣疥之患,年轻的第二代伯金汉公爵在南威尔士招兵买马响应查理,但雷声大雨点小;肯特郡也有一小股保王党人兴兵勤王,但议会军没费多少周折就将其打垮。第二次内战历时仅半年,各路保王势力均不堪一击。唯一令平等派悲痛欲绝的是他们的领袖雷斯伯勒 10 月 29 日在唐卡斯特(Doncaster)战死。除装备落后以及兵士训练不足,指挥混乱以及各自为战也是保王党失败的重要原因。查理被囚孤岛,只能靠琐碎信息协调各方作战。苏格兰军队和英格兰境内地方起义未能形成查理预想的里应外合之势。苏格兰武装穿过边境线前,英格兰境内"一系列毫无协调的保王党人武装起义已耗光了力量",且这些自发起义者多因苛捐杂税"对议会统治愤怒而非对国王热情"。[2] 议会军战术素养更高,尽管他们政治分歧严重,但武力反查理态度一致,在久经沙场的费

---

[1] Austin Woolrych, *Britain in Revolution*, p. 400.

[2] Austin Woolrych, *Britain in Revolution*, p. 402.

尔法克斯和军事天才克伦威尔指挥下，大获全胜毫不意外。

军队在前方浴血奋战，议会中的温和派以及长老派议员却废除了先前达成的不再与查理谈判之决议并于11月18日与被囚怀特岛纽波特（Newport）的查理重启和谈。1648年夏末秋初，长老派仍活在梦中。霍莱斯对两年前的"纽卡斯尔和谈建议"稍做修正，拟出"纽波特协议"作为国王归位前提，该协议主要内容包括：议会掌控军队二十年，废除主教制，推行三年长老制。老韦内稍微现实一点，鉴于军队厌恶长老制，他不赞成和解事业被长老制束缚手脚，提议考虑宗教宽容。面对议会拟出的"纽波特协议"，查理在军权和行政权方面大幅让步，同意议会控制军队二十年并放弃高级官员任免权，但坚守主教制，更反对宗教宽容。① 可见，第二次内战并没改变长老派和议会的认知及政策要领，查理宗教立场也一如既往顽固。长老派自说自话，查理仍伺机再逃，他向一名亲信透露："我今日所做的巨大让步只是为了逃跑。"②

军人不会再给查理逃跑机会，议会与查理谈判期间，军内激进主义进一步抬头，连独立派军人也认为该清算查理了。克伦威尔在北方作战时，伊雷顿实际操控着首都人事大权，他将许多"鼓动者"安插进军官委员会。军官委员会宣布停止与国王谈判，提议启动弹劾国王的程序并清洗议会。伊雷顿越来越倾向于废黜查理，由他起草的《军人抗议书》（Remonstrance of the Army）不再顾及传统与习俗，转而强调人民主权，主张成年男性平等选举产生议会，未来的国王须对人民代表负责。11月20日，《军人抗议书》提交下院讨论。《军人抗议书》内容佐证一种全新的政治格局出现，独立派在日趋激进的权利意识驱动下，与平等派合流反对议会与查理和谈。平等派自雷斯波勒死后失去了领袖，不过李尔本等人脍炙人口的激进宣传，鞭策着群龙无首的平等派为实践《人民公约》的理想而奔走呼号。平等派宣称"国王和上院均不再有用"，"上帝要所有人一样，人为设计却将他们区别开来"。③ 此时军中涌现出千年王国派（Millenarians）、喧嚣派（Ranters）、贵格派（Quakers）等无法理喻的极端派别。

---

① Michael Braddick, *God's Fury*, *England's Fire*, p. 555.

② David Underdown, *Pride's Purge: Politics in the Puritan Revolution*, Oxford University Press, 1971, p. 112.

③ David Underdown, *Pride's Purge*, p. 109.

他们在身份上与平等派大体重叠,且在军官中拥有代言人哈里森(Colonel Thomas Harrison)上校。激进军官把两次内战责任全部推给查理。为进一步控制国王,11月底,伊雷顿派两名军官取代了对国王礼遇有加的哈蒙德。12月1日,国王被转移到赫斯特(Hurst)城堡,后又被拘禁于温莎城堡。白厅不再是政府驻地,变成了军队司令部。

　　无论军队多么激进,长期议会的议员始终不愿放弃与查理和谈。12月1日,他们否决了《军人抗议书》;5日,以129对83票决定查理以"纽波特协议"为基础归位。① 伊雷顿为阻止议会与查理和谈,提议议会就是否自行解散举行投票,但未通过。军队与长期议会矛盾激化,决定武力清洗两类议员:一、建议国王以"纽波特协议"归位者,二、上年8月拒绝宣布苏格兰入侵者为敌人、叛徒和乱党者。② 12月6日,普莱德(Thomas Pride)上校带领士兵冲入下院,强行拘捕40余名议员并轰走100余名议员。清洗后的议会只剩200名议员,被蔑称为残缺议会(Rump Parliament)。③ 克伦威尔当晚赶回伦敦,表示"他对清洗并不知情,然而既然已经清洗,他感到愉悦并尽力维护既成事实"。④ 几天后,被拘者多被释放,而被驱逐者若否认12月5日投票结果,亦可重返议会,然而多数议员不甘为军人傀儡,接下来几年只有几十名议员正常出席残缺议会。清洗证实,在军事暴政面前,议会不堪一击。长期议会当年定下的不经其自身同意不得被解散的规矩在手握枪杆的军人眼里就是忽悠人的笑话。暴力清洗也为接下来十余年的历次清洗开启了恶劣先例。

　　军官操纵的残缺议会所做第一项重大决定是审判国王。审判目的并非弑君,而是和解,只要查理认罪,他仍是国王。然而查理知道,认罪能保住的只是王位,而非王业,教国体制将土崩瓦解。残缺议会,准确说是军人,与查理认知差距太大,这决定了审判是假,弑君才是真。为审判国王而专门设立一个高级正义法庭(High Court of Justice)的建议被上院否决。1649年1月4日,下院

　　① Austin Woolrych, *Britain in Revolution*, p. 427.

　　② Ian Gentles, *The New Model Army in England*, *Ireland and Scotland*, p. 281.

　　③ Blair Worden, *The Rump Parliament*, *1647－1653*, Cambridge University Press, 1974, p. 23.

　　④ Ian Gentles, *The New Model Army in England*, *Ireland and Scotland*, p. 283.

单方面行动,它自称是人民选举产生的代议机构,代表人民意志,具有完全的立法权。6日,高级正义法庭成立,提名的审判委员计135人,李尔本、小韦内(Henry Vane the Younger)以及费尔法克斯等1/3委员并未到任履职。20日,审判启动。查理非但否认所有指控,还坚称自己捍卫传统宪政,多次质问法学家兼审判长布拉德肖(John Bradshaw)的审判权源自何处。26日,审判委员会宣布查理为"暴君、叛徒、杀人犯和英格兰人民的公敌"。27日,布拉德肖允许查理自辩,查理表示只有当着议会两院议员之面才会辩护。这把审判委员会逼到了墙角,下院自知抛开上院单独行动不合程序,且上院若正常发挥功能,极有可能推翻查理罪名。① 鉴于查理之自辩有理有据,高级正义法庭索性把罪名强加给他。29日,59人在查理死刑判决书上签名,最先签名的3人是布拉德肖、格雷勋爵(Lord Grey of Groby)、克伦威尔。两天后,宣读国王死刑时,另有10人补了签名,弑君者(Regicides)计69人。克伦威尔对死刑判决尽显伪善,他称:"任何人若废黜国王并剥夺他的子孙继承权,或支持这种做法,均是世上最大的叛徒和叛党;但既然上帝交给我们这项任务,我们只能服从上帝。"② 两百多年后,克伦威尔的权威传记作家仍说他"从未为此感到后悔,他曾是他的党派中最后仍坚持国王必须死的人物之一,他深信这是正义的、必要的行动,没有理由为此感到后悔"。③

审判席上的查理若低头认错,至少性命无虞,但他"一次次放弃了挽救自己生命的机会,因为他认为那样做是对为君者神圣特权的妥协"。④ 1月31日清晨,查理在白厅宴会大厅(Banqueting House)前的广场上引颈受刑。断头台上的查理作了坚实自辩。他自诩宪政的捍卫者并指责议会越权发动了对君主的战争:

> 全世界都知道我从未发动一场与议会两院的战争,……是他们用军队发动了对我的战争。他们承认军队是我的,却认为褫夺我的

---

① Richard Cust, *Charles I*, pp. 457 - 458.
② Ian Gentles, *The New Model Army in England, Ireland and Scotland*, p. 302.
③ 查尔斯·弗思:《克伦威尔传》,第198页。
④ Austin Woolrych, *Britain in Revolution*, p. 433.

军队是合适的。

查理还阐述了自由的限度并强调君臣有别：

> 至于人民,我真诚地希望他们能像其他任何人拥有同样多的自主与自由。但我要告诉你们,自主和自由包含在政府之中、包含在法律之中,政府与法律保证他们的生命和财产最大限度地属于他们自己。先生,人民不应参与不属于他们的政府。臣民和君主是明显不同的事情。……

最后,查理不忘自夸他为保卫教会而死并坚称"我是人民的殉道士"。①

临刑时的查理尽力捍卫王者尊严,坚持穿两件衬衫御寒,以免民众误以为他因害怕而发抖。新教史学家伯内特(Gilbert Burnet)回顾查理之死时称"他死得比他活得更伟大"。② 海德亦高度赞扬查理大限将至仍不失王者修养和风度:"围观者以极为野蛮残忍的方式对待他,称他为暴君和杀人犯,其中一人还将唾沫吐在他脸上;国王陛下并未发怒,用手帕将其擦去";其"圣徒般的举止、基督徒临终前的勇气和平静……流芳千古"。③ 2月8日,查理遗体在温莎而非王家墓地威斯敏斯特下葬,葬礼寂寥无声,军人不许使用国教公祷书。

纵观查理一生,他的悲剧源于他的性格:刚猛有余,韧性不足;志向高远,器量褊狭。清教徒眼里容不得沙子,查理心胸装不下异端,两类偏执之人在英伦狭路相逢时,查理没有其父知难而退的韧性,其才智撑不起他构想的宏图伟业。查理渴盼天下归心,欲把一种掺杂着阿米尼乌主义的国教体系强加给所有臣民,致使英伦烽烟四起。让信仰体系水火不容的各派教徒摒弃宗派成见,恪守划一教礼,不列颠历史上只有四百年前的查理敢于尝试。查理至刚易折,

---

① J. P. Kenyon, *The Stuart Constitution*, pp. 294 - 295.

② Burnet, *Bishop Burnet's History of His Own Time*, 6Vols, Oxford, 1823, Vol. I, p. 81.

③ Earl of Clarendon, *History of the Great Rebellion and the Civil Wars*, Vol. IV, pp. 487 - 488.

教训惨痛，但无愧于他自诩的殉教士。他不仅临终前维护着王者的尊严且自始至终守护着君主的底线。这底线就是君主的教会首脑地位决不能动摇。1641年、1647年、1648年查理多次在宪制方面让步。无论这些让步是否权宜之计，有一点可以肯定，他从没诚心就主教制让步。也就是说，宪政可以讨论，但教国体制没有讨价还价的余地。把握这一点，才能把握查理悲剧以及英吉利内战之要领。在查理看来，教国一体是人间秩序的基石。君主首要责任是替上帝拱卫这基石，否则便是失职，必遭神谴。对战败的查理来说，"相较于自己的死亡，他更恐惧的是上帝的审判"。① 因此他选择被乱党而非上帝审判。他至死不渝的勇气全部源于上述神学政治观。查理如若苟活，对早已绑定的君权和教权将是双重灾难，其子未来无颜复辟，教会也定成笑柄。他临刑前铿锵有力的自辩和"君王死社稷"的气场平添了教国体制的神圣性，是日后王朝复辟和国教重建的宝贵精神财富。教会虽被打倒，但根基并未全部脱落，且得到查理鲜血浇铸，他日必绽放更绚丽的光芒，君主制也会相应获得更强有力的精神支撑。死去的查理比活着的查理对君主制和国教更有价值。

　　查理殉教后，残缺议会废除了君主制和上院，追究发动第二次内战的主要保王党人责任，汉密尔顿也被处斩。共和派和军人的嗜血好杀对国之未来毫无裨益。教俗两界的长老派议员虽不情愿认可了普莱德清洗和残缺议会，但坚决反对弑君及共和。随着查理人头落地，激进派与温和派以及保守派结下了不共戴天之仇，政策失去回旋余地。

　　　　弑君不仅成为与如此多的保王主义者和解的障碍，也成为与中立分子、温和议会派、长老派以及其他人和解的障碍。若无弑君，这些人即便不支持共和国，至少可被说服接受一位代表国王最终世袭

---

① Richard Cust, *Charles I*, p. 460.

继承人的摄政或护国公。①

1648 年底至 1649 年初,大肆施暴的一小撮人本非英格兰传统统治精英,他们靠武力逞一时之快,但无治国安邦之才干与眼界。保王党遭重创,但大多数民众并未卷入内战,社会结构变动幅度不大。意识形态方面,清教徒破坏有余、建设不足。这两点导致共和国缺乏坚实群众基础,也得不到教俗两界精英拥护,全凭武力维系。武力统治在没有常备军传统的国家难以服众,即便当权者一次次诉诸反常手段,包括赤裸裸个人独裁,亦无法阻止共和国随克伦威尔病亡而寿终正寝。

克伦威尔是议会党胜利第一功臣,至少从 1647 年开始,他的宗教信念和社会政治价值观便决定着英伦历史走势。复辟后两百年左右的漫长岁月中,手握历史书写权的保王派总把克伦威尔描绘为阴险邪恶的投机分子和嗜血独裁者。不过投机和嗜血这类道德评判解释不了全部,克伦威尔有呼风唤雨之能量,必有过人之优秀品质。保王党人海德也承认他是名副其实的枭雄:"若无强大的精神、令人崇敬的谨慎和精明以及最伟大的雄心,即使与他一样邪恶,也不可能取得那些成就,⋯⋯他将作为一个勇敢的恶人而被后世景仰。"②从 19 世纪中期开始,卡莱尔(Thomas Carlyle)、弗斯(Charles Firth)等文史名家争相为克伦威尔正名,给予他的赞誉远多于苛责,恢复了他应得的历史地位。克伦威尔用兵如神并以"天赋的军事才能"毕生为清教事业奋斗,英格兰清教事业虽历经波折,但他"为之奋斗的宗教自由在他去世 30 年后由法律建立了起来";他努力推动英格兰"和苏格兰以及爱尔兰的联合",梦想不列颠的"海上霸主地位",这两点分别在 18 和 19 世纪成为事实。③

研究 17 世纪英伦历史的专家大都发现克伦威尔的性格极其复杂,甚至怀疑他患一定程度的抑郁症。④ 理解克伦威尔的难点在于他特别擅长隐藏真实

---

① G. E. Aylmer, *Rebellion or Revolution?* p. 131.

② Earl of Clarendon, *History of the Great Rebellion and the Civil Wars*, Vol. Ⅳ, pp. 91, 97.

③ 查尔斯・弗思:《克伦威尔传》,第 380、408 页。

④ Christopher Hill, *God's Englishman*, pp. 193 - 194.

目的,鲜少表露清晰动机。其人四十岁前的履历模糊不清,当选议员后,立场步步趋于激进并甘当弑君者带头大哥。他时常表露狂热宗教虔诚,又总在关键时刻与现实妥协,回归现实主义和保守立场,决不为推行激进价值观念而陷国家于无政府状态。他厌恶王室和大贵族,但也提防底层乌合之众,他认为"土地贵族和乡绅是占据主导地位的社会阶层,他本能地意识到土地贵族和乡绅须掌控议会和地方政府;这个社会阶层内部的部分群体当被排除在外,包括教皇主义者、前朝廷臣、屡教不改的保王主义者以及主教制捍卫者"。① 他在政治上相对保守但在宗教上相当激进,是纯粹清教徒,愿包容一切信奉加尔文主义并反对教阶体系的教派。他的宗教思想之要核"在于他试图将宽容和多样性这两个原则结合起来";"即使是最糟糕的基督徒,犯了严重错误的基督徒","只要是具有过圣洁、诚实生活愿望的人,就应该得到保护"。② 虔敬上帝却不拘泥于形式的宗教思想必致严厉和宽容自相矛盾,而这种矛盾往往就体现在他本人言行中,保王党人指控他伪善、工于心计绝非全无证据的恶意诋毁。

　　共和初期给政府频频制造麻烦的不是保王主义者和保守派,而是激进派与狂热分子。平等派活跃分子抱怨新政府高级法院没有陪审制度,谴责政府不经公众同意便强行征兵。李尔本出版《新发现的英格兰枷锁》(*England's New Chains Discoveried*),揭露新政府暴行并痛斥它并非真正代表人民意志。为安全起见,政府逮捕了平等派煽动家李尔本、奥弗顿(Richard Overton)、沃尔温以及奶酪经销商普林斯(Thomas Prince)并将他们关进伦敦塔。与此同时,西南部一些士兵因漫天飞舞的假消息刺激而发动兵变。他们顶撞军官,随后向平等派支持者甚多的布里斯托尔进军。雷斯伯勒战死和李尔本入狱导致平等派暂无公认的领导人,进军者组织相当凌乱并以为进军途中各地平等派同情者会自发追随,然而民众对他们的行动反应冷淡。克伦威尔得悉兵变后,立即派得力干将前往镇压,将兵变策划者绳之以法并遣散余众。事态平息后,法院审判四位滋事头领并判定李尔本犯下叛国罪。迫于歇斯底里的伦敦民众压力以及陪审团为其所做的无罪辩护,李尔本被释放;另外三人在宣誓忠于政府

---

① G. E. Aylmer, *Rebellion or Revolution?* p. 133.
② 查尔斯·弗思:《克伦威尔传》,第309—310页。

后也被无罪释放。

掘地派(Diggers)领袖温斯坦莱(Gerald Winstanley)是满腹经纶的读书人,他极为排斥"掘地派"这种土气的蔑称,自称"真正的平等派"(True Levelers)。他宣称土地平等是真正平等的前提。他论证英格兰大片荒地尚未被有效开发,若认真垦殖利用,数年间便可变为良田,届时谷物价格自动下降。1649年1月,温斯坦莱带领一群无业游民前往伦敦附近一座荒山垦地。他们声称土地属于人民,任何人都可随意开垦无主土地,包括荒地和公地(common land)。政府旋即派兵驱散了温斯坦莱及其追随者。萨里等地效法温斯坦莱垦荒的不法分子亦被地主镇压。1650年,掘地派发展出了更激进的思想,要求将没收的教会、王室和保王党人土地分给穷人。温斯坦莱撰《自由法》(The Law of Freedom)论证议会没收的所有土地不该拍卖,而应充公,甚至建议宗教改革以来没收的一切修院土地都归国家或集体所有。① 他的思想已有共产主义色彩,不过在宗教伦理方面他还算克制,恪守一夫一妻制并谴责乱伦及纵欲。

平等派和掘地派固然激进,但主要诉求是经济和司法公正,易被理解,而喧嚣派、贵格派、浸礼宗(Baptists)和千年王国派等三教九流之乖张已近乎心智错乱。内战摧毁了传统宗教和行政权威,新思想在兵荒马乱中有广阔蔓延空间,普罗大众首次拥有了"前所未有的选择自由"。"唯信仰论者"鼓吹把人从各种"法律和道德的束缚与压制中解放出来",随意解释《圣经》条文并以曲解的文意自辩,少数妄想狂自诩圣徒。② 喧嚣派自称得神厚爱及恩宠,百毒不侵,为非作歹也不会致罪受罚。他们鼓吹"人心中的基督比在耶路撒冷殉道的基督更重要"。他们深信不可能犯任何错误,自然不受世间法律羁绊,因为神法和戒律是对有罪之人的诅咒,无罪者没有理由受其约束。部分癫狂的喧嚣派白日秉烛寻找罪孽,却一无所获。③ 喧嚣派开怀畅饮,好逸恶劳,为龌龊下流的性滥交和群交辩护,其中一人据称曾说"除了女人,没有天堂;除了婚姻,

---

① Christopher Hill, *The World Turned Upside Down*, p. 131.
② Christopher Hill, *The World Turned Upside Down*, p. 191.
③ Christopher Hill, *The World Turned Upside Down*, p. 207.

没有地狱"。① 喧嚣派言行如此荒诞以致部分学者怀疑史上是否真有此极端派别，即便有，也不存在任何组织体系。相比之下，贵格派有粗线条理论且有明确领袖。贵格派信徒自称感知到上帝时身体会因激动而颤抖，亦被称为震颤派。他们否认一切世俗权威，坚持信徒一律平等，拒任何圣礼，抵制所有宗教节日，时人因其无法理喻而谓之"圆头党中的流氓"。② 贵格派始祖福克斯（George Fox）不否认《圣经》的启示功能，但认为人的"内心灵光"（inner light）比《圣经》更能启迪人的心智，进而帮助凡人鉴别真理，靠近上帝，领悟生命之真谛。"内心灵光"意味着唯有良心才能示人何为对错，这良心的告诫等同上帝的教导。浸礼宗 17 世纪初出现于荷兰，借内战在英伦招揽信众。此派亦不承认世俗权威，强调信徒平等，但无"内心灵光"之奇谈怪论。浸礼宗新颖之处不在教义而在礼仪，反对婴儿受洗，只接受成年受洗，信徒洗礼时把头埋进水中，不许撒圣水。浸礼宗显然受再洗礼派启示，不过两者并无直接关联，其代表人物是后来创作《天路历程》（*Pilgrim's Progress*）的诗人班扬（John Bunyan）。第五王国派（Fifth Monarchists）据《圣经·但以理书》（*Book of Daniel*）宣称人类已历亚述—巴比伦、波斯、希腊—马其顿、罗马四个帝国，基督为王的幸福时代即将来临，查理被处死便是其来临之预兆。因期盼基督和圣徒将统治人类一千年，此派亦被称为千年王国派。军中千年王国派支持者不计其数，代表人物是身兼下院议员的哈里森上校。

不列颠内战给英语族群留下的重要遗产不仅是共和试验，还有兵荒马乱中冒出的上述宗教极端派别。史家迄今仍无法估测极端派别人数几何，不过当时官方重视程度可证绝非少数。有悖常理的是，这些派别并非都是革命党的天然同道，有些甚至妨碍革命事业。加尔文主义苛求信徒守戒自律，官方又强制推行彻底的清教主义，意志和定力薄弱者难以忍受，遂滑向极端。极端主义盛行也从侧面证实官方强推的清教信条不受欢迎，改革结果适得其反。共和国成立后，军方有意积极推广清教生活方式，残缺议会却把阻止狂热分子的蔓延滋长视为当务之急。残缺议会主要成员来自长期议会，青睐温和清教思

---

① Michael Watts, *The Dissenters*, Vol. I, *From the Reformation to the French Revolution*, Oxford University Press, 1978, p. 183.

② Christopher Hill, *The World Turned Upside Down*, p. 233.

想,反感极端,痛恨伤风败俗和放纵沉沦,视狂热分子为洪水猛兽。① 残缺议会中的独立派议员也不会为极端派别帮腔,他们和长老派有分歧,但共同反感狂热分子。② 小韦内、哈里森等少数平等派议员同情狂热分子,然而他们在残缺议会中势单力孤,话语权太小。军中激进宗教改革呼声较大,声援狂热分子的军人比比皆是,克伦威尔也同情极端派别,愿为他们撑腰,但克伦威尔和他的军队在共和国最初两年忙于对外战争,无暇顾及宗教。③ 这就给残缺议会议员立法打击他们眼里的异端提供了契机。1650 年 5 月,残缺议会通过的《通奸法》(An Adultery Act)规定:乱伦者处死,通奸者判处三个月监禁;8 月颁布的《渎神法》(Blasphemy Act)严打乖张激进的贵格派和喧嚣派。残缺议会的保守色调注定它与军队迟早要上演剧烈冲突。

共和国建立不久便卷入一系列对外战争,先后征服爱尔兰、苏格兰并从1652 年开始与荷兰及西班牙在海上长期较量。对苏格兰和爱尔兰开战是基于安全考量的先发制人,对荷兰及西班牙的战争则为争夺殖民地和海上霸权。爱尔兰人 1641 年反叛以来已取得不菲战果,内战期间,爱尔兰大多数人同情国王。共和国建立后,爱尔兰天主教徒邦联(Irish Confederate Catholics)与保王主义者合流,携手与共和国为敌。鲁伯特亲王的海军游弋在爱尔兰近海,随时准备登陆。除政治和宗教背景,财政是共和国高层开战主要考虑。共和国无力偿还内战期间以爱尔兰土地为担保的贷款,亦无法清偿拖欠的士兵薪饷。克伦威尔等人迫不及待对爱用兵。出兵前,英格兰在爱尔兰只有都柏林和德里(Derry)两个据点。1649 年 8 月开战后,英军迅速占领爱尔兰东部和北部大片区域。为保障后勤,克伦威尔决定夺取战略港口城市德罗赫达(Drogheda)和威克斯福德(Wexford)并分别于 9 月和 10 月拿下这两座港城。英军在偏激清教思想驱使下疯狂屠杀两城居民,舍命抗争者被污蔑为托利

① Blair Worden, *The Rump Parliament*, pp. 122 - 124.
② Blair Worden, *The Rump Parliament*, p. 125.
③ Blair Worden, *The Rump Parliament*, p. 129.

(Tory),意为冥顽不化的不法之徒。至少 7000 爱尔兰人丧命,多数是无辜平民。克伦威尔后在下院回复议长时,继续妖魔化爱尔兰人并声称预防杀人正当且必要:

> 屠杀是上帝对这些野蛮的可鄙之人的正义审判,这些可鄙之人的双手沾满了许多无辜者的鲜血。这些屠杀行为有令人满意的原因——防止未来发生流血事件,尽管屠杀令人懊恼和遗憾,但舍此别无他法。[1]

克伦威尔的强词夺理说明上帝和魔鬼随时可被他当成杀人理由。尽兴屠杀后,英军又向乌尔斯特及西南方挺近。军事征服的同时,克伦威尔还耍政治手腕诱使爱尔兰保王主义者波义耳(Roger Boyle)与其合作。闻悉英苏关系恶化,克伦威尔于 1650 年 5 月返回英格兰,留下两员干将伊雷顿和卢德洛(Edmund Ludlow)继续在爱尔兰征伐杀戮。1652 年 4 月,英军征服爱尔兰全境。是年 8 月,议会通过《爱尔兰解决法》(Act for the Settlement of Ireland),禁止爱尔兰天主教徒行宗教礼仪,违者格杀勿论。法案还授权征服者乱贴罪名并以之籍没岛民土地,用于偿还债务和发放士兵薪饷。爱尔兰地主损失最大,即便遭历代英格兰人蚕食,克伦威尔征服前,岛民仍据全岛土地 60%,全境沦陷后岛民占地不足 10%。

苏格兰人在查理一世被处决后拥戴其长子为苏格兰国王查理二世并于 1651 年元旦为其举行了加冕礼。共和国宣布任何英格兰人或英格兰附属国的人承认查理为合法国王便等同叛国,但为暂缓英苏紧张关系,共和国又同意苏格兰人可奉查理为苏格兰国王。共和国以打击天主教为由冠冕堂皇向爱尔兰人开战,但难觅对苏开战的宗教借口。议会原打算任命费尔法克斯为征苏军队最高指挥,但费尔法克斯认为向同样信奉新教的苏格兰人开战有违良心,即便克伦威尔等人一再苦劝,他仍无动于衷。最终,费尔法克斯卸去军职,再

---

① Wilbur Cortez Abbott, *Writings and Speeches of Oliver Cromwell*, 4Vols, Harvard University Press, 1937 - 1947, Vol. II, p. 127.

不过问军务。克伦威尔为"失去自1645年纳西比战役以来的高级将领和老战友表示遗憾",不过自此他成为唯一的军队最高领袖。[①] 苏军司令官是克伦威尔在马斯顿荒原的老盟友大卫·莱斯利,他曾在第一次内战中为议会军胜利立下汗马功劳。此时他拥兵不少,但多是临时拼凑的乡勇,未经正规训练。1650年9月初,克伦威尔在顿巴(Dunbar)大败苏军,随后攻陷爱丁堡和格拉斯哥。苏格兰人并未因顿巴惨败和爱丁堡陷落屈服,各地有组织抵抗力量仍旧活跃,英军很难深入苏格兰乡村。苏格兰人团结在新王查理身边,众志成城,斗志昂扬。相反,克伦威尔染疾,英军一筹莫展。1651年8月,查理亲率骑兵突袭英格兰西部并呼吁保王党人再兴王业。克伦威尔病愈后命兰伯特和蒙克(George Monck)留苏征战,自己则挥军南下捕捉战机,以期歼灭查理骑兵。查理沿西部沿海从北至南挺进到米德兰和伍塞特,若敢冒险,此时直捣伦敦或许有望,但他重复着其父当年的错误,滞留英格兰中部,错失拿下首都的良机。9月3日,查理军队在伍塞特一败涂地。其本人侥幸逃脱,遁往欧陆,踏上漫漫流亡路。伍塞特战役中克伦威尔最后一次披挂上阵,此役也标志着保王党人有组织抵抗之终结。1654年,英格兰直接吞并了苏格兰。

克伦威尔以军事起家,也以军事维持统治。平定爱尔兰和苏格兰后,英伦已无战斗对象,克伦威尔只能将战场延伸到海外。第一个战斗对象不是英格兰传统死敌西班牙,也不是为斯图亚特家族提供庇护的波旁法国,而是伊丽莎白时代以来一直与英格兰并肩作战的新教国家荷兰。荷兰因错综复杂的联姻关系对1649年的英格兰弑君之举颇有微词,这令克伦威尔不快。不过海上利益冲突才是英荷反目深层原因。荷兰人控制着亚欧远程贸易线多处要塞,垄断亚欧香料贸易,英格兰人对此垂涎三尺。荷兰捕鱼船长期活跃在不列颠近海,在英格兰人看来非常碍眼。荷兰人还在北美蚕食英吉利人商业份额。1651年,残缺议会通过著名的《航海法》(Navigation Acts),要求一切输入英格兰及其附属国的商品必须使用英格兰或商品输出国船只,目的是将荷兰商船队挤出不列颠及其殖民地市场。共和国还蛮横要求荷兰商船在海上与英格兰船只相遇时降帆以示敬畏。英格兰海盗借机袭击拒绝降旗的荷兰船只,荷

---

① G. E. Aylmer, *Rebellion or Revolution?* p. 145.

兰人忍无可忍,被迫反击,英格兰求之不得,于 1652 年 7 月 10 日宣战。战火主要集中在北海和英吉利海峡,也波及地中海和北美各地。起初荷军不落下风,然而荷兰议会因习惯性争吵和拖沓忽略了本国舰队的危险处境,克伦威尔却能集中不列颠和爱尔兰一切资源为海军指挥官布莱克(Robert Blake)所用。1653 年初,优势开始向英军倾斜,英军在北海和海峡连战告捷并打死荷兰海军指挥官特罗普(Maarten Tromp)。是年冬,荷兰无力再战。克伦威尔此时因与残缺议会矛盾加剧处处受掣,军费吃紧,外加英西矛盾正在升级,共和国高层综合考虑财政和外交压力后决定与荷兰停战。1654 年 4 月,英荷签署《威斯敏斯特条约》(Treaty of Westminster)。这份条约未从根本上解决两国商业冲突,却强迫荷兰不得让刚满三岁的查理一世外孙奥兰治的威廉(William of Orange)未来出任荷兰执政(Stadtholder),以免保王派将来循其血统、借其力量威胁英吉利共和体制。

英荷甫一停战,英西战事便起。1604 年停战后,英西半个世纪并无直接军事对抗。现在克伦威尔走上了伊丽莎白一世的老路,与西班牙争夺海上利益以及对西印度群岛的控制权。1655 年 4 月,英军按构思宏伟的“西进战略”(Western Design)远征希斯帕尼奥拉(Hispaniola),即今海地和多米尼加共和国(Haiti and the Dominican Republic)。在一帮冒险家和狂热清教徒蛊惑下,英军低估风险和难度,劳师远征,一败涂地。不过英军随后收之桑榆,意外夺取了牙买加(Jamaica),这份当时看来毫无战略和经济益处的胜果将在下个世纪展现巨大价值。“西进战略”执行的同时,布莱克还武装一支规模不小的海军劫掠西班牙运金船并封锁加迪兹等港口。法国也想趁火打劫,从老迈的西班牙帝国身上割肉,夺取北门外的佛兰德尔。英法各取所需,于 1657 年 3 月缔结《巴黎条约》(Treaty of Paris),英方承诺派遣 6000 士兵前往佛兰德尔作战,法军将敦刻尔克(Dunkirk)交给英军以为英军战费补偿。克伦威尔操盘的以宗教为幌子、实受经济利益驱动的一系列战争胜多败少,为共和国合法性平添了重要砝码,同时有助于弱化英吉利本土矛盾,将岛民视线从内部转向周边国家、浩渺大洋以及对大多数人来说与天国一样神秘遥远的加勒比海域。

英吉利共和实验对英语族群影响深远,在英伦却痕迹模糊。共和国倏忽即逝,但极度复杂,指望通论类历史著作的有限篇幅说清其来龙去脉绝非易事。共和国始终被群众基础薄弱这一先天不足困扰。残缺议会早已意识到国家机器偏离正轨,欲在新旧势力间架设一座继往开来之桥梁。为缓和保王主义者敌对情绪,残缺议会1652年通过《宽恕与遗忘法》(Pardon and Oblivion Act)。然而巨额常备军薪饷及战争开支逼迫议会继续乱开由头没收保王党人财产及土地,《宽恕与遗忘法》近乎一纸空文。王室财产损失最巨,皇家园林遭严重砍伐,王宫和王宅亦被出售,仅白厅(因新政府办公需要)、圣詹姆士宫及汉普顿宫得以保留。政府和军方还考虑拆除圣保罗大教堂,变卖其资产。军政府欲壑难填导致它与残缺议会的矛盾提前摆上台面,而残缺议会现在不仅变成了既得利益团体且要维护议会早已丧失殆尽的尊严。残缺议会脱胎于长期议会,这两个议会的议员观念相同,均反对激进主义并自诩法律和秩序的捍卫者。他们要阻抑军方和政府践踏法律、纵容极端宗教派别,而军人和政府认为残缺议会冥顽不化,抗拒时代洪流且藐视上帝意志。"共和国政权镇压敌人、加强自身地位越是成功,其自由与改革的目的与既得利益团体无动于衷的现实之间的矛盾就越显尖锐。"[1]军队不满残缺议会压制激进清教徒,军人希望调低选民和议员候选人的财产资格标准,残缺议会对此置之不理,而"军队对残缺议会的主要不满集中在议会未能制定出令他们满意的关于新议会选举的条件"。[2]尽管残缺议会曾承诺1654年11月自行解散,但兰伯特和哈里森等高级军官耐心渐失,他们认为残缺议会无心考虑新选举,议员们拖延搪塞只为保住现有席位。

政治相对保守但宗教激进的克伦威尔是残缺议会和军队的重要平衡器。1653年前,克伦威尔与圣约翰等议员关系还算融洽,以他为首的军人虽抱怨

①　G. E. Aylmer, *Rebellion or Revolution?* p. 148.

②　Austin Woolrych, *Britain in Revolution*, p. 518.

议会保守消极，两者尚能勉强合作。1653年春，克伦威尔立场突然转弯。缘何如此？一般认为，他意识到军队和残缺议会的矛盾与分歧已无法调和，在军队与残缺议会间权衡利弊后，他立场分明地站到军队和激进改革派一边。1653年4月19日，议会讨论竞选议员资格这一重要议题，军方想方设法阻止保王派在下届议会选举中胜出，极力主张调低候选人资质。克伦威尔参与了当天讨论，最后指示议会必须满足军官们的诉求。次日，他干脆冲进议会大声斥责议员："你们待的时间够久了，……以上帝的名义，滚！"国务院也随即被解散。布拉德肖怒不可遏指控克伦威尔：

> 我们已听闻你上午在议会的所作所为，不久后全英格兰也将听闻。但是，先生，（如果）你认为议会已被解散，那就错了。因为除了他们（议员）自己，世间任何权力都不得解散他们。请你意识到这一点。①

这群曾在处死查理一世时合作甚欢的乱党如今激烈内讧。残缺议会议员悔之晚矣，他们终于明白自身不过是激进军人和野心家克伦威尔的垫脚石。残缺议会就这样寿终正寝，"它的成员来自长期议会，无法满足狂热分子的改革诉求"，这是它垮台的根源。②它无法跨越共和派与传统国民之间的鸿沟，最终成了共和国困境的牺牲品。在军队和狂热改革派眼中，残缺议会太保守；但在保守派眼中，它又是甘为乱党奴仆的卑下机构并永远背负着弑君之恶名。克伦威尔在终结残缺议会时尽显伪善，宗教、良心、宪政等常被其挂在嘴边，但此时此刻一切都须为军权让路。

6月，一个主要由军官组成的比上届国务院更激进的新国务院建立，哈里森这样的第五王国派在其中话语权较大。7月4日，由克伦威尔提名并经军官们认可的代表在白厅集会，是为所谓的任命议会（Nominated Assembly），该议会有一位名为巴尔朋（Praise-God Barebone）的伦敦第五王国派，质疑其合宪性的政敌遂蔑称它为巴尔朋议会。巴尔朋词意是瘦骨嶙峋，进一步引申，

---

① Austin Woolrych, *Britain in Revolution*, p. 531.

② Blair Worden，*The Rump Parliament*, p. 382.

既可理解为寒酸卑微,亦可暗讽其无法代表民意。巴尔朋议会议员出身普遍寒微,人言"一群愚蠢的无用之徒,其多数是籍籍无名的下等人,来自手艺行当,只知祈祷与布道"。① 国务院和议会都重建了,但这两个机构中的当权者眼界狭隘且目标不一。第五王国派急欲在教会、法律等领域启动激进改革。他们拟废除什一税,禁止平信徒担任有俸牧师(advowsons),还呼吁废除大法官法庭,叫嚷用摩西律法(Mosaic Law)取代普通法。第五王国派诉求激进,但在巴尔朋议会中不及半数且得不到克伦威尔支持。克伦威尔于议会开幕当天发表了长达两小时的讲话,此后再未出席。

巴尔朋议会本就是为迁就激进军人而任命的临时性怪异机构,克伦威尔很快看清它不着边际,徒添混乱。② 不可否认,克伦威尔最初对这个议会抱有一丝期待,欲借其赢得一段缓冲期,以便执行温和改革,适度满足激进派,同时有望在缓冲期内把政策导入正轨,最终向保守派证明共和国值得支持。克伦威尔即便诚意支持第五王国派的宗教诉求,也不会贯彻他们要求的行政和司法改革。他从不是平等派,而是革命党人中的独立派,痛恨大贵族但坚定捍卫等级社会。巴尔朋议会提议废除财产税(assessment tax)更令克伦威尔恼火万丈,因为正在进行的英荷战争急需用钱。最后,巴尔朋议会标榜宗教自由,却将浸礼派和贵格派等信徒贴上敌基督标签,这有悖克伦威尔一以贯之的按良心信仰上帝之原则。9月初,克伦威尔抱怨多数议员只顾自己的宗教自由,却无视他人感受。他说议员们"判断不一,每个团伙只顾宣扬自己意见,对他们来说,友好精神难被任何人接受"。③ 结果巴尔朋议会的世俗和宗教诉求均遭克伦威尔唾弃。

巴尔朋议会部分议员不愿忍受第五王国派的胡搅蛮缠,也意识到没有克伦威尔支持注定一事无成,索性决定把权力还给半年前赐予他们议员身份的克伦威尔。12月12日,巴尔朋议会同意解散,拒不离席的哈里森被强行轰走。以兰伯特为首的温和派军官当天将一份《政府纲要》(The Instrument of

---

① Earl of Clarendon, *History of the Great Rebellion and the Civil Wars*, Vol. Ⅴ, p. 282.

② Barry Coward, *The Cromwellian Protectorate*, Manchester University Press, 2002, p. 19.

③ Wilbur Cortez Abbott, *Writings and Speeches of Oliver Cromwell*, Vol. Ⅲ, p. 89.

Government)呈递给克伦威尔，其内容与1647年提交给查理一世的《建议纲要》大致相似。其第一条规定："英格兰、苏格兰、爱尔兰及隶属的领地之最高立法权力当在且集中于一人之手以及议会议员，这'一人'即是……护国公（Lord Protector）"。第二条明确：设置成员不超20人但不少于13人的国务院"辅助"护国公。①《政府纲要》突出唯一的护国公至高无上，但也没否认议会权威，且国务院有辅助权。议会权力虽受遏制，但议会至少每三年召开一次；来年夏天进行议会选举；选举产生议会正式开幕前，克伦威尔的行政命令等同法律。1653年前，克伦威尔虽军功赫赫，但伊雷顿和哈瑟里格也有较大政治话语权，前者是军队干政的急先锋，后者是共和国和残缺议会的顶梁柱。护国公制下，克伦威尔权势远远甩开了其他军人，但非不受限。首先，《政府纲要》第一条明确护国公与议会共享最高立法权。其次，护国公须与国务院分享权力，尽管国务院成员多是护国公亲属或军队下属，但护国公重大决定须国务院多数成员同意。此外，议会选举产生后，其通过的法案需提交护国公签署，被护国公否决但议会二次表决再通过的法案将自动生效。后来的美国宪法部分灵感即来自这份纲要。

16日，克伦威尔就任护国公，国体变成护国公制（Protectorate）。原王室宫廷移交给克伦威尔等于告诉世人，共和国已找到相当于国王的个人权威所在，传统秩序不会坍塌。这种新体制确保了行政效率，护国公制建立后的九个月里，国务院召集202次会议，克伦威尔参与其中39次。至次年9月议会召开，国务院讨论的200余项条例中的80条由克伦威尔签署成为法律。②1654年6月21日和9月2日的两项财政法令授权政府改组财政部，精简了财政机构。③克伦威尔本人主要负责司法和宗教改革。瑟洛（John Thurloe）出任国务卿，此人手眼通天，其天生的情报收集能力堪比伊丽莎白时代的沃尔辛厄姆，任何潜在阴谋都躲不过他的间谍网络。6月18日，克伦威尔亲自主持司法改革会议，在其法律顾问谢泼德（William Sheppard）协助下，制定出包含67

---

① Barry Coward and Peter Gaunt, eds, *English Historical Documents*, Vol. Ⅴ（B），p. 779.

② Barry Coward, *The Cromwellian Protectorate*, pp. 31,33.

③ Barry Coward, *The Cromwellian Protectorate*, p. 37.

款内容的大法官法令（chancery ordinance）。① 这部律令授权地方治安法官兼负司法责任，避免地方法官频繁进出首都，节省了办案成本；禁止司法系统卖官鬻爵，司法腐败得到遏制，司法公正得以保障。护国公制建立后，克伦威尔及其多数僚属迫切希望按良心自由原则推动宗教改革。克伦威尔私人牧师欧文（John Owen）和清教思想家古德温（Thomas Goodwin）等人早在 1652 年便已起草《谦恭建议》（Humble Proposals）。这份建议如今成了宗教改革指导文件，其主旨是用虔诚牧师取代对抗清教、破坏改革的神职人员。1654 年 3 月，古德温等人率先在伦敦成立严厉的牧师资格审查委员会（Commission of Triers）。8 月，审查制度延伸到地方堂区，一个月后，官方又讨论以工资取代什一税作为牧师薪俸。② 短短数月，详尽周密的宗教改革方案出笼。

从护国公制建立到议会召开的九个月中，护国公体制的改革成就远高于残缺议会和巴尔朋议会当值的五年。个人专制看起来确实高效。然而英格兰毕竟有悠久的议会传统，且处决查理一世的一项重要理由就是他搞无议会统治。有鉴于此，克伦威尔要用议会为护国公制装点门面，何况《政府纲要》明言每三年至少开一次议会。1654 年夏天上演了十五年来的首次议会选举，部分衰败选区席位被撤销，财产 200 镑以上者才有资格竞选郡选区议员。竞选门槛之高表明护国公制已偏离平等派和激进派多年来奔走呼号的议会改革初衷。英格兰和威尔士产生 400 名议员，苏格兰和爱尔兰各 30 名。政府想方设法剥夺保王主义者竞选资格，但许多被逐的长老派和温和的议会至上主义者还是顺利当选。他们中的许多人内战时还未成年，不曾参加战斗，当局无借口剥夺他们的竞选资格。一些残缺议会的支持者当选议员，他们留恋共和国，反对护国公制。各路议员各有盘算注定了议会与克伦威尔合作难久。

克伦威尔在 9 月 4 日议会开幕当天呼吁国家尽早恢复常态并警告激进派勿再生事，他说"我们的情感比我们的判断"在过去几年主导了太多事件，而"英格兰数百年来众所周知的人之等级与集团"，即"贵族、绅士、约曼农""对国家大有裨益"。③ 这番讲话有意与保守派和解，令以哈瑟里格为代表的残缺议

---

①　Barry Coward, *The Cromwellian Protectorate*, p. 39.

②　Barry Coward, *The Cromwellian Protectorate*, p. 40.

③　Wilbur Cortez Abbott, *Writings and Speeches of Oliver Cromwell*, Vol. Ⅲ, p. 435.

会议员怒不可遏,他们猛烈抨击护国公制为非法军事独裁,显然他们对上年4月20日非法遭逐仍未释怀并察知君主制正借尸还魂。现在与克伦威尔针锋相对的已非保王派和保守派,而是忠实共和派。克伦威尔和国务院期待议会促进改革,议会却围绕修宪大做文章。9月12日,克伦威尔列举了四条不能触动的原则,其中包括护国公的首脑地位和一院制议会。议员若要保住资格,必须签名宣誓恪守上述四条原则。50余名桀骜不驯的议员拒绝签名,被逐出议会。余下议员也非温顺羔羊,他们痛斥《政府纲要》将军人统治变成更令人憎恶的个人独裁,鄙视议员和军官毫无节操,甘为克伦威尔封建附庸。部分议员打算起草一部新宪法(government bill)以取代《政府纲要》。他们设想的新宪法不会推翻护国公制,但护国公及国务院的权力将被大幅限制,议会在和战、税收以及未来护国公的选举上均有决定权,还要求把控国务院的人事权。概言之,新宪法欲"以牺牲护国公和国务院权力为代价增强议会权力"。[1] 更令克伦威尔愤怒的是,新宪法设定的宗教自由远比他理解的良心自由狭隘,议会想用新宪法打击迫害他想袒护的各类异端。议会还想将军饷支出从每月9万镑减至3万镑,克伦威尔据此认为议会企图夺走军权。很快他便察觉这个根据《政府纲要》选举产生且已被大幅整饬的议会和过去的残缺议会一样不甘为政治花瓶,"不能支持改革以及维系脆弱的良心自由"且"敌视军队"。[2] 1655年1月22日,克伦威尔痛斥议会"没有通过一项人民期待的有益良法,也没有回应民间疾苦"。[3] 根据《政府纲要》授予护国公的权力,当天他便解散议会。护国公制下第一届议会部分议员开幕时便遭驱逐,这与残缺议会并无二致,又因被克伦威尔匆匆解散而与1640年的短期议会命运相似,极有理由送它一个贴切诨名——短期残缺议会。

一切乱象充分证实,原本指望重建秩序的护国公制反而触怒了更多群体。保王党人发觉革命党和共和派正在火并,因此大受鼓舞、蠢蠢欲动。1655年初,瑟洛掌管的谍报机构发现了各路保王党人起事的蛛丝马迹,克伦威尔遂下令全国禁止赛马活动,防止保王党人借机生乱,还将驻防爱尔兰的部分军队调

---

[1]　Barry Coward, *The Cromwellian Protectorate*, pp. 43 - 44.

[2]　Barry Coward, *The Cromwellian Protectorate*, pp. 46 - 47.

[3]　Ivan Roots, *Speeches of Oliver Cromwell*, Phoenix, 2002, p. 59.

回英格兰加强警戒。诺森伯兰、约克以及诺丁汉等地保王党人因政府严密监视难觅动手时机。然而不受欢迎的政府即便布下恢恢天网也难免出现漏网之鱼。彭鲁多克(John Penruddock)3月中旬在索尔兹伯里发动起义,迅速武装了三四百名保王党人,企图推翻护国公制。克伦威尔命令克鲁克(Unton Crook)率军前往镇压。三天后,彭鲁多克兵败被俘。这次起义虽未动摇国本,但当局顿感风声鹤唳并意识到了保王势力正加速回归。

　　国内危机四起,海外兵将亦折戟西印度。内困外挫令克伦威尔焦虑,内战以来每战必胜的他一直将胜利归功于上帝的遴选,如今上帝似乎不再支持他的事业。克伦威尔和他的清教同党把上帝恩宠不在归咎于“没有完成上帝赋予他们的神圣使命”,或曰共和体制下人民的堕落触怒了上帝。① 这对以天启为行动指南的所有清教徒不啻重击。挫折导致克伦威尔和多数军人备受受围心态(siege mentality)折磨,相信国内外天主教徒和保王党人无时无刻不伺机颠覆护国公制。5月,受围心态又被意大利境内天主教徒对新教徒的残杀所强化。主导屠杀的萨伏依(Savoy)公爵的母亲是流亡在法的查理一世遗孀的胞姐。护国公政府下令为被屠杀的意大利新教徒斋戒,克伦威尔捐资2000镑援助那里的新教徒。② 这种慷慨充分证实清教徒对他们理解的上帝的事业的忠诚发自肺腑,焦虑及困惑绝非矫情。在受围心态驱使下,护国公政府攻击性更强,甚至敌我不分、令行不一。1655年2月15日,克伦威尔发令打击贵格派和喧嚣派等极端主义者并呼吁建立尽可能广泛的新教战线,共同御敌。政令并未强求严格划一的礼拜仪式,这种反形式主义(antiformalism)表明克伦威尔将植根于良心的宗教自由看得比礼拜仪式更加重要。克伦威尔还一度努力为犹太人在英格兰争取合法权益,因为《圣经》预言犹太人皈依基督教是千年王国的前提。③ 不过因国务院阻挠,克伦威尔此举劳而无功。

　　在克伦威尔和他的清教徒军人看来,上述一系列打击天主教和保王党的措施似还不够。政府值此又遇财政危机,为节省支出,1655年5月,克伦威尔决定压缩正规军,扩充民兵预备役。预备役经费由地方政府承担。7月底,国

---

① 保罗·莱:《英国共和兴亡史》,天津人民出版社,2021年,第149页。
② Barry Coward, *The Cromwellian Protectorate*, p. 57.
③ Barry Coward, *The Cromwellian Protectorate*, p. 61.

务院宣布将英、苏境内正规军从 3 万压缩至 2 万余人。如何在裁军前提下确保清教徒的统治并荣耀上帝？一种由军人主导的道德纯洁运动并借这种运动勒索军费的少将(major-general)治国全面推广开来。早在当年春天,部分将军已开始推行兵政合一式治理,1655 年夏秋,克伦威尔广派少将到各地执行任务,对全国实行直接的军事化管理。英格兰和威尔士被分为 12 个军区,每个军区派驻 1 名少将。少将手握军政大权,负责各地安全,承担行政管理并监督人民日常生活。他们以维护和平为名成立"特派员机构",根据郡的人口和幅员,每郡配 10 至 30 名特派员不等。少将在辖区招募军队并主持操练,费用由十抽一税(decimation tax)解决。十抽一税指每年向拥有地产 1000 镑以上者或总财产 1500 镑的保王党人征 10% 财产税。将军们为增收乱贴标签,"应受惩处的保王党人被非常随意地追溯到 1642 年以来所有反对议会的人","估计有 1500 至 2000 名保王党成员"成为开税对象。[1] 军人目无法纪的暴政搞得民怨载道,负责北安普顿的少将极尽敲诈之能,以天然的仇富心理对所谓旧势力代表乱开罚单,严重违背了新政府欲与保王党人和解的宗旨。[2] 少将们还强制推行清教生活方式。曾参加保王党军队者不得持有武器,不得担任圣职。1655 年 9 月,1647 年制定的剥夺保王党人和天主教徒选举权并禁止他们担任公职的法律即将到期,克伦威尔和国务院绕开议会,破例让该法继续有效。随后几个月,政府屡屡命令地方官员全面清除一切可能的敌对分子,确保行政权力掌握在清教徒手中。克伦威尔 10 月 9 日给少将们下发指示,要求严厉镇压酗酒、赌博、嫖娼等渎神行为。[3] 他和少将们认为"安全和宗教改革是两个不可分离的孪生目标","只有国家安全才能推动神圣改革,也只有神圣改革扎稳根基,国家才能真正安全"。[4] 少将及其爪牙理论上可据 1654 年 8 月的一项法案驱逐敌视清教的牧师,但对被逐牧师的指控根本得不到基层民众支持,加之官方并无清教人手取代他们,故很少有牧师被革职。[5]

---

[1] 保罗·莱:《英国共和兴亡史》,第 161、164、168 页。

[2] Christopher Durston, *Cromwell's Major-Generals: Godly Government during the English Revolution*, Manchester University Press, 2001, p. 155.

[3] J. P. Kenyon, *The Stuart Constitution*, pp. 322 - 324.

[4] Christopher Durston, *Cromwell's Major-Generals*, p. 34.

[5] Christopher Durston, *Cromwell's Major-Generals*, p. 160.

护国公制的建立从侧面证实纯粹的共和制行不通,也意味着时钟开始反拨,向传统体制回归。1655 和 1656 年,行政体制有回归传统迹象,但史无前例的庞大军队和官方清教改革热情仍在支撑反常的治理模式。护国公体制与宗教裹得太紧,远甚王政时代的教国一体并因此而更加刻薄专制,军人以争取信仰自由而革命,但掌权后完全无视其他教派的自由,致使共和时代的英吉利气氛令人窒息。少将和特派员大都出身低微,是内战中的独立派或平等派,天然敌视权贵和国教会组织。英格兰基层政务向由当地精英垄断,少将多来自外郡,没有辖地精英配合,他们权力之爪无法触及社会边缘角落。清教改革难以深入基层,民众普遍怀疑少将统治就是打着维稳与荣耀上帝的幌子勒索军费。十抽一税极不得人心,不仅违反 1652 年的《宽恕与遗忘法》,且将军们为增收武断把许多无辜者错划为保王党人。宗教、税收及行政改革均激起保守派强烈抵触情绪。他们公开质疑少将统治,与军人矛盾愈发尖锐。改头换面的原国教牧师对少将指令充耳不闻并鼓动民众抵制近乎变态的清规戒律。结果,民众不识少将,精英不睬军人。到 1656 年夏,情势已一目了然,"不受欢迎的"少将治国是军事独裁的"象征",搞得鸡飞狗跳、天怒人怨。它绝非长久之策,护国公制须另觅新路。①

1656 年 5 月,克伦威尔将各地少将召回伦敦,讨论财政难题,十抽一税远不能满足对西战争的巨额支出,部分将军建议再次提高税率,但国务院中的保守派建议召开议会。克伦威尔也打算召开议会缓解财政困难。然而他和将军们全都高估了人民对少将治国的认可度,"克伦威尔政权根本没能赢得国民的积极拥护,而国民表达愤怒的方法就是在选举中根本不投军人候选者的票"。② 1656 年夏议会选举中,将军们严审候选人资格,尽力阻止保王党人当选。这次选举可谓选民对少将治国的民意投票,新当选的 460 名议员中的"至

---

① Christopher Durston, *Cromwell's Major-Generals*, p. 231.
② 保罗·莱:《英国共和兴亡史》,第 188 页。

少 100 名，很可能是 105 名"按克伦威尔指示被剥夺议员资格，官方非法之举还导致另外 60 名议员拒绝入席。[1] 计约 160 名议员未正常履职，包括共和主义者小韦内以及老共和派哈瑟里格。"护国公和国务会议胜利了，代价是议会和全国大部分地区的怨恨"，克伦威尔之蛮横比查理当初逮捕五议员有过之而无不及，最主要的是被逐议员多非保王党人，而是对革命和共和功勋卓著的长老派。[2] 忠实的共和派看样子要和护国公死杠到底了。更危险的是，长老派是内战以来最大的经济既得利益集团，他们的不满严重松动了护国公制根基。9 月 17 日，护国公制下第二届议会正式开幕。不少议员对议会合法性深表疑问，但据前车之鉴，他们担心一味消极对抗只会激怒克伦威尔提前解散议会。克伦威尔在议会开幕讲话中借对西战争强调护国公体制的合法性并倡议大而化之、没有细则的宗教改革。相对第一届护国公议会的一事无成，第二届护国公议会通过了 70 余条法案，内容主要关乎道德生活，包括禁止酗酒、打击嫖娼等。克伦威尔称赞议会"制定了许多有益法案，人民对此感到非常满意"。[3]

议员们不反对空洞无实的宗教改革，但对税收和军费拖延搪塞，议而不决。值此前后，迅速发酵的奈勒（James Nayler）争议又为斗争添薪加柴。奈勒是一名被逐出军队的贵格派信徒，相貌和装扮酷似耶稣，以至于同伙担心他"抢了上帝在人们心中的风头"。[4] 他收获大批拥趸并成为福克斯之后贵格派的精神领袖，天然魅力外加疾病导致的神经质使得此人偏执得近乎发狂。1656 年复活节，他在布里斯托尔骑驴扮演耶稣进入耶路撒冷，以彰显人人身上都有神的因素。议会为处置奈勒发生分歧，保守派认为奈勒触犯了 1650 年的《渎神法》，当判死刑。部分军人欲替其减罪。最后奈勒保住性命，但遭上枷示众并判处终身监禁。克伦威尔表示他无法容忍奈勒行为过激，但提醒议会《政府纲要》并未授予议会干预宗教的权力。鉴于议会在奈勒判决中行使司法权力，与克伦威尔观点相近的军人质疑一院制议会是否有权启动司法程序

---

① Patrick Little and David L. Smith, *Parliaments and Politics during the Cromwellian Protectorate*, Cambridge University Press, 2007, p. 90.

② Wilbur Cortez Abbott, *Writings and Speeches of Oliver Cromwell*, Vol. IV, pp. 281 - 284.

③ Ivan Roots, *Speeches of Oliver Cromwell*, p. 106.

④ 保罗·莱:《英国共和兴亡史》，第 209 页。

(judicial procedure),部分议员为此与军人展开激辩。军人和激进派担心奈勒先例一开,议会将来必然把更多的宗教激进派投入监牢。

为预防保守派将来以合宪性为由追究军人统治之罪责,12 月 25 日,德斯伯勒(John Desborough)建议立法将十抽一税合法化,继而提议出台一部"民兵议案"(militia bill),"旨在把少将们在地方上的治理永久化",以兰伯特为首的军人积极附和。① 议案立即为保守派发泄不满和愤懑提供口实,他们指控十抽一税违反了 1652 年的《宽恕与遗忘法》。长老派和老资格共和主义者也对议案大加挞伐,保守派和长老派合力对抗代表独立派和平等派利益的军人,挫败了"民兵议案"。克伦威尔夹在军人与保守派之间,左右为难。犹豫一段时间后,1657 年 2 月 27 日,他突然表态支持保守派。克伦威尔一向与军人同鼻出气,知道开罪军人风险极大,但此时他更知道少将治国倒行逆施、不得人心,国家因多年折腾已精疲力竭,而保守力量正急速反弹,迎合保守派才能让国家重回正轨。保守派代表人物波义耳因在爱尔兰戍边有功受到克伦威尔赏识。此人宗教立场倾向长老派,力主打压浸礼派、贵格派等极端主义者。政治上,他希望回归传统,恢复议会正常功能,结束军人统治。他在议会中地位远超军人,得不到他的支持就无法说服议会拨款支持对西战争。

克伦威尔表态前四天,波义耳已策划一部新宪法待提交议会讨论,当然,克伦威尔预知其内容在自己容忍限度内。1657 年 3 月 31 日,名曰《恭敬的请愿与建议书》(The Humble Petition and Advice)的新宪法呈递克伦威尔批准。其内容主要包括:克伦威尔称王;裁减军队;议会有权批准税收,议会每三年召开一次;增设第二院(Other House),其成员由克伦威尔任命;议会两院有权否决克伦威尔提名的重要行政官员;成立一个功能类似枢密院的新机构为国王提供咨询。如果说 1653 年的《政府纲要》主旨类似 1647 年的《建议纲要》,那么 1657 年的《恭敬的请愿与建议书》就是要让宪制退回 1641 年。《恭敬的请愿与建议书》与《政府纲要》并不抵牾,仅对宗教信仰自由稍加限制,但各种新教信仰均受保护,且第二院还能阻止下院迫害宗教极端派。议员们炮

---

① Patrick Little and David L. Smith, *Parliaments and Politics during the Cromwellian Protectorate*, p. 107.

制《恭敬的请愿与建议书》，意在离间克伦威尔与军官并限制护国公个人权力以恢复君主、上院、下院三方并立的传统宪制。其内容公开后，克伦威尔次子亨利及大多数议员希望克伦威尔应天受命。克伦威尔女婿弗利特伍德（Charles Fleetwood）、以兰伯特为代表的军官以及宗教激进派代表反对克伦威尔称王，部分军官甚至以辞职相威胁。克伦威尔当然知道，没有军队支持就没有他至高无上的独裁地位，疏远与将军们的关系风险太高；然而从大局考虑，议员们的愿望也必须得到部分满足。权衡再三，他决定顺应议会要求，结束军人治国。如果说复辟是恢复最高统治者的世袭制、废止军人治国并让议会发挥正常功能，那么《恭敬的请愿与建议书》实已开始复辟。5 月初，克伦威尔接受了内容略经修改的《恭敬的请愿与建议书》。他拒僭王位，继续担任护国公并有权任命护国公的继承人。他不愿称王原因有四。一、多数军官抵制君主制，须适度照顾他们感受。二、他认为 1649 年已根据神意废除了君主制，用他自己的话说就是"上帝已摧毁并埋葬了君主制"。[1] 三、保守派奉上的是金杯毒酒，一旦克伦威尔称王，波义耳等人就有理由效仿 1640 年长期议会议员限制查理来限制新王。四、保守派想废除牧师审查制，重建议会宗教权威。克伦威尔和前朝诸王一样，不会把宗教权力让予议会，否则他不仅良心不安且无权再庇护极端派别。

　　《恭敬的请愿与建议书》是议会对军队的胜利，是克伦威尔在不实质性损害军队利益的前提下采纳保守派意见的产物。军官们知道这是要终结少将治国并向没有国王的君主制回归。兰伯特拒绝向《恭敬的请愿与建议书》宣誓，愤而离职。其人虽去职，影响力犹在，两年后他还要再兴风浪。其余高级将领当时并未公开抗议，不过随着时间推移，军人，尤其是中下级将官的不满和挫折感越发强烈。1658 年 2 月，以潘克尔（William Packer）为首的六位克伦威尔老部下公开抗议护国公制背弃了初心，为防止事态扩大，克伦威尔将这些军人革职。更危险的是，共和派与不满军人联手向护国公制发难。哈瑟里格、小韦内、卢德洛等共和分子自始至终敌视护国公制，抨击其背叛了议会主权原则。财政难题也困扰着克伦威尔，即便议会 1657 年初许诺的 130 万镑税收到

---

[1]　Ivan Roots, *Speeches of Oliver Cromwell*, p. 137.

位,资金缺额仍高达 50 万镑。① 1658 年 1 月 20 日,为筹集对西战争军费,议会休会半年后重开。克伦威尔提名了 60 名第二院议员,其中 37 人到会。由于《恭敬的请愿与建议书》否定了国务院剥夺议员资格之权力,两年前被逐议员回到议会。哈瑟里格和小韦内等回到下院后首先质疑第二院的合法性。他们抨击护国公制实乃没有王冠的君主制。这群执着于共和理想的昔日革命党煽动普罗大众向议会请愿,志在废除护国公制和第二院,把时钟拨回 1653 年。为保障宗教自由,请愿群众还要求设置军事法庭裁决军人案件,剥夺克伦威尔随意解雇军人的权力。克伦威尔下意识发现共和分子、牢骚满腹的军官、形形色色的宗教极端主义者全在质疑《恭敬的请愿与建议书》。为免局势失控,2月 4 日,他解散了有生之年最后一次召集的议会,至于是非对错,他怒称"让上帝在你们和我之间做出裁决"。②

　　共和派的控诉并非无理纠缠。克伦威尔 1657 年已是无冕之王且坚定捍卫等级秩序以确保国家太平。他和保守派刚迈出复辟一小步,庞大常备军、偏激宗教政策以及怪异的世袭护国公制这三大症候便堵死了他们的运作空间。表面看,护国公制远未穷途末路。多数军人仍忠于克伦威尔,其女婿弗利特伍德身为英格兰军队二号人物,其次子亨利官居爱尔兰总督并以出色个人才能把爱尔兰人压制得服服帖帖,苏格兰军队统帅蒙克对他绝对忠诚。只要军权在握,就没有人能够推翻护国公制。然而护国公制下的英吉利宗教政策刻薄得令人窒息,这导致它极不受欢迎,遭不满军人、共和分子以及顽固保王党人联手攻击。护国公制本质是个人军事独裁,这不仅有悖宪制传统且个人独裁如同个人命运一样无常。无冕有兵的克伦威尔看起来比有王冠却无常备军的查理一世强大得多,但没有王冠便无神圣性。英格兰史上屡见护国公,但从无世袭的护国公,一旦克伦威尔寿满天年,无人知晓护国公制何去何从。保守派看到了这种不确定性,1658 年春夏之交,他们私下商讨,待下届议会召开再谏克伦威尔称王,彻底回归君主制。然而未等议会重开,克伦威尔因操劳过度、年老体衰于当年 9 月 3 日病故。

---

① 　Barry Coward, *The Cromwellian Protectorate*, p. 98.
② 　查尔斯·弗思:《克伦威尔传》,第 363 页。

第八章　复辟(1658—1673)

　　古往今来,手握独裁权柄的英雄死后必留下立待填补的巨大权力真空,护国公驾鹤西去也不例外。1658 年秋冬英伦暗流涌动,好在混乱并未立即上演,表面看似无秩序崩溃迹象。克伦威尔次子亨利更有才干,但其长子理查德(Richard Cromwell)依《恭敬的请愿与建议书》承袭父业,就任新护国公。妇孺皆知理查德难堪大任,当时一位贵妇说他"天性就是个农民,虽温和且有德性,但碌碌无为,不具备继承父业的精神,无法管理如此复杂的政府"。[①] 护国公制是非法军事独裁,军队意向是其能否维系之关键,偏偏军队动向不明。"从奥利弗之死到国王归来的整个阶段,大量政治化了的军队发挥着至关重要的作用,任何违背军队利益或无视军队反应的决定都不可能成功。"[②]理查德从无军功,亦无军事天分,遑论调兵遣将及掌控军队。手握军权的弗利特伍德表态支持理查德,但将士更愿听其号令而不知理查德何许人也。士兵们通过弗利特伍德表达意愿,要求政府继续捍卫清教徒理想中的"美好旧事业"(good old cause),维系现状。换句话说,理查德必须贯彻其父在位时的宗教政策并优先维护军人利益。然而多数教派和各路政治势力都不想再忍受既定政策,护国公制存废成疑。

　　理查德上位后面对的另一难题是财政,他明知开议会平添更多变数,但必须开议会筹措资金,而议会选举充分证实眼下政策极不得人心,长老派和保王

---

　　① N. H. Keeble, *The Restoration: England in the 1660s*, Blackwell, 2002, p. 6.

　　② J. R. Jones, *Country and Court: England, 1658 - 1714*, Harvard University Press, 1978, p. 112.

派纷纷当选,民众期盼他们牵头恢复常态。1659 年 1 月,新选举的第三届护国公议会召开,它"未通过一项法案,也未批准一便士税收",却把错综复杂的派系矛盾全部摆上台面并给各股力量宣泄情绪提供了渠道。① 以小韦内为代表的诚挚共和分子继续质疑《恭敬的请愿与建议书》之合法性,谴责独裁统治倒行逆施,给国家和人民带来灾难,还吹嘘残缺议会时代政策明智、民众幸福。毋庸置疑,他们希望回到 1649 至 1653 年的真正共和时代。长老派及隐蔽的保王主义者则指控 1648 年清洗非法。仅因议会中各派忌惮态度还不明朗的军队,议会冲突暂未向社会各个层面蔓延。

军队分裂比议会分裂导致的变数要多得多。因 1657 年反对克伦威尔称王而被剥夺军职的兰伯特现在是护国公制最危险的敌人,这位军功赫赫且偏激冒进的老共和派一向是军中不满分子的精神领袖。他和 1658 年初被克伦威尔逐出军队的潘克尔等人不仅急欲颠覆护国公制,还要挑战以弗利特伍德为首的军人既得利益集团。1659 年 4 月 2 日,一群中级军官擅自召开军事会议并起草一份陈情书,要求政府清除部分"邪恶"行政官员,支付拖欠已久的士兵工资。② 多数议员对军队干政深恶痛绝,他们支持理查德打压企图滋事的军人。理查德天真地把议会当作清洗军队的后盾,宣布将于白厅召集高官开会讨论拘捕激进分子和军官。他一上台就犯下其父永不会犯的错误。军队、议会、护国公三者间矛盾重重,当军队与议会发生摩擦时,克伦威尔在绝大多数情况下都是支持军队、压制议会,而理查德恰恰颠倒了轻重。军队闻悉理查德要将煽动者绳之以法,先发制人,恐吓并阻止官员们前往白厅开会,还组织大规模抗议示威。面对可能出现的局面崩盘,理查德出尔反尔,承诺解散议会。4 月 22 日,议会被解散。这次政治危机加速了军队的分化,弗利特伍德等高级军官发现军队已失控,激进分子受小韦内等人鼓动迅速聚集到兰伯特麾下。弗利特伍德没有退路,只能与兰伯特合作,同意兰伯特及其支持者提出的要求——恢复残缺议会。5 月 7 日,42 名残缺议会议员出现在威斯敏斯特,这 42 人只是当年残缺议会的部分议员,实质上只能算"残缺的残缺议会"。③

① J. R. Jones, *Country and Court*, p. 117.

② J. R. Jones, *Country and Court*, p. 119.

③ N. H. Keeble, *The Restoration*, p. 9.

这个不伦不类的议会并没有正式废黜理查德,也许在议员们看来无须正式废黜,因为残缺议会的恢复自动证明 1653 年后一切所为皆不合法,护国公制首当其冲。理查德识趣,5 月 25 日主动辞职。

残缺议会拒绝给予弗利特伍德全部军事指挥权,设法在全国范围内清洗治安法官以及曾经效忠克伦威尔的行政官员。不过残缺议会与六年前一样遭人诟病——出席人数太少,合法性与护国公制一样备受质疑。残缺议会同意自身解散后进行新选举,但仍和 1653 年一样,不愿言明解散时间,议员对新选举毫无把握。残缺议会想遣散军队,但无法筹得足够资金支付拖欠的士兵工资。坊间谣传查理将在法国支持下入侵英格兰并与即将起义的英伦保王主义者遥相呼应,推翻共和国并重建王业。7 月 31 日发生在柴郡的布斯起义(Booth's Rising)似乎证实危险迫在眉睫。残缺议会鉴于自身以往被任意摆布的惨痛经历,不可能信任军队,对高级军官人选高度敏感。在军官委员会人选问题上,弗利特伍德和兰伯特均推荐自己的嫡系。弗利特伍德虽是军队总司令(commander-in-chief),但兰伯特地位扶摇直上,他在下层军士中本就享有崇高声誉,1657 年的冤屈强化了这种声誉,他在 8 月迅速镇压布斯起义更为自己夺取军队最高指挥权增添了砝码。9 月中旬,一群士兵起草了所谓的《德比请愿书》(Derby Petition),要求清洗布斯起义期间不愿积极支持现政府的官员。为防军队叛乱,哈瑟里格提议将兰伯特送进伦敦塔。共和派与军人的恶斗重复着 1649 至 1653 年的老轨迹。10 月,军官们又向议会递交一份请愿书,除重申《德比请愿书》内容,还要求残缺议会承认军队及军官委员会在高层行政方面与议会享有同等权力。① 面对军队咄咄逼人态势,残缺议会废除了护国公统治期间通过的一切法案并揭发军人企图干政的阴谋。残缺议会与军队矛盾再次白热化。10 月 8 日,一位保王党人写道:"本周我们来自英格兰的所有信件都说军队和议会不可能长期意见一致,可以确信圣诞节前军队将解散,或(起码)清洗议会。"②这位保王党人的预判很快应验。12 日,议会将以兰伯特为首的 9 位军官削职,剥夺弗利特伍德的总司令头衔,将其

---

① J. R. Jones, *Country and Court*, p. 123.

② N. H. Keeble, *The Restoration*, p. 13.

降职为与蒙克平级的军区司令员并试图找借口将其调离伦敦。军人当然不会俯首听命，军方内部虽矛盾重重，但对打压残缺议会意见高度一致。13日，兰伯特支持者包围威斯敏斯特并禁止议员出入，残缺议会被强行解散。

10月26日，安全委员会（Committee of Safety）成立，弗利特伍德和兰伯特均是该委员会委员。坊间传言兰伯特将成为第三任护国公，不管兰伯特是否有此野心，他在1659年最后几个月因企图重建军人独裁政府彻底触怒了社会各阶层。正是从解散残缺议会开始，复辟前景变得豁然开朗。民众认为，与其支持兰伯特再搞独裁，不如找回流亡中的查理重建秩序。当然，民众也不必过度担心兰伯特，此人在军中从无与克伦威尔媲美之威望，尽管首都士兵大都支持他，但地方武装，特别是驻防爱尔兰和苏格兰的军队随时准备回师问罪。蒙克指挥的苏格兰军队旋即会证明这一点。蒙克出身卑微，是有名的乡巴佬指挥官，内战初期是保王党人，后转投议会阵营，英荷战争期间曾担任海军指挥，1654年后荣升驻苏格兰总兵。奇怪的是，自他出任驻苏总兵，伦敦政界及民众很少听闻他的消息。即便兰伯特与残缺议会争执白热化时，双方也未曾征询这位手握兵权的封疆大吏意见。蒙克起初拥护理查德继任护国公，理查德黯然退位时，他保持沉默。1659年夏，查理也曾征询蒙克对时局的看法并笼络他支持复辟，蒙克含糊其词，未置可否。在蒙克观念中，稳定是第一位的。他认为军队强行解散残缺议会是非法行为并一度要求兰伯特找回残缺议会。蒙克能在1659至1660年发挥关键作用基于两点。其一，他治军有方，牢牢控制部属，属下也对其忠心不二。其二，他坚信找回1648年被清洗的议会议员，也即恢复长期议会，国家才能恢复常态。这份认识切中要领，在百姓心中，弑君、共和、护国公制这一切乱象都是军人干政的恶果，而普莱德清洗开启了军人非法干政之恶劣先例。

兰伯特闻悉蒙克态度后，派人北上游说他，欲拉拢他共襄大业。蒙克不为所动，兰伯特如意算盘很快落空，继而煽动驻苏军队反叛，同样白费力气。蒙克清除自己军中不满分子且没引起大规模抗议。随后他派代表前往伦敦，知会兰伯特及其他高级军官：残缺议会应立即恢复，直至来年5月自行解散；没有苏格兰及爱尔兰将官同意，伦敦的军官委员会所作任何决定均无效力。不料蒙克派往伦敦谈判的代表被兰伯特策反，于11月15日与安全委员会私订协议。根据协议,英伦三岛七支军队各派一名代表组成军官联合委员会,该委员会有权质疑蒙克在苏格兰清除军官之行径。与此同时,兰伯特挥军北上,企图武力迫使蒙克屈服。11 月 24 日,兰伯特大军进驻纽卡斯尔。兰伯特先前到处散播的关于蒙克军队正在哗变的消息纯属子虚乌有,相反倒是他的部下现在纷纷弃他而去。南方和首都周遭均爆发了反对军人干政的抗议和示威。早已赋闲在家的费尔法克斯公开宣布支持蒙克,反对兰伯特。① 海军将领及驻防爱尔兰的高级军官均宣布支持召回残缺议会。所有信号表明,国民已厌倦军人统治,渴望恢复常态。12 月 26 日,残缺议会自行恢复,这并非蒙克功劳,而是"残缺议会的敌人因自身弱点而分崩离析,现已不再构成威胁"。② 兰伯特走投无路,回到伦敦时已众叛亲离,残缺议会为了"共和国的安宁与和平",命令他居于"他自己的离伦敦最远的一所住宅中"。③ 随后,残缺议会立即将议会已经恢复的消息告知蒙克,不过没邀请他来伦敦维持秩序。蒙克对残缺议会的恢复也甚为冷淡,他不相信残缺议会愿意来年 5 月自动解散。

残缺议会所作所为应验了蒙克的怀疑,在其恢复后的一个多月中,没有提出任何有关未来宪政的构想,议员们在清除兰伯特党羽的同时不遗余力地在各部门安插亲信。军人独裁的威胁烟消云散了,但全国性乱象加剧了。1660 年 2 月 3 日,蒙克引军进驻伦敦。进城前,他要求议会遣散驻扎在首都附近的其他军队,以免他们的腐败风气和不满情绪传染自己部属。6 日,蒙克对残缺议会发表一篇不痛不痒的演说,主旨是要求各界在法律框架内力促和平。残缺议会此时对蒙克起了猜忌之心,将他假想为另一个兰伯特,无故朝他身上泼脏水。蒙克怒不可遏,坦承他现在终于理解为什么兰伯特等人要解散腐败不堪且恬不知耻的残缺议会了。11 日,蒙克命令他的军队进驻伦敦各条街巷,同时监控残缺议会,防止其再行卑鄙勾当,反复强调残缺议会须在 5 月 6 日前解散。2 月中旬,蒙克连续三次秘密与被逐的长期议会议员碰头,支持他们重返议会议事。21 日,在军队保护下,90 余名长期议会议员回到下院。长期议会就这样恢复了,而"军队在 1648 年制造、两次被军队恢复、三次被军队解散

---

① N. H. Keeble, *The Restoration*, p. 16.

② J. R. Jones, *Country and Court*, p. 127.

③ N. H. Keeble, *The Restoration*, p. 17.

的残缺议会的历史在欢声笑语中画上了句号"。① 长期议会既然恢复,普莱德清洗后发生的一切就自动失去了法理,下一步即可顺理成章恢复君主制。

1660 年春,人们翘首以待查理归位,文人裴皮(Samuel Pepys)日记称:"现在每个人都举杯祝福国王的健康。以前……很少人敢于这样做。"②在恢复君主制大业中,长老派积极奔走,正统国教徒貌似置身事外。这不奇怪,国教徒大佬早已失势,要么流亡在外,要么沉寂多年,没有能量呼风唤雨;而长老派有权有势,更希望局面早日安定,何况他们本反对弑君,可拍胸脯自诩清白;弑君、共和、护国公制都是独立派和平等派干的。长老派中的霍莱斯、曼彻斯特伯爵等人是"国家复辟事业的主推手","值得信赖"且"操作灵活"。③ 老辣的海德对英伦混乱局面洞若观火,准确预测可成功策反部分权贵及社会名流。面对流亡宫廷的诱惑,小韦内、哈瑟里格、圣约翰等顽固共和派不为所动,但曼彻斯特伯爵同名同姓的堂弟蒙塔古(Edward Montagu)是克伦威尔帐下的海军统领且在英格兰东部地区手握部分兵马,他痛恨"现在掌权的人","宁愿看到国家安定下来",查理联络蒙塔古时承诺不仅对他既往不咎,还会把他视为复辟"功臣"。④ 到 1659 年,包括长老派在内的保守派公开和激进军人、顽固共和派彻底决裂,同时私下与流亡宫廷讨价还价。起初,长老派希望以 1648年怀特岛建议作为查理登基条件:议会控制军队十五年;主要行政官员由议会任命;恢复主教制度,但长老派可以发挥较大影响力的教区宗教会议(diocesan synods)有权管理部分教务。⑤ 查理及其主要廷臣难以接受如此苛刻的复位条件。

为尽快解决争执,3 月 16 日,长期议会自行解散。国务会议发布令状,重选议会。因选举令状并非由国王发布,新产生的议会被称为非常议会(Convention Parliament)。非常议会选举期间,兰伯特越狱,随即在边山聚拢一批共和主义者,企图重振雄风、再兴共和。边山曾上演英吉利内战首场大规模战役,兰

---

① N. H. Keeble, *The Restoration*, p. 23.

② 王觉非主编:《近代英国史》,南京大学出版社,1997 年,第 122 页。

③ Burnet, *Bishop Burnet's History of His Own Time*, Vol. Ⅰ, p. 167.

④ 保罗·莱:《英国共和兴亡史》,第 313、318 页。

⑤ J. R. Jones, *Country and Court*, p. 130.

伯特在此起事自然象征着内战再起。然而多数人厌倦了战争,追随兰伯特者寥寥,闻听蒙克派军前往镇压,乱党顷刻作鸟兽散。长老派在非常议会选举中收获不菲,但更吸睛的是大批保王党人进入下院。约 300 名当选议员内战期间的政治立场可以鉴别:150 人是议会党且这 150 人几乎全部是长老派;158 人是保王党;当选议员中,"总共 108 人内战期间曾拿起武器为查理一世战斗"。① 原残缺议会议员很少当选,"1659 年的残缺议会议员中,只有 18 人当选,且有 5 人未出席议会"。② 兰伯特的失道寡助以及残缺议会议员的落选充分证实共和事业已被民众抛弃。不过长老派也无理由乐观,4 月 25 日,非常议会开幕,长老派发现他们建议的君主复位条件几乎无人理睬,保王党人已成非常议会主体,这加速了君主归位进程。

查理在忠实仆人海德建议下于 4 月 4 日发布《布列达宣言》(Declaration of Breda)。查理在宣言中将自己当作敌对双方的调停者、内战创伤的医治者、和平的缔造者;他承诺王室"只求享有自身权利,而非法律授予臣民享有的权利"。宣言强调"国家的安宁与幸福在于恢复国王、贵族、人民(三者)正当、古老和基本的权利",这等于明示复辟不仅是国王归位,代表贵族和平民的议会两院之功能也一并恢复。宣言还承诺:除少数弑君者,绝大多数内战和反叛参与者将获赦免;内战与共和期间合法购置的财产也会得到政府认可,有争执的财产归属"由议会解决";拖欠的士兵工资将由政府补发,继续保证军官和军人的职务及收入;尊重并保障"不损害王国和平的宗教信仰"。③ 担心和支持复辟者均因《布列达宣言》吃下了定心丸。5 月 1 日,非常议会宣读了《布列达宣言》,8 日,宣布查理二世是自 1649 年 1 月以来的合法君主。25 日,查理在多佛登陆,29 日驾临伦敦,这一天是他三十岁生日。君主制复辟了。

为践诺《布列达宣言》,缓解革命派和共和分子的恐惧及不安,政府尽可能

---

① N. H. Keeble, *The Restoration*, p. 29.

② J. R. Jones, *Country and Court*, p. 131.

③ J. P. Kenyon, *The Stuart Constitution*, pp. 331 - 332.

减少报复对象。8 月 29 日，查理批复议会起草的《赦免、赔偿及遗忘法》（An Act of Free and General Pardon, Indemnity, and Oblivion）。法案白纸黑字写明："为扼杀导致将来混乱的种子，淡忘回忆"，"一切曾反对陛下及陛下父王者，此后均免于受审和问讯"。除少数弑君者，1638 年 1 月 1 日至 1660 年 6 月 24 日的一切反叛及犯罪行为均将得到"赦免"和"彻底的遗忘"。[①] 至于弑君者，查理和海德有意将清算对象限制到最小范围，从议会两院讨论情况看，难逃一死者多达 60 余人，但最后只有 10 名当年在查理死刑判决书上签名、现仍健在者被处决，其中包括千年王国派领袖哈里森。以克伦威尔为首的几位已亡故的弑君者遭鞭尸。议会发布命令："奥利弗·克伦威尔、亨利·伊雷顿、约翰·布拉德肖、托马斯·普莱德的尸体无论是否埋在威斯敏斯特修道院，均要尽快掘出，用囚车载至蒂伯恩（Tyburn），然后在棺材中执行绞刑，并埋在绞刑架下。"[②]有记载称：

> 星期一晚上，两辆商用车将克伦威尔和伊雷顿从威斯敏斯特运往霍尔本（Holborn），上个星期六，他俩的尸体被从威斯敏斯特的坟墓中挖出来。星期天上午，布拉德肖的尸体也被掘出。今天他们的尸体被雪橇运至蒂伯恩，与从威斯敏斯特来时一样，路上弥漫着群众普遍的宣泄和诅咒。运至蒂伯恩后，三具尸体被从棺材中拉出来在绞刑架下执行绞刑，尸体一直挂到太阳落山。然后尸体被放下来，斩掉头颅，令人憎恶的躯干被扔到绞刑架下的一个深洞里。[③]

护国公身首异处且无葬身之地。哈瑟里格因蒙克担保得以保命。上院欲置小韦内和兰伯特于死地，查理和下院及时干涉，兰伯特被判终身监禁，小韦内本可活命，但 1662 年又卷入阴谋且拒绝悔罪，被处死。[④] 卢德洛等拒绝自

---

① J. P. Kenyon, *The Stuart Constitution*, p. 340.

② Andrew Browning, ed., *English Historical Documents*, Vol. Ⅵ, *1660 - 1714*, Routledge, 1996, p. 62.

③ N. H. Keeble, *The Restoration*, p. 57.

④ Ronald Hutton, *Restoration: A Political and Religious History of England and Wales*, *1658 - 1667*, Oxford, Clarendon Press, 1985, p. 133.

首的外逃者也在弑君名册上。理查德·克伦威尔流亡海外,1680 年潜回英格兰,他平静活到 1712 年。

大批军队仍是最大的致乱因子,非常议会四方筹款,偿清拖欠士兵薪饷后于 1660 年秋将其解散。革命期间的财产易手是最棘手难题。非常议会决定,王室无条件收回丧失的地产,教会部分收回其地产。革命期间的正当土地交易受法律保障,普通保王党人在革命期间遭没收的财产由私人谈判解决,也可向法院申请收回或赎回。然而近二十年内战和混乱导致的土地交易和流转太过复杂,申请赎回几无可操作性。即便王室也无法索回丧失的大部分地产,复辟王室地租收入锐减,加之 1640 年长期议会废除了森林收益等,王室开支越来越依赖议会恩赐,这大大削弱了复辟君主对抗议会的底气。清教徒,特别是长老派从土地流转中获益最多,而忠实保王党人损失惨重,牢骚满腹。[①] 许多无法索回财产的保王党人哀叹《赦免、赔偿及遗忘法》不是对朋友的赔偿、对敌人的宽恕和遗忘,而是对敌人的赔偿和对朋友的遗忘。

顽固保王党人的哀叹发自肺腑而非矫情,查理知道他们冤屈愤懑,更知道是长老派和护国公帐下的实权派而非保王党人恢复了斯图亚特王室。他必须首先回馈复辟功臣。掌管陆军的蒙克与海军的蒙塔古分别受封阿贝马尔公爵(Duke of Albemarle)和桑威奇伯爵(Earl of Sandwich)。这二人名利双收,不仅得到大量地产且手握兵权。前者继续掌管陆军并负责爱尔兰防务;后者担任海军副司令,辅助海军司令王弟约克公爵詹姆士(James Stuart),其家族自此与海军结下不解之缘。波义耳晋升伯爵并继续享有爱尔兰事务主导权。库珀(Ashley Cooper)担任财政总监。上述四人均是护国公帐下干将。查理当然也不能亏待陪伴他长期流亡者。海德晋升克拉伦敦伯爵(Earl of Clarendon)并出任最高行政长官大法官。巴特勒(James Butler)几十年来先后在爱尔兰为查理一世而战,共和国时代曾殊死抵抗克伦威尔,后又追随查理二世流亡,凭这光荣履历足以晋封奥芒德公爵(Duke of Ormonde)并跻身枢密院。卡尔佩伯在复辟几周后病故。乔治·迪格比承袭第二代布里斯托尔伯爵,但未进入枢密院。来自老牌贵族家庭的南安普顿伯爵(Thomas Wriothesley, 4th Earl of

---

① Ronald Hutton, *Restoration*, p. 142.

Southampton)是 1649 年后留守英格兰的保王党人代表,此人能力平平,但因克拉伦敦举荐荣膺财政大臣。新枢密院由 16 名保王党人、4 位克伦威尔旧部、8 位议会党但反对护国公的人构成。① 自嘲被遗忘的保王党人多是内战期间曾为国王战斗但克伦威尔当权时羁留国内的消极观望者,对王业复辟几无功劳,查理只能给他们爵位而非实惠。

查理生于 1630 年,1651 年伍塞特战役后,长期流亡欧陆,饱尝人情冷暖,见惯了世态炎凉,寄人篱下的心酸履历或许还打磨了他玩世不恭的性格。这些因素在他身上共同培育出一种令人愉悦的亲和力。与查理接触过的人,不论身份贵贱,无不赞其平易近人、宽容大度。查理的健康身体、俊朗相貌外加一般君主少有的亲和力,给复辟初期的不列颠注入了欢愉气氛,人们普遍相信令人窒息的动荡时代已经过去,未来可期。查理能屈能伸,进退有度,缺点也非常显眼。他的旺盛精力没有全部用于治国理政,而是耗费在了女人、舞会、宴饮、赛马等纵情享乐中。② 宫廷藏污纳垢,查理还对妓院流连忘返。其情妇不计其数。第一位情妇与他同庚,他们的儿子后来被册封为蒙默斯公爵(Duke of Monmouth)。复辟后查理迷上了艳妇芭芭拉(Barbara Palmer),后册封其为女公爵。1670 年前后,查理兴趣一度转移到一位出身低贱的商女身上,旋又与一位来自法国的有夫之妇姘居并册封其为朴茨茅斯女公爵(Duchess of Portsmouth)。除上述四女,查理另有多名淹没于史籍的情妇,弗朗西丝(Frances Stuart)这类女人仅是查理寝宫的匆匆过客。查理生殖力强,几乎与每位情妇都有私生子女。然而王后凯瑟琳(Catherine of Braganza)有生育障碍,查理从无合法子女,埋下了继承隐患。时人因宫廷淫乱称复辟初期为淫妇政治(pornocracy)时代。这种冠名言过其实,查理情妇均对政治不感兴趣,亦无证据表明国策受到这些妇人影响。然而纸醉金迷的私生活败坏了

---

① Ronald Hutton, *Restoration*, p. 127.
② Burnet, *Bishop Burnet's History of His Own Time*, Vol. I, pp. 158 - 159.

王室声誉,无度赏赐情妇和私生子女削弱了王室财力。查理统治中前期,用人忠奸不辨、贤愚不分。因宵小误导,查理屡屡误判时局、民心和国际情势。他的几位重臣先后遭议会弹劾,身败名裂。到1670年代初,查理信誉尽失、威严扫地,直至统治尾期,他才参透治国要领,掌握御臣之术并利用舆情彻底稳住了局面。

君主由非常议会召回并不意味着王权受何限制,议会宣布新君登基只是中世纪留下来的传统。不管内战及革命对社会结构和思想意识影响几何,君主制并未受到致命伤害,君权未受到任何明文限制:

> 从政治上看,复辟是回拨时钟的刻意努力。查理二世的统治从1649年1月其父死亡开始算起,在法理记录上,1660年成为新王统治的第十二年。同样,召回查理二世的英格兰非常议会并未给复辟的君主强加任何条件,它仅想回到内战爆发前夕的状态。……未得到国王自愿认可的一切变革都是无效的,从宪政角度看,好似过去十九年间未发生任何事情。①

复辟的无条件性等于把内战和共和期间所发生的一切定性为反叛。不过这并不意味着查理可效法其父搞个人统治。首先,王室财力薄弱,摆脱议会束缚难上加难。其次,各方在非常议会选举前已基本达成复辟条件,主导君主复辟的不是保王党人,而是长老派和宪政保守主义者。他们仅想把历史的钟摆摆回1641年,那年议会废除了星室法院等机构,取缔了国王部分封建特权,通过一系列限制王权的法案。1641年前,没有人想内战,复辟仅回溯至1641年,非常议会要清算的是1641年后乱党和军人所犯的错误,长期议会最初阶段成果必须维护,尤其是《三年法案》,这意味着君主再搞无议会统治必遭更大质疑。

长老派为君主复辟立下首功并在非常议会中拥有一定话语权,但他们面

---

① Tim Harris, *Restoration: Charles II and His Kingdoms*, 1660‑1685, Allen Lane, 2005, p. 47.

临两大尴尬。其一,迎回君主意味着君主起码要恢复教会首脑地位,如此,长老教何去何从就成了疑问。查理归国前后,各方并无关于未来宗教的清晰安排。所有人都清楚,正是围绕宗教分歧,保王党和议会党在 1641 年产生了不可调和的矛盾,进而诉诸内战。讨论复辟条件时,因宗教太过敏感,各方均边走边看,但长老教保住合法性的难度较大。一群复辟的主力军在复辟后保不住自身信仰的合法性,令人唏嘘。其二,非常议会非由国王召集,合法性颇受质疑。一旦君主归位,政府重建,非常议会就必须解散,而长老派对选举毫无把握。1660 年 12 月,查理解散了非常议会。次年选举产生的骑士议会(Cavaier Parliament)直到 1679 年才因政治危机解散。该议会长期存在的主因在查理,"他相信他能控制议员,但一个新议会可能更难管束,而无议会统治恐致其父命运降临到他的头上"。① 即便骑士议会多次遭质疑且违拗查理意愿,查理也选择休会而非将其解散重选。很难解释长老派为何在骑士议会选举中大面积惨败,不足 50 名长老派当选,保王党人未费吹灰之力便控制了骑士议会。② 非常议会无视保王党人利益、避而不谈国教至上,骑士议会产生后,保王党人急速反扑,他们不仅要颠覆非常议会的既定安排且把过去二十年所有罪恶都归咎于非国教徒,清算包括长老派和天主教徒在内的一切不信仰国教者。这把复辟推向重树国教权威的高潮阶段。

复辟三环中,以蒙克为首的军人主导了第一环议会复辟,非常议会主导了第二环君主复辟,骑士议会则要主导第三环国教复辟。内战和共和把宗教政策冲击得支离破碎,异端群魔乱舞,这预示着第三环复辟斗争最烈、持续时间更长,连查理本人也卷入其中而难自拔。宗教的复杂性要求查理谨言慎行,但他偏偏在宗教方面屡屡触碰议会和多数臣民的心理底线,而他迟迟不愿解散的骑士议会竟成了国教徒对抗他的主要工具。可以说,查理与骑士议会围绕宗教政策的斗争是复辟时代英格兰政治史主线。

复辟初,非常议会中的长老派希望新政府包容他们的信仰,期待政府给地方宗教会议部分教务处理权。1660 年 11 月,他们拟定《伍塞特宅宣言》

① Annabel Patterson, *The Long Parliament of Charles Ⅱ*, Yale University Press, 2018, p. 18.

② N. H. Keeble, *The Restoration*, p. 85.

(Worcester House Declaration)并希望以此宣言为长老教信仰争取法律支持,但宣言被非常议会否决。骑士议会产生后,保王党人开始唱主角,长老派被边缘化,他们的诉求更无人问津。1661 年 5 月,骑士议会开幕,查理承诺恪守《赦免、赔偿及遗忘法》,但对自己想要的宗教政策遮遮掩掩。他并不执迷何种教义,亦不拘泥于教礼。他厌恶非国教徒的不服从精神,但只要这种精神不危害国家安全,不是加强王权道路上的绊脚石,他就乐于容忍。查理未曾忘记内战期间天主教徒为保王党英勇战斗,尤其是爱尔兰天主教徒,在其心目中,天主教徒也应拥有合法活动空间。宗教必须服从政治,臣民只要忠于国王,信仰何神何教无关紧要,在这一点上查理似有其祖父之遗风。在政府和教会关系方面,查理有如历代英王,坚信君主是教权唯一掌控者。《布列达宣言》虽明确承诺遵纪守法的非国教徒享有宗教自由,但查理深知其父王悲剧根源于宗教分裂,内战和共和期间一切邪恶皆是非国教徒所为,而要防止宗教再度撕裂国家,君主必须强力驾驭各教派,故捍卫君主教会首脑地位是不容商量的头等大事。然而议会的反攻倒算远超查理预设的下限。议会欲颠覆《赦免、赔偿及遗忘法》,继续死揪弑君者罪行,还要追讨内战期间保王党人丧失的财产。查理不许他们颠覆赔偿原则和赦免决定,以免动荡再起。议会的宗教政策极度刻薄且完全无视查理意见,5 至 7 月,议会下令公开焚毁 1643 年的《神圣联盟与公约》,废止共和时代通过的所有宗教法案,禁止出版弥尔顿(John Milton)和古德温作品,平反斯特拉福德,取缔 1642 年初不许主教担任上院议员的法案。议会中的国教徒肆无忌惮挑衅长老派,强令下院议员以国教礼仪领取圣餐。[①]

查理骨子里是天主教徒,但复辟之初为缓和教派矛盾,他希望各教派以和为贵并主张宗教宽容,乐为不从国教者乃至天主教徒提供庇护,对议会近乎疯狂的反攻倒算满腹怨念。然而议会可在赔偿、赦免事宜上服从查理,绝不打算在宗教方面迁就他。议会对非国教徒穷追猛打且毫无收手之意。1661 年 6 月,议会制定《市政机关法》(Corporation Act)并提请国王批准。该法旨在清除地方市政机构中的共和残余分子和非国教徒,强令所有市政官员行国教礼

---

① 　N. H. Keeble, *The Restoration*, p. 91.

仪并庄严起誓谴责 1643 年的《神圣联盟与公约》，其明显意图是限制长老派担任公职。查理深知长老派大多是货真价实的社会精英，过度打压他们，轻则扰乱地方秩序，重则导致内战再起，但议会以拒绝拨款逼其就范。最后双方达成妥协，查理名义上有权提名市政机构官吏，但提名者必须是议会同意的人选。显然，查理只赢得了"表面的部分胜利，却输掉了问题的实质"。[1] 1662 年 5 月 19 日，议会又制定一部新的《划一法》，拒绝按国教公祷书布道和履职的牧师必须辞职。约 1/10 牧师因此法丢掉圣职，查理知道他们忠君爱国却爱莫能助，迫于议会压力违心签署《划一法》。复辟初期，教会借议会中的保王党人对抗国王并连番得胜，查理是宗教改革以来第一位向宗教上层人士屈服的英王。[2]

　　查理并无魄力与议会撕破脸皮去阻止《市政机关法》和《划一法》，但为天主教徒和不从国教者争取权利、对抗国教绝对优势地位的意愿发自内心。对上述两项法案恨之入骨的长老派怂恿库珀向查理献策，反制咄咄逼人的国教徒。包括贝内特（Henry Bennet）在内的部分枢密大臣也认为《划一法》过于严厉，极有可能刺激不从国教者铤而走险。以布里斯托尔伯爵为代表的天主教徒更不甘心活在国教阴影下。这些人共同为查理壮胆，鼓励他颠覆《划一法》。1662 年 12 月 26 日，查理发表《信仰宽容宣言》（Declaration of Indulgence），倡议宗教宽容，有意给予一切臣民信仰自由。查理意识到骑士议会以及国教徒肆无忌惮侵蚀国王宗教权，试图与包括天主教徒在内的一切反国教者联手，对抗国教徒和议会。然而骑士议会反应激烈，于次年 2 月底迫使查理灰头土脸撤回宣言。[3] 1663 年 3 月，骑士议会第四次会议开幕，查理又在下院提议给不从国教者和天主教徒权利。他告诉时任法国驻英大使，"没有什么信仰比天主教更能与国王的威严相匹配"。[4] 詹姆士也积极游说上院配合王室。下院以王室不得侵害议会立法权为由置之不理。更令查理和詹姆士尴尬的是，宫廷

---

① Ronald Hutton, *Restoration*, p. 160.
② Ronald Hutton, *Restoration*, pp. 182 - 183.
③ Andrew Browning, ed., *English Historical Documents*, Vol. Ⅵ, p. 371.
④ Ronald Hutton, *Charles the Second: King of England, Scotland and Ireland*, Oxford University Press, 1989, p. 201.

牧师、长老派和枢密大臣都拒给天主教徒合法权利。[1]

复辟初期,查理为不从国教者和天主教徒争取权利的努力全部付诸东流,到 1663 年,他本人立场也陡然反转,不再同情不从国教者。这年夏季,约克和维斯特莫兰两郡发生了不从国教者和共和派顽固分子的零星武装起义,政府很快将其扑灭。起义加剧了国教徒惊恐,也触怒了查理。查理痛斥起义者忘恩负义,辜负了国王宽容他们的一片苦心,下令严惩。26 人被判处死刑,其中两人立即执行。[2] 随后官民联手在全国范围内围猎、逮捕不从国教者。议会顺势于 1664 年提出《秘密结社法》(Conventicle Act),规定若非同一家族,非国教徒举行宗教活动时聚众不超 5 人。1665 年,英荷战争(见下文)爆发后,有人担心不从国教者因同情荷兰而甘为内鬼,议会遂通过《五英里法》(Five Mile Act),要求不愿行国教礼仪的牧师必须远离国教教区 5 英里(8 公里),以免他们煽动国教教区内的民众改宗信条、破坏国策。

清算非国教徒的《市政机关法》《划一法》《秘密结社法》《五英里法》合称《克拉伦敦法典》(Clarendon Code)。法典以克拉伦敦冠名是彻头彻尾的张冠李戴。克拉伦敦是复辟最初几年一人之下、万人之上的权臣,但他并不赞成这些法案,他是传统宪政保王主义者,不纠结于信仰和礼仪。他恪守伊丽莎白的准则,支持安分守己、忠君爱国的任何信徒安居乐业。他捍卫国教至上,却经常表现得犹豫不决,甚至首鼠两端。在重建国教绝对优势的过程中,功劳首屈一指的是伦敦主教、1663 年出任坎特伯雷大主教的谢尔顿(Gilbert Sheldon)。此人学识渊博、立场坚定、知人善用,人品亦无可挑剔。他是不从国教者天敌,贬称他们"不愿像人一样被理性和说教治理,只能像野兽一样被用强力管束"。[3] 查理发表《信仰宽容宣言》时,克拉伦敦沉默,是谢尔顿联合骑士议会坚决抵制并迫使查理收回宣言。谢尔顿的坚贞不屈为此后数十年高级教士对抗君主树立了榜样。1665 年伦敦鼠疫肆虐,1666 年又遭毁灭性火灾,其间绝大多数达官显贵弃城避难,谢尔顿则忠于职守并严令神职人员直面灾病、救死扶伤。《克拉伦敦法典》得以通过不仅归功于谢尔顿高超政治技巧,还与整体

---

[1]　Ronald Hutton, *Charles the Second*, pp. 197 - 198.

[2]　Ronald Hutton, *Charles the Second*, p. 210.

[3]　Annabel Patterson, *The Long Parliament of Charles II*, p. 147.

政治环境及宗教意识有关。复辟年代，国教徒空前团结，都意识到了宗教宽容在某种程度上就意味着国家分裂，意味着内战。国教垄断地位的重树以及强力压制非国教徒标志着复辟第三环落幕。非国教徒无力再挑事端，这确保了和平，但高压也反向刺激非国教徒骨子里不服从精神生长。

　　从归位到 1662 年下半年，查理处处迁就几乎所有的昔日仇敌和受报复心理驱使的骑士议会并因此得到部分回报。骑士议会本质上是国教保守派的俱乐部，虽因宗教与国王频生龃龉，但支持加强国王世俗权力。它召开不久通过的《国王人身及其政府法》(Act to Preserve the Person and Government of the King)意在扼杀任何对国王不敬的煽动性言论并严防下院再出现二十年前的皮姆式议员。随后骑士议会又通过关键性的《军事法》(The Militia Act)，该法有言："唯一至高无上地管理、命令及掌控军队、陆海武装力量和一切城堡，……是，并且根据英格兰法律一直是陛下毋庸置疑的权力。……议会两院不能，也不应该僭取这项权力。"①《军事法》明确军权属于国王并允许国王保有一支 3000 人的卫队。骑士议会刻意把时钟拨回 1641 年，军权、人事权、征税权全都重新摆在君臣和教俗两界精英面前。查理归位后的封官晋爵基本上自证了国王的人事任免权，骑士议会在多回合斗争中取得了对查理的宗教权胜利，对查理的军权也保持高度警觉，想方设法限制查理养兵能力。姑且不论查理是否有意效仿路易十四搞绝对主义统治，可以肯定的是骑士议会在效仿长期议会，防止查理搞专制统治。首先，议会承认军权属于查理却不许他在和平时期征募常备军。查理仅有 3000 人卫队，而同时期的路易十四可供调遣的正规军多达 10 万，克伦威尔 1649 年后掌控的军队从未少于 3 万。其次，议会对批税高度谨慎。1662 年 3 月，骑士议会第三次会议批准了壁炉税，此税征收方便且税额不菲。查理生活奢腐，壁炉税加上卖掉敦刻尔克所得 29 万镑亦不够开支。1663 年 3 月，查理代言人告诉议会，王室年开支超过 108.5

---

① J. P. Kenyon, *The Stuart Constitution*, p. 349.

万镑,实际收入仅 97.8 万镑。议会不仅不信,还扬言调查王室的无度赏赐。[1]
查理指责议员们对国事漠不关心并警告他们,批税刻不容缓,否则王国和平堪
忧。[2] 1664 年,议会出台一部新的《三年法案》,不过相对 1641 年《三年法案》,
王权反而扩张了,法案虽规定国王每三年至少召集一次议会,但如果国王拒不
执行,该法"并未提供相应的召集机制",而 1641 年《三年法案》规定"如果国王
疏于召集,议会即可无召集令而聚集开会"。[3] 复辟后的宪制仍与 1641 年前
一样模糊,或许在议员们看来,宪制按模糊不清的古老传统运行就意味着国家
已恢复常态。

克拉伦敦是复辟初期首席大臣,当时一位诗人称"查理是天、克拉伦敦是
地"。[4] 克拉伦敦的一言九鼎源于他在流亡期间对斯图亚特家族的不离不弃,
耿耿忠心天地可鉴。复辟后,查理从寄人篱下至位尊九五,操心的不再是一个
漂泊不定的宫廷的衣食住行,而是三个国家的治乱兴衰,朝政不能仅靠一位克
拉伦敦。克拉伦敦是老派学究,他的道德保守主义与查理的虚浮自夸、轻佻放
荡格格不入。他常以家长姿态指责查理及詹姆士声色犬马、有伤风化。他是
宗教现实主义者,对议会连番出台的迫害非国教徒之严刑峻法不以为然,但知
道天主教信仰合法化轻则导致政治危机、重则毁坏国体。1663 年,詹姆士在
上院提议给予天主教徒自由,克拉伦敦强烈反对,国王兄弟自此与他心生嫌
隙。克拉伦敦永不会为讨好王室违心行事,其潜在政治对手贝内特则机智圆
滑得多。贝内特年轻时在内战中为王党英勇作战,鼻子上留下了一块显眼伤
疤,这疤痕成了他忠于王室的最好印证。复辟前,他作为流亡王室代表前往马
德里争取西班牙支持斯图亚特家族复位,深得查理信任。复辟后,贝内特曾多
次攀附克拉伦敦,但克拉伦敦厌恶他投机钻营、媚俗势利之本性。贝内特只能
自搭晋升阶梯,他为查理与情妇芭芭拉尽鱼水之欢创造便利环境,查理对这位
深谙主子意旨的机会主义者青睐有加。1663 年以后,贝内特与一群趋炎附势
的投机分子沆瀣一气、朋比为奸,逐渐形成一个欲与克拉伦敦叫板的政治团

① Ronald Hutton, *Charles the Second*, pp. 185, 199.
② J. R. Jones, *Country and Court*, p. 157.
③ 梅特兰:《英格兰宪政史》,第 190 页。
④ Ronald Hutton, *Charles the Second*, p. 192.

伙。而克拉伦敦不屑拉帮结派，认为忠于国王、远离派系阴谋乃为臣者本分。他不愿在官僚体系中培植以自己为中心的政治集团。他支持能力平庸的南安普顿出任财政大臣，致使王室财政管理不善。1664 年，查理以荷兰严重威胁英格兰海上利益为借口，放出狠话要求议会批税以准备战事。上年敲定的拟增壁炉税议案获得通过，克利福德（Thomas Clifford）提议增加其他税款，深合查理意愿并得到议会积极支持。议会批税多达 125 万镑。这慷慨之举与克拉伦敦毫不沾边。贝内特和克利福德等人已取代克拉伦敦成为国王心腹。

复辟之初，查理外交重心在伊比利亚半岛，支持葡萄牙摆脱西班牙的武装斗争，此举既出于婚约，也为接管葡萄牙在北非的丹吉尔（Tangier）和亚洲的孟买（Bombay）。1663 年，查理发现这一外交成本太高，难以为继。与此同时，英荷对西非商业的争夺白热化。詹姆士、鲁伯特、贝内特等人均持股的王家非洲公司（Royal African Company）屡与荷兰人冲突。英荷两国还因北海渔业资源纠纷不断。荷兰人在英属美洲建立的新阿姆斯特丹（New Amsterdam）成为走私贸易天堂，严重损害英格兰商人利益。负责外交的贝内特与海军司令詹姆士游说查理对荷开战，查理也希望借战争扬名立威，拓宽本国商业市场，增加关税收入。从 1664 年秋开始，英格兰海盗和舰队肆无忌惮劫掠荷兰商船，袭击荷兰在北美和亚非各殖民港口，荷兰被迫还以颜色。1665 年 3 月 4 日，查理对荷宣战，第二次英荷战争爆发。为表彰贝内特功劳，查理晋升他为阿灵顿伯爵（Earl of Alrington）。宣战后，伦敦鼠疫肆虐，查理领群臣避险于牛津。政府财政面临严峻考验，在牛津召开的议会虽批准 150 万镑财产税，英军仍需劫掠敌方商船以战养战。[①] 战争初期，英军连续得手，从荷兰人手中夺取新阿姆斯特丹并以约克公爵詹姆士名义将其更名为纽约（New York）；1665 年 6 月 3 日英军又在诺韦斯托弗（Lowestoft）海战中胜出。查理密友伯克利（Charles Berkeley）阵亡，为确保詹姆士安全，查理下令由桑威奇单独执掌海军。

英方乐观误判战局走势将如第一次英荷战争，英军只待享受胜果。然而荷兰人已非吴下阿蒙，他们吸取教训，知耻后勇，打造了一支战力今非昔比的

---

① Ronald Hutton，*Charles the Second*，p. 227.

强大舰队。诺韦斯托弗海战并没有摧垮荷兰人意志。8 月,他们在挪威沿海的卑尔根(Bergen)扳回一局,英军死伤 400 余人。夏秋之交,英格兰权贵围绕战略调整和财税改革争长论短,《五英里法》亦导致大法官和财政大臣不满,精英内斗激烈。路易十四担心英格兰趁势而为确立海上优势,遂于 11 月提议荷兰将布鲁岛(Pulo Run)、纽约以及三个非洲海港让给英格兰作为停战条件。查理和他的决策圈贪心不足,妄想荷兰人支付赔款,致使和谈泡汤。1666 年初,法国援荷制英,勃兰登堡选侯国也成为荷兰盟友。英格兰势单力孤,6 月 11 至 14 日,英吉利海峡和弗莱芒沿海上演了著名的"四天战斗"(Four Days Battle),英军战死上千,另有 2000 余人被俘,损失 10 艘战舰。9 月 2 至 5 日,熊熊大火吞噬伦敦。谣言称天主教徒受法国怂恿故意纵火。10 月 26 日,议会建议查理将天主教神甫驱逐出境,没收国内天主教徒武器,提高对他们的罚款额度。[1] 1667 年初,查理财政已至崩溃边缘。贸易因战争萎缩,关税收入骤降;火灾、瘟疫致使消费税锐减;壁炉税激起的抗议此起彼伏;1666 年议会批准的税收只有 1/3 如实征收。[2] 因经费不足,海军主力战舰泊于港湾休战,只派小型舰只肃清沿海海盗。为改善财政,查理令布里奇瓦特(Earl of Bridgewater)接替南安普顿担任财政大臣,同时成立财政专门小组,严格审计并加强财政监管。财政专门小组与外事委员会一样由查理心腹组成,绕开枢密院,制定秘密策略。这是查理屡试不爽的伎俩,也是复辟时代一大政治特色。

克拉伦敦一眼看出英荷相争只会让法国尽收渔人之利。1667 年初,他建议查理要么与荷兰人讲和,要么向议会屈服以换取议会批准新税。阿灵顿也建议查理与荷兰讲和。查理反其道而行,与路易十四达成秘密协议,支持法军攻取西属尼德兰,以此换取法方财政资助。路易十四见利忘义,随即以西班牙王室女婿身份发动著名的遗产继承战争(War of Devolution),很快控制西属尼德兰。荷兰最高长官德维特(Johan De Witt)得悉查理正与路易十四密谋串通,决定背水一战。6 月,荷兰舰队突袭泰晤士河口的迈德维(Medway),摧

---

① Ronald Hutton, *Charles the Second*, p. 235.
② Ronald Hutton, *Charles the Second*, p. 242.

毁在此休整的英格兰战舰。英军方寸大乱，无法再战。国家陷入恐慌，民众对战事之耻愤怒至极，查理害怕民众起义，立即派代表赴布列达与荷兰人谈判。根据《布列达协定》(Treaty of Breda)，纽约归英格兰，布鲁岛和苏里南(Suriname)的甘蔗种植园属于荷兰；荷兰人从德意志贩运货物销往英格兰不受《海航法》限制；英格兰放弃原本索要的商业补偿和战争赔款。

财力不济是英军败北重要原因，查理为这场战争投入 5.25 万镑，而荷兰人却投入了 11 万镑，法国仅 1667 年的财政盈余就高达 9 万镑。[1] 不过军费并不能解释全部，失利更拜高层党争、外交被动以及法国插手所赐。克拉伦敦自始至终反对战争并认为法国才是英格兰劲敌，查理无视他的意见且要他为战败背锅。骑士议会起初支持战争，察觉风向不对便落井下石，把失败归咎于廷臣贪污和财政管理不善，矛头显然直指克拉伦敦。议会要求组建专门委员会监督、清查财政细节，且这个专门委员会将成为监督公共财政收支的常设机构。克拉伦敦意识到情况不妙，和其女婿詹姆士一起恳请查理解散议会。1667 年 2 月初，查理宣布议会休会。为处理停战事宜，7 月 25 日查理又召回议员，而议员们一到威斯敏斯特就要求查理解散军队。四天后议会再度休会。议员们羁留伦敦却无事可议，他们大为光火，散布谣言称查理打算解散议会，搞武力治国。克拉伦敦遂成议员和政敌攻击的标靶。阿灵顿、第二代伯金汉公爵等认为扳倒克拉伦敦时机成熟了，克拉伦敦老冤家布里斯托尔也不会放过这等好机会。伯金汉及其幕僚向查理暗示：将克拉伦敦免职是议会批准新税的前提，克拉伦敦倒台方能重建高效廉洁政府。查理也乐见议员和群臣矛头对准克拉伦敦，如此便可减轻宫廷的战败责任。8 月 30 日，克拉伦敦卸职。然而离职不等于了事，伯金汉等立马启动弹劾程序，指控他犯有叛国罪。下院认为罪证不足，以 172 对 103 票否决了克拉伦敦罪名；上院也不同意将其送至伦敦塔。[2] 克拉伦敦幸免了 1641 年斯特拉福德之下场，但活罪难逃，因其政敌反复施压，查理同意设立专门法庭彻查他的前科。克拉伦敦胆战心惊，11月 27 日逃至法国，在境外继续创作名垂青史的皇皇巨著——《英格兰反叛与

---

① Ronald Hutton, *Charles the Second*, p. 251.

② J. R. Jones, *Country and Court*, p. 162.

内战史》(*History of the Rebellion and Civil Wars in England*),直到 1674 年在鲁昂辞世。克拉伦敦本无大罪,他的倒台是党争以及查理需要替罪羊的双重结果。尽管从 1663 年起查理便有意回避甚至架空克拉伦敦,但忠心和名望注定他始终是民众心目中第一辅弼。查理故意牺牲这位忠心耿耿的两世老臣并不明智。未来廷臣相信,一旦遭议会或政敌指控,国王未必出面相保,"将来所有大臣都被迫把自身利益摆在第一位,更重要的事情是自保而非坚定倡议或执行王室政策"。① 这种精致利己的为官心理助推了 17 世纪晚期毫无原则的政坛恶斗。

　　克拉伦敦倒台后,政府更无主心骨,效率低下,查理却暗自窃喜,因为这有利于他个人集权。查理个人权威增强,行动更自由,所有廷臣都是他的仆从,无人再公开违拗圣意。查理故意让大法官之职空缺,仅命更似法学家而非政治家的布里奇曼(Orlando Bridgeman)掌大法官印。与此同时,克利福德、阿灵顿、伯金汉、库珀、劳德代尔(Duke of Lauderdale)等人成为朝堂红人。时人以上述五位廷臣爵号或姓名首字母戏称他们为卡巴尔(Cabal),意指投机钻营的政治集团或小圈子。该词用在这伙人身上并不贴切。这五人"仅有反克拉伦敦这一共性",既无共同信仰,更谈不上团结和友谊,"互不信任、各怀鬼胎",均是竞逐私利的机会主义者。② 他们能力差异极大,节操下限各不相同,在查理心目中的地位也有轻重之分。克利福德是阿灵顿僚属,并不具备独挡一方的能力和潜质。阿灵顿作为国务大臣,权势远超另外四人,但即便他也无法享有克拉伦敦的威望和曾经的权势。伯金汉是 1628 年被刺的第一代伯金汉公爵之子,与查理承袭了父辈情谊,青年时代已是莫逆之交,终生保持友谊。他因声色犬马与查理臭味相投,靠溜须拍马博查理开心。查理只把他当作开心取乐的弄臣,从不委以重任。查理高抬伯金汉也为敲打阿灵顿,提醒他不要

---

① J. R. Jones, *Country and Court*, p. 163.
② N. H. Keeble, *The Restoration*, p. 169.

傲上矜下。库珀身矮体瘦，与上述诸位从不是一路人，更非查理心腹，他与查理关系仅限公务，后与查理反目，成为下院第一刺头。劳德代尔是苏格兰长老派，任苏格兰事务大臣，鲜有机会插手英格兰国务。

查理欲为迈德维之败雪耻，对《布列达协定》耿耿于怀，拟通过外交运作将其摧毁。1667 年底，他一度寄希望于法军击败荷兰，自己趁火打劫，占领奥斯坦德(Ostend)和尼乌波特（Nieuport）。此时他脚踩多船，努力修复英西关系并私下向在荷兰掌权的德维特家族抛橄榄枝，借此提醒路易十四，不列颠并非无足轻重。为威慑法国，查理还授权阿灵顿炮制了不列颠、荷兰、瑞典组成的三国联盟(Triple Alliance)。路易十四果真于 1668 年 4 月停战，这证明查理的多面外交收到了一定成效。查理从中尝到甜头后胃口变大，企图利用法国财政支持摆脱议会束缚，最终将天主教信仰合法化。路易十四签订停战协定后，英法国君私人关系骤然升温。1669 年，詹姆士、阿灵顿、克利福德等人开始谋划英法秘密协定。詹姆士对此最热心，他已在宫廷中公开行天主教礼。阿灵顿也有天主教情结，与查理一样，长期隐瞒信仰，临终之际才宣布信奉天主教。[1] 不过阿灵顿是现实主义者，不为信仰纠结，他认为英荷商业之争注定早晚战争再起，而能争取到法国支持者将在下一轮战争中胜出。查理对他的分析深表赞同。克利福德为讨好查理，已秘密改宗天主教，积极为两国君主私人协定牵线搭桥。伯金汉为路易十四承诺给予查理的金钱数额与法方讨价还价，但他不知道查理有意公开宣布天主教信仰。1670 年初，查理与路易十四在多佛秘密会面，签订《多佛密约》(Treaty of Dover)。密约内容 19 世纪才公之于众，主要包括以下几点：查理自愿加入路易十四的对荷战争并承诺在适当时候宣布自己为天主教徒；对荷战争军费由法方承担；一旦查理公开天主教徒身份，将额外得到 16 万镑法方资助；战争胜利后英格兰还能分到几个荷兰港城。查理为自己预留了较大伸缩空间，是否公布以及何时公布信奉天主教的主动权完全攥在他自己手中，他的算盘关乎信仰，更关乎钱。[2]

查理与路易十四密谋的同时，也努力缓解他与议会的矛盾。1668 年议会

---

[1] J. R. Jones, *Country and Court*, p. 172.

[2] Ronald Hutton, *Charles the Second*, pp. 271,274.

只批准了 30 万镑税收,查理要议会减轻不从国教者苦难,议会却故意唱反调,抛出一部更严厉的《秘密结社法》,对参加 5 人以上集会的非国教徒罚款 10 镑。1670 年 2 月,查理在保留君主宗教裁决权的前提下签署了这部新的《秘密结社法》,换取议会批税 40 万镑。① 查理并不知足,12 月,他提醒议会,路易十四将于次年 5 月巡视敦刻尔克,为提防法军突袭英格兰,议会应追加拨款且额度不能太小,结果议会又批税 80 万镑。② 此事足以佐证英格兰议会热衷打压不从国教者、对抗国内外天主教徒,只要查理在这两件事上顺应议会意愿,议会就不吝拨款。宗教而非宪制直接决定君主与议会关系融洽还是紧张,这是自伊丽莎白时代以来的一贯政治逻辑。查理本应参透这玄机,起码表面上装作与法国势不两立,但他骗到了议会的拨款后便与法国沆瀣一气打压荷兰,这不仅有害英伦长远利益且令臣民失望。而查理铁心要与臣民对着干的理由同样在于宗教,他坚信天主教才符合王者气质,更应被树为官方信仰。

1671 年,英荷关系恶化。根据《布列达协定》,荷兰战舰与两艘以上英格兰战舰相遇时,必须致敬。当一艘英格兰王家游艇与荷兰舰只相遇时,荷兰人称游艇乃民用船只,拒绝致敬。查理却要求荷兰政府严惩拒不致敬的海军军官。他一边挑衅荷兰,一边与法国密谋。1672 年 2 月 2 日,法国驻英大使克里希(de Crissy)与查理心腹签署《白厅协定》(Treaty of White House),两国约定对荷开战。查理如此热衷对荷开战,仅为争取法方金钱资助。1671 年下半年,王室几近破产,宣布暂停偿债十个月,不过承诺给予债主 6% 利息补偿。③ 理顺英法关系后,查理连续做出两项惊人之举:3 月 15 日,他发布第二份《信仰宽容宣言》;17 日,对荷宣战,挑起第三次英荷战争。宣言授权不从国教信仰合法化,天主教徒亦可在非公共场所行圣事。理由是宗教宽容有助"阻止私人集会及煽动性秘密集会可能产生的未来危险",有利于促进社会和谐、鼓励移民、盘活经济。为免过分刺激国教徒,宣言特别强调仅暂停而非废止"事关宗教的刑法",保证不更改国教教义且不许非国教徒出任公职。④《多佛

---

① Annabel Patterson,*The Long Parliament of Charles* II,pp. 154 - 156.
② Ronald Hutton,*Charles the Second*,p. 276.
③ Ronald Hutton,*Charles the Second*,p. 284.
④ Annabel Patterson,*The Long Parliament of Charles* II,pp. 159 - 160.

密约》和《白厅协定》均未硬性规定查理必须宣布天主教信仰,更不存在他需要何时做出这种宣布的问题,他对宣言可能激起的抗议也是心知肚明。既然如此,他为何要迫不及待宣布新宗教政策呢? 答案主要在于朝臣和宫廷决策圈的误导。库珀与伯金汉想为不从国教者争取权利;阿灵顿和劳德代尔欲奉承国王,他们知道,宣言将证明宗教决定权在国王而非议会,而查理对 1660 年代初议会夺走宗教权力一直耿耿于怀;詹姆士和克利福德是狂热天主教徒。①查理欲借不从国教者支持颠覆既定宗教政策,摧毁议会宗教权力,重树国王宗教权威并为天主教合法化打开方便之门。几位重臣建议他解散议会重选并估测极有希望产生一届国教情结不甚浓厚的新议会。查理不太相信能产生一届相对恭顺的新议会,但他也严重高估了非国教徒能量并错估了他们的立场。只有天主教徒对《信仰宽容宣言》报以掌声;少数国教徒认为即便执行宗教宽容,也应由议会立法认可,而非国王行政宣布;不从国教者反应冷淡,他们怀疑查理非为不从国教徒之自由着想,而是为天主教合法化投石问路。

开战后,詹姆士督军的海军未占到便宜,桑威奇死于风暴。6 月,法国陆军横扫荷兰全境,荷兰人为提高军事效率,推举查理外甥奥兰治的威廉为领袖。当威廉的使节向查理提出和谈时,查理不愿触怒路易十四,轻蔑拒绝。法国许诺金钱援助并为查理恢复天主教撑腰,查理则甘当路易十四棋子,即便路易十四只同意英格兰得到位置更靠北且商业价值不大的格罗宁根(Groningen)而非密约中的西兰(Zealand)诸港口,查理也无怨言。7 月 6 日,英法各派代表在希斯维克(Heeswijk)再订协议,承诺不单独同荷兰停战。7 至 8 月,詹姆士企图消灭荷兰海军,但对方避而不战,而神圣帝国和北德意志诸侯为遏制法国扩张,积极出手帮扶荷兰,威廉没有理由让步或屈服。

1672 年 11 月,查理改组政府。已晋封沙夫茨伯里伯爵(Earl of Shaftesbury)的库珀出任大法官,他空出的财政大臣职位由克利福德接任。阿灵顿原觊觎财政大臣职位,未料昔日僚属捷足先登,遂妒意难平。为缓和宗教政策激起的民愤,查理任命了几位痛恨《信仰宽容宣言》的主教以平息国教徒怨气,但主教们立场并未软化,他们等待议会开幕后再犯颜直谏。查理也预

---

① Ronald Hutton, *Charles the Second*, p. 285.

计到了议会会就宗教宽容和战争拖沓刁难政府。骑士议会议员自从进入威斯敏斯特后,从未放松对王室宗教政策的警惕,财政、军事、外交在他们心目中全都是附属议题。1673 年 2 月议会重开,多数议员并未苛责战争,但要求查理撤回《信仰宽容宣言》。廷臣亦各执己见,沙夫茨伯里、克利福德等认为宗教比战争更事关国体,国王的宗教权威不容置疑。阿灵顿和鲁伯特坚持打赢战争才是当务之急。[①] 下院认为《信仰宽容宣言》与《克拉伦敦法典》背道而驰,以 168 对 116 票将其否决,并明确"只有议会法案才能终止关涉宗教的惩罚性成文法"。[②] 议员们还提醒查理:勿信小人谗言以为君主有权终止法律。这次冲突几乎是 1627 年查理一世与议会关于阿米尼乌主义冲突的翻版,且议会比半个世纪前更硬气。议会照惯常做法再次使出撒手铜,拒绝拨款。法国驻英大使此时也釜底抽薪,告诉查理,即便解散议会也不能保证法国资金到位,继而怂恿查理撤销《信仰宽容宣言》,赢得议会财政拨款以便全心全意对荷作战。法国变卦赤裸裸暴露了路易十四的"国家理性"(reason of state),同时也向斯图亚特家族证明法国人一向奉行的是私利优先,遗憾的是斯图亚特男性族人永不从中吸取教训。查理因财政吃紧于 3 月 8 日服软,亲手撕毁《信仰宽容宣言》并表示下不为例。[③]

下院乘胜追击,要求严厉镇压天主教徒。爱尔兰议员亦煽风点火,提议没收爱尔兰天主教徒武器,禁止他们担任公职,驱逐他们的主教,关闭他们的学校。借歇斯底里的反天主教狂热,议会要求把天主教徒逐出军队并出台苛刻的《宣誓法》(Test Act)。该法明令所有公职人员按国教礼仪执礼,履职前须庄严宣誓"在主的晚餐以及圣餐的面包和酒中,不存在所谓的变体说"。《宣誓法》意在堵死查理从天主教徒中遴选大臣的可能,直接受其冲击的是詹姆士和克利福德,此二人须立即离职。查理极不情愿接受了《宣誓法》,他的屈服换得了议会批准的 125 万镑税收。[④] 这个结果提醒查理,绕开枢密院与议会并指望圈子政治秘密操作有时并不奏效。

---

① Ronald Hutton，*Charles the Second*，p. 297.

② J. R. Jones，*Country and Court*，p. 177.

③ Ronald Hutton，*Charles the Second*，p. 298.

④ Ronald Hutton，*Charles the Second*，pp. 301 - 302.

1673年春夏之交，查理以向议会低头获得的资金募集了8000名陆军，屯聚于伦敦南郊，等待开赴大陆与法军并肩作战。这支临时拼凑的乌合之众战术素养堪忧，也找不到称职统帅。伯金汉觊觎指挥权，但查理不至于昏聩到让他这样的蠢材掌兵。路易十四派一位伯爵来指挥，而士兵们普遍反感这位伯爵傲慢狂妄。路易十四极有可能刻意为之，以干扰英军军心并阻止其开放欧陆战场，以免西兰沿海港口真的落入英军手中。他制造英法联手假象仅为孤立威廉并恐吓德意志诸邦国。陆军有如一群乱哄哄的无头苍蝇，鲁伯特歼灭荷兰海军的计划更是虚无缥缈的幻梦，他把失败归咎于法国海军态度消极。查理担心鲁伯特大发牢骚触怒路易十四，命蒙默斯取而代之。在神圣帝国和西班牙支持下，威廉首次击败法军。现在轮到威廉不想谈判了。10月，威廉攻占波恩（Bonn），荷兰海军还夺取了纽约。1673年底，查理放低姿态，不再要求苏里南所属权，把原本想要的战争索赔降低到30万镑；毫无疑问，荷兰人置之不理。战事一地鸡毛，查理骑虎难下，但比战争更博人眼球的大事出现并给此后十五年政局带来无穷变数。

第九章 天主教威胁与光荣革命(1673—1689)

　　1670 年前后,英吉利人已从内战的兵荒马乱和共和的沉闷压抑中走出来,不再担心清教徒生事,但大多数国民并不确信王冠永远戴在新教徒头上,查理内外政策和詹姆士的愚蠢幼稚令臣民无时不担心天主教卷土重来。复辟初期的欢愉被一种强烈的恐天主教气氛取代,政局紧张,官民猜忌,宫廷极度被动,甚至连胶着的英荷战争也打不下去了。

　　国内反战情绪突然高涨源于君民信仰分歧。查理兄弟对曾经的家族不幸有切肤之痛并将祸根归咎于新教派系林立以及加尔文主义的蔑视权威,他们在流亡中耳濡目染了法国国体之高效,加之法国是当时欧洲乃至世界第一强国,故查理兄弟仰慕法国且欲以之为模板重塑英格兰政教关系乃至国家体制,尊奉由国王控制的天主教。然而英吉利人过去一个半世纪被灌输的教导是,天主教徒乃敌基督者并象征着政治专制。这种信念分歧致使君民离心,宫廷政策得不到臣民以及议会支持,甚至连秘密政治和隐蔽外交也接连碰壁。1670 年代初,查理意识到回归天主教阻力太大、风险极高,行迹有所收敛,然而王位继承人詹姆士仍在天主教之路上逆风而行。《宣誓法》已证明国人不能忍受天主教,詹姆士却于 1673 年复活节拒按国教礼仪领圣餐。他公开尊奉天主教有如平地惊雷,致举国哗然。人们更有理由相信查理决策圈和心腹均为天主教徒,宫廷就是教皇党人庇护所。1671 年春,詹姆士发妻病逝,1673 年秋他续娶天主教徒摩德纳的玛丽(Mary of Modena)进一步证实了民众的怀疑。① 尽管《宣誓法》逼迫詹姆士退出枢密院且不再执掌海军，不过特殊身份注定他仍是决策圈要员。

《宣誓法》冲击的权贵远不止詹姆士一人。沙夫茨伯里支持该法，继而与卡巴尔其他成员及宫廷分道扬镳。克利福德政治生涯终结，1673 年 6 月去职，不久病死。因伯金汉提携受到查理赏识的奥斯本（Thomas Osborne）接任财政大臣。此人后来爵至公侯，不过当时及后世之人均惯称其丹比勋爵（Lord Danby）。高层政治从卡巴尔时期走向丹比时期。1673 年 10 月，议会再开。伯金汉和丹比为收买笼络议员机关算尽，仍无法抑制强烈的反战情绪，亦不能消释议会对国王和廷臣的猜疑。下院拒绝拨款，要求查理宣布詹姆士新婚无效。沙夫茨伯里成了第一刺头，他因厌恶天主教此前已与詹姆士频生争执。詹姆士怂恿查理贬抑沙夫茨伯里，查理亦怀疑他是反战议员后台，结果沙夫茨伯里任职大法官仅一年便遭革职。复辟以来，查理始终迁就议会，以免再现其父在位时紧张的君主与议会关系。如今，詹姆士执迷天主教导致查理惯行的迁就和笼络之策失效，宫廷完全丧失议会信任。丹比知道，议会反对派之所以苛责对荷战争，是因为他们认定查理兄弟是在为天主教而战，平息议会愤怒须摈弃卡巴尔主导的英法结盟并力促查理尽快结束战争。因法国暗中作梗，英格兰不可能得到西兰沿海据点。1674 年 1 月 22 日，查理调低预期，同意荷兰提出的和谈条件，只要求对驶入不列颠近海的荷兰渔船征收渔业税。28 日，两院投票决定停战。2 月 9 日，英荷签订《威斯敏斯特条约》（Treaty of Westminster）。领土和商业权益方面，英格兰无失无得。查理为光复天主教并收取法国施舍的蝇头小利鬼迷心窍，将国家拖入一场劳民伤财、不得人心的战争。第二和第三次英荷战争都证明查理和詹姆士均非明君。

有如第二次英荷战争后弹劾克拉伦敦，总要有人成为替罪羊。1674 年 1 月 7 日，议会拟弹劾伯金汉和阿灵顿。查理被迫解除伯金汉职务。伯金汉一度想把脏水全泼到阿灵顿身上，指责他才是罪魁祸首。阿灵顿以集体负责为由推卸罪责，他处世圆滑，树敌较少，暂时得以自保。② 战争已了，议会两院一

---

① Ronald Hutton, *Charles the Second*, pp. 308 - 309.

② J. R. Jones, *Country and Court*, p. 184.

致要求解散军队。查理同意解散陆军,但要求拨款加强海军建设。议会却把议题转向宗教。惮于天主教阴谋,议员们建议强化惯行的《人身保护法》(Habeas Corpus);严格规范议员选举程序,防止天主教徒在未来选举中钻空子;还提议在查理去世后收回王室的关税征收权。为保护詹姆士,2月24日,查理宣布议会休会。

夹在议会与宫廷间的中间派丹比既要争取骑士议会善意支持,又要赢得宫廷信任,而这两点不可兼得。为软化议会态度,丹比明确支持《克拉伦敦法典》并努力修复实已覆水难收的英荷关系,疏远法国。查理知道议会撒手锏是批税权,摆脱议会束缚的关键是财政健康,丹比理财能力令其希望陡增。丹比年底就替国王偿清了战债,王室年收入达到125万镑,这是查理继位以来首次收高于支。[①] 查理满意财政收支,但厌恶亲荷疏法的新外交路线,丹比只能继续左右逢源,1675年议会开幕后,他向议会保证一丝不苟捍卫国教,同时抛出"忠君宣誓"(Loyalty Test)议案,要求议员和行政官员宣誓尊重王室权威,服膺国王令旨。[②]

"忠君宣誓"激起沙夫茨伯里强烈抗议,以他为核心的新反对派逐渐壮大。鉴于反宫廷颇得人心,沙夫茨伯里辞官回乡并呼吁解散议会重选。1675年10月,查理又与路易十四达成新密约,他向后者表示,若议会拒绝拨款,他将解散议会,而法方承诺每年补偿他10万镑。[③] 查理以为有金主撑腰便可摆脱议会,不久宣布议会休会15个月,也即1676年不开议会。沙夫茨伯里发表一份至全体国民的公开信——《一位高尚者致其友善国民之信》(*A Letter from a Person of Quality to His Friend in the Country*),指控丹比卖官鬻爵,助纣为虐。此信瞬间激起千层浪,反宫廷和恐天主教的激进分子纷纷站出来向查理发难。他们危言耸听,称天主教徒正四方游走为詹姆士继承王位铺路搭桥;还称骑士议会已存十五年,既不能代表时下民意亦无力替詹姆士纠错;针对反复休会,他们称议会休会超过一年等于自行解散,呼吁全国联名请愿以迫使查

---

① Ronald Hutton, *Charles the Second*, p. 322.

② J. R. Jones, *Country and Court*, p. 186.

③ J. R. Jones, *Country and Court*, p. 188.

理解散议会重选。① 丹比怒不可遏,建议以诽谤罪将沙夫茨伯里送进伦敦塔。政斗在激烈的口水战中变成了党争并涂抹上了浓浓的宗教色彩,沙夫茨伯里及其支持者被称为国家派(Country),而以丹比为首的朝臣则被称为宫廷派(Court)。宫廷派嘲讽国家派为辉格派(Whig),该词本意是马贼,继而指称偏执好斗的苏格兰长老派,而今成为沙夫茨伯里等人标签,显然是在影射他们像清教徒乱党一样藐视王权和国教会。国家派则蔑称对手为托利派,意指他们与天主教徒蛇鼠一窝,愚忠王室。两派相互倾轧,时局扑朔迷离。

查理自停战以来对议会的仇法亲荷之音充耳不闻。1674 年,他下令禁止荷兰到英伦募兵,却允许法国来英招兵。② 1676 年,威廉提议与查理会晤,查理担心触怒路易十四,冷漠回绝。国人对他忌恨同为新教徒的亲戚威廉却仰慕死敌路易十四反感透顶。1677 年 2 月,休会十五个月后,议会再开。因丹比精心筹备,议会表示只要国王摈弃与法国的暧昧关系,税收立刻兑现。3月,法军横扫佛兰德尔,威廉内外交困、处境凶险,不仅路易十四要迫使他屈服,荷兰主和派也想掀翻他。议会呼吁查理紧急援助威廉,丹比亦奉劝查理声援威廉以挽回民心。西班牙驻英大使为防法国蚕食尼德兰,也向查理施压,劝其发兵援荷制法。查理以议会批税作为出兵前提,议会则担心查理得到税收后自食其言。查理从前两次英荷战争中汲取了教训,那就是不能为了税收向议会大幅让步。③ 鉴于查理冥顽不化,丹比为收拾人心而另辟蹊径,秘密为威廉迎娶詹姆士长女玛丽(Mary)牵线。他这样做既为疏远宫廷与法国关系,也为自己提前赢得未来君主的信任,当时多数人误判詹姆士会先于查理死去,而查理又无合法子嗣,玛丽是无可争议的下任君主。玛丽和威廉都是新教徒,他们的婚约为遭民众反感的宫廷挽回了一丝人气,从长远看,也给新教徒吃下了定心丸。毕竟当时不列颠岛民昼夜恐惧天主教并视天主教与专制主义互为表里。诗人马维尔(Andrew Marvell)1677 年赋诗警醒同胞,宫廷"阴谋"欲把"合法政府变为一种专制暴政"并将"现存的新教变成彻头彻尾的天主教"。④

①　J. R. Jones, *Country and Court*, p. 191.
②　Ronald Hutton, *Charles the Second*, p. 325.
③　Ronald Hutton, *Charles the Second*, pp. 342 - 343.
④　王觉非主编:《近代英国史》,第 202 页。

威廉与玛丽姻缘无论当时还是后世都对不列颠乃至西欧政局影响深远。婚礼于 11 月初举行,12 月底,英荷结盟。

1678 年 2 月,法军又一次横扫佛兰德尔,蒙默斯领兵 2000 前往支援威廉,查理要求议会批准充裕税收以征募 3 万陆军遏制法国扩张。同时,他私下又向路易十四承诺继续维持英法特殊关系,告知对方,与荷结盟只为蒙蔽两院议员以促成议会批税并打消议会对招兵买马的疑惧。查理两面三刀,议会也无诚意拨款。下院强迫查理向路易十四施压,要求法国以恢复 1659 年荷法边界为和谈前提,查理明白议员们纯粹找碴,因为童叟皆知英格兰没有实力改变法国外交政策。2 月中旬,议会同意征收人头税并顺延即将到期的烈酒税,总计将拨款 100 万镑用于募兵援助威廉。路易十四则收买部分议员并指使他们破坏英格兰出兵计划。他相信英格兰外交和军事变卦均是丹比主意,令法国驻英大使联络丹比政敌,以期抹黑丹比,破坏英军行动。人算不如天算,3 月,威廉在荷兰政斗中失势,联省议会同意以路易十四提出的条件与法谈判。查理招募的 1.5 万大军如今成为议会眼中钉,有议员称招兵目的是压制国内自由。6 月中旬,议会同意追加拨款至 7 月 17 日军队解散,不过申明拨款仅为支付士兵薪饷以便其尽快解散。查理却狮子大开口,要求再增拨 30 万镑税收用于平衡王室收支,被议会"全体一致"拒绝。[1] 值此关头,法荷谈判又因瑞典搅和而不畅,查理遂宣布军队暂不解散,派使节前往海牙商讨缔结英荷联盟并向荷兰开出两个结盟条件:支付英军军费,与法国和谈必须得到英格兰同意。7 月,部分英军先遣队到达佛兰德尔,后续部队亦在英格兰东部沿海集结待命。

无论查理所做的一切是掩人耳目还是虚张声势,欧陆局势发展都不再给他维持大量常备军的理由。荷兰不顾英格兰官方意见,于 8 月 10 日与法国签订《奈梅亨协议》(Treaty of Nijmegen),罢兵停战。新教徒更有理由指控查理铁心要借军队搞路易十四式绝对主义统治。查理真实动机为何,不得而知,或许他只想用军队提振君权和国威并在欧陆烽烟再起时向路易十四索取钱财。丹比以战争可能瞬息再起为由,支持保留军队;查理为给常备军正名,暗中示

---

[1]　Annabel Patterson,*The Long Parliament of Charles Ⅱ*, p. 218.

意西班牙人故意袭扰英军,以佐证维系军队实属必要。① 秋后,查理态度更加蛮横,10 月 21 日,他告知议会两院"他被迫保有军队",因为"军队大幅提升了民族荣誉和利益"且"用于解散军队的资金未被滥用"。② 1678 年,查理和议会为常备军存废尖锐对立,一切新教徒都怀疑查理维系军队的动机,不过更令他们恐惧的天主教阴谋搁置了常备军争议。

宗教改革以来,或真或假的天主教阴谋始终萦绕在英吉利人心头。1641 年,议会党正是借所谓的天主教阴谋搞乱了天下,1680 年前后的所谓天主教阴谋也引起持久的全国性神经质并对政治走势产生决定性影响。1678 年 8 月 13 日,有人禀奏查理,一场针对他及王后的阴谋正在酝酿。奥特斯(Titus Oates)和通格(Israel Tonge)这两个品恶行劣的下流小人伪造大量材料,污蔑天主教徒搞阴谋。查理对阴谋传闻早习以为常,未予重视,仅令丹比调查真伪。9 月底,獐头鼠脑的奥特斯向枢密院指控詹姆士密友兼秘书科尔曼(Edward Coleman)是阴谋主角之一;继而又作伪证,指控五位贵族参与阴谋,其中一位是曾参与多佛密约的阿伦戴尔(Henry Arundell)。查理亲自讯问奥特斯,奥特斯供述的细节漏洞百出,查理很快明晓阴谋纯属捏造。然而枢密院却从科尔曼住所搜出大量信件,这些信件证实詹姆士党羽确与天主教徒、耶稣会士甚至法国人串通,他们蛊惑查理解散议会,贯彻《信仰宽容宣言》。10 月 17 日,负责调查案件的戈德弗雷(Edward Berry Godfrey)离奇死于非命。人们现有理由相信,一场蓄谋已久的天主教暗杀正紧锣密鼓布置,甚至传言天主教徒欲纵火将首都付之一炬,恐天主教气氛刹那间笼罩全国。

天主教阴谋是老生常谈,奥特斯编造伎俩亦拙劣不堪,问题的关键是阴谋论发生在高度敏感的时刻。在大量常备军的维持和即将继位的天主教徒国王叠加的"政治环境"下,新教徒"特别愿意接受"哪怕是杜撰的阴谋。一种比清

① Ronald Hutton, *Charles the Second*, p. 358.

② Annabel Patterson, *The Long Parliament of Charles II*, p. 218.

教民粹主义更有市场的反智主义吞噬了英伦。大多数民众甚至不曾思考他们担心的是"教皇制和专制政府"还是"教皇党阴谋和屠杀","抑或是詹姆士继位后的天主教残暴及迫害"。① 丹比一开始便弄巧成拙,他本想借力使力,通过戳穿阴谋证实议会反对派死揪天主教威胁不放纯粹是强迫症式的心理疾病作怪。沙夫茨伯里利用官方越描越黑之尴尬,借题发挥,企图裹挟群氓扳倒丹比并迫使查理让步。10月,由两院议员组成的调查委员会审讯科尔曼并判其绞刑,科尔曼死到临头仍否认詹姆士牵涉阴谋。议会再次通过《宣誓法》并据该法将天主教徒逐出议会,3名质疑阴谋的议员因此被逐。② 辉格派不仅容不得议会中有天主教徒,还要清算行政部门的天主教徒。沙夫茨伯里同道建议将詹姆士轰出枢密院。查理同意詹姆士退出枢密院,但警告议会勿讨论王位继承。下院继续纠缠并于10月28日向上院发去一份议案,建议剥夺一切天主教徒王位继承权,但上院修改议案特给詹姆士豁免权。议案不久以158对156票惊险过关,詹姆士保住了继承权。③ 这其中查理强势干预和暗中恫吓部分议员可能起了作用。11月9日,他躬身下院说:"我来向你们保证,你们提交的任何合理的议案都会变成法律,保证你们在我的继承人统治时安全,只要议案不危及继承权利,也不危及王室后代的纯正血系。"④后半句的附带条件等于明示詹姆士继承权不容商量。11月下旬,奥特斯又串通另一位小人指控王后与御医企图谋害查理。查理亲自审案,证实所有指控均为谎言,下令逮捕奥特斯。辉格派宁愿相信卑劣龌龊的小人奥特斯,也不信任国王兄弟,他们在下院强迫国王释放奥特斯并试图联合上院将王后赶出宫廷,上院因受国王恫吓不予配合。⑤ 下院还一度把矛头指向另一位国务大臣威廉森(Joseph Williamson)。理由是他建议从尼德兰撤回的、以爱尔兰人为主的军队扩充阵容。出于对军队本能的恐惧,下院效仿当年处置斯特拉福德,将威廉森送进伦敦塔,查理旋即将其释放。国王与下院关系极度紧张。

---

① John Miller, *Popery and Politics in England，1660 - 1688*，Cambridge University Press，2008，pp. 158 - 159.

② John Miller, *Popery and Politics in England*，p. 174.

③ Burnet, *Bishop Burnet's History of His Own Time*，Vol. Ⅱ，p. 165.

④ Annabel Patterson, *The Long Parliament of Charles Ⅱ*，p. 214.

⑤ Ronald Hutton, *Charles the Second*，pp. 362 - 363.

辉格派因两桩无法坐实的阴谋以及查理的强势干预接连碰钉子。正当沙夫茨伯里苦于想扳倒丹比却无计可施时，英格兰原驻法大使蒙塔古（Ralph Montagu）的意外出现让他看到了希望。蒙塔古与查理老情人芭芭拉及其女儿均有风流韵事，查理斥责他有伤风化，君臣关系不睦。蒙塔古手握丹比勾结路易十四的信件，白纸黑字证实查理渴望法国财政资助。蒙塔古信件在议会公开宣读后，下院如获至宝，以179对116票决定弹劾丹比。① 丹比身败名裂且面临牢狱之灾。为保护丹比，查理于12月30日宣布议会休会。这更授人口实，似乎坐实了查理包庇罪臣、继续维持常备军并阻止调查所谓的天主教阴谋。查理当然知道议会休会有损君主名声且会加剧臣民恐惧，但他更知道没有丹比组织和居间运作，议会必然乱套，听之任之，国家可能失控。议会休会后，丹比"看不到用该议会恢复自己权势的希望，……他与部分国家派达成了召开另一届新议会之约定"，继而怂恿查理解散议会并主动请辞以规避议会弹劾。② 1679年1月24日，查理解散运行了十九年的骑士议会。

3月6日，新选举产生的议会开幕。恐天主教气氛致使议会选举结果对宫廷极为不利，不少先前骑士议会中的丹比派落选，以至于查理怒称"反宫廷的狗都可当选"。③ 本届以及接下来两届议会均聚焦于剥夺詹姆士王位继承权，史称排斥议会（Exclusion Parliament）。查理在议会开幕时态度非常强硬，不允许议员选出的议长履职。反对派毫无惧色，他们炮轰丹比助纣为虐，3月13日，丹比顺势请辞，埃塞克斯（Arthur Capell, Earl of Essex）接任财政大臣。④ 查理对丹比赏金赐爵并建议他外逃避难。4月14日，丹比被议会收监。银铛入狱对他来说略显不公。为争取议会支持，他奉行国教至上并疏远法国，多少违逆查理和詹姆士意愿；为保宫廷信任，他炮制令人厌恶的"忠君宣誓"，

---

① J. R. Jones, *Country and Court*, p. 204.
② Annabel Patterson, *The Long Parliament of Charles II*, p. 224.
③ Ronald Hutton, *Charles the Second*, p. 367.
④ 此埃塞克斯与伊丽莎白及查理一世时代的埃塞克斯并无血缘关系。

被议会视为专制王权鼓吹手;他一手撮合玛丽与威廉牵手又因荷法停战未产生预期效应;他支持维系常备军被怀疑为专制统治铺路。这位八面玲珑的务实政客夹在偏执的王室和刚硬的议会之间,运筹空间太窄。议会指责他两面三刀、媚上欺下,宫廷亦不完全领会他的良苦用心。他使尽浑身解数也解不开英格兰政局的死结——宫廷的天主教执念和臣民的恐天主教心理。

与其父相比,查理优点在于能屈能伸。丹比垮台后,查理改组政府并笼络部分反对派进入枢密院高就,希望枢密院成为宫廷和议会的缓冲器。沙夫茨伯里担任枢密院主席,桑德兰(Robert Spencer,2nd Earl of Sunderland)与哈利法克斯(George Savile,Lord Halifax)亦进入枢密院,钳制沙夫茨伯里。下院继续死揪詹姆士不放,指控他才是天主教阴谋的真正幕后黑手。查理为保詹姆士继承权,做出少许让步。4月30日,他向议会保证:若未来国君是天主教徒,宗教与行政领域一切重臣之任命都须得到议会认可。查理信用尽失,沙夫茨伯里对他的口头妥协不予理睬,下院不再信他的任何承诺。查理的泛泛保证在反对派眼里意义不大,因为没有限制未来天主教国王的细节性规定,先王口头保证能否约束未来国王只是未知数。反对派坚信剥夺詹姆士继承权方能斩断祸根,也是保卫国教、捍卫自由的唯一路径,因为"辉格派将天主教的原则等同于专制主义,而国教的原则等同于法律和宪制"。[①] 5月2日,"排斥议案"(Exclusion Bill)通过下院二读。议会还表示,除遣散军队所需资金,不会批准任何税收。埃塞克斯、哈利法克斯以及桑德兰三位重臣劝查理亲近荷兰以挽回民心,他们还下令地方官严厉镇压天主教徒,自证宫廷并非天主教徒后台。值此前后,苏格兰爆发了公约派武装反叛,蒙默斯率军迅速将其镇压。蒙默斯因平叛利落而名声大噪,他与沙夫茨伯里越走越近,少数下院议员鼓噪由他继承王位。为防局势更乱,7月12日,查理解散议会。议会被解散前一天通过了《人身保护法》(Habeas Corpus Act 1679),直译当为"你拥有你人身的法律"。中世纪英格兰即有人身保护令状,用于防止个人人身安全遭政府侵犯,不过令状漏洞较多且常流于形式。本届火药味甚浓的议会解散前,议员人人自危,多同意将令状升级到法律高度。根据此法,被逮捕者有权要求执法者

---

① J. R. Jones, *Country and Court*, p. 209.

出示法院逮捕令，有权要求迅速开庭并启动审理，否则被捕者在交纳保释金后当被释放。显然，法案旨在防止政府用行政命令随意抓人或抓人后羁押不审。[1]

埃塞克斯不堪大用，哈利法克斯不愿为宫廷出力。1679 年夏，查理将他们晾到一边，启用罗切斯特伯爵（Lawrence Hyde，Earl of Rochester）及戈多芬（Sidney Godolphin）两位后起之秀；同时他还任命了一批亲宫廷的郡长，向地方治安法官施压，以期产生一届亲宫廷的新议会。为缓和民众恐天主教情绪，政府加大镇压天主教徒力度。然而事与愿违，新当选议员至少 62 人支持辉格派，托利派拥护者仅 29 人，下院反宫廷和反天主教势力不减反增。10 月，新议会开幕，双方自然无法达成任何妥协。从 1679 年 10 月至次年 10 月，查理七次迫使议会休会。[2] 君主虽有权反复休会和随意解散议会，但休会频率如此之高证明 1641 年长期议会的成就已被遗忘得一干二净。

议会仅是双方较量的一个战场，院外斗争更为壮观。詹姆士和蒙默斯均在地方上收揽人心，宫廷和国家两派干将均到处寻求民意支持。为免派系对抗升级，1679 年 9 月，查理将詹姆士和蒙默斯赶往荷兰，以减少是非。不过他很快又把詹姆士遣往苏格兰。詹姆士在苏格兰待了三个月，赢得了苏格兰贵族好感。蒙默斯则迅速潜回英格兰，查理非常不满他擅自归来并提点他远离辉格派，还不留情面咒骂他的生母是妓女，提点他认清身份，勿有非分之想。[3] 蒙默斯仍不死心，1680 年夏，受沙夫茨伯里指点，他高调巡游英格兰西部诸郡，提高民间知名度，意在告诉世人自己是货真价实的王储竞争者。沙夫茨伯里更胆大妄为，他起诉詹姆士及查理情妇朴茨茅斯女公爵，罪名分别是天主教徒和妓女。[4] 查理此时展现了王者该有的大局观及韧性。英格兰民情因所谓的天主教阴谋躁动不安，反对派嚣张且藐视君威，而一年内两次议会选举不免催人忆起 1640 年场景。强势打压可能酿成叛乱，据理反击可能越描越黑，冷处理才是上策，故查理对蒙默斯的刻意表演和沙夫茨伯里的咄咄逼人置之不

---

① 王觉非主编：《近代英国史》，第 145 页。

② J. R. Jones, *Country and Court*, pp. 209 - 210.

③ Ronald Hutton, *Charles the Second*, p. 390.

④ J. R. Jones, *Country and Court*, p. 211.

理。托利派和基层官吏大多忠于政府,苏格兰和爱尔兰平静安宁,王室收支平衡,不需议会批税。查理不必在乎议会感受,更不会向其低头。

1680 年 10 月 21 日,议会重开,查理承诺调查天主教阴谋,严惩参与阴谋的五位贵族,但警告议会勿讨论王位继承且免谈丹比。11 月 15 日,"排斥议案"提交上院表决,被 63 对 30 票否决。[①] 沙夫茨伯里一筹莫展,只能就鸡零狗碎之事发泄怒气。被奥特斯指控参与天主教阴谋的五位贵族中的斯塔福德子爵(Viscount Stafford)遭处决,查理知道他有冤在身,但不便出手干预,否则就是向朝野恐天主教怒火上泼油。为缓和宫廷与议会紧张关系,查理呼吁各派为国着想,弥合分歧。下院不为所动,仍坚持剥夺詹姆士继承权,还恳请查理将托利派轰出枢密院。哈利法克斯提出折中办法:若天主教徒继承王位,其在位期间行政权力将受严格约束。这种泛泛之策自满足不了议会,查理也不做置评。查理一度劝说詹姆士皈依国教以减轻继位阻力。辉格派认为对詹姆士晓之以理并无意义,他们把君主信仰上升到了国家安全高度,坚信只有一部白纸黑字的"排斥法案"才能确保国教和国家安全。

查理劝不动詹姆士,对辉格派的死纠蛮缠也渐失耐心,1681 年 1 月 18日,他宣布解散议会重选。2 月选举产生的议员仍以辉格派支持者居多。3 月21 日,议会在牛津开幕。选址牛津是因为查理试图将辉格派与他们的伦敦支持者隔开。此招并不奏效,辉格派效仿四十年前的圆头党,借恐天主教气氛煽动民粹,大批伦敦市民争先恐后奔赴牛津,为他们选举的议员壮胆,向查理施压。哈利法克斯一度建议启动摄政制(regency),筹划查理驾崩后由威廉和玛丽摄政;沙夫茨伯里则直奔主题,建言蒙默斯继位。牛津议会前夕,查理再次与路易十四达成密约,后者承诺未来三年给予查理 38.5 万镑补助并鼓励他勿向议会屈服,查理则保证不再支持西班牙。有法方金钱撑腰,查理立场更强硬,他回避王位继承问题,转而猛批不从国教者,称长老派十倍险恶于教皇。[②]3 月 28 日,查理解散议会,接着步其父后尘实行个人统治。

辉格派在历时三年的三届排斥议会中一无所获,他们失败并非偶然。第

---

①　J. R. Jones, *Country and Court*, p. 212.

②　Ronald Hutton, *Charles the Second*, p. 401.

一,沙夫茨伯里始终得到下院多数议员支持,然而辉格派只能就天主教阴谋大做文章,随着天主教阴谋论烟消云散,他们便无计可施了。[①] 休会和解散议会是国王无可否认的特权,而查理特别擅长利用这种特权。查理与 1640 年其父不同,没有兵祸,无须仰仗议会拨款,而议会一旦休会或关闭,辉格派便失了斗争平台。第二,沙夫茨伯里对查理性格判断出误。查理往昔与议会的历次冲突都以议会胜利而告结束,1673 年他被迫撤销《信仰宽容宣言》尤给人一种意志薄弱的错觉。从弹劾丹比开始,查理一反常态,强硬得令人错愕。第三,查理本人宗教立场发生了改变。1660 年代,他力促各教派和解;1670 年代,他虽被迫表态支持国教,但也不痛恨不从国教者。1680 年前后,查理的调和与宽容政策连续碰壁,而不从国教者甘为辉格派帮凶,这令查理愤怒并最终导致了他对不从国教者态度大反转。第四,查理和托利派一样,同意限制天主教国王的权力,而辉格派却以近乎胁迫的方式剥夺詹姆士继承权。查理认为他们逾规越矩,侵害王权。第五,詹姆士和蒙默斯二人在查理心目中地位不一样,詹姆士虽是冥顽不化的天主教徒,但不会忤逆查理;蒙默斯则我行我素,与藐视君威的辉格派混在一起,徒增查理反感。最后,排斥议案是要剥夺还未继位的詹姆士继承权,毕竟詹姆士还未为王,眼下时局仅露不祥之兆,但还不至于称国教到了生死存亡时刻。即便詹姆士继位后威胁国教,查理提出的限制方案还能提供补救。届时,补救措施若无济于事,不仅下院无法容忍,上院及所有国教徒都不会坐视不管,1688 年将会出现这种场景。

宫廷取得了胜利,然而查理关闭议会,以个人统治堵塞辉格派抗议渠道也招致非议。1680 年前后的君主与议会上演的冲突颇似 1625 至 1629 年,且继之而来的都是蛮横无理的个人统治。臣民自然会把查理和他的父王相提并论。更要命的是,排斥危机导致的派系对立并未缓解,若处理不当,势同水火的双方可能爆发内战,查理之所以打压不从国教徒,就是要防止他们以反天主教为名煽风点火,刺激内战。排斥危机期间,辉格和托利这两个词语使用频率剧增。[②] 全国形成托利和辉格两个泾渭分明的派别,两派都有明确主张。一

① John Miller, *Popery and Politics in England*, p. 169.
② Tim Harris, *Restoration*, p. 323.

般认为,这是现代英格兰乃至全世界政党政治的发端。当然,它仅仅是现代党派政治雏形,现代成熟党派政治的前提是承认竞争对手的合法地位,而当时两派相互攻讦,人身攻击和栽赃抹黑司空见惯。托利派指控辉格派打着捍卫国教的幌子谋取私利,实则勾连非国教徒并煽动群众歇斯底里的恐天主教情绪扰乱时局;辉格派则指控托利派和宫廷企图勾结国内外天主教势力颠覆国教和自由。这两种话语宣传是此后数十年派系对垒的基本意识形态分野。

查理无力弥合分歧,但并非听之任之,而是积极利用宣传挽回民心。牛津议会解散后十天,查理发布了一份很可能由诺斯(Francis North)执笔的诏令,严厉谴责辉格派和不从国教者,号召民众捍卫新教信仰、传统宪政和法律之下的自由。英格兰所有教堂必须宣读此诏。[1] 这份诏令也是查理重振王权的宣言书。托利派积极配合国王,牢牢控制各地民兵和治安法官。国教牧师响应查理,与地方官员联手压制不从国教者。如果说1673年是舆情反转年,1681年则上演了舆情再反转。忠于政府和王室的团体雨后春笋般纷纷涌现,尊王保教的请愿与签名运动遍及城乡。抨击、贬抑不从国教者的宣传册大受欢迎。[2] 托利反动(Tory reaction)的成功并非偶然。辉格派和托利派对捍卫国教并无原则性分歧,两者对立主要体现为对非国教徒的态度。辉格派瞄准詹姆士的天主教信仰和王储身份,裹挟民意,联手不从国教者向宫廷施压,然而一旦天主教威胁失去话题热度,托利派就会瞄准辉格派与非国教徒的暧昧关系反戈痛击。托利派巧妙利用教会和国家支撑的便捷宣传机构向辉格派泼脏水,成功修复了受损形象并把民众情绪从恐天主教导向敌视不从国教者。大批乡绅和国教徒支持托利派,他们知道,詹姆士只是国教潜在颠覆者,而圆头党人才是英格兰史上最大战乱的祸源。在官方意识形态宣传语境中,是"辉格派和他们的不从国教者盟友,而非天主教继承人威胁了英吉利人的自由和新

---

①　Tim Harris, *Restoration*, p. 254.

②　Tim Harris, *Restoration*, pp. 274 - 276.

教信仰"。①

与盛极一时的保王情结和国教热情形成鲜明反差的是辉格派的落寂。激进辉格派和不从国教者1681至1682年初数次谋划武装反抗或绑架国王,均因操作太难或蒙默斯的优柔寡断而无从下手。1681年7月,沙夫茨伯里因爱尔兰人作伪证被控有罪,遭逮捕,仅因审案的陪审团主要是辉格派成员才侥幸逃脱罪名。② 获释后,他如惊弓之鸟,无处安身,1682年底携私人秘书洛克(John Locke)逃往荷兰,不久客死异域。沙夫茨伯里外逃后,辉格派更无可能反扑了。武装起义不现实,召开新议会亦无指望,一小撮激进辉格主义者只能寄希望于暗杀。1683年春,查理和詹姆士去纽马克特参加赛马大会,返程之路拟经赫尔福德郡的黑麦坊(Ryehouse)。以罗素(William Russell)为首的一伙激进主义者企图在宫廷车队经过黑麦坊时刺杀查理和詹姆士。③ 历史常因始料不及的偶然而改变。3月纽马克特一场火灾中断了赛马会,查理和詹姆士提前离开,暗杀流产。后有人向政府告密,揭发案情。经严格调查和严厉审讯,7月,罗素等人被处死。政论家悉尼(Algernon Sidney)以及蒙默斯智囊阿姆斯特朗(Thomas Armstrong)牵连此案,双双蒙难。蒙默斯难辞其咎,被迫辞职,避风头于荷兰。黑麦坊阴谋案后,查理下发一份详细介绍阴谋的诏令并要求所有教堂宣读该诏,向民众揭露阴谋者的卑鄙及凶残同时传达官方严惩不贷之决心。④ 英格兰不从国教者惨遭打压,在查理看来,容忍不从国教者意味着内战再起。权贵和普罗大众都不愿1642至1660年的悲剧再演,默认或支持教俗两界打压不从国教者。此后激进辉格主义和不从国教运动均陷入低潮,而官方适度放松了对天主教徒的压制。詹姆士和桑德兰等乘机诱劝查理取消针对天主教徒的刑罚,查理亦不予理睬。至其统治晚期,查理越来越有其祖父之格局,不过度触怒任何教派。唯如此,百姓才能相安无事。

个人统治期间,查理行政布局合理,财政政策亦回报丰厚。从1681年底至1683年,查理躬身参加伦敦政商两界文娱宴请,与他们拉关系套近乎。托

---

① Tim Harris, *Restoration*, p. 412.

② J. R. Jones, *Country and Court*, p. 221.

③ 此罗素是1641年病逝的贝德福德伯爵之孙。

④ Tim Harris, *Restoration*, p. 317.

利派在 1682 年伦敦市务会及市长选举中均获胜。市长和托利派市务会牢牢掌控着首都政务,将不从国教者赶出市镇管理层。① 查理提拔罗切斯特出任财政大臣,罗切斯特理财有方并说服查理压缩开支。查理还能据 1681 年初与路易十四达成的密约坐收法国提供的补助金。1680 年代初,西欧经济整体向好,英法和睦也带来了商业复兴,英格兰关税收入水涨船高。查理统治最后四年,王室年入多达 137 万镑,而年均开支仅 117.5 万镑。② 只要王室财政宽裕,查理就可无限期停开议会。1684 年初,查理不顾法官抗议,下令释放丹比和仍健在的三位被指控参与天主教阴谋的贵族。与此同时,议会已停开三年,而查理完全无视 1664 年的《三年法案》。这一切表明王权完全恢复。

宫廷与托利派强势回归,辉格派干将则或死或逃。沙夫茨伯里逃至域外后,哈利法克斯成为民望最高的辉格主义者,欲与罗切斯特争权,他不仅频频给查理找麻烦,将来还要给詹姆士频出难题。他与蒙默斯在全国各地积极串联,倡议召开新议会,不过查理对他们的奔走呼号充耳不闻。桑德兰在排斥危机期间多次惹恼查理,不过靠詹姆士和朴茨茅斯女公爵游说,竟于 1683 年初捞到了国务大臣这份要职。一般认为,查理统治最后两年,重要政策均出自詹姆士和桑德兰之手。这种看法显然低估了查理智商。查理不许詹姆士过分干政,刻意让罗切斯特、桑德兰与哈利法克斯互斗,保持派系权力平衡。他并不打算也没有可能把辉格派全部打倒,更不想过分刺激温和国教徒和不从国教者,即便大幅收紧对不从国教者的政策也主要为了震慑图谋不轨的极端主义者。到统治晚期,查理已恢复王权君威,他的御臣之术和治国技艺均至化境,无论他本人宗教倾向如何,他不会把任何守法教派逼得走投无路。本着这份原则驾驭臣民,国家自然太平无事。1685 年 2 月 4 日,查理中风,弥留之际拜托詹姆士善待他健在的情妇并吐露了一名虔诚天主教徒的心声。他的临终礼亦由天主教牧师主持。6 日,查理驾崩,留下一个四境安宁的国家。

---

① Ronald Hutton, *Charles the Second*, pp. 419 - 420.

② Ronald Hutton, *Charles the Second*, p. 428.

因王兄铺路搭桥，詹姆士顺利继位为苏格兰的詹姆士七世和英格兰的詹姆士二世。与五年前民众对他的普遍厌恶情形相反，詹姆士即位时博得了臣民普遍欢迎，英伦三岛没有任何恐慌征兆。詹姆士在加冕礼中承诺恪守宪政，违心表示捍卫国教并打击不从国教者。他还表示不会忌恨排斥危机期间的宿敌，未大幅更换廷臣。罗切斯特继续担任财政大臣，其弟接替哈利法克斯担任掌玺大臣，哈利法克斯转任枢密院主席，桑德兰依然是政界红人。

詹姆士即位之年五十有一，身强体壮，精力充沛，尤钟情于狩猎和军事演习。他早不是放浪形骸的年轻王储，生活上清心寡欲，道德上严于律己，公务上亦不敢懈怠。即便痛恨詹姆士的新教历史学家伯内特也说他继位后"公开表示反对淫荡，反感酗酒"，"每天花数个小时处理枢密院、财务和海军事务"。① 詹姆士节流开源，为君四年替王室偿还了上百万镑债务。他承认君主须恪守法律，承认议会立法权，尊重臣民财产。但与其祖父一样，詹姆士相信君权神授，君主只对上帝负责；臣民须服从君主，不得质疑君主决定。詹姆士的虚荣和固执均令人匪夷所思，只愿听从他自以为忠心耿耿的廷臣之意见，故意忽略与己认知相左的良言。他幼稚认为，改变立场或采纳他人意见便等于承认别人比自己高明。② 这种幼稚病给了多位奸臣钻空之机，他们瞅准詹姆士急于光复天主教的急切心理祸国乱政。众所周知，詹姆士是冥顽不化的天主教徒，继位后他并不打算用武力光复天主教，也不急于树天主教为官方信仰，只想在有生之年为天主教徒争取与新教徒平等的权利。他反复宣称良心决定信仰，不会强迫他人改宗，更不会无故打压不从国教者。他认为国教教阶制与天主教相去不远，国教徒皈依天主教障碍不大。他坚信天主教必能在与其他教派公平竞争中胜出。铭心镂骨的天主教执念决定了他为君的头等大事就是摧毁《宣誓法》，为天主教徒赢得公平竞争环境。③ 然而这个时代绝大多

---

① Burnet, *Bishop Burnet's History of His Own Time*, Vol. Ⅲ, p. 13.
② John Miller, *James Ⅱ*, Yale University Press, 2000, p. 123.
③ John Miller, *James Ⅱ*, p. 126.

数不列颠人为新教徒,对天主教充满恐惧和偏见。这注定了詹姆士奋斗之路
坎坷不平。

蒙默斯叛乱很快打破了詹姆士继位时的平静。查理二世殡天不久,蒙默
斯和阿吉尔(Archibald Campbell,Earl of Argyll)便从荷兰引军分别在英格
兰和苏格兰登陆。阿吉尔在苏格兰的反叛规模很小,参与者寥寥数百人,6 月
中旬便遭镇压。蒙默斯登陆后在英格兰西部和南部很快得到部分辉格派呼
应。他发表的讨詹姆士檄文抨击詹姆士勾连法国,纵容天主教徒,妄图颠覆新
教信仰;呼吁议会每年召开一次、解散常备军等。为从道义上抹黑詹姆士,蒙
默斯还造谣称查理二世死于谋杀,凶手正是詹姆士。蒙默斯未借檄文声称他
有权继位,仅提请议会决定王位继承。① 不过很快他便言不由衷,6 月 21 日于
陶顿(Taunton)贸然称王,草率之举不仅未扩充其实力,还导致原来同情他的
部分民众看透了他成事不足。即便他再次发文强调自己是血脉正宗的新教
徒,多数同胞仍无动于衷。辉格派此刻并不希望英格兰发生内战,尤其是蒙默
斯寄予厚望的伦敦激进主义者未积极响应他的起兵计划。蒙默斯武装的军队
不超 5000 人,大多是没有实战经验的小乡绅。他的行军布阵又犯了兵家之
忌,妄图攻下布里斯托尔作为大本营,当丘吉尔(John Churchill)指挥政府军
反攻时,蒙默斯如梦初醒,7 月 6 日塞吉荒原(Sedgemoor)战役证明叛军不堪
一击。首战失利,蒙默斯夜间偷袭王军反落陷阱,部众惨遭屠戮。7 月 15 日,
羁押于伦敦塔的蒙默斯被处决。政府随后开始清算其同党,杰弗里斯
(George Jeffreys)主持的血腥法庭(Bloody Assizes)至少处决了 300 人,更多
同犯则被流放到西印度群岛充当奴工。詹姆士盛赞杰弗里斯干得漂亮,擢其
为大法官。叛乱期间,詹姆士以平叛为由征募大量军队且戡乱后无意将其解
散,常备军增至 1.9 万人并启用了 100 多名天主教军官。② 值此前后,路易十
四废除《南特敕令》,驱逐、打压法国新教徒。恐天主教情绪加深了英格兰新教
徒的恐惧。

詹姆士上台伊始便筹划召集议会。托利派在查理二世统治尾期已在地方

---

① Tim Harris, *Revolution: The Great Crisis of the British Monarchy*,1685 - 1720,
Penguin, 2007, pp. 83 - 84.

② John Miller, *James II*, p. 142 - 143.

占据绝对优势,加上政府选举中的得力宣传及高效干预,新当选议员多是托利主义者。辉格派只拥有下院 513 个席位中的 57 个。[1] 5 月 19 日议会开幕,詹姆士当时以蒙默斯叛乱已现端倪为由,要求议会批准尽可能多的款项。考虑到平叛所需,下院满足了詹姆士的批税之请,不仅同意他享有先王惯有的终身关税征收权,还授权政府向亚麻、丝绸、酒精等商品开税五年。议会慷慨批税方便詹姆士维持大规模常备军,不过这绝非议会本意,一方面平乱确需大笔资金,另一方面议员们忽略了 1680 年代商业复兴导致的关税收入剧增。尴尬在于,慷慨批税并不能保证詹姆士与议会畅快合作。筹钱本非詹姆士迫不及待开议会之动机,其真实目的是游说议会承认天主教合法化。议员们疏忽了经济形势却丝毫不敢对天主教掉以轻心,他们在一项同意加强王权的议案中增设限制性条款,明确强调打击教皇党和不从国教者是捍卫国教的必须手段。[2]詹姆士极为不悦,宣布议会休会。10 月,詹姆士又将朝野默认的辉格派领袖哈利法克斯踢出政府,这是宫廷"政策转向的第一个标志"。[3] 不能说这种转向当时有多危险,因为托利派还支持国王并乐见哈利法克斯失势。11 月 9 日,议会再开,詹姆士为常备军和天主教军官辩护,招致下院强烈抗议,连上院也对天主教徒出任军官感到匪夷所思。上院反对国王在斯图亚特王朝罕有发生,这充分说明现在连托利派也不愿忍受詹姆士的天主教偏执了。天真的詹姆士并没有意识到其中危险,并于 11 月 20 日强势宣布议会休会,他宁肯损失议会承诺的 70 万镑税收,也不能纵容它搅黄天主教复兴大业。[4] 詹姆士与议会的两次博弈充分说明宗教而非钱款才是君主与议会矛盾之症结。

詹姆士失望,托利派更失望,他们预见到国王将绕开议会为天主教开绿灯,主动弥合与辉格派的分歧,一切新教徒渐因国王这个共同敌人抱团取暖。詹姆士并未认真评估民意变化,用人方面还亲佞远贤。从 1685 年底至次年初,奸臣和天主教徒相继得势。罗切斯特仍受重用,但他在枢密院中的膀臂多被免职,只剩纯粹的财政管理权。罗切斯特对天主教并无成见,但他明白与国

---

[1] Tim Harris, *Revolution*, p. 55.

[2] John Miller, *James Ⅱ*, p. 136 - 137.

[3] J. R. Jones, *Country and Court*, p. 230.

[4] Tim Harris, *Revolution*, p. 100.

教紧密绑定的托利派是国之基石,托利不满天下必乱,天主教合法化不切实际。罗切斯特的务实给了其政敌桑德兰可乘之机。桑德兰虽外交和行政能力出类拔萃,但亦是不列颠历史上无出其右的投机分子,为个人权势无视任何原则。他对天主教合法化也心存疑虑,但为讨好詹姆士违心为天主教大唱赞歌,误导国王,声称托利派和议会恐惧天主教源于无知和自私。他还提醒詹姆士不要对议会抱任何指望并怂恿他赶走罗切斯特。詹姆士忠奸不辨,更加信任桑德兰,令其负责非正式机构天主教委员会(Council of Catholics)。这个机构几乎架空了枢密院。与桑德兰沆瀣一气的还包括塔尔博特(Richard Talbot)与耶稣会士彼得(Edward Petre),前者来自爱尔兰旧英格兰人家庭,天主教信仰坚定;后者是狂热天主教徒,虽无正式职位,却是宫廷座上宾,对政策影响极大,"被视为国家第一大臣(first minister)"。[1] 桑德兰还有目的地与法国驻英大使巴立隆(Paul Barrillon)套近乎。法国是詹姆士光复天主教最为仰仗的外部力量,与巴立隆搞好关系就可绕开枢密院直接督办外交。

行政和人事变动远不能满足詹姆士心愿,他屡次提醒大主教桑克罗夫特(William Sancroft)等高级神职人员,勿借布道丑化天主教徒。主教们却唱对台戏。1686 年 3 月,詹姆士发布《祈祷指南》(Directions Concerning Preaching),要求国教徒不得妨碍天主教徒执礼。5 月,詹姆士下令伦敦主教康普顿(Henry Compton)惩罚一位攻讦天主教的牧师,康普顿置之不理。詹姆士据此发现自己无力控制国教会,故而增设教务委员会(Ecclesiastical Commission)干预司法和主教任命。这个机构虽无权逮捕和关押神职人员,但令人自然而然想起1641 年废除的宗教事务高等法院。[2] 拉拢托利派无果,詹姆士便向不从国教者抛出橄榄枝。詹姆士认为不从国教者屡屡以下犯上,甚至铤而走险,皆因国教会蛮横压制导致他们申诉无门。1686 年 3 月,詹姆士终止针对贵格派的严厉法案,8 月又宣布不从国教者可向国王请愿获得自由集会权,明摆着要颠覆《克拉伦敦法典》。詹姆士甚至纡尊向昔日仇敌示好,采纳当初坚决反对他继位的贵格派教徒佩恩(William Penn)之意见,笼络不从国教者。[3]

---

① Burnet, *Bishop Burnet's History of His Own Time*, Vol. Ⅲ, p. 210.
② John Miller, *James Ⅱ*, p. 154 - 155.
③ Michael Watts, *The Dissenters*, Vol. Ⅰ, p. 257.

詹姆士还倡议与教廷关系正常化,不过他与都铎先王玛丽一世不同,不会让出英格兰和爱尔兰的圣职任免权,教皇英诺森十一可以容忍英王的英格兰圣职任免权,但不愿给其爱尔兰圣职控制权。詹姆士启用了许多未曾宣誓捍卫国教的天主教徒担任公职,部分法官对此提出抗议。詹姆士将质疑法官解职,要求法官承认国王有权宣布与普通法相悖的议会法无效。詹姆士从未说他可以终止法律,但坚称他有处置权(dispensing power)。受詹姆士操控的王座法庭裁定国王有权据处置权任命天主教徒担任公职,拒绝按《宣誓法》起誓的下院议员黑尔斯(Edward Hales)是第一位判决受益者。此人不仅跻身枢密院且荣升海军高级指挥官。[1] 詹姆士声称任何法律妨碍了臣民为君主服务都有违正义,国王有权为志在精忠报国的臣民摆脱现行法律的羁绊和束缚。[2]此后詹姆士绕开议会,利用处置权为天主教徒出任公职大开方便之门。

詹姆士恼火剑桥和牛津两所大学均为天主教徒所创,到头来却将天主教徒拒之门外。1686年,他连续任命多名天主教徒为牛津大学莫得林(Magdalen)学院和剑桥大学悉尼·萨塞克斯(Sidney Sussex)学院教员。1687年5月,他又任命法尔莫(Anthony Farmer)为莫得林学院院长。该院师生辩称院长按惯例都由他们选举产生,继而违抗君命选举豪夫(John Hough)为新任院长。詹姆士命令教务委员会及时干预,教务委员会否决了豪夫的任职,但在巨大抗议声中也不再支持法尔莫。詹姆士又令学院选举牛津主教帕克(Samuel Parker)为院长,学院师生仍不接受。詹姆士将抗议师生解职,指定一批天主教徒掌管教务。[3] 在与大学斗争过程中,詹姆士摆出了与国教徒决裂姿态,一度声称自己"除国教徒,没有敌人"。[4] 1686年底,詹姆士诱导罗切斯特皈依天主教,罗切斯特不从,被免职。罗切斯特兄弟、巴斯伯爵、纽卡斯尔伯爵等自1687年底不再出席枢密院会议,对詹姆士避而远之。[5] 詹姆士全然没有意识到失去大贵族支持的危险,继续指望骨干分子光复天主教。他还撤换了大量

---

① Tim Harris, *Revolution*, p. 192.

② John Miller, *James II*, p. 157.

③ Tim Harris, *Revolution*, pp. 226 - 228.

④ John Miller, *James II*, p. 170.

⑤ John Miller, *James II*, p. 177.

地方治安法官并以天主教徒补缺。1687 年 4 月 4 日,在佩恩鼓动下,詹姆士发布其兄两次发过的同名文件《信仰宽容宣言》。宣言的白纸黑字宣称:"良心不应被压抑","宗教之事不应受到强迫";据"国王特权","所有关涉宗教的刑法"应"立刻中止"。①

　　国教徒公开抵制《信仰宽容宣言》,桑德兰建议詹姆士强令主教们支持信仰自由,主教们不从。长老派不满国教徒垄断圣职、独享宗教话语权,但更担心新教极端派有机可乘,对信仰自由疑虑重重。独立派、贵格派、浸礼派等激进派别欢迎信仰自由,然而他们只顾自己的自由,反对废除针对天主教徒的刑罚。这些不从国教者和他们的先辈一样,痛恨国教,但更敌视天主教。詹姆士以荷兰宗教宽容经验为据,相信给予天主教徒和其他一切不从国教者宗教自由将增进社会和谐,促进经济繁荣。遗憾的是,他并不理解英格兰宗教格局和臣民心理,致使所有努力都在无的放矢。复辟重树了国教的支配地位,任何人挑战这个事实,不论天主教徒还是清教徒,都与圆头党人无异。厌恶《信仰宽容宣言》的国教徒即便暂不公开反叛,也仅消极服从以等待破局契机;牢骚满腹的清教徒宁可远徙美洲,也不愿被詹姆士的假仁假义收买;人口微不足道的天主教徒举双手欢迎《信仰宽容宣言》,但英格兰天主教徒只占总人口 2% 左右,且大多集中在北部地区。不同教派诉求各异以及他们的悬殊实力对比决定了《信仰宽容宣言》对多数国民毫无诱惑力。不从国教者认为所谓宗教宽容只是想把英格兰变为天主教国家和敌基督者乐园;辉格主义宣传家疾呼一切新教徒摒弃分歧,精诚团结反天主教,切勿被詹姆士许诺的蝇头小利蒙蔽双眼。詹姆士期望不从国教者与天主教徒冰释前嫌同仇敌忾对抗国教徒只是他的一厢情愿。他没有洞察时局之智,反以为极端派和天主教徒因担心受《宣誓法》和其他刑法惩罚,不敢拥抱他恩赐的自由;进而误以为只有颠覆《宣誓法》和针对天主教徒的刑法才能彻底打消他们的疑虑。当然,他知道更改法律无法绕开议会。

　　1687 年 7 月,詹姆士解散他的第一届议会。为确保下届选举产生支持天主教的议会,自该年 11 月始,詹姆士命令地方治安法官向公职人员发起问卷

---

① 　J. P. Kenyon, *The Stuart Constitution*, pp. 389 - 390.

调查。受访者通常会被问及三个问题。其一，如果他们当选议员，是否倾尽全力废除《宣誓法》，以及针对天主教徒和不从国教者的刑法；其二，如果他们不愿意废除《宣誓法》，是否会投票支持愿意废除《宣誓法》的候选人；其三，受访者是否愿与其他教派信徒和平共处，也即是否认可宗教宽容。调查结果显示，国教徒几乎全部反对更改宗教现状，无论他们属于辉格派还是托利派。对总计 1300 余名地方治安法官的调查结果如下：203 名任职不久的天主教徒和180 名新教徒支持废除《宣誓法》；300 余人规避调查或不置可否；104 人同意废除《宣誓法》，但强调必须制定保卫国教的替代性方案；375 人坚决反对废除《宣誓法》；132 人认为兹事体大，应由议会决定。① 当年伊丽莎白一世制定宗教政策时，首先考虑的便是这些堪称秩序基石的地方治安法官之感受，詹姆士的脑袋不会想得那么复杂。地方治安法官、伦敦同业公会和市政机构中反对废除《宣誓法》者均遭免职，不愿向乡绅发放问卷者亦被解职。政府还剥夺了反对宗教自由者的议会竞选资格。顽固天主教徒是支持宫廷的中坚力量，他们组成专门小组，在自诩消息灵通的天主教律师布伦特（Robert Brent）协助下，收集各选区信息。1688 年夏，詹姆士对大选充满信心，尽管桑德兰并不看好。9 月，英伦各界注意力聚焦于坊间盛传的威廉即将入侵的消息，议会选举自行搁置了。即便如期选举，也恐难产生一届支持宗教宽容的新议会。詹姆士闭塞视听，他的信息都是投机分子和狂热分子提供的片面之词或媚上之言。

詹姆士如其曾祖母玛丽·斯图亚特，甘为一块主动吸附一切反天主教力量的磁石，继位仅三年便葬送了其兄留下的托利派与国王联盟这份珍贵遗产并逼迫绝大多数臣民携手抗君。此时的国教徒根本顾不上敌视不从国教者并淡化辉格与托利之分，正沦为孤家寡人的詹姆士仍无收手之意。1688 年 4月，他发布新版《信仰宽容宣言》，强令所有神职人员两周内公开宣读该宣言。詹姆士在宣言序言中安慰新教徒不必忧虑，各级神职人员却如坐针毡。服从命令意味着认可了詹姆士的宗教政策，拒绝宣读有可能被停职。以大主教桑克罗夫特为首的七主教拒绝宣读《信仰宽容宣言》。5 月 18 日，他们向詹姆士递交陈情书，恳请他再行斟酌，收回宗教政策。詹姆士因七主教之倔强进退两

---

① John Miller, *James Ⅱ*, p.178.

难,七主教背后不仅有国教徒撑腰,还有长老派支持,惩罚他们很可能导致人心尽失。桑德兰和杰弗里斯劝詹姆士冷处理七主教的抗命不遵,听之任之。然而詹姆士认为若不惩罚他们,不仅君威不存,且会让主教们误以为国王惧怕他们。詹姆士要求七主教接受教务委员会审判,七主教充耳不闻,拒绝出庭。詹姆士以七主教的陈情书涉嫌诽谤为由,将他们关进伦敦塔并企图操控法官审判他们。6月10日,王后玛丽产下一名男婴——未来的老僭位者詹姆士·爱德华(James Francis Edward)。反对派多年来容忍詹姆士的重要原因是他继位时已年过半百,且无合法男性子嗣。他们祈盼詹姆士尽早归天,以便他信仰新教的女儿玛丽或安妮(Anne)继位,届时宫廷天主教威胁自动解除。等待詹姆士自然死亡的人因小王子诞生陷入绝望,他们确信詹姆士一定会按天主教礼仪培养储君。有人散布谣言,诅咒小王子诞生时已经气绝,现存王子是冒牌货,被偷运进宫廷顶替已死的真王子。对小王子之怀疑与诅咒足证君民情感对峙之烈。6月29日,王座法庭开庭审理七主教。七主教坚贞不屈,痛斥国王将主教停职是滥权施暴,力陈《信仰宽容宣言》没有任何法理基础。大批民众聚集在威斯敏斯特周围为七主教架势壮胆。迫于各方压力,七主教被判无罪,"民众奔走相庆,街头遍燃篝火"。[1] 七主教案对王权的伤害大于查理一世1642年初强闯议会逮捕五议员,因为此案判决等于变相宣布国王的处置权是无效的,一位参与审判的法官称:"若处置权先例一开,此后就没必要再开议会,因为一切法律都由国王掌控。"[2]詹姆士大搞天主教已得罪98%臣民,破坏法制则令所有人厌恶和恐惧。

　　七主教事件标志着詹姆士与国教会彻底决裂,王子出生是压倒反对派的最后一根稻草。七主教宣判当晚,民众争相奔走,燃放烟花庆祝他们沉冤昭雪,同时还焚烧王子和教皇的肖像发泄对宫廷和天主教的不满。教俗两界贵族从民众反应中察觉到詹姆士已民意尽失。民众无意反叛,但詹姆士若受攻击,他们定会袖手旁观。这种心态给外力插手并决定英格兰国运提供了契机。早在王后怀孕的消息传出宫廷时,悉尼(Henry Sidney)等人便开始秘密接触

---

①　Burnet, *Bishop Burnet's History of His Own Time*, Vol. Ⅲ, p. 226.

②　J. P. Kenyon, *The Stuart Constitution*, p. 410.

威廉。反对派相信"只有来自外部的干涉"方能捍卫国教、抑制詹姆士肆意妄为。[①] 王子诞后三周，6 月 30 日，也是七主教洗冤的第二天，包括伦敦主教康普顿和沉寂多年但更老谋深算的丹比在内的七位显贵向威廉发出了由悉尼起草的邀请信，恳请其带兵来英格兰捍卫新教大业。信件称："95％的王国民众渴望改变"；威廉一旦登陆，百姓会"冒险支持他"；而詹姆士已失道寡助，"军官不满"，"普通士兵反感天主教"，"90％以上的海军亦不会为其卖命"。[②]

　　詹姆士继位时以大家长角色善待威廉，威廉亦表现得恭顺克制。即便蒙默斯和阿吉尔均从荷兰起兵作乱，詹姆士也未责怪威廉。他知道联省共和国政情复杂且内讧是荷兰人秉性，威廉无力控制联省议会，也无法号令阿姆斯特丹的共和派。1685 年，玛丽曾间接提出自己的王位继承权，詹姆士未明确表态，不过英格兰人当时都认可玛丽和威廉是首选的王位继承人。然而 1686 年初，詹姆士和威廉关系出现微妙变化。詹姆士抱怨大量不列颠的叛党在阿姆斯特丹街头招摇过市，联省议会拒绝将他们遣返，威廉亦视而不见。威廉希望詹姆士帮他游说路易十四，赎回奥兰治大公国，詹姆士表示无能为力，威廉认为詹姆士对他的利益漠不关心。7 月初，奥格斯堡同盟（Augsburg Alliance）成立，战争阴云笼罩在西欧上空，詹姆士此时极力避战，因为一旦开战，他就要开议会筹措军费，议会必然逼迫他放弃天主教计划，桑德兰劝詹姆士亲法疏荷，不要卷入战团。詹姆士国内外的政敌则伪造文件，称英法欲联手对荷开战，詹姆士的天主教信仰和英荷战争的不愉快回忆加剧了荷兰人的忧虑，威廉也一度信以为真。此时流亡在荷兰的伯内特对不列颠内务一无所知，却不断丑化詹姆士；威廉深受此人影响，更反感詹姆士。1687 年初，詹姆士劝威廉支持他撤销《宣誓法》，威廉不为所动。国教徒知道潜在的王位继承人威廉反对撤销《宣誓法》后，对抗詹姆士信心更足。威廉对《宣誓法》的至少默认导致越

---

① J. R. Jones, *Country and Court*, p. 245.

② Andrew Browning, ed., *English Historical Documents*, Vol. Ⅵ, pp. 120 - 121.

来越多不列颠人开始把他视为新教守护神,主动与他秘密接触。不从国教者也得知威廉会允许他们享有宗教信仰自由,对撤销《宣誓法》失去了兴趣。詹姆士埋怨威廉的存在及其宗教态度导致不从国教者对他的宗教政策反应冷淡。[①] 1688 年初,詹姆士要求在荷兰服役的英军归国,然而荷兰人却阻挠他们回国。这些英军中反天主教者大有人在,詹姆士担心他们将来与威廉一道掉头向自己发难。威廉听闻王后怀孕,愈发担心英伦王位继承生变。4 月底,威廉决定,若有人邀请他干预英格兰内政以拯救"国家和宗教",他会做好准备。[②]

　　整合荷兰及大不列颠资源对付法国是威廉梦寐以求的战略。在此之前很长时间内,联省议会处处掣肘威廉,共和派厌恶他生性好战,也希望与法国搞好关系为低地地区商业繁荣营造利好环境。然而法国废除《南特敕令》后,大量在法经商的新教徒惨遭迫害,对天主教的恐惧压倒了对挣钱的渴望。英法两位天主教君主联手对付荷兰的传言甚嚣尘上。路易十四 1688 年 5 月承诺援助詹姆士 16 艘战舰更是搞得一切新教徒人心惶惶。尽管承诺的战舰远在地中海,但詹姆士却向外界高调表示英法联盟已经形成,意在震慑威廉切勿轻举妄动。在上述外交和宗教形势下,联省议会开始支持威廉扩充武力。当然,威廉也担心调军去对付詹姆士很可能被法军包抄后路,陷入腹背受敌之险境。所幸当年秋天神圣帝国皇帝与土耳其人缔结和约,路易十四担心帝国军队进攻阿尔萨斯,为先发制人将法军主力东调夺取腓力斯堡(Philippsburg),触发了九年战争。威廉确信法军短期内无法分身入侵荷兰,遂决定抓住这个绝好时机与英格兰内部策应者里应外合速战速决。

　　詹姆士预感到威廉入侵后采取了一些措施缓解国内矛盾。8 月 24 日,他承诺议会将于 11 月 27 日召开;9 月 18 日,下发议会选举令状。詹姆士并无信心确保支持天主教的议员当选,更无把握废除《宣誓法》。桑德兰提醒他,为缓和民众敌对情绪,不要再提废除《宣誓法》。詹姆士只表示他不会允许天主教徒进入下院,但废除《宣誓法》的初衷决不能动摇。桑德兰见势不妙,转投托

---

① John Miller, *James Ⅱ*, p. 177.

② John Miller, *James Ⅱ*, p. 185.

利阵营。21 日,詹姆士下令征募新兵扩充规模本已不小的军队。年初驻守爱尔兰的军队已完成改编,詹姆士可供调遣的陆军达 2 万余人,威廉只有陆军1.4 万人。詹姆士拥有 60 艘战舰,海军实力与威廉不相上下。① 不过詹姆士军中的天主教徒和新教徒互不信任,爱尔兰兵和英格兰兵矛盾重重。桑德兰早已提醒詹姆士军队主体是新教徒,但詹姆士更信任天主教将士。他的部队战力因此大打折扣。詹姆士还召回被赶走的莫得林学院师生,允许部分被革职的行政官员和地方治安法官复职。10 月初,詹姆士又废除了宗教委员会并纠正了其他方面重要的宗教错误。他在威廉入侵前两个月的举措被称为流产的国教革命。② 实际上,詹姆士的退让都是权宜之计,他更愿听天主教狂热分子意见,他们鼓励他永不退缩。10 月 20 日,威廉首次出海被风向所阻,詹姆士更有理由相信上苍支持天主教,他将完全依靠上帝。③

9 月 20 日,威廉已发布《海牙宣言》(Declaration of Hague),指控詹姆士被宵小误导,搞专制主义企图颠覆臣民自由,为其兴兵去英格兰惩罚"邪恶廷臣"铺陈舆论。威廉本对宗教兴趣不大,且当时正与神圣帝国结盟抗法,为顾及欧陆盟军感受,《海牙宣言》并未谈及宗教,更未谴责天主教徒,仅强调"我们之行并无他意,仅为尽可能早点召开自由且合法的议会"。④ 10 月底,威廉再次出海,这一次风向不再护佑詹姆士,他部署在泰晤士河口的海军因东风劲吹无法出海阻截威廉舰队。威廉顺风西航,11 月 5 日在托贝(Torbay)登陆,随后拿下埃克塞特。各地乡绅纷沓而至,加入威廉阵营。詹姆士陆军主力布置在东南沿海,原本保证快速集结且方便保卫伦敦。威廉登陆后,詹姆士军队因后勤不畅无法迅速投入战斗。他一度决定避敌锋芒、死守首都,但又不甘心威廉在西南诸郡壮大实力。19 日夜间,在主力部队没有集结的情况下,詹姆士抵达索尔兹伯里督战。由于侦察兵大多投敌,詹姆士无从知晓威廉部队的准确位置。23 日,詹姆士决定撤退,集中火力布防首都。24 日,他最为倚重的大将丘吉尔倒戈。两天后,丘吉尔妻子萨拉(Sarah)又说服安妮公主离开伦敦投

---

① John Miller, *James Ⅱ*, p. 195.

② Tim Harris, *Revolution*, pp. 276 - 277.

③ John Miller, *James Ⅱ*, p. 198.

④ *Cobbet's Parliamentary History of England*, Vol. Ⅴ, p. 10.

奔叛党。詹姆士可谓众叛亲离,成了名副其实的孤家寡人。月底,他作了挽回局势的最后努力,承诺来年1月召开议会,宽恕乱党,捍卫国教。他还派代表与威廉和谈。不过所有努力均为时太晚,12月8日,詹姆士将妻儿送往法国,两天后仓皇辞庙。出逃前,他将国玺扔进泰晤士河并认为此举可瘫痪政府。指望一块石头改变政局足见他何等幼稚。11日,部分贵族和主教成立伦敦临时政府,维持秩序。詹姆士在出逃途中被肯特渔民截获并被护送回伦敦。威廉须计诱詹姆士再度出逃,而被软禁在罗切斯特宫的詹姆士草木皆兵,惶惶不可终日,父王惨遭斩首的悲剧无时不萦绕在其心头。22日,在敌对阵营默认下,詹姆士二次出逃成功,28日抵达巴黎。所有新教徒长松了一口气,不杀詹姆士却能拥立新王的条件成熟了,威廉自然而然成了恢复秩序和政府"不可或缺的代理人"。① 自威廉兴兵至詹姆士外逃,英伦几无流血,后世谓之光荣革命。

詹姆士在寄人篱下的余生中始终过着苦行僧式生活,"相信自己的不幸是上帝不悦的体现——当然,并非因为他拥护天主教,而是他早年犯下了罪孽,那时他在复辟宫廷中与一群放荡之徒争风吃醋"。② 客观评价詹姆士并非易事。政治上,他搞专制主义、破坏宪制的证据信手可拈:强行关闭议会、用处置权破坏议会法、操控法官主导判决、维持常备军。问题的关键在于并不能从詹姆士上述专制措施推导出其必然垮台的结论。首先,詹姆士继位初期便召开议会,当议会妨碍了他的天主教大业后,他才关闭议会。即便第一届议会无法成事,他还打算干涉议会选举,待时机成熟时再开议会。詹姆士停开议会不过两年,而查理一世关闭议会长达十一年,查理二世最后四年更是无视议会两次颁布的《三年法案》,实行个人统治。不开议会在16和17世纪的英格兰是常态,而直到19世纪王室干涉议会选举仍司空见惯,这种干涉甚至不足以作为指控国王实行专制统治的证据。其次,詹姆士动用处置权时并未声称他有权中止议会通过的法律,他把处置权视为一种群主特权,而法学家则认为处置权与议会法相悖,双方理解的偏差实由宪制模糊造成。在模糊的宪制中,国王的特权从无清晰边界,这是18世纪以前君主和议会反复冲突的症结所在。然而

---

① J. R. Jones, *Country and Court*, p. 251.

② Tim Harris, *Revolution*, p. 477.

冲突并不意味着一定会上演反叛或革命，伊丽莎白一世、詹姆士一世和查理一世的专卖和垄断反复侵害议会法，均未触发革命。因此詹姆士行使处置权绝非其倒台根源。再者，詹姆士干预司法判决只是都铎与斯图亚特君主的常规操作，查理一世时代汉普登拒交船税案已证明王权干预司法判决不缺先例，何况七主教案判决还对詹姆士不利。不是詹姆士干预司法判决促成了他的倒台，反而是判决结果给了敌对者信心，加速了他的垮台。最后，维持常备军在查理一世和查理二世时也多有先例，议会反对常备军的撒手锏是拒绝批税，逼迫国王因为财政困难自动解散军队。是议会 1685 年对王室收入的误判给了詹姆士维持常备军的可能。詹姆士维持常备军并不违法，反倒是他那战力有限、如一盘散沙的常备军引起了民众恐惧，刺激他们向威廉求援，加快了詹姆士的垮台。詹姆士所作所为是专制主义，但他的专制主义在先王那里全都有例可循且不比先王专制更甚。伊丽莎白、詹姆士一世、查理一世、克伦威尔和查理二世都搞专制主义，他们没有一个像詹姆士这样瞬间垮台。

社会经济方面，詹姆士心系苍生、重视实业、劝课农桑。当 1690 年代和 18 世纪初英格兰人为战争和重税所苦时，不少人开始怀念詹姆士时代的和平，一位詹姆士党人（Jacobite）如此为詹姆士歌功颂德：

> （他）给予臣民爱心、关怀和仁慈，这一切只能寄希望于一位真正的臣民之父。他鼓励……并增进贸易；轻徭薄赋；支持信贷；使他们富裕、幸福，并使他们比出现在这个世界上以来的任何时候更强大。[1]

詹姆士的社会经济政策合乎民心。政治上，他奉行的专制主义与他的垮台也无必然关联，他"并不打算破坏英吉利宪政，无意破坏法律"，他"相信他所声称的那些权力以及他对法律和君主特权的解释都正确无误"，相反"企图架空王权者"才"阴谋颠覆宪政"。詹姆士的这种政治逻辑认知并未背离 17 世纪英格兰主流政治文化。他的轰然倒台只能从宗教方面去解释。他为君近四年，一切重要政策均围绕光复天主教而设计，全然不顾臣民恐天主教这个铁的

---

[1]　Tim Harris, *Revolution*, p. 479.

事实。他甘为自己天主教执念的奴隶以至于在光复天主教时完全"不能理解他人的看法",以一种近似心智错乱的幼稚方式闭门造车,昏招迭出,最终被国内外新教徒联手扫地出门。①

1688 年和 1640 年局情颇为相似,君民宗教立场激化了教派矛盾,加深了君臣猜忌,双方均诉诸武力,但两场冲突的具体宗教背景截然不同,继而注定了各自解决的路径和进程判若天渊。其一,查理一世 1640 年威胁了新教信仰但无意改变新教国体,詹姆士二世则要直接颠覆复辟重树的新教国体。其二,1640 年代清教徒要挑战国教至上,1688 年则是所有新教徒齐力粉碎詹姆士的天主教复兴计划。其三,1640 年清教徒和国教徒势均力敌造成内战激烈、持久、反复,而 1688 年不列颠天主教徒凤毛麟角、无足轻重,新教徒无须流血便轻易获胜。

1689 年 1 月 22 日,英格兰史上第三次非常议会召开。它非由在位君主召集,而是国人效仿 1660 年先辈的产物。非常议会选举时,仅 60 个议席有竞争,而 1685 年和 1690 年的两次议会选举分别有 79 和 106 个议席竞争,这充分说明国人对召集议会决定国务有高度共识。② 非常议会首要任务是确立新君。下院提出一项动议,宣布詹姆士出逃法国意味着他已自动逊位,丧失了为君资格:"国王詹姆士二世,破坏国王与人民之间的原初契约,企图颠覆王国的宪制;接受耶稣会士以及其他邪恶之徒的建议,违背了基本法律;抽身离开这个王国,已经背弃了政府;因此王位是空缺的。"仅 3 名议员投票反对这项动议。③ 然而当新君人选出现争议时,部分人否认詹姆士已失去王位,第八代彭布鲁克伯爵在议会中说,詹姆士弃位"如同一个人在其房屋失火时冲到屋外,或如一名水手在风暴中为自救将部分货品抛到岸上,这不能被理解为放弃了

---

①　John Miller, *James II*, pp. 240 - 241.

②　W. A. Speck, *Reluctant Revolutionaries: Englishmen and the Revolution of 1688*, Oxford University Press, 1988, pp. 93 - 94.

③　Tim Harris, *Revolution*, p. 324.

其房屋或货品"。① 有鉴于此，部分托利派希望立威廉为摄政，替詹姆士统治，詹姆士必须接受议会对其权力的限制方能返回英伦复位。但多数议员认为詹姆士不可能接受王权大幅受限，结果摄政制以 3 票之差遭上院否决。以丹比为首的另一群人则主张立玛丽为君，威廉出任摄政。玛丽和威廉均不同意此议，威廉一度放话称，若不能被拥立为王，他将带兵返回荷兰。② 可选方案只剩威廉和玛丽共同为君。安妮也同意玛丽和威廉同时上位，但若威廉在玛丽死后再婚，所生子女继承权排在安妮及其子女之后。2 月 13 日，议会宣布威廉和玛丽共同为君，是为威廉三世和玛丽二世。4 月 11 日，伦敦主教康普顿为两位国君举行了加冕礼。曾经拒绝宣读《信仰宽容宣言》的大主教桑克罗夫特拒绝为威廉和玛丽加冕。在他看来，詹姆士固然有错，仍是正统国王。与桑克罗夫特持论相似的托利派不在少数，而两年前受审的七主教中竟有三位拒向威廉宣誓，他们仍在等待詹姆士纠偏改错。③ 詹姆士出人意料逃跑后，消极接受新王威廉登位是这群"不情愿革命者"的唯一选择。

威廉和玛丽被宣布为王的前一天，议会宣读了《权利宣言》(Declaration of Rights)，列举了詹姆士的诸种错误，接着陈述了十三条"古老的权利和自由"。1689 年底，议会将宣言升格为法律，是为英国史上著名的《权利法案》(Bill of Rights)。《权利法案》规定君主不能中止议会通过的法律，不得在和平时期维持常备军，议会必须定期召开，不经议会同意君主不得征税。对君权的限制与《大宪章》一脉相承，其中蕴含的基本精神在中世纪已经形成。《权利法案》表述的民权并非洛克根据政治哲学提炼的抽象权利，而是生而自由的英国人的古老权利，它扎根在中世纪，甚至可以追溯到古代盎格鲁-撒克逊人的森林习俗中，故《权利法案》是"历史的胜利而非洛克式的契约原则的胜利"。④ 《权利法案》并不比 1641 年长期议会对君权的限制更严格。1641 年，长期议会明言国王任免大臣需议会同意，议会还与国王分享军队领导权；《权利法案》丝毫没

① Burnet, *Bishop Burnet's History of His Own Time*, Vol. Ⅲ, p. 364.

② Tony Clayton, *William Ⅲ*, Longman, 2002, p. 91.

③ W. A. Speck, *Reluctant Revolutionaries*, p. 238.

④ Julian Hoppit, *A Land of Liberty? : England*, 1689 -1727, Oxford University Press, 2002, p. 24.

有分割国王的行政权和军权,它无意更改君主与议会关系,它的出台主要目的有二。一、重申古老的"生而自由的英国人"的权利。二、纠正詹姆士最近所犯的错误,主要包括维持常备军、纵容天主教徒、公然支持天主教并侵害议会法。当然,纠正詹姆士错误只是策略,目的是要防止他或者未来君主利用维持常备军或强行征税等手法强推天主教。

辉格主义史家对光荣革命做过无数经典表述。阿克顿勋爵说光荣革命:

> 确立起了建立在契约之上的政府,并提出一个原则:违背契约将要丧失王位。……议会授予王权,并在一定条件下授予。议会成为行政及立法中的最高权威。国王成为它的好仆人,容易因为他自己或他的大臣们而遭到解雇。[1]

G. M. 屈威廉称詹姆士逼迫臣民在"专制王权还是一个议会制政府"之间做选择,革命者被迫决定"减少国王的个人权力,保证议会的最高主权和法官的独立地位"。[2] 阿克顿和 G. M. 屈威廉的溢美之言都是夸大之词。光荣革命看不到洛克式契约的明显印迹,阿克顿所谓的议会授予王权至少在 1399 年理查德二世被废黜时已有先例,光荣革命后的国王也并非议会的好仆人。说光荣革命确立了议会制政府更是以今揆古,《权利法案》仅否定了詹姆士个人行为,君主仍有权解散议会和否决法律,任免廷臣和独掌军权亦不受质疑。1690 年代英格兰国内平静安宁并非宪制发生了结构性变革,仅因少了痴迷天主教的詹姆士一人。

光荣革命与宪制变革关联不大,但它是一场重大政治变革,甚至可以说是政治革命,因为对 17 世纪的英吉利人来说,宗教就是最大的政治。光荣革命挫败了詹姆士拥奉天主教的企图,而威廉的到来及时为不列颠岛上持续了近两个世纪的宗教狂热大幅降温。非常议会通过的第一项法案就明确表示"天主教君主的统治有悖这个新教王国的安全与幸福"。[3]《权利法案》不久后再

---

① 阿克顿勋爵:《近代史讲稿》,上海人民出版社,2007 年,第 186 页。

② G. M. 屈威廉:《英国革命:1688—1689》,商务印书馆,2016 年,第 95、138 页。

③ Tony Clayton, *William Ⅲ*, p. 69.

次重申：若天主教徒为王，臣民"不必对其保持忠诚"。威廉对宗教并不热心，但他毕竟是加尔文主义者，这一点外加血缘及姻亲关系使得他成了占英伦人口绝对多数的各类新教徒都能接受的最佳人选。威廉与其岳父兵戎相见主要出于外交和军事考虑。他试图整合英伦三岛的资源对法作战，爱尔兰天主教徒和苏格兰清教徒都是其团结的对象。此外，为与欧陆的神圣帝国以及巴伐利亚等联手遏法，威廉继位前和继位后均很少抨击天主教徒。但不搞天主教这一点足以说服新教徒用他取代痴迷天主教的詹姆士，他则利用新教徒的能量对法作战，他与不列颠新教徒相互利用并形成天作之合。

　　然而当威廉着手调处英格兰国教徒与不从国教者矛盾时，困难远超预期。威廉上位后，曾尽力为英伦三岛一切不从国教者争取尽可能多的权利，不料连续碰壁。1689 年 3 月，诺丁汉伯爵（Daniel Finch，2nd Earl of Nottingham）向下院提出两项议案，一项主张与不从国教者和解（comprehension），将他们纳入教会；另一项建议不从国教者免于惩罚。3 月 16 日，威廉在上院发表演说，建议公职对一切新教徒开放，不久又积极游说议会废止《宣誓法》，支持诺丁汉的和解与宽容议案。然而托利派在上院占优势，且原先支持《权利法案》的下院议员中，有 80 到 100 人并不认为当前英格兰教会"出了差错"，错的仅是詹姆士个人。[①] 结果，累计 150 多名托利派议员反对废止《宣誓法》，他们认为复辟时代教会屡现危机的根源在于：为报答长老派 1660 年的功劳，容许他们享有一定的政治权力和执礼自由，酿成了教会和国体的不稳。托利派议员为提防新君破坏国教机制，要求威廉在加冕誓词中承诺保卫"法律业已确立的"教会，而非"法律将要确立的"教会，也即他们不会允许威廉触动国教体系及特权。[②] 国教徒如此斟词酌句等于丑话先说："宗教问题比王位继承重要得多"，詹姆士搞天主教被赶走，未来君主若破坏国教至上，下场也不会好过詹姆士。[③]

　　诺丁汉和威廉倡议的宗教和解失败，托利派议员只能宽容而非接纳不从国教者。1689 年 5 月 24 日颁布的《宽容法案》（Act of Toleration）"豁免国王

---

① 　W. A. Speck, *Reluctant Revolutionaries*, p. 186.

② 　Craig Rose, *England in the 1690: Revolution, Religion and War*, Blackwell, 1999, p. 164.

③ 　Julian Hoppit, *A Land of Liberty?* p. 33.

陛下的新教臣民不服从国教，免于特定法律之惩罚"。①《宽容法案》并未颠覆《市政机关法》和《宣誓法》，国教徒仍垄断公职。承认三位一体的不从国教者只要宣誓效忠君主，承认君主是教会领袖，否认圣餐体化论，便可在政府批准的合法场所执礼。天主教徒、贵格派以及其他形形色色异端分子的信仰自由依然得不到认可。相对复辟时代的国教至上原则，清教徒中的温和派从中获益最大。对温和不从国教者的有限宽容打破了国教的全方位垄断地位。顽固国教徒始终对此耿耿于怀，接下来数十年他们为强化高教会（High Church）地位反复纠缠，欲借议会立法打压钻空子的不从国教者和隐蔽天主教徒。

　　《宽容法案》和《宣誓法》《市政机关法》等看似矛盾，却神奇地长期共存，既可抑制极端主义又能确保国教优势。亨利改教以来，宗教政策是英格兰治乱的第一风向标，而国王的宗教偏好及个人智愚直接决定政策之优劣及国家之吉凶。亨利八世当年只打倒教皇而不触动教阶体系确保了政治稳定和社会相对安定；爱德华六世和玛丽一世分别在新教和天主教道路上狂飙突进，致使人心惶惶、动荡频生；伊丽莎白表面的严厉和实际的宽容确保宗教冲突始终局限在可控范围；詹姆士一世看似敷衍、实则高明的宗教宽容亦能确保国泰民安；但查理一世和清教徒的极端主义均把国家导向灾难的深渊；查理二世复兴天主教连续碰壁后及时收手，国家得亨太平；詹姆士二世偏执冒失，惨遭臣民遗弃，他的倒行逆施也给英吉利人彻底化解宗教冲突提供了契机。从1529到1689年，教派矛盾有如幽灵长期折磨英吉利人，他们用一百六十年时间才最终确立起一种能够确保国家长治久安的宗教体制。这个体制尊奉国教，严打天主教，包容大多数不从国教派，它很不完美，甚至带有非常无奈的妥协色彩，然而正是这种实为宽容的妥协赋予了宗教政策乃至国策弹性、韧性、稳定性，是英伦崛起的坚实制度支撑。

---

　　①　Henry Horwitz, *Parliament*, *Policy and Politics in the Reign of William Ⅲ*, Manchester University Press, 1977, p. 29.

第十章　派系政治与海外战争(1689—1714)

　　光荣革命成功防范了天主教复兴,奠定了持久稳定的新教国体。革命后不列颠旋即卷入旷日持久的欧战,且不再与荷兰而是与法国为敌。海外战争产生了多重非预期后果并推动国家治理方式悄然转变,从这个角度看,光荣革命内容远比《权利法案》和《宽容法》的白纸黑字丰富得多。支撑战事的财政体系逐渐完善,战争不再是王室而是国民的战争。在财政体系革新和战争规模升级过程中,议会权势显著增强,议会不仅频繁召开且处理许多原先由王室和权臣管辖的要务。威廉三世和安妮女王当政期间,为了战事,每年都开议会,议会选举竞争异常激烈,党派分野一目了然。斯图亚特王朝最后二十五年间,全方位的军事、外交、财政和国家治理观念之变革均脱胎于光荣革命。巨变本非1688及1689年的预设,但不可否认它们都是光荣革命的伴生物。从这个意义上说,光荣革命是"第一场现代革命"。[①]　然而在这个辞旧迎新的时代,英格兰因为没有成文宪法,宪制仍与过往一样模糊。议会权势上升,但议会与国王关系仍不清晰;党争激烈,但君王仍是政治主心骨,主导行政权力分配,尤其是高层人事布局;两位末代君主尊重议会,但仍与先王一样根据个人偏好遴选大臣。廷臣及政府更换频仍并且与派系的议会实力没有直接关联,当时英格兰正在孕育一种新式治理机制,但与后世的代议制仍有千里之遥。

　　遏制法国扩张、捍卫荷兰利益是威廉的毕生事业。此人意志坚定,智勇双全,治国有方。自1691年起,他每年约一半时间在欧陆指挥战事,故其英伦臣

---

①　Steve Pincus,*1688: The First Modern Revolution*,Yale University Press,2009,p. 5.

民称之"荷兰人威廉"。威廉身材矮小、相貌不扬,浓重的大陆口音令君臣相处不太自在,对詹姆士念念不忘的顽固国教徒始终对他心存芥蒂。这一切威廉都看在眼中,记在心头。即便没有重大战事,每年夏季他也愿意待在荷兰,以减少直面英吉利人之尴尬。他的心腹不是议会中深孚众望、朝堂上一言九鼎的不列颠人,而是两位荷兰同胞波特兰(Earl of Portland)和阿伯马尔(Earl of Albemarle)。威廉与此二人关系密切,加之天性性冷淡,部分岛民,尤其是詹姆士党人谣称国王同性恋。威廉对英格兰议会处处作梗啧有烦言,他"毫不怀疑他与所有先王一样是政府主心骨;他相信他应制定并指导政策,尤其是外交事务;大臣只是仆人,议会是助他计划开花结果的主要工具"。[①] 不过威廉并非路易十四式绝对主义君主,荷兰执政经历告诉他议会掣肘军事和外交不利于战争,但也教会他如何与议会合作。他领导的光荣革命警示他,藐视议会、践踏法律、亵渎国教均危险至极。威廉也深知拥戴他的这片新岛屿是击败法国的力量源泉,只有诚心实意与不列颠人合作,礼贤下士,耐心倾听议会抱怨,才能争取岛民支持对法战争。

威廉临朝之初,英格兰精英分为界线清晰的两大阵营——辉格派和托利派。两派本因宗教而兴,光荣革命后仍因宗教水火不容。辉格派主张宗教宽容,招安不从国教者;托利派一贯不信任不从国教者,对其戒心不减。辉格派指控托利派对詹姆士念念不忘,复兴天主教之贼心不死;托利派则反讥辉格派与不从国教者蝇营狗苟,藐视君权,亵渎国教,骨子里是十恶不赦的圆头党与弑君者。[②] 两派对光荣革命的解释也大相径庭,辉格派坚信詹姆士破坏自由并企图颠覆国教而被人民遗弃;托利派则百般否认詹姆士是被人民推翻的,因为这种论调变相支持造反有理,威胁既定秩序。托利派只承认威廉是"事实上的"(de facto)而非"据于权利的"(de jure)国王。他们认为赶走詹姆士和支持威廉是两码事,詹姆士推行天主教暂失王位,代行王权的威廉并无正统性和合法性。鉴于两派尖锐对立,国务大臣诺丁汉提议,公职人员就职宣誓词可回避"正当与合法"两词,也不必表态忠于威廉的继承者。[③] 所幸威廉并不介意

---

① Julian Hoppit, *A Land of Liberty?* p. 135.
② Craig Rose, *England in the 1690s*, pp. 65–67.
③ Tony Clayton, *William Ⅲ*, p. 95.

他的君位是否合法,也不强求臣民忠诚,服从即可。托利派对威廉的国际加尔文主义也有所保留,反对将英伦绑上一辆与其利益并非休戚相关的巨型战车。

意识形态方面,詹姆士情怀(Jacobitism)取代了天主教,与新教思想正面交锋。这种情怀如梦似幻,但真实存在,深度影响甚至决定着 17 世纪晚期和 18 世纪前期的英伦政治走势,詹姆士党人和新教徒均难免其扰。托利派与詹姆士党人藕断丝连,不少托利主义者就是詹姆士党人。詹姆士党人充斥着英伦每个角落,游走于朝堂之上也不新奇。1689 年 4 月,威廉册封临阵倒戈的丘吉尔为马尔伯勒伯爵(Earl of Marlborough)以示尊荣,但马尔伯勒却与寓居在巴黎圣日耳曼宫(St Germain)的詹姆士暗通信件,后被政敌指控勾连詹姆士党人而短暂入狱。詹姆士党人动机各异,或出于宗教偏好,或因正统王朝理念,或为恢复失去的尊荣,或为个人仕途打开新空间。詹姆士党人还可进一步细分。有的要求无条件迎回詹姆士,他们被称为"不合作者"(non-compounder);有的同意詹姆士有条件复位,即詹姆士必须捍卫代表英吉利民族性的国教并尊重议会的宗教权力。除极少数冥顽不化者,大多数詹姆士党人都不支持詹姆士借法军反攻英伦,在本土密谋并组织武装作为内应以迎回詹姆士是他们的心理上限。对英吉利人而言,宗教仇恨、利益冲突和政治价值观对立等因素共同培植的仇法情结已浸骨入髓。法国是天主教堡垒,路易十四不仅是一切妄图颠覆新教的势力之总代理,且在欧洲大陆和海上损害不列颠及荷兰的民族利益。光荣革命后半个多世纪,詹姆士党人怀念旧主但憎恶为旧主提供庇护的法国,始终活在两难取舍的心理折磨中。

辉格派自排斥危机以来一直致力于剥夺詹姆士王位,如今得偿夙愿。他们倾向宽容不从国教者,支持威廉的加尔文主义。他们始终主张对法强硬,鼎力拥护威廉的战争和外交政策,不过这并不等于两者自动合作。首先,威廉和辉格派对宪制情感不同,理解也有差异。有历代斯图亚特君主藐视议会的前车之鉴,辉格派尤钟情于限制君权,希望议会立法权彻底压倒君主行政权,确立真正的王在法下政治架构。威廉初来乍到,会否重蹈先王之覆辙仍待观察,辉格派不能对其毫不设防。威廉对英格兰宪制不予置评,他在荷兰执政时早习惯了联省议会的唇枪舌剑和府院的权力博弈,他从立法权对行政权的掣肘中看到的是人多口杂、推诿扯皮及效率低下,对分权治理不以为然。其次,威廉来到英伦非为王冠,而是为了战争,战争必须争取最广泛的岛民支持。故他不能厚此薄彼,让辉格派尽占肥差,而是试图建立跨派系政府。最初的人事布局也反映了他的良苦用心。从 1690 年代开始,英格兰分设南、北国务大臣。托利派的诺丁汉、辉格派的什鲁斯伯里(12th Earl of Shrewsbury)分别担任南、北国务大臣。辉格派的汉普登(Richard Hampden)、沃顿(Thomas Wharton)等亦受重用。托利派的丹比出任枢密院主席,戈多芬负责财政。威廉从未任命财政大臣,这个重要职位的空缺表明他不希望任何人鹤立鸡群。

为给派系斗争降温,威廉奉劝两派摒弃分歧,精诚合作。1690 年 3 月,他敦促议会立法赦免查理二世和詹姆士二世时期被定罪的犯人,尽快修复排斥危机以来的社会撕裂。① 下院占优势的辉格派强烈反对威廉和稀泥并抱怨他重用托利派令亲痛仇快,提醒他 1688 年《海牙宣言》谴责的邪恶伶臣仍在朝堂上蹿下跳。辉格派不仅要为 1683 年死去的悉尼和罗素复仇,还想在《市政机关法》中加入一项条款并以之为据,将查理二世最后四年统治期间支持取消市政特许状的托利派革职。② 威廉及时介入,抑制辉格派的报复欲。即位不到一年,威廉便发现英格兰的派系恶斗和廷臣倾轧比荷兰有过之而无不及。议会束缚更令其倍感不适,议会对他昼思夜盼的战争兴味索然。1689 年 8 月 20 日,威廉迫使议会休会,旋又发现休会于事无补。10 月议会再开,议员们仍一味纠缠清算旧账。辉格派死揪陈年老账,威廉不胜其烦,而"他遴选的大臣无法控制议会,议会两院关系紧张,下院本身也分裂至深"。③ 1690 年 2 月 6 日,威廉解散非常议会,欲用大选抑制喋喋不休的辉格派,让更多温和托利派进入下院。

威廉在 1690 年 2 月的议会选举中严守中立,任由选民自由角逐。106 个选区出现激烈竞争。辉格派列举了 151 名否认威廉为合法国王的托利派竞争对手,托利派则将 146 名竞争对手贴上共和分子标签。④ 选举结果对托利派稍微有利。威廉转而倚重托利派。什鲁斯伯里暂时去职,诺丁汉和丹比权势进一步增强。不过辉格派的汉普登和索默思(John Somers)等继续为威廉效

---

① Julian Hoppit, *A Land of Liberty?* p. 143.

② Tony Clayton, *William Ⅲ*, p. 114.

③ Julian Hoppit, *A Land of Liberty?* p. 144.

④ Craig Rose, *England in the 1690s*, pp. 76 - 77.

命,他们欲用忠心和功劳向国王明晓谁才是值得信赖的臣仆。威廉本无党派偏爱,愿否全力支持战争是他任免廷臣的唯一标准,而得到议会多数支持的廷臣才能保证税收,高效服务战争。[①] 结果,基于战争考量的用人在一定程度上奠定了 18 世纪后英国政治的游戏规则,那就是重要廷臣来自议会多数派。3 月 20 日,议会开幕,威廉敦促议会尽早议定重大事宜,以便他抽身前往爱尔兰作战。詹姆士逃至法国后,路易十四资助他招兵买马。1690 年 3 月,詹姆士带兵登陆爱尔兰,爱尔兰人积极呼应,毕竟他们大多是天主教徒。7 月,威廉不顾议会反对,御驾亲征,在柏因(Boyne)战役中击败詹姆士,迫使其逃回法国。威廉战斗负伤,但收益巨大,胜利不仅提高了新王威望且警醒詹姆士党人武力迎回旧主完全无望。威廉还可借机造势,夸大法国和詹姆士党人的威胁,底气十足要求议会增拨战费。这样更有利于他贯彻抑法保荷之战略,英伦利益仅是他的次要考虑。

威廉大体上每年春夏之交离开英格兰去荷兰前线指挥战事,秋天回到伦敦召集议会,商讨国事并任免高级官员。从 1689 至 1694 年,丹比因丰富行政经验和高超理财技能最为威廉倚重,不过丹比还是重复着他复辟时代的经历,无力打造以自己为核心的官僚团队,更操控不了议会。复辟以来的历史证明,廷臣如想施展抱负,必须得到国王和议会共同支持。这从理论上讲并无可能,除非国王不问政务或国王和议会的其中一方被架空。丹比只能辅佐,要务还得威廉亲自过问。1691 年 11 月,威廉向议会提议征募一支 6 万余人的队伍应对一触即发的对法战争。议会就如此庞大的军队规模激辩,反对派认为这样一支英格兰史无前例的大军令人不安,何况要远赴异国作战。1692 至 1693 年的议会上,一项旨在禁止议员担任行政职务的议案被上院否决;辉格派炮制一份新的《三年法案》(Triennial Bill),用以取代实已作废的 1640 和 1664 年同名法案,但被威廉否决。辉格派议员抗议威廉干涉立法,威廉则抱怨议员不信任君主并指责廷臣只顾派系私利而不体谅战事之难。

变色龙桑德兰伯爵光荣革命后一度避难国外,后潜回英格兰。他时刻担心因龌龊前科遭议会弹劾,不敢奢望高级肥缺,只能躲在暗处为威廉建言献

---

① Tony Clayton, *William Ⅲ*, p. 116.

计。1692 年夏，战事失利，威廉一筹莫展。桑德兰建议他改弦更张，遗弃托利派，转而依靠辉格派。1693 年夏，威廉的军队在佛兰德尔的兰登（Landen）失利。11 月，诺丁汉辞职。威廉果断提拔辉格派，1693 年底和 1694 年初，索默思、特伦查德（John Trenchard）等人受到重用，接着形成了所谓辉格将塔，索默思、厄尔福德伯爵罗素（Edward Russell，Earl of Orford）以及后来荣膺哈利法克斯伯爵的蒙塔古（Charles Montagu，Earl of Halifax）是这个将塔的骨干。他们常在罗斯客栈（Rose Tavern）碰面，评议时局。威廉向他们承诺不会继续阻挠《三年法案》，换取他们在财政方面疏通议会慷慨拨款。辉格将塔不仅为威廉争取到了更多资金，还创设了英格兰银行（Bank of England）。这在英格兰乃至人类金融史上具有里程碑意义。英格兰银行有权发行国债，国债对盘活财政大有裨益。此后两百年，英格兰是世界上金融弹性最好的国家。1694 年夏，不利战局得到扭转。年底开议会时，威廉发现他与议会往昔的误解与不快一扫而光，议会同意为战争追加拨款，作为交易，威廉认可了辉格派念兹在兹的《三年法案》。顾名思义，这部法案规定议会选举间隔不得超过三年。它导致威廉和安妮时代大选过频，"从 1694 年到 1716 年《七年法案》（Septennial Bill）颁布的十九年中，总计 10 次大选，其中 6 次归因于《三年法案》设定的期限"。[1] 法案本是威廉争取军费的交易筹码，但频繁大选无形中促使权力天平不断向议会倾斜，每场大选都等于一次针对全民的政治参与意识宣传并为精英提供便利的从政历练机会。

　　1694 年底，年仅三十二岁的玛丽女王死于天花。玛丽不干预政务，但为威廉分担了大量宗教琐务。从未融入英格兰文化圈的威廉痛失同床共枕的情感倾诉对象。更重要的是，此后威廉合法性更受质疑，部分詹姆士党人为此在布里斯托尔敲钟庆祝玛丽殡天。[2] 威廉化悲为力，1695 年夏夺回那慕尔，对荷兰安全来说，这是一份关键战果。10 月，威廉归来，解散议会重选。辉格派仍在新产生的议会中占优势，但派系结构五年来发生了变化。1690 至 1693 年，威廉倚重托利派期间，部分愿与托利派合作、效忠国王的辉格派被称为宫

---

① Julian Hoppit, *A Land of Liberty?* p. 151.

② Julian Hoppit, *A Land of Liberty?* p. 152.

廷辉格派(Court Whigs)。1693 年后,也有部分托利派愿与辉格派合作。结果一切支持政府的议员和廷臣成了宫廷派,与他们对立的势力集团则自称国家派。1694 年后,国家派包括大多数托利派和一部分以新秀哈雷(Robert Harley)为首的年轻辉格派议员。新议会主要议题是财务,战事耗资巨大,服务战争的重税搞得民怨载道。英格兰政府年支出从詹姆士时代的 200 万镑猛增至 1696 年的 800 万镑,威廉在战争后期需为 7.5 万军人支付薪饷,为战争服务的文官高达 1.2 万人。[①] 国家派要求成立审计署(commission of accounts)审核、监督政府支出,且否决了威廉和宫廷派提名的审计署官员。[②] 这证实宫廷并不能控制议会,国家派借民怨与政府唱反调,很有市场。所幸一桩偶然事件中断了财政和税收议题并给了威廉和宫廷派反击良机。

1696 年 2 月,威廉向议会揭发一桩企图暗杀他的阴谋,凶手图谋杀死威廉,造成王位空缺,以便詹姆士复位。詹姆士从爱尔兰逃回巴黎后,并未气馁,他把希望寄托在英格兰的内应者身上。1692 和 1693 年,詹姆士多次命令内应者起事,当时被解职的什鲁斯伯里和马尔伯勒等人都曾心动。1696 年初,路易十四为迫使英格兰退出战团,也怂恿内应者起事并承诺法国及时援助和配合。然而詹姆士派遣回国的巴克莱(George Barclay)察觉起事成功的希望渺茫,遂纠集一群敢死队策划暗杀。阴谋因同伙泄密而败露。[③] 政府随即详查阴谋始末,芬威克(John Fenwick)等 300 余人被捕,9 人被处决。威廉毫发未伤,詹姆士党人却道义尽失,为民众所不齿。宫廷派借机造势,鼓动民众请愿、谴责詹姆士党人并自发拥戴威廉,打压托利派并离间所谓的国家派。4 月,宫廷派提议立法强制公职人员宣誓效忠威廉,89 名托利派下议员和 19 名上议员仍拒绝承认威廉为"正当且合法"的国王,以诺丁汉为代表的 3 位枢密大臣因拒绝宣誓被解职。[④] 这些蒙冤受屈的不矢忠者(non-juror)坚持原则,令人钦佩,与他们共进退者还包括"1 名将军,86 名治安法官以及 107 位副将

---

①　Tony Clayton, *William Ⅲ*, p. 126.

②　Henry Horwitz, *Parliament, Policy and Politics in the Reign of William Ⅲ*, pp. 165 - 166.

③　Craig Rose, *England in the 1690s*, p. 50.

④　Craig Rose, *England in the 1690s*, p. 92.

官"。① 以哈雷为代表的辉格派后座议员不愿背负与法国以及詹姆士同流合污的骂名,表态支持威廉和宫廷派主导的战争,此后哈雷与托利派越走越近。威廉权威在谋杀案后进一步巩固,宫廷派也成功了离间了国家派。此后半个世纪,每次詹姆士党人谋反或起事都重复着同样的悲剧——败坏自身名誉且送给对手打压口实。

1697 年 9 月,交战各方均精疲力竭,同意缔结《里斯维克和约》(Treaty of Ryswick)。路易十四承认威廉是合法英王,承诺不再支持詹姆士党人并归还部分荷兰领土。和约对英格兰内政影响剧烈。詹姆士党人尤其失望,借法国力量帮詹姆士复位短期内是没有指望了,对詹姆士的系念变为一种松散的怀旧情感,詹姆士党人威胁暂时解除了。不过威廉的麻烦从沙场转移到了议会。国债虽解燃眉之急,但重税才能偿清每年需要向债券持有人支付的高额利息。沉重税赋始终是英格兰人抱怨威廉的首因,民众迫切希望战争结束后迅速解散军队。威廉强调路易十四反复无常,须时刻保有强大军队以便随时抑制可能发生的法国对外侵略,他以此为由提议保留 3.5 万人的军队。托利派坚决反对,辉格派激进主义者特伦查德、托兰(John Toland)等也担心和平时期保持大量常备军危及自由。英格兰没有常备军传统,人们对绝对主义根深蒂固的恐惧主要表现为反对政府在和平时期维持庞大军队。当时有人明确指出:"若放眼世界,我们会发现没有哪个国家能够让自由和军队共存。"②宫廷派反复宣称适当规模的军队是防范和震慑法国及詹姆士党人的必要工具。西班牙王位继承不确定性也让有远见的英伦志士隐约察觉不列颠随时可能卷入一场新的大战。宫廷派和国家派并未因和平到来停止争吵。威廉对英格兰廷臣倾轧已形成条件反射式的厌恶,每遇这种情况,他便回到荷兰找清静。不过他在1698 年离英前解散议会,承诺夏季举行大选,希望选举产生一个更恭顺国王

---

① Julian Hoppit, *A Land of Liberty?* p. 154.

② Julian Hoppit, *A Land of Liberty?* p. 157.

的议会并以之打压反对派。为君后期,他多次尝试这种办法,其执政最后五年,英格兰举行了三次大选。

1698 年夏季大选未能改变下院派系结构,且选举期间民众对名目繁多的重税表露的反感预示威廉和宫廷派日子不会好过。12 月,议会召开,哈雷怂恿议员提议将军队裁汰至 1690 年的规模,只保留 7000 人。威廉不悦,一度以退位相威胁。下院不吃他那一套,以 221 对 154 票表决只保留 7000 常备军。① 国家派不仅迫使威廉大幅裁军,还指控他信任的廷臣腐败堕落,要求清除军队中的外国人,矛头直指威廉恩庇的荷兰人。考虑到法国和西班牙对荷兰的威胁还未彻底解除,威廉委曲求全,同意议会的"裁军议案"(Disbanding Bill)。威廉在英为君已历十年,仍未学会如何与英格兰议会和谐相处,当然,也没有哪位斯图亚特君主能与议会畅快合作。鉴于辉格将塔并不能确保议会恭顺,1698 年底至 1699 年初,威廉打算回归继位之初的折中用人路线。1699 年 5 月,厄尔福德请辞海军大臣,蒙塔古亦不再打理财政,他的离职致使宫廷派损失了一位卓越的下院组织干才,哈雷迅速填补了他的空缺。

1699 年夏,威廉一如既往待在荷兰,11 月回英格兰主持议会。威廉试图争取两派共同支持以减少党争和君臣摩擦,议员们完全不理会他的心思,他们指控索默思卷入东印度公司腐败并启动弹劾,只因证据不足索默思才保全名节。议员们接下来的冒犯与不敬简直令威廉震惊,部分议员质疑他随心所欲地将爱尔兰土地和财产赏赐给宫廷亲信。威廉辩称爱尔兰 1/3 土地本应是王室私产,议会表示它从未承认此说并于 1700 年 4 月制定《赎回法》(Act of Resumption),废止了国王随意赏赐爱尔兰土地之权。议会与国王互不信任导致波特兰和阿伯马尔被逐出枢密院,威廉还以颜色,将支持《赎回法》的索默思解职。高级廷臣走马灯似更迭,君臣恶斗拖累了国家效率,哈雷提点各方:"现在普遍抱怨我们没有政府,公共事务也得不到正确管理。"②《里斯维克和约》之后几年的高层政治乱象事出有因。威廉本是英格兰新教徒为化解宗教危机请来的君主,当宗教因《宽容法案》步入平静期后,威廉还可以用争议较大

---

① Craig Rose, *England in the 1690s*, p. 97.

② Julian Hoppit, *A Land of Liberty?* p. 161.

的战争勉强黏结不列颠人。战争停止后，君臣没了合作议题，而和平时期相对散乱的议题总能给议会或在野派提供发炮的口实。威廉的外来户身份压不住岛上权贵，而他重用的辉格将塔大多心胸狭隘，没有德高望重的领袖，常为琐事和私欲争执不休，遑论压制反对派。

宗教、王位继承、战争这三者之一才能让政治重回正轨。宗教界总体平静，不过王位继承之不确定和战事再起的双重阴影重新笼罩在不列颠上空，而威廉从战争的阴影中看到的却是希望。威廉和玛丽本无子嗣，1700年，安妮独子格洛塞特公爵（Duke of Gloucester）夭折，安妮若薨，王位继承面临不确定性。不久，没有子嗣的西班牙国王查理二世也一命呜呼，欧洲政要立马神经紧绷，哈布斯堡的查理大公（Habsburg Archduke Charles of Austria）和波旁的安茹公爵腓力（Bourbon Philip, Duke of Anjou）均觊觎西班牙王位，两大家族再起兵戈，是为西班牙王位继承战争（War of the Spanish Succession）。对不列颠及荷兰而言，这场战争只是抵抗路易十四的继续，英格兰不愿波旁家族得到西班牙王位，威廉明确表示他将再度扮演反法同盟主角，议会也乐意抓住威廉热衷战争的心理削弱国王及政府权力。宫廷辉格派已被赶走，威廉重新重用戈多芬和赋闲已久的罗切斯特伯爵；桑德兰身无要职，但仍是威廉外交和人事布局的幕后军师；随后，马尔伯勒也官复原职，再任军队总指挥。托利派对战争兴味索然，为削弱他们实力，1701年初又举行了一次大选，然而托利派在新产生的议会中仍稍占优势；对威廉来说，利好消息是哈雷以249对125票的巨大优势当选议长。[1] 哈雷积极主战，游说议会慷慨拨款。然而托利派更关心国教，他们想用下院优势惩罚规避《宣誓法》的暂从国教者（Occasional Comformists）。

战事再起叠加教派偏见导致党争白热化。同情不从国教派的哈雷为舒缓党争，同时也为减少托利派对不从国教者的敌意，刻意构织新教情感纽带，《嗣位法》（Act of Settlement）应运而生。为彻底断绝詹姆士父子念想，此法明确了汉诺威家族的继承权。鉴于威廉为君以来长期驻留荷兰，疏忽英格兰内政，漠视民生之艰，为照顾托利派感受，《嗣位法》对未来汉诺威王室作了重重限

---

① Henry Horwitz, *Parliament*, *Policy and Politics in the Reign of William* III, p. 281.

制。其主要内容包括:君主需参加国教圣餐礼;"与罗马主教或(罗马)教会和解、按其礼仪领圣餐、践行教皇信仰、与教皇派人结婚"者均不得继承王位;没有议会同意,任何人不得为不属于英王的领土打仗;没有议会同意,君主不得离开英格兰、苏格兰、爱尔兰;外国人禁入枢密院,不得担任议员,亦不得担任民事、军事高官,不得恩领王室封地;宫廷官吏或领取王室赏赐者不得竞选议员;君主不得宽恕议会弹劾对象。① 从《嗣位法》可见,除天主教徒这群死敌,不列颠人对外来王室也产生了戒心,担心外族过度干预英伦事务。这部法案在老生常谈的基础上,新增内容主要针对外国人,且没有触及君臣冲突的要核——君主任免大臣是否需要议会同意。威廉对宗教本无兴趣,且他仍有任免不列颠籍大臣的绝对权力,《嗣位法》基本无碍他的军事和外交,故他没必要阻挠。

1701 年初,法国再次入侵佛兰德尔,托利派仍对战争提不起兴趣,辉格派借机指责他们对新教事业冷漠,煽动民众为战争请愿,向托利派施压。托利派则拘禁了多名请愿者,辉格派更有理由指责他们粗暴专横。托利派还想弹劾索默思、厄尔福德等离职的辉格派。舆情偏向辉格派,弹劾未果,反而促成了辉格派再次团结。② 9 月 6 日,詹姆士在法国殂天,路易十四出尔反尔,认可惯称的老僭位者詹姆士·爱德华为正统英王。威廉被激怒了,其心腹桑德兰怂恿他再度联手辉格派,奉行全面对法战争政策。威廉随后解散了存在不到一年的议会进行重选。辉格派在新产生的议会中并无明显优势,不过托利派现在也重新审视法国的言而无信及英格兰面对的新威胁。威廉大力渲染战争紧迫性,他谆告议员们:"全欧的眼睛都盯着这个议会,所有大事悬而不决,只能你们下决心。"议会主动批准了慷慨税收,至 1702 年 2 月,土地税和麦芽糖税等总计已达 360 万镑。③ 本届议会还通过一项法案,强令民众拒绝承认詹姆士·爱德华合法性。詹姆士之死如其当年外逃,促成不列颠岛内原本矛盾重重的各派再度抱团,齐力支持威廉的外交和战争。

威廉准备再次驰骋疆场,但 1702 年 2 月坠马导致锁骨骨折,其后高烧不

①　Andrew Browning ed. , *English Historical Documents*，Vol. Ⅵ, pp. 132,134.

②　Craig Rose, *England in the 1690s*，pp. 102 - 103.

③　Julian Hoppit, *A Land of Liberty?* p. 164.

退,3月8日撒手人寰。他的中道崩殂对英、荷乃至当时国际反法联盟都是重大损失,不列颠折损一位杰出国王,荷兰共和国再无文武全才的总督。不列颠民众并未对这位在位十四年的君主辞世过度悲伤,"荷兰人威廉从未被其许多臣民热心拥戴",原因有二。其一,威廉戎马一生,长期在外征战,与他的不列颠臣民缺少近距离接触。他与不列颠岛民总有一层难以名状的心理隔膜,他主导的对法战争在反对派和詹姆士党人眼中都是搜刮英伦民脂民膏肥荷兰私田。他本人也从未在英伦找到归属感,他带去伦敦的近臣也是岛民眼里的外人,比詹姆士一世当年从苏格兰带来的宠臣更不受待见。他首先是荷兰人威廉,其次才是英王。其二,即便说威廉是功能性的英格兰和苏格兰国王也略显牵强,因为他的宗教淡漠与英格兰多数人的国教炽热之情极不合拍。这个时代多数英格兰人是热心国教徒,非国教派别尽管不能在平等条件下与国教竞争,但《宽容法案》毕竟把教派竞争市场化了,实为国教之威胁。威廉几无宗教情怀,他任命的大主教也奉行明显的宗教自由主义。虔诚国教徒不奢望国王和教会高层保卫国教,他们自发行动,1689 年成立"基督教知识宣讲协会"(Society for the Propagation of Christian Knowledge),三年后又成立"域外福音宣讲协会"(Society for the Propagation of the Gospel in Foreign Parts)。这两个活跃组织是 18 世纪早期宗教志愿团体的代表,对内维护国教至上,对外输出国教。它们的活跃变相说明国王和教会高层疏忽了灵魂救赎,也没尽到光大国教之责任。宗教改革后的英王首先是宗教领袖,但威廉眼里只有战争以及为战争服务的外交、财政等事宜。虔诚国教徒自立自救表明威廉不关心英格兰臣民的心灵需求,他在情感上从未与国教徒形成心灵感应。不从国教者欢迎威廉的宽容,但有时也埋怨他对灵魂堕落麻木不仁,甚至对他与哈布斯堡帝国的天主教徒合作摇头叹气。

撇开情感不谈,威廉能力毋庸置疑,即便敌人也敬其三分。一位詹姆士党人说:"我不否认他作为一个伟人,甚至一位伟大国王的特质,……他理解力宽泛,是一位能干的政治家,无论遇到什么障碍,都不会放弃自己的追求";威廉的仰慕者更不吝溢美之词,讴歌他"是上帝派给我们的君主,不仅为了恢复和支持我们与众不同的宗教和自由,还为了遏制路易十四的傲慢和野心,路易十四和詹姆士串通一气奴役整个欧洲"。①

威廉在敌友两界的上佳口碑绝非幸运和偶然。首先,一位不干预宗教的国王优于追奉天主教的查理二世和詹姆士二世,更好过倾向阿米尼乌主义的查理一世。威廉的宗教淡漠为宗教争执及时降温,给恐天主教的不列颠人安全感,避免重现1640年代和1680年代的君民猜疑。即便抱怨威廉淡漠国教的人也忽视了一点,那就是新教徒这个身份其实恰到好处,既被国教徒接受,又被不从国教者认可;既被英格兰人接纳,又被苏格兰人拥戴。其次,威廉的荷兰人身份也适合这个饱受宪制冲突困扰的岛国。荷兰的立宪体制决定了威廉治国如履薄冰,不敢轻易触碰宪制敏感区。当他把这种高度谨慎带到英格兰时,自然避免了斯图亚特先王的各种刚愎自用。威廉对英格兰议会从无好感,但不开议会君主便无法进行战争是17世纪英格兰的政治常识,查理一世和查理二世无议会统治的前提是罢兵休战。威廉为战事计,必须与议会合作,即便对议会不满,也不搞无议会统治,这使得他与先前所有斯图亚特家族国王有本质不同。臣民逐渐察觉威廉为了战争可以牺牲君权:"在其刚刚临朝时,与威廉打交道的政客均被1670年代和1680年代的回忆所支配,王室对宗教、议会、法院及地方任性而为的治理的动机尤令人疑惧;至1701年,与威廉打交道的政客均对威廉及其意图了如指掌。"②他用实际行动稀释了岛民对专制主义的戒心。再次,外来户威廉对英伦政务较为陌生,须靠一群本土重臣处理国务,不管这些大臣是何派别。威廉长期领兵在外,英格兰议会和廷臣必须替国王维系国家机器正常运转并在日积月累中对这种工作变得得心应手,这甚至可以被看作内阁制(Cabinet)的预演。③ 最后,威廉南征北战,尤其对天主教法国开战不经意间把国人目光转移到了海外,舒缓了岛上的族群猜疑心理与教派对峙情绪,而他的善战和胜果又拓展了英伦利益并扬起了民族自豪感。因此,造成威廉和他的英伦臣民心理隔阂的外人身份、宗教淡漠、好战尚武恰恰是他成功的三大前提。与尊重议会、信奉新教、捍卫英伦海外利益三重优点相较,威廉治下君臣情感上的瑕疵自然就无伤大雅了。1688年英伦局面僵死

---

①　Julian Hoppit, *A Land of Liberty?* p. 165.

②　Julian Hoppit, *A Land of Liberty?* p. 166.

③　刘金源:《现代化与英国社会转型》,北京三联书店,2013年,第28—36页。

时，一位局外人，或许只能是一位局外人才能将其导出困境。一位新教的国王比国教的国王更适合 1690 年代的英伦，一位与斯图亚特家族有血统和亲缘关系的荷兰人也恰到好处。综上所述，多数不列颠人发自肺腑礼赞威廉"是上帝派给我们的君主"真可谓一语多关。

　　1702 年 4 月 23 日，圣乔治节当天，安妮在威斯敏斯特修道院由坎特伯雷大主教加冕为王。鉴于威廉治下君臣情感疏离，安妮舅舅罗切斯特强行要求加冕誓词补添"我心完全属于英吉利"这句话，收效不同凡响，舆情为之振奋，新君人气陡增。① 生于 1665 年的安妮童年并不愉快，六岁丧母、姐姐早嫁、父亲再婚均致其倍感孤独。据说其打发孤独的方法就是吃，当时流行语说："威廉国王无所不思，玛丽女王无所不谈，乔治王储无所不饮，安妮公主无所不食。"安妮不是詹姆士长女，且摩德纳的玛丽始终有诞下王子的可能，没人相信她有机会头顶王冠。她的丈夫丹麦亲王乔治（George of Denmark）忠厚诚笃，夫妻相伴二十五年，情投意合，恩爱始终。安妮成年后身躯肥硕，有时甚至连行路都步履艰难。可能由于肥胖多病，安妮长期重复着怀孕与流产的轮回。唯一王子于 1700 年夭折后，她已无可能再生子嗣，便将母爱倾注到子民身上，正如她的加冕礼援引《圣经·以赛亚书》所言："国王当为臣民之父，女王则为臣民之母。"②传统观点认为，詹姆士对安妮的教育漠不关心，加之资质平庸，安妮一生受他人意见支配，特别受马尔伯勒妻子萨拉（Sarah Churchill）和马斯汉姆（Abigail Masham）的意见影响。这种愚见已被安妮的权威传记作家推翻。安妮虽不强势，但明白九五之尊意味着什么。与威廉一样，她从不承认光荣革命对君权有何限制。身为人君，她时刻警醒自己勿被大臣支配并在大多数情况下力争免受党派羁绊。她说：

---

①　Edward Gregg, *Queen Anne*, Yale University Press, 2001, pp. 152 - 153.
②　Edward Gregg, *Queen Anne*, p. 130.

　　我希望的是我能自由鼓励和任用忠实为我服务的所有人,不管他们是辉格派还是托利派,而不是将自己与某派或另一派拴在一起。因为如果我不幸以至于落入某一派别手中,我会认为自己实际上仅是他们的奴隶,尽管我拥有女王之名。那将意味着我个人的毁灭,因此也是整个政府的毁灭。终结派系将为政府提供持久的基础。①

　　不过当时英伦派系泾渭分明,君王不可能完全摆脱其羁绊。威廉时代的党争到安妮时代加剧了,安妮执政十余年间党争从未消停,廷臣来去无序,严重干扰朝政。托利和辉格两派分歧一如既往,对宗教、政治、外交和军事等所有重大问题均看法相左。托利派偏爱国教,处心积虑抑制非国教徒,压缩他们生存空间;辉格派则全力拥护《宽容法案》,视非国教徒为国家不可或缺的建设性力量。辉格派指控托利派曾支持查理二世和詹姆士二世迫害非国教徒,助纣为虐,帮詹姆士搞专制主义,甚至与流亡中的詹姆士父子暗中联络。辉格派自诩保卫宗教自由、财产安全,并诋毁托利派亵渎上帝、蔑视自由、侵蚀财产权。一般认为,托利派对耗资巨大的海外战争缺乏兴趣,对错综复杂的外交捭阖索然无味,而辉格派穷尽心思为战争辩护。实际上,两派合作面远宽于对立面,都抵制天主教,支持国教;即便对外分歧也多体现为策略而非原则。托利派并不天然反战,只是主张集中资源在海上争夺商业利益,攻击法国殖民地和海外商路。辉格派则以法国支持老僭位者、威胁新教为由主张将战争重点放在欧洲大陆,特别是尼德兰。

　　两派为争夺权势,都分外关注至少每三年一次的议会选举并投入极大精力竞逐席位,力图控制议会践行本派意志。一方面,因选举频繁以及批税之需,威廉时代的议会权力上升势头不减,没有议会配合,君主寸步难行,遑论个人统治。另一方面,代议制政府还未形成,廷臣及军官任免权仍在君主手中。行政权与立法权互不隶属导致君主及其任命的大臣与议会频发争执,解决之道只有利益协调。君主在协调中的作用要大于议会,毕竟遴选大臣仍是君主不容置疑的权力。

---

① Julian Hoppit, *A Land of Liberty?* p. 282.

安妮加冕后十天，英格兰正式卷入西班牙王位继承战争，安妮明确表示她会继续执行威廉的外交政策，捍卫新教，与神圣帝国、荷兰、汉诺威等国结盟抗法。① 这场耗资巨大、旷日持久的战争贯穿安妮统治的始终，也是安妮权衡内外政策的第一风向标。威廉当初对两派不偏不倚，重用哪方完全根据战争需要而定。安妮则不同，她不仅心系军事，亦牵挂宗教，故总体倾向托利派。她并不掩饰对辉格派的厌恶之情，斥责辉格派只想侵蚀所剩无几的王室特权并企图将派系政府强加给君主。② 威廉的旧臣索默思、哈利法克斯等在安妮继位后被赶出枢密院。托利派的诺丁汉和赫吉斯（Charles Hedges）分别出任南、北国务大臣。以诺丁汉和罗切斯特为代表的高教会重臣想把辉格派全部赶出权力中枢，但女王不想被派系藩篱过分束缚，兵权和财权尽量交给主战的中间派。从对詹姆士父子的态度看，马尔伯勒、戈多芬都有托利情结，哈雷也逐渐向他们靠拢；从外交和宗教看，上述三人又与辉格派立场相近。他们理解辉格派的愁苦，并在外交和军事上采纳辉格派意见，甚至主动与辉格派合作。这三人最初都不愿身陷派系旋涡，可被视为无派系权臣，女王重用他们一方面是因为他们可堪大用，另一方面则是他们姿态超然。马尔伯勒获颁嘉德勋章，晋封公爵并出任军队总指挥，都督欧洲战事，是实权在握的第一重臣。戈多芬任财政大臣令自诩财政专家的罗切斯特愤愤不平。马尔伯勒表示，他去前线掌兵的前提是戈多芬理财，加之1695年安妮与威廉争权时，罗切斯特并未积极支持安妮，故他与安妮的亲情并未转化为权势，仅出任当时近乎虚职的爱尔兰总兵。马尔伯勒和戈多芬知道争取温和辉格派支持才能确保战事顺畅，与托利、辉格两派均能搭话的下院议长哈雷替他们与温和辉格派牵线搭桥。③哈雷位卑权重，他是戈多芬密友，政界调侃他是戈多芬在下院的"耳目"，替戈多芬听风报信。1704年，有人恭维哈雷说："（马尔伯勒）公爵、财政大臣以及您被称为三巨头，制定一切政策；你们利益和意见如此一致、如此牢固结合在一起，坚不可摧，在当前政府下高枕无忧。"④

---

① Burnet，*Bishop Burnet's History of His Own Time*，Vol. V，pp. 1 - 2.
② Edward Gregg，*Queen Anne*，p. 134.
③ Edward Gregg，*Queen Anne*，pp. 156 - 157.
④ Julian Hoppit，*A Land of Liberty?* p. 288.

高教会人和托利派从安妮血统中看到了希望。威廉对宗教漠不关心,很少参加宗教会议,而安妮对国教情有独钟,对非国教徒嗤之以鼻,经常抱病参加宗教会议,被大批托利派视为"教会的女儿"。她的继位导致宗教斗争再度火爆。詹姆士党人如今进退维谷,尽管他们与寓居法国的老僭位者藕断丝连,但他们知道迎回老僭位者的希望越来越渺茫。安妮承继大统多少给了詹姆士党人一丝慰藉,"较为温和的詹姆士党人乐意发现,至少是那位善良但不幸的国王(詹姆士二世)的女儿登上了王位"。① 此后十年,多数詹姆士党人逐渐释然,政斗很少再掺杂复辟因子。这一时期詹姆士党人只热衷于捍卫高教会,淡却对老僭位者的怀念之情。只要教会安全,迎回老僭位者的心理就没那么迫切了,何况老僭位者是顽固天主教徒,他比不从国教者对国教的威胁更大。

1702 年 5 月,安妮解散议会大选前明确表示会"竭尽全力捍卫国教会的利益并支持最热心于教会"的候选人。② 外来户威廉不干预议会选举自有考量,但安妮无须顾忌太多,她的表态对选民投票意向影响极大。6 月揭晓的大选结果对托利派明显有利,他们获得了 113 席下院优势。③ 不过托利派并不能随心所欲推行己策。10 月,议会召开,安妮提议每年为马尔伯勒的公爵身份支付 5000 镑年金,被否决。以罗切斯特为首的顽固托利派企图通过"暂从国教议案"(The First Occasional Conformity Bill),打击钻法律空子的不从国教者。安妮支持议案,但马尔伯勒和戈多芬担心议案触怒辉格派,进而妨碍议会为战争拨款,遂暗中设障,上院的辉格派贵族提出各种修改意见变相阻挠议案并最终将之否决。④ 辉格和托利两派为宗教政策恶斗,不过一致支持马尔伯勒的战争,毕竟老僭位者和路易十四是他们的共同敌人,为军费拨款的建议并未遇阻。议会一直持续到 1703 年 2 月才休会。托利派在下半年重开的议会上再度抛出"暂从国教议案",丹麦的乔治亲王带头反对,安妮也不想议案给大局添乱。戈多芬和马尔伯勒仍表面支持、暗行破坏,致使议案再被上院否

---

① Julian Hoppit, *A Land of Liberty?* p. 283.

② Edward Gregg, *Queen Anne*, p. 159.

③ W. A. Speck, *Tory and Whig: The Struggle in the Constituencies, 1701 - 1715*, Macmillan, 1970, p. 113.

④ Edward Gregg, *Queen Anne*, pp. 162 - 163.

决。托利派失望至极,"因女王和亲王对议案之冷漠而几乎无法原谅他们"。①安妮不能愧对"教会的女儿"这份殊荣,想方设法抚慰托利派。1704 年 2 月,政府主动建议议会认可"安妮女王赐金"(Queen Anne's Bounty)使用方案,将原专属君主的每年大约 1.7 万镑的教会收入用于补贴薪俸较低的国教神职人员。②

托利派强化高教会遇挫固因上院频频作梗,更因宗教纷争当时相对于战争退至次要地位。马尔伯勒本被托利派寄予厚望,但他希望模糊派系界线,集中精力打赢战争。他曾对妻子说:"我只想保持我现在的立场,那就是不被任何党派操控,只为英格兰鞠躬尽瘁。"③戈多芬和哈雷也清楚与辉格派搞好关系的重要性,他们敦促议会为战争慷慨拨款、勿为细枝末节浪费精力。安妮起初支持托利派打压辉格派且毫不掩饰她对托利派的偏爱。1703 年夏,为压制辉格派的上院优势,她任命 4 位托利派贵族为上院议员。萨拉向她吹风,诋毁托利派与詹姆士党人从来都是一路货色,但安妮坚信托利派和詹姆士党人绝非同道,她说:"我并不否认有些人支持威尔士亲王(指老僭位者),但我相信他们人数很少。"④安妮因王朝正统和宗教情感偏爱托利派,不过身为国君她得尽量确保宗教和军事两方面的平衡,如不能兼顾,她会顾全大局,优先保障军事。托利派若危及大局,她会毫不犹豫教训他们。部分顽固托利派处处掣肘在外征战的马尔伯勒以及为苏格兰事务昼夜操劳的戈多芬。1704 年初,为国事所需,安妮将好几位托利派大臣解职,并用辉格派或温和托利派补缺,马尔伯勒器重的圣约翰(Henry St John)出任战争大臣。诺丁汉怒不可遏,以近乎威胁的语气要求女王赶走枢密院中的辉格派,女王置之不理。4 月,诺丁汉请辞,哈雷取代他担任北方国务大臣。这次政府改组后,马尔伯勒和戈多芬与顽固托利派逐渐切割,越来越靠中间派和议会中的辉格派支撑战争及外交。

1703 年上半年,因荷兰及神圣帝国的战略与英军相左,马尔伯勒无法协调兵力与法军决战。路易十四说服巴伐利亚与法结盟,还煽动匈牙利的新教

---

① Burnet, *Bishop Burnet's History of His Own Time*, Vol. V, p. 109.

② Edward Gregg, *Queen Anne*, p. 179.

③ Julian Hoppit, *A Land of Liberty?* p. 290.

④ Edward Gregg, *Queen Anne*, pp. 173 - 174.

徒反叛,神圣帝国后院起火,维也纳东西受敌。战局不利,英方失之东隅却收之桑榆,是年 5 月,英葡签署《梅休因条约》(Treaty of Methuen)。英格兰此后牢牢控制了葡萄牙,不再允许波旁家族拥有原西班牙帝国的任何领土,还把"没有西班牙就没有和平"(no peace without Spain)上升为辉格和托利两派都认同的战略。两派暂时的通力合作成就了 1704 年的军事辉煌。年初,马尔伯勒决定深入欧陆腹地作战。这招险棋如若失败,损兵折将不说,女王陛下政府能否顶住托利派的指责也是未知数。所幸马尔伯勒奔袭千里,于 8 月初在巴伐利亚境内的布伦海姆(Blenheim)痛击法军,解除了法军对维也纳的威胁。托利派海军统帅鲁克(George Rooke)指挥的马拉加(Malaga)战役也大有斩获,英军夺得直布罗陀海峡。

举国沉浸在军事胜利的亢奋中,但两派矛盾很快又摆上台面。1704 年 10 月,议会召开,顽固托利派贬抑马尔伯勒的战功,认为中欧的胜利与英格兰利益关系不大,反而强调夺取直布罗陀的意义。从长远看,托利派所言不虚。顽固托利派仍对国教念兹在兹,第三次提出"暂从国教议案"。这一次连马尔伯勒和戈多芬也在上院公开投票反对,议案流产毫不意外。顽固托利派还就土地税指责政府,矛头直指戈多芬,但被哈雷领导的温和托利派和辉格派联手挫败。[①] 两派的唇枪舌剑持续到 1705 年 3 月议会休会。根据《三年法案》,5 月,安妮解散议会重选。大选前,马尔伯勒和戈多芬向女王施压,迫使她任命辉格派的纽卡斯尔(John Holles, Duke of Newcastle)任掌玺大臣,大批辉格派荣升海外驻军军官。女王还亲自前往纽马克特及剑桥等地接见地方辉格派要人,为辉格派造势。巡视剑桥时,女王册封牛顿(Issac Newton)为骑士。这次选举竞争激烈,辉格派借布伦海姆胜利大造声势,拉到不少选票,拿下 246 席,比上次大选净多近 50 席。托利派赢得 267 席,与上届议会相比,优势已微不

---

① Edward Gregg, *Queen Anne*, p. 193.

足道。① 表面看，两派在新议会中势均力敌，考虑到以哈雷为首的温和托利派乐与辉格派合作，下院实力天平已向辉格派倾斜。扭转下院颓势后，辉格派对行政部门局势也越来越乐观，纽卡斯尔的高就标志着辉格将卷土重来。辉格派以支持战争邀功请赏，马尔伯勒和戈多芬更肆无忌惮借辉格派之力打压顽固托利派。大选后不久，戈多芬近乎强迫女王启用马尔伯勒女婿桑德兰伯爵（Charles Spencer，3rd Earl of Sunderland）出使维也纳，悼唁约瑟夫皇帝。新任大法官柯珀（William Cowper）也是辉格派强加给女王的。辉格派在苏格兰的盟友阿吉尔公爵（John Campbell，Duke of Argyll）亦高就。戈多芬还扶持辉格主义者维克（William Wake）出任林肯主教，而此前几年安妮启用的主教均来自托利派。② 马尔伯勒和戈多芬的强势以及大批辉格派的高就激化了党争，哈雷从中看到了危险，他呼吁各方弥合分歧并提醒戈多芬："若英格兰绅士都能认识到女王而非某一派系才是首脑，一切问题都会迎刃而解。"③女王骨子里痛恨辉格派，仅为战争考虑才不断迁就他们并且时刻牢记迁就不能没有底线。

　　1705 年 10 月 25 日，议会开幕。与历次议会一样，顽固托利派仍为宗教纠缠，被辉格派轻而易举挫败。为杜绝顽固托利派以教会的名义干扰军事、外交和财政事务，12 月 19 日，议会两院书面警告："任何人提议或迂回暗示教会危急，均是女王、教会和王国的敌人。"④托利派宗教之路不通，一时失宠。为弥补失势，他们提议邀请索菲亚（Sophia of Hanover）或乔治亲王（George Augustus，未来的乔治二世）来英居住。顽固托利派并非真心热爱未来王室，而是想借索菲亚或者乔治亲王之力对抗女王和辉格派。这纯属病急乱投医，上述二人若来其一，恐对托利派更不利。然而为发泄愤懑，托利派频频复提此议。他们当然知道，不仅女王坚决反对汉诺威家族成员提前来英，且苏格兰人还未承认汉诺威继承。辉格派现有下院优势，不难找到对策。1706 年 2 月，《辉格派摄政法》（Whig Regency Bill）通过。鉴于安妮难再生育，该法保证一

①　W. A. Speck, *Tory and Whig*, p. 106.
②　Edward Gregg, *Queen Anne*, p. 200.
③　Julian Hoppit, *A Land of Liberty?* p. 293.
④　Edward Gregg, *Queen Anne*, p. 214.

旦安妮大行,在汉诺威王位继承人到达英国前,当值政府全权处理一切国务。如此,索菲亚或乔治王储便无必要提前来英且辉格派不必担心因新君继位而丧失权势。① 安妮此前已颁给乔治嘉德勋章,现又立法进一步确认了其家族王位继承权。对汉诺威继承口是心非的托利派更加失望。1706 年,马尔伯勒连战告捷,辉格派更有底气打压托利派。5 月,联军再度痛击法军,马尔伯勒赫赫战功又添拉米伊(Battle of Ramillies)这一笔。他大杀四方,将法军逐出西属尼德兰,控制了安特卫普和敦刻尔克。与此同时,盟军在萨伏伊的欧根亲王(Prince Eugene of Savoy)指挥下在都灵(Turin)完胜敌手,法军被赶出意大利。反法联军南北两线飘红致使 1706 年被称为军事史上的"奇迹年"。

安妮时代的宗教敏感和激烈党争早尘封在档案馆和故纸堆中,马尔伯勒扬名的古战场也大多遗迹不存,不过安妮治下的英苏合并时至今日仍令不列颠人百味杂陈。至少自詹姆士一世以来,英伦各族法律关系便含混不清;光荣革命后,族际关系更乱了。威廉三世时代,爱尔兰受到严厉压制,当地新教徒人数有限,但牢牢掌控爱尔兰政局。信仰天主教的爱尔兰人激愤难抑,却无力翻身做主。安妮继位后,爱尔兰一如既往平静,苏格兰却是另一幅景象。斯图亚特家族根脉在苏格兰且历史悠远,苏格兰人对詹姆士父子的忠诚并未因他们流落异域而大打折扣。威廉的继位甚至没征求苏格兰人意见。1691 年,詹姆士二世为情势所迫同意苏格兰人解除对他的效忠以便自保,多数苏格兰精英亦在 1692 年初宣誓效忠威廉,但当局指使正规军于是年 2 月 13 日在格伦克(Glencoe)对少数未宣誓但亦无叛意的高地苏格兰人发动惨绝人寰的屠杀,给苏格兰人留下了严重心理创伤。苏格兰人当时也想扩展全球贸易,然而奥格斯堡同盟战争期间英格兰海军严格执行《航海法》,取缔苏格兰与美洲贸易,英格兰人还于 1699 年搅黄了苏格兰人在中美洲达里恩(Darien)的经营项目,致使他们在巴拿马建立殖民地的梦想破灭。苏格兰人愤愤不平,敌视英格兰情绪更浓。② 1701 年的《嗣位法》只适用于英格兰和爱尔兰,苏格兰部分人认为斯图亚特族人还有希望夺回苏格兰君位。1703 年,苏格兰议会通过《安全

---

① Edward Gregg, *Queen Anne*, p. 212.
② T. M. 迪瓦恩:《苏格兰民族:一部近代史》,社会科学文献出版社,2021 年,第 6 页。

法》(Act of Security),授权苏格兰议会在安妮逝后从苏格兰先王后人中择贤而立,苏格兰人认可汉诺威选侯成疑。安妮起初不同意《安全法》,但苏格兰人以退出战争迫使她暂表默认。英苏关系紧张之际,铺天盖地的谣言称法国正勾结詹姆士党人,煽动高地苏格兰民众反叛,欲以苏格兰为跳板进攻英格兰。英格兰人对苏格兰人这种老套路并不陌生,外加英苏两国海外冲突频发,上述谣言并非子虚乌有。

　　英苏关系考验重重,然而升温的动力更足。其一,两国新教徒都忌惮天主教,且英格兰宗教宽容缓释了苏格兰人敌意。两国合并首因当归于此。其二,英格兰经济优势足以对苏格兰形成吸附力。1705 年初,议会针对苏格兰出台了恫吓性的《外人法》(Alien Act),该法不仅明文制裁苏格兰经济,且把英格兰境内的苏格兰人定性为外国人。如苏格兰议会撤销《安全法》或支持英苏合并,《外人法》将自动失效。为免经济损失,苏格兰议会勉强同意两国合并。12月,《外人法》失效,两国代表随后就合并事宜艰难谈判并于 1706 年 7 月谈妥合并条件:苏格兰接受汉诺威继承,苏格兰教会完全独立,英格兰议会上下两院分别给苏格兰 16 和 45 个席位,废除不列颠岛上一切贸易壁垒,英格兰海外市场向苏格兰人开放。1707 年 5 月 1 日,根据《合并法》(Acts of Union),英格兰和苏格兰合并为大不列颠王国(Kingdom of Great Britain),两族精英共聚同一议会。

　　海外军事荣耀及英苏顺利合并把马尔伯勒和戈多芬声望推至巅峰,也证明他们拉拢辉格派收到实效。辉格派则借机邀功,欲霸占更多肥差。1706年,在辉格派鼓动下,马尔伯勒和戈多芬力谏安妮任命桑德兰伯爵为南方国务大臣,与哈雷一起主管行政。桑德兰遗传了其父投机钻营基因,人品饱受质疑。此人在威廉三世时代曾漠视安妮继承权,女王对其绝无好感。更何况女王知道辉格派已完全压倒托利派,为权势平衡所需,不能再让辉格派得寸进尺。[1] 哈雷亦反对与桑德兰共事,安妮表示最多允许桑德兰在决策圈享有议事资格。马尔伯勒与戈多芬不顾圣意,以辞职相逼。1706 年底,安妮违心任命桑德兰为国务大臣。此事导致严重君臣嫌隙,而萨拉为其金龟婿桑德兰高

---

① Edward Gregg, *Queen Anne*, p. 219.

就屡番对托利派恶语中伤,女王越发反感这位几十年的闺蜜,两人关系逐渐淡却,哈雷表妹马斯汉姆取代萨拉操持宫廷事务。1706 至 1707 年的议会批准了慷慨税收,然而主教任命又激起君臣不快。1707 年初,因主教病逝和圣职调动出现多个主教空缺,马尔伯勒和辉格派欲用辉格派僧侣填补这些空缺,马尔伯勒还试图把自己举荐的牛津大学钦定神学教授强加给女王。安妮对马尔伯勒夫妇和戈多芬的强势越来越多怨言,对他们的一揽子人事计划反感至极,怒称:"尽管我是女人,辉格派的任何人认为我会被操控或迫于恐吓而顺从,严重误解了我。"①4 月,安妮不顾马尔伯勒和戈多芬反对,任命了埃克塞特、罗斯特和诺维奇三个主教区主教。② 时任大主教特尼森(Thomas Tenison)是典型的宗教自由派,也跳出来抗议圣职任命未曾征询他的意见,安妮完全置之不理。

圣职任命加剧了君臣间已至极限的紧张,女王此后愈发信任哈雷。哈雷出道时是辉格派,此时已变成温和托利派,他主动与马尔伯勒及戈多芬割席,马尔伯勒和戈多芬则暗中磋商如何挤走哈雷。1707 年,马尔伯勒在尼德兰小胜几场,但英军在西班牙吃了败仗,强攻法国南方土伦港(Toulon)未果,损兵折将。10 月,议会召开,托利派严厉谴责军事失利并指控马尔伯勒的兄弟——海军将领乔治·丘吉尔(George Churchill)指挥不当。两派接下来围绕下一步军事行动和战争拨款激烈争吵。斯坦霍普(James Stanhope)出任伐西英军新指挥。马尔伯勒和戈多芬拒绝出席有哈雷参加的重要会议,对女王极限施压,欲迫使其弃用哈雷。起初,女王和哈雷试图离间马尔伯勒和戈多芬,不过他们知道只要战火未停,就不能轻易动马尔伯勒。哈雷遂建议女王改组政府,先搬开戈多芬。马尔伯勒执意与戈多芬共进退,两人一起抨击哈雷权欲熏心、暗使阴招。值此前后,哈雷一名属下因通敌遭议会指控,哈雷本人可证清白,但难辞用人不当之咎。1708 年 2 月 8 日,马尔伯勒夫妇和戈多芬觐见女王,逼迫她赶走哈雷。女王欲庇护哈雷,牺牲戈多芬。然而马尔伯勒和戈多芬煽动下院炮轰哈雷,以纽卡斯尔为首的地方大贵族亦明确支持马尔伯勒

---

①　Julian Hoppit, *A Land of Liberty?* p. 295.

②　Edward Gregg, *Queen Anne*, p. 241.

和戈多芬。① 哈雷与马尔伯勒及戈多芬已无法共事，为免女王尴尬，他与时任战争大臣圣约翰一道辞职。马尔伯勒和戈多芬极限施压成功，但疏远了温和托利派，越来越靠辉格派维系局面，辉格派乘势占尽高位肥缺。波义耳（Henry Boyle）接替哈雷任国务大臣；官迷心窍的沃波尔（Robert Walpole）填补圣约翰空出的战争大臣职，这一人事更替拉开了两人几十年不共戴天之仇的序幕。

1708 年 3 月，老僭位者在法军支持下游弋至苏格兰沿海，苏格兰詹姆士党人未积极回应，老僭位者登陆未果。不过老僭位者的挑衅直接影响了 4 月的英国大选。辉格派以詹姆士党人威胁为由，呼吁选民支持当前军事和外交政策，取得了比三年前更耀眼的胜利，其下院席位比托利派多出 69 席。② 这是安妮时代五次大选中辉格派唯一赢得多数席位的选举。6 月底，马尔伯勒又取得奥德纳德（Oudenarde）大捷。辉格派在海外战争和国内选举两道胜利光环映衬下权欲进一步膨胀，鼓动马尔伯勒迫使安妮启用、提拔更多辉格派官僚。安妮被他们的贪得无厌折磨时，更大不幸降临了，她深爱的夫君因病而亡，其身心均遭重创。早年丧母、青年丧子、中年丧夫，她还要在病痛折磨中孤独面对余生。辉格派丝毫不顾安妮悲恸，强迫她为索默思等人封官晋爵。很快，索默思荣升枢密院主席，沃顿出任爱尔兰总兵，已解甲归田多年的厄尔福德接替病逝的女王夫婿担任海军总指挥。辉格派现在坐拥要职肥缺且有较大下院优势。马尔伯勒虚荣心作祟，自请晋封终身大将军，安妮搪塞称终身大将军在英国史无前例，她无权为未来君王任命大将军。③ 辉格派还违拗安妮心意，为他们的不从国教盟友撑腰并讨好海外加尔文教徒和路德教徒，1708 至 1709 年的议会通过了《归化国外新教徒法》（Act for Naturalizing Foreign Protestants），允许国外受迫害的新教徒在英国及其属地栖身谋职。

辉格派还利用议会为停战设置苛刻条件，其中包括：路易十四承认安妮为合法英王以及汉诺威的英国王位继承权，将詹姆士党人逐出法国，敦刻尔克非军事化，安茹公爵腓力放弃西班牙王位。法国财政枯竭，四面楚歌，但路易十

---

① Edward Gregg, *Queen Anne*, pp. 258 - 259.

② W. A. Speck, *Tory and Whig*, p. 123.

③ Edward Gregg, *Queen Anne*, p. 286.

四果断拒绝了英国开出的上述和谈条件。1709 年 8 月 24 日的马尔普拉凯(Malplaquet)战役见证了 18 世纪欧洲最血腥的拼杀，双方死伤均过两万。联军稍占上风，法军仍能硬扛。战争短期内不会休止，双方资源消耗都逼近临界点。英国得益于优越财政体系情况稍好，但国家早因二十余年战争精疲力竭。国民渐生厌战之情，渴望和平。土地贵族居多的托利派为战争长期承担高额土地税，但军事红利大都落入工商业者居多的辉格派腰包，乡村托利派没捞到任何好处。① 托利派激愤之下主动为民请愿，呼吁停战。1709 年，粮食歉收，大众缺衣少食。政府无视民生之艰，仍为万余巴拉丁士兵提供兵舍和粮草弹药。托利派痛骂辉格派为了"不切实际的新教国际主义"损害英吉利民族利益、讨外族欢心。②

辉格派和主战派自恃军功藐视圣君，罔顾民情；安妮决定顺应民心，挫败他们。哈雷辞职后，安妮与马尔伯勒及戈多芬关系更紧张。宪制模糊令当时的英国人不解议会与君主哪个才是权力中枢，安妮将用行动证明议会和廷臣加在一起也敌不过王权。马尔伯勒和戈多芬两人位高权重，但他们与女王的合作建立在"必需而不是信任或志同道合"的基础上。③ 女王着眼大局，为战争考虑，多年来步步迁就他们。一旦她察觉政治气氛之变，很快便能反戈痛击。早在 1709 年 5 月，女王便小试牛刀，以强奸罪下令将马尔伯勒的一名爱将革职并拘捕，以彰显她才是"军队实际的统帅"。④ 不久在萨切维内尔(Henry Sacheverell)荡起的政治涟漪中，女王看到了强大民意支撑，绝地反击之机来临。萨切维内尔是一名高教会牧师，1709 年 11 月 5 日，他在伦敦布道时呼吁国人警惕教会和国家中"迷失的同胞之危险"，意指辉格派纵容不从国

---

① Daniel Szechi, *1715: The Great Jacobite Rebellion*, Cambridge University Press，1989，p. 59.

② Julian Hoppit, *A Land of Liberty?* p. 299.

③ Julian Hoppit, *A Land of Liberty?* p. 296.

④ Edward Gregg, *Queen Anne*, p. 287.

教者侵蚀教会根基,危及国本。① 布道词旋被民众理解为谴责辉格派、质疑光荣革命。更敏感的是,萨切维内尔为神圣王权辩护,质疑议会拥立国王。布道在伦敦激起强烈反响。辉格派在议会中指控萨切维内尔言论不当,本如一盘散沙的托利派却因萨切维内尔事件团结起来。多数托利派坚持国教至上,发自肺腑同情萨切维内尔。女王不便公开置评萨切维内尔风波,但她一贯捍卫神圣王权和国教,情感上自然偏袒萨切维内尔。1710 年初,审判萨切维内尔期间,伦敦多次上演民众骚乱,不满情绪直指辉格派控制的各级行政机关。萨切维内尔被判三年内不得布道,须当街焚烧布道词以示纠错。判决实属从轻发落,"面对群众对萨切维内尔的压倒性公然支持,辉格派重判他的希望落空了"。② 审判结束后,各地欢欣鼓舞的神职人员和贵族纷纷上书女王,要求政府倾听民众的心声,减轻他们的苦难。普罗大众还吁请女王解散议会重选,以终结辉格派的下院优势。

辉格派史家伯内特称萨切维内尔事件不仅是当年议会辩论的"大事",也是"我这个时代最与众不同的事件",产生了"重大后果"。③ "重大后果"就是高层人事洗牌和派系权势转换。萨切维内尔事件烘托的是英格兰人彻入心扉的国教情结,热爱国教至少对英格兰人来说就意味着爱国。辉格派与国教敌人打得火热,疏远了民众。舆情已偏向托利派,辉格派倒台近在咫尺。6 月 14 日,安妮决定将声名狼藉的桑德兰解职。萨拉和戈多芬极力为桑德兰辩护,马尔伯勒甚至以辞职威胁女王勿动桑德兰,均无济于事。戈多芬劳苦功高,安妮始终敬其三分,但他如今已是国内外和平的巨大障碍。正当安妮为是否拿掉戈多芬纠结时,戈多芬却以下犯上,语带警告称,解散议会和改组政府将致内外政策难以收场。他还和马尔伯勒暗中唆使神圣帝国、汉诺威以及荷兰等国驻英使节向女王施压、奉劝她勿改组政府和重选议会。女王心意已决,8 月初,为和平计,忍痛将戈多芬免职,赐其每年 4000 镑年金以为安慰。④ 索默

---

① William Gibson, *The Church of England*, 1688 - 1832: *Unity and Accord*, Routledge, 2001, p. 78.

② William Gibson, *The Church of England*, p. 80.

③ Burnet, *Bishop Burnet's History of His Own Time*, Vol. Ⅴ, p. 420.

④ Edward Gregg, *Queen Anne*, pp. 317 - 319.

思、柯珀、波义耳等辉格派重臣随后纷纷丢官,罗切斯特、伯金汉和奥芒德(James Butler,2nd Duke of Ormond)等人成为新政府骨干。哈雷以财政总监领导财政委员会,实为新政府台柱。这次大幅人事变动证明君主任免廷臣完全可以无视下院格局。辉格派一度认为新政府资金没有着落,也无法维系与盟友关系,但哈雷内外兼顾,将财政和外交打理得井井有条。新政府运行平稳,女王顺势而为,尽管本届议会未满三年,但1710年11月她便解散议会重选。托利派一扫先前颓势,收获151席多数。① 哈雷的中间道路不仅在下院畅通无阻,且有圣约翰以及斯威夫特(Jonathan Swift)等青年才俊帮衬。圣约翰笔锋犀利,国务大臣之职为他提供了翻云覆雨的新天地;斯威夫特才华横溢、妙笔生花,其主编的《检查报》(Examiner)是政府的宣传利器。1711年3月,一名受审的法国间谍严重刺伤了哈雷。养伤期间,女王封其为牛津伯爵(Earl of Oxford),为报答女王器重,哈雷抱病工作,其间最大成就是成立南海公司(South Sea Company)。这家公司不仅转移了政府巨额债务,且在商业和金融上抗衡辉格派掌控的东印度公司。

　　哈雷首要任务是尽快结束战争。英方现在跳出了"没有西班牙就没有和平"之战略窠臼,与法国单独密谈。哈雷拍板三条谈判原则。其一,英法单独密谈,最多照顾萨伏伊利益,以分化反法联盟。其二,腓力五世可保有西班牙及西印度,但须满足英国在美洲商业权益。其三,老僭位者若改宗新教,可考虑助其复位。哈雷知道,议会中詹姆士党人不在少数,争取他们支持是和平前提。然而辉格派战意仍浓且英国国际盟友都无意停战。1711年夏,马尔伯勒巧妙绕过法军防线,英军火炮射程可覆盖巴黎。路易十四已家底朝天,更希望结束战争。9月,以圣约翰为首的英国代表团与法方秘密达成三项停战协议。第一项为针对交战各国的公开条款;第二项关涉法国和萨伏伊在意大利的势力划分;第三项是英法密约,涉及商业、军事和西属美洲等方方面面。和谈消息传开后,马尔伯勒及辉格派占优势的上院仍为和平层层设障。马尔伯勒提醒女王,主和派欲迎回老僭位者并纵容天主教。② 尽管他所言部分属实,但女

---

① W. A. Speck, *Tory and Whig*, p. 123.

② Edward Gregg, *Queen Anne*, p. 345.

王已铁心要和,1711 年底,她解除马尔伯勒兵权,接着又一次性册封 12 位贵族进入上院。① 批量册封贵族在英国史上没有先例,当时争议极大,亦令后世有例可循。19 世纪 30 年代和 20 世纪初,为打破政治瓶颈,也有权臣建议批量册封贵族迫使上院就范。和谈另一障碍是盟国,汉诺威等大陆盟国对英国的背叛义愤填膺,萨伏伊的欧根亲王远赴伦敦游说英国继续战斗。辉格派甚至以同意《暂从国教法》(Occasional Conformity Act)笼络部分托利派,换取他们继续支持战争。1711 年 12 月 20 日,托利派热盼十年的《暂从国教法》终于通过。该法规定:英格兰和威尔士公职人员若参加非国教集会,将被罚款 40 镑且终生不得再担任公职。②

　　1711 年,路易十四长子病死,次年长孙也一命呜呼,只剩一位健康的王孙安茹公爵,即西班牙国王腓力五世。马尔伯勒和沃波尔以腓力将同时成为法西两国国王为由,呼吁继续对法作战。鉴于主战派不愿罢手,1712 年 1 月,议会指控他们涉嫌贪污,尽管控诉证据不足,沃波尔仍被短暂关进伦敦塔。2 月,安妮任命奥芒德接替马尔伯勒统领英国海外军马。奥芒德到任后,下令英军停止一切战斗。5 月 22 日,英军在乌特勒支的谈判代表告诉盟友,英国打算与法单独讲和。为安抚主战派,女王向议会公布英法秘密商业协定,部分消释了上院主战派贵族之怒气。到 1712 年 6 月,上、下两院都同意停战。英军退出战团后,法军反攻,连续痛击神圣帝国和荷兰等国军队。盟军此时才意识到失去英国支持,他们不堪一击。1713 年 3 月 31 日,英、法、荷签署《乌特勒支协定》(Treaty of Utrecht)。神圣帝国和汉诺威等国仍未收手,直至次年被迫讲和,接受协定内容。这份协定奠定了未来三十年西欧的总体和平框架,体现英国意志的内容主要包括以下几点:腓力五世为西班牙国王,但法、西两国王位永远不得合并;荷兰收复早年丧失给法国的土地,西属尼德兰转交神圣帝国治理;法国承认汉诺威选侯对英国王位的合法继承权,将老僭位者赶去洛林;路易十四承诺拆毁敦刻尔克防御工事,盘踞于此的法国海盗不得再威胁英国商船;英国得到美洲的纽芬兰(Newfoundland)、新斯科舍(Nova Scotia)以

---

① Edward Gregg, *Queen Anne*, p. 350.
② Andrew Browning ed. , *English Historical Documents*, Vol. Ⅵ, pp. 398 - 399.

及哈德逊湾(Hudson Bay)的广袤土地;在地中海世界,英国得到战略要地直布罗陀以及马略卡(Minorca);英法商人平等对西班牙及其属地开展贸易,英国商人可凭西班牙国王颁发的贸易特许证(*asiento*)向西属美洲出售奴隶。英国从历时十余年的西班牙王位继承战争中获益远超预期。战争初期英国只想遏制法国扩张并迫使它承认汉诺威选侯的英国王位继承权,未料战争造就了不列颠傲视全球的海洋商业帝国地位。这个从不喜欢制定宏伟发展计划、更偏好边走边看的民族走着走着竟然走到了全球舞台的中心。

　　安妮在位最后两年,詹姆士党人频频活动,欲在女王死后迅速迎回老僭位者。辉格派指控托利派与詹姆士党人频繁接洽,干扰政局。识别詹姆士党人并非易事,统计其数更无可能。可以肯定,托利派大佬多同情老僭位者,奥芒德公爵和圣约翰显然是詹姆士党人。两面派哈雷与老僭位者的关系人尽皆知,同时也极力讨好汉诺威选侯。有人甚至散布谣言,说女王也希望逝后由同父异母弟回国继位。不过谣言很快不攻自破。1713年6月,辉格派在议会中提出动议,要求法国将老僭位者从洛林逐走,离英国越远越好,女王诚心支持此举。相反,圣约翰和哈雷居然怂恿法国人虚与委蛇。1714年初,上院有人提议,老僭位者若登陆英国,擒获他的人将得到巨额赏赐,女王承诺的悬赏金额高达5000镑。[①]

　　因等待乌特勒支谈判消息,1712年冬未召集议会,次年6月议会才开,不过到8月时已届三年的议会便解散。托利派在9月的选举中取得压倒性优势,拿下354席,而辉格派只获得148席。议会开幕后,两派均宣称捍卫《嗣位法》,但言不由衷者不知凡几。托利派胜选后立即严重内讧,派内矛盾升级。圣约翰早年受哈雷提携,羽翼渐丰后欲与哈雷争权夺势。两人矛盾早在1711年便已公开化,当时圣约翰实际负责对法谈判细节,以他的能力这本无可厚非,然而哈雷却想独揽外交权,排挤圣约翰,仅因他没能找到一位可堪大任的

①　Julian Hoppit, *A Land of Liberty?* p. 309.

使法人选才作罢。1712 年，圣约翰受封博林布鲁克子爵（Viscount of Bolingbroke）后还欲晋升伯爵。女王反感此人私生活放荡，拒绝为他晋升。博林布鲁克天性投机且气量狭小，认为哈雷在女王面前中伤自己，导致晋爵泡汤。[1] 哈雷和博林布鲁克互掐仅是托利派内矛盾之冰山一角，派内更大分歧是对王位继承的态度。约 80 名托利派议员是忠实詹姆士党人，另有 70 名左右托利派议员坚决反对老僭位者继位，无论他是否改宗新教。[2] 余下的 200 名托利派议员态度不明。老僭位者血统纯正，他若世故善变，改宗新教，争取这批态度不明的议员支持，并非没有机会。权贵大都在做两手准备。1714 年初，女王病重。哈雷派堂弟前往汉诺威商谈继位事宜，同时继续与老僭位者暗中联络，苦劝他改宗新教，并警醒他勿以武力夺位。哈雷还向法国施压，希望法方说服老僭位者改宗新教。博林布鲁克也劝谏老僭位者改宗，并以英法结盟对抗哈布斯堡帝国为饵，诱使法国力劝老僭位者改宗。[3] 各路人马暗中较劲，政治走势极不明朗。托利派在王位继承事宜上分裂为"汉诺威系托利派和僭位者系托利派"，在外交上分裂为"英吉利托利派以及法兰西托利派"。博林布鲁克抱怨"宫廷和议会中弥漫的一切混乱均由同党的分裂以及对手的恶毒攻击所致"。[4] 实际上他才是这"一切混乱"的祸根，他和哈雷均向女王施压，希望她赶走另一方。女王痛斥廷臣"只为自己着想，既不顾及她的健康和她的生命，也不考虑她的和平"。[5]

1714 年 3 月，老僭位者明确表示不会放弃天主教信仰，哈雷和博林布鲁克都不再对他抱有指望，转而全力以赴迎接即将驾临的汉诺威王室。两人各有策略，哈雷不断讨好汉诺威家族，主动接近辉格派。博林布鲁克则想整合托利派，届时即便不受新王待见，起码可资下院优势自保。5 月下旬，官方确定由博林布鲁克推荐的女王表弟克拉伦敦伯爵出使汉诺威。随后博林布鲁克主导的《教会分裂法》（Schism Act）通过，托利派一致支持该法，女王亦点头称

---

① Edward Gregg, *Queen Anne*, p. 359.

② Edward Gregg, *Queen Anne*, p. 369.

③ Edward Gregg, *Queen Anne*, pp. 375 - 376.

④ Julian Hoppit, *A Land of Liberty?* p. 310.

⑤ Edward Gregg, *Queen Anne*, p. 389.

善。该法旨在确保国教教育垄断权,要求任何办学或教学之人均须持有主教授予的许可证,且须按国教礼仪领圣餐。博林布鲁克出尽风头,在与哈雷权斗中占得上风,而哈雷首鼠两端,遭人鄙视。博林布鲁克胜出,不仅因为他比哈雷更能为汉诺威继承创造出宜政治氛围,老臣什鲁斯伯里和马尔伯勒也双双为其撑腰。什鲁斯伯里是远离权斗旋涡的老资格中间派,他建议女王赶走哈雷,召回马尔伯勒。博林布鲁克还打战神马尔伯勒这张牌,希望正在欧洲游荡的马尔伯勒在乔治王储面前替自己美言,回报是他支持马尔伯勒在新王登位后官复原职。① 1714 年 7 月,安妮解散议会,终止了议员们争吵,随后又将哈雷解职,由什鲁斯伯里取而代之。哈雷成了政斗牺牲品,但这或许是女王对他的变相保护。哈雷是安妮在位后期最赏识的大臣,这位现实主义政治家处理政务不囿于宗教偏见,亦力避派系干扰,他的见招拆招屡为安妮解燃眉之急。不过他的两面派作风令辉格派作呕,他的机会主义徒增虔诚国教徒反感,外交操作也触怒了即将登场的汉诺威王室。他友军太少,政敌太多,丢官或许有助他善终此生。

　　7 月底,安妮病危,大行在即。为防不测,什鲁斯伯里主持的枢密院作了一系列精密部署,关闭沿海重要港口,严密监视天主教徒动向,通知汉诺威选侯速速起行并遣海军中途迎驾。8 月 1 日,安妮驾崩。枢密院随后宣布汉诺威选侯为英王乔治一世。国丧期间,秩序井然。一位贵族对当时情形记录如下:"所有贵族都参与了宣誓,未发生丝毫混乱;(随后)开幕的议会两院也做了宣誓;感谢上帝,一切平静。"博林布鲁克也惊讶"从未有过如此平静的政府交替"。② 安妮对这平静的王朝更迭厥功至伟。她绝非没有主见的妇道人家,她把国家利益摆在首位,她对老僭位者的绝情证明她头脑清醒,因为老僭位者即便能夺得王位,不列颠也难免兵灾,且日趋稳固的新教国家必遭重创。她把不列颠岛并为一个国家;她体察民情,对民心的把握基本精准;她对廷臣的驾驭总体上恰到好处。与其说安妮时代党争激烈,倒不如说一位能驾驭党争的君主刻意为之。她逝后,派系权势对比急速失衡。安妮知名度无法望上一位末

---

① Edward Gregg, *Queen Anne*, p. 390.

② Julian Hoppit, *A Land of Liberty?* pp. 311, 384.

代女王伊丽莎白项背，但她统治下英国的领土扩张和对外战果堪比伊丽莎白时代，就连以保卫新教为名的战争及扩张路数也如出一辙。她在王业充满变数的特殊关头，为国家排除了内战风险，实现了王朝的平稳交替。她留给新君的不仅是一尊王位，更是一个四海晏然、蒸蒸日上的联合王国。

  传统史家多大书特书光荣革命而忽略其后二十余年历史。实际上，斯图亚特王朝最后二十五年是英国政治转变的关键时期。光荣革命规制了新教国家，不过法国和流亡中的詹姆士父子仍是这新教国家的严酷考验。事实证明，正是在威廉和安妮治下，新教国家扎稳根基，"王在议会"规律运转。这宗教及政治的双重成就并非法律条文或政令的结果，而是国内外事件环环相扣的产物。宗教方面，威廉和安妮这两位不强势的君主帮助英国人摆脱了焦虑紧张。威廉淡漠信仰，不因宗教挑事；安妮有一颗炽热的国教心，尽管对不从国教者略显刻薄，但也不给天主教徒可乘之机，将王冠留给一位远方异族的新教徒，令所有新教徒吃下了定心丸。政治方面，光荣革命后，国王任免大臣权力仍不容置疑，不过这并不妨碍这一时期议会地位迅速上升。斯图亚特先王都讨厌开议会，但铁打事实是，从詹姆士一世开始，只要战争就必须开议会，个人统治的前提是和平。威廉将英伦拖入持久海外战争，迫切需要议会定期批复巨额税款，国王和重臣须与议会合作方能持久作战。光荣革命前，战争仅是国王个人行为。威廉和安妮时代，战争从国王的战争变成了国家的战争，国王仍有和战决定权，但已无法靠王室财力或强制性税收维持战争，议会借财权扩张实力。战争而非光荣革命促进了议会权势增强。这一时期，《三年法案》得到切实贯彻，举国严肃对待议会选举，各派为胜选脑汁绞尽，手段尽施。频繁选举和年年召集议会是对议会权威的一种变相宣传，也是其权势增强的证据。尽管这个时代的"王在议会"并非后世所指的君主必须从议会多数派中遴选大臣，但君主尊重多数议员意见才能确保政通人和。威廉从未否决议会通过的议案，安妮只否决过一次。他们并非天性尊重议会，仅因战争大幅压缩了他们的选择空间，而战争缘起于威廉继位以及詹姆士父子始终威胁着新教国家。

英国在战争中变为所谓的财政国家(fiscal state),财政国家反过来凸显议会地位今非昔比。议会功能强化也引导权贵把议会当作权斗平台且赋予了党争新的特色及使命。往昔廷臣倾轧即便拉帮结派,也多表现为人身攻击、栽赃陷害或投君喜好,但争夺议会多数的党争是一种良性竞争,可谓后世成熟政党政治之滥觞。

光荣革命前,英伦教派斗争你死我亡,国王和议会势不两立。威廉和安妮时代,英国人摆脱了长期困扰他们的两大梦魇——天主教威胁和君主个人统治。对詹姆士党人和法国的胜利就是对天主教的胜利,年年开议会就是个人统治的终结。当斯图亚特王朝随安妮逝去时,君主和议会关系仍模糊不清,但君主不开议会已无法治国;宗教敌视仍无处不在,但新教各派已勉强共存。18世纪初,当法国、普鲁士、俄罗斯等大陆国家还停留在君主专制的窠臼或翘首盼望专制君主时,英国的"王在议会"已能确保王权与法制并行不悖;当大陆国家还在为打压宗教异端大兴迫害时,英国已奉行宗教宽容并以国泰民安证实宽容可行。这个岛国已做好了领跑世界的准备。

第十一章 汉诺威继承与政局稳定
（1714—1742）

    乔治一世是现代英国史上最无存在感的君主，几乎没有给他的英国子民留下什么印象，其在位期间，留下的画像和雕塑亦屈指可数。这位五十四岁的英国人远亲是"一个只会说一点简单英语的德意志人，一个其貌不扬、没有任何魅力的中年人，一个除了基本诉求之外，没有任何伟大抱负的人"。位尊九五仅因"他是一个路德教徒，而不是天主教徒"。^① 乔治从未与他的岛国臣民有过心灵碰撞，他在位十三年，六次返乡，待在汉诺威时间累计近三年，最后病故于汉诺威且葬在那里。威廉三世当年也长期逗留荷兰，但英国人对乔治的印象比威廉三世更淡薄，毕竟威廉三世有战功彰显存在，乔治则是英国历史上"最不为人知"的国王。^② 与其说他是一位国君，倒不如说英国宪制需要一位元首，国教会需要一位哪怕是象征性的首脑。乔治即便可代行教国体制必需的君主功能，一位异域陌生人统治不列颠也不可能完全打消臣民疑虑。人们担心汉诺威与其周边国家错综复杂的关系把英国拖入本来事不关己的对外战争。乔治对英国行政管理知之甚少，他的路德教信仰以及宗教宽容主义与高教会很难和睦共存。他从汉诺威带来了 70 余名臣仆、乐师、厨师，还有两名土耳其马夫。乔治的情妇梅柳辛（Melusine von der Schulenburg）和他的同父异母妹妹夏洛特（Sophia Charlotte）在新宫廷中话语权较大。梅柳辛长期受宠，

---

① 琳达·科利：《英国人：国家的形成，1707—1837 年》，商务印书馆，2017 年，第 76 页。

② Julian Hoppit, *A Land of Liberty?* p. 388.

官迷心窍者挖空心思与她套近乎，以求高就；夏洛特与许多英国贵妇过从甚密，不过她对政治兴味索然。[1] 乔治的随从和三亲六戚本想来伦敦沾光，但英国生活成本高于汉诺威，而他们并无稳定收入来源，故经常帮政客疏通官路，从中受贿甚至索贿，宫廷腐败人尽皆知。乔治还允许他的汉诺威亲信就国事发表意见，无视《嗣位法》规定的外国人不得就政策向国王建言献策。英国臣民无法得到宫廷职位而妒火中烧，常抨击宫廷和国王的异族亲信贪婪、腐败，榨取英国民脂民膏过养尊处优生活。他们还以《嗣位法》为据，指控汉诺威人干涉英国政治，重臣汤申（Charles Townshend）和斯坦霍普不时提醒乔治，侵犯议会为英国人保有的权利极易导致"政治风险"。[2]

　　身背诸多负评，乔治仍能一帆风顺继位并统治英国，自有他的优势。第一，无论作为新教徒还是大选侯，乔治都以神勇及睿智著称于世。1670 年代，他多次在与法军的战斗中冲锋陷阵，甚至还在 1680 年代参加过对土耳其人的战斗，更不曾缺席九年战争和西班牙王位继承战争。新王的路德教信仰和长期与法国的生死战斗无形中助推了英国人对他的好感。一位牧师的布道词颂扬他不仅"在希腊和德国对抗基督教的敌人声名远播，还在佛兰德尔抗击教皇的从犯及其嚣张权势中表现卓越"。[3] 第二，乔治和蔼可亲，特权意识淡薄，乐与议会合作，打消了英国人对强势君主的疑惧。第三，乔治与其新臣民的隔阂与光荣革命前的君臣敌视本质不同，并非原则性的宪制问题。宫廷腐败属实，但宫廷与政治毕竟是两码事。詹姆士一世和查理二世的宫廷藏污纳垢、淫秽不堪，查理一世和詹姆士二世的宫廷都堪称表率，但各自结局却判若云泥。何况对乔治宫廷腐败的指控亦有夸大之嫌。乔治和他的随从只能把控宫廷职位，求官者仅靠裙带关系或私人引荐并不能获得政府高级职位。乔治时代，议会每年拨款 70 万镑用作宫廷开支，乔治并无资金赏赐无度。第四，乔治的宗教固然让虔诚国教徒失望，但令所有新教徒放心。威廉三世已证明，君主宗教淡漠至少好过信仰天主教。乔治属于启蒙时代，深受普芬道夫（Samuel von

---

① Ragnhild Hatton, *George Ⅰ*, Yale University Press, 2001, pp. 138 - 139.

② Ragnhild Hatton, *George Ⅰ*, pp. 145 - 150.

③ Hannah Smith, *Georgian Monarchy*, *Politics and Culture*, *1714 - 1760*, Cambridge University Press, 2009, p. 23.

Pufendorf)思想影响,比威廉三世更少宗教情怀。他的身上散发着典型的 18 世纪政治气息,从他开始,英国君主神秘魔性急剧褪色,君权神授理论渐趋沉寂。① 乔治的弱势统治和宗教淡漠为不列颠人的宗教狂热适当降温,极大减少了内战风险。乔治治下,英国人克服了自查理一世以来的心魔——对内战的恐惧。这是汉诺威继承的最大功劳。

乔治继位前主要通过汉诺威驻英使节了解英国政局。直到 1714 年 9 月,他才动身赴英,月中又因风浪滞留海牙十余天。安妮驾崩后,乔治表示他遴选大臣不受派系干扰,不过很快他便食言。他任命的 18 人摄政委员会包括 13 名辉格派、4 名托利派和 1 名中间派。② 索默思和桑德兰等辉格将塔骨干并不在列,但辉格派占绝对多数是不争事实,以诺丁汉为首的汉诺威托利派即便团结一致,能否牵制辉格派仍是未知数。托利派只能寄望于什鲁斯伯里这位温和辉格派勿按派系偏见行事,毕竟他在摄政委员会中说话最有分量。③ 羁留海牙期间,荷兰政界抨击托利派为结束西班牙王位继承战争背盟败约,进一步加深了乔治对托利派的嫌恶。抵英后,乔治毫不掩饰他强烈的政治倾向,在欢迎人群的众目睽睽之下,对哈雷待搭不理。他认为托利派导演的乌特勒支和平是对盟友的背叛,博林布鲁克及哈雷与老僭位者人尽皆知的暧昧关系更是对新王的不敬。博林布鲁克机关算尽也没保住乌纱帽。辉格派在新政府中拥有压倒性优势。汤申和斯坦霍普分别任北、南国务大臣。汤申是 1709 年英荷缓冲条约的缔造者,对北欧形势了如指掌,乔治认为他是捍卫汉诺威利益的最佳人选。斯坦霍普长期在西班牙领兵,军事和外交经验丰富,外加汤申引荐,他的高就亦合情理。④ 辉格将塔元老哈利法克斯出任第一财政大臣;沃波尔任会计长(paymaster),他的战争大臣之职让给普尔特尼(William Pulteney);柯珀任大法官,他是乔治最信任的英国人,屡次谏言国王不要组建效率低下的跨党派政府;威廉三世的重臣沃顿任掌玺大臣,厄尔福德再任海军司令,早已

---

① Ragnhild Hatton, *George I*, p. 167.

② Ragnhild Hatton, *George I*, p. 120.

③ Brian Hill, *The Growth of Parliamentary Parties, 1689 - 1742*, George Allen & Unwin, 1976, p. 149.

④ Ragnhild Hatton, *George I*, pp. 124 - 125.

解甲归田的马尔伯勒也被召回并从奥芒德手中夺回了陆军总司令职务。托利派只有诺丁汉官居枢密院主席，不过这个职位的象征意义远多于实权。到18世纪初，第一财政大臣与两位国务大臣的权势完全碾压传统的大法官、枢密院主席和掌玺大臣。地方各级机构也相应调整，各郡长官和各地治安委员会大多也被辉格派控制，"托利派除了哀叹和忧伤别无他法"。①

托利派原本还寄望他们有席位优势的下院能招架辉格派咄咄逼人的攻击，然而乔治1715年1月下令解散议会重选，托利派彻底梦碎。不仅国王器重辉格派，且辉格派组织更完善，竞选资金亦充裕。乔治毫无顾忌要求选民"坚定支持新教继承"，托利派则大呼"教会危急"并提醒选民，为汉诺威选侯国牺牲英国利益不值。② 新王登基伊始，托利派的反调宣传极不近情理并为此付出了代价。苏格兰45个席位中，托利派只赢得7个，英格兰乡郡是托利派大本营，他们在乡村表现不输对手，但乡郡席位比城市席位少得多，城市不从国教者一贯是辉格派的政治同盟军。诸多因素导致辉格派在新产生的下院坐拥341席，托利派只有217席。③ 乔治为君最初几个月的事实证明，国王个人偏好仍是政治的最大变数，他不仅率性任免大臣，还公然用个人倾向去影响选举结果并稳操胜券。王权并未旁落。

3月，议会召开，辉格派气焰嚣张，坚持清算哈雷等人，随后以斯坦霍普和沃波尔为首的一群人建议弹劾哈雷、博林布鲁克以及奥芒德，给他们罗织罪名，指控他们叛国。博林布鲁克事先预感不妙，3月底便逃往法国，不久被老僭位者封为伪国务大臣，其好友文德汉姆（William Wyndham）极力在下院为他辩护，未果；文德汉姆本人不久也因支持老僭位者叛乱而被打入大牢；奥芒德随后也溜之大吉；哈雷无所畏惧，据理力争，勇敢自辩，但逃不脱被送进伦敦塔之厄运，直到1717年他才完全洗清罪名，后告老归乡。托利派领军人物遭难的同时，老一辈辉格派也纷纷辞世。乔治继位后不到两年，哈利法克斯、沃顿、索默思等人相继病故，什鲁斯伯里亦淡出政局。辉格与托利派系对立依

---

① Julian Hoppit, *A Land of Liberty?* p. 390.

② Daniel Szechi, *1715: The Great Jacobite Rebellion*，Yale University Press，2006，pp. 35 - 36.

③ Brian Hill, *The Growth of Parliamentary Parties*，p. 154.

旧,但两派干将都是新面孔了。

乔治初临英伦,举国平静。然而辉格派的完胜导致原本希望新王建立跨派系政府的托利派愤愤不平,乔治冷落托利派并打压詹姆士党人激起了不少地方性骚乱,布里斯托尔以及威尔特郡等西部边陲地带民心不宁。10 月 20日乔治加冕礼当天,多地上演小规模骚乱以示抗议。托利派起初并未支持这些零星骚乱,他们寄希望于大选胜利,用议会限制新王和辉格派。① 选战失利以及新议会对博林布鲁克和哈雷等前政府要员的迫害超出了托利派容忍下限。流亡在洛林的詹姆士党人得悉英国政情,决定借机起事。詹姆士二世私生子、曾在西班牙重创英军的伯威克公爵(Duke of Berwick)确信:"骚乱弥漫在英格兰每个角落,人们不仅公开反对政府,甚至声称支持僭位者。"老僭位者也疾呼"机不可失,失不再来!"②然而流亡中的詹姆士党人不仅高估了英格兰骚乱的严重性,亦无国际支持。乌特勒支和平以来,法国已明确放弃支持詹姆士党人,一直与斯图亚特家族蝇营狗苟的太阳王路易十四已于 1715 年 9 月作古,幼主路易十五年仅一岁,辅政大臣奥尔良公爵(Philippe Ⅱ, Duke of Orléans)是现实主义政治家,法国需要休养生息,何况它与神圣帝国在意大利等地的战争还未彻底结束。奥尔良恪守《乌特勒支协定》,对叫嚣复辟的老僭位者避而远之。西班牙亦爱莫能助。倒是有传言称瑞典国王查理十二(Charles Ⅻ)暗中与詹姆士党人有染,老僭位者希望娶查理十二胞妹为妻,查理十二则想利用詹姆士党人给乔治制造麻烦,迫使乔治在波罗的海地区对瑞典让步。不过瑞典当时在漫长的大北方战争(Great Northern War)中已成强弩之末,不想再挑衅英国和汉诺威。③

老僭位者只能寄厚望于英国内应并从苏格兰人马尔伯爵(John Erskine, Earl of Mar)身上看到了希望。马尔向来是墙头草,原任苏格兰高官,乔治继位时他表态对新君忠心不二,但还是丢官失势。马尔怀恨在心,伺机报复。他也不缺同伙,英苏合并以来,不少苏格兰贵族并未分享到合并产生的经济裨益,何况英国议会干预苏格兰贵族册封和地方选举,招致苏格兰人怨恨。1690

---

①　Paul Kleber Monod, *Jacobitism and the English People*, 1688 - 1788, p. 179.

②　Julian Hoppit, *A Land of Liberty?* pp. 393 - 394.

③　Ragnhild Hatton, *George I*, p. 174.

年代苏格兰的饥荒、萧条以及西班牙王位战争期间的沉重赋税导致民不聊生，部分苏格兰人相信废黜詹姆士二世、支持英苏合并都是弥天大错，触怒上帝并遭到了相应惩罚。[1] 1715 年 9 月，马尔打起老僭位者番号，起兵反叛。对1707 年英苏合并不满者望风而动，马尔一呼百应，苏格兰就这样成为詹姆士党人基地。

老僭位者期待英格兰西部以及威尔士也像苏格兰一样，武装起义遍地开花。然而除了天主教根深蒂固的兰开夏和诺森伯兰两郡，并未上演预期的起义。原因如下。第一，情报部门事先得知许多天主教徒和詹姆士党人密谋的消息，政府未雨绸缪，收缴了危险分子的武器并对他们一举一动严加监视。第二，博林布鲁克和奥芒德逃亡后，英格兰境内詹姆士党人缺乏众望所归的领袖。第三，对现政府不满与支持老僭位者复辟是两码事，多数托利派分子尽管对乔治继位后所遭不公愤愤不平，但已流亡海外几十年的老僭位者长期与法国狼狈为奸，民族情感羁绊着这些托利派的良心。最后，也是最重要一点，老僭位者顽固的天主教立场仍是横亘在他与不列颠新教徒之间无法逾越的障碍。博林布鲁克 1715 年再次奉劝老僭位者公开支持英格兰国教，后者一如既往无动于衷。他的冥顽不化既损耗托利派耐心，更迫使教会坚定支持汉诺威继承。托利派因威廉三世和乔治一世宽容不从国教者而感到国教危急，但他们不会病急乱投医，找回天主教国王。起义消息传开后，绝大多数主教联合宣称："教皇党人欲把一人扶上王位，这些人意欲树立他们自己的宗教并毁灭我们的信仰"，"与他们同流合污的国教会神职人员……邪恶且令人作呕，理应遭神人共弃"。[2] 解铃须用系铃人，当初是教会带头把詹姆士二世赶下台，没有教会支持，夺回王位无异于痴人说梦。老僭位者根本号不准他的家族病脉。

9 月，老僭位者失望慨叹："我必须承认我的大业前景黯淡。"[3]10 月，当奥芒德率领一小撮人在德文郡沿海游弋时，内陆未有任何呼应。诺森伯兰郡的福尔斯特（Thomas Forster）招募了几百名乡勇并与马尔取得联系，随后兵力扩展到几千人。他们沿西部海滨南下，抵达兰开夏境内，试图占领利物浦以便

---

[1] T. M. 迪瓦恩：《苏格兰民族：一部近代史》，第 45—47 页。

[2] Daniel Szechi, *1715*, p. 235.

[3] Julian Hoppit, *A Land of Liberty?* p. 395.

与威尔士的詹姆士党人接头。11 月 13 日,斯坦霍普派去的官军在普雷斯顿痛击叛军,乱党 1600 余人被俘,余众潜逃,英格兰境内平叛工作告一段落。马尔在苏格兰的声势比他的英格兰同党浩大得多,他聚集了约 14000 名苏格兰詹姆士党人,从珀斯(Perth)南下企图夺取爱丁堡。普雷斯顿战役同一天,阿吉尔公爵(John Campbell, 2nd Duke of Argyll)指挥的政府军在谢里夫缪尔(Shriffmuir)与叛军狭路相逢,双方互有伤亡,叛军损失约 1500 人,不过仍有战力。[①] 马尔退回珀斯,等待老僭位者来援。12 月,老僭位者现身苏格兰。他天性忧郁,常自怨自艾,毫无领袖气质。他带来的武器简陋,金钱亦少得可怜。叛军士气低落,阿吉尔却不断得到后续增援,也许他不忍屠戮同胞,叛军才能在苏格兰北方苟延残喘。次年 2 月,乔治任命卡多根(William Cadogan)取代阿吉尔指挥戡乱,詹姆士党人明晓大势已去,作鸟兽散。老僭位者带着无尽遗憾离开了不列颠,余生再未踏足这片生他却不愿养他的陌生土地。他在苏格兰詹姆士党人最需要精神支撑的时候遗弃了他们,"此后再也无法激励许多人冒着生命或财产危险为他献身"。[②] 起义随着老僭位者遁去烟消云散了,少数詹姆士党人转入地下活动。

政府严厉追究参与起事的詹姆士党人刑责。兰开夏境内,20 余人被处决,普雷斯顿战役的俘虏多发配美洲充当奴工。7 名贵族被带到伦敦判处死刑,在上院积极干预下,其中 5 人保住性命。[③] 官方仅杀鸡骇猴,总体看,清算和追责并未扩大化。不过政府却以威胁无处不在为由大肆打压西北部的天主教徒,其后几年,英格兰天主教徒地产频遭籍没,经济实力大幅下滑。[④] 起义的苏格兰詹姆士党人幸运得多,他们中的多数在谢里夫缪尔战役后悄然散去,很少有人沦为阶下囚。苏格兰乡村的血亲关系和裙带恩庇还带有中世纪色彩,地方官员和贵族尽力庇护他们的同胞。[⑤] 苏格兰詹姆士党人元气未伤,族缘关系仍在,三十年后他们仍有实力再兴风浪。

---

① Daniel Szechi, *1715*, p. 159.

② Julian Hoppit, *A Land of Liberty?* p. 396.

③ Ragnhild Hatton, *George Ⅰ*, p. 179.

④ Daniel Szechi, *1715*, p. 236.

⑤ Daniel Szechi, *1715*, pp. 249 - 250.

　　起义对英国内外政策影响深远。首先，起义加剧了乔治对托利派的厌恶。尽管英格兰詹姆士党人群众基础薄弱，主要是早被边缘化了的天主教徒，但部分托利派对老僭位者态度暧昧。乔治据此更确信辉格派才是政府坚强后盾，王室的信任是辉格派接下来掌权四十年的前提。其次，查理十二和法国官方从英国政府军酣畅淋漓的胜利中看清了英国政府牢靠、王室稳固，既而明白，支持不堪一击的詹姆士党人勒索或牵制乔治和英国政府恐难奏效。这有利于乔治得到他想要的外交局面。最后，辉格派打压托利派更理直气壮。沃波尔提议加征土地税支付平叛费用，议会慷慨批准。此后，政府以安全为由将不列颠和爱尔兰的常备军扩大到 3 万人。1716 年 2 月，诺丁汉因涉嫌为起事者辩护被解职，此后"再也没有什么能够阻止辉格派业已令人可怕的权势"。[1]1716 年 4 月，辉格派操控下院，出台《七年法案》取代《三年法案》，规定此后每隔七年举行一次大选。毫无疑问，此法旨在通过延长议会选举间隔来强化辉格派既有的下院优势，尽可能延阻托利派东山再起。

　　有如 1711 年后的托利派，辉格派取得绝对优势地位后立即内讧。斯坦霍普、桑德兰、汤申和沃波尔四大权臣很快选边站队。斯坦霍普曾是马尔伯勒的马前卒，在九年战争和西班牙王位继承战争中立下汗马功劳，也曾是西班牙的战俘。他不仅深得乔治青睐，还与下院中的桑德兰往来频密。1715 年 5 月，哈利法克斯病故，一位老式贵族短暂出任第一财政大臣，是年 10 月，这个重要职位落入沃波尔手中。沃波尔和他的妻弟汤申是来自诺福克的同乡，志同道合。

　　辉格派内讧不仅源于亲缘关系和人物个性，更源于复杂外交形势和宗教分歧。乔治对故乡汉诺威始终念念不忘。1709 年，查理十二在俄国惨痛失利，遁至奥斯曼帝国，瑞典在波罗的海沿岸的土地成为北欧各国瓜分对象。1713 年，身为选侯的乔治夺取了原由瑞典掌控的韦尔登（Verden）和不莱梅

---

① Julian Hoppit, *A Land of Liberty?* p. 397.

(Bremen)。这迟早招致查理十二报复,且丹麦、法国亦觊觎这两块土地。乔治如今利用英国实力捍卫汉诺威利益,还欲在北欧扮演力量平衡者角色。[1]他下令英国海军长期巡航波罗的海,震慑瑞典。1716 年 5 月,乔治又主导英国与神圣帝国缔结了《威斯敏斯特条约》(Treaty of Westminster),承认帝国在意大利的利益以换取它不支持瑞典侵害汉诺威利益。乔治继位对英国外交的最大影响是英法关系的急剧回暖。法国摄政奥尔良的外交要领是遏制神圣帝国在意大利和莱茵河流域扩张,而此时的法国迫切需要休养生息,恢复元气。奥尔良有意与英国和解,乔治乐见法国主动示好,以利用它震慑瑞典。然而当英法准备缔结新约时,汤申和沃波尔拖延不办。他们还想继续保持英荷传统友谊,荷兰此时极力避免与法国关系太近,以免惹怒西班牙和神圣帝国。汤申和沃波尔真实意图是要防止英国卷入地中海世界的领土纠纷,那里法、西、神圣帝国三角关系比北欧世界更复杂。[2] 乔治不想因迁就荷兰坏了大局,更抱怨汤申和沃波尔太过顺从议会,一时与此二臣分歧极大。1716 年夏,乔治带斯坦霍普和桑德兰回汉诺威,且让斯坦霍普而非汤申商谈英法和约细节,斯坦霍普一味迎合圣意,越发受乔治赏识。当斯坦霍普和法国使节杜波依斯(Guillaume Dubois)谈妥的英法协议初稿递交英国政府讨论时,汤申以荷兰利益应一并考虑为由,变相阻挠。乔治大怒,命令斯坦霍普直接与杜波依斯签约,并考虑将汤申免职。[3] 不过斯坦霍普与法方达成的协议多少还是照顾了荷兰的感受,1717 年初,英、法、荷结成"三国同盟"(Triple Alliance),承诺共同维护《乌特勒支协定》,法国认可汉诺威占有韦尔登和不莱梅,同意将躲在阿维农的老僭位者驱逐出境。老僭位者远徙意大利,此后只能靠教皇接济在亚平宁山麓尽兴领略地中海风情了。老僭位者离伦敦更远,汉诺威安全也有了保障,乔治为他的外交成就自鸣得意。

乔治通过改善英奥和英法关系拱卫汉诺威必触怒瑞典和西班牙,进而危及《乌特勒支协定》达成的对英国有利的平衡。这正是汤申和沃波尔的担心所

---

① Brendan Simms, *Three Victories and a Defeat: The Rise and Fall of the First British Empire*, *1714 - 1783*, Allen Lane, 2007, pp. 108 - 109.

② Ragnhild Hatton, *George* I, pp. 182 - 183.

③ Ragnhild Hatton, *George* I, pp. 191 - 192.

在。《威斯敏斯特条约》不仅有将英国卷入大北方战争的危险,且势必引起西班牙不快,毕竟西班牙和神圣帝国在地中海和意大利纠纷尖锐。汤申和沃波尔更反对为汉诺威开罪瑞典。事实很快验证了他们的先见之明。瑞典驻英大使与詹姆士党人暗中勾结并许诺用瑞典军队帮助詹姆士党人圆梦。尽管瑞典无力兑现它的空头支票,但险情不能不防。[1] 汤申和沃波尔的预估旋即应验。随后几年,英国与西班牙多次爆发小规模武装冲突。英法谈判还对北方局势产生连锁反应,波罗的海形势陡转直下,沙皇军队推进到了梅克伦堡(Mecklenburg),打算从那里进攻瑞典。俄国取代瑞典成为汉诺威的新威胁。乔治要英国海军开到波罗的海东岸震慑俄国,但汤申和沃波尔认为俄国远未对英国构成威胁,何况波罗的海贸易不仅利润丰厚,且英国对俄国的木材和粮食均存在一定程度的依赖。1716 年底,以乔治和斯坦霍普为一方,汤申和沃波尔为另一方,围绕对地中海、荷兰以及波罗的海的外交龃龉继续升级。乔治调汤申任爱尔兰总兵,削弱其外交话语权。1717 年 4 月,托利派、汤申领头的辉格派以及太子帮在下院反对政府的北欧政策,政府动议仅以 15 票优势惊险过关。乔治随后干脆将汤申免职。斯坦霍普知道沃波尔在下院人脉极广,希望他留职,但沃波尔不愿与汤申切割,也递交辞呈。更麻烦的是,追随沃波尔辞职的还包括南方国务大臣梅休因(Paul Methuen)、海军司令厄尔福德、枢密院主席德文公爵(William Cavendish, 2nd Duke of Devonshire)以及战争大臣普尔特尼等人。[2] 政府失去了半边天。斯坦霍普只好自己担任第一财政大臣,他拙劣的理财技能很快把政府带入灾难深渊,次年被迫将财务交由桑德兰打理,自己重操北方国务大臣。斯坦霍普也难觅合适的南方国务大臣替代者,先用一位毫无行政经验的文人充数,次年提拔的小克拉格斯(James Craggs the Younger)亦庸碌无为。

沃波尔和汤申去职实乃以退为进。和他们一起与乔治摩擦迭起的还包括太子乔治,即未来的乔治二世。1715 年起义后,詹姆士党人仍散布王室非英国正统之论,民间继续指责王室为汉诺威利益搜刮英国民脂民膏,乔治为缓解

---

[1] Ragnhild Hatton, *George I*, p. 199.

[2] Brian Hill, *The Growth of Parliamentary Parties*, p. 164.

重重压力,欲将汉诺威继承与英国继承分开。太子不仅反对王室分离,还因宗教立场与乔治互怼。太子为讨好国教徒和主教,反对取消《暂从国教法》和《教会分裂法》,这令主张宗教宽容的乔治恼火万丈。乔治父子的家庭矛盾亦清官难断,乔治一度将太子驱逐出宫,太子只能住到莱斯特宫(Leicester House)。乔治回乡一般由太子担任摄政,而太子利用摄政机缘展露娴熟政治技巧及亲和力,颇受民众爱戴。太子亲民,让人觉得他把不列颠利益置于汉诺威利益之上。① 太子住到莱斯特宫后,汤申、沃波尔等不受乔治待见的失意政客成为太子府座上宾。沃波尔总能抓住常人捕捉不到的政治机会,他很快从太子妃卡罗琳(Caroline of Ansbach)身上打开缺口并赢得了她的持久信任,太子妃则对他言听计从,太子"被太子妃控制了,就像太子妃被沃波尔控制了"。② 卡罗琳的信任自此成为沃波尔弥足珍贵的政治资本。

莱斯特宫的意见搞得乔治心烦意乱。这首先体现在宗教方面。乔治知道笼络国教徒是维系王位的秘诀。不过他本人是理性主义者,信仰路德教,提倡宗教宽容,骨子里反感《暂从国教法》和《教会分裂法》,任命了大批同情不从国教者的温和辉格派主教,包括霍恩(John Horne)、吉布森(Edmund Gibson)、波特(John Potter)。1715 年霍德利(Benjamin Hoadly)出任班吉尔(Bangor)主教以及 1716 年维克出任大主教在乔治继位后英格兰宗教政策反转中极具风向标意义。1717 年,霍德利一篇布道词称"我的王国并非此世"(my kingdom is not of this world),矛头直指国教和国家合一体制。他还称不应制定统一的新教圣礼,主教制无权把任何新教徒拒于国教大门之外。③ 霍德利言论引起天下哗然,但乔治依然提拔他担任王室教堂主牧师。宗教会议欲对霍德利发难,乔治盛怒之下关闭了宗教会议。此后除 1741 和 1742 年短暂召开,宗教会议作为英国神职人员最高议事机关长久闭会,直到 1854 年才重开。乔治这位不信国教的国王仅凭个人喜好便关闭宗教会议,充分证实君主手握巨大宗教权力。斯坦霍普和桑德兰支持乔治和霍德利,他们认为不从国

---

① Ragnhild Hatton, *George I*, p. 199.

② Jeremy Black, *Robert Walpole and the Nature of Politics in Early Eighteenth Century England*, New York, St Martin's Press, 1990, p. 40.

③ William Gibson, *The Church of England*, pp. 84 - 85.

教者是辉格派的选民基础,理应受到关照。不过沃波尔又出来唱反调,他自萨切维内尔事件后便意识到宗教保守主义力量远大于激进主义,国教徒才是政权基石,任何党派都必须争取他们支持,故不完全赞同宗教自由主义。沃波尔更敏锐察觉,乔治的宗教政策无情疏远了安妮时代得势的高教会人,无论从派系权斗还是国家安全考虑,他都没有理由坐视不管。

反对派在 1718 至 1719 年的议会中连番借宗教议题给政府制造麻烦。斯坦霍普提议彻底解放不从国教者,沃波尔及其党羽却以国教捍卫者姿态全力阻挠,多数主教亦为他们撑腰。大主教维克既不想挑衅托利派和高教会士,也不愿支持政府,他的和稀泥姿态在教俗两界均不讨好,既疏远了沃波尔,亦招致吉布森等主教不满,几年后他被架空时,无人为其抱打不平。斯坦霍普最后抛出折中议案,取消《暂从国教法》和《教派分裂法》,但继续执行 1689 年的《宽容法案》。这明摆着要颠覆安妮时代的宗教政策,遭高教会强烈抗议。即便有国王撑腰,斯坦霍普折中议案仅以 243 票对 202 票通过,69 名辉格派议员投了反对票,还有 57 名辉格派为免政府难堪而缺席表决。[①] 这是英格兰宗教史上一次政策大反转,安妮时代的宗教保守主义退潮,高教会式微,低教会得势。表面看,不从国教者仍需遵守 1689 年原则,只有不完整公民权,但实际上他们可佯装暂从国教规避限制。这场斗争证实,在遵奉新教大提前下,国王直接决定教派斗争之胜负。

反对派的刁难不限于宗教,他们给政府上的最好一课就是搅黄了"贵族议案"(Peerage Bill)。乔治继位以来,上院中辉格派优势越来越大。安妮当初为改变上院格局一次性册封 12 名贵族进入上院,有此前车之鉴,桑德兰担心乔治驾崩后自己权势不保。上院贵族为他们的权势作长久计,炮制"贵族议案",规定上院贵族以后"最多只能增加 6 名"。[②] 桑德兰欲借此法限制国王册封权限,以便他自己长久操控上院。1719 年初,议会辩论时,沃波尔力陈上院一向是国家机构的平衡器,不应轻易改变传统。不少下院议员担心"贵族议案"阻遏他们将来的晋封之路,纷纷附和沃波尔。是年底,"贵族议案"再辩时,

---

① Brian Hill, *The Growth of Parliamentary Parties*, p. 174.

② D. B. Horn and Mary Ransome eds, *English Historical Documents*, Vol. Ⅶ, *1714 - 1783*, Routledge, 1996, p. 153.

沃波尔及莱斯特宫其他政客火力齐开,沃波尔为此在下院发表了他一生中最著名的演说。下院最终以 269 对 177 票否决了"贵族议案"。① 此事也提醒乔治与桑德兰,沃波尔在下院人气太高,没有他及汤申支持,政府寸步难行。

　　政府陷入被动时,乔治的外交却打开了新局面。这首先要拜西班牙国王腓力五世无心之赐。1717 年,腓力五世乘神圣帝国在巴尔干与奥斯曼帝国鏖战之机,进攻撒丁岛和西西里。1718 年夏,神圣帝国结束了与奥斯曼帝国的战争,加入"三国同盟",使其变为"四国同盟"(Quadruple Alliance)。乔治·宾(George Byng)指挥的英军在西西里沿海羞辱西班牙舰队,尽管沃波尔在议会中陈情对西挑衅有悖英国利益,也不合国际法,但英国民众支持对西作战。这年底,腓力五世攫取法国王位的阴谋破产,法国也加入了对西作战行列。腓力五世为牵制英军,支持奥芒德打着老僭位者旗号进攻英国。奥芒德在加利西亚沿海遭遇风暴,行动取消。另有小股西班牙海军在苏格兰沿海登陆,不过登陆后很快被英国政府军击溃。② 为报复西班牙策划詹姆士党人叛乱,英军直接占领塞尔塔并向西班牙腹地推进。西班牙树敌太多,在美洲和地中海世界多线溃败,被迫求和。1720 年初,交战各方缔结《海牙协定》(Treaty of The Hague),结束战争。英国并没有从这次战争中捞到实惠,不过乔治认为英法友谊经受住了检验。北方,查理十二 1718 年战死,瑞典对汉诺威的威胁解除,查理十二继承人盼与乔治联手应对共同敌人俄国。俄国对波罗的海南岸诸国鹰视狼顾,乔治不能不防,他派卡特莱特(John Carteret)前往斯德哥尔摩(Stockholm)谈判,摆脱了瑞典威胁的丹麦也不愿再与俄国合作。1719 年,乔治在汉诺威与多国代表达成了孤立俄国的协议,迫使俄国将里加(Riga)等地还给瑞典,瑞典承认汉诺威保有韦尔登和不莱梅,英国海军帮助瑞典震慑沙皇。③ 1720 年春夏之交,诺里斯(John Norris)指挥的英国海军在波罗的海游

① Brian Hill,*The Growth of Parliamentary Parties*,p. 177.
② Brendan Simms,*Three Victories and a Defeat*,p. 140.
③ Ragnhild Hatton,*George I*,p. 238.

弋，随时可能与俄国发生冲突。不过英法几乎同时爆发的金融危机迫使两国政要集中精力应付内政。沙皇亦见好就收。次年瑞典将波罗的海东岸土地割给俄国，汉诺威和英国倒没损失什么。在位前六年，乔治果敢借英国实力在北欧纵横捭阖，不仅攫取了原属瑞典的部分土地，且阻止了沙俄向德意志渗透。汉诺威与丹麦、瑞典、普鲁士诸国和解，高枕无忧，此后乔治无须再执行被控不顾英国利益的外交政策。

乔治外交政策的转向有助于缓解他与汤申及沃波尔的紧张关系。沃波尔也希望太子妃尽力消除乔治与太子的隔阂，促成王室家庭和睦。经各方努力，1720 年夏，乔治再度启用汤申和沃波尔，前者担任大会议主席，后者官复总会计长。沃波尔甫一复职，南海泡沫（South Sea Bubble）危机便为他提供了扬名立万的好机会。1719 年，南海公司因购买英国国债成为股票交易者的首选。大批富人投机股票导致股价在 1720 年上半年飙升了 8 倍，市值达 3 亿镑，远超当时英格兰土地价值总和。[1] 政府预感不妙，出台一项法案抑制股价上涨。投机客嗅到风声，争相抛售股份，股价随后一路狂跌，8 月下旬至 10 月中旬，下跌了 79％。与南海公司有业务往来的英格兰银行、东印度公司股价也分别下跌了 40％和 54％，全国股市指数下跌了 64％。[2]。大批股民一夜间倾家荡产，血本无归。第一财政大臣桑德兰对泡沫破裂触发的财政危机和民怨束手无策，人们普遍不相信他有能力化解危机，期盼沃波尔收拾乱局。沃波尔娴熟削减南海公司债务，说服财大气粗的英格兰银行以及东印度公司购买部分国债。经一年多努力，公众的财政信心终于恢复，股价开始缓慢上升。

1720 年 12 月，议会在民众愤怒声中召开。激进辉格派特伦查德和戈登（Thomas Gordon）在他们创办的《伦敦杂志》（London Journal）上刊文狠批政府欺诈、腐败，呼吁彻查并严惩以权谋私的涉腐贪官。议会成立专门委员会彻查泡沫始末，桑德兰以及斯坦霍普堂弟均涉嫌腐败，邮政大臣（Postmaster General）畏罪自杀。1721 年 2 月，斯坦霍普暴病而死。桑德兰利用权力暗箱操作躲过惩罚，但声誉严重受损，被迫引咎辞职。"沃波尔重整公共财政的成

---

① Richard Dale, *The First Crash: Lessons from the South Sea Bubble*, Princeton University Press, 2004, p. 132.

② Richard Dale, *The First Crash*, p. 137.

功提升了自己的名气与权威",当仁不让接任第一财政大臣。[①] 卡特莱特和汤申分任南、北国务大臣。卡特莱特是野心勃勃的后起之秀,与沃波尔及汤申并非一路人,有意挑战两人权势,然而很快便被挤出权力中枢。1723 年,俄国进攻瑞典的消息再度传开,卡特莱特主张对俄强硬,迫使沙皇打消改变北欧格局之企图。汤申尽显老道,他建议乔治静观待变,重点提防法俄结盟。汤申成功阻止了法俄结盟,俄国最终也没进攻瑞典。时任英国驻法大使是卡特莱特亲信,大使处理英法关系不力,沃波尔之弟霍拉修(Horatio Walpole)顺势取而代之。卡特莱特在外交上栽了跟头,渐失话语权,1724 年转任爱尔兰总兵,其空出的国务大臣职位由沃波尔亲信纽卡斯尔公爵(1st Duke of Newcastle, Thomas Pelham-Holles)填补。[②] 纽卡斯尔本受桑德兰庇护,桑德兰死后,转投沃波尔门下。此人资质平庸,但沃波尔认为这恰好不会威胁自己地位。另外,纽卡斯尔在下院有约 15 名铁杆支持者,与其说纽卡斯尔渴望沃波尔提携,倒不如说沃波尔需要这十几名受庇议员的信任票。纽卡斯尔同父异母弟佩勒姆(Henry Pelham)也荣膺沃波尔曾经担任过的战争大臣,佩勒姆能力超乎其兄,擅长组织,替沃波尔分担了笼络下院的重责。佩勒姆家族自此飞黄腾达。

乔治痛恨沃波尔贪恋权力、培植党羽,但必须依赖他的政治和财政手腕保持国家稳定,且乔治与太子修复关系后,对政务日益懈怠,更需沃波尔处理国务。辉格派在 1722 年大选中再次胜出,《七年法案》确保辉格派在较长时间内继续控制下院。桑德兰病殁后反对派失去了主心骨。这一切都把沃波尔推向了权力中心。这位诺福克的暴发户自此权倾朝野,操控内外政策长达二十年。沃波尔高超的政治技艺促成了 1720 年代和 1730 年代英国政局超级稳定,而他能够避免威廉和安妮时代的政府不稳,奥秘在于"赢得下院支持"。[③] 他晓得财政问题决定政府能否持久,而下院恰恰掌控着收支。1726 年,沃波尔便获赠嘉德骑士勋章,但迟迟不愿晋升贵族进入上院,直到 1743 年辞职后才受封伯爵移步上院。沃波尔频繁出席下院辩论,甚至纡尊降贵,拉拢讨好下院议

---

① Julian Hoppit, *A Land of Liberty?* p. 405.

② J. H. Plumb, *Sir Robert Walpole: The King's Minister*, London, The Cresset Press, 1960, pp. 74 - 75.

③ Julian Hoppit, *A Land of Liberty?* p. 409.

员。1670 年代已出现权臣笼络下院议员的先例,不过持续时间较短且当时国王可随时关闭议会。一位显赫大臣长期靠下院支持处理国务,这种理政方式可谓内阁制雏形。当然,沃波尔也未忽视上院重要性,其妻弟汤申在上院广积人脉令沃波尔如虎添翼。沃波尔政治嗅觉灵敏,圆滑世故,识人善用。即便对非其所长的外交事务,他也有独到见解。他与传统的辉格主战派不同,坚决反对任何战争。只有维持和平才能减轻政府财政负担,贯彻低税政策。沃波尔在兵戈四起的重商主义时代强调休养生息,"通过降低关税促进制造业繁荣,执行尽可能低的土地税以鼓励农业发展"。[①] 他的经济政策广受各阶层欢迎。

宗教方面,沃波尔奉行较大限度的宽容,倾听不从国教者心声,为他们争取权利。但沃波尔更清楚,教会是光荣革命的最大胜利者,是最大的既得利益集团,政权稳固和社会安定均仰赖教会的合作和支持。18 世纪,"英国圣公会可能是英国最有力量,无疑是最大和组织最完善的既得利益集团";"它是一个非常富有的国家公共机构,它的政治影响力遍及每一个社会阶层,上自王室,下至最小的教区,无所不在"。政要必须与教会携手合作,否则"他们就不能在国家和教会之间形成稳固联盟并从中获益"。[②] 斯坦霍普和桑德兰死后,激进辉格派失去了领军人物,以沃波尔为代表的温和辉格派知道,稳固汉诺威继承必须安抚托利派教士,让国家和教会形成稳定平衡,避免安妮和乔治一世统治初期的教会动荡和政策反复。笼络托利派僧侣时,沃波尔相中了吉布森这位温和主教。吉布森认为托利派比不从国教者对国家的潜在威胁更大,他声称"托利党人有可能破坏我们现有的国家制度,其可能性远远超出不奉国教者破坏我们现有的国家制度的可能性"。[③] 不过吉布森知道托利派是国家尤其是乡村秩序的基石,招安并诱惑他们认可汉诺威继承才是周全之策。他努力促使"教会、新教继承和 1689 年确立的有限宗教宽容""相互支撑",敏锐察觉"动摇其一,必然威胁全部"。[④] 沃波尔与吉布森所见不谋而合。纽卡斯尔等人亦有意让吉布森压倒大主教维克,充任政府宗教政策之喉舌,纽卡斯尔直言吉布

---

① Julian Hoppit, *A Land of Liberty?* p. 409.

② H. T. 狄金森:《十八世纪英国的大众政治》,商务印书馆,2015 年,第 81 页。

③ J. C. D. 克拉克:《1660—1832 年的英国社会》,商务印书馆,2014 年,第 122 页。

④ William Gibson, *The Church of England*, p. 89.

森"是而且必须是我们的教皇"。[1] 因世俗权贵器重,吉布森很快晋升伦敦主教并架空了大主教维克,时人戏称其为"沃波尔的教皇",此后十余年,沃波尔和吉布森戮力一心,捍卫新教宪政。

相对于主动招安并拉拢吉布森,沃波尔对托利派就没那么友善了。他穷尽策略打压托利派,并将托利派和高教会混为一谈。抹黑高教会、给托利派贴詹姆士党人标签是其惯用伎俩。他歇斯底里夸大詹姆士党人威胁,"终生视詹姆士党的活动为政权稳定的最严重威胁",提醒国王及民众高度戒备詹姆士党人。[2] 提防詹姆士党人实属必要,不过沃波尔这么干还有一项至简理由,那就是借宗教话题打压政治异己。在教派纠纷不断的18世纪初,能用来大做文章的宗教题材信手可拈,1722年的阿特布里(Francis Atterbury)案便是典型。罗切斯特主教阿特布里是高教会代言人,早在1715年大选前,他便发表《告英格兰自由持有农书》(*English Advice to the Freeholders of England*),为托利派竞选摇旗助威;1722年大选时,阿特布里仍为托利派拉票。他并未因托利派连番败选灰心失意,暗中策划武装起义。1722年5月,政府得到阴谋讯息,拘捕了部分起义策划者。8月25日,政府在没有任何人证和物证的情况下逮捕了阿特布里并将其关进伦敦塔。枢密院多数大臣均反对证据不足便拘捕受人尊敬的主教,支持监禁阿特布里的政要只有沃波尔、汤申、乔治以及太子四人。[3] 议会调查证实阿特布里与老僭位者书信往来频繁,然而书信并未谈及起义事宜。阿特布里一向用合法途径为托利派和詹姆士党人鸣不平,对法外之事始终谨慎,从不以身涉险,甚至不让任何人拿到他的手迹。[4] 1723年2月到5月,下院成立的审讯机构将多份可能加密的信件作为罪证,但都无法坐实它们出自阿特布里之手。阿特布里逃过死罪,但丢掉圣职并被永远驱逐出境。1723年6月,阿特布里含泪离开英格兰,"高教会与托利派的最后希望"也随着他的离去而破灭了。[5] 此前,无论官方怎样高调宣传汉诺威继承的

---

① William Gibson, *The Church of England*, p. 90.

② J. H. Plumb, *Sir Robert Walpole: The King's Minister*, p. 46.

③ Eveline Cruickshanks and Howard Erskine-Hill, *The Atterbury Plot*, Palgrave Macmillan, 2004, p. 160.

④ Eveline Cruickshanks and Howard Erskine-Hill, *The Atterbury Plot*, p. 201.

⑤ Julian Hoppit, *A Land of Liberty?* p. 411.

合法性,总有部分神职人员不愿彻底放弃迎回斯图亚特家族的希望。随着阿特布里流落异国,詹姆士党人活动转入低潮,即便兰开夏、卡莱尔等詹姆士党人相对比较集中的地区也沉寂无声了。在沃波尔巩固权势以及辉格派优势形成过程中,1715年詹姆士党人起义和阿特布里案至关重要,辉格派把这两次事件上纲上线,捏住了托利派软肋并大幅限制了乔治的用人选择,毕竟两次事件都直接威胁汉诺威君位。乔治别无选择,只能重用辉格派并跟风打压托利派,支持宗教自由主义者打击实为新教徒却被控与天主教徒勾连的高教会人。

乔治统治最后几年,托利派已成散兵游勇,高教会亦集体失语,只有辉格派内部分歧和敌对报刊能给沃波尔制造些许疥癣之痒。阿特布里离境时,博林布鲁克通过贿赂乔治情人得以返回英格兰,据说这相向而行的两人在英吉利海峡之滨撞面,且有一番悲凉的寒暄。博林布鲁克渴望化解与沃波尔的宿怨,恳求沃波尔支持他回归上院。沃波尔对他的老冤家高度警觉,暗中设障阻其东山再起,"不许他续接已折断的仕途"。[①] 博林布鲁克愤怒之下彻底站到政府对立面,不过他并非议员,亦无行政职位,雄辩说辞和犀利文笔对沃波尔和辉格派杀伤力有限。他也很难与反沃波尔的辉格反对派形成合力。辉格反对派代表人物普尔特尼(William Pulteney)颇具雄心,曾追随沃波尔多年,但并未被委任要职,渐恼羞成怒。从1725年开始,他几乎成了反沃波尔的专业户,屡在议会抨击是年签订的《汉诺威条约》(The Treaty of Hanover),该条约是欧洲复杂外交关系的产物。西班牙和神圣帝国关系于1725年有所缓和,乔治担心这两国联手损害汉诺威利益,联络法国和普鲁士缔结了这份条约。条约允许英国使用黑森—卡塞尔(Hessen-Kassel)以及汉诺威等国军队震慑神圣帝国,军费由英国承担。普尔特尼与博林布鲁克等人创办《手艺人报》(Craftsman)炮轰沃波尔内外政策。他们自诩"真正爱国者"(true patriot),抨击沃波尔和乔治为汉诺威损害英国利益,《手艺人报》就是他们的致命武器。哈雷当年的御用文人斯威夫特1726年出版《格列佛游记》(Gulliver's Travels)影射时局,该书文笔辛辣,情节生动,风靡天下,一时洛阳纸贵。以特伦查德和戈登为首的激进辉格派也不满沃波尔政策。首先,他们埋怨沃波尔

---

① J. H. Plumb, *Sir Robert Walpole: The King's Minister*, p. 125.

不尽全力为不从国教者仗义执言。其次,他们奉洛克代议制思想为圭臬,督促政府拓展民权、推进公正改革、根治寡头统治弊病。他们以古罗马政治家小加图(Cato the Younger)为笔名发表的一系列作品后来被编为《加图来信》(Cato's Letters),系统阐述纯正的辉格主义政治学说,他们的理论已萌发18世纪晚期共和革命思想的蛛丝马迹。不过这种共和思想影响力主要局限在不从国教者以及在北美开枝散叶的移民中,对不列颠威胁不大,毕竟对多数不列颠人来说,共和就意味着圆头党,比詹姆士党人更可恨。托利派文人和辉格派激进思想家只能以笔为刀针砭时弊,无力松动沃波尔及辉格派的权势根基。

给沃波尔仕途真正带来变数的是王冠易主。1727年6月11日,乔治一世驾崩于汉诺威,三天后消息传到英国,沃波尔将乔治逝讯呈报给太子并告诉太子,他已是新王乔治二世。乔治令沃波尔去通知时任下院议长康普顿(Spencer Compton)草拟新王对贵族的讲话稿。康普顿曾担任乔治的财务主管,在乔治心中地位高于沃波尔。沃波尔落魄时也曾与乔治联手对抗乔治一世,不过他在恢复权势后唯老国王马首是瞻,疏远了与乔治的感情,而康普顿始终与乔治同气相求。当乔治让沃波尔去找康普顿时,沃波尔极度不安,担心地位不保。汤申、纽卡斯尔等人都认为仕途已止。康普顿却让沃波尔参与起草新王的讲稿,主动向沃波尔表示自己行政经验不足,希望他帮忙。①

乔治继位前的确对沃波尔、沃波尔兄弟霍拉修、纽卡斯尔和汤申牢骚满腹,痛斥他们是擅权滥权的"王国四巨头"并在语言上对他们极尽侮辱:沃波尔是"大恶棍",霍拉修乃"下流小丑",纽卡斯尔是"无礼傻瓜",汤申则是"易怒的笨蛋";"期待权力不要长期掌握在他们手中是自然而然的"。② 然而乔治承继大统后并未大幅改组政府,昔日亲信大都只得到荣誉性宫廷职位,而非政治实

---

① Andrew C. Thompson, *George II: King and Elector*, Yale University Press, 2011, pp. 69 - 70.

② John Hervey, *Some Materials towards Memoirs of the Reign of King George II*, 3Vols, ed. by Romney Sedgwick, London, 1931, Vol. I, pp. 29 - 30.

权。一般认为，首先是康普顿昏招迭出，主动让沃波尔继续唱主角，自己甘为陪衬；其次是王后卡罗琳鼎力支持沃波尔；再者就是沃波尔积极献媚，主动提议将王室专款由原来的每年 70 万镑提高到 80 万镑，并为王后专门拨款 10 万镑，乔治夫妇见钱眼开，沃波尔因此迅速赢得了新王信任。如果认为区区 20 万镑就收买了乔治夫妇，那太低估他们的智商和格局了。时任大法官金 (Peter King)认为沃波尔是靠勤勉工作继续当权的，沃波尔每天上午都觐见国王，呈奏国务。多年后乔治面对自视甚高的老皮特(William Pitt)时，劝导他脚踏实地并提醒他，当年沃波尔是靠勤勉操持国务才被长期委以重任的。[1]沃波尔权势继续一手遮天更源于时局之需。乔治虽非雄主却也堪称明君，他知道唯有沃波尔才能玩转下院，而下院决定财政拨款及和战大计。更何况大选在即，失去沃波尔的裙带关系和议会组织，很难保证辉格派胜选，而维持辉格派政府是保卫汉诺威继承和汉诺威选侯国安全的前提。乔治不至于糊涂到因旧怨及个人好恶而忽视眼下的政治利弊。[2] 重用沃波尔立刻收到回报，1727 年大选，支持政府的辉格派大获全胜，赢得下院 425 席；托利派仅获 128 席，甚至未保住他们在乡郡选区的传统优势；以普尔特尼为首的辉格反对派只赢得 15 席。[3] 即便托利派与辉格反对派联手对抗沃波尔，亦如蚍蜉撼树。1728 年，反对派瞄准陆军规模、为黑森军队埋单以及国债等问题刁难政府，但下院表决未费吹灰之力便将他们挫败。辉格派政府稳如磐石，反对派抓不到任何反扑机会。乔治和王后亦对沃波尔管理议会的能力赞不绝口，盛誉沃波尔是"这个王国最能干之人，能力如此卓越以至于他理解财政、懂得如何驾驭可怕且执拗的下院"；"他比其他任何人都更出色，以至于不可能没有他而让国务处理得更好"。[4]

乔治继位一帆风顺，其财政和内务有沃波尔干练操持也高枕无忧。然而

---

[1] Andrew C. Thompson, *George II*, pp. 71, 259.

[2] Jeremy Black, *Robert Walpole and the Nature of Politics in Early Eighteenth Century England*, p. 38.

[3] Chris Cook and John Stevenson, *A History of British Elections since 1689*, Routledge, 2014, p. 27.

[4] John Hervey, *Some Materials towards Memoirs of the Reign of King George II*, Vol. I, pp. 177 - 178.

他的外交政策因过度关照汉诺威,贯彻起来并不顺畅。乔治1683年出生于汉诺威,在西班牙王位继承战争中身先士卒。他的汉诺威情结不亚于其父,统治英国三十三年,总共12次返回故里。自1725年《汉诺威条约》签订,汉诺威与神圣帝国关系开始紧张。乔治继位后,英国与神圣帝国关系进一步恶化。查理六世教唆北德意志的天主教徒挑衅新教徒,乔治甚为不悦。神圣帝国还在其属地尼德兰成立奥斯坦德公司(Ostend Company),欲与东印度公司竞夺欧亚贸易利润。查理六世仍视乔治为选侯,而乔治认为自己贵为英王理应平视皇帝,他还埋怨在汉诺威与普鲁士的领土争端中,皇帝偏袒普鲁士。[①] 值此前后,英国与法、西两国关系也骤然紧张。自1723年开始主导法国外交的红衣主教弗勒里(Cardinal Fleury)企图颠覆《乌特勒支协定》,在敦刻尔克重新构筑防御工事;西班牙对英国占据直布罗陀如鲠在喉,指责英国商人的奴隶贸易额超过了贸易特许证规定的上限,劫掠在中美洲活动的英国商船。乔治和汤申为联法抗奥,需维持英法和谐,也不愿与西班牙开战。反对派借下院发难,谴责政府为了汉诺威安全向法、西示弱丧权辱国。[②]

沃波尔必须在宫廷与反对派之间搞平衡,且为此与老搭档汤申就对西政策产生分歧。1729年3月,汤申主张继续捍卫1725年的《汉诺威条约》,并试图以之威慑西班牙,这一极富争议的政策在下院引发轩然大波,政府一度仅剩35席多数。[③] 5月,乔治在汤申陪同下返回汉诺威故里。汤申伴驾远行证实他在外交上继续受乔治青睐,但沃波尔认为汤申的外交政策确实有悖英国利益。是年11月,沃波尔趁汤申和国王远在汉诺威,策划了《塞维利亚条约》(Treaty of Seville)。西班牙承诺不再袭扰直布罗陀并继续向英国商人发放奴隶贸易特许证;英国则支持西班牙对部分意大利领土的索取权。《塞维利亚条约》部分修复了英西关系,但招致神圣帝国不悦,乔治也对条约持保留意见。1730年1月召开的议会注定不平静。普尔特尼抱怨《塞维利亚条约》对西班牙让步太多,痛斥黑森雇佣军军饷导致英国财政不堪重负。2月,托利派大佬

---

① Andrew C. Thompson, *George II*, p. 80.

② Jeremy Black, *British Politics and Foreign Policy*, *1727 - 1744*, Ashgate, 2014, pp. 66 - 67.

③ Brian Hill, *The Growth of Parliamentary Parties*, p. 199.

文德汉姆亦挞伐政府对法国重构敦刻尔克防御工事视而不见。沃波尔顶着极大压力，搞到一份法国承诺拆除防御工事的文件，才一时堵住反对派之口。普尔特尼还以官场风气不正为由炮轰政府，他的喽啰桑迪斯（Samuel Sandys）提出一份议案，禁止领政府年金者担任下院议员。提案得到托利派附和，在下院通过，政府极度被动，只能求助上院将其否决。值此前后，已受封威尔明顿伯爵（Earl of Wilmington）的康普顿联合辉格反对派搞垮政府的传闻甚嚣尘上。①

光荣革命后，威廉三世、乔治一世、乔治二世都把英国卷入错综复杂的欧陆外交漩涡，但主张海洋战略（blue water）的本土利益至上论者大有人在，结果一切政府或王室反对派均可轻而易举以损害英国利益为由责难政府，沃波尔早习惯了这种责难。然而 1730 年初的政情令其如临大敌，托利派、辉格反对派、汤申和威尔明顿的追随者统统叫板政府。沃波尔不怕反对派挑刺，但不能漠视各路反对派联手作乱。为离间他们，沃波尔必须满足部分反对派之诉求，为此他与汤申分道扬镳。汤申并未失去国王信任，但鉴于与沃波尔分歧较大、无法共事，主动请辞，且其门客柴斯特菲尔德（Philip Dormer Stanhope, 4th Earl of Chesterfield）也没得到他空出的北方国务大臣之职。沃波尔和卡罗琳均想沃波尔兄弟霍拉修接替汤申，不过乔治看中了哈灵顿（William Stanhope, 1st Earl of Harrington）。此人是 1721 年去世的斯坦霍普的堂弟，性格温顺，极少悖逆国王，因此久居高位，担任北方国务大臣至 1742 年，尽管他只是沃波尔的陪衬。为分化反对派，沃波尔说服乔治任命威尔明顿为掌玺大臣。1730 年政府改组，霍拉修未捞到国务大臣职，但柴斯特菲尔德也未受到重用。总体看，沃波尔个人权势有增无减，其潜在对手要么辞职、要么被委以虚职。② 1731 年 3 月，英国与神圣帝国缔结《维也纳协定》（Treaty of Vienna），英国认可查理六世为确保皇位继承安全早在 1713 年便公诸天下的《国事诏书》（Pragmatic Sanction），换取帝国善意支持汉诺威。《维也纳协定》标志着十余年的英法和谐终结，传统英奥友谊恢复。英奥关系接下来二十年

---

① Jeremy Black, *British Politics and Foreign Policy*, pp. 68 - 69.

② Jeremy Black, *British Politics and Foreign Policy*, p. 76.

总体稳定。1731 年,萨尔茨堡(Salzburg)大主教驱逐新教徒,考验了刚刚修复的英奥关系。乔治以和为贵,未与查理六世撕破脸皮,而是资助流离失所的南德意志新教徒去美洲拓殖。拓殖者为感恩乔治,为他们的新家园取名佐治亚(Georgia),意即乔治的属地。①

沃波尔外交指导思想是和平,理由很简单:和平不仅节省军费,还能促进贸易兴旺。沃波尔是在奥格斯堡同盟战争和西班牙王位继承战争期间成长起来的新贵。他来自乡绅阶层,同情这个群体为数十年战争承受着高额土地税。他更清楚,农业改良与进步是国家稳定的基础,而"真正的农业改良活动主要依靠农村中的中间阶层来进行",乡绅就是中间阶层中的佼佼者。② 沃波尔对当时英国乡村政情了然于胸,多数大地主是托利派,但不少乡绅与不从国教者身份重叠,是辉格派天然支持者,这种支持值得政府投桃报李。沃波尔不许托利派分享高层政治权力,但默认托利派在地方事务中的话语权,也不愿伤害托利派经济利益,这是社会和谐与稳定的前提。削减乡绅背负的土地税是沃波尔矢志不渝的施政目标。在其运筹下,1728 年和 1729 年,议会将土地税降为每镑 3 先令,其后两年内进一步下调为 2 先令,1732 年索性降为 1 先令。③ 土地税是这个时代最重要的财政收入,大幅削减此税后政府必须压缩开支并以非常规手段增收。沃波尔有灵动的金融头脑。首先,他动用偿债基金(sinking fund)弥补部分收支差额,1733 年又调低偿债基金利息,减少支出。其次,他打算全面开征消费税(excise)。

沃波尔对消费税并不陌生。早在 1724 年,他便对茶叶、巧克力、咖啡等大宗消费品开征消费税,当时人们普遍认为此税负担主要落在东印度公司而非普通消费者肩上,没有表达太多异议。1732 年,沃波尔恢复盐税,激起了民众抗议,因为食盐与其他消费品不同,是生活必需品。穷人抱怨沃波尔为照顾地主和士绅利益压榨收入微薄的底层民众。是年底,沃波尔又拟对烟草和酒类

---

① Andrew C. Thompson, *George Ⅱ*, p. 96.

② 舒小昀:《分化与整合:1688—1783 年英国社会结构分析》,南京大学出版社,2003 年,第 164 页。

③ Paul Langford, *A Polite and Commercial People: England, 1727 - 1783*, Oxford University Press, 1992, p. 28.

征收消费税。征收办法是商品在仓库和货栈直接纳税，然后再运往零售点。沃波尔在下院振振有词称消费税针对的是走私贸易，有利于营造公平营商环境。零售商率先抵制消费税，他们担心商品批发价格因消费税虚高，导致交易萎缩。沃波尔原以为乡绅会支持开征消费税，然而多数乡绅认为开征此税必致税吏扰民，他们更担心税吏代表的政府力量向惯由士绅支配的基层社会渗透。1733 年春，"反对派议员和郡乡绅会议提出了一些请愿书"，"影响力远远超出他们所在的选区"，致使反消费税请愿书潮水般涌向下院。伦敦市长"要求伦敦的下院议员投票反对"消费税议案，伦敦的"烟酒进口商、荷兰和汉堡的商人、亚麻布制品商、啤酒酿造商和很大一部分同业公会中层会员"亦抵制消费税。显然，消费税已"激起英国民众的普遍敌意"。[①] 4 月 10 日，伦敦商人亦呈递请愿书，政府下院优势仅剩区区 17 席。[②] 反对派和上院都等着看沃波尔翻船，甚至有人造谣称国王已对沃波尔失去信心，欲罢其职。沃波尔审时度势，于 4 月 11 日撤回了"消费税议案"。继而上演的便是普天同庆，伦敦街头民众公开焚烧沃波尔和王后卡罗琳肖像。各路反对派都有意借机扳倒沃波尔，特别是几年前被他排挤到上院的贵族。关键时刻，乔治出面为沃波尔解围。他干预上院，将柴斯特菲尔德等贵族解职，确保上院继续支持沃波尔；佩勒姆等人亦在下院疏通打点，帮助沃波尔挺过了平生最大危机。[③]

沃波尔信誉因消费税风波严重受损，不过他很快在外交方面找到了补救措施。1733 年初，萨克森选侯兼波兰国王奥古斯都二世（Augustus Ⅱ）病故，未留下合法子嗣。法国和神圣帝国因支持不同的王位候选人发生战争，俄国不久亦卷入战团。皇帝查理六世认为英国和荷兰会像历次反法战争一样支持自己，乔治亦认为他身为选侯有理由为皇帝分忧，还可借机向皇帝索功，至少换取皇帝善待帝国境内新教徒。沃波尔不以为然，他权衡外交、军事、经济等利弊，说服乔治置身事外。[④] 中立不仅能继续压缩军费，更有利于经济繁荣，

[①] H. T. 狄金森：《十八世纪英国的大众政治》，第 200—201 页。

[②] Paul Langford, *A Polite and Commercial People*, p. 30.

[③] Andrew C. Thompson, *George Ⅱ*, p. 103.

[④] John Hervey, *Some Materials towards Memoirs of the Reign of King George Ⅱ*, Vol. Ⅱ, p. 227.

英国谷物出口大增,地中海贸易兴旺发达。贷款年息从安妮时代的 7% 降为 1720 年代后期的 4%,进而降至 1730 年代的 3%。沃波尔还削减了 600 余万镑国债。1733 年,因消费税泡汤,土地税升回每镑 2 先令,但次年复降为 1 先令。[①] 和平、低税确保英国这一时期繁荣昌盛且财富雨露均沾,各阶层和群体均得实惠。沃波尔并非靠裙带关系、恩庇政治或王后枕边风维系权势,太平盛世才是这位政坛不倒翁的最坚实靠山。

一般认为,1733 至 1734 年是沃波尔权势分水岭。此前他主要靠下院优势推行政策;1734 年大选后,政府的议会优势缩水,沃波尔更多靠国王的信任继续当权。大选前,政府席位为 342,辉格反对派 86 席,托利派 130 席;政府优势多达 126 席。这次大选,135 个席位存在竞争,是 18 世纪为数不多的竞争激烈的选举。政府投入大量资金为辉格派助阵、造势,结果却偏离预期。辉格派在选民人数较多的乡郡选区均一败涂地,甚至没保住沃波尔家乡诺福克的议席。政府靠城市选区特别是选民寥寥的衰败选区弥补了部分损失。选后政府席位降至 326,辉格反对派获 83 席,托利派收复了部分乡郡议席,升至 149 席。官方随之动用公权力调查不正当选举,剥夺了 4 个托利派议席,勉强替政府保住了约 100 席优势。[②]

政府下院优势缩小,仍足以确保政令通畅,何况辉格反对派和托利派互不待见,很难联手向政府发难。晚年的博林布鲁克转变思路并调整策略,不再支持流亡中的斯图亚特家族。他认为光荣革命前后的主要目标是限制国王的天主教暴政,随着汉诺威继承稳固,新教政体已经确立。他抨击两任乔治王均把《嗣位法》当作一纸空文,未经议会同意便在外交和军事上扶助汉诺威,不征求议会意见随意离开不列颠。他痛斥以沃波尔为首的权臣一味揣摩圣意,投王所好,置英国利益于不顾且藐视宪制。他呼吁一切反对汉诺威利益高于英国利益的所谓志士仁人勠力同心对抗沃波尔。他辩称革命年代的托利和辉格分歧已淹没于历史长河,英国当下只有宫廷和国家两大派;两派分歧既非宗教亦非王权,而是国家利益,维护英国利益者都是"爱国者"。他期待一位"爱国君

①　Jeremy Black, *British Politics and Foreign Policy*, p. 154.

②　Chris Cook and John Stevenson, *A History of British Elections since 1689*, p. 28.

主"将国家利益摆在首位,不应视臣民有亲疏远近之分。他在1738年完稿的《爱国君主的观念》(*The Idea of a Patriot King*)中称,国王"不是煽动本国民众的分裂,而要致力于团结他们,并使自己成为他们团结的核心";国王更不该"将自己置于某个党派领袖的位置",而应"使所有党派驯服"。① 以托利派精神领袖自居的博林布鲁克用系统理论和雄辩说词道出了大多数反对派的心声,然而辉格反对派从未忘记他的投机前科,他们宁可忍受沃波尔擅权也不愿与托利派合作。博林布鲁克剑走偏锋并不完全源于权欲冲动,更非异想天开。他先知先觉,看到了二十年后英国政坛基本态势。

反对派无力挑战政府,沃波尔权力堡垒内部却现裂隙。1736年4月,爱丁堡警长波蒂厄斯(John Porteous)公开处死一批走私犯,激起其他走私商人及当地民众愤慨。走私商和爱丁堡暴民攻击城市卫队,波蒂厄斯悬挂死刑犯头颅震慑滋事者并向暴民开枪,6人被打死。法庭以谋杀罪判处波蒂厄斯死刑。沃波尔欲干涉波蒂厄斯之量刑,要求改判死缓。暴民怀疑政府包庇波蒂厄斯。9月,上千暴民围攻监狱,击败狱吏及守卫并打死波蒂厄斯。1737年2月,议会调查暴动始末,未能确定真凶,仅将爱丁堡市长(Lord Provost)革职。不管暴动背后支持者是詹姆士党人还是不从国教者,其中流露的不满,尤其对沃波尔的痛恨之情一目了然。乔治痛恨暴民猖狂,但对沃波尔干预司法判决亦有微词,对其声名如此狼藉倍感震惊。当年议会闭幕时,乔治警告全体议员,不满的民众"藐视权威、鄙视官僚,甚至对抗法律都变得司空见惯了"。② 沃波尔明白自己已是众矢之的,随时可能被革职。

对沃波尔冲击更大的是他与吉布森关系的破裂。吉布森自升任伦敦主教起,手中圣职任免建议权远超大主教维克。吉布森主张启用一切立场温和的神职人员,不因托利或辉格有别。沃波尔、纽卡斯尔也不想宗教冲突引发任何

---

① J. C. D. 克拉克:《1660—1832年的英国社会》,第140页。
② *Cobbett's Parliamentary History of England*, Vol. X, p. 342.

政治或社会动荡。结果沃波尔和吉布森就宗教与国家关系形成基本共识,前者的行政权和后者的教权互为依托。1733 年,部分下院议员要求重启对南海泡沫之调查,吉布森不想陈年旧事再掀波澜,号召上院共同抵制,全力为沃波尔解围。当然,沃波尔也要为他与吉布森的相互利用承受来自宫廷的压力。乔治和卡罗琳一向偏袒宗教自由主义者,而吉布森是正统国教徒,高度警惕宗教自由主义。宫廷与吉布森围绕高级教职多番博弈。卡罗琳一直想提拔霍德利担任达勒姆主教,但吉布森担心霍德利扰乱民心,不愿成人之美。1733 年,宗教自由主义者朗德尔(Thomas Rundle)垂涎空缺的格洛塞特主教职位,宫廷亦支持他,然而吉布森以朗德尔破坏国教至上为由极力阻止。沃波尔只好出来圆场,暂让格洛塞特主教职位空缺,一年后,本森(Martin Benson)得到这个职位。此事说明 1734 年沃波尔行事仍刻意顾及吉布森感受。然而此后两人合作障碍越来越大,关键分歧在于他们对不从国教者的态度。吉布森原则性极强,容不得任何人侵蚀国教根基。沃波尔则是见风使舵的政客,必要时会寻求任何新教教派帮衬,何况绝大多数不从国教者一贯支持辉格派,官方政策理应适当满足他们的诉求。1734 年大选后,政府议会优势萎缩,沃波尔更需不从国教者支持,吉布森却不愿迁就不从国教者。1736 年,不从国教者再次在下院提案废止《宣誓法》,沃波尔欲为他们辩护,吉布森一如既往反对向不从国教者让步太多。值此前后,替不从国教者代言的激进辉格派又提出"永久管业议案"(Mortmain Bill)和"贵格派什一税议案"(Quakers' Tithe Bill)。这两项议案反教权色彩鲜明,前者禁止王室和政府向教会捐赠财产,后者要求豁免针对贵格派的部分罚款。沃波尔欲支持这两项议案以修复辉格派内部裂隙并离间辉格反对派与托利派。吉布森联合其他高级神职人员反对上述两项议案并煽动下院请愿,结果上院以 54 对 35 票否决了"贵格派什一税议案"。[1] 沃波尔和吉布森二十余年的合作关系破裂。次年,大主教维克去世,沃波尔不愿支持吉布森继任大主教,而是提拔波特补缺。

吉布森教职无法更上层楼,但出色完成了时代任务。他不止维系光荣革命规定的新教继承,更深层用意是让温和托利派和高教会人看清汉诺威王室

---

[1]　William Gibson, *The Church of England*, p. 90.

和辉格派掌权下的宗教政策不会危及国教至高无上的地位。到 1730 年代，18世纪初甚嚣尘上的"教会危机"销声匿迹了。吉布森宁肯牺牲个人权势，也不愿伤及国教毫发。他有效制止了沃波尔向不从国教者的让步，挫败了不从国教者废除《宣誓法》和《市政机关法》的企图，确保了此后半个世纪宗教界平静如水。直到 1770 年代，宗教冲突才风云再起。吉布森受冷落后，权贵阶层转而推崇神学家沃伯顿（William Warburton）的理论。如果说吉布森眼中的国家与教会相比，仍处于从属地位并需要教会庇护的话，沃伯顿勾勒的国家与教会已平起平坐，甚至直言教会应主动寻求国家支持。沃伯顿 1736 年所撰《教会与国家联盟》（Alliance between Church and State）一书指出，教会受非国教徒攻击，只有国家才能"利用民事力量宣传既定宗教"，给予其"荣誉、财富和权力"。[1] 沃伯顿笔下，教会为国家服务，国家保护教会；宗教首要功能不是心灵慰藉，而是维护现实的政治稳定与社会和谐。他的认知少了些许宗教狂热，折射出明显的理性主义时代印记。以沃伯顿为代表的高级教士秉持的主流宗教政治观既不会纵容不从国教者，也不想过度刺激高教会。1740 年代和 1750年代，热心国教徒反复敦请政府授权各方在美洲创设主教区，不从国教者则呼吁修改《三十九条信纲》并改革圣餐礼，政治家和教会高层不偏不倚，对两者诉求一概置之不理。[2]

　　一般认为，早期汉诺威时代政治超级稳定，辉格派的优势是稳定之源。这种认知仅停留在表层，忽视了君主在世俗层面上对辉格派优势的成全以及在宗教层面上对国家稳定的贡献。首先，乔治一世和二世初来乍到且对故土魂牵梦绕，加之血统不纯，须时刻提防詹姆士党人，重用沃波尔的辉格派稳固君位是唯一选择。然而这种选择亦是对辉格派的恩泽。18 世纪，王的政治倾向仍是派系权力分配的第一要素，王倾向哪个派别，哪个派别不仅能高就，连议会选举也会占尽优势，安妮和乔治一世统治初期的史实已清楚证明这一点。

---

① D. B. Horn and Mary Ransome eds, *English Historical Documents*, Vol. Ⅶ, p. 356.

② John Walsh and Stephen Taylor, "Introduction: The Church and Anglicanism in the 'Long' Eighteenth Century," in John Walsh, Colin Haydon and Stephen Taylor eds, *The Church of England*, *c.* 1689 - *c.* 1833, *From Toleration to Tractarianism*, Cambridge University Press, 1993, p. 55.

其次,宗教平静国家才能安宁,这是宗教改革以来的基本国情。光荣革命确立的国教至上以及对不从国教者的宽容是宗教平静的大前提,但王的宗教志趣仍是宗教政策走势的第一风向标,决定各教派处境是好是坏。威廉三世不问教务,各教派和谐相处,公平竞争;安妮明显偏爱国教,国教会不仅得势,还以《暂从国教法》和《教会分裂法》为据公然迫害不从国教者;乔治一世的路德宗信仰和主教任命奠定了宗教宽容主义(Latitudinarianism)基调,乔治二世子承父策,父子均偏向不从国教派,结果高教会沉寂,宗教自由主义盛行。上述四位君主都不给天主教任何空间,都无意动摇国教根基,且除了安妮在统治尾声阶段有打压非国教徒之嫌,其余时期不从国教者均有宽广活动空间。国王的信仰让所有教派放心,这确保了宗教平静,对国泰民安贡献至伟。

国教是本,不从国教也能生存。宗教宽容主义确保两者共存;反天主教又把它们凝聚为一体,毕竟两者都属新教。围绕新教大做文章是这个时代的主流意识形态宣传。鉴于詹姆士党人和托利派死揪汉诺威王室的外国人身份煽风点火,王室和教会也利用乔治父子与异教徒斗争的英勇事迹打造基于新教信仰的尊王忠君文化。他们翻出汉诺威王室的先祖在三十年战争中的陈年旧事,甚至援引盎格鲁-撒克逊人来自汉诺威的古老往事作为乔治父子有权继承英国王位的证据。[1] 1745 年,面对小僭位者入侵(见下一章)引起的人心惶惶,并非远在汉诺威的国王,而是伦敦主教吉布森和约克大主教赫宁(Thomas Herring)分别在南方和北方担负稳定人心的重任。可以说,"教会在捍卫王朝利益时,特别是危机年代,发挥了主导作用"。[2] 天主教徒被牢牢压制;国教一家独大,以君主为代表的各类新教徒都无意动摇国教官方信仰地位;几位男性君主虽非国教徒,但忠实践履国教的仪式功能并发挥国教会首脑作用,而多数国教徒愿意包容路德教徒。新教各派在竞争中和平共处,维护并强化新教信仰这份主流意识形态。

18 世纪,不列颠岛上各民族能够克服历史障碍,穿透心理隔阂,进而携手并进,这其中的情感纽带并非对王室或国的家认同,而是源自新教信仰。这个

---

[1]　Hannah Smith, *Georgian Monarchy*, *Politics and Culture*, p. 30.

[2]　Hannah Smith, *Georgian Monarchy*, *Politics and Culture*, p. 162.

时代一切重要公众活动均涂抹着宗教色彩。国民在圣诞节、复活节等传统宗教节日上主动增添一系列庆典：1月30日，寄思查理一世殉道；5月29日，庆祝查理二世复辟；8月1日，祝福汉诺威继承；11月5日，纪念威廉登陆并提醒民众勿忘天主教火药阴谋。指导新教徒日常生活的历书之扉页突出路德、爱德华六世、伊丽莎白以及威廉和玛丽带领英国人挣脱教皇枷锁的英雄业绩。[①]约翰·福克斯的《殉教者行传》和班扬的《天路历程》是普及率极高的大众读物。教堂中，《殉教者行传》与《圣经》并排陈列于显眼位置，附上栩栩如生的插图，教导民众珍惜无数新教先辈以鲜血换来的珍贵信仰。鉴于《殉教者行传》卷帙浩繁，书商分期出版，方便信徒购买和携带。《天路历程》教导新教徒灵魂救赎之旅布满荆棘，新教徒只有靠坚定信仰和顽强意志才能跨过教皇派和魔鬼布置的重重陷阱。[②]灌输新教信仰就是培育爱国意识，讴歌新教信仰的最廉价手段就是丑化天主教徒。结果，在主流意识形态宣传中，不仅史上一切恶行均是天主教徒蓄意而为，天灾战祸也归咎于教皇派。流亡中的斯图亚特家族与国际天主教徒狼狈为奸，为颠覆英国人的新教信仰屡搞兵燹之祸，便是天主教穷凶极恶的最好证明。英国作为新教旗帜性国家，肩负击垮天主教徒、光大新教之光荣使命。

新教各派彼此猜忌排斥虽是不争事实，但早期汉诺威王朝的反天主教氛围将不同新教教派串为一体，确保不列颠岛上各族群团结，而高教会的沉寂和宗教宽容主义的盛行弱化了国教徒和不从国教者的相互敌视。18世纪中期居于主导地位的宗教宽容主义并非一种信仰，仅是一种宗教态度。它的特质是神学自由主义，强调"理性和伦理，而非情感、教条或神秘性"；因其没有明文信条，故方方面面展示的都是温和与包容；它尤其强调行动，诱导一切新教徒"践行基督徒的慈善事业和宽容精神"是其行动指南。[③]剑桥大学是宗教宽容主义的中心，在这里神学家、科学家把牛顿科学、洛克政治理论和霍德利的布道词糅合到一起，自由探讨任何敏感话题，无神论亦有学术空间。不从国教者

---

① 琳达·科利：《英国人》，第45—45页。

② 琳达·科利：《英国人》，第52—56页。

③ John Walsh and Stephen Taylor, "Introduction: The Church and Anglicanism in the 'Long' Eighteenth Century," p. 36.

光明正大参与神学和政治辩论,与宗教宽容主义者一起反教权主义并肆无忌惮抨击教会衙门化。试想,连国王都不是国教徒,包容其他非国教徒又有何妨?

宗教宽容主义是一把双刃剑,高教会和保守派对其强烈不满。高教会不受国王待见,亦遭权臣打压,两代僭位者的失败亦是高教会形象上的污点。宗教会议关闭后,高教会连发声的机构也没了,但高教会信条在英格兰民众和部分知识分子心中根深蒂固,基层牧师托利情结浓厚,抵制宗教宽容,并把罪责归咎于汉诺威王室。两代乔治对此心知肚明,故关闭宗教会议,而辉格派主流心照不宣支持他们冷落托利派和高教会。王室、权臣以及教会当权派奉行的宗教宽容主义受到虔诚国教徒和高教会共同指责。因辉格派垄断高级圣职任命,高教会人和虔诚国教徒抨击教会已成世俗政权的附庸,只关注社会和政治秩序,无心于道德提振、心灵慰藉和灵魂救赎。霍德利、吉布森之流因过度参与俗务而忘了本职,就教会的精神功能看,1716 至 1737 年维克任大主教的二十年被称为国教会"沉睡的时代"。[①]

高教会集体失语,低教会亦装聋作哑。教会精神功能的缺失激起了虔诚国教徒强烈不满,聚焦心灵抚慰和精神关怀的福音主义(Evangelicalism)开始大行其道。福音主义和宗教宽容主义一样不是某种教派,而是一种宗教生活方式和价值取向。它同样受启蒙运动影响极大,如果说宗教宽容主义映照的是启蒙运动中的理性和科学,福音主义则是启蒙哲学中的友爱、宽容和人道主义在信仰体系中的折射。福音主义者突出《圣经》文本,尤其是有关福音的章节,他们同样不纠结教义争执,而是强调道德提振和救危扶贫,他们不愿浪费精力搞教派论战,而是积极布道和传讲福音,他们的榜样是 1689 至 1694 年担任大主教的帝洛森(John Tillotson)。帝洛森平易近人的宗教自由主义令后人景仰,故福音主义固然源于低教会漠视灵魂救赎,但绝非高教会的友军。在福音主义者眼中,高教会的呆板崇礼和教义发微不接地气,比低教会更加无聊。民众不懂也不关心抽象教义,他们只需实在的精神满足和心灵慰藉。宣

---

① G. M. Ditchfield, *The Evangelical Revival*, University College London Press, 1998, p. 44.

讲福音恰能直触信众心坎,赋予他们活力和激情。

早期广布福音的人被称为循道派(Methodist),意指"按规则和恒定方法生活"(to live by rules and in constant method)。① 很快,一切热心福音运动的人都被称为循道派。怀特菲尔德(George Whitefield)在循道派中声誉最隆,他不畏凶险多次穿越大西洋去美洲布道,卫斯理(John Wesley)起初也是他的追随者之一。卫斯理早年是虔诚高教会人,在牛津大学求学时便是所谓的圣会(Holy Club)成员并从这里接触到福音主义。卫斯理是阿米尼乌主义者,他辩称有些人命中注定坠入地狱不符合上帝的善,上帝对所有人公正,给每个人自我救赎机会。1736 年,卫斯理也前往北美布道,所乘之船因风暴险些沉没,他被船上一群同样可能葬身海底的摩拉维亚教徒(Moravian)感化。这群摩拉维亚教徒在风暴中毫无惧色,平静祈祷,卫斯理从中感受到了虔诚的力量,自此与摩拉维亚教徒结下了不解之缘。② 卫斯理的美洲经历乏善可陈,回英后仍无怨无悔跟随怀特菲尔德布道。怀特菲尔德后把工作重点放在美洲,卫斯理就成了英格兰福音运动旗手。

1739 年,卫斯理开始单独在英格兰骑马布道,因受国教会打压,他转而徒步在乡间布道,他一生布道多达 40000 余次,发表了 400 多篇布道词。③ 卫斯理瞄准国教牧师不足且手艺人和工匠比较集中的英格兰北部、布里斯托尔周边以及康沃尔地区,成功吸引了大批信众。他把信众编组成班级(class)和分队(band),严格管理。信众恪守卫斯理制定的条框,过规律的组织生活,彼此监察,相互交代认罪,还开展自我批评。卫斯理启用未经按立的平信徒牧师讲经布道,允许女性担任圣职。俗人和妇女都未受过严格神学训练,也无教义可授,只能大谈福音,未料浅显通俗的语言恰合民众口味。卫斯理宗布道技巧和管理手法在国教徒眼里都是扎眼的标新立异、大逆不道。为缓解国教会疑虑,卫斯理起誓"生死都会留在国教内"并一生践行此誓。为打消加尔文主义者对阿米尼乌主义之戒心,卫斯理反复表态忠于国教和宪制,不许信众公开挑战建

① G. M. Ditchfield, *The Evangelical Revival*, p. 58.
② 约翰·卫斯理:《约翰·卫斯理日记》,甘肃人民美术出版社,2013 年,第 23 页。
③ D. W. Bebbington, *Evangelicalism in Modern Britain: A History from the 1730s to the 1980s*, Abingdon, Routledge, 1993, p. 11.

制教会和政治秩序并告诫他们"勿参与政治"。① 他因谦卑与克制博得了部分国教宽容主义牧师和主教的认可,甚至赢得了他们的敬重及礼遇,他反过来积极利用与开明国教牧师的私人情谊减少国教会的敌意。他的出道源于对宗教宽容主义不满,但恰恰是宗教宽容主义为他的成功提供了宽阔空间。一个极具特色又没有挑衅色彩的宗教派别开始成长,且只是风靡英语世界的声势浩大的福音运动中的一支。

卫斯理抵制加尔文主义、吹捧阿米尼乌主义冒犯了一切加尔文主义者,然而他的成功变相给信奉加尔文主义的福音主义者施压,令他们产生危机感和紧迫感,继而争相宣讲福音争取信众。福音复兴运动(revival)一夜间成为风尚。怀特菲尔德在英伦留下的信众大多坚持加尔文主义。亨利·维恩(Henry Venn)在哈德斯菲尔德(Huddersfield)聚拢信众,慕名者趋之若鹜。亨廷顿女伯爵塞丽娜(Selina, Countess of Hungtinton)家大业大且乐善好施,慷慨资助福音主义者。她和她的追随者拥奉加尔文主义,但不承认国教权威,被迫在1782年登记为不从国教者。卫斯理和亨廷顿女伯爵的成功表明福音运动完全可以抛开相互对立的教义而并存,国教会和官方对待各福音派别的态度也不以教义为准。纠缠教义的时代过去了,宗教情怀及其与政治、社会的关系决定教派有无前途。

消费税风波后,沃波尔一心守成,全力求稳。然而即便他仍能驾驭内政,却无力应对变数太多的外交。1730年代,英西关系微妙,《塞维利亚条约》促成的和平非常脆弱。英国商人有向西属美洲出售奴隶之权,但英国在西属美洲贸易额严格受限。英商违背《塞维利亚条约》扩大贸易额,招致西班牙人报复,他们劫掠英国商船,两国关系到1738年严重恶化。西班牙人还从佛罗里达向北推进,与佐治亚英国殖民者摩擦迭起。沃波尔仍极力避战,不过纽卡斯尔认为有必要为维护商业利益与西班牙撕破脸皮,惩罚对英不敬的西班牙人。

---

① D. W. Bebbington, *Evangelicalism in Modern Britain*, pp. 28, 72.

纽卡斯尔和其同侪哈灵顿在外交上不再与沃波尔保持一致，媒体也大肆渲染爱国主义，呼吁为维护民族尊严向西班牙开战。皮特是爱国派的下院喉舌，太子弗雷德里希（Frederick Louis）在上院大打爱国牌，与国王亲汉诺威姿态形成鲜明反差。普尔特尼在下院讴歌伊丽莎白时代的对西强硬，借古讽今。①面对主战派施压，沃波尔应对之策并不奏效。他指示英国驻西使节于 1739 年 1 月与西班牙达成《帕尔多公约》（Convention of Pardo）。公约规定：英国商人同意因违规贸易向西班牙王室支付 6.8 万镑；西班牙则同意补偿被掠夺而受损的英国商人 9.5 万镑；西班牙有权在特定水域稽查英国商船。公约遭反对派和爱国派强烈抵制，议员辩论这份公约的态度显示政府仅剩 20 余席下院优势。② 公约更无执行的现实基础，南海公司拒不偿付规定的 6.8 万镑，西班牙也不愿赔偿英国商人损失。6 月 14 日，纽卡斯尔告诉驻西使节，停止谈判、准备战争。10 月 23 日，英国对西宣战，是为詹金斯耳朵战争（War of Jenkins' Ear）。③ 开战后，弗农（Edward Vernon）指挥英军迅速攻占巴拿马沿海的贝诺港（Porto Bello），然而次年对今日哥伦比亚境内的卡塔赫纳（Cartagena）等地的屡番围攻均难奏效。弗农能够征调的物资和兵力都严重不足，即便贝诺港也无法长期据守。战事不顺导致政府 1740 年的下院优势仅剩 4 席。为筹措军费，沃波尔将土地税提高到每镑 4 先令，民怨四起。沃波尔辩称仅凭海军无法迫使西班牙屈服，反对派和爱国派却指责他胆小怕事，不愿倾全力打仗。④

　　1740 年 5 至 11 月，普鲁士、俄国和神圣帝国三国君主全部换人，欧陆国际秩序大变天。英王乔治的外甥普鲁士新王弗雷德里希二世（Frederick Ⅱ）无视查理六世早已发布的《国事诏书》，垂涎神圣帝国的西里西亚（Silesia），更需防止萨克森国王奥古斯都三世占领此地并将萨克森和波兰领土连成一片包围普鲁士。新沙皇是个幼君，弗雷德里希二世算定俄国不会妨碍他蚕食神圣帝

---

① Jeremy Black, *British Politics and Foreign Policy*，p. 187.

② Jeremy Black, *British Politics and Foreign Policy*，p. 191.

③ 詹金斯（Robert Jenkins）自称 1731 年在西属美洲与西班牙人冲突时被割掉一只耳朵。1738 年春，他将腌制保存的耳朵呈交给议会，刺激议会对西开战。此事细节真实性几何，学界说法不一。

④ Jeremy Black, *British Politics and Foreign Policy*，pp. 204 - 205.

国领土。年底,普军侵入西里西亚,打响奥地利王位继承战争(War of the Austrian Succession)。乔治坚决反对外甥的侵略行径,希望调停他和帝国新女皇玛利亚(Maria Theresa)的矛盾,也担心普鲁士壮大后威胁汉诺威。神圣帝国老冤家法国也横插一脚,不承认玛利亚为神圣帝国女皇,支持巴伐利亚的阿尔伯特(Charles Albert)为皇帝候选人。1741 年 6 月,普法结盟,联手对神圣帝国作战。出于传统友谊,英国议会拨款 30 万镑援助玛利亚。庞大法军是汉诺威安全的极大隐患,而乔治不确定英国议会是否愿意拨款保卫汉诺威。为免开罪法国,1741 年 10 月,汉诺威和法国缔结中立条约,乔治以支持阿尔伯特为皇帝候选人换取法军暂不进攻汉诺威。[1] 仇法意识强烈的英国人埋怨他们的国王为汉诺威安全抛弃了老盟友神圣帝国,反对派挟民意在议会中向国王和政府发难。[2]

对西战争和对欧外交均如一团乱麻,双双侵蚀沃波尔权势根基。1741 年初,在桑迪斯鼓动下,詹姆士党人和辉格反对派提出一项动议,请求国王将沃波尔解职。因托利派袖手旁观,动议以 106 对 290 票被否决。托利派认为强迫国王解雇大臣有悖为臣之道,何况赶走沃波尔只会让辉格反对派渔利。[3] 沃波尔还未陷入穷途末路,不过还能苦撑已非自身实力过硬,而是辉格反对派和托利派互不待见。反对派形不成合力,反倒是沃波尔的同僚日益无法忍受战事不利和外交乱象。纽卡斯尔和大法官哈德威克(Philip Yorke,1st Baron Hardwicke)嗅到了掀翻沃波尔的气息。除了重臣拆台,当时对政府威胁更大的是一群自诩爱国的太子帮。太子按常理应支持政府和国王,然而实情往往比常理要复杂得多。

乔治二世继位前与乔治一世关系紧张,为君后与其长子弗雷德里希关系更糟。弗雷德里希直到 1728 年才从汉诺威来到英国,次年晋封威尔士亲王,成为太子。不过乔治只给太子每月 2000 镑生活费,远少于自己身为储君时的 10 万镑。[4] 1729 年,乔治登基后首次返回故里,他当时任命的摄政委员会以

---

① Jeremy Black, *British Politics and Foreign Policy*, p. 214.

② Andrew C. Thompson, *George Ⅱ*, pp. 140 - 141.

③ Jeremy Black, *British Politics and Foreign Policy*, p. 211.

④ Andrew C. Thompson, *George Ⅱ*, p. 83.

王后卡罗琳为首,无视已二十二岁的太子,父子不睦可见一斑。太子抱怨收入太低,一批失意政客聚集到其身边大肆挑拨离间。太子效仿其父当年做法,在莱斯特宫网罗怀才不遇之人,形成一股不容小觑的力量。1736 年,太子成婚,年生活费提高到 5 万镑,但仍抱怨手头拮据。1737 年初,太子打算利用他的下院支持者诉诸立法将收入提高到 10 万镑以上。沃波尔劝太子不要唱父子对台戏,以免给詹姆士党人可乘之机。然而太子的支持者不在少数,柴斯特菲尔德、理查德·格伦维尔(Richard Grenville)以及孤傲自负的皮特团结在理查德·格伦维尔叔父科布厄姆子爵(Viscount Cobham)周围,号称"科布厄姆俱乐部",甘为太子效劳,屡在下院为其鸣冤叫屈。① 博林布鲁克也不时光顾莱斯特宫和俱乐部,替他们出谋划策。1737 年 2 月 21 日,纽卡斯尔等政府要员面见太子,同意适当提高他的收入,前提是不要在议会滋事,然而太子称事已闹大,不在自己掌控范围。辉格反对派也有意借乔治父子矛盾刁难政府,普尔特尼和卡特莱特分别在下院和上院提议大幅增加太子收入。然而下院的托利派和上院的苏格兰贵族以及主教都不想卷入宫廷纠纷,亦无意帮衬为反对而反对的辉格反对派,致使太子增收希望落空。② 太子此后公开倒向反对派阵营,太子帮频频给乔治和政府制造麻烦。

　　1741 年夏季大选为太子帮报复提供了契机。外交和战争是选战主题。太子帮大肆散布乔治罔顾英国利益之论,抹黑国王和政府。选民人数较少的城市选区以及康沃尔的多数选区大都产生了支持太子的辉格反对派议员。阿吉尔与沃波尔关系闹僵后,苏格兰新产生的多数议员也不再支持政府。③ 可以说,太子和阿吉尔直接决定了沃波尔的下院命运。政府赢得 286 席,辉格反对派和托利派分别收获 131 和 136 席,政府下院优势仅有 19 席。④ 沃波尔欲与太子修好,太子却不予理睬。纽卡斯尔和哈德威克也釜底抽薪,奏请乔治赶走沃波尔。1742 年 1 月 21 日,普尔特尼提议下院成立委员会调查战事,政府

---

① John Hervey, *Some Materials towards Memiors of the Reign of King Geroge Ⅱ*, Vol. Ⅲ, p. 667.

② Andrew C. Thompson, *George Ⅱ*, p. 120.

③ Paul Langford, *A Polite and Commercial People*, p. 55.

④ Chris Cook and John Stevenson, *A History of British Elections since 1689*, p. 28.

仅以 3 票优势勉强自保;一周后,对有争议选举结果的复查更不利于政府。[①]
2 月 6 日,沃波尔晋封厄尔福德伯爵,五天后移步上院养老。

后世一般视沃波尔为英国第一位首相(Prime Minister)。首相,顾名思义,就是首席大臣。这个术语最初出现时语带贬义。英国从未用行政命令或立法设置首相职位,首相源于何时,众说纷纭。直到 18 世纪晚期,官方文件中才有首相这个正式称谓。首相实权和职责在几百年中不断强化。今日英国首相与沃波尔时代的首相权势有天壤之别。沃波尔并不拥有后世首相的组阁权,也即其权势虽在其他大臣之上,但无权决定其余各部大臣人选,同僚中不乏他的政敌和冤家。辞职仅是他个人之事,同侪无须随其辞职。沃波尔确切职务是第一财政大臣(First Lord of the Treasury),官方当时并未说他是首相,时人非正式称他为全权大臣(Sole Minister)或首席大臣。[②] 比沃波尔稍早的权臣戈多芬和哈雷也有上述两个非正式称谓。沃波尔地位和权势与戈多芬及哈雷并无本质区别,但戈多芬和哈雷来去匆匆,沃波尔长期不倒。光荣革命后三十年中,议会力量上升,国王为国策,尤其是军事和外交计,必须与议会合作,但议会毕竟只是议事与立法机构,落实政策须靠大臣。派系斗争导致当时政府更迭频繁,直到沃波尔掌权,政府才稳定下来。这种稳定并非源于某种政治原则,亦非宪制设计使然,而是多重因素的共同结果,其中沃波尔政治技艺不容忽略。[③] 无论沃波尔是否第一位首相,他为英国治理史留下了丰富遗产。他持久握权证明一位大臣鹤立鸡群有利于政治稳定并能提高决策和执行效率,而他之所以能够持久秉政,精妙政治技艺、君王认可、下院多数议员支持三者缺一不可。慢慢地,基于君王认可以及下院多数议员支持的权力运作方式就变成了内阁制。内阁比首相概念更含糊,该词字面意义为私密房间,沃波尔及其僚属常在并不起眼但具备专职功能的房间摸排下院意见并斟酌政策,这种房间久之被称为内阁。

沃波尔拥权二十年也留下了大量积弊,特别为人诟病的是裙带政治以及

---

① Paul Langford, *A Polite and Commercial People*, p. 56.

② 今日英国首相仍是第一财政大臣,不过仅具挂名意义,不再处理财政细节问题。

③ Jeremy Black, *Robert Walpole and the Nature of Politics in Early Eighteenth Century England*, p. 62.

恩庇体系滋生的腐败。腐败是 18 世纪英国政治的普遍特征,这个时代的议会选举和官吏任免均掺杂着人情世故和暗箱操作,因宪制模糊,沃波尔只能依靠裙带关系和恩庇体制推行政策。沃波尔下台后,各方均呼吁撤销《七年法案》、裁汰冗员、削减军队。长期受到打压的政敌欲秋后算账,严惩沃波尔。一位辉格主义者相信上帝赋予人们将沃波尔"送上断头台的正直和决心"。① 然而战争在继续,没有理由裁军;上年大选产生的议员为长久占有议席毫无废止《七年法案》的动力。抽调议员组成的秘密调查委员会调查先前几年的腐败并承认腐败触目惊心,但敷衍了事表示这些腐败都与沃波尔没有直接关系。最重要的是,沃波尔浸淫政坛几十载,党羽遍布朝野,扳倒他英国政坛必然地震。1742 年议会议期结束时,将沃波尔绳之以法的动议不了了之。沃波尔全身而退在英国政治史上有分水岭意义。先前的权臣,查理二世时代德高望重的克拉伦敦伯爵和八面玲珑的丹比勋爵、詹姆士二世时代溜须拍马的桑德兰伯爵、安妮时代左右逢源的牛津伯爵,下台后都要面对牢狱之灾或逃亡境外的可怕结局。更令人憎恶的沃波尔却能在上院安度晚年,自他以后再无权臣下野后遭弹劾或蹲大狱,一种良性权力竞争机制渐入正轨。

---

① Paul Langford, *A Polite and Commercial People*, p. 185.

第十二章 战争与派系政治瓦解(1742—1760)

沃波尔身退后,各方都想填补他留下的巨大权力真空,爱国辉格派(Patriot Whigs)和太子帮均跃跃欲试。爱国从来都是政客的廉价招牌,这在爱国辉格派身上体现得淋漓尽致,他们只是一群打着爱国幌子追名逐利的政客,成员主要来自太子帮和原来的辉格反对派。普尔特尼在爱国辉格派中最活跃,积极联络各方组建新政府。他不顾昔日并肩战斗的辉格反对派利益及感受,尽力为沃波尔开脱,以免清算和报复过度扰乱政局。阿吉尔和太子为彰显爱国情怀及宽广胸襟,呼吁权力之门对托利派敞开。普尔特尼亦虚情假意附和阿吉尔和太子,实则他知道乔治憎恶托利派,不可能真心支持没有派系成见的政府。全国性联合政府(country party coalition)只是太子帮的一厢情愿,新政府要职对皮特等人大门紧闭。普尔特尼的靠山只能是声名狼藉的辉格元老派(Old Corps),所谓元老是指长期追随沃波尔但并未随其卸职的政客。纽卡斯尔继续担任南方国务大臣,哈灵顿转任枢密院主席,卡特莱特接替他出任北方国务大臣。威尔明顿出任第一财政大臣,他如愿以偿,荣膺首相,了却了十余年凤愿,只叹次年8月便寿满天年。威尔明顿政府实由普尔特尼策划组建,但普尔特尼得不到乔治赏识,更玩不转下院,其角色类似后世不管大臣(Minister without Portfolio),政府脆弱性由此可见一斑。普尔特尼自感无趣,在沃波尔劝慰下,干脆受封巴斯伯爵(Earl of Bath)移步上院。

纽卡斯尔是辉格元老派大纛,但乔治有意绕开他重用卡特莱特。卡特莱特精通外交和战事,乔治器重他并希望他为政府扛旗。乔治意愿是由当时欧陆格局决定的。他为汉诺威提心吊胆,卡特莱特不仅主战,且欲将抗法援奥列为头等大事,把英西在美洲的战事降到次要地位。1742 年 5 月,他为政府新战略做如下辩护:"国王陛下和全体国民完全确信,保卫奥地利皇室抵御波旁王室的恶意企图、维持欧洲的共同自由、支撑帝国、延续新教、英国与荷兰两大海洋帝国的安全与独立,均仰仗于此。"①无论当时还是后世,卡特莱特均因优先考虑汉诺威利益而忽视英国利益饱受指责。这种指责略失偏颇,不否认他有讨好国王之嫌,但他并未忽视英国利益。老朽的西班牙帝国固然损害英国商业利益,但已无实力从战略上威胁英国,法国才是英国和汉诺威的劲敌。为兼顾英国利益和汉诺威安全,卡特莱特力主联络大陆盟友牵制法国,以减轻英国在海上和殖民地的压力。英国的确需为此向欧陆投放大量资源,但回报丰厚无比。

1742 年初,弗雷德里希二世得到部分西里西亚领土后,与玛利亚和解。神圣帝国熬过了最危险时刻,但大批法军依然是玛利亚的噩梦。卡特莱特说服乔治摈弃中立,支持神圣帝国。乔治命令斯泰尔(Lord Stair)调集英军,加强汉诺威防御,随时准备投入战斗。除皮特,朝野当时无人公开谴责乔治的政策。1743 年 5 月,乔治携子坎伯兰公爵(Duke of Cumberland)回汉诺威都督战事。6 月 27 日,英军和汉诺威军队联手在德廷根(Dettingen)战役中挫败法军。乔治御驾亲征,作为最后一位披挂上阵的英国君主名载史册。卡特莱特乘胜吹嘘"英吉利民族的荣耀高于自马尔伯勒时代以来的任何时刻"。② 他欲顺势而为,让英国在欧陆国际关系中扮演更重要角色。在其主导下,1743 年 9 月,英国与盟友签订《沃尔姆斯条约》(Treaty of Worms),承诺继续给予神圣帝国和撒丁尼亚财力物力资助。然而卡特莱特低估了欧陆局面的复杂性,玛利亚不愿从巴伐利亚撤军,除非普鲁士把西里西亚还给神圣帝国,而让弗雷德里希二世吐出胜果简直是天方夜谭。辉格元老派反对英国过分卷入欧陆战事,故不支持卡特莱特的新战略,更嫉妒他指点江山。卡特莱特大战略遇阻给了辉格元老泄愤理由,他们把矛头指向卡特莱特为资助盟友而拟议的税收政策。双方还就高层人事激烈博弈。威尔明顿死后,卡特莱特力荐普尔特尼出

---

① Jeremy Black, *British Politics and Foreign Policy*, p. 224.

② Paul Langford, *A Polite and Commercial People*, p. 191.

任第一财政大臣,但辉格元老派中意的人选是佩勒姆。[1] 考虑到辉格元老派在下院仍有半壁江山,只有佩勒姆才能打理财政、保障军需,乔治尽管痛恨佩勒姆,仍令其出任第一财政大臣。

1743 年 11 月,乔治班师回英,舆情对凯旋的国王反应冷淡。乔治的神武并未赢得民众掌声,他在德廷根战役中身着象征汉诺威的黄色绶带,排兵布阵时将汉诺威军队置于后阵,这些瑕疵都是他偏袒汉诺威、无视英国利益和英国将士生命的证据。[2] 此外,因汉诺威而起的英法正面冲突导致英国本土危险近在咫尺。詹姆士党人跃跃欲试,1743 年底至 1744 年初,法国叫嚣派军在英国沿海登陆,还鼓励詹姆士党人行动,欲借詹姆士党人把战火烧到英国本土。法国入侵英伦仅是虚张声势,却搞得英国人心惶惶。辉格元老派更有了发难口实,佩勒姆兄弟指责卡特莱特为讨好国王而把政策过度向汉诺威倾斜,无视大不列颠安全,他们呼吁加强比利时防御,护卫英国的东南门户。1744 年 1 月 10 日,为汉诺威军队提供资金支持的议案在下院表决仅以 22 票微弱优势通过。[3] 皮特呼吁彻底放弃汉诺威,倾全力防守比利时。佩勒姆兄弟本非皮特同道,但跟风帮腔,盛赞皮特的所谓高见。

佩勒姆兄弟和卡特莱特的矛盾彻底公开化了,为阻止乔治和卡特莱特继续在德意志境内对法用兵,辉格元老派极力阻挠乔治再去汉诺威并威胁称,若乔治仍固执己见,辉格元老均拒绝加入国王在外时例行设置的摄政委员会。乔治在他们威逼下放弃了回汉诺威计划,他抱怨称,大臣可随时返回他们的乡间私宅,国王却不能回挚爱的故土。[4] 由于上年的《沃尔姆斯条约》不承认普鲁士对西里西亚的主权,1744 年 5 月,普鲁士与法国结成法兰克福联盟(Union of Frankfurt),英国和汉诺威外交形势更严峻。乔治要求英军迅速支援萨克森,预防普鲁士突袭此地,但纽卡斯尔断然反对。8 月,弗雷德里希二世果然穿过萨克森攻打波西米亚,乔治更有理由相信自己的先见之明。他毕竟在欧陆长大,比辉格元老派更理解欧陆国际关系。盛怒之下,他痛斥辉格元

① J. B. Owen, *The Rise of Pelhams*, Methuen, 1957, pp. 159 - 160.

② Andrew C. Thompson, *George Ⅱ*, p. 153.

③ Jeremy Black, *British Politics and Foreign Policy*, p. 251.

④ Jeremy Black, *British Politics and Foreign Policy*, p. 254.

老派处处掣肘并一针见血指出,他们为国是假,夺卡特莱特之权才是真。①

辉格元老派不仅强调汉诺威和英国是两码事,还裹挟民意并自恃下院优势叫板国王。1744 年 11 月初,佩勒姆兄弟和哈德威克一起逼宫,向乔治挑明,他们都不愿与卡特莱特共事。乔治一度向柴斯特菲尔德求援,希望他协助卡特莱特维持政府,但柴斯特菲尔德不愿为卡特莱特打下手。乔治还向退休的沃波尔问计,沃波尔忠告他依靠能控制议会的大臣,婉劝其低头。11 月 24 日,卡特莱特辞职,哈灵顿回到北方国务大臣任上。柴斯特菲尔德、格伦维尔(George Grenville)、贝德福德(John Russell,4th Duke of Bedford)和桑威奇(John Montagu,4th Earl of Sandwich)一干人等纷纷高就。辉格元老派和自诩的爱国派逼走了卡特莱特,组成了所谓的广泛政府(broad-bottom ministry)。② 佩勒姆是这个政府的舵手,他本就是沃波尔看好的衣钵传承者,加之在议会经营二十载,根深叶茂,不难把控政局。广泛政府名副其实,甚至还包括一些托利派分子。③ 兼顾各派佐证了佩勒姆的务实和精明。辉格派在广大农村只能依靠自耕农,托利派本就是乡村绝对精英,把持着多数地方要职,他们在沃波尔时代闷声发财,积聚实力。18 世纪前半叶,辉格派在庙堂出尽风头,但托利派在乡村壮大实力,笼络托利派才能确保天下久安。佩勒姆还欲重用皮特,遭乔治断然拒绝。没能保住卡特莱特是乔治平生最屈辱的挫折,他抱怨在英国"大臣就是国王",拒用皮特可谓勉强守住了君威底线。④

佩勒姆主政有方,不过外交和战争决定广泛政府能否持久。政府要员先前攻击卡特莱特大战略,但广泛政府并未息兵罢战,继续与盟友并肩抗法,区别仅在于英军主力移至比利时。1745 年 5 月 11 日,坎伯兰指挥的英军在丰特努瓦(Fontenoy)溃不成军。坎伯兰本人作战英勇,但荷兰友军出工不出力。荷兰已沦为三流国家,不敢招惹任何大国,亦不想卷入大国冲突。丰特努瓦战后,佛兰德尔多数城市暴露在法军枪口之下。神圣帝国更不争气,是年 6 月和 12 月,弗雷德里希二世取得两场大胜,迫使玛利亚低头求和,同意普鲁士

---

① Andrew C. Thompson, *George Ⅱ*, p. 157.
② Jeremy Black, *British Politics and Foreign Policy*, p. 256.
③ Paul Langford, *A Polite and Commercial People*, pp. 194 - 195.
④ Andrew C. Thompson, *George Ⅱ*, p. 162.

保有西里西亚和波兰南方部分领土。

　　朝野为欧陆败局一筹莫展时,更坏消息从苏格兰传来。7 月 23 日,小僭位者查理·爱德华(Charles Edward)武装一小撮支持者在苏格兰竖起斯图亚特王旗。摄政大臣奏请远在汉诺威的乔治火速归国,同时希望坎伯兰从佛兰德尔全速回援,不过乔治和坎伯兰均认为小僭位者插标卖首,不足为患。① 宫廷轻敌以及苏格兰地方武装形同摆设致使叛军连续得手。9 月,叛军攻陷苏格兰首府爱丁堡和军事重镇普雷斯顿潘(Prestonpans)。爱丁堡陷落后,君臣才意识到事态严重。政府派陆军元帅韦德(George Wade)领军北上迎敌,同时令坎伯兰回师救援。不过小僭位者避开在纽卡斯尔严阵以待的韦德,向西部进军,拿下卡莱尔。随后又接连攻陷曼彻斯特和普雷斯顿。坎伯兰误以为小僭位者战略目的是打通连接苏格兰和威尔士的要道,错失迎击叛军良机。12 月初,叛军兵锋抵达德比郡,通向伦敦的大道几乎处于不设防状态。坎伯兰察觉小僭位者欲直捣伦敦,遂改变行军部署,同时告诫首都周边加强戒备。

　　行军途中,小僭位者失望地发现他的英格兰支持者凤毛麟角。也许是误信了一位小人的谣言,小僭位者撤兵返回了苏格兰。这位小人类似 1670 年代杜撰天主教阴谋的无耻之徒奥特斯,原为天主教徒,曾因犯事而锒铛入狱。他向小僭位者误传消息,称英军已布下天罗地网,准备在其进军伦敦途中对其设伏。事后为邀功请赏,他厚颜无耻向政府吹嘘正是自己的诈兵之计阻止了小僭位者南下。史家一致认为这位小人之言不足为信。② 政府并未因小僭位者撤兵而有丝毫懈怠,坎伯兰追击叛军,虽未消灭其主力,但于年底收复了卡莱尔。坎伯兰要将丰特努瓦之败燃起的怒火发泄在詹姆士党人身上。不过他有后顾之忧——法军可能随时入侵,伦敦亦催促他尽早回师。③ 小僭位者抓住

　　① W. A. Speck, *The Butcher: The Duke of Cumberland and the Suppression of the '45*, Oxford University Press, 1981, pp. 27 - 30.

　　② Paul Langford, *A Polite and Commercial People*, p. 198.

　　③ W. A. Speck, *The Butcher*, p. 102.

稍纵即逝的机会,于 1746 年 1 月中旬与苏格兰叛军汇合。坎伯兰为一劳永逸击败小僭位者,1 月底引兵拿下爱丁堡。围攻斯特林(Sterling)的詹姆士党人风闻政府军即将围剿他们,撤至苏格兰山地。为稳定人心,坎伯兰传信伦敦,叛军已作鸟兽散。[1] 实际上,警戒远未解除,苏格兰詹姆士党人夺取了因弗内斯(Inverness),至少确保战败后海上退路通畅。坎伯兰到阿伯丁督战,不过与他共同迎敌的乔治的另一个女婿黑森-卡塞尔伯爵(Frederick of Hesse-Kassel)却同情天主教徒,此人后来的确皈依了天主教。政府军在争吵中浪费了几个月,开春后坎伯兰才向因弗内斯逼近。小僭位者无力筹措军费,运输物资和金钱的法国船只亦无法靠岸进港,叛军士气低落。4 月 16 日,小僭位者冒险奇袭政府军,反遭算计。无路可退的詹姆士党人在卡洛登荒原(Culloden Moor)肉搏战中展现了惊天泣地的英勇气概,但终究以卵击石。坎伯兰利用优势火炮疯狂报复叛军,"屠夫"而非英雄才是他的本色。卡洛登之役是不列颠大地上最后一场血腥内战。

小僭位者败因与其先辈一样可归结为三点:他的天主教徒身份、法国口惠而实不至、英吉利支持力量过弱。詹姆士二世祖孙三代的天主教信仰始终羁绊着他们复兴王业的脚步,"1745 年,反对小僭位者的理由层出不穷,支持的原因却寥寥无几,但几乎所有英格兰人和大多数苏格兰人均厌恶他的宗教"。[2] 普通民众之好恶足见人心向背,他们把新教热忱和爱国主义糅于一体,祈求上帝保佑乔治国王。英国本无国歌,正是在这次骚乱中,民众为他们并不热爱的国王乔治祈祷,不约而同传唱《天佑吾王》(God Save the King),这首歌后来被定为国歌。[3] 当时流行的一幅图画将乔治描绘为保卫教会、正义和不列颠的圣乔治(St George),手刃象征教皇的巨龙,巧妙将国王与圣乔治屠龙的传说结合起来。[4] 多数英国人也将詹姆士党人视为法国的附庸和帮凶,他们坚信小僭位者复辟后必步查理二世和詹姆士二世后尘,依靠"法国势

---

[1] W. A. Speck, *The Butcher*, pp. 112 - 114.
[2] Paul Langford, *A Polite and Commercial People*, p. 202.
[3] 琳达·科利:《英国人》,第 73 页。
[4] W. A. Speck, *The Butcher*, p. 191.

力庇护"，"支持法国利益"。① 而法国给詹姆士祖孙提供的金钱和武器支持远不足以抵消这种支持必然造成的道义和情感损失。法国也未分拨正规军驰援乱党，小僭位者乘英军丰特努瓦惨败之机募集了一批乌合之众，远不能招架坎伯兰麾下久经沙场、装备精良的正规军。斯图亚特的复辟事业不仅要在战场上击败英军，更需在英格兰赢得人心，找到足够多的公开支持复辟的詹姆士党人。苏格兰只能为两代僭位者提供桥头堡，要想恢复王业须刺激英格兰上演内战，这在 1715 年不太可能，到 1745 年就更没有指望了。归根结底，18 世纪的英格兰根本没几个天主教徒，即便有些人承认斯图亚特家族的正统性，他们也不能不顾民族情感和本能的爱国主义而通法卖英。小僭位者逃回法国标志着斯图亚特复辟事业永远成为历史。18 世纪中叶成长起来的新一代托利派精英对 1714 年王朝更迭几无记忆，遑论 1688 年的是非恩怨了。

詹姆士党人在三十年内掀起两次不大不小的叛乱并与英国死敌法国、新教死敌天主教搅和在一起，这比议会激辩、君臣互怼、派系倾轧对 18 世纪前期的政治走势影响更大。心理层面，叛乱让人产生天主教威胁仍无处不在的错觉，新教更需精心呵护。政治层面，叛乱频被政客用作权斗素材。可以说，1745 年叛乱为政治上已是强弩之末的辉格派输血续命。和 1715 年一样，辉格派大肆渲染詹姆士党人的危险性和普遍性，以便进一步打压托利派并弥合辉格派内部分歧。因沃波尔长期抹黑以及新教徒经年累月的误导和丑化，托利派无法与詹姆士党人完全撇清关系，1745 年后在政坛更为被动。为广泛政府效劳的一批托利派中层官僚现在更升迁无望了。这次叛乱也大大压缩了乔治的选择空间。乔治极不信任广泛政府，在外交上仍向已被赶走的卡特莱特问计，反复要纽卡斯尔同意卡特莱特回到政府。② 佩勒姆兄弟担心卡特莱特怂恿乔治再次对神圣帝国开战，扰乱辉格元老派和爱国派的遏法战略。1746 年 2 月，以佩勒姆为首的元老派以集体辞职威胁乔治，逼迫他将卡特莱特及其党羽彻底赶出政府。乔治一度考虑让卡特莱特和普尔特尼组阁，可惜他们无法确保下院多数支持，卡特莱特甚至想与托利派联手，但小僭位者叛乱的噩梦

---

① 琳达·科利：《英国人》，第 111 页。

② J. B. Owen, *The Rise of Pelhams*, pp. 275 - 276.

萦绕在国人心头,乔治更不可能信任已被两代僭位者毁掉清誉的托利派。佩勒姆兄弟更有底气向国王施压,他们明知乔治与皮特势同水火,却举荐皮特担任战争大臣。乔治被动,但拒绝赏脸,只给了皮特一份闲差。

1742 至 1746 年内政危机实乃乔治与控制议会的佩勒姆兄弟的外交分歧,"下院中为国王服务的大臣"和"内阁中能代表议会的大臣"出现了错位,致使佩勒姆两次逼宫得逞,而乔治欣赏的卡特莱特因得不到议会支持被迫走人。① 就君臣关系看,佩勒姆兄弟比沃波尔更蛮横,沃波尔并未强迫两代乔治赶走大臣,佩勒姆兄弟却三番五次迫使乔治二世赶走中意大臣且屡屡得手。在经典辉格主义叙事中,这是代议制形成和王权衰落的鲜活例证。不过史实梳理清晰证明,与其说某种制度在成熟,倒不如说多重非制度因素使然。

首先,王权衰落并无法理证据。头两位乔治在位期间,没有任何重要立法限制王权,国王任用外族人的权力因 1701 年《嗣位法》大幅受限,不过任免英籍大臣权力基本不受影响,任免圣职、军官、外交使节以及宫廷职位的权力更不受质疑。②

其次,乔治二世 1740 年代屡向辉格元老派让步实出自对汉诺威安危的考虑。奥地利王位继承战争爆发后,汉诺威兵凶战危,乔治将英国卷入了欧陆战争且回汉诺威频次明显增加。从 1727 年到 1739 年,他总计四次返回汉诺威;奥地利王位继承战争期间,乔治为汉诺威外交和战事分别于 1740、1741、1743、1745、1748 年五次返回汉诺威。国人质疑国王战略,权臣亦借舆情向其施压,要求长期滞留海外的国王考虑臣民感受。乔治要借英国力量保卫汉诺威,不得不同意代表多数议员意见的大臣集体理政,甚至被迫接受他们强加给自己的廷臣。即便这与代议制颇为神似,也必须承认外交及军事而非某种宪制理念在其中的主导作用。③ 乔治低头非因性格软弱,更非在法理上承认王权旁落,而是保卫汉诺威的权宜之计。有一点特别能说明乔治心思,那就是他任免军官和外交使节时基本不顾及反对意见,因为这两种人比国内权臣更关乎汉诺威利益。为了故土牺牲王权,在这一点上乔治和威廉三世及乔治一世

---

① J. B. Owen, *The Rise of Pelhams*, p. 298.

② Hannah Smith, *Georgian Monarchy*, *Politics and Culture*, p. 213.

③ Andrew C. Thompson, *George II*, p. 218.

并无二致。1689 到 1760 年,四位君主中的三位来自异域,他们头顶英国王冠但心里装着故土,心系故园远超不列颠,这不仅束缚了他们的行动自由,也有碍他们打造爱国君主形象。他们均不信国教,还常被暗讽血统不纯,致使王冠难以转化为精神力量。三位外籍君主对英国史的影响非同小可,1740 年代表现得最为明显。

最后,当乔治因汉诺威而不能全力维护英国利益时,各派系均自诩爱国并向他叫板。当时英国政坛帮派林立,主要有辉格元老派、辉格反对派、托利派以及标榜超越派系的太子帮,乔治一个也指望不上。太子帮和辉格反对派大打爱国牌,控诉乔治为汉诺威损害英国利益,乔治不可能指望他们。托利派在乡村兴旺发达,年轻一代托利派亦生气勃勃。沃波尔倒台后托利派本有一丝希望,然而 1745 年叛乱又严重抹黑了托利派形象。乔治本对托利派有成见,叛乱后更不可能重用此派了。詹姆士党人叛乱既稳固了乔治君位又压缩了他遴选廷臣的空间,加深了他对辉格元老派的依赖。两代乔治均“别无选择”,只有辉格派“执政的连续性,才可以使他们免受被流放的斯图亚特王朝的阴谋和入侵企图的伤害,从而安然无恙”。[1] 辉格元老派自诩保卫新教、提防斯图亚特复辟,还以维系英国利益收揽人心,逼宫时装得正义凛然。这种套路,暂不得志的皮特看得一清二楚,他会在不久的将来如法炮制。

综上所述,汉诺威安全、复杂的派系结构以及 1745 年反叛这三大与宪制没有关联的因素导致乔治低头服软,成为典型的弱势君主。然而惯例及法理上的君权并未受限,一旦上述因素不存或一位专注英国本土利益的国王继位,君权必强势回归,1760 年代的高层政治动荡将清楚证明这一点。

出于财政考虑,佩勒姆和哈灵顿都希望尽早结束无休止的奥地利王位继承战争。然而法军 1746 年 2 月夺取了布鲁塞尔,牢牢控制着比利时;同年,马德拉斯(Madras)落入法军之手。面对一连串失利,和谈恐对英国极为不利,

---

① 琳达·科利:《英国人》,第 254 页。

何况乔治坚决拒绝和谈。1746 年夏，哈灵顿以财政吃紧为由建言停战，乔治大怒。哈灵顿对纽卡斯尔绕开他这位北方国务大臣直接与英国驻荷大使桑威奇沟通倍感屈辱，主动请辞，乔治自不会挽留。柴斯特菲尔德随后填补哈灵顿留下的空缺。① 1747 年，英军在比斯开湾小胜几场，在美洲表现也可圈可点。是年底，英军在大陆、地中海以及印度仍处境凶险，不过牢牢掌控着大西洋和英吉利海峡。战争陷入胶着。佩勒姆希望英、法以牺牲哈布斯堡和西班牙两个衰败帝国在西里西亚和意大利的利益为前提结束战争，然而此策遭朝野责难，纽卡斯尔和坎伯兰称一无所获的和平必酿成灾难性政治后果。聚集在太子身边的托利派和爱国派更反对和谈，他们态度决绝，随时准备刁难政府。太子帮与辉格元老派联手搞掉了卡特莱特后矛盾再起，太子向来视佩勒姆为眼中钉，痛恨辉格派专权，他有意提振王室形象，急欲向国人展露他代表的是不列颠而非汉诺威利益。他还苦心孤诣打造全新的宫廷文化，迎合不列颠人的民族主义需求；他广泛结交布特(Lord Bute)、诺斯(Frederick North)、皮特等融不进辉格权力圈的干才。他从未临朝，但努力并未付诸东流，其子在他塑造的这种宫廷政治文化氛围中长大，并在将来的漫长统治中践行这种政治文化。②

为抑制太子，同时也为了加强政府议会优势，佩勒姆说服乔治解散议会提前一年大选。辉格元老派煽动民众对詹姆士党人和法国的敌意并大肆抹黑托利派，在 1747 年大选中拿下 338 席，辉格反对派收获 97 席，托利派只获 117 席。③ 即便辉格反对派和托利派联手，也难以撼动辉格元老派的下院优势。太子也因身边托利派较多而形象受累，太子帮在大选中受挫，太子原以为他的大本营康沃尔能产生 30 名左右反对派议员，结果仅 19 人胜出。④ 大选后政府以人心思安为由启动和平谈判，反对派没有底气再予纠缠。1747 年 7 月，坎伯兰在劳菲尔德(Laufeld)再吃一场大败仗，进一步刺激英国政府加快和谈节奏。桑威奇代表英国在荷兰与法国人谈妥初步协定：法国将马德拉斯还给

---

① Andrew C. Thompson, *George Ⅱ*, p. 175.
② 琳达·科利：《英国人》，第 257 页。
③ Chris Cook and John Stevenson, *A History of British Elections since 1689*, p. 29.
④ J. B. Owen, *The Rise of Pelhams*, p. 315.

英国,英国将北美的路易斯堡(Louisburg)还给法国,法军撤出比利时。1748年签署的《亚琛和平条约》(The Treaty of Aix-la-Chapelle)结束了旷日持久、劳民伤财的奥地利王位继承战争。不过以皮特为代表的主战派并不看好与法国的长久和平,理由是双方随时可能因印度、美洲的潜在冲突擦枪走火。宫廷也认为法国对汉诺威的根本威胁远未解除。新一轮英法冲突只是时间问题。

1748年2月,柴斯特菲尔德因健康欠佳辞职,佩勒姆兄弟有意擢升桑威奇担任北方国务大臣,但桑威奇资历尚浅,纽卡斯尔担任北方国务大臣,贝德福德填补他空出的南方国务大臣职位。5月,乔治回汉诺威,纽卡斯尔担心贝德福德随乔治去汉诺威将夺走属于自己的外交话语权,执意伴驾远行。他已担任国务大臣二十余年且主要负责外交,却是首次出国。此后几年,他频频现身欧洲国际舞台,仅1748至1752年便三次前往欧陆。他认为仅靠海军优势不足以捍卫英国利益,必须在欧陆给法国安排敌人,这个敌人只能是神圣帝国。他表示"如果法国在大陆无所畏惧,在海上就会胜过我们"。[1] 他主张经济援助神圣帝国,助其复兴,并积极兜售这种方案。他不厌其烦与各路选帝侯打交道,套近乎,游说他们尽早确立玛利亚之子约瑟夫(Joseph)为神圣帝国皇帝。亚琛和平后,纽卡斯尔与乔治各自秉持的外交路线渐趋一致。这从侧面证实,此前反对卡特莱特的外交只是辉格元老派的权斗伎俩。

对内方面,佩勒姆相信应摒弃"党派敌对",构建"节俭且高效的政府"。[2] 不过政局因贝德福德派的加入以及两位王子的活跃更趋复杂。贝德福德是广义上的辉格派,但与辉格元老派绝非一路人。此君家世显赫、门生故旧不计其数,佩勒姆兄弟一时难奈其何。贝德福德反对无节制金钱资助神圣帝国,主张优先发展海军,他与他的恩庇人桑威奇都曾署理海军部,对海军情有独钟。纽卡斯尔常抱怨贝德福德工作懒散。乔治也知道贝德福德惰怠,但为其开脱,因为贝德福德比纽卡斯尔更尊敬国王。坎伯兰能力平平,甚至可以说在军界只是浪得虚名,然而王子身份以及乔治溺爱注定了他是这一时期内外战争的主角,不仅手握重兵,在下院亦有福克斯(Henry Fox)为之代言。坎伯兰与纽卡

---

[1] Andrew C. Thompson, *George Ⅱ*, p. 194.

[2] Paul Langford, *A Polite and Commercial People*, p. 202.

斯尔常为外交和军事激烈争执,贝德福德总是为坎伯兰帮腔,与他打得火热。坎伯兰不断在军中安插亲信,民间流言盛传乔治意欲废长立幼。坎伯兰的活跃犯了太子之忌。太子想方设法抑制坎伯兰与议员套近乎。1751 年初的一篇匿名檄文《宪制论释》(*Constitutional Queries*)暗讽坎伯兰为克伦威尔和理查德三世,有悖人伦且策划军人统治。① 辉格元老派乐见太子与坎伯兰同室操戈。1747 年大选失利后,太子继续效仿其父早年伎俩,在莱斯特宫网罗以托利派为主、自诩爱国的失意政客,不时向首相发难,太子帮下院实力削弱,但院外施压有增无减,佩勒姆兄弟亦有所忌惮。然而 1751 年 3 月太子意外病死极大改变了政局走势。辉格元老派少了一个劲敌,几个月后,佩勒姆兄弟又设计赶走桑威奇,贝德福德愤而辞职。贝德福德派参政本是广泛政府为收揽人心而惺惺作态,他们未曾料到该派之活跃随时可能导致政府后院起火,而今逼走他们,佩勒姆兄弟便高枕无忧了。佩勒姆从未赢得乔治真正赏识,如今又挤走乔治青睐的贝德福德派,乔治不悦。为平息君怒,佩勒姆兄弟举荐霍尔德内斯(Robert Darcy, 4th Earl of Holdernesse)出任北方国务大臣。乔治非常欣赏这个年轻人,佩勒姆兄弟认为他资历尚浅,无胆惹是生非。君臣皆大欢喜。②

太子病故、贝德福德派失势、乔治也认可现状,佩勒姆得偿所愿,走到了舞台中心,有条件效仿恩师沃波尔大展宏图了。不过佩勒姆从无沃波尔的跋扈、贪婪、阴险等恶名,时人眼中的佩勒姆善良、温和、令人景仰,他是 18 世纪唯一死在任上而不是被赶下台或被迫辞职的首相。时局稳定后,以佩勒姆为首的广泛政府海纳百川,处处彰显包容大度,卡特莱特 1751 年回到政府出任大会议主席便是明证。奥地利王位继承战争后的内外环境也有利于政府施政。和平大幅缓解了财政压力,政府大量裁军并压缩军费开支,这在一定程度上导致

---

① Andrew C. Thompson, *George Ⅱ*, p. 206.

② Andrew C. Thompson, *George Ⅱ*, pp. 209 - 210.

了七年战争(Seven Years' War)初期的军事灾难。为减轻庞大债务和巨额利息压力,佩勒姆将国债利息从 4％降到 3％并说服国债持有人支持政府的精打细算政策。与沃波尔一样,佩勒姆关照乡村托利派利益,还将土地税由每镑 3 先令降至 2 先令。① 经济压力渐减,税收政策受欢迎,然而部分具体政策在落实过程中政令不畅,甚至流于形式。佩勒姆政府是典型寡头政府,有些看似高瞻远瞩的政策实则考虑欠周,往往损害部分群体利益。1751 年,政府出台相关议案吸引国外技术和资金促进本国工业发展。国内工场主害怕外国公司挤垮他们的企业,手工工人担心外国劳动力涌入危及他们就业,议案在下院表决中被否决。1753 年,议会出台了《犹太人归化法》(Jewish Naturalization Bill),鼓励犹太资金和技术进入英国。该法亦不得人心,招致铺天盖地的批判,"超过 60 种个人印发的宣传册和大量评论文章出现在报纸上,伦敦起草了一份反对该法案的请愿书,各种大陪审团和市镇政府提出了 12 次正式抗议,17 个选区指示它们的议员要求废除该法案"。② 佩勒姆担心民众抗议影响次年大选,几个月后将《犹太人归化法》撤销。政府还大刀阔斧改革苏格兰弊政,特别针对那里的土地制度。改革意在削弱族亲及血缘纽带对苏格兰社会的控制,以合理方案重分土地,促进工农业发展。改革另一个目的是弱化苏格兰人民族意识,"淡化苏格兰高地的文化、政治和经济独立性",要求当地牧师"为汉诺威王室祈祷",彻底冷却他们对斯图亚特家族的未了余情。③ 然而改革在当地遭强烈抵制且不时引起社会骚乱,改革效果也因地域差异不一而论。

犹太人是边缘人,苏格兰是边缘地带,事关它们的政策半途而废无碍大局,佩勒姆有条不紊施政,人们有充分理由预测一个新的沃波尔时代正在来临。然而政局因 1754 年 3 月佩勒姆毫无征兆病死变得前景不明。并非辉格派优势受到挑战,而是政府失去了主心骨,无人能够整合山头林立的辉格派。理财和组织议会并非纽卡斯尔特长,战争大臣福克斯清高自负,自诩辉格派的老皮特就更不受欢迎了。福克斯野心勃勃,下院早已领教了他的雄辩。然而

① Geoffrey Holmes and Daniel Szechi, *The Age of Oligarchy: Pre-industrial Britain, 1722-1783*, Routledge, 1993, p.271.

② H. T. 狄金森:《十八世纪英国的大众政治》,第 203 页。

③ 琳达·科利:《英国人》,第 155 页。

他早年是托利主义者,后变节追随沃波尔。在同僚眼中,福克斯人如其姓,狡诈如狐。大法官哈德威克认为福克斯是辉格元老派潜在天敌,栽培此人实养虎为患。大法官实权今非昔比,但哈德威克身为元老派的元老,微嚼舌头便能阻抑福克斯升迁。纽卡斯尔不愿闲置福克斯这样的人中俊杰,一度与哈德威克琢磨出一个折中之策,擢升福克斯为南方国务大臣,但不许他插手财政。福克斯热衷虚名浮利,但不愿任人摆布,更不想为他人作嫁衣,甘愿高才低配、官居原职。① 皮特辩才比福克斯更胜一筹,不过国王一如既往厌恶他,和平时代他不可能得到重用。经反复权衡,纽卡斯尔勉为其难,出任第一财政大臣。据说纽卡斯尔对自己相貌极不自信,也是他迄今不愿走向前台的首因。② 长期与神圣帝国打交道但无内政经验的罗宾逊(Thomas Robinson)出任南方国务大臣并兼任下院领袖。这预示着下院组织将是政府软肋。皮特不断找碴,福克斯冷眼旁观,下院无人能替新政府政策进行得力辩护。此外,纽卡斯尔将坎伯兰拉进内阁亦招致非议,军人入阁为反对派提供了更多的诘难把柄。

佩勒姆殁时,大选准备工作已基本就绪,他的去世对当年大选冲击并不大,纽卡斯尔只需按部就班推进选举程序。相较上次大选,支持政府的席位略有增加。累计368名议员支持政府,辉格反对派和托利派分别赢得42和106席。③ 表面看,政府下院优势依然牢靠,不过支持政府的议员并非清一色辉格派,这帮派系观念淡薄的政府支持者并无18世纪早期的浓厚辉格主义情结。托利和辉格本因天主教危机而起,后又因对不从国教者态度而尖锐对立,到1750年代,詹姆士党人不足为虑,不从国教者也无力发声,两派对立基础已失,均无凝聚力了。辉格派还能靠纽卡斯尔等少数元老维系松散的联结,托利派实已分崩离析,或曰已无托利派。国教会的沉寂和国王的派系偏见数十年来对托利派极为不利。鉴于政府总用詹姆士党人抹黑托利派,大多数托利派候选人对派系标签避之不及;少数托利派欲澄清托利原则,却往往越描越黑,索性闭口不谈主义与原则,只关注所在选区民情、埋头具体事务。托利一词此

① J. C. D. Clark, *The Dynamics of Change: The Crisis of the 1750s and English Party Systems*, Cambridge University Press, 1982, p. 68.

② Paul Langford, *A Polite and Commercial People*, p. 226.

③ Chris Cook and John Stevenson, *A History of British Elections since 1689*, p. 29.

后数十年只是政斗中的蔑称,后世学术研究及本书写作为表述便利所指称的 1750 年代和 1760 年代的托利派多为一些老辈托利派的子弟或与王室关系密 切之人,不过他们的成长环境以及政治价值观均和老辈托利派判若云泥。辉 格反对派更是鱼龙混杂,发展态势不明。18 世纪早期的派系分野已模糊不 清,旋又被一场波及欧亚美非四大洲的战争冲刷得了无痕迹。

　　1754 年下半年,政府决定向北美适当增兵。纽卡斯尔和霍尔德内斯事关 北美的军事行动未征求战争大臣福克斯意见,福克斯自尊心受挫,与皮特联手 向下院领袖发难。[①] 乔治及时干预,奉劝福克斯勿与皮特沆瀣一气。福克斯 勉强同意不再刁难政府,但也不愿与皮特交恶,更不愿对国王唯命是从。[②] 福 克斯的超然和皮特的好斗预示着纽卡斯尔无力应对日益逼近的战争和亟须调 整的外交政策。1754 年夏,后来荣膺美国首任总统的华盛顿(George Washington)上校在俄亥俄(Ohio)河谷被法军击败,法军此前已控制了加拿 大,继而从南、北两方沿密西西比河(Mississippi)和俄亥俄河向北美腹地推 进,英国十三个殖民地有被从陆上包围之险。[③] 坎伯兰和福克斯等呼吁加强 北美战备,但纽卡斯尔主张北美殖民者自己组织防御。此时的纽卡斯尔和 1739 年的沃波尔一样,力避触怒法国,也不想增加军费。福克斯为了做好战 争大臣本职工作,说服乔治向美洲增派正规军,不过纽卡斯尔仍指示美洲派遣 军指挥官布拉多克(Edward Braddock)勿轻举妄动。1755 年夏,乔治最后一 次返回汉诺威,启程前,纽卡斯尔一再提点伴驾的霍尔德内斯随时向内阁禀报 外交大事,以便政府和王室对外政策事项上保持口径一致。[④] 法军也向美洲 增兵,英军只能再派海军副司令博斯卡文(Edward Boscawen)领兵阻止法军 在路易斯堡登陆。同时,布拉多克鲁莽冒进,深入俄亥俄腹地,被法军击败,本

① J. C. D. Clark, *The Dynamics of Change*, p. 87.

② Andrew C. Thompson, *George Ⅱ*, p. 229.

③ Brendan Simms, *Three Victories and a Defeat*, pp. 387 - 388.

④ Andrew C. Thompson, *George Ⅱ*, p. 234.

人中弹身亡。纽卡斯尔对英国没有大陆盟友忧心忡忡，"整个18世纪，英国在欧洲胜利的关键是始终得到有效盟友相助"，盟友发挥决定性牵制作用才使得"不列颠能用她的海军及剩余陆军攻击海岸线、殖民地及海上贸易通道，摧毁对方经济"。[①] 有鉴于此，纽卡斯尔匆忙与俄国结盟，不过俄国承诺的军事威慑远不足以抵消普鲁士和法国的强大火力。纽卡斯尔知道战事一起，议会拨款就是头等大事，他力谏乔治笼络皮特，揽其入阁，换取他安分守己。乔治对皮特的成见浸骨入髓，纽卡斯尔只好说服乔治启用福克斯取代罗宾逊担任下院领袖。布拉多克的美洲远征军惨败后，皮特在下院用尖酸刻薄措辞指责政府鼠目寸光，直陈外交失策乃军事惨败的罪魁祸首，被乔治彻底免职。皮特恼羞成怒，索性倒向威尔士亲王、未来的乔治三世，继续死杠政府。[②]

弗雷德里希二世担心英俄结盟导致普鲁士孤立无援。为拆散潜在的英俄盟约，弗雷德里希二世主动向英国示好，他是一位对军事和外交都把脉精准的旷世奇才，及时察觉神圣帝国战略中心已从意大利和比利时转移到了西里西亚。的确，玛利亚发誓倾家荡产也要夺回西里西亚，而拆散普法传统联盟是夺回西里西亚的前提，为此她愿与宿敌法国抱团取暖。乔治为确保故土安全，也想普鲁士勿扰汉诺威，结果英国和普鲁士于1756年1月缔结《威斯敏斯特公约》(Convention of Westminster)。[③] 公约主要内容是普鲁士和汉诺威避免交兵，但乔治以英王名义而非选侯身份定约致使英国卷入一触即发的欧陆战事在所难免。[④] 鉴于英普结盟，神圣帝国如坐针毡，被迫调整传统外交方针并寻求法国施援。1756年5月，神圣帝国与法国秘密达成《凡尔赛条约》(First Treaty of Versailles)，俄国见风使舵，次年加入。这便是著名的18世纪外交革命。英国摒弃贯彻了近百年的联奥遏法之策，转而寻求蒸蒸日上的普鲁士支持。波旁法兰西与哈布斯堡帝国化解了数百年世仇，并肩对抗普鲁士和英国。对英国而言，不存在外交革命，它抑法目标始终如一，仅换了帮手。大战在即，朝野对加强战备均无异议。皮特等议员向1756年议会提出的《军事法》

① Geoffrey Holmes and Daniel Szechi, *The Age of Oligarchy*, p. 273.
② Paul Langford, *A Polite and Commercial People*, pp. 228－229.
③ Brendan Simms, *Three Victories and a Defeat*, p. 403.
④ Andrew C. Thompson, *George II*, p. 243.

(Milita Bill of 1756)顺利通过。该法不仅要求扩充以及改革军队,还明令增加军费。

外交革命和《军事法》并未立竿见影,战局继续恶化。1756 年春夏之交,海军司令约翰·宾(John Byng)以保存实力为由规避与法军直接交锋,致使马略卡陷落;加尔各答(Calcutta)也落入敌手;北美英军更是连走麦城。福克斯和纽卡斯尔颜面无存,名誉扫地。为平息民怨,乔治欲拿约翰·宾开刀。约翰·宾辩称他为防守直布罗陀战略性放弃了马略卡,但乔治怒斥他"不愿战斗"。① 当皮特试图为约翰·宾开脱时,乔治反怼道:"是您教会了我绕过议会,从别处寻求民意支持。"②军事法庭判处约翰·宾死刑不足以平民愤。托利派大肆唆使民众请愿,呼吁改组政府。皮特一如既往抨击政府的战略失策和消极避战姿态,他高擎爱国主义大旗,欲以这面旗帜团结一切反政府力量。他是英国史上第一位诉诸民意为个人权欲服务并大功告成的非王室政治家。他以超派系姿态刻薄攻击政府,博得了"伟大平民"(Great Commoner)之美誉。威尔士亲王乔治此时已成年,他选择与其母过从甚密的苏格兰人布特担任自己的侍寝男仆。布特是辉格派蔑视的所谓托利主义者,向亲王灌输爱国君主理念,更招致福克斯和纽卡斯尔忌恨,皮特乘机笼络亲王和布特为己所用。马略卡陷落后,福克斯对政府失去了信心,意欲辞职。乔治鄙视福克斯小肚鸡肠、毫无担当,但为政局着想,仍劝诱他再领导下院一年。纽卡斯尔直言不讳告诉乔治,福克斯和皮特二者之一必须领导下院,否则政府寸步难行。这部分说明辉格派大势已去,因为皮特和福克斯均是自诩的辉格派,与正统辉格派及辉格元老派毫无交集。纽卡斯尔还想重施 1744 和 1746 年之故技,迫使乔治低头。③ 乔治仍不愿启用皮特,皮特则要求议会调查军事责任并遣返来自汉诺威和黑森等地的雇佣军。10 月,福克斯辞职,纽卡斯尔紧随其后卸职。

皮特终于等来了他的机会,"对国王而言,除了任用布特和皮特,别无选

---

① Horace Walpole, *Memoirs of King George Ⅱ*, 3Vols, ed. by John Brooke, Yale University Press, 1985, Vol. Ⅱ, p. 158.

② Horace Walpole, *Memoirs of King George Ⅱ*, Vol. Ⅱ, p. 223.

③ J. C. D. Clark, *The Dynamics of Change*, p. 272.

择".① 随后组建的新政府虽由德文公爵(William Cavendish,4th Duke of Devonshire)担任第一财政大臣,南方国务大臣皮特实际上操控着大政方针。皮特夺权在英国政治史上具有分水岭意义。其一,皮特自诩爱国者,利用舆情向乔治施压,借用当时一位著名文人的话说,皮特是"人民给国王选派的大臣"。操控民意捞取政治资本自此常态化,为日后政斗树立了恶劣先例。其二,皮特夺权,莱斯特宫和托利派功不可没,而皮特不囿于派系成见,提拔了一批托利派。皮特——德文政府的成立标志着辉格——托利二维派系格局彻底消失了。② 皮特得到先前在野各路势力支持,并响应民众呼声,利用民意占据道德制高点。他的华丽翻身与1740年代佩勒姆兄弟揽权套路相同,借战争逼迫国王就范并在成功后适度缓和与国王的紧张关系。皮特高就后不再为外交与乔治处处作梗,承认汉诺威和普鲁士对牵制法国的战略意义,亦不再反对适度拨款援助这两大德意志邦国。③ 当然,新政府要想正常运转仍需辉格元老派配合,纽卡斯尔仍是下院多数议员投票的风向标,他自恃下院支持,处处刁难政府。1757年初,乔治想方设法让纽卡斯尔出山主持大局,纽卡斯尔担心议会追责上年战事不力,推辞不就。4月,乔治一度将皮特解职,造成无政府尴尬局面。经各路力量艰难博弈,1757年6月底,一个类似昔日广泛政府的新政府终于确立。纽卡斯尔出任第一财政大臣,皮特和霍尔德内斯分别担任南、北国务大臣,福克斯和德文公爵也身居要职。这个经各方妥协的皮特——纽卡斯尔政府颇得民心,因网罗了所有派系力量自能确保下院多数支持,未来五年的战争胜利将证明它较为稳定且异常实用。

就军事和外交言,皮特在新政府内独挑大梁,同侪霍尔德内斯形同摆设。④ 皮特促成"托利派与汉诺威制度和解","给托利派地方官僚职位和军队领导职位",时人亦明显感觉昔日的派系分野淡去,"整个国家都被同一种精神激励".⑤ 这种精神是靠终结托利和辉格之分并仇恨法国这个共同敌人塑造

---

① Paul Langford, *A Polite and Commercial People*, p. 232.

② Marie Peters, *The Elder Pitt*, Longman, 1997, p. 71.

③ Marie Peters, *The Elder Pitt*, p. 68.

④ Marie Peters, *The Elder Pitt*, p. 86.

⑤ James Sack, *From Jacobite to Conservative: Reaction and Orthodoxy in Britain*, c. 1760-1832, Cambridge University Press, 1993, p. 56.

的。皮特走到政坛中心并成为民意连接纽带。民众将扭转战局的希望寄托在他的身上,托利派为他提供宝贵支持,格伦维尔家族的显赫权势也为他雷厉风行、坐镇中军平添了一份保障。① 当然,皮特也需与各方周旋,小心维系有如大杂烩的政府。纽卡斯尔和福克斯与皮特合作时心猿意马,他们从未忘记因约翰·宾死刑与皮特结下的梁子。皮特还得提防布特的心思。布特是王孙乔治母子身边的红人,王孙继位是迟早之事,布特和王孙有意利用皮特消耗辉格元老派,松动他们的权势根基,为新王主政拔丁抽楔。

在权势集团各打算盘的复杂局面中,皮特功成名就并非得来全不费工夫。他主政第一年,战事依然哀鸿遍野。1757 年 6 月,弗雷德里希二世遭遇一场惨败;旋即,坎伯兰指挥的英军和汉诺威联队在哈斯滕贝克(Hastenbeck)战役中也被法军挫败,乔治和英国政府均不承认被俘的坎伯兰擅自代表乔治与法国签订的屈辱协定;劳登伯爵(4th Earl of Loudoun)统领的北美英军亦全线溃败;唯一喜讯是克莱夫(Robert Clive)在普拉西(Plassey)之役中打垮法国和莫卧儿(Mughal)帝国联军,夺取加尔各答,控制了孟加拉。皮特眼下无暇顾及派系互斗,他知道只有军事胜利才能维持政府存在,故将所有精力投入战事。首先,他迫使坎伯兰辞去陆军总指挥职务,敦促 1757 年的议会通过一部新的《军事法》。根据此法,没有选举权的乡绅和自耕农也必须交纳 10 镑军费。这项沉重负担招致社会中下层强烈不满,激起零星骚乱,皮特为了筹钱只能霸道催缴。为吸引更多经验丰富的水手参军以增强海军战力,1758 年,皮特和格伦维尔主导的《海军法》也在议会通过。法案授权相关部门为海军将士加薪,没有特殊理由不得拖欠军饷。皮特甚至要求苏格兰也为战争提供兵员,但被议会否决。外交和战略方面,皮特与纽卡斯尔意见一致。英国为汉诺威和普鲁士提供金钱和物资,同时派遣英军直接参与大陆战争。相较西班牙王位继承战争和奥地利王位继承战争,英国在七年战争中向欧陆派遣的陆军占军士总比重并不算高。七年战争期间,在欧陆参战的陆军总数从未超过 1.8万人,但这一时期的陆海军总规模在 4.5 万人左右。② 英国大幅投入的人力

---

① 皮特妻子来自这个家族,滕普伯爵(Richard Grenville, 2nd Earl of Temple)和乔治·格伦维尔均是皮特的妻兄。皮特比这兄弟俩年长,但其妻是他们的胞妹。

② Marie Peters, *The Elder Pitt*, p. 94.

物力迫使法国既要在海上迎战强敌，又要把"更多资源分拨到大陆"，无怪乎皮特后来吹嘘说"在德意志平原上赢得了美洲"。[1] 海军战略亦做调整，军需和兵力均向北美高度倾斜，东印度公司自行募兵并承担印度战争的主要军费。

新战略很快奏效。1759 年夏，俄军在库勒斯道夫（Kunersdorf）大败普军，弗雷德里希二世差点绝望自杀，柏林一度危在旦夕，仅因沙皇突然病死，俄国调整国策，普鲁士才免于都陷国亡。不过英军开始发威，8 月 1 日，布伦斯瑞克亲王费迪南德（Prince Ferdinand of Brunswick）取得明登（Minden）大捷，解除了法军对汉诺威的威胁。这场大捷是英国钱财和兵力发挥作用的最好见证，不仅万名英军参战，且联军军费主要由英国承担。[2] 海军此前已开始扭转颓势。1758 年秋，英军夺回圣劳伦斯河（St Lawrence）黄金要塞路易斯堡，控制了大湖区并打开了通向魁北克的大门。皮特因军事胜利威名远扬，北美人为表彰他的首功，将他们夺取的一座城池命名为匹兹堡（Pittsburg），意为皮特城。[3] 议会也不再吝啬战争拨款。各条战线全面飘红。北美英军乘胜追击，一鼓作气拿下蒙特利尔（Montreal），法军基本上被逐出加拿大。西印度群岛的瓜德罗普（Guadeloupe）也成为英军囊中之物。1758 年，英军夺取塞内加尔。1759 年 8 月，博斯卡文指挥英国海军在葡萄牙南方沿海的拉各斯海角（Cape Lagos）摧毁法国地中海舰队。1760 年初，英军在旺德瓦什（Wandewash）酣畅淋漓大胜法军，印度东南沿海地带尽落英军之手，法国"在亚洲作为一个大国被摧毁了"。"海军这些胜利使英国牢牢控制了地中海，致命地抑制了法军增援加拿大的企图并使它入侵英国不再可能。"辉煌战果足以让英国人炫耀 1759 年为名副其实的奇迹年（annus mirabilis），也将皮特捧为"英国政治生活中最有权势之人"。[4]

首功非皮特莫属。其一，皮特摈弃了早年的外交观，意识到汉诺威和普鲁士的战略价值，1756 年后，他鼎力支持大陆力量牵制法国，慷慨援助德意志诸国大批军队和数量可观的金钱。其二，皮特将自己打造为平民爱国者、绝大多

---

[1] Paul Langford, *A Polite and Commercial People*, pp. 336 - 337.

[2] Brendan Simms, *Three Victories and a Defeat*, p. 451.

[3] Marie Peters, *The Elder Pitt*, p. 103.

[4] Paul Langford, *A Polite and Commercial People*, pp. 338 - 340.

数国民心悦诚服的战争领袖,政府因此免受派系扯皮羁绊,效率大增。其三,皮特是一流演说家,多次用三寸不烂之舌说服议会不吝拨款支持战争。此外,皮特坚定意志及昂扬斗志始终激励着前线士兵英勇战斗,连弗雷德里希二世也承认皮特是他的精神榜样。然而皮特头顶的光环亦无法掩盖他的诸多缺点。首先,他是个自大狂,联合政府成立前造势时,他对德文称"拯救这个国家,非我莫属"。① 自大也导致他常因琐事与同僚摩擦不断,自视"人民的保民官"而非"国务大臣",在议会发言中虽然"竭力避免给人摆谱的印象,但除了筹措军费,把一切功劳都归于自己"。② 其次,皮特一贯意气行事,尤对北美情有独钟,他动用不列颠资源为美洲人打仗且过度尊重美洲民意,宠坏了美洲殖民者,给美洲治理埋下无穷隐患,他日美洲人稍不如意便举旗造反。最后,皮特并不擅长外交和财政,一旦民众不堪重负,心生厌战,他必遇大麻烦。他煽动的爱国民粹短期内令国王难堪,但从长远看,彻底抹去了派系分野,有利于君主集权,对权臣却非祥兆。皮特声望如日中天时,乔治驾崩。年轻气盛的新王不允许任何大臣风头盖住君主。战争扫尾阶段,皮特蓦然发现自己只是君王招之即来、挥之即去的臣子。

---

① Marie Peters, *The Elder Pitt*, p. 73.
② Horace Walpole, *Memoirs of King George Ⅱ*, Vol. Ⅲ, pp. 37 - 38.

第十三章　乔治三世时代(1760—1789)

在举国享受军事奇迹的快乐氛围中,二十二岁的乔治三世登基并为君长达一个甲子,是英国史上在位时间最长的男性君主。史家惯把乔治的统治分为前后两个时长大体对等的阶段。自乔治同时代的日记作家霍拉西·沃波尔(Horace Walpole)和政论家柏克(Edmund Burke)开始,辉格主义文人和史家大都褒扬乔治二世从善如流、恪守宪制;抨击乔治三世刚愎自用、藐视宪政并试图恢复个人统治。他们指控乔治为君前期过度活跃、肆意妄为导致1760年代政府高层反复震荡,还把北美十三州和佛罗里达的丢失归咎于乔治的统筹失当和用人不察。在辉格派史家笔下,乔治在内挫外折后声名狼藉,外加疾病折磨,不得不淡出历史舞台;他的疾病和晚年的痴呆似乎只是他早年多行不义的报应,而反法战争的胜利和英国的兴旺发达更与乔治无关,甚至是他不干预政事的良性结果。进入20世纪,大批学者争相为乔治正名,他们认为乔治只是行使君主常规权力,"有独裁君主制的勃勃野心纯属无稽之谈"。① 英国宪制从未规制议会和君主关系,18世纪代议制和内阁制远未成熟,很难明言议会和君主中的哪一方政治主导权更大。② 宪制模糊外加瓦解中的派系格局为乔治集权治国开了方便之门,而非乔治违宪专断、一意孤行。除1783年,乔治统治前期任命的政府大都能得到议会多数议员支持,他绝非心胸狭隘的辉格派刻意抹黑的专制暴君。翻案者认为乔治对美洲策略是一位尽责君主的正常

---

① Peter D. G. Thomas, *George Ⅲ: King and Politicians*, *1760 - 1770*, Manchester University Press, 2002, p. 2.

② Jeremy Black, *George Ⅲ*, *America's Last King*, Yale University Press, 2001, p. 27.

反应，美洲对他来说就像汉诺威对乔治一世和二世一样，需倾全力拱卫；兵败北美的奇耻大辱和英帝国之挫折也不应由其一人背锅。① 翻案者笔下的乔治1790 年代后更是华丽翻身，成为抵御革命洪流的楷模。欧陆动荡之际，不列颠的安宁反衬了英国体制优越，而乔治就是这个体制的化身和庇护神。翻案者不仅为乔治曾经的政策失误开脱，且无不欣赏他的崇高品格，传颂他的宗教虔诚以及为人君父的责任心。除奥利弗·克伦威尔，没有谁比乔治在英国历史长河中声名反差更大。有鉴于此，有必要先还原史实再评估乔治的功过是非。

1751 年，乔治便被立为王储，其母及叔父出任监护人。其母时常教导他做一位称职国君，而国师布特则告诫他恪守光荣革命传统。光荣革命后一百余年中，革命最大成果是新教安全有了保障，故在乔治看来，恪守光荣革命传统就是坚持新教立场不动摇。终其一生，乔治都将为君者的责任摆在首要位置，把捍卫国教视为维护光荣革命的不二法门，鄙视不从国教者，痛恨天主教徒。乔治深受博林布鲁克爱国君主论影响且自身条件非常有利于形塑爱国君主形象。乔治与其祖父及曾祖父成长环境迥异，乔治一世、二世都有浓厚乡土情结，甘为汉诺威牺牲英国君权，乔治是土生土长的英国人，汉诺威在他的印象中只是档案记载和先辈回忆。乔治继位伊始，霍拉西·沃波尔便察觉政治文化及内外政策均会急剧转向，因为"指责其家族是外国人的偏见在他的身上可以休矣"。② 乔治自然懂得凸显自己的英国情怀凝聚民心，为君首次公开讲话便自夸爱国并兜售忠君思想和爱国主义："出生并在这个国家接受教育，我以不列颠感到光荣，增进人民的福祉永远是我生命中的快乐之事，人民对我的忠诚和温情是我的王位最大和最持久的安全保障。"③

这样一位与先王身份认同完全不同的君主继位必强力冲击既定政局。乔治要结束辉格派对权力的长久垄断。他与古往今来一切爱国君主一样，厌恶

---

① Andrew Jackson O'shaughnessy, *The Men Who Lost America: British Leadship*, *the American Revolution and the Fate of the Empire*, Yale University Press, 2014.

② Horace Walpole, *Memoirs of King George Ⅲ*, 4Vols, ed. by Derek Jarrett, Yale University Press, 2000, Vol. Ⅰ, p. 6.

③ Jeremy Black, *George Ⅲ*, p. 44.

党派倾轧,坚信圣君当对所有忠诚子民一视同仁并为他们服务,而非派别滥权的工具。当时的派系结构和下院局面给了乔治充裕操作空间。辉格派对乔治的诋毁反映的只是他们对自己内部危机和权势摇摇欲坠的焦虑。1760年前后,下院500余名议员中,恪守辉格或托利传统者只区区数十人,即便这些派系分子也会因为派系领袖的宦海浮沉或生死无常而更换门庭。忠于王室的宫廷派议员约150余名,他们大多是政敌讽刺的"国王之友派"(King's Friends)。余下则是占主导地位的300名左右独立议员,他们才是政府能否持久的决定力量。甫一登基,乔治便宣布一切愿为国尽忠、为君效劳者均有施展才华的天地,意即托利派也有机会加官晋爵。乔治所为并非刻意打压辉格元老派,而是要纠正派系之弊并组建超派系政府。他选贤任能不囿于派系合乎时代潮流,因为1745年后,特别是1759年法国侵英计划破产后,詹姆士党人威胁彻底烟消云散,高层亟须接纳托利派参政以拓宽并夯实王权的群众基础,克服君主只是辉格派滥权谋私的工具这一弊病。乔治认为辉格派长久当权造成裙带关系错综复杂,腐败触目惊心,重组政府方能肃贪治腐、提升道德。辉格派牢骚满腹并污蔑乔治欲恢复专制统治。此外,乔治欧陆情结淡薄,决策无须顾及欧陆盟友。从乔治二世到乔治三世,英国外交最大变化是海外帝国取代汉诺威成为重中之重,这意味着战争和外交政策都将大幅转向。

　　基于乔治脾性及上述内外政治背景,不难理解乔治继位后新君与旧臣很快爆发冲突。乔治决心结束战争,辉格派诋毁他想通过结束战争改组政府并加强君权,但实际原因除了乔治对汉诺威无感,更有财政考虑。与半个世纪前的西班牙王位继承战争一样,天价军费和高额税收激起巨大民怨。九年战争和西班牙王位继承战争年耗费约500万镑,奥地利王位继承战争年耗费660万镑,而七年战争年耗费飙至近1370万镑。① 乔治和布特都希望尽早实现和平,拟将西印度群岛部分领土归还法国,换取对方放弃加拿大并将马略卡还给英国,然而皮特却主张将法国永久逐出加拿大并迫使其彻底屈服。由布特起草的新王第一次对枢密院的讲话稿称七年战争是"昂贵的战争",皮特闻言不

---

① 　Paul Langford, *A Polite and Commercial People*, p. 346.

爽，要求在"昂贵"一词后加上"但正当且必要"以做补充说明。① 以纽卡斯尔和皮特为首的主战派战意仍酣，顽固抵制新王立场。他们认为布特在幕后策划朝政，迅速把矛头指向了他。布特是学富五车的谦谦君子，本无意为官，无奈乔治强其所难，布特出于臣子之责，诚惶诚恐替君分忧。他的苏格兰背景是显眼软肋，英格兰人针对他的苏格兰人身份大做文章。更尴尬的是，布特当时并无行政职位，只是侍寝臣仆。皮特曾与布特一起在太子府评议朝局，没有理由给布特扣所谓的托利派帽子，但认为布特不懂国事，羞与其同朝为官。纽卡斯尔原打算效仿 1727 年沃波尔排挤康普顿手法边缘化布特。然而乔治非其祖父，下令没有布特内阁不得开会，明确说批评布特就是"针对国王"。② 性格强势的新王完全不按常理出牌，群臣只好妥协，同意布特暂时列席内阁会议。

职权不明且缺乏议会历练的布特就这样和纽卡斯尔以及皮特并驾齐驱，参与机要决策。乔治坚信皮特和纽卡斯尔只想借战争继续把控权力，他信任布特人尽皆知且有意让布特权压皮特和纽卡斯尔。布特理解乔治急于赶走此二人之心情，但考虑到战事未了，劝其勿要操之过急。纽卡斯尔自感权势岌岌可危，但仍相信议会是权力之源，有理由静待大选之后再决定去留，况且群臣都认为他是组织大选的不二人选。为打破辉格元老派和他们的裙带对多数议席的长期垄断，1761 年大选前乔治明确下令禁止动用公共资金为辉格派助阵，他的强势干预致使反对派实力略有反弹，赢得 113 个议席。③ 纽卡斯尔将新产生的议员分为三类，分别是 292 位"朋友"、113 位"可疑者"以及 108 位"旁观者"，不过事实不久即会证明他眼里的"朋友"只是错觉。④ 大选后，霍尔德内斯主动让贤，布特接任北方国务大臣。皮特恼火布特与自己比肩而立，不过为战事着想，决定暂时忍受布特。布特有自知之明且相当克制，他既不懂军事，亦玩不转下院，知道皮特的军事才能和纽卡斯尔的理财技巧缺一不可。布特高升实际上并未损害任何人权力，然而纽卡斯尔庸人自扰，以为布特侵蚀了

---

① Peter D. G. Thomas, *George Ⅲ*, p. 42.

② Jeremy Black, *George Ⅲ*, p. 58.

③ Chris Cook and John Stevenson, *A History of British Elections since 1689*, p. 29.

④ Lewis Namier, *England in the Age of American Revolution*, London, Macmillan, 1961, p. 175.

他的权力并自感处境尴尬,哈德威克等老友劝他辞职了事,他去留两难,欲待和战大计明朗后再做决定。

1761年4至9月,英法在谈判桌前和战场上同时较量。6月8日,英军夺取法国西海岸的贝勒岛(Belle Isle),坐拥更多谈判筹码。受强烈复仇心理驱使的法国海军统帅舒瓦瑟尔(César Choiseul)绝非善茬,游说西班牙参战。一旦西班牙参战,保卫直布罗陀海峡和葡萄牙必加重英方财政压力。8月15日,法西缔结家族协定,舒瓦瑟尔再无和谈诚意。法西结盟后,皮特主张先发制人,立即进攻西班牙帝国,但遭纽卡斯尔与主和派共同反对。纽卡斯尔与皮特政治上本非同道,战略上也有分歧。纽卡斯尔一向目光紧盯中欧,主张充分发挥欧陆盟友对法国的牵制作用,而皮特更青睐资源向海上投放。纽卡斯尔和海军将领此时以军费吃紧、战舰不足为由向皮特泼冷水,导致他在议会和政府中均孤掌难鸣。10月2日的内阁会议否决了皮特的军事方略。三天后,皮特辞职,滕普伯爵亦随他拂袖而辞。布特虽不认可皮特的恢宏战略,但深知皮特是不可或缺的战争统帅,一再诚意挽留,无奈皮特去意已决。[①]传统观点认为布特为揽权而排挤皮特,事实是纽卡斯尔挖墙脚导致皮特愤而卸职。

皮特离职后,格伦维尔出任下院领袖,政治素人埃格雷蒙特(2nd Earl of Egremont)担任南方国务大臣。此人来自托利世家,其父是沃波尔当年在下院的死对头文德汉姆,其妻弟则是格伦维尔。贝德福德填补滕普留下的掌玺大臣之职。贝德福德胸无大志,从不想当主角,但他在下院有30名左右铁杆,这些铁杆多为世家子弟,主要来自辉格派家庭,但只顾自己前途,没有恒定政治立场。纽卡斯尔在皮特辞职后反倒活跃起来,不过他兜售的只是老生常谈——联合普鲁士遏制法国。他确信一旦失去普鲁士支持,英国将在国际舞台上失去一切重要盟友,在未来与法国及西班牙的冲突中陷于完全孤立。新王和内阁当然知晓纽卡斯尔所说的外交和军事常识,但他们不堪忍受大陆军事义务。纽卡斯尔一度以退为进,放风称自己有意辞职,而乔治恰有意让布特取而代之。布特并未教唆内阁孤立纽卡斯尔,更无意逼迫他辞职。他认为纽卡斯尔已入垂暮之年,战后会主动辞职。皮特与滕普私下中伤布特并婉劝纽

---

① Peter D. G. Thomas, *George III*, p.51.

卡斯尔珍惜名节、远离布特，实则离间政府，防止纽卡斯尔向布特靠拢。[1] 纽卡斯尔纠结去留，既不甘心离职，又担心与布特搭档授人以话柄，他仍活在元老的旧世界里，按派系划分敌我并以为他的喽啰会向国王施压，迫使国王继续重用他。1762 年 5 月，纽卡斯尔正式辞职时其喽啰漠不关心，他失落慨叹"我不知道谁是我的朋友"。[2] 这种感慨真实反映了这个时代的下院格局，大多数议员并不受派系束缚，他们有独立判断且只顾个人前程，不受他人摆布。

纽卡斯尔辞职后，布特署理内阁。布特政府并非辉格派蔑称的托利派政府，而是名副其实的广泛政府。埃格雷蒙特继续担任南方国务大臣，福克斯担任北方国务大臣，一位名不见经传的小人物担任财政总监，贝德福德和来自辉格元老派的哈利法克斯（2nd Earl of Halifax）也在政府中任职。他们都是纽卡斯尔的昔日同侪，如今为个人前途，争相向新王表忠心。[3] 1762 年初，愚蠢的西班牙政府蹚七年战争之浑水，结果自取其辱。英军轻而易举占领了哈瓦那（Havana）、马尼拉（Manila）以及佛罗里达等地。胜利又一次冲击内政外交。9 月 29 日，夺取哈瓦那的消息传到伦敦，格伦维尔反对无偿将这个战略要地还给西班牙，内阁发生龃龉。格伦维尔辞职，福克斯出任下院领袖，哈利法克斯转任北方国务大臣。福克斯是这次政府改组的最大收获，论下院组织才能，时人无出其右。舒瓦瑟尔发现西班牙不堪一击，愿意接受英国提出的并不十分苛刻的和谈条件。然而纽卡斯尔等人振振有词称，俄国新沙皇彼得三世亲普鲁士，法国失去了东欧盟友，英军应当利用海军最近的强势表现勒索更有利的停战协定。纽卡斯尔、皮特、坎伯兰以及亲辉格派的媒体全部反对乔治和布特商定的和谈条件。乔治不能违宪剥夺现已无官身轻的纽卡斯尔和皮特等人议员资格，但为泄愤把反对和约的宫务总管德文伯爵解职并将其赶出枢密院。[4] 1762 年底，议会讨论和约时火星四溅，纽卡斯尔预估百余名议员会反对和约，但福克斯组织议会策略得当，因其拉拢，最后表决时不少反对派议

---

①   Peter D. G. Thomas, *George III*, p. 53.

②   Lewis Namier, *England in the Age of American Revolution*, p. 365.

③   Peter D. G. Thomas, *George III*, pp. 67 - 68.

④   Jeremy Black, *George III*, p. 62.

员故意缺席,和约以 227 对 63 票的巨大优势通过。[①]

　　和约通过的根本原因并非乔治强势,而是民众渴望和平,反映民心所向的独立派议员成为支持和约的主力。反对和约的贵族和拥有行政职位的议员多遭削职,空出的职位由政府支持者填补。税务、邮政甚至基层部门,与纽卡斯尔有关的官吏尽遭罢黜。政斗演变为疯狂报复。乔治出了恶气,他用行动昭示天下,服膺新王才有出路。[②] 以纽卡斯尔为首的辉格元老派大势已去,以罗金汉姆(Charles Watson-Wentworth, 2nd Marquess of Rockingham)为首的年轻后辈还无力为辉格主义扛旗。1763 年 2 月,各方缔结《巴黎条约》(Treaty of Paris of 1763)。英国得到整个加拿大及密西西比河以东的所有地盘;将马尼拉及古巴归还给西班牙,但保有佛罗里达;将盛产蔗糖的瓜德罗普等西印度岛屿让给法国。法国将马略卡还给英国;放弃了几乎全部北美大陆领土,仅保有在圣劳伦斯湾及纽芬兰沿海的捕鱼权。不列颠历史上的第一帝国至此完全成型。条约内容受到广泛称颂,乔治被视为和平缔造者。他的统治取得了开门红。[③]

　　辉格派丑化乔治时从不忘抹黑布特,甚至有史家妄言布特的拙劣表现毁掉了乔治的声誉。这纯属栽赃,布特主政称职且品端行正。乔治欣赏布特,喻之为领导新政府的"天选之人",这其中首因并非师徒情深,而是布特从不拉帮结派,是磊磊落落的政治清流。[④] 辉格派抨击布特在许多重要职位安插亲信,实际上只有他的兄弟麦肯齐(James Stuart Mackenzie)和门生詹金森(Charles Jenkinson)得到提携,但前者是苏格兰掌玺大臣(Keeper of the Scottish Privy Seal),无力染指国事;后者担任财政署秘书(secretary of treasury),一个人微言轻的中层官员。即便这二人也非唯布特马首是瞻,布特卸任后,他们仍在政府中任职。不排除一些急于出人头地的年轻人渴望布特提携,他们的先辈大多是光荣革命后的托利派,因辉格派打压长期压抑,为新王效劳成就功名本无可厚非,却被辉格派蔑称为趋炎附势的"国王之友派",其代表人物是将来出任

①　Peter D. G. Thomas, *George Ⅲ*, p. 77.

②　Peter D. G. Thomas, *George Ⅲ*, pp. 78 - 79.

③　Jeremy Black, *George Ⅲ*, p. 66.

④　Lewis Namier, *England in the Age of American Revolution*, p. 157.

首相的诺斯。不过时下他们根本无力干预朝政,布特更非他们的代言人。

布特政府维系不足一年,他的执政履历在辉格主义史家笔下就是笑柄。然而布特推行的重大政策均能得到下院支持,这不仅有《巴黎条约》为凭,亦有苹果酒税佐证。政府因战争留下的巨额债务不堪重负,仅 1762 年就需偿付1.32 亿镑债务。[1]布特提议向每桶苹果酒征税 4 先令,遭部分议员强烈抵制并引发了乡村骚乱,生产苹果酒的西部地区反应最烈。纽卡斯尔及其喽啰千方百计阻挠,但事关苹果酒税的议案在上下两院均顺利通过。布特帝国政策也高瞻远瞩。他对如何解决美洲殖民者与印第安人的冲突有独到见解,主张保留 5.4 万人常规部队,其中 1 万人驻扎北美和西印度,2600 人防卫直布罗陀和西印度。这一军事部署为接下来几届政府所承袭。布特淡泊名利,天性向往无拘无束的自在生活,无奈乔治强其所难,他只能硬着头皮当差。1763年初,他感慨道:"相比于目前的遭罪,我认为年入仅 50 镑的粗茶淡饭生活是一种奢侈。"[2]布特离任前仍尽职尽责,恳请国王重用哈利法克斯、埃格雷蒙特以及格伦维尔三人,尤器重格伦维尔,称他"掌管财政、负责民生,实乃众望所归"。[3] 4 月,布特辞职。他完成了肩负的使命——替国王瓦解了辉格元老派并实现了和平,本着是非在己、毁誉由人之坦荡离开政坛。

乔治命令布特举荐的格伦维尔组阁。格伦维尔和布特一样招致失势落寞的辉格派攻击。皮特毫不顾及与格伦维尔的姻亲关系,讥讽后者甘为乔治和托利派鹰犬,助纣为虐;他甚至痛骂格伦维尔开历史倒车,企图恢复光荣革命前的政治运行模式。皮特的指控显然有失公允。首先,格伦维尔政府并非托利派政府而是名副其实的广泛政府,与上届政府相比,只换了首相,哈利法克斯、埃格雷蒙特、桑威奇等人均原职未动。再者,即便政坛还有托利派,肯定也不是詹姆士党人,而是反对斯图亚特家族复辟、忠于汉诺威王室的新型保王

---

[1]　D. B. Horn and Mary Ransome, eds, *English Historical Documents*, Vol. Ⅶ, p. 337.

[2]　Peter D. G. Thomas, *George Ⅲ*, p. 87.

[3]　Peter D. G. Thomas, *George Ⅲ*, p. 89.

派。光荣革命前后语境中的托利派已湮没于历史。几十年被挡在权力游戏圈之外,托利望族的年轻子弟憎恶辉格元老派垄断高位肥缺,他们现在仅是一群渴望加官晋爵的保守派,期待为君效劳、大展抱负。皮特和纽卡斯尔这帮老臣嫉妒格伦维尔及其支持者,处心积虑给政府制造麻烦。为此,纽卡斯尔及其喽啰积极拉拢皮特以便结成统一战线。皮特姿态高傲,无意放弃坚守了几十年的无党派立场,始终自诩代表所有民众的爱国者,拒绝与纽卡斯尔合流,但在针对格伦维尔时下意识与他达成了默契。值此前后,不断发酵的威尔克斯(John Wilkes)事件成为他们责难政府的绝好题材。

威尔克斯 1757 年当选下院议员,素来支持皮特的强硬军事政策。1762年,他办了一份著名周报,名曰《北方不列颠人》(North Briton)。刊名用意明显——针对布特,因为来自苏格兰的布特恰是北方不列颠人。威尔克斯在报上肆无忌惮攻击布特内政外交,指控布特作为"专横的大臣",对内"野心勃勃地玩弄王室特权和荣誉概念,迷惑国王";对外则辱英媚法,为达成和平协议不惜出卖国家利益。[1] 办报起家的威尔克斯巧妙抓住英格兰人对苏格兰人的排斥心理,并利用不从国教者对宫廷和托利派的怨恨,到处煽风点火。辉格派和不从国教者投桃报李,力挺威尔克斯抗争到底,不断助长他的气焰。[2] 1763年 4 月 23 日,乔治在下院开幕时发表关于《巴黎条约》的讲话。威尔克斯随后在《北方不列颠人》第 45 期上发文痛斥《巴黎条约》,并称乔治的讲稿由布特捉刀。他选择第 45 期发表时评更是别有用心。"45"自然让人联想起 1745 年小僭位者所为。威尔克斯穿凿附会,把布特和托利派以及早无影踪的詹姆士党人强扯到一起,指责他们属一丘之貉。他还有鼻有眼造谣称孀居已久的王太后,也即乔治母亲和布特关系暧昧,布特正是靠这肮脏的皮肉交易飞黄腾达。

乔治被威尔克斯的无端谩骂激怒了,以诽谤罪为名发布通用特许状(General Warrants)逮捕威尔克斯。通用特许状在 17 世纪以前是政府惯用的撒手锏,有它在手,便可绕过法院直接逮捕任何人。光荣革命后,尽管通用特许状未被明言废除,但政府仅在迫害詹姆士党人时才会使用,一般情况下,

---

① 　D. B. Horn and Mary Ransome, eds, *English Historical Documents*, Vol. Ⅶ, p. 255.

② 　琳达·科利:《英国人》,第 144 页。

它只会出现在法学家和法官们的学术著作或辩护词中。如今，国王祭出这种特许权力激起了全国范围内对通用特许状效力的质疑。威尔克斯身为议员，不因言论出格而遭逮捕及迫害，这种惯例在理查德二世时代便已确立。皮特等人火上浇油，在下院为威尔克斯辩护。在皮特和辉格派抗议下，乔治被迫撤销了对威尔克斯诽谤罪的指控。世人皆知威尔克斯下流猥琐，皮特为反对而反对，自降品格与小人为伍，玷污了爱国平民领袖之声名。威尔克斯摆脱罪名后并未罢休，又发表了一篇陈年旧作——打油诗《论妇女》（An Essay on Woman）。他的宿敌、时任国务大臣的桑威奇以《论妇女》涉嫌侮辱女性为由，呼吁将威尔克斯这种无视道德、谤君辱臣的跳梁小丑逐出议会。威尔克斯闻讯后逃往巴黎。1764 年 1 月 19 日，议会启动对威尔克斯的缺席审判，剥夺他的议员资格并宣布他为罪犯。历史学家谈到威尔克斯时，多着墨于他的玩世不恭和放荡不羁，辉格主义史家出于对乔治的痛恨往往将威尔克斯捧为挑战暴君淫威的英模和不畏强权的斗士，柏克说："宫廷党仇恨他、追赶他，人民则拥护他、保护他；事情很快就不关乎一人一事，而成了（民众与宫廷）双方力量的较量。"①实际上，威尔克斯的猥琐下流和信口雌黄触碰了道德底线。议会对他是否应被驱逐进行表决时，仅一名议员为他鸣不平。至于通用特许状，的确争议较大，不过在被威尔克斯开罪的苏格兰议员帮助下，它并未给政府添加多少麻烦。②

　　威尔克斯事件余波未平，美洲问题又摆上台面。1763 年发布的王室诏令禁止殖民地居民越过阿巴拉契亚（Appalachian）山脉向西拓殖，只允许他们向南北两端的加拿大和佛罗里达挺进。此诏引发殖民者不满，拉开了殖民地与母国二十年激烈对抗的序幕。早在 1733 年，英国议会便颁布了《糖浆税法》（Molasses Act），向输入英属殖民地的外国糖浆征收每加仑 6 便士税收。税率太高导致外国糖浆在殖民地没有销路，殖民地转而只从英属西印度群岛进口糖浆，政府未因《糖浆税法》获益分毫。七年战争结束后，鉴于政府债台高筑及美洲防务开支之需，伦敦政要希望殖民者分担部分财政义务。1764 年，议

---

①　埃德蒙·柏克：《美洲三书》，商务印书馆，2012 年，第 266 页。

②　Peter D. G. Thomas, *George Ⅲ*, p. 101.

会颁布《蔗糖法》(Sugar Act)，将糖浆税从每加仑 6 便士降到 3 便士，希望低税政策刺激外国糖浆进入美洲市场，拓宽税源。1764 年初，格伦维尔又提议制定《印花税法》(Stamp Act)。尽管政府预估每年可征印花税最多 10 万镑，但格伦维尔指望此税为母国日后向殖民地开征其他税项树立先例。1765 年初，《印花税法》在下院以绝对多数票通过。殖民地居民不仅反对印花税税额，更质疑政府是否有权向殖民地征税，引爆了宪制争论。更要命的是，以皮特为代表的部分本土民众也为殖民者帮腔，他们所持理由简单至极——殖民地在下院没有代表，而妇孺皆知的盎格鲁-撒克逊传统是"无代表不纳税"。格伦维尔强硬表示，殖民地抗议无效，因为"大不列颠议会实际上代表整个王国"，议会法在王国任何角落都有效力。①

对向美洲开税的质疑还激起了本土税收争议。反对派再次就苹果酒税大做文章，格伦维尔无意废除苹果酒税，他的理由是：一旦废除苹果酒税，啤酒、杜松子酒等都须免税，否则同为饮品，缘何厚此薄彼？另外，巨额国债需支付利息，如损失苹果酒税，必须开征新税填补收支窟窿。在不产苹果酒的选区议员支持下，1764 年 2 月 6 日，议会表决继续征收苹果酒税。② 格伦维尔预计印花税和苹果酒税每年税额分别为 10 万镑和 5 万镑，虽不及北美驻军每年 35 万镑开支一半，却可大幅缓解财政压力。③

格伦维尔顶住了形形色色反对派的刁难，勉强稳住了阵脚。无奈乔治是定时炸弹，而格伦维尔无法消释他与乔治的君臣猜忌。当初仅因福克斯不愿出任首相，乔治才勉强选中布特举荐的格伦维尔，君臣关系本就淡如清水。格伦维尔不仅不感激布特的举荐之情，还抱怨乔治与布特暗中互通，确信赋闲的布特仍是宫廷政策的幕后操纵者。乔治不否认自己与布特每天通信，征询他对时局的看法。格伦维尔凡事均有主见，但在乔治眼中，他的主见变成了专断自负，而格伦维尔知道乔治遴选自己掌管相印实出于无人可用，故对乔治颐指气使，似乎乔治是臣，他才是君。④ 格伦维尔上任不久，乔治便想找回部分辉

---

① Paul Langford, *A Polite and Commercial People*, p. 360.
② Peter D. G. Thomas, *George Ⅲ*, p. 103.
③ Peter D. G. Thomas, *George Ⅲ*, p. 109.
④ Jeremy Black, *George Ⅲ*, p. 74.

格元老牵制他。8月27日，乔治许诺授予皮特国务大臣之职，皮特应允为君分忧，但要求当初与他一起离职的滕普勋爵担任第一财政大臣，还要求召回纽卡斯尔和哈德威克等辉格派元老。简言之，皮特要重建七年战争时的联合政府。他并不掩饰自己就是要"搞垮现政府，因为其并非建立在真正的革命原则之上，而是一个托利派政府"。在当时政治语境中，没有什么比贬称一个人为托利派更具侮辱意味，而乔治赏识的人大多恰是所谓的托利派。皮特所求远超乔治心理底线，乔治宁可忍受格伦维尔的专断与蛮横，也不会把政治时钟拨回1761年。格伦维尔在乔治与皮特谈判破裂后，变本加厉羞辱乔治。他要求乔治书面保证不再信任布特。① 这对堂堂一国之君实乃奇耻大辱。1765年初，困扰乔治后半生的卟啉症（porphyria）首次发作，乔治晚年间歇性精神失常就是这病迁延不愈引起的抑郁症。格伦维尔要求乔治筹建摄政委员会（Council of Regency）以备不测，还提出王太后不能担任摄政，摆明了要提防布特干政且故意误导民众相信布特与王太后确有奸情。为进一步肃清布特"流毒"，格伦维尔还要求乔治将苏格兰事务主管麦肯齐和军队财务会计、现已晋封霍兰勋爵（Lord Holland）的福克斯革职。5月23日，乔治违心赶走麦肯齐与霍兰，但怒怼格伦维尔："为免国家陷于混乱，我不会拒绝你的条件，然而必须记住，是你逼我的…… 你必须对后果负责。"②

就在乔治与格伦维尔矛盾白热化之际，坎伯兰公爵牵线搭桥，说服罗金汉姆组阁。罗金汉姆是1641年被处决的斯特拉福德伯爵的后裔，为人正直，魅力四射，早年追随纽卡斯尔，深受器重。1765年，辉格派元老哈德威克病故，德文伯爵亦壮年暴毙。已步入风烛残年的纽卡斯尔在罗金汉姆身上看到了辉格主义薪火相传的希望，视其组阁为辉格派中兴之兆。罗金汉姆内阁是清一色辉格派。纽卡斯尔任掌玺大臣，查理二世的一位私生子的后人格拉夫顿公

---

① Peter D. G. Thomas, *George Ⅲ*, pp. 96 - 97.
② Jeremy Black, *George Ⅲ*, p. 79.

爵(Augustus FitzRoy, 3rd Duke of Grafton)任北方国务大臣。理财能手汤申(Chavles Townshend)看衰政府前景,拒绝加入,军人康威(Henry Conway)任南方国务大臣。两位国务大臣均无行政经验,不过坎伯兰参加内阁会议似乎又提振了政府信心。因反苹果酒税而声誉鹊起的汤斯维尔(William Dowdeswell)担任财政总监。汤斯维尔与罗金汉姆志同道合,二人自称"革命辉格主义"的真正继承者,意即他们捍卫光荣革命时代纯粹的辉格主义。这种痛恨王权专制并同情不从国教派的革命辉格主义在此后二十年被柏克和福克斯(Charles James Fox)等人奉为圭臬。罗金汉姆1782年病故后,柏克和福克斯分道扬镳,福克斯将这种革命辉格主义发展成激进自由主义。

罗金汉姆政府也是乔治在没有合适首相的前提下勉强拼凑起来的。除年逾古稀的纽卡斯尔,其余要人大都刚过而立之年,乔治曾笑称这届政府"孩子当家"。① 如果乔治以为这群"孩子"将对自己言听计从,罗金汉姆诸人随后表现的倔强很快就让他失望了。罗金汉姆对布特之成见与格伦维尔相比不遑多让,他要求乔治远离布特及其门生。罗金汉姆首要任务是安抚殖民地躁动情绪。组阁前,他便为撤销《印花税法》奔走呼号,上任后他又强调《印花税法》在美洲引起的抵制英货运动严重影响了母国商品出口。1765年英伦经济萧条与殖民地抵制英货运动密不可分,布里斯托尔等与美洲经贸往来密切的城市商人也请愿取缔《印花税法》。新晋议员柏克作为罗金汉姆秘书在这次请愿运动中崭露头角。少数人主张强力镇压美洲骚乱,但驻美英军指挥官发来的报告称兵力不足以武力戡乱。② 罗金汉姆更确信取缔《印花税法》刻不容缓,难题仅在于如何撤销法案并保全母国颜面。

11月19日,内阁拟出《宣告法》(Declaratory Act)草案,强调议会有权对美洲征税,同时声明国王陛下和议会理解美洲民生艰难,决定暂时取消印花税。皮特美洲情结根深蒂固,也呼吁取缔《印花税法》,不过他的立论基础与罗金汉姆相去甚远。1766年初,皮特为撤销《印花税法》发表了他作为下院议员的最后一次重要演说。他以英国议会没有美洲代表为由,辩称英国"无权对美

---

① Paul Langford, *A Polite and Commercial People*, p. 364.
② Peter D. G. Thomas, *George III*, pp. 130 - 131.

洲课取国内税(internal tax)"。其言一出，议会哗然，政敌立即讥讽他为"反叛的号手"。皮特被迫改口，自称只想减轻美洲同胞经济负担。[1] 反对《宣告法》的议员主要分为两类。一是以谢尔本(William Petty, 2nd Earl of Shelburne)为代表的激进主义者，他们和皮特一样，法理上否认英国议会有权在美洲课税。二是《印花税法》的制定者——格伦维尔派，他们支持修正而非废止《印花税法》。1766年2月7日，下院以274对134票初步决定撤销《印花税法》，两周后以257对167票表决废止而非修正《印花税法》。[2] 下院支持率超乎政府预料，独立议员再次发挥了主导作用。他们担心《印花税法》令正蒙萧条的经济雪上加霜；值此前后，国内粮荒需要进口大量美洲谷物，他们不想大洋两岸的正常贸易受到过分冲击。[3]《印花税法》虽废止，但《宣告法》明言议会"过去和现在任何情况下都不容置疑地拥有全权为美洲人民和殖民地制定具备充足效力的法律"。[4] 汤申接下来的做法似乎证明母国的征税权与立法权确实毋庸置疑。

《印花税法》的撤销令母国颜面尽失。乔治虽表示他不会干涉议会关于印花税的辩论，但倾向修改而非取缔《印花税法》。他认为让步太多只会纵容美洲反抗气焰，事实很快验证他的高见并激化了君臣矛盾。乔治将取缔印花税的负面影响归咎于罗金汉姆无能，罗金汉姆却以近乎逼宫的口气要求乔治将"国王之友派"彻底赶走。乔治盛怒，决定召回超党派的皮特，"他已被格伦维尔羞辱，又遭罗金汉姆无视；坎伯兰死了，布特已完蛋；唯一的选择就是拥抱皮特了"。[5] 罗金汉姆也做好了下台准备，有人建议他与布特合作，但他认为靠近布特就是亵渎辉格主义。即便在无关原则的琐事上，罗金汉姆也不愿向乔治低头。坎伯兰死后，乔治希望坎伯兰原享有的年金转赐王弟约克公爵，罗金汉姆推阻不办。因触怒国王并开罪各派，罗金汉姆的政府近乎分崩离析。格拉夫顿建议他与皮特合作，然而骨子里的执拗脾性注定了他和皮特互不待见。

① Marie Peters, *The Elder Pitt*, p. 156.

② Peter D. G. Thomas, *George Ⅲ*, pp. 135, 137.

③ Peter D. G. Thomas, *George Ⅲ*, p. 137.

④ Jeremy Black, *George Ⅲ*, p. 84.

⑤ Paul Langford, *A Polite and Commercial People*, p. 369.

4月下旬,格拉夫顿辞职,尴尬的是,无人愿意填补他留下的空缺。[①] 6月,大法官亨雷(Robert Henley)因对一项向加拿大天主教徒让步的政策不满,与罗金汉姆唱对台戏。7月6日,亨雷禀奏乔治,政府分歧太大,无以为继。三天后,乔治遣散了罗金汉姆内阁。[②] 此后十余年,罗金汉姆派义无反顾支持殖民地人争取政治权利的斗争,堪称职业反对派。

1766年夏,皮特再次领头组阁,不久他便晋封查塔姆伯爵(Earl of Chatham),移步上院。查塔姆百病缠身,不能正常履职,其本人只任闲职掌玺大臣,政府要务由格拉夫顿打理。查塔姆秉承一贯的兼容并包精神,组阁时欲越过派系壁垒,延揽各派贤才。格拉夫顿出任第一财政大臣,谢尔本和康威分别任南、北国务大臣,汤申任财政总监。查塔姆还安排罗金汉姆痛恨的部分"国王之友派"担任要职,麦肯齐依旧负责苏格兰事务,诺斯任总会计师。查塔姆不否认诺斯等人是国王之友,但不认为他们是布特之友。罗金汉姆离职时,只有他的铁杆汤斯维尔、柏克等人随他而辞,康威和汤申等前政府成员仍愿为国效劳,乐与查塔姆合作,多数罗金汉姆派议员亦无意与乔治死杠到底。[③] 从此,罗金汉姆领衔的一小撮辉格派无怨无悔捍卫他们理解的光荣革命传统,誓死抗争他们眼中不守宪制的乔治以及为乔治服务的政府。罗金汉姆派时下虽遭挫折,但骨干多为世家大族子弟,不论掌权抑或在野,实力都不容小觑。他们还不时笼络中立的独立辉格派(Independent Whigs)向宫廷和政府施压。自此直到1830年的绝大多数年份,自诩爱国守法的辉格派与宫廷及政府针锋相对,光荣自称"国王陛下忠诚的反对派"(His Majesty's Loyal Opposition),该术语后泛指一切在野党派。

格伦维尔派、贝德福德派和罗金汉姆派均寻机给政府制造麻烦,然而查塔姆政府真正困难并非政敌强大,而是自身弱点太多。首先,查塔姆授爵导致他

---

① Peter D. G. Thomas, *George Ⅲ*, pp. 142 - 143.

② Peter D. G. Thomas, *George Ⅲ*, p. 144.

③ Peter D. G. Thomas, *George Ⅲ*, p. 156.

引以为豪的平民领袖光环褪色，只任闲职又给人尸位素餐之印象。他的疾病缠身严重妨碍高层工作协调，拖累了政府效率。查塔姆反复强调他是政府"绝对唯一的权威"，却多次在关键时刻因病去巴斯疗养。① 其次，内阁分歧严重，查塔姆劝导各方放弃派系成见，但多数同侪听而不闻。再者，查塔姆声望完全建立在军功之上，1761 年政斗已证明他不懂官场游戏规则。格拉夫顿毫不留情批评查塔姆"并不具备协调人际关系的能力"，其傲慢与固执的坏脾气还妨碍汤申和谢尔本等青年才俊施展才华。② 最后，查塔姆还活在十年前的世界里，他一心恢复英普联盟，甚至幻想建立以英国、普鲁士和俄罗斯为首的大北方联盟。普鲁士担心英普关系太热刺激法国挑事，它只想消化西里西亚，即便国力有余，也是与哈布斯堡瓜分波兰。俄罗斯目标已转向奥斯曼帝国，看不到与英结盟的短期回报。

格拉夫顿贵为第一财政大臣，实际上重要财政政策均出自汤申之手。1766 年农业歉收，粮荒频现。11 月，议会召开后，乔治发布诏令，禁止谷物出口，格伦维尔借机攻击乔治以诏令代替议会决议，有违宪政，查塔姆替国王辩护称诏令"严格意义上说不合法"，但在特殊情况下是"正当的"（right）。③ 鉴于农场主抱怨歉收，汤申打算将土地税从每镑 4 先令降至 3 先令，削减土地税造成的财政缺口由向美洲开征新税弥补。1767 年 6 月，汤申主导了一系列针对美洲的法案，泛称"汤申法案"（Townshend Acts）。它们授权政府对输入美洲的瓷器、玻璃、纸张以及东印度公司出口至美洲的茶叶等商品开税，年税额估约 4 万镑。汤申拟以这些税收支付美洲行政官员工资，助他们摆脱对殖民地立法机构的依赖。他的政策在美洲激起又一波抵触情绪和新一轮抵制运动。不过汤申还没来得及正视其政策的糟糕后果，便于 1767 年 9 月初猝死。汤申死后政局更为扑朔迷离，他不仅是政府"财神"，还承担下院组织工作，时人大多认为他不久就会接替查塔姆署理内阁。诺斯在其后的人事调整中接任财政总监，"国王之友派"在查塔姆政府中实力进一步增强。诺斯出场标志着

---

① Marie Peters, *The Elder Pitt*, p. 174.
② Marie Peters, *The Elder Pitt*, p. 183.
③ Marie Peters, *The Elder Pitt*, p. 179.

乔治的统治进入了新阶段。[①] 汤申死后不久,查塔姆病入膏肓,1768 年 2 月请辞掌玺大臣,10 月干脆将挂名首相职务也交给了格拉夫顿。格拉夫顿试图改组政府,乔治表示他可以接受罗金汉姆重返政府,但"宁可退位,也不愿格伦维尔回来"。[②] 格拉夫顿撵走了谢尔本,将部分贝德福德派揽入政府,同时启用了多名无派系政客。

根据《七年法案》,1768 年春夏之交举行大选。这次在派系力量整合期的大选产生了大量政治倾向不明的议员。可以肯定的是,独立议员人数不少,包括许多在印度投机发财者(nabob)。此类新议员立场游移不定,政府下院优势更无把握。然而近在咫尺的危险并非这些态度不明的议员,而是在米德尔塞克斯竞选成功的威尔克斯。在法国流浪四年后,1768 年 2 月,走投无路的威尔克斯冒险潜回英国。政府冷处理他的归国,既不追究其罪行,也没阻止他参与竞选,以免国民再议议员是否有不受逮捕之权利并质疑通用特许状之合法性。威尔克斯起初打算竞选伦敦某选区议员,因民意测验显示他在该区胜选可能性很小,遂转战米德尔塞克斯选区并顺利当选。米德尔塞克斯位于伦敦市郊,该地聚集了大量商业头脑灵活并且不从国教的小店主、手工工人和自由持有农,经济相对发达。财产资格 40 先令以上的自由民均有选举权。在经济繁荣、通胀剧烈的年代,40 先令财产资格标准并不算高,米德尔塞克斯选区选民超过 3000。[③] 威尔克斯正是靠他们的选票在该区大获全胜。这是"英国议会史上最著名的一次单区选举",不从国教者的叛逆天性与"平民自由主义精神"夹杂在一起,提前宣告接下来一个世纪的选举政治文化已经形成。[④]

成功当选后,威尔克斯主动到王室法庭认罪,主审法官并未立即宣布他有何罪状,只是将其暂时羁押。因威尔克斯还未被剥夺议员资格,他利用议员特权发表煽情演说,称选民对他的支持是"光荣的事业"。[⑤] 在此期间,伦敦及其周边地区爆发了支持威尔克斯的广泛骚乱,一些运煤工因劳资纠纷杀死雇主

---

① 　Peter D. G. Thomas, *George Ⅲ*, p. 174.

② 　Horace Walpole, *Memoirs of King George Ⅲ*, Vol. Ⅲ, p. 145.

③ 　George Rudé, *Wilkes and Liberty: A Social Study of 1763 to 1774*, Oxford University Press, 1965, p. 74.

④ 　Paul Langford, *A Polite and Commercial People*, p. 377.

⑤ 　Paul Langford, *A Polite and Commercial People*, p. 380.

并声称他们诉诸暴力是为威尔克斯助阵，甚至一所妓院也遭无端袭击。5月10日，议会开幕当天，万千民众聚集到关押威尔克斯的监狱门口，意在欢送其前往下院就职。高度戒备的执勤军队开枪射杀了十几名示威者，愤怒的群众捣毁附近一所锯木厂以为报复。6月18日，法庭以诽谤和亵渎等罪为由，数罪并罚，判处威尔克斯22个月刑期并罚款1000镑。① 声援威尔克斯的各类运动波及帝国每个角落，美洲居民将其捧作为自由而战的偶像，接济他的数额不菲的捐款和鼓励他的铺天盖地的信件纷纷发向伦敦。1769年初，下院以219对137票表决将威尔克斯逐出议会，理由是他以戴罪之身竞选不合程序。威尔克斯在2月16日的补选中再度毫无争议当选。19日，议会第二次宣布他的当选无效。威尔克斯在3月的补选中第三次当选，议会故技重演，第三次宣布他的当选无效。4月，议会指派卢特内尔（Henry Luttrell）与威尔克斯竞争。此君自取其辱，只赢得296张选票，而威尔克斯收获了1143张选票。② 议会万般无奈，强行宣布卢特内尔当选。

格拉夫顿政府虽用争议手段将威尔克斯赶出下院，"却给了威尔克斯比通用特许状更强大的武器"，群氓在民粹鼓噪下纷纷质疑"议会是否比选民有更高级别的权威"，激进运动继而围绕威尔克斯选举争议高涨起来。③ 1769年2月，威尔克斯拥趸成立《权利法案》支持者协会（Society of Supporters of the Bill of Rights）为其鸣不平。署名尤利乌斯（Junius）④的一系列文章以感召力极强的煽情笔法向民众宣传英国人与生俱来的自由和不可剥夺的古老权利，直陈当局非法剥夺威尔克斯担任议员的权利是公然践踏宪制。尤利乌斯还痛斥政府腐败、专断、任人唯亲，矛头直指卢特内尔以及给威尔克斯定罪的法官。1768年夏至1770年初，替威尔克斯正名的签名请愿运动席卷全国。请愿者多达6万人，超过了当时英国选民总数的1/4。⑤ 民众支持威尔克斯并非热爱

① George Rudé, *Wilkes and Liberty*, p.57.
② Peter D. G. Thomas, *George Ⅲ*, pp.203-204.
③ John Cannon, *Parliamentary Reform*, *1640-1832*, Cambridge University Press, 1972, p.61.
④ 此人自比古罗马共和主义卫道士布鲁图斯（Lucius Junius Brutus），一般认为他的真实身份是出生于爱尔兰的辉格派政治家弗朗西斯（Philip Francis）。
⑤ George Rudé, *Wilkes and Liberty*, p.105.

自由,只为发泄他们对政治腐败和社会不公之怨气。罗金汉姆派、格伦维尔派纷纷借民运粉墨登场。罗金汉姆派提议剥夺行政官员参选权,以减少行政机构对立法机关的干涉。查塔姆追随者也高呼民意不可违,与政府唱反调。[1]权贵集团内耗致使民众运动升级为宪制改革运动。议会武断剥夺威尔克斯议员资格、公然藐视选民选票效力,引发了对议会改革的激进呼吁,这种呼吁在此后一个世纪响彻云霄,终将埋葬一切精英的权势并把国家带入大众民主的泥淖。

米德尔塞克斯选举和尤利乌斯的抨击重挫政府公信力,其恶劣影响还波及美洲。1768 年,马萨诸塞(Massachusetts)殖民地发起抗议“汤申法案”的群众集会,并号召其他殖民地并肩行动。抗议致使政府税收大打折扣,至 1769 年 1 月,实征税额仅 1.1 万镑。3 月,波士顿(Boston)、纽约和费城(Philadelphia)几大城市联袂抵制英货。从事美洲贸易的英国本土商人也像当初反印花税一样反对汤申所开税项。下院领袖诺斯认为只有废除臭名昭著的“汤申法案”才能平息美洲骚乱,格拉夫顿也建议取消所有税收,但殖民大臣希尔斯伯勒(Lord Hillsborough)认为必须保留茶叶税以彰显母国在法理上对美洲的征税权。[2] 1769 年 5 月,内阁投票决定,废除茶叶税之外的一切税项。[3] 政府补救措施和示弱姿态收到了不错的短期效应,尽管北美独立思潮仍在不断滋长,当地民众对茶叶税亦耿耿于怀,但 1773 年以前没给母国出太大难题。

1770 年初,议会就是否恢复威尔克斯议员身份进行表决,多数议员反对与其同堂议事。表决加剧了派系矛盾,政府面临严重信任危机,甚至无人愿意

① 　Ian R. Christie, *Wars and Revolutions: Britain, 1760 - 1815*, Harvard University Press, 1982, p. 77.

② 　殖民大臣(Secretary of State for the Colonies)1768 年始设,1782 年取消,1801 年设战争与殖民大臣(Secretary of State for War and the Colonies),1854 年再设殖民大臣至 1966 年。

③ 　Peter D. G. Thomas, *George Ⅲ*, p. 206.

出任大法官。格拉夫顿精疲力竭，辞职了事。乔治几乎以恳求语气劝诱诺斯接管政府，他告诉诺斯："如果你不接任，眼下我便无人可用。"①诺斯组阁时基本沿用格拉夫顿政府要员，南、北国务大臣及殖民大臣均官居原职。诺斯上任时，几乎没人看好他的未来，政府并未注入新生力量，而反对派看起来异常强大。下院优势一度只剩40席，乔治只能硬着头皮鼓励诺斯："相信我，稍微振作便可扭转局面。"②乔治的无条件支持帮助诺斯顶住了最初几个月的压力，其后形势豁然改观，诺斯出人意料主政十二年之久。可以说，乔治和诺斯完全左右了1770年代的英国政坛。诺斯是前任国务大臣哈利法克斯的外甥，其家世从其父开始飞黄腾达，其父是当年的威尔士亲王的亲信和密友。为感谢亲王礼遇，其父为诺斯取名弗雷德里希，而亲王则认诺斯为教子（godson），坊间甚至传言诺斯是威尔士亲王的私生子，也即乔治的同父异母兄。诺斯与乔治年龄相仿且为总角之交，乔治不止一次声称他以朋友而非君臣关系对待诺斯。1754年，诺斯当选议员，后在财政部历练，在格拉夫顿政府中积累了丰富的行政经验。诺斯身材肥胖，政敌以貌取人，对其人身攻击，讽其难堪大任。但诺斯雅量豁然，脾性温和，他的中庸与守旧风格特别符合温和议员的品位。他长期接受精英教育，甚至可以指正鸿儒柏克的一个拉丁词语发音错误。史家吉本（Edward Gibbon）也为诺斯的博学所倾倒，将皇皇巨著《罗马帝国衰亡史》（*History of the Decline and Fall of the Roman Empire*）的第四卷和最后一卷献给诺斯，以示对其"心智活力"和"无与伦比的脾性"之崇敬。③ 诺斯辩才一流，连续发言几小时是家常便饭。诺斯理财游刃有余，掌控下院的技巧以及理财之精明，时人无出其右。这两项技能确保府院关系和谐。诺斯运气也不错，1770年，各路反对派均遭不测。查塔姆百病缠身，他的多位干将病逝，只剩谢尔本苦苦支撑；贝德福德奄奄一息，其受庇者多另攀高枝；格伦维尔于年底死去，他的派系土崩瓦解。贝德福德派骨干以及格伦维尔属下争相为诺斯

①　John Fortescue, *The Correspondence of King George the Third from 1760 to December 1783*, 6Vols, Macmillan, 1927 – 1928, Vol. Ⅱ, p. 126.

②　John Fortescue, *The Correspondence of King George the Third from 1760 to December 1783*, Vol. Ⅱ, p. 128.

③　Andrew Jackson O'shaughnessy, *The Men Who Lost America*, pp. 49, 72.

效劳,诺斯乐于招贤纳才,将他们收为己用。[1]

到1770年底,诺斯政府稳定下来,威尔克斯搅浑的大水已经退去,反对派不战自溃,美洲眼下亦风平浪静。1771年,诺斯信心十足宣称"美洲纠纷已经解决,没有什么再会扰乱国家和平和繁荣"。[2] 诺斯的外交也取得了成功。他上任时外交形势并不乐观,两年前法国吞并了地中海上的英国盟邦科西嘉(Corsica),挫伤了英国人的民族自尊心。1770年,西班牙又侵扰已被英国控制的福克兰群岛(Falkland Islands,亦称马岛),驱逐驻扎此岛的英国海军分遣队。西班牙自恃法国撑腰,与英国剑拔弩张。诺斯和乔治认为不必为8000英里外的荒岛大动干戈,他们采用外交手段离间西法,成功说服路易十五不再支持西班牙。失去法国支持的西班牙不得不向英国低头。[3] 福克兰危机过后,诺斯提拔桑威奇担任第一海军大臣。军界、政界、议会、美洲全都消停下来。

诺斯的大好局面看似得来偶然,实则是乔治的硬顶死扛击溃或熬死了一波波刺头。乔治继位时,托利派早名存实亡,其成员大多演变为政敌蔑称的"国王之友派"。乔治启用他们本为顺应历史潮流,但"惹怒了既得利益集团"。[4] 实已散架的辉格派更是山头林立。这种林立始于1740年前后所谓爱国辉格派的兴起,1754年佩勒姆死后,辉格派群龙无首,七年战争的爆发暂时掩盖了千头万绪的派系纠葛。皮特和辉格元老派的政府随着战争结束失去了存在必要。乔治原指望布特长久维系无派系政府,但布特无心功名,主动请辞。其后,格伦维尔联合贝德福德派组阁,纽卡斯尔和皮特坐上反对席。两年后,罗金汉姆政府无力应对内外危机,被乔治轰走,皮特再次掌舵,格伦维尔派和贝德福德派沦为反对派。1767年,贝德福德派和部分"国王之友派"加入政府。1768年格拉夫顿接掌相印,依靠查塔姆派、贝德福德派和"国王之友派"

① Peter D. G. Thomas, *George Ⅲ*, pp. 228 - 229.

② Geoffrey Holmes and Daniel Szechi, *The Age of Oligarchy*, p. 295.

③ Jeremy Black, *George Ⅲ*, p. 98.

④ 琳达·科利:《英国人》,第144页。

维系脆弱的政府,敦料美洲事起后查塔姆派倒戈,与罗金汉姆派、格伦维尔派一起向政府发难,最终导致诺斯1770年初走到前台。诺斯更不被看好,但人的生死无常导致贝德福德派和格伦维尔派土崩瓦解,两派骨干大多投靠政府。诺斯瞬息转危为安,高层局势动荡中止。

1760年代英国高层政府堪比中国近代史上的北洋政府,即便专业史家也会被各路枭雄你方唱罢我登场搞得晕头转向,但回溯十年动荡基本史实不难看出,派系乱象外加一位个性强烈的国王造成了高层局势反复震荡,首相更迭频繁。七年战争进入尾声时,派系洗牌。当时任何派系都无法确保下院多数议员支持,维系政府只能靠首相个人能力和国王支持,两者缺一不可。乔治用人标准是个人好恶,而非廷臣能力或下院格局。纽卡斯尔和罗金汉姆帮派意识浓烈,自不入乔治法眼;格伦维尔材优干济,但自视过高,死呛宫廷,惨遭解职;布特和格拉夫顿受乔治赏识,但前者无心为官,后者能力平平,无力承压;皮特标榜的超然在乔治眼里不仅是道貌岸然,更是遮蔽了王权。乔治个人喜好绝非天生任性或刚愎,而是源于他对王政复古思想的推崇以及对派系政治的厌恶。18世纪中叶,哲学家休谟(David Hume)和法学家布莱克斯通(William Blackstone)分别从人性和法理角度阐释议会权力扩张之危害,博林布鲁克则痛批派系绑架君主以权谋私、损害公共福祉。[1] 乔治深信纠治拉帮结派这种歪风邪气是王者的本职。他赏识诺斯不仅出于私交故谊,更在于诺斯从不搞团团伙伙。

诺斯政府渐趋稳定后,罗金汉姆派喉舌柏克发表著名长文《论当前不满情绪之根源》(*Thoughts on the Cause of the Present Discontents*),把结党从损公肥私的卑鄙行径说成正义壮举。柏克痛斥诺斯甘为乔治鹰犬,聚拢一帮国王之友,企图颠覆宪制;宵小结党祸乱朝纲,正人君子必须光明正大结党以为自保,"坏人植党,好人就必须联合;否则的话,他们会逐一落马,在一场不光彩的战斗中,成为无人可怜的牺牲品"。[2] 柏克不仅污蔑所谓的"国王之友派",还盛赞罗金汉姆派捍卫辉格主义,从理论上把培植党羽合法化了。此前所有

---

① 刘金源:《现代化与英国社会转型》,第54—56页。
② 埃德蒙·柏克:《美洲三书》,第293页。

派系只要首领遭遇不测便有散伙可能,当柏克把结党从贬义变成中性乃至高尚义举后,政党获得了道义上的合法性以及时间上的持久性,加快了松散的传统派系向制度化的现代政党演变。乔治痛恨一切派系且确信罗金汉姆派在所有帮派中最为邪恶。摧毁派系政治是乔治为君前十年主要目标,悖论是,派系林立恰为他布局人事、瓦解派系提供了充裕空间。诺斯政府稳定下来标志着乔治重树王权大功告成。当然,敌对派系首领或死或病也助了乔治和诺斯一臂之力。乔治和诺斯因他人的命运无常受益,不过他们很快将因美洲的风起云涌而感慨什么叫世事无常。

1773 年,诺斯改组东印度公司,将总督和理事会人选任命权收归议会。为缓解东印度公司的财务压力,政府特别规定该公司可直接向美洲出售茶叶而无须上税。大量廉价茶叶进入殖民地,损害了北美茶商利益。是年 12 月,一群精心伪装的殖民者登上停泊在波士顿港的一艘运茶船,将所载茶叶倾倒入海。茶党(Tea Party)的偏激过火引起了母国民众普遍愤慨。1774 年,下院相继颁布《波斯士港口法》(Boston Port Act)、《马萨诸塞政府法》(Massachusetts Government Act)、《驻兵法》(Quartering Act)等,授权殖民当局关闭波士顿港,威吓茶党赔偿损失,强化马萨诸塞地方政府权力,授权士兵进驻民居。这些严律苛法在下院未遇阻力,表明殖民地人行径超过了母国政要容忍下限,教训美洲成为母国民众共识。著名文人约翰逊(Samuel Johnson)特撰《税收而非暴政》(Taxation No Tyranny)为议会辩护。[1] 然而在笃信人生而自由的殖民者看来,上述法案是不堪忍受的暴政,统称其为"不可容忍法"(Intolerable Acts)。他们抵制英货,对抗暴政。值此前后,给予加拿大天主教徒信仰自由的《魁北克法》(Quebec Act of 1774)加剧了北美新教徒的恐惧,他们远徙美洲新建家园的初衷恰是躲避故土宗教迫害。官方对此心知肚明,即便国教徒源源不断涌入美洲,英国政府也不敢贸然把英格兰国教

---

① Andrew Jackson O'shaughnessy, *The Men Who Lost America*, p. 53.

制移植到美洲,乔治二世当初明确保证不会在美洲设置主教区。十三州所有新教徒均可享受宗教信仰自由,但他们共同排斥天主教徒。18世纪中期,福音主义驱动的宗教大觉醒运动(Great Awakening)强化了北美人民的新教信仰。《魁北克法》的出台令美洲新教徒高度警惕,他们怀疑宽容加拿大天主教徒只是一桩处心积虑的国教会阴谋之序曲。宗教、政治和经济等矛盾相互交织,致使美洲抗议升级为独立运动。1774年夏在费城召开的第一届大陆会议(Continental Congress)把独立运动推向高潮。

诺斯如梦方醒,考虑与美洲和解。他通过线人与在法国活动的美洲殖民地代表富兰克林(Benjamin Franklin)等人磋商和解条件。诺斯在完全没有摸清北美民意的情况下,贸然于1775年2月20日向下院公布了私下草拟的和解建议。该建议承诺废除一切税收,前提是殖民地居民自行担负殖民地管理成本,但避而不谈英国议会是否有权对北美课税,也没讨论驻兵以及是否宽容天主教徒等敏感话题。[1] 和解建议未赢得美洲民众谅解,亦遭内阁、议会和国王共同反对。贝德福德派议员主张强力镇压,鄙视诺斯妥协退让,若无他们支持,和解建议无法在下院通过。和解建议最顽固的反对者是国王乔治。因1776年的《独立宣言》对乔治大加鞭挞,乔治在美洲的形象丑陋不堪。美国独立后蒸蒸日上,成功发展为世界霸主,引领世界历史潮流,乔治也就自然成了阻碍进步潮流的反动小丑。实际上,1774年之前,美洲人民比英国本土人民更尊敬乔治,他们认为暴政均出自议会的政客之手并相信乔治会为他们主持公道。乔治的确不是印花税、"汤申法案"和"不可容忍法"的始作俑者,也没妨碍印花税和"汤申法案"之废除。然而茶党事件后,乔治对美洲态度急剧反转。他从该事件中产生不祥预感,相信母国退让宠坏了殖民者,执意以家长式严厉惩戒忘恩负义的子民。乔治笃信"责任、合法(legality)和秩序"三大原则,身为国王,他有责任用合法手段维持秩序,但美洲民众的无法无天已危及秩序,只有武力才能平息事端。[2] 据此逻辑,乔治下定严惩决心并告诫犹豫不决的诺斯:"骰子已经掷出,殖民地要么屈服,要么胜利";"新英格兰已经叛乱,必须

---

① Andrew Jackson O'shaughnessy, *The Men Who Lost America*, pp. 55 - 56.

② Jeremy Black, *George Ⅲ*, p. 219.

重拳出击,以决定他们向母国屈服还是走向独立"。[①] 乔治的强硬令美洲人民不再寄希望于国王替他们伸张正义,特别是 1776 年初潘恩(Thomas Paine)的《常识》在美洲发行后,自然权利观念和共和主义思想蔓延,乔治十恶不赦的暴君形象从此跃然纸上并固化下来。[②] 殖民地人民知道,为凝聚人心,最好塑造一位显眼公敌且最佳人选非乔治莫属,他们明白"煽动对个人的仇恨比对抽象集体的仇恨更有利于宣传"。[③]

乔治不可能心平气和接受国家分裂,他的强势粉碎了一切和解可能。诺斯的和解建议实同废纸,不过它本就无关大局,因为和解建议还没传到美洲,战斗已经打响。1775 年春,英军企图夺取设在康科德(Koncord)的美军军械库,美军为破坏英军计划,于 4 月 19 日在莱克星顿(Lexington)伏击英军,打响了独立战争第一枪。莱克星顿枪响后,英军迅速向波士顿集结,导致其余各地防务空虚,给了美洲民兵广泛活动空间。此后八年,英军在美洲疲于奔命,无奈看着殖民地走向独立。法、西等国起初幸灾乐祸,坐观英语族群内讧,后公开支持美洲并向英国开战。七年战争缔造的帝国大厦不到二十年便坍塌了发展潜力最大的一角。

美洲独立战争对英国本土政治的最大影响是罗金汉姆派借风起势。茶党事件后,罗金汉姆派和查塔姆派呼吁与美洲和解。查塔姆坚信美洲人的事业事关一切真正的辉格派,为美洲人鸣不平义不容辞。查塔姆所见不无道理,造反的美洲人多是不从国教者,而辉格派始终同情不从国教者。不过查塔姆行将就木,其衣钵传承者谢尔本欠缺理论素养,无法为同道指路明向,这一派影响力日益变弱。反观罗金汉姆派,群英荟萃,蒸蒸日上,其骨干多来自显赫世家。该派大将波特兰公爵(William Cavendish-Bentinck, 3rd Duke of Portland)是人中翘楚,罗金汉姆的左膀右臂——福克斯和柏克均是议会中令人敬畏的演说家。福克斯虽声名狼藉,但信念坚定,愈挫愈勇,毕生与乔治死杠;柏克才高八斗、辩才一流是乔治王业的拦路虎。与美洲关系恶化后,1775

[①] John Fortescue, *The Correspondence of King George the Third from* 1760 *to December* 1783, Vol. Ⅲ, pp. 131,153.

[②] 潘恩:《潘恩选集》,商务印书馆,2012 年,第 3—58 页。

[③] Andrew Jackson O'shaughnessy, *The Men Who Lost America*, p. 28.

年 3 月 22 日,柏克在下院发表蕴意深刻的演讲,呼吁与美洲和解。他痛斥政府美洲政策荒谬、专断,继而辩称:下院无美洲席位且当下美洲向伦敦输送议员亦不现实,据此推演,殖民地人纳税只能基于"自愿","议会的课税是徒劳的"。[①] 柏克继之提出解决美洲问题的六项动议。他的演讲把查塔姆等人秉持的意见深化为政治哲学理论,有助于罗金汉姆派政治理念走向成熟,他为臣民权利所做的辩护为辉格派此后漫长而艰难的斗争提供了精神支撑,辉格派在 18 世纪晚期和 19 世纪初僵而不死首先应归功于柏克阐释的这份信念。当然,在英军战败之前,罗金汉姆派仅凭信念和演讲难以撼动乔治和诺斯的政策。柏克的动议无人问津,废除茶叶税的动议也被 182 对 49 票否决。[②]

伦敦的精英围绕美洲事态激烈争执,普罗大众也因美洲独立战争分为和战两派。地域和宗教信仰是民众选边站队的主要考量。大体而言,英格兰北部诸郡盛行忠君保王、爱国爱教的托利政治文化,北方多数民众将"大西洋对岸发生的事情视为煽动叛乱的非国教徒发动的另一场反对国王的暴动,实际上是第二次内战"。他们和更北方的苏格兰人一样,坚决支持严厉镇压。然而在不从国教者眼中,美洲独立运动是又一场不从国教派对以国王为首的国教会的抗争,与 1640 年代的事业如出一辙,唯一区别是战场从英伦转移到了北美。北方贵格派信徒把占美洲人口多数的清教徒视为教友,他们支持和平的请愿吸聚了 4000 签名者。东安格利亚地区主和派居多,因为最早迁徙美洲的殖民者多出自此地,他们对美洲人的家族情谊更深。牛津大学国教氛围浓厚,绝大多数师生厌恶清教徒,坚决支持镇压乱党;以宗教宽容著称的剑桥大学则犹豫不决,大学理事会就是否呈递开战请愿书的表决仅以 84 对 46 票通过,反战者约占 1/3。[③] 在英格兰西南部、西部和北部已有无数小块阵地的卫斯理宗信徒倾向于严厉镇压。卫斯理 1775 年 11 月公开发表《忠告美洲殖民当局的信》(*Calm Address to Our American Colonies*),谴责乱党并许诺以身作则,彰显忠君爱国:

---

① 埃德蒙·柏克:《美洲三书》,第 126 页。
② Jeremy Black, *George Ⅲ*, p. 215.
③ 琳达·科利:《英国人》,第 178 页。

　　英国正处于一片火海之中！这片火海就是针对国王以及所有执政掌权者的仇恨和恶毒之火。我愿竭尽全力扑灭这场大火，这不是每一个爱国者都要做的吗？[1]

　　当时英国本土国教徒仍占绝对多数，外加苏格兰人及卫斯理宗吆喝，民情总体上倾向于严厉镇压，主战派的请愿及签名在规模和声势上都压倒了主和派。累计150个团体和机构发动了支持镇压美洲的签名请愿运动，只有25个市镇和郡呈递了和平请愿签名书。[2] 乔治和诺斯决定利用舆情优势提前解散议会，举行大选。1774年胜选议员中，支持政府者多达300余人，而罗金汉姆派的支持者仅43人。[3] 大选结果证实乔治和诺斯的美洲政策当时得到了精英阶层普遍支持。诺斯以议会作大本营，靠乔治撑腰，以根治北美无政府状态为由并借本土民众捍卫帝国的民族主义热情，大胆向十三州增兵，志在碾碎一切乱党的脑后反骨。

　　乔治对本土舆情判断相当准确，但严重低估了美洲人民的反抗情绪，误以为反叛源于少数乱臣贼子的煽动。他也没有料到美洲军民意志坚韧、民风强悍、战力不俗，致使英军初战接连受挫。1776年夏，第二届大陆会议决定成立美利坚邦联(American Confederation)，十三州借地利人和联合对英作战。反观英军，补给困难，指挥混乱。乔治不懂军事，却屡屡给前线将官下达作战指示。1777年夏，他强令刚到美洲的柏高英(John Burgoyne)将军从加拿大边境南下，柏高英后来回忆称"他每花一小时思考军事战略，就得花二十小时考虑军队给养"。[4] 柏高英孤军深入，在萨拉托加(Saratoga)被围，而他寄予厚望的克林顿(Henry Clinton)将军也爱莫能助，只能向美军举旗投降。萨拉托加战役是北美独立战争转折点，此后英军更加被动。诺斯民意支持率下降，增兵美洲的计划遭到质疑；罗金汉姆派和查塔姆派不仅痛斥现行政策，还言之凿凿称法国和西班牙即将参战。果如他们所料，法国于1778年参战。早在1775

①　约翰·卫斯理：《约翰·卫斯理日记》，第275页。

②　琳达·科利：《英国人》，第176—177页。

③　Chris Cook and John Stevenson, *A History of British Elections since 1689*，p. 30.

④　Andrew Jackson O'shaughnessy, *The Men Who Lost America*，p. 150.

年，十三州已暗中与法接触，路易十五不吝为美洲人提供武器和物资。法国为雪七年战争之耻，不惜代价援助美洲并与美利坚邦联达成商业及军事协议，其损人却未必利己的干涉置英国于绝境。1779 年初，西班牙也妄图从国际冲突中分一杯羹，卷入战团。法、西海军阻绝英军与母国的联系，还封锁驻扎在约克镇（Yorktown）的英国海军，切断了其归路。

按常理，对美洲军事和民事政策都应转变。然而乔治是调整政策的最大障碍，他既不同意放弃美洲，也反对改组政府。1778 年 3 月，诺斯对乔治坦言相告：查塔姆是世人敬仰的战略家，他的战略值得信任，他的人气有助提升士气，是挽回败局的唯一人选。当诺斯建议乔治缓和与查塔姆关系并邀其出山时，乔治表示"宁可丢掉王冠，也不会蒙受被查塔姆派束缚手脚之耻辱"。[1] 查塔姆不久病亡。1779 年 6 月，朝野均认为胜利无望，只有乔治仍相信神佑英王，他说："上帝的保佑、事业之正义、动机之正当，以及为了民众的安全和幸福将个人苦难置之度外的决心"皆是胜利的保障。[2] 如有战略眼光，此时他应将主攻目标转向法国，把帝国内斗变为英法争霸战争，给民众打爱国主义鸡血。不管此招能否奏效，至少可以封堵反对派和反战主义者嘴巴，但乔治不屑于煽动民粹。

萨拉托加败后，诺斯态度软化，打算废除针对美洲的一切强制法案，取缔税目，接纳美洲议员进入下院，还打算派出代表团赴美和谈。福克斯与柏克等人嘲讽诺斯盗用罗金汉姆派策略。肩负和谈使命的卡莱尔代表团（Carlisle Commission）到美洲后吃了闭门羹，美洲人要价已不是伦敦让步幅度，而是彻底独立。诺斯慨叹：既然美洲人决意独立，"便没有任何条件可以满足他们"。[3] 面对一场打不赢但为了主上面子必须坚持的战争，诺斯束手无策，他惯于按部就班，和平年代极有潜力成为名载史册的一代贤相，不幸的是他生逢战时，而战争需要雷厉风行甚至自带些许魔力的领袖。贵为第一财政大臣，诺斯否认自己是首相且声称英国宪制中并无"首相"，"他只希望被视为配合阁僚

---

① Jeremy Black, *George Ⅲ*, p. 233.

② John Fortescue, *The Correspondence of King George the Third from 1760 to December 1783*, Vol. Ⅳ, p. 374.

③ Andrew Jackson O'shaughnessy, *The Men Who Lost America*, pp. 63 - 64.

工作的一个非常重要部门的首脑"。① 他衷心期盼一位能够"领导内阁,洞察不同意见,迅速且自信地做出决定,协调政府全部行动"的能人横空出世,取代自己。② 诺斯敬贤礼士,而其阁僚并不愿待之以礼。大法官瑟洛(Edward Thurlow)和海军第一大臣桑威奇绕开诺斯直接向乔治禀报公务。理财是诺斯强项,但军事是其短板,大幅折损了他的权威。各路将领自以为是,美洲国务大臣、明登大捷的胆小鬼杰曼(Lord Germain)主张增兵美洲、防止法军在美洲沿海活动,桑威奇则主张在欧洲近海直接威慑法国。诺斯无力协调将官分歧,同侪也不相信他有高策。诺斯和阁僚都没错,内阁制还在形成阶段,首相无权向其他大臣发号施令,阁僚也不必遵从首相意见,大家都是国王的平等大臣。作为战时首相,诺斯的弱势领导酿成了灾难性战局,更灾难的是乔治不许其辞职。当诺斯心力交悴时,乔治竟然劝慰他"去乡间静养一周,便可恢复元气"。③

战事不利也导致原来本着爱国主义支持战争的独立议员疏远政府,其中一些向罗金汉姆派靠拢。查塔姆死后,他的部分追随者转投政府,余下的激进分子有意与罗金汉姆派消弭分歧,共同向政府施压。1779 年,诺斯小幅改组政府,但压力不减反增。其后两年反对派力量明显增强,几乎每项政策都会受到反对派不绝于耳的攻击及质疑。古往今来,战败的政府即便躲过垮台之厄运,也免不了承受异乎寻常的压力,而反对派习惯性借机把争议升级到国体层面。1780 年 4 月 3 日,下院以 233 对 215 票通过邓宁(John Dunning)提出的议案,该议案称"王权的影响已然增强,且在继续膨胀,应受到遏制"。④ 乔治不予理睬,指责反对派的刁难纯属官场失意刺激的嫉妒心作祟。夹在国王与反对派之间的诺斯饱受折磨,多次请辞。乔治不满诺斯推脱责任,却难觅合适替代人选。诺斯继续苦撑,但君臣情谊出现了微妙变化,乔治此后更愿意征询詹金森等人意见。

战事失利激化了社会经济矛盾,催生了激进主义运动。自威尔克斯开始,

---

① Andrew Jackson O'shaughnessy, *The Men Who Lost America*, p. 65.

② John Fortescue, *The Correspondence of King George the Third from 1760 to December 1783*, Vol. Ⅳ, p. 132.

③ John Fortescue, *The Correspondence of King George the Third from 1760 to December 1783*, Vol. Ⅳ, p. 118.

④ Jeremy Black, *George Ⅲ*, p. 244.

激进主义运动每每搞得政府如临大敌。议会改革是一切激进运动的金字招牌。《权利法案》支持者协会最早发出议会改革呼声,呼吁惩治贿选、缩短议会选举间隔期、无记名投票以及重新分配议席。协会创会元老索布里奇(John Sawbridge)年复一年提案改革议会,尽管到美洲独立战争爆发时,该协会因内部矛盾沉寂下去,但其影响力早已波及协会之外。1776 年 3 月,威尔克斯提案改革议会,矛头直指饱受诟病的衰败选区。诺丁汉郡地主卡特莱特(John Cartwright)上校倡议男性普选,不从国教者普莱斯(Richard Price)高声附和。卡特莱特游说波特兰公爵在议会中按他的建议倡导改革。不过当时主流激进派忙于抨击美洲政策,威尔克斯和卡特莱特的改革建议并未掀起波澜。[1] 随着战事不利以及重税激起的不满蔓延,改革呼声再起。激进主义者认为,贿选、舞弊以及肮脏政治交易均是表象,体制才是滋生腐败的温床,唯有议会改革才能正本清源。约克乡绅维维尔(Christopher Wyvill)主张议会改革和清廉改革(economic reform)双管齐下。维维尔无意取消选举的财产资格限制,他认为"社会底层的阶级"渴望选举权,"却只会滥用"选举权,而"中产阶级受过教育,有财产和身份需要维护",给予他们选举权"更有助于和平、秩序甚至理性自由"。[2] 维维尔提议缩短议会选举间隔期,增加乡郡选区议席,理由是乡郡选区选民基数大,不易被权贵操纵。

失意的辉格派领导人此时正抨击宫廷铺张浪费并打算限制王室开支,尽管辉格派对议会改革兴趣不大,但高度赞成清廉改革,遂与维维尔同气相求。[3] 维维尔在约克郡境内牵头的议会和经济改革集会为其他有志改革者效仿,声势浩大的社团运动(Association Movement)应运而生。1780 年春建立的诺丁汉协会(Nottingham's Committee of Association)和宪法信息会(Society of Constitutional Information)支持卡特莱特倡议的男性普选制,并主张按人口重划选区。5 月,更激进的威斯敏斯特协会(Westminster Committee of Association)建立,宣传无财产资格限制的男性普选权以及每年

---

① Steven Conway, *The British Isles and the War of American Independence*, Oxford University Press, 2000, p. 219.

② H. T. 狄金森:《十八世纪英国的大众政治》,第 175 页。

③ John Cannon, *Parliamentary Reform*, pp. 75 - 81.

一次大选,半个世纪后的宪章派(Chartist)的影子已隐约可见。威斯敏斯特协会认为成年男性要服兵役,为国而战,理应对国务享有建言决策权。① 与议会改革倡议并行的是清廉改革诉求。柏克提交一份裁汰冗员的议案,詹宁斯(Philip Jennings)提议下院议员不得从商。这些针对既得利益群体的议案均被下院否决。改革派转而呼吁院外力量向当局施压。清廉改革请愿书征集到6万人签名,迫使政府做出了些微让步,柏克倡议的财务调查工作得到落实。② 年底,财务调查结果公之于众,曝光的贪污腐败触目惊心。

反对派本欲乘机利用社团运动向政府施压,然而改革声浪转瞬即逝。原因有三。其一,反对派动机各异,倡导的改革事项和幅度均难协调。谢尔本是宪法信息会成员,同情改革派,他领导的查塔姆派支持调整选区、缩短议员任职年限、增加乡郡选区代表名额。福克斯是威斯敏斯特协会分子,痴迷激进运动,他的"人民之友"形象就是在此前后树立起来的。③ 福克斯还想借改革热潮整合查塔姆派和罗金汉姆派。不过这两大派既是政坛失意者,也是既定体制最大受益者。罗金汉姆派多数贵族担心,增加乡郡选区议员必然削弱他们对基层权力的掌控,故对议会改革高度谨慎,他们只想改革经济、整饬腐败、清理尸位素餐的蠹虫,绝不想触动政体。其二,1780 年 4 至 9 月,英军在北美连扳多局,夺取查尔斯顿(Charleston)一度让乔治看到战局反转的希望。军事反弹部分稀释了民众的怨气。其三,戈登骚乱(Gordon Riots)转移了所有政客注意力,政府戡乱决心和策略挽回了人心。

18 世纪后半期,激进运动总与不从国教运动步幅一致,大多数激进主义者本就是不从国教者。1770 年代的激进运动与沉寂了近半个世纪的宗教争执烈火再燃明显关联。一性论者(Unitarian)此时最活跃,他们主要从 17 世

---

① Steven Conway，*The British Isles and the War of American Independence*，p. 222.

② Steven Conway，*The British Isles and the War of American Independence*，pp. 234 - 235.

③ L. G. Mithcell，*Charles James Fox*，Oxford University Press，1992，pp. 74 - 77.

纪的长老派演变而来。英格兰长老派本来多是经济实力雄厚和社会地位优越的地主，他们在 18 世纪早期大多支持辉格派并回归国教会，少数冥顽不化之徒执着于教义争执，秉持所谓的良心自由并坚信宗教与政治密不可分，形成了卓尔不群的一性论者。他们在 18 世纪中前期的宗教宽容氛围和启蒙运动大潮中变得相当自信，在威尔克斯骚乱时非常活跃，借机表达一种挑战现状的强烈诉求。文人约翰逊谴责他们是"分裂教派成员、经常煽动叛乱的人、暴民永远不变的同盟军，在他们的信仰中除了有害于国教的东西，没有留下什么东西"。① 1772 年，教俗两届激进分子在约克郡境内的费瑟斯酒馆（Feathers Tavern）集会并签名请愿，吁请豁免牧师和大学生宣誓遵守《三十九条信纲》，给予他们自由解释《圣经》的权利。约克郡内一名国教副主教（archdeacon）布莱克本（Francis Blackburne）的神学理论是他们的行动指南，布莱克本神学造诣较深的女婿林赛（Theophilus Lindsey）和议会改革家维维尔均参与其中。博学且倾向宗教宽容的卡莱尔主教埃德蒙·劳（Edmund Law）和宗教哲学家佩利（William Paley）虽未签名，但同情并鼓动请愿。② 请愿书送到下院后遭柏克痛批，被下院以 217 对 71 票否决。多数议员反对请愿书内容，仅 200 名圣职人员签名，这说明不从国教者力量远不足以撼动既定宗教秩序。然而不可否认的是，请愿显示非国教徒实力开始复兴并自带一种难以名状的感召力，请愿受挫后，不少倾向宗教自由主义的国教牧师和知识分子转投不从国教者，和普里斯特利（Joseph Priestley）一道炮轰国教和政权狼狈为奸、阻碍进步。国教徒开始警惕不从国教者的挑战，宗教宽容渐趋收紧。国教对其两大劲敌天主教和不从国教的态度也起了微妙变化。

随着詹姆士党人威胁烟消云散，天主教已难成气候，形形色色的不从国教派反倒威胁了国教。威尔克斯激进运动期间，不从国教者对威尔克斯的同情已显露这种端倪。美洲独立战争爆发后，天主教徒多保持沉默，不从国教者多明目张胆声援美洲。国教徒对不从国教者的厌恶加深，反而愿意包容温顺的天主教徒。1778 年初，为扩充兵员，特别是征召爱尔兰人入伍，宗教温和主义

---

① J. C. D. 克拉克：《1660—1832 年的英国社会》，第 447 页。

② John Walsh and Stephen Taylor, "Introduction: The Church and Anglicanism in the 'Long' Eighteenth Century," p. 39.

议员萨维尔(George Savile)提议出台《宽赦法》(Relief Act)。诺斯是宗教现
实主义者,根据现实需要处理宗教纷争并调整政策,《魁北克法》已见证他的立
场。诺斯和多数贵族都知道,天主教徒比不从国教者安分保守,无意冲击现存
秩序。当不从国教者声援美洲时,诺斯为扩大群众基础,争取天主教徒支持也
就合乎情理了。政府支持《宽赦法》,议会和国王也无意阻挠。此法规定,英格
兰和威尔士天主教徒拥有与国教徒同等的购置、继承财产权利,天主教神甫也
获得了向其信徒讲经布道的权利。两个月后,爱尔兰议会也通过类似法案,规
定天主教徒可以租赁方式拥有财产九百九十九年,实同永久产权。[①] 1782
年,爱尔兰天主教神甫讲经布道亦合法化了。天主教徒仍是三等公民,但财产
权利与新教徒平等了。此前,为防止天主教贵族财产过于雄厚、降低他们的危
险性,威廉三世时代一项法案规定,天主教徒死后,其财产只能由诸子分割继
承,除非长子改宗新教。《宽赦法》立即吊起了不从国教者胃口。他们认为既
然政府可向天主教徒让步,更应顺理成章停止打压不从国教者。坚决反对宽
赦天主教徒的议员霍顿(Henry Hoghton)提议废除不从国教牧师和学员向
《三十九条信纲》宣誓之规定。1772 和 1773 年他曾两次提出相同议案,遭牛
津大学师生强烈抵制,也被议会否决。不过 1779 年他第三次提案终获成功。
精英阶层认为,如果教皇派值得信任,还有什么理由为难同为新教徒的不从国
教者呢?[②]

　　《宽赦法》以及对不从国教者的让步令苏格兰人和英格兰顽固国教徒大为
光火,他们坚决抵制该法,连一向规避教派冲突的卫斯理宗也跳出来反对。普
通民众痛恨并排斥天主教,相信天主教徒与爱尔兰人、法国人、西班牙人以及
事实上早已消逝的詹姆士党人蛇鼠一窝。恐吓暴徒威胁、恐吓、殴打天主教徒
和不从国教者在这个时代的英格兰司空见惯,乡绅和国教会也乐于利用这些
暴徒管控社会。[③] 新教协会主席戈登(George Gordon, President of the

---

　　① Steven Conway, *The British Isles and the War of American Independence*, p. 246.

　　② Steven Conway, *The British Isles and the War of American Independence*, pp. 260 -
261.

　　③ Alan D. Gilbert, *Religion and Society in Industrial England: Church, Chapel and
Social Change, 1740-1914*, New York, Longman, 1976, p. 79.

Protestant Association)公开抗议政府纵容天主教徒。他声称天主教徒包藏祸心,他们参军秘而不宣的目标是勾结国外天主教徒,埋葬英帝国。这种耸人听闻的论调在法国和西班牙参战的敏感时刻刺激了大批国教徒神经。1780年6月1日,戈登率几万名追随者,高擎"不要教皇"(no popery)的旗帜,前往下院请愿。由于混进了大量地痞和暴徒,请愿运动很快失控,演变为骚乱。当天,暴徒砸毁部分上院议员马车。军方用非暴力手段驱散骚乱者后以为事态已平息,然而暴徒夜间继续袭击天主教堂以及巴伐利亚等天主教国家驻英使馆。其后几天,伦敦城暴力横行,打砸烧抢肆掠。7日,政府被迫向暴徒开枪,近300人被击毙,约500人遭拘捕追责。下令开枪的是当时伦敦市府高级官员威尔克斯,他已从玩世不恭的浪子变成了奋力维稳的保守派。戈登骚乱伤亡惨烈,影响恶劣,这场突发的群体性事件充分证实大众反天主教情绪一点即燃,它警示接下来每一位支持彻底解放天主教徒的政客三思后行。

罗金汉姆赞成《宽赦法》并支持严厉镇压戈登骚乱,乔治误以为他在向宫廷示好。1780年夏,乔治一度同意罗金汉姆派入阁,成立联合政府。然而罗金汉姆力挺政府镇压暴徒并非要与乔治讲和,而是因为骚乱威胁了既存秩序。罗金汉姆入阁后得寸进尺,要求乔治将诺斯及其党羽全部赶走并给予十三州完全独立。乔治不可能满足他的随性敲诈。政府戡乱之果断与残暴赢得了保守派喝彩,乔治和诺斯人气回升,他们决定提前一年解散议会举行大选,强化下院优势。新当选议员中,支持政府者260名,反对派254名,另有44名政治倾向不明。[1] 与1774年大选相比,政府弄巧成拙,下院优势缩水了。乔治在这次大选中唯一潜在收获是查塔姆之子、年仅二十一岁的皮特(William Pitt the Younger)进入下院。皮特效仿其父,自称"独立辉格主义者",与任何派别均无瓜葛。[2] 他的超然姿态令苦闷无助的乔治眼睛一亮,不过要再等三年,作

---

[1]　Geoffrey Holmes and Daniel Szechi, *The Age of Oligarchy*, p. 363.

[2]　John Ehrman, *The Younger Pitt: The Years of Acclaim*, New York, E. P. Dutton, 1969, p. 17.

为国王救命稻草的皮特才能释放能量。

下院格局和政治走势均取决于美洲战事。1781 年 11 月 25 日,约克镇守军投降消息传到伦敦,乔治仍不愿承认战败事实,他告诉诺斯:若承认美洲独立,"英帝国无资格立于欧洲强国之林,我的地位也难以维系"。① 乔治认为英国至少还保有查尔斯顿、纽约以及萨凡纳(Savannah)等战略要地,他还想分化北美民众,与各州单独谈判。诺斯以实相劝:大臣和议会都反对再战,美利坚邦联亦无拆散可能。鉴于诺斯去意已决,乔治一度考虑由瑟洛出面组阁,现内阁部分重臣留任。诺斯接到败报时就知道"一切都结束了",停战是唯一出路。1782 年 2 月,下院以 234 对 215 票决定停战。② 3 月,诺斯辞职。他对形势分析鞭辟入里并在辞职前敬告乔治:尊重议会决定、勿再无谓坚持。乔治只能向反战的罗金汉姆派低头了。罗金汉姆一贯不信任乔治,甚至要乔治书面保证授权大臣全部行政权力。乔治痛苦至极,萌生了回汉诺威当选侯之打算,所幸瑟洛劝他不要冲动。③ 罗金汉姆派所开条件异常苛刻,不仅要乔治放弃干预人事任命,还要削减王室专款。乔治尽力保住了瑟洛的大法官之职,并为谢尔本争取到了内政大臣职务。不过罗金汉姆派得到了一项更大权力——政府所拟政策无须国王同意便可直接交议会表决。④

第二届罗金汉姆政府仅维系三个月便因其猝死而终结,但它带来了重要且持久的变革,是行政史乃至"宪政史上的里程碑"。⑤ 它是由反对派取代当政派组成的新政府,启动了诸多影响深远的改革,推动了 18 世纪裙带政治向 19 世纪政党政治转变。这届政府将内外事务分开,分设内政大臣和外交大臣,南、北国务大臣退出历史。谢尔本任内政大臣,福克斯任外交大臣。1780 年大选中失去席位的柏克任总会计师。柏克利用职务之便裁汰冗员,精简了部分机构。就在乔治万分沮丧时,4 月 12 日,罗德尼(George B. Rodney)在瓜德罗普海域击败了法国舰队。此役佐证英国海军战力名不虚传,身陷险境

---

① John Fortescue, *The Correspondence of King George the Third from 1760 to December 1783*, Vol. V, p. 335.

② Paul Langford, *A Polite and Commercial People*, p. 554.

③ Jeremy Black, *George III*, p. 248.

④ Jeremy Black, *George III*, pp. 248 - 249.

⑤ Paul Langford, *A Polite and Commercial People*, p. 557.

仍能重创敌手。乔治闻听捷报后提醒福克斯：即便和谈，"也不能损害荣誉和王国的核心权益"。① 然而罗金汉姆派甚至比 1760 年的乔治更急于停战，为免无关事项干扰战争善后工作，政府甚至认可了都柏林议会的立法权。罗金汉姆派对外屈膝，对内擅权并肆无忌惮侵蚀王权。柏克对 1780 年提议的改革计划仍念兹在兹，1782 年，他提案要求王室专款之使用接受议会监督，获得通过。政府砍掉了掌管珠宝、服饰以及王室财务的宫廷机构，只保留内府大臣、宫务总管和王室御马官三个重要宫廷职位。罗金汉姆还逼迫乔治授予其多名同党嘉德骑士勋章。②

罗金汉姆辱君滥权，很快便遭报应，6 月 30 日，暴毙而亡。他的喽啰本以为波特兰公爵将出任新首相，但乔治选中了谢尔本。谢尔本笃信启蒙思想和理性主义，早年追随亨利·福克斯，后转投皮特门下。皮特死后，他被视为查塔姆派领袖。他不似福克斯和波特兰强势，这是乔治选中他的首因。皮特任财政总监，福克斯、波特兰等纷纷辞职。谢尔本无意挽留福克斯，他认为福克斯否认国王有遴选大臣之权逆君悖理。然而没有福克斯相帮，诚意支持谢尔本的下院议员屈指可数，即便乔治游说、提点、敲打，也仅 140 名议员支持他，而福克斯和诺斯的支持者总共 200 多名。谢尔本有意争取诺斯支持，但皮特拒绝与诺斯共事。再者，诺斯对谢尔本和谈计划不考虑美洲保王党人利益极为不满。结果诺斯和福克斯反倒结成了反政府联盟。

谢尔本要务是为美洲战争善后。乔治不想过度干预谢尔本设计的和平方案，但望其牢记，海军的胜利是重要的谈判筹码："罗德尼勋爵的胜利让民族再一次觉醒了，3 个月前可以默认的和平条件现在可能激起（国民）怨恨。"③ 按谢尔本构思，除了承认十三州独立，还可将密西西比河和俄亥俄河之间的土地让予美洲人民。他也不打算强迫十三州政府归还独立战争中与英军患难与共的保王党人被没收的财产。谢尔本对美客气源于他与查塔姆一样幻想建立跨

---

① John Fortescue, *The Correspondence of King George the Third from 1760 to December 1783*, Vol. Ⅵ, p. 41.

② Jeremy Black, *George Ⅲ*, p. 250.

③ John Fortescue, *The Correspondence of King George the Third from 1760 to December 1783*, Vol. Ⅵ, p. 70.

大西洋的盎格鲁-撒克逊帝国。应该说,他们的幻想并非彻底的海市蜃楼,美洲独立后,公民同宗共祖的盎格鲁-美利坚帝国从不存在,但所谓的英美特殊关系20世纪以后似无似有。很快,谢尔本便因对美慷慨招来麻烦。诺斯公开反对谢尔本所拟和谈条件,而没有诺斯支持,政府寸步难行。1783年2月21日,已在巴黎谈妥的和约被福克斯和诺斯联手否决。谢尔本请辞并建议乔治启用皮特,不过皮特下院支持者更少。乔治只能腆脸再找诺斯,诺斯提出不情之请,要与福克斯共同组阁,乔治又一次忍辱点头。

3月底,波特兰出任第一财政大臣,诺斯和福克斯分别任内政和外交大臣,福克斯-诺斯联合政府成立。联合政府除了与美达成《巴黎条约》(Treaty of Paris of 1783),一事无成。《巴黎条约》包括与美利坚邦联、法国及西班牙三方分别签署的三份协定。英国继续保有加拿大,承认十三州独立并将大湖区与俄亥俄河之间的土地让予北美人。法国获得多巴哥和塞内加尔,西班牙收回佛罗里达和马略卡。后世史家谈到美洲独立时往往将责任归咎于乔治和诺斯。乔治的固执确实妨碍了与美洲和解,诺斯也不是蒙冤的替罪羊,他的拖沓更要对英军战败负责。然而美洲独立根源并非英国治理政策出误,而是英国无法控制的内外情势共同使然。到1770年代中期,独立已成殖民地多数居民心之所向,这种愿望转化成了强大精神力量支撑着美洲人抗争到底。零散英军陷入北美人民战争汪洋大海中,有限的英国陆军不可能控制广袤的美洲大陆,几千公里外的战场补给更是难题。法、西等国趁火打劫,不仅鼓舞美洲人士气,亦分散了英军力量和资源。大批本土的美洲同情者以及政治异见分子不断作梗,轮番给宫廷和政府制造麻烦。面对内困外扰,乔治有责任做好为君者的本职工作,尽最大努力捍卫对美洲的实际统治权,否则无法向国民及后世交代。然而英王可以击败法国人、西班牙人、哈布斯堡人,却很难击败自己的子民。万千不利因素之叠加致使乔治和诺斯回天无力,但作为决策者他们至少要在舆论和口水战中为丧失美洲背锅。英国人从这场冲突和失败中汲取了教训,对待殖民地,尤其是以白人为主体的殖民地独立求诉,安抚而非动武才是高策,尽管安抚只能延缓它们走向自治乃至彻底独立,但安抚起码可免流血并为日后亲密合作留有余地。

福克斯与诺斯本水火不容，两人政治理念更是南辕北辙，他们的联合政府是特殊政治环境下的怪物，乔治讽之为"史上……最无原则的联合"并时刻寻机将其拆散。① 机会很快于年底出现。鉴于东印度公司腐败，1783 年 12 月初，下院以 208 对 102 票通过福克斯炮制的"东印度公司议案"（East India Bill)，将该公司转交给由议会任命的七名成员组成的委员会管理，而此前该公司是以国王名义进行管理的。下院显然是要与国王争夺水肥油厚的恩庇权，且威胁了国王行政任免权，滕普伯爵（3rd Earl of Temple)直言不讳称议案会"不正当地拿掉'一半以上的王权'"。② 滕普、瑟洛以及皮特遂怂恿乔治动用否决权。波特兰指责乔治违宪，因为 1708 年以来君主再也没有动用否决权枪毙下院通过的议案。乔治通过滕普向上院递话，任何支持该项议案的人都是国王的敌人。③ 在其漫长统治岁月中，乔治多次这样声明，每次声明都旨在传递同样的信息，那就是任何法案都必须得到君主认可才能生效。结果上院以 95 对 76 票将议案否决。无法评判乔治态度在多大程度上影响了上院表决，但即便他不干预，上院也未必支持该议案，毕竟它一旦生效就意味着政府和下院夺走了君主的恩庇权，这对贵族和主教构成的上院绝非好事。

下院遂将万丈怒火喷向国王并企图玩弄清君侧之把戏。12 月 17 日，下院多数议员赞同一项声明："透露或谎报国王对议会任何一院通过的议案或程序之意见，以便影响议员表决，均为重罪及不当行为，有辱国王声誉，侵害议会基本权利并企图颠覆宪政。"这段声明自然让人想起 1629 年查理一世解散议会时下院的反应。如果有什么不同的话，那就是乔治比查理一世更加刚硬，次日，他索性遣散了福克斯-诺斯联合政府，任命皮特署理内阁。辉格主义史家

① John Cannon, *Fox-North Coalition: Crisis of the Constitution*, 1882－1884, Cambridge University Press, 2008, p. 80.

② John Cannon, *Fox-North Coalition*, pp. 123, 126.

③ Boyd Hilton, *A Mad, Bad and Dangerous People? England*, 1783－1846, Oxford University Press, 2008, p. 40.

诋毁乔治任命年轻且经验不足的皮特担任首相,源于他认为皮特年轻、易于驾驭。这纯属臆测。18 世纪是贵族门第时代,年轻政治素人一夜间身居要职司空见惯,乔治此前任命的罗金汉姆和诺斯均三十岁出头且无行政历练。皮特高就原因有三。其一,前文所说的皮特有如其父,姿态超然,身上没有帮派习气;其二,皮特反对"东印度公司议案"给乔治留下了良好印象;其三,乔治确实没有更合适人选了。

皮特顶着巨大争议上位,起初几乎没人相信他能坚持到圣诞节后,因为福克斯派牢牢控制着下院。一位议员估计:下院反对派多达 231 人,仅 149 人支持皮特,另 104 人有望争取,但无绝对把握。① 福克斯自恃下院优势多番指责乔治藐视多数议员意志,一意孤行,侵蚀人民自由。然而就在他凌厉攻击时,下院格局悄然改变。乔治四方笼络,争取到了相当一部分议员。最典型的是第二代纽卡斯尔公爵及其喽啰,他们本支持联合政府,但在 1783 年底转投皮特政府。② 许多独立议员也转圜立场,他们不受派系羁绊,尽可能与政府合作,因为支持政府不仅有望得到肥差,也是议员职责。他们原本支持福克斯并非某种宪制原则使然,仅因福克斯执掌政府,既然现在皮特上位,转而支持皮特可谓分内之事。

1784 年 1 至 3 月,反对派在与政府的多番交锋中仍咄咄逼人,但优势逐渐缩水。1 月 16 日,下院以 205 对 184 票通过一项决议,指出"应该成立得到本院及公众支持的政府,……现任大臣继续履职……与宪政原则不符"。③ 2 月 2 日,下院又以 223 对 204 票提出另一项动议,"现任大臣继续履职……有碍于结束目前这个国家的分裂和漫无目的"。乔治则反唇相讥,痛斥下院议员"公然以最无耻的方式结党索要行政权"。3 月 1 日,下院再以 201 对 189 票要求乔治赶走皮特,福克斯称议会有权就国王任命大臣建言论策。三天后,乔治回复称他绝不会满足下院之无理要求。④ 部分独立议员提议双方各退半

①　John Cannon, *Fox-North Coalition*, p. 132.

②　John Cannon, *Fox-North Coalition*, pp. 160 - 162.

③　A. Aspinall and E. Anthony Smith, eds, *English Historical Documents*, Vol. Ⅷ, 1783 - 1832, Routledge, 1996, p. 140.

④　Jeremy Black, *George Ⅲ*, p. 260 - 261.

步，组成海纳百川的广泛政府。反对派要求皮特辞职，然后再考虑广泛政府。乔治倾力保护皮持，还使出撒手锏——册封贵族，以分化瓦解反对派。他毫不含糊册封 10 余位下院议员为贵族，还晋升了许多旧贵族的爵级。这些新旧贵族均是地方上响当当的角色，不少下院议员都得仰仗他们的庇护。支持福克斯的 20 名议员纷纷辞职，皮特顺势而为，将空出的职位授予自己亲信。面对乔治的攻势，福克斯毫无脾气，只能抱怨背叛他的议员和贵族见风使舵、见利忘义。乔治信心大增，欲解散议会重选，彻底打垮福克斯。皮特等据《七年法案》认为上次大选刚过三年，担心选举授人话柄，但乔治说："我们必须刚猛；如果我们要拯救国家，我们就必须斩断解不开的乱绳；半途而废从来愚蠢且常常是毁灭性的。"[1]皮特上任以来，政府在议会补选中净增 6 席，这更给了乔治信心。[2] 3 月 25 日，他宣布解散议会重选。

大选中，福克斯一再向人民灌输议会多数决定国家政策的激进辉格主义理念，指控乔治解散产生不到四年的议会是公然藐视《七年法案》。然而民众对他的奔走呼号无动于衷，支持国王和皮特的选民则将其比作奥利弗·克伦威尔，提醒民众提防上个世纪的弑君者阴魂不散。[3] 大选时的民意明显偏向王室和政府。铺天盖地的宣传和批量发向宫廷的信函支持皮特并表达对福克斯的敌意和蔑视。一位主教称："并非是王廷的特权把皮特先生放在其位，与下院处于对立状态"；"这一次，是国民意见同下院意见的直接对抗"。[4] 这场诉诸民意的选举充分体现了"威斯敏斯特之外的公众意志的重要性"。[5] 计票显示福克斯派一败涂地。近百名福克斯拥趸及 60 余名原福克斯-诺斯政府的支持者丧失了议席，皮特的下院优势多达 120 席。[6] 这场大选至少充分证实三点。一、18 世纪英国多数民众并不认为下院是行政权力之源泉；二、首相仅需国王支持，无须得到下院多数支持；三、国王立场对选民投票意向的影响远

---

①　John Cannon, *Fox-North Coalition*, p. 173.

②　John Cannon, *Fox-North Coalition*, p. 204.

③　Boyd Hilton, *A Mad, Bad and Dangerous People?* p. 43.

④　H. T. 狄金森：《十八世纪英国的大众政治》，第 54 页。

⑤　Eric J. Evans, *The Forging of the Modern State: Early Industrial Britain, 1783 - 1870*, Longman, 2001, p. 27.

⑥　Chris Cook and John Stevenson, *A History of British Elections since 1689*, p. 30.

大于任何个人、团体乃至党派。

乔治的强势干预是政府获胜的首因,但福克斯派还应从自身寻找败因。其一,福克斯与诺斯携手可谓败笔,诺斯不仅被视为应对刚刚蒙受的美洲耻辱负责,而且是腐败的权贵政治之象征,福克斯的"人民之友"形象因与诺斯合作而大打折扣。须知,18世纪民众惯于把腐败归结为贵族滥权,而国王则被视为反贪治腐、为民代言的圣君。这种看似奇怪的政治心理盛行于古今中外任何国家。其二,皮特初入政坛时把议会改革当作神圣使命,而福克斯担心触怒辉格贵族同侪,一反常态,对议会改革含糊其词。其三,福克斯的东印度公司改革方案也不得人心,选民认为他打着改革公司的幌子私牟暴利。皮特拜相后推出的东印度公司改革方案更合理可行。柏克大选后承认"人民不欢迎我们的事业,他们联合宫廷搞毁了我们的事业"。[1] 其四,福克斯因私生活放荡而臭名昭著。皮特性情及脾性与福克斯截然相反,洁身自好,这位终身未婚的首相向以私生活高度自律著称。最后,已作古的伟大平民爱国者老皮特仍活在普罗大众心中,选民期待其子发扬家风、造福社稷。

乔治用1784年大选摧毁了反对派,帮助皮特成功闯过从政第一道难关,为期两年的所谓宪政危机也以出人意料的结果收场了。从诺斯倒台到皮特胜选的两年中,英国先后经历了四届政府。这段政局动荡历来是史学研究的热门,相关学术争论从未止歇。首先,是否存在一场宪政危机? 回答此问,必须搞清乔治所为是否违宪。光荣革命及其后的一系列法案并未剥夺国王任免大臣的权力,辉格元老派的确在1740年代强迫乔治二世赶走卡特莱特。汉诺威王室的前两位国王只凭新教信仰侥幸坐拥王位,地位并不牢靠,更何况辉格元老派势力盘根错节,心系汉诺威的国王屡番向贵族让步完全是特殊情势下的不得已为之,但不能据此特殊现象推演当时已形成首相必须得到多数议员支持之惯例。乔治三世继位时的政治环境以及他的身世决定了他无须仰贵族鼻息行事,可自由行使国王固有权力。如果乔治不顾福克斯派占据下院多数席位之事实,强行任命皮特有违宪制,那么1760年以来的多次政府变革均有颠覆宪制之嫌。然而除了福克斯及其喽啰,多数大臣和民众并未质疑乔治行事

---

[1]　John Cannon, *Fox-North Coalition*, p. 226.

有何不妥，大选胜利证明民众仍然习惯于国王任命包括首相在内的各部大臣。直到 19 世纪初，"宪政最明显的特征是君主仍保有遴选大臣的持久权力"。[1]乔治既未违背哪条宪政原则，也未打破何种惯例，他只是捍卫君主的传统权力。1783 至 1784 年的所谓宪政危机只是辉格派和 19 世纪史学界杜撰的伪命题。

其次，虽无宪政危机，但一种全新的政府更迭方式正在变成惯例，大臣集体责任制（collective responsibility of ministers）形成。诺斯曾明确声称美洲败局不应算在个人头上，应由政府集体担责。下院炮轰美洲事务处理不当，却未效仿 17 世纪先辈，动辄弹劾权臣，这等于默认了集体问责制。集体责任制下，廷臣去留步调一致，而在此之前国王撤换首相并不意味着更换各部大臣。沃波尔辞职时，他的党羽依然把控朝局、高坐庙堂；纽卡斯尔和老皮特辞职时亦不干涉他们的门生故吏与新首相合作。然而诺斯辞职时，其余各部大臣尾随他一道辞职；福克斯-诺斯联合政府要员按同一规则行事；皮特上位后，福克斯追随者自动请辞。两年内，几届政府大臣以团队形式同步来去，标志着集体责任制形成。乔治完全靠君威扶正皮特证实他任命首相的权力仍不容置疑，但他无意中授权首相挑选阁僚组建施政团队，可谓得不偿失，"削弱了他自己行动的自由"。[2] 表面看，罗金汉姆和福克斯大幅压缩了王权，但乔治丧失给皮特的权力远多于丧失给福克斯的权力。乔治二世让出的权力是权宜性的、可恢复的，乔治三世丧失的权力是结构性的并且日益被朝野默认为具有惯例效力的。此前君臣争权，国王最多输掉头号大臣；此后国王若输，将输掉整个政府。从长远看，这才是王权旁落的致命一环。

皮特被后世史家视为新托利主义奠基人，这种年代错置（anachronism）长期干扰史学研究和历史叙事。事实上，与其父一样，皮特生前始终彰显超党派姿态，标榜自己"服务国家，忠于国王，厌恶派系"。[3] 他的政府没有派系标签，

---

[1]　Eric J. Evans, *The Forging of the Modern State*, p. 77.

[2]　Boyd Hilton, *A Mad, Bad and Dangerous People?* p. 47.

[3]　Eric J. Evans, *The Forging of the Modern State*, p. 28.

辉格派的悉尼(Viscount Sydney)和托利派的利兹(Duke of Leeds)分别担任内政和外交大臣,国王亲信瑟洛任大法官。这三位最重要同侪均无意挑战皮特权威,故挫败福克斯后,政府很快稳定下来,为皮特重整秩序提供了便利环境。一般认为,皮特施政以法国革命的爆发为界分为前后两个旨趣大异的阶段。1789 年前,针对腐败以及恶化的财政,皮特对症下药,出台了一系列卓有成效的法案和措施,锐意改革风貌一目了然。1789 年后,皮特渐趋保守,内外政策均着眼于拱卫既定秩序,保守心态与稳健风格跃然纸上。多数史家迄今依然认同上述区分。

虽然 1783 年福克斯抛出的东印度公司改革议案被否决,不过辉格派痛斥的东印度公司腐败的确属实。皮特上台后立马拿东印度公司开刀。1784 年,议会通过一部新的《印度法案》(Pitt's India Act of 1784),设立管理东印度公司的六人委员会,其中两人须为内阁成员,其余委员来自枢密院。六人委员会有权管理一切与东印度公司有关的行政、军事以及财政事务。新任命的东印度总督取代原来的孟加拉、马德拉斯等区域性总督。法案减少了腐败,提升了公司运作透明度。福克斯仍不罢休,继续推销他自己的东印度公司改革方案,抨击"东印度公司的治理是世界历史上最糟糕的一种专制体制"。[1] 前孟加拉总督哈斯廷斯(Warren Hastings)卸任回国后,福克斯联手柏克、谢里丹(Richard Sheridan)等人弹劾之。下院就此案持久辩论,哈斯廷斯动用在印度聚敛的横财四方打点,直到 1795 年才逃脱罪名。

皮特执政前期最显著的成就体现在财政方面。自 18 世纪初开始,英国财政由一群高官组成的财务委员会集体打理,首相一般就是这个委员会的第一责任人,身份就是第一财政大臣,财政总监负责细节审核及具体事宜。皮特兼任第一财政大臣和财政总监足见他对统筹及细节同等重视。他为相期间,财政部地位和财政总监实权大幅上升,首相的第一财政大臣身份逐渐只剩挂名意义,财政总监成了名副其实的掌管钱袋的财政大臣。[2] 皮特上任时,受战争所累,国债高达 2.4 亿镑,皮特同庚的表弟、时任军队会计的格伦维尔

---

[1]　Boyd Hilton, *A Mad, Bad and Dangerous People?* p. 55.

[2]　本书此后将财政总监改称为财政大臣。

(William Grenville)一度为债务引起的"普遍恐慌"寝食难安。① 停战缓解了财政危机，但不足以彻底改变入不敷出之窘境。为增收，皮特盯上了走私商和富人。各港口走私贸易致使关税收入严重缩水，皮特一手严打走私，另一手降低关税，鼓励商人通过合法渠道开展交易。降低关税有助合法贸易繁荣兴旺，走私商也意识到与其冒险走私，不如交纳并不算高的关税。皮特还向酒水、烟草等当时被视为奢侈品的商品征税。与古今中外所有名相一样，皮特知道穷人身上榨不出油水，富人担税责无旁贷。这方面最典型例子是门窗税，房主按门窗数量缴税，该税主要针对名门望族的豪华宅邸。此外，主要由富人消费的假发、发粉、豪华马车、绫罗绸缎等都必须上税。1786 年，皮特利用前两年的财政盈余顺利创设偿债基金，实际就是鼓励富人购买政府债券，成功将政府债务转嫁给债券持有人。1792 年，皮特做预算时声称其执政不到十年，通过打击走私、开征新税以及各类消费税，为政府增加了 400 万镑收入。1792 年政府净收入比 1783 年增长了 47%。② 皮特财政政策成功的关键在于三点。一、皮特擅长学习。他因诺斯的财政措施受益匪浅。众所周知，诺斯是理财高手，在任时大胆革新财政且提出了很多并未来得及实施的高见，皮特把诺斯的部分高策承继下来或付诸实践，显著改善了收支。③ 二、皮特务实。他只关心怎样增加收入，对富人开税就是这种务实作风的最好体现。三、工业革命已经启动，经济勃兴及商业繁荣拓宽了皮特的增收渠道。

　　皮特精简机构亦成就不俗。他的超党派姿态很难让政敌抓到以权谋私之把柄，有利于他灵活用人。他是天生政治家，知道怎样避免与既得利益团体发生正面冲突。他总能找到迂回巧妙之法架空国王先前选用的受庇禄虫（partronage-mongers），耐心等待闲置部门的庸官自然死亡并想方设法让相关职位长期空缺。1792 年时，28 个过往高薪无用的职位处于空缺状态。④ 久之，许多低效无用的衙门自然关闭了，机构自动实现了瘦身。乔治在皮特稳住相位后减少插手政事，皮特手中人事权也越来越大，他知人善用、赏罚分明，连

　　① John Ehrman, *The Younger Pitt: The Years of Acclaim*, p. 158.
　　② Eric J. Evans, *The Forging of the Modern State*, p. 32.
　　③ John Ehrman, *The Younger Pitt: The Years of Acclaim*, p. 277.
　　④ Eric J. Evans, *The Forging of the Modern State*, p. 34.

反对派也很难挑出毛病。皮特悄无声息淘汰了 18 世纪典型的英国官员升黜模式,原先仅凭国王或权贵恩庇便能享受高官厚禄的不正之风慢慢得到纠正。从这个意义上说,皮特是 19 世纪人事制度的奠基者。

乔治和下院多数议员的支持让皮特如鱼得水般施展抱负,但这并不表明他能随心所欲按个人意志改造国家。1785 至 1786 年,皮特在几件具体事情上连续受挫。其一,他提请下院调查先前福克斯在威斯敏斯特选区竞选中的违法行为,但鲜有附议者。18 世纪盛行恩荫庇护,选举舞弊司空见惯,绝大多数议员心照不宣按潜规则行事,真刀实枪反腐无异于政治自杀。其二,皮特提议在大不列颠和爱尔兰之间设立互惠贸易区,遭都柏林议会拒绝,改善爱尔兰人处境非朝夕之功。其三,皮特建议改造普利茅斯和朴茨茅斯两地的军用造船厂,被反对派以耗资过大以及军政责任不明为由否决。

众所周知,皮特初入政坛时钟情议会改革,然而在这件事上他一再碰壁,直至完全放弃。到 18 世纪后期,英国中间阶层经济实力增强,但“未能取得与其经济实力和社会地位相应的实际政治权利”。[①] 目睹了 1780 年前后激进运动的皮特意识到,给予中间阶层适度政治参与权有利于预防激进运动再起。1782 年 5 月,初出茅庐的皮特以“人民吁请更公平的代表制”为由倡导议会改革,面对其时席卷全国的改革浪潮,皮特称议会改革是“最有可能让国家远离危险,让人民摆脱沉重税收的办法”。[②] 当时罗金汉姆政府忙于结束战争,不想节外生枝,皮特的动议以 141 对 161 票遭否决。一年后,皮特第二次提议议会改革,不过尺度略微收缩,反对维维尔提议的增加百名乡郡选区议员之方案,担心这会“颠覆自由”。[③] 当时谢尔本已下台,诺斯派回到政府并反对激进改革。皮特的议案被下院以 293 对 149 票否决。1785 年初,皮特看到了出台“安全且温和的议会改革方案之机会”,建议将 36 个人口稀疏的衰败选区席位转给人口较多的乡郡选区和伦敦。[④] 皮特甚至提议给予自由持有农和部分租赁持有农选举权。乔治强烈反对皮特之建议,最终下院以 248 对 174 票否决

① 舒小昀:《分化与整合》,第 388 页。
② John Ehrman, *The Younger Pitt: The Years of Acclaim*, p. 70.
③ John Ehrman, *The Younger Pitt: The Years of Acclaim*, p. 75.
④ John Ehrman, *The Younger Pitt: The Years of Acclaim*, p. 225.

了皮特的改革议案。① 大尺度议会改革在18世纪晚期并不急迫,除少数激进派,正统政治家均不想改革现行权力游戏规则,毕竟改革首先冲击的是关乎他们切身利益的恩荫体系。皮特的一连串挫折至少可以证明以下两点。一、议员们大选时支持皮特、反对福克斯,多数情况下也支持皮特的财政和行政改革,但他们秉承代议制的古老传统,根据自身判断决定何时何地反对或支持政府,不受他人地位及权势干扰。二、下院没有稳定的党派,多数议员亦无派性,独立议员仍是政策成败的关键力量。

1788年的摄政危机是皮特政治生涯中一场意外的考验。这年10月,乔治旧病复发,一度精神失常。对于威尔士亲王乔治是否立即出任摄政代行君权,众口纷纭。亲王向与福克斯以及谢里丹过从甚密,皮特明白,一旦亲王出任摄政,自己能否保住相位就是未知数了。辉格派大张旗鼓渲染乔治病情并苦觅轰走皮特的由头。1789年1月,议会同意亲王代行部分摄政权力,但因乔治病情不确定,亲王还无权任免首相。皮特忧心忡忡,所幸反对派也无将才。福克斯当时正在意大利与他的情妇逍遥。辉格派名义上的领袖波特兰公爵向来鄙视威尔士亲王放荡不羁。亲王是恶名远播的酒鬼、赌徒、色棍,他的放荡和下流远胜福克斯。亲王政治判断力也堪忧,他不向经验老到的政客取经,相反听从浮夸不实的妄人谢里丹之意见,企图发动一场成功无望的宫廷政变,建立辉格派政府,谢里丹将在新政府中担任与他的才能不相匹配之要职。② 波特兰和柏克均对谢里丹的异想天开不屑一顾。按柏克的辉格主义原则,亲王出任摄政必须得到下院多数议员支持,而辉格派大佬对此并无把握。柏克博学、雄辩,但政治地位并不高,亲王和谢里丹完全无视他的意见。就在各方激烈博弈时,乔治奇迹般暂时康复了。与其说幸运女神垂怜乔治,倒不如说她更厚爱皮特。辉格派夺权希望瞬间化为泡影,这场宫廷危机也暴露了他们的内部分歧,旋即爆发的法国革命将这种派内分歧催化为彻底分裂。

皮特上任时,议会鱼龙混杂,政府债台高筑,臣民怨声载道,国王声誉扫地并准备好了退位诏书。除了丧失美洲属板上钉钉,不列颠帝国一切都充满了

---

① John Cannon, *Parliamentary Reform*, p. 93.

② Eric J. Evans, *The Forging of the Modern State*, p. 73.

变数。皮特拜相后化解了美洲独立战争造成的一系列危机,驱散失利阴霾,复使政治经济回到正轨并挫败了反对派动摇体制的野心。连国王疾病都能奇迹般痊愈,人们普遍相信国运昌隆的新时代已经开启。皮特个人权势扶摇直上且围绕他涌现出一批风华正茂的能臣。1789 年,格伦维尔出任内政大臣,阿丁顿(Henry Addington)担任下院议长;1791 年,皮特至交、苏格兰人邓达斯(Henry Dundas)任内政大臣,格伦维尔转任外交大臣。内政大臣、外交大臣及下院议长三大要人均为皮特亲信。1790 年大选进一步巩固了政府下院优势。正当百尺竿头的皮特展望未来时,外界震荡迅速波及英伦,上次是大洋彼岸的美利坚,今次则是海峡对面的法兰西。

第十四章　法国的冲击与应对(1789—1815)

1789 年 5 月 5 日,法王路易十六为克服财政危机召集已停开了一百多年的三级会议,不料局势失控,酿发了人类史上影响最深远的大革命。7 月 14 日,巴黎民众攻打巴士底狱,法国革命正式爆发。这场革命从一开始就在一湾浅水之隔的不列颠荡起涟漪,英国各阶层密切关注法国革命者一举一动。革命最初两年,法国精英阶层努力构建君主立宪制。以皮特为首的英国保守派也期待法国走向立宪。1790 年 2 月,皮特首次公开表达对法国革命的看法,他告诉下院,"法国当前之动荡迟早必将恢复正常秩序,实现总体上的和谐",尽管立宪制的"幸运安排可能会让法国更可畏,但作为邻居,法国也会变得不那么令人憎恶";他还预祝法国将会因君主立宪制而"享受我们所珍视的那种自由"。① 不过英国激进派期盼的法国革命走势远不止立宪形式的混合宪制,革命者之狂暴及其疾呼的自由、平等、博爱等口号令英国激进主义者亢奋不已,福克斯礼赞大革命是"世界上迄今为止最伟大的事件、最完美的事件!"② 然而福克斯的昔日同道柏克对法国革命之洞见别树一帜。1790 年,针对普赖斯布道讴歌革命,柏克发表奠定其保守主义之父地位的长文《法国革命论》(*Reflections on the French Revolution*)。在这部名垂青史的大作中,柏克固然不否认天然权利,但声称"政府并不是由于天然权利而建立的";天然权利是抽象的形而上学概念,上层建筑当立基于"道德上而不是形而上学上";柏克预

---

①　*Cobbett's Parliamentary History of England*,Vol. XXVIII,p. 351.

②　Boyd Hilton,*A Mad, Bad and Dangerous People?* p. 61.

言埋葬了旧制度的法国新体制"进行颠覆和毁灭,却没有任何进行建设的力量",只是一部"进行更多的颠覆和更多的毁灭的机器"。[1] 柏克对法国群氓喊着理性和平等口号狂暴践踏正义和自由痛心疾首,他认为权利泛滥必刺激民众藐视正义、亵渎神灵,把国家带向无政府状态,致使整个社会万劫不复,最后只能恢复专制来重建秩序。柏克论断建立在对 17 世纪英格兰内战和革命的精准梳理之上并基于从戈登骚乱中捕捉的灵感,其精粹就是理论源于实践。1791 年后,法国革命迅速蜕变为一场浩劫。攻打王宫、屠杀教士、斩首国王、雅各宾(Jacobin)恐怖等接踵而至的疯狂举措和滥杀无辜完全佐证了柏克的先知先觉。

福克斯和柏克的关系早在皮特拜相时已现隔阂,法国革命终致两人陌路相向。1791 年 4 月,福克斯与柏克在下院就法国革命公开激辩,两人凶终隙末。福克斯一如既往为法国革命唱赞歌,他并不掩饰自己"仰慕法国新宪制",认为"它是最了不起的、最光荣的自由之大厦"并确信通过革命翻身做主的法国人民此后不再"恐惧受辱或遭遇不公"。[2] 激进辉格派有意借法国革命的疾风骤雨推动英国宪制改革。1792 年 4 月,格雷(Charles Grey)领导的非正式组织人民之友(Friends of the People)在下院抛出议会改革动议,福克斯表示他未忘初心,积极支持格雷议案。然而对议会改革早已变得审慎的皮特认为在当下敏感时刻启动改革可能滋生动荡,动摇国本;他坚定捍卫基于财产的选举制度,盛赞这种制度是"人类智慧的丰碑,是迄今为止英国独享的福祉"。[3] 以波特兰为首的温和辉格派与皮特所见略同,对法国革命的疑虑与日俱增。柏克与拉夫伯勒(Baron Loughborough)等认为当下英国首要任务不是改革,而是提防蠢蠢欲动的国内激进派,他们规劝波特兰与激进派一刀两断,支持官方捍卫秩序。波特兰虽反感福克斯偏执、极端,但不忍坐视辉格派就此分裂并从大局苦心思考怎样才能说服尽可能多的辉格派支持政府,包括福克斯在内。1792 年,皮特为拆毁激进运动温床,也想争取温和辉格派支持,联合政府一度

---

[1]　爱德蒙·柏克:《法国革命论》,第 78、81、91 页。

[2]　L. G. Mitchell, *Charles James Fox*, p. 111.

[3]　W. S. Hathaway, *The Speeches of the Right Honourable William Pitt in the House of Commons*, 4Vols, London, 1806-1808, 1817, Vol. Ⅱ, p. 93.

传得沸沸扬扬。波特兰试探性建议福克斯在联合政府中担任外交大臣,但乔治坚决不给福克斯机会。福克斯恼怒之下提高了激进主义调门。1792 年秋,法国革命政府挫败了普鲁士和奥地利联军的干涉。福克斯讴歌法国革命群众的英雄壮举,谴责普奥两国无视法国人民的选择,粗暴干涉他国内政。11 月中旬,法国连续做出两项重大决定,威胁了荷兰安全并号召一切受压迫人民为争取自由而战。法国革命输出对英国内外安全均构成挑战。福克斯无视英国不利处境,继续礼赞革命者。1792 年底,他在辉格派祝酒会上不仅讴歌光荣革命,还为法国革命者高调送上祝福。他还让刊载祝酒词的媒体把波特兰之名一并署上。波特兰恼火万丈,因为他并未参加祝酒会,更不认同出自福克斯手笔的祝酒词。① 辉格派两位大佬关系陡转直下,波特兰哀叹福克斯深陷迷途却不知返。

　　1793 年初,路易十六被斩,拉夫伯勒遂下定决心向政府靠拢,皮特上年已赶走瑟洛并让大法官职位空缺,静待拉夫伯勒填补。辉格派的文德汉姆(William Windham)拜读《法国革命论》后,也与福克斯分道扬镳。文德汉姆不擅长、也不屑于打口水仗,他相当务实,倾力支持流亡在英的法国贵族有朝一日杀回法国并建立君主立宪制。1793 年 3 月,文德汉姆聚拢一批辉格派,组成所谓的第三党,名义上仍遵奉罗金汉姆当年秉持的政治原则,实际与皮特越走越近。1793 年夏,文德汉姆进入战争部高就。福克斯铁杆只剩年轻的格雷和一小撮无足轻重的来自选民极少的城市选区的议员。

　　乔治国王是英国最大的贵族,带头抵制革命责无旁贷。乔治始终对法国当年助力北美十三州闹独立并趁火打劫耿耿于怀,他的仇法心态自那时起就注定要带进棺材了。法王惨遭屠戮,乔治毫不惊慌,他确信法国君主制被毁后的欧洲混乱恰恰证明君主制之必要性与正当性。乔治认为:法国君主制之厄运并非君主制本身之错,而是波旁王室失职,路易十六昏聩无能,他的王后道德败坏;反观英王,爱民如子,虔诚守戒,堪为道德楷模,德行和信仰足以保证臣民忠诚。1797 年,当皮特寻求对法和谈时,乔治百般阻挠,在他眼里,对法

---

① David Wilkinson, *Duke of Portland: Politics and Party in the Age of George Ⅲ*, Palgrave Macmillan, 2003, p. 94.

战争不仅是打击异端，也是殖民争霸。① 一般认为，乔治 1788 年后因健康原因渐把大权让予皮特；皮特很少与乔治正面冲突，但他温水煮蛙般侵蚀王权；他总是事先说服各部大臣，搞定内阁后再向乔治禀报决策，压缩乔治裁量余地。② 这种看法忽略了一点，那就是皮特揽权需有乔治默许且不能触碰乔治底线。皮特与乔治在精神力量上更非同一量级，他是施政团队主心骨，但只有乔治才能凝聚国民共识。乔治身体力行，在 1789 年之后的二十年动荡中，始终与法国历届政府势不两立，成功将自己树为抵制革命的标杆。1820 年，乔治漫长统治最后一年，一位牧师称赞他是"基督教的捍卫者"，因为"约三十年前，当文明世界受到威胁，被不信神、无政府和混乱吞噬时，⋯⋯我们可敬的国王像孤胆英雄一样无所畏惧，带领人民抵御住了瘟神般的风暴"。③

　　国王、贵族、两院议员等精英因法国革命发生力量重组，底层民众也对革命莫衷一是。原本崇拜威尔克斯的激进主义者在沉寂了二十年后被法国革命激活了。新一轮激进主义运动规模远超威尔克斯时代，迅速扩散为"全国性政治运动"。④ 1791 年底，宪法信息会（Society of Constitutional Information）在谢菲尔德成立，随后各地雨后春笋般冒出同名组织。1792 年初，首都激进主义者组建了声势更浩大的伦敦通讯会（London Corresponding Society）。通讯会领袖鞋匠哈代（Thomas Hardy）笃信法国革命者呐喊的自由、平等，在他认为的"生而自由的英国人"中大力宣传"神圣不可侵犯"的天赋人权。很快，各地宪法信息会便建立密切关系，与伦敦通讯会同气相求，并肩战斗。这些激进组织与团体在图克（John Horne Tooke）协调下，就争取民权以及议会改革等目标达成了大体一致，继而与法国驻英大使积极互动，并派遣成员前往比利时协助法军御敌。⑤ 英国史上除 17 世纪中叶的非常时期，贵族始终牢控政治，如今平头百姓发起大规模有组织运动，"闯进从来只是上等人的禁区的政治"。⑥

---

① G. M. Ditchfield, *George Ⅲ: An Essay on Monarchy*, Macmillan, 2002, pp. 150 - 151.
② G. M. Ditchfield, *George Ⅲ*, p. 160.
③ James Sack, *From Jacobite to Conservative*, p. 134.
④ Eric J. Evans, *The Forging of the Modern State*, p. 83.
⑤ Boyd Hilton, *A Mad, Bad and Dangerous People?* p. 66.
⑥ 钱乘旦：《工业革命与英国工人阶级》，南京出版社，1992 年，第 87 页。

激进主义者还找到了精神导师潘恩。这位美洲独立战争时已家喻户晓的另类思想家此时焕发了生命的第二春。为驳斥柏克的《法国革命论》,1791年,潘恩发表了《人权论》(*Rights of Man*)第一部分,次年第二部分问世。潘恩以美国《独立宣言》开宗明义强调的人生而自由平等为立论基础,强调每个时代的理性人都有权组建合适的政府,而不应被祖先定制的条条框框束缚手脚。他鼓噪英国人效仿法国无套裤汉(*sans-culotte*),摧毁君主制,拥抱共和。潘恩将"生而自由的英国人"传统价值观和 18 世纪启蒙运动发微的自然权利学说糅合到一起,引导民众相信"所有的人生来就是平等的,并具有平等的天赋权利"。他声称法国人通过革命获得了选举国民议会代表的权利,故在法国"国民是一切主权的来源",而"柏克先生却辩称,在英国,国王才是源泉"。潘恩笔法直触要领,因为他一并攻击王权和建制教会,而教会与王权耦合是英国国体之精粹,他驳斥柏克的理论"把教会与国家相结合,于是产生一种只能从事破坏,而不能养大的杂种动物,名字就叫依法建立的教会"。[1] 柏克恢宏典雅的辞章振聋发聩,而潘恩朴实无华且幽默风趣的文风很快与激进主义者擦出火花,激起他们强烈共鸣。此外,《人权论》价格便宜,第一部分售价 3 便士,第二部分售价 6 便士,一年内便卖出了 20 万本。[2]

面对豪情万丈、热血沸腾的激进主义者,保王主义者不愿示弱,大众保王主义迅猛兴起。保王主义者比雅各宾主义者反应更过激,更目无法纪。1791年 7 月 14 日,为抵制伯明翰的雅各宾派庆祝攻占巴士底狱两周年,该市官员和国教教士鼓动暴民攻占非国教徒教堂,洗劫他们的住宅和商店。[3] 暴徒固然只是重复着戈登骚乱时的伎俩,但保王主义理论宣传渐臻化境。柏克的格调太高雅,他旁征博引的说教风格非草根能够领略和消化,不过普罗大众自有其他理论武器可供选择。1792 年,著名宗教哲学家佩利出版《英国劳动群众知足书》(*Reasons for Contentment Addressed to the Laboring Part of the British Public*),劝诫民众不要被天赋人权谬论误导,教导他们知足自满、安于现状。政府和教会随即批量印发该书。此外,针对《人权论》,王室发布诏

---

① 潘恩:《潘恩选集》,第 142、164、166 页。
② Eric J. Evans, *The Forging of the Modern State*, p. 87.
③ E. P. 汤普森:《英国工人阶级的形成》(上),译林出版社,2001 年,第 68—69 页。

令，严审细查带有煽动色彩的读物。自发行动的保王派鱼贯而出，其中一些还成立了与激进团体针锋相对的组织。1792 年 11 月，李弗斯（John Reeves）这位"大众保王主义的教父"成立捍卫和平及财产并反对共和分子及平等派协会（Association for Preserving Liberty and Property against Republicans and Levelers）。李弗斯一呼百应，响应其协会的组织旋即遍布全国，多达 2000 余个。这些协会穷尽手段打压激进分子，冲击他们的集会，公然焚毁潘恩著作。[①] 有远见的国教徒也积极投身政府宣传，用布道、行善等具体行动稳定人心、阻止激进主义蔓延。

1792 年 12 月，伦敦即将爆发武装起义的谣言不胫而走，皮特气定神闲，乘机利用紧张气氛改组政府并强化治安。1794 年 4 月，议会终止《人身保护法》，授权行政官员逮捕有颠覆政权嫌疑的危险分子。随后包括图克和哈代在内的十余位激进运动领袖被控叛国，接受审判。然而法官找不到他们反叛的证据，只能将他们无罪释放，这进一步鼓舞了激进团体士气。1795 年，伦敦通讯会成员发展到 5000 余人。[②] 与此同时，粮食歉收和交通不畅导致粮荒，民众更对现状不满，很容易受蛊惑铤而走险。1795 年 10 月，有人斗胆用石块袭击国王马车。为防秩序崩塌，议会旋即通过《煽动集会法》（Seditious Meetings Act），禁止未经治安法官同意举办 50 人以上集会；紧随其后的《叛国行为法》（Treasonable Practices Act）扩大叛国罪甄别范围。严刑峻法震慑了部分蠢蠢欲动的激进分子，却不能确保所有人安分守己。1798 年，粮荒再度来袭，政府近乎风声鹤唳，进一步收紧舆论并加码打压力度。1798 至 1800 年，两部《报刊出版法》（Newspaper Publications Acts）及《结社法》（Combination Laws）相继通过。

上述一揽子维稳措施被统称为"皮特恐怖"。总体看，所谓的恐怖只是反对派的污蔑之词，其间被控叛国罪和煽动罪者仅约 200 人，且绝大多数受审者都被宣告无罪。"皮特恐怖"与复辟时期生效的《人身保护法》以及光荣革命后明确的出版自由背道而驰，但与雅各宾派 1793 年秋在法国开始实施的臭名昭

---

①   Boyd Hilton, *A Mad, Bad and Dangerous People?* pp. 69 - 70.

②   Eric J. Evans, *The Forging of the Modern State*, p. 87.

著的《嫌疑人法》(Law of Suspects)相比,仍然处处彰显着英国政治文化中的法治精神和宽容特色。"皮特恐怖"令严行宽,它主要起震慑作用,并未破坏法治,也无草菅人命之嫌,更不可能彻底堵死激进派表达诉求的路径。因为激进主义者并非只走民粹路线或一味蛮干,他们也利用精英阶层的矛盾博取政府反对派同情,想方设法在宪制允许的范围内死揪典型案例向官方施压,搞得政府和建制势力相当被动。1796年,反对派议员就李弗斯声称议会只是君主治国工具,指控他藐视光荣革命原则,否认王在议会。显然,法官无法把政治哲学作为定罪证据,李弗斯不可能因言获罪。"哈代和图克的目的是让议会屈从于人民,而李弗斯的冒犯则在于他要让议会屈从于国王",两者各自秉持的政治哲学理论在当时的英国均无市场,前者超前了一个世纪,后者则被遗忘了百年。①

　　法国大革命对英国政治和社会秩序的冲击远小于它对民众信仰的冲击,不从国教者因自由、平等、友爱等口号欢欣鼓舞,潘恩的一整套激进理论都能从他的贵格派家庭背景中窥见端倪。不从国教派自1760年代逐渐活跃,1772年费瑟斯酒馆请愿后,其势力进一步膨胀。1782年,著名化学家普里斯特利刊印《基督教腐败史》(History of the Corruptions of Christianity),公然为一性论者辩护,他称三位一体并非教会原初理论,是后世强加给信徒的。这直接挑战光荣革命确定的教会国家秩序,因为《宽容法案》并不宽容反三位一体论者。一性论者在1784年大选中支持皮特,原指望他能废除歧视不从国教者的《宣誓法》和《市政机关法》。法国三级会议开幕后三天,英国下院也就一项要求废止上述两项法案的议案进行辩论。此前几年,不从国教者为废止上述两项法案频频在议会提案并在院外造势,他们已看到一丝曙光,1789年的表决仅以20票之差功亏一篑。一性论者中科学家和知识分子居多,他们认为理性才能解决人类的问题,而法国革命恰恰自诩以理性之光点亮笼罩人类的暗

---

①　Boyd Hilton,A Mad,Bad and Dangerous People? p.71.

夜。普里斯特利和同样反三位一体论的阿里乌斯主义者（Arian）普赖斯更有理由借革命洪流为信仰平等辩护。普里斯特利"相信启蒙、真理和自由都会进步"，法国大革命"令他产生了一个黄金盛世已唾手可得的幻觉"。普赖斯相信"只有人类被赋予最大限度的政治自由，人类的神赐理性才能发挥其全部潜力"，"社会的进步依赖个人自主的平等政治权利"，法国大革命已开创"自由的新时代"，"压迫很快就会消失"。① 当这些不从国教者从科学和历史的维度为平等权利辩护并威胁了敏感的既定宗教秩序时，英国精英高度警觉，1790年要求废止《宣誓法》和《市政机关法》的议案被294对105票否决。② 普里斯特利和普赖斯遂布道、发文公开抨击官方搞宗教歧视，开信仰自由之倒车。柏克的《法国革命论》原针对普赖斯布道词而撰，但普里斯特利很快加入了论战。他驳斥《法国革命论》宣扬的"只不过是消极服从和不抵抗的原理，而这正是托利党人和专制权力的支持者独有的原理，就好像是斯图亚特王朝和安妮女王时期的所有高教会派的布道词的回声一样"，臭不可闻。③ 与潘恩一样，普里斯特利欲把政权及国教会一并连根拔起，他攻击国教会是"长在基督教这株高贵植物上的真菌"，坚称议会是"唯一正当的最高统治者"，人民意志至高无上，而"世袭爵位和国王是封建残余"。法国人为普里斯特利的犀利言辞鼓掌并"为他提供了一个国民议会的荣誉议席"。④

一性论者是拥护法国革命的英国旗手，他们当时还不是官方承认的合法教派，故对既定教会国家秩序敌意最浓。不过正在成长的循道派以及复兴时间稍晚的浸礼宗和公理会对法国革命态度与一性论者截然相反。循道派主力卫斯理宗在18世纪晚期稳步成长，因其阿米尼乌主义信仰、高标准道德要求和严格纪律约束，卫斯理宗听众虽不计其数，但正式入会者并不多，1767年，英格兰的卫斯理宗信徒仅22410人，即便到1791年也只有56605人。⑤ 不过卫斯理宗信众手艺人和工匠较多，流动性强，社会阅历丰富，传播信息能力强，

---

① H. T. 狄金森：《十八世纪英国的大众政治》，第174页。

② J. C. D. 克拉克：《1660—1832年的英国社会》，第493页。

③ J. C. D. 克拉克：《1660—1832年的英国社会》，第495页。

④ 罗伊·波特：《创造现代世界：英国启蒙运动钩沉》，商务印书馆，2022年，第437页。

⑤ Alan D. Gilbert，*Religion and Society in Industrial England*，p. 31.

因而拥有与人数并不对称的政治影响力。卫斯理宗专注灵魂救赎,一般不谈国事,面对巨大政治冲击避无可避时,他们会捍卫传统和既定秩序。卫斯理在威尔克斯骚乱时为乔治三世辩护,谴责威尔克斯挑战公序良俗,忧虞他和媒体煽动的"疯狂变成流行病,且无药可治"。美洲革命期间卫斯理不遗余力彰显忠君爱国,把美洲叛乱归咎于"动机邪恶之人在英格兰和美洲散布反君主制宣传"。① 1775 年卫斯理发表公开信谴责北美乱党并支持母国在美洲的课税权。这种政治保守主义博得教俗两界权贵赞赏。法国革命爆发后,卫斯理宗同样因安分守己受到教会和政府褒扬。卫斯理 1791 年逝世,卫斯理宗结束了与国教会的模糊关系而被明确定性为不从国教派,不过这并不影响它在政治上一以贯之的保守立场。1792 年,卫斯理宗牧师集会表态尊重国王并敬畏上帝,进而承诺:"我们所有人都不应以书面或口头方式轻率或不敬地谈论我们生活于其下的政府。"②这种姿态和话语无异于直接谴责潘恩。卫斯理宗此前主要仇视教皇,"但是,到 18 世纪 90 年代,仇恨的指向发生急剧转变;教皇不再坐在遭受天谴威胁的位置上,取代他的是拾级而上的汤姆·潘恩"。③ 当政府仍怀疑"循道派总体而言……在情绪上敌视英王和宪制"时,循道派大会第一主席汤普森(William Thompson)立即向皮特保证"忠诚",给予皮特"选举上的支持"并申明"忠于英格兰教会"。④

汤普森的保证并未经循道派大会授权,激起派内激进分子不满,其教友亦担心过度服膺王权及顺从官方会疏远草根。基勒姆(Alexander Kilham)是激进分子代表,他支持格雷的议会改革提案并为哈代和图克辩护。"基勒姆及其追随者要求普通信徒选举产生他们的领导,有如议会改革者要求英吉利人选举他们议员的权利",故卫斯理宗批判基勒姆"于循道派有如汤姆·潘恩于国家"。⑤ 1796 年循道派大会将基勒姆驱逐出去,基勒姆不甘示弱,另立循道新

① David Hempton, *Methodism and Politics in British Society*, *1750 - 1850*, London, Routledge, 2012, pp. 44 - 45.

② Michael Watts, *The Dissenters*, Vol. II, *The Expansion of Evangelical Noncomformity*, Oxford University Press, 1995, p. 351.

③ E. P. 汤普森:《英国工人阶级的形成》(上),第 457 页。

④ David Hempton, *Methodism and Politics in British Society*, p. 62.

⑤ Michael Watts, *The Dissenters*, Vol. II, pp. 365 - 366.

派（Methodist New Connexion），约 5％ 信徒追随他而去。① 卫斯理宗此后在循道派中占据绝对优势，保守色调也有利于它向官方争取更大活动空间，但流失草根妨碍了它在 19 世纪中叶的发展。

浸礼宗、公理会在这个时代均搭乘福音主义班车与卫斯理宗并列行进。这两个不从国教派历史悠久。18 世纪后，原独立派大多变为公理会教徒，信徒集会显示 18 世纪早期此派信众减少，世纪中期几乎沉寂，但 1770 年左右强势复兴。这两大传统不从国教派均在 1790 年代和 19 世纪初成立各种福音宣讲团体，典型代表有 1792 年的浸礼宗传教协会（Baptist Missionary Society）及 1795 年跨教派的伦敦传教协会（London Missionary Society）。教义、信条在这些福音主义者看来并不重要，虔诚、道德和劝说异教徒接纳福音把形形色色的非国教徒串成一体、汇流为河。他们的社会身份大体重叠，既不是大贵族也非最底层劳动者，若细致区分，浸礼宗和公理会信众的中产阶级色彩稍明显。19 世纪初期的数据显示，不从国教者中的工匠比例高达 59.4％，其中在卫斯理宗中达到 62.7％，在浸礼宗和公理会中的比例为 63％。浸礼宗和公理会中的商人和工厂主、店主、庄园主比例分别为 5.4％、8.2％、7.1％，高于卫斯理宗；卫斯理宗的底层劳动者比例高于浸礼宗和公理会，但三大派别的共同特点是以工匠为主体。②

上述不从国教派痛恨、反感国教，但更恐惧无神论和革命，他们已淡忘了其祖辈曾把查理一世送上断头台且拒绝向查理二世宣誓效忠。当法国革命政府向外输出革命时，浸礼宗和公理会信众明确抵制革命，保卫信仰。1792 年约克郡的公理会季度大会"要求会友们在'我国现在出现的不安定形势下'，保持真正的心灵平静"，"不该滋生'对国王和政府的不满，我们在他们领导下生活，享受特权，深感厚爱，这就很值得我们感激和顺从了'"；这些老资格的非国教徒"对公民自由的热情随着《人权论》的出版而消退"，"皮特恐怖"之后继续支持法国革命的非国教徒更是风毛麟角了。③ 光荣革命确立的宽容原则此时

---

① David Hempton，*Methodism and Politics in British Society*，pp. 67，71－72.

② Alan D. Gilbert，*Religion and Society in Industrial England*，p. 63.

③ E. P. 汤普森：《英国工人阶级的形成》（上），第 18、45 页。中译本将"公理会"译为"教友会"。

凸显了优势,不从国教派固然与国教尖锐对立,但它们都是虔敬的有神论者,抵制无神论时立场一致。即便不从国教者中最激进的一性论者支持辉格派,同情法国革命,他们仍主张用立法实现本派诉求,而非诉诸暴力。面对骚扰和打压时,他们退避三舍,而非正面对抗。1791 年,普里斯特利在伯明翰的住宅和实验室均被保王派捣毁,其他一性论者在诺丁汉等地的工厂和店铺亦遭洗劫,但一性论者并未密谋以牙还牙,他们要么缄默,要么移民,1793 至 1794年,普里斯特利等人远徙美国。① 即便潘恩也"忠实于他的贵格会教徒色彩",反对流血冲突,并认为"财富永远是不可能平等的"。②

国教徒向以忠君爱国、保教护教为荣,更应冲在抵御革命洪流的最前线。宗教和政治不可分离是所有国教徒最基本的世间逻辑。高教会人敌视革命自不必言。国教自由派和福音主义者也努力把启蒙运动和基督教协调起来,而非任由启蒙运动肆意诅咒宗教,把英国引向革命。霍斯利(Samuel Horsley)连篇累牍的著作和布道词几乎全部为三位一体论和国教至上论辩护。他和普里斯特利的论战是英国信仰史上水平最高的神学理论交锋。路易十六被斩后十天,霍斯利在上院布道驳斥政府源于自然契约并将之归诸神意,"所有特定的政治体制,现存的政治体制,都是上帝君临一切的普世神意的控制下人类权谋的产物"。霍斯利坚信英国宪制完美,它的"基础是宗教;它的目标是自由;它的主要手段和对自由的安全保障是国王的君权"。神意、君权及自由完美融于一体并借由宪制展现出来。③ 霍斯利也是链接国教徒和福音主义者的关键人物,他认为福音主义者虽狂热,但不是异教徒。他呼吁国教包容笃信三位一体且遵纪守法的一切福音主义者,这就缓和了国教与卫斯理宗、浸礼派、公理会的对立,促进了各派信徒的交流与认知,也有利于国教福音主义的培育和成长。

国教会早在1780 年代就出现了不少"福音牧师",提前为防范革命筑起了厚堤高坝。国教福音派代表人物当属 1787 至 1808 年担任伦敦主教的波蒂厄

①　Michael Watts, *The Dissenters*, Vol. Ⅱ, pp. 353, 355.
②　罗伊·波特:《创造现代世界》,第 476 页。
③　J. C. D. 克拉克:《1660—1832 年的英国社会》,第 332—333 页。

斯（Beilby Porteus）。① 他用敬业和热忱向民众表明，就提振道德和稳定秩序的功效看，国教信条远胜启蒙思想。他鼓吹向加勒比海等地派遣福音传教士，向世人证明国教会并非只盯着英格兰本土，国教徒与启蒙理论家一样不失普世情怀。法国革命爆发后，波蒂厄斯又支持其挚友、热衷传播福音的女剧作家兼慈善家莫尔（Hannah More）反驳革命有理论。法国革命爆发后几个月，莫尔便像柏克一样预估到了它的毁灭性灾难，她说："我认为，比独裁和贫困祸害更大的，就只有无政府状态和无神论了"，为此她请求上帝"把我们从自由、平等和人权的泥潭中拯救出来吧"。② 1793 年，莫尔出版针对《人权论》的政论《村庄政治》（Village Politics）。该书借乡村小人物对话，用通俗简洁的词句为英国传统辩护并勾勒了一幅田园牧歌式的生活图景。国教福音主义者虽无可媲美卫斯理的偶像级人物，但他们因加尔文主义正统更易被民众接受，且可利用王室、议会和各级现成教堂扩大影响力。乔治三世欣赏不诋毁国教的福音主义者，而威尔伯福斯（William Wilberforce）等显贵充分利用下院这个高层级舞台积极宣讲福音，对 18 世纪晚期和 19 世纪初的政策走势影响极大，他们呼吁废奴并迫使政府不久后宣布奴隶贸易非法。还有什么比抵制奴隶制更能体现平等与自由精神呢？

如果说法国革命是启蒙运动下自然权利学说的产物，那么同样源于启蒙的福音主义却在英国别有一番景象。启蒙学说坚持造物主（creator 或 nature）面前人人平等，但只要把"造物主"一词换成"上帝"或"耶稣"，福音主义者一点也不会感到陌生。福音主义与自然权利理论的差异主要在于后者坚信科学和理性将把人类带到身体自由、心灵自主的新层次，而福音主义首先承认人有天生的缺陷，这种缺陷就是信众所说的原罪，但只要严于律己、锐意进取、乐善好施，人同样可以克服缺陷，完成救赎，实现灵魂的自由。启蒙派喜欢把世间不公归咎于外因和他者，福音主义者则更愿从自身找原因。福音主义和自然权利学说在时代巨变中为民众指引的两条道路殊途同归，且两者道德使命感并无差异。福音主义绝非靠迷信愚昧网罗信众，它是一种紧跟时代的宗教情怀。

① G. M. Ditchfield, *The Evangelical Revival*, p. 107.
② 罗伊·波特：《创造现代世界》，第 491 页。

它向大众灌输的基本认知是虔敬奉神与积极入世两不矛盾,这种认知一旦深入民心,忠君、爱国、保教等俗务便成了上帝的召唤。说卫斯理宗是"革命的解毒剂"可能言过其实,但说福音主义是英国成功规避革命的"安全阀"并未夸大其词。[1] "直至对法战争结束,所有福音派别对公共事务态度的最显著特征是服从既定政治秩序",这不仅确保英伦国泰民安,亦是长期对法作战之前提。[2] 福音主义固然有科学方面的漏洞,但它比自然权利学说多了一份善,这种善的感化能部分抵消狂暴的戾气及仇恨。福音主义不含抽象理性的危险性,对上帝的虔敬顶住了无神论之泛滥。启蒙基于自然权利的平等学说和风行法国的无神论在英国都掀不起风浪。共和主义、抽象自然权利、无神论是法国革命的三大思想驱动器,但它们动摇不了英国体制,因为君主、贵族、国教徒以及传布福音的不从国教者共同构筑了一道防御共和制和无神论的坚固屏障。至于一性论者和少数摩拳擦掌的英国雅各宾派,随着反法战争全面开打,他们中的大多数因爱国主义感召也义无反顾支持政府,届时革命的威胁全部自动消解。

　　法国革命之初,英国各阶层和团体都借和平手段表明立场。1792 年后,情势改变。普奥两国打着解救路易十六的旗号对法宣战,是为第一次反法同盟(First Anti-French Coalition)。不过普奥联军在瓦尔密(Valmy)战役中被法国革命军挫败,铩羽而归。皮特外交的指导思想是光荣孤立,并不想卷入大陆战争旋涡。然而 1792 年底法军攻占布鲁塞尔并对荷兰虎视眈眈,低地国家一向是英国外交的核心利益区之一,当时荷兰还占据着英帝国生命线上的要津开普殖民地。此前法国革命政府已宣称莱茵河是法国的天然疆界,向外输出革命之意图昭然若揭,欧陆势力均衡受到威胁。英国人正为是否加入反法同盟争执,法国却迫不及待于 1793 年 2 月 1 日对英宣战,英国与普奥两国联手遏法时机看似成熟了。奥地利担心雅各宾主义蔓延到中欧,刺激激进主义

① G. M. Ditchfield, *The Evangelical Revival*, p. 90.
② D. W. Bebbington, *Evangelicalism in Modern Britain*, p. 73.

和民族主义运动。不过奥地利此时仍无意全力绞杀法国革命,它盘算着瓜分波兰、扩充实力,以便在东欧对抗俄国和普鲁士。至于恢复波旁王朝,更非普奥两国头等目标。①

乔治对法国共和革命深恶痛绝,抗法在乔治看来就是忠君、忠于英国政体。民间爱国主义者和保王主义者也吁请英国加入反法同盟。鉴于上述种种考虑,对法开战已箭在弦上。对法战争给皮特带来的最大收获是辉格派的瓦解和政府力量的进一步巩固。柏克和文德汉姆自1790年以来便一直为向法国革命政府开战造势。1792年,波特兰和拉夫伯勒等辉格派也变为主战派。皮特亦有意将主战辉格派揽入政府。1794年5月,政府逮捕哈代等激进运动头目,福克斯抗议,但波特兰支持政府镇压国内雅各宾派。与此同时,法军在图尔昆(Tourcoing)战役中胜利,比利时沿海地带也暴露在法军火力之下。波特兰认为英国须倾力对法作战,福克斯仍坚持外国势力无权干涉法国人民的选择。至此,波特兰与福克斯彻底决裂,与皮特对内外政策意见渐趋一致,改组政府水到渠成。② 皮特将内阁成员由10人扩充到13人,以容纳辉格派。波特兰出任内政大臣,战争大臣(Secretary of State for War)邓达斯此后只管战事和殖民地;文德汉姆担任战事秘书(Secretary at War),虽屈居邓达斯之下,但跻身内阁;菲茨威廉(William FitzWilliam)入阁并担任爱尔兰总督。加上已担任大法官的拉夫伯勒,改组后13名阁员中的6位来自辉格派。阿丁顿一度提醒皮特,辉格派内阁优势太大恐生隐患,但皮特自信局势完全在其掌握之中。他要用诚意告诉天下人,自己从无党派偏见,只为国家服务。皮特更知道,应付国内激进主义、挫败法国侵略战争均需广泛民众支持,只有改组政府才能拓宽政府群众基础。另外,皮特仍未忘记五年前的摄政危机,国王若再发病,他需要更多阁僚支持,高就的辉格派不仅甘为皮特内政外交卖力,更由衷佩服皮特的气度及格局。皮特改组政府时机之选择、胸襟之坦荡、公私之兼顾

---

① Paul W. Schroeder, *The Transformation of European Politics*, 1763 - 1848, Clarendon Press, 1994, p.130.

② David Wilkinson, *Duke of Portland*, p.105.

都展露了超一流的政治技艺。① 波特兰虽对辉格派分裂痛心疾首,但责任心压倒了他的派系成见,这位淡泊名利的政治家庆幸的不是自己的高就,而是为多数辉格派谋到了施展才华的职位,于辉格派、于国家,均问心无愧。② 招安辉格派壮大了政府力量并产生了良性连锁反应。下院中原本对战争漠不关心的独立议员也审时度势,支持对法作战。福克斯派在下院只剩 50 余人。③ 1796 年大选后,皮特的下院支持者依然占压倒性优势。424 名议员支持政府,反对派议员只有 95 名。上层政治圈的和谐气势彻底压倒了惯行的党争并为战事提供坚实支撑。

皮特头脑冷静,他并不打算与法军在大陆和海上同时开打全面战争。其战略方针是用英国财力一手援助普奥等国与法军交战,一手资助法国国内外的保王党人,特别是土伦港(Toulon)及旺代省(Vendee)的保王党人。法军陷入欧陆战争泥淖,英国便可轻而易举攻掠法国殖民地,强化自身海上优势。1793 年,政府派遣国王次子约克公爵弗雷德里希(Frederick Augustus)带领一支规模不大的军队开赴荷兰阻击法军。公爵拙劣的指挥才能和漫无目的的行军方略致使英军一无所获。英国海军在法国流亡分子帮助下,攻占了南方的土伦港,然而是年底该港便得而复失。为法国共和政府收复土伦的军官是年仅二十四岁的拿破仑(Napoleon Bonaparte)。开战以来,英国海军主力试图封锁法国,捕捉战机歼灭法国海军。此时的法国每年都从美洲和西印度进口大量谷物。1794 年 6 月 1 日,法国海军护航的运粮船在比斯开湾进入英军视野,美洲独立战争期间蒙羞受辱的豪(Richard Howe)将军急盼歼灭法国海军主力、一雪前耻。法国海军自知轻重,倾力保护运粮船,无意决战。英军虽击沉了几艘法国舰只,但法国海军主力逃脱并把粮食安全带回法国。所谓的"六一大海战"远未实现预期目标,法国海军主力犹在。英国海上优势对陆战影响不大,法国陆军击败英奥等国军队,夺取比利时并将普军逐到莱茵河右岸。

---

① John Ehrman, *The Younger Pitt: The Reluctant Transition*, Stanford University Press, 1983, pp. 156 - 158.

② David Wilkinson, *Duke of Portland*, p. 107.

③ Boyd Hilton, *A Mad, Bad and Dangerous People?* p. 64.

开战首年，英国仅夺取曼提尼克和圣卢西亚这两个无足挂齿的小岛，远未改变战局。皮特认为法国的扩张没有损害英帝国根本利益，没有理由倾举国之力与法军死拼，内阁亦无清晰战略，致使陆军师出不利。文德汉姆和皮特概不考虑派大军登陆去摧毁法国共和政府，他们认为外力不可能抑制雅各宾主义作恶，资助法国保王党人在法国确立君主立宪制才能解除法国的体制性威胁。1793 年 12 月，小股英军和法国流亡分子在布列塔尼登陆，欲为保王党人建立前哨据点，后因实力太弱无法在那里站稳脚跟。雅各宾派倒台后，皮特和文德汉姆仍热衷于支持法国保王党人复辟波旁王朝。1795 年夏，英军支持的一小撮流亡分子在基伯龙湾（Quiberon Bay）登陆，他们原以为只要登陆成功，法国国内保王党人必一呼百应。然而督政府的军事效率很快证明英国军人盲目乐观，约 700 名登陆的流亡分子战败后被法国军事法庭判处死刑。至 1795 年底，对旺代叛乱耗资不菲的资助也令人失望地终止了。与直接军事干涉并举的是谍报活动。1794 年，英国官方成立外人局（Alien Office），专门联络、接纳、资助法国保王分子，为他们提供信息、金钱和武器，替他们制定缜密的暗杀方案。1795 年以前，英国政府为这些密谋活动所花经费近 8 万镑；此后四年，此项开销猛涨，累计达 60 余万镑。[1] 英国的直接军事干预和间接秘密资助仅能让法国保王派心存一丝希望，远不足以颠覆共和政府。

法国侵略步伐并未因热月政变放缓。到 1795 年春，法国已占领比利时和莱茵河右岸大片土地。荷兰和西班牙相继战败，被迫向法求和。2 月，英俄结盟，不过凯瑟琳大帝（Catherine the Great）以波兰局势不稳搪塞，按兵不动。5 月，英国又与奥地利盟誓并力战法，英奥都要求法国吐出 1792 年以来的胜果，英国承诺向奥地利提供 960 万镑贷款，助其整军备战。[2] 中东欧三大国中的普鲁士态度暧昧。1795 年 4 月，法普两国在巴塞尔（Basel）缔结和平协议，普鲁士退出反法同盟。十年后，它将为此惨遭报应。不过普鲁士的当下退局便于法国集中精力对付奥地利。1795 年 10 月，法国督政府建立，激进主义色彩淡却。皮特迫于国内反战请愿和财政压力，着手与法和谈。然而督政府外交

---

[1] Boyd Hilton, *A Mad, Bad and Dangerous People?* p. 85.

[2] Paul W. Schroeder, *The Transformation of European Politics*, p. 154.

和军事之强硬毫不逊于雅各宾政府。1796 年初,面对英国递去的橄榄枝,督政府表示军事形势正朝有利于法国的方向发展,拒绝和谈。是年夏,法军在意大利和德意志境内连战告捷,奥地利将屈辱求和的消息甚嚣尘上。10 月 5 日,西班牙加入法方阵营,对英作战。奥军战败,英国财政吃紧,俄国无动于衷。皮特坐卧难安,一度提议把科西嘉岛送给俄国,诱其参战,不过新沙皇保罗一世无意兴兵。[①] 1796 年 12 月,法军拟在爱尔兰西南部的班特里湾(Bantry Hay)登陆,报复英国,仅因天气恶劣才未得逞。拿破仑所向披靡,而皮特一筹莫展。是年底,皮特又向法国承诺,只要它恢复 1792 年边界,英国愿奉还攻取的部分法国海外殖民地。督政府对如此有利的和平建议仍置之不理。1797 年春,拿破仑在意大利再败奥军,迫使奥地利求和。年底,奥地利接受《康波福米奥协定》(Treaty of Campo Formio),第一次反法同盟瓦解。拿破仑结束意大利战事后,迅速在英吉利海峡集结了一支大军,扬言登陆不列颠。1797 年初,确有一支 1400 名狂热分子组成的法军在彭布鲁克沿海登陆。当地民兵虽打垮来犯之敌,但大不列颠全岛人心惶惶,英格兰银行上演黄金挤兑风潮,政府费尽周折才稳住金融。

法军咄咄逼人,而英国高层和战意见分歧越来越大。国王乔治判定法军势头正盛,不可能撤出已占领土。文德汉姆认为资助保王党比满足贪婪且无能的奥地利人更务实。格伦维尔当时是公认的英国高层中"具有欧洲眼光的政治家",他热心襄助荷兰和比利时挣脱法国魔爪,埋怨皮特屈尊求和自取其辱。[②] 1797 年 2 月,英国海军在圣文森特(Cape St Vincent)战役中大败刚刚参战的西班牙海军,英军毫发未伤,进一步巩固了海权优势。格伦维尔大受鼓舞,他援引历史,建议军方效仿前辈英雄马尔伯勒,领精兵深入欧陆腹地与奥地利等国协同作战。战争大臣邓达斯直言奥地利人心术不正,不列颠应单独行动,全力在陆海两路同时对法作战,夺取法国海外殖民地,扩展英帝国商业利益。只有皮特仍在寻求和谈,这看似不切实际,实则相当务实。

皮特执意和谈并非懦弱,而是基于两点考虑。其一是内政压力。各部大

---

① Paul W. Schroeder, *The Transformation of European Politics*, pp. 162 - 163.

② Boyd Hilton, *A Mad, Bad and Dangerous People?* p. 89.

臣只对具体部门负责,首相必须通盘考虑内政外交。开战以来,政府债务大幅攀升,苛捐杂税致民怨四起。1797 年春夏之交,海军因拖欠薪饷发生兵变。5月,反对派无视大局,又一次提议议会改革;皮特怒斥改革议案"简直是彻底毁坏宪制",继而揶揄福克斯自诩代表人民,人民却不愿投票支持他。[①] 福克斯无地自容,加之昔日同党相继背弃变节,他率 30 余名铁杆于 1797 年退出下院。不过皮特的压力并未彻底缓解。值此前后,瑟洛、利兹等被冷落的元老暗中碰头,企图说服乔治撤换首相。所幸乔治知道唯有皮特才能统揽全局。皮特主和的另一原因是他低估了法国人之疯狂。他以英国人的理性逻辑打量法国人,从未理解如猛兽出笼的狂热革命者能释放出无穷能量。二战爆发前后,英国高层将以同样思维误判德国人的疯狂。早在 1793 年初,皮特便惊诧已与普、奥等国开战的法国还敢主动向英国宣战。1794 年 1 月,审视法国局势时,皮特安慰下院议员:"(法国的体制)越是怪异和恐怖,就越可能瞬间坍塌;从人之心灵属性看,从人类事务之必然进步看,这样一种体制不可能持久。"[②]雅各宾派垮台证实了皮特的预言,但他仍未完全参透法国军事胜利和外交强硬之玄机。法国革命政府没收了大量王室、贵族和教会财产,可资使用的财力以及鼓动的人力都是从未经历阶级革命洗礼的英国人无法想象的。皮特更无法理解法国政府为克服战争障碍无所不用其极,肆意戕害反对派,草菅人命,给反战人士乱贴卖国标签。法国已走上全民皆兵的总体战之路,英国政府仍不想打乱大多数人正常生活节奏。1797 年前,英奥两国投入的总兵力始终不及法国兵力之一半。皮特误判法国决策者和他一样迫于财政压力期待和谈并于1797 年夏再次遣使去里尔谈判。此时法国高层只有外交大臣塔列朗(Charles Talleyrand)一人头脑清醒,愿意讲和。9 月 4 日,法国发生果月政变,共和派像 1653 年的英吉利人克伦威尔一样,非法驱逐当选的保王派议员。为掩饰政体之脆弱并用对外战争转移国内矛盾,法方拒绝了和谈建议,其强硬姿态导致皮特退无可退,只能下决心全面迎战。1798 年 1 月 4 日,皮特游说下院,称国

① W. S. Hathaway, *The Speeches of the Right Honourable William Pitt in the House of Commons*, Vol. Ⅲ, p. 129.

② W. S. Hathaway, *The Speeches of the Right Honourable William Pitt in the House of Commons*, Vol. Ⅱ, p. 174.

家必须"以伟大且非凡的行动御敌","坦然应付无礼、傲慢敌人的毁灭性意图"。① 皮特也意识到这是一场持久战,双方短期内均无望打破战略平衡。法国在大陆无坚不摧,没有理由吐出胜果;英国海权牢靠,有实力打持久战。②

　　拿破仑放言登陆不列颠极可能只是心理战术,不久他的目光便转向了地中海和近东,而那里是英帝国的命门。1798 年 5 月,拿破仑又到他的发家之地地中海世界冒险去了。5 月,法军拿下马耳他(Malta)和埃及。英国本土解除警戒,但拿破仑的胜利直接威胁到了英国与利凡特以及印度的商业路线。8月,海军奇才纳尔逊(Horatio Nelson)在尼罗河战役中击败法国舰队,法军损失了 10 余艘主力舰只,滞留埃及的法军断了归路。尽管拿破仑仍然掌控着埃及并在巴勒斯坦和叙利亚等地继续征战,但海上败局导致他无法在近东建立牢靠的军事基地。鉴于第一次反法同盟名不副实,皮特并未对欧陆各国寄予厚望,只专注于本国战事。然而拿破仑在地中海的胜果引起奥地利恐慌并招致俄国嫉妒,督政府也需要用不停的对外战争转移国内民众视线。1799 年 3月,奥地利对法开战,俄国亦加入战团。英、奥、俄结成第二次反法同盟。4月,俄军开进米兰,5 月底拿下都灵,随后攻入瑞士。俄军凯歌高奏,1797 年拿破仑在意大利取得的战果化为乌有,而他本人统领的法军则被英国及奥斯曼联军牢牢钳制在阿克港。拿破仑短期内无望扭转近东战局,但此时法国国内形势以及欧陆战事迫使他返回巴黎,参与雾月政变。欧陆战场上,皮特和格伦维尔顶住邓达斯的抗议,再次向荷兰派兵,约克公爵只任名义统帅,作战权移交他人。然而英国陆军仍无明晰目标,在低地国家徒耗钱粮。到 1799 年夏,貌合神离的反法同盟再现裂隙,奥俄相互猜忌。由于俄军在意大利的行动得不到奥地利支援,1800 年 3 月,俄国退出第二次反法同盟,拿破仑轻而易举夺回北意大利大部分地区。奥地利很快为其小算盘付出代价,6 月 14 日,法军

　　① 　W. S. Hathaway, *The Speeches of the Right Honourable William Pitt in the House of Commons*, Vol. Ⅲ, p. 254.

　　② 　Paul W. Schroeder, *The Transformation of European Politics*, pp. 174 - 176.

在意大利西北部的马伦戈（Marengo）战役中痛击奥军，拿破仑在雾月政变后半年内便以赫赫战功克服内外危机，瓦解了第二次反法同盟。不过盟友退场并未干扰皮特既定战略，他相信英国凭海军优势"足以自保"。[1] 英军趁拿破仑被欧陆战事和国内政务缠身之机，在东地中海对法军发动攻势。1800年，法军被迫撤出马耳他，次年又撤出埃及。马耳他扼地中海咽喉，埃及则是通向印度洋的桥头堡，这两块战略重地对英帝国的继续扩张具有不可估量的价值。英军不仅在地中海迫使法军收缩阵线，在西印度也取得丰硕战果。至1800年，英军夺取了曼提尼克、圣卢西亚（Saint Lucia）及多巴哥等地，还从荷兰人手中夺取了圭亚那（Guiana），完全掌控了蔗糖贸易的商路，"法国在大西洋的商业地位被摧毁"。[2]

英国此时最大难题并非战事，而是财政。开战以来，英国国债增加了1.2亿镑，借款越来越难，除非支付高额利息。军事开支庞大，政府不堪重负，阿丁顿一度建议富人捐款以解燃眉之急。1797年，皮特只能开征财产评估税（assessed taxes），评估纳税人财产作为征税依据；次年正式开征个人所得税（income tax）。年收入60镑以下者免交，60至200镑者交纳1/20，高于200镑者交纳1/10。虽然纳税人极力反对财产税和个税，但皮特夸大法军入侵威胁，逼迫下院最终同意开征。[3] 重税恶化了原本动荡的社会秩序并给激进派滋事壮胆。1798年初，有人在辉格派一场祝酒会上提议祝福国王陛下，福克斯却建议祝福"人民万岁"（majesty of the people）。尽管福克斯澄清他所称的"人民"是手握选票的英国有产者，但"人民"这个词在1789年后多被理解为革命者。[4] 乔治被福克斯之狂悖言论彻底激怒，下令将其赶出枢密院。福克斯暂离政坛，他的党徒蒂尔尼（George Tierney）继续捣乱。1798年5月25日，皮特提出一项紧急议案，拟废除从事海外或内河贸易的商业水手之兵役豁免权，增加海军潜在兵员。蒂尔尼跳出来反对，皮特痛斥蒂尔尼无视国家安

---

[1]　John Ehrman, *The Younger Pitt: The Consuming Struggle*, Constable, 1996, p. 334.

[2]　Boyd Hilton, *A Mad, Bad and Dangerous People?* p. 88.

[3]　Boyd Hilton, *A Mad, Bad and Dangerous People?* p. 92.

[4]　L. G. Mitchell, *Charles James Fox*, pp. 150–152.

危,"妨碍国防政策"。① 蒂尔尼则怒斥皮特对议员不敬,向皮特下决斗战书。皮特应战,所幸两人均射术不精,都未击中对方。比朝堂上的反对派更危险的是怨声载道的普罗大众。1799 年夏秋,持续阴雨致农作物大面积歉收,粮价疯狂上涨,小麦价格高达每夸特 120 先令。皮特担心食品短缺酿发动乱,想方设法干预粮食市场并增加谷物进口。1800 年,俄罗斯、丹麦、瑞典等国为报复英国对海上船只的稽查,组成所谓的"武装中立同盟"(armed neutrality),对英国船只执行禁运。波罗的海周边向是英国粮食和木材的主要货源地。1801年初,格伦维尔为行报复,遣纳尔逊领一支海军轰炸哥本哈根,迫使丹麦等国保证波罗的海贸易畅通。英军这一行动宣告"19 世纪坚船利炮外交政策之来临"。②

军事胜利并不能压制国内对和平的呼吁。政府下院优势依然如故,但随着多位辉格派大员加入,内阁人际关系渐趋复杂。波特兰和拉夫伯勒等人支持政府政策,甚至比皮特更保守,但他们并不唯皮特马首是瞻。格伦维尔和文德汉姆对外交和战争各执己见且与皮特意见分歧甚巨。长期超负荷工作导致皮特未老先衰,心憔力悴。原则上讲,只要有国王支持,他的相位就不可撼动。但福克斯退出下院后,皮特与乔治的关系也出现微妙变化。乔治知道皮特外柔内刚,其长期主政严重侵蚀了王权。多年来,乔治仅"别无选择地利用皮特以对抗福克斯"。③ 福克斯沉寂后,皮特自感兔死狗烹之日为期不远了。乔治抱怨皮特在人事和外交方面独断专行,无视圣意,屡屡先斩后奏,裹挟其余大臣共同迫使国王就范。1797 年后,乔治与格伦维尔以及阿丁顿暗中合谋使绊,处处掣肘皮特。他们希望皮特吸纳更多阁员,拓宽政府群众基础,然而皮特对乔治心思不闻不问。很快爱尔兰问题便给乔治赶走皮特提供了由头。

爱尔兰这个烫手山芋在 18 世纪大部分时期内并未给伦敦带来多少麻烦,但法国革命后的一个多世纪,爱尔兰成了困扰历届英国政府之幽灵。19 世纪,共计 7 位首相因爱尔兰问题下台。忽略爱尔兰绝无可能理解 19 世纪英国

① W. S. Hathaway, *The Speeches of the Right Honourable William Pitt in the House of Commons*, Vol. Ⅲ, p. 300.

② Boyd Hilton, *A Mad, Bad and Dangerous People?* p. 93.

③ Boyd Hilton, *A Mad, Bad and Dangerous People?* p. 95.

史。自 16 世纪始，新教徒不断去爱尔兰垦殖，到 18 世纪后期，北爱大多数居民已是国教徒和清教长老派。这些国教徒占有爱尔兰绝大多数地产，人数众多的天主教徒地位与农奴无异。都柏林的爱尔兰议会拒绝给予天主教徒选举权。受法国革命鼓舞，爱尔兰天主教徒掀起了争取解放的斗争，乌尔斯特的不从国教者也蠢蠢欲动。1794 年政府改组后，热心于解放天主教徒的辉格主义者菲茨威廉就任爱尔兰总督，迫不及待改革爱尔兰宗教，皮特不得不迅速将其召回。1798 年初，爱尔兰人策划武装起义，欲与法军里应外合，掀翻英国统治。屯集在布雷斯特和敦刻尔克等地的法军令英国政府高度警觉。3 月 12 日，爱尔兰当局为防患于未然，逮捕了部分密谋起义者。5 月，拿破仑驶离土伦港时，英军无法确定其行踪，更担心他去爱尔兰挑事，官方进一步加强了对爱尔兰人的监控，逮捕了密谋起义的带头大哥菲茨杰拉德（Edward FitzGerald），其通信记录证实起义绝非空穴来风。6 月初，皮特向爱尔兰增兵数千，并任命康华里为新总督。康华里还未抵达都柏林，神甫领导的起义便提前上演。政府军轻而易举平定起义。直到 8 月底，姗姗来迟的千余名法国士兵才在爱尔兰西北部的基拉拉（Killala）登陆，但被康华里的优势兵力打退。

为防止法国以爱尔兰为跳板入侵不列颠，皮特筹划将爱尔兰彻底并入联合王国。坊间甚至传言皮特纵容 1798 年天主教徒起义，以便说服顽固国教徒同意合并。起义平息后，出生于爱尔兰的卡斯尔雷（Robert Stewart, Viscount Castlereagh）被派往都柏林担任爱尔兰事务大臣（Chief Secretary of Ireland）。卡斯尔雷和康华里威逼利诱，甚至通过行贿最终说服爱尔兰议会同意合并。政府设立 30850 镑专款用于贿赂、补偿丧失都柏林议会议席的爱尔兰议员。[1] 皮特也向反对合并的国教当权派保证，英国议会中国教徒占绝对优势，合并不会危及爱尔兰国教徒权势。1800 年，爱尔兰议会解散，英国议会上下两院分别给爱尔兰 32 和 100 个席位。

合并刚结束，皮特便将解放爱尔兰天主教徒提上日程，他认为解放天主教徒已非宗教问题，而是政治要务。1800 年秋到次年年初，皮特多次主持内阁会议讨论解放事宜，波特兰和已晋封第一代利物浦伯爵（1st Earl of

---

[1] David Wilkinson, *Duke of Portland*, p. 152.

Liverpool)的詹金森等人反对冒进。相较军事、财政和外交,解放天主教徒此时并非迫在眉睫,以皮特之智,不可能无事生非。一般认为,皮特因外交和内政与格伦维尔等人关系出现裂痕,为稳住格伦维尔、邓达斯、卡斯尔雷、坎宁等主张解放天主教徒的能吏,皮特冒险行事并误判国王会让步。乔治认为解放天主教徒事关国体,不仅有悖其加冕誓言,还会导致天下大坏。他说:"给予一切基督徒平等权利与欧洲任何形式的政府的法律均背道而驰,众所周知,任何缺失了当权教派的国家均不得安宁。"为防群臣继续纠缠,乔治当面警示卡斯尔雷等人,任何主张给予爱尔兰天主教徒与国教徒同等权利者都是他"个人之敌人"。[①] 英爱合并与解放天主教徒是两码事,乔治认为合并爱尔兰能防止天主教徒生事,进而"阻止解放运动";皮特则认为解放天主教徒是"必须的"政策,合并只是解放的铺垫。[②] 皮特意识到无法再为乔治辅国,于1801年2月辞去相职。深究其辞职原因,除了他与乔治对解放天主教徒之理解完全相左,或许还因为他不想接受正在磋商的屈辱性对法和约。当然,也可能是他感觉已无力驾驭内阁,采用以退为进迫使乔治让步,给他更大的改组政府空间。不管怎样,皮特去职表明:在首相人选问题上,君主意向依然比议会多数代表重要,也比任何政客更重要。皮特大胆对抗国王并以失败收场证实:"君主影响力还未衰退到这样一种程度——首相可强行通过一种国王厌恶的宪制变革。"[③]

　　皮特去职后,乔治任命阿丁顿为相。阿丁顿出身寒微,其父是老皮特私人医生;他为相三载,内外承压,是非不断。迫于财政压力和普遍厌战情绪,阿丁顿首要任务是与法国缔结和平协议。1802年3月的《亚眠和约》(Peace of Amens)规定:除了从西班牙手中夺取的特立尼达(Trinidad)和从荷兰手中夺取的锡兰(Ceylon),英国放弃了包括开普敦在内的所有战果;英法两国均撤出

---

①　Jeremy Black, *George III*, pp. 374, 378.
②　Boyd Hilton, *A Mad, Bad and Dangerous People?* p. 97.
③　Boyd Hilton, *A Mad, Bad and Dangerous People?* p. 98.

埃及，将其归还给奥斯曼帝国；马耳他转交给法军。民众热烈拥护这项对英国极为不利的和平协议，但格伦维尔、邓达斯和文德汉姆等主战派强烈鄙视对法慷慨，把将士浴血奋战夺取的胜果拱手相让令他们痛心疾首。邓达斯和文德汉姆早与皮特不和，他们以格伦维尔为首形成所谓的新反对派或曰格伦维尔派，与福克斯的旧反对派一起向阿丁顿施压。福克斯现已变成主战派，他认为波拿巴主义对内专制独裁、对外侵略扩张，背弃了法国革命初衷。1802 年大选揭晓后，阿丁顿下院支持者虽然过半，但远无皮特先前的明显优势。福克斯派获得 125 席，新反对派获得约 30 席，忠于威尔士亲王的帮派获得约 40席。① 除波特兰，各路大佬均拒绝加入政府。令阿丁顿欣慰的是，皮特表态支持政府，两位冉冉升起的政治明星罗伯特·詹金森（Robert Jenkinson）和卡斯尔雷分别掌管外交和贸易。

即便阿丁顿自己也不相信《亚眠和约》能保证长久和平，缔结此约仅为抚慰国内厌战情绪并舒缓财政压力。为迎合民意，1802 年 4 月出台的年度财政预算削减部分军费并取消了个人所得税。阿丁顿运气也不错，1801 年和 1802年风调雨顺，粮食丰收，政府再不必为粮荒发愁。然而法国新一轮侵略扩张很快给阿丁顿的内政外交蒙上阴影，1802 年，拿破仑先后占领了帕尔马、汉诺威并扬言重新征服圣多明各（Saint-Domingue）。英国民众的情绪就像不列颠的天气一样阴晴不定，他们的嫉妒心理和爱国本能激发出来的战争热情迅速取代了两年前的厌战情绪。1803 年春，政府趁马耳他岛还未交给法军之机对法宣战。鉴于短期内英国难在大陆找到强力盟友，阿丁顿只能用贸易战和消耗战与拿破仑周旋。阿丁顿是第一位意识到俄罗斯战略价值的英国政治家，在他看来，地处欧洲东西两缘的俄罗斯和英国在未来欧陆力量平衡上将会起到同等重要作用。阿丁顿经济政策也颇为成功，他调整税收，财政收支明显改善。阿丁顿最大成就是征兵和练兵。在第一海军大臣圣文森特（Lord St Vincent, First Lord of the Admiralty）主持下，战船改造效果立竿见影，海军战力显著提升。阿丁顿积极鼓励民众参军，踊跃参军者不计其数，这不仅确保兵员充足且有利于地方治安。1803 至 1804 年间，1/5 以上服兵役年龄段的男

---

① Boyd Hilton, *A Mad, Bad and Dangerous People?* p. 99.

性公民加入了军队,"整个英国南部和东部地区变得像个大兵营"。[1] 预备役达 50 万人之多,阿丁顿还力排众议向民兵发放武器,"把枪炮交到来自大不列颠每个部分和所有社会阶层的人们的手中"。[2] 这表明政府和精英现在丝毫不担心英国雅各宾派或乱党起事,激进组织全都沉寂下去,过往故意捣毁机器破坏生产的卢德运动(Luddism)近乎销声匿迹,一向对大众雅各宾主义提心吊胆的皮特也不再担心民众造反。到 19 世纪初,普罗大众抵御拿破仑入侵的保家卫国精神彻底压倒了效法无套裤汉的革命情怀,连伦敦通讯会会员都积极报名参军抗法。

阿丁顿没来得及利用他在军事和财政方面夯实的基础大显身手,便因复杂政治形势下台。格伦维尔派和福克斯派从未停止攻击政府,他们鄙视阿丁顿军事和外交懦弱,吁请其让贤,成立囊括各派精英的联合政府。到 1804 年初,格伦维尔派和福克斯派至少就两点取得一致。其一是反阿丁顿,他们肯定阿丁顿就是乔治和皮特的傀儡。其二,他们认定法国随时可能以爱尔兰为跳板兴风作浪,排除险情的唯一办法是解放天主教徒。这两点促成了格伦维尔与年轻时的老友福克斯再续前缘,联手反对国王、皮特和阿丁顿。皮特夹在阿丁顿及反对派之间左右为难,他希望阿丁顿改组政府,延揽人才。阿丁顿随着羽翼渐丰,不再理会皮特和反对派意见,转而寻求辉格派支持,提拔蒂尔尼主管海军财务。皮特亦不愿舍弃邓达斯和坎宁(George Canning)等老部下。他支持阿丁顿的初衷是和平,战事再起后,他怀疑阿丁顿能否掌舵,更质疑阿丁顿耗资屯储的大量后备役之价值。1804 年初,皮特猛烈指谪阿丁顿海军战略部署毫无章法,阿丁顿则反讥皮特居功自傲、吹毛求疵。阿丁顿不善言辞,更无力驾驭复杂派系分歧,潮水般恶毒攻击冲垮了他的心理防线。5 月,阿丁顿辞职,次年受封西德茅斯子爵(Viscount Sidmouth)。战后,他长期担任内政大臣,政绩斐然。他办事精细但大局观稍差,适合担任阁员而非首相。

阿丁顿下台时,格伦维尔和福克斯希望组建囊括各派的联合政府。乔治同意格伦维尔出任阁揆,但直言福克斯是"他个人之敌人"及"我们所有不幸之

---

① Boyd Hilton, *A Mad, Bad and Dangerous People?* p. 102.

② 琳达・科利:《英国人》,第 372—373 页。

根源"，严拒其入阁。① 格伦维尔不愿舍弃福克斯，只能放弃组阁。1804 年 5 月，皮特坐收渔人之利，再度出山。波特兰担任枢密院主席，埃顿继续担任大法官；前者年事已高，后者并不负责具体事务。罗伯特·詹金森和卡斯尔雷分别负责内政和商贸。除邓达斯，格伦维尔、文德汉姆等皮特昔日的铁杆均未入阁。第二届皮特政府根基脆弱，既没有国王诚意支持，也无下院绝对优势，阿丁顿派、福克斯派、格伦维尔派通通反对政府。乔治对阿丁顿下台扼腕叹息且知晓皮特是搞垮阿丁顿的元凶之一。1805 年初，坎特伯雷大主教摩尔（John Moore）病故，皮特想把密友林肯主教普雷提满（George Pretyman）扶为大主教，但乔治不愿赏脸，命萨顿（Charles Manners-Sutton）补缺。政府成立不久，皮特提出"增兵议案"（Additional Force Bill），拟扩充正规军并削减预备役。议案仅以微弱优势通过，这警醒皮特，必须拓宽政府的下院基础。皮特劝诱阿丁顿担任枢密院主席并向其属下封官许愿，勉强笼络了阿丁顿派约 60 名下院议员。皮特还邀请福克斯和格伦维尔共图大业，但福克斯要求皮特辞职，共同辅佐一位双方都能接受的首相，也即福克斯要与皮特平起平坐，否则就等于他认可了 1784 年的局面。② 姑且不论皮特是否愿意放权，乔治定然不会接受福克斯之建议。福克斯派和格伦维尔派视解放天主教徒为"护身符"，1805 年 5 月，他们在下院提议解放天主教徒。③ 皮特组阁时已承诺，乔治在位期间不会再提解放天主教徒。政府挫败了解放天主教徒议案，但反对派的刁难给皮特平添了无穷麻烦。政敌无处不在，朋友亦不省心。1805 年，皮特的老搭档、现任第一海军大臣邓达斯因财务问题受到指控。皮特想方设法为邓达斯挡灾，但阿丁顿派亦铁心要扳倒邓达斯。结果邓达斯引咎辞职，阿丁顿派也不再支持政府。7 月，阿丁顿退出内阁。国王的冷漠和形形色色的反对派搞得政府寸步难行。皮特只能期望从外交和军事方面取得突破。

　　第二届皮特政府最大成就是对法海战。1805 年 4 月，英、俄为遏制拿破仑在地中海世界的扩张，缔结第三次反法同盟，8 月，奥地利加入。10 月 21 日，纳尔逊指挥英国海军在特拉法尔加（Trafalgar）海角痛击法西联合舰队，

---

① L. G. Mitchell, *Charles James Fox*, p. 208.

② L. G. Mitchell, *Charles James Fox*, p. 214.

③ L. G. Mitchell, *Charles James Fox*, p. 217.

谱写了一曲海战史神话。① 英军用损失千余人的代价重创对手,打死一万多法西海上联军。英国战舰无一沉没,而法西联合战舰一半以上或被打沉,或成英军战利品。纳尔逊对国王持有一种中世纪式的忠诚,这位个性强烈的海军将才笃信君权神授,相信自己是上帝派来人间协助国王的臣仆,随时准备以殉道士精神为国王治理人间献身。他在这场惊心动魄的海战中了却了夙愿,身着标示其军衔与身份的戎装站上甲板指挥战斗,中弹殉国。②

特拉法尔加海战奠定了英国一个世纪的海上霸主地位,但无碍拿破仑在欧陆横行无阻。海战前一天,拿破仑在乌尔姆(Ulm)大败奥军,迫使其7万余人中的5万投降。12月,拿破仑导演了陆战史上又一场经典胜利。在奥斯特里茨(Austerlitz),法军痛击8万余人组成的俄奥联军,中欧地区尽落拿破仑之手。哈布斯堡奥地利完全丧失战斗力,俄国退回波兰境内,第三次反法同盟瓦解。皮特听闻奥斯特里茨战役,一病不起;欧陆战局和下院反对派制造的麻烦令其一筹莫展,而长期体力透支和酒精刺激终于耗尽了他的元气。他的身体和他的政府承载双双到了极限,均已油尽灯枯。1806年1月23日,四十六岁的皮特死于肠癌,英年早逝令人叹惋。短短三个月,乔治接连痛失最优秀的武将和文臣。

皮特去世后,乔治一度打算让罗伯特·詹金森组阁,詹金森以自己无法统领下院为由婉拒了君王盛情。波特兰告诉乔治,当下局面只能向格伦维尔求救。乔治别无选择,命格伦维尔组阁。格伦维尔长期督办外交,能力有目共睹,但比其父四十年前的态度更加蛮横,要求乔治同意福克斯入阁并赶走大法官埃顿。乔治厌恶福克斯自不必言,还视埃顿为防止解放天主教徒的安全闸。所幸阿丁顿担任新政府内政大臣多少对冲了乔治的部分怒气。格伦维尔派只有30个左右下院席位,必须联合各派组建所谓的"全才内阁"(Ministry of All Talents)。格伦维尔任首相,福克斯任外交大臣。由于皮特铁杆拒绝加入,全才内阁并不包括罗伯特·詹金森和坎宁等青年才俊。全才内阁鱼龙混杂,各派大佬为提携亲信明争暗斗。全才内阁原打算解放天主教徒并与法国达成和

---

① 西班牙已被兼并,其舰队与法国海军共同作战。
② 琳达·科利:《英国人》,第230—231页。

平协议,然而除了废止并非其努力结果的奴隶贸易,全才内阁一事无成。主持外交的福克斯幼稚认为他与拿破仑的交情足以促成和平。谈判开始后,英法围绕汉诺威、西西里争执不下。汉诺威是英国王室故土,乔治决不能忍受它遭法国蹂躏;西西里是地中海战略要冲,英国要求法军撤出此地。和谈还涉及英国的大陆盟友。英国主张和平协议至少取得英、法、俄三家共同认可。法国外交大臣塔列朗坚持法俄关系应由法国和俄国单独磋商。福克斯设计的和平方案被拿破仑轻蔑拒绝,他的天真幻念在老奸巨猾的塔列朗眼里就是笑话一则。理想与现实的残酷反差致使福克斯一病不起。格伦维尔不顾文德汉姆反对,邀请坎宁主持外交,但遭坎宁拒绝。理由是上述诸人或明或暗为难皮特导致皮特孤立无援,活活累死,正如坎宁所言:"我憎恶目前所有的这帮人,……他们杀死了皮特先生。"[1]1806 年 9 月,福克斯死于肝病。与其生命一起终结的还有他一整套不切实际的信念。他始终坚信反法战争源于欧洲旧君主国对革命法国抱有偏见,认为双方冲突完全植根于理念而非现实利益。生命最后时刻的幡然醒悟对他来说不仅太晚而且过于残酷,因为是拿破仑的贪婪霸道和塔列朗的务实奸猾双双告诉了他什么叫政治。[2]

皮特和福克斯相继逝去,一个时代画上了句号。这对冤家在 1784 年后变为政治符号,1789 年有人曾告诉威尔士亲王:"'辉格'和'托利'的称谓无人提及了,'国王之友'这种描述性称谓也很少用了……但皮特派和福克斯派却回响于每个角落。"[3]皮特为相二十载,福克斯与之死杠了二十余年。两人生前都自觉或不自觉网罗了大批拥趸,死后亦被奉上神坛。党徒为他们庆生有如庆祝君主华诞。后世政客为争夺他们的政治和思想遗产,不断添油加醋甚至曲意解读,把他们修饰得面目不清。这对皮特尤为明显。生前从未自称托利派的皮特在 19 世纪后期突然被保守主义者奉为神明和先贤。皮特是休谟式自然神论者,临终时拒领圣餐,其党徒和国教会却编造栩栩如生的传说,称其死前虔诚忏悔,皈依了教会。福克斯的吹捧者为其树碑立传、刻像镂名,以匹

---

① Boyd Hilton, *A Mad, Bad and Dangerous People?* p. 109.

② L. G. Mitchell, *Charles James Fox*, p. 235.

③ James Sack, *From Jacobite to Conservative*, p. 83.

配他作为自由的化身。① 两人的政治信条在他们死后数十年仍被大批后辈当作弥珍遗产。他们生前行迹和死后影响力均非同凡响,被后世史家分别视为18世纪晚期至19世纪上半叶托利派和辉格派的大纛。阐释其中原委不仅要分析皮特和福克斯言行,更需穷究托利与辉格二词的语义变迁。

乔治三世继位前后,17世纪晚期形成的辉格和托利两派实已瓦解,但辉格和托利仍是两大高频用词,这就把原本只有立场而无清晰原则(遑论政纲)的托利与辉格两派搞得更加语义不清。史学研究当还原史实,减少术语纠缠,尤对英国这个盛行经验主义的国家更需谨慎使用术语。此外,术语含义随时间推移不断变迁,无视变迁便会以今揆古,追根溯源往往又越理越乱。梳理18世纪晚期和19世纪早期史实,不难发现皮特的确打造了一个政治派别并被反对派贬称为托利派。政敌之所以贬称其为托利派,是因为托利派在历史上指保王派和高教会人且与詹姆士党人藕断丝连。乔治得皮特如鱼得水,故皮特就被认为帮国王施行专制统治且打压非国教徒。这纯属乱贴标签,穿凿附会。皮特生前从不承认自己属于任何派别,他只强调尊奉1688年革命原则,也即新教宪政。他更乐意将自己及自己的支持者称为"官方的",因此皮特及其支持者应叫当政派,政敌则是反对派。皮特打造的当政派的确因忠君保教而颇似历史上的托利派,但皮特被视为新托利主义的缔造者又多少有些讽刺,因为皮特个人1789年前在宗教上相当开明,至少不反对废止《市政机关法》和《宣誓法》。1787年,当贵格派教徒比尤弗伊(Henry Beaufoy)提案废除上述两项法案时,皮特不置可否,是诺斯领着一群保守分子挫败了提案。1789年后,皮特宗教态度仍相对开明,支持解放爱尔兰天主教徒就是明证。和其父一样,皮特既无教派偏好,亦无宗教情怀,死前接受圣礼纯属杜撰。他的国教虔诚是其政治承继者精心虚构的,且这些承继者也分为支持或反对解放天主教徒两类。②

托利派直到1830年前后才自称托利派,而辉格派始终自称辉格派,因此辉格一词的语义连贯性更强,比托利一词容易理解。辉格派致力于捍卫"生而

---

① Boyd Hilton, *A Mad, Bad and Dangerous People?* pp. 203 - 204.

② James Sack, *From Jacobite to Conservative*, pp. 82, 84, 88.

自由的英国人"之基本权利,尤同情并照顾不从国教者,理解他们骨子里的反抗精神。辉格派坚信,真正的辉格主义者应把历史回溯到日耳曼森林中,牢记《大宪章》申明的臣民权利,全心全意为信仰自由而战,而君主不仅侵害臣民权利,更是通向自由的康庄大道上的拦路虎。辉格世家在18世纪前期集聚大量地产,发展为典型土地豪族并在政坛长期居于支配地位;乔治三世继位后,他们丢了权势;法国革命爆发后,多数辉格派主动向政权靠拢,但福克斯仍与各色激进派沆瀣一气维持舆论影响力并与乔治势同水火,他理解的"政治是议会对抗君主和宫廷影响力的斗争,他的为自由而战乃是为了限制君主权力"。①若说老皮特是乔治二世死对头,福克斯就是乔治三世天生的冤家。福克斯始终紧攥政治激进主义火种,把自己死磕乔治类比为中世纪贵族对抗约翰王,召唤所谓"生而自由的英国人"永远铭记他们的古老权利。循此路径,无论有无权势,福克斯都能号令一帮所谓的国王陛下的忠诚反对派。尽管他在权势上无法望同龄人皮特之项背,但留给后世的遗产不亚于皮特。到1820年前后,随着政治激进主义再次抬头以及不从国教者势力壮大,部分辉格派与不从国教者再续前缘,锻造出成熟的政治自由主义并成功将其付诸实践。

全才内阁对法谈判破裂后,反拿破仑各国缔结第四次反法同盟。1806年10月,拿破仑在耶拿(Jena)完胜普鲁士军队,波罗的海许多港口继之对英国关闭。全才内阁希望开辟南美市场,以解决原料和粮食供应,但收效甚微。格伦维尔为加强政府,执意提前大选,大选并未明显增强政府下院优势,皮特铁杆随时可以卷土重来。1807年初,全才内阁又异想天开,着手解放天主教徒。格伦维尔以扩充兵员为由,上书乔治,建议允许天主教徒参军,格雷索性提案彻底解放天主教徒。阿丁顿率先反对,以辞职相抗议。乔治大发雷霆。格伦维尔打算撤回解放天主教徒议案,然而乔治要求全才内阁要员书面保证绝不

---

① Eric J. Evans, *The Forging of the Modern State*, p. 77.

再提解放天主教徒。① 格伦维尔等人不愿忍受此等羞辱,3月,愤然辞职。

全才内阁辞职后,乔治任命波特兰组阁,波特兰本是辉格派台柱,但他严厉压制雅各宾主义、反对解放天主教徒足以证明他已转变为十足的保守派、国王的同道中人。此时他虽年近古稀,仍愿为国鞠躬尽瘁,第二次拜相。珀西瓦尔(Spencer Perceval)任财政大臣,罗伯特·詹金森和坎宁分别任内政和外交大臣,卡斯尔雷负责战事。波特兰年老体衰,无法正常参与内阁议事,只是挂名首相。他二次为相三年有余,从未发表公开演讲,现身上院仅15次。② 坎宁和卡斯尔雷等人血气方刚,他们争强好胜且互不买账导致新政府权威不彰、政令不畅。主要阁员均视对法战争为头等任务,不过对英国在战争中的角色定位以及英国与欧陆诸盟友之关系,众人意见不一。相反,拿破仑的独裁体制却展现出惊人的军事和行政效率。耶拿战役后,拿破仑又迅速击败俄军,迫使俄方缔结《提尔西特和约》(Coalition of Tilsit)。和约肢解了普鲁士并建立新的威斯特伐利亚王国(Kingdom of Westphalia),拿破仑兄弟哲罗姆(Jerome Bonaparte)出任国王。早从地图上消失的波兰复国,尽管新的华沙大公国(Grand Duchy of Warsaw)仅是法国傀儡。此外,俄国还放弃了在爱奥尼亚群岛的部分权利。最后,拿破仑和沙皇亚历山大一世(Alexander Ⅰ)宣称,如果英国拒不承认《提尔西特和约》,他们将逼迫丹麦、瑞典以及葡萄牙等与英为敌。为先发制人,1807年9月,英国强行要求丹麦交出舰队,遭拒绝后,悍然炮轰哥本哈根,俘获丹麦主要战船并造成2000余人死亡。闻悉惨况,乔治三世惭愧承认英军暴行"有违道义",坎宁却傲慢声称:"全欧洲都憎恶我们,但唯有恐惧才能根治这种憎恶。"③

反法战争开打以来,英法贸易战从未停歇。1806年5月,英国宣布封锁自布雷斯特至易北河口的沿海水道,拿破仑针锋相对,于11月颁布柏林敕令(Berlin Decrees),中止欧洲大陆与英伦之贸易,没收所有英国商品并劫掠英国与其殖民地贸易的船只。拿破仑此举意在摧毁在他看来以贸易立国的不列颠。英国不甘示弱,1807年1月,官方发布枢密院令(Order in Council),禁止

---

① Jeremy Black, *George Ⅲ*, p. 401.

② David Wilkinson, *Duke of Portland*, p. 164.

③ Boyd Hilton, *A Mad, Bad and Dangerous People?* p. 211.

法国以及法国控制的任何港口对英贸易，但未禁止殖民地与法国贸易。1807年11月，英国政府又绕开议会连续发布两条枢密院令打压法国外贸且未引起法理上的争议。根据这些以牙还牙的律令，任何服从拿破仑敕令而禁止英国贸易的港口均在英国贸易禁令范围内；中立国船只若想进入法国或法国控制的港口，须在英国中转，向英国交纳关税并购买英国颁发的通行证。拿破仑随即效仿英国长臂管辖，发布报复性的米兰敕令（Milan Decrees）。根据此令，任何无法从商品输出国获得贸易执照的中立国商船自动被视为英国商船，法国及其控制的属国有权将其没收；此令还授权法国及其属国直接没收在英国靠岸的商船以及接受英国检查的商船。[①] 拿破仑敕令以柏林和米兰名义发出，证明其已控制了从北到南的欧陆各港口。不过法国海军主力已被摧毁，而英国海军雄霸海洋，英方更能有效执行贸易禁令。

贸易战是十足的自残，英法都蒙受巨额损失，但无论官方颁布何等严厉禁令，走私者依然招摇过市、屡禁不止。拿破仑为严格执行贸易禁令，决定征服走私贸易盛行的伊比利亚半岛，首当其冲的是英国老盟友葡萄牙。1807年11月，法军攻陷里斯本，接着不宣而战，拿下马德里，西班牙国王费迪南德七世（Ferdinand Ⅶ）被迫退位，拿破仑兄长约瑟夫（Joseph Bonarparte）非法僭取西班牙王位。英国激励并帮助西班牙民族主义者袭扰法军，同时派遣威尔斯利（Arthur Wellesley）率正规军开赴半岛狙击法军。威尔斯利登陆葡萄牙后，小胜几场，但无法彻底击败法军，遂与其缔结《辛特拉公约》（Convention of Cintra），用本方舰队护送法军带着劫掠的财货驶离里斯本。威尔斯利因此招致国内军事法庭审判，所幸被宣布无罪。也许威尔斯利和部分英国高层文官想法一致，他们只希望法军撤出半岛，以免局势动荡波及西葡两国幅员广阔的美洲殖民地，进而伤害英国正在拉美开拓的贸易。

1809年注定又是多事之年。威尔斯利回国受审期间，拿破仑御驾亲征，侵入西班牙。英军指挥官莫尔（John Moore）在1月的拉科鲁尼亚（Corunna）战役中殒命，残部被迫撤出半岛。是年秋，查塔姆勋爵（Lord Chatham）在低地国家漫无目的的战争一无所获，困守瓦尔赫伦（Walcheren）的几千士兵死

---

① Boyd Hilton, *A Mad, Bad and Dangerous People?* p. 212.

于流行病。更令政府难堪的是,英军总司令(Commander-in-Chief)约克公爵弗雷德里希因多年前的私生活丑闻此时成为反对派攻击的标靶,丑闻牵涉的腐败令政府颜面无存,而下院为弗雷德里希开脱激起的民愤一浪高过一浪。激进主义者瞄准丑闻大做文章,在他们眼中,"总司令的不道德是国家邪恶象征"。他们危言耸听,高喊宪制受到了威胁并声称政治改革是杜绝腐败的唯一良方,吁请改革的声音此起彼伏。① 在这内忧外患之际启动政治改革显然不合时宜,但军事耻辱、王子丑闻、民众请愿轮番冲击致使政府威信降至冰点。坎宁将一切灾祸归咎于政策之拖沓,早在年初,他便以辞职威胁波特兰改组政府并赶走负责陆军战略与调度的卡斯尔雷。坎宁以皮特衣钵传承者自居,企图将自己树为政府权威。他主张军事资源向伊比利亚半岛倾斜,但卡斯尔雷执意从低地国家打开局面,两人积怨渐深。坎宁秘密行动,说服乔治调整内阁,波特兰也同意对安特卫普军事行动结束后把卡斯尔雷调离战争部。9 月初,瓦尔赫伦失利消息传来,坎宁要波特兰兑现诺言,波特兰不想把政府搞得鸡飞狗跳,对坎宁的纠缠置之不理。② 卡斯尔雷获悉坎宁用卑鄙手段挤对自己,暴怒之下提议决斗,坎宁应战。卡斯尔雷毫发无伤,坎宁大腿中枪,落下了病根。波特兰 8 月已经中风,不久请辞,卡斯尔雷和坎宁也相继离职。

1809 年 10 月,珀西瓦尔取代行将就木的波特兰出任首相。里德尔(Richard Ryder)和理查德·威尔斯利(Richard Wellesley)分别任内政和外交大臣,已袭封第二代利物浦伯爵的罗伯特·詹金森负责战事。帕西瓦尔性格坦率,是热心的福音主义者,与解放天主教徒素无瓜葛。这是乔治欣赏他的首因。珀西瓦尔为稳固政府,提议辉格派加入内阁,但辉格派把承诺解放天主教徒作为他们深度参政的前提。自 1790 年代始,辉格与托利的界标越来越模糊。福克斯死后,辉格派很少再鼓动民众抨击君权。托利与辉格已就反激进主义、拥护君主制、捍卫财产权以及对法战争等形成基本共识,政治分野的新标识是支持或反对解放天主教徒。以国王为首,阿丁顿、埃顿、利物浦、珀西瓦尔等反对解放天主教徒。格伦维尔、格雷、坎宁以及威尔士亲王等支持解放天

---

① Boyd Hilton, *A Mad, Bad and Dangerous People?* pp. 216 - 217.

② David Wilkinson, *Duke of Portland*, p. 167.

主教徒。珀西瓦尔无法满足辉格派解放天主教徒之诉求，又无坎宁和卡斯尔雷两大俊才帮衬，还得为波特兰政府的一摊子烂事善后。激进议员博德特（Francis Burdett）在下院提议就瓦尔赫伦失利展开专项调查，政府极度被动，不过珀西瓦尔更严峻的挑战来自王室的不确定性。

1809 年，乔治借登基五十年庆典大赦天下并划拨专项资金扶穷济贫，以缓和尖锐的官民矛盾。这次大庆是乔治生平最后一场重大公开活动，一年后他彻底失智。乔治治国五十载，对英国历史尤其君主制影响深远。乔治和他的曾祖父、祖父不同，和查理一世倒是相似。两人身上都流淌着异族的血液，都在英格兰文化氛围中长大并有强烈的内圣外王之宏愿，都声称保卫国教却被臣民理解为冥顽不灵，任免廷臣都无视议会格局及议员感受，都酿成了英语族群内战并以失败收场。乔治若于 1780 年代故去，名声可能要比查理更臭，毕竟他丢了美洲。然而乔治声望有如其健康状况，多次反复。起初，他是一位被寄予厚望但又激起无穷争议的爱国君主，丧失美洲后差点逊位回汉诺威祖籍，最终在法国革命中升华为护国爱民的圣王慈父。自用对了皮特，乔治声誉便开始反弹，1780 年代后期舆情已逐渐认可他是爱民如子的仁君。1789 年后，借抵御法国革命，乔治彻底翻身。当共和制席卷英国人最熟悉的两块域外之地美洲和法兰西时，乔治变成了神圣君主制的代名词，是保王主义和宗教虔诚的无缝衔接器。连他的长寿也似乎给民众一种心理暗示——君主制比共和制更合神意。民众确信英国最终挫败法国是君主制和基督教对共和制及无神论的胜利。

> 与许多摇摇欲坠的欧洲君主政权相比，乔治三世作为一个国王也作为一个人不同寻常的长寿，可以被看作其国家相对稳定的一个象征，也确证了其作为新教以色列'这块受恩宠之地'的地位。国王轻而易举地成了一个幸运符，一个可以驱除恶魔的图腾。①

乔治后半生变成了英国国体和民族信仰的符号。他并非冥顽不化的国教

---

① 琳达·科利：《英国人》，第 276 页。

徒,赏识福音主义者卫斯理和帕西瓦尔等人足见他宽容异己,至少和高教会并非一路人。乔治1780年代和1791年同意给予爱尔兰天主教徒部分民权也说明他并不认为天主教徒是低等公民。但给天主教徒民权与解放天主教徒是两码事,前者是具体政策,后者事关宪制。乔治多次赶走首相彰显他恪守光荣革命传统——排斥天主教,强化了他对国教信仰与国家体制不可分离的坚持。诋毁乔治破坏光荣革命传统纯属颠倒是非,对光荣革命成果近乎顽固的死守是他抵御18世纪晚期共和主义和激进主义的精神食粮。长期以来,流行的史学解释是英王退变为虚君从而确保了君主制之传承,姑不论此说之真谬,起码它与乔治毫无关系。其一,乔治不是虚君。皮特长期掌权和乔治长期养病无意中导致相权增强。①首相不仅相对于各部大臣权力增强且从国王手中拿走了同侪大臣的任命权,然而乔治赶走首相的权力仍不容置疑,1801年和1806年他分别逼皮特和全才内阁辞职就是例证,甚至在皮特死后,因为暂无能相,乔治又统揽全局数年,直至痴呆。1760至1805年史实充分证明乔治仍是政治权力分配中独一档的存在,他直接决定政府在谁手中,议会选举也明显偏向他想要的结果。乔治不仅不是虚君,且君主制因他更受欢迎。其二,英国君主制延存主要归于君主是国教首脑。国教即便将来失去特权,仍是英国最大的教派,是英国国性(national character)的特质之一。国教不能没有首脑,人间耶路撒冷不能没有试验田,教在君在,教毁君亡! 没了君主,国教组织大厦就坍塌了,反之亦然。没有君主制,英国人就少了一条民族自豪感的诉说渠道,国教徒心灵也无处安放,这两点在乔治时代的英国已扎根于民众潜意识中。乔治毕生恪守国教,反对解放天主教徒并带领臣民抵御住了共和主义袭扰,确保英吉利民族长久与共和制绝缘。乔治的儿孙将来丢了王者实权,君主制外壳仍完好保存并延续至今,根本原因在于,君主变成虚君前,君主制已与英国国性、国体、民众认知紧密捆绑,无法分离。英国君主制在悠远传承中遇到过两次严重危机,其一是17世纪中叶,其二是18世纪晚期。君主制能够安然闯过这后一次危机,乔治居功至伟。

---

① Jeremy Black, *George Ⅲ*, pp. 368 - 369.

乔治呆而不死，威尔士亲王、未来的乔治四世被宣布为摄政。鉴于摄政王早年与辉格派关系暧昧，珀西瓦尔担心他会重用辉格派。1811 年 2 月，议会为此专门立法规定一年内摄政王不得有"无法逆转的行为"，意即他更换阁员须三思而后行。[1] 议会此举实无必要，因为摄政王更担心议会指控他生活糜烂、道德败坏，能与议会相安无事已属万幸。何况他早年的辉格派老友福克斯已作古，谢里丹亦沉寂多年。最后，摄政王甚为反感年轻一代辉格派反复纠缠激进议会改革，权衡利弊后，他很快打消了更换阁员的念头。

珀西瓦尔不仅避免了摄政王拆台，也赢得了多数同僚信任。刺头理查德·威尔斯利滋事只是自取其辱，此人抱怨自己话语权太小，企图依仗摄政王支持挑战珀西瓦尔，连他的兄弟阿瑟·威尔斯利都非议他自不量力且傲慢无礼。摄政王不会轻易让渐趋稳定的政府再生动荡。随着半岛战局好转，珀西瓦尔政府的民意基础越来越牢。1812 年初，珀西瓦尔和利物浦强迫摄政王赶走理查德·威尔斯利，卡斯尔雷接任外交大臣。与此同时，珀西瓦尔招安西德茅斯成功在即。政府看上去渐趋稳固，但反对派仍不停制造难题。格雷嚷嚷解放天主教徒，企业界抱怨枢密院令妨碍商业交易，布鲁厄姆（Henry Brougham）甚至迫使下院成立调查小组讨论枢密院令之废存。珀西瓦尔正努力应付各类挑战，却不幸于 1812 年 5 月被一位精神错乱的破产者枪杀。临死时，他的账户上只有 100 余镑，而他 12 个子女中年龄最大者才二十岁，议会特拨 5 万镑抚恤费。

经激烈权力博弈，利物浦被推为新首相。新政府充斥着浓浓的贵族气息，"13 位阁员中的 9 位是贵族"。[2] 西德茅斯和卡斯尔雷分别出任内政和外交大臣。西德茅斯入阁证明阿丁顿派已被招安，长期追随西德茅斯的财政专家范西塔特（Nicholas Vansittart）获任财政大臣。西德茅斯执拗的新教情结也为

---

① Boyd Hilton, *A Mad, Bad and Dangerous People?* p. 220.

② Boyd Hilton, *A Mad, Bad and Dangerous People?* p. 221.

解放天主教徒预设了坚固防线。利物浦还想拉坎宁入阁,但坎宁嫉妒卡斯尔雷身兼外交大臣和下院领袖,不愿屈居其下。坎宁自恃有一批忠实下院拥趸,时刻准备找碴。不过他的拥趸在当年 9 月的大选中大多落选,政府下院优势进一步巩固。[1] 利物浦组阁时便明确两点。其一,阁员只能以个人身份提议解放天主教徒,政府不得讨论解放事宜,是为所谓的"开放原则"(open system)。其二,撤销枢密院令,以免其过度伤害英国与美洲贸易。然而撤销令还未传到美洲,英美战争已经爆发。

政府不得不为美洲新战事分心,不过仍把对法作战当作绝对优先事项。1812 年 6 月,英俄结成第六次反法同盟,英国继续向伊比利亚半岛增兵,半岛的英国驻军超过 15 万人。是年冬季,拿破仑伐俄失败,其附属国纷纷倒戈。1813 年 2 月,普鲁士加入反法同盟,夏天,奥地利、巴伐利亚、萨克森等也陆续成为反法同盟成员。在卡斯尔雷运作下,1813 至 1815 年英国向欧陆盟国提供了 26 万镑现金及价值 200 万镑的物资与武器。[2] 如将反法同盟比作一台巨型机器,英镑就是这台机器的燃料和润滑剂。1813 年 10 月,联军在莱比锡大败拿破仑,继而于 1814 年初打进法国本土,随后英、普、俄、奥缔结《肖蒙协定》(Treaty of Chaumont),约定不单独与法媾和。英镑发挥作用的同时,威尔斯利指挥英军在半岛战役中一路凯歌高奏。威尔斯利治军有方且用兵方略与拿破仑完全相反。拿破仑喜欢冒险,善于纵深推进;威尔斯利惯于稳扎稳打,更注意保护后勤补给。拿破仑青睐以战养战,纵容士兵烧杀抢掠;威尔斯利严明军纪,严禁士兵扰民。威尔斯利还有政治头脑,他利用西班牙和葡萄牙民族主义情感,将两国民众武装成灵活机动的游击队,辅助英军作战。自1809 年返回葡萄牙后,威尔斯利上兵伐谋,屡战屡胜。1812 年 7 月,英军在萨拉曼卡(Salamanca)战役中痛击法军,一鼓作气拿下了马德里。1813 年 6 月,英军在维多利亚(Vitoria)再战告捷。10 月,英军从西南方攻入法境。1814 年初,威尔斯利因赫赫战功受封威灵顿公爵(Duke of Wellington),而四面楚歌的拿破仑被迫在这年 4 月宣布退位。

---

① Norman Gash, *Lord Liverpool: The Life and Political Career of Robert Banks Jenkinson*, *Second Earl of Liverpool*, *1770 - 1828*, Faber, 2016, p. 96.

② Boyd Hilton, *A Mad*, *Bad and Dangerous People?* pp. 223 - 224.

拿破仑退位后,交战各国达成《枫丹白露条约》(Treaty of Fontainebleau)。波旁王朝复辟,拿破仑可保留皇帝头衔,但统治区域仅限于地中海上的厄尔巴岛(Elba),实际被囚此岛。英国外交目标清晰明确,首先要让法国恢复到1792年前的边界,继续保证欧陆各国势均力敌,便于自己单独在辽阔海洋上肆意驰骋。其次,英国要确保西班牙和荷兰独立,这两个英国陆军浴血奋战多年的国家不能落入他国股掌。为确保半岛局势稳定,利物浦说服坎宁出任驻葡萄牙大使,坎宁僚属哈斯基森(William Huskisson)也获得一份油水丰厚的公差。利物浦成功笼络坎宁后,昔日皮特的铁杆全都回归政府。最后,英国还想保证欧洲腹地的波兰和萨克森独立。波兰战前已被三大国瓜分,英国自知无力为其复国,但萨克森是汉诺威的防御屏障,决不能遭普鲁士威胁。1814年秋,交战各国代表齐聚维也纳,继续商讨战后欧洲秩序安排。各国最显赫政要在维也纳唇枪舌剑时,拿破仑从厄尔巴岛神奇归来,以天生魔力迅速唤醒民族自尊心受挫的法国民众,启动了他的百日王朝。闻讯拿破仑归来,各国代表同意组建第七次反法同盟并匆匆在《维也纳协定》(Treaty of Vienna)上签名盖印。1815年6月14日,拿破仑将仓促拼凑的十来万兵力投入战场,与威灵顿统领的英军以及名将布鲁歇尔(Gebhard Blücher)指挥的普军在滑铁卢(Waterloo)附近再决雌雄。6月18日傍晚,英法两军战况胶着时,普军突然从侧翼攻击法军,致其大败。拿破仑彻底失败后一度提议以一介平民寄居英国。英国政府知道本国民众多反感拿破仑,何况百日王朝已见证拿破仑的魔力和复辟的波旁王朝之脆弱性,不能给拿破仑哪怕看似不可能的机会。结果拿破仑被送至南大西洋一个荒岛,在那里回味往事、煎熬余生。为确保法国稳定,英国说服列强在法国北部驻军,但不分割法国领土,待法国偿清战争赔款后,各国驻军自动撤出。

反拿破仑战争中,英国凭其一枝独秀的海军在全球抢占殖民地,《维也纳协定》认可了它对所占殖民地的控制。因北美独立而遭重创的上一个帝国被遗忘了,人们现在津津乐道的是一个新帝国,其海外属地增添了开普敦、锡兰(Ceylon)、多巴哥(Tobago)、圣卢西亚、马耳他、毛里求斯(Mauritius)、赫尔果兰(Heligoland)、爱奥尼亚群岛、特立尼达以及塞舌尔(Seychelles)等。这些海上交通枢纽加上先前控制的直布罗陀、印度等地成就了英国名副其实的世界霸主地位。殖民地为英国冒险家和投机客提供了施展才华的广阔空间。狂热的传教士、猎奇的探险家、逐利的商人以及打着"开化东方人"幌子的人道主义者均粉墨登场。英吉利民族自信心膨胀到了忘乎所以的傲慢程度。史家兼政客马考莱(Thomas Macaulay)的一段狂言真实流露了这种自信。他说：

> 为什么一个爱尔兰人或法国人对英格兰的憎恶不会激起我相对应的憎恶？我想是我的民族自豪感阻抑了(那种憎恶)。英格兰如此强大，以至于一个英吉利人已不在乎别人怎样揣思英格兰、如何谈论英格兰。①

这种睥睨天下的姿态近乎超凡脱俗，它佐证了人类的一种常见心理——强者不在乎别人的品评，弱者才会玻璃心。

---

① Boyd Hilton, *A Mad, Bad and Dangerous People?* p. 238.

第十五章　救国体制的松动与大改革
（1815—1832）

　　英国打赢了反拿破仑战争并发展为名副其实的世界霸主，战后理应国泰民安、海晏河清，然而外战结束后，长期潜伏的国内危机接踵爆发。对内政的真正考验并非战时，而是战后几年。利物浦政府当时面临的两大挑战是财政困难和激进运动。战后第一年，政府有意再征收一年主要针对中高收入者的个人所得税，遭下院抵制。既然政府无法说服中高收入者体谅困局，更无理由压榨普通消费者，索性一并废止了主要由低收入者承担的麦芽酒税。丧失了上述两项税收，政府年收入只有 1200 万镑，年开支却高达 1800 万镑，只能举债解燃眉之急。① 1816 年所得税提案的失败表明政府并不能在所有问题上赢得下院多数议员支持，这进一步给反对派壮胆，他们不仅要求压缩开支、精简或撤销战时各类临时机构，还痛斥摄政王在布莱顿（Brighton）大兴土木。政府裁减陆海两军，废除闲差，普通官员亦接受减薪。内阁还联名致信摄政王，吁其勿再铺张浪费。1818 年大选时，激进派利用媒体抹黑品行高尚且多为政府忠实支持者的乡郡选区候选人，致使大选后政府下院优势缩水。这次大选产生了 280 名支持政府的议员、175 名反对派议员、203 名立场飘忽的独立议员。② 新的下院格局表明，必须得到约 1/3 游移不定的独立议员支持，政府才能高枕无忧。反对派知道赢得独立议员支持绝非易事，更有底气要求政

---

① Norman Gash, *Lord Liverpool*, p. 128.

② Eric J. Evans, *The Forging of the Modern State*, p. 487.

府压缩开支。利物浦明知反对派不好惹,仍决定放手一搏,毕竟财政吃紧。1818年,为实现收支平衡,他强行要求恢复个人所得税和麦芽酒税。辉格反对派百般阻挠,但无碍税收议案在下院以较大优势通过。[①] 多数独立议员没有勇气搞垮政府让辉格派坐收渔利。

战后大量军人复员,几十万退伍军人无疑平添了社会安全隐患,与战争相关的工业部门缩减生产导致失业工人难觅工作。战后几年接连天灾,农业歉收,食品价格高涨。这一切催生了接二连三的工人罢工、民众骚乱甚至武装起义。1815年,一群海员率先罢工。1816年夏,一群矿工打着向摄政王请愿的旗号,手推运煤车向伦敦进发,要求政府为他们解决工作。这年春夏之交,在英格兰东部地区,暴徒混入饥民抗议食品价格高昂引发骚乱,政府被迫判处20余人死刑,其中5人立即执行,余者发配海外。[②] 遍及乡村的骚乱并没有随着政府严厉镇压彻底平息,反而蔓延至各大中心城市。1815年冬,伦敦激进主义者沃特森(James Watson)和亨特(Henry Hunt)领头在矿泉地(Spa Fields)举行大规模集会。亨特本不支持暴力活动,但情势很快超出了他的控制能力。12月2日,部分游行示威者效仿攻陷巴士底狱的法国革命者,向伦敦塔进军,造成一些无辜群众受伤。政府军驱散示威者后处死部分暴力参与者。1817年2月,摄政王遇刺,所幸并未受伤。同年,德比郡和诺丁汉等地相继上演民众起义。一桩桩群体性暴力事件"为当局压制改革派提供了所需要的借口"且"吓退了温和的中等阶级改革派",连改革领导人也"陷入了惊慌失措之中"。[③] 为防骚乱进一步蔓延,1816年官方暂时中止了《人身保护法》,授权警察无须审判便可逮捕犯人,直到1818年初才恢复该法效力。抽选两院议员组成的调查委员会故意夸大群体事件之危险性,一致认为高压防范是当务之急,连格伦维尔这样的反对派也认为严刑峻法实为必要。[④]

1818年难得的平静过后,一连串更剧烈的官民对抗上演,且矛头直指既

① Norman Gash, *Lord Liverpool*, pp. 142 - 143.

② Norman McCord and Bill Purdue, *British History*, *1815 - 1914*, Oxford University Press, 2007, p. 21.

③ E. P. 汤普森:《英国工人阶级的形成》(下),第743页。

④ Norman Gash, *Lord Liverpool*, pp. 129 - 130.

定体制。闹事者自称"政治抗议者"(political protestants),以议会席位分配不公为借口号召群众集会向政府施压。改革者不仅要求"政治组织、出版自由和公共集会自由","还要求选举权"。① 1819 年夏,自称亲身参与捣毁巴士底狱的沃尔斯利(Sir Charles Wolseley)在伯明翰发起群众集会并当选为该市民主代表。官方随即宣称他的当选不合法规并将其强行收监,但沃尔斯利的示范效应急速扩散开来,曼彻斯特等没有下院席位的城市市民躁动不安。1819 年8 月 16 日,在官方监视下,大批群众聚集到曼彻斯特市郊的圣彼得广场(St Peter's Fields),呼吁议会改革。亨特原打算在集会上发表演讲。随着聚众人数激增,曼市地方警察向政府表示没有军队协助,他们恐难维持秩序。随后,驻扎在该市附近的义勇骑兵队(yeomanry force)被征调来平息事态。在义勇骑兵队护卫下,警察逮捕了亨特。警察和骑兵队撤离时遭群众围堵,随后政府又调集正规军强行为他们脱身,混乱中"力图逃命的人们挤成一团互相践踏",11 人丧生。② 英国人惯称这次悲剧为"彼得卢屠杀"(Peterloo Massacre),意即政府动用军队像当年在滑铁卢痛击法军一样屠杀同胞。这其实是一场踩踏事件,警察骑兵队若真对民众开枪,死亡何止 11 人? 1820 年 3 月,亨特等人在约克郡受审并被量刑定罪。1820 年 2 月,提斯特伍德(Arthur Thistlewood)等人在伦敦加图街(Cato Street)秘密集会,妄图将内阁成员一网打尽。政府事先得知密谋的蛛丝马迹,抢在密谋者行动之前将其全部缉拿。5 月 1 日,提斯特伍德及其 4 名同伙被处决。

　　"彼得卢屠杀"和加图街密谋是战后英格兰民众激进运动的高潮。政府为防局势失控,必须顶着舆论压力支持警察和各级机关的高压政策。利物浦认为曼市当局和警察在彼得卢事件中的行为是"正当的",尽管稍嫌"鲁莽"。③彼得卢之后,西德茅斯建议提前召开议会,出台严刑峻法,防止暴乱再起。利物浦认为不幸源于偶然,提前开议会反致人心不宁。然而反对派并不给政府喘息之机,以前爱尔兰总督菲茨威廉为代表的辉格派大佬借题发挥,在约克郡组织激进分子集会。他们既要防止激进运动失控,又要借之向政府施压。辉

---

① E. P. 汤普森:《英国工人阶级的形成》(下),第 787 页。
② E. P. 汤普森:《英国工人阶级的形成》(下),第 804 页。
③ Norman Gash, *Lord Liverpool*, p. 144.

格派所为引起了政府警惕,利物浦决定提前开议会挫败他们。部分辉格派议员在 1819 年 11 月的议会上要求调查"彼得卢屠杀"来龙去脉,但多数议员对此毫无兴趣。格伦维尔和西德茅斯等人确信激进分子受雅各宾主义驱使,妄图颠覆英国宪制。圣诞节前后,"六项法案"(Six Acts)轻而易举在下院通过。根据这些法案,政府官员和警察可以公共安全为由搜查民宅;未经政府同意,群众不许集会;政府还提高印花税税额,间接打压煽动性和诽谤性报刊及印刷品。伦敦通讯会老会员普雷斯(Francis Place)怒骂"通过'六项法令'的人是一群恶棍,⋯⋯会被绞死"。① 利物浦政府在此期间的社会控制手段与二十年前的"皮特恐怖"颇为相似,表面看措施之严厉令人窒息,实则令严行宽,真正遭"六项法案"制裁的受害者为数寥寥。利物浦也从不相信雅各宾主义在英国有群众基础,他认为平息群众运动只能靠舆论引导而非高压,立法只能起辅助性的震慑作用,西德茅斯和格伦维尔却抱怨"六项法案"太过温和。②

一般认为,战后几年乱象的主要祸根是臭名昭著的《谷物法》(Corn Law)。反拿破仑战争前期,粮价直线狂飙。1813 年初,每夸特小麦价格高达 118 先令 8 便士;战争接近尾声时,粮价近乎腰斩,1815 年初,每夸特小麦价格降至 60 先令 8 便士。③ 大批先前受高粮价诱惑的农场主缩减种植面积,甚至抛荒土地。两院议员多是地主,粮价过低首先损害他们利益。从 1814 年起,部分议员便建言有必要通过关税保护把国内粮价维持在较高价位。是年议会设立的专门委员会在一番调查后认定每夸特小麦价格高于 80 先令农场主才不至亏本。利物浦政府对战争期间高粮价记忆犹新,对马尔萨斯(Thomas Malthus)经济理论笃信不疑。鉴于国内人口迅猛增长,政府希望尽可能增加农产品供给以减少对海外粮食市场的依赖。《谷物法》便是上述诸多因素共同作用的结果。该法规定,国内小麦价格低于每夸特 80 先令时,不得从他国但可从英国海外属地进口谷物。反对派怒斥当权者公器私用,抨击《谷物法》是保护地主集团利益的肮脏立法,但"更仔细的审查"证实"该法远不是它乍看起来的对地主利益的让步"。80 先令标准大体合理。首先,帝国海外属地起着

---

① E. P. 汤普森:《英国工人阶级的形成》(下),第 775 页。

② Norman Gash, *Lord Liverpool*, pp. 145 - 147.

③ Norman Gash, *Lord Liverpool*, p. 117.

巨大调节作用,可在小麦价格高于每夸特 67 先令时向英国本土输入谷物。其次,过去二十年小麦平均价格恰是每夸特 80 先令,政府当时担心谷贱伤农,农场主大幅抛荒土地不利于乡村稳定。不能否认《谷物法》确保了"农场主免于对进口的恐惧",但它的出台是权衡利弊后综合考量之结果。① 《谷物法》生效后三十余年中,英国国内小麦价格从未超过每夸特 80 先令。该法既维护了地主利益,也确保了农产品市场稳定,但反对派及各类激进主义者反复将其树为众矢之的。

"六项法案"和《谷物法》凸显了浓厚贵族地主政权特色,衬托出利物浦政府前期政策的保守基调。传统观点认为:在这个政府的核心决策层,一群逞强好胜、个性十足的僚属纠缠一位平庸首相;利物浦能在 1812 年拜相并非"因为他有过人才华,而是因更富才干的大臣不愿就职";利物浦仅因中庸才被各方接受,进而被推到前台。② 这种看法严重低估了利物浦的魅力及智慧。此人组阁前已在内政、外交和战争三大部门经受历练,拜相后连续任职十五年,后世首相无论贤愚,均无法打破他创下的这份记录,而他长期不倒绝非偶然。

首先,利物浦懂得怎样笼络下院议员和控制议会,继而以之增强政府合法性,确保政策顺畅落实。小皮特仅靠乔治三世支持、无视下院多数之反对而长期任相的时代已经过去,利物浦对此看得一清二楚,他曾直言不讳称:"政府关心的重要且现实的事情是其在下院的力量,因此内阁任何政策变更只能建立在对这一问题的考虑之上。"③

其次,利物浦温和儒雅但柔中带刚,唯才是举且御人有术。他强调集体责任制,给予各部大臣充足部门主导权,自己只负责统筹协调。利物浦知道他的上院议员身份有碍行政效率,故特别重视下院议长人选。外交大臣卡斯尔雷

---

①　Boyd Hilton, *A Mad, Bad and Dangerous People?* pp. 265 - 266.

②　Norman Gash, *Aristocracy and People: Britain, 1815 - 1865*, Harvard University Press, 1979, p. 70.

③　Boyd Hilton, *A Mad, Bad and Dangerous People?* p. 277.

长期兼任下院议长。为减轻卡斯尔雷负担，加强政府对下院的掌控，利物浦决定重用坎宁和政坛新星皮尔（Robert Peel）。1821年底，皮尔取代年事已高的西德茅斯担任内政大臣。然而拉坎宁入阁遭乔治四世百般阻挠，威灵顿和西德茅斯一度认为乔治故意阻抑坎宁高升，让政府处于弱势，以便在适当时机摧毁政府。实际上乔治并无政治野心，他憎恶坎宁纯属私愤。① 1821年底至次年年初，利物浦以辞职相逼，乔治才被迫同意坎宁入阁，但明确表示他不希望坎宁负责与王室直接打交道的部门。利物浦只好婉劝坎宁屈尊，担任印度总督。坎宁既垂涎收入丰厚的总督一职，又不想远离伦敦，故犹豫不决，待价而沽。1822年夏，卡斯尔雷因长期超负荷工作，精神崩溃，割喉自杀。利物浦再次请求乔治重用坎宁。乔治仍不松口，不过威灵顿和皮尔也一道向其施压，他们虽讨厌坎宁自以为是，但明晓唯有坎宁能够胜任卡斯尔雷留下的职位。国王以及大法官埃顿等人最终让步，坎宁遂出任外交大臣兼下院领袖。② 坎宁高就后，迫不及待提拔自己僚属，罗宾逊（Frederich Robinson）任财政大臣，哈斯基森担任商贸大臣（President of the Board of Trade）。坎宁目空一切，唯我独尊，他的山头主义搞得内阁人际关系极度复杂，好在坐镇中军的利物浦总有办法协调各个派系以保持政府稳定。能将诸多才华横溢且心高气傲的能臣聚拢于麾下并非易事，仅此一点便可证明利物浦非等闲之辈，1827年他病倒后，托利派的土崩瓦解和轰然倒台反衬了他是名副其实且无可替代的"内阁领袖"。③

再者，利物浦秉持施政为公，制定政策时总能着眼全局，坚信"尽可能维护国家重要集团之间的利益平衡是政府和议会的职责"。④ 对"利益平衡"的强调凸显了利物浦高屋建瓴的格局。18世纪中叶开始的工业化在给国家带来繁荣兴旺的同时，也时时刻刻改变着人们的社会地位和价值观念。利物浦政府必须要适应经济变革带来的全新社会状况，在各利益集团之间维持精妙平衡，用功利主义者（Utilitarianist）的话说，便是尽可能照顾最大多数人的最大利益。包括首相在内的各部大臣意识到不同地区及不同利益集团竞争激烈，

---

① Norman Gash, *Lord Liverpool*, p. 177.

② Norman Gash, *Lord Liverpool*, pp. 187 - 188.

③ Eric J. Evans, *The Forging of the Modern State*, p. 234.

④ Norman Gash, *Lord Liverpool*, p. 184.

《谷物法》已见证土地贵族与工业资本家以及工人阶级利益尖锐对立。即便外贸政策也众口难调：兰开夏的棉纺商关心印度棉花进口,而约克郡的毛纺商关心的是西印度市场;加拿大木材商声称他们比波罗的海木材商更重要,因为他们的业务不会受欧陆战事冲击。[①] 利益分散和多元化要求决策精英通盘考虑政策,不能顾此失彼。

利物浦掌政岁月恰与乔治四世摄政及为王大致吻合。乔治虽为酒色之徒,却非任人摆布的傀儡。他与卡罗琳(Caroline of Brunswick)的夫妻关系早在 1796 年已名存实亡。卡罗琳 1814 年移居海外时曾申明她将来的王后权利和女儿夏洛特(Charlotte Augusta)的王位继承权。不幸的是,1817 年,夏洛特公主临盆难产,母子俱亡。夏洛特是摄政王唯一合法子女,兰心蕙质、品贤性淑,是王室形象的旗帜。她的早殁不仅导致王位继承生变,乔治与卡罗琳之间唯一的亲情纽带也瞬间断裂。卡罗琳从此在欧陆放纵自我,乔治决意离婚,多方搜集她与人通奸之证据。1820 年,乔治三世驾崩,摄政乔治已行使君权十年,其继位与加冕礼本应一帆风顺。然而乔治不允许合法妻子卡罗琳回国参加先王葬礼,更不同意为她举行王后加冕礼。卡罗琳回到英格兰强硬捍卫自己的正宫权利,辉格派以及当时还未得志的坎宁都支持她,布鲁厄姆自愿担任她的律师为其辩护,普罗大众也签名请愿为她伸张正义。利物浦反复奉劝乔治打消离婚念头,维护王室体面及尊严。乔治却唆使议员抛出不经正常审判程序即可给被告定罪的"痛楚惩治议案"(Pains and Penalties Bill),意在震慑顶撞国王的大臣。议案遭下院否决后,乔治迁怒利物浦办事不力,一度打算让格伦维尔联合辉格派组阁。然而大多数议员并不想搞垮政府,加之天性喜好猎奇的群众渐对王室家丑失去兴趣,卡罗琳自感成功无望,只得放弃王后权利以换取 5 万镑年金作为补偿。乔治以强硬姿态得到了有偿离婚这份不错的结果。离婚案证明他缺乏大局观但性情刚烈且有原则和底线。他对原则的坚持多次引发君主和内阁关系紧张,他没有政治大局观又败坏了王室声誉并导致王权衰落。

王权衰落的同时,新式派系政治开始形成,内阁制进一步完善。过去盛行

---

① 　Boyd Hilton, *A Mad, Bad and Dangerous People?* pp. 275 - 276.

裙带政治(patronage politics),仅靠门第或国王的个人赏识,投机钻营之徒便能在政府中谋得显赫且有利可图的职位。利物浦当政期间,裙带政治因素日益淡却,为官越来越依靠个人能力,虽然文官考试制度要到1870年代方才运行,但尸位素餐之辈在利物浦政府中无法保有一席之地。政治家不仅要具备过人才能,还须按新型政治理念行事,这种新型理念的精髓不仅要求政治家按议会主权原则行事,更要求他们与时俱进,顺应潮流。哈斯基森、帕麦斯顿(Viscount Palmerston)、皮尔等年轻新秀均是这种"新型职业政治家",他们为官及施政已非"贵族游戏",而是纠治"社会弊端"。①

1810年,乔治三世彻底失智后,"很多议员开始将自己视为皮特或珀西瓦尔的党徒而非国王的臣仆,而同一群政治家对职位的长期垄断又意味着一些人自视为党派成员,始终如一地捍卫政府政策,反对来自福克斯的辉格派的批评"。② 持共同政治理念的政客结成新的派别是19世纪初英国政坛最引人注目的新现象。自1770年代柏克将结党合法化后,派系政治到19世纪初已成常态,辉格派甚至将议会中的拉帮结派视为防止王权破坏宪制平衡的必要手段。③ 政客仕途与所属派系紧密挂钩,甚至浮沉与共。托利派政府1830年垮台时,不仅内阁大臣彻底洗牌,连低级行政官员也多被更换,这是内阁制完善和相权增强的标志。沃波尔时代,首相换人与同侪斥黜并无必然并联;小皮特时代形成了以首相为核心的顶层官僚团队,大臣赢得首相和派系的认可比获得国王的赏识更重要。18世纪并无后世严格意义上的政党,为官者更不受党纪党章约束,全是国王仆人;19世纪初仍无成熟运行的政党机制,但廷臣变成了首相的辅弼,与所属派系齐进退、共荣辱。

利物浦政府前期政策以保守著称,随着坎宁、皮尔与哈斯基森等人入阁,

---

① Boyd Hilton, *A Mad, Bad and Dangerous People?* p. 286.

② Boyd Hilton, *A Mad, Bad and Dangerous People?* p. 285.

③ 安格斯·霍金斯:《维多利亚时代的政治文化:合情顺理》,北京大学出版社,2021年,第69页。

政府开始奉行后世称之为自由托利主义(Liberal Toryism)的政策。坎宁的外交、皮尔的内政以及哈斯基森的贸易原则都体现了自由托利主义精神。卡斯尔雷在任时便公开表达对神圣同盟(Holy Alliance)干涉希腊等国独立运动的不满。坎宁执掌外交后,英国与神圣同盟各国外交分歧越来越大。1820年,西班牙发生自由主义革命,曾被拿破仑赶走的国王费迪南德七世被废黜。1823年4月,法军开进西班牙助费迪南德复位,将革命镇压下去。坎宁反对法国干涉西班牙革命,他坚称英国外交重心当在美洲,防止法国帮助波旁王朝在西班牙以及西班牙各殖民地复辟。1823年,他强迫法国驻英大使签署一份不干涉原西属美洲殖民地事务的备忘录。① 坎宁还建议英国迅速承认拉美各国独立并与美国修复关系,遏制欧陆各国向拉美渗透。坎宁深谋远略,但《门罗宣言》(Monroe Declaration)表明美国对坎宁抛出的橄榄枝没有兴趣且心存戒备。国内,乔治和威灵顿不仅支持法国以神圣同盟名义对西班牙动武,且处处掣肘坎宁。威灵顿认为英国不必与法国唱对台戏,而应警惕俄国蚕食奥斯曼帝国。乔治因离婚案忌恨坎宁且极度反感其高调张扬,何况他本人是欧洲神圣君主重要一员,有义务捍卫维也纳体系确立的正统原则。1824年,坎宁建议英国承认墨西哥及哥伦比亚独立,乔治和威灵顿极力反对,但因利物浦和皮尔支持,1825年1月初,英国与上述两国缔结商贸协定,变相承认了它们的独立。这是王权衰落过程中的一场"重要事件",也标志皮尔不顾威灵顿意志,据己判断独立行事。坎宁此后更有底气叫嚣"国王绝无将我免职的勇气"。② 1826年,在坎宁主使下,英国直接发兵干涉发生革命的葡萄牙内政并导演了巴西独立。

坎宁鼓吹自由托利主义为英国外交利益最大化服务,利物浦和哈斯基森则是经济自由主义的号手。利物浦是土地贵族利益代言人,但他上位不久便开始推行贸易自由主义。早在1813年,政府虽继续认可东印度公司对中国贸易垄断权,但允许所有英国商人在印度及东南亚其他区域拓展贸易,以缓解反拿破仑战争和第二次英美战争导致的贸易萎缩。1814年,政府废除一切行会

---

① Boyd Hilton, *A Mad, Bad and Dangerous People?* p. 292.

② Boyd Hilton, *A Mad, Bad and Dangerous People?* pp. 293 - 294.

行规。这些措施表明利物浦政府在战争还未结束之际便表露了自由贸易倾向。利物浦更知道英国强盛的秘诀在于工商业以及支撑工商业的技术发明。他在 1820 年 5 月的演讲中强调农、工、商协调发展，倡导自由贸易，推崇斯密（Adam Smith）经济学说并宣称："我坚信，就商业而言，法律越少越好。"① 1820 和 1821 年农业连续丰收造成"农业萧条"，农场主抱怨粮价太低，吁请调低农业税并给予农业补贴，利物浦通过公开演说告诉农场主，"农业萧条"罪不在农业税，而是市场竞争的结果。他指出应付萧条只能靠市场，并强调农产品价低有利于经济协调发展。② 1824 年，利物浦公开赞誉蒸汽机是"现代世界最伟大、最有用的发明"，请求国王专门奖励蒸汽机发明者瓦特（James Watt）500 镑。③ 利物浦反感哈斯基森权欲炽盛，但赏识他的自由贸易举措。哈斯基森最大限度刺激工商业发展并相信减税是工商业兴旺之秘诀。1821 年，政府率先削减木材进口税；1823 年，不再征收针对奢侈行业的消费税；1824 至 1825 年，羊毛、棉花、生丝、朗姆酒、玻璃等商品的进口税亦被取消。④ 当然，这些减税措施必须有 1821 年之后的经济繁荣作支撑。1822 至 1825 年，经济景气，连反对派也找不到苛责借口，下院议长坎宁几乎不受反对派干扰。1823 年，当《关税互惠法案》（Reciprocity of Duties Act）在下院表决时，仅 15 名议员投票反对。哈斯基森曾对自由贸易原则自鸣得意，宣称："在这个世界文明已得到提升的情况下，早该确立更为自由的原则，……商业不是目的，而是为各民族带来幸福与享受的手段。"⑤

哈斯基森矢志不渝反对《谷物法》，抨击该法抬高农产品和食品价格并推高工业成本，进而导致资本外流。他的一己之力不足以撼动《谷物法》，但首相利物浦和挣扎在生存线上的千家万户支持他。1825 年农业歉收，加之经济危机爆发，民生艰难。废除《谷物法》的请愿书车载斗量，政府不顾地主抗议，从海外大量进口粮食。⑥ 1826 年大选中，哈斯基森拉票时呼吁废除《谷物法》，

---

① Norman Gash, *Lord Liverpool*, p. 158.

② Norman Gash, *Lord Liverpool*, p. 184.

③ Norman Gash, *Lord Liverpool*, p. 200.

④ Boyd Hilton, *A Mad, Bad and Dangerous People?* p. 295.

⑤ Boyd Hilton, *A Mad, Bad and Dangerous People?* p. 297.

⑥ Norman Gash, *Lord Liverpool*, p. 239.

招致威灵顿非难。同年底,利物浦建议把从他国进口小麦的价格标准由每夸特 80 先令降为 60 先令,并打算来年提交给议会表决。① 1828 年,威灵顿出任首相后开历史倒车,出台政策规定:国内小麦价格降至每夸特 66 先令时,向进口小麦征收每夸特 20 先令 8 便士关税;低于 66 先令后,小麦价格每下降 1 先令,在 20 先令 8 便士基础上再加 1 先令关税。② 利物浦和哈斯基森启动了维多利亚时代经典经济自由主义的前奏,威灵顿则用 1828 年的《谷物法》调整证明他才是土地贵族利益的忠实捍卫者。

利物浦政府在外交和经贸领域奉行自由托利主义,民事政策也散发着清新的自由气息。皮尔主持的内政部大规模改革刑法和监狱规章。改革前英国刑法混乱,很多条例甚至可以追溯到中世纪。1823 年的《监狱法》(Gaols Act)废除了许多陈规旧则,在全国范围内建立起一套完善的罪犯管理系统。法律改革期间,总共 278 条旧法令被废除,取而代之的是 8 项新的成文法。③ 新法律大幅减少死刑判决以凸显温情脉脉的人道主义。对监狱和刑法的人性化改革表明政府的社会控制有所放松,过去针对激进运动的部分严刑酷法也显得不合时宜了。1824 年,小皮特当政时通过的《结社法》亦被撤销。此法甫一撤销,1825 年便上演了全国范围的工人罢工。迫于无奈,议会只能制定一部新的《工厂法》(Factory Act),该法认可工会合法,允许工人以个人名义与雇主缔结劳动契约,但压缩了工会与工厂主讨价还价的范围。④

一般认为,利物浦政府奉行经济自由主义和社会改良主义,政治和宗教政策则因循守旧,抵制议会改革,对解放天主教徒也是能拖则拖。实则不然,利物浦政府在政治和宗教上并非抱残守缺,而是稳中求进。当时政治挑战是议会改革,宗教敏感话题则是天主教徒之解放。1821 年,罗素(John Russell)以康沃尔地区部分选区腐败为由,提案剥夺腐败选区议席,给予利兹两个席位。利物浦同意剥夺腐败证据确凿的选区议席,但无意触动选举体制,更反对给予工业城市议席。他确信曼彻斯特和利兹这样的新兴工业城市是激进主义的温

---

① Norman Gash, *Lord Liverpool*, p. 242.
② Boyd Hilton, *A Mad, Bad and Dangerous People?* p. 307.
③ Norman McCord and Bill Purdue, *British History*, p. 41.
④ Boyd Hilton, *A Mad, Bad and Dangerous People?* p. 300.

床,拿到议席后只会产生危害秩序的激进派议员,相反,道德风尚保存完好的乡郡选区一般会选出温和绅士议员。结果,涉嫌贿选的少数选区被剥夺议席,但利兹未得到席位。①

和珀西瓦尔一样,利物浦也是热心的福音主义者。鉴于卫斯理宗信徒温顺守法、人多势众,1812 年组阁之初,利物浦便不顾西德茅斯等人阻挠,游说下院通过一项招安卫斯理宗的法案,既保护卫斯理信徒免受国教会打压,也增强了政府的群众基础。② 利物浦慷慨为不从国教者争取权利,也同情天主教徒处境且相信解放天主教徒是历史大势,但考虑到排斥天主教徒是英国宪政之基石,他对解放天主教徒慎之又慎。组阁之初高层已约定政府不讨论天主教徒解放事宜。然而解放派几乎每年都提交相关议案。1821 年,一份解放天主教徒的议案在下院通过,不过被利物浦所在的上院否决。利物浦还敬告乔治勿对解放之事表态,以免激化对立派系之矛盾。1823 年,奥康纳(Daniel O'connell)在爱尔兰组建天主教协会(Catholic Association),正式鸣响了天主教徒争取自身解放的枪声。该协会旋即受到爱尔兰民众和神甫衷心支持。1824 年,时任爱尔兰总兵理查德·威尔斯利致信坎宁称:天主教协会点燃了爱尔兰人身份认同之火种,将他们变成一个"民族",新教徒的权威仅存在于"失去人民支持的政府"中。坎宁预感事态严重,亲自去爱尔兰调研并确信天主教解放不能再拖。③

1825 年初,博德特提交了又一份解放天主教徒议案,皮尔是当时下院中唯一反解放的重量级人物,他以辞职威胁议员们阻止议案通过。然而支持解放的坎宁要求就解放大事做一了断,否则辞职。坎宁派人多势众,皮尔则是政府的下院喉舌,任何一方辞职,政府都可能垮台。④ 利物浦左右为难,他知道解放是大势所趋,但解放契机尚未出现,只好违心在上院中贬斥天主教徒不配享有自由。博德特提案被上院否决,政府旋又以爱尔兰各类民间组织涉嫌侵

---

① Norman Gash, *Lord Liverpool*, pp. 172 - 174.

② Norman Gash, *Lord Liverpool*, p. 95.

③ Stephen M. Lee, *George Canning and Liberal Toryism*, *1801 - 1827*, Boydell Press, 2008, pp. 153 - 154.

④ Norman Gash, *Lord Liverpool*, pp. 233 - 235.

蚀议会权力为由,宣布天主教协会非法。奥康纳愈挫愈勇,是年夏,他又成立新天主教协会(New Catholic Association)继续与政府唱对台戏。比奥康纳更难安抚的是坎宁,这年 5 月,他发表声明,呼吁终止"开放原则",允许内阁公开讨论解放事宜。① 解放争议不仅撕裂了政府,还决定了 1826 年大选时相当一部分选民投票意向。英格兰和苏格兰大多数人反对解放天主教徒,选举结果对政府较为有利;爱尔兰截然相反,同情天主教的候选人优势明显。政府支持者在英格兰增加了 16 席,在爱尔兰少了 3 席。净增的 13 席直接导致 1827 年初博德特的又一份解放天主教徒议案以 4 票之差被下院否决。②

　　1827 年 2 月,利物浦中风,国王指示坎宁组阁。坎宁因自由主义倾向以及多年来支持解放天主教徒而到处树敌,原政府 6 名阁员拒绝在其手下任职。早已与坎宁交恶的威灵顿自不必说;大法官埃顿视新教体制为国之根本;皮尔也辞去内政大臣一职,理由是他反对解放天主教徒。唯一反对解放天主教徒但仍继续任职的阁员是前财政大臣范西塔特,他留职源于国王的苦劝。除阁员,另有 35 位重要官员辞职。③ 坎宁要强好胜、能拼敢打,不会因威灵顿等人辞职而缩手畏尾,他剑走偏锋,果敢转向了辉格派。以布鲁厄姆和兰斯多恩(3rd Marquess of Lansdowne)为代表的温和辉格派欣赏坎宁的自由主义,乐与其合作并期待一石二鸟——解放天主教徒并拆散托利派。兰斯多恩出任新内政大臣,蒂尔尼亦加入内阁。加入坎宁内阁的多是温和辉格派,他们支持解放天主教徒,但抵制议会改革。兰斯多恩等人与坎宁合流令格雷、罗素等坚持议会改革的激进辉格派怒不可遏,面对温和辉格派变节,格雷绝望说道:"现在我感觉自己形单影只,……我再也不蹚政治这浑水,我毕生为政治奋斗,但神

　　①　Stephen M. Lee, *George Canning and Liberal Toryism*, p. 160.

　　②　Ian Machin, *Catholic Question in English Politics*, *1820 - 1830*, Clarendon Press, 1964, pp. 86,91.

　　③　Stephen M. Lee, *George Canning and Liberal Toryism*, p. 171.

知晓我成功的可能性微乎其微。"①拒绝支持坎宁的托利派嘲讽坎宁内阁为
"变节的托利派组成的辉格派政府"并自称"真正托利派"。所谓"真正托利派"
在当时的语境下就是反天主教徒解放。坎宁瓦解了皮特留下的所谓传统托利
派，也肢解了辉格派，开启了党派重组。他的政府近似联合政府，若非因过度
劳累仓促辞世，他的联合政府很可能长期存在下去，因为未来的派系整合基本
按此时的轨迹演进。坎宁面对刻不容缓的解放大事时，果敢冲破派系藩篱，其
人壮志未酬，但勇气可嘉且留下了丰富政治遗产，为后继者指明了行进方向。
此前，在多数托利派眼中，自由便是要颠覆以排斥天主教徒为重要特征的宪
制，事关国体。然而坎宁这位毕生景仰皮特的托利派高擎解放天主教徒大旗，
通过组阁把"自由"与"托利"两份理念糅合到一起，将自由托利主义向自由的
方向进一步引导、升华，成功向世人昭示"托利"与进步开明并不相悖。

坎宁死后，现已受封为古德里奇子爵（Viscount Goderich）的罗宾逊出任
新首相。此人曾长期担任商贸大臣和财政大臣，有一定的政治经验。然而他
缺乏坎宁的旺盛精力和高超政治技艺，无力驾驭派系复杂的内阁；他更无坎宁
直面对抗国王的勇气，而国王偏偏要过度干预人事任命。辉格派得寸进尺，要
求古德里奇任用霍兰（3rd Baron of Holland）担任外交大臣，但乔治坚决反对
霍兰督办外交并指定赫内斯（John C. Herries）担任财政大臣。赫内斯入阁致
使原本紧张的人际关系更加复杂。赫内斯与哈斯基森因财政委员会（finance
committee）主席人选爆发私怨。坎宁任首相时便拟议组建这个委员会，旨在
监督各部门削减开支。哈斯基森没有事先告知赫内斯便敲定主席人选，令赫
内斯这位刚就职的财政大臣颜面无光。赫内斯本非省油灯，且背后有威灵顿
公爵支持，而公爵反对削减军费，理由是 1827 年关涉希腊自治的《伦敦条约》
（Treaty of London）为俄国威胁东地中海大开方便之门。赫内斯与哈斯基森
激烈争吵把内阁搞得乌烟瘴气，古德里奇老泪纵横向国王陈诉他"已无法控制
两位冲突的大臣"。②乔治转而指示威灵顿组阁。坎宁和古德里奇都是唐宁
街匆匆过客，他们的政府分别维持 141 天和 144 天；古德里奇为相期间，"从未

---

① E. A. Smith, *Lord Grey*, *1764 - 1845*, Oxford University Press, 1990, p. 245.

② Boyd Hilton, *A Mad*, *Bad and Dangerous People?* p. 377.

召开议会".①

1828 年 1 月,威灵顿公爵组建了最后一届传统意义上的托利派政府。乔治指示威灵顿海纳百川且不得以政府名义讨论解放天主教徒。② 威灵顿希望皮尔出任内政大臣兼下院领袖,皮尔愿意担任新政府台柱,不过要求威灵顿尽量重用坎宁和古德里奇政府要员。上年拒绝加入坎宁内阁的部分托利派在新政府中位居要职。广延人才导致威灵顿需要平衡的派系高度复杂,政府要员"几乎在每个重大问题上"均意见不一,说话需要谨慎,以免引起误解;帕麦斯顿说他们打交道时"非常文雅,似乎刚刚打了一架"。③ 时人甚至猜测格雷将会担任威灵顿政府外交大臣,不过乔治明确发话格雷不得入阁。重臣本就同床异梦,外加国王强势干预,威灵顿领导这样的内阁注定是一件苦差。

威灵顿政府遭遇的头等挑战是宗教宽容。1790 年以来,宗教界惊人巨变是不从国教者力量壮大和福音主义高歌猛进,而国教虽不再沉睡,但复兴主要靠高级教士谴责法国革命时发出的官味浓浓的布道词,基层教会情况并无明显好转。对牛津郡境内 30 个堂区的研究显示领圣餐的国教徒人数一直下滑,1738 年 911 人领圣餐,1759 年减为 896 人,1771 年减为 868 人,1802 年仅有682 人,直到 1810 年才恢复到 755 人。④ 牛津国教根基牢靠,再考虑到 18 世纪中叶至 19 世纪初人口猛增,其信众流失与减幅真实映射这个时代国教境况不佳。国教会在宗教改革后屡次丧失教产,经济捉襟见肘,什一税和平信徒捐赠毕竟无法与大片教会土地的租赁收入相比,教会资金短缺致使人手严重不足;神职人员薪水差距大,偏远教区和多数基层圣职无力吸引牛津和剑桥的毕业生。18 世纪晚期和 19 世纪初,乡绅和牧师携手以巩固国教在乡村的阵地,

①　Boyd Hilton, *A Mad, Bad and Dangerous People?* p. 376.

②　Rory Muir, *Wellington: Waterloo and the Fortunes of Peace, 1814 - 1852*, Yale University Press, 2013, p. 301.

③　Boyd Hilton, *A Mad, Bad and Dangerous People?* p. 380.

④　Alan D. Gilbert, *Religion and Society in Industrial England*, p. 27.

但什一税折现后，牧师收取现金要比收取实物更便捷，这不仅导致牧师与其所辖堂区的乡民关系疏远，且牧师有更多时间和精力担任地方治安法官和基层小吏。到 19 世纪初，至少 1/4 地方治安法官是牧师，1/8 牧师负责专职基层行政工作。① 世俗权力和精神职责交叉重叠极易滋生腐败，牧师多忙于俗务，将精神关怀和心灵慰藉抛诸脑后。1820 年调查显示竟有 40% 牧师不在所辖堂区，而 16 世纪宗教改革前的对应数字也只有 25%。② 教会高层对基层堂区监管缺失也变相纵容牧师兼职或擅离职守。一句话，国教牧师严重失职、渎职。

这是经济剧变及社会裂变的时代，民众尤其是依赖市场的商贩、手艺人、创业者难免焦虑；非国教派，特别是卫斯理宗的团体关照和心灵关怀为他们提供了安全感，令他们心生归属感，较易俘获了民心。1811 年 5 月，不从国教者第一次猛烈释放政治能量，当年西德茅斯欲出台法案限制不从国教牧师布道资格，要求布道者须有"其所属教派内 6 名显赫且受尊敬的房产持有者"或官方认可的"按立牧师或见习牧师"的书面支持。不从国教派收集大量请愿书向政府施压，挫败了议案。参加抗议的非国教徒人多势众，卫斯理宗和老资格不从国教派首次并肩行动更令政府震惊。③ 西德茅斯和霍兰勋爵炮制议案时略显草率，他们误以为卫斯理宗会善意支持政府。然而卫斯理宗多数不愿以"不从国教者"名义申请布道资格，他们更担心卫斯理流传下来的巡回布道模式遭破坏。④ 1790 年代到 1830 年代是卫斯理宗的黄金时代，其信众从 1791 年的 5 万余人增加到 1831 年的 30 余万，其登记信徒占成年人的比例从 1801 年的 1.6% 增加到 1841 年的 4.5%。⑤ 浸礼宗之兴旺可从其教堂数窥见一斑，1808 年他们在英格兰境内有 532 所专属教堂，1830 年增加到 1025 所，1840 年进一步增至 1276 所。1800 年，公理会只有约 3.5 万信众，浸礼宗约 2.7 万余信众；1838 年，公理会人数高达 12.7 万，浸礼宗信徒增至约 10 万人，其中特救

① Alan D. Gilbert, *Religion and Society in Industrial England*, p. 80.

② John Walsh and Stephen Taylor, "Introduction: The Church and Anglicanism in the 'long' eighteenth century," p. 8.

③ Michael Watts, *The Dissenters*, Vol. Ⅱ, pp. 370 - 371.

④ David Hempton, *Methodism and Politics in British Society*, pp. 99 - 100.

⑤ Alan D. Gilbert, *Religion and Society in Industrial England*, pp. 31 - 32.

浸礼宗(Particular Baptist)信徒占绝对多数,计8.6万。[1] 非国教徒的三个最大派别卫斯理宗、公理会、浸礼宗在北方工业城市中齐头并进,布里斯托尔周边以及康沃尔地区卫斯理宗风头更盛,而中南部传统农业区新增人口则被浸礼宗和公理会吸纳。[2] 与其说上述三大不从国教派共同蚕食国教地盘,不如说它们把新增人口多数揽下。国教的坚定信众只剩世家贵族、与国教牧师身份重叠的基层行政官员、依附贵族的佃农及仆从。

国教式微并不等于一潭死水。开明国教徒和国教牧师也乐于拥抱福音主义。国教福音主义者到19世纪初也形成"可怕的方阵",在牛津和剑桥有坚固阵地,在神职人员中亦受欢迎。他们在伦敦市郊克拉潘村(Clapham)成立俱乐部,废奴主义者威尔伯福斯是俱乐部领袖,大商人兼慈善家桑顿(Henry Thornton)是俱乐部金主,伦敦主教波蒂厄斯则是俱乐部常客。这些社会名流倡议改革国教弊制、宽容不从国教者,呼吁废奴,传讲福音。1839年有3000名国教牧师在宣传福音,这个数据绝非朝夕之功。高级教士中,1815年上任的格洛斯特主教瑞德(Henry Ryder)、1828年上任柴斯特主教的萨姆纳(J. B. Summer)是福音主义代表,后者他日竟荣升大主教。大批国教福音主义者不再热衷神学辩论,而是倾力提振道德、济世安邦,受到教俗两界共同拥戴。[3] 托利派的国之栋梁,从诺斯、小皮特到利物浦、珀西瓦尔、坎宁,还有新秀皮尔,都不愿纠结教义争执而主张宗教宽容,他们要么是福音主义在世俗贵族中的旗手,要么乐见福音之风劲吹。具体到宗教政策上,都不愿动摇国教根基,但也不刻板死守教会与国家联盟而打压其他教派。他们主动调整心态,积极入世,不再以高人一等姿态审视其他派别信众。国教在福音主义俘获人心的年代分化了,传讲福音、济世救民者相对而言更受欢迎。

自18世纪中叶起,国教福音派和高教会人频因教义起争执,但他们都维护新教宪政,合作仍是主旋律并且靠通力合作帮助英国顶住了革命洪流。随

---

[1] Alan D. Gilbert, *Religion and Society in Industrial England*, pp. 35, 37. 特救浸礼宗恪守加尔文主义,相信上帝只救赎拣选的浸礼宗信徒,而普救浸礼宗(General Baptist)相信上帝拯救所有浸礼宗信徒。

[2] Alan D. Gilbert, *Religion and Society in Industrial England*, pp. 120 - 121.

[3] John Walsh and Stephen Taylor, "Introduction: The Church and Anglicanism in the 'long' eighteenth century," pp. 44 - 45.

着革命危险不再以及福音主义壮大,高教会开始提防国教至上地位和等级森严的僧侣体制受到冲击。福音主义轻视教义且把部分国教徒和非国教徒衔接起来,在潜移默化中冲击国教和非国教之壁垒,令高教会人愤怒。1802 年,一位高教会人指责福音主义者"在政治上已被证明对国教的和平及良性政府非常有害"。① 1805 年前后,教俗两界部分高教会人常在伦敦的汉克尼(Hackney)选区一私宅聚会,结成汉克尼方阵,与克拉潘俱乐部各说各话。② 霍斯利健在时凭其号召力还可以充当高教会人和国教福音主义者的缓冲器。1806 年霍斯利逝世,两派矛盾逐渐公开化。反拿破仑战争结束后,高教会人对国教福音派的指责越来越具火药味,称后者"披着宗教外衣""增强他们的权势";指控他们宣讲的邪说"在查理一世时代毁坏了建制教会",如今又在"教会内部不知疲倦地搞分裂,欲给国教教义和纪律造成更大伤害"。③ 就纵容非国教徒看,这种指责不完全是信口雌黄。国教分裂迹象在世俗贵族中同样无法掩盖。辉格派大多并不顽固,托利派就情形不同了。托利情怀首先体现为热爱教会,托利主义者自告奋勇抵制天主教徒、不从国教者以及以光大福音为名行宗教自由化的国教徒;托利与高教会甚至被视为同义词。④ 以大法官埃顿为代表的托利分子仍宣扬国家应为国教服务、切勿颠倒本末。高教会人在 19 世纪初更顽固、更孤立,但他们内部团结并牢守教国一体传统,仍是异常强大的政治力量。

上述总体宗教思潮和教派格局决定了宗教政策大变革势不可挡,首当其

---

① Peter Nockles, *Church parties in pre-Tractarian of England 1750 - 1833: The "Orthodox"-some problems of definition and identity*, in John Walsh, Colin Haydon and Stephen Taylor, eds, *The Church of England*, *c. 1689 - c. 1833: From Toleration to Tractarianism*, p. 351.

② James Sack, *From Jacobite to Conservative*, pp. 192 - 193.

③ Peter Nockles, *Church parties in pre-Tractarian of England 1750 - 1833*, pp. 354 - 355.

④ James Sack, *From Jacobite to Conservative*, pp. 212 - 216.

冲的是歧视不从国教者的陈规旧法。1661 年的《市政机关法》和 1673 年的《宣誓法》在漫长的 18 世纪饱受非议,到 19 世纪初已成众矢之的。坎宁在世时便主张废除这两项阻抑进步、撕裂社会的老旧法案并解放天主教徒。他的追随者以及辉格派在威灵顿刚上任时便引出这一话题,领头的是罗素。绝大多数议员和阁员支持罗素,皮尔称"如果《宣誓法》和《市政机关法》被撤销,我不认为国教便会大厦倾覆"。[1] 埃顿是极少数异议者之一,他认为"英国国教和国家一起,共同组成了大不列颠的宪政,《宣誓法》和《市政机关法》对于保护这一宪政是必要的"。[2] 英格利斯(Robert H. Inglis)是唯一反对废除两项法案的下院议员,他认为两项法案当年意在针对克伦威尔及其党徒,如若撤销,不从国教者恐再酿 17 世纪血案与动荡。[3] 总体看,质疑之声鲜有附和。问题之复杂在于支持废除两项法案者动机各异。多数自由主义者认为仅废除两项法案远远不够,坎宁当年要求兰斯多恩等人进入内阁的条件是不能单独废除两项法案,而应将其与解放天主教徒绑定讨论。坎宁派的哈斯基森和帕麦斯顿等担心废除两项法案后,不从国教者取得与国教徒同等权利,天主教徒更加势单力孤,处境更为不利。下院 20 余名极端托利派议员(ultra Tory MPs)虽敌视不从国教者,但更厌恶天主教徒。此时他们竟迫不及待希望尽快废除两项法案,以便将天主教徒置于孤立无援之境地。他们坚信,不从国教者一旦取得与国教徒同等权利,将更坚定反天主教。[4] 1828 年 2 月 26 日,罗素废除两项法案的提案在下院以 237 对 193 票顺利通过。3 月,皮尔约见两位大主教以及达勒姆、伦敦、柴斯特等主教,说服他们在上院配合下院行动。在威灵顿和主教们支持下,4 月 29 日,上院以 154 对 52 票通过罗素提案。[5] 霍兰自豪写道:"这是到此时为止获得的对迫害和排斥原则的最大胜利",因为"它摧毁了……国教和国家是不可分离的"这种托利派信条。[6]

①　Boyd Hilton, *A Mad, Bad and Dangerous People?* p. 381.

②　J. C. D. 克拉克:《1660—1832 年的英国社会》,第 627 页。中译本将"《宣誓法》"译为"《誓证法》"。

③　Boyd Hilton, *A Mad, Bad and Dangerous People?* p. 382.

④　Boyd Hilton, *A Mad, Bad and Dangerous People?* p. 383.

⑤　Rory Muir, *Wellington*, p. 311.

⑥　J. C. D. 克拉克:《1660—1832 年的英国社会》,第 627—628 页。

两项法案的废除是"既定秩序大厦的第一道裂隙"。[1] 如果极端托利派认为国教已化险为夷并达到了孤立天主教徒的目的便大错特错了。激进派议员柏德特借风起浪,旋即提出又一份天主教徒解放议案。1801 年英爱合并以及天主教徒在法国革命期间爱国守法令开明政治家确信,解放天主教徒不仅毫无危险,更有利于联合王国民众团结。然而排斥天主教徒毕竟是英国宪制基石,何况高教会人以及全体不从国教者敌视天主教徒,致使解放事宜高度敏感。威灵顿就职不久便与主教们磋商天主教徒解放方案。1828 年 5 月,柏德特的议案在下院通过,但以 44 票之差被上院否决。[2] 上、下两院意见相反充分证实,决策精英远未就解放天主教徒达成一致。

除了天主教这个老难题,内阁矛盾也搞得威灵顿心烦意乱。哈斯基森和帕麦斯顿等坎宁派对威灵顿强化而非放松《谷物法》尤为不满。1826 年选举中,康沃尔境内的彭尼恩(Penryn)和诺丁汉郡的东雷特福德(East Retford)涉嫌严重腐败,哈斯基森提议将这两个选区的席位转给曼彻斯特和伯明翰。多数下院议员表态支持,但上院多数贵族声称这对两选区内正直选民不公,他们更担心议席调整波及其他腐败选区,进而危及他们的既得政治利益。哈斯基森因调整议席无果带领格兰特(Charles Grant)以及墨尔本(William Lamb, 2nd Viscount Melbourne)等坎宁派干将退出内阁。他们离职对现政府利弊皆有。威灵顿顺势改组内阁,阿伯丁(George Hamilton-Gordon, 4th Earl of Aberdeen)出任外交大臣。改组后政府决策效率提高,不过下院号召力大幅削弱。[3]

接替格兰特出任贸易大臣的是菲茨杰拉德(Vesey Fitzgerald),此人作为克莱尔选区(Clare)议员进入下院,因同情天主教徒在克莱尔选区颇受拥戴。1828 年 7 月,奥康纳果敢决定与菲茨杰拉德在补选中竞选克莱尔议员。出人意料的是,奥康纳大获全胜。[4] 他的新天主教协会号召爱尔兰神甫和富农每周捐资 1 便士,作为天主教解放事业的公共资金,看来成效不错。然而奥康纳

① Eric J. Evans, *The Forging of the Modern State*, p. 258.
② Boyd Hilton, *A Mad, Bad and Dangerous People?* p. 385.
③ Rory Muir, *Wellington*, pp. 316 - 319.
④ Ian Machin, *Catholic Question in English Politics*, p. 122.

因天主教徒身份没有资格担任下院议员。这给威灵顿政府出了一道天大难题。若剥夺奥康纳议员资格,爱尔兰人十有八九会扯旗造反,帝国分裂的危险近在咫尺。威灵顿和皮尔此时都明白政府已被逼到墙角。刚上任的爱尔兰总兵安格利希(Marquess of Anglesey)一边尽力安抚天主教徒,一边谏言威灵顿加速解放天主教徒进程。在威灵顿眼里,帝国统一远比宗教纷争重要,他必须确保爱尔兰安宁,这既能防止帝国分裂,更能说服反解放者相信天主教徒绝非天性捣乱分子。威灵顿担心安格利希在爱尔兰自作主张扰乱大局,用诺森伯兰公爵(3rd Duke of Northumberland)取而代之。诺森伯兰行事稳重,只会按政府命令行事。[1]

1829 年 1 月,威灵顿向内阁透露他对解放方案之构想:给予天主教徒平等权利,国家向天主教神甫支付薪俸。[2] 皮尔赞成解放但反对向天主教神甫支付薪水,他的意见占据上风。皮尔在解放过程中的作用大于威灵顿,他不仅多次拿出周密解放方案,其个人立场转圜为相当一部分温和托利派起了表率作用。皮尔从爱尔兰起家,二十年前,他正是靠一个爱尔兰选区拿到了进入下院的门票。1812 至 1818 年,他担任爱尔兰事务大臣,对爱尔兰民情了如指掌。任职期间,他反复强调自己信仰国教,反对解放天主教徒。作为褒奖,他后来得到了国教氛围浓厚的牛津大学议席。他长期负责的内政部也是处理宗教问题的衙门,屡番与解放派和反解放派打交道。1820 年代后期,在民众心目中,皮尔已是公认的"新教派的领袖",反天主教当仁不让。[3] 然而奥康纳胜选逼迫皮尔在"忠诚的新教徒"和"不可或缺的大臣"两者间艰难抉择,最终对政府和国家的责任心压倒了他的宗教偏好,逼迫他支持解放天主教徒。[4] 此外,对国教的炽热之心令其确信,在开放平等的信仰体系中,国教比天主教更受欢迎,无须担心天主教反噬或颠覆国教。1829 年 3 月 5 日,他对下院的出彩演讲告诫反解放派,他支持解放天主教徒绝非背叛矢志不渝的国教信仰,而

---

①　Rory Muir, *Wellington*, p. 335.

②　Rory Muir, *Wellington*, p. 334.

③　Richard A. Gaunt, *Sir Robert Peel: The Life and Legacy*, I. B. Tauris, 2010, pp. 23 - 24.

④　Richard A. Gaunt, *Sir Robert Peel*, p. 26.

是"为国教利益和国教体制提供更有力安全保证","避免近在眼前的邪恶和危险"。①

众所周知,国王是解放天主教徒的第一道障碍,有鉴于此,早在 1828 年 11 月 16 日,威灵顿便敬告乔治,"没有人能对拖延的后果担责"。② 1829 年 1 月,乔治极不情愿接受了内阁拟定的解放方案。2 月 5 日,议会开幕。各派均陈述了反对或支持解放天主教徒的理由。以第四代纽卡斯尔公爵(4th Duke of Newcastle)为代表的极端托利派认为向奥康纳屈膝投降等于背祖弃宗。他们还请回了远在汉诺威的王弟坎伯兰公爵(Ernest Augustus, Duke of Cumberland)为反解放运动撑腰。2 月中旬,坎伯兰和极端托利派将问题上升到国体之争,质问解放派英国是"新教国家"还是"罗马天主教国家"。③ 极端托利派身后有普罗大众支持,政府如今须为数百年丑化天主教之宣传自吞苦果。1829 年 2 月,皮尔在牛津大学选区的补选失利就是舆情的真实写照,选民用选票警告他不得解放天主教徒。皮尔履职不能没有议席,政府只好买通德文郡境内一个犹太人控制的选区助他暂渡难关。④ 坎伯兰归来后,乔治态度反转。2 月下旬至 3 月初,乔治以违背加冕誓言、良心不安为由,反对解放天主教徒;甚至考虑授权坎伯兰和埃顿组阁,瓦解解放运动。不过坎伯兰和埃顿没有下院支持,无法组阁。威灵顿和皮尔多番见驾,迫使乔治 3 月 4 日再度表态支持解放大事。⑤

威灵顿和皮尔知道争取温和托利派支持是解放议案在下院过关的前提。多数高官和他们的受庇者担心一味阻挠必致政府垮台,届时辉格派和坎宁派不仅坐收渔利出面组阁,还会出台更彻底的解放法案。威灵顿致信主教和上院贵族,奉承他们为"国之柱石",吁请他们顾全大局。主教、贵族和温和托利派下院议员一样,担不起为保护信仰而毁坏政治的罪名。⑥ 皮尔的技术性处

---

① Sir Robert Peel, *The Speeches of the Late Right Honourable Sir Robert Peel Delivered in the House of Commons*, 4Vols, London, 1806 - 1817, Vol. I, p. 724.

② Boyd Hilton, *A Mad, Bad and Dangerous People?* p. 389.

③ Rory Muir, *Wellington*, p. 337.

④ Richard A. Gaunt, *Sir Robert Peel*, p. 31.

⑤ Ian Machin, *Catholic Question in English Politics*, pp. 170 - 172.

⑥ Ian Machin, *Catholic Question in English Politics*, pp. 165 - 166.

理更显精妙得当。2 月 10 日,他向下院提议取缔天主教协会并废止爱尔兰 40 先令财产选举资格,舒缓了极端托利派对解放的恐惧和仇视。① 3 月 10 日,《解放法案》(Roman Catholic Relief Act)提交下院表决。纽卡斯尔、埃顿等人向国王施压,望其不惜一切代价阻止法案。坎伯兰声称要组织两万名伦敦市民请愿抵制解放天主教徒,威灵顿则威胁将坎伯兰送往伦敦塔,甚至以身试险应邀赴约一位极端派提议的决斗。3 月 30 日,《解放法案》以 178 票多数在下院通过三读;4 月 10 日,上院以 104 票多数通过三读,约半数主教投了赞成票。极端托利派仍欲做最后一搏,试图动员民众请愿并恳求国王否决《解放法案》。威灵顿和皮尔及时提醒国王,请愿批准权在内政部而非宫廷。4 月 13 日,乔治满怀悲愤批准了《解放法案》。② 他已尽最大努力反对废止两项法案并抵制解放天主教徒,但没有殉教者查理一世的勇气,亦无护教者乔治三世的顽强意志,创教者亨利八世和塑教者伊丽莎白一世奠定的国教放弃了已经享受了三百年的特权地位。

《解放法案》第二条规定天主教徒自此可以"担任两院议员并行使表决权",但须庄严发誓"绝不企图颠覆现存教会秩序""不干扰或削弱新教信仰及新教政府"。第十、十一条规定天主教徒有权"担任民事及军事职务",但同样需要宣誓。第十二条明言王室卫队、法庭法官、王国摄政、大法官、爱尔兰总督、掌玺大臣等高级职位仍不对天主教徒开放。第十八条规定天主教徒不得就国教圣职任命向国王建言建议。第二十四条规定天主教徒不得担任大主教、主教及相关高级教职(dean)。③ 法案条框限制如此烦琐、细密表明国教徒对天主教徒仍戒心十足,只给了后者有条件的担任公职权。对天主教徒婚姻、教育等社会权利的歧视亦未解除。为减轻天主教徒竞选议员对爱尔兰政教结构之冲击,爱尔兰选民财产资格从 40 先令提高为 10 英镑。然而这条专门维护保守派在爱尔兰既得权势的保障带给他们的安全感倏忽即逝,因为四年后的大改革将使它失去意义。

① Ian Machin, *Catholic Question in English Politics*, pp. 168 - 169.

② Ian Machin, *Catholic Question in English Politics*, pp. 176 - 177.

③ A. Aspinall and E. Anthony Smith, eds, *English Historical Documents*, Vol. Ⅷ, pp. 687 - 689. dean 一词可指执事、主座教堂和王室教堂主牧师、大学学院院长等。

尽管天主教徒远未获得完整公民权，但《解放法案》毫无疑问是对光荣革命以来新教宪政的最致命打击。国教普通信众大多没有做好平等接纳天主教徒的心理准备，有如埃顿所言：

> 人民完全依恋1688年的宪政；他们将之视为他们的自由的基础和保障。如果一部分被改变了，就可能是一场整体的改变；而这种改变是他们害怕的。①

人民是否害怕，无法量化，保守派和顽固派担心连锁反应倒是见时知几。《解放法案》不仅摧毁了新教宪政，还拉开了政治和社会改革的大幕。首先，极端托利派自感虽败犹荣，他们把托利这个词与国教裹得更紧。从1760年到1832年，的确有"一群人按一系列或多或少达成共识的原则行事"，他们包括"布特派、诺斯派、皮特派、坎宁派、威灵顿的追随者"，"共同的原则"便是忠君保教，而非"阶级观念或政治结构"。称他们为托利派有"时间错位"之嫌，因为1827年前无人自称托利派，准确说，他们就是当政派。② 在光荣革命后的政治语境中，托利一词几乎是顽固守旧和高教会的代名词，特指詹姆士党人幽灵不散，故连被视为上述当政派精神领袖的皮特从来都自称辉格派，那些奉"托利自由主义"的人也没说自己是托利派。这个被对手污蔑为托利派的当政派在拿破仑战争后因宗教立场不一内部关系紧张，利物浦死后干脆分裂了。这导致同被称为托利派的人宗教观念南辕北辙，托利一词含义更模糊不清，威灵顿公爵1828年谈道："我听闻很多辉格派原则、托利派原则、自由派原则、坎宁派原则，但我坦承我不清楚它们的定义，我自己不明白这些词语意味着什么。"③不过威灵顿不必心急，这些词语的意义正趋清晰。

在解放天主教徒过程中，托利这个词被赋予新意，专指反对解放天主教徒的人，而支持解放天主教徒的当政派仍不愿自称托利派。但到1831年，反对

---

① J. C. D. 克拉克：《1660—1832年的英国社会》，第630页。中译本中"埃顿"写为"艾尔登"。

② James Sack, *From Jacobite to Conservative*, pp. 253，255.

③ Boyd Hilton, *A Mad, Bad and Dangerous People?* p. 376.

议会改革者也光明正大自称托利派。此后托利一词概念更加清晰,也从贬义词变成了中性词,甚至被保守国教徒和珍视传统的人当作褒义词。从被对手强贴托利标签到自诩托利派是一个漫长过程,这个过程在 1827 至 1832 年托利"合法化"时终结了。之所以有人自诩托利派,是因为反对解放天主教徒、保卫国教像光荣革命一样光荣。极端托利派原先赞同废除两项法案意在捍卫新教宪政,团结一切新教徒打压天主教徒,如今幻想破灭了。他们在政坛和宗教界看似要被边缘化了,其实只要他们死守国教,就永远不会彻底失去民心。不过他们当时并没看到这一点,误以为国教已至末日并为此大为光火,将《解放法案》的通过归咎为威灵顿和皮尔之变节。极端托利派不久宣称拥护议会改革,他们认为正是腐败选区的议员支持威灵顿和皮尔干出了"与诚实且正派的英国人的善良意愿不相容的"勾当。① 为行报复,1829 年 6 月 2 日下院出现滑稽一幕,一名极端托利派侯爵抛出一份议案,把 70 年来几乎全部改革提案都"集于一纸"。②

　　其次,《解放法案》刺激民众转变政治价值观。维系了一个半世纪的新教宪制都可以抛却,还有什么祖宗之制不能改呢? 乔治四世在解放天主教过程中的屈服是致命的,他的屈服令大批人心思变者推测"国王不会反对大规模的宪政变革",故议会改革不应再是政治禁区。③ 这种认知把一切传统体制推到了改革刀刃上。1830 年 1 月,阿特伍德(Thomas Attwood)成立了伯明翰政治联盟(Birmingham Political Union),呼吁议会改革。其成立宣言称:

　　　　大贵族在下院有充分的代表权……工业和商业却几乎全无代表! 它们是国家最重要的利益所在,是国家财富与力量的源泉,相比之下,它们代表不足,而和国家的累赘(指贵族)有千丝万缕联系的每一项利益,却被代表得足而又足! 因此,改革这种状况对国家的昌盛极为重要。④

---

① Eric J. Evans, *The Forging of the Modern State*, p. 259.
② 王觉非主编:《近代英国史》,第 430 页。
③ J. C. D. 克拉克:《1660—1832 年的英国社会》,第 632 页。
④ 王觉非主编:《近代英国史》,第 425 页。

这段听起来铿锵有力的文字直触一切有志改革者心坎。辉格派、激进主义者、极端派等支持议会改革的力量汇成汹涌奔腾的激流，冲垮了威灵顿政府，并在两年后得偿所愿。

威灵顿内阁自始至终是大杂烩，坎宁派退出后，皮尔在内阁中的地位更加突出。尽管皮尔和威灵顿都支持《解放法案》，但两者支持法案的理由不同。威灵顿仅为避免爱尔兰骚乱，皮尔着眼点则是爱尔兰的未来发展。皮尔认为爱尔兰若想摆脱贫困，必须首先根除对占当地人口绝对多数的天主教徒之歧视。皮尔热心福音主义并确信解放天主教徒不会导致新教在爱尔兰衰落，他甚至坚信通过公平竞争，新教自带的魅力会吸引大批天主教徒皈依。对大局的把握、对未来的期待才是皮尔"变节"的主要原因，也体现了他的开明及与时俱进。相反，威灵顿18世纪式的贵族立场注定了其内心排斥任何变革。改革派充分利用威灵顿与皮尔的价值分歧，鼓动后座议员以皮尔为标杆行事，威灵顿似乎被架空了。1829年下半年至次年初，托利和辉格两派的温和分子静观时变，无意兴风作浪，倒是激进辉格派和极端托利派处处挑事。激进辉格派几十年来一直是刺头，他们捣乱在预料之中，新冒出的极端托利派更令政府头疼，上述那位提出一揽子改革议案的侯爵便是鲜活人证。在极端托利派眼中，皮尔比威灵顿罪恶更大。1829年9月，皮尔力排众议成立首都警察部队，极端托利派煽动需为警察承担工资的业主起而抵制。① 下院极端托利派计约30人且有坎伯兰撑腰，在温和托利派之间挑拨离间，教唆国王赶走威灵顿。乔治知道极端派并无将才，无意换相，而各股反对势力也无法聚成合力，故政府虽不能确保下院优势，暂时也无倒台之忧。②

威灵顿因托利派萧墙之祸焦头烂额，更为此起彼伏的激进运动提心吊胆。1827年农业歉收以来，乡村失业率剧增，农村中神秘的"斯文骚乱"（Swing

① Rory Muir，*Wellington*，p. 366.
② Rory Muir，*Wellington*，pp. 367 - 368.

Riots)搞得人心惶惶。城市激进主义发荣滋长,伯明翰政治联盟成立后,曼彻斯特、利兹、布莱克本(Blackburn)等地也迅速冒出了类似组织。它们不仅控诉政府腐败,还齐声呼吁议会改革。① 1830 年 6 月 26 日,乔治四世驾崩。威廉四世继位给本不明朗的政治走向平添了更多变数。按惯例,新王继位得重选议会。选举期间,法国七月革命消息传来,改革派和极端托利派都利用七月革命煽动群众闹事,讴歌七月革命是对天主教和专制主义的沉重打击以及对自由的勇敢追求。激进辉格派期待法国人再来一场席卷全欧的大革命,极端托利派痛恨复辟的波旁王朝强化天主教信仰及其权势,也欢呼其垮台。七月革命还给低地国家走势注入不确定因素。比利时宣布独立。威灵顿担心法国人像四十年前一样疯狂向外输出革命并借机入侵比利时与荷兰。他高声谴责革命,低调处理比利时问题,避免了革命蔓延及外交危机。

对政府来说,1830 年夏季大选时不祥之兆已露端倪。多数当选议员政治立场不明,政府和反对派都表示对选举结果满意,不过接下来几个月下院的情势证实政府显然是失利的一方,而失利原因有四。其一,七月革命严重干扰了选民投票意向,威灵顿甚至认为选战不利实拜七月革命所赐。政府最不愿看见的是休谟(Joseph Hume)在米德尔塞克斯酣畅淋漓的胜利以及布鲁厄姆在约克郡的顺利当选。休谟连篇累牍发文呼吁政府削减开支、管好钱袋。他还猛烈抨击妨碍工会运动的各种反结社法案,为工人利益奔走呼号。布鲁厄姆早年常在《爱丁堡评论》(Edinburgh Review)撰文抨击政府,如今在约克郡拉票时向民众保证,当选议员后会充分利用议会平台为扩大选民团体、重分席位以及三年一次大选继续奋斗。其二,政府为《解放法案》埋单。这次大选的选民教派界线清晰可见,绝大多数国教徒支持政府,不从国教者则支持反对派。卫斯理宗过去一直支持托利派政府,但被《解放法案》激怒,转而支持反对派。② 极端托利派极力抹黑政府,以致大选看似不是托利派与辉格派的竞争,而是温和托利派与极端托利派的恩怨了断。 由此可见,1830 年大选不是淡化

---

① 安格斯·霍金斯:《维多利亚时代的政治文化》,第 100 页。"斯文"是传说中行侠仗义、救黎庶于水火的民间领袖。

② Frank O'Gorman, *Voters, Patrons and Parties: The Unreformed Electorate of Hanoverian England, 1734-1832*, Oxford University Press, 1989, pp. 367-368.

而是助长了"托利—国教"认同。^① 其三,新王未积极干预选举。自 1780 年代始,国王可供许诺的肥差闲职和宫廷职位越来越少,笼络候选人的门路越来越窄。此外,威廉不想刚继位就卷入党派及教派是非。^② 其四,农村秩序在工业化冲击下今非昔比,人口流动性增强,贵族对选民,尤其是乡郡选民失去号召力,城市中产和乡村富裕自耕农不再盲目顺从贵族。辉格派对这种苗头忧心忡忡,他们安享尊荣的旧体制已露松动迹象。^③

激进议员当选令致力议会改革的各类力量欢欣鼓舞。9 至 10 月间,科贝特借七月革命浪潮煽动英国议会改革,亨特在肯辛顿公地聚拢上万人集会,东南部乡村动荡不宁,有人摩拳擦掌呼应"斯文骚乱"。^④ 威灵顿草木皆兵,下令军队做好应急准备。大选不利以及潜在乱源并不意味着政府无力回天,当权者只要拓宽执政基础并适度推行改革,仍可捱过难关。部分后座议员希望威灵顿笼络坎宁派稳定大局。1830 年 9 月 15 日,借连接利物浦和曼彻斯特的铁路举行通车仪式,当局邀请经济专家哈斯基森参与剪彩,目的是要修复他与威灵顿的关系。不幸的是,哈斯基森惨死于当天车祸。此后墨尔本和帕麦斯顿成为坎宁派旗手,墨尔本不愿与威灵顿为伍,但帕麦斯顿向威灵顿递话:乐与格兰特等辉格派一起为政府效力,前提是政府推行适度改革。然而威灵顿对帕麦斯顿建议的改革计划不置可否,错过了改组政府的良机,他的冷淡反应还刺激坎宁派与辉格派越走越近。罗素敏锐察觉与坎宁派联手实乃天作之合,他说:"他们(指坎宁派)拥有我们想要的有行政经验的人,我们有他们想要的人数(指议员)。"^⑤11 月 2 日,当议会改革提上日程时,威灵顿在上院宣称"他不仅不打算提出任何改革措施,而且……只要还在政府任职,不管他人何时建议这种改革,抵制始终是他的责任"。^⑥ 威灵顿公开抵制改革令部分阁员

① Boyd Hilton, *A Mad, Bad and Dangerous People?* p. 415.
② Rory Muir, *Wellington*, p. 389.
③ Ian Newbould, *Whiggery and Reform, 1830 - 1841: The Politics of Government*, Stanford University Press, 1990, p. 48.
④ Rory Muir, *Wellington*, p. 387.
⑤ Boyd Hilton, *A Mad, Bad and Dangerous People?* p. 413.
⑥ Eric J. Evans, *The Forging of the Modern State*, p. 262.

绝望,外交大臣阿伯丁直言"政府到头了"。[1]

11月9日,国王原打算参加伦敦新市长就职典礼,谣言声称群众密谋半途劫持国王并就议会改革发动请愿,国王和公爵安全均受到威胁,群臣力劝国王闭门不出,国王遂放弃现身就职典礼。此事不仅佐证官民对立之剧,也给人以改革势不可挡之感。威灵顿并非冥顽之人,也明知抵制改革的危险性,但仍希望以抵制姿态挽回极端托利派。他的良苦用心并未换得极端托利派善意回馈,压倒政府的最后一根稻草旋即出现。有议员建议削减王室专款16.1万镑,休谟等人火上泼油,建议成立专门委员会研究更大额度削减。11月15日,休谟等人的议案以233对204票通过,40余名托利派中坚分子支持议案。[2] 激进派与极端托利派合作令人咋舌,后者纯因报复心驱使而支持前者并刻意让威灵顿难堪。王室专款议案遇挫仍不意味着政府垮台,此类议案历来无关大局,其通过与否与议会改革完全是两码事,何况极端托利派只是想借此事"警告政府,而非摧毁它"。[3] 行伍出身的威灵顿容不得羞辱,宣布辞职。军人秉性导致他把排兵布阵的不容置疑精神用到充斥人情世故的官场,视派系联合为屈膝投降,不愿包容属下或他人无关宏旨的苛责。这位举世敬重的军事天才在政坛实为"灾难性领袖"。[4]

辉格派自乔治三世继位以来鲜有掌权机会,罗金汉姆和福克斯都是相府匆匆过客。辉格大佬总抱怨有才无命且把失意归咎于王室偏见,实际上他们更应从自身找原因。就财富看,辉格派位于社会金字塔顶端,坚定捍卫既定秩序,但在宗教上辉格派包容不从国教者,有时甚至纵容激进主义,这不仅招致宫廷忌恨,且疏远了国教徒。政治立场和宗教主张的不协调导致辉格派经常内讧,分分合合严重削弱了自身竞争力。1790年代分裂后,辉格派仅剩一小

---

① Ian Newbould, *Whiggery and Reform*, p. 51.

② Rory Muir, *Wellington*, p. 397.

③ Boyd Hilton, *A Mad, Bad and Dangerous People?* pp. 419－420.

④ Eric J. Evans, *The Forging of the Modern State*, p. 257.

撮福克斯铁杆,福克斯死后,辉格派人才凋零。格雷肩扛复兴重责,他费尽二十年心力打造的辉格派 1827 年又被坎宁拆散。其后格雷仍是辉格派公认的领袖,但无力驾驭派内斗争,兰斯多恩成为辉格派名义领袖并带领部众加入坎宁政府,以阿尔索普(John Spencer, Viscount Althorp)为代表的激进辉格主义者仍以议会改革为志。格雷在激进与温和两个山头之间搞平衡。

1827 年,格雷一度考虑出任古德里奇政府外交大臣,不过当年约克公爵死亡改变了他的志向,约克死后克拉伦斯公爵威廉(即威廉四世)成了王储,而威廉历来赏识格雷。格雷索性耐心等待威廉继位后改天换地,他身虽在野,但举双手赞成威灵顿政府解放天主教徒。1830 年 4 月,他警告阿尔索普等人,即便搞垮威灵顿政府也无适合人选组阁;还声称自己已六十有六,只求远离权斗旋涡、回乡颐养天年。① 无论格雷此言是否沽名钓誉,有一点可以肯定,威廉继位一扫其消极和颓废。时人评议新王会启用格雷担任外交大臣,但威灵顿宁肯辞职也不愿与格雷为伍。格雷不满威灵顿之傲慢,亦对民间骚乱忧心如焚。6 月 30 日,乔治四世驾崩后第四天,格雷突然以骚乱四起为由,高声责难政府失职。7 至 10 月间,大城市各类政治团体齐声呼吁议会改革,威灵顿抵制改革令辉格派"发现他们处于一种难以习惯的受欢迎状态"。② 格雷担心现政府应对危机不当将埋葬辉格派赖以生存的贵族国家体制。霍兰与坎宁派的帕麦斯顿、墨尔本等人通气,迫不及待表露合作意向。格雷顺应时势,走到前台,旨在防范"法国新近革命和英国社会经济苦难引起的狂热和骚乱"危及"基于财产的权力分配"体制。③

威灵顿辞职后,格雷顺理成章组阁。就阁员身份看,这届政府在 19 世纪所有政府中贵族气息最浓,13 位阁员中,仅 2 人非出自贵族世家,其中 9 位为上院贵族。④ 就阁员所属派系看,格雷的辉格派政府更似联合政府。坎宁派的墨尔本和帕麦斯顿分掌内政和外交。格雷、霍兰以及兰斯多恩等温和辉格派并无实力碾压大法官布鲁厄姆、掌玺大臣达勒姆(1st Earl of Durham)以及

---

① E. A. Smith, *Lord Grey*, pp. 254 - 255.
② Boyd Hilton, *A Mad, Bad and Dangerous People?* p. 420.
③ E. A. Smith, *Lord Grey*, p. 257.
④ Ian Newbould, *Whiggery and Reform*, p. 54.

下院领袖阿尔索普等激进派。极端托利派的里士满公爵(Duke of Richmond)毛遂自荐出任邮政大臣,他与格雷合作纯为报复威灵顿。格雷此前从未担任过要职,但身手不凡且讲究领导艺术。他始终给阁员表达意见的权力,自己牢攥拍板权。一般情况下,阁员会以辞职威胁首相,格雷反其道行之,以辞职胁迫僚属。格雷常自诩清高、不慕名利,标榜自己临危受命纯属贵族责任心驱使。阁员虽有派系成见,但都同意适度改革,为顺畅改革,他们尽量尊重格雷,少给政府添乱。①

　　格雷以首相身份首次向议会讲话时便确定施政基调:无意更改外交以及社会经济政策,适度改革内政但不会动摇既定宪制。② 温和表态给各方吃下定心丸。新政府利剑首先指向了东南部的乡村骚乱者。644 人遭拘禁,19 人被处决。③ 政府用乱党鲜血向反改革者明示,改革绝不是同情激进派,更非屈从激进派的施压。政府随后成立了罗素等四人组成的专门委员会负责起草改革议案,罗素不久也跻身内阁。委员会最初提交的改革议案主要包括三点。一、议席调整方面,根据 1821 年人口统计,剥夺人口少于 2000 的城市选区议席,人口低于 4000 的城市选区只保留 1 个议席;腾出的席位让予人口过万的城市以及乡郡选区。二、选民财产资格方面,城市房产 20 镑持有者、乡村年入 40 先令自由持有农、年入 10 镑公薄持有农或年入 50 镑以上的长期租赁持有农都将获得选举权。三、采取无记名投票并执行五年一次大选。格雷并不认同无记名投票,他预估威廉四世也不会同意无记名投票,遂盘算以取消无记名投票为筹码,换取国王同意将城市选民财产资格降至 10 镑。2 月初,国王同意议案绝大多数内容,只要求取消无记名投票并谨慎对待五年一次议会选举。格雷的策略奏效,内阁同意取消无记名投票,国王允准把城市选民财产资格降为 10 镑。④ 1831 年 3 月 1 日,罗素向下院提交改革议案,3 月 21 至 23 日就二读的表决扣人心弦,当议案以 302 对 301 票的微弱优势通过二读后,马考莱这位改革派议员后来回忆称:"我们很多人(激动地)流下眼泪……我们握手,互

① E. A. Smith, *Lord Grey*, p. 261.
② E. A. Smith, *Lord Grey*, p. 262.
③ E. A. Smith, *Lord Grey*, p. 263.
④ E. A. Smith, *Lord Grey*, pp. 264-265.

相拥抱……在欢声笑语中走进前厅。"①乡郡选区议员、能够保住所在城市选区议席的议员以及奥康纳的爱尔兰议员是支持议案的主力军。卡克拉夫特（John Calcraft）的一票至关重要，此君因所在选区将丧失一个席位激烈抵制议案，不过最后时刻投了赞成票。1831 年 9 月，他得知自己遭两派共同鄙视，羞愤自杀。②

格雷明白，一票优势无法保证议案通过三读，他请求国王解散议会重选。威廉起初不支持重选，指示内阁修改议案以减小三读阻力。内阁拒绝修改议案，4 月 20 日，国王被迫同意重选。③ 4 月 22 日，议会解散重选，事态至此足以说明"1831 年大选实际上是就改革举行的公投"。④ 开票后，"辉格派横扫了 35 个郡"，原本反对议案的 34 名乡郡议员仅 6 人保住席位；辉格派在选民较多的城市选区斩获颇丰；托利派在大多数选区"被轻而易举击败"；极端托利派可谓"大惨败"，他们原有的 8 名乡郡议员仅 1 人"躲过惨败"。⑤ 选战结果对政府非常有利，当选议员中，支持改革者 370 名，反改革者 235 名，另 50 余人态度不明。⑥ 下院较大优势足以保证改革议案顺利通过三读。在二读和三读之间的委员会阶段（committee stage），议案作了一处较大修正：给予乡村中年交纳租金 50 镑以上的自由佃农（tenants-at-will）选举权。这其实是向土地贵族让步的信号，以便减少上院对议案的阻挠。9 月 22 日，第二版改革议案在下院以一百多票优势顺利通过。

真正的考验在上院。10 月 8 日，二版议案以 41 票之差被上院否决，其中 21 张否决票拜主教所赐。⑦ 当时只有两位主教支持议案，好在坎特伯雷大主教霍利（William Howley）表示"主教们并不愿意恪守不受欢迎的立场"，只希望修改议案。⑧ 察知主教们不会拼命挡路后，要啃的骨头就是贵族了。尽管

---

① Michael Brock, *The Great Reform Act*, London, Hutchinson, 1973, p. 176.

② Michael Brock, *The Great Reform Act*, p. 177.

③ E. A. Smith, *Lord Grey*, p. 267.

④ Eric J. Evans, *The Forging of the Modern State*, p. 263.

⑤ John Cannon, *Parliamentary Reform*, pp. 220－221.

⑥ Eric J. Evans, *The Forging of the Modern State*, p. 487.

⑦ John Cannon, *Parliamentary Reform*, p. 225.

⑧ Michael Brock, *The Great Reform Act*, p. 245.

部分托利派贵族投了弃权票,但内阁知道,上院温和贵族是议案能否通过之关键。温和贵族要求大幅修改议案,内阁却不愿让步,恳请国王册封贵族改变上院权势天平。威廉最初反对册封贵族,指示内阁修改议案。格雷本人是贵族代表,也不愿贵族贬值,帕麦斯顿和兰斯多恩等人建议寻找折中方案,而达勒姆要求二版议案必须原封不动通过。当威廉松口同意册封贵族后,霍兰估计需册封约 15 名贵族,他认为如果只册封上院贵族长子,一代人之后册封后遗症自动消失。然而格雷更担心册封贵族触怒已支持议案的贵族,把他们赶到对立阵营。1832 年初,格雷建议国王先册封 10 名左右贵族为政策探路,继而再视情况而定。不过此时以霍恩克利夫(Lord Wharncliffe)为代表的温和贵族已得知册封事宜,立场有所软化。①

　　1832 年 3 月,在第二版基础上稍做修改的第三版改革议案在下院通过。3 月 26 日,第三版议案在上院一读时,霍恩克利夫等公开表示不予反对,只要求再作修改。形势可谓每天一变,4 月 9 日第三版议案二读时,威灵顿和前掌玺大臣埃伦伯勒(Earl of Ellenborough)等大牌贵族公开予以反对。14 日第三版议案二读表决当天,格雷再次强调改革绝非向民粹派和草根让步,而是给予"值得尊敬的中等阶层"选举权,上院以 184 对 175 票表决予以通过,但仍要求对之大幅修改。② 4 月底,威灵顿争取到部分摇摆贵族支持,要求对议案作更大幅度调整,远超内阁容忍底线。5 月 8 日,内阁向国王摊牌,要么册封贵族,要么接受内阁辞职。威廉已中途变卦,拒绝册封贵族。这意味着议案必须满足上院修改要求方能通过上院三读。5 月中旬,威廉指示威灵顿出面组阁,不过皮尔拒绝入阁意味着威灵顿有心无力。局面僵持时,各地爆发大规模民众示威,泛称"五月时光"(Days of May)。威灵顿反复掂量后放弃组阁,他意识到改革势不可挡且只有格雷才能领导改革。威廉无奈之下只得召回格雷继续担任首相并"含泪同意册封贵族"。③ 上院无路可退,6 月 4 日,以 106 对 22票通过了第三版改革议案。在上院顽固主教立场转变过程中,伦敦主教布卢菲尔德(Charles Blomfield)居功至伟。他提醒同侪,负隅顽抗只会导致政局

---

①　E. A. Smith, *Lord Grey*, pp. 271 - 272.

②　E. A. Smith, *Lord Grey*, p. 275.

③　Boyd Hilton, *A Mad, Bad and Dangerous People?* p. 422.

瘫痪；他还警告他们，册封贵族之后果不堪设想，不仅"议会上院与国教"一起完蛋，且"内阁成员将落到激进派的手中"。①

最终生效的《改革法》(Great Reform Act)主要涉及选区调整和选民资格重新界定两个方面。56 个居民人数少于 2000 的衰败选区丧失下院席位，另外 30 个原本拥有 2 席的选区因人口不足 4000 而让出其中 1 席。总计 140 余席可供分配。22 个选区（包括曼彻斯特、利物浦、利兹、谢菲尔德等人口较多的大城市以及伦敦各区）分别获得 2 席，布拉德福德(Bradford)、维甘(Wigan)等因工业革命红火兴旺的 21 个中小城市各获 1 席。苏格兰增加 8 席，爱尔兰增加 5 席。乡村自由持有农年收入达 40 先令者、公薄持有农年收入达 10 镑者以及年收入不低于 50 镑的租佃农均获得选举权。持有不动产达 10 镑且持有期限超过一年的城市居民，若在上年未曾领取任何救济，获得选举权。不符合上述规定但先前拥有选举权的城市居民若居住在市区 7 英里范围内，可终生保有选举权。选民必须登记且署名投票，无记名投票道阻且长。

威灵顿曾预言选举改革等于"'不流血的革命'，……我们将被合法程序一个个毁掉"。② 事实证明他的担心实属多余。《改革法》的确增加了选民数量，但远不足以改变选民成分。1831 年，英格兰和威尔士选民约 44 万，占成年男性公民 13%；1833 年对应数字分别为 65 万和 18%。③ 选民增幅就总人口而言微不足道。城市选区 10 镑不动产投票资格对工薪阶层而言高不可攀。伦敦各选区工资、物价及租金相对高昂，选民数量增幅略大；曼彻斯特、伯明翰、利物浦等城市工人阶级选民"为数不多"。④ 兰开斯特、康沃尔以及威尔士等边远地带选民数量不增反降。所谓的中产阶级，也只是极少部分获得了选举权。拿到选票的中产自以为融入了上层精英圈，极力排斥普通劳工，"中产阶

① J. C. D. 克拉克：《1660—1832 年的英国社会》，第 643 页。
② John Cannon, *Parliamentary Reform*, p. 204.
③ Eric J. Evans, *The Forging of the Modern State*, p. 483.
④ Eric J. Evans, *The Forging of the Modern State*, p. 268.

级不允许工人对政治产生更大影响"。① 自由佃农的选民数增加了约 1/3,但他们唯地主马首是瞻,看地主脸色投票,以免被剥夺租佃资格。改革并未触动土地贵族利益,相反进一步强化了它。1831 年,阿尔索普向下院议员保证改革后的议会代表仍将"从与目前相同的阶层中选举产生"。② 选民财产资格在这场改革中并未激起多少争议,权贵阶层更关注的是议席调整与再分配。在围绕议席的激烈博弈中,当局首先考虑的是封闭贵族圈子的利益。新兴工商业城市拿到了与它们的人口仍远不相称的议席,但城市选区总席位由改革前的 465 个减为 399 个,而乡郡议席由原来的 80 个增至 144 个,操作办法不是向原乡郡直接分配新增议席,而是将其中 26 个郡一分为二,约克郡则被拆为3 个选区,每个选区均得 2 席。③《改革法》仍坚守 1711 年规定的 300 镑候选人财产资格,这足以把许多有心竞逐议员的活跃人物,特别是激进分子挡在威斯敏斯特门外。忙碌的企业家以及为生计奔波的中产阶级即便竞选财产资格达标,也不敢将精力消耗于下院辩论,因为直到 1911 年议员才能领取政府发放的薪俸。原本被视为议会改革理由的腐败也未随改革有所缓解,"扩大的选民团体在每一点上都与其先辈一样腐败"。④ 根治选举腐败任重道远。

改革缘何未触动土地贵族利益?因为改革动机并非向现有统治精英利益开刀,更非践行公正、平等、民主等理念。彼得卢之后几年,民间对议会改革的呼吁近乎销声匿迹,1825 至 1829 年,民众的自发请愿主要聚焦解放天主教徒和废止《谷物法》。就议会改革言,极少数下院激进议员单打独斗毫无效果,少数自由派的构想仅限于议席调整。罗素 1820 年和 1828 年提交的议会改革方案只建议剥夺几个涉嫌严重腐败的选区席位,绝无调整选民财产资格之意。简言之,"辉格派的改革与民主无关,也没有关乎民主的理由"。⑤ 改革前一两年内,吁请改革的各类集会和辩论大多指控议会腐败,但无法证明议会改革能够治理腐败,除亨特等个别激进分子,很少有人讨论抽象自然权利,更少有人

---

① Michael Brock, *The Great Reform Act*, p. 320.

② Eric J. Evans, *The Forging of the Modern State*, p. 271.

③ 安格斯·霍金斯:《维多利亚时代的政治文化》,第 108 页。

④ Eric J. Evans, *The Forging of the Modern State*, p. 271.

⑤ Norman McCord and Bill Purdue, *British History*, p. 156.

能从政治学理论上阐释民主政治优于寡头政治。

1832年议会改革实拜1827年后一系列政治危机所赐，是威灵顿政府倒台的后果，而非原因。托利派内讧成全了辉格派组阁。辉格派自知长期不受民众待见，幸运上台后需用货真价实的改革收揽人心、巩固权势。然而辉格派是靠门第、联姻维系的封闭群体，在他们眼里，等级制下草根对精英恭顺有礼是理想社会，按财产分配权力则是惯行已久的政治游戏规则，而普选和无记名投票均是洪水猛兽。负责起草改革议案的四人委员会甫一成立便收到来自内阁的如下指示："措施的大纲……足以让公众满意并足以抵制得寸进尺的变革，然而（措施）应基于财产，基于当下的选举资格以及地域分布，以避免冒现存政府被推翻之危险。"①这份指示表明政府旨在通过以财产为基础的选票界定来拱卫现存秩序，用格雷的话说就是"改革的原则是防止革命的必要"。②格雷女婿伍德（Charles Wood）把改革视为"有效的、有内容的、反民主的、保护财产的措施"。③ 阿尔索普1831年秋为"人民"有权选择自己的代表辩护时，特意强调他所说的人民并非普罗大众，而是受尊敬的中产阶级。④ 格雷1831年9月曾在议会露骨声称：

> 没有一个人像我那样坚决地反对年度议会、普选和无记名投票。我的目的不是支持，而是要中止这类希望和计划。⑤

1830年前后的宗教政策巨变搞垮了托利派政府并刺激政治激进运动高涨，带着化解危机之重任而上台的辉格派并不想动摇贵族国家体制。综合评估各方意见后，辉格精英斟酌了一份极为保守却能勉强适应时代变迁的改革方案，把工商界翘楚和职业技术精英纳入权力游戏圈。财产与选票密切挂钩既符合辉格政治价值观，也展现与时俱进之风貌。当辉格派以迎合时代潮流

---

① Michael Brock, *The Great Reform Act*, p. 136.
② Michael Brock, *The Great Reform Act*, p. 336.
③ E. A. Smith, *Lord Grey*, p. 278.
④ Hansard, 21 September 1831, Cols. 426 - 429.
⑤ E. P. 汤普森：《英国工人阶级的形成》（下），第956页。

的姿态成功操刀改革后,托利派只能接受事实并调整观念,结束内讧。一旦结束内讧,他们将发现自己安然无虞度过了政治震荡期且利益及权势并未受损。

接纳新型中产职业精英参政意味着他们聚居的新兴工商业城市在下院需有代表,根据经济重心北移重分议席在政客们看来势在必行,皮尔和罗素尤为重视此点。罗素声称重分议席遵循的是按财产分配权力的古老游戏规则,是对英国传统的"恢复"而非"革命"。他说:

> 我们的祖先给予老萨卢姆(Old Sarum)代表,因为它是个大城市。① 故而我们应给予大城市曼彻斯特代表。我想我们应该更像我们的祖先所做的那样,让商业和制造业大城市的代表进入(议会),而非将他们排斥在外。②

选区调整有两大特点。其一是选区北移。这是因应工业革命启动后英格兰经济地理之变化。工业革命前,以伦敦为首的东南部经济兴旺、人口密集,下院代表最充足。工业革命后,棉纺业中心曼彻斯特、金属加工中心伯明翰、海运新贵利物浦等各领风骚,东南部老旧城市衰败落寞,曼彻斯特等城市拿到席位理所当然。其二是苏格兰和爱尔兰的下院席位增加。从长远看,这导致"英格兰实质性的保守主义"受到来自爱尔兰和苏格兰"实质性的激进主义"挑战。③ 苏格兰多得的8席与其人口增加并不成比例;爱尔兰人口占当时英国人口32%,下院席位仅占16%,不过相较改革前,毕竟增加了5席。王国这两个区域此后对重大政策,甚至宪制架构拥有更大话语权,这是吉是凶有待时间检验。新兴产业资本家、技术精英、收入不菲的手艺人、技艺精湛的工匠、苏格兰人、爱尔兰人都是这次改革的受益者。

"1832年的真正失败者是……工人阶级。"④伯明翰政治联盟成立后,利

---

① 老萨卢姆是位于索尔兹伯里郊区的一个古老居民点,13世纪以前人气兴旺。14世纪初该市获得两个下院议席。17世纪后,居民锐减。1831年,该选区仅11位选民,且长期居住在外地。它是最典型的衰败选区。

② Boyd Hilton, *A Mad, Bad and Dangerous People?* p. 431.

③ Norman Gash, *Aristocracy and People*, pp. 154 – 155.

④ Eric J. Evans, *The Forging of the Modern State*, p. 273.

兹等地激进派竞相效仿。各地激进组织为提高斗争效率相互支持。1831 年 5月，全国工人阶级联盟（National Union of the Working Classes and Others）成立；10 月，伦敦通讯会的老会员普雷斯建立全国政治联盟（National Political Union）。上院否决第二版改革议案刺激布里斯托尔、德比郡、伯明翰等地上演了严重暴力事件。"德比和诺丁汉爆发严重骚乱，属于纽卡斯尔公爵的诺丁汉城堡被焚毁"；抵制改革的主教所受威胁最大，"达勒姆主教在其主教区内不敢露面"，"即便貌似主教也非常危险"。① 气氛之紧张甚至迫使部分贵族未雨绸缪、加强防范。皮尔在自家庄园"囤积军火，准备抗变"；威灵顿"在住宅窗框上钉了铁条，以防围攻"。② "五月时光"期间，20 多万人从全国各地汇至伯明翰听候阿特伍德调遣。阿特伍德吹嘘他可在一小时内组建一支足以摧毁政府的大军，草根对其山呼海啸般的支持令抵制改革者心惊肉跳。闻言威灵顿将取代格雷为相时，普雷斯在伦敦大街小巷张贴醒目布告，布告上书"阻公爵，取黄金"（Stop the Duke, Go for Gold），威胁扰乱金融。③ 此举既展现了他们的经济实力，也表达了决不容忍改革流产的决心。格雷敏锐察觉顽固抵制改革极可能"迅速导致共和主义和建制（established institutions）毁灭"，索性利用舆情并夸大形势的危险性向反改革者施压，迫其就范。④ 可以断言，没有激进运动，辉格派就没有改革的迫切性和主动性，更无法逼迫国王和上院一次次让步。工人阶级为议会改革出力不菲，但没拿到选票，改革后的议会选举仍与普通劳工无关。

工人阶级没得到选票，起码也没失去什么，君主和教会就不一样了。无论威廉四世考虑册封贵族还是教士占半壁江山的上院最终低头，都表明君主和教会在下院逼迫和民众压力下举手投降。在 1827 至 1832 年的剧烈体制变革中，最大牺牲者并非哪个阶级，而是教会和君主。自 16 世纪教国一体制确立起，国教会一家独大，国教徒高人一等。废除针对不从国教者的《市政机关法》和《宣誓法》并解放天主教徒意味着国教会和国教徒所剩特权无多，从此须与

---

① Michael Brock，*The Great Reform Act*，p. 248.

② 王觉非主编：《近代英国史》，第 437 页。

③ Michael Brock，*The Great Reform Act*，p. 298.

④ John Cannon，*Parliamentary Reform*，pp. 250 - 251.

其他教派在大致同等的条件下竞争。教国一体制的守护神并非耶稣,而是君主。君主权威不仅源于血统和王冠,更基于国教首脑地位。废止两项法案和解放天主教徒彻底松动了教国联盟之根基,此后国教会仍然最大但不独大,作为国教守护者的君主之神圣性大打折扣。乔治四世含泪同意废止两项法案充分说明他比谁都清楚这对君权意味着什么,威廉四世对册封贵族的出尔反尔证明他万般不愿成为议会改革者之工具。然而他们面对的是全新的宗教格局与政治环境。国教落伍脆弱而不从国教派蒸蒸日上,与不从国教者以及国教自由派政见高度吻合的工商界新财富精英理应有机会在下院发声。面对这两份铁的事实,乔治四世和威廉四世没有像乔治三世一样宁可退位也不退让,更不打算效仿查理一世慷慨赴死,他们知道,与其殊死抵抗,不如转换角色,接受精神权威和世俗权力的双重旁落。头顶空王冠的虚君保住了王室沿存,防止了体制剧烈动荡,确保转型时代的英国拥有相对安定的政治大环境。

第十六章　自由、保守与激进(1832—1846)

法国哲人托克维尔(Alexis Tocqueville)有言:"对于一个坏政府来说,最危险的时刻通常就是它开始改革的时刻。"①即便1830年前后的英国政府不是坏政府,当时的英国保守派,尤其是目睹了法国改革、革命、暴政、独裁、复辟以及再革命的威灵顿等人必与托克维尔所见略同,他们对改革期间的高层争执及民众运动仍心有余悸,害怕改革失控酿发革命。改革还导致托利和辉格两大派系急速裂变,政治危险系数陡增。国教徒精神优越感和圣职垄断权丧失,高教会人愤怒难抑,托利派需调整心态适应新时代并尽早克服内讧。辉格派打开了改革闸门,以罗素为代表的自由辉格派主张继续改革,大胆拥抱自由主义;以墨尔本为代表的老式辉格派则对进一步改革瞻前顾后,欣赏无为而治。派系裂变过程中,激进主义者觅到了钻空之机。保守势力提心吊胆,只求局势早日安定下来。然而1830年代和1840年代,随着福音派壮大以及不从国教者成长,教派势力此消彼长、各有诉求,政局千头万绪。保守国教徒和辉格世家大族均希望改革适可而止,急欲关闭改革闸门。国教福音派、卫斯理宗、温和不从国教者期待在不动摇宪制的前提下深化改革,以促进社会公正并真正践行信仰自由。激进不从国教者声称民众改革热情已被调动起来,坚信彻底改革才是万众所期,他们不仅要摧毁教国联盟,还呼吁包括普选在内的全方位政治改革。这一切导致大改革后二十年中英国政坛自由、保守和激进三股势力并存且无清晰敌友界线,政治走势复杂多变。

---

① 托克维尔:《旧制度与大革命》,商务印书馆,1992年,第215页。

1832 年底上演了一场换血式大选。因席位调整，当选议员近半首次履职。伍德大选后估计，下院中政府的稳定支持者 303 人，托利派 170 余人，立场不明的独立议员 100 余人，激进派议员和爱尔兰议员约 70 人，政府的多数席位并无保证。① 激进议员人数不少，除了柏德特这种资深激进主义者，还有古典学家格洛特（G. Grote）、化学家亨利·沃伯顿（Henry Warburton）、反拿破仑战争的老兵邓肯比（Thomas Duncombe）等。这些人或以昔日的英雄行迹为荣，或以精湛专业技术为豪。他们崇尚科学，大多反感国教，部分信仰自然神，少数为无神论者或不可知论者。他们鄙视辉格派拉帮结派、任人唯亲，嘲讽传统贵族趋炎附势。他们要求深化改革，呼吁普选和无记名投票。不过政府不必过度担心激进议员捣乱，因为他们曲高和寡且缺乏斗争经验，看似难缠，实则易于应付。真正令政府头疼的是奥康纳号令的爱尔兰议员和不从国教者，前者煽动爱尔兰脱离联合王国，后者要求铲除宗教歧视。此外，朝野要求废除《谷物法》的声音此起彼伏。

鉴于反对派人多势众，1833 年 1 月，阿尔索普提醒格雷，适当满足激进议员诉求，拉拢他们对付爱尔兰议员和托利派。然而格雷并非激进主义者而是老式辉格派，大改革功成名就后只想维持现状。内政大臣墨尔本更无改革欲望，甚至对大改革对错心存疑虑。激进主义者阿尔索普和自由主义者罗素倾向进一步改革，但两人对改革幅度和深度的理解相去甚远。政府高层难弥分歧，但不改革恐难长期维系政府。格雷知道，辉格派几十年在野的黯淡屈辱史不应完全归咎于王室偏见，而是群众基础薄弱。辉格派是靠福克斯声名以及霍兰、格伦维尔等家族姻亲纽带联结的寡头政治圈，欲长期在政坛唱主角，必须坚持改革以夯实执政基础。有志继续改革的辉格派主动淡化自身贵族色彩并刻意模糊派系界限。1833 年，官方刊布小册子《改革政府与改革后的议会》（*The Reform Ministry and The Reformed Parliament*），声称下院多数议员并非"政府或反对派的同党，而是善意政府的同党"，旨在笼络尽可能多的议员并否认政府的派系属性。② 接下来近十年掌权期间，辉格派政府大体奉行中

---

① Jonathan Parry, *The Rise and Fall of Liberal Government in Victorian Britain*, Yale University Press, 1993, pp. 102 - 103.

② Norman Gash, *Aristocracy and People*, p. 158.

间道路,在改革与保守之间拿捏分寸,捍卫贵族阶层整体利益的同时适度推行改革。

1833 年,政府废除奴隶制并改革东印度公司,剥夺了公司对中国贸易的垄断权,但这些针对海外的政策调整远不能满足国内改革派胃口。阿尔索普制定当年财政预算时,试图开征个税填补减免关税造成的收入缺口。乡村士绅和城市中产群起反对,因为个税主要落在他们头上。他们呼吁压缩开支并迫使政府废除麦芽酒税。政府只好厉行节约,缩减军费,官员亦主动降薪。然而点滴改革和些许让步并不能确保政府稳定,这是由 1830 年代至 1850 年代英国高层政治的三大特色决定的。其一,派系众多,政府皆拼凑而成。辉格和托利两大名门正派内部分歧巨大,辉格派内的自由主义者与保守派矛盾之烈甚于自由主义者与开明托利派之矛盾,而极端托利派则与开明托利派不共戴天。其二,议员不存在 19 世纪后期才会形成的党派忠诚,首相个人性格和魅力对政府稳定至关重要。其三,宗教政策是政治走势的第一风向标,各教派众口难调且每位高官的宗教偏好都是不定时炸弹。

宗教敏感人尽皆知,辉格大佬们却无法回避宗教纷争。政府对英格兰教会姿态强硬已致争议不断,辉格派内部更未就爱尔兰教会改革达成共识。大改革期间,爱尔兰人也骚动起来,以抗税、暗杀等方式逼迫伦敦让步,仅 1832 年爱尔兰就上演了 242 桩谋杀案和 568 起纵火案。[1] 大改革尘埃落定后,政府终于腾出手来应付爱尔兰危机。新上任的爱尔兰事务大臣利特尔顿(Edward Littleton)和二度出任爱尔兰总兵的理查德·威尔斯利都同情天主教徒且担心爱尔兰局势进一步恶化,反复敦请格雷向天主教徒让步。1833 年 2 月 12 日,阿尔索普以防患未然为由在下院提出"爱尔兰教会议案"(Irish Church Bill),欲把爱尔兰教会与英格兰教会分开,大幅精简爱尔兰教会机构、裁汰教职冗员,并督促爱尔兰主教将土地承包给佃农;最关键的是,议案第 147 款拟分拨部分爱尔兰教堂税用于当地教育事业。议案内容激化了政府商层矛盾,罗素、布鲁厄姆等激进派予以支持,但格雷和时任爱尔兰事务大臣斯坦利(Edward Stanley)强烈反对。斯坦利是辉格派中的国教保守派代表,不

----

① Jonathan Parry, *The Rise and Fall of Liberal Government in Victorian Britain*, p. 107.

反对适当整改爱尔兰教会,但容不得伤害教会独立性。结果为照顾斯坦利感受,当局大幅修改议案,删除了第 147 款。8 月 14 日,修改后的议案通过,名曰《爱尔兰教会暂行法》(Irish Church Temporalities Act)。此法只笼统建议改组爱尔兰教区、精简爱尔兰教会机构、规范其资金支出。① 即便如此,斯坦利仍对议会侵蚀爱尔兰教会权力不满,他从爱尔兰事务大臣转任殖民大臣后,额外要求通过一项《强制法》(Cocerion Act),以巩固爱尔兰教会权力并强化当地社会秩序。迁就斯坦利触怒了不从国教者和爱尔兰议员,致使他们疏远政府,到 1834 年初,政府已难获得过下院半数议员支持,只能靠皮尔领导的温和托利派支持勉强续命。

自由派起初并未抵制《强制法》,以期换取政府在爱尔兰教会资金使用上让步。然而好景不长,辉格高层中以罗素为代表的自由派与以斯坦利为首的保守派就爱尔兰教会资金使用很快再起冲突。国教徒只占爱尔兰人口的 10.7%,却独享爱尔兰全民缴纳的什一税。② 自由派仍坚持拨出部分教会收入用于民政,特别是教育事业。罗素 1833 年专门去爱尔兰实地考察,对爱尔兰民众素质低下深表震惊。他相信只有教育才能改变爱尔兰人精神风貌,提升他们的认知水平和文化素养,为王国政府长久治安提供人性化的"道德控制手段"。③ 罗素认为《爱尔兰教会暂行法》扬汤止沸,意义不大,旋又抛出一份关于爱尔兰什一税的议案,并怂恿激进派和爱尔兰议员支持教产公用。斯坦利仍坚持政府无权染指教产,鉴于罗素态度强硬,5 月底斯坦利和格拉厄姆(James Graham)等四位内阁大臣辞职。④ 格雷因他们辞职坐卧不安,大改革后两年中,辉格派议会补选接连失利表明触动教会利益已搞得人心离散。为安抚国教徒及保守派,格雷建议修改《强制法》,授权爱尔兰总兵镇压当地公众集会。铁腕高压又触怒了布鲁厄姆、理查德·威尔斯利和阿尔索普等人,他们和奥康纳联手向格雷施压。格雷拒绝让步,阿尔索普辞职。失去下院领袖,政

---

① Stuart. J. Brown, *The National Churches of England, Ireland, and Scotland, 1801 - 1846*, Oxford University Press, 2007, pp. 162 - 164.

② Stuart. J. Brown, *The National Churches of England, Ireland, and Scotland*, p. 165.

③ Jonathan Parry, *The Rise and Fall of Liberal Government in Victorian Britain*, p. 109.

④ Stuart. J. Brown, *The National Churches of England, Ireland, and Scotland*, pp. 183 - 184.

府难以为继。格雷能伸不能屈,7月,索性辞职。重臣对爱尔兰教会改革意见分歧太大导致政府垮台,但格雷至死认为是布鲁厄姆和理查德·威尔斯利合谋把他拉下了马。四年前,托利派因解放天主教徒分裂并给了辉格派可乘之机,如今辉格派政府同样因宗教争执分崩离析。

威廉四世原打算由斯坦利组阁,皮尔作为政府台柱予以辅佐,但斯坦利资历不够,能力亦欠火候。[①] 威廉又指示墨尔本联合皮尔和威灵顿组建联合政府,然而墨尔本无法与威灵顿就爱尔兰教会问题达成一致。威廉只能舍弃威灵顿,暂命墨尔本为相。墨尔本没有强烈派性意识,他是坎宁生前欣赏的可塑之才,亦是格雷眼里根正苗红的辉格派,且与所谓的布鲁厄姆—威尔斯利阴谋无关。威廉则认为他既不逞强、又缺资历,易于驾驭。墨尔本刚上任时基本沿用格雷政府的主要干将,他对格雷毕恭毕敬,重大决策均征询格雷意见,人们普遍认为他只是格雷传声筒。墨尔本无为而治,明确表示新政府并不意味着新政策。他告诉上院,政府"在任何方面都非新政府","除了奉行(前政府)既定原则,他不会改弦易辙"。[②] 墨尔本只想因循守旧,然而树欲静风不止。布鲁厄姆不满墨尔本慵懒;上年已辞职的达勒姆到处煽风点火,呼吁普选和无记名投票,墨尔本不胜其扰;阿尔索普看不惯墨尔本尸位素餐,是年11月借口其父病故受封斯宾塞伯爵,移步上院并辞去财政大臣之职。墨尔本提议罗素出任下院领袖,威廉不允,他厌恶罗素追捧自由主义并对他的所作所为久难释怀,认定罗素而非格雷才是两年前大改革的排头兵并把《改革法》强加给了上院和国王。

墨尔本无法号令内阁,而威廉启用墨尔本亦是权宜之计,现在索性把他轰走,任命皮尔署理内阁。皮尔被认为是"最后一位国王不顾下院多数议员意愿而任命的首相"。[③] 格雷起初担心威灵顿重新组阁实属杞人忧天,托利派群龙无首且下院席位甚至比激进主义者席位更少。极端托利派忌恨皮尔,皮尔也不愿改变立场曲意迎合他们。1833年初,围绕预算辩论时,极端托利派不断刁难政府,皮尔冷眼旁观,不与政府唱反调。皮尔和格雷持见略同,辉格派当

---

① 　Ian Newbould, *Whiggery and Reform*, p. 158.

② 　Hansard, 25 July 1834, Col. 467.

③ 　Boyd Hilton, *A Mad, Bad and Dangerous People?* p. 497.

时若倒台，继之而来的必是一届更激进的政府，而防止政策滑向更极端、更激进的深渊是他们二人的共识。

第一届皮尔政府因维系时间不足半年而被称为百日政府（Hundred Days' Ministry）。百日政府如白驹过隙，但皮尔借《塔沃斯宣言》（Tamworth Manifesto)澄清了自己的政治立场。皮尔在宣言中淡化派系，呼吁支持他的选民"少关心派系竞争"，多点"捍卫秩序以及维系良性政府"的责任心，这种超派系姿态受到所有温和派一致认可。皮尔重点申明自己对1832年大改革的看法：《改革法》是关于"重大宪政问题的决定性的且不可更改的决定"，它在不触动宪政和教会体制的前提下，能够"纠正确证的滥权并回应真正的痛苦"，因此值得拥护。[①] 这番表态既是为自己在大改革期间的冷眼旁观辩护，也号召他的支持者接受《改革法》，忘却过去向前看。传统观点认为《塔沃斯宣言》阐明了保守党政纲且皮尔借此宣言确立了自己的保守党创党人地位。姑不论当时是否有真正意义上的现代政党，《塔沃斯宣言》完全是皮尔组阁前的即兴演讲，与党派毫无关系，皮尔之良苦用心是奉劝极端托利派不要食古不化、顽固抵制时代潮流。皮尔也要借宣言向世人表明他的政府与极端托利派无关，不仅认可既定改革且有志深化改革。[②] 年轻的迪斯累利（Benjamin Disraeli)鄙夷皮尔姿态超然且不满他兜售自由主义，谴责他"将政治上的托利主义的所有真正原则都出卖了"。[③]

为强化皮尔权威，1834年底，威廉解散议会重选，他敏锐察觉托利派正在回归。尽管极端托利派仍耿耿于怀，但托利派主流在大改革后几年静心疗伤，到1835年元气基本恢复。研究大改革的权威专家如此评价这一时期的托利派：

从1827到1830年，他们鄙视竞争对手，争吵不休，自食苦果。

---

① G. M. Young and W. D. Handcock, eds, *English Historical Documents*, Vol. Ⅸ, *1833 - 1874*, Routledge, 1996, pp. 127 - 128.

② Richard A. Gaunt, *Sir Robert Peel*, pp. 88 - 89.

③ 拉塞尔·柯克：《保守主义思想：从伯克到艾略特》，江苏凤凰文艺出版社，2019年，第280页。

自 1832 至 1835 年,他们恐惧对手,精诚团结,兴旺发达。当他们自以为高枕无忧时,危险近在咫尺;当他们意识到遭遇挫折时,便安全无虞了。①

托利派在 1835 年 1 月大选中表现不俗,赢得 273 席;辉格自由派为保住政府尽力拉拢爱尔兰人以及激进派议员。② 2 月 18 日,罗素与奥康纳以及激进派议员搁置分歧,达成"里奇菲尔德协议"(Lichfield House Compact)。协议性质至今仍充满争论,各方只有口头承诺,且辉格派内部对协议冷热不一。墨尔本置身事外;格雷鄙视罗素与奥康纳合作;即便罗素也视协议为权宜之计,他支持针对爱尔兰的改革,但搞垮皮尔政府才是他的首要考虑。③ 爱尔兰议员和多数激进主义议员暂被纳入辉格阵营。激进派关注的议题极为分散,有的反《谷物法》,有的致力于宗教改革,有的呼吁普选。他们亦无公认领袖,无法汇流为河,只能与辉格派合流并依托其力量争取本派利益最大化。

罗素一箭双雕之计不仅笼络了激进派,利用他们加快自由主义改革步伐,且成功抑制了蒸蒸日上的皮尔。1835 年初,皮尔和罗素两人竞相提议改革,差别仅在于罗素倡议的改革尺度更大、涉及面更广。皮尔则敏锐嗅到国教回潮气息并成立教会事务委员会(Ecclesiastical Commission),意在实现以下两个目标。一是通过革除教会弊政完善其精神服务功能,"减少人民对建制教会(established church)的敌意";二是在新工业地带"扩展教区体系",与不从国教派争取信众。④ 教会事务委员会之创设是皮尔毕生引以为豪的政绩,是百日政府留下的最大政治遗产,其后相当长时间内,无论哪个派系掌权,基本都是依托这个机构推行宗教改革。⑤ 皮尔亦着手启动婚姻、什一税等改革。他的改革方案建议调低什一税税率,减轻民众负担,但避谈教产民用。罗素欲在

①　Michael Brock, *The Great Reform Act*, p. 321.

②　Colin Rallings and Michael Thrasher, *British Electoral Facts*, *1832 - 2006*, Ashgate, 2007, p. 4.

③　John Prest, *Lord John Russell*, Macmillan, 1972, p. 89.

④　Stuart. J. Brown, *The National Churches of England*, *Ireland*,*and Scotland*, p. 201.

⑤　Richard A. Gaunt, *Sir Robert Peel*, p. 98.

宗教事务上与皮尔争夺风采，针锋相对抛出一份教产改革议案并在下院以 33 票多数通过。[1] 鉴于罗素方案更得民心，4 月，皮尔宣布辞职。百日政府不仅为皮尔提供了政治历练，且对政治走势影响深远。其一，它刺激辉格派、激进派、爱尔兰人相互靠拢，他们在 19 世纪中期多次联手执政，最终合并为自由党。其二，皮尔号准了时代的脉搏——宗教自由化、多元化，明确了自己的宗教自由主义立场。这既为国教在自由主义时代复兴明路指向，也为 1830 年代和 1840 年代教派斗争推波助澜，逼迫国教徒选边站队并加速政治势力重组。在此过程中，皮尔也与托利主流渐行渐远。

皮尔下台后，威廉别无选择，再命墨尔本组阁。赶走墨尔本却又迅速将其召回是英国宪政史上有分水岭意义的大事，标志着"王权已不能战胜下院中的政党"，尽管此时的政党仍是派系的拼凑。[2] 时人仍不看好墨尔本二次组阁并确信他随时会再被赶走，但墨尔本奇迹般坚持到 1841 年。多重因素共同造就了这一奇迹。

第一，君主态度至关重要。威廉对自己主导政府失败耿耿于怀，始终认为政府是强加给他的。墨尔本任用了不少同情爱尔兰天主教徒的自由主义者，更令威廉不快。不过威廉再度起用墨尔本后逐渐释然，意识到墨尔本起码是"最不坏的"人选。[3] 1837 年，威廉驾崩，肯特公爵之女维多利亚（Queen Victoria）继位。维多利亚对墨尔本怀有伯父般敬意，墨尔本更高枕无忧。

第二，内阁矛盾有所缓和。墨尔本组阁时弃用刺头布鲁厄姆，为政府省了不少麻烦。罗素和帕麦斯顿分别担任内政和外交大臣，里斯（Thomas Spring Rice）担任财政大臣。墨尔本讨厌俗务缠身，向往悠然自得的贵族生活，公务再忙，也不能耽误歌舞饮宴、吟风弄月等闲情雅致。他懒得插手部门事务，各部大臣只要得到议会支持，无须首相点头，便可在主管部门各显神通。当然，如若碰壁，他们也没理由迁怒墨尔本。

第三，府院矛盾由下院领袖罗素替政府挡枪。墨尔本身居上院，极少与下院直接打交道，他讨厌下院的喋喋不休，担心下院之强势破坏宪制平衡。他认

---

[1] Ian Newbould, *Whiggery and Reform*, pp. 174 - 175.
[2] 安格斯·霍金斯：《维多利亚时代的政治文化》，第 143 页。
[3] L. G. Mitchell, *Lord Melbourne*, *1779 -1848*, Oxford University Press, 1997, p. 167.

为议会的主要功能是监督财务和纠正行政滥权，而非立法，"通过议案和制定法律仅是议会次要且附属性职责"。① 墨尔本秉持的宪制逻辑显然与时代略显脱节，好在政府有雄辩的罗素坐镇下院，他的伶牙俐齿足以对付一切反对派的毒舌。

第四，格雷家族影响力无所不在，而墨尔本把政府与这个家族的关系处理得恰到好处。格雷鄙视墨尔本依赖激进派和爱尔兰议员，怀疑他是奥康纳的代理人。不过格雷年事已高，无心卷入权斗。墨尔本仍尊重格雷，高抬格雷是福克斯的衣钵传承者，还提携格雷之子霍维奇（Howick）子爵任战争大臣。墨尔本极度反感格雷女婿达勒姆，称"上帝亦无法取悦于他，（他）只会抱怨和吹毛求疵"。② 为防达勒姆在国内滋事，墨尔本起初把他支到俄国去担任公使，后又任命他为加拿大总督。达勒姆并不识趣，在总督任上抨击墨尔本忽视帝国利益。1839 年，墨尔本忍无可忍，将达勒姆革职，霍维奇也一并辞职。

第五，与其说墨尔本依赖激进派和奥康纳，倒不如说这两伙人没有勇气搞垮墨尔本。墨尔本并不认同自由派且反感激进派，更不想迁就奥康纳，但他确有难处。1835 年大选后，政府下院优势微弱，不能把激进派和爱尔兰议员逼去敌对阵营。不过墨尔本迁就他们亦有底线，与他们合作纯属工作需要。墨尔本认为平民恭顺贵族是社会秩序之保障，厌恶工业时代急速的社会流动和尖锐的阶级对立，对激进派呐喊的平等主义和普选嗤之以鼻。他认为激进派多是心智不健全的狂热分子，情绪不稳，容易心血来潮；置之不理，他们反而会自动消停。③ 墨尔本始终想与激进派及爱尔兰议员撇清关系，毫不避讳称"我与布鲁厄姆无关，与达勒姆无关，与奥康纳亦无关"。他确信奥康纳的终极目标是爱尔兰独立，迁就只会刺激他的胃口变大。激进派和爱尔兰议员固然知道墨尔本对他们避之不及，但若搞垮政府，掌舵者必是皮尔。墨尔本正是抓住了激进派和爱尔兰议员的投鼠忌器心理，高卧相府。④

最后，墨尔本长期得到皮尔善意支持。他和皮尔表面上分属辉格与托利，

① Jonathan Parry, *The Rise and Fall of Liberal Government in Victorian Britain*, p. 131.

② L. G. Mitchell, *Lord Melbourne*, p. 177.

③ L. G. Mitchell, *Lord Melbourne*, p. 174.

④ L. G. Mitchell, *Lord Melbourne*, pp. 180 - 181.

但都厌恶极端分子。墨尔本鄙夷激进主义者，皮尔厌恶极端托利派。墨尔本宁可倚靠皮尔支持，也不会满足激进派之敲诈；皮尔宁可接受墨尔本掌政，也懒得与极端托利派为伍。结果，1835 至 1841 年，墨尔本、罗素、皮尔三人心有灵犀，配合默契并把控改革尺度。

墨尔本慵懒无为反倒成全了自由派大臣随性发挥才能。帕麦斯顿和罗素是自由派两大代表，前者向外武力推销自由贸易，后者在国内搞自由主义改革。1830 至 1841 年，除 1834 年底至 1835 年初短暂间歇，帕麦斯顿一直是外交大臣。他信奉自由贸易，致力于光大 1820 年代坎宁推行的自由贸易帝国主义，在其操作下，英国不仅牢控本土与印度的商路且把贸易前哨明目张胆深入中国内陆。英国必须维持奥斯曼帝国稳定以确保英印道路畅通，而这一时期奥斯曼帝国北方遭俄国蚕食，南方面临埃及人挑战。埃及总督阿里（Muhammad Ali）打着独立自主的旗号兴兵，埃及不仅摆脱了伊斯坦布尔的控制，埃及军队还打到了叙利亚（Syria）和黎巴嫩（Lebanon）境内。埃及人有法国撑腰，这使帕麦斯顿如鲠在喉。1840 年夏，英国与俄、奥、普三国缔结《伦敦公约》（London Convention of 1840），部分阁员因担心触怒法国而反对公约，帕麦斯顿以辞职威胁墨尔本认同他的操作。公约以承认阿里对埃及的治权换取其从叙利亚和黎巴嫩撤军。阿里不从，以英国为首的公约成员国出兵轰炸贝鲁特（Beirut）并攻陷阿克港（Arce），阿里溃败并失去讨价还价的资本。如此，英国不仅确保了近东商路安全且警告法国勿在近东妄动。帕麦斯顿还垂涎中国内地的商机。1830 年代，英国废除了东印度公司对华贸易垄断权，大量在印投机的殖民者将鸦片输入中国，当清政府收缴了祸国殃民的鸦片后，英国人悍然炮轰广州，挑起鸦片战争。英军凭技术优势完胜清军，继而靠强加给清政府的《南京条约》逼迫中国割地、赔款并开放多处通商口岸，满足了英国政商两界之贪欲。姑不论一国是否有权拒与他国通商，帕麦斯顿完全无视鸦片道德问题，其不从国教派同胞以及福音主义信徒格拉斯顿（William Gladstone）均汗颜无地。格拉斯顿坚信财富当取之有道，"害怕上帝因我们对中国的民族罪孽而审判英格兰",挺身而出谴责鸦片之害。①

自由派旗手罗素来自显贵世家,这个家族的开明和自由传统蜚声四宇。反教皇制专制主义、痛恨高教会傲慢顽固、同情不从国教者是罗素家族数百年的处世信条。罗素先祖中,有 1641 年倾力调节查理一世与议会矛盾的贝德福德伯爵,有 1681 年为反教皇制血溅刑场的威廉·罗素,还有 18 世纪中叶位高权重的第四代贝德福德公爵。先祖的光荣行迹激励罗素为自由主义奋斗。以罗素为标杆的自由国教徒呼吁统治集团吸纳积极进取、虔诚自律的不从国教者,防止他们与激进主义者合流。自由国教徒推崇德国启蒙哲学家的政治和伦理学说,深受这个时代自然科学的新发现鼓舞,重视人的道德培育,坚信理性和科学可以启迪人的心智并不断促进人的自我完善。他们鄙视《圣经》迷信教条,不再沉迷基督的神性与人性之争,不屑三位一体等神学辩论,呼吁政府关注民间疾苦,倡导用理性和科学造福人类。② 自由国教徒不再纠缠神学和教义,他们更欣赏福音主义,乐意按其指引推动利国利民之改革并形塑勤俭向上的国民美德,奠定了 19 世纪中叶英国政治文化的基调。

> 自 1800 年后,"福音派复兴"影响了英国精英,强化了把公共责任视为与个人财富相伴随的义务的观点。唯如此,精英们在审判日到来时才能勇敢面对上帝。物质的繁荣是在为基督管理财富。⋯⋯
>
> 在更广泛的社会层面上,福音派培育了节俭、虔诚、慈善与人格高尚的道德观。③

1832 年大改革有群众倒逼之因素,1832 年后自由国教徒的改革却是主动适应福音之风刮起的时代诉求,是对支持其执政的选民意愿的积极回应。不过改革并无预先规划的详尽方案,而是基于经验的缓解具体压力的一项项权宜之计。阿尔索普以及罗素等人追捧边沁(Jeremy Bentham)的功利主义,坚信政府功能就是促进大多数人的最大幸福。他们看到工业革命和贸易扩张带

---

① H. C. G. Matthew, *Gladstone*, *1809 - 1874*, Oxford University Press, 1988, p. 65.

② Boyd Hilton, *A Mad*, *Bad and Dangerous People?* pp. 464 - 465.

③ 安格斯·霍金斯:《维多利亚时代的政治文化》,第 89 页。

来了巨额财富,但强调政府有责任让财富惠及全体国民。辉格派文胆、历史学家马考莱连篇累牍在《爱丁堡评论》上撰文鼓吹"最大多数人的最大幸福"应当是为政者的思想指南。工业时代大规模社会流动导致无家可归的流浪汉遍街游走,残酷市场竞争造成失业者和破产者无以为生。1832年,政府派出专门委员会调查济贫问题。调查报告认为1601年的《济贫法》早与时代脱节,不仅无助于救济反而导致底层民众返贫,大量懒汉因物质救助更加懒散堕落,甚至将政府救济当作唯一生活依靠。调查委员会建议:在各教区分门别类为妇女、儿童以及体格健全的男子建设各自的济贫院(workhouse),引导穷人自救,两年内全面停止救济体格健全的成年人。1834年,基于上述调查及建议的《济贫法修正案》(Poor Law Amendment Act)生效。新济贫政策降低了对堂区牧师和地方官吏的依赖,设立专门的济贫监督局(board of poor law guardian),其成员由地方纳税人选举产生。中央则设立济贫委员会,审核济贫资金支出。新济贫措施既提高了济贫效率又节省了资金。英格兰和威尔士的济贫税(poor rate)支出从1830年的683万镑降到1835年的553万镑,1840年更降至458万镑。[1]

　　1832年《改革法》并未涉及地方选举,而地方市政选举之腐败早已激起公愤。1833年,政府派出以激进主义者帕克斯(Joseph Parkes)为首的专项委员会调查地方选举情况。1835年9月,根据调查报告颁布的《市政机构法》(Municipal Corporations Act)遭顽固派拼命抵制,不过辉格自由派与皮尔领导的温和托利派一起保证法案顺利通过。[2] 该法要求170余个现有自治市政选区(municipal boroughs)设置统一的选举资格,敦促未建立自治市政选区的地方政府尽快着手组建。法案还要求自治市政选区成立市务会(town council)。市务会成员由房产持有者及连续纳税三年以上的纳税人选举产生,每年改选其1/3,市长以及市府参事(alderman)也是市务会成员。市务会负责监督所在选区财政收支。《市政机构法》颁布后,伯明翰、博尔顿、曼彻斯特等城市相继组建起自治市政选区。该法旨在杜绝贿选,提高地方政府运转效

---

① Jonathan Parry, *The Rise and Fall of Liberal Government in Victorian Britain*, p. 126.

② 理论上,此法与1661年的《市政机关法》性质一样,但为区别两者,此处译为《市政机构法》。

率以及政策透明度。长期以来,辉格派惯于指控托利派操控地方市政机构,他们相信改革市政必有利于提振辉格派的基层竞争力,进而影响议会选举结果。再考虑到不从国教徒是大城市主要纳税人且一向是辉格派政治同盟军,帕克斯更有理由亢奋宣告:"托利派政府一去不返了,…… 英国下院再也不会出现保守派占多数的局面,……最伟大的政治革命业已完成。"①然而四年后的大选证明帕克斯只是盲目乐观。1835 年,辉格派在地方市政机构选举中的优异表现仅昙花一现,两年后,保守派在地方市政机构重新得势。② 托利派和国教会在地方,尤其是中小城市及城乡接合部的牢固根基绝非一两部法案可以动摇。

上院在《市政机构法》出台过程中极力作梗,导致上院自身成了激进派的攻击对象。1832 年前,上院很少横加干涉下院通过的议案,但主教们把持的上院在大改革中屡次刁难民选的下院。大改革后,上院神经紧绷,与国教会暗通款曲,几乎在所有重要议题上都与下院唱对台戏。激进派有如 17 世纪中叶的清教徒,呼吁将神职人员逐出上院并提议重新定位上院,致使"改革上院成为 1830 年代中期的重要激进诉求之一"。③ 不过以罗素为代表的自由派主流无意触动国体,遑论皮尔和墨尔本。墨尔本曾于 1835 年底公开宣称他坚决反对"改变当下宪制或削弱(上院)权势、权利、特权"。④ 至于进一步改革下院、三年一次大选以及无记名投票,更是鲜有附议。1838 年,古典学家格洛特提案无记名投票,在其名著《希腊史》(History of Greece)中,他把古代雅典从君主专制到寡头制再到民主制的演进范式视为智力释放和文明发展的经典线路,期待英格兰也沿着这条线路大胆演进,将目前的贵族寡头制变为民主制。⑤ 墨尔本担心格洛特书生误国,对其逻辑和蛊惑反应冷淡。他坚信口是心非的小人才会支持无记名投票,正人君子光明磊落,不惧署名投票。⑥ 格洛特议案遭否决没有惊起任何波澜。

---

① Norman Gash, *Aristocracy and People*, p. 168.

② Boyd Hilton, *A Mad, Bad and Dangerous People?* pp. 498 - 499.

③ Norman Gash, *Aristocracy and People*, p. 172.

④ L. G. Mitchell, *Lord Melbourne*, p. 186.

⑤ 安格斯·霍金斯:《维多利亚时代的政治文化》,第 162 页。

⑥ L. G. Mitchell, *Lord Melbourne*, p. 196.

与济贫及市政选举改革相比，教会改革阻力要大得多。英格兰教会一直处于舆论的风口浪尖，始终是改革派口诛笔伐的对象。激进派痛恨教会腐败，不从国教者抨击教会的信仰垄断比地主和资本家的商业垄断更可恶。不从国教者无法获取牛津和剑桥的学位，他们的婚丧仪式得不到国教会认可，他们为自己的二等公民地位愤愤不平。不从国教者，尤以一性论者为代表，改革教会的意愿最强烈，也是辉格派传统的天然盟友。他们强调心灵反省，相信理性必胜，鄙视《圣经》中的迷信教条。不从国教者当时只占总人口 10％，但因财富优势，占选民总数的 20％。① 随着经济实力上升，他们的政治和社会诉求也水涨船高。他们不仅利用选票直接参政，更善于从时代大潮中挑选斗争的思想武器。1827 年废除复辟时代制定的两项法案扫除了不从国教者担任公职的障碍，但他们得陇望蜀，还希望将子女送进牛津和剑桥，废止婚姻歧视并打破国教会的教育垄断。不从国教者还联手人道主义者为废奴奔走呼号，倡议废止斗鸡、狩猎等传统的残忍娱乐和血腥消遣。1833 年，不从国教者和激进主义者成立了异见团体联合委员会（United Committee of Dissenting Bodies）。自由国教徒也为不从国教者鸣冤叫屈。这一时期，宗教上的福音主义和政治上的自由主义逐渐并轨。绝大多数福音派坚信，与上帝面前人人平等的福音主义配套的应是社会公正、权利平等、机会均等。这导致这个时代的最大宗教分歧不是不从国教者和国教徒的分歧，而是国教徒内部自由派与保守派的分歧。自由国教徒多是反教权主义者，他们痛斥保守国教徒（Tory）愚忠国教、以愚见遮蔽理性光芒、蛮横排斥异己、人为制造社会分裂，指控他们的身份歧视及教育偏见与进步潮流背道而驰。自由国教徒认为宗教的功能并非灵魂救赎，而是化育万民，进而抑制人的情绪，激进主义便是情绪失控的产物，情绪失控则威胁自由。教化民众的途径则是道德培育和知识拓展。德行和知识不仅催人自律上进，还有助于提升公民涵养、提振公共美德、弥合贫富分化造成的

---

① Boyd Hilton, *A Mad*, *Bad and Dangerous People?* p. 524.

社会鸿沟、缓和阶级对抗。①

根据 1753 年的《婚姻法》，英格兰和威尔士境内的婚姻必须得到国教会认可，婚礼必须由国教牧师执礼。不从国教者素来抱怨这种规定是蓄意侮辱他们的人格。1836 年，议会通过《不从国教者婚姻法》(Dissenting Marriages Act)。此后婚姻和生育均由行政机关登记，变相承认了不从国教者婚姻的合法性。同年，不从国教者可从伦敦大学获得学位，打破了只对国教徒开放的牛津和剑桥的学位授予垄断权。罗素还矢志不渝改革初等教育，尝试用公共资金创设一种新的教育体制，以便所有青少年接受课纲统一的教育。1839 年，他还提案兴建由政府资金支持的模范学校(model school)，这种学校也对天主教徒开放，不同教派学生颂读不同版本《圣经》。教育改革旨在清除教派偏见，然而多数国民并不买账，高教会人反对国家干预教育，保守国教徒担心改革松动国教根基，卫斯理宗因一贯反天主教也奋起抵制。② 国教保守派代表斯坦利联合各股反天主教力量层层阻挠教育改革，致使 1840 年的教派协定(concordat)尽显教派妥协色彩，它规定大主教有权否决教育监管人，但教育监管人由世俗部门任命，且不对教会负责。国教会的教育垄断权受到侵蚀标志着教育事业"向国家支持的非宗派(undenominational)全民教育体系前进了一大步"。③ 教堂税是不从国教者的眼中钉，国教自由派也有意将其废止。1837 年，政府建议国教会出租教产增加收入，以抵偿拟停征教堂税之损失。国教保守派强烈抵制。教堂税数额不大，但它是国教特权的标志，其存废乃 19 世纪中叶英国朝野争执最烈的议题。

爱尔兰教会是众矢之的，牵动每位政要神经。国教自由派和不从国教者均集中火力攻击爱尔兰教会并呼吁爱尔兰启动与英格兰类似的市政机构改革。1835 年上任的爱尔兰总督马尔格雷夫(Earl of Mulgrave)和爱尔兰事务大臣莫佩思(Viscount Morpeth)均致力于推进爱尔兰全方位的改革，他们在

---

① Jonathan Parry, *The Rise and Fall of Liberal Government in Victorian Britain*, pp. 135 - 136.

② David Hempton, *Methodism and Politics in British Society*, pp. 160 - 162.

③ Stuart. J. Brown, *The National Churches of England, Ireland, and Scotland*, pp. 241 - 242.

爱尔兰成立新式警队,新式警职和高级行政职位都向天主教徒开放。1838年,《爱尔兰济贫法》(Irish Poor Law)生效。爱尔兰基层教育也逐步完善,到1843年,近40万当地儿童有机会接受学校教育。1838年的《爱尔兰什一税法》(Irish Tithe Act)仍规定教产不得挪作他用,但名义上废除了爱尔兰教堂税,改为变相征收的土地税,且税额降低了约25%。[①] 这一时期针对爱尔兰的一揽子政策是自由国教徒改革之招牌,更是他们自鸣得意的加分政绩。[②] 自由国教徒无意摧毁爱尔兰教会,与1827年一样,他们认为拒不改革无法确保爱尔兰继续留在帝国之内,向听从奥康纳号令的爱尔兰人适度让步才能维系帝国统一。

自由国教徒的改革主要针对宗教及民事,而非政治,政策重点关照英格兰不从国教者和爱尔兰天主教徒,政府绝不向政治上的激进派让步。政府高层多同墨尔本一样,认为激进派受狂躁情绪支配,自控力差,容易犯浑。[③] 当然,政府也不理会爱尔兰人的分离主义诉求,严禁他们做出任何危及帝国统一的出格之举。然而即便与激进派及爱尔兰人划清界限,自由国教徒还是为改革惹了一身臊。多数英格兰人视国教为国本,诅咒爱尔兰人仅是一群与大不列颠人同床异梦、无望救赎的天主教徒。结果,掌权的自由国教徒为不从国教者及爱尔兰人劳心费神,到头来却削弱了自身在英格兰的社会根基。"他们为爱尔兰仁至义尽,但在此过程中耗尽元气,牺牲了英吉利支持者的善良意愿,并将自己置于如下易受指控的窘境:为得到奥康纳的支持而在每一个问题上(向爱尔兰人)让步。"[④]

正统国教徒正是利用自由派的窘境部分收复了失地。在皮尔创设的宗教委员会指导下,国教会开始了自我革新。1836年夏生效的《建制教会法》(Established Church Act)授权增设里彭(Ripon)和曼彻斯特两个主教区,同时合并原部分主教区。这是16世纪中叶以来的首次主教区调整。部分高教会人希望设置更多主教区并声称议会无权干涉主教区划分,但宗教委员会坚

① Stuart. J. Brown, *The National Churches of England, Ireland, and Scotland*, p. 364.
② Jonathan Parry, *The Rise and Fall of Liberal Government in Victorian Britain*, p. 139.
③ Ian Newbould, *Whiggery and Reform*, pp. 163,167.
④ Norman Gash, *Aristocracy and People*, p. 171.

持把英格兰和威尔士主教区控制为 26 个。《建制教会法》还要求缩小主教收入差距,明确主教年收入不得低于 4500 镑,建议教会的收支盈余首先用于兴建教堂和改善设施。① 1838 年出台的《兼职法》(Pluralities Act)规定:除非有大主教特许,否则一名牧师不得负责两个堂区。此法还严格限制牧师的世俗经济活动,授权主教监督堂区牧师在周日布道,责令牧师必须常驻所在堂区。《兼职法》是教会止颓过程中最重要的法案,此后国教基层信仰服务和慈善工作明显改善。1840 年夏,教俗两界为《教会收支法》(Ecclesiastical Duties and Revenues)唇枪舌剑。此法旨在将教堂税及主座教堂收入的分配向堂区教堂倾斜。托利派下院议员英格利斯带头抵制,高教会人集中的牛津和剑桥两所大学呈递了 3000 多份抵制法案的请愿书。这些人认为主座教堂神圣庄严,世俗机构无权染指教会产业和财务。伦敦主教布卢菲尔德又一次挺身而出,缓解双方冲突,他苦口婆心开导高教会人并说服他们相信:国教的力量基础并不在主座教堂,而是在"堂区和地区"。② 《教会收支法》对国教弊少利多,在失去了国家资金支撑的不利局面下,教会自身资源向基层倾斜有利于收揽民心。

国教自救除了得益于自上而下的宗教委员会之指导及议会立法,教俗两界的志愿者也有一份功劳。1830 年代中后期,国教会中的福音主义者成立教会牧师帮扶协会(Church Pastoral-Aid Society),自筹经费扩充牧师队伍,鼓励俗人以志愿者身份在人口较多的堂区辅助牧师。1838 年,137 名堂区副牧师和 24 名俗人助理受这个协会资助,三年后,加入该协会的国教牧师多达 1700 名。③ 这一时期鼓励俗人捐赠以兴建教堂蔚然成风,著名福音主义者、柴斯特主教萨姆纳成立教堂建筑协会,到 1838 年,这个协会承建的已完工及在建教堂超过 50 座。布卢菲尔德不甘落伍,他于 1836 年 4 月成立的都市教堂基金会(Metropolis Churches Fund)影响力更大,短短数月就为首都教堂建

---

① Stuart. J. Brown, *The National Churches of England, Ireland and Scotland*, pp. 205 - 206.

② Hansard, 30 July 1840, Cols. 1137 - 1138.

③ Stuart. J. Brown, *The National Churches of England, Ireland, and Scotland*, pp. 211 - 212.

设募资 10.6 万镑。① 萨姆纳和布卢菲尔德还利用各自人脉,与其他福音教派联手,同为振兴教会呕心沥血。1801 至 1830 年,新建国教教堂仅 333 座,翻新 114 座;但 1831 至 1850 年,新建国教教堂 1273 座,翻新 246 座。② 教会在 1830 年代后期止住了颓势,此后二十年,其信众增速勉强能与这一时期英格兰人口增率持平。不过教会续命主要靠自身体制改革、纪律强化以及俗人捐赠,政府和议会不会再为国教出钱。信仰自由竞争时代正式开启。英格利斯 1840 年提案建议议会拨款支持国教,遭自由主义者、不从国教者和爱尔兰议员齐力抵制,议案以 19 票之差被挫败。③

国教失去了政权名正言顺的支持并非末日,高教会人更不愿坐以待毙。牛津一向是培养国教人才的摇篮,也是国教徒大本营。以吉贝尔(John Keble)、纽曼(John Newman)、格拉斯顿等为代表的热心国教的牛津师生担心教会无力抵制不从国教者和自由派的攻击,号召选民以选票惩罚、警示吃里爬外的国教权贵,皮尔 1829 年在牛津补选失利实拜他们所赐。大改革期间,他们对主教的被动处境爱莫能助、痛心疾首。当自由派打算改革爱尔兰教会时,保守的国教徒开始奋力反击了。他们知道,爱尔兰教会一旦被肢解,英格兰教会也难保全。抵制爱尔兰教会改革就这样成了复兴国教的引线。1833 年,吉贝尔在布道词《民族叛徒》(*National Apostasy*)中攻击世俗国家万能论(Erastianism),提醒民众警惕自由主义和世俗化对社会的可怕威胁。到该年底,国教保守知识分子已发表 20 篇宗教檄文,统称《时代篇章》(*Tracts for the Times*),旨在抵制教会世俗化和信仰自由化以保卫四面受敌的国教。捍卫国教的理论家主要来自牛津大学,他们的有组织行动史称牛津运动(Oxford Movement);他们发表连篇累牍的宣传册,致使这场运动又称书册运动(Tractarianism)。

撇去神学争论不谈,牛津运动对复兴教会的贡献不容抹杀,还在一定程度上改变了 1830 年代中后期的政治走势。1834 年 5 月,反激进主义群众举行

---

① Stuart. J. Brown, *The National Churches of England*, *Ireland*, *and Scotland*, pp. 208 - 211.

② Alan D. Gilbert, *Religion and Society in Industrial England*, p. 130.

③ Stuart. J. Brown, *The National Churches of England*, *Ireland*,*and Scotland*, p. 238.

声势浩大的集会,呼吁伦敦主教布卢菲尔德抵制自由主义改革。民众对牛津运动的支持证明英格兰不愧是保守主义之乡。改革派的论据固然充分,普罗大众拥护国教亦发自肺腑。1835 年和 1837 年大选中,政府以限制国教特权为选战主题。保守派反其道而行,他们瞄准自由派弱点,借保卫教会笼络人心,成效显著,止住了 1827 年以来的颓势,致使政府下院优势缩水。罗素为宣扬宗教自由主义付出的代价就是他在 1835 年败选,需靠霍兰家族一位议员让贤,以补选重新进入下院。[1] 1836 年,自由国教徒汉普登(Renn Hampden)出任牛津大学钦定神学教授刺激牛津运动走向高潮。汉普登称学校不是教会,无须服从任何权威,呼吁学生拒绝宣誓遵守《三十九条信纲》。牛津保守派师生怒不可遏,痛批汉普登是与不从国教者一路货色的异端。牛津理论家为驳斥宗教自由主义,不惜贬抑 16 世纪宗教改革在英吉利教会史中的地位,强调英吉利教会的悠远历史及其与天主教会之渊源。牛津理论家和高教会人都追溯历史为国教固根培元,但后者认为只需恪守伊丽莎白教会体制和胡克教会国家理论,而前者欲回归教父时代,有矫枉过正之嫌。

1830 年代后期,国教会稳住阵脚意味着保守派和上院缓过劲来,辉格自由派的改革没那么顺畅了。当然,政治、宗教改革偃旗息鼓不仅源于保守派和上院之抵制,更有其他多重因素。首先,墨尔本天性排斥一切激进改革,维护现状令其心满意足。他曾在 1839 年声称:"过去九年的变革远多于自复辟时代至 1830 年","至于这一切变革是否明智则另当别论"。[2] 他还告诉女王,政府内的改革派自找的麻烦比反对派制造的障碍更加危险。[3] 其次,1830 年代中期的两次大选都表明激进改革之民意基础日渐丧失。联合掌权的辉格-自由-激进派在维多利亚登基后的 1837 年大选中获 344 席,托利派获 314 席,两方实力已旗鼓相当,且辉格-自由-激进派在英格兰只有 225 席,托利派却拥

---

[1]　John Prest, *Lord John Russell*, p. 93.

[2]　Norman Gash, *Aristocracy and People*, p. 173.

[3]　L. G. Mitchell, *Lord Melbourne*, p. 190.

有 239 席。① 墨尔本机敏道出辉格-自由-激进派不受选民待见之玄机——"太过激进,而非不够激进"。②

1837 年大选后,辉格自由派已无力控制局势。墨尔本政府最应感激的不是以奥康纳为首的爱尔兰议员,而是服膺皮尔的托利派议员。皮尔不止一次奉劝威灵顿等保守派支持改革,他虽无力组阁,但已是政坛中心人物,极端保守派难奈其何,斯坦利、格拉厄姆等先前辉格派投其麾下,激进派对其忌惮三分。自 1837 年起,事实已是皮尔"维持着下院的平衡,支持政府大臣抵御来自激进派的攻击"。③ 墨尔本曾热泪盈眶地告诉女王:

> 威灵顿公爵和罗伯特·皮尔先生干得好,帮了我们很多忙,其他托利派分子就不那么友善了,他们一直捣乱。皮尔不在场时,他们便找碴;若皮尔在场,他们则不敢肆意妄为。④

墨尔本在其最后几年任内愈发消极,彻底丧失改革意愿。鉴于女王不谙世事,墨尔本以培育其政治技艺为借口,搬进温莎宫居住。墨尔本生性风流,与许多女性有染。他对男女关系向来不设禁忌,其妻与诗人拜伦(George Byron)之风流韵事丝毫不干扰他的情绪。懵懂年轻的女王对墨尔本满怀家长般敬意,但孤男寡女同处深宫这种非正常现象自然难免流言蜚语。1839年,墨尔本因牙买加问题请辞,皮尔新内阁呼之欲出。不过温和托利派下院实力还不足以支撑稳定的新政府,皮尔亦无强烈组阁意愿。他放话称,如若拜相,女王当把辉格派撑腰的宫廷女侍赶出寝宫,理由是在野政客的亲属应避免干扰君主判断。寝宫危机这件鸡毛蒜皮小事只是皮尔待价而沽的托词,他仍在静观时变。女王拒不理会皮尔不情之请,指示墨尔本继续领导内阁,墨尔本借机改组政府,罗素转任战争与殖民大臣,巴灵(Francis Baring)任财政大臣。改组后,内外政策更是寸步难行。辉格自由派政府最后两年面临如下尴尬局面:

---

① Colin Rallings and Michael Thrasher, *British Electoral Facts*, p. 4.

② L. G. Mitchell, *Lord Melbourne*, p. 196.

③ Boyd Hilton, *A Mad, Bad and Dangerous People?* p. 501.

④ L. G. Mitchell, *Lord Melbourne*, p. 187.

激进派议员执威斯敏斯特牛耳；奥康纳统治爱尔兰；皮尔统治英格兰。辉格派丧失权力，但对占据政府职位并享受裙带关系感到满足；反对派领袖(皮尔)拥有权力但处于在野之境，无法享受裙带恩惠。[1]

政府还得应付经济危机及财政难题并规避《谷物法》争议。1833 至 1836 年英国经济景气，但 1837 年遇到了 19 世纪最严重的制造业衰退，此后几年萧条持续，农业歉收，民众消费降级。经济下行导致政府税收不足，巴灵对收不抵支尤感无能为力。为刺激贸易，政府拒绝加税，从 1838 至 1842 年，仅有一年财政缺口低于 140 万镑。[2] 巴灵制定 1841 年预算时，为公平贸易而废止殖民地享受的关税优惠待遇，西印度和加拿大输入英国的蔗糖、木材等不再享有关税优势。此举既为吸引外国向英国输入货物以增加关税收入，又想惠及普通消费者，因为盘活贸易、增加商品供应才能确保消费品物美价廉。然而上院中的贸易保护主义者否决了预算。为经济萧条和贸易保护所苦的工商界和普罗大众均把矛头对准《谷物法》。1838 年，曼彻斯特和利兹等地相继组建反《谷物法》协会(Anti-Corn Law Associations)，随后反《谷物法》同盟(Anti-Corn Law League)在曼斯特成立。这个新兴工业城市成为反《谷物法》大本营并不意外。此城的企业家和职业精英多是不从国教者，随着经济实力膨胀，他们更有信心引领前卫思潮。经济自由主义和宗教福音主义共同驱动反《谷物法》斗士抗争。企业家、自由主义者、福音派这三大群体此时身份多有重叠。科布登(Richard Cobden)是国教自由主义者，布莱特(John Bright)则是贵格派教徒。科布登"把自由贸易视作福音信条"，是"全能者(指上帝)的国际法"。[3] 后曾担任香港总督的包令(John Bowring)出生在一性论家庭，少时梦想成为一性论牧师，因一性论当时不是合法信仰而转做实业，活跃于曼彻斯特商界，也是反《谷物法》同盟的元老之一。他的名言"耶稣基督就是自由贸易，

---

① 　Norman Gash, *Aristocracy and People*, p. 174.

② 　Jonathan Parry, *The Rise and Fall of Liberal Government in Victorian Britain*, p. 142.

③ 　安格斯·霍金斯：《维多利亚时代的政治文化》，第 170 页。

自由贸易就是耶稣基督"道出了这个时代多数商人的心声。① 组织民众声讨
《谷物法》的干将汤普森(Thomas P. Thompson)是一名卫斯理宗牧师之子，
也是废奴运动领袖威尔伯福斯的忘年交。受福音主义驱动，他把废除《谷物
法》与全球废奴并置，相信福音之风吹遍全球之时便是奴隶制和贸易壁垒的
末日。

反《谷物法》大咖财厚学优，所发宏论掷地有声且坚信废除《谷物法》是万
民所期。科布登和布莱特是反《谷物法》的双子星，也是一流经济学家，他们指
斥《谷物法》牺牲工商业资本家利益捍卫土地贵族利益、为不劳而获的地主不
正当压榨汗流浃背的工人以及忙忙碌碌的企业家背书，还把反《谷物法》比作
"商业和工业阶层对抗地主和大土地所有者的运动"。② 他们的立论和逻辑不
仅点出了工农两大板块的利益冲突，道义立场也高下立判，引发同胞强烈共
鸣，连女王夫君阿尔伯特亲王(Prince Albert)也相信反《谷物法》是"工厂主以
及饥肠辘辘的穷人与大地产者之间的战争"。③ 自由主义经济理论的卫道士
科布登，这位被皮尔称为"能与废除《谷物法》画等号的人"，坚信自由贸易不仅
能增加国民财富，也将扫除全球贫困。海外粮食因《谷物法》无法进入不列颠
市场，国内谷物稀缺，价格居高不下。制造商须向工人支付较高工资才能保证
工人生存，制造业成本因此推高，工业制成品被迫高价出售，既损害本国消费
者利益，也限制了海外消费者购买英国工业产品的欲望。不管科布登环环相
扣的推理链能否经得住事实检验，笃信自由贸易的英国人对其推崇备至。《谷
物法》亦与福音主义不容，人为损害一部分人利益与上帝普世救赎论相悖，地
主垄断谷物价格就像国教垄断信仰一样可恶。最主要的是，谷物垄断导致部
分国民忍饥挨饿，有违上帝的正义和福音。这样反《谷物法》志士就从经济学
理论和道义两个维度把该法树为了众矢之的。

捍卫《谷物法》的力量更加强大，即便政府大佬对《谷物法》也各执己见。
罗素对废除《谷物法》迫不及待，墨尔本却能拖则拖，他知道辉格派中维护《谷

---

① Ronald Hyam, *Britain's Imperial Century*, *1815 - 1914: A Study of Empire and Expansion*, London, B. T. Batsford, 1976, p. 58.

② Eric J. Evans, *The Forging of the Modern State*, p. 333.

③ Boyd Hilton, *A Mad*, *Bad and Dangerous People?* p. 553.

物法》的贵族比比皆是,无须托利派反对,辉格派大地主就足以搞垮政府。①
1839 年初,调查《谷物法》的动议被下院以 342 对 195 票否决;罗素试图以每
夸特进口小麦 8 先令固定税取代 1828 年的《谷物法》,他的折中方案受到保守
和自由两派齐声抨击;来自伍尔弗汉普顿(Wolverhampton)的议员维利尔斯
(Charles Villiers)提出的废除《谷物法》议案也被扼杀。维利尔斯为其议案辩
护说:"《谷物法》劫掠 A 满足 B,但它并未创造财富,也未使公众总体受益;应
当记住,为给一个阶级提供过度的保护,我们正在毁灭制造业并导致国家商业
萎缩。"声援维利尔斯的一位议员直斥《谷物法》违背道义,而"道义有错的措施
在政治上不可能是正确的"。② 维利尔斯提案失败引发针对《谷物法》的全国
大讨论,直接刺激了全国性反《谷物法》同盟建立。1840 年 5 月,老资格激进
议员休谟主持的进口商品税调查特委会(Select Committee on Import Duties)
成立,此后几年《谷物法》存废成为与针对国教会特权的改革同样牵动人心的
政治议题。1841 年春,罗素迎难而上,打算再抛出一份《谷物法》调整议案并
于 5 月 18 日在下院发表长篇大论,鼓吹自由贸易是"造物主的恩赐""上帝仁
慈的预定"。③ 辉格派为《谷物法》废存两难,但皮尔更担心《谷物法》争执刺激
托利派内斗,提议对政府进行信任表决,政府以一票之差落败。④ 阁僚建议墨
尔本诉诸民意,举行大选。

　　1841 年大选后,支离破碎的墨尔本政府寿终正寝。辉格自由派竞选时极
力丑化农场主和托利派,但于事无补,托利派已卷土重来,以托利派为生力军
的保守派赢得 367 席,而辉格-自由-激进派只获得 291 席。⑤ 大改革后,辉格
自由派和托利派实力一直此消彼长。托利派 1830 年代后期的复兴主要归功

---

① L. G. Mitchell, *Lord Melbourne*, p. 193.

② Hansard, 12 March 1839, Cols. 353, 364 - 365.

③ Hansard, 18 May 1841, Cols. 666 - 667.

④ Jonathan Parry, *The Rise and Fall of Liberal Government in Victorian Britain*, p. 147.

⑤ Colin Rallings and Michael Thrasher, *British Electoral Facts*, p. 5.

于国教会和土地贵族的支持。皮尔在 1838 年对其托利派同道说:"支持你们的是教士、地方行政官员、自耕农、乡绅以及商贸界的大部分人。"①皮尔把教士摆在首位,可见国教会为托利派东山再起立下了首功。加之 1839 年后《谷物法》压倒宗教成为政争焦点,而作为托利派中坚的地主和佃农大多支持《谷物法》,这导致托利派在 1841 年大选中拿下 144 个乡郡议席中的 124 个、155 个口袋选区中的 95 个。② 不过自由派也不必沮丧,他们受到城市选民和工业资本家拥护,前景光明。罗素本人首次在人口众多的某一伦敦选区当选议员,尽管他在该选区四名当选者中得票最少。③

托利派靠乡郡选区和口袋选区获胜,给皮尔出了天大难题,他的经济政策必然触犯把他送进相府的地主利益,他的宗教政策则向极端托利派伤口继续撒盐。他组阁时刻意照顾托利派大佬的感受,霍恩克利夫、林德赫斯特(Lord Lyndhurst)均身居高位;已晋封里彭伯爵(Earl of Ripon)的前首相古德里奇担任商贸大臣。不过几位年富力强的干将才是皮尔膀臂,斯坦利任战争与殖民大臣,格拉厄姆任内政大臣,阿伯丁任外交大臣,青年才俊格拉斯顿也在贸易部任职并于 1843 年 5 月接任商贸大臣。皮尔故意安排古尔本(Henry Goulburn)这位既支持自由贸易又淡泊名利之人担任财政大臣,以便自己决策财政。皮尔效仿上个世纪的皮特父子,自视国王的大臣,淡漠派系观念,政策更不受派系束缚。他明言不会被托利派议员绑架,光明正大告诉世人:"我决不委屈自己,被迫成为执行他人政策的工具,……把我扶上这个相位的人并不能要求我承担什么个人义务。"④皮尔无视派系藩篱的掌舵风格招致部分托利派反感,迪斯累利控诉他"企图解决所有重大问题而名垂千古,但代议宪制不赞成这种野心;事情需由党派解决,而非把党派作为工具的个人"。⑤ 迪斯累利此时已靠以他为旗手的"青年英格兰"(Young England)博得名气,这是一个致力维护国教和地主利益的富家弟子非正式政治俱乐部,浪漫主义色彩

① Norman Gash, *Aristocracy and People*, p. 175.
② Boyd Hilton, *A Mad, Bad and Dangerous People?* pp. 502, 505.
③ John Prest, *Lord John Russell*, p. 184.
④ Sir Robert Peel, *The Speeches of the Late Right Honourable Sir Robert Peel Delivered in the House of Commons*, Vol. Ⅲ, pp. 810 - 811.
⑤ Robert Blake, *Disraeli*, St Martin Press, 1967, p. 223.

注定它无法走远,但从中可隐约察觉迪斯累利的托利民粹主义。

　　皮尔当务之急是实现收支平衡。二十年前出任内政大臣时,他就认识到个人所得税对税收体系乃至国民收支的巨大调节作用。辉格派政府始终拒绝开征个税是墨尔本政府最后三年入不敷出的重要原因。皮尔号召富人为国家担责,斗胆再次开征触怒有产精英的个税,遭到有辉格主义倾向的斯坦利和格拉厄姆反对,他们认为和平时期征收个税有如平地惊雷。不过里彭和古尔本均支持皮尔。古尔本预估个税有望为政府增收 500 万镑,不仅能帮政府甩掉债务包袱,还能支撑财政部为其他名目繁多的税项降低税率。1842 年,皮尔在下院就当年预算发表演讲时,陈述了开征个税的理由和方法,年收入 150 镑以上者每年缴纳 3% 个税。① 个税提振了皮尔在穷人中的声誉及号召力,宪章派对此交口称赞。奥康诺(Feargus O'Connor)赞扬皮尔的财政政策是“最明智、最具政治家风范、最全面的爱国主义措施”。② 皮尔亦为税收政策自鸣得意,他说“用有选举权的人的选票为与我们无直接关联的人民阶层”谋利,有利于缓和阶级对峙。③ 皮尔一向主张缩减关税,特别是进口商品的关税。开征个税是削减消费税、关税等间接税的前提,因为“在从高关税、低收入的体制向低关税、高收入的经济转变过程中,个税保障了当下的收入之源”。④ 1841年,辉格派议员提议削减蔗糖、木材以及谷物的进口税,并要求废除《谷物法》。皮尔刚上任,不敢立刻讨论《谷物法》,只能暂时支持降低商品进口税。因削减包括木材在内的各种商品进口税,政府关税收入减少了,但皮尔辩称间接税税率低等于降低了所有阶层生活成本。1842 至 1845 年,所有重要进出口商品均在减税之列。1845 年,皮尔决定再延长既定个税政策三年。自由贸易和个税齐步并举成为 19 世纪中后期英国税制基本模式。经济因减税明显好转,加快了迈向全面自由贸易政策的步伐,坚定了皮尔拥抱彻底的自由主义之信心。

---

　　① G. M. Young and W. D. Handcock, eds, *English Historical Documents*, Vol. IX, p. 429.

　　② Richard A. Gaunt, *Sir Robert Peel*, p. 112.

　　③ Sir Robert Peel, *The Speeches of the Late Right Honourable Sir Robert Peel Delivered in the House of Commons*, Vol. IV, p. 696.

　　④ Martin Daunton, *Trusting Leviathan: The Politics of Taxation in Britain*, 1799 - 1914, Cambridge University Press, 2001, p. 80.

唯一与自由贸易原则相悖的就是《谷物法》了。

1842 年初,经下院小幅调整的《谷物法》规定:当国内小麦价格跌到每夸特 70 先令时,对进口小麦征收每夸特 5 先令税,1828 年《谷物法》对应的税率是 10 先令 8 便士;当小麦价格降至每夸特 50 先令时,对进口小麦征收每夸特 20 先令税,1828 年《谷物法》的对应税率是 36 先令 8 便士。[①] 调整后的谷物进口税率纠正了 1828 年《谷物法》的诸多不合理条规,既能保障国内农业发展,降低对国外粮食市场的依赖,又适当确保国内小麦稀缺时海外进口小麦价格不至于太高。然而降低谷物进口税率而非废除《谷物法》的妥协之举既遭地主抗议,也无法令科布登等人满意。自 1840 年起,科布登迷上了废除《谷物法》的议会战略。他告诉老激进主义者普雷斯:"我们将把(废除《谷物法》)与党派政治完全区分开来,吸引尽可能多的选民与我们合作,组建一个只追求废除《谷物法》的团体。"[②]在科布登倡议下,反《谷物法》同盟骨干鼓励商业精英购置城市房产,以获得选举权。他们在全国各地拉票,试图把更多的反《谷物法》候选人送进威斯敏斯特。议会战略在曼彻斯特等少数选区成绩斐然,1841年大选中,科布登本人在斯托克港(Stockport)成功当选议员。1842 年初,议会开幕时,反《谷物法》同盟在伦敦召开声势浩大的集会并聚集在议会大厅外高喊"彻底废除《谷物法》"。当他们听说只是调整而非废除《谷物法》后,抗议升级,焚烧皮尔肖像。总体看,议会战略并不成功,改变不了下院格局。1843年后,反《谷物法》同盟总部从曼彻斯特迁至伦敦,不过并未激起多少反响。1843 年初,一名反《谷物法》同盟成员刺杀了皮尔的秘书。皮尔极度反感近似恐怖主义的暴行并将之归咎于科布登唆使,科布登没参与策划谋杀,但皮尔认为其民粹主义煽动实则变相支持暗杀。

反《谷物法》同盟的院外施压和道义指责铺天盖地,并与同样支持废除《谷物法》的辉格自由派逐渐形成合力,但只有皮尔松口才能解开死扣。皮尔废除《谷物法》的思想动力可以追溯到该法出台前后。彼时他便明白,即便国内粮食产量稳定增长,也不可能满足猛增人口之需求,低价进口海外粮食应上升为

---

①   Richard A. Gaunt, *Sir Robert Peel*, p. 119.
②   Eric J. Evans, *The Forging of the Modern State*, p. 334.

长远国策。1839 年,反《谷物法》运动出现第一波高潮时,皮尔就摆明了立场:
"除非能证实《谷物法》之存在不仅与农业兴旺、维护地主利益一致,还应与这
个国家整体利益之保护、维系一致,特别是与改善劳动人民阶层处境一致,否
则《谷物法》就该废止。"①然而捍卫《谷物法》的土地贵族不仅财力雄厚,更是
政府基石,他们很快用行动证明皮尔的瞻前顾后绝非懦弱无能。与反《谷物
法》同盟针锋相对,地主和农场主成立农业保护协会(Agricultural Protection
Society),进而组建反反《谷物法》同盟(Anti-Anti-Corn Law League),曾参加
1830 年格雷政府的里士满公爵被推举为同盟领袖。

反反《谷物法》同盟指责皮尔降低谷物税是牺牲农场主利益照顾工业资本
家,但皮尔认为捍卫《谷物法》的议员冥顽不化,早晚断送所有托利主义者政治
前途。他顶着托利派主流和地主施加的压力,力挺 1843 年的《加拿大谷物法》
(Canada Corn Act),该法通过后,加拿大谷物可自由输入英伦。不过这与彻
底废除《谷物法》仍相去甚远。1843 年底,皮尔告诉格拉斯顿,下届大选前一
定彻底废除《谷物法》。② 1845 年,他对阿尔伯特亲王也有类似表态。按《七
年法案》,下次大选应在 1848 年。然而 1845 年的爱尔兰饥荒改变了皮尔的原
定计划,加快了他废除《谷物法》的步履。尽管皮尔不相信废除《谷物法》能解
决爱尔兰饥荒,但他和格拉厄姆认为马铃薯歉收敲响了《谷物法》丧钟,应抓住
这个能为废除《谷物法》提供充分理由的契机顺势而为。他高举道义牌,宣称
取消谷物进口限制必能缓解爱尔兰粮食稀缺。12 月初,他向阁僚坦承调整
《谷物法》势在必行。此前政府已令各地行政官员建立救济组织,从美国购买
价值 10 万镑玉米并在欧陆各地搜寻粮食。皮尔此时仍不敢贸然行动,他向阁
员建议暂时中止《谷物法》,允许各港口自由输入粮食。斯坦利忧心忡忡,他认
为暂停一段时间后再重新开征谷物进口税,势必激起更尖锐争执,遂以辞职威
胁皮尔三思后行。内阁明白,一旦斯坦利辞职,暂停执行《谷物法》动议将无法
在下院通过。

好在废除《谷物法》的主要政治力量来自政府外部,罗素公开宣称他支持

---

① Sir Robert Peel, *The Speeches of the Late Right Honourable Sir Robert Peel Delivered in the House of Commons*, Vol. Ⅲ, p. 591.

② Boyd Hilton, *A Mad, Bad and Dangerous People?* p. 553.

彻底废除《谷物法》并呼吁民众向政府施压。为免托利派解体，1845 年 12 月 6 日，皮尔辞职并建议罗素出面组阁、废除《谷物法》、建不世之功。皮尔还保证倾全力支持罗素。当女王要求罗素组阁时，罗素却犹豫了。他的尴尬在于，辉格自由派下院席位有限且派内对《谷物法》分歧极大。刚袭封第三代格雷伯爵的霍维奇拒绝与帕麦斯顿共事，罗素若组阁，这二人缺一不可。罗素更晓得皮尔递来的是金杯毒酒，辉格派内土地贵族比例甚至比托利派更高，墨尔本为相时，他们屡番警告政府勿就《谷物法》轻举妄动。墨尔本并非不为，而是不能为。① 罗素若逞能，必是辉格派罪人。权衡利弊后，他放弃了组阁机会，将《谷物法》这个老难题踢回给了皮尔。

12 月 20 日，皮尔复职。次年 1 月，他向下院公布废除《谷物法》之方案：谷物进口税降至每夸特 4 先令，至 1849 年自行停征；作为补偿，政府将为农场主提供低息贷款。② 方案一出，举国骚动。形形色色农业保护主义者事前已嗅到一丝异味，聚集到伦敦向他们所在选区的议员施压。议会开幕前，各地爆发了声势浩大的维护《谷物法》的示威抗议。抗议者主要来自乡村，特别是选民极少的乡郡小选区。正是这些小选区的议员在最终表决中投了反对票。议会开幕后，本丁克勋爵（Lord George Bentinck）和迪斯累利对皮尔大加鞭挞。此二人极尽挖苦之能事，讥讽皮尔欺骗托利派、背宗弃祖、吃里爬外。迪斯累利提醒皮尔："无论如何都要保持派系之别，只有维护派系的独立，你才能维系公职人员之团结，享有议会的影响力和权势。"③ 迪斯累利等人的恶毒攻击虽未能阻止《进口商品法》（Importation Act of 1846）通过，但加剧了托利派分裂，这种分裂反过来又凸显皮尔派（Peelites）治国理念与托利派越来越南辕北辙。5 月中旬，旨在废除《谷物法》的《进口商品法》表决时，自由派和激进派议员中 235 人支持，仅 10 人反对；托利派议员仅 114 人赞成，241 人反对。④

---

① L. G. Mitchell, *Lord Melbourne*, pp. 193 - 194.

② Richard A. Gaunt, *Sir Robert Peel*, p. 125.

③ Robert Blake, *Disraeli*, p. 227.

④ Boyd Hilton, *A Mad, Bad and Dangerous People?* p. 511.

皮尔依靠自由派和激进派废除《谷物法》导致他不久后下台并造成了托利派彻底分裂。但要强调的是,《谷物法》废除前,托利派已因宗教分裂,而皮尔的宗教政策激起的争议甚至要比废除《谷物法》激起的争议更大。皮尔拜相之初,高教会重燃恢复特权之希望,欲强迫议会拨款支持国教复兴,但皮尔屡番向高教会人泼冷水。1841年,皮尔下令英国和普鲁士在耶路撒冷合作建设共享教堂,纽曼等担心路德教侵蚀英格兰国教,积极抵制。1842年冬,英格利斯呼吁议会拨款300万镑用于国教招募人手,高教会著名杂志《英格兰教会季度评论》(*Church of England Quarterly Review*)亦建议把《南京条约》讹诈的中方赔款大部分拨给国教会。① 皮尔个人当时为国教教堂建设捐资4000镑,但他并不打算利用政府或议会为教会恢复特权,英格利斯算盘落空。② 1833年,议会曾制定法案重点保护童工权益,但未重视儿童教育问题。1843年2月28日,格拉厄姆草拟一份议案,欲修改《1833年工厂法》(Factories Act of 1833),议案要求部分大型工厂出资为童工兴建学校,且学校管委会主席必须是国教神职人员;学生每天接受国教教育一小时,周日还要参加国教礼仪。不从国教者效仿反《谷物法》同盟,发动签名请愿,群起抵制"格拉厄姆议案"。③ 不从国教派各类刊物抨击议案是"1688年后对我们自由的最猖狂侵犯"、以不正当手段维系"摇摇欲坠的教会"。④ 3至6月,他们总共收集了近400万人次签名和2.5万余份请愿书,其中91万人次签名和近9000份请愿书来自卫斯理宗。⑤ 6月15日,格拉厄姆被迫撤回议案。

　　高教会人和托利派对议案流产大失所望,皮尔却继续在爱尔兰政策上刺激他们。1830年代,爱尔兰人因辉格自由派的改革境况稍有好转,但奥康纳

---

①　Stuart. J. Brown, *The National Churches of England*, *Ireland*, *and Scotland*, p. 338.

②　Stuart. J. Brown, *The National Churches of England*, *Ireland*, *and Scotland*, p. 341.

③　Stuart. J. Brown, *The National Churches of England*, *Ireland*, *and Scotland*, pp. 343 - 344.

④　Michael Watts, *The Dissenters*, Vol. II, p. 541.

⑤　David Hempton, *Methodism and Politics in British Society*, p. 170.

果如墨尔本所料，开始为爱尔兰彻底独立战斗。1840 年，他成立独立协会（Repeal Association）并故技重施，靠捐款把独立运动搞得有声有色。他还创办杂志，培养爱尔兰人民族意识，而爱尔兰人民族意识的精髓是天主教信仰。1844 年 2 月，新教徒主持的一桩审判判处奥康纳入狱一年并对其罚款 2000 镑。几个月后，奥康纳高调出狱，声望更隆。① 皮尔此时想讨好温和天主教徒以分化瓦解奥康纳的独立运动，故意放话称：不管是否解构爱尔兰教会，天主教徒和新教徒都应享有平等教育权利。1795 年，爱尔兰议会曾在都柏林城西的梅路斯（Maynooth）建了一所专门培养天主教神甫的学院。学院经费一直靠政府拨款，但该校学生从 1795 年的 40 人增加到 1843 年的 437 人，政府却未相应追加拨款。② 1845 年 4 月 3 日，皮尔建议下院将梅路斯学院经费从每年 9000 镑增至 26360 镑。这点钱对财大气粗的英帝国来说不足挂齿，但一切反天主教势力齐力抵制皮尔的主张，比两年前抵制"格拉厄姆议案"更卖力。高教会人愤愤不平，尤令他们心理失衡的是，"英吉利主教向政府要钱被拒，爱尔兰天主教主教要钱且从一个托利派政府榨取成功"。③ 他们把斗争比作"基督和敌基督"的战争，痛斥政府对国教教育漠不关心却对天主教徒慷慨撒钱。不从国教者一贯敌视天主教，反对公共资源向任何教派倾斜。他们对拨款大加挞伐，还把教派竞争比作贸易竞争，强调公平是先决条件并反对任何人享有特权。抵制梅路斯拨款的签名多达 128 万人次，而支持拨款的签名仅 17482 人次，人心向背一目了然。④ 连政府中的福音主义代表格拉斯顿也愤而辞职，此时他还是牛津运动干将，1838 年曾著书《国家与教会关系》（*The State in its Relations with the Church*）反对新教国家资助任何非新教教派。皮尔最终靠辉格自由派、激进派和爱尔兰议员通过了拨款议案，但托利派议员一分为二，反对者和支持者分别为 149 和 148 人。格拉厄姆当时便心痛感慨："议案通过

---

① Stuart. J. Brown, *The National Churches of England，Ireland，and Scotland*，p. 369.

② Stuart. J. Brown, *The National Churches of England，Ireland，and Scotland*，p. 373.

③ Owen Chadwick, *Victorian Church*，Part Ⅰ，New York，Oxford University Press，1966，p. 223.

④ Stuart. J. Brown, *The National Churches of England，Ireland，and Scotland*，pp. 374 - 376.

了,但我们的派系也毁了。"①

高教会人怒斥皮尔在 1829 年之后又一次背叛了国教,然而皮尔意犹未尽,还要以一份教育议案加倍刺激他们,欲在贝尔法斯特、戈尔韦(Galway)、科克(Coke)三地建立梅路斯学院的兄弟院校。这些院校可以不开设宗教课程,如若设立神学教职,只能自募经费。国教徒痛恨这份教育议案,天主教徒亦未报以掌声。爱尔兰人民族意识正在加速觉醒,对任何政策都高度敏感。他们认为,接受来自伦敦的政府拨款就等于承认了新教政府对天主教教育事业的决策权,任何天主教徒都有责任抵制这种权力。1846 年,梵蒂冈发文谴责皮尔搞无神论教育,爱尔兰天主教会高层更是百般阻挠天主教徒到这些学校求学。② 皮尔欲打造一个没有教派仇恨的新爱尔兰族群,不料既得罪了新教徒,又刺激了天主教徒神经。

皮尔对国教的冷漠也加剧了高教会人的分裂,把牛津运动导向偏激之境。高教会人不再相信还有机会修复教会与国家联盟,绝望认为支持国教已无意义。1845 年,纽曼皈依天主教,从此沉潜教义发微和经文考索。纽曼虽然遁去,但他的理论并非一文不值,他准确预见到宗教自由主义胜利的可怕后果——权威坍塌并为"邪恶打开方便之门",因为宗教及政治的高度自由都假定理性万能并错误相信"人的自然善良以及无限的可完善性"。③ 基督教盛行两千年的立论基础便是人有天然的缺陷和罪孽,纽曼坚信,教会与国家绑定有助于它借政权的力量去抑制人性的恶,而两者分离必致社会秩序和道德体系双双面临危机。最初像纽曼一样倒向天主教的宗教保守派毕竟是少数,多数高教会人继续坚守教阶体系、庄严圣礼、主教权威,仍对国家支持国教抱有希望。然而 1853 年高教会人再遭打击。世俗法庭当年介入一桩有争议的教会人事任命,判决对高教会极为不利。曼宁(Henry Manning)不相信"民事力量审判心灵而不损害教会的神圣职能",带着对世俗机构的强烈怨恨皈依了天主教。④ 19 世纪中后期,步纽曼和曼宁后尘皈依天主教的国教神职人员共计

---

① Stuart. J. Brown, *The National Churches of England*, *Ireland*, *and Scotland*, p. 377.
② Stuart. J. Brown, *The National Churches of England*, *Ireland*, *and Scotland*, p. 382.
③ 拉塞尔·柯克:《保守主义思想》,第 285 页。
④ Owen Chadwick, *Victorian Church*, Part Ⅰ, pp. 287 - 288.

450 名,外加 70 余名贵族。① 牛津运动后期过火,反倒伤害了国教。未倒向天主教的高教会人纷纷走向仪式主义(Ritualism),而国教福音派越来越世俗和包容,其道德使命感和社会责任心取代了对教阶、教义和教礼的关注。皈依天主教者和仪式主义者以一种避实就虚的态度去求得心灵的安慰,政治影响力越来越小,而福音主义者因应时势,政治上更活跃,对国策影响力更大。此外,牛津运动夹杂的天主教成分令一向反感天主教的卫斯理宗信徒不快,削弱了卫斯理宗与国教会在政治上的默契关系。

皮尔支持自由贸易和教派自由竞争,心中也装着人道主义。《1842 年矿井法》(Mines Act of 1842)禁止妇女及 10 岁以下童工井下作业。《1844 年工厂法》(Factories Act of 1844)在《1833 年工厂法》基础上进一步规范了工人劳动时间和工厂安监管理。该法规定:十三岁以下儿童每天工作时间不得超过九小时,妇女平均每天工作时间不得超过十二小时,童工年龄及工伤均需法医鉴定。皮尔还高度强调金融安全,1844 年的《银行特许法》(Bank Charter Act)取缔了各类商业银行的货币发行权,大幅降低了金融风险。

皮尔执政为公并受到多数国民拥戴,然而他在当时最敏感的谷物进口与宗教自由两大议题上均得罪了顽固托利派,贸易保护主义者和宗教保守派不惜一切代价报复他。1846 年初,皮尔担心爱尔兰饥荒引发骚乱,为强化爱尔兰治理,他提出一项新的“爱尔兰强制议案”(Irish Coercion Bill)。6 月 26 日,议案被下院否决。托利派向来支持针对爱尔兰的铁腕高压,而今他们一反常态,只为发泄私愤、报复皮尔,有如极端托利派 1830 年报复威灵顿。6 月 29日,失去了主流托利派支持的皮尔宣布辞职。在辞职演说中,他谦逊地将废除《谷物法》的主要功劳归于科布登,同时断言下层人民必定铭记自己的正义善举。他说:

---

① Boyd Hilton, *A Mad , Bad and Dangerous People?* p. 471.

我会受到每一位垄断地主的诅咒,他出于卑鄙动机,呼吁贸易保护,因为这有利于他的私利。然而那些辛苦劳作、挥汗如雨地挣得他们每日面包的人会在他们的居所中满怀善意地记住我,他们精疲力竭的劳动将换得丰足且免税的面包。①

皮尔理应名载史册,《谷物法》的废除不仅表明土地贵族对政权的掌控已经松动,同时也践履了皮尔自诩的不受党派羁绊、只为国家利益服务的为官原则。他不完全相信科布登诸人的逻辑,这种逻辑认为废除《谷物法》必然显著改善民众生活水平,但他意识到《谷物法》的废除将会向百姓证明由贵族和资本家掌控的政府对民众的诉求并非充耳不闻、无动于衷。同样,教派自由竞争不仅符合已占据半壁江山的不从国教者之意愿,更符合意识形态领域的公平竞争精神。在皮尔看来,《谷物法》的废除将会缓和英国的阶级对立意识,废止国教特权则会促进国民团结。正如1832年的格雷,皮尔主导改革是防止不从国教者、宪章派与形形色色激进主义者合流,而这帮人欲把国家导向更激进深渊,直至教会与宪制一起毁灭。皮尔成就了两份于己有害但于国于民有利的伟业,断送了他和托利派的权势,但精英治国模式依旧稳健运转,国民更团结,国家更兴旺,国运更昌隆。从这种层次和境界看,与其说皮尔悲壮下台,倒不如说他功成身退。

《谷物法》的废除以及教派自由竞争本质上是自由主义的胜利,它们对英国政局的影响远超当事人预期。托利派致命分裂,元气大伤,此后三十余年活在自由主义者和激进主义者的阴影下。历史学家一向视皮尔为保守党奠基者,但皮尔从未考虑过所谓的保守党原则和组织,他是纯粹的国王之大臣、国民之首相,把国家利益摆在首位,即便多次迁就托利派,但迁就不等于违逆自由主义潮流,一旦他察觉派系利益应为国家利益让路,便会果断舍弃所谓的派系利益,1829年如此,1846年还是如此。皮尔是自由托利主义者,他骨子里的自由主义信念远多于托利主义情怀。他在推动制度改革、缓解社会阶级对立、

① Sir Robert Peel, *The Speeches of the Late Right Honourable Sir Robert Peel Delivered in the House of Commons*, Vol. Ⅳ, p. 717.

缩小贫富差距等方面与辉格自由派并无二致。他主导的社会改革也得到了以罗素为首的辉格自由派鼎力支持。因此1830年至1840年代的改革是辉格和托利两派中的自由主义者并肩努力的结果,而反改革者只是旧秩序的顽固留恋者,他们虽把皮尔赶下台,却无法阻止改革的车轮加速前进。皮尔与后来的保守党关联不大,如果硬要把他与保守党扯上关系,那就是他搞垮了托利派,为斯坦利和迪斯累利等人铸就一个全新的保守党派开了方便之门。从托利派分裂中获益的毫无疑问是自由派,他们静观托利派内讧并随时准备与其一部分合流。1849年皮尔去世后,他的铁杆向自由派靠拢,十年后并入自由党,然而在"自由派的万神庙中却无皮尔一席之地"。①

皮尔活跃于政坛的时代,自由主义高歌猛进,保守主义重新出发,激进主义也不甘配角,而皮尔绝大多数政策都或多或少照顾一个特殊的激进主义群体,那就是宪章派。宪章派头等诉求是政治平等,但也要宗教自由和社会公正。宪章运动是具有典型英国特色的激进主义运动,其平等主义诉求直接冲击既定秩序。以皮尔和罗素为代表的权贵无意触动既定国体,无法满足宪章派政治诉求,但力所能及缓解他们的经济不满并照顾他们的宗教感受。

宪章运动缘于多重因素且特色鲜明。其一,运动席卷全国,但主要根据地在格拉斯哥、东米德兰、毛纺业中心约克郡的西奈丁(West Riding)以及棉纺业中心兰开夏南部(South Lanchshire)。这些地方都是闻名遐迩的纺织工业区。第一次宪章请愿的参加者中只有1.9万人来自伦敦,来自西奈丁者却有10万人。进一步细化还可发现宪章运动主要集中在上述地区的中小城市和城镇,如斯托克港、布拉德福德、哈德斯菲尔德等,而非大城市。宪章运动主要支持者是19世纪早期遍及英国中北部的外包工人(outworkers),这些工人从棉纺或毛纺商人手中领取原棉或半成品毛料,在自己家内加工成布匹后转交给工厂主,从中获取代加工费。1830年代和1840年代,因机器大工业冲击,

----

① Boyd Hilton, *A Mad, Bad and Dangerous People?* p. 513.

外包工人生计岌岌可危，心生不满。个体户或小作坊工人是宪章运动主力军，工匠（artisan）最活跃，也是运动领导者。工匠并非食不果腹、一贫如洗，有些甚至自视中产精英。产业工人大多置身事外，故宪章运动绝非真正意义上的无产阶级运动，对宪章派活跃分子的职业统计清楚证实这一点。[1] 其二，宪章运动并非工业资本主义时代的阶级斗争，宪章精神亦非 18 世纪晚期以来风靡欧陆和北美的自然权利学说，而是植根于英格兰古老的历史语境中，"宪章"一词自然而然意味着这场运动承袭的是 13 世纪初的《大宪章》精神。其三，福音主义和不从国教在英格兰北方盛行，卷入市场经济大潮者大多受福音主义感召，宗教平等诉求强烈。宗教色彩决定了宪章运动的和平请愿而非暴力路径。其四，中产阶级上层在 1832 年议会改革后获得选举权，曾为改革贡献一己之力的普通工人并未得到任何实惠，工人群众认为只有把自己的代表送进议会才能从根本上改善自身悲惨处境。其五，宪章运动与经济波动紧密关联，1830年代后期至 1840 年代前期的经济萧条是前两次宪章请愿的直接原因；1848年蔓延欧洲的经济危机是第三次请愿的导火索，是年大陆激进革命则为其推波助澜。此外，"无印花之战"（Unstamped Press）、抗议 1834 年的《济贫法修正案》以及争取十小时工作日运动（Ten-Hour Movement）等均在不同程度上刺激激进运动。

　　正式发起签名请愿运动前，宪章派领导人已做了大量准备工作。成立于 1836 年、由洛维特（William Lovett）领导的伦敦工人协会（London Working Men's Association）颇具人气，"五月时光"中已令贵族胆战心惊的阿特伍德及其支配的伯明翰政治联盟 1830 年代后期再度活跃，1838 年奥康诺领导的利兹大北方联盟（Leeds-based Great Northern Union）在北方一呼万应。上述三支力量是请愿主力军并制订了并肩战斗的宏伟计划，"成千上万的劳工群众认为他们的问题只有通过全国性的政治组织才能解决"。[2] 1838 年《人民宪章》（The People's Charter）的"六点计划"（Six Points）罗列了这场运动的六项目标，分别是：每年一次议会选举、平均选区、议员薪金制、普选、无记名投票、

---

　　① 钱乘旦：《工业革命与英国工人阶级》，第 246—250 页。

　　② Dorothy Thompson, *The Chartists: Popular Politics in the Industrial Revolution*, London，Temple Smith，1984，p. 1.

取消议员财产资格限制。

1839年，宪章派在伦敦举行第一次集会。会上关于是否与中产阶级合作以及请愿失败后何去何从，领导层意见不一，运动刚开始便现分裂隐患。请愿签名书送至下院后，曾在1832年出尽风头的阿特伍德代表宪章派要求议会听读请愿诉求，但7月12日下院以235对46票表决不予理会。[①] 下院的傲慢和冷漠触怒了激进主义者，一小撮胆大包天之徒铤而走险，酿成了被称为纽波特举义(Newport Rising)的悲剧。1839年9月3日夜，7000名矿工和制铁工营救文森特(Henry Vincent)，并打算在威尔士境内举义。政府军打死了至少22人，约50人受伤。250多人事后受审，3名被判死刑的领导人后被遣送澳大利亚。第一次请愿运动就这样悲壮收场了。

1841年，宪章派活跃分子效仿反《谷物法》同盟，采取议会战略。他们毫无竞选经验，推出的候选人全部落选，议会战略以"可鄙的失败"收场。[②] 然而宪章派并未气馁且得到了不从国教代表之呼应。1841年浸礼派领袖迈阿尔(Eward Miall)和贵格派教徒、国际废奴主义斗士司徒奇(Joseph Sturge)在《不从国教者》(*Nonconformist*)杂志上刊文呼吁"中产阶级和工人阶级协作"，他们也是反《谷物法》同盟的同道，宪章派、不从国教者、反《谷物法》同盟一时间大有合流态势。部分宪章派也期待与自诩中产的反《谷物法》斗士联手，支持司徒奇设计的"完整选举权同盟"(Complete Suffrage Union)。洛维特起初对这个组织满怀期许，奥康诺则冷眼旁观。1842年初，"完整选举权同盟"举行集会，中产阶级激进主义者要求用一部新的权利法案(New Bill of Rights)取代《人民宪章》，还欲将"解构国教"增补为原"六点计划"外的"第七点"。洛维特和奥康诺均反对此议。洛维特不想为不从国教者作嫁衣，更担心中产阶级借宪章派之力满足私欲。部分人把中等阶级与宪章派的关系比作"狐狸与鹅"。[③] 一位宪章派人士说："司徒奇和他的朋友若诚意合作，他们应迁就宪章派，而非宪章派迁就他们。"[④]多数中产骨子里鄙视宪章派，布莱特在

---

① Malcolm Chase, *Chartism: A New History*, Manchester University Press, 2007, p. 84.

② Malcolm Chase, *Chartism*, p. 181.

③ 钱乘旦：《工业革命与英国工人阶级》，第228页。

④ Malcolm Chase, *Chartism*, pp. 194–195.

与宪章派接触后发现宪章派多为乌合之众，两方合作障碍重重。

与中产阶级联手遇挫，但洛维特和奥康诺都相信单独行动也有望成功。加之1842年经济危机刺激了普遍的不满，宪章派再度活跃，向政府施加了"比19世纪任何其他年份都更巨大的压力"。[1] 是年4月，宪章派在伯明翰集会，发动第二次全国性请愿。总计3317752人参与签名，是1839年签名人数的2.5倍。[2] 5月1日，面对车载斗量的请愿书，替宪章派发声的老资格激进议员邓肯比呼吁"不应不听他们的声音就予以拒绝"，但皮尔和格拉厄姆只付之一笑，而下院议长马考莱则说成年男子普选权意味着"无法想象的可怕之事"。[3] 马考莱这位支持1832年大改革但反对普选的超级历史学家，在宪章运动期间的一番话可以代表这个时代的众多权贵对普选之鄙夷，他说："在我们的国家，普选权不是无法与这种或那种形式的政府兼容，而是与所有形式的政府都不兼容，而且与所有形式的政府的所有存在目的都不兼容，与财产也不兼容，并因此与文明不兼容。"[4]不出所料，下院以287对49票否决了邓肯比所提的听读请愿书动议。部分失意的宪章派被激怒了，发动罢工，捣毁机器(Plug Plot)，但宪章派领导人对这些非理性发泄嗤之以鼻，而"国教徒中广泛盛行的观点是，罢工大部分源于'异端信仰'和不从国教"。[5]

国教徒的判断并非偏见和武断。宪章运动深深烙上了这一时期不从国教运动的印迹。迈阿尔和司徒奇到1840年才逐渐与宪章派打成一片，而在宪章运动早期阶段，史蒂芬斯(Rayner Stephens)和布鲁斯特(Patrick Brewster)的串联和鼓动作用非同小可。史蒂芬斯是一名循道派信徒，因"憎恶《济贫法》"而决定"站在上帝一边与恶人战斗"。[6] 他的逻辑深深触动了当时自感被《济贫法修正案》侮辱的劳工，他走街串巷巡回布道，蛊惑穷人抵制济贫新规，文森特就是受其影响的典型。布鲁斯特则是苏格兰教会中的另类，他发动民众成立了50多个宪章派教会(chartist church)。尽管布鲁斯特在布道中坚决支持

---

[1]　Dorothy Thompson，*The Chartists*，p. 295.

[2]　Malcolm Chase，*Chartism*，p. 205.

[3]　Malcolm Chase，*Chartism*，p. 206.

[4]　拉塞尔·柯克：《保守主义思想》，第187页。

[5]　Malcolm Chase，*Chartism*，p. 224.

[6]　Malcolm Chase，*Chartism*，p. 34.

"宗教上的消极服从义务"，但他和史蒂芬斯一样把福音派理解的上帝之善和世间平等糅合到一起，吸引听众。他利用宪章派教会散布杂音被苏格兰教会判定"违反教会秩序"，并被撤销布道资格。① 正是因为史蒂芬斯和布鲁斯特等人的宗教串联，宪章运动才蓬勃发展为全国性运动。宪章派本多手艺人，活动地点又多是手艺人居多的循道派聚集区。起初循道派尤乐意为宪章派提供"足够的道义热忱、纪律、筹备公共演讲的技能"。② "基督被视为第一个宪章运动者，宪章运动就是圣经的政治。巡回流动的宪章演说者被称为'传道者'，罢工则被视为'圣日'或'神圣之周'。"③ 许多宪章派的地方性集会是"按循道派模式组织的露天集会"，会众在会场齐声高唱圣歌，感恩上帝，致使宪章派与不从国教者相互吸引，两者身份"大多重叠"，"共同怀疑建制教会"。宪章派集会资金也有很多来自循道派、浸礼宗和公理会提供的借款。这些教派组织更成熟，资金也相对宽裕，自然乐意帮扶宪章派。宗教因素奠定了宪章运动"非常文雅甚至虔诚的曲调"。④ 工人罢工甚至破坏机器但很少诉诸武装起义。宪章运动再度证实，不从国教在教俗两界既得利益者和不满的激进主义者之间发挥着巨大缓冲作用，一次又一次帮助英国躲过了欧陆国家频频遭逢的革命浩劫。

第二次请愿后，宪章运动渐趋沉寂。1842 年秋，农业丰收，皮尔的政策创造了良好营商环境，经济强劲复苏，工匠离开作坊也能在新式厂矿谋得生计。与此同时，中下层民众对主要落在富人头上的个人所得税拍手称快，采矿和纺织等行业的立法也特别照顾弱势群体。宪章运动在这种大环境下动力日衰，其领导人分歧越来越大。此后，洛维特主要沉湎于工人教育，奥康诺则痴迷"土地合作计划"（National Co-operative Land Company）。"土地合作计划"扣除工人部分工资用于购买土地，待土地累积至一定程度，工人便可依靠土地自食其力，彻底摆脱资本家和地主压榨。奥康诺公开称其计划"与社会主义密切相关"，实际上只是异想天开的欧文主义（Owenism）幽灵再现，奥康诺及其同

---

① Malcolm Chase, *Chartism*, pp. 50 - 53.
② David Hempton, *Methodism and Politics in British Society*, pp. 211 - 212.
③ 安格斯·霍金斯：《维多利亚时代的政治文化》，第 164 页。
④ Malcolm Chase, *Chartism*, pp. 141 - 142.

伙买了不少地,但买不到计划生根发芽的土壤。① 皮尔下台时,宪章运动已成强弩之末,最后一次大型请愿实乃国内外大环境所致。1847 至 1848 年自然灾害和经济萧条再度引发民怨,席卷欧洲的狂野革命重新燃起宪章派内心已冷却的激情,大饥荒迫使大批爱尔兰人加入请愿行列。1848 年 4 月,宪章派在伦敦肯宁顿(Kennington)公地集会。奥康诺 1847 年已在诺丁汉当选议员,他预估签名者将达 500 万人,但实际签名者不到 200 万人。政府高度戒备,调集 8000 名正规军维持秩序并迫使奥康诺说服请愿者和平散去。毫无疑问,议会再次否决了请愿书。1850 年代激进运动衰落,英国进入相对平静时期。宪章运动魅力急速衰退,少数宪章派欲在 1851 年世博会(Great Exhibition)期间再向政府施压,但附和者寥寥。其新领导骨干琼斯(Ernest Jones)与哈尼(George Harney)转向社会主义,另有部分与中产阶级及不从国教者结盟,忙于争取议会改革。1860 年,全国宪章协会解散。

宪章派希望通过自下而上的施压逼迫权贵启动自上而下的政治改革。它反对贵族腐败和权力垄断,对下院寄予厚望,但从未攻击上院和国王。它坚持在法律范围内活动,指望道德施压和院外串联等迫使政府让步。它植根于英国古老政治传统,掺杂着 18 世纪激进政治烙印,又是工业革命发展到成熟阶段以及福音主义大行其道下的群体性政治运动。它有多重弱点,组织涣散,领导人意见分歧严重;它既想携手中产阶级又害怕被其利用;它有坚实群众基础但必须借助经济危机或国际大环境才能展示威力。这些弱点注定了宪章派壮志难酬,然而不能据请愿无效及运动式微而否认运动一事无成。首先,请愿书每次送到下院都有几十名议员愿意听读,这说明少数精英理解宪章派诉求,并不认为他们胡搅蛮缠。政府不讨论宪章派要求的选举权,但 1830 年至 1840 年代各届政府竞相以社会经济改革缓解中下层民众之苦难,而普罗大众社会经济处境改善恰是运动衰落的主要原因,部分原本被运动吸引的人中途退出。一名宪章派如果活到 19 世纪末,他会发现除了不必要的每年一次大选,"六点计划"中的五点都已实现或正在讨论。其次,宪章派在运动中展现的温和与克制为他们赢得了尊重,为二十年后的议会改革奠定了民意基础并减小了阻力。

---

① 　Malcolm Chase, *Chartism*, p. 249.

其三，弱势群体和中下层民众得到了持续政治历练的机会。部分产业工人和工会组织也卷入了宪章运动，他们斗争目标是提高工资，抗议《谷物法》，手段则是"罢工、集体议定工资"。[①] 他们对选举权望而却步，不是宪章派的同道，但与宪章派一样在运动中积累了斗争经验，开阔了视野。妇女在宪章运动中也扮演着重要角色，第一次请愿者 1/3 为女性。这是英国史上第一次大批妇女投身政治运动，比 1789 年法国大批妇女首次参与政治运动晚了半个世纪。卷入宪章运动的阶级、教派、性别都证明英国社会力量多元且相对保守。这多元和保守对激进主义起到了很好的对冲作用，降低了阶级革命的风险。

① 钱乘旦：《工业革命与英国工人阶级》，第 239 页。

第十七章　现代政党形成(1846—1865)

　　皮尔下台在英国政治史上具有分水岭意义,原先的辉格与托利分野更模糊不清了,加之独立议员较多,政治走向极不明朗。辉格派 1846 年远无组阁实力,罗素拜相是保守派内讧之结果,而非辉格派和自由派实力使然。罗素需要向各路人马广抛橄榄枝,他诚邀皮尔派(Peelites)干将入阁,皮尔派却避而远之。以科布登为代表的激进派向来讨厌辉格派的贵族气息和门阀做派,拒绝支持政府。罗素只好从 1830 年代的辉格自由派中挑兵选将。帕麦斯顿官居外交大臣。格雷家族影响力下滑,但仍是辉格派营盘。罗素一向反感格雷伯爵特立独行,但还是安排他担任战争与殖民大臣。格雷伯爵堂兄乔治·格雷(George Grey)担任内政大臣,此人是务实自由主义者,任内政绩斐然。格雷伯爵妹夫伍德任财政大臣。激进派指控辉格寡头垄断权力且搞道德双标,罗巴克(John Roebuck)曾犀利抨击辉格派是"独占的贵族宗派……一旦不在位,他们就是煽动家;掌权时他们就是垄断的寡头"。[①] 格雷家族权倾政坛足证罗巴克所言不虚,除 1830 年的格雷政府,辉格派从未占据如此多的高位,今后也不会再有如此显赫权势,说"1846 年罗素内阁是不列颠历史上最后一届真正意义上的辉格派内阁"可谓言之有据。[②]

　　在自由主义高歌猛进和激进主义大行其道的时代,"真正意义上的辉格派"对罗素来说,既是政治资源,也是道义负担。帕麦斯顿从不高谈主义,也不

---

　　① 安格斯·霍金斯:《维多利亚时代的政治文化》,第 173 页。

　　② K. Theodore Hoppen, *The Mid-Victorian Generation*, *1846–1886*, Oxford University Press, 1998, p.140.

喜拉帮结派,但他深耕外交部,把外交部视为自家衙门,拒不服膺罗素。罗素不仅镇不住帕麦斯顿这个刺头,且与格雷家族龃龉不断。格雷族人明白,与其说是罗素提携他们,倒不如说是他们在为罗素站台。这一切导致高层人际关系极不和谐,重臣都相机而动。政府刚成立时,阿尔伯特亲王毫不隐晦指出政府分为两大派并预言帕麦斯顿可随时与格雷兄弟联手将罗素拉下马。[1] 阿尔伯特夸大了内阁嫌隙,但多少道出了罗素的困境。罗素无法也无意效法皮尔的强势领导,只能给予各部大臣在分管领域极大自主权。此外,"真正意义上的辉格派"散发的浓郁贵族气息自然会疏远激进派,致使政府无法确保下院优势,1847 年大选亦未补足这一短板。这次大选产生了大量独立议员,他们姿态超然,一般情况下会支持政府,但态度不温不火,随时可能变脸。尽管可以粗略统计当选议员的派系属性,但他们都不受当时并不存在的现代政党政治游戏规则束缚。辉格派、皮尔派、贸易保护派、激进派、爱尔兰议员逐鹿下院,总计 656 个议席中,政府支持者仅 292 席,须靠 36 位激进派议员帮衬才能勉强抗衡反对派。更要命的是,新当选的爱尔兰议员叫嚷爱尔兰独立。

好在罗素及其领导的辉格派也有天然优势。他们在当时多数人眼中比托利派更兼容并包,比激进派更稳健务实。辉格派主导政府意味着自由主义改革步履不会停歇。辉格派依旧秉承格雷当年的价值观,视查理·福克斯为本派鼻祖,支持宗教自由和信仰平等,在维护贵族利益的同时适度推进社会改革,在经贸领域奉斯密的自由贸易理念为圭臬。辉格派社交固然局限于贵族圈,但辉格主义向来强调与时俱进。随着工业化进展以及农业在国民经济中比例下降,辉格派目光渐从土地贵族的庄园转向曼彻斯特的纺织工厂,在城市精英中寻觅新型支持者。罗素反复强调,政策应该照顾普通英国有产者(commonplace wealthy englishmen)利益,而不是在辉格世家围筑的高墙小院内打转。[2]

罗素是坚定自由贸易信徒,甫一拜相,就迫不及待要摧毁不公正的蔗糖贸易政策。为保护英国殖民地的种植园主和糖商利益,殖民地输入英国的蔗糖关税远低于他国殖民地或他国商人输入英国的蔗糖关税,这严重损害了国内

---

[1]　John Prest, *Lord John Russell*, p. 231.

[2]　K. Theodore Hoppen, *The Mid-Victorian Generation*, p. 140.

消费者利益。罗素坚信外国商品若能以平等条件输入英国,消费者便能以较低价格享用进口商品,遂提议逐步降低外国蔗糖进口关税,力争到 1851 年时废止差别化关税。部分投资西印度种植园的辉格派反对罗素之倡议,反倒是皮尔号召他的死忠为政府撑腰,帮助蔗糖税改议案通过。[1] 1849 年,罗素政府废除了执行两百年的《航海法》,标志着英国走上彻底的自由贸易道路。与此同时,政府继续深化皮尔时代的社会改革,《1848 年工厂法》在《1844 年工厂法》基础上进一步缩短工人劳作时间,凸显保护工人权利意识,特别规定童工和女工的日工作时间不得超过十小时。罗素政府的教育和公共卫生政策也颇得人心,根据《1848 年公共卫生法》(Public Health Act of 1848),地方政府首次在英格兰和威尔士大部分地区承担下水道修建与疏通、清洁供水、垃圾处理等责任。

罗素政府针对英格兰的一揽子改革成就远不足以抵消应对爱尔兰饥荒失策的负面影响。1846 年土豆歉收,接踵而至的爱尔兰饥荒是近代欧洲最不堪回首的一场天灾,其中也不乏人祸因素。饥荒来临后,政府进退两难,起初拒绝向灾民施以援手,理由是国家干预与自由贸易原则相悖,国家干预不仅削弱企业家精神,且助长穷人对政府之依赖。随着饥荒蔓延,1847 年政府在铺天盖地的人道主义指责声中从海外购粮,有条件发放给濒临饿死的灾民,300 万爱尔兰人靠政府直接救济得以保命。不过政府依然拒绝资助拥有超过 1/4 英亩土地的小农,目的是倒逼他们变卖土地,背井离乡前往城市变身产业工人。罗素抱怨爱尔兰地主拒绝承担精英责任,恶化了灾情。他敦促定居爱尔兰的地主主动担责,劝导非定居地主转让土地,期待土地流转能够提高农业生产率,促进经济多样化,缓和社会矛盾。大量赈灾资金被爱尔兰地主私吞,灾民所得仅杯水粒粟。1847 年,政府修改《爱尔兰济贫法》,允许体格健全者领取救济。为防灾民铤而走险,1846 年上任的爱尔兰总兵贝斯伯勒(Earl of Bessborough)支持罗素为爱尔兰制定的社会经济政策,但次年病死,继任总兵第四代克拉伦敦伯爵(George Villiers, Earl of Clarendon)罔顾事实并污蔑爱尔兰人受难实咎由自取,他以安全为由在爱尔兰全岛中止《人身保护法》。[2] 1848 年,爱尔兰

---

[1]　John Prest, *Lord John Russell*, p. 234.

[2]　此克拉伦敦伯爵是复辟时代兴起的海德家族远亲,但两者非同一谱系。

上演零星武装反叛，给克拉伦敦铁腕治爱提供了更便利的借口。

罗素一厢情愿认为爱尔兰土改后会步英格兰后尘——乡村建立现代庄园，城市出现现代工厂，摘掉穷帽子。爱尔兰当时人口约 800 万，超过百万人饿死，另有约百万移民美洲等地，总人口锐减 1/4。这足以说明罗素爱尔兰政策就是草菅人命。① 饥荒过后，爱尔兰农村因人口锐减发生结构性变化。针对社会变化，政府乘机出台政策鼓励农民自由抛售土地，1849 年的《土地抵押法》(Encumbered Estates Act)鼓励破产地主出售土地。1850 年出台的爱尔兰《选举法》(Franchise Act)对爱尔兰政治结构影响颇为深远，乡村和城市选民的财产资格分别下调至 12 和 8 英镑。② 爱尔兰佃农大都获得选举权，佃农政治地位的提高埋下了日后自治运动的伏笔。罗素高度关注爱尔兰宗教纷争，甚至将爱尔兰一切不幸都归咎于宗教歧视。他支持政府向爱尔兰神甫支付薪资，软化他们的分离诉求。大饥荒后，罗素提议分拨土地税支付神甫工资，遭主教们强烈抵制，清理爱尔兰教会沉疴痼疾的时机仍未成熟。针对爱尔兰宗教及教育的一系列改革与倡议中，只有 1849 年正式招生的贝尔法斯特女王大学(Queen's University)勉强可算一项政绩。

当时多数英格兰权贵并不在乎爱尔兰人生死，应对饥荒失职未对政府造成实质性冲击，1848 年预算才是罗素政府的第一次重大挫折。1847 年赈灾资金缺口主要靠借贷。1848 年赈灾款仍无着落，而法国重修诺曼底海上前哨瑟堡港并扩充海军令英国高层不安，帕麦斯顿以辞职威胁政府增加军费。按既定税率，政府预估当年财政缺口高达 300 万镑。罗素提议，原定 1849 年停征的个税继续征收五年且税率从每镑 7 便士调高为 1 先令。贸易保护主义者和激进派群起攻击，伍德所拟前三份预算均被下院否决，第四份预算才勉强过关。个税虽继续征收，但仍维持每镑 7 便士税率，伍德必须借款 200 万镑并压缩开支才能熬过 1848 至 1849 财政年度。③ 预算消耗了政府大量精力，宪章派、欧陆革命者以及扯旗造反的爱尔兰人无不令政府提心吊胆，1848 年的英国固然躲过了革命之劫，但每股潜在威胁都令政府风声鹤唳。

---

① John Prest, *Lord John Russell*, p. 301.

② Jonathan Parry, *The Rise and Fall of Liberal Government in Victorian Britain*, p. 197.

③ John Prest, *Lord John Russell*, pp. 281 - 283.

　　罗素是典型的国教自由派,鄙夷高教会和牛津运动。自牛津运动以来,英格兰天主教复兴势头强劲。受这种复兴鼓舞,1850 年初,教皇庇护九世(Pius Ⅸ)突然染指英格兰主教任命这一敏感问题。罗素虽同情天主教徒在教育和民政方面遭受的不公,但其国家万能主义立场绝不允许教廷插手英国教务。1829 年天主教《解放法案》明确规定天主教徒不得践履主教之职。罗素以此为据,强烈谴责教皇染指英国内政。他给达勒姆主教的信件称:"任何外国君主或统治者都不能随心所欲地给一个民族戴上镣铐,……(英国)这个民族鄙视可笑的迷信仪式,对正在酝酿的用于钳制思想和奴役心灵的烦琐动作嗤之以鼻。"①罗素还对女王直言,罗马天主教徒仅是"行动一致"的敌人,而英国天主教徒则是"伪装为间谍"的内奸。为彰显反教廷立场之坚定,1851 年,罗素向下院抛出与教皇诏谕针锋相对的《教会任职法》(Ecclesiastic Titles Bill),严惩任何不经国教会同意便擅自接受教皇任命的主教和牧师。尽管格拉斯顿和爱尔兰议员激烈抵制,该法还是以极大优势通过。② 罗素既想凸显自己捍卫国教的坚定态度博取保守民众好感,又想怒怼教皇以争取怨恨梅路斯拨款的不从国教者支持并刁难皮尔派。然而"既要、又要、还要"的弄权伎俩在英国政坛鲜有成功实例。果不其然,罗素的强硬不仅得罪了皮尔派,更招致爱尔兰天主教议员攻讦和英格兰天主教徒反感。以休谟为代表的激进主义者抨击罗素歧视包括天主教徒在内的所有不信国教者。1851 年 2 月,迪斯累利向下院提案补贴农业,这本与爱尔兰人无关,但爱尔兰议员及天主教徒争相附和,仅为发泄对罗素的怨愤。

　　对国教会而言,天主教复兴和教皇干预当时并非大麻烦,真正的威胁来自不从国教者的高歌猛进。1851 年的英国国情普查之重点是曼(Horace Mann)负责的宗教普查与分析。根据曼三年后提交给政府的报告,1851 年 3

---

① K. Theodore Hoppen, *The Mid-Victorian Generation*, p. 140.

② John Prest, *Lord John Russell*, p. 326.

月 31 日(复活节周末礼拜日),50%国民未去教堂,去国教堂礼拜者仅占总人口 21%,占去教堂礼拜者的 52%。① 后世学者对曼的数据屡有修正,但结论从无较大偏离。曼称"最重要的事实毫无疑问是……不参加礼拜者的惊人数字",具体到阶层及职业则是:

> 中等阶级增强而非削弱了虔诚情感以及对宗教服务的严格遵守。……上等阶层中,宗教话题近来也得到相当大的关注,定期去教堂如今已被列为公认的礼仪。尽管随着成倍的物质繁荣,我国各色劳动者也成倍增加,但令人恐惧的是,不能说这个阶层去宗教场所也相应增加了,特别是在城市和大的市镇中,手工工人在宗教聚会中占非常微不足道的一部分。②

曼的数据和分析直观表明半数国民不去教堂,且不去教堂者主要是工人阶级。曼的悲观情有可原,但若抛开国教偏见并回顾历史,他应该乐观。其一,考虑到教堂拥挤、交通不便或加班因素,半数之人去教堂已比 18 世纪情况好了很多。不去教堂者主要是聚集在新兴工业城市的底层劳工,但不能据此断言他们不信宗教。曼认为工人阶级疏远教会并非因为无神论或世俗化,而是他们在教堂中受到歧视以及神职人员对他们漠不关心;他也注意到了新兴城市的教堂建设跟不上工厂扩张和人口膨胀,教堂太过拥挤。他却忽视了另一点,很多工人周末仍要加班,即便不加班,他们在一周体力劳动后大都精疲力竭,节假日需休息以恢复体力。基督教社会主义者、后出任剑桥大学钦定现代史教授的金斯利(Charles Kingsley)1848 年语带同情说:《圣经》是"让负重的野兽保持耐心的一剂鸦片,但野兽已负荷过重"。③ 其二,中上阶层宗教热情高涨,他们的热情要比下层人民的冷漠对宗教走势影响更大,他们承担着秩序维护及文化教导责任,且有财力捐赠,是宗教繁荣的主要推手。拜他们所

---

① *Census of Great Britain*,1851: *Religious Worship in England and Wales*,London,1854,p. 106.

② *Census of Great Britain*,1851,p. 93.

③ Owen Chadwick,*Victorian Church*,Part Ⅰ,p. 353.

赐,19世纪中期英国人宗教热情比此前一个半世纪更高,福音主义正值鼎盛,教派竞争激烈,虔诚信徒都担心自己所属教派落伍或信众流失。教派地理分布和19世纪初大体一致,国教在伦敦、东南部传统市镇及乡村收复了部分失地,但不从国教派在威尔士和英格兰中北部工业城市优势更大。

无神论仅见蛛丝马迹,不足为虑,真正令国教徒尴尬的是教堂礼拜者超过半数不是国教徒。英格兰参加国教礼拜者比例已低得惊人,威尔士比例更低至11.14%。[1] 不从国教派实力的增长导致其与国教矛盾更尖锐,所幸福音主义能够穿透国教和不从国教的壁垒,适当为两者的仇恨降温。1846年,福音联盟(Evangelical Alliance)成立,这个组织囊括了绝大多数不从国教者和自由国教徒。福音主义者虔诚赎罪,只信神启,反对国家为任何教派开小灶。他们是这个时代自由主义在政治、经济和社会领域的主力军及鼓吹手。高教会人和不淡漠福音的国教徒逐渐接受了自由贸易,但仍高度戒备不从国教派侵蚀国教根基。国教在1830年代和1840年代改革后重焕生机。一位浸礼派编辑1859年嫉妒表示,国教展现了"生气勃勃和生命觉醒的巨大迹象"。[2] 尽管这一复兴在很大程度上归功于国教福音派,但1853年时41%国教神职人员仍坚守高教会,二十年后,上述比例更是恢复到了50%。[3] 高教会人看似开历史倒车,实则非常符合英格兰人品味,他们总在看似要被边缘化的节点起死回生,是英格兰这个保守民族的中流砥柱。

非国教徒自18世纪晚期一直春雨催荣般成长,到19世纪中叶英格兰非国教徒已占半壁江山。不从国教第一大派循道派的结构非常复杂,循道派在卫斯理死后屡经分裂,除了基勒姆的循道新派,还有19世纪初成立的本初循道派(Primitive Methodist)和圣经基督教派(Bible Christian)。它们分流了卫斯理宗信众。1820年邦廷(Jabez Bunting)当选卫斯理宗大会主席。此人是19世纪上半叶卫斯理宗强势领导人,承袭了卫斯理衣钵,严格教派纪律,抑制宗内激进主义者和狂热分子。他不仅"清除雅各宾派在卫斯理宗教派中的影响",还因1812年"清除卫斯理派中的卢德派而赢得名望"。邦廷不断向信众

---

[1]　Michael Watts, *The Dissenters*, Vol. II, p. 28.

[2]　Alan D. Gilbert, *Religion and Society in Industrial England*, p. 168.

[3]　K. Theodore Hoppen, *The Mid-Victorian Generation*, p. 434.

灌输原罪思想,教导他们清心寡欲、逆来顺受并用勤恳工作去赎罪,引导他们把天国当作精神家园。卫斯理宗信徒逐渐形成"规范化、纪律化以及受压制的性格",这是官方喜欢的"驯服的产业工人的性格结构"。[1] 邦廷掌门的卫斯理宗在政治上更保守,倾向与托利派合作维持既定秩序,但又肩扛福音主义大纛,义不容辞抵制天主教,与辉格派、国教福音主义者志趣一致。卫斯理宗在1839年和1843年的两次教育改革中的反应是其尴尬的写照,1839年它因反天主教而担心国教受损,1843年又力挺非国教派对抗国教会的教育垄断,在宗教和政治上欲行"中间道路"。[2] 这种游移不定导致它无法吸引激进劳工。1830年代后,当手工作坊渐陷危机时,卫斯理宗靠工匠的发展模式也遭遇瓶颈,失去了此前的强劲势头。邦廷在1843年的卫斯理宗大会上承认信众增幅下滑并将原因归咎为"激进主义、不虔诚和社会主义"抢走了劳工。[3] 卫斯理宗在教义和信众组织上不从国教,但不愿挑战政治秩序,对1846年成立的福音联盟也有所保留。邦廷的保守激起了部分信众不满。不服膺邦廷的信众在1849年的曼彻斯特卫斯理宗大会上摊牌,被逐后他们另立循道宗改革会(Methodist Reform Church),卫斯理宗损失了1/3信众。据1851年宗教普查,英格兰总共49万注册循道派信徒,卫斯理宗仅有28.5万。[4]

与循道派比,老资格不从国教派人数虽少但发展速度更快,1851年复活节参加礼拜的英格兰公理会和浸礼宗信众分别达到16.5万人和14万人。[5] 非国教徒在凯尔特族群中优势更大,他们声称威尔士到19世纪中叶已变成不从国教者的天下绝非自吹自擂。威尔士人数最多的不从国教派是信加尔文主义的循道派,仅此一派占威尔士总人口比例便达15.88%,据推估,1851年威尔士不从国教者总数为460342,占当地总人口的45.5%。[6] 苏格兰官方教会也面临异端咄咄逼人的挑战。在漫长的18世纪和19世纪初,苏格兰教会急速世俗化,苏格兰的公理会、浸礼宗及循道派信徒大为光火,他们推动宗教觉

---

[1] E. P. 汤普森:《英国工人阶级的形成》(上),第406,425—426页。

[2] David Hempton, *Methodism and Politics in British Society*, p. 172.

[3] Michael Watts, *The Dissenters*, Vol. Ⅱ, p. 560.

[4] Alan D. Gilbert, *Religion and Society in Industrial England*, p. 31.

[5] Alan D. Gilbert, *Religion and Society in Industrial England*, p. 37.

[6] Michael Watts, *The Dissenters*, Vol. Ⅱ, p. 28.

醒,呼吁恪守安息日,呼吁官方教会与世俗机构保持距离。苏格兰教派争论逐渐发酵,1843 年,400 多名苏格兰牧师追随查莫斯(Thomas Chalmers)另立苏格兰自由教会(Free Church of Scotland)。

19 世纪中叶英国人的身份界定首先取决于宗教,其次取决于职业,大多数人的阶级观念非常淡薄。职业和社会地位与教派没有整齐划一的对应关系,不过总体景象又有迹可循。从威灵顿 1833 年的一段文字可窥这个时代英国人眼里的阶级和信仰之关系,他说:大改革"造成了革命","权力从信奉国教的英格兰绅士阶层手中转移到了另一个不从国教的店主阶层手中"。[①] 尽管威灵顿夸大了权力转移的幅度,但将国教徒等同绅士、非国教徒等同店主大体无误。再细究国教和非国教各自内部派别,一幅更详细宗教社会图景便轮廓显现。地主及其佃农一般是保守国教徒。大企业家主要是非国教徒和自由国教徒。城市中产阶级不一定是非国教徒,但非国教徒一般是典型中产,阿诺德(Matthew Arnold)说中产阶级是在"工商界的议员和狂热的新教不同教见者""之间摇摆的集团"。[②] 公理会信众"自视中产阶级精英",浸礼派以小店主和职业技术精英居多,但他们"自视浸礼派而非店主"。卫斯理宗主要是工匠,他们中多数即便在大工业时代仍能保证小康。本初循道派一般是熟练技工,他们也衣食无忧且"自视本初循道派而非工人阶级"。[③] 一性论者和贵格派仍是最不合群且人数较少的不从国教者,他们往往是大企业家或顶级知识分子,拥有与人数并不对称的社会影响力和号召力。《市政机关法》和《宣誓法》废除后,不从国教者仍很难当选议员,但 1832 年选举产生的 12 名不从国教议员中,竟有 9 名是一性论者。[④] 不同教派的阶级位次和职业分工也决定了他们拥护不同经济政策。大企业家、职业技术精英、小店主等都支持自由贸易,而地主、佃农怀念《谷物法》,多数工匠对自由贸易不感兴趣。

上述教派结构和教徒职业心态决定了这个时代的政局构架。传统观点认

---

①　Michael Watts, *The Dissenters*, Vol. Ⅱ, p. 432.

②　马修·阿诺德:《文化与无政府状态:政治与社会批评》,生活·读书·新知三联书店,2012 年,第 68 页。

③　K. Theodore Hoppen, *The Mid-Victorian Generation*, pp. 449 - 450.

④　Michael Watts, *The Dissenters*, Vol. Ⅱ, p. 435.

为,1832 年大改革后,"自由"和"保守"两个术语日渐取代"辉格"和"托利"两个标签,自由和保守两大政党形成。对这一时期史实梳理可以看出,1830 年代和 1840 年代派系裂变与重组纷繁复杂,用辉格-托利或自由-保守二分法为这个时代的政治定性注定徒劳无功。首先,独立议员数量依然很多,下院始终有百余名议员立场飘忽,政治家和议员都不会受到 19 世纪后期才有的政党纪律束缚。墨尔本鄙视派系;罗素愿与一切宗教自由主义者合作;皮尔有如皮特父子,自称国王的大臣,否认为哪个党派服务。帕麦斯顿更无派性意识,与谁合作都是权宜之计。格拉斯顿自诩皮尔传人,但直到 1860 年才与保守党彻底割席。其次,辉格派人未必欣赏自由主义,尤其是宗教自由;托利派人也不一定保守。辉格派中有墨尔本这种留念旧秩序的老式辉格派,有罗素这种与时俱进的自由派,还有布鲁厄姆、第三代格雷伯爵这类与激进主义者同气相求的激进派。从宗教上看,墨尔本和帕麦斯顿均无宗教情怀,罗素则是自由国教徒,布鲁厄姆、第三代格雷伯爵与不从国教者打得火热。托利派也分为极端派、温和派和自由派三大类。纽卡斯尔这类极端托利派死守国教;斯坦利本是辉格派,支持 1827 至 1832 年的改革,但恪守国教,捍卫《谷物法》,是典型的温和保守派,与温和托利派志趣相投;皮尔则是典型的自由托利主义者,有国教情怀但反对世俗机构优待国教。经济社会方面,罗素和皮尔都支持自由主义改革以促进经济繁荣、增进社会和谐,都属自由派,如果一定要对这两人加以区别,前者认为改革合乎历史潮流,后者则认为改革是对压力的必要回应。自由派和保守派都不乏支持者,前景光明。激进派和极端派也逐渐被整合进这两大派别,毕竟在英国极端主义者从不受欢迎。

自 1827 年起,英格兰政治派系历经多番剧烈重组与整合,直到 1850 年代后期形成自由和保守两大政党。[①] 1829 年解放天主教徒和 1846 年皮尔下台

---

① 除引文,Whig 一词本书始终称为辉格派。原则上,Liberal 一词 1859 年前只能称为自由派,因为是年才组建自由党,不过有学者认为 1846 年 Liberal 一词就可以称为自由党了。17 和 18 世纪前期的 Tory,本书直接称为托利派。18 世纪后期至 19 世纪中期的 Conservative(或 Tory),本书一般称为保守派(或托利派)。托利派 1842 年分裂出极端托利派。1846 年 Conservative(或 Tory)分裂为 Peelites 与 Protectionists 两支,前者本书称为皮尔派,后者称为贸易保护主义者或贸易保护派。保守党并无确切成立时间,本书姑且定为 1850 年前后,自此,无论其自称 Tory 还是 Conservative,除引文,本书直接称为保守党。

是派系整合的两个关键节点。极端托利派和保守辉格派抱团，形成保守党基本盘，他们以土地贵族、高教会人、对福音主义无感的国教徒为主。皮尔派、辉格自由派、老资格不从国教派、激进派、宪章派汇聚为自由党。循道派政治立场最复杂，它并非发端于 17 世纪的老资格不从国教派，而是源于 18 世纪前期部分高教会人对教会功能缺失的焦虑，它与高教会渊源极深，在政治上与托利派暧昧合情入理。1850 年代和 1860 年代，信奉加尔文主义的循道派、本初循道派多支持自由党，但卫斯理宗游移不定，有时也支持保守党。[1]

　　两大政党形成过程中，宗教考量直接决定民众选边站队。到 1850 年代后期，当土地贵族不再公开反对自由贸易时，宗教更成了两党分野的主要标志。高教会人（纽卡斯尔为代表）、保守国教徒（斯坦利为代表）、部分卫斯理宗信众共同构成保守党中坚。他们的连接纽带是维护（至少不急于摧毁）千疮百孔的教国联盟。教国联盟是保守党人的信念支撑，国教徒固然在英格兰人数已不过半，但还是比第二大派的循道派多出 3 倍。这是保守党在自由主义大红大紫时代屹立不倒的奥秘。从 1837 至 1857 年的二十年间，保守派在英格兰始终是多数派，这部分归功于辉格派、自由派、激进派貌合神离，但保守派的正统角色、亲和力以及爱国爱教精神无疑更受选民欢迎。[2] 自由党人嗓门大、声音高，但从未拥有碾压保守党的绝对优势。无宗教情怀者（帕麦斯顿为代表）、热心福音的国教徒（罗素和皮尔为代表）、本初循道派以及老资格不从国教派是自由党骨干。他们并肩战斗的理由是反对（起码不支持）国教会享有特权。老资格不从国教派包括公理会、浸礼宗、一性论者、贵格派，他们不似卫斯理宗那么温顺，毕竟证明自己是上帝选民的任务要比原罪紧迫得多。他们乐与自由党人合作，甚至可说他们就是自由党的群众基础。自由党内既有国教徒，也有形形色色非国教徒。保守党内绝大多数是国教徒，也有卫斯理宗。在两党形成过程中确定无疑的是，辉格派没有直接变为自由党，托利派也没直线演变为保守党。这样，一些费解的历史疑问就豁然开朗了。斯坦利和格拉斯顿年轻时分别是辉格派和托利派，但晚年分别变成了保守党和自由党掌门。这毫不

---

①　David Hempton, *Methodism and Politics in British Society*, pp. 206 - 207.

②　安格斯·霍金斯：《维多利亚时代的政治文化》，第 208—209，217 页。

奇怪,因为有些辉格派汇入保守党,而部分托利派并入了自由党。

罗素是 1830 至 1832 年议会改革的操刀手,正是凭那场改革他在政坛声名鹊起。1850 年,罗素再举议会改革大旗。这一时期,他对议会改革的态度经历了多轮反复。他本认为 1832 年改革已铸就理想宪制,没必要再就改革招是惹非。组阁之初,罗素也未把议会改革列入政府工作日志,故其举措令人费解。1848 年,以休谟和科布登为首的激进派提议改革,志在让他们理解的中产阶级分享政治权力。他们组建"全国改革协会"(National Reform Association),倡议房产选举资格、三年一次大选以及无记名投票。休谟议案得到 84 名议员支持。[1] 罗素以辉格派固有的贵族价值观抵制休谟的激进提案。他认为:降低选民财产资格限制会导致大量工人手握选票,而工人多无行政经验,欠缺文化修养,更易被情绪左右,沦为政客工具;无记名投票则会滋生选举腐败。然而到 1849 年秋,罗素向帕麦斯顿和辉格派元老兰斯多恩透露,他打算将城市选民财产资格从 10 镑降至 5 镑,乡郡选民财产资格从 50 镑降为 20 镑,但绝不触动选区分布和投票方式。1850 年 11 月,他又在内阁提出类似建议,仅把城市选民财产资格回调至 6 镑。当时多数阁员认为实无必要在世博会前夕无事生非。[2] 1851 年初,自由派议员金(Peter Locke King)对贸易保护主义者 1849 年后在乡郡选区的补选强劲势头不满,提议将乡郡选民财产资格降为 10 镑,削弱保守党在农村政治中的影响力。[3] 科布登等激进派力挺金的建议,但罗素为了内阁之团结反应冷淡。激进派议员大失所望,与保守党人联手发动对政府信任表决,政府失利。罗素山穷水尽,1851 年 2 月请辞相职。是年袭封第十四代德比伯爵的斯坦利希冀和皮尔派联手组建新政府,但皮尔派不愿与他合作,女王也无意将罗素解职。迪斯累利因组阁泡汤灰心

① Robert Saunders, *Democracy and the Vote in British Politics*, 1848 - 1867: *The Making of the Second Reform Act*, Ashgate, 2011, pp. 29, 35.

② Robert Saunders, *Democracy and the Vote in British Politics*, pp. 45 - 46.

③ Robert Saunders, *Democracy and the Vote in British Politics*, p. 48.

失望,德比安慰他,称罗素政府寸步难行,保守党机会很快就会到来。

罗素辞职未果,只能召回阁员继续履职,"从此开始,除了名称,政府已是临时性质了"。① 然而罗素宁可被控滋事生非,也不愿尸位素餐。精心酝酿一年后,1852 年 2 月 9 日,他向下院公布议会改革方案。城市房产持有者和乡村自由持有农的投票财产资格分别下调至 5 镑和 20 镑;公簿持有农年纳税额达 5 镑,亦有投票资格;候选人不设财产资格限制。选区不做调整,不过鉴于腐败选区乃众矢之的,罗素提议选民数少于 500 的城市选区需扩展地界,囊括周边乡村。尽管罗素反复强调他的改革方案只是对 1832 年大改革的"补充",无意"取而代之",各方仍兴味索然。② 兰斯多恩等老辉格派担心调整城市选区边界侵蚀他们的权势;激进派不满议案太过保守;最重要的是,对议会改革毫无兴致且已离职的帕麦斯顿厌倦了死而不僵的罗素,赶在议案公开辩论前搞垮了政府。

罗素与帕麦斯顿关系微妙是公开的秘密。帕麦斯顿视外交部为自家衙门,经常不与阁僚通气,甚至不请示王室便与他国直接打交道。他坚信没有人比自己更懂外交且毫无保留向下院阐释外交之真谛:"我们没有永恒的盟友,我们也没有永久的敌人;我们的利益永恒、永久,追逐利益是我们的责任。"③ 1847 年,帕麦斯顿曾以辞职威胁当时财政捉襟见肘的政府,罗素相当不快。1848 年,他支持欧陆自由主义革命,王室甚为恼火,女王多次敦促罗素将其支走。1850 年,帕麦斯顿在唐·帕西菲科(Don Pacifico)事件中的炮舰外交又引起极大争议,罗素当时担心他与德比联手搞垮政府,被迫低头。首相服软,丢尽颜面,帕麦斯顿却因捍卫英国侨民利益而人气爆棚。不过罗素很快反将帕麦斯顿一军。1851 年,拿破仑三世(Napoleon Ⅲ)在法国发动政变,帕麦斯顿既无议会授权,又未禀报女王,就擅作主张认可了法国政变的合法性。罗素知道,自由主义者反感拿破仑三世专制霸道,英国民众自然会把法国变局与半个世纪前的雾月政变相提并论并忆起艰苦卓绝的反拿破仑战争。鉴于民意,政府理应慎对法国最近的时局震荡,而不是匆匆承认拿破仑三世的合法性。年底,罗素在女王支持下赶走帕麦斯顿。

---

①　K. Theodore Hoppen, *The Mid-Victorian Generation*, p. 147.

②　Hansard, 9 February 1852, Cols. 252 - 268.

③　Hansard, 1 March 1848, Col. 122.

罗素迫不得已赶走帕麦斯顿，很快就为此付出了代价。1852 年 2 月，罗素提出一项旨在加强地方民兵的议案，帕麦斯顿认为军事政策兹事体大，强调好钢用于刀刃，建议集中资源发展正规军而非地方民兵，提议修改议案。他的提议以 136 对 125 票通过并博得各路反对派阵阵喝彩，他本人则因完成了"对罗素的以牙还牙"式报复而沾沾自喜。① 1849 年以来，罗素连犯三错，"《教会任职法》触怒了许多皮尔派、激进主义者以及爱尔兰人，（议会）改革建议冒犯了辉格派，解雇帕麦斯顿让一切戛然而止"。② 昔日敌友争相拉其下马，罗素索性辞职走人。

保守党自皮尔下台元气大伤，其后几年如一盘散沙，既无明确政纲，亦缺众望所归的强力领袖。皮尔派人数不多，在议会中较为孤立，他们与以德比为首的贸易保护派反目成仇，无法原谅弑杀领袖的叛徒。德比在贸易保护派中资格最老，如今当仁不让以保守党新掌门自居。德比出道于辉格派贵族圈，尽管他现在与辉格派形同陌路，但标准辉格主义价值观支配了他一生的行迹。他家世显赫，祖先早在 15 世纪就获封伯爵，且爵系从未中断，到他 1851 年袭封伯爵时，已历十四代。这份化石级爵位确保德比坐拥丰厚政治资源，但与墨尔本一样，他的充沛精力消磨在赛马围猎等传统贵族娱乐中。他学识渊博，尤精于《荷马史诗》研究，但生性木讷，难与他人产生共情。他还有辉格派的通病，即鄙视媒体，不屑煽动民意。德比谨小慎微，既幻想与皮尔派破镜重圆，又不敢与他们走得太近，以免疏远党内贸易保护主义者。德比知道保守党无力组建稳定政府，搞垮罗素只会让激进分子从中获益，故不温不火静观时局，尽量不与罗素政府为难。罗素政府专注推动自由贸易，既不支持激进派纠缠的大尺度议会改革，也不急于拿爱尔兰教会开刀，还继续阻止不从国教者进入牛津和剑桥大学学习。自由主义改革没有越过德比的容忍下限，因此保守党在

① David Brown, *Palmerston: A Biography*, Yale University Press, 2002, p. 335.

② K. Theodore Hoppen, *The Mid-Victorian Generation*, p. 147.

下院中显得非常安静。

德比的失职在于迟迟未能栽培一位干练的保守党下院喉舌。本丁克和迪斯累利初露锋芒,但他们先前对皮尔不敬招致党内很多成员怨恨。本丁克纨绔浮夸,虽然卖掉宝马以示不再虚掷光阴,但臭名在外,难以服众。他的宗教自由主义也与托利主义背道而驰,他甚至支持犹太人竞选议员。19 世纪中期,界定保守主义的第一指标并非贸易保护,而是忠于国教。不过后人无法知晓本丁克的宗教立场是否会成为其仕途的致命绊脚石,因为 1848 年 9 月他英年早逝了。本丁克暴病而死反而替保守党再焕生机扫清了障碍,他生前呼吁为爱尔兰天主教神甫补发工资并主张政府出资帮爱尔兰人修建铁路,这些易起争端的建议随着他的死亡无人问津了。迪斯累利的犹太人血统难免让人怀疑他的宗教信仰,但他毕竟自诩国教徒。为减少是非,这一时期他尽量对宗教事务谨言慎行,确保民众至少不讨厌他;他支持财政紧缩,让民众感觉他要承袭皮尔的低税政策。德比知道迪斯累利是复兴保守党下院影响力的最佳人选,但讨厌他自命不凡、急功近利。1849 年 1 月,保守党活跃分子推选三位本党下院领袖,迪斯累利只是其中之一。这一别出心裁的人事布局证明德比当时既赏识迪斯累利,又不敢百分之百信任他。迪斯累利看破德比心思,牢骚满腹称:"我是冒险家迪斯累利,不会默认当前这种位置,党只想利用我的辩才,然后把我踹开。"①迪斯累利极不甘心像柏克一样在政坛终生只为他人作嫁衣,但他没有家世,甚至没有英国人血统,只能把党派当作晋升的阶梯,屈蠖求伸。很快他便证明他要求的权势与他的能力完全匹配,此后两年,他声誉日隆,到 1851 年初已成保守党无可替代的下院喉舌。然而才适其位并不意味着保守党同僚就会彻底信任他。贸易保护主义者反对自由贸易下的个人主义和残酷竞争冲击贵族支配的和谐社会,迪斯累利在早年的政治小说中也宣扬贵族尽责、教会尽职,共同维护社会和谐,因此他与贸易保护主义者并无观念冲突,然而同党嫌恶他立场飘忽,多怀疑他是投机钻营的"隐蔽的自由派"。②

迪斯累利正在荆棘密布的权力之路上隐忍开拓时,罗素辞职为他扬名立

---

① Paul Smith, *Disraeli: A Brief Life*, Cambridge University Press, 1996, p. 107.

② Paul Smith, *Disraeli*, pp. 112 - 113.

万提供了机会,德比先前预判的"机会很快就会到来"如实应验了。1852 年 2 月下旬,德比拜相组阁,迪斯累利任财政大臣。德比诚邀帕麦斯顿高就,但帕麦斯顿不愿与贸易保护主义者为伍,更担心玷污了自己在自由派和民粹派中的声誉。德比政府多位干将初出茅庐,年事已高的威灵顿公爵听闻阁员名单时大呼"谁?谁?",以至于本届政府被谑称为"谁?谁?政府"。当年大选也未强化政府下院优势。德比如履薄冰,他的政府仅从 2 月维持到 12 月,几无建树,但组阁的勇气以及下台时的宠辱不惊进一步肯定了他是保守党当之无愧的领军人。长久以来,德比因行事低调而声名不显,但史家强调迪斯累利让保守党重焕生机时不应忘记德比的卓著功勋。若把 1867 年前的保守党比作一支以守为攻的大军,迪斯累利奋勇御敌惊艳了世人,但坐镇中军的是德比。他的兢兢业业和忍辱负重令进退两难的保守党始终存留东山再起的可能性,他的政治理念非常符合保守派胃口,他曾把进步改革比作"照看火炉","既不能让其熄灭,也不能让其变成无法控制的熊熊大火"。[1]

1852 年保守党短命政府彻底捧红了迪斯累利。自担任党的下院喉舌起,迪斯累利就奉劝党内同僚调整心态、放宽视野,摒弃公开的贸易保护政策,争取政府给予农业部门适度补偿而非顽抗自由贸易。受其点拨,部分托利主义者反思他们先前的冥顽固执,主动改进本党组织,转换价值观,跟紧时代的步伐。迪斯累利还另辟蹊径,试图用税制改革变相照顾农场主利益。他知道地主承担了大量地方开支,可行之策是减轻地主的地方性义务,变相补偿自由贸易给他们造成的损失。1852 年底他向议会提交的预算鲜明体现了上述财政思路。预算虽遭下院否决,但亮点多多,是今后预算的范本,为格拉斯顿制定其后几年预算提供了极为可贵的启发。预算创新性首先体现在税收上,削减麦芽酒税、啤酒花税,逐步降低茶叶税。为填补减税后的财政缺口,预算把房产税提高 1 倍。这既师承皮尔和罗素的自由贸易政策,又能适度照顾土地贵族利益;既彰显保守党执政理念与时俱进,又能在情感上慰藉土地贵族,消解他们自《谷物法》废除以来积压在胸的怨愤。差异化个税政策新颖别致,意在鼓励个人殖产兴业。原个税门槛一律为年入 150 镑,迪斯累利建议农工商领

---

① 安格斯·霍金斯:《维多利亚时代的政治文化》,第 125 页。

域风险投资者的个税门槛降为年入 100 镑,税率为每镑 5.25 便士;以风险较小的不动产为主要收入来源的地主、房东等,其个税门槛调低至年入 50 镑,税率为每镑 7 便士。[1] 迪斯累利削减直接税而将收入的重要来源寄予不断提高的居民消费额,颇具百年后的凯恩斯主义(Keynesism)韵味。然而他为关联农产品的商品减税,榨取城市房产持有者激起自由派强烈抗议。除激进主义者,差异化个税政策吊不起多数议员胃口,毕竟它加重了多数议员的税收负担。皮尔派干将格拉斯顿瞄准预算软肋,在下院发表了两小时长篇演说。他谴责个税评估及征收流程烦琐,难以落实,指控预算对农产品的特殊照顾是土地贵族自私自利的真实写照。更让格拉斯顿愤怒的是,他认为迪斯累利剽窃了他的财政技巧,欲与自己争夺皮尔的衣钵传承。[2] 迪斯累利企图笼络激进派和爱尔兰议员对抗辉格派和皮尔派,殊不知爱尔兰议员对爱尔兰人不能豁免个税义愤填膺,何况德比也不屑与爱尔兰人及激进派为伍。结果,迪斯累利的预算以 305 对 186 票遭否决,政府旋即垮台。德比只轻描淡写称“我们败得正常”,但迪斯累利不忘逞口舌之快,嘲讽同床异梦的辉格派、皮尔派、激进派、爱尔兰人为搞垮政府随风倒柳、狼狈为奸,提醒他们牢记“英格兰不喜欢派系联合”。[3]

英格兰的确不喜欢派系联合,日后的派系联合政府不管有否建树,大都不欢而散。不过就当时情势看,连议会第一大党保守党都无法组阁,派系联合在所难免。格拉斯顿攻击迪斯累利预算拉近了辉格派与皮尔派的关系,至少在反德比政府时两派立场一致。1852 年底,皮尔派的阿伯丁和辉格派组建联合政府。联合政府不乏才华横溢之辈,也能勉强得到下院半数议员支持,其弱点是没有核心。每位阁员都自感屈才,鄙视同侪。罗素和帕麦斯顿互不待见尤令阿伯丁头疼。阿伯丁希望罗素出任下院领袖兼外交大臣,罗素并不情愿同

---

[1]　K. Theodore Hoppen, *The Mid-Victorian Generation*, p. 150.

[2]　Paul Smith, *Disraeli*, pp. 120 - 121.

[3]　Angus Hawkins, *The Forgotten Prime Minister: The 14th Earl of Derby*, Vol. Ⅱ, *Achievement*, *1851 - 1869*, Oxford University Press, 2008, pp. 56 - 57.

占这两个任务繁重的高位，但为阻止帕麦斯顿执掌外交部，他答应暂任外交大臣并要求尽快物色合适的替代人选。所幸帕麦斯顿知道自己国内外树敌太多，愿意离开外交部，出任内政大臣；另外他认为自己"不应在一个衙门终老"，处理内政反倒便于"与同胞打交道"。① 外交大臣和内政大臣错位，时人为之惊愕。

一般认为，阿伯丁缺胆少识，患得患失。他的政府派系复杂，要员纷争不断。政府成立不久，朝野目光全都转向战争一触即发的克里米亚（Crimea）半岛。诸多不利致使联合政府在英国史上毫无出彩之笔，只有内政部是个例外。帕麦斯顿尽显全才之能，处理民政甚至比督办外交更得心应手。内政成绩巩固了他在自由派心目中的地位，对外交混乱和战争不力之指责也不会落到他的头上。帕麦斯顿在教育和商业领域取得的成就有目共睹，针对就业、监狱管理、环境卫生等事务制定了多部"细碎但有用的法律"。②《1853年工厂法》进一步加强了对童工的保护。《以物易物法》（Truck Act）禁止雇主单方面以实物代替工资。1853年霍乱肆虐，帕麦斯顿严厉谴责圣职人员祷告驱魔，强制儿童注射疫苗。他力主整治环境以根除病灾，禁止在教堂内埋葬死者，保证水源洁净，限制工厂排污。1853年的《减少排烟法》（Smoke Abatement Act）是人类环境整治史上的里程碑式立法。启动文官改革勉强可算阿伯丁政府另一份政绩。鉴于行政效率低下，各部门机构推诿扯皮，1853年，诺斯科特（Stafford Northcote）和屈威廉（Charles Trevelyan）两位爵士联手调查文官体系并提交了一份翔实改革建议书，简称《诺斯科特—屈威廉报告》。报告建议考试录用高校毕业生从事智力要求较高的文职工作，把政绩考核当作文官升迁依据。因战争纷扰及既得利益集团抵制，报告当时未受到重视，不过它为后世文官制度改革提供了价值极大的参考。

阿伯丁政府对国运的最大影响是造就了格拉斯顿这颗冉冉升起的政治明星。格拉斯顿作为皮尔派骨干早为人熟知，他对迪斯累利预算的攻击更让人领教了其言辞之犀利，但他还需要某一重要职位来展现自己的经天纬地之才。财政大臣这份要职如今为他提供了绝佳平台。出自格拉斯顿之手的1853年

---

① David Brown, *Palmerston*, p. 341.

② K. Theodore Hoppen, *The Mid-Victorian Generation*, p. 149.

预算切乎实际,细节斟酌也非常到位。预算拟继续削减茶叶等商品的进口税,废除肥皂等商品的消费税,扩大遗产税征收范围。预算摒弃差异化个税征收办法,但主张逐年降低个税,直到 1860 年废除为止。为让预算顺利通过,格拉斯顿在议会连续发表近四个小时演说,他卖弄口才时尽显夸张且夹杂着对上帝的感激之情,企图将公共预算和个人信仰打包兜售,还自吹充沛精力源于上帝厚爱,演讲技能则是上帝赋予他的"显著才华"。① 这份新意迭出的预算致使格拉斯顿名噪一时,更令人佩服的是,当时战争近在咫尺,他敢于力排众议,拒绝借款筹措军费。直到次年,在军方和舆情大力施压下,格拉斯顿才被迫适度调整政策,1854 年预算拟征的个税不减反增,针对酒精、蔗糖等商品的税收以及印花税悉数增加。

阿伯丁为相期间,朝野聚焦"东方问题"(Eastern Question),外交和战争牵动人心。1852 年初,窃国大盗拿破仑三世被公投为法国人的皇帝,这位好大喜功又不切实际的妄人迫不及待制造外交事端,以期提高法国国际地位并转移国内不满民众视线,满足以皇帝为首的法国人之虚荣心。1852 年底,拿破仑三世向奥斯曼帝国声明法国有权保护圣地耶路撒冷和奥斯曼境内的天主教徒。土耳其人为避战祸,被迫接受了法国的要求。英国害怕法国这种特殊要求损害它在近东的利益,遣专使前往奥斯曼宫廷研究对策。俄国也密切关注近东局势并随时准备阻抑姿态张狂的法国,毕竟奥斯曼帝国早在 1784 年就承认了俄国保护圣地的特殊权益。罗素厌恶沙皇专制统治,鼓动阿伯丁正面对抗俄国,阿伯丁犹豫不决,罗素怒其不争,于 1853 年 2 月 21 日请辞,克拉伦敦接任外交大臣。1853 年 5 月,俄国亲王级重臣赴伊斯坦布尔向苏丹施压。奥斯曼政府又改口否认法国有权保护它在圣地的特殊利益。拿破仑三世恼羞成怒,立刻派遣查理曼号战列舰开进黑海示威,任人宰割的奥斯曼帝国又出尔反尔,重申法国享有特殊权益。

英国人为俄法对峙神经紧绷,朝野分为鹰鸽两派,对英国是否有必要卷入冲突以及支持哪方争论不休。阿伯丁痛恨拿破仑三世专制独裁并认为法国才是英国海外利益的最大威胁,倾向支持俄国遏制法国对近东的野心。罗素和

---

① K. Theodore Hoppen, *The Mid-Victorian Generation*, p. 152.

帕麦斯顿这对冤家一致声援奥斯曼帝国,尽管二人所给理由不同。帕麦斯顿知道四处滋事的法国是国际动荡的罪魁祸首,但他也知道近东关乎英国核心利益,并坚信奥斯曼帝国是欧洲均势的重要一环,而俄国是奥斯曼帝国的天然威胁,故须阻止俄国向南渗透。罗素之考量涂抹着较多意识形态色彩,他相信为奥斯曼帝国撑腰以对抗专制的沙俄既可抬高英国的道义地位,亦能博取国内自由派和激进派好感。1853 年 5 月,帕麦斯顿建议英军直接开往达达尼尔(Dardanelles)海峡威慑俄国。阿伯丁起初不同意,但他对内阁的软弱掌控以及帕麦斯顿在外交领域累积的权威使得后者意见渐占上风。英军开进达达尼尔后,俄国借机宣布英军违反了 1840 年的《伦敦公约》。7 月,俄军占领瓦拉几亚和摩尔达维亚并陈兵多瑙河左岸以为报复。10 月,奥斯曼帝国在英法怂恿下对俄宣战。11 月,俄军在西诺普(Sinope)摧毁了奥斯曼舰队。帕麦斯顿认为英法两国没有充分利用自身的威慑力,致使俄国无所忌惮。他还拱火称,英国应直接警告俄国,一旦它侵入奥斯曼帝国所属领土,英法两国舰队必开进黑海;如此,俄军必不敢妄动。1853 年夏秋,帕麦斯顿高声呼吁英国对俄强硬,他还抨击俄国形同"抢劫犯"并把英国美化成除暴安良的"警察"。① 不过阿伯丁一再犹豫,他不想与俄国在遥远的东欧刀兵相见。其谨慎不无道理,但忽视了歇斯底里的民众情绪。绝大多数英国人以典型的维多利亚时代帝国主义情绪关注事态发展,他们同情土耳其人遭遇是假,害怕俄国人控制黑海是真。民众盼望政府发兵惩戒俄国。崇尚科布登式和平主义的曼彻斯特资本家到 1854 年也叫嚣对俄开战。② 帕麦斯顿人气爆棚,成为维护国家利益、代言英国价值观的爱国英雄;阿伯丁和阿尔伯特亲王的肖像则被焚毁,阁揆和王室都成了政坛配角。③

1854 年 3 月 28 日,英、法对俄宣战。英国虽有更雄厚经济实力和更先进坚船利炮作后盾,毕竟劳师远征,何况俄军坚韧,联军一时难奈其何。冬季围攻塞瓦斯托波尔(Sebastopol)以及克里米亚周边地区的争夺战打得分外艰苦。英军积弊重重,数十年和平致使英国陆军纪律松弛、战力锐减。前线军士

---

① David Brown, *Palmerston*, p. 365.

② David Brown, *Palmerston*, p. 376.

③ David Brown, *Palmerston*, p. 370.

死亡率极高,后勤补给不畅,药品和物资均极度匮乏。反对派和蛊惑家将战事困难归咎于政府调度失当。帕麦斯顿把英国卷入战团后,又专注于他的内政工作,对战事和外交甩手不问,反倒是罗素猛批阿伯丁无能。罗素于1853年底又一次提议议会改革,阿伯丁原同意将罗素起草的改革议案提交议会讨论。帕麦斯顿反呛称,战时搞争议极大的议会改革实乃无事生非,搅黄了罗素的议案。① 罗素无法忍受阿伯丁受帕麦斯顿意见支配,炮轰战争和殖民大臣第五代纽卡斯尔公爵酒囊饭袋。罗素有意取阿伯丁而代之,然而他的指责疏远了皮尔派并招致宫廷怨恨,反倒是帕麦斯顿以内政成绩博得自由派和激进派好感,蚕食罗素在自由派中的阵地,成为1854年政斗的唯一赢家。②

1855年1月,政府被迫讨论激进派议员罗巴克所提动议——成立专门委员会调查政府及军官之渎职。关于是否支持罗巴克动议的表决以305对148票的绝对多数通过,而多数辉格派投的是赞成票。阿伯丁政府被推到了悬崖边,“因为自由派在军事低效变得日益明显时抛弃了它”。③ 阿伯丁民心尽失,黯然离职。悬而不决的首相人选伤透了维多利亚脑筋。女王讨厌帕麦斯顿盛气凌人,中意温文尔雅的德比。德比同意组阁,前提是克拉伦敦继续担任外交大臣且帕麦斯顿改任战争大臣。克拉伦敦不愿在德比麾下效力,帕麦斯顿也以格拉斯顿对他有成见为由婉拒德比。女王仍不愿遴选帕麦斯顿为相,她甚至想到了罗素,不过罗素的昔日同僚大都不愿与其再度合作,何况皮尔派无法原谅这位把阿伯丁拉下马的罪魁祸首。女王别无选择,2月初召帕麦斯顿进宫,令其组阁。不过她私下写道:“我知道这在很多方面令人憎恶,我个人也不认可”;“但我只能为国着想,……只要能保证政府效率,我个人感受可以不顾”。④

帕麦斯顿个人能力举世无双,各方最初却一致看衰其政府。首先,下院多

---

① David Brown, *Palmerston*, p. 360.

② David Brown, *Palmerston*, pp. 373 - 374.

③ K. Theodore Hoppen, *The Mid-Victorian Generation*, p. 173.

④ David Brown, *Palmerston*, p. 377.

数议员态度骑墙。德比认为新政府缺乏下院优势,帕麦斯顿也知道这个致命短板,有意重用阿伯丁政府要员以减少施政阻力。帕麦斯顿希望格拉斯顿留任,但格拉斯顿提出三个条件:不追究阿伯丁的所谓失职、紧缩财政、不许自由派和激进派伤害教会。[1] 帕麦斯顿知道满足这三个条件必然开罪辉格派和激进派。为讨好他们,新政府同意继续调查阿伯丁的所谓失职。以格拉斯顿为首的三位皮尔派干将遂拂袖而去。帕麦斯顿启用刘易斯(George Cornewall Lewis)接任财政大臣。刘易斯先前只担任过低级财务官,人微言轻,毫无名气。但他低调务实,更是大智若愚的财政专家,"他拟定的 1855、1856 和 1857 年财政预算比格拉斯顿在 1854 年显示出更伟大、更灵活的创新性"。[2] 失去皮尔派支持,帕麦斯顿只能倚重辉格自由派,安抚罗素,支持其担任殖民大臣。1855 年 3 月,罗素从维也纳带回的和平条件招致下院严词批评,为免政府垮台,罗素辞职,不过辉格派仍是政府基础。其次,帕麦斯顿年龄太大。迪斯累利嘲笑这位年逾古稀的老朽"又聋又瞎,镶着假牙,当心说话时这些假牙可能掉落";科布登则说:"诏令这样一位公认的伪君子应对危机足以证明我们国家已处于崩溃状态。"[3] 然而帕麦斯顿随后用行动证明自己年虽耄耋却壮心不已。他总能觅到恰当的外交或政治契机并以之煽动民粹,震慑吵嚷的下院。民粹而非党派才是他的能量源泉,自由主义和爱国主义则是他高举的两面旗帜。他呼吁民众"支持自由遏制专制";他还强调,为战争贡献己力的同胞,不分尊卑贵贱,都应分享荣耀。[4] 这种超阶级、超党派宣传有效缓释了激进派及和平主义者对贵族体制和沙文主义的批判。

　　短期看,政府高枕无忧,各路反对派亦无实力发难。刘易斯一度乐观表示,"政府稳固,其他三大派别——德比派、皮尔派、曼彻斯特派(指以科布登为首的激进主义者)均境况不佳,后两派不得人心,而前一派则陷于内讧"。[5] 然而帕麦斯顿知道,政府命运由塞瓦斯托波尔周边的战况决定,倾注全力尽快打

[1]　David Brown, *Palmerston*, p. 383.

[2]　Jonathan Parry, *The Rise and Fall of Liberal Government in Victorian Britain*, p. 179.

[3]　K. Theodore Hoppen, *The Mid-Victorian Generation*, p. 198.

[4]　David Brown, *Palmerston*, pp. 392 - 393.

[5]　David Brown, *Palmerston*, p. 393.

赢战争是当务之急。只有胜利才能确保自己免蹈阿伯丁之覆辙,稳住民心并向民众证明政府有决心、有能力遏制专制的俄罗斯及沙皇肆虐东欧。帕麦斯顿上任不久,沙皇尼古拉二世在内忧外患中撒手人寰,新沙皇亚历山大二世誓以顽强意志战斗到底。1855 年,在克里米亚半岛和亚速海周边地区,联军和俄军反复上演惨烈的拉锯战和阵地战,双方均伤亡惨重。帕麦斯顿也一度怀疑既定外交和战略战术能否奏效。英法联军直至 9 月才打破战场僵局,他们在包围塞瓦斯托波尔一年之后攻下了这座俄军在黑海的军事基地。1856 年 3 月,各方缔结《巴黎条约》(Treaty of Paris of 1856),战争正式结束。条约规定俄国和奥斯曼帝国均不得在黑海沿岸建立军事基地;俄军撤出瓦拉几亚和摩尔达维亚;各方尊重奥斯曼帝国领土和主权完整。战争显示法国在欧陆军事实力最强,但远不足以破坏欧陆均势。最重要的是,条约遏制了俄国在黑海及其周边地区的扩张,英国在奥斯曼帝国及东地中海的利益有了保障。英军扬威异域并达到了作战目的。4 月,女王授予帕麦斯顿嘉德骑士勋章,表彰其赫赫功勋。

克里米亚战争结束不久,第二次鸦片战争以及印度兵变相继上演。1856年,香港总督包令借口亚罗号(Arrow)商船上自称水手的海盗被广东水师拘捕,要求中国政府释放犯人并赔礼道歉。当两广总督叶名琛将犯人移交给英方时,英国驻广州领事巴夏礼(Harry Parkes)百般刁难,拒绝接收,怂恿香港总督下令英军炮轰广州,悍然挑起蓄谋已久的第二次鸦片战争。次年 2 月远东的消息才传到伦敦,英国朝野就如何处理中英关系分歧严重。帕麦斯顿又以维护自由贸易为由混淆视听,罔顾鸦片之害及英军霸凌,《泰晤士报》(Times)等媒体亦以傲慢语气附和首相。然而《每日新闻报》(Daily News)等媒体以及科布登等和平主义者为中方辩护。各类反帕麦斯顿的势力立即抓住民意分歧围攻他,谴责政府狂妄傲慢。迪斯累利等并非同情中国的机会主义者亦想扳倒帕麦斯顿。迪斯累利、科布登诸人虽非同道,不过反帕麦斯顿是他们的共识,而看似温和的德比对辉格派、激进主义者以及皮尔派之间的矛盾洞若观火,他确信保守党消极无为比积极挑衅更明智,因为指谪政府会促使上述各路势力抱团,不言不语反倒会加剧他们内斗。德比告诫迪斯累利:"在政府多数派的不同元素中制造分歧和妒意必须是我们的首要目标","我们应小心避免提供给他们团结一致反对我们提案的投票机会"。①

德比之见很快应验。此时的格拉斯顿发现帕麦斯顿的沙文主义和民粹主义日益背离自由主义，有意与保守党联手搞垮政府。1857 年初，迪斯累利和格拉斯顿两大奇才揪住当年的财政预算指责政府，格拉斯顿炮轰婚姻法规（见后文）侵蚀教会根基，激起了保守主义者和国教徒共鸣。鸦片之祸又给了科布登等人泄愤的题材。2 月，下院关于鸦片战争的辩论对政府越来越不利。3 月初，政府下院优势仅剩 10 余席。帕麦斯顿为摆脱窘境，诉诸民意，解散议会重选。为搞垮政敌，他在 3 月 20 日的演讲中夸大其词宣称有些人"对受尊敬的英国商人的头颅悬挂于广东的城墙上无动于衷"。他捏造事实，谎称中国人"侮辱英国国旗，撕毁条约，悬赏英国人人头……计划用谋杀、暗杀和投毒等方式毁灭英国人"。② 帕麦斯顿荒腔走板却不乏听众，用颠倒是非的煽动迎合民粹，将 1857 年 4 月的大选变为对他个人的选民公投。他获得了过半议员支持，有更足够的自信对中国推行更强硬政策。而两位指责侵略的不从国教大佬布莱特和迈阿尔均丢了议席，前者得罪了想借战争扩大商机的曼彻斯特商人，后者曾说炮轰广东"极度残忍和野蛮"。③ 激进派在此轮政斗中栽了跟头，但从此杠上了帕麦斯顿，随时准备报复。

大选刚结束，印度传来兵变消息。帕麦斯顿起初并未重视印度事变，仅将其定性为帝国主义者与当地土著的偶发冲突。财政大臣刘易斯敦请首相重视印度起义，因为兵变冲击英帝国贸易，致使政府收入大幅下滑。10 月，帕麦斯顿开始重视印度乱局，召集内阁讨论对策。他认为英帝国在印度的落后治理是兵变扩散的根源，当务之急是废止东印度公司对印度的治理权，改由隶属女王陛下的行政机构管理。④ 改革印度行政可能危及在印投资以及从事印度贸易的商人之利益，而这些人在政界人脉甚广，在下院亦不乏喉舌。刘易斯提醒帕麦斯顿三思后行，但帕麦斯顿只想快刀斩乱麻，1859 年 2 月 18 日，他一手主导的"印度议案"（India Bill）在下院以 145 票优势通过。政府看起来更加

① Angus Hawkins, *The Forgotten Prime Minister*, Vol. II, p.143.

② K. Theodore Hoppen, *The Mid-Victorian Generation*, p.203.

③ Michael Watts, *The Dissenters*, Vol. II, pp.573-574.

④ David Brown, *Palmerston*, p.407.

稳固。

帕麦斯顿以外交起家,靠战争扬名,然而外交虚虚实实,战争变数难料,即便他善于相机行事,亦难免马失前蹄。1859 年 1 月,法国发生谋杀拿破仑三世事件,皇帝本人虽毫发无损,但 20 人无辜丧命。法方查实凶案主谋意大利人奥西尼(Felice Orsini)以伦敦为巢策划了这起谋杀。法国要求英国官方保证杜绝此类事件再度发生。帕麦斯顿建议立法规定:此后凡在英国境内筹划谋杀者,不管针对哪国人,英国政府均有权将其驱逐出境。除克拉伦敦和格兰维尔(Granville Leveson-Gower, 2nd Earl of Granville),其他阁员不以为然,他们认为武断驱逐外国人与英国的宽容精神相悖。[1] 刘易斯直言,英国史上的《外人法》向来用于保护本国国民,如今出台法律保护外国人实匪夷所思。帕麦斯顿不顾各方异议,抛出争议极大的议案并通过下院一读。法国人为此洋洋自得,而英国民众对拿破仑三世及其专制统治素无好感,又被上述议案伤害了自尊心。激进派议员吉布森(Milner Gibson)以帕麦斯顿之道还施彼身,利用舆情抨击议案矮化国格,提议修正。"大部分保守派改变了立场",皮尔派也力挺吉布森,2 月 19 日,修正的议案二读时遭否决。[2] 帕麦斯顿瞬间从天堂跌入地狱,诚如其自嘲:"命运真是大起大落,前晚有 145 票优势,次日反对派竟有 19 票优势。"[3]人心不在己方,帕麦斯顿无法再裹挟民意压制反对派了,旋即宣布辞职。奥西尼事件源于偶然,帕麦斯顿处理手法亦欠妥当,但政府倒台归根结底是他自酿的苦果。他长期忽视党派建设,没有下院恒定支持者,最终为此付出了代价。

帕麦斯顿突如其来的辞职是德比组阁的天赐良机。保守党下院席位虽不及半,但本党长期在野,作为党领袖的德比自惭形秽。在迪斯累利等人怂恿

---

① 此格兰维尔伯爵与 18 世纪受封同名伯爵的卡特莱特无血缘关系,他虽能力平平,却是 19 世纪中后期英国政坛常青树,长期身居高位。

② K. Theodore Hoppen, *The Mid-Victorian Generation*, p. 206.

③ David Brown, *Palmerston*, p. 411.

下，德比决定组建少数政府（minority government），既为保守党提供政治历练，亦告诉世人保守党完成了自我革新，已非冥顽不化的贸易保护派，他在议会演讲称：

> 没有什么是比认定保守党政府必是一个裹足不前的政府更荒谬的事情了，我们生活在一个道德、社会和政治均不断进步的时代。……诸位大人，在政治上……必须追求不断进步，改进旧制度，使我们的机构适应它们旨在服务的且已经改变了的目标，并通过明智的变革满足日益增长的社会需求。①

为尽可能拓宽政府基础，德比诚邀格拉斯顿以及辉格派的格雷勋爵（Lord Grey）等人共创伟业。皮尔派和辉格派对德比之善意毫不领情，但有财政大臣迪斯累利扛旗且有外交大臣马麦斯布里（3rd Earl of Malmesbury）协助，德比政府足以小试牛刀。

德比想以议会改革辉映他所说的进步时代。因其倡议，官方取消了下院候选人财产资格限制，宪章派"六点计划"中的第一点实现了。德比 1859 年初拟定的议会改革议案将城市和乡郡选民财产资格均定为 10 镑。德比还效仿 1851 年时的罗素，建议给予在银行有一定存款的储户选举权。德比议案本切实可行，但激进派抱怨其太过保守，保守党部分要员则认为改革幅度过大，内政大臣沃波尔（Spencer Walpole）为此辞职。罗素更担心德比抢走自己在议会改革大业中的旗手角色。结果，上述三股力量联手扼杀了德比改革议案。改革受挫，但德比主张取消城乡选民财产资格差异证明保守党敢为天下先，比当时任何党派都更具前瞻性，改革议案的其他内容可被看作八年后第二次议会改革投石问路。德比还帮助犹太人实现了担任议员的梦想。内政方面，德比政府积极治理环境污染，努力提高市政行政效率；外事方面，德比政府巧妙解决了不列颠哥伦比亚问题并将帕麦斯顿留下的印度烂摊子收拾妥当。德比政府还有志改革不从国教者恨之入骨的教堂税。1859 年 2 月，政府提议将

---

① Hansard, 1 March 1858, Col. 41.

教堂税整合到地租中,不再强迫民众缴纳此税。① 此项动议因政府不久垮台没了下文,但它至少表明保守党拥护国教不等于死守教会的陈规陋制。

抵制议会改革并打压不从国教者导致保守派在 19 世纪 30 年代和 40 年代的政坛相当被动,德比主动改革议会并愿意向教堂税开刀证明 1850 年代保守党已转变治国理念,加之不再反对自由贸易,一个全新的保守党已悄然取代老旧的托利派。保守党在 1859 年大选中表现不俗,拿下约 300 席,与 1847 年的 230 席相比可谓长足进步。不过 300 席仍不到下院半数,保守党若想长期主政还得继续努力。1850 年代,保守党总体上能确保英格兰和威尔士 2/3 的乡郡议席、爱尔兰及苏格兰一半的乡郡议席,然而很难赢得大城市议席,这一时期它从未在曼彻斯特这座象征着工业革命成就的大城市赢得任何席位。根源在于国教忽略了向新兴大城市渗透,致使不从国教和激进主义轻易俘获了大城市民心。德比虽不排斥争取城市中产阶级支持,但绝不会丢弃保守主义原则。迪斯累利多番倡议与激进派和爱尔兰议员套近乎,德比不愿苟同,他确信与激进派及不从国教者走得太近得不偿失,和爱尔兰人合作迟早会惹火烧身,甚至毁掉保守党在英格兰的基本盘。② 德比高瞻远瞩,保守党长期受英格兰人青睐正是因为它不愿与不从国教者、激进派、爱尔兰人勾勾搭搭。

德比政府是奥西尼事件的偶然结果,一旦辉格派、自由派、激进派弥合分歧,德比必须让位。帕麦斯顿下台后,上述三派均失意懊恼并深刻反思过失。世人尽知,是辉格派、自由派、激进派互掐给了德比可乘之机,然而促使这三个派别精诚团结亦难比登天。罗素 1855 年离职后潜心著述,但仍是自由派柱石。1858 年底,罗素试图以议会改革为招牌,组建自由派政府,帕麦斯顿冷眼旁观。罗素实力不够组阁,却足以阻抑帕麦斯顿。拉拢罗素是帕麦斯顿东山再起的前提。帕麦斯顿下台不久,刘易斯就力促罗素和帕麦斯顿和解,他认为解决之道是抬高多少已被边缘化的罗素在自由派中的地位,至少要承认他与帕麦斯顿并驾齐驱,而非屈居后者之下。1859 年 3 月,刘易斯安排罗素和帕麦斯顿面谈,双方关系有所缓和,但亦未到精诚合作之境。帕麦斯顿欲夺回相

---

① Angus Hawkins, *The Forgotten Prime Minister*, Vol. Ⅱ, p. 201.

② Paul Smith, *Disraeli*, p. 123.

位,但罗素只想攻击德比的印度政策,无意搞垮保守党政府。他厌恶帕麦斯顿的民粹主义,鄙视他的机会主义。罗素知道,一旦德比政府垮台,受益的只能是帕麦斯顿,自己将继续受排挤。帕麦斯顿也刻意与罗素保持距离,他担心罗素的宗教自由主义以及因倡议议会改革而表露的激进主义吓跑温和自由派。吉布森甚至认为帕麦斯顿有意与保守党合流组阁,让罗素领导自由派充当议会反对派。这种传言一度甚嚣尘上,毕竟迪斯累利1859年大选后曾盛邀帕麦斯顿领导政府。直到1859年5月,在刘易斯撮合下,帕麦斯顿和罗素两大巨头才推心置腹,冰释前嫌,并就内政外交达成一致。内政方面,避谈议会改革,只致力搞垮德比政府;外交上,继续执行先前外交政策,在保持欧陆均势前提下与法国合作。两巨头还同意,无论女王遴选两人中任何一人为相,另一人会鼎力支持。6月6日,辉格派、皮尔派、自由派以及激进主义者在伦敦的威利斯会所(Willis's Rooms)聚首,其中包括近300名下院议员。帕麦斯顿呼吁与会者以"果敢且坦率的方式"搞垮德比政府;罗素则承诺"老辉格派、皮尔派以及资深自由派"都会在呼之欲出的政府中拥有一席之地。[①] 英国史上著名的自由党正式成立。

五天后,德比辞职。年近八旬的帕麦斯顿二度拜相。自1809年任战争大臣始,他已浸淫政坛半个世纪,资历和能力均能与其媲美的皮尔早已作古,生于1790年代的罗素、德比之流与其相比实乃小字辈。晚年的帕麦斯顿身体健康,精力充沛,1863年虚龄八十之际还因通奸遭人敲诈,闹得满城风雨。[②] 岁月涤除了其年轻时的张扬和傲慢,和蔼可亲成为世人对他的新印象。难能可贵的是,他与时俱进,注意打造自己在普通民众,特别是北方工业家、产业精英以及劳苦大众中的亲民形象,博取他们的认同。1856年,他不顾舟车之劳远赴北方工业地带游说各阶层支持政府,在利兹、谢菲尔德等地发表极富亲和力

---

① David Brown, *Palmerston*, p. 428.
② David Brown, *Palmerston*, pp. 474 - 475.

及感召力的演说。他强调国家致力增进各阶层福祉;指出工商界的财富积累和技术创新造就了英帝国内平外成;盛赞曼彻斯特为"智慧的摇篮和培育所"。①

　　帕麦斯顿的威望及智慧甚至赢得了德比发自肺腑的敬重,保守党很少刁难政府,自甘默不作声的后座议员。德比回味两次短暂为相的苦楚经历时感慨:"太多的经验告诉我,足以搞垮政府的力量和确立政府的力量有天壤之别,别再急于重复 1852 和 1858 年的经历。"②不过德比并不绝望,他认为自由党仅是勉强拼凑的大杂烩,保守党只需静等其内讧,机会迟早还会再来。迪斯累利不甘心消极等待,想通过抬高王权和保卫教会打一场翻身仗。他一度从阿尔伯特身上看到了王权再塑的希望。阿尔伯特于 1861 年底病故后,迪斯累利又转向复兴教会。这个时代每年都有议员提案废除教堂税,国教会承受着巨大压力。迪斯累利反其道而行之,声称"维系教会是当下唯一的内政问题"。③他盘算捍卫教会至少有三点好处。其一,彰显保守党与自由党针锋相对;其二,博取罗伯特·塞西尔(Robert Gascoyne-Cecil)这类虔诚国教徒欢心;其三,利用教会组织构架为保守党选举服务。迪斯累利甚至躬身参加 1864 年进化论者与神学家在牛津大学的辩论。不过他的努力收效甚微,保守党在 1865年大选后反而少了十来个席位。迪斯累利向德比诉苦称:"领导胜利无望的反对派是令人抑郁的事情。"④德比之子斯坦利(Edward Henry Stanley)发现年逾六十的迪斯累利已心灰气馁、老态龙钟。

　　帕麦斯顿对德比洞悉的自由党党内分歧心知肚明,只有平衡党内派系利益才能保证政府稳定。罗素必须高就,出任外交大臣。后世常称道帕麦斯顿用人不拘一格、不计前嫌,启用刘易斯、格拉斯顿、吉布森等都是鲜活之例。1859 年,帕麦斯顿首选的财政大臣仍是刘易斯,然而格拉斯顿明言自己如若入阁只愿担任财政大臣,而帕麦斯顿拉拢皮尔派必须稳住格拉斯顿。刘易斯只能担任内政大臣了,他在内政部不乏出彩政绩,只可惜两年后因病早逝,自

---

①　K. Theodore Hoppen, *The Mid-Victorian Generation*, p. 211.

②　Angus Hawkins, *The Forgotten Prime Minister*, Vol. Ⅱ, p. 269.

③　Paul Smith, *Disraeli*, p. 132.

④　W. F. Monypenny and G. E. Buckle, *The Life of Benjamin Disraeli, Earl of Beaconsfield*, Vol. Ⅳ-Ⅵ, London, John Murray, 1916 - 1920, Vol. Ⅳ, p. 417.

由党痛失一位有潜力比肩格拉斯顿的才俊。为照顾激进派，帕麦斯顿诚邀科布登担任贸易大臣，科布登担心自己将来在外交上与帕麦斯顿冲突，敬谢不敏。帕麦斯顿把贸易大臣给了曾经拉其下马的激进派议员吉布森。

第二届帕麦斯顿政府不少重臣曾在阿伯丁帐下身居要职，但它与阿伯丁联合政府有本质区别，不是联合政府，而是自由党政府。这届政府在英国现代政治史上具有分水岭意义，标志着以内阁为中心的行政制度（cabinet-centred administration）诞生了，这种制度建立在党派忠诚之上。至迟从沃波尔开始的旧式政治游戏奉行"议会权威至上"（parliamentary sovereignty），并无政党组织和政党忠诚这两种约束机制，靠信念和人脉聚拢人气，收揽人心，当政者只关心下院支持率，不管支持者源自何门何派。[①] 1859 年，自由党正式创建并组建了高效稳定的政府。尽管党的领袖和高层组织不能蛮横强迫议员支持其所属政党，但此后议员多受党派约束，党鞭（whip）和党的高层组织以谈话、游说乃至道义施压约束党员，尤其是下院的本党议员。这导致下院中政党营垒一目了然，政党政治（party politics）自此规则运行。帕麦斯顿过去厌恶派系羁绊，但 1859 年组阁时，他广延人才且平衡照顾党内各派利益。显然，他从1858 年倒台中吸取了教训，乐与皮尔派、激进派笑泯恩仇，一律视他们为自由党人。一向无视党派的独行侠帕麦斯顿反倒成了政党政治的鼻祖。

1859 年，意大利战争是英国朝野热门话题，也是英国政要棘手的外交和政治难题。英国盟友撒丁尼亚王国（Kingdom of Sardinia）在加富尔（Camillo Cavour）领导下借助法国支持对当时统治意大利北部大片土地的哈布斯堡帝国发动战争。德比政府担心法国借机蚕食意大利北部和莱茵河中下游领土，转而声援英国传统盟友哈布斯堡。憎恶拿破仑三世四处招摇并担心加富尔引狼入室的英国人不在少数，然而英国自由主义者亦反感哈布斯堡帝国的专制统治并同情意大利自由主义者的民族统一运动。罗素宁见法国坐收渔利，也要奉劝维也纳当局接受战败事实。罗素立场一度招致内阁非议，但帕麦斯顿知道，支持意大利是英国自由主义者的黏合剂。他警告阁僚，罗素若辞职，政府必垮；又提醒国人，只有借法国之力，意大利人才有可能将哈布斯堡势力逐

---

① K. Theodore Hoppen, *The Mid-Victorian Generation*, pp. 210 - 211.

走。在帕麦斯顿看来,法国虽获蝇头小利,蚕食了尼斯和萨伏伊两地,但未打破欧陆均势;英国不能因小失大,为意大利开罪法国还会危及长远商业利益。1860年初英法缔结一份商业和约,同意互减关税。处理意大利战争之手法体现了帕麦斯顿赤裸裸的现实主义,用他自己的话说,"政府和国家少为过去的恩怨纠结,更应考虑眼下和将来的利益"。① 1864年初,普鲁士和丹麦因石勒苏益格(Schleswig)及霍尔斯坦因(Holstein)交恶,丹麦向英国求援。当年4月罗素主导的伦敦会议斡旋未果,英国自由派吁请政府出兵震慑普鲁士,老谋深算的帕麦斯顿以英国海军准备不足为由拒绝干涉。他的心中始终装着欧陆均势这盘大棋,他知道俄国是中东欧和平的最大威胁,而普鲁士是抑俄的关键棋子,英国不必为丹麦开罪普国。

　　1860年前后,格拉斯顿强势崛起,光芒有时甚至盖过帕麦斯顿。这二人谈不上私交,政见分歧也比较大。格拉斯顿是忠实的皮尔信徒,拥护自由贸易,这与帕麦斯顿并不冲突,但格拉斯顿也承继了皮尔的轻徭薄赋主张和福音主义,而帕麦斯顿的炮舰外交无视道义且需重税维持高额军费支出。1859年,格拉斯顿再度担任财政大臣出乎时人预料。个中原因史家亦言人人殊。一般认为,这一时期格拉斯顿政治价值观发生了较大转变,特别是自由党正式成立后,他意识到自由党更显激进的主政路径比皮尔的精英主义更符合时代潮流。英国已完成工业革命,社会结构更趋多元,产业工人正卷入政治洪流,政治家既要笼络工商界精英又需回应产业工人诉求。这种认知转变导致原本保守的格拉斯顿渐趋激进。建功立业的心理驱动亦毋庸置疑。格拉斯顿胸怀远大抱负,岁月不允他再错机遇,毕竟他已年过半百。帕麦斯顿和罗素都是行将就木之人,自由党亟须发掘一位承前启后的接班人,而格拉斯顿肯定是有力竞争者。多年后,格拉斯顿如此解释他1859年愿意辅助帕麦斯顿之缘由:他认为自己与帕麦斯顿"有分歧和冲突,但无怨恨";高傲地孤立于自由党并不能"扰乱政府",入阁反倒可以"在财政方面做大量有益的工作";他还坦言自己当时对议会改革抱有期待,只是"未能料到后来的挫折"。②

---

　　① David Brown, *Palmerston*, pp. 447 - 448.

　　② John Morley, *The Life of William Ewart Gladstone*, 3Vols, London, Macmillan, 1903, Vol. Ⅰ, p. 628.

格拉斯顿主张节衣缩食以便替企业减负，藏富于民；强调量入为出，对不断增加的军费开支牢骚满腹。然而帕麦斯顿危言耸听称法国在意大利统一战争中实力坐强，拿破仑三世扩张野心跃然纸上，需高度提防。克里米亚战争亦见证英军装备落伍，增加军费以提升战力刻不容缓。纵观 19 世纪，没有哪段和平时期的军费开支比 1861 至 1865 年更高，占政府总支出近 40%。① 在这种背景下，格拉斯顿仍有办法缩减开支，1861 至 1866 年，公共开支压缩了10%。尽管废除个税之设想落空，但格拉斯顿还是竭尽所能废除了一些不会严重影响政府收入的税项，纸张税（paper duty）是他的减税招牌。他草拟1861 年预算时，为弥补取消纸张税的损失，索性增加个税。帕麦斯顿当时不愿触怒个税主要承担者——中产阶级，建议纸张税存废留待来年再论。然而内阁多数支持格拉斯顿，帕麦斯顿不便强行阻挠。废除纸张税、增加个税的预算在下院勉强通过，但被上院否决。② 格拉斯顿大为光火，因为上院两百年来从未否决过下院通过的预算。他一度想到了辞职，但辞职后将成孤家寡人，当初加入帕麦斯顿政府就等于断了与保守党抱团的可能。1861 年预算仍把废除纸张税作为头等大事，不过这次只剩吉布森一位阁僚支持。格拉斯顿只好提出折中方案，废除纸张税的同时小幅削减个税。此后几年预算连续削减个税，直到 1865 年降至每镑 4 便士。格拉斯顿轻税政策与皮尔一脉相承，体现了真正的自由主义财政精神。纸张税废除后，英国报纸发行量陡增。报业繁荣对政治运行机制的冲击不容小觑，各党派竞相利用报刊抢占舆论制高点。"维多利亚时代中期的政治家对报刊影响之大正如报刊对政治的影响一样"，媒体的政治动员作用越来越受重视。格拉斯顿摆出执政为民姿态，利用报刊宣传财政理念及政策，成功压缩了开支并减轻了税赋，这一切为他赢得了"人民的威廉"之美誉。③ 1862 年，格拉斯顿考察纽卡斯尔时，民众排成 20 多英里的队伍争相竞睹其风采。④ 他已走向政治舞台中心，成为民众眼里自由主义

① K. Theodore Hoppen, *The Mid-Victorian Generation*, p. 214.

② David Brown, *Palmerston*, pp. 416 - 419.

③ Angus Hawkins, *British Party Politics*, *1852 - 1886*, Basingstoke, Macmillan, 1998, p. 103.

④ John Morley, *The Life of William Ewart Gladstone*, Vol. Ⅱ, p. 77.

甚至激进主义的新旗手。1865 年,约克郡劳工发自肺腑盛赞他说:"你道出了这片土地上每个角落的每个工人心坎里的话","我们指望你强力且持久地支持我们的事业"。①

帕麦斯顿秉政期间,社会及政改领域并无烙印深刻的标志性事件。宪章派销声匿迹;劳资关系和谐;要求保护劳工利益的新立法鲜有附议;呼吁消除宗教歧视的议案亦被束之高阁。对上述问题冷漠并非帕麦斯顿能力欠缺,而是他认为这些事项零碎、棘手且无关紧要,听之任之并无大碍,着手解决极有可能给政府添堵。此外,除 1859 年遭短暂商业危机,这一时期整体经济形势大好,改革议会选举和消弭社会不公的呼声也沉寂下去。帕麦斯顿有理由宣称:"确实无事可做,我们不能无止境地朝法律文书上增添新内容。"②不过他所说的无事可做是指不必频繁立法,他"不是立法者,而是实干家(administrator)"。③他的政府在婚姻、教育、企业管理和出版审查等方面的成就可圈可点,把自由主义精神弘扬到极致。1856 年和 1857 年,议会相继通过《亡妻姐妹法》(Deceased Wife's Sister Bill)及《婚姻事务法》(Matrimonial Causes Act),前者允许丈夫与其过世妻子的姐妹结婚,而《圣经》是谴责这种婚姻的;后者则简化离婚手续,降低离婚手续费并将离婚裁定权从宗教法庭转到民事法庭。格拉斯顿担心放宽婚姻限制导致道德衰退,对这两部法案大加鞭挞,但帕麦斯顿坚决予以支持。同为自由主义标杆人物,格拉斯顿对自由之理解首先基于宗教,故关注道德,而帕麦斯顿更强调经济和社会之自由。1861 年的《破产法》(Bankruptcy Act)和 1862 年的《公司法》(Companies Act)旨在规范企业管理并尽力减轻破产者债务负担。1865 年,修订的《济贫法》取消了领取政府救济的诸多硬性要求,维护了穷人尊严。帕麦斯顿反对穷人参政,但从未忽视民生之艰并确信教育是战胜贫困的秘诀。1861 年和 1864 年,政府分别成立两个调查教育的专项小组。它们提交的调查报告指出,培育国民,特别是中上阶层的精神气质,有利于维系盛世;报告还提倡对资质和家境不同的学生进行分类教育并建议公立学校考试招生。报告所给意见仍包含等级制偏见,但不可否

①　Michael Watts, *The Dissenters*, Vol. II, p. 580.

②　K. Theodore Hoppen, *The Mid-Victorian Generation*, p. 201.

③　Jonathan Parry, *The Rise and Fall of Liberal Government in Victorian Britain*, p. 192.

认它在为 19 世纪后期教育改革提前探路。

　　帕麦斯顿几无宗教情怀,对教义、教规等毫无兴趣,但深知宗教重要性及敏感性。他支持政教分离,尤反感宗教干预教育。他坚信宗教应培育民众爱心,陶冶其情操,抑制其暴戾,而非制造群体仇恨。他痛恨高教会封闭排外,亦反感不从国教者纠缠不休,敦促各教派和平共处。当然,他知道不从国教者喋喋不休事出有因,毕竟国教会一直压制他们的社会权利。为讨好激进派,帕麦斯顿偶尔默许甚至纵容不从国教者攻击教会。因其干预,不从国教者处境改善。1857 和 1863 年,议会两度立法废止了国教会在墓地审批方面对不从国教者的歧视。主教不干预政治并与不从国教者和平共处是帕麦斯顿圣职任命原则。为相期间,他总共任命了 25 位主教。1859 年前,他略微青睐来自中产阶层、对不从国教者相对宽容的神职人员;1859 年后,为照顾格拉斯顿的感受,圣职任命又略微倾向高教会;总体看,高、低教会平衡的原则始终如一。①

　　帕麦斯顿的宗教政策顺应了 1850 年代和 1860 年代英国宗教主导思潮广教会(Broad Church)。广教会比 18 世纪的宗教宽容主义更宽容,比福音主义更理性。它主要关注宗教的道德功能,教义、礼仪和信众组织已无关紧要;它甚至允许知识分子攻击《圣经》之迷信及其记载的伪史。这个时代顶级知识分子多为广教会支持者。年轻的西利(John Robert Seeley)1865 年出版《耶稣传》(*Ecce Homo: A Survey in the Life and Work of Jesus Christ*),把耶稣描绘为道德高尚的俗人,遭保守教徒攻击,但攻击反促成此书之畅销,很快卖出 1 万多本。② 西利名声大噪,四年后被剑桥大学聘为历史学教授。密尔(John Stuart Mill)自小就不信基督教,他认为《圣经》舛误百出,愚民害众。他于 1859 年出版《论自由》(*On Liberty*),倡导思想包容,坚信思想和信仰应像市场上的商品一样公平竞争,在交锋中不断升华,而以宗教为由打压异己是对自由

---

　　① David Brown, *Palmerston*, pp. 460 - 461.

　　② Owen Chadwick, *Victorian Church*, Part Ⅱ, London, Adam & Charles Black, 1970, p. 65.

的无耻亵渎。广教会不仅得到罗素、帕麦斯顿两大自由派巨头追捧,连维多利亚女王也表示支持。1868 年,女王任命广教会代表泰特(Archibald Tait)担任大主教。

　　格拉斯顿也逐渐拥抱广教会并高度评价西利的《耶稣传》。这导致他开罪了长期坐镇的牛津大学选区选民,继而在 1865 年大选中落败,不过他很快在不从国教者占多数的南兰开夏(South Lancashire)选区补选成功。从牛津转向英格兰西北部,背后隐含的政治用意昭然若揭——与不从国教者及工薪阶层打成一片。帕麦斯顿认为这对政府福祸难料,他曾说格拉斯顿是"危险人物","把他困在牛津,他的嘴被部分堵住了;把他送去别的地方,他就会狂野不羁"。克拉伦敦 1860 年便预言,格拉斯顿"'对受欢迎的无限渴望'以及'狂热的想象力'会驱使他'颠覆挡在其野心之路上的制度和阶级'"。① 果不其然,格拉斯顿此后与不从国教者交往时无所顾忌,与公理会领袖戴尔(R. W. Dale)以及一性论者布莱特等人过从甚密。1864 年 11 月,格拉斯顿欣然受邀参加公理会牧师豪(Newman Hall)召集的十余位不从国教牧师聚会。这些牧师说服他确信教堂税"对不从国教者不公,对主教制不必要,且在信仰上冒犯上帝"。② 次年 4 月,格拉斯顿在一份私信中指出,教堂税给国教会带来的负担远多于收益,故"废除教堂税是英格兰教会明智的让步"。③ 而此前不久,他在议会为废除教堂税议案卖力辩护,普救浸礼宗信徒戈德比(Thomas Goadby)为此称赞他是"上帝给我们派来的一位新时代的先知"。④ 在与不从国教者互动过程中,格拉斯顿宗教立场愈发激进,这位早年的牛津运动干将中年时变成了皮尔式国教福音派,晚年又把福音主义的道德使命和平等精神置于国教的等级秩序之上。最令人困惑的是,他毕生都有国教情结,但在晚年的政治实践中明显偏袒不从国教派并为爱尔兰天主教徒劳心费力。17 世纪的克伦威尔初与长老派合作,继与独立派合作,后又满足平等派诉求,抽象的上帝随时都能被他用作行动之借口。格拉斯顿似是又一个克伦威尔,史家对其

---

① Angus Hawkins, *British Party Politics*, p. 106.
② Michael Watts, *The Dissenters*, Vol. Ⅱ, p. 581.
③ John Morley, *The Life of William Ewart Gladstone*, Vol. Ⅱ, p. 159.
④ Michael Watts, *The Dissenters*, Vol. Ⅱ, p. 582.

信仰之解读莫衷一是，甚至截然相反。不管宗教是否只是格拉斯顿的政治工具，可以肯定，令人费解的信仰驱动着他毕生之行迹。

广教会氛围下，各教派公平竞争，国教会复兴势头不减，不从国教派绝对人数也在增加。循道派、公理会、浸礼宗这三大不从国教派信徒占总人口比重分别于 1841 年、1863 年和 1880 年达到顶点，分别为 4.4％、1.56％、1.31％。① 他们多为职业精英，财富和见识都属上流，政治诉求也水涨船高。这些不从国教者已不满足于教派自由竞争，而是铁心解构盛行了三百年的国教与国家联盟，摧毁国教如今仅是自诩的官方信仰地位。他们辩称信徒只要虔敬传讲福音，自能感化上帝并得到上帝指引，国教靠国家庇护是"对基督力量的不敬"。② 国教在 19 世纪中叶的复兴也令不从国教者压力倍增，进一步加深了他们的敌意，公理会领袖比尼（Thomas Binney）恶毒污蔑"国教毁掉的灵魂比其救赎的更多"。③ 多数不从国教者都明白国教天然优势是其古老且有效的全国性管理体系，控诉这个体系靠政权力量搞不正当竞争、把教堂税强加给所有人。不从国教者更嫉妒国教牧师的收入。1830 年代，英格兰和威尔士国教牧师的年均收入就分别达到 275 和 172 镑，此后还在逐渐增加，一直持续到 1870 年代后期的农业萧条。即便国教堂区副牧师收入在 1853 年也有 73 镑，而不从国教派中，只有卫斯理宗和公理会多数牧师收入能达到 70 镑，浸礼宗牧师 1853 年平均收入仅 65 镑。④ 不从国教者效仿反《谷物法》同盟，于 1844 年成立了反国家教会同盟（Anti-State Church Association）。1853 年，同盟更名为打破国家庇护与控制之宗教协会（Society for the Liberation of Religion from State Patronage and Control），后简称解放协会（Liberation Society）。协会 1855 年创办月刊《解放》（*The Liberator*），声势日盛。

不从国教者也是议会改革的主要推动者和鼓吹手。1852 年，他们埋怨罗素改革议案保守，当时 82 名伦敦不从国教牧师联名致信罗素称"这个国家的

---

① Alan D. Gilbert, *Religion and Society in Industrial England*, pp. 32, 37.

② D. W. Bebbington, *Evangelicalsim in Modern Britain*, p. 136.

③ Alan D. Gilbert, *Religion and Society in Industrial England*, p. 148.

④ K. Theodore Hoppen, *The Mid-Victorian Generation*, pp. 466 - 467.

工人阶级……值得被托付(trusted)选举权"。[①] 1859 年德比改革议案所定的 10 镑城市选民财产资格就是充分征询布莱特意见的结果,而司徒奇等激进派胃口更大,要求成年男性普选权。解放协会的议会战略成就斐然,1847 年,英格兰仅 13 名不从国教者当选议员,但英格兰和威尔士计有 27 名不从国教者在 1852 年大选中胜选,其中包括在非国教徒中声名最响的迈阿尔。[②] 他们和苏格兰的长老派议员同时向建制教会开战。从 1853 到 1863 年,他们每年都在下院提案废除教堂税并坚信成功指日可待,教堂税税额从 1829 年的 51.9 万镑降到 1862 年的 23.3 万镑,考虑货币贬值,可以说,到 1860 年代中期教堂税只存象征意义,而 1864 年英格兰和威尔士 1.2 万余个堂区中的近 5000 个已停征教堂税。[③]

不从国教者本就是商界翘楚和知识界先锋,如今又在议会扎下营盘,最关键的是,他们还找到了格拉斯顿这位领军人。1864 年,《利兹记事报》(*Leeds Mercury*)老板、来自公理会世家的拜恩斯(Edward Baines)在下院提案将城市选民财产资格降至 6 镑并确信这不会危及精英治理,因为即便降至 6 镑,"中产阶级仍占城市选民的 2/3"。[④] 格拉斯顿热情为之辩护,他说"一小部分工人阶级"已具备行使选举权的资质,这些资质包括"自制、自控、守序、忍苦、信法、尊重上级"。[⑤] 1850 年代,激进主义衰落,不从国教者不断把恭顺崇礼、上进自律等品质灌输给工人阶级,劳工贵族、工会会员竭力展示温文尔雅形象。他们不是伦敦通讯会的雅各宾主义颠覆分子,不是卢德运动的机器破坏者,也不是宪章请愿的乌合之众,而是自诩积极进取的中产阶级。这些财厚学优的中产阶级和不从国教者展露出同等精神气质,或曰他们多数就是不从国教者,得到不从国教活跃分子理直气壮的提携。

不从国教者力量壮大对建制政体绝非祥兆,毕竟他们是圆头党和平等派的后代,是教会、上院和王权的死敌。布莱特 1864 年效仿当年的反《谷物法》

---

① Michael Watts, *The Dissenters*, Vol. Ⅱ, p. 566.
② Michael Watts, *The Dissenters*, Vol. Ⅱ, p. 552.
③ Michael Watts, *The Dissenters*, Vol. Ⅱ, p. 587.
④ Michael Watts, *The Dissenters*, Vol. Ⅱ, p. 580.
⑤ Hansard, 11 May 1864, Cols. 324 - 325.

同盟,成立以曼彻斯特为基地的改革同盟(Reform Union),吸聚了大量支持议会改革的中产阶级以及渴盼选举权的熟练工人。1865 年初,比改革同盟更激进、意在诱惑普通工人的改革联盟(Reform League)成立,这个以伦敦为基地的组织扬言为成年男子普选权而战。多名下院议员为改革联盟站台并提供资金,其中包括痴迷禁酒运动的激进自由党人劳森(Wilfrid Lawson)以及公理会信徒莫利(Samuel Morley)。布莱特、拜恩斯、莫利这帮自信且狂热的福音主义不从国教者是议会改革的主要推手,和偶像格拉斯顿形成天作之合。不从国教者力量的壮大预示着他们将在格拉斯顿带领下在宗教和政治领域掀起疾风骤雨。

众所周知,帕麦斯顿无意改革议会。罗素 1860 年老调重弹,提议改革,格拉斯顿积极附和并在下院赞誉工人阶级已"足够优秀,理当赋予他们分享议会代表之特权"。[1] 帕麦斯顿机智转移话题,要求政策"针对具体弊政而非全方位体制改革",内阁只能同意下年再议,随后四年议会改革话题降温。[2] 1864年,格拉斯顿又替不从国教者发声,"他相信扩大选举权有利于(他)正在下院呼吁的财政紧缩","形成选民和个税支付者的联盟",最终把"财政义务和政治声望结合起来"。[3] 他在下院慷慨陈词:"任何人,除非因个人之不合适或政治上的危险被假定为丧失行动能力,……均在道义上有权参与宪政。"[4]他敦请帕麦斯顿支持议会改革,帕麦斯顿反劝他重视民生、关注实业。帕麦斯顿和党内多数辉格派认为德才兼备且有足够闲暇从政的贵族精英才能高效治国,中产阶级和企业家虽收入不菲,但忙于挣钱,既无暇理政,又未受过政治技艺培训,不应参与威斯敏斯特和唐宁街决策。这一时期经济兴旺、国泰民安,拒绝议会改革不会触发政治危机;社会固然不公,但民众幸福感较强。至于不从国教者,帕麦斯顿对他们疾呼的议会改革和解构建制教会置之不理,只用社会、教育和经济方面针对性较强的具体措施适度安抚他们。这种打击与安抚并用是典型的帕麦斯顿治国思路。在热心议会改革的人看来,帕麦斯顿就是改革

---

① Hansard, 3 May 1860, Col. 633.

② David Brown, *Palmerston*, p. 465.

③ Angus Hawkins, *British Party Politics*, p. 103.

④ H. C. G. Matthew, *Gladstone*, *1809 - 1874*, p. 139.

制动器,然而帕麦斯顿明白,贵族精英群体而非其本人才是制动器,这个制动器造就了英国国势如日中天,一旦失灵,不列颠便前途不卜。1865 年大选结果已隐约可见制动机理失灵之迹象,保守党只有约 290 席,自由党获得约 360 席且 150 名新面孔议员中很多是格拉斯顿的拥趸。此外,大选产生了 33 名敌视国教的议员,其中包括休斯(Thomas Hughes)、G. O. 屈威廉(George O. Trevelyan)等活跃不从国教者。① 他们必然要利用议会平台并煽动院外力量穷追猛打国教会,彻底拆散摇摇欲坠的教会与国家联盟。

不从国教者力量的壮大、工人阶级素养的提高、格拉斯顿的崛起都预示着激进议会改革和彻底解构教国联盟均避无可避,不过只要帕麦斯顿还在掌舵,便能延迟风暴来临。1855 至 1865 年是英国国力的巅峰时代,也是名副其实的帕麦斯顿时代。各色人等团结在他的周围,分享经济繁荣和社会进步的喜悦,陶醉于帝国扩张的荣耀中。是年 10 月 18 日,帕麦斯顿病逝,朝野以最高规格的国葬礼为其送行且破例允其长眠威斯敏斯特修道院,是牛顿、纳尔逊以及威灵顿公爵之后第四位享此殊荣的非王室成员。外交上,帕麦斯顿一生以炮舰开路扬威全球,是帝国扩张的急先锋,但炮舰背后的驱动精神是自由主义和现实主义。经济社会方面,他高屋建瓴且秉公理政,照顾工商业者利益并惠及寻常百姓。政治上,"平衡与稳定"是他的信条。② 他不喜冒进,但从未落伍;他捍卫精英体制,也利用民粹主义和人格魅力凝聚各路人马打造高效治国团队。他去世后,平衡与稳定瞬息崩坏。《观察家报》10 月 19 日评议他的辞世"并非一人之死那么简单",而是标志着"一个政治周期的终结"。③ 迪斯累利则直言:"我预见暴风雨将至,公共领域巨变在即。"④

---

① Michael Watts, *The Dissenters*, Vol. Ⅱ, p. 583.

② David Brown, *Palmerston*, p. 480.

③ Robert Saunders, *Democracy and the Vote in British Politics*, p. 189.

④ W. F. Monypenny and G. E. Buckle, *The Life of Benjiamin Disraeli*, Vol. Ⅳ, p. 424.

地图八 **1914—1918 年的西线战事**【截自《钱伯斯世界历史地图》(三联书店,1981 年)第 72 页,部分译名有改动】

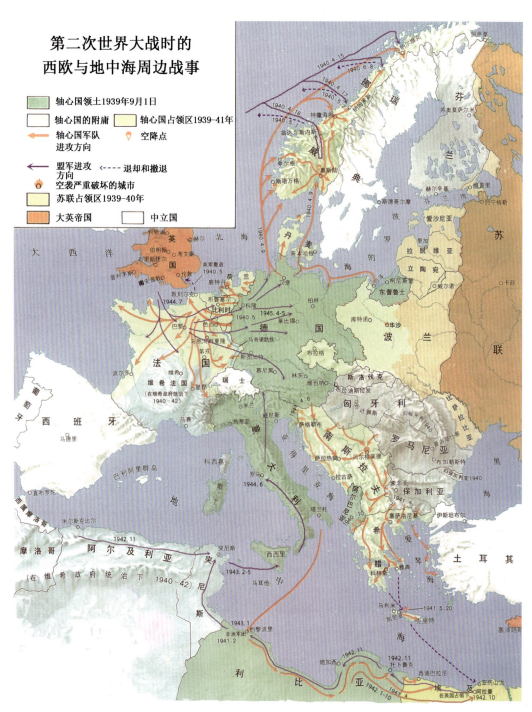

地图九 第二次世界大战时的西欧与地中海周边战事【据杰弗里·巴勒克拉夫主编《泰晤士世界历史地图集》第 269 页地图改绘】

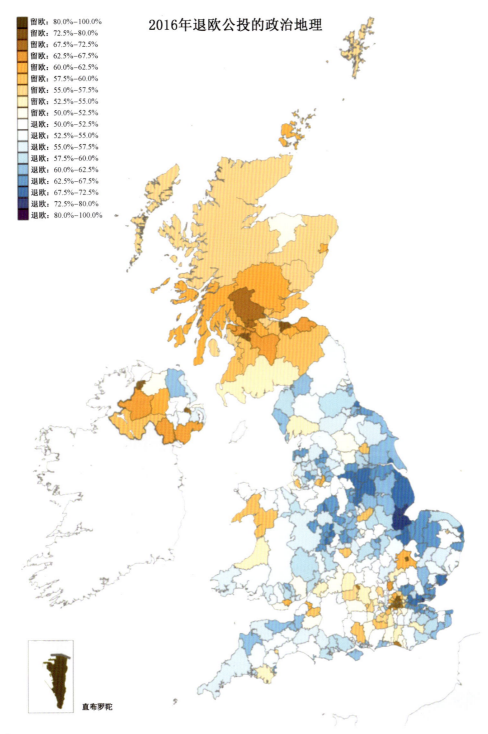

地图十　2016 年退欧公投的政治地理【https://www.detailedpedia.com/wiki-2016_United_Kingdom_European_Union_membership_referendum】

近五百年
英国政治史 下

British Political History since 1500

朱亮 著

南京大学出版社

目　录

上册

第十八章　大众民主时代来临(1865—1885)

帕麦斯顿治下的英国综合国力对同时代的任何国家都具有碾压性优势，然而在激进自由主义者和不从国教徒看来，英国政治体制相对其经济水平和社会结构已严重滞后、僵化。迪斯累利等有识之士预见帕麦斯顿故去将终结漫长的政治休眠期，但无人料到有如火山喷发的体制变革来得如此之快。

帕麦斯顿逝后十天，罗素接任首相，内阁并无重大变动。这位毕生钟情议会改革的老辉格派二度拜相不久便迫不及待抛出了改革议案。改革理由看似充分，特别是下院席位分配不公。人口超百万的大城市伯明翰和曼彻斯特等与人口只有两三万的霍尼顿(Honiton)、托特内斯(Totnes)这样的小镇下院席位竟然相同。英格兰和威尔士的 334 个城市选区平均人口 2.6 万，而 162 个乡郡选区平均人口在 7 万以上。[1] 罗素不仅要纠正席位分配不公，还着手调整选民财产资格标准。埃尔科(Lord Elcho)等后座议员建议先遣专门小组赴各地摸查。多数阁员不反对改革，但劝罗素勿操之过急。由于罗素已于 1861 年受封伯爵，跻身上院，落实改革之重任落在格拉斯顿肩上。格拉斯顿当时为牛瘟、农灾以及金融动荡分心，没有时间和精力斟酌改革细则，不过他知道不能触动约 60 名自由党后座议员的席位，故建议暂不调整选区，只讨论选民财产资格下限。内阁赞同他的策略。[2] 罗素原打算将城市选民和乡郡选民财产资格分别下调为年房产税值 6 镑和年地产税值 12 镑。(本章以下讨论

---

① K. Theodore Hoppen, *The Mid-Victorian Generation*, p. 246.

② Robert Saunders, *Democracy and the Vote in British Politics*, p. 193.

的涉及选举权的公民、居民均指成年男性公民。)不过官方调查结果显示,在现行财产资格标准之下已有约 26％的工人获得了选举权。自由党内保守派担心选民财产资格标准太低导致大批草根手握选票,继而危及宪政。鉴于罗素议案遇到的阻力较大,1866 年 3 月,格拉斯顿提出一份比罗素议案略显谨慎的新议案,给予房产年租金评估值超过 7 镑的城市居民以及地产年租金评估值超过 14 镑的乡郡居民选举权。此外,银行存款高于 50 镑的储户和城市年交租金 10 镑以上的租客及寄居者也将获得选举权。格拉斯顿认为他重拟的选民财产资格下限有凭可据,多年财政大臣的经验告诉他,只有每周收入高于 26 便士的人才能支付得起 7 镑租金,而农民和纯体力劳动者每周收入很难超过 26 便士。[①]

然而格拉斯顿建立在数据基础上的折中议案既令激进主义者愤怒,又让保守主义者恐惧。洛维(Robert Rowe)担心"选举权的扩大将会导致腐败政府、好战的外交政策、鼠目寸光的治理、对长远考虑的蔑视以及下层人的统治"。[②] 洛维是《泰晤士报》专栏作家,1865 年时已痛斥议会改革,针对这一议题的任何讨论都会激起他的愤怒。洛维称,若按格拉斯顿议案进行改革,"工人阶级迟早在选区中占据多数"。他还以侮辱性言词攻击民众素质低劣,"唯利是图""酗酒无度""冲动任性""不知反省",不配参政。[③] 各激进派愤而还击,工人阶级渴望参政自不必言,不从国教者一直是议会改革的先锋队,他们相信扩大选举权必能把更多不从国教者送进下院,进而通过立法剥夺国教特权。剑桥大学马格达伦学院(Magdalene College)教员马谢德(Richard Masheder)一针见血指出,不从国教者卖力支持改革就是要"分离教会和国家"。[④] 与宪章运动时景况不同,不从国教者居多的中产阶级这一次没有抛弃草根,布莱特也不再蔑视工人,在两者间积极串联。他说:"在目前政治体制下,工人几乎被粗暴且无理地排除在政治权力之外,中等阶级尽管也境况类

① K. Theodore Hoppen, *The Mid-Victorian Generation*, p. 247.

② K. Theodore Hoppen, *The Mid-Victorian Generation*, p. 248.

③ Hansard, 13 March 1866, Cols. 147 - 148.

④ Michael Watts, *The Dissenters*, Vol. II, p. 587. 本书第九章提到牛津大学莫得林学院,牛津和剑桥大学均有荣耀女圣徒 Mary Magdalene 的学院,英国人为区别两者,分别写成 Magdalen 和 Magdalene,中文一般分别译为莫得林和马格达伦。

似,却不正视现实。"①为诱导工人向当局施压,布莱特提议将洛维的侮辱性言论张贴于工人经常出没之所,刺激工人情绪。② 洛维不乏同道,埃尔科、格罗夫纳(Hugh Grosvenor)等自由党内的保守主义者也对格拉斯顿议案义愤填膺。埃尔科原为托利派,曾追随皮尔并供职于阿伯丁帐下,"反社会主义"并把工人阶级等同于社会主义者。布莱特厌恶洛维及其同伙的贵族式傲慢,反讥他们为亚杜兰派(Adullamites)。③ 亚杜兰派不仅认为7镑租金值投票资格实同普选,更担心今时降至7镑,他日就会降至6镑,直至完全取消财产资格限制,最终导致"整个国家受大众支配"。④ 亚杜兰派不相信自由能与民主兼容,议案等于逼迫他们在"党和原则"之间作抉择。⑤ 靠帕麦斯顿个人魅力黏合的自由党因格拉斯顿议案无情分裂了。

1866年3月底,在德比、埃尔科等人唆使下,格罗夫纳为了把水搅得更浑,提议讨论议席调整,理由是财产资格和议席同步调整才能符合格拉斯顿所说的进步精神。格拉斯顿和罗素决定暂不调整议席就是为了稳住来自口袋选区和腐败选区的自由党后座议员,他们中的多数就是亚杜兰派。为动员民众向党内保守派施压,4月初,格拉斯顿在家乡利物浦发表演讲,公开抨击格罗夫纳故意找茬,旋又回到下院称"巨大的社会力量也站在我们这一边",意即民众拥护他的议案。自此格拉斯顿开启了他晚年的从政风格——自视"国家领导人",坚信民心所向高于议会中的政党意见。⑥ 然而格拉斯顿携民粹要挟精英,更令保守党人和自由党内的温和派确信,他就是要把国家导向激进主义泥淖。⑦ 改革阻力越来越大。保守党人敏锐察觉到,议会改革箭已上弦,他们既不能对格拉斯顿议案大加鞭挞,也不急于提出自己党派的议案,而是幸灾乐祸地静观自由党内讧。德比一度想提出修改议案动议,迪斯累利奉劝他莫蹚浑

① Michael Watts, *The Dissenters*, Vol. II, p. 586.
② Robert Saunders, *Democracy and the Vote in British Politics*, p. 226.
③ 意指躲在暗处准备向目标发动袭击的人,见《圣经·撒母耳记上》。
④ Hansard, 8 May 1865, Col. 1685.
⑤ Robert Saunders, *Democracy and the Vote in British Politics*, p. 204.
⑥ Richard Shannon, *Gladstone*, Vol. II, *Heronic Minister*, *1865-1898*, Penguin, 1999, p. 17.
⑦ Robert Saunders, *Democracy and the Vote in British Politics*, p. 212.

水,"无论你怎样修改,议案都是他们的而非我们的".① 保守党名流中,除已晋封克兰伯恩勋爵(Lord Cranborne)的罗伯特·塞西尔,无人攻击格拉斯顿议案。阻力主要在自由党内部,直至邓克林勋爵(Lord Dunkellin)所提动议压垮政府。邓克林是纯粹的辉格派,反对"以危险速度""滑向普选",力劝政府和亚杜兰派各退半步。② 为此,他提议城市选民资格须以房产年税值(rating)而非年租值(rental)为准,当时英国同一物业年税值约比年租值高出 20%,这样相当一部分中产下层无法获得选举权。6 月 18 日,他的动议以 315 对 304 票通过,不过仍有 45 名亚杜兰派投的是反对票。③ 罗素愿接受邓克林动议,但格拉斯顿不愿屈辱妥协,他想解散议会重选。然而此时距上次选举未及一年,党内同仁担心议员们因频繁支出竞选费用更加痛恨改革派,结果政府辞职。

十天后,德比第三次建立少数派政府,与 1859 年一样,迪斯累利担任财政大臣和下院领袖无可争议,沃波尔任内政大臣。激进派担心保守党政府放弃改革,在布莱特煽动下,6、7 月间他们携草根于特拉法尔加广场和海德公园示威。民众运动的确给德比政府施加了巨大压力,不过保守党的改革诚意早在 1859 年已昭示天下,并非民众施压之结果,何况民众只要求改革,改革细则完全掌握在政府和议会的精英手中。德比起初只想略微修改格拉斯顿议案,但党内多数反应冷淡,迪斯累利甚至建议德比集中精力清理海军部的腐败,转移民众注意力。④ 9 月,德比断定改革避无可避。10 月,女王敦促两党精英携手寻找对策,不过德比和迪斯累利都认为与自由党合作"极不现实"。⑤ 无可否认,迪斯累利的权斗敏锐性远胜格拉斯顿。他从海德公园等地的集会与抗议中嗅到了政治气氛之变化,无视民意,冥顽拒绝改革,保守党必自取灭亡。然而他也知道,任何草率表态都会招致漫天攻击,故不急于提出详尽议案,以免

① John Vincent ed. , *Disraeli, Derby and the Conservative Party: The Political Journals of Lord Stanley, 1849-1869*, Harvester Press, 1978, p. 250.

② Hansard, 16 April 1866, Col. 1382.

③ Richard Shannon, *Gladstone*, Vol. II, p. 23.

④ W. F. Monypenny and G. E. Buckle, *The Life of Benjamin Disraeli*, Vol. IV, p. 474.

⑤ Robert Saunders, *Democracy and the Vote in British Politics*, p. 232.

重蹈格拉斯顿覆辙。

1866 年 7 月至次年 1 月,迪斯累利和德比的艰巨任务是斟酌一份可行议案,它既能让本党成员接受,又需博得尽可能多的自由党人支持,否则不仅保守党面临分裂且下院表决也无望通过。1867 年初,房产投票权(household suffrage)浮出水面,因为保守党内不少人认为年房产税 7 镑、6 镑、5 镑等财产资格限制均不可避免会触怒财产更少的群体,索性改为拥有房产即可。① 党内征询意见时,大部分保守党议员同意迪斯累利构想的财产资格标准,即城市选区的房产持有者一律获得选举权,年支付租金达到 6 镑的城市选区公民和支付地租达到 20 镑的乡郡选区公民也将获得选举权。不过他们又给房产投票权加设两道保险。其一是一人多投权(plural voting),即一位选民若在多个选区符合投票资格,可以在多个选区投票。其二是选民须有个人纳税记录,由其代理人(城市大多为企业主,乡村一般为地主)以团体名义代为缴税的公民(compounder),即便纳税额符合上述标准,亦不得享有选举权。1/3 房产持有者会因这一限定丧失投票权。此外,房产持有者须在同一选区定居三年以上。② 保守党后座议员及亚杜兰派设置这么多限定条件煞费苦心,因为很多中产阶级尤其是流水线上的熟练技工并无个人纳税记录,而是由代理人代缴个税。

为房产投票权设置多重保险并不能说服极端保守派接受改革。克兰伯恩辩称国家的宗旨是保护私有财产,议会是"负责税收及其支配的"机器,他将国家类比为"联合股份公司",公民应根据股份分享参政权和决策权。他精明察觉到,一人多投权只能在大城市发挥作用,中小城市选区仍难免落入穷人手中,因为有产者很少在偏僻小城置业。他更怀疑迪斯累利动机不纯,反感他为满足个人野心而无视贵族治国之传统。鉴于极端保守派意见较大,2 月 25 日,德比公布的改革议案仍以 6 镑和 20 镑年租分别作为城市和乡郡选区选民财产资格下限,且不许一人多投。这份议案是在当天分歧极大的内阁会议结束前十分钟匆匆达成的,又称"十分钟议案"。③ 德比担心内阁分裂,故"十分

---

①　Robert Saunders, *Democracy and the Vote in British Politics*, p. 233.

②　Angus Hawkins, *The Forgotten Prime Minister*, Vol. Ⅱ, pp. 334 - 335.

③　Angus Hawkins, *The Forgotten Prime Minister*, Vol. Ⅱ, pp. 337 - 338.

钟议案"相对保守,既吊不起改革派胃口,又不入迪斯累利法眼。迪斯累利在下院为"十分钟议案"辩护时心猿意马,世人普遍怀疑他故意搞砸议案。随后的事实证明迪斯累利确实别有用心,2 月底至 3 月初,德比因痛风卧病在床,迪斯累利另起炉灶,策划了一份基于房产权的新议案。克兰伯恩、殖民大臣卡纳尔文(Earl of Carnarvon)、战争大臣乔纳森·皮尔(Jonathan Peel)三位阁员强烈不满,愤而辞职。克兰伯恩本就怀疑迪斯累利的"出身与财产是否与保守阶层一致",如今更有理由确信他"是冒险家,⋯⋯他没有原则,亦不诚实"。[①]

3 月 18 日,迪斯累利向下院抛出其改革议案:拥有房产并由个人支付房产税且在同一选区居住两年以上的城市居民以及地产年租值达 15 镑的乡村居民均获得选举权。新议案比格拉斯顿一年前的议案更激进,房产投票权甚至越过了格拉斯顿的容忍下限。此外,格拉斯顿为集体纳税者鸣不平,认为他们也是纳税者,仅有纳税"机制而非原则"之差异;他亦反对一人多投,认为这种特权化安排刻意将公民等级化,有悖上帝面前人人平等的法则,毁坏"国内各阶级之间的互信"。[②] 他建议,取消集体纳税与个人纳税之别,一律将城市选区选民资格定为年支付房产税 5 镑。4 月 5 日,一批自由党人聚集于一家茶馆讨论格拉斯顿的修正建议,然而不少自由党人也希望把集体纳税者排除在外,亚杜兰派还出版专刊论证集体纳税者并非真正纳税人。[③] 4 月 12 日,格拉斯顿的修正动议被 310 对 289 票否决,亚杜兰派仍是他跨不过去的坎。

格拉斯顿再次遇挫后,激进派议员连续向迪斯累利议案发难,配合他们的群众运动亦走向高潮。5 月 6 日,大批群众于海德公园集会,沃波尔无力阻止民众示威,引咎辞职。几天后,自由党开明议员霍奇金森(Grosvenor Hodgkinson)提议废除集体纳税制度。格拉斯顿不仅力挺霍奇金森,还对布莱特领导的改革同盟煽情演讲。与布莱特合流标志着格拉斯顿已身陷民粹主义泥淖。他在演讲中痛斥自由党后座议员对抗时代潮流,声明自己不会受党派藩篱束缚,诚意支持保守党引领改革。5 月 17 日,霍奇金森动议通过。格拉斯顿盛赞这项

① Robert Blake, *Disraeli*, p. 499.

② Robert Saunders, *Democracy and the Vote in British Politics*, pp. 244 - 245.

③ Robert Saunders, *Democracy and the Vote in British Politics*, pp. 247 - 249.

动议确保了"各阶级和政党的……总体一致"。① 迪斯累利亦投桃报李,钦佩格拉斯顿格局大气、雅量高致。霍奇金森动议顺利通过的原因在于各阶层和各派系围绕城市选民财产资格的争论已陷入死胡同,诚如霍奇金森自己所说,议员们被"集体纳税的房产持有者搞得头晕脑胀",索性废止集体纳税制度。② 此举终结了格拉斯顿厌恶的带有身份歧视的纳税方式之区别,又符合保守党要求的个人纳税记录。此外,选民要想获得选票就必须纳税,继而形成基本理财意识。保守派认为这有利于选民提高理财技能并培育自立精神。

解开城市选民资格这个死扣后,乡郡选区选民资格和议席分配很快顺利敲定。乡郡选区地产年租值达 12 镑的自由持有农以及年交租 5 镑以上的公簿持有农和租赁持有农均获得选举权。最后则是议席调整。自由党议员莱恩(Samuel Laing)提议人口低于 1 万的城市选区让出其中 1 个席位,亚杜兰派和保守党多数议员均认为人口太少的城市选区易于操控,莱恩动议是治理选举腐败的有效策略,下院以 306 对 179 票助其顺利通过。莱恩继而提议整合部分人口特少的城市选区,给伯明翰等六大新兴工业城市各增加 1 个议席。尽管此项动议被否决,但迪斯累利还是尽力为伯明翰、曼彻斯特、利物浦、利兹四大城市分别多争取了 1 个议席。③ 最终的议席调整如下。剥夺 17 个衰败选区的议席,部分拥有 2 席的衰败选区让出 1 席,总计空出 52 席。苏格兰得到 7 席,乡郡得到 25 席,伦敦大学得到 1 席,剩余 19 席给予了伯明翰等席位不足或没有席位的城市。与 1832 年不同的是,1867 年的上院未对改革议案作任何抵制。8 月 15 日,英国史上《第二次议会改革法案》(Second Reform Act)生效。

缘何比格拉斯顿议案更激进的迪斯累利议案得以通过? 这必须从复杂的党派结构和两党领袖认知及性格中寻找答案。帕麦斯顿去世后,自由党凝聚力不复存在,部分自由党议员对罗素和格拉斯顿在帕麦斯顿尸骨未寒之际便抛出改革动议怒不可遏,谴责他们抛弃了建党时的承诺,背叛了帕麦斯顿。自由党祸起萧墙后,亚杜兰派有如 1830 年前后的极端托利派,痛恨本党领袖近

---

① Hansard, 17 May 1867, Col. 718.

② Hansard, 27 May 1867, Col. 1182.

③ Robert Saunders, *Democracy and the Vote in British Politics*, p. 260.

乎失去理智,非理性支持敌对党派以报复本党领袖;而格拉斯顿有如当年的皮尔,宁可与敌对党派合作,也不理会本党中的顽固派。格拉斯顿不愿给收入微薄、缺少主见的底层民众选举权,足见他的思想中不乏保守因素,但他相信中产阶级参政不仅能为代议制注入活力,且有助缓和阶级对抗,促进社会和谐。这种认知导致他与亚杜兰派陌路相向并死杠到底,而与布莱特等激进派同流合污更加剧了他的孤立。即便形单影只,格拉斯顿仍效仿皮尔,迫使党派利益为所谓的历史潮流让步,支持迪斯累利并促成改革议案最终通过。他宁愿在迪斯累利畅享的无尽喝彩声中怅然若失,也要冲破亚杜兰派设置的重重障碍。亚杜兰派并非只顾私利的顽固派,他们是真正的英国自由传统的捍卫者。他们担心选民暴增后,野心家利用轻浮无知、易被蛊惑的民众毁坏珍贵的自由。他们成功阻止了格拉斯顿,却敌不过格拉斯顿和迪斯累利的联手施压,被迫接受更激进的改革法案,他们中间弥漫着"悲观主义,一无所获"。[①] 在他们眼里,迪斯累利是颠覆宪制的主犯,格拉斯顿则是关键的帮凶。

保守党结构比自由党单一,德比垂垂老矣,顽固保守派也相对弱势,保守党内现状成全了迪斯累利的独领风骚。大多数保守党后座议员因 1832 年以来长期在野颜面无光,愿意支持迪斯累利议案为保守党打一场翻身仗,夺回政治主导权。保守党中坚力量的支持是迪斯累利成功的前提,不过其精湛的个人政治技艺才是改革法案通过的关键。与其说保守党主导改革,倒不如说迪斯累利成功唱了一出独角戏。改革法案是其精心运作和高明策略的产儿,而这完全源自他的机会主义。他不关心宪制,只关心自己(或许还有党)的前途。名利场中从来不缺机会主义者,但迪斯累利把机会主义展示到了极致。他规避了可以规避的所有指责,争取了能够争取的一切支持。连激进主义者也成了他的棋子,对其大幅扩充选民的议案报以掌声。自始至终,迪斯累利既不谴责激进主义者和集会群众,又与他们保持适当距离。议案抛出后,他越过党派藩篱,呼吁自由党后座议员:"真心坦诚地与我们合作,帮助我们通过议案,只要你们的建议与这份议案主要目标一致,我们毫不畏缩地接受。"[②]他对党内

---

① K. Theodore Hoppen, *The Mid-Victorian Generation*, p. 252.

② Hansard, 26 March 1867, Col. 664.

外保守派谦恭有礼与格拉斯顿的高傲反差鲜明,他利用但不诉诸群众博得绝大多数保守派好感。尽管克兰伯恩为代表的少数人拂袖而去,保守党多数后座议员亦对房产投票权顾虑重重,但议案对乡郡选举权的继续限制减轻了他们的忧虑,更何况选区调整刻意照顾保守党的大本营——乡村。为保守党源源不断输送议员的乡村,议席不仅增加了,财产资格限制也比城市高出一倍;反观自由党的阵地——城市,选民固然大幅增加,议席却减少了。两党内的土地贵族都对此高度满意。

　　拿到选票的中产下层是这场改革的赢家,但最大赢家非迪斯累利莫属。他成了举世瞩目的焦点人物、时代的弄潮儿,更是本党多数、激进派以及庞大中产下层的新偶像。迪斯累利之高明已入至臻,他不仅用无底线的机会主义为精致的利己主义服务,更把机会主义、利己主义、党的命运乃至国家的前途统统捆绑起来。他不仅在活人中长袖善舞,还要发掘、利用死人的价值。他辩称历史上的托利派是民意代言者,本有坚实群众基础,却不幸在1830年前后出现内讧,致使封闭的辉格贵族集团乘虚而入,窃取了本应由托利派主导的1832年改革。如今保守党重拾旧山河,"扩大英格兰人民的权力",而"人民"必然再度信任保守党。保守党借改革证明它不是政敌污蔑的土地贵族和国教会代言人,而是值得信赖的民众利益守护者。① 就英格兰而言,迪斯累利此论非虚,历史上的托利派始终因保卫国教而受多数民众拥戴。19世纪中叶,国教对不从国教已无优势,国教这张牌仍不能丢,但一张牌威力不够,迪斯累利遂用比国教信仰更有实际价值的选票诱惑民众,找回了托利派丢失的传统,实现了保守党与现实的对接以及与历史的续接。他至少把托利传统追溯到小皮特时代,卸掉了19世纪中叶保守党身背的包袱,完成了托利主义重塑的关键一环。小皮特若泉下有知,不知作何感想,他可从来从来没说自己是托利派。

　　史家惯于把1832年和1867年的议会改革相提并论,盛赞它们在推动英

---

①　W. F. Monypenny and G. E. Buckle, *The Life of Benjamin Disraeli*, Vol. Ⅳ, pp. 555 - 558.

国民主化方面一脉相承。两次改革确有共通之处。它们分别发生于长期主政、积极推动社会经济改革但反对议会改革的资深政治家利物浦和帕麦斯顿去世后不久；都增加了选民并合理调整了选区；甚至连改革的契机也颇为神似，1827 至 1830 年托利派分裂给了辉格派引领改革的机会，1866 年自由党的分裂给了保守党主导改革的良机。然而仔细梳理两次改革，便会发现它们有天壤之别。

两次议会改革中的群众示威和施压的性质不完全一样。1831 和 1832 年的示威群众组织混乱无序，屡屡上演暴力和打砸，而 1866 和 1867 年示威相对文明，精英群体从中感受到了巨大压力，但并不感到恐慌。工人阶级文化素质的提高和行为举止的克制是举国共识。这非朝夕之功，而是 19 世纪中叶英国人民整体素质提升的结果。1850 年代宪章派消逝，激进主义退潮，工人阶级在享受物质繁荣的同时也在提振自身美德。不从国教者尤其看重品德修养，他们以虔敬心态积极光大上帝要求的自律和奉献精神，以身作则为工人阶级树榜立样，进而改变他们的言行举止乃至道德风尚。1860 年代初，兰开夏纺织工人宁可忍受棉花短缺导致的失业或工资下降，也要明确支持内战中的美国北方，因为北方反奴隶制占据了道德制高点。1866 年的群众示威刻意表现得遵法守序，文雅且有耐性。《泰晤士报》1866 年 12 月初连续刊文评论工人示威"非常充分证实一大批工匠阶层渴望选举权且没有理由确信他们会滥用选举权"，示威亦见证了"属于英国人民标志的忠诚、社会情感以及忍耐性"。[①]有鉴于此，以格拉斯顿和布莱特为代表的精英分子认为工人阶级不仅配得上选票，且给他们选票符合道义：

> 工人阶级内部不再充斥着政治煽动，不断增加的工人俱乐部和借阅图书馆是他们自我提升的精神的体现。是否具备选举资格的衡量标准从原来的财产状况转向了道德品性，……政治才干应该由个人品德而不是由个人财产所决定。决定是否具备选举资格的条件应该看一个人是否正直、自立、自律、勤勉、守法和能否履行财务责任。

---

① Robert Saunders, *Democracy and the Vote in British Politics*, p. 229.

教育的进步、爱国主义情感的加强,以及公民中良好习惯的形成,为选举权的扩大提供了充足的理由。[1]

道义之驱动导致 1867 年改革与 1832 年改革有多重区别。1832 年改革是被迫为之,1867 年改革是主动而为。1832 年改革是为了巩固贵族体制,1867 年改革是诚意扩大选民团体。1832 年改革拜解放天主教徒导致的托利派分裂所赐,其中并无清晰的教派身影,1867 年改革中不从国教者异常活跃。1832 年改革几无政治理论争辩,1867 年改革明显受到不从国教者和福音主义者拥奉的平等主义思想和抽象道德哲学支配。

两次改革旨趣大异,改革进程及后果自然大相径庭。精英在 1832 改革中几乎没考虑工人阶层感受,故牢牢把控着改革进度和幅度,而 1867 年改革一波三折,幅度也把控失当。1832 年改革增加的选民微乎其微,其结果与初衷基本吻合;1867 年改革原本也只想适当增加选民,但中途失控,直接把英国从贵族精英体制导向了民主制之边缘。格拉斯顿最初提出的议案若能成功,只会增加 40 万左右选民。格拉斯顿受挫给了保守党接棒机会。保守党中坚亦无意大幅度增加选民,然而当他们的议案因城市选民资格陷入僵局后,只有废除集体纳税制才能冲破瓶颈。仅此一项动议就增加了 50 万选民,严重背离适度增加选民这一初衷。改革本不突然,然而最终生效的法案增添了约百万选民,这个结果洞心骇耳。城市选民从改革前的 514026 增至 1225042,乡郡选民从 542633 增至 791253。[2] 据统计,1861 至 1871 年十年内,乡郡选区登记在册的选民从占男性总人口 16.9% 提高到 23.8%,城市选区的对应数字从 19.7% 提高到 44.7% 以上。[3] 近半城市成年男性获得选举权,谓之"城市选举革命"并不为过。[4] 英格兰和威尔士二十一岁以上男性公民约 1/3 自此手握选票。一般而言,一国成年男性公民半数拥有选举权,该国即可被定性为民主

---

[1]　安格斯·霍金斯:《维多利亚时代的政治文化》,第 288 页。

[2]　K. Theodore Hoppen, *The Mid-Victorian Generation*, p. 253.

[3]　F. B. Smith, *The Making of the Second Reform Bill*, Cambridge University Press, 1966, p. 236.

[4]　Jonathan Parry, *The Rise and Fall of Liberal Government in Victorian Britain*, p. 221.

国家。英国距民主化仅咫尺之遥。故两次议会改革的冲击力判若云泥。1832年改革并未触动贵族精英体制,反倒巩固了它;1867年改革则埋葬了这种体制,或曰把国家导向了民主体制。

改革后,贵族仍是候选人主体,普通选民承担不起竞选费用。一位改革家1867年的统计表明,396名城市议员中的多数仍是与地产利益密切挂钩的贵族,主营制造业或与制造业密切相关的城市议员只有50名左右;262名乡郡议员的绝大多数来自地主贵族世家。1831年,银行家、商人和工厂主占下院议员的24%,1874年,这一比例仍旧未变。① 政府层面,直到1880年,张伯伦(Joseph Chamberlain)才以第一位现代企业家身份入阁,出任商贸大臣。然而选举是候选人和选民的互动,选民变了,选举性质自然也就变了。改革后,议会选举复杂化,竞争激烈化,讨好选民成了政治家必修课。无竞争选举(uncontested elections)骤减,1865年,658个下院席位中无竞争席位多达303席,但1868年降至212席。② 党派骨干和候选人须深入民间了解民愿。政党在拓展群众基础并加固社会根基的过程中逐渐演变为民众党派而非原来的贵族派系。当选议员须将所在选区的选民诉求带进威斯敏斯特,这是他们生存的基本法则。改革前国策由议会中的精英决定,改革后则由精英与议会外的普罗大众共同决定。市井小民可用选票直接改变议会的权势天平并间接决定政府决策。大众民主时代来临。

大众民主是福是祸,时人评议不一。挑起这场改革的罗素对新的国家体制半信半疑,而德比1867年8月6日在下院称改革有如"一步迈入未卜之境"(a leap in the dark)。③ 这两人治国理念与帕麦斯顿不完全一致,但和帕麦斯顿同属一个世界,都出生于18世纪末且来自贵族精英圈。1867年标志着属于他们的时代远去了,格拉斯顿和迪斯累利两位没有门第的能臣此后靠选票优势轮流"坐庄"。从掌舵者出身和权力游戏规则看,国家已面目全非。目睹这面目全非,对帕麦斯顿时代的宪制推崇备至的知名法学家白芝浩(Walter Bagehot)五年后写道:

---

① K. Theodore Hoppen, *The Mid-Victorian Generation*, p. 258.
② Colin Rallings and Michael Thrasher, *British Electoral Facts*, p. 73.
③ Angus Hawkins, *The Forgotten Prime Minister*, Vol. Ⅱ, p. 353.

1867 年的改革法施惠所及并不止于技工；它还让非技工获得了选举权。……

广为配发的选举权礼物对于整个国家来说将是一场巨大的灾难，……

我担心的是我们的两大政党会竞相求得劳工们的支持，……由于他(指劳工)手中现在握着政治事务中决定性的选票，因此两个政党都会乞求他将选票投向他们。两班富有教养和财富的人马竟然竞相向一群穷困的无知人不断地表明要尊重他们的决定并为得到将这些决定付诸实施所需的任期而展开角逐，我觉得没有什么东西比这种现象更具腐蚀性和败坏性了。"民众的声音"会成为"魔鬼的声音"。①

白芝浩并不认同改革者鼓吹的抽象道德哲学，也不会被群众一时的文雅之象蒙骗，不相信他们能谨慎使用选票，更不相信政客都有定力拒绝选票赋予的权力之诱惑。他妖魔化民众有过火之嫌，但一语成谶，19 世纪晚期以后的英国史将证明他担心的"腐蚀性"和"败坏性"将成政治游戏中的常态，"巨大的灾难"也会逐一应验。

1868 年 2 月，德比辞职，迪斯累利接任首相。保守党没有下院优势，迪斯累利当时也无法明确内外政策。格拉斯顿本是议会改革旗手，但被迪斯累利抢走了风头，惆怅懊恼之下，他急需围绕其他事项打一场翻身仗，而两年来政府和议会因忙于议会改革而耽误了经济、教育、帝国等问题处理。格拉斯顿特别强调化解爱尔兰危机刻不容缓。1867 年，芬尼亚党(Fenian)的连环暗杀惊醒了英国政要，格拉斯顿称爱尔兰需标本兼治："当你抨击(爱尔兰)的社会邪

---

① 沃尔特·白芝浩：《英国宪法》，商务印书馆，2005 年，第 11、15、17 页。

恶时,不应抨击其表现形式,而应找准病源,治理病根。"①他所说的病源就是
爱尔兰教会。当时他肤浅地认为改革爱尔兰教会便能安抚爱尔兰分离主义
者,并据此声称:"我们的目的和责任是在芬尼亚党和爱尔兰人民之间划条线,
并让爱尔兰人民不再越过这条线。"②1868 年 3 月,格拉斯顿向下院正式提出
针对爱尔兰问题的动议,自由党内保守派虽不大情愿附和,但他们急于要把抢
走权力的迪斯累利赶下台,遂拥护动议。爱尔兰就这样成了自由党反攻的支
点。女王对格拉斯顿贸然抛出爱尔兰教会改革动议火冒三丈,她认为教会事
务首先须征求王室意见。格拉斯顿却称他必须在"宪政和忠诚"两者间选择,
这导致他与女王长期互不待见。③ 5 至 7 月间,格拉斯顿多项关涉爱尔兰的动
议均在下院通过,不过女王提点迪斯累利顾而言他,上院也有意帮迪斯累利拖
延。迪斯累利遂以苏格兰和爱尔兰议会改革扫尾工作未完成为由不断搪塞,
实际上,他需要时间完成各地选民登记以迎接大选,直到 11 月才据女王授权
宣布解散议会重选。

　　1868 年选举是英国史上唯一一次只有两个政党竞争的大选。大多数选
民和候选人首先关注的是他们所在选区之利益,但这个时代全国范围的两党
阵营已清晰可见。宗教仍是选民投票的第一考量,保守党一向是国教徒的首
选,自由党更受非国教徒青睐。乡村人口多是国教徒,视保守党为利益代言
人,尽管皮尔和德比并未给他们什么好处,迪斯累利呼吁保护农业也只是泛泛
而谈。城市社会经济结构和教派构成远较农村复杂,党派阵线也比农村模糊。
大体上,劳工贵族和小商贩支持自由党;1860 和 1870 年代,企业家、资本家稍
微倾向自由党;知识分子对保守党略有好感。1868 年选战时,自由党把爱尔
兰教会树为众矢之的,博得了不从国教者和爱尔兰议员的好感,毕竟爱尔兰教
会是按英吉利教会模板创建并运行的,被视为英吉利教会的分支机构。绝大
多数不从国教派候选人把"解构国教会作为共同目标"。④ 他们斩获 62 席,比
1865 年翻了一倍,且不从国教议员绝大多数来自一性论派、浸礼派、公理会等

---

① Richard Shannon, *Gladstone*, Vol. Ⅱ, pp. 46 - 7.

② H. C. G. Matthew, *Gladstone*, *1808 - 1874*, p. 192.

③ Richard Shannon, *Gladstone*, Vol. Ⅱ, p. 49.

④ Angus Hawkins, *British Party Politics*, p. 144.

老牌不从国教派。① 卫斯理宗因担心国教会坍塌后天主教徒得势,在选举中多支持保守党,仅两名卫斯理宗候选人当选。自由党并未扩大它在英格兰的优势,但赢得了威尔士和苏格兰的多数席位,最重要的是它赢得了爱尔兰 103 个议席中的 66 个。保守党候选人竭力呼吁城市新获得选举权的工人阶层支持,但除布莱克本等少数城市选区,他们在绝大多数城市选区均告失利。保守党在英格兰和威尔士的乡郡选区大多获胜,但乡郡席位数仍低于城市。选战结束后,自由党下院席位由 1865 年的 369 个增至 387 个,而保守党席位却从 1865 年的 289 个降至 271 个。②

格拉斯顿作为自由党领袖当仁不让荣膺首相。他在 19 世纪中后期以出色才能将自由主义发挥到极致,其执政理念和具体行动被冠以“格拉斯顿自由主义”之美名。这种自由主义在经济上笃信轻徭薄赋和彻底的自由贸易,在社会、政治和文化领域的精粹则是不从国教者一向奉为圭臬的个人奋斗精神,旨在为个人创造实现抱负的最佳环境,减少门第壁垒和宗教歧视对个人积极进取精神的制约,“坚定将一切公民置于同等条件下,让他们最大限度施展才华”。③ 自由党欲广立新法,废除妨碍个人发挥才能的陈规旧习。教育、军队等领域长期存在的不公也是改革对象。格拉斯顿亲自操刀爱尔兰改革,其他事项之改革主要由激进主义者和不从国教者策划并主导,格拉斯顿并不热心,甚至排斥其中的部分改革。他本人骨子里仍是诚挚的皮尔派,但他领导的自由党是由辉格派、激进派、爱尔兰人组成的大杂烩。这些派系众口难调,为维护党的团结,格拉斯顿只能违心支持激进派和不从国教者。组阁时,他就煞费苦心尽量照顾各派系之感受。老辉格派克拉伦敦第三次执掌外交部,此人温和谦恭,很少顶撞格拉斯顿。格拉斯顿重用一度因议会改革与自己反目成仇的洛维为财政大臣,以拉拢亚杜兰派。布莱特官拜商贸大臣令激进主义者和不从国教者满意,“他是新政府与新选民良好互信必不可少的人物”,也是第一

---

① Michael Watts, *The Dissenters*, Vol. Ⅱ, pp. 590 – 591.

② Colin Rallings and Michael Thrasher, *British Electoral Facts*, pp. 9 – 11.

③ K. Theodore Hoppen, *The Mid-Victorian Generation*, p. 593.

位跻身内阁的非国教徒。① 内政大臣布鲁斯(Henry Bruce)、负责济贫的戈钦(George Joachim Goschen)和掌管教育的福斯特(William Forster)是三位来自中产阶层的代表。他们的教育履历和家庭环境都印刻着鲜明的不从国教色彩,推崇古典教育;他们呼吁同胞摒弃教派偏见、整合国教和非国教价值观,助力中产阶级提升文化素质并培养公民家国情怀以担当社会责任。阁员宗教背景和政治理念并不完全一致,这对自由党长久主政是一种潜在风险。

爱尔兰改革是 19 世纪后期自由党政府的施政重头戏。格拉斯顿的爱尔兰偏好世人皆知,他坚信爱尔兰教会特权与天主教徒人口占大多数的爱尔兰国情严重不符。大选前他已抛出爱尔兰问题,为了向爱尔兰议员和不从国教者兑现承诺,他决定首先拿爱尔兰教会开刀。议会召开后,他迫不及待将"爱尔兰教会议案"(Irish Church Bill)摆上桌面。议案规定,自 1871 年 1 月 1 日起,爱尔兰教会作为特权机构不复存在;先前长老教拥有的特殊权利以及梅路斯拨款授予天主教的专项权利也一并废止;爱尔兰各教派代表和平信徒代表成立新的宗教议事会——自由国家的自由教会;没收总计 1600 万镑教产,除部分留作教士薪俸,其余用于济贫和教育等公益事业。② 由于格拉斯顿事先已做足党内工作,党内保守派并未干扰。保守党有意阻拦,格拉斯顿声称刚结束的大选证实民众渴盼自由党引领改革,迫使保守党默认议案。1869 年 5 月31 日,下院通过议案三读,大主教泰特自始至终态度温顺,7 月 22 日,上院放弃了大幅修改议案之要求,女王最后只能违心批准议案。爱尔兰教会这颗象征爱尔兰社会歧视与不公的钉子终于被拔除了。"爱尔兰教会议案"消耗了格拉斯顿 1869 年大部分精力,他以所谓的民意胁迫党内异见者、反对党、上院、女王,迫使他们统统就范,日后他还会多次如法炮制这种"道德压迫",只是效果越来越差并导致他本人越来越孤立。③

废除爱尔兰教会特权时,已有议员指出爱尔兰教会改革需与土地改革并举,土地死结不解,爱尔兰永无宁日。格拉斯顿对爱尔兰土地问题积弊之深心

---

① Richard Shannon, *Gladstone*, Vol. Ⅱ, p. 58. 事实证明,布莱特并不适合入仕,1871 年卸任,仍留在内阁担任闲职。

② Richard Shannon, *Gladstone*, Vol. Ⅱ, pp. 65 - 66.

③ Richard Shannon, *Gladstone*, Vol. Ⅱ, p. 69.

知肚明,但土改牵涉到地权、财产权等,他担心爱尔兰土改刺激英格兰佃农要求对英格兰地权和经营方式进行改革,故爱尔兰土改需适可而止。1870 年的《爱尔兰土地法》(Landlord and Tenant Act)只泛泛规定爱尔兰全境需根据所谓的乌尔斯特惯例保障佃农权益,地主不得驱赶未欠地租的佃农,若中止租佃关系,地主需对佃农的田地设施投资给予补偿。这次土改仅触及表层,但在一定程度上保障了爱尔兰佃农利益,1870 年代,地主驱赶佃农 6857 起,而 1860 年代驱赶佃农 9671 起。①

改革爱尔兰教会一帆风顺,但有损英格兰教会利益的改革就没那么畅通无阻了。1868 年大选前已生效的《废除强制性教堂税法》(Compulsory Church Rate Abolition Act)不再强迫公民缴纳教堂税。自 1829 年针对天主教徒的《解放法案》颁布以来,不同教派政治权利渐趋平等,婚丧等民事权利歧视也逐步得以纠正,但教育不平等是公认的沉疴顽疾且多次引发 19 世纪后期和 20 世纪初英国政坛恶斗。政府根据 1869 年的《资助学校法》(Endowed Schools Act)建立了 90 多所女子学校。开明人士鼓励女子走出闺阁踏进学堂,勿把青春韶华消磨在压抑的道德禁锢和无聊的梳妆打扮中;他们亦坚信,女性接受教育有助营造她们出嫁后的家庭文化氛围,提升子女的文化修养。②1870 年,已被格拉斯顿提拔为枢密院副主席的福斯特提出教育改革议案,格拉斯顿也认为教育改革刻不容缓并将普法战争中普军胜利归功于普鲁士的先进教育体系。福斯特来自不从国教氛围浓厚的布拉德福德,他的父母都是贵格派牧师。③家庭和宗教背景注定了福斯特的教育改革主张相对激进,格拉斯顿和辉格派多数担心这会过度冲击既定秩序,但不从国教者和各类民间机构鼎力支持福斯特。张伯伦领导的全国教育联盟(National Education League)呼吁民众向政府施压,以铲除教育领域的诸多不公和歧视;解放协会领导人迈阿尔放话称,教育改革内容如若保守,会令不从国教者失望,继而导致"自由党

①　Paul Bew, *Ireland: The Politics of Enmity*, *1789 - 2006*, Oxford University Press, 2007, p. 277.

②　Jonathan Parry, *The Rise and Fall of Liberal Government in Victorian Britain*, pp. 234 - 235.

③　Michael Watts, *The Dissenters*, Vol. Ⅲ, *The Crisis and Conscience of Nonconformity*, p. 237.

分裂,士气低落"。① 围绕教育改革尺度及细则,自由党内争执激烈。1871 年的《初等教育法》(Elementary Education Act)是宗教妥协的产物,它规定由中央政府出资且钟情于国教教育的学校继续办学,但地方政府可据本地实情设立由地方出资并选举产生董事会的学校。地方政府兴办的学校不受宗教制约,不设置必修类宗教课程,可以按家长要求在课前或课后专拨时间讲授宗教内容,变相授权不从国教派绕开国教教育并宣讲自己所属教派的宗教教育。国教对教育的支配地位遭沉重打击。格拉斯顿情感上反对宗教课程被列为非必修科目,对《初等教育法》心有抵触,但为了党之团结,只能违心表态支持。《初等教育法》的折中方案既不能满足不从国教者胃口,也令国教徒气急败坏。迪斯累利借题发挥,痛斥该法就是要颠覆青少年价值观,继而埋葬伟大的英国传统。② 不从国教者的眼中钉——牛津和剑桥大学(Oxbridge)也成为改革对象。不从国教者和家境殷实的商人子弟渴望到牛津和剑桥接受古典教育,学习治国技艺并培育家国责任心。1871 年的《大学考试法》(University Tests Act)矛头直指排外性极强的牛津和剑桥大学。该法要求两所大学向所有公民平等开放,废除宗教类课程统考。然而两所大学无视《大学考试法》并对中央政府的要求阳奉阴违,教学和考核方式因循守旧,在一战前的半个世纪中变得更傲慢排外。

行政、民事和军事改革也在第一届格拉斯顿政府的工作日志上。1870 年 6 月,政府发布枢密院令,在 1854 年公布的《诺斯科特—屈威廉报告》基础上改革文官制度。枢密院令将行政服务体系按部门详细分类,入职任何部门均需形式不同的考试。欲入政府高级部门任职必须通过严格考试,考试内容与大学教育紧密相关,特别重视古典学和数学两科。文官制度改革后,未受过高等教育者入职高级行政机构的路径越来越窄。即便供职低级行政部门也要通过普通考试,考试内容包括会计基础和英国历史等。文官制度改革旨在选拔能吏为国服务,格拉斯顿和洛维相信受过公立教育和高等教育的人身上散发着"一种不太容易描述的智慧气息",且"每个人都可以感受到"这种气息。③

① Michael Watts, *The Dissenters*, Vol. Ⅲ, pp. 243 - 244.

② Jonathan Parry, *The Rise and Fall of Liberal Government in Victorian Britain*, p. 263.

③ K. Theodore Hoppen, *The Mid-Victorian Generation*, p. 601.

文官制度改革是对门第制度的沉重打击,动了既得利益集团奶酪,许多部门强烈抵制,外交部拒绝执行,内政部和教育部仍按传统方式选拔官员。为提高地方政府效率、体现执政为公精神,1871年颁布的《地方政府委员会法》(Local Government Board Act)决定成立统筹性的地方政府委员会,监督各地公共卫生并负责实施《济贫法》,这不仅有利于社会公正,也替内政部分担了部分工作。政府还为提高公民素质、规范社会秩序出台了很多具体政策。内政大臣布鲁斯为1872年的《禁酒令》(Licensing Act)倾注了大量心血。中产阶级和受过良好教育的知识分子是格拉斯顿改革的直接受益者,草根亦分到了一杯羹。1871年的《工会法》(Trade Union Act)认可登记在册的劳工协会为合法组织;1872年的《投票法》(Ballot Act)确立了无记名投票原则,选民此后可根据自己意向投票而无须担心遭强人威胁。改革是全方位的,军队也不例外。战争大臣卡德维尔(Edward Cardwell)废除了军中长期惯用的鞭笞刑罚,要求军官以人道主义精神对待下级军士。他的最大成就是废止了委任状(commission)购买制。此制指符合一定社会地位之人可以交钱购买陆军军职,退役后或部分、或全部、或增值返还购买金,若军官违法失职,则丧失收回购买金资格。这种制度源于17世纪军队为筹集资金而创设的临时之举,到19世纪,它已成为富家子弟垄断军职的弊政,妨碍军事现代化。为适应新的作战需要,军种进一步细化,海军经费增加,骑兵和步兵装备亦适时更新。不过军事改革损害旧式军官利益,遭强烈抵制,改革效果并不显著。维多利亚时代后期英国陆军行动迟缓,战力平平。

无论是格拉斯顿本人操刀的爱尔兰改革,还是不从国教派和激进派主导的一揽子改革,都充满争议。针对当时的教派与政治之关系,阿诺德(Matthew Arnold)一针见血地指出,不从国教者就是一群"走火入魔的新教徒",他们绑架自由党并煽动既无教养亦无"健全理智的""群氓"向政府施压,祸乱天下:

> 下院中不从国教者成立自由党的实力派,因此,为首的自由党政治家为了赢得不从国教者的支持,便放弃了在爱尔兰教会之间公平地分配教会财产的想法,……撤销爱尔兰圣公会国教地位这件事所

凭借的,并不是理智和公正的力量,而是不从国教者对国立教会组织的仇视情绪。[1]

讨论"爱尔兰教会议案"时,国教徒原本希望给予国教会适当补偿,但格拉斯顿力排众议,无视国教徒诉求。国教徒非常失望。更要命的是,爱尔兰的宗教和土地改革均"刺激而非平息"了爱尔兰自治运动。[2] 巴特(Isaac Butt)等人已放话表示要为爱尔兰人实现自治。《禁酒令》争议更大。布鲁斯只看到了酒精会导致道德败坏并刺激暴力和犯罪,忘了酿酒商和酒水销售商利益,他更不明白酒精是工人劳累一天后对自己最奢侈的补偿。普通国民大都认为围绕禁酒在议会唇枪舌战完全是小题大做,格拉斯顿后来抱怨说1874年大选失利是因为禁酒争论消耗了自由党过多精力,"我们把自己摁在杜松子酒和啤酒桶里"以至于因小失大。[3]《投票法》和军队改革遭到罗素等上院贵族抵制。格拉斯顿为保证《投票法》顺利通过,在惠特比(Whitby)煽动民意,称颂议案为"人民的议案"。党内大佬对他的民粹做派嗤之以鼻,乔治·格雷惊呼"制度危矣",洛维则称"格拉斯顿疯了"。[4] 改革已明显得罪自由党内的辉格派大佬,协调辉格门阀利益和不从国教者的诉求成了摆在政要眼前的头道难题。

格拉斯顿外交和帝国政策也饱受诟病。他的殖民主义和帝国主义理念在19世纪中后期风靡西方的帝国主义论调中颇显另类。道义在他的外交思想中始终有一席之地,从他青年时代谴责鸦片战争即可见一斑。他强调殖民地的收益和成本需平衡,反对无休止扩张殖民地,更关心新占殖民地能否带来商机。外交方面,格拉斯顿继续恪守欧陆均势下的光荣孤立传统,倡议大国以和平谈判和友好协商维持和平。1870年,俄国军舰无视1856年《巴黎条约》,穿过博斯普鲁斯海峡驶进地中海,格拉斯顿漠然视之。1872年,国际仲裁机构又以英国制造的船只"阿拉巴马号"(Alabama)在美国南北战争期间给北方造成巨额损失为由,裁定英国赔偿美国325万镑。民众埋怨"对美国佬屈服"丢

---

[1]　马修·阿诺德:《文化与无政府状态》,第 90—95、136—137 页。

[2]　Richard Shannon, *Gladstone*, Vol. II, p. 111.

[3]　Michael Watts, *The Dissenters*, Vol. III, p. 251.

[4]　Angus Hawkins, *British Party Politics*, p. 163.

人现眼,格拉斯顿却将之轻描淡写为无关大局的"一粒尘埃"。① 到 1872 年底,自由党内相当一部分人已受够了格拉斯顿的自以为是,而他继续无视同僚之存在,哈尔库特(William Harcourt)称格拉斯顿对待阁僚"就像打发孩子","不大可能采纳他们的意见"。② 自由党在 1872 年补选中丢掉 7 席,其中包括西奈丁和普雷斯顿这些被认为是自由党票仓的工业区席位。

不祥之兆和刺耳杂音并无大碍,毕竟政府下院优势极大,但在格拉斯顿的理念中,掌权者只有按道义指引不断改革才能问心无愧,内政改革陷入困境后,须努力寻觅新的施政目标,否则就是尸位素餐。1873 年初,他的改革利剑指向了爱尔兰高等教育。他认为爱尔兰人的福祉基于他们的"道德和思想文化",而当前爱尔兰高等教育并未提振爱尔兰人道德,亦未促进他们思想觉醒。他的"爱尔兰大学议案"(Irish University Bill)拟把伦敦德里、科克、贝尔法斯特等地 1850 年前后设立的大学统统整合为都柏林大学的分校,且每所分校特为不同教派专设;宗教课程与世俗课程分离,有争议的历史、哲学、神学等科目不再考试。格拉斯顿自诩皮尔的传人,"爱尔兰大学议案"有如当年的梅路斯专款刺激各教派神经。自由主义者指责议案宗教色彩太浓,他们高度警惕这一时期大不列颠和爱尔兰的天主教复兴以及甚嚣尘上的"教皇无误论",惊呼议案实乃"梵蒂冈对现代文明的诅咒"。天主教徒也牢骚满腹,他们不仅抱怨议案世俗化倾向太过明显,还对议案拒绝为各分校追加拨款倍感失望。自由派议员和爱尔兰议员联手反对,致使议案以 3 票之差遭否决。③ 格拉斯顿哀叹"再无事业或伟大公共目标能让自由党意见一致、通力合作",遂向女王请辞。④ 女王授权迪斯累利组阁。人精迪斯累利察觉自由党已因内讧山穷水尽,不过他无意再重复少数派政府的悲情历史,当年多佛等地补选释放的信号表明保守党很有希望赢得下次大选,迪斯累利已开始憧憬大选胜利后组建能够长期执政的稳定政府。

政府引以为豪的财政政策到 1873 年也出现麻烦。格拉斯顿的财政理念

① Richard Shannon, *Gladstone*, Vol. Ⅱ, pp. 113 - 114.

② Jonathan Parry, *The Rise and Fall of Liberal Government in Victorian Britain*, p. 254.

③ Richard Shannon, *Gladstone*, Vol. Ⅱ, pp. 122 - 124.

④ Angus Hawkins, *British Party Politics*, p. 166.

及具体政策亦与皮尔前因后袭。组阁之初,政府表态最大限度紧缩开支,藏富于民,让民众自由选择消费方式。格拉斯顿确信低税和自主消费首先惠及的是普通百姓,1869 年 10 月 20 日,他在给一位失业矿工的信中说:"我手中拥有的能够'提高矿工工资'的唯一办法就是努力打破所有贸易限制,这能降低他们劳动产品之价格并减低他们可能使用或消费的商品之税收。"①财政大臣洛维与格拉斯顿一样主张减税并压缩支出。此人政治立场保守,但明晓政治的玄机在于财政,他有句名言:"世间一切成功秘诀都简单至极——世上除了钱并没有别的东西。"②他将个税由 1869 年的每镑 6 便士减为 1872 年的 4 便士,继而降至 1873 年的 3 便士。然而随着英军在印度北部挑起新一轮侵略以及非洲爆发阿霰蒂战争(Ashanti War),军资消耗致使政府支出大增。为增收,洛维倡议穷人和富人都主动为国奉献并以此论调为据对火柴征税,招致街头卖火柴小女孩抗议,继而将政府推入格拉斯顿忌讳的道义困境。③ 结果,洛维成了替罪羊,1873 年初,格拉斯顿改组政府,他本人兼任财政大臣。

1873 年的格拉斯顿有如 1851 年的罗素,辞职未果之下尴尬维系政府,但不甘庸碌不为。他试图从宪政领域找到新的航向。1873 年 7 月下旬,他宣布赞同将乡郡选区选民财产资格降至城市标准。党内保守派意见极大,枢密院主席里彭伯爵(Earl of Ripon)愤而辞职。鉴于阻力太大,格拉斯顿暂时打消了统一城乡选民财产资格标准之念头。8 月他又打算利用财政大做文章,毕竟财政是他最拿手的行当且当下财政出现了纰漏。他向布莱特说,"目前我们需要团结前进的正能量",这正能量"源于财政";"只有在财政领域,我才能觅见把我带入更高、更稳固层次的东西"。他盘算以"一份宏伟预算案作为解散议会前恢复政府权威的手段",具体措施是彻底废除个税,开征酒精税、遗产税

---

① H. C. G. Matthew, *Gladstone, 1809 - 1874*, p. 212.

② K. Theodore Hoppen, *The Mid-Victorian Generation*, p. 605.

③ Richard Shannon, *Gladstone*, Vol. II, p. 96.

(death duty)等。① 格拉斯顿原不打算立即解散议会重选,但海军正在西非沿海扩大事态,为防止海军惹事导致军费猛增,他匆匆解散议会迎接大选,并以选战为由向卡德维尔和 1871 年 3 月已转任海军第一大臣的戈钦施压,迫使他们下令海外军人中止行动,以兑现减税承诺。②

大选中,格拉斯顿呼吁工薪阶层支持,然而自由党组织涣散,加之选举过于仓促,自由党虽比保守党多得 20 万张左右选票,但只赢得 242 个下院席位,保守党出人意料收获 350 席。巴特此前已成立爱尔兰自治同盟(Home Rule League)并领导爱尔兰议员以独立派别参选,赢得 60 席。这重创了自由党。早在 1868 年竞选时,格拉斯顿便坦言自由党"三大支柱是苏格兰长老派、英吉利和威尔士非国教徒以及爱尔兰天主教徒"。③ 这等于变相承认自由党结构松散,党内各教派和族群众口难调。即便在 19 世纪中叶鼎盛时代,自由党也须靠爱尔兰议员支持才能势压保守党。然而爱尔兰议员与自由党人毕竟同床异梦,宗教信仰和民族意识注定爱尔兰人与不列颠岛民天性排斥,越是给爱尔兰人优惠,越是刺激他们追求民族独立。格拉斯顿为照顾信仰天主教的爱尔兰人得罪了多数不列颠人,又为照顾不从国教者而疏远了国教徒。自由党每项改革均无法兼顾国教徒和非国教徒利益,更无法令爱尔兰人和不列颠人双双满意。反观保守党,有如铁板一块。英格兰人口稠密,民众身份认同感极强,保守党只要坚守这个营盘,即便跌至万丈深渊也能强势反弹。

与爱尔兰人分道扬镳以及党内分歧导致自由党败选,不过保守党的非凡成就绝非从天而降,迪斯累利更不是靠坐收渔利位极人臣。1868 年大选后,迪斯累利一度意志消沉,所幸他发掘了干练的后起之秀格尔斯特(John Gorst)。此人兢兢业业负责保守党组织工作,在逆境中卧薪尝胆,保守党基层选区组织生机勃发主要是他的功劳。自由党在此期间恰恰疏忽了组织系统的琐碎细活。在格尔斯特运作下,1872 年 4 月和 6 月,迪斯累利分别在曼彻斯特自由贸易厅(Free Trade Hall)和伦敦水晶宫(Crystal Palace)发表了两场极富感召力的演说,澄清了保守党施政理念,亦标志着迪斯累利保守主义孕育成

---

①　Richard Shannon, *Gladstone*, Vol. Ⅱ, pp. 131 - 132, 135.

②　H. C. G. Matthew, *Gladstone*, *1809 - 1874*, p. 225.

③　John Morley, *The Life of William Ewart Gladstone*, Vol. Ⅱ, p. 259.

熟。迪斯累利借演讲直陈当下英国需要的不是政治改革,而是社会改革。他指控自由党内的激进派和不从国教者藐视王权,而光荣革命以来的英国秩序稳定、国泰民安,从未被革命涂炭,首功非王室莫属。他承认英国存在政党竞争和派系冲突,也经常上演诸如宪章运动或海德公园集会之类的群情躁动,但王权"是各阶级和政党齐心合作的支点",它对所有人的天然吸附力防止了社会撕裂。① 女王守寡后长期过着半隐居生活,君民互动越来越少。狄尔克(Charles Dilke)之流大肆鼓吹共和论,质疑王室功用,抨击宫廷开支。迪斯累利的保王论就像及时雨,令处境尴尬的女王龙颜大悦。他还为受到攻击的上院和教会辩护,声称在现存教会体制下,"全国性的信仰与不受限制的享有个人判断"完美兼容,国教徒和不从国教者和睦相处,解决了"文明的最棘手问题",是"文明胜利的象征之一"。

众所周知,1867 年迪斯累利因慷慨给予民众选票广受欢迎,五年后,他又用比选票更具诱惑力的社会改革推销自我。他的演讲高度重视民生,呼吁把改善民生作为当务之急,"大臣的首要考虑应是人民的健康",而自由党政府像是"受到某种毒药影响","欲壑难填地掠夺爱尔兰并酿成其混乱","攻击每一种制度、每一个利益群体、每一个阶层"。② 这种抨击与阿诺德所言一致,后者几年前已严词批评不从国教者偏执好斗,指责自由党和自由党的友军"拼命鼓吹英国人应有为所欲为的权利,并认为政府的责任就是尽可能地纵容人们为所欲为,尽量避免对之采取严厉的压制行动"。阿诺德还预言民众"街头举行大游行,强行闯入公园等等,……造成的损失会大大超过收获",长久听之任之必致"群氓夺得(掌权者的)衣钵"。③ 迪斯累利利用精英对群氓统治的恐惧心理安抚了保守派的心灵。他淡化阶级界线,强调社会是有机整体,富人和穷人都应为这个整体担责,国家的重要职能是调节贫富矛盾,政府既要保护富人财产,也要捍卫穷人权益,帮穷人纾困解忧。富人不该为富不仁,须为社会进步

---

① W. F. Monypenny and G. E. Buckle, *The Life of Benjamin Disraeli*, Vol. Ⅴ, p. 187.

② W. F. Monypenny and G. E. Buckle, *The Life of Benjamin Disraeli*, Vol. Ⅴ, pp. 189 - 190.

③ 马修·阿诺德:《文化与无政府状态》,第 172、178 页。

承担更多责任;穷人也不能任性放纵,动辄滋事。迪斯累利否认阶级斗争是社
会主要矛盾,倡导阶级互信、互依。他指控自由党的宗教和土地改革就是刻意
制造阶级仇恨及群体对抗,把欧陆文明的糟粕引入快乐的英格兰。他以个人
偏见恐吓民众,称巴黎公社导致法国血肉横飞,共产国际则堪比洪水猛兽,英
格兰人须奋力将这两者御之门外,抵御的武器恰是古老的宪制和厚重的国教
传统。中产阶级希望从宪制改革造成的"政治动荡向温和社会改良转变",迪
斯累利兜售的信条直触他们的心坎。① 迪斯累利就这样把君主、贵族、中产阶
级、底层民众全都纳入他的体系,为他们和谐共处勾勒出美好愿景——全国保
守主义(one-nation conservatism)。

　　迪斯累利擅用外交和帝国转移国内阶级对立和教派冲突暗含的不满及危
险,通过激发选民的民族自豪感提高保守党的支持率。他深知英格兰人口增
加会对本土资源构成压力,而无垠帝国则是缓解这种压力的广阔伊甸园。他
的国内保守主义与国外帝国主义相互配套,在"关心民众首要需求的同时,培
育他们的爱国自豪感"。② 为激发民众自豪感,迪斯累利为英国的全球殖民扩
张鸣锣开道。利用亢奋的爱国主义夯实政党执政基础并形塑一种基于民族主
义的领袖魔力在现代世界司空见惯,迪斯累利在这方面与帕麦斯顿相比青胜
于蓝,而他的竞争对手格拉斯顿则坚持布莱特式的旧式殖民范式,难以引起帝
国主义时代民众之共鸣。

　　曼彻斯特和水晶宫演讲使迪斯累利完成了凤凰涅槃,且句句戳中格拉斯
顿软肋。保守党胜选名至实归。1874 年 2 月,迪斯累利拜相。起草 1853 年
文官制度调查报告并任命曾担任过格拉斯顿秘书的诺斯科特担任财政大臣,
当年反对迪斯累利改革议案的卡纳尔文出任殖民大臣,1868 年已袭封第三代
索尔兹伯里侯爵的克兰伯恩执掌印度事务部,第十五代德比伯爵担任外交大

①　Paul Smith, *Disraeli*, pp. 168,182.
②　Paul Smith, *Disraelian Conservatism and Social Reform*, Routledge, 1967, p. 161.

臣。这三位年富力强之人为政府注入了勃勃生气。名不见经传的克罗斯(R. A. Cross)担任内政大臣。迪斯累利重用此人显然是为了彰显政府的平民气息,他的背景、履历和世界观映衬的都是典型的中产阶级风貌。不久,迪斯累利因健康不佳建议德比担任下院领袖,德比以资历尚浅、难以服众为由恳请迪斯累利继续领导下院。两年后,迪斯累利受封比肯斯菲尔德伯爵(Earl of Beaconsfield),移步上院,诺斯科特兼任下院领袖。[1] 从政要身份和资历看,迪斯累利政府人事布局合理,阁员能力也无需置疑。

迪斯累利甫一主政就碰上一桩棘手难题。19世纪中期国教发展到仪式主义阶段,愈发推崇早期教会礼仪,与天主教界限越来越模糊。国教神职人员为吸引信众,常把教堂装饰得绚丽夺目,并用歌舞、魔术、杂耍甚至旁门左道满足信众感官快乐和猎奇心理。自由主义者、不从国教者、虔诚国教徒均反感仪式主义装神弄鬼、胡为乱信。出身于长老会的大主教泰特为限制仪式主义,于1874年4月提出"公众礼仪规制议案"(Public Worship Regulation Bill),授权主教及其副手打压奇葩礼仪。迪斯累利无意让宗教搅局,大主教既然提出议案且女王鼎力支持,政府也不便回避。迪斯累利索性化弊为利,把议案当作政治牌,指斥仪式主义实乃"伪装的弥撒礼",刺激新教徒群起攻击之,以加剧自由党内斗,毕竟自由党内宗教分歧比保守党大得多。[2] 保守党的索尔兹伯里、克兰伯恩都是高教会派,格拉斯顿也有高教会情结,他们都厌恶仪式主义,却更担心"公众礼仪规制议案"脏水婴儿一起泼,进而伤害国教。议案虽然通过,但两党均受剧烈冲击。索尔兹伯里和克兰伯恩坚决反对议案,保守党刚执政就后院起火,迪斯累利需费力安抚。不过自由党果如迪斯累利所料,近乎分裂。自由党内以哈尔库特为代表的主流支持议案,格拉斯顿则愤愤不平,声称议案把教会推向"最严重危机之边缘",他"与年轻一代已无法和谐共处",盛怒之下卸任党领袖,哈丁顿侯爵(Spencer Cavendish, Marquess of Hartington)暂理党务。[3]

---

[1] 1797年,这一爵位拟授予柏克,柏克未及受封便与世长辞。迪斯累利受封此爵并将英国保守主义发展到一个新阶段,柏克若泉下有知,当感欣慰。

[2] Angus Hawkins, *British Party Politics*, p. 176.

[3] Richard Shannon, *Gladstone*, Vol. II, pp. 151-152.

教礼争执这个小插曲并未严重干扰迪斯累利的社会经济政策。为回报支持保守党的中产阶级,迪斯累利将个税从格拉斯顿执政时的每镑 3 便士进一步下调为 2 便士。迪斯累利从来没忘记地方上支持保守党的地主和佃农。这些人一直是地方政府经费的主要承担者,为减轻他们负担,中央政府为地方治安和公益支出所拨的专项资金翻了一番。为提高底层民众生活质量,政府废除了蔗糖税。[①] 如果说 1853 年格拉斯顿的预算受迪斯累利 1852 年流产的预算启发,那么迪斯累利 1874 年预算则是格拉斯顿下台前设想的预算之翻版,只有执行力度的差异,主旨都是削减个税和针对大众消费品的直接税。为实践全国保守主义,保守党出台了一系列改革法案。迪斯累利统筹全局,但改革细则均源于其僚属之手,他本人只作最后把关。《1874 年工厂法》(Factory Act of 1874)进一步缩短了工人劳动时间。《农业租赁法》(Agricutural Holdings Bill)确保租佃关系中佃农免受过重剥削,特别规定租赁到期后地主需对佃农投资的农田设施给予补偿。此法更正了保守党一直以来被视为只为地主服务的偏见。卫生、住房、教育等监管不力或无人监管的事项改由政府担责。1875 年出台的三部聚焦民生的经典法案受到民众热情拥护。《公共卫生法》(Public Health Act)授权地方政府疏浚排污水道、整改街面、安装路灯、推动棚改,特别强调饮用水之安全。《食品与药品安全法》(Sale of Food and Drugs Act)严禁食品掺假。《劳工住房改善法》(Artisans' and Labourers' Dwellings Improvement Act)敦促各地方政府为工人群众改善住房条件提供低息贷款或筹集资金直接建设公屋。1876 年的《教育法》(Education Act)向国教会控制的志愿学校追加资金,以对抗各地校董会制定的自由主义教育方案,该法首次将义务教育提上日程。为与自由党争夺劳资纠纷主导权并减少劳资纠纷,1875 年出台的《阴谋与财产保护法》(Conspiracy and Protection of Property Act)授权工会成立非暴力性质的纠察队而免遭阴谋指控。迪斯累利期待此法缓和"长期存在且令人忧心的资本与劳动之间的斗争",同时指望它证明保守党而非自由党才是劳工代言人。[②]

---

① Paul Smith, *Disraeli*, p. 177.

② Paul Smith, *Disraeli*, p. 181.

上述保护劳工利益、提升社会整体服务水平的改革体现了执政为民之宗旨，赢得各阶层广泛支持，1875 年作为"社会改革年"就此名载史册。迪斯累利长期指控自由党政府不顾民众死活，只为欲壑难填的资本家服务。实际上，他的改革是格拉斯顿自由主义改革的继续，是维多利亚时代英国经济繁荣和社会进步的反映。一般认为，迪斯累利的社会改革开启了具有中央集权特色的福利国家之门。就改革范围言，只有第一次世界大战前十年和第二次世界大战后几年可以与之相提并论。不过迪斯累利社会改革与后世福利国家建设有本质区别，除食品安全、住房、卫生等事项仅授权地方政府或专职部门尽力为之，而非强制执行。改革都是"针对特定问题的务实回应，而非源于根本性理论"，允许各级政府及机构量力而行导致诸多事项烂尾。[1] 各地政府对《劳工住房改善法》视而不见，1876 年的《治理河污法》（Rivers Pollution Act）更无人理睬。和自由党一样，保守党无意更改经贸政策之自由主义基石，也将市场调节与自由竞争奉为《圣经》般信条，部分论调甚至带有社会达尔文主义色彩。1875 年夏，当政策涉嫌过多干预个人领域时，迪斯累利在下院称：

> 宽松立法是自由民族的标志。当你与那些为了生存只能服从的人打交道时，很容易采用强制性立法；但在自由国家，尤其像英格兰这种国家，你若想大幅改变人民的生活方式和习俗，只能用劝说和树典型两种办法。[2]

低税政策制约了各级政府财力，公共部门并无充裕资金推行各类改革。1878 年底，面对经济萧条，迪斯累利仍主张减税且拒绝增拨款项以缓解民间疾苦。这年 12 月 5 日，他在上院说，"苦难的确不可否认，但必须牢记那都是商业之苦"且"其他国家"一样为之所苦；"女王陛下政府不准备——我猜想任何政府都不会准备——采取任何措施缓解眼下广泛存在的苦难"。[3]

迪斯累利对内以社会改革凝聚人心，对外则奉行鹰派外交政策。1870 年

---

① Angus Hawkins, *British Party Politics*, p. 193.

② Hansard，24 June 1875，Col. 525.

③ Hansard，5 December 1878，Col. 79.

代,帝国主义国家掀起瓜分世界的狂潮,引发的任何纠纷均牵动普罗大众的每根神经,这是帝国主义时代的普遍情绪。迪斯累利吃准了"外交才是时代的主题"这一论调的含义,打造出以其爵位冠名的比肯斯菲尔德主义(Beaconsfieldism)外交。这种外交以积极扩张迎合民众虚荣心,提振他们的自豪感;以爱国主义的一致性舒缓国内的阶级对抗和信仰冲突,为执政党加分。迪斯累利早年是一位多产的小说家,在其创作的最后一部小说中,他借主人公口吻露骨宣称:"他是这样一个人,他不在乎财政盈亏,他思考真正的政治——外交事务,捍卫我们在欧洲的权力。"①

1869 年,法国工程师凿通苏伊士运河(Suez Canal),法国人手握运河股份公司多数份额,埃及总督伊斯梅尔(Isma'il Pasha, Khedive of Egypt)持有部分份额。运河扼英国与印度交通之咽喉,过往船只主要属于英帝国。该运河也是欧亚交通枢纽,对控制奥斯曼帝国、遏制俄国向近东和中东渗透以及阻抑法国在叙利亚的扩张均至关重要。伊斯梅尔挥霍无度,埃及政府负债累累,加之运河经营不善,运河设计师建议出售运河股票以缓解埃及政府债务压力。1874 年 11 月,迪斯累利以独到战略眼光向罗斯柴尔德家族(Rothschilds)借款购买了运河 44% 的股份。收购的经济效益虽受质疑,但满足了民众的虚荣心且对巩固英国在近东的地位以及确保欧亚贸易安全均大有裨益。1876 年,迪斯累利炮制了《王室头衔法》(Royal Titles Act),维多利亚女王堂而皇之加冕为印度女皇(Empress of India)。维多利亚渴望拥有一顶与东欧三皇齐放光芒的皇冠,毕竟她的长女随时可能加冕为第二帝国皇后,而她仍是四十年如一日的女王。女王有女皇心愿,首相有帝国情结,两人一拍即合。迪斯累利用娴熟的君主功能操作伎俩令女王如愿以偿,女王则亲至迪斯累利寓所表彰其功勋。不过女王和迪斯累利走得太近也给双方增添了道义负担。政敌抱怨女王变成了保守党或首相个人的女王,而非全民之女王;指控迪斯累利犹太专制思想作祟,企图破坏盎格鲁-撒克逊宪制传统,这份"罪名"在反犹主义盛行的年代很有市场,不乏听众。②

---

① K. Theodore Hoppen, *The Mid-Victorian Generation*, p. 620.
② Paul Smith, *Disraeli*, pp. 201 - 202.

1840 年后,英国长期秉持的近东政策方针是奥斯曼帝国领土完整,巴尔干保持现状符合英国利益。迪斯累利本无意介入东欧和巴尔干纷争,何况三皇同盟看似铁板一块,垄断着中东欧国际关系,英国无力插足。然而 1875 年风云突变,迪斯累利闪耀国际舞台的机会从天而降。波斯尼亚(Bosnia)和黑塞哥维那(Herzegovina)爆发反对奥斯曼帝国的武装起义,次年起义蔓延到保加利亚。俄国和奥匈帝国都想浑水摸鱼,提升在巴尔干地区影响力。奥斯曼政府残酷镇压保加尔人的大屠杀引起国际社会普遍关注,英国人道主义者呼吁政府干预奥斯曼帝国内政,永久杜绝类似惨剧。一向主张最小限度介入国外事务(Diplomatic Minimalism)的格拉斯顿也在下院鼓动政府积极行动,抑制土耳其人的暴行。格拉斯顿首先占据人道主义制高点,令迪斯累利两难,因为迪斯累利摩拳擦掌的动机是抑制俄国,而非谴责奥斯曼帝国。他坚信这是提高英国在东欧影响力的绝佳机会,诚如他在 1876 年 6 月 7 日的日记中所写:"我认为不仅要维护和平,而且女王陛下也要在世界政治中恢复她应有的正常影响力。"①

1877 年,俄土战争爆发,英国舆情瞬息反转,沙文主义论调压倒了虚伪的良心和道义,"沙文"(jingo)一词广为传唱。迪斯累利挟民意公开谴责俄国的侵略行径及扩张野心,索尔兹伯里亦随声附和。不过德比和卡纳尔文仍反对军事介入。德比推崇皮尔和其父几十年来的最小化干预海外事务原则,对沙文主义不以为然。他担心迪斯累利煽动爱国主义迟早会刺激全民"叫嚣战争",他批评女王加冕印度女皇是"把一件全然无关紧要之事搞成大麻烦"。②1877 年底,德比对索尔兹伯里说:"他(迪斯累利)与所有的外国人一样极度痴迷'威望',花两亿镑打一场战争,若战争结果能让外国人更高看我们,他真心认为这符合国家利益。"③卡纳尔文从不掩饰他对奥斯曼帝国专制统治之反感。不过女王坚决支持迪斯累利。她给后者的信函称:"绝对有必要向国内外

① Kenneth Bourne, *The Foreign Policy of Victorian England*, 1830－1902, Oxford, Clarendon Press, 1970, p. 128.
② Angus Hawkins, *British Party Politics*, p. 197.
③ Robert Blake, *Disraeli*, p. 636.

敌人展示英勇和团结",因为近东危机实乃"俄国和英国的世界霸权之争"。①
1878 年 1 月底,俄军兵临君士坦丁堡城下,迪斯累利通过各种渠道鼓励土耳
其人奋勇御敌,暗示英国随时提供支援。当他准备调兵遣将时,德比和卡纳尔
文以辞职逼迫他确保英国置身事外。为稳住政府,迪斯累利多番出尔反尔。土
耳其人望穿秋水,未盼来英国一兵一卒。2 月,俄土签订《圣斯蒂法诺条约》
(Treaty of San Stefano),俄国扶植的保加利亚自治国(Independent Bulgaria)将
是巴尔干地区主宰,这超出了英国朝野容忍下限。② 3 月底,迪斯累利下令从
印度向地中海调兵,欲迫使俄国吐出侵略果实。德比和卡纳尔文愤而辞职。
迪斯累利与德比父子几十年的至交情谊及政治合作关系终结。索尔兹伯里转
任外交大臣,负责对俄交涉。5 月底,英俄达成和解草约,所谓的保加利亚自
治国一分为二,北部建立一个保加利亚大公国,南部仍由素丹控制。德奥两国
也能接受这一方案。以上述草约为铺垫,1878 年 6 月,列强召开柏林会议
(Congress of Berlin)。迪斯累利在会上指点江山,风头甚至盖过欧陆国际关
系操盘手俾斯麦(Otto von Bismarck)。他还以保护奥斯曼帝国安全为由,诱
逼后者把东地中海战略要地塞浦路斯(Cyprus)让给英国。他声称为英国带
来了"荣誉的和平"并吹捧女王是"欧洲仲裁"。③ "荣誉的和平"只是虚妄之
词,"欧洲仲裁"更是痴人说梦,接下来三十多年的事实将证明英国在东欧和巴
尔干角逐中只能扮演边缘人角色,不过攫取塞浦路斯足够英国人自我陶醉一
阵子。

　　迪斯累利对外政策基本承袭了帕麦斯顿衣钵,与欧陆列强的矛盾一般协
商解决,欧洲之外则是公然的武力征服,利益最大化和成本最低化一举两得。
随着经贸扩张,英国染指的事务遍布全球,茫茫大洋上的任何荒岛都可能成为
英国兼并对象。斐济(Fiji)这个小岛与英国扯上关系绝不令人惊愕。1874 年
英国准备吞并它时,殖民大臣卡纳尔文夸张地说:"岛上有如此多的英国定居
者,英国在岛上的投资如此之大,岛屿的和平与英国的利益休戚相关。袖手旁

---

① Paul Smith, *Disraeli*, p. 194.

② 不过后来建立的保加利亚大公国全然不是俄国人的傀儡,反倒成了俄国向巴尔干扩张
的障碍。

③ K. Theodore Hoppen, *The Mid-Victorian Generation*, p. 626.

观并声称我们与此岛无关是令人不安的。"①在狂热帝国主义情绪的支配下,英国在中非和南非的侵略活动也变本加厉了。南非发现金矿后,涌入这个区域的各色人等络绎不绝。英国人在那里建立了开普、纳塔尔(Natal)等四个殖民地,还欲合并两个布尔人国家特兰士瓦尔(Transvaal)及奥兰治自由国(Orange Free State)。南非错综复杂的纠纷连英国外交部的许多高官都一窍不通。负责处理该地事务的福莱利爵士(Sir Bartle Frère)于1878年进攻祖鲁人(Zulus),不过次年初祖鲁人以突袭打了英军一个措手不及,击溃了1000余名英军。消息传到伦敦,舆论哗然,在所谓的白人势力的巅峰时代,败于黑人近乎天方夜谭。迪斯累利为挽回舆论,硬挺福莱利雪耻,授权他严惩祖鲁人。迪斯累利的逻辑是,对祖鲁人的战争必须赢,失利必然"减弱我们在(欧洲)大陆的影响力,影响国内财政",只有胜利才能为征税和增拨军费正名。②是年夏,英军打败祖鲁人并俘获他们的酋长。祖鲁人威胁解除后,英国人与布尔人矛盾又升级,吞并特兰士瓦尔远不能满足他们胃口,第一次布尔战争(First Boer War)旋即上演。这一时期,英国在亚洲内陆的侵略前爪触及阿富汗(Afghanistan)、伊朗以及中国西藏等地。1876年,里顿(2nd Lord Lytton)出任印度总督,此人在其小说家冒进思维驱动下,于1879年导演了第二次阿富汗战争。为扩大在华权益,1876年,英国利用"马嘉理事件"把《烟台条约》强加给中国。条约在确保英国在华既得权益的基础上,迫使清廷在华中腹地增开多处通商口岸。最关键的是,英国自此可据条约明目张胆侵略云南和西藏了。

迪斯累利和保守党为各种胜利自我陶醉时,自由党也走出了低谷。格拉斯顿辞去党领袖,自由党反而柳暗花明。他们的下院新领袖哈丁顿是一位谦谦君子,反对冒进改革,他的贵族门第以及中间道路有效弥合了格拉斯顿与辉

---

① Ronald Hyam, *Britain's Imperial Century*, p. 340.

② W. F. Monypenny and G. E. Buckle, *The Life of Benjamin Disraeli*, Vol. Ⅵ, p. 424.

格派的裂隙。从长远看,张伯伦的活跃对自由党福祸未知,但谁也抑制不住他的人气。1873 年任伯明翰市长后,他在此城推行的改革甚得人心。伯明翰是当时英国金属、皮革、机械等产业加工中心,许多小店主和熟练技工在此聚集,他们大都是不从国教者。张伯伦因一性论信仰与他们合作甚欢,迅速被捧为偶像。张伯伦不满足造福一个城市,欲将施政模式推向全国。1877 年,他成立自由党全国联盟(National Liberal Federation),该组织活跃分子多是不从国教者,故借用了长老教和公理会的管理架构。这个联盟是不从国教者的论坛,也向工人阶级兜售激进改革思想。哈丁顿这位老派自由国教徒和张伯伦这个强势新秀分别稳住了传统权贵和中产阶级下层,自由党民意基础无忧。

格拉斯顿也找到了东山再起的法门。经历了几年的相对沉寂及清静后,他似乎厌倦了都市文明的喧嚣,进一步向凯尔特人靠拢,跑到苏格兰境内交通闭塞、工业落后的中洛锡安(Midlothian)选区参与竞选并启动选战。这个选区弥漫着他由衷欣赏的高贵自由主义气息,且罗斯贝里(Archibald Primrose, 5th Earl of Rosebery)等自由党活跃分子在那里做足了备选工作。格拉斯顿亦顺应潮流变迁,利用电报等通信新技术为选战拉票。1879 年 11 月底至 12 月初,这位年逾古稀的老者顶风冒雪在中洛锡安及其周边地区总共发表了 30 场竞选演说。他揪住保守党政府 800 万镑赤字,指责比肯斯菲尔德主义挥霍无度,内外政策均致人民不堪重负。[①] 他还承诺自由党一旦胜选,必紧缩开支,轻徭薄赋。他没有谈及财政细则,只泛泛鼓励民众自力更生,战胜正在困扰英国的经济萧条。与以往不同,格拉斯顿本次选战时围绕外交大做文章,系统阐述了自由党的六条外交原则。这六条分别是:继续增强帝国的实力,力争世界各民族(尤其是"基督教各民族")和平相处,维持"欧洲协调"并确保"欧洲大国行动一致","避免卷入不必要且错综复杂的纠纷",认可"世界各民族的平等权利",把"对自由的热爱"定格为外交政策的基石。[②] 谈到被侵略民族时,他的基调与三年前同情保加利亚人一样,道义优先:

---

① H. C. G. Matthew, *Gladstone, 1875 - 1898*, Oxford University Press, 1995, p. 56.

② W. D. Handcock, ed., *English Historical Documents*, Vol. Ⅹ, C. 1874 - 1914, Routledge, 1996, pp. 360 - 361.

牢记我们称之为野蛮人的人的权利;谨记:在全能的上帝眼中,冬雪覆盖下的阿富汗山村中的生命之神圣与你们的生命一样神圣;铭记:野蛮人以同样的血肉之躯与你们共同构成人类,让你们受互爱的法则约束。互爱不限于(不列颠)这片岛屿,不限于基督教文明世界,它应遍及这个星球。①

格拉斯顿似从外星俯瞰地球,注视全人类,高调及虚伪均刻意而为,旨在以福音主义黏紧自由党。自由党 1874 年败选后,不从国教者和国教自由派相互指责,欲把责任推给对方。格拉斯顿夹在中间,欲不偏不倚,一度令不从国教者大失所望,直到公开谴责保加利亚大屠杀他才找到"重建与不从国教者联盟之黏合剂"。② 他挞伐英军在非洲侵略也令不从国教者畅快,不从国教者虽积极支持帝国扩张,但强调扩张只是手段,传布福音才是使命,以先进枪炮屠戮非洲土著有悖上帝的善和人间的平等。从谴责保加利亚大屠杀到中洛锡安选战,格拉斯顿一路高扬人道主义,谴责比肯斯菲尔德主义血腥残暴,直触不从国教者心坎,他们在即将来临的大选中投桃报李,倾力支持自由党。

到 1879 年底,格拉斯顿、哈丁顿和张伯伦三人为自由党网罗了各个阶层和主流福音教派的选民,而迪斯累利与 1873 年的格拉斯顿一样,执政四年后迷失了方向。1878 年,阿富汗战争迫使政府把个税大幅回调至每镑 5 便士,即便加税,非洲战争仍得靠借贷维持。1879 年,财政大臣诺斯科斯猛砍教育经费并压缩本由中央政府承担的部分地方开支。③ 不过除了战争导致的开支上扬,迪斯累利政策大多无可指责。与 1874 年大选一样,反对党复兴势头不错,执政党困境重重。区别仅在于,1874 年自由党失利是格拉斯顿自找的,但1878 年后的保守党却被诸多外界不可控因素干扰。1873 年,由世界铁路修建潮带动的经济高速增长结束,全球经济持续下行,英国进出口均萎缩。为失业与低工资所苦的工人开始骚动。1870 年代,美国粮食源源不断输入欧洲,英国农场主叫苦不迭。保守党内有人建议对进口农产品征税,但主流政治家当

---

① John Morley, *The Life of William Ewart Gladstone*, Vol. Ⅱ, p. 595.
② Michael Watts, *The Dissenters*, Vol. Ⅲ, p. 256.
③ Paul Smith, *Disraeli*, pp. 203 - 204.

时均无胆量触犯自由贸易天条。天意也要弄人,迪斯累利当政期间,农业连年歉收,1879年遭遇了19世纪最严重的灾荒。保守党的基本盘——农村哀鸿遍野,破产农场主和背井离乡的农业工人致使乱象丛生。迪斯累利准确猜到农业萧条足以"毁掉"政府,却无计可施。① 命运女神也不再眷顾他,大选期间,他为疾病折磨,政治热情冷却,保守党选战准备工作相当粗糙。

1880年3月24日,议会解散重选。保守党下院席位降至237个,自由党席位上升为352个,爱尔兰自治联盟席位几无变动。保守党在大城市全面溃败,人口超过5万的城市选区累计114席,保守党只赢得其中24席;乡郡选区成绩也大幅下滑,丢掉了1874年拿下的席位中的24席。② 无怪乎迪斯累利哀叹:"连续六年农业歉收……与拿破仑一样,我被恶劣的天气击败了。"③自由党在城市表现强劲,还把部分原属于保守党的乡郡议席收入囊中,胜果超乎预期。从胜选的自由党议员结构看,151位是地主,其中80人是有爵位的贵族或骑士;工业资本家和大商人114名;职业精英93人。④ 与1868年相似,辉格派贵族世家、工商业资本家和主要由非国教徒构成的中产职业精英仍是自由党三大板块。当然,这也意味着协调党内派系仍是超级难题。自由党还有另一尴尬——领袖悬置未定。格拉斯顿资格最老,但过去几年哈丁顿肩负自由党下院组织重担。女王厌恶格拉斯顿,希望哈丁顿或格兰维尔出面组阁。大选时格拉斯顿并未明言自己就是领袖,然而4月中旬,他转告哈丁顿和格兰维尔:"出于各种实际情况之需,我若出山最为合适。"⑤哈丁顿和格兰维尔"担心格拉斯顿不愿屈居人下",而他若游离于外,"任何自由党政府都无法前行"。⑥ 有鉴于此,格兰维尔主动退出,哈丁顿自谦德薄才寡并提醒女王格拉斯顿才是组阁不二人选。

---

① W. F. Monypenny and G. E. Buckle, *The Life of Benjamin Disraeli*, Vol. Ⅵ, p. 477.

② Paul Smith, *Disraeli*, p. 206.

③ K. Theodore Hoppen, *The Mid-Victorian Generation*, p. 635.

④ T. A. Jenkins, *Gladstone, Whiggery and the Liberal Party, 1874 - 1886*, Oxford University Press, 1986, p. 144.

⑤ Richard Shannon, *Gladstone*, Vol. Ⅱ, p. 246.

⑥ W. D. Handcock, ed., *English Historical Documents*, Vol. Ⅹ, p. 29.

1880 年 4 月 23 日,年逾古稀的格拉斯顿第二次组阁。他本人身兼财政大臣并令哈丁顿主持印度事务部,把后者"挤出了核心决策圈"。格兰维尔任外交大臣,此人做事按部就班,外交权实际上也攥在首相手中。格拉斯顿拼命揽权却抱怨肩责太重,须为外交"独当一面"。① 张伯伦是胜选功臣,理应被委以重任,但格拉斯顿讨厌他四处招摇,给他贸易大臣这份地位较低的内阁职位也仅仅是为了让他"闭嘴"。② 抑制张伯伦令激进派怨恨,故格拉斯顿又安排老激进主义者布莱特入阁担任闲职。内政方面,迪斯累利的社会改革包罗万象,公共服务已相对完善,格拉斯顿很难再有突破。不过这对自由党或许是福,党内各派政见分歧一如既往,为免内讧,激进派和辉格派均不找事,两者都丧失了"罗素时代的思想锋芒以及政治创造性"。③ 诸多因素导致第二届格拉斯顿政府内政鲜有建树,几项针对农业的立法无关痛痒,旨在促进社会公正的劳资关系调整也分外谨慎,以免危及自由主义时代的契约精神。

组阁时,格拉斯顿表示他出山目的有二。一是匡正迪斯累利的财政和外交过失,二是完成爱尔兰土地改革。上任后,他立即终止第一次布尔战争并压缩军费开支,1880 至 1885 年,公共支出占国民经济比重始终维持在 8% 左右的较低水平。政府尽量回避国际冲突,以便集中精力应付爱尔兰麻烦。1869 年和 1870 年的爱尔兰教会和土地改革之后,伦敦当局曾承诺继续推动爱尔兰社会经济改革。然而迪斯累利主政时故意冷却爱尔兰争端,致使爱尔兰积压了更多弊政,爱尔兰自治运动在 1880 年帕内尔(Charles Stewart Parnell)成为自治党领袖后如火如荼。爱尔兰问题既是不列颠内政,也是英帝国顽疾。政府更担心自治运动动摇帝国大厦,将自治意识传播到非洲甚至印度等地。南非的欧裔非洲人(Afrikaner)与爱尔兰民族主义活跃分子互通气息,一起向伦敦索要自治权。印度精英新近成立的国大党(Indian National Congress)所

---

① Richard Shannon, *Gladstone*, Vol. II, p. 253.

② Jonathan Parry, *The Rise and Fall of Liberal Government in Victorian Britain*, p. 280.

③ H. C. G. Matthew, *Gladstone*, *1875 - 1898*, p. 106.

提部分要求明显受爱尔兰自治运动启发。在格拉斯顿看来，爱尔兰弊病不除，英帝国永无安宁，政策聚焦爱尔兰无可厚非。

1880 年出任爱尔兰事务大臣的福斯特刚柔并济、软硬兼施，一手增加行政和警察部门权力震慑爱尔兰人，另一手推动有限改革，特别是土地改革。福斯特起初设计的"扰乱赔偿议案"(Compensation for Disturbance Bill)有意为爱尔兰佃农提供补偿，但得不到内阁同侪支持，不久被上院否决。格拉斯顿主导的《1881 年爱尔兰土地法》(Irish Land Act of 1881)将乌尔斯特惯例推及爱尔兰全境并削减地租，地主若不愿根据公平租佃原则减租，佃农可去新创设的土地法院(land court)申诉。佃农大都获得了 20％左右的减租实惠，而在爱尔兰拥有土地却不在当地居住的地主权益(landlordism)受损，辉格派怨气冲天。与土地法并行的是一项并不特别严厉的《人身与财产保护法》(Protection of Person and Property Bill)。此法授权政府逮捕"任何嫌疑犯"。[1] 10 月，政府逮捕了帕内尔并宣布他领导的土地联盟(Land Laeague)为非法组织。对帕内尔的审判缺少罪证，这激励他的喽啰掀起新一轮抗租运动并迫使政府将其释放。福斯特不满政府向爱尔兰人示弱，愤而辞职。为安抚高压派，1882 年议会又出台《犯罪法》(Crimes Act)，授权爱尔兰当局设立专门法庭，无须陪审团即可给被告人定罪。此法又触怒了爱尔兰人，致使福斯特的继任者卡文迪什(Frederick Cavendish)上任不久便遭暗杀。卡文迪什的继任者 G. O. 屈威廉消极避责，治理爱尔兰重任更多落在总兵斯宾塞(John Spencer)肩上，此君胡萝卜与大棒并用，在天主教徒与新教徒、地主与佃农之间尽力周旋。格拉斯顿和治爱高官费尽心机，却无法讨好任何一方，爱尔兰人不满意，辉格派亦牢骚满腹。对大多数英格兰人来说，爱尔兰就是一个舍不得丢弃但装满了定时炸弹的沉重包袱。

格拉斯顿曾称，爱尔兰风平浪静后自己便功成身退，时人也在静待他颐养天年。因行政、财政、外交、帝国等重责几乎压于一身，1882 年，格拉斯顿积劳成病，被迫改组政府，奇尔德斯(Hugh Childers)担任财政大臣，哈丁顿转任外交大臣。德比也加入政府担任殖民大臣，此君与迪斯累利割席后蓦然回首，发

---

① K. Theodore Hoppen, *The Mid-Victorian Generation*, p. 670.

现格拉斯顿才是知音。改组政府后格拉斯顿仍无退意,他需要一项新挑战作为迈向新征程的兴奋剂。这兴奋剂就是搁置太久的议会改革,改革目标则是规范议会选举并推动公平竞争。1867 年改革远未根治英国议会选举中司空见惯的腐败。1865 至 1884 年,近一半选区存在不同程度的竞选腐败。[①] 直至 1883 年《腐败行为法》(Corrupt Practices Act)颁布,贿选和不正当竞争等歪风才逐渐得到纠正。该法严格限制候选人竞选经费,惩罚贿选。就维多利亚时代选举文化而言,该法"比 1872 年的《投票法》更具分水岭意义"。[②] 它限定候选人只能代表一个党派在某选区竞选。竞选经费限额一定程度上保障了穷人与富人公平竞选。该法还要求企业主在投票期间给员工带薪放假,以便他们有充足时间投票。

城乡选举资格差异饱受诟病。保守党 1874 年赢得 169 个乡郡议席,自由党只赢得 50 个。部分自由党人将 1874 年败选归咎于乡郡选民财产资格太高,指责保守党在乡村舞弊并威胁自由党选民人身安全。随着城乡界线越来越模糊,乡郡选区出现很多工商业者,同一阶层、同一行业的从业者仅因人为划定的选区和刻意制定的选举资格差异而拥有或失去选举权,这有违公正。1870 年代后期,乡村凋敝是朝野共识,自由党人认为停止歧视乡郡选民才能振兴农村。1880 年自由党上台后,激进派和温和自由派均主张统一城乡选举资格,激活农村,让议会更能代表国民而非特定群体利益。1884 年 2 月 29 日,格拉斯顿向议会提交改革议案,自由党内仍有少数顽固派抵制改革,但没有出现 1866 年的亚杜兰派。6 月 20 日,下院通过议案三读。保守党担心多数新增选民在未来大选中支持自由党,唆使上院将议案否决。

迪斯累利 1881 年 4 月死后,保守党并无明确领袖。索尔兹伯里和诺斯科特分别是党在上、下两院的组织者。诺斯科特拘拘儒儒,加之保守党下院席位有限,无力阻止议案。但保守党也没打算顽固阻挠改革,只想选民财产资格调整和议席调整同步并举。丘吉尔(Randolph Churchill)这位善辩的年轻政客在迪斯累利死后承继了他的思想精粹,知晓政党不断改革并诉诸选民支持方

---

① K. Theodore Hoppen, *The Mid-Victorian Generation*, p. 258.

② K. Theodore Hoppen, *The Mid-Victorian Generation*, p. 647.

能永葆活力。他鼓吹托利民主(tory democracy),笼络年轻的巴尔福(Arthur Balfour)和郁郁不得志的格尔斯特,成立所谓的"第四党",攻击诺斯科特无能且与老上司格拉斯顿藕断丝连。他们还在伯明翰成立专门组织,深入群众中拉票。丘吉尔在保守党内的角色就像自由党内的张伯伦,既是权贵与草根的衔接器,又容易招致保守派怨恨。他的托利民主论令保守派提心吊胆,他对劳苦功高的诺斯科特不敬,自然让人想起当年迪斯累利无情奚落皮尔。诺斯科特并非逆来顺受的窝囊废,他试图撺掇保守党后座议员把丘吉尔赶去和张伯伦合流,因为这二人走的都是民粹之路。

索尔兹伯里是诺斯科特与丘吉尔内斗的直接获益者,他在"第四党"攻击诺斯科特时保持沉默,对议会外的政治煽动亦无兴趣。沉默是他的处世信条,他提醒外甥巴尔福,沉默是金,"不要无事生非"。[1] 索尔兹伯里痛恨议会改革,1867 年他便因反对改革为人知晓,属于保守党中的顽固派,不过 1874 年重回迪斯累利麾下效力后,他的思想明显"进步",默认社会改革,亦不反对帝国主义。1880 年大选对索尔兹伯里触动极大,他认为格拉斯顿靠煽动"危险的阶级战争"赢得了大选,保守党"与其抱怨阶级战争,不如努力赢得这种战争"。[2] 1880 年代初,索尔兹伯里留意到国内外环境都在巨变,阶级冲突和仇恨已危及保守党乃至英国的根基,他是责任心极强的贵族精英之代表,理当冷静面对现实并肩负起拱卫社稷之重任。他知道丘吉尔人气爆棚绝非偶然,丘吉尔门庭若市证明保守党中坚亦不反对改革,扩充选民已是两党共识。何况下院已通过议案,上院一味阻挠很可能导致 1832 年僵局再现。索尔兹伯里只能支持改革,但他必须确保两点。一、改革不能损害保守党利益;二、他而不是丘吉尔之流领导保守党参与改革。1884 年底,格拉斯顿及其心腹迪尔克与索尔兹伯里在伦敦阿灵顿街(Alrington Street)秘密谈判。格拉斯顿对哈丁顿和张伯伦等人守口如瓶,索尔兹伯里也把诺斯科特和丘吉尔蒙在鼓里。双方达成的"阿灵顿街默契(Contract)"约定在一席制基础上按人口多寡调整选区。一席制即一个选区只能选出一名议员,乡郡选区和城市选区同步调整。

---

[1] Michael Bentley, *Lord Salisbury's World: Conservative Environments in Late-Victorian Britain*, Cambridge University Press, 2001, p. 278.

[2] Michael Bentley, *Lord Salisbury's World*, p. 72.

索尔兹伯里认为乡郡选区细分后,保守党占优的选区和自由党占优的选区泾渭分明,从而弱化农业工人获得选举权后过度冲击保守党原有的乡村优势。城市选区的细化将致城郊出现许多新选区,这些城郊选民与都市选民价值观不同,索尔兹伯里相信城郊选民倾向支持保守党。1884年底至1885年初,选区边界调整工作在各地迅疾展开。

根据1884年《选民代表法》(Pepresentation of the People Act),年缴纳房产(或地产)税(或租金)10镑以上者均获得选举权,不再区分房产(地产)持有与租用之别,也不再区分城市选民和乡郡选民。法案通过后,英格兰选民由1880年的2338809增至1885年的4094674;苏格兰对应年份的选民从293581增至560580;增幅最大的是爱尔兰,那里对应年份的选民从229204陡增至737965。联合王国对应年份的选民从3040050增加到5708030,近乎翻倍。① 英格兰和威尔士成年男性公民的2/3获得了选举权,苏格兰和爱尔兰的对应数字分别为3/5以及1/2。② 严格意义上的普选制虽未确立,穷人和女性仍对选票望眼欲穿,但有稳定收入来源的成年男性基本上获得了选举权,民主时代来临。

与《选民代表法》互为姊妹篇的《席位调整法》(Redistribution of Seats Act)在选区边界重划工作完毕后于1885年生效。该法剥夺人口不足1.5万的城市选区向下院输送议员的资格,这种小选区并入其周边地区的大选区;人口多于1.5万但少于5万的选区此后只能占有1席;人口超过5万的城市选区继续占有2席;伦敦各选区以及牛津、剑桥两所大学也拥有2席;部分衰败选区让出其原有2席中的1席。总计空出150席,苏格兰分到12席,乡郡新成立的选区获得66席,城市新成立的选区获得72席。③ 都市区在这次席位分配中获益最大。兰开夏郡增加了15席,西奈丁增加了13席,利物浦被分为9个单一议员选区,大伦敦席位从原来的22个上升为62个。④ "议席分配奠

---

① Colin Rallings and Michael Thrasher, *British Electoral Facts*, pp. 86 - 87.

② K. Theodore Hoppen, *The Mid-Victorian Generation*, p. 265.

③ K. Theodore Hoppen, *The Mid-Victorian Generation*, p. 265.

④ Angus Hawkins, *British Party Politics*, p. 238.

定了现代英国政治地理",直至今日,上述都市区的席位依然执下院之牛耳。①
爱尔兰 103 个席位保持不变。考虑到那里人口外移以及工业落后,在联合王
国内的人口比例一直在下降,本应剥夺它部分席位,但谁都无胆为之,以免有
分离主义倾向的爱尔兰议员借机闹事。《席位调整法》对选举结构的影响要比
《选民代表法》更为深远,口袋选区及衰败选区骤减致使"无竞争选举"几无可
能。更重要的是,席位调整削弱了贵族世家对乡村选举的操控,降低了乡郡选
区的下院席位比例。贵族在议会中的优势一去不返,1885 年大选结果显示,
来自工商界的议员首次多于来自土地贵族的议员。

　　议会改革平稳完成,但政府于 1884 年底至 1885 年初遭遇一连串沉重打
击。外交和帝国政策始终是格拉斯顿软肋,他秉持的消极干预海外事务原则
与中洛锡安阐明的六项原则并不一致。他的外交理念仍是老套的福音主义和
自由主义,但帝国主义时代已经来临并主宰着民众的认知。英国海外扩张引
起的纠纷应接不暇,大陆外交家、英国本土沙文主义者和种族主义者根本不相
信欧洲协调,更不相信上帝面前的民族与种族平等。1880 年代正值帝国主义
瓜分非洲的狂潮。索尔兹伯里说 1880 年他离开外交部时,没人注意非洲,但
他 1885 年回到外交部时,无人不在谈论非洲事务,似乎人人都是非洲问题专
家。即便如此,格拉斯顿对瓜分非洲仍无兴趣,然而政府部分要员和多数军人
紧盯帝国,常违拗格拉斯顿意愿并擅作决定。1882 年,英军炮轰亚历山大港,
挫败埃及爱国军人掀起的反英起义,最后直接占领埃及并继续向尼罗河上游
的苏丹地区推进。北非军事行动实由外交大臣格兰维尔以及海军大臣巴林
(Thomas Baring)等人指使,但身为首相的格拉斯顿需为接下来前线军人因
狂妄鲁莽而遭报应担责。

　　1881 年,艾哈迈德(Mohamed Ahmed)自称马赫迪(Mahdi),在苏丹境内
聚众起义,在宗教激进主义和神秘主义力量驱动下,起义迅速席卷苏丹大部。
苏丹隶属埃及管辖,英方不能坐视不管。1884 年初,曾经长期在中国搞侵略
的戈登(Charles Gordon)上校被任命为苏丹战时指挥官。戈登的狂热和变态
丝毫不逊于马赫迪,离开伦敦时,他忘带手表且身无分文。一位随行军官只能

---

① Richard Shannon, *Gladstone*, Vol. Ⅱ, p. 343.

临时将自己的手表和随身携带的现金倾囊相赠,而格兰维尔自掏腰包为其购票。① 1884 年 2 月,戈登在对苏丹毫无了解的情况下抵达喀土穆(Khartoum)。随后他贸然行动,被马赫迪起义军包围,而他的小股队伍与其他英军的电报联系也中断了。1885 年 1 月底,戈登被马赫迪起义军击毙,援军两天后才抵达喀土穆城下。2 月中旬,消息传到伦敦,举国震惊。女王在日记中称她"对消息感到震惊"并在发给外格兰维尔的电报中不点名指责格拉斯顿:"来自喀土穆的消息令人惊恐,如果及早行动,这一切都可避免,许多宝贵的生命均可以挽救。"②显然,女王认为戈登毙命并非咎由自取,而是决策拖泥带水的殉葬品。同胞戏谑格拉斯顿从"伟大的老人"(GOM)变成了"谋杀戈登的凶手"(MOG)。③ 戈登惨死前,列强召开第二次柏林会议,协商划分非洲势力范围。格拉斯顿的原则是,只要他国不影响英国在非洲既得利益,英国乐与列强和平共处。他天真地认为德国人和他一样深受福音主义感召,心里装着"上帝为了人类的进步而预定的伟大目标"。④ 他一厢情愿的国际和平主义幻觉严重背离了紧张的国际情势。

格拉斯顿轻视非洲与爱尔兰危机四伏不无关联,就当时的英帝国而言,家门口的爱尔兰比遥远的撒哈拉沙漠以南的非洲重要得多。帕内尔获释后并未对格拉斯顿感恩戴德。他把土地联盟升格为完全由他个人支配的民族联盟(National League),爱尔兰在帝国内的宪法地位——自治取代土改成为爱尔兰人下一步斗争目标。格拉斯顿此时虽不认可帕内尔的自治计划,但认为把经济和行政权力下放给爱尔兰地方政府既是大势所趋,也有助于提高爱尔兰社会管理水平。格拉斯顿还没斟酌好应对细则,张伯伦于 1885 年 4 月抛出了他自己的爱尔兰改革方案。张伯伦所谓的中央局(Central Board)方案建议成立专门的中央局掌管爱尔兰军事、外贸等要务;爱尔兰各郡县成立代议制地方政府,负责济贫、教育等民事;适时取缔 1882 年的《犯罪法》。显然,中央局方案同意部分放权,但坚决反对自治。张伯伦说:"我从不认为爱尔兰是一个不

---

① K. Theodore Hoppen, *The Mid-Victorian Generation*, p. 662.

② W. D. Handcock, ed., *English Historical Documents*, Vol. X, p. 36.

③ GOM 是 Grand Old Man 之缩写,MOG 是 Murderer of Gordon 之缩写。

④ K. Theodore Hoppen, *The Mid-Victorian Generation*, p. 666.

同的民族,完全具备独立社群的固有权利,……如果民族主义意味着分离,我便是准备对其进行抵制者之一。"①内阁多数不赞成中央局方案,帕内尔亦置之不理,他担心张伯伦一揽子计划变成糖衣炮弹,迟早把爱尔兰人争取自治的勇气和决心消磨殆尽。

张伯伦不仅就爱尔兰治理发表高见,还到处煽动民粹。他提议授权地方政府出资购买土地,再划成小块份地(allotments)分给自耕农种植;主张向富人征税并没收教会财产为国民教育筹集资金;建议实行累进税制让富人为国防承担更多责任;他还刺激穷人仇富,引导民众自问"财富当为其享有的安全支付什么样的保险费呢?"②张伯伦的民粹言论激起轩然大波,穷人交口称赞,富人头皮发麻。格拉斯顿担心保守党瞄准张伯伦的激进主张反戈痛击,不过除了反对解构教会,他对张伯伦的其他建议不置褒贬。自由党内的温和派,尤其是辉格派,提心吊胆,他们不仅反对劫富济贫,更反对征用教产。哈丁顿、奇尔德斯等人埋怨自由党已被张伯伦绑架,欲辞职走人。1885 年初夏,内阁气息压抑,政府实已散架。6 月 8 日,保守党修改预算之动议以 264 对 252 票通过。③ 格拉斯顿旋即辞职,所有高官顿感解脱。

---

①　K. Theodore Hoppen, *The Mid-Victorian Generation*, p. 674.

②　Peter Marsh, *Joseph Chamberlain: Entrepreneur in Politics*, Yale University Press, 1994, p. 186.

③　Richard Shannon, *Gladstone*, Vol. Ⅱ, p. 362.

第十九章　帝国与帝国主义(1885—1905)

　　迪斯累利时代的英国海外扩张所向披靡,格拉斯顿的非洲挫折亦事发偶然,但到 1885 年,英帝国不仅要面对列强竞争,其内政方面爱尔兰也有失控迹象。格拉斯顿下台后,应对英帝国全球麻烦的重任落在了索尔兹伯里肩上。索尔兹伯里当时并非公认的保守党领袖且身居上院,但下院议长诺斯科特更不受多数保守党人待见。丘吉尔高调宣扬托利民主,是党内乃至国内红人,垂涎相位。他鼓动部分议员将诺斯科特送去了上院,但他本人资历尚浅且不受温和派欢迎,故索尔兹伯里成为组阁第一人选。比奇任下院领袖和财政大臣,诺斯科特任外交大臣,前内政大臣克罗斯官复原职。丘吉尔必须高就。比奇甚至认为,少了丘吉尔,谁都无法组阁。不过索尔兹伯里以丘吉尔刚从印度考察归来且熟悉印度政情为由,安排他担任印度事务大臣。时人评议政府是"索尔兹伯里—丘吉尔联合政府",这纯属错觉,印度毕竟是遥远殖民地,何况阿富汗战争已结束,印度短期内提不起民众兴趣。主管印度事务的丘吉尔只是新政府边缘人物,索尔兹伯里才是舵手。[1] 人尽皆知,索尔兹伯里掌管看守政府仅临时当差,不过他以 1835 年的皮尔为榜样,一丝不苟履职,短短数月就令民众看到了国家重回正轨的希望。除了反对自由党提议的解构教会,索尔兹伯里并不抵制地方政府改革和土地改革。他关注工人住房,支持教育改革。他的对内政策既切中时弊又不失稳健,连辉格派也点头称是。[2]

---

① David Steele, *Lord Salisbury: A Political Biography*, Routledge, 1999, p. 174.

② David Steele, *Lord Salisbury*, p. 176.

爱尔兰难题无法回避,索尔兹伯里打算放松前政府高压治爱政策,换取爱尔兰议员放弃自治要求。为博取爱尔兰议员好感,一向同情爱尔兰人的卡纳尔文被任命为新总督。索尔兹伯里对爱尔兰人示好并非真心关照他们,而是为即将来临的大选考虑。他盘算 1885 年底大选后若真能得到帕内尔支持,保守党勉强可与自由党抗衡。不过格拉斯顿欲给爱尔兰人开出更具诱惑力的条件,到 1885 年秋,他对爱尔兰的偏爱已发展到危险程度,认为 1801 年皮特合并爱尔兰是"一个巨大、尽管可以原谅的错误"。[①] 格拉斯顿如若公开这种认知,自由党必然地震。迪斯累利为相时故意回避宗教,致使宗教对政治冲击略微减弱,但 1880 年代宗教与政治再度裹紧,自由党内庞杂的宗教派别仍是定时炸弹。1885 年 10 月 1 日,张伯伦领导的全国自由联盟在布拉德福德集会,"以压倒性投票优势支持解构英吉利、威尔士、苏格兰教会",张伯伦翌日还承诺"宗教平等"将是下届议会大事。[②] 张伯伦的重税建议、解构教会等选战策略吓跑的选民比赢得的中产更多。保守党针锋相对大打宗教牌,承诺保卫教会。丘吉尔称教会是"国家道德体系的保证","教会与国家结合赋予了行政与司法常规功能某种神圣性";索尔兹伯里说"我们党与这个国家的建制教会密不可分",解构教会"对我们来说意味着生死",他像 1700 年前后的托利派一样疾呼"教会危急",承诺保守党胜选后会加大对志愿学校的扶持力度。[③] 保守党在本次选举中收获 249 席;自由党获得 319 席,仍是第一大党,不过席位低于半数;帕内尔的自治党获 86 席,足以改变下院平衡。帕内尔不会错过讨价还价的任何良机,政局扑朔迷离。

1885 年 12 月,格拉斯顿之子赫伯特·格拉斯顿(Herbert Gladstone)借媒体放风称他们父子支持爱尔兰自治,爱尔兰议员旋即抛弃索尔兹伯里,保守党政府立刻垮台。1886 年 2 月 1 日,格拉斯顿第三次组阁。哈丁顿鄙视格拉斯顿与帕内尔合流,拒绝入阁。张伯伦垂涎外交部,但格拉斯顿以其熟悉基层为由将其支去负责无关紧要的地方政务局(Local Government Board)。坎贝

---

①　Michael Watts, *The Dissenters*, Vol. Ⅲ, p. 263.

②　Michael Watts, *The Dissenters*, Vol. Ⅲ, p. 261.

③　Richard Shannon, *Age of Salisbury, 1880 - 1902: Unionism and Empire*, Longman, 1996, p. 164.

尔-班勒曼（Campbell-Bannerman）和苏格兰贵族罗斯贝里是两副新面孔，分别担任战争大臣和外交大臣。莫利（John Morley）出任爱尔兰事务大臣。上述三人的高就说明辉格派在自由党高层已被边缘化了，新政府与自由党下院议员分歧更大。受福音主义道义力量驱动，格拉斯顿认为爱尔兰自治如箭在弦，没有退路。他对哈尔库特说，爱尔兰问题"是我们时代的最大问题，在我看来，是我迄今为止肩负的最大责任"。① 他确信爱尔兰危险迫在眉睫，拒绝给予自治很可能酿成革命，帕内尔只是自治主义者而非革命者。他苦口婆心奉劝国人，自治是规避革命的唯一途径。得悉格拉斯顿酝酿爱尔兰自治方案时，张伯伦怒斥方案"找死且该死"、"疯狂且危险"。② 1886 年 3 月，当格拉斯顿主持内阁会议讨论"爱尔兰政府议案"（Government of Ireland Bill）时，张伯伦拂袖离席。议案要点包括"帝国统一"、"政治平等"以及"平等承担责任"等五项内容。议案授权爱尔兰成立自己的议会，部分议员就是当前在威斯敏斯特下院履职的爱尔兰议员。议案若通过，爱尔兰议员将退出联合王国议会下院。爱尔兰地方政府和议会高度自治，伦敦只负责管理爱尔兰防务、外交以及国际商贸。与自治议案配套的是一份"土地购买议案"（Land Purchase Bill），申明继续推动爱尔兰土改。格拉斯顿认为自治和土改并举才能造就爱尔兰的持久和平与安宁。③ 为减少阻力，4 月 8 日，他在下院声称"爱尔兰政府议案"不过是授权加拿大自治的《1867 年英属北美法案》（British North America Act of 1867）之翻版。他说：

> 我并没有为爱尔兰另起炉灶。……正是根据这一原则我们更改、变革了我们管理殖民地的方法。……五十一年前我有幸在殖民部任职……那时英格兰努力为殖民地通过善的法律，但殖民地说"我们不想要你们善的法律，我们要自己的"。我们承认这种原则的合理

---

① Richard Shannon, *Gladstone*, Vol. Ⅱ, p. 406.

② G. I. T. Machin, *Politics and the Churches in Great Britain*, *1869 to 1921*, Oxford University Press, 1987, p. 167.

③ K. Theodore Hoppen, *The Mid-Victorian Generation*, pp. 682 - 683.

性,现在这种原则漂洋过海出现在我们家里。①

按格拉斯顿的逻辑,加拿大等地既然可以自治,爱尔兰也应自治。不过他忘了加拿大与不列颠隔着浩渺的大西洋,而天气晴好时站在不列颠西海岸便可远眺爱尔兰风光。

格拉斯顿严重低估了自治阻力。索尔兹伯里和丘吉尔这些保守党骨干以固有的偏见污蔑爱尔兰人根本不具备自治素养。索尔兹伯里公开贬称"爱尔兰人还处于文明开化的初始阶段,不应鲁莽把现代自治体制托付给他们",最好再由"英格兰政府正当、连续、坚决地治理爱尔兰二十年"。② 自由党内的张伯伦和辉格派都对自治方案之激进感到无所适从。格拉斯顿组阁时,并未向多数阁员透露他的自治构想,抛出自治计划前,也未与自由党议员慎重讨论,试图凭个人英雄主义闯关,招致辉格派和张伯伦共同怨恨。哈丁顿 1886 年拒绝加入政府实属明智。5 月 31 日,张伯伦召开一场约有 50 名议员参加的小会议,申明他坚决反对自治方案,与会多数议员则承诺抵制自治议案。辉格派不仅担心他们在爱尔兰的财产安全,也担心爱尔兰境内"少数新教徒的安全"。③ 国教保守派、卫斯理宗、一性论者均反对自治,格拉斯顿的支持者主要是浸礼派和公理会两大老牌不从国教派和国教福音派。④ 坎贝尔-班勒曼称爱尔兰的不幸以及对英格兰的仇恨并非源于爱尔兰人天生卑劣,而是植根于"治理他们的体制",源于英格兰人刻意在族群间故意制造的"不同等级和信条",而人为的"不同等级和信条"源于国教徒的特权思想及偏见,有悖上帝面前的人人平等。⑤

格拉斯顿及其党徒坎贝尔-班勒曼等在为爱尔兰自治提供神学和政治学论据时,反自治的、以保守党人为主体的统一党(Unionist)雏形初现。统一党人担心有三。一、联合王国议会主权受损。自治后的爱尔兰议会与伦敦的议

---

① Hansard, 8 April 1886, Col. 1081.

② Richard Shannon, *Age of Salisbury*, p. 201.

③ Richard Shannon, *Gladstone*, Vol. Ⅱ, p. 427.

④ Jonathan Parry, *The Rise and Fall of Liberal Government in Victorian Britain*, pp. 297 - 298.

⑤ Hansard, 13 May 1886, Col. 933.

会关系不清,两者平级还是前者隶属后者？二、爱尔兰新教徒的安全。自治后爱尔兰天主教神甫必煽动民众报复新教徒。三、帝国崩盘。自治很快会蔓延到帝国的皇冠——印度。格拉斯顿任命的印度总督里彭在印度推行争议极大的改革,里彭终止了部分严刑峻法并允许印度人审理关涉英国人的司法案件。他的改革刺激印度人萌发了自治幻想,国大党的成立证明危险近在咫尺。6月8日,"爱尔兰政府议案"二读当天,格拉斯顿一厢情愿呼吁议员:"我请求你们,认真考虑,明智考虑,不要只顾当前,而应着眼未来。"然而无人知晓他所说的"未来"到底什么样,结果议案被341对311票否决,至少94名自由党议员投了反对票。[1] 支持议案的311人主要来自英格兰激进派、不从国教者、爱尔兰和苏格兰议员。不从国教者议员中,81人支持议案,仅23人反对。[2]

格拉斯顿拒绝辞职,仍偏执认为人民会支持他的道德至上论,决心诉诸选民作最后一搏。这次实无必要的大选加剧了自由党的分裂,布莱特、哈丁顿等均反感格拉斯顿的孤芳自赏和冥顽不化,也不相信他那由福音主义驱动的道德圣战能够得胜。布莱特预感自由党将全面溃败,他警告称,格拉斯顿若解散议会重选,他就要对"党建立以来遭受的最大伤害负责"。[3] 被逼到墙角的部分辉格派和张伯伦抛弃了自由党,另立自由统一党（Liberal Unionist）参选。保守党诉诸爱国主义和帝国主义拉票。索尔兹伯里忠告选民:抛弃爱尔兰境内忠诚于帝国的少数群体不仅会招致"全世界的鄙视","你们的国旗胜利飘扬的属国也将不保"。[4] 自由党在1886年7月的大选中只获192席,以哈丁顿和张伯伦为首的自由统一党获77席,爱尔兰自治党实力不变,手握85席。保守党赢下316席,比自由统一党和自由党的总和还多。苏格兰、威尔士和爱尔兰的选举结果显示三地都支持爱尔兰自治,但英格兰民众不愿帝国失去任何疆土。英格兰席位的变动直接决定了自由党命运,它在英格兰只赢得123席,而苏格兰和威尔士分别为它贡献了43和26席。[5] 嘲讽自由党已变成凯尔特

---

① Richard Shannon, *Gladstone*, Vol. II, p. 440.

② G. I. T. Machin, *Politics and the Churches in Great Britain*, *1869 to 1921*, p. 172.

③ Richard Shannon, *Gladstone*, Vol. II, p. 446.

④ David Steele, *Lord Salisbury*, p. 203.

⑤ Colin Rallings and Michael Thrasher, *British Electoral Facts*, p. 13.

人的政党并不过分。

两次大选间隔仅七个月,缘何反差如此之大? 因为自由党本就是派系拼盘,松散易碎,即便帕麦斯顿也得左右逢源才能确保党内各派和衷共济。格拉斯顿不仅不吸取 1866 年之教训,反而"强力推行爱尔兰自治并把政治赌注全部压上,人为制造了自由党的分裂"。[①] 他的忠实支持者现在只剩激进主义者了。经典自由主义已退潮,福音的魅力也在消退,格拉斯顿由福音主义催动的自由主义理念已与时代脱节。一向标榜忠君爱国的福音主义第一大派卫斯理宗在 1885 年大选中大都支持自由党,1886 年夏却转投保守党,就是帝国主义压倒宗教情感的鲜活例证。[②] 这个时代撩拨人心的话题不是任何国内改革,1884 年议会改革并未明显改变党派实力对比及政局走势。相反,帝国治理方式、领土变动或海外战争均令民众神经紧绷。格拉斯顿的同胞并不认同他的道德自由主义和大爱无疆精神。主流辉格派相信铁腕压制才能确保帝国安全,反感格拉斯顿搞道德绑架,担心爱尔兰自治导致多米诺骨牌效应,最终拆散帝国。辉格派一向标榜财产神圣不可侵犯,看重英国海外力量及全球影响力。[③] 格拉斯顿对海外扩张漠不关心却教唆家门口的爱尔兰自治,这不仅削弱英国全球声望,更损害辉格世家在爱尔兰的土地财富。辉格派抛弃近乎偏执的格拉斯顿实属无奈。自由党在英格兰和威尔士的铁杆只剩浸礼派、公理会以及人数寥寥的贵格派等激进不从国教者。它要再兴风浪,必须淡化福音主义,积极迎合帝国主义并诉诸阶级斗争以便从工人阶级中寻找同盟军。

格拉斯顿不会因任何人的离去悬崖勒马,他已把推动爱尔兰自治当成义无反顾的壮举。在其认知中,废除大不列颠与爱尔兰的统一(union)有如当初废除《谷物法》,而自己就是悲情的皮尔,进步事业的孤胆英雄。[④] 他的财政、外交、领导方式,甚至对爱尔兰人的同情心,都与皮尔一脉相承。甚至面对自由党的分裂,格拉斯顿也似曾相识,毕竟皮尔也搞垮了托利派。然而皮尔功成名就,格拉斯顿却连番折戟。原因在于皮尔时代福音主义和自由主义均处于

①　T. A. Jenkins, *Gladstone*, *Whiggery and the Liberal Party*, p. 292.

②　Michael Watts, *The Dissenters*, Vol. Ⅲ, p. 265.

③　K. Theodore Hoppen, *The Mid-Victorian Generation*, p. 689.

④　Richard Shannon, *Gladstone*, Vol. Ⅱ, p. 448.

上升态势,而 1880 年代福音主义魅力不再,自由主义危机重重(见下一章)。格拉斯顿毫不理会这种意识形态变迁,他仍相信:人人都有支配自己和选择政治生活方式的权利;每个民族都有独立管理自己事务的能力;有基于此,爱尔兰自治终究势不可阻。

自由党因爱尔兰自治支离破碎,保守党借机强化了自身地位。1884 年席位调整对保守党有利,而 1885 至 1886 年的自治危机成就了保守党的碾压性优势,保守主义迎来了"决定性转折点"。[①] 保守党在 1885 和 1886 年大选中均高效利用宗教牌,国教信仰因爱尔兰自治争议再焕生机,因为国教信仰总与国家统一表诉着同样的爱国情感。爱尔兰自治不仅威胁英伦诸岛作为整体的国家和民族统一意识,且对爱尔兰让步在诚挚新教徒看来就是纵容天主教徒,多数英吉利人无法平心静气接受这一点。保守党成功还有一个普通人难以洞察的秘密,那就是英格兰城市中上阶层也开始支持保守党,而这个群体过去明显偏好自由党。1885 年选举中,农业工人为感激格拉斯顿送给他们的选票,纷纷支持自由党,结果自由党赢得了大部分乡郡议席;保守党则在城市选区打了一场翻身仗,而 19 世纪中叶它在大城市几乎站不住脚。1867 到 1886 年,英帝国仍如日中天,但选民激增和社会巨变令富人惴惴不安,英格兰有产阶层心理悄然转变,他们越来越担心底层工农利用选票破坏基于财产的政治游戏规则和传统的宪制平衡。在富人和中产眼中,保守党是财产权和国教信仰的捍卫者。这在知识精英中表现得格外明显,法学家戴雪(Albert V. Dicey)、社会学家斯宾塞(Herbert Spencer)、史学家莱基(William Lecky)等名家作品的字里行间均流露着对保守主义的青睐。戴雪认为爱尔兰自治就是"破坏英国的完整",更担心民主毁坏宪制平衡,他认为民主制度下,"对极端煽动家和政治暴力的让步""会颠覆法治"。[②] 斯宾塞认为应当受限的不是王权而是议会权力。莱基不仅反爱尔兰自治,亦对大众民主提心吊胆。他准确预见草根拿到选票后,税收作为"解决财富、能力或勤奋程度上不平等的手段"会被过度滥用,"占主导地位的(穷人)阶层投票发钱,由另一阶层负责买单"这种荒诞的游

---

① Martin Pugh, *The Making of Modern British Politics*, *1867 - 1945*, Blackwell, 2002, p. 45.

② 安格斯·霍金斯:《维多利亚时代的政治文化》,第 407 页。

戏规则必然大行其道。①

　　1886 年大选后,索尔兹伯里因保守党席位未过半数不愿组阁。女王中意哈丁顿,索尔兹伯里也建议哈丁顿组阁并承诺给予全力支持,至于这种承诺是否诚心,世人不得而知,或许他期望哈丁顿组阁加剧自由派内讧。哈丁顿只有区区几十位下院支持者,无法确保与爱尔兰无关的议题得到议会多数支持。他知道,靠保守党支持拜相将成孤家寡人。首先,张伯伦必与自己分道扬镳,回归格拉斯顿阵营。张伯伦和哈丁顿分别来自激进派和辉格派,只在反爱尔兰自治时意见一致,其他方面政见完全相左。其次,自由统一党中的自由派也会扬长而去,因为他们必然指责他背弃辉格传统,甘为保守党傀儡。哈丁顿若组阁,自由统一党这个新生的脆弱政治团体必作鸟兽散。索尔兹伯里也知道"当下不是做首相的好时机",他既不想面对爱尔兰这个烫手山芋,亦讨厌丘吉尔盛气凌人。然而党内同侪渴望权势,指望他为他们封官晋爵。保守党席位不够半数,索尔兹伯里须靠自由统一党支持方能组阁。在确证自由统一党不与保守党合流但愿意给予支持后,他才"缓慢地、试探性地、瞻前顾后地"着手组阁。②

　　哈丁顿和张伯伦最初无意与保守党合流,他们希望格拉斯顿卸任党魁,给自由党破镜重圆创造契机。张伯伦反爱尔兰自治发自肺腑,更想借自治争议把格拉斯顿拉下马。他已在自由党内激进派中小有威望,而格拉斯顿众叛亲离,取而代之理应水到渠成。然而自由党政府倒台后,格拉斯顿仍长期操控着党。自由党和自由统一党于 1887 年初举行圆桌会议,自由统一党多数成员面对自由和统一只能选一之尴尬。圆桌会议不欢而散,张伯伦的领袖梦破灭。哈丁顿是忠实的帝国统一主义者,在他看来,任何党派分歧乃至分裂相对英爱分离都是小事。他还判定,只要格拉斯顿不退休,自由党就不可能放弃爱尔兰

---

① 拉塞尔·柯克:《保守主义思想》,第 326 页。
② Michael Bentley, *Lord Salisbury's World*, p. 283.

自治。自由统一党议员人数从未过百,但有政治明星张伯伦和老成持重的哈丁顿领队,是英国政坛此后二十年足以搅局的力量,它无力组阁,却能搞垮任何政府。张伯伦能否支持索尔兹伯里仍存变数,不过哈丁顿认为只有给予保守党"独立且友善的支持"才能保证帝国统一。[①] 故哈丁顿的立场将直接决定索尔兹伯里政府能否稳定。1886 年秋,哈丁顿打算去海外散心,女王和索尔兹伯里双双劝他暂勿远行,因为他"无人可替"。[②]

索尔兹伯里如此高抬哈丁顿,除了担心自由党挑事,更因丘吉尔令其心烦意乱。丘吉尔身兼财政大臣和下院领袖两大要职,其喽啰也多人高就。索尔兹伯里预估丘吉尔领导的下院将与政府唱对台戏。丘吉尔能言善辩,其社会改革主张也得到各路自诩进步的派别追捧,自不免飘飘然。丘吉尔呼吁大力推动司法和社会事务改革,索尔兹伯里认为这些改革并不急迫。丘吉尔欲压缩军费并要求预算向民政倾斜,导致他与战争大臣史密斯(W. H. Smith)等人关系紧张。丘吉尔抱怨内阁多数故意妨碍他的工作,企图以退为进迫使索尔兹伯里让步并于1886 年 12 月向索尔兹伯里请辞。索尔兹伯里向来看不惯丘吉尔四处招摇;反感他标新立异、哗众取宠;批评他"冲动易变"、"盛气凌人",如同"极端青年"。[③] 丘吉尔递上辞呈后,索尔兹伯里悉随其便并顺势改组政府,前自由派大臣戈钦接任财政大臣,史密斯转任下院领袖。值此前后,外交大臣诺斯科特病入膏肓,索尔兹伯里索性兼任外交大臣,毕竟他对外交驾轻就熟。丘吉尔对索尔兹伯里之傲慢怒不可遏且心有不甘,欲携手张伯伦创建致力于推动社会改革的所谓民族党(national party),但张伯伦对丘吉尔抛来的橄榄枝兴味索然。丘吉尔自讨无趣,此后因健康不佳逐渐淡出政坛。1887 年夏,索尔兹伯里又以处理美国和加拿大渔业纠纷为由,把张伯伦支去美洲。张伯伦次年 3 月才返回伦敦,远赴北美并未给他的仕途加分,不过从美国收获一位年轻貌美的妻子也算不虚此行。

索尔兹伯里第二次入主相府后耗时半年多才把政府稳定下来。他的保守

---

①　G. R. Searle, *A New England? Peace and War*, *1886 - 1918*, Oxford University Press, 2005, p. 151.

②　David Steele, *Lord Salisbury*, p. 205.

③　David Steele, *Lord Salisbury*, p. 207.

党领袖地位也是从 1887 年初开始的。① 自此直至 20 世纪初,他是当之无愧的保守党领袖和英帝国掌舵人。传统观点认为索尔兹伯里性格中庸、思维保守、抵制改革,与时代潮流格格不入。不过最近的学术研究大体还原了他的真实形象。他早年的确是不折不扣的顽固派,但在迪斯累利麾下他理解了社会改革的必要性。担任外交大臣期间,他又摒弃了 19 世纪中叶保守党谨慎介入海外纠纷的原则。1884 年,他又与自由党联手完成了第三次议会改革。中年后,他仍不算先锋派,但已不是顽固派,如果一定要为他的立场定性,应是稳健派。晚年的索尔兹伯里更非抱残守缺的落伍之辈,他知道如何应对大众政治时代的各种难题,他比任何人都清楚 19 世纪晚期英国面临哪些内外挑战。他恪守传统政治信条,反对国家过多干预私人领域。他笃信贵族治国理念,奉精英掌权为金科玉律,鄙视党派分野和代议制政府。他偶尔对民众演讲,但不喜煽动民粹,不屑装腔作势,反感下院喋喋不休的辩论。所幸他以上院议员身份长期秉政,不必卷入下院口角。如果说英国保守主义的精粹是不愿走在时代前列但也从不落伍,索尔兹伯里可谓这种主义的化身。他留恋 18 世纪的宗教秩序,欣赏帕麦斯顿时代的贵族政治,继续迪斯累利时代的社会改革,捍卫他所处时代的帝国和社会安全。他和 19 世纪早期的利物浦伯爵一样,从上院领导内阁,坚守国家体制不动摇,但绝不对抗潮流,更不曾开历史倒车。表面看,两人都保守且无个性,对内阁掌控也相对较弱,但都出色地确保了国家的平稳发展,都是被低估的顶级政治家。

索尔兹伯里半路接管相印,化解爱尔兰危机是施政当务之急。此时全体大不列颠岛民之神经因爱尔兰高度紧绷。自治议案失败后,帕内尔得力干将奥布莱恩(William O'Brien)在爱尔兰发起"运动计划"(Plan of Campaign),怂恿佃农抗租。爱尔兰事务大臣比奇(Michael Hicks Beach)欲安抚爱尔兰人,放松高压,结果助推了那里的骚乱,政府不得不在 1886 年夏派遣 1000 多名士兵去爱尔兰维稳。1887 年 3 月,比奇遭阁僚齐声指责,被迫辞职。索尔兹伯里随后任命巴尔福接替比奇。巴尔福驾临爱尔兰后,严厉打击"运动计划",命令各级机构用近乎军事管制的铁腕政策高压维稳,奥布莱恩一度被关进监狱。

---

① Michael Bentley, *Lord Salisbury's World*, p. 286.

1887 年 9 月，警察向集会人群开枪，打死 3 人。[1] 巴尔福在爱尔兰残暴嗜血，近乎人性泯灭，不过他在下院回击爱尔兰议员时妙语连珠，赢得多数后座议员阵阵喝彩。丘吉尔退出内阁后，保守党缺少能言辩才，巴尔福这颗冉冉升起的明星有望为党弥补失去丘吉尔之损失。

巴尔福的血腥政策得到内阁支持，自然就会受到反对派指责。格拉斯顿坚信爱尔兰一切骚乱和不幸均源于政府高压，进而控诉统一党人才是英爱矛盾激化的罪魁祸首。自由党还号召工人阶级对政府施压，理由是政府在爱尔兰的苛律及暴政已危及公众政治自由。1887 年 11 月，抗议者在特拉法尔加广场（Trafalgar Square）集会，警察驱散集会者时造成两人死亡，随后又逮捕了工人运动领袖伯恩斯（John Burns）。更令索尔兹伯里尴尬的是，张伯伦也大声与政府唱反调。在张伯伦的政治营盘伯明翰，大量市民和工人呼吁他抵制针对爱尔兰人的严刑峻法。张伯伦还与格拉斯顿一道要求修改 1887 年的《爱尔兰土地法》（Irish Land Act）。直到张伯伦被支去美洲，索尔兹伯里才如释重负。1889 年，官方组成专门委员会调查帕内尔，欲给其定罪，但没有找到罪证，政府极度被动。自由党和爱尔兰民族主义者兴高采烈，丘吉尔也"幸灾乐祸旁观政府之狼狈"。[2] 然而自由党人和各色激进主义者与爱尔兰人同鼻出气更令英格兰人唾弃，爱尔兰民族主义者亲善并高抬自由党并非欣赏自由党的价值理念，只因自由党有望满足他们的政治诉求。帕内尔也是道貌岸然之徒。1889 年底，爱尔兰议员奥谢（William O'Shea）以妻子与帕内尔通奸为由申诉离婚。帕内尔婚外情曝光，名誉扫地，前程尽毁。他失去了爱尔兰天主教神职人员和本党多数同道的支持。连格拉斯顿都说帕内尔如不辞职，"他自己就绝不再当领袖"。[3] 帕内尔自顾不暇，"运动计划"不久沉寂无声。当然，巴尔福知道一味高压非长久之计，此时他已为爱尔兰勾勒一副社会经济改革蓝图，并指望用它战胜爱尔兰的贫困和愚昧。1891 年 10 月，帕内尔病死。爱尔兰民族党分裂为麦卡锡（Justin Macarthy）和狄龙（John Dillon）领导的多数派以及追随雷德蒙（John Redmond）的少数派。两派矛盾重重，意见不一，爱

---

① G. R. Searle, *A New England?* p. 155.

② G. R. Searle, *A New England?* p. 157.

③ 艾德蒙·柯蒂斯：《爱尔兰史》（下），第 729 页。

尔兰自治运动迷失了航向。到 1891 年 10 月巴尔福接替病亡的史密斯出任下院领袖时,爱尔兰已步入相对安定状态,统一党人全都可以松口气了。

索尔兹伯里第二届政府的社会经济政策调整相较有限。首先,索尔兹伯里本能地鄙视激进主义,天性警惕冒进改革。其次,保守派和自由统一党只有维护英帝国统一这份共识,内政分歧极大,政府不敢放开手脚改革。再者,丘吉尔和张伯伦都不在内阁,政府高层没有激进派喉舌。最后,索尔兹伯里主要精力消耗在爱尔兰、帝国、外交事务上,很难兼顾内政。然而面对形形色色自诩的进步主义者,索尔兹伯里知道阶级矛盾已致社会撕裂,适度社会改革才能确保底层民众的"社会忠诚和团结",也是民主时代治国安邦的前提。[1] 1886和 1887 年,群众连续在特拉法尔加广场示威固然与自由党煽风点火有关,索尔兹伯里也从中意识到阶级调和刻不容缓。在理解阶级冲突上,他吸收了迪斯累利思想,不否认阶级对峙,但坚信阶级互助合作才是常态,阶级互助、劳资互信是工业社会安全与繁荣的保障。他说:"如果我被问及如何制定保守党政策,我会回答就是维持上述互信。"[2]

索尔兹伯里明白维持社会和谐、国民互信,政府不能光说不做。1888 年的《地方政府法》(Local Government Bill)将更多权力下放给民选产生的地方政府,包括创建伦敦郡务会(London County Council)。《地方政府法》在保守党内及上院均遭到强烈批评。反对者不仅担心该法导致地主和堂区牧师失去基层控制权并因此加速宗教衰落,更害怕地方政府权力,特别是伦敦市府权力,被"激进自由派、工会主义者及费边社会主义者(Fabian Socialist)操控"。[3]为应付工会之躁动,1890 年的《工人阶级住房法》(Housing of the Working Calsses Act)授权地方政府筹措资金、征用土地为穷人建造尽可能多的住房。1890 至 1904 年,地方政府总共筹款 450 万镑用于改善工人居住条件,尽管这些资金主要被伦敦郡务会花掉,其他城市受惠不多,但毕竟开启了政府改善民居之先河。[4] 与迪斯累利一样,索尔兹伯里时刻牵挂农场主,持续的农业萧条

---

① Michael Bentley, *Lord Salisbury's World*, p. 92.

② David Steele, *Lord Salisbury*, p. 230.

③ G. R. Searle, *A New England?* p. 204.

④ Pat Thane, *Foundations of the Welfare State*, Routledge, 2017, p. 41.

也考验政府施政能力。1887 年的《份地法》(Allotments Act)和 1892 年的《农业小产权法》(Small Holdings Act)均肯定佃农持有小块份地之事实,以免他们丧失土地后酿成社会动荡。鉴于他国粮食在英倾销,索尔兹伯里倡议适度关税保护。不过财政大臣戈钦笃信自由贸易,拒绝设卡加税。1888 年,近半保守党议员和全部自由党以及自由统一党议员反对关税保护。① 索尔兹伯里想要的适度保护政策遥不可期。

　　上述改革并未超出迪斯累利社会改革范畴,国家干预色彩亦不算浓烈。非国教徒没完没了呼吁禁酒,索尔兹伯里坚决反对禁酒并嘲讽禁酒倡议者伪善,他坚信禁酒过度干涉个人自由,而健康社会自有其运行法则,政府必须克制使用公权力,稍微不慎,国家干预的效果可能适得其反。他担心的财政困难也随着社会改革扩张如期而至。首相和财政大臣都不愿破坏自皮尔以来的低税政策,军费支出不能压缩,故用于社会改革的资金极度紧缺。1889 年的《海军防卫法》(Naval Defence Act)致使军费猛增,政府入不敷出。高层不愿调高个税,只能向固定资产开刀,首相建议财政大臣每年向资产 5 万镑以上者征收 1.5％财产税。② 乡村地主和城市豪宅持有者是财产税的最大受害者,以至于地主贵族抱怨保守党政府行自由党政策。

　　张伯伦从美国归来后仍与索尔兹伯里貌合神离,不过 1891 年初两人关系陡然升温,起因在于自由党与自由统一党在伯明翰的政治竞争惹恼了张伯伦。张伯伦向索尔兹伯里承诺不会回归自由党,他的意图仅限于"向保守主义注入他的激进情感,而非创建一个郡的民族党"。③ 张伯伦和索尔兹伯里越来越意气相投。两人"都坚持强大国家之必要,都决意抵制不列颠国家应对时需的能力遭到任何侵蚀"。张伯伦直接对索尔兹伯里说:"我们的共同努力永远使这个国家摆脱了解体政策,这种政策与我们这个时代的民主本能和所有真正的保守主义情感背道而驰。"④12 月,哈丁顿以第八代德文公爵(8th Duke of

① David Steele, *Lord Salisbury*, p. 241.

② David Steele, *Lord Salisbury*, p. 237.

③ G. R. Searle, *A New England?* p. 161. "一个郡"指张伯伦的政治基地伯明翰及其周边地带。

④ Peter Marsh, *Joseph Chamberlain*, p. 335.

Devonshire)身份跻身上院,张伯伦成为自由统一党毫无争议的下院领导人并与哈丁顿一笔勾销往日恩怨。至此,索尔兹伯里成功将"各类反格拉斯顿力量"收为己用,至少使他们当下一致拥护政府。[1] 索尔兹伯里的运气也不错,难缠的丘吉尔因健康恶化已不足为虑。1891年后,索尔兹伯里固然为财政所苦,但英国政通人和,他可以信心饱满迎接大选了。

    1892年大选是一次势均力敌的较量。自由党1886年分裂后士气长期低落,1891年的纽卡斯尔自由党大会倡议与工人阶级联手,不过倡议本身充满争议。自由党中坚仍是中产和不从国教者,他们大都鄙视劳工,完全无视工人中人气甚旺的哈迪(Kier Hardie)和麦克唐纳(Ramsay MacDonald)。自由党竞选经费奇缺,工人候选人更无力筹措经费。为迎合工人,部分自由党候选人提议八小时工作日,不过莫利等党内骨干反对国家干预劳资关系。格拉斯顿无法从社会经济政策方面觅到合适选战武器,只能继续针对爱尔兰和国教会做文章并煽动阶级对抗。他直陈民主制必然造就爱尔兰自治,痛斥索尔兹伯里政府代表有闲阶级和地主财阀利益,呼吁民众"勿信任绅士和贵族"。[2] 格拉斯顿的老生常谈对英格兰选举几无影响,不过为了讨好不从国教者,自由党呼吁禁酒的同时还承诺解构爱尔兰和苏格兰教会,对爱尔兰和苏格兰选民投票意向影响较大。索尔兹伯里则提醒选民,若自由党胜利,"天知晓(宪制)向什么方向发展","印度也将不保"。他把反爱尔兰自治与保卫国教相提并论,指出爱尔兰自治实纵容天主教徒迫害新教徒,反自治就是防止天主教徒主宰"开化、文明、进步的"新教徒的命运。[3] 5月,索尔兹伯里与张伯伦在伯明翰联袂拉票,以自由教育、社会改革以及劳资关系调整吸引选民。索尔兹伯里还跑到哈斯廷斯发表竞选演讲,不过他旁敲侧击提到的"公平贸易"(Fair Trade)被媒体解读为关税保护,致使保守党选战不利。张伯伦后来估计统一

---

[1] G. R. Searle, *A New England?* p. 160.

[2] Richard Shannon, *Gladstone*, Vol. II, p. 516.

[3] David Steele, *Lord Salisbury*, pp. 274 - 275.

党人因"公平贸易"论丢掉了 18 席。① 选战揭晓后,保守党优势尽失,只赢得268 席。自由党获 274 席,其反弹主要归功于宗教承诺,他们扩大了在苏格兰和威尔士的优势,赢得苏格兰 70 席中的 51 席和威尔士 34 席中的 31 席。大不列颠总共产生了 177 名不从国教者议员,其中 173 人支持解构各地国教会。② 自由统一党"在草根中缺乏有效选举组织",加之忽视伯明翰之外的区域,成绩不佳,降至 47 席,不过保住了以伯明翰为中心的米德兰大本营。③ 爱尔兰民族主义者获 81 席。

自由党成为第一大党,但席位远不及下院半数,依靠爱尔兰议员才能组阁。1892 年 8 月,八十三岁高龄的格拉斯顿组建其第四届政府,罗斯贝里任外交大臣,新星阿斯奎斯(Herbert Asquith)任内政大臣,哈尔库特任财政大臣,莫利再度担任爱尔兰事务大臣。对爱尔兰议员的依赖以及莫利重掌爱尔兰事务意味着新成立的自由党政府又将激活爱尔兰争议。格拉斯顿认为爱尔兰问题不解决,自由党就无法启动全盘社会经济改革;赫伯特·格拉斯顿确信,若将爱尔兰民事交由爱尔兰人处理,下院至少可节省 1/4 时间;莫利则恬不知耻称:"爱尔兰人是我们的主人,我们最好意识到这一点。"④起初格拉斯顿还在犹豫是否立即将爱尔兰自治问题摆上桌面,但罗斯贝里和莫利建议快刀斩乱麻。在他们的极力敦促下,1893 年 2 月,格拉斯顿在下院提出针对爱尔兰的"第二部自治议案"(Second Home Rule Bill),就议案发表深情演讲,游说各方支持。与 1886 年的自治议案相比,1893 年自治议案内容没那么激进,不再主张爱尔兰人离开联合王国下院,允许爱尔兰向下院输送 80 名议员,但爱尔兰议员只能在关涉爱尔兰的议题上拥有表决权。张伯伦在辩论过程中对议案大加鞭挞,情绪失控的双方甚至发生肢体冲突。⑤ 9 月 1 日,下院以 307对 267 票通过议案三读,但一周后上院以 419 对 41 票的绝对优势将其否决。⑥ 格拉斯顿恼羞成怒,急欲启动一场遏制上院权力的宪制改革。民主时

---

① Richard Shannon, *Age of Salisbury*, pp. 374. 380.

② G. I. T. Machin, *Politics and the Churches in Great Britain*, *1869 - 1921*, p. 206.

③ Ian Cawood, *The Unionist Party: A History*, I. B. tauris, 2012, p. 198.

④ G. R. Searle, *A New England?* pp. 162 - 163.

⑤ G. R. Searle, *A New England?* p. 164.

⑥ Richard Shannon, *Gladstone*, Vol. Ⅱ, p. 547.

代来临后,遏制上院权力自不乏民意基础,不过时机还未完全成熟,而老迈的格拉斯顿也自感力不从心,只能由其门生阿斯奎斯及自由党后起之秀劳合·乔治(David Lloyd George)等人十余年后替他圆梦了。

自治议案受挫和年迈体衰令格拉斯顿沮丧,不过更令他郁闷的是年青一代自由党人大多认为他已不再适合为党和国家领航。1893年底,前统一党政府海军大臣汉密尔顿(George Hamilton)建议扩充海军,应对法国以及可能会出现在地中海的俄国舰队之威胁。格拉斯顿认为"英国海军优势明显,无须忧虑","当下及可预见的未来并无危险或紧急状况"。① 然而曾于1868至1874年及1882至1885年两度担任爱尔兰总兵、现官居海军大臣的斯宾塞力主增加海军军费,内阁多数支持其意见。格拉斯顿仍恪守低税传统,反对军备消耗过多民财,他与党内年轻一辈自由帝国主义者(Liberal Imperialist)已难共事。1894年3月,这位心憔力悴的老人在愤怒与绝望中辞职,六十余年宦海浮沉画上了句号。

格拉斯顿退休时并未指定接班人,哈尔库特和罗斯贝里均是首相热门人选。1894年3月,颇受女王青睐且得到多数阁员支持的罗斯贝里步入相府,哈尔库特虽有多数自由党议员支持,却与相位失之交臂,只能屈尊财政大臣兼下院领袖。罗斯贝里是一位矛盾的自由帝国主义者,在帝国、殖民、军备、国防等问题上与格拉斯顿政见相左,但在爱尔兰自治以及社会改革方面与格拉斯顿步调一致。无论罗斯贝里有无长远施政计划,首先他必须收拾自治议案留下的烂摊子,缓和爱尔兰人怨恨情绪。为让爱尔兰人相信阻碍自治的是上院,也为了响应自由党内激进主义者遏制上院权力的呼声,罗斯贝里上任后便迫不及待向上院开战。他建议两院会商解决有分歧的重大议题,不过内阁主张将上院否决效力的期限限定为一年。罗斯贝里煽动民众攻击上院,民众亦痛恨上院的贵族和保守气息,然而此时攻击上院不合时宜,多数英格兰民众反爱尔兰自治且反诬爱尔兰人无事生非,上院最起码可被当作反爱尔兰自治的最后一道大闸。1895年,内阁分歧和民众的冷淡迫使"政府彻底将上院事宜搁

---

① Richard Shannon, *Gladstone*, Vol. II, pp. 551-552.

置"。① 罗斯贝里政府的经济和财政政策也被指控偏袒爱尔兰人。哈尔库特拟定的1895年度预算豁免爱尔兰酿酒商的酒精税,英格兰商人却要按常规交纳啤酒税。莫利在一项关涉爱尔兰土地的法案中有意给予几年前在"运动计划"中蒙受损失的爱尔兰农民特殊补偿,政府却对处境艰难的英格兰佃农漠不关心。政策故意照顾爱尔兰人致使英格兰人心理落差极大。反对党猛烈抨击政府,张伯伦故意将问题上纲上线,在1895年竞选拉票时控诉三年来的自由党主政其实是"一小撮不忠诚的爱尔兰人"的统治。②

　　自由帝国主义者也对特殊关照爱尔兰人持有异议。自由帝国主义者主要由一群年轻自由党人组成,以阿斯奎斯和格雷(Edward Grey)为代表。他们高度关注英帝国事务,埋怨格拉斯顿的两份自治议案把自由党搞得分崩离析并日益失去英格兰民众支持。1886年后,格拉斯顿便意识到自由党已被有产阶级抛弃,必须在草根中寻找新的群众基础。在第四届政府任内,他也曾认真讨论"矿工八小时工作日议案"(Miners' Eight Hour Bill)以争取底层劳工支持,然而在雇主们的强烈抗议下,议案根本未曾交付议会表决。格拉斯顿的激进一向体现在宪制和意识形态方面,他的社会经济政策与工人阶级诉求实难协调,工人运动在理论上已开始拥抱社会主义,而格拉斯顿和主流自由党人仍视财产权为宪制基石,奉自由放任为政治经济学之圭臬。这产生了一种看似矛盾、实则合理的政治悖论,那就是格拉斯顿深受草根拥戴,但他以及他的自由党不可能满足草根阶层的社会经济诉求。1890年代,工人阶级纷纷依托日益激进的工会,不再相信自由党真心替他们发声。罗斯贝里的上院议员身份更是加剧了工人阶级对他的不信任。自由党被有产阶级抛弃了,亦得不到工人阶级真心拥护,其内外政策都到了大转弯的十字路口。

　　政府对内政策必须适度效法迪斯累利并采纳张伯伦部分意见,推动民事和经济改革以促进社会公平、公正。1894至1895年,哈尔库特的税制改革在这方面小试牛刀,他提高继承税且执行分层个税(gradation of income tax)并美其名曰公平赋税(equity of taxation),公然劫富济贫。当时一位自由党人不

① G. R. Searle, *A New England?* p. 165.
② G. R. Searle, *A New England?* p. 166.

仅从阶级视角分析时局,还公开叫嚣需为工人阶级花钱:"过去选举中支持节俭的动力,已经随着英国资产阶级的消亡而消失了。工人阶级选民喜欢看到钱被花出去,而中产阶级选民则喜欢看到钱被攒起来。"[1]劫富济贫很接地气,有助于笼络草根,但明智之士一眼便看到了其长远危害。史家莱基批评遗产税(death duties)"最具压迫性的特征是没有时间限制,……如果一份大产业的两位、三位甚或四位所有者都快速死去,这种税就有了完全没收(遗产)的效果"。[2] 高额遗产税和累进个税挫伤了精英置业或投资的积极性,甚至迫使他们向海外转移资本,而富人向外转移资本必致国内投资不足且不利于技术创新。新教形塑的鼓励挣钱且厉行节俭的骄傲文化现在被争议极大的重税击垮了,当挣钱能力最强的群体为挣钱而瞻前顾后时,国家就离衰败不远了。

对外方面,随着帝国主义时代来临以及民众狂热捍卫帝国一统,自由党避免爱尔兰再博人眼球,积极强化海军,不惜代价捍卫英帝国每一分利益。罗斯贝里尽量不让党派偏见干扰外交和帝国政策,主动与保守党人趋同并强调"外交政策的连续性"。[3] 1894 年,他策划了乌干达保护国。1895 年,自由党外交副大臣(Undersecretary)格雷公开指责法国向尼罗河上游探险是"不友好的行动"。[4] 自由帝国主义者仍对爱尔兰自治争长论短,但对帝国在亚非的扩张及防卫政策已合乎时代气息。这是自由党将来复兴的第一份筹码。然而联合王国问题仍是自由党无法彻底甩掉的包袱。苏格兰受爱尔兰自治刺激并提出自治设想,甚至连威尔士也强调它的民族性以及对"民族荣耀的渴望"。当罗斯贝里仍坚持爱尔兰应当自治时,自由帝国主义者严重质疑他的判断力,这加速了党的分化。1895 年 6 月,在一项关于军用弹药的表决中,两名自由党议员竟然反对政府,部分来自威尔士的自由党议员以及多位阁员找借口缺席表决;爱尔兰民族主义者在表决中公然倒戈,反对政府。罗斯贝里因表决未过产生巨大挫败感,随后辞职。这样,索尔兹伯里在 1895 年大选前便走进相府,第三次组阁执政。

---

① 迈克尔·弗里登:《英国进步主义思想:社会改革的兴起》,商务印书馆,2018 年,第 207 页。

② 拉塞尔·柯克:《保守主义思想》,第 328 页。

③ A. J. P. 泰勒:《争夺欧洲霸权的斗争》,商务印书馆,1987 年,第 384 页。

④ G. R. Searle, *A New England?* pp. 267-268.

罗斯贝里大选前辞职昭示自由党困境重重,党内分歧致使它大选前无法提出明晰施政纲领,选战失利不出所料。出人意料的是它输得太惨,只获得177席,比1886年大选还少14席。保守党获得341席,完全可以单独组阁。保守党最惊人的胜利体现于大城市选区中,赢得伦敦、曼彻斯特、利物浦、谢菲尔德、利兹和格拉斯哥六个大城市总共114席中的97席。[1] 自由统一党一方面改善了选举组织,另一方面得到保守党提携,收获70席,它在米德兰中部地区,特别是在伯明翰及其卫星城镇的地位进一步巩固,而自由党恰在这片区域遭遇惨痛失利。[2] 保守党大胜甚至超乎索尔兹伯里和张伯伦意料,两人都对自由统一党功不可没心知肚明。正是自由统一党吹来了改革新风,为保守党注入了进步主义元素。阁揆索尔兹伯里仍兼外交大臣,比奇接任财政大臣。巴尔福仍是下院领袖,其弟杰拉德·巴尔福(Gerald Balfour)出任爱尔兰事务大臣。自由统一党人高就自在情理之中。德文出任枢密院主席,张伯伦荣膺他垂涎已久的殖民大臣,戈钦转任第一海军大臣,刚卸任印度总督归国的第五代兰斯多恩侯爵(5th Marquess of Lansdowne)官居战争大臣。上述四人均来自自由统一党,占内阁半壁江山且位高权重,保守党是下院台柱,内阁权势天平却向自由统一党倾斜。索尔兹伯里既然重用自由统一党骨干,就没打算抵制他们即将推而广之的社会经济改革。他甚至认可张伯伦与自己平起平坐,张伯伦也由衷敬佩首相为帝国夙夜操劳。

　　与1886年一样,保守党首先要为自由党的爱尔兰政策擦屁股。1896年,杰拉德·巴尔福根据新制定的土地流转政策在爱尔兰继续推进土改,1898年的《爱尔兰地方政府法》(Irish Local Government Act)使爱尔兰民族主义者成为爱尔兰南部和西部地区主要的地方行政官员,这在一定程度上算是对爱尔兰人自治诉求失败的慰藉。与此同时,多数自由党人对爱尔兰自治渐失热情,

---

① G. R. Searle, *A New England?* p. 214.

② Ian Cawood, *The Unionist Party*, p. 212.

赫伯特·格拉斯顿带头抛弃了其父矢志不渝的自治信条。[1] 罗斯贝里和哈尔库特在1895年大选中也体尝了自治争议给自由党造成的切肤之痛。顾名思义,统一主义的唯一使命就是抵制爱尔兰自治,"格拉斯顿退休后,它便失去了意义"。[2] 1895年后,爱尔兰复归平静,自由党人也尽力回避自治话题,多数英国人确信"反自治战斗已取得决定性胜利",爱尔兰暂时淡出了政客们视线。[3]

索尔兹伯里始终牵挂地主和教会利益。他从未忘记农业萧条年代地主和佃农的冤屈。1896年的《农地税法》(Agricultural Land Rating Act)为地主和佃农减税一半,自由党和统一党内的城市议员愤愤不平,他们认为地主地租照收,却享受减税待遇和农业补贴。不过索尔兹伯里辩称得不到关税保护的英国农场主与地域辽阔的美国、俄罗斯等国地主竞争时明显处于劣势,照顾农业理所当然,何况《农地税法》主要为了保护处境比大地主更艰难的中小佃农。[4] 索尔兹伯里无时不为教会忧心。教会既遭仪式主义者亵渎,又是不从国教者的标靶,还受到无神论者攻击和唯科学论者奚落。索尔兹伯里对教义并无兴趣,以至于大主教本森(Edward Benson)抨击他不懂宗教却冒充内行,给教会添乱。[5] 不过索尔兹伯里和一切务实政治家一样重视教会的社会和政治功能。他认为国教既是信仰亦是民众情感纽带,是一份历代相传的"民事契约"(civic pact),公民拥奉国教、支付教堂税是他们国家认同的写照。他鼓吹爱国与爱教不可分割,而"事实证明,攻击教会会伤害国家和社会结构","憎恶民族教会"就是"憎恶体制"。[6] 他对不从国教者素无好感,抨击他们缺乏"通常的谨慎"且只想掠夺国教会财产,须"不惜一切代价把他们排除在国教会之外"。他坚信永远不能向欲壑难填的不从国教者让步,因为"只要他们还有可获取的东西,任何让步都不能满足他们的胃口"。[7] 自19世纪中期起,教派竞争的主要表现形式已非争夺信众或完善民权,而是争夺教育话语权和主导权。到

---

[1] G. R. Searle, *A New England?* p. 170.

[2] G. R. Searle, *A New England?* p. 170.

[3] G. R. Searle, *A New England?* p. 171.

[4] David Steele, *Lord Salisbury*, pp. 302 - 303.

[5] Michael Bentley, *Lord Salisbury's World*, p. 189.

[6] Michael Bentley, *Lord Salisbury's World*, p. 190.

[7] Michael Bentley, *Lord Salisbury's World*, pp. 206, 209.

1890 年代中期,公立学校学生数已和教会学校大体持平,如算上天主教和卫斯理宗控制的学校,国教在教育领域已丧失优势。索尔兹伯里刚成立第三届政府便迫不及待提议教育改革,但统一党人多无热情,连他的儿子都不相信统一党人关心国教的教育主导权,1896 年的教育改革倡议遂无下文。①

索尔兹伯里的上院议员身份多少妨碍了他与阁僚的交流与互动,而繁琐沉重的外交事务又导致他分身无术。这正好给了张伯伦等人在内政方面大显身手的空间。第三届索尔兹伯里政府出现了一种格拉斯顿和迪斯累利时代不曾有的现象,首相对内政影响力大幅下滑,难以统筹全局,各部大臣都是所负责部门的专家且精明强干,但往往自行其是,甚至先斩后奏。1906 年,自由党重新主政后,上述情况更为醒目,一直持续到第一次世界大战爆发。阁员争强好胜且互不买账,索尔兹伯里听之任之。这部分源于他故意为之,毕竟爱尔兰争议冷却后统一主义失去了吸附力,统一党人需要新的凝固剂。帝国防务固然能凝聚形形色色的统一党人,但涉及内政时,统一党人的阶级意识、宗教情怀、施政理念均不相同,甚至南辕北辙,保守党和自由统一党必须寻找新的合作基础。②

张伯伦顺应时势,对内他主张用社会改革促进各阶级和睦,对外他倡导用关税改革促进文化、信仰、肤色各不相同的帝国各族群走向一统,打造一份兼顾内外且富有吸引力的新统一主义。若忽略不从国教信仰,可以说此时的张伯伦已变成第二个迪斯累利。部分保守党人对他的社会改革半信半疑,不过索尔兹伯里至少不会反对,何况所有统一党人都支持帝国统一。张伯伦狂热追求帝国一统并强调主动出击,比索尔兹伯里更受保守党后生追捧。这导致他更加自命不凡并屡屡越俎代疱,身为殖民大臣竟操刀一系列内政改革。他主张国家积极干预私人领域事务,有意效仿俾斯麦在德国践行的社会改革和福利建设,缓和阶级对抗。1897 年,张伯伦主导的《工人补偿法》(Workmen's Compensation Act)规定,雇工只要能证明自己遭遇工伤,其雇主必须支付抚恤金和医疗费,该法是一战前保守党政府最引以为豪的福利建设成就。张伯

---

①　Michael Bentley, *Lord Salisbury's World*, pp. 218 - 219.

②　Richard Shannon, *Age of Salisbury*, p. 423.

伦还准备启动覆盖全民的养老保险体系并称之为"最有价值的社会改革"。[①]不过养老制度建设不能只画大饼，前财政大臣哈尔库特估算养老金至少要以每镑8便士的个税维系。经典自由主义者则担心养老金破坏个人自立的传统美德，莱基称养老金是"国家社会主义的最危险表现"。[②] 布尔战争爆发后，个税上涨到每镑1先令，国库仍无闲钱，养老制度创设被迫搁置，不过它仍是接下来十年最具热度的社会改革议题。

财政大臣比奇带头反对养老金。他是一位被低估的财政专家，恪守低税传统，沿袭哈尔库特首创的部分增收之举，应付日益攀高的公共支出。得益于1890年代后期的经济复兴，比奇上任之初几年把财政打理得井井有条，收支年年有余。1897年，他如此提醒民众尽情享受人类史上罕有的盛世：

> 舒适设施广泛存在，公共和私人领域财政宽裕，社会和政治自满，阶级融洽，在世界竞争及争霸中享有优势。也许要过几代人，不列颠人民才能再次拥有如此高水平的一切。[③]

然而张伯伦很快向乐观的比奇连泼冷水，他引领的社会改革耗资不菲，他唆使军方与德国开展海军竞赛并力挺两强标准（two-power standard）更是所费不赀。到1899年，收支不再有余，反而出现了400万镑赤字。[④] 鉴于英国在国际贸易领域优势下滑，有远见的经济学家和巴尔福等政客呼吁放弃金本位制，执行复本位制（bimetallism），为境况不佳的企业缓解债务压力，但比奇不为所动。

从1886年到1900年，除两次短暂在野，索尔兹伯里是公认的英国外交掌

---

① Peter Marsh, *Joseph Chamberlain*, p. 397.

② David Steele, *Lord Salisbury*, p. 305.

③ Richard Shannon, *Age of Salisbury*, p. 475.

④ G. R. Searle, *A New England?* p. 217.

舵人。如果说他尽可能不插手同僚负责的衙门,那他更不会与同僚分享外交权。外交是他的独立王国,加之他经常在自家乡间别墅搞秘密外交,议会更无从干预。1885 年,索尔兹伯里执掌政府时,原打算解决格拉斯顿留下的埃及难题,但保加利亚很快成为国际瞩目的焦点。是年秋,保加利亚民族主义者驱逐了东鲁米尼亚(Rumelia)地区的奥斯曼官员,试图把土耳其人控制的保加利亚土地与多瑙河北岸的保加利亚大公国整塑为一个统一的保加利亚人国家。奥斯曼帝国极力阻止保加利亚人,俄国也因新成立的保加利亚王国国王——巴腾堡的亚历山大(Alexander of Battenberg)不听使唤而横加干涉。1886 年上半年,俄国人绑架了巴腾堡的亚历山大并企图另立傀儡国王。当时还未离职的丘吉尔认为英国是一个"亚洲帝国",反对卷入东欧纠纷。他说:"如果我们在近东保障了和平,从而把俄国的敌意完全吸引到我们自己身上,谁会支持我们在亚洲反对俄国?"[1]但索尔兹伯里不希望巴尔干局势生变,他本人是1878 年柏林会议的策划者之一,保加利亚原状是他的杰作。他说巴尔干的"任何变动都会更加糟糕,那里尽可能少生是非才符合我们的利益"。[2] 他担心英国置之不理会影响国际威望,纵容俄国只会让俄国在中亚和远东更嚣张,而英国在远东和中亚的维系"主要靠威望"。[3] 索尔兹伯里要防止俄国人蚕食奥斯曼帝国属地,奥匈帝国也要阻止俄国向巴尔干推进。英奥遂联手对俄施压。不过奥匈不足以威慑俄国,德国态度才是巴尔干局势的风向标。而俾斯麦只想打压法国,不想东欧出纰漏给法国可乘之机。他深信:英德交好,借英国海军威慑法国是德国理想的选择,英德相互利用比坐视不管更为划算。1887 年春,俾斯麦恐吓奥匈勿轻举妄动,亦敲打俄国不要太过嚣张。索尔兹伯里就这样和俾斯麦各取所需,遏制了俄国控制保加利亚的野心。不过俾斯麦不想过分开罪俄国,以免法俄套近乎,为此他又炮制了一份《再保险条约》(Reinsurance Treaty)。

保加利亚危机过后,索尔兹伯里将目光从东地中海北岸转向了南岸。英国当时在埃及驻军不仅招致埃及民族主义者和奥斯曼宫廷共同反感,亦刺激

---

① A. J. P. 泰勒:《争夺欧洲霸权的斗争》,第 348 页。

② G. R. Searle, *A New England?* p. 203.

③ David Steele, *Lord Salisbury*, pp. 249 - 251.

法国妒火中烧。为减少各方敌意,1887年,索尔兹伯里的特使沃尔夫(Henry D. Wolff)穿梭于伦敦、开罗和伊斯坦布尔三地,精心策划了一份英国从埃及撤军的协议。协议留有后手,明言英军随时可以运河安全为由返驻埃及。法国自不量力,怂恿埃及人反对协议,致使撤军拖延不决。英法互相猜忌。索尔兹伯里于1887年3月和12月炮制了两份《地中海协定》(Mediterranean Agreements),相约意大利和奥匈共同维护东地中海现状。法国认为这是刻意排挤它的势力深入东地中海,法国右派军官布朗热(Georges Boulanger)煽动民族主义,英法关系极度紧张。索尔兹伯里甚至下令英国海陆两军随时准备迎战可能入侵英国本土的法军。这纯属杞人忧天。法国不仅实力不济,且布朗热于1889年初在国内斗争中失势,冷静下来的法国政府重新提议英军根据两年前的协议撤离运河区,英方变卦,拒绝撤军且以《海军防卫法》震慑法国。

1888年,德国新皇威廉二世继位,此人是未来三十年国际关系的最不确定因素。他上台后就想与他的娘舅家英国结盟以打压俄国。俾斯麦知道英德结盟只会刺激法俄结盟,德国得不偿失,但他不能违拗皇帝意志,遂向索尔兹伯里建议结盟。索尔兹伯里以英国与他国结盟需议会批准搪塞,俾斯麦也知道索尔兹伯里不会同意,他只需让皇帝知道他已经提议英德结盟便万事大吉。官样文章并非毫无意义,索尔兹伯里与俾斯麦的互动为两国化解东非矛盾提供了契机。1890年,英国用赫尔果兰岛(Heligoland)换取德国在东非控制的部分殖民地,打通了迈向肯尼亚腹地和乌干达的道路。俾斯麦下台后,1892年,德意两国建议英国加入三国同盟(Triple Alliance),索尔兹伯里婉拒,理由是奥匈或意大利若在巴尔干与俄国发生战争,英国"无法给予任何承诺"。[1]他不想英国在东地中海身背不必要的军事包袱,更知道德国不会为英国火中取栗,在远东或中亚抵御俄国。他相当讨厌意大利人鬼迷心窍、巴蛇吞象,意大利积贫积弱却想夺取法国在北非的殖民地。1891年,法国舰队访俄归来时,索尔兹伯里诚邀法舰访问朴茨茅斯,向法国示好以便明确英国"对同盟国的承诺并不比对法国及俄国的承诺更多"。[2]

---

[1] David Steele, *Lord Salisbury*, p. 294.

[2] David Steele, *Lord Salisbury*, p. 295.

从 1885 到 1892 年,索尔兹伯里在国际关系领域纵横捭阖、收放自如,以最小代价保证英国利益最大化。他的外交路径同帕麦斯顿、迪斯累利如出一辙。当然,他没有帕麦斯顿的傲慢,亦无迪斯累利的活跃,与这两位前辈相比,他的忧虑更多,毕竟索尔兹伯里时代,列强与英国实力差距缩小且纷纷叫嚣瓜分世界。1887 年,他向女王禀明他的外交指导原则——防止大陆列强联手"把英帝国作为可瓜分对象",否则,"英格兰尽管能自卫,但极度危险且代价高昂"。[①] 索尔兹伯里无法阻止列强与英国争霸,但成功防止了它们联手抢夺英国既定果实。

索尔兹伯里执行的是防御性外交,印度与英国本土联络畅通是其主要考量,故时刻紧盯苏伊士运河周边地区,对辽阔的撒哈拉沙漠以南的非洲和万里之遥的远东则主张克制。不过到 1890 年代中期,无论自由党后生还是保守党内以张伯伦为代表的新帝国主义者,大都热衷更强势的殖民扩张与全球争霸。1897 年,张伯伦借女王登基钻石庆典炫耀繁荣昌盛;特意安排来自帝国的代表和本土民众普天同庆,培育帝国属民对不列颠的认同感;鼓吹"英帝国使命"并以之激发民众自豪感,稀释他们的阶级戾气。张伯伦说"我们的大帝国实力强大,它将永远保障世界和平与文明,在历史的长河中无与伦比"。[②] 他的夸张言辞和操作抢走了包括首相和女王在内的所有人的风头,两党后起之秀不约而同将其奉若神明。年轻一代的英国精英,不管支持哪个党派,均明白美国已取代英国成为世界第一经济大国,德国正在世界范围内威胁英国的殖民和帝国利益。1898 年,美国连续从老朽的西班牙手中夺取了古巴、波多黎各和菲律宾等地。英国可以默认美国独霸西半球,但忌惮其插足西太平洋,更不能容忍欧洲传统列强威胁自己在亚非的地位。精英呼吁不列颠民族缓和国内阶级冲突,加速帝国资源整合,应对欧陆列强之挑战。缓解内部冲突的办法就是张伯伦已实践多年的社会经济改革,帝国整合便是他开出的"帝国联邦"这副灵丹妙药。

1892 至 1895 年,自由党政府外交和帝国政策主动向保守党看齐。索尔

---

① Kenneth Bourne, *The Foreign Policy of Victorian England*, p. 426.
② Ian Cawood, *The Unionist Party*, pp. 219 - 220.

兹伯里 1895 年重掌外交后无需替自由党政府收拾烂摊子。1894 和 1896 年，土耳其人屡番屠杀亚美尼亚人的消息不断传到英国，人道主义者和自由主义者吁请官方介入。内阁举棋不定，海军部也表示准备不足，不过英国舆情声援亚美尼亚人触怒了奥斯曼官方。多年来，素丹始终担心英国在伊斯兰教圣地麦加（Mecca）或开罗另立哈里发，土耳其人也逐渐看明白与其利用英国阻止俄国倒不如利用德国。威廉二世情真意切，躬身访问伊斯坦布尔，素丹受宠若惊。德国人设想的从柏林到巴格达的铁路也会缩短往来于伊斯坦布尔与柏林的时间，而英国在中东的外交及军事布防早已从伊斯坦布尔向开罗倾斜。尼罗河战略地位更高，此河上游决不能被他国控制。英军沿尼罗河向南推进，1898年，基切纳（H. H. Kitchener）指挥英军在苏丹境内的恩图曼（Omdurman）残忍屠杀上万名曾追随马赫迪的宗教激进主义者，为戈登完成了复仇。基切纳还掘开马赫迪坟墓，扬言把他的头颅变为酒壶。以根除东非奴隶制为幌子的英国侵略者堪比中世纪用拜占庭皇帝头颅制作酒壶的保加尔蛮族，野蛮与变态令人发指。英国人沿尼罗河南进时，法国人也从西非沿河向非洲内陆推进。1890 年代法国建立跨撒哈拉沙漠的帝国梦异常炽烈，英法军人终于在 1898年底于法绍达（Fashaoda）狭路相逢。法国让步，苏丹变成英国保护国。妄图在东非占一席之地的意大利人两年前已在埃塞俄比亚蒙羞受辱，不足为患。

索尔兹伯里对远东和非洲内陆并无兴趣，但张伯伦和海军大臣戈钦等鼓励新帝国主义者在全球疯狂扩张，经常搞得他非常被动。1897 年，俄国强占了中国东北，次年又强租旅顺港。新帝国主义者指责索尔兹伯里抑俄不力，致使英国在华利益受损。公众抗议政府无能，远东英国商人呼吁对俄强硬。张伯伦厌倦了索尔兹伯里对俄国的纵容，加之英国在亚非两洲的外交与殖民事务已难分彼此，张伯伦身为殖民大臣更有野心主导外交，他"想成为英国外交设计师的野心是起源于旅顺口危机"。[①] 张伯伦认为如不在中国扳回一局，既无脸向国内民众交代，更无法保障在华利益。他说："如果我们对中国不采取更加坚决的态度，政府即将碰到大麻烦"；"今后中华帝国可能而且也许一定会

---

① 杨国伦：《英国对华政策（1895—1902）》，中国社会科学出版社，1991 年，第 68 页。

不顾我们的愿望并无视我们的利益"。① 鉴于张伯伦不断煽动民粹向政府施压,索尔兹伯里为安抚新帝国主义者同意强租威海卫。然而他反感民意绑架外交并怀疑租借威海卫的战略价值,他说:"'公众'将要求在中国得到某种领土上的或者只是在地图上的慰藉。它将毫无用处但耗费却很大;不过,作为一种单纯是情绪上的需要,我们将不得不这样干。"②

　　索尔兹伯里担心狂热的新帝国主义者迟早把英国卷入得不偿失的战争,他的忧虑终于在世纪末的南非变成事实。自1881年第一次布尔战争结束,英国与布尔人的国家特兰士瓦尔以及奥兰治自由国关系始终模糊不清。1886年,约翰内斯堡(Johannesburg)附近发现金矿,欧亚非各地淘金者疯狂涌向特兰士瓦尔。该国时任总统克鲁格(Paul kruger)拒绝给蜂拥入境的白人外来劳工(uitlanders)选举权。他还试图绕过开普殖民地直接与外部世界贸易。1890年始任开普首相的罗德斯(Cecil Rhodes)串通南非内陆以及罗德西亚等地土著,打通了开普连接特兰士瓦尔的道路。1895年,罗德斯又与英属南非公司(British South Africa Company)主管詹姆森(Leander Starr Jameson)合谋,策动特兰士瓦尔境内没有公民权的白人反叛,企图里应外合颠覆克鲁格的统治。克鲁格防范严密,挫败了罗德斯阴谋并俘获詹姆森。张伯伦因积极支持阴谋一度承受巨大压力,所幸罗德斯把责任全部揽下,张伯伦才躲过责难。

　　1896年1月,德皇威廉二世致电克鲁格,祝贺他旗开得胜。尴尬的维多利亚女王致信其外孙称:"对你发给克鲁格的电报,我不禁深表遗憾;它被视为对我国极不友好,⋯⋯给我国留下了痛苦的印象。"③英国人急于复仇,更担心德国成为布尔人盟友。布尔人事后更加警惕,他们从欧洲购买了一批精良武器,几个布尔人国家还缔结军事联盟,共御外辱。布尔人还鼓动开普殖民地境内的土著寻机掀翻英国人的统治。英帝国治下的所有帝国主义者均为南非局

---

①　杨国伦:《英国对华政策(1895—1902)》,第69、79至80页。

②　A. J. P. 泰勒:《争夺欧洲霸权的斗争》,第422页。

③　W. D. Handcock, ed., *English Historical Documents*, Vol. Ⅹ, p. 40.

势寝食难安。1898 年，米尔纳（Alfred Milner）从埃及转赴开普任职。到任后他成立所谓的南非联盟（South Africa League）并担任南非军队总指挥。他以克鲁格不给特兰士瓦尔境内白人选举权为由，指责克鲁格敌视自由和平等，欲借此挑起战端。克鲁格无需按英国人指示治理自己的国家，何况特兰士瓦尔境内的白人外来劳工并非全部源自英国。米尔纳继续胡搅蛮缠，他买通国内媒体，以抽象的自由平等理论鼓噪民粹，煽动反克鲁格舆情，为战争造势。1899 年 5 月，米尔纳与克鲁格在布隆方丹（Bloemfontein）谈判破裂。米尔纳致信伦敦称南非境内"成千上万处境一直如奴的英国属民……向女王陛下政府求救，却杳无回音，这不断地损害大不列颠影响力及声誉"。[1] 索尔兹伯里抱怨"为了那些不能为英国带来力量和利润的领土"，把英帝国拖入战争风险太高。[2] 然而张伯伦鼓励米尔纳大胆行动，他认为这场战争不仅检验英国对万里之外殖民地的控制是否牢靠，还能让英国在全球争霸中占得先机。他的帝国话语权已压倒索尔兹伯里。9 月初，张伯伦说服内阁向南非增兵。布尔人则发布最后通牒，要求靠近特兰士瓦尔的英军撤离。米尔纳置之不理。10 月 11 日，布尔人先发制人，对英宣战。

战争最初三个月，英军兵力分散且轻视配备先进武器的布尔人，连吃败仗。布尔军多线飘红，时年二十五岁的战地记者丘吉尔（Winston Churchill）成了他们众多俘虏之一员。鉴于兵力不足，英帝国白人自治领的志愿军源源不断奔赴前线增援，曾在印度、阿富汗、爱尔兰等地履职的英国陆军元帅罗伯茨（Frederick Roberts）转赴南非救火。1900 年初，英军凭借资源和兵力的绝对优势扭转了战局，5 月底和 6 月初分别夺取了约翰内斯堡和比勒陀利亚（Pretoria）。9 月初，罗伯茨宣布战争结束。克鲁格流亡欧洲大陆，然而布尔军民早已转入游击战，并时常重创英军，迟至 1901 年 9 月，游击队还有能力奇袭开普殖民地腹地。英军在南非广建集中营，羁押折磨布尔人，致使大批布尔平民非正常死亡。他们还奉行焦土政策，放火焚烧草场，重创布尔人农牧业。布尔农场主被迫倒戈并呼吁同胞停止抵抗。1902 年 5 月 31 日，双方缔结《弗

---

[1] W. D. Handcock, ed., *English Historical Documents*, Vol. Ⅹ, p. 405.

[2] A. J. P. 泰勒：《争夺欧洲霸权的斗争》，第 434 页。

里尼欣条约》(Treaty of Vereeniging),布尔人承认英国宗主权,但英国承诺补偿布尔人 300 万镑现款并提供一笔两年内免息的贷款用于重建家园,还允许布尔人自治。[①] 英国赢得了战争,拓展了帝国版图。然而这场战争充分暴露了英帝国的疲惫,其陆军战力低下且后勤保障存在致命弱点。英帝国总共投入 40 万兵力才迫使不起眼的布尔人有条件屈服。两万多英帝国士兵埋骨南非草原,其中多数死于疾病。

　　战争也左右着英国内政。除《曼彻斯特卫报》(*Manchester Guardian*),主流媒体和统一党人均支持战争。[②] 以罗斯贝里、阿斯奎斯为代表的自由党多数支持战争,不过以劳合·乔治为代表的党内激进主义者反战,党魁坎贝尔-班勒曼在两派间搞平衡。劳合·乔治指控张伯伦家族为了军火生意鼓噪并大力支持战争;当集中营的消息在英国传播开来后,他又联手不从国教者抨击战争违背人道主义。工人阶级中,反对与支持战争者皆大有人在,故 1900 年劳工代表委员会(Labour Representation Committee,LRC)成立时(见下一章),与会代表对战争不置评论。[③] 索尔兹伯里身为统一党人领袖和首相,必须支持战争,但知道大批将士和军资投入南非会削弱本土防御。为此他提前布局,为英德紧张关系降温。1898 年夏,英德达成协议,英国同意德国在时机来临时瓜分葡萄牙在东非的帝国,德国承诺不公开援助布尔人。索尔兹伯里始终不信任法国,1900 年上半年,他极度担心法国乘机攻击英国本土。[④] 直到英军攻陷比勒陀利亚,索尔兹伯里才稍稍松口气。他对战争的冷漠疏远了民族主义者和帝国主义者,他的保守形象又无法赢得自由派和激进派认同,加之健康状况恶化,民望下滑。战争操盘手张伯伦因初期的失败承受巨大压力,不过战况扭转后华丽翻身,成了国人偶像。英军占领比勒陀利亚后,张伯伦欲携胜利余威举行大选,延长政府任期。当时英国陆军统一着装为卡其色,故 1900年秋的大选又名"卡其色选举"(khaki election)。张伯伦欲用战争和爱国主义绑架选民,他援引一位在南非履职的文官的话称:"政府每丢一个议席就等于

①　W. D. Handcock, ed., *English Historical Documents*, Vol. Ⅹ, p. 407.

②　该报 1959 年改名《卫报》,1964 年总部迁往伦敦。

③　G. R. Searle, *A New England?* p. 290.

④　David Steele, *Lord Salisbury*, pp. 362-363.

布尔人得到一个议席。"①不过大选并未改变下院格局,统一党席位与选前基本持平。战争对选情影响并不明显,苏格兰西部、利物浦等地选民更关注教育和宗教,自由党和工人阶级高举社会改革旗帜,比聚集于米字旗下的统一党人更受选民欢迎。新帝国主义者大选后要求改组内阁,为政府注入新鲜血液。索尔兹伯里辞去外交大臣,兰斯多恩接任。索尔兹伯里女婿谢尔本(William Palmer, 2nd Earl of Selborne)出任海军大臣,加之首相两个外甥巴尔福兄弟都是重臣,时人嘲讽改组唯亲是举,不仅未优化政府结构,反把内阁变成了家族俱乐部。

不管政府是否家族俱乐部,索尔兹伯里此后不再负责具体事务,加之他从来不重视保守党组织建设,也不靠党领导内阁,故1900年底政府改组后他变成了挂名首相。张伯伦仍是殖民大臣,但风头和权势盖过了首相。他和索尔兹伯里均担心英国孤立,但两人看问题的视角及应对策略截然不同。索尔兹伯里"不按全球称霸思考问题",亦不相信英德结盟的可行性,仍重点提防法国发难。②张伯伦则审视全球,尤担心俄国在中亚和远东兴风作浪,他于1901年建议与德国结盟遏制俄国,只因德国"无意抵制俄国蚕食中国"未果。③张伯伦的全球视野更受新帝国主义者追捧。德国军国主义者不仅被认为不屑与英国结盟且大肆散布大英帝国崩溃在即论,其张狂令英国的新帝国主义者确信自己的世界霸主地位岌岌可危。俾斯麦下台后,德国新首相和高级军人均叫嚣抢夺"日光下的地盘",矛头直指"日不落"的英帝国。海军大臣谢尔本尤其担心英国在远东孤立无援,积极寻觅盟友。法国当时是假想劲敌,德国气焰嚣张,新兴强国日本成了唯一选择。日本急于把俄国从中国东北逐走,英日各取所需,1902年1月结盟,这标志着拿破仑战争后英国光荣孤立的传统外交终结。当然,一项区域的盟约远不足以保护世界帝国,军备竞赛不能松懈。1901年预算不仅举债,还对进口谷物、精糖、出口煤炭加税,个税也升到每镑1先令2便士,偿债基金亦暂缓支付利息。④比奇为加税忧心忡忡,索尔兹伯里

---

① Peter Marsh, *Joseph Chamberlain*, p. 499.

② David Steele, *Lord Salisbury*, pp. 365 - 366.

③ Peter Marsh, *Joseph Chamberlain*, p. 507.

④ G. R. Searle, *A New England?* p. 300.

理解比奇的焦虑,称"我们已面对沙文主义飓风,且未张帆就已起航"。① 然而无人理会这位过气老人的忠言。1902年赤字进一步增加。比奇和内政大臣里奇(C. T. Ritchie)对一以贯之的低税政策遭破坏痛心疾首,然而张伯伦警告节衣缩食暗含极大政治风险。低税派与新帝国主义者摩擦迭起。

1902年7月,索尔兹伯里因病退休,次年辞世。他死后,统一党和保守派群龙无首,在国内政坛连续溃败,以至于一战前十年保守主义陷入巨大危机,被社会主义和激进主义鞭笞得遍体鳞伤。学院派专家和快餐文化消费者大都认为维多利亚女王1901年初的驾崩标志着英国的辉煌一去不返,事实上索尔兹伯里骨子里的气质与英国的传统及荣光更相匹配。按财产分配权力的精英治国模式和适度保障信仰自由的教国合一体制是英国的两份伟大传统。索尔兹伯里和女王在亘古未有的大变革时代奋力保卫这两大传统,然而女王早成虚君,只有空冠,保卫传统的重责更多落在索尔兹伯里肩上。索尔兹伯里1830年呱呱坠地时,王权近乎坍塌,国教亦丧失信仰垄断,贵族则承受着自由派、激进派乃至草根之无情奚落和围攻。到19世纪晚期,贵族和国教处境继续恶化,位于崩塌之边缘。索尔兹伯里以诚挚的责任心守护伤痕累累的教会和濒临瓦解的贵族精英体制。然而他不愿随波逐流,难以融入大众政治,不屑煽动民粹,甚至不屑结党,故找不到守护的法门,无助看着世俗主义者和不从国教者蚕食教会的仅存阵地,焦虑注视着市井庸民和粗鄙村夫取代贵族精英主宰国家命运。好在他死得其所、死得及时,帝国表面看仍如日中天,激进自由党人和社会主义者主导的改革还未全面来袭。他死得亦不孤独,因为有造就不列颠荣光的贵族精英给他陪葬,有呵护英格兰四百年的教会为他抹泪。如果说维多利亚与英国的辉煌一道逝去,索尔兹伯里则与英国的传统一道淡出历史。19、20世纪之交的英国,阶级斗争取代教派博弈成为政治指挥棒,大众选票压倒贵族的政治技艺决定内外政策。英国人丢掉了成就伟业的两份特质,从此泯然众族。

---

① David Steele, *Lord Salisbury*, p. 365.

新首相巴尔福早在爱尔兰总督任上历练了过硬行政本领,长期担任下院领袖也有助于他领略代议制政府运行之道。不过他的政府从一开始就极不和谐,三年半的首相任期被内忧外困搞得焦头烂额。首先,首相虽是新人,但内阁几乎全是原班人马,只有里奇接替比奇任财政大臣,本已矛盾重重的内阁分歧更大,无法就任何重要内外政策达成共识。最要命的是巴尔福镇不住张伯伦这个刺头。统一党基石仍是巴尔福领导的保守党,张伯伦并无实力夺走巴尔福的相位,但他是布尔战争捧出的政治红人,可以选择首相外的任何职位。张伯伦的喽啰原本指望他接任财政大臣,不过他认为帝国事业未竟,仍愿官居原职。他与巴尔福似乎达成了一种默契,首相主内,他负责帝国和外交。然而这种从未言明亦不可能完全割裂的内外分工只是"幻觉",里奇等正统保守党人从不承认。① 其次,布尔战争留下了巨额财政赤字并证实帝国防务空虚,且明智之士都知晓政府无法兼顾这两大难题。巴尔福清楚,他若过度插手财政或帝国防务必与张伯伦起冲突,故指望以教育改革另辟新天地。

　　1902 年《教育法》(Education Act)是巴尔福首相任内影响最深远同时也极具争议的法案。它充分证实巴尔福对国教感情之深比索尔兹伯里有过之而无不及。1871 年以前,英国初等教育基本由教会掌控,1871 年《初等教育法》生效后,各地教育委员会逐步担起教育责任,有权将税收用于教育事业。在教会掌控的志愿学校中,教学的宗教色彩依然浓厚;但在教育委员会负责的学校中,非宗派教学特色较为明显。志愿学校因经费不足,教学质量日益下滑,国教徒和保守党人因而呼吁重振国教的教育话语权。1902 年《教育法》废除了英格兰和威尔士境内的教育委员会,各类学校一律交由市政当局管理。不过市政当局只负责为学校筹措经费,不得干涉教学内容,也无权任命教师。此条旨在防止新的教育部门损害国教在教育中的影响力,招致非国教徒强烈抗议。原教育委员会的经费主要来自非国教徒交纳的税收,而新法案却要用他们的

<hr />

① Peter Marsh, *Joseph Chamberlain*, p. 530.

税收保护国教徒在教育中的特殊利益。非国教徒愤怒难遏,法案生效后,他们拒绝交纳用作教育的经费。政府将大量抗议者收监,其中包括一名八十岁老妪。1902 年《教育法》打乱了 20 世纪初的英国政治秩序,决定性改变了两党接下来的实力对比。统一党群众基础主要是国教徒,但也包括很多卫斯理宗,卫斯理宗与其他派别的非国教徒一样对这部《教育法》极度不满。张伯伦没公开反对《教育法》,他的沉默招致非国教徒不满,他们批评他背弃了一贯的"保护非国教徒免受压迫的传统"。[1]

　　张伯伦准确预估非国教徒对《教育法》的愤怒将会刺激自由党复兴,对统一党下届大选不利。不过相较几年后才需面对的大选,张伯伦认为帝国问题更刻不容缓。重臣多确信赤字和帝国防务无法兼顾,张伯伦不以为然。他果敢擎起关税改革大旗,相信从长远看能增加收入、缓解赤字,更能提高帝国防务水平。1880 年代已有人提议关税保护。1896 年,张伯伦就任职殖民大臣后在下院发表了两篇加强各殖民地经济联系的演说。1902 年,他又在殖民地大会(Colonial Conference)上抛出上述话题以供讨论。是年底,张伯伦强迫内阁同意对外国输入英国谷物开税,同时给予自治领加拿大输入英国谷物极大关税豁免权。笃信自由贸易的财政大臣里奇立即跳出来反对并以辞职威胁内阁撤销决定,保守党选区组织干将也担心谷物税触怒选民,结果内阁又取消一切谷物进口税。[2] 张伯伦在第一回合斗争中让步,但随时准备反击,1902 年底至次年 5 月,他与里奇就关税问题处处针锋相对,甚至不远万里到南非、埃及等地考察,衬托他的帝国热情。归国后,他于 5 月 15 日到伯明翰发表激情洋溢的演说,呼吁加强帝国经济联合。一周后,他马不停蹄现身下院,呼吁帝国一致并兜售农业和制造业保护以及反倾销等一系列涉及关税的改革建议。5 月 28 日,他又向下院表示,"若优先考虑殖民地","就应对食品征税"。[3] 为补偿底层民众短期内因物价上涨蒙受的损失,他建议向中高收入者征税,给穷人发放养老金,这与 1885 年的"勒索论"如出一辙。

　　张伯伦的强势姿态加速了本已极不和谐的内阁进一步分裂。6 月,130 名

---

① Peter Marsh, *Joseph Chamberlain*, p. 537.

② Peter Marsh, *Joseph Chamberlain*, p. 561.

③ Hansard, 28 May 1903, Col. 185.

下院议员单独开会，支持并商讨英帝国内部贸易互惠。而以比奇、丘吉尔等为首的"食品自由论者"（Free Fooders）认为贸易保护与帝国互惠必催涨农产品价格，损害民众利益，坚决反对张伯伦的改革建议。巴尔福起初支持张伯伦，旋又表示要谨慎行事。是年夏，他多次与两派头领碰面，企图走一条折中路线，但根本找不到两全之策，结果两方不讨好。9 月，张伯伦向巴尔福请辞，以便游走全国，逐地说服民众接受关税改革。张伯伦此时还无意与巴尔福一刀两断，巴尔福更不敢与张伯伦割席。张伯伦辞职当天，巴尔福迫使包括里奇在内的 3 位主张贸易自由的大臣走人，还提拔张伯伦之子奥斯汀·张伯伦（Austen Chamberlain）接任财政大臣。巴尔福用心可谓良苦，欲"把奥斯汀作为拴住其父的绳索"，以减缓来自张伯伦这位"最野蛮的政治斗士的正面攻击"。①

冲突并没有随着两派头面人物辞职有所缓和，反而愈演愈烈。10 月初，张伯伦在格拉斯哥、纽卡斯尔、利物浦、伯明翰、利兹等地周游演说，基本阐明了他对关税改革和帝国互惠的构想。为免自由贸易派给他贴上贸易保护主义标签，张伯伦措辞谨慎，不说"关税保护主义"（tariff protectionism），只谈"关税改革"（tariff reform）。其演讲主旨包括对外国而非殖民地进口的农产品、生猪肉等商品课以重税，外国工业品则应征收价值 10％ 以上之关税。他援引数据称英国在过去三十年中出口严重下滑，尤其是劳动密集行业的工业制成品出口下滑幅度较大。这样他就把关税改革与就业扯到了一起。他还歪曲历史，称 19 世纪中期英国的繁荣并非自由贸易之功，而是国内铁路建设浪潮和海外淘金热的结果。② 在推销关税保护政策过程中，张伯伦起初承诺调低茶叶、蔗糖、咖啡等商品税率，以减少消费者损失，继而建议完全废除蔗糖和茶叶等商品的消费税。③ 为获得更广泛层面的支持，张伯伦还成立关税委员会（Tariff Commission）这个主要由企业家和知识分子组成的机构，调查工贸等部门行情并收集翔实数据，以期证明关税改革的必要性、迫切性及可行性。1903 年，商人代表还自发组建关税改革联盟（Tafiff Reform League），旨在保护英帝国工业利益。笃信德意志政治经济学理论的经济史学家坎宁安（William

---

① Peter Marsh, *Joseph Chamberlain*, p. 579.

② Peter Marsh, *Joseph Chamberlain*, p. 586.

③ G. R. Searle, *A New England?* p. 337.

Cunningham)、阿什利(William Ashley)等也甘为张伯伦喉舌,为关税改革推波助澜。

　　张伯伦呼吁关税改革既有经济目的又有政治考量。1905 年初夏,为讨好工会,他重点宣传关税改革的就业意义。关税改革对"就业问题"大有裨益是张伯伦开出的强力诱惑。按其逻辑,英国工业衰退迫使企业压缩生产,继而造成大量工人失业;只有对本国市场施以保护才能重振工业并提高企业国际竞争力,从根本上化解失业;保护本国市场就是保障就业,同理,如其所说:"你不可能是商品自由交易者而不是劳动力自由交易者。"①张伯伦引导民众憧憬关税改革后就业、工资、福利等统统好转:"你们的雇主可轻而易举给你们更高工资;轻而易举许诺意在提高你们的生活水平的一切立法;……正是这个国家就业的相对减少对你们抱怨的大多数弊政应负责任。"②张伯伦和 21 世纪的美国总统特朗普(Donald Trump)一样,面对衰退的本土工业和大面积失业,就业牌和爱国牌并打,自称爱国主义者,指责自由贸易论者是虚无的世界主义者。张伯伦批评科布登式的世界主义者不仅缺乏爱国精神且随着英国综合国力下降已无力应对国际挑战。帝国统一和关税保护虽在短期内对民众日常生活造成一定冲击,但从长远看,安全的帝国市场不仅是雇主的商机,也必然惠及万家百姓。张伯伦声称未来国际竞争力取决于帝国规模,英国如不能高效整合广袤殖民地资源,迟早会沦落到与荷兰大致相同的国际处境。③ 除讨好工会,张伯伦还有更深层政治意图。随着爱尔兰问题暂时沉寂,统一党人需寻找新的合作基石,关税改革和帝国统一可激发民众爱国主义并以之为纽带淡化各阶层身份差异,培育国民捍卫帝国的使命感,引导他们齐心对抗所谓的外人。总之,张伯伦坚信帝国才是出路,不列颠"已老态龙钟……但帝国……是新生婴儿,如今是时候铸造帝国并……确定其未来使命了"。④

　　张伯伦目标宏伟、见识卓远,但他操之过急且不顾旁人感受。自由党影子外交大臣格雷的评论入木三分,他说张伯伦"就像一名火车司机,全速奔跑中

① Peter Marsh, *Joseph Chamberlain*, p. 620.
② Peter Marsh, *Joseph Chamberlain*, p. 620.
③ G. R. Searle, *A New England?* pp. 339 - 340.
④ Peter Marsh, *Joseph Chamberlain*, p. 567.

发现火车部分构件发烫,但他并没减速让其冷却,亦未加以润滑,反而提速狂奔,以期在故障出现前到达目的地"。[1] 张伯伦的巡视帝国、巡回演讲和下院慷慨陈词处处展现的是个人英雄主义。他既未做足下院准备工作,也未邀重量级政要捧场,企图单枪匹马建不世功勋。企业家和知识分子为其助阵者不少,但权贵和政客大都冷眼旁观,连德文都反复强调自由统一党既不能丢掉政治自由,更不能丢掉贸易自由。自由统一党大佬都对张伯伦的自命不凡感到无所适从。

张伯伦急求成只是其受挫的次要原因,更大阻力源于自由贸易理念在英国根深蒂固。在英国历史长河中,唯一能像基督教一样曾得到近乎全民拥奉的信条就是维多利亚时代的自由贸易。尽管 20 世纪初已非维多利亚时代,但民众主流价值观相对事实总会滞后。里奇提醒民众,英国与他国贸易额两倍于与殖民地及自治领的贸易额。[2] 英国棉纺业对美国南方棉花的依赖甚于对印度棉花的依赖。曼彻斯特商人和工会代表称:"联合王国伟大的棉纺业应归功于自由贸易政策,也只能靠自由贸易政策才能维持下去。"[3]外贸也是英国造船、煤炭等行业生存之本。自由贸易论者深信:"不列颠卷入全球体系如此之深,以至于退回到'壁垒森严的帝国'是不可能的,除非以降低生活水平和经济活力为代价,而没有哪位精明的政客能够接受这点。"[4]反关税改革者坚信经济复兴的诀窍在科技进步,而非贸易保护,何况爱德华七世时代的经济复苏令他们确信自由贸易理论绝没过气,英帝国并不存在张伯伦胡编乱造的重重危机。多数农场主和农业工人支持关税改革,不过多数产业工人担心食品价格上涨导致消费降级,对张伯伦的主张完全不感冒。各级工会组织和形形色色社会主义者号召工人抵制关税改革,支持食品自由联盟(Free Food League)。该联盟是统一党内反关税改革者在 1903 年所创,德文恰是它的主席,与支持张伯伦的关税改革联盟针锋相对。食品自由联盟组织松散,亦不重视舆论宣

---

① Peter Marsh, *Joseph Chamberlain*, p. 558.

② G. R. Searle, *A New England?* p. 347.

③ P. F. Clarke, *Lancashire and the New Liberlism*, Cambridge University Press, 2007, pp. 96 - 97.

④ G. R. Searle, *A New England?* p. 348.

传,但其支持者多为两院议员,政策话语权远超关税改革联盟。除统一党内的反对者,张伯伦还须应付自由党的诘难。自由党主导的自由贸易联盟(Free Trade Union)仍笃信经典自由主义经济学,斥责关税改革荒诞不经。

以丘吉尔为代表的统一党内的反关税改革者甚至考虑与自由党人联手抵制张伯伦。不过坎贝尔-班勒曼宁愿与工会及新成立的工党(Labour Party)合作,也决不与保守党共事。狡黠的丘吉尔面对不祥之兆,只能厚着脸皮在大选前转投自由党,与他一起变节的还有另外几十位保守党人。张伯伦一意孤行还导致他与巴尔福原已微妙的关系彻底破裂。巴尔福仍想维护统一党团结,多番在两派间斡旋,每次都徒费口舌。张伯伦对巴尔福的骑墙姿态日益不满,公开指责他优柔寡断。1905 年初,张伯伦预感统一党下次大选难有胜算,索性放手一搏,妄图以关税改革为支撑点重塑统一党来扭转乾坤。其咄咄逼人的架势令保守党人感觉他要取代巴尔福,号令统一党。11 月,张伯伦又跑到布里斯托尔指桑骂槐,语带侮辱地指控政府无能,拐弯抹角贬斥巴尔福难成大器、不足与谋。面对张伯伦的侮辱和丘吉尔等人的背叛,身陷囹圄的巴尔福效法 1895 年的罗斯贝里,未及大选便辞职走人。

巴尔福本非庸才,但他接管内阁时统一党和政府均元气耗尽。为相三载,除了一部不合时宜的《教育法》,巴尔福没有任何政绩。面对大众民主、阶级对抗、社会主义、世俗主义、关税争议这一切对他来说太过陌生的新事物,他的消极无为可被理解为无声的抗争。他"不仅是在与已经变化了的时代精神抗争,而且是与他自己的政党的已经变化了的特质抗争"。[①] 他来自土地贵族圈,《谷物法》废除后这个阶层实力日渐孱弱,1870 年代开始的农业萧条导致农村长期凋敝,索尔兹伯里的些微措施于事无补。保守党中坚在 19 世纪晚期越来越把张伯伦当成救星,他们并非不知道张伯伦急躁冒进,但张伯伦代表执英国经济之牛耳的城市工业利益集团,他的关税保护也给农场主起死回生之希望。土地贵族在政治上已被边缘化,沉湎于对快乐英格兰的追忆,更对喧嚣的大众民主和激烈的阶级斗争无能为力。巴尔福的消极只是他所属的阶层夕阳残照下的伤逝情绪的外在流露。他留给后世的遗产不是治国策略和经验,而是他

---

① 拉塞尔·柯克:《保守主义思想》,第 388 页。

钟情的心寄田园、隐没乡间的生活哲学,奇怪的是,这种哲学在 20 世纪的英国乃至全世界都很有市场。巴尔福的心态与他的阶层一样老迈,他比张伯伦年轻十二岁,却自嘲"约瑟夫(张伯伦名)和我之间的差异是年轻人和老年人之间的差异:我是老年人"。[1] 巴尔福晚年仍为公务操劳,也为宗教冥想和道德沉思消耗了相当多的精力,宛如一位忧郁尽职的 20 世纪斯多葛主义者。古往今来,帝国由盛转衰总伴随着民众心态的非正常转变,或狂躁不安,或幽思内省,张伯伦和巴尔福截然相反的脾性分别对应这两种心态。

---

① 拉塞尔·柯克:《保守主义思想》,第 392 页。

第二十章　社会主义与社会改革
（19 世纪末至 1914 年）

　　迪斯累利是现代英国政治的鼻祖，他不仅把政治游戏规则从精英决策变成了大众选举，还把政治的头等议题从宗教转向了社会和帝国。19 世纪晚期和 20 世纪初，宗教仍对选民投票意向影响较大，政治家也频频使用宗教牌，教育政策中掺杂着教派利益冲突，爱尔兰自治纷扰更是与教派恩怨纠缠在一起。然而不可否认的是，社会改革越来越博人眼球，帝国扩张及防务更牵动人心，而社会改革和帝国攻防均与基督教直接关联不大。政治还未与宗教剥离，但两者关系急速松动。有人公然蔑视涂抹着宗教色彩的政治仪式，呼吁彻底涤除政治中的宗教因素。1880 年，无神论者布拉德劳（Charles Bradlaugh）当选下院议员，他拒绝按议会规章宣誓就职，理由是誓词包含宗教用语。布拉德劳被剥夺议员资格并一度摊上牢狱之灾，获释后他连续在补选中胜出。1886 年，他终于如愿以偿按自己拟定的誓词宣誓就职议员。宗教紧裹政治的时代慢慢远去。政治的宗教色彩日渐淡却，一因宗教本身衰落，二因宗教面对社会问题时无能为力。社会问题只能循社会的路径去应对，社会主义应运而生。

　　社会主义思想源头至少可追随到 16 世纪，社会主义这个词是英国人欧文最早使用的。尽管相较欧陆，英国社会主义运动洪流形成略晚，但到 19 世纪晚期，社会主义就像 18 世纪后期的福音主义一样风靡英伦。众所周知，基督教派别众多，但基督徒起码共奉唯一神耶稣且所有信徒诵读《圣经》，社会主者没有唯一神,甚至不信神,更无唯一权威典籍,其流派比基督教派别更多。①
英国社会主义运动和昔日福音主义运动一样,派系林立,从未被整合为组织周
密、纪律严明的政治或意识形态运动。在有限篇幅内对英国社会主义进行溯
源难度极大,著者首先概观描述其几大显著特征。一、英国社会主义首先可被
理解为集体主义,其对立面不是资本主义,而是个人主义。按早期英国社会主
义者的逻辑,社会主义,顾名思义,主张由社会控制资本、资源并主导生产与分
配,简言之,就是要从社会层面分析并解决问题。然而社会包括所有人,是最
大的集体,这导致在 19 世纪晚期的英国社会思潮中,"集体主义和社会主义常
常被混淆,或者被完全等同起来"。② 二、部分英国社会主义者相信马克思的
阶级分析,但绝大多数英国社会主义者无意遵循马克思指引的暴力夺权路径。
他们只要社会改革,无意革命。他们相信阶级合作,反对暴力夺权。早期英国
社会主义者要么马克思主义观念淡薄,要么严格区分社会主义与马克思主义。
他们认为社会主义反对社会不公并致力于消除压迫,而马克思主义意味着生
产资料公有制,反对压迫和不公与所有制形式并无必然关系。三、早期英国社
会主义与法、德、俄等欧陆社会主义亦有天壤之别,它深深植根不列颠改良主
义和经验主义传统之中,受欧陆社会主义影响较小,更无意效仿巴黎公社及共
产国际。四、大多数英国社会主义者成长于基督教家庭氛围中,面对时代危
机,他们欲以基督教伦理道德为基础构建一种新式社会运行机制。五、英国社
会主义不是哪个阶级或团体的专利,政党、政客、教会、知识分子、劳工都曾不
同程度卷入社会主义洪流。拥抱社会主义的力量如此多样,折射出 19 世纪晚
期的英国面临严重社会危机。面对危机,精英和草根不约而同选择了社会
主义。

英国社会主义兴起首先源于宗教维系的社会和道德机制失灵。19 世纪
中叶,世俗化苗头初露,1880 年代世俗化进程骤然加快。英国史上只有 1851
年唯一一次宗教普查,精确评估 19 世纪晚期的世俗化程度并无可能,不过世
俗化的计量研究可从区域数据窥见一斑。首都伦敦、国教堡垒牛津以及中北

---

① 本书探讨的社会主义全部指英国社会主义。
② 迈克尔·弗里登:《英国进步主义思想》,第 67 页。

部新兴工业城市的数据一般被认为最具代表性。1851 至 1881 年,伦敦居民去教堂礼拜比例从 30％降到 28.5％,其他 28 个城镇的对应比例从 37％降到 35％。故 1880 年代以前只有轻微世俗化迹象。从 1886 到 1903 年,伦敦市区居民去教堂礼拜比例从 28.5％降至 22％。对中北部有代表性的 8 个市镇的研究也显示去教堂礼拜者比例到 1903 年下降为 27％。牛津郡国教根基深厚且长久散发着质朴乡村气息,按理说受世俗化冲击较小,但此郡到 1913 年去教堂礼拜者也降到了 30％左右。不同教派衰落时间略有差异,不过可以肯定"1890 年代是关键的十年"。[①] 19、20 世纪之交,国教、卫斯理宗、浸礼派、公理会等主流教派全部式微,只有靠爱尔兰人涌入补充阵容的天主教以及新近成立的致力于慈善而非灵魂救赎的救世军(Salvation Army)仍有吸引力。

英国基督教衰落原因甚多。一、科学的挑战。顶级科学家大多是自然神论者,不信基督教。1860 年前后,进化论和考古学、人类学的成就不断证实人从低级动物进化而来,非上帝所造。起初这些科学成就及相关争议只局限于知识界,对普罗大众信仰冲击不大。但到 1880 年科学威力尽显,受过正规教育的人大多承认《圣经》除了道德说教并无价值。《圣经》不可信,上帝的教导和对福音的期盼便失了依据。二、经济的转变。19 世纪后期,英国企业重组和兼并加快,大型企业在国民经济中的比重越来越高,此前一个世纪盛行的小企业吸纳的就业人口减少。小企业老板熟识员工,在意员工的信仰并用宗教笼络员工。大企业规范化管理和流水线作业中的宗教因素几可忽略。农村情况也不乐观。1870 年代后期,农业持续歉收,海外粮食大量进口更令农场主和佃农雪上加霜。部分农田转变为牧场,农村人口不断外流,基层教会组织废弛。三、圣职失去吸引力。1890 年代,半数国教牧师年收入不足 200 镑,几乎不能维持体面生活,乡村牧师和不从国教派牧师更为寒碜。1886 年国教授予 814 人圣职,此后年年下滑,到 1901 年国教授圣职者仅 569 人。[②] 优秀大学毕业生不愿当牧师。1840 年代初,剑桥优等生中的 65％毕业后去做圣职,1860

---

① Hugh McLoed, *Religion and Society in England*, *1850-1914*, New York, Macmillan, pp. 171-173.

② Owen Chadwick, *Victorian Church*, Part Ⅱ, p. 249.

年代初对应数据降到了 50％,到 1880 年代初仅有 18％。① 四、大众文娱活动风靡。人们普遍认为,逛街、看电影、旅行都比诵经唱诗更有助于拓宽视野、增长见识。体育产业爆发性增长。足球、板球、自行车赛等对工薪阶层尤具吸引力。这些方兴未艾的赛事为吸引观众,特意安排在本为祷告和礼拜专留的周末。知识界,包括教士大都察觉,就培育人的品质、磨炼人的意志而言,体育比宗教功效更好。体育场上的飒爽英姿与教堂里"令人厌倦的""无精打采的教士以及令人昏昏欲睡的布道词"反差鲜明。到一战前后,足球已被公认为工薪阶层的新精神鸦片,部分精英甚至对其寄予政治目的,相信"绝大多数工人痴迷足球是把他们从革命道路上引开的最好希望"。② 五、维多利亚时代中期的宗教兴旺主要是中产阶级之功,普通劳工疏远宗教在 1851 年的宗教普查中已确证无疑。19 世纪晚期,中产阶级也对宗教失去了热情,这在不从国教者中表现得尤为明显,主要是福音主义失去了魅力。工人阶级则一如既往对宗教不冷不热,他们不是无神论者,但也不指望用祈祷念经实现政治和经济诉求。③ 六、各教派无法协调应对信仰危机和社会冲突,单个教派或社团力量与国家相比完全不值一提。当宗教的社会功能大幅削弱时,它与政治的剥离就为期不远了。七、广教会杀伤力极大。广教会意味着宗教从宽容到多元化的转变完成。宗教宽容时代,信徒起码有敌人,而多元化则意味着神学自由。任何宗教只要秉持神学自由,它即便不衰落也会退化为可有可无的边缘角色。

英国基督教衰落前,各教派并非被动等死,它们全都意识到了自身的缺陷并努力转型,以期留住信众并继续为社会尽绵薄之力。它们日暮途穷时仍在努力证明基督教与社会主义可以兼容,为英国从基督教时代向社会主义过渡贡献一己之力。从《圣经》和基督教义中为社会主义寻找理论支撑并非难事,19 世纪中叶,F. D. 莫里斯(Frederick Denison Maurice)和拉斯金(John

---

① Hugh McLoed, *Religion and Society in England*, p. 194.

② Hugh McLoed, *Religion and Society in England*, p. 200.

③ Hugh McLoed, *Religion and Society in England*, p. 211.

Ruskin)等人已在这方面做了初步功课。1870年代基督教社会主义在英国已蔚然成风。1876年2月21日,著名公共知识分子阿诺德对伦敦神职人员演讲时语出惊人:"神的王国在原初意义上指世上的王国。"①他进而声称,耶稣本是道德楷模,其死后其信徒却转移要旨,臆造虚无缥缈的天国并要大众忍受此世的不公、贫困和压迫,但耶稣从未如此教导。是故,他提点听众,教会职责是宣扬道德楷模耶稣,感化正在疏远教会的工人阶级并与好斗的不从国教者和解。阿诺德侄女玛丽·沃德(Mary Ward)1888年发表畅销英语世界的三卷本小说《罗伯特·埃尔斯梅里》(Robert Elsmere)。小说主人公埃尔斯梅里是毕业于牛津的神职人员,后逐渐怀疑基督教而转做公益,致力于伦敦穷人教育并成立了新基督兄弟会(New Brotherhood of Christ),传递基督的道德感染力,鄙视神迹和迷信。格拉斯顿深受触动,在杂志上撰长文盛赞这部小说,评议"此书思想,也许是作者的思想,似乎从基督教向有神论退却",但不问耶稣真伪只积极救世反倒是"荣耀基督的有神论"。②阿诺德叔侄和格拉斯顿欲弘扬基督教的人道主义精神,引导信众从超验信仰转向社会改良,从侍奉上帝转向服务民众。

实践基督教社会功能的急先锋是富家子弟黑德兰(Stewart Headlam),此人1870年从剑桥毕业后来到伦敦市中心做一名国教堂区副牧师。他发现所管堂区底层民众散漫成性,生活毫无节制,甚至性滥交。1877年黑德兰到另一个堂区成立了圣马修基尔特(Guild of St Matthew),致力于挽救世俗化冲击下的道德溃败,把神学的化育功能应用于社会和政治。③他说耶稣本是为民伸张正义、体恤贫弱、谴责虚伪和势利的伟大平民,耶稣的道成肉身"驱动我们把教会当作一个伟大的有组织的合作机构为这个世界的人类福祉和正义而奋斗"。④黑德兰为无神论者布拉德劳仗义执言并为同性恋者辩护,以至于无法被主流社会接受。他的基尔特红火了几年后逐渐沉寂,到1895年成员才

① Owen Chadwick, *Victorian Church*, Part Ⅱ, p. 272.

② John Morley, *The Life of William Ewart Gladstone*, Vol. Ⅲ, p. 357.

③ Peter d'A. Jones, *The Christian Socialist Revival, 1877 - 1914: Religion, Class and Social Conscience in Late-Victorian England*, Princeton University Press, 1968, pp. 114 - 115.

④ Edward Norman, *The Victorian Christian Socialists*, Cambridge University Press, 1987, p. 107.

364 人,但他呼吁教会关注社会事务足以位列基督教社会主义者先贤祠。①
另一位来自托利派世家的工厂主之子巴内特(Samuel Barnett)1867 年从牛津
毕业后也来伦敦从事圣职,他对时代的体察与黑德兰基本一致,也把对底层民
众的道德拯救视为紧迫任务。为此他常回母校游说师友和学弟来伦敦服务教
会并有幸结识了牛津年轻的老汤因比(Arnold Toynbee)。老汤因比是经济史
研究先驱,工业革命这一术语的提出者。他更是一位基督教社会主义者,认为
只有国家干预才能让工业财富为寻常百姓服务,而非全部落入资本家腰包。
1884 年,巴内特带领一批从牛津受鼓动而来的学子在伦敦成立了汤因比堂会
(Toynbee Hall),如此命名正是为了缅怀上年已过世的老汤因比。堂会致力
于服务弱势群体,尤侧重妓女的文化教育和改过自新,赢得良好社会反响。
1889 年,堂会支持伦敦码头工人罢工,三年后又成立专门委员会研究经济形
势并为码头工人提供就业指导。② 汤因比堂会的积极入世引得其他教派竞相
效仿。到 1913 年,全国冒出了 40 多个旨在彰显教会世俗功能的类似组织,其
中 27 个在伦敦。③ 神职人员普遍意识到布道和诵经无助于社会冲突之解决,
投身社会改革才有意义。

　　自诩牛津运动后继者的牛津高教会士也转向社会服务。这些高教会士认
为基督为人类而死本足以感召其信徒和崇拜者投身正义事业。一位巴利奥尔
(Balliol)学院的学员说"基督教不是为了把人带离这个世界,而是拯救这个世
界本身"。④ 戈尔(Charles Gore)1889 年编辑出版了高教会士撰写的一组论
文,名曰《世界之光:关于基督道成肉身的系列研究》(Lux Mundi: A Series
of Studies in the Religion of the Incarnation),鼓励信徒效仿基督救世。戈
尔为此书作序,称《旧约》的神话和迷信并不妨碍《圣经》的化民育德功能。同
年,以这群高教会士为主的基督教社会联盟成立(Christian Social Union),这
是 19 世纪晚期影响力最大的基督教社会主义者组织。联盟强调研究社会经

---

① Peter d'A. Jones, *The Christian Socialist Revival*, p. 129.

② K. S. Inglis, *Churches and the Working Classes in Victorian England*, Routledge,
2007, p. 163.

③ K. S. Inglis, *Churches and the Working Classes in Victorian England*, p. 162.

④ Peter d'A. Jones, *The Christian Socialist Revival*, pp. 173 - 174.

济,敦促教士勿再纠结于高、低、广教会之分,团结一致推动社会改革才是当务之急。为展现兼容并包精神,广教会名家、剑桥大学钦定神学教授、即将出任达勒姆主教的韦斯科特(Brooke F. Westcott)被推选为联盟首任主席。韦斯科特在1890年的宗教大会(Church Congress)上说,社会主义是一种"生命理论",视人类为"有机整体",其目标是"践行服务(fufillment of service)"。他号召同仁把社会主义当作化解尖锐阶级矛盾的良药,因为"社会主义是合作,个人主义是竞争"。① 他以身作则,成功协调1892年达勒姆矿工罢工引起的劳资纠纷,说服双方各退半步,受到广泛称颂。② 1910年,加入基督教社会联盟的国教牧师多达6000人,该组织已变成名副其实的"主教们的'社会主义'组织"。③ 到20世纪初,高、低教会已非国教徒争执要点,是否拥抱社会主义以及什么样的社会主义才是热门话题。多数国教牧师对吸纳工人加入基督教社会联盟态度有所保留,这激起了多纳森(F. L. Donaldson)这样的激进牧师的不满。多纳森说"基督教就是践行社会主义的宗教"并以使徒般热情躬身实践社会主义。④ 1905年,他率领400名失业工人从莱斯特向伦敦进发,抗议现实不公。他的均贫富主张与后来的法西斯运动颇为神似。1906年,部分激进神职人员不满基督教社会联盟排斥劳工,另立教会社会主义联盟(Church Socialist League),入盟者多为北方工业区牧师,其领袖是特立独行的贵族子弟诺伊尔(Conrad Noel)。此人布尔战争时坚决反战,对劳苦大众的同情心远多于追逐世界帝国的虚荣心,他承袭F. D. 莫里斯和黑德兰思想,欲以宗教组织为依托建立基尔特。

国教徒热衷社会主义,不从国教者更不甘落伍。卫斯理宗的休斯(Hugh Price Hughes)是最诚挚的基督教社会主义者。1885年,他创办周刊《循道派时代》(*Methodist Times*)引导信众关注政治和社会问题,两年后又发起欲囊括一切不从国教者的"前进运动"(forward movement)。他认为基督徒往昔太过专注个人救赎,但当下主要使命是社会救赎,如其所言,"个人灵魂救赎不

---

① Edward Norman, *The Victorian Christian Socialists*, p. 171.
② Owen Chadwick, *Victorian Church*, Part Ⅱ, p. 285.
③ Peter d'A. Jones, *The Christian Socialist Revival*, p. 217.
④ Peter d'A. Jones, *The Christian Socialist Revival*, p. 188.

再足够","我们这个时代最需要的是基督教社会主义"。[1] 1888 年他将自己的一系列布道词编纂成书《社会基督教》(*Social Christianity*),意在把基督的奉献精神和高尚品格植入公共生活,应对困扰全欧洲的社会分裂和阶级对抗。保守党在索尔兹伯里时代不再聚焦社会改革,休斯因此中止了卫斯理宗长期在政治上对保守党的偏好,转而支持自由党。1885 年,伦敦浸礼派牧师克里福德(John Clifford)在一次对信众的演讲中语惊四座,说"神是第一位社会主义者,社会精神的创造者和启迪者"。[2] 1894 年,克里福德成立没有教派成见的基督教社会主义者联盟(Christian Socialist League)。该组织对一切有志社会主义者敞开大门并在四年后更名为基督教社会兄弟会(Charistian Social Brotherhood),呼吁将"'基督的教导直接应用于'社会问题",为免保守派抵触,会众刻意淡化意识形态,用"社会"而非"社会主义者"为兄弟会定性。[3] 总体看,不从国教者的社会主义路径与方案并无新意,但他们一向弥足珍视的个人主义信念让位于集体主义精神,斗争目标从争取政治权利平等转向了社会公正和经济公平。

上述基督教社会主义者都是中产阶级或上流人士,劳工中也不乏拥护基督教社会主义的先驱。曼彻斯特一性论牧师特雷弗(John Trevor)1891 年发起劳工教会(Labour Church)运动。特雷弗和他的朋友蒂莱特(Ben Tillett)均认为现存所有宗教机构都被有产者控制了,劳动人民应有自己的教会。[4] 劳工教会会员谴责资本主义体制下物欲横流、唯利是图导致道德堕落和社会撕裂,金钱至上加剧贫富分化和阶级对立。他们试图发掘传统宗教中的友爱精神(fellowship)并以之重构伦理道德,医治社会弊病。劳工教会不仅为1893 年独立工党(Independent Labour Party, ILP)的成立提供了便利会场,且当时"5000 人唱着社会主义的赞美诗"参加了劳工教会的礼仪。[5] 劳工教会欲与独立工党相互提携,不过独立工党不想与任何宗教组织裹得太紧,其各

---

① Peter d'A. Jones, *The Christian Socialist Revival*, p. 406.

② Michael Watts, *The Dissenters*, Vol. Ⅲ, p. 291.

③ Peter d'A. Jones, *The Christian Socialist Revival*, p. 347.

④ K. S. Inglis, *Churches and the Working Classes in Victorian England*, pp. 215 - 218.

⑤ 安格斯·霍金斯:《维多利亚时代的政治文化》,第 417 页。

地分支机构大多无视劳工教会的利用价值。① 诚如独立工党所见,劳工教会组织松散,理论粗陋,即便在底层民众中也没什么吸引力,活动范围局限于兰开夏。它在最高光时刻只有 54 个分会(congregation),大的分会会员约三五百人不等,小的仅百来号人。它的会众不太关心灵魂救赎,过分在意经济诉求,且知道自身面临灵魂与现实两难兼顾之尴尬。② 突出宗教属性,它无法吸引阶级意识日益觉醒的工人阶级,强调世俗功用则会遮蔽自身特色,导致它与其他工人组织区别不大。1900 年后,劳工教会运动急速式微,不过它倡导的友爱精神与集体主义观念有共通之处,替底层民众表达了一种以宗教为依托的社会主义愿景,它的宗教情怀弱化了工人阶级的好斗性,部分稀释了他们的戾气。

19 世纪晚期,各级僧侣和虔诚教徒争相搭乘社会主义这趟时尚列车,旨在协调传统信仰和时代难题,在一定程度上俘获了工人阶级心灵,为社会主义运动贡献不菲。国教中的社会主义领导者多为出身名门的牛津和剑桥高材生,且托利派居多;不从国教派的社会主义活跃分子大都是见多识广的中产。他们一道光大了社会主义思想,丰富了社会主义实践之细节,加快了社会改革进度。他们从宗教传统中为社会主义寻觅理论和思想支撑,接地气、合民意,让普罗大众看到了向社会主义平稳过渡的可能性与可行性。在英国,基督教和社会主义都建立在怜悯心理基础上,"基督教这个中介因素"自然而然成了维多利亚时代自由主义和 20 世纪社会主义之间的"一条纽带",为前者向后者平缓过渡营造了极佳环境。③ 巴内特是依靠基督教嫁接自由主义和社会主义的代表,他曾说:"对于没有能力工作的阶级,我们必须实施救济;而对于不愿意工作的阶级,我们必须进行规训。"④巴内特 1913 年去世后被誉为"他那个时代最具代表性的自由主义者",然而他生前的代表作是文集《切实可行的社会主义》(*Practicable Socialism*)。⑤ 巴内特与其同道利用基督教在自由主义和社会主义之间架设了一座桥梁,连通了英国的过去与未来,防止了历史突然断

---

① K. S. Inglis, *Churches and the Working Classes in Victorian England*, p. 226.
② K. S. Inglis, *Churches and the Working Classes in Victorian England*, p. 247.
③ 迈克尔·弗里登:《英国进步主义思想》,第 92 页。
④ 迈克尔·弗里登:《英国进步主义思想》,第 294 页。
⑤ 迈克尔·弗里登:《英国进步主义思想》,第 76 页。

裂过度冲击国体。18世纪晚期,共和革命席卷大西洋两岸时,福音主义确保了英国免遭革命涂炭;20世纪初,阶级革命浪潮席卷欧洲时,涂抹着浓浓基督教色彩的英国社会主义又一次为国家化去了革命风险。英国社会主义者并不认为过去与现在无法协调,相信社会主义与基督教及自由主义可以兼容、互补。在普通英国人语境中,完美的社会主义就是"新耶路撒冷",从耶路撒冷到"新耶路撒冷"就是从宗教信仰时代迈向社会主义时代。

　　基督教社会主义者的成就主要在意识形态塑造,实践层面,他们大多对发动群众有所顾忌,无法建立强大政党。光大社会主义之责终究要落在世俗主义者身上,当世俗主义者扛起社会主义旗帜后,很快便把社会主义运动推向高潮。1880年前后,一系列自上而下的政治改革付诸实践,激进派没有理由再攻击体制弊端和政治腐败,转而把矛头指向资本主义本身,这种斗争转向与《资本论》1867年德文首版以及马克思主义的传播有关。越来越多的人相信经济发展本身并没有带来幸福和进步,贫富分化日甚,19世纪中期的两大价值观——福音主义和经典自由主义无力应对尖锐的阶级对立。精英阶层迫切需要一种新意识维系体制稳定,草根也为自己的抗争积极寻找理论指引,结果社会主义受到两者共同青睐。保守党主流对社会主义避而远之,吹响社会主义号角的另类却来自托利派世家。第一批拥抱社会主义的英国人不是底层工农,而是托利派激进分子和民粹派。他们认为资本主义挣扎在垂死边缘,相信《资本论》中的剩余价值学说和历史唯物主义是指路明灯。他们认为只有彻底的改革才能挽救资本主义,避免巴黎公社式革命上演;迪斯累利的改革仅投石问路,远未触及要核。

　　海德曼(Henry Hyndman)是首先拥抱马克思主义的代表。他出身于托利派富贵之家;早年求学剑桥;继而周游列国,耳濡目染了欧陆社会主义浪潮;回国后,作为保守党人投身政治。1880年,海德曼阅读法文版《资本论》(1887

年此书才有英文版),钦佩马克思之博学并称赞他是"阶级分析天才"。① 《资本论》加剧了海德曼对资本主义的忧虑,他旋即撰文《革命时代之曙光》(*The Dawn of Revolutionary Epoch*),剖析阶级对峙之因,不过他又认为英国未必会陷入阶级革命之泥淖,他说"工人阶级越来越感觉到他们自己的力量,但只要他们能通过合宪途径达到目标,他们无意尝试大陆煽动分子的颠覆性理论"。② 海德曼所谓的"合宪途径"就是政治改革,接纳工人阶级全面参政。为推动工人阶级参政,必须组建工人阶级政党,1883年,海德曼主导的社会民主联盟(Social Democratic Federation)横空出世。社会民主联盟在其主打刊物《正义》(*Justice*)上反复宣传普选、每年一次议会选举、按人口比例分配席位、为议员和民选官员支付薪资、废除上院、解构教会等。③ 表面看,社会民主联盟与支持进一步议会改革的自由党诉求类似,但两者对扩增选民之动因的理解大相径庭。自由党改革主张建立在权利哲学理论上,而社会民主联盟抨击资本家掌控生产资料攫取工人剩余价值致使社会弊病丛生,它认为真正代表劳工的议会才能主导改革,治病除根。社会民主联盟把保守党改革思潮和马克思主义糅合到一起,略显不伦不类。它痛斥资本主义的残酷剥削,谴责工会浪费工人钱财和精力,有意调动劳工政治热情,但它并不倡议暴力革命,主张在宪制框架内活动。它曾吸引了汤姆·曼(Tom Mann)和钱皮恩(Henry Champion)等激进工人领袖,但除了在兰开夏工人聚集区,社会民主联盟并未赢得工人阶级普遍支持。即便在其最高光时刻,成员只勉强过万,议会竞选成绩亦惨不忍睹。④

比社会民主联盟更激进的则有社会主义者联盟(Socialist League),其早期代表人物莫里斯(William Morris)手艺人出身,他向往的社会主义排斥机器流水线作业,强调劳动者自主支配生产和生活方式,他的愿景是"终结资本主义制度、确立社会主义制度,这样人们就可以自己决定如何安排自己的劳

---

① 安格斯·霍金斯:《维多利亚时代的政治文化》,第392页。

② Mark Bevir, *The Making of British Socialism*, Princeton University Press, 2011, pp. 70 - 71.

③ Mark Bevir, *The Making of British Socialism*, p. 124.

④ Henry Pelling, *Origins of the Labour Party*, Oxford University Press, 1966, p. 229.

动,在何处恰当地使用机器"。① 莫里斯的信徒并不能理解他的怀旧心灵之所寄,误以为他憧憬没有私有制的乌托邦,进而如无政府主义者一样要求废除私有制和国家,毕竟国家的功能就是分配生产资料和调节经济纠纷。古往今来,无政府主义者大多习惯性走上恐暴之路。1890 年代,部分无政府主义者宣传暴力革命,策划恐怖刺杀,莫里斯因反对暴力退出社会主义者联盟。自始至终,这个组织吸纳的工人阶级为数寥寥,政治影响力几可忽略。

海德曼这类托利派对资本主义忧心忡忡,部分自由派也对经典自由主义失去信心。1883 年,一位曾长期飘荡海外的苏格兰富家公子格拉厄姆(Cunninghame Graham)公开支持社会主义,三年后靠自由党人支持当选下院议员。他的选战策略包括土地和工厂等国有化、废除上院、苏格兰自治等。格拉厄姆是英国第一位社会主义者议员,但他履职前效仿布拉德劳,拒绝宣誓,一度被暂停议员资格。1887 年 11 月 13 日他又因参加特拉法尔加广场示威被囚。次年获释后他在哈迪协助下成立苏格兰工党(Scottish Labour Party)。这个党政纲激进且它的苏格兰自治诉求疏远了英格兰人,发展不顺,几年后解散,不过哈迪从中学到了政治活动技巧。哈迪后来组建英国工人政党轻车熟路与其早年在苏格兰工党内的历练不无关系。

苏格兰自由主义者对社会主义的成长功不可没,但英格兰自由主义者刮起的社会主义旋风更强劲。以萧伯纳(Bernard Shaw)和韦伯(Sidney Webb)为代表的知识分子仍珍视自由主义道德和伦理,但摒弃了竞争性个人主义。他们察知自由放任经济学和个人主义无法实现最大多数人的最大幸福,反而导致社会撕裂,戾气冲天。萧伯纳说功利主义者和放任自由派鼓吹的看不见的手"即使真是仁慈的,但它却不是万能的。于是我们对这只手的信心破产了,……我们称为大自然的那个东西,对于我们的痛苦和快乐既不知道也不关心"。② 韦伯认为只有把集体利益置于个人利益之上的社会主义才是正道,他说:

---

① 雷蒙·威廉斯:《文化与社会:1780—1950》,商务印书馆,2018 年,第 236 页。
② 肖伯纳主编:《费边论丛》,三联书店,1958 年,第 78—79 页。中文本将两位费边大佬分别译为"肖伯纳"和"韦白",本文正文以现今惯例写作"萧伯纳"和"韦伯"。

由于私人可以无限制地拥有生产财富的工具,因而完全的个人自由是和公共的福利不可调和的。在我们自己当中进行的那种不受约束的生存竞争,威胁着我们可以作为一个健康的和永恒的社会有机体而生存下去。①

萧伯纳和韦伯网罗了一批志士,自称费边派,主张向两大政党渗透社会主义思想,劝说它们引领社会主义改革。

费边派视租金为万恶之源。萧伯纳说:"土地的私人占有乃是社会主义所反对的各种不平等特权的根源",地租"必须要经常被当作公共的或社会的财富,而且应该要像现在以征税的方法所得到的收益一样,被用在公共事业上"。② 他在 1888 年的一次演讲中再次强调:"对于一切纯然是社会的公共的财富的私人占有,是作不出任何永远有效的聪明诚实的借口的";"把地租从现在窃据着它的那个阶级手里转移到全民手里";"把所有的地租集中起来存到国库里去"。"地租的社会化意味着生产资料的社会化,其方法是没收现存私人有产者的财产并把它转移给整个国家。"③地租改造不仅能减轻剥削的罪恶,亦有助克服资本主义制度下的经济无序扩张和生产资料浪费。在费边派语境中,"过渡"而非"革命"才是关键词,也即他们主张以社群主义的点滴改良逐渐改善工人处境,而非煽动工人罢工威胁政府或发动革命搞一步到位的社会主义。萧伯纳所说的没收土地实为有偿购买,"土地应该像情况所需要的那样,老老实实地加以购买;购买土地所需的钱以及为这笔钱所付的利息,将要像资本一样是以向地租征税的办法取得的"。这种温良改造植根于英国传统之中,没有丝毫雅各宾派或巴黎公社色彩,"没有在哪一点上这些纲领涉及到斫头、宣传人权、在国家的神坛上赌咒或其他任何在本质上被认为是非英国的东西"。④ 费边社当时并无实力推动土地和租金改革,但 1880 年代后期它积极参与地方政务,特别是为伦敦郡务会提供理论指导,的确为工人阶级争取了

① 肖伯纳主编:《费边论丛》,第 118 页。
② 肖伯纳主编:《费边论丛》,第 77、78 页。
③ 肖伯纳主编:《费边论丛》,第 247、248、249 页。
④ 肖伯纳主编:《费边论丛》,第 264—265、272 页。

不少实惠。初尝甜头反过来又提振了他们改良国家的信心。费边社会主义的温和天性与渐进思路助其在当时的社会主义运动中影响力远超马克思主义,而它从经济和社会角度的论证也比基督教社会主义从正在式微的宗教信仰中寻找证据更符合时代潮流。英国一战后大行其道的市政社会主义和二战后国有化运动的指导思想都可以从费边理论中寻根溯源。

费边派和基督教社会主义者一样,贡献主要在理论,难与劳工大众打成一片。工会因劳工身份认同以及目标明确、行动务实,在社会主义运动中有天然优势,最终成为大赢家。英国工会运动历史悠长。前工业时代的工匠受行会庇护。18 世纪,行会逐渐解体,部分行业工人自行组织友谊社(friendly societies)捍卫自身利益。工匠请求议会立法规制工资,议会认为这与市场竞争相悖,不过为防止工匠结社,还是出台了适度规制工资的立法。反法战争期间,议会颁布《结社法》防止工人效仿雅各宾派扰乱秩序。1824 年,《结社法》废除,此后英国工会运动才真正活跃起来。19 世纪早期的工会主要是同业工人自发成立的互助组织,会员(unionist)要缴纳会费并具备一定技能。当时的工会仍是区域性的,职能是为会员异地找工提供歇脚点和就业信息。会员如遇不幸或因失业生活困难,工会一般为其解燃眉之急。与工匠们组织的排外性极强的工会相比,欧文的互助社才是底层工人最早的工会实践。受李嘉图(David Ricardo)经济学理论影响,为免资本家剥削,欧文个人出资组织互助社,然而欧文主义很快破产。1830 和 1840 年代,全国性工会出现,不过欠缺组织经验且资金保管不安全。这一时期的工会只考虑工资,没有政治诉求,主动远离宪章派。19 世纪中期,全国性工会组织渐趋成熟,机师工会是其代表,排外性极强且入会门槛相当高。机师本已收入不菲,辅之工会庇护,发展为劳工贵族,其多数在 1860 年代成功跻身中产。收入较低的纺织、采矿等行业工人也组织起工会。1867 年议会改革后,多数工人手握选票,工会对工人投票意向影响越来越大。工会在经济和政治两个方面作为压力集团正式形成。为缓解压力并吸引工人选票,议会 1870 年代出台了多部保护工会特权的立法。

1871 年的《工会法》生效后,工会完全合法化。迪斯累利主政时,官方甚至承认了工会纠察权。不过 1870 年代的工会仍操控在熟练工人或劳工贵族手中,下层工人即便入会也无话语权。工会领导人认为工会主要职能是利用合法且公平的劳资谈判为会员争取经济权益,政治上,他们认同现存体制,力主把工会代表送进下院,反对暴力革命,罢工只是迫不得已的最后杀招,不轻易使用。

1880 年代英国工会运动迎来了转折,底层工人工会遍地开花,在阶级斗争思维驱动下,其会员不相信议会战略,抗争的首选策略往往是直截了当的罢工。汤姆·曼受海德曼影响,为争取八小时工作日奔走呼号并鼓动新时代的工会会员为自身利益果敢行动。他在一本小册子中抨击旧工会"只知努力防止工资下跌",指责"今日普通工会会员思维固化,或者支持一种直接被资本主义剥削者利用的政策"。[1] 汤姆·曼一呼百应。退伍老兵钱皮恩利用自己的印刷厂印发汤姆·曼的小册子,并在自己的印刷厂践行八小时工作日。1889 年,索恩(Will Thorne)在马克思之女的帮助下为一家煤气公司工人争取到了八小时工作日。汤姆·曼于这年夏天发动伦敦码头工人罢工。政府担心其他行业工人效仿,积极斡旋,雇主被迫把工资从每小时 5 便士提高到 6 便士。胜利的工人随即组建码头工人联合会,汤姆·曼自任主席并声称会员达 3 万人。[2]

受码头工人感召,铁路工人和矿工亦纷纷组织行业工会。工会运动步入新阶段。新工会入会门槛低,半熟练及非熟练工人居多,会员认知中自带马克思主义成分。他们人多势众,凶猛好斗,动辄诉诸行业大罢工,鄙视旧工会会员的小资情调和小富即安心态。伯恩斯如此形象对比新、旧工会:旧工会会员"看起来像受尊敬的城市士绅,穿极好的大衣,配大块手表,戴高帽";新工会会员"无一人戴高帽,他们看起来更像工人,确实也是工人","受共同意识指导"。[3] 他们高度关注切身经济利益和社会权利,以八小时工作日为最低斗争目标,轻则搅乱生产,重则瘫痪国家,有时还能利用选票把代言人送进地方市政机构。

---

[1]　Henry Pelling, *A History of British Trade Union*, Macmillan, 1976, p. 90.
[2]　Henry Pelling, *A History of British Trade Union*, pp. 96 - 97.
[3]　Henry Pelling, *A History of British Trade Union*, p. 100.

◇　◇　◇

基督教社会主义者、费边派、阶级意识强烈的工会会员纷纷登上了历史舞台且全部挥舞着社会主义旗帜，按理说，建立社会主义政党已水到渠成。然而他们之间的矛盾仍多于共识，对社会主义的理解大相径庭，甚至南辕北辙，致使社会主义政党的成立一波三折。

1884 年成立的费边社并非政党，而是致力于宣传社会主义的知识分子俱乐部。萧伯纳和韦伯最初分别是建党派和精英派。萧伯纳承认阶级斗争普遍存在，但否认工人阶级是天生的革命者。他认为工人阶级可利用现有制度把利益代言人送进下院，自上而下启动社会主义，不过工人阶级要完成这项使命最好成立自己的政党。萧伯纳起初支持发动民众建党，但他从 1887 年特拉法尔加广场民众集会中看到了群情失控之可怕，转而开始策反自由党中的激进派担当领导工人运动之重任，自此开启了他的渗透策略。按萧伯纳思路，策动自由党激进派是全面渗透的前奏。他认为自由党中的激进派迟早与自由党中的保守派分道扬镳，然后与工人阶级抱团拥护社会主义，至于自由党中的保守派则会与保守党合流，届时英国将会形成工人阶级和有产阶级两大政党。[①]这种分析大体上预测到了一战后英国的政党重组。韦伯对策动自由党分裂并无兴致，他认为把自由党人分为激进和保守两类纯属多余，渗透足以"把执政的自由党人赶进社会主义的汪洋大海"，肩负起社会主义建设之重任。韦伯认为保守党人也会为了帝国支持社会主义，因为只有社会主义才能穿透阶级壁垒进而凝聚国民一致对外。他的渗透对象始终是精英，他认为知识精英足以完成策动伟业，不必动员群众，亦无必要成立社会主义政党，他乐观断言，"伦敦城内人数不过 2000 的有知识且愿意行动的团体"足以造就社会主义。[②]

费边主义者起初与社会民主联盟一致拥护社会主义，不过他们很快察觉社会民主联盟的政治诉求太过激进。1885 年后，费边派进一步明确了渐进改

---

① Mark Bevir, *The Making of British Socialism*, p. 198.

② Mark Bevir, *The Making of British Socialism*, pp. 200 - 201.

良思想与路径,与社会民主联盟决裂。1889 年,萧伯纳编辑并定期发行《费边论丛》(*Fabian Essays in Socialism*),刊物不再突出理论,转而强调社会主义的点滴实践,标志着费边派不再参考马克思主义政治经济学构想未来。[①] 费边派本与工会互不信任,亦无合作意图,然而他们从 1889 年工会发动的大罢工中看到了社会主义运动的群众力量,而工会运动加快了社会主义思想的传播,等于为费边主义做一种免费的变相宣传。1890 年代初,费边社迅速扩张,1890 至 1893 年,伦敦费边社成员从 173 人增加到 640 人,而地方上的费边社成员 1892 年已达 1300 人。[②] 哈迪、蒂莱特等激进工会领导人亦加入费边社,连基督教社会主义者克里福德也成了费边社活跃分子。1892 年 2 月,部分费边派聚集到布拉德福德召开首届年会并通过一项动议,明确指出:"促进劳工利益的最好办法是独立于两大既有政党单独行动,诚挚拥护成立一个独立的劳工政党。"[③]夹在激进劳工和传统政党之间的费边主义者就像当年夹在不从国教和国教之间的卫斯理宗,两头不讨喜却又都能接上话。他们的中间人角色使得工会会员、费边主义者和基督教社会主义者三者出现身份重叠现象,为社会主义政党之创建做好了铺垫。

费边大佬支持建党亦是他们对自由党失望之结果。自由党激进派,甚至格拉斯顿本人一直被许多工人视为劳苦大众的利益代言人。早在 1870 年,自由党激进派中便出现了所谓的"自由党—劳工派"(Lib-Labs)。[④] 部分自由党候选人愿为工人伸张正义并以之吸引工人选票,他们也支持劳工推选代表打着自由党旗号参选。工人经常从这种合作中尝到甜头。1874 年,两名矿工因自由党提携当选议员。此后四十年,这种"自由党—劳工派"议员不知凡几。1892 年大选前,萧伯纳支持蒂莱特作为独立议员在布拉德福德竞选议员,但他认为劳工仍需自由党提携,两方的传统合作仍需坚持,譬如劳工在纽卡斯尔力量太过分散,无力挑战两大政党,故劳工应支持莫利这位格拉斯顿忠实信徒

---

① Mark Bevir, *The Making of British Socialism*, p. 172. 此《费边论丛》与中译本《费边论丛》有别。

② Henry Pelling, *Origins of the Labour Party*, p. 229.

③ Mark Bevir, *The Making of British Socialism*, p. 206.

④ "Lib-Lab"这个术语本指"自由党与劳工合作",此处译为"自由党—劳工派";工党成立后,译为"自由党—工党"。

在纽卡斯尔狙击保守党候选人。韦伯一如既往痴迷于渗透策略，他当时正忙于向阿斯奎斯、罗斯贝里等人渗透社会主义。他坚信社会主义与阶级无关，甚至必须克服阶级障碍；社会主义大门向所有人敞开，追求的不是"阶级利益"而是"全体国民之福祉"。[①] 1889 年自由党纽卡斯尔大会声明提携劳工并维护其利益，韦伯曾对其寄予厚望，然而 1892 年自由党执政后立即把纽卡斯尔承诺抛诸脑后。韦伯抱怨两大政党如一丘之貉，对社会主义冷漠，亦不体恤劳工。他的渗透策略遭挫，与萧伯纳一道支持独立建党。

哈迪等激进派从一开始就不相信"自由党—劳工派"议员，1887 年，哈迪在工会大会（Trade Union Congress, TUC）上公开嘲讽身为议员的大会主席布罗德赫斯特（Henry Broadhurst）是"不敢叫的麻木之狗"，因为他不愿在下院支持八小时工作日。[②] 工会多数会员在 1892 年的曼宁翰（Manningham）丝织工人罢工中切身感受了"自由党—劳工派"的冷漠。罢工时成立的布拉德福德劳工联盟（Bradford Labour Union）为协调工人行动取得的成效有目共睹，随后哈德斯菲尔德、萨尔福德等地相继建立类似组织，劳工建党条件已经成熟。1893 年初，全国各地工人聚集到布拉德福德声援曼宁翰工人罢工，他们在当地劳工教会提供的场所相聚，筹建全新的政党。德国理论家伯恩斯坦（Edward Bernstein）与会并发表简短演讲，他的受邀表明改良主义较受欢迎。与会者当时为党之名称激烈争执，苏格兰工会活跃分子卡森（George Carson）提议冠名社会主义劳工党（Socialist Labour Party），遭与会多数拒绝，因为社会主义这个词将会使党蒙上强烈意识形态色彩，结果各方妥协，只笼统冠名独立工党。独立工党创党目标是协调各地劳工组织，故已在地方上有一定影响力的费边主义者起初是建设独立工党的主导力量。不过伦敦的费边社成员当时主要忙于渗透，参与建党者甚少，萧伯纳是其中之一，韦伯置身事外。独立工党承诺为"生产资料、分配、交换的集体所有制"奋斗，拥护国家干预、土改以及八小时工作日等。拒用"社会主义"字眼，但不避讳"集体"并突出"独立"，表明独立工党无意把任何意识形态强加给与会派别，亦不设立严格的组织体系

---

① Mark Bevir, *The Making of British Socialism*, p. 210.

② Martin Pugh, *Speak for Britain! A New History of the Labour Party*, London, Bodley Head, 2010, pp. 35 – 36.

约束区域与行业分工差别极大的劳工运动。①

　　独立工党特色鲜明。一、不能否认它是社会主义性质的政党,但创党多数当时理解的社会主义只是一种笼统的集体主义。二、它致力于通过投票箱把工人代表送进下院,对暴力夺权不感兴趣,党的最高机构全国管委会(National Administrative Committee)最初对议会竞选抱有厚望,青睐议会路线的工人领袖斯诺登(Philip Snowden)和麦克唐纳很快进入管委会并承担重要职责。三、独立工党从基督教中汲取了充足的养分。它谴责资本主义下的唯利是图,标榜道德至上,欲用友爱(fellowship)增强人与人的互信与博爱,这与劳工教会以及传统教派此时正在宣传的基督教社会主义非常相似。"几乎所有的早期劳工领袖,即便他们是工人阶级,他们的社会主义中都有一种宗教的成分。"兰斯布里(George Lansbury)是"一位虔诚基督徒同时又坚信社会主义";"斯诺登时常认为他是一名社会主义者首先是因为他去不从国教者的教堂";哈迪说:"我支持社会主义是因为它是基督教在我们工业体系中的体现。"②当时以自由党人身份代言劳工利益、后来才转投工党的亨德森(Arthur Henderson)出身于公理会家庭,后改信卫斯理宗,"执迷禁酒",俨然是一位"热心的俗家布道师","几乎吸收了主流不从国教派的所有价值"。③　四、独立工党欲以平等精神冲破职业、性别和等级藩篱。真诚诉诸感情对女性有较大吸引力,许多妇女成为独立工党活跃分子。夫妻同为该党精英者大有人在,麦克唐纳夫妇和斯诺登夫妇是其中典型。五、独立工党不愿明确阶级属性,亦不愿澄清意识形态,甚至排斥革命情感炽热的赤贫者,担心他们破坏改良道路。党内精英认为赤贫者连党费都交不起,过多吸纳他们有碍党的长远发展。

　　表面看,独立工党海纳百川,向一切致力于提高劳工权益和国家效率的有识之士敞开大门,实则含混不清的阶级属性和模糊的意识形态导致它无力吸引工会会员。工会中的激进派不满独立工党对社会主义欲迎还拒;而工会中的劳工贵族,特别是工会领导人态度保守,只聚焦具体的劳资纠纷谈判,没兴

　　① 　Henry Pelling, *Origins of the Labour Party*, pp. 117 - 118.

　　② 　Owen Chadwick, *Victorian Church*, Part Ⅱ, pp. 264, 274.

　　③ 　Ross Mckibbin, *The Ideologies of Class: Social Relations in Britain*, *1880 - 1950*, Oxford, Clarendon Press, 1990, p. 43.

趣高谈主义或理想,对独立建党亦半信半疑。无法与工会打成一片致使独立工党发展空间非常狭隘。独立工党议会战略也不成功。1895年大选中,它推出的28位候选人全部落选,连先前已是议员的独立工党领袖哈迪也在西汉姆(West Ham)选区败给了保守党候选人。哈迪1892年的胜利本属偶然,当时欲与其竞争的自由党候选人暴病而死,自由党未及时推出新候选人,其选民不愿支持保守党候选人,把选票给了哈迪。① 1895年遇挫后,独立工党继续在迷茫的道路上徘徊,此后十年党员数量不增反降。伦敦产业工人较少,独立工党难以立足。然而北方工业区的工人也对独立工党不感冒,只关心行业和区域利益。兰开夏的纺织工人担心蜂拥而入的爱尔兰人抢走他们的工作,抹黑爱尔兰人并反对他们自治。大量聚集在约克郡和兰开夏的矿工把煤价下跌归咎于国际竞争,呼吁关税保护。纺织工和矿工这两个最大产业工人群体当时都支持统一党,对自称代表劳工利益的独立工党视而不见。

得不到矿工和织工支持严重制约了独立工党的发展,但除了这两大工种,还有运输和煤气等行业工人可以争取。哈迪为拓展党的群众基础,适度放低姿态,主动向工会靠拢。工会资金雄厚且正趋激进,甚至可以说正在变成一支急欲改变既定秩序的生力军。1880年代,工会不再是劳工贵族的小资俱乐部。1890年前后,工会激进色彩与日俱增,它不再满足于围绕工资的讨价还价,而是积极投身有理论支撑的社会运动。1894年在诺维奇召开的工会大会将社会主义定为奋斗目标。工会理解的社会主义非马克思主义,而是伯恩斯坦式的改良主义,与独立工党建党宗旨总体上不谋而合。1895年后,议会战略受挫的独立工党渐与激进化的工会形成呼应,独立工党中的工人阶级与工会会员身份渐趋重叠。② 工会愿向独立工党靠拢亦与其自身惨遭资方和官方联手强力打压有关。19世纪最后几年,雇主们成立了各种抑制工会的组织,

---

① Martin Pugh, *Speak for Britain!* p. 40.
② G. R. Searle, *A New England?* p. 233.

1896 年成立的机械协会雇主联盟（Employers Federation of Engineering Associations）次年挫败了机师协会争取八小时工作日的斗争。与此同时，"里昂斯诉威尔金斯案"（*Lyons v. Wilkins case*）判决对工会充满恶意，甚至与 1875 年《阴谋与财产法》相悖，工会受到严厉制裁。1898 年成立的雇主议会委员会（Employers Parliamentary Council）特意针对存在已久的工会议会委员会（TUC Parliamentary Committee），它发布的《反纠察报告》（The Case Against Picketing）把"里昂斯诉威尔金斯案"判决应用于所有罢工。① 资方和法院的咄咄逼人刺激工会积极寻找政治盟友。1896 年哈迪呼吁社会主义组织、工会等联手组建政党，铁路员工联合会（Amalgamated Society of Railway Servants）积极响应。1899 年普利茅斯工会大会上，铁路员工联合会唐卡斯特分会代表霍姆斯（James Holmes）倡议"所有的合作社、社会主义团体、工会和其他工人组织"携手建立一个能够"更好地在下院代表劳工利益"的政党。② 铁路、码头、煤气、制鞋等行业工人大都支持，即便仍钟情两大传统政党的纺织工和矿工反应冷淡，霍姆斯建议还是以 546000 对 434000 票通过。③

　　1900 年 2 月，来自工会、社会民主联盟、独立工党以及费边社的 129 名代表在伦敦法灵顿街纪念厅（Farringdon Street Memorial Hall）集会，成立劳工代表委员会。尽管六年后这个组织才正式更名工党，但工党官方一直视此为其建党标志。稍微留意参与创党的四支势力便可察知早期工党的复杂性。与会工会代表只能代表隶属于工会大会的约 1/3 会员，故比较谨慎；独立工党代表亦相当克制，生怕吓跑工会代表；社会民主联盟代表无所顾忌，要求新政党奉行社会主义并认可"阶级战争"；费边派一向强调改良主义和渐进道路。与会代表对建党宗旨理解不一、争执不休，哈迪适时干预，为建党宣言定调："在议会中创建一个独立的劳工团体，该团体将设立自身的组织干事，……当前致力于促进符合劳工直接利益之立法的任何政党，我们都准备与之合作。"④哈迪要"创建"的"劳工团体"本已包括三教九流，还要与其他政党合作，这到底是

---

① Henry Pelling, *A History of British Trade Union*, pp. 108 - 111.
② W. D. Handcock, ed., *English Historical Documents*, Vol. Ⅹ, pp. 673 - 674.
③ Henry Pelling, *Origins of the Labour Party*, p. 206.
④ Henry Pelling, *Origins of the Labour Party*, pp. 208 - 209.

一个什么样的政党,恐怕他自己也说不清。不过这倒非常符合英国政治模糊不清的一贯特色,1859年成立的自由党也是大杂烩,而保守党人从来说不清创党日期。

哈迪既强调工党独立性,又回避"社会主义"字眼,是党的理论尴尬的真实写照,或者说他刻意模糊党的意识形态。工党领导层多来自独立工党,而费边派在独立工党中话语权最大,大力营销改良主义,导致马克思主义和阶级斗争在工党意识形态中无足轻重。这不利于工党整合形形色色的工人,但高度契合当时的英国现实。英国自由主义经济发展模式造成大小企业并存,行业门类齐全,工人利益多元化,加之思想与信仰高度包容,就身份而言,工人当时并未形成强烈的阶级认同,他们更看重职业属性。部分工人对现状非常满意,选举权和相对公正、规律的选举令工人自信可以走议会战略;自由贸易体系下多数工人可以获得廉价食品;活在帝国主义亢奋情绪中的多数工人对他们的国家体制引以为豪。故即便承认英国工人阶级存在,它也从未想过要摧毁现存体制;即便承认工人阶级有阶级意识,这种意识也是对现状的相对认可,而非与所谓的掌权资产阶级势不两立。[1]

独立工党本已泥沙俱下,现在又纳入五行八作,可谓鱼龙混杂。更奇葩的是,独立工党并未因工党成立而自行退出历史舞台,它继续活动且与工党是友党关系,同一人可以同时是两个党乃至多个党的党员。有鉴于此,工党最初不可能奉行某种明确的主义,连集体主义都要慎提,1918年前的工党"并未奉社会主义为政治信条",甚至"包括许多敌视社会主义的人"。[2] 议会战略、宗教色彩、工人利益分散等决定了工党不可能奉马克思主义为指导,甚至连社会主义也尽量避谈,它就是一个旨在为劳工争取合法权益的松散俱乐部。由于意识形态模糊,早期工党既无法制定白纸黑字的党章,亦无集中领导,实行集体党员制度,支持建党的工会会员理论上都是党员。与会代表一致推选哈迪为主席,不过哈迪并无权威和工具号令或约束党员。党的组织干事麦克唐纳承担着重要的联络功能,他脾性温和,比天性激进的哈迪更具亲和力。在工党党

---

① Ross Mckibbin, *The Ideologies of Class*, pp. 37 - 41.

② Henry Pelling, *Origins of the Labour Party*, p. 222.

性和气质形塑过程中,他的重要性远在哈迪之上。早期工党领导人多是劳工贵族,宗教,尤其是与中产阶级价值观紧密捆绑的不从国教意识强烈,自诩社会精英,鄙视底层工人酗酒、邋遢,谴责他们既不自律亦无教养。社会民主联盟无法忍受工党领导层的小资情调,1902 年退出,阶级斗士和社会主义者在党内被进一步边缘化。由于没有明确意识形态指导,只有实践层面的社会改革才能凝聚党内共识,改良主义者而非激进主义者在党内更受欢迎。改良主义深深植根于英国传统,毕竟天主教徒和不从国教者都是一步步获得完整公民权的,工人阶级又是借多次议会改革慢慢拿到选举权的,历史积累的渐进主义政治文化特质令劳工相信改良终有一日也能满足他们的经济和社会诉求。

　　工党建党宣言强调乐与其他党派合作,实际表达的是一种与自由党并肩奋斗的愿望。社会民主联盟这样的激进派退场后,工党携手自由党更无所顾忌。工党当时和自由党中的激进派对多项重大内外政策所见略同,两者都有浓郁的不从国教情结,而萧伯纳和韦伯的策动对象本就是自由党人。工党领导层价值观更似自由党激进派,甚至不希望世人把工党解读为工人阶级政党。这导致一种看似奇怪的现象:工党从一开始就注意吸纳自由党内的激进主义者或曾对"自由党—劳工派"合作寄予厚望的工人。这种策略不仅与费边主义者路径一致,亦便于笼络一切不从国教派信徒。麦克唐纳就是披着工党外衣的自由党激进派,早在 1897 年,他便憧憬工党取代自由党。他说"自由党已完成它的任务,……满足了过去几代人的需求";"社会主义应担当激励 20 世纪的进步力量,正如个人主义是驱动 19 世纪的力量"。[①] 二十年后,他的愿景将变成事实。工党领导层刻意避谈党的阶级属性和意识形态,对党的早期成长利多弊少。

　　兼收并蓄的发展模式和模棱两可的意识形态为工党预留了上不封顶的发展空间,然而它的起始之路并不顺畅。工党成立时适逢战争,并未引起国人注意,它在当年"卡其色选举"中推出十几名候选人,仅哈迪和铁路工人联合会总干事(general secretary)贝尔(Richard Bell)胜选。绝大多数工人不会投工党的票,他们熟悉的依然是自由党和保守党。工党没有群众基础,也看不到希

---

① Martin Pugh, *Speak for Britain!* p. 49.

望。然而 20 世纪初阶级矛盾的激化以及官方的打压共同促使工会以加速度激进化,工党迎来了转机,1901 年的塔夫河谷案(*Taff Vale case*)判决后工会主动向工党靠拢。贝尔跑到卡迪夫煽动当地铁路员工成立纠察队,阻止塔夫河谷铁路公司利用工贼损害工人权益。上院判决铁路工人联合会赔偿塔夫河谷铁路公司 2.3 万镑,贝尔滥用工会资金还需另外赔偿。刻薄判决激怒了工会,连一向对工党不冷不热的纺织工人工会也认识到,抛弃对传统政党的幻想并支持工党才有出路。1903 年,支持工党的工会会员从上一年的 455450 人增加到 847325 人。[①] 工会向工党靠拢不仅增加了工党的潜在选民,更重要的是工党此后收取的党费越来越多,大幅拓宽了收入渠道,有能力为本党当选议员支付 200 镑年薪。[②] 1905 年 2 月,工党代表和工会议会委员会代表在卡克斯顿大厅(Caxton Hall)碰面,约定工党与工会在大选中相互支持对方推出的候选人。

工党崭露头角时,沉沦迷失的自由党也获得新生,按新型自由主义(New Liberalism)理论指引重启征程。[③] 这个时代的多数英国精英都视德国为最大竞争对手,不仅关注德国外交与军事的一举一动,还不自觉比较并反思两国内政差异。他们发现福利政策弱化了德国社会矛盾,增强了其国际竞争力;阶级斗争却把英国搞得乌烟瘴气,严重拖累了国家效率。新型自由主义者有意效仿德国,建设福利国家。不过新型自由主义者并未盲目跟风费边派,无意与自由主义决裂、直接拥抱社会主义,而是竭力从自由主义传统中寻求理论突破。这种突破需完成以下三个证明。

其一,证明自由主义并非只顾有产阶级,它也为黎庶苍生代言。这对自由党来说不是难事。自由党人与自称替底层民众发声的激进主义者渊源极深。

---

① Henry Pelling, *A History of British Trade Union*, p. 122.

② Martin Pugh, *Speak for Britain!* p. 62.

③ New Liberalism 这个术语与风靡 20 世纪后期的 Neoliberalism 含义和主旨均相去甚远,为免混淆,这里按学界惯例译为"新型自由主义",后者一般译为"新自由主义"。

乔治三世死敌福克斯以及主导1832年大改革的格雷均是来自贵族世家的老辉格派,18世纪晚期和19世纪早期曾与激进派长期并肩战斗,是激进派眼里有良心的贵人。1859年自由党正式成立时,其中一股力量就是激进主义者。宪章运动衰落的一个重要原因便是其部分领导人汇入了自由党。格拉斯顿福音主义天然包含弱者需要的平等精神和同情心理,自由党后辈只需沿着格拉斯顿路径大胆前进,或参考张伯伦在伯明翰搞的市政社会主义(Municipal Socialism)实践并借鉴其劫富济贫理论,便可轻而易举找回自由党代言平民百姓之传统。自由党与激进派合作不仅可以援引历史上的万千先例,亦可深化当下的"自由党—劳工派"合作。嫁接自由主义与激进主义时,自由党也无须担心党内贵族地主抵制集体主义和社会主义,因为1886年后大批贵族退出自由党"实际上完成了自由主义的激进化"。① 而1898年后罗斯贝里亦被边缘化,贵族地主在党内声音微弱,自由党已变成党员更加同质的中产阶级激进派政党。

其二,证明自由主义并不天然排斥集体主义与国家干预,它可以而且应该与社会主义兼容。19世纪晚期,承认经典自由主义的天然缺陷并强调社会有机论已成知识分子共识。霍布森(J. A. Hobson)这位反战主义者在其1902年出版的成名作《帝国主义》一书中指出资本是帝国驱动力,以英国为代表的发达经济体资本富足且国内投资饱和,只能去海外寻找新的商机。对资本的全方位研究令霍布森确信国家应承担资本配置和收入再分配职责。他把生物学糅进经典自由主义,得出风靡一时的社会有机论,要领如其所说:"个人的单独行动永远无法实现社会目的,社会弊病需要由社会来解决。"②另一位新型自由主义理论家霍布豪斯(L. T. Hobhouse)公开指出边沁和密尔的经典自由主义已无法应对时代难题,为国家主导的社会和经济改革寻找理论辩护。他启示录般宣布:"19世纪可被称为自由主义时代,但是到了这个世纪的末叶,这项伟大运动却大大地衰落了。无论在国内还是国外,那些代表自由主义思想的人都遭到了毁灭性的失败。"自由主义"尴尬地夹在""财阀帝国主义"和

---

① Martin Pugh, *The Making of Modern British Politics*, p. 36.
② 迈克尔·弗里登:《英国进步主义思想》,第166页。

"社会民主主义"之间,遭"帝国主义者和社会主义官僚"奚落嘲讽。[①] 霍布豪斯有如基督教社会主义者巴内特,欲把自由主义和社会主义协调起来,尽管他说"自由社会主义这样一种东西到底有没有——还是一个有待研究的问题",但他确信"自由和控制之间没有真正的对立"且"自由和强迫具有相辅相成的功能"。[②] 经典自由主义将国家视为自由的最大敌人,霍布豪斯则认为对自由的最大威胁不是国家,而是资源占有和财富分配的不公。这种不公有悖道德,亦是国家之失职。他说:"在一个社会里,一个能力正常的老实人无法靠有用的劳动来养活自己,这个人就是受组织不良之害。社会制度肯定出了毛病,经济机器有了故障;……只要这个国家还存在着由于经济组织不良而失业或工资过低的人,这始终不仅是社会慈善的耻辱,而且也是社会公正的耻辱。"[③]上述不良及耻辱是构建和谐社会的障碍,是残酷无序竞争的必然结果,任何人都可能被这种不良所害并蒙受耻辱,只有以社会而非个人之名义才能纠正不良并避免耻辱。"社会的责任是为个人提供维持文明生活水准的手段,而单单让个人在市场的讨价还价中尽力挣到工资是不算尽到责任的。"[④]霍布豪斯还进一步论证,扶贫济弱是国家的职责,也是穷人基于权利而享有的福祉,"每个公民都……可以不是以慈善而是以权利的名义要求用国家资财来弥补"贫富差距。[⑤]

其三,证明国家有办法在遵奉自由贸易、市场竞争等经典自由主义法则的前提下,动用国家机器保障利益公平和分配公正,促进社会和谐。在这一点上,新型自由主义者实无多少创新,他们只不过是把张伯伦的劫富济贫论和费边派的地租再分配建议拓展开来,得出了一般意义上的税收纠偏论,直言即是加税,加征个税、遗产税、累进所得税等。富人没有理由抵制这些税收,因为"一个春风得意的商人,自以为发财完全靠的自己力量……如果他挖一挖他拥有的财产的根子,他就得承认,既然社会维护并保证他的财富,因此社会也是

---

① 霍布豪斯:《自由主义》,商务印书馆,1996 年,第 108 页。
② 霍布豪斯:《自由主义》,第 75、78、88 页。
③ 霍布豪斯:《自由主义》,第 80—81 页。
④ 霍布豪斯:《自由主义》,第 83 页。
⑤ 霍布豪斯:《自由主义》,第 94 页。

创造财富的不可或缺的伙伴"。据此推演,富人"财富的剩余应由社会支配,用于各种社会目的"。① 新型自由主义者建议国家动用行政及立法权力调节贫富差距,防止寡头利用其掌控的资源践踏穷人的自由和权利。霍布豪斯还振振有词称,国家干预是一种着眼未来的人力资源投资,他确信"工人阶级物质条件的改善作为一种经济投资,非但不会赔本,还会获得更大的盈利"。②

完成上述三项证明后,新型自由主义者颠覆了经典自由主义,提炼出了一种披着自由主义外衣的社会主义思想,为国家未来治理勾勒了一幅新的图景。自由党人在这种思想的误导和图景的诱惑下,相信"自由主义和社会主义在逻辑上是可以兼容的",继而启动全面社会改革。③

理论重塑后,自由党还需寻找政治盟友。保守党与自由统一党合作了二十年,获益颇丰,自由党也在世纪之交与各类激进组织及工党合作,形成所谓的进步联盟(progressive alliance)。赢得劳工选票是大众民主时代的政治常识。哈尔丹(Richard Haldane)1896 年直言不讳称,"选举权的拓展已经引领新型自由主义者进入一个新阶段,此时中产阶级的不满已经不再重要","对工人阶级的新依赖"已是不可逆转的时代潮流。④ 然而自由党、独立工党、工党都在争夺工人选票,工党无力单独竞争,却足以分散自由党选票。自由党精英察觉,若想赢得劳工选票必须携手工党并倾听劳工诉求。自由党和工党都自称引领潮流的进步主义者,"许多进步主义者设想组建一个将会统一所有进步的力量和组织的政党,无论在自由党的庇护之下,还是成立一个新的团体";继而"将这个国家中的所有进步主义力量组织起来,以便依靠说服和数量上的优势来推动国家政策"。⑤ 更有趣的是,新型自由主义者认为他们与工党的理论

① 霍布豪斯:《自由主义》,第 96、105 页。
② 霍布豪斯:《自由主义》,第 104 页。
③ 迈克尔·弗里登:《英国进步主义思想》,第 93 页。
④ 迈克尔·弗里登:《英国进步主义思想》,第 224 页。
⑤ 迈克尔·弗里登:《英国进步主义思想》,第 188、222 页。

主张及现实诉求均无本质差异。一位自由党人称："进步派的进步思想和建设性的社会主义论述之间的分界线，与下院里的工党代表和自由主义代表之间的分界线一样模糊。"①这种模糊为两党深度合作排除了所有顾虑。

世纪之交的自由党从新型自由主义中找到了理论支撑并发现了工党这个潜在的同盟军，不过他们还有弥合党内分歧这个艰巨任务。格拉斯顿辞职后，自由党分裂加剧了。罗斯贝里1892年任相令资格更老的哈尔库特难以释怀。1895年自由党政府倒台后，哈尔库特接任党魁，他谴责土耳其人屠杀亚美尼亚人，党内卫道士与新帝国主义者的矛盾摆上台面。同年，哈尔库特又在下院攻击詹姆森在南非策划兵变，更令自由党多数后座议员不满。苦捱三年后，1898年11月，哈尔库特辞职。坎贝尔-班勒曼和阿斯奎斯两人党内资格相对较老。阿斯奎斯年富力强，是精通法律的职业律师，本被看好接任党魁，但他为钱所苦，无法全职从政，结果坎贝尔-班勒曼被推为下院领袖，他毫无人格魅力，自难服众。布尔战争结束时，自由党仍如一盘散沙。然而张伯伦的关税改革和巴尔福的《教育法》给自由党送去了两支强力凝固剂。自由党中坚视自由贸易为圭臬，一致反对关税改革；自由党过去与当下都与不从国教者渊源甚深，痛恨《教育法》。

关税改革和《教育法》不仅促成了自由党团结，还为它正式携手工党创造了契机。工党也痛恨《教育法》并担心关税改革抬高食品价格。在关税改革和教育政策上，自由党和工党均与保守党针锋相对。麦克唐纳的温和立场也让自由党对部分工党人士呐喊的社会主义革命失去了戒心。1902至1903年，3名得到自由党提携的工党候选人在补选中胜出，而没有自由党支持的工党候选人全部失利，这坚定了麦克唐纳与自由党携手之决心。1903年初，麦克唐纳与自由党大党鞭（Chief Whip）赫伯特·格拉斯顿谈判。谈判是秘密的，因为麦克唐纳担心工会指责他出卖本党利益，使工党丧失独立性。他向赫伯特·格拉斯顿诈称，工党若推出更多候选人，自由党将丧失100万选民，他还吹嘘工党有上百万镑竞选经费，工党如若在部分选区全力支持自由党候选人，

---

① 迈克尔·弗里登：《英国进步主义思想》，第219页。

自由党能省去一大笔竞选费用。[①] 不管赫伯特·格拉斯顿是否相信麦克唐纳所言,自由党与工党选民重叠是不争事实,自由党更需要工党支持。结果双方同意在下次大选中避开直接竞争,并肩对抗保守党。赫伯特·格拉斯顿乐观告诉麦克唐纳,一旦自由党不与工党竞争,后者至少可在下次大选中赢得 23 席,另含 5 个有望获胜之席。[②] 接下来两年,两党进一步深化协作,在议会补选中多有斩获。

自由党和工党合作甚欢,而统一党已分崩离析。无论巴尔福是否提前辞职,都不可能改变 1906 年大选结果。统一党一败涂地,除奥斯汀·张伯伦等寥寥数人,巴尔福内阁绝大多数要员丧失议席,巴尔福靠不久后的补选才重返下院。主流政党党魁丢掉议席在英国选举史上可谓罕见。不过保守党无须恐慌,它的群众基础仍在,得票率仍有 43.6%,完全可以把败选归咎于党内暂时的政策分歧以及自由党与工党不正当的相互扶持。自由统一党勉强维持住了在米德兰的地位,这个党已无存在意义,渐被其他党派分化吸收。爱尔兰 82 个议席全部归爱尔兰民族主义者所有。自由党拿下 400 席,包括英格兰 67% 的席位、苏格兰 83% 的席位以及威尔士的几乎全部席位。向来被视为保守党大本营的部分城市选区议席也被自由党收入囊中,其中包括伦敦的切尔西(Chelsea)和曼彻斯特的全部议席。自由党在伦敦、曼彻斯特、伯明翰三大都市圈中的前两个占尽优势。保守党在 1900 年大选中赢得曼彻斯特与萨尔福德(Salford)9 席中的 8 席,但自由党 1906 年赢得这 9 席中的 6 席,另外 3 席落入工党手中。[③] 自由党和工党共同高举自由贸易旗帜,掳走了大量劳工选票,这在曼彻斯特表现得最明显。"曼彻斯特的自由党候选人依靠劳工,但劳工候选人同样依赖自由贸易",自由党在该地的胜利主要拜"自由贸易所赐"。[④] 非国教徒热情参与是本次大选一道独特风景线。1886 年自由党分裂后,贵族地主大多退党,中产职业精英日益成为自由党中坚,而他们大多是非国教徒。自由贸易和提携不从国教者是自由党长期并举的两面旗帜,加之巴

---

① Martin Pugh, *Speak for Britain!* p. 64.

② G. R. Searle, *A New England?* p. 355.

③ G. R. Searle, *A New England?* pp. 358 - 359.

④ P. F. Clarke, *Lancashire and the New Liberlism*, p. 376.

尔福为保卫国教而炮制的《教育法》刺激了不从国教徒神经,不从国教者在1906 年大选中推出大量候选人并积极投票,指望新议会摧毁 1902 年的《教育法》。卫斯理宗此前已因反爱尔兰自治和保卫帝国抛弃了自由党,如今又为撤销《教育法》回到自由党阵营。总计 187 名不从国教者当选下院议员,其中157 人属自由党,20 人属工党,只有 6 人是统一党。① 大选产生的自由党下院议员的一般特点是:"中产阶级,可能是商人或律师,可能是受过高等教育或公学教育的非国教徒,年龄在四十岁以上。"②工党首次感受到胜利的喜悦,它收获 29 席,其中多数归功于自由党提携。自由党在部分工党推出候选人的选区主动退出竞争,工党则说服其选民在其他选区支持自由党候选人。没有自由党支持的工党候选人悉数败北。工党自此在威斯敏斯特获得了立足点。从长远看,自由党培育了自己的掘墓人,一战后埋葬自由党的恰恰是工党这个潜在对手。

自由党凭下院优势完全可以单独组阁,但其高层人际关系紧张,权势分配较为敏感。坎贝尔-班勒曼是组阁首选人物,不过阿斯奎斯垂涎相位,格雷、哈尔丹等人也有心拥其为相并敦促坎贝尔-班勒曼接受贵族封号移步上院养老。坎贝尔-班勒曼拒入上院,但许诺上述诸人通通高就换取他们不要逼宫。阿斯奎斯任下院领袖及财政大臣;赫伯特·格拉斯顿任内政大臣,他是进步联盟的撮合者且肩负这一时期自由党组织重任,是胜选第一功臣;格雷毫无争议任外交大臣,他是传统贵族在新政府中的代表;哈尔丹出任战争大臣;劳合·乔治任商贸大臣;埃尔金勋爵(Lord Elgin)任殖民大臣,他的得力助手则是副大臣丘吉尔。坎贝尔-班勒曼本没料到大选完胜,组阁时,为拉拢工党,也为践诺"自由党—工党"协作,特邀在工人中民望较高的伯恩斯入阁督办地方政务。坎贝尔-班勒曼这位病恹恹的老朽有自知之明,无胆对阁僚颐指气使。接下来十年,自由党政府首相弱势,但内阁却较为和谐,各部大臣在分管领域拥有较

---

① Micheal Watts, *The Dissenters*, Vol. Ⅲ, p. 362.

② George L. Bernstein, *Liberalism and Liberal politics in Edwardian England*, London, Allen & Unwin, 1987, p. 17.

大话语权,阁揆不能强迫阁僚屈从己意,亦不敢轻易解雇大臣。[1] 自由党历经二十年风雨洗礼后没有理由继续内讧。刺头张伯伦已因中风半身不遂,反对党也暂时沉寂。

　　自由党施政第一板斧砍向了1902年的《教育法》。自由派和非国教徒痛恨该法,1906年大选中,86％的自由党候选人把教育列为首要竞选议题。修改《教育法》成头等大事。不过自由党内非国教徒和国教徒各占半壁江山,两者对教育的理解相去甚远,前者要求公共财政停止为教派教育提供经费,而后者并不打算大幅削弱学校的宗教职能。自由党内还有一批开明之士反对宗教狂热绑架教育,倡导以通识教育(liberal education)释放人之潜能,陶冶人之情操,拓展人之见识。他们认为教育是国民而非教派的事,故只想打破国教对师资的垄断,争取教师职位向所有人平等开放。教育委员会主席(President of the Board of Education)比内尔(Augustine Birrell)须在非国教徒和国教徒之间拿捏分寸,他最终提交给议会讨论的"教育议案"(Education Bill of 1906)也尽可能照顾各方感受。议案主要内容包括:教派教育经费不再由纳税人承担,加强对教派学校的监管,限制教派学校的宗教课程比重并废止其考试。议案还特别规定:学生家长决定学校是否开设教派课程,若80％以上家长要求开展宗教教育,学校可以开设宗教课程并使用所属教派的《圣经》。不过此款只适用于5000人以上的城市,农村和小市镇不在其列。[2] 开明人士抵制这一刻意向不从国教者让步的条款并未妨碍议案在下院通过,然而保守党占优势的上院视议案为十足的挑衅,要求对其进行大幅修改。两大政党高层都清楚,无论议案怎样修改,上院都不会让其过关。有鉴于此,阿斯奎斯和巴尔福在议案提交上院表决前艰苦谈判,但也未能达成妥协。1907年和1908年的两任教育委员会主席麦肯纳(Reginald Mckenna)和朗西曼(Walter Runciman)各

　　① Ian Packer, *Liberal Government and Politics*, 1905－15, Palgrave Macmillan, 2006, pp. 9－10.

　　② Ian Packer, *Liberal Government and Politics*, pp. 101－103.

自设计的教育议案同样众口难调。其后教育争执极速降温，到1910年，社会改革取代教育改革成为新的政治热题。

非国教徒对教育改革不了了之大失所望。坎贝尔-班勒曼知道自由党失去他们的支持等于自断膀臂，盛怒之下提出决议（C-B Resolutions）遏制上院权力，内容包括三条。一、上院不得擅自更改涉及财政的议案；二、某项议案若在同一届议会下院连续三次通过，即便被上院否决也将自动生效；三、五年而非七年举行一次议会选举。[①] 不从国教者对坎贝尔-班勒曼决议拍手称快，毕竟他们的祖先圆头党人曾在历史上废除过上院，而上院又是国教的堡垒。1907年6月24日，下院多数议员签名支持决议。决议一旦成为法律，将从根本上颠覆英国宪政。上院并未被决议吓到，反而于1908年非常干脆地否决了"禁酒令"（Licensing Bill）。自由党激进派和工党部分精英分子认为酗酒是犯罪和家暴的祸源，助推道德堕落，甚至造成工人返贫。非国教徒是自由党和工党的重要群众基础，酗酒与他们的加尔文主义精神相悖。他们呼吁向酒精征收重税，抬高酒价，通过限制穷人购买力达到禁酒目的。姑不论这种怪招能否奏效，酿酒业在工业刚刚起步的爱尔兰地位举足轻重，爱尔兰民族主义者率先抵制酒精税。自由党在1906年选战中刻意避谈爱尔兰自治这个敏感话题，当时承诺不会向下届议会提出自治议案，"禁酒令"若搅乱了爱尔兰局势，那将是不折不扣的因小失大。结果，非国教徒对上院否决"禁酒令"义愤填膺，政府反倒如释重负。

教育改革和禁酒遇挫并不影响社会改革平稳推进。1906年的《行业纠纷法》（Trade Disputes Act）推翻了塔夫河谷案判决，阿斯奎斯如愿以偿"让劳资双方公平竞争"。[②] 同年的《工人伤残赔偿法》（Workmen's Compensation Act）确保大部分工人自此可就工伤索要赔偿，特殊工种的职业病也在赔偿之列。1908年的《矿工八小时工作制法》（Miners' Eight Hours Bill）要求大部分矿井执行一天三班制。此法争议极大，保守主义者和企业家均担心采煤成本增加推高煤价，进而导致工业成本和国民生活成本水涨船高。面对争议，内政

---

① G. R. Searle, *A New England?* p. 412.

② Ian Packer, *Liberal Government and Politics*, p. 158.

大臣赫伯特·格拉斯顿采纳折中方案——矿工升井时间不计入工时。[1]

1908年7月,坎贝尔-班勒曼病入膏肓。阿斯奎斯接任首相,少壮派在继之而来的政府重组中进一步得势。劳合·乔治出任财政大臣,丘吉尔担任商贸大臣,上院领袖克莱维勋爵(Lord Crewe)任殖民大臣。格雷与赫伯特·格拉斯顿分别继续负责外交部和内政部。劳合·乔治和丘吉尔这两位新型自由主义者成了新政府之翘楚,欲借激进社会改革巩固自由党在选民中的影响力。与此同时,其他形形色色激进主义者也占据了中层决策部门众多要职。这一切都预示着政策将剧烈转向:"旧激进主义继续存在,尤其关注地主特权的泛滥;但以提高城市贫民生活水平为目标的对集体主义福利的承诺自此出现;一个新的福利政治时代开启了。"[2]从这个意义上说,1908年政府重组对内政之影响以及宪制之冲击不亚于任何大选年。

阿斯奎斯组阁后,全面改革开启。坎贝尔-班勒曼时代的改革由集体决策,此后的改革由劳合·乔治及丘吉尔两人主导。1908年8月,劳合·乔治策划的《养老金法》(Old Pensions Act)规定,年收入低于30镑10先令的七十岁以上老人均可领取养老金。领取额按收入多少分为五档,年收入介于28镑17先令6便士与31镑10先令之间者,每周领取1先令;年收入低于21镑者每周可领取5先令,夫妻双方则可以领取7先令6便士。1909年1月,49万老人得以享受额度不等的养老金;1911年后,享受人数扩大到100万,占适龄老人总数的40%。[3] 养老金与根据历代济贫法发放的救济金本质不同,救济金是慈善性质,领取者需接受资格鉴定并忍受歧视;养老金则是基于公民权利的福祉,"领养老金者不会丧失任何选举权、权利或特权"。[4] 福利史专家认为,"这项举措的历史意义在于,它首次向有需要的群体提供公共财政支撑的现金,且免受与济贫法绑定的蓄意侮辱",是福利国家演进过程中最重要一环。[5]

1909年,劳合·乔治又打算启动国民保障体系。然而新型自由主义改革

[1]　Ian Packer, *Liberal Government and Politics*, p. 149.

[2]　G. R. Searle, *A New England?* p. 365.

[3]　G. R. Searle, *A New England?* pp. 366 - 367.

[4]　W. D. Handcock, ed., *English Historical Documents*, Vol. X, pp. 582 - 584.

[5]　Pat Thane, *Foundations of the Welfare State*, p. 77.

不仅遭保守党和上院强烈抵制,且并非所有工人都报以掌声,因为要从他们本就微薄的工资中扣除一部分以作投保之用。更棘手的是,养老金和国民保险所需的巨额资金并无着落。劳合·乔治想方设法扩大税源,于 1909 年 4 月 29 日向下院抛出了争议极大的"人民预算"(People's Budget)。这份预算把新型自由主义者劫富济贫推向了极致。哈尔库特 1894 年已改革遗产税和个税,盯上了富人的财产。1906 年掌权后自由党欲借下院优势变本加厉劫夺富人,阿斯奎斯制定 1907 年预算时,提议对富人征收超额所得税(supertax)。他把收入分为劳动所得(earned income)和非劳动所得(unearned income)两大类,前者是直接从业者的智力或体力劳动回报,后者得自租金、利息、股票等。这种分类建立在两个荒诞的假设之上,其一是所谓的劳动所得和非劳动所得有清晰边界,不会重叠;其二是租金、红利、股票等都是天上掉下的横财,无需劳动投入,更无投资风险,稳赚不赔。因部分阁僚反对,1907 年预算并不包括超额所得税,但阿斯奎斯以上述收入区分为据,将劫富济贫变得冠冕堂皇。他提高非劳动收入税率,同时降低蔗糖、茶叶等商品关税,彰显执政为民。劳合·乔治出任财政大臣后,劫掠富人近乎有恃无恐。他的"人民预算"规定:年劳动所得收入 3000 镑以上者及年非劳动收入 2000 镑以上者,年个人所得税税率为每镑 1 先令 2 便士;年收入 5000 镑以上者需再支付每镑 6 便士超额所得税;大幅增加价值 5000 镑以上不动产的继承税,100 万镑以上不动产继承税税率竟高达 15％。"人民预算"还包含四项新的土地税:土地转手或继承需交纳 20％增值税(tax on increment of value),租赁期满后承租方可获 10％返还税(reversion duty),未开发的土地按估值交纳每镑 0.5 便士税,矿藏丰富的土地需交纳每镑 1 先令矿产权税(mineral rights duty)。[①]

霍布森欢欣称颂"人民预算"是"社会主义信条的表现"。[②] 然而预算动了地主、贵族、资本家、房东等一切富人的奶酪,他们不甘为待宰羔羊,抨击"人民预算"实为"仇富预算"。为迫使保守党和上院接受预算,劳合·乔治搜肠刮肚为其铺陈舆论、大造声势,向反对党和上院极限施压。预算抛出当天,他在下

---

① Martin Daunton, *Trusting Leviathan*, p. 361.
② 迈克尔·弗里登:《英国进步主义思想》,第 214 页。

院激情四射称：

> 这……是一份战争预算。其目的是筹措金钱打赢难以和解的针
> 对贫穷和肮脏的战争。我已情不自禁地憧憬，我们这代人将大步迈
> 入一个美好时代，届时，贫困、灾难以及人性的堕落，这些曾如遍布森
> 林的群狼一样危害我们家园的罪恶，都将远离这个国家的人民。①

反对派自不会被劳合·乔治的巧言令色忽悠，即便不公开反对分层税率
和劫富济贫的自由党普通议员也担心大幅加税会挫伤投资者信心，更何况预
算与自由党一贯奉行的藏富于民、减少国家干预之宗旨相悖。劳合·乔治则
巧舌如簧，他辩称社会改革有助提高国民素质，从长远看有利于经济增长，对
非劳动收入课以重税旨在让闲置资源运作起来。"人民预算"拟征的土地税税
额与个税及继承税税额相比微不足道，但劳合·乔治为预算辩护时轻描淡写
个税，高调谈论土地税，故意引导民众仇恨地主。他指控地主据沃土丰田，却
不劳而获；建议对未开发的土地征收空置税，倒逼地主把土地，特别是城乡结
合部的土地推向市场，用于建房。此举既能缓解房租上涨压力，还可以把地方
财政负担更多地转嫁到地主身上。这样他就把地主丑化为阻碍进步与发展的
反动力量，令自由党议员产生保守党是人民公敌的错觉，也博得了工党的喝
彩。② 为讨好不从国教者，劳合·乔治挞伐酗酒吸烟，拟年征 350 万镑酒精税
和烟草税，而蔗糖、食品等大众消费品的税额维持不变。如此他更有底气自夸
心系民生。为刺激民众敌视地主，7 月 30 日，劳合·乔治在丘吉尔陪同下，跑
到东伦敦演讲，称一名公爵"维持生活的开销抵得上两艘无畏战舰的费用，而
且公爵就跟无畏战舰一样可怕，但是比战舰的寿命更长"。③ 当时英德军备竞
赛如火如荼，无畏舰造价高昂，内阁和民间都为造舰费用激烈争执，劳合·乔
治的形象类比煽动效果极佳。阿斯奎斯也鼎力支持"人民预算"，9 月 17 日，

---

① Hansard, 29 April 1909, Col. 548.

② Ian Packer, *Liberal Government and Politics*, pp. 134 - 137.

③ 罗伊·詹金斯：《丘吉尔传》，北京时代华文书局，2019 年，第 148 页。

他在伯明翰放风称,上院修改或拒绝预算均是"不可能的",会"触发革命"。
上院无所畏惧,11月30日以350对75票的绝对优势将预算否决。② 除1861
年,上院几百年来从未否决下院预算。阿斯奎斯愤怒谴责上院"破坏宪政,践
踏下院权利"。③ 而上院多数议员坚信自由党和工党与手握选票的选民在做
龌龊交易,故破天荒否决了预算。他们理解的"人民预算"就是赤裸裸的抢劫,
破坏奉行已久的低税惯例,动摇财产权神圣不可侵犯的悠久传统。

◇　◇　◇

　　"人民预算"本是纯粹的经济问题,上院之否决将其变成了宪制问题。自
由党人指控上院冥顽不化,他们以三年前的坎贝尔-班勒曼决议为基础,旧事
重提,裹挟民意对上院穷追猛打,欲彻底剥夺上院的立法话语权。预算被否决
后,自由党决定诉诸选民,保守党也希望通过选举搅黄预算。1910年1月大
选就变成了选民对"人民预算"的公投。选战揭晓后,自由党下院席位降至
274,保守党和自由统一党获得273席。工党获得40席,比上次大选多赢11
席,但实力略微下降,因为1908年矿工协会(Miners Federation)投靠工党,
依赖矿工选票的15名"自由党—工党"议员摇身变成了纯粹的工党议员。④
爱尔兰民族主义者仍维持82席。这次选举的地域特点非常明显,自由党在以
曼彻斯特为核心的北部地区、苏格兰、威尔士都有明显优势,但保守党在大伦
敦区和南方收复了部分失地。自由党席位下降的重要原因是他们未能废除
1902年《教育法》,大批非国教徒政治热情冷却,而政府推动的福利政策也未
得到工人阶层一致认可。相较1906年大选,自由党优势明显下滑,但靠工党
和爱尔兰民族主义者支持仍能维系政府。工党痛恨上院,欢迎"人民预算"劫
富济贫。多数工党议员支持政府无可厚非,但在宪制上,并非所有自由党议员
和工党议员都支持政府,结果爱尔兰议员又有机会左右政局了。爱尔兰民族

① Roy Jenkins, *Asquith*, Collins, 1978, p. 200.
② G. R. Searle, *A New England?* p. 411.
③ G. R. Searle, *A New England?* p. 423.
④ Martin Pugh, *Speak for Britain!* p. 79.

主义者迫不及待支持自由党,换取政府支持他们自治。自由党还未彻底医好爱尔兰自治争议造成的创伤,阿斯奎斯、劳合·乔治以及格雷都不想再被爱尔兰人绑架。他们明白,若依靠爱尔兰人逼迫上院就范,下一步定会摊上爱尔兰自治这个更大的麻烦。1910 年夏,以阿斯奎斯、劳合·乔治为首的自由党人与以巴尔福为首的统一党人秘密谈判,欲共觅一份双方都能接受的妥协方案。劳合·乔治一再敦促保守党着眼大局,支持他的国民保障方案并防止爱尔兰人敲竹杠。他的伶牙俐齿和迂回策略忽悠了部分痛恨爱尔兰自治的统一党人,不过巴尔福拒绝妥协。10 月,秘密谈判无果而终。

阿斯奎斯另辟蹊径,向国王求助。1910 年 5 月,爱德华七世驾崩,乔治五世继位。阿斯奎斯建议新王解散议会重选。他还企图效法 1831 年的格雷伯爵,怂恿刚继位的国王支持政府。如自由党再度胜选而上院仍无意让步,他恳请新王增加上院议员迫使上院就范。国王深知问题棘手,1910 年 11 月,他通过私人秘书向阿斯奎斯递话:"我被告知须册封 570 名新贵族,这几无可操作性。"[1]1910 年 12 月大选和 1 月大选的结果几无差异,自由党和保守党各获272 席。这意味着要么靠爱尔兰人支持,要么指望国王,方能突破宪改瓶颈。内阁担心爱尔兰人漫天要价,于是将赌注压于国王金身。1911 年 7 月 20 日,政府宣布,国王会给予"紧急性保证"(contingent guarantee),确保一部议会改革法案通过,以废止上院对任何议案的绝对否决权。统一党人怒骂阿斯奎斯操控、哄骗甚至威逼国王,也对乔治五世甘为自由党政斗工具满腹怨言。

自由党人心心念念的新宪制之要旨是,"用一个建基于民选而非世袭构成的第二院取代目前形式的上院"。[2] 统一党人也意识到了问题棘手,上院地位及世袭权力一向是激进派舆论攻击之靶心,统一党人和部分上院议员也在寻找上院自渡之径。部分上院议员曾提议上院议员不再由国王任命,改由民选产生。不过各方对选举机制及程序莫衷一是。有人建言国王提名上院候选人,选民再从被提名者中选出上院议员,上院中恪守传统的保守分子坚决抵制任何形式的上院议员选举。有人甚至提议公投,彻底由人民决定新宪制,然而

---

[1]　Roy Jenkins, *Asquith*, p. 202.

[2]　Roy Jenkins, *Asquith*, p. 208.

连自由党人也担心公投开暴民政治之先河。宪改事关国体,各方争执不下。巴尔福此时态度转变对打破僵局至关重要。他打算默认自由党以卑鄙手段胁迫国王达成宪改之事实。他认为上院要想在大众民主时代保住地位,必须弱化自身在立法中的作用。他更担心爱尔兰自治,统一党因宪改正面临分裂,而只有团结的统一党才能扼杀随时可能再度出现的爱尔兰自治议案。8 月 10 日,同意巴尔福看法的 10 余名主教和 20 多名保守党贵族投票支持《1911 年议会法》(Parliamentary Act of 1911),致使法案以 131 对 114 票的微弱优势在上院通过。这部法案要旨包括三点。第一,某项财政议案(Money Bill)提交上院后,上院若一个月内不予表决,议案将直接呈交国王,若国王签署,无论上院态度如何,该议案自动生效。第二,上院否决的非财政议案(Public Bill)若两年内连续三个议期均在下院通过,也将自动生效。简言之,上院对非财政议案最多享有两年延置权。第三,议会选举由七年一次改为五年一次。①

《1911 年议会法》把上院在立法中的权力剥夺殆尽,对宪政的冲击绝不亚于 1832、1867、1884 年的任何一部议会改革法。众所周知,英国传统宪制的精髓是,君主、代表平民的下院、代表贵族和教士的上院三者间存在精妙的平衡。这种平衡确保英国既不会变成欧陆式的专制主义中央集权国家,也不会出现暴民统治。19 世纪初,王权衰落后,上院仍能承担制衡下院的功能,《1911 年议会法》确立了下院的支配性地位,上院自此形同虚设。上院是防止激进主义的关键闸门,此闸大开,英国政治极速激进化。上院并未被废除,传统宪制外壳仍在;上院议员仍由国王任命,而非选举产生。这多少照顾了保守主义者感受。巴尔福为阻止爱尔兰自治,忍痛牺牲了上院和保守派的权势,上院在非财政法案上的拖延作用对他来说也是一丝慰藉,然而他个人为这一切付出了沉重代价。顽固派(diehards)对他在宪制危机期间的表现失望透顶,他领导的保守党连续三次败选,普通党员也对其丧失了信心。博纳·劳(Andrew Bonar Law)被推至前台,担任保守党新党魁。②

自由党借宪改声势加速推动社会改革。1909 年出台的《劳资协商法》

---

① W. D. Handcock, ed., *English Historical Documents*, Vol. Ⅺ, pp. 158 - 159.

② G. R. Searle, *A New England?* p. 424.

(Trade Boards Act)便已直接干预工资,为部分血汗行业,特别是报酬极低的女工集中的行业规制最低工资。1912 年初,常规行业也设定最低工资。极少掺和内政的外交大臣格雷不无忧虑地感慨:"关涉最低工资的大门一旦敞开,就不可能再将其关闭。"[1]他准确预估到了困扰 20 世纪英国的最大梦魇——工人罢工逼迫政府上调工资,拖累企业乃至国家效率。比工资立法更激进的是国民保障制度建设。劳合·乔治原本构想的保障体系包括医疗保险和失业保险两个板块。年收入低于个税门槛(160 镑)的工人生病期间可享受一定数额医疗补助。医疗保险所需资金由参保工人、企业和政府三方共同承担。工人每周缴纳 4 便士(女工为 3 便士),企业为其缴纳 3 便士,日收入低于 2 便士者免缴。[2] 1911 年,基于上述资金支撑的《国民保险法》(National Insurance Act)通过。失业保险主要由丘吉尔统筹。年失业五周以上者在失业期间每周可领取 7 先令补助。参保工人每周缴纳 2.5 便士,其所在企业缴纳 2.5 便士,缺口由政府拨款填补。这部法案是青年丘吉尔的得意之作,他自夸"在救助大众这件事情上保险创造了人人平等的奇迹"。[3] 1909 至 1910 年初,丘吉尔创建了 80 余家劳动交易所(Labour Exchanges),为工人就业提供便利。他还积极干预工会组织,要求工会成立由工人、企业和政府三方代表组成的领导机构,公正捍卫每位工人权益。

新型自由主义改革本质是披着自由主义外衣的社会主义改革。身为基督教社会主义者的自由党议员马斯特曼(C. F. G. Masterman)1906 年曾这样列举并对比自由党和工党的行动纲领:自由党的纲领包括"《教育法》、禁酒改革,一人一票,上院改革,废除威尔士教会,以及缩减海军与军事开支";"而工党纲领可能包括:为在学儿童供餐,养老金,收入累进税,帮助失业者的公共工程,以及土地国有化"。[4] 回顾自由党改革,教育、禁酒、一人一票以及废除威尔士教会均不了了之,军费也未压缩,反倒是工党诉求几乎全部得到回应。新型自由主义改革实乃践行工党诉求。新型自由主义者为提高国家效率并缓和阶级

---

① Ian Packer, *Liberal Government and Politics*, p. 152.
② Pat Thane, *Foundations of the Welfare State*, p. 79.
③ 罗伊·詹金斯:《丘吉尔传》,第 139 页。
④ 迈克尔·弗里登:《英国进步主义思想》,第 281 页。

矛盾推行改革本无可厚非,然而他们用错了药方,以抽象理论指导实践,旨在"移除由特权导致的不平等,以及为所有人保障同样的机会与权利"。① 他们的理论和实践均基于人生而平等且都具有无限可完善性的哲学假说之上,抛弃了形塑新教信仰的加尔文主义之要核——上帝拣选说。他们亦忘了柏克百年前的反复警醒——勿以抽象政治学说替代厚重历史经验。为无法证实的抽象权利和平等而疯狂是百余年前法国雅各宾派的回声,是英国人的祖宗拼尽全力成功拒之于门外的恶行。新型自由主义者与工党沆瀣一气,打着为国为民的幌子变本加厉破坏传统。他们劫富济贫,说得好听点,是为了所谓的公平;说得直接点,只因穷人手握的选票比富人的选票更多。野心家的权欲和穷人的选票一起毁坏了国本,不列颠国力从此江河日下。

新型自由主义者不仅颠覆了国体,宣告了"自由英国的奇异死亡",还挖了三个大坑。其一是财政坑。每项社会改革都需巨额资金支撑,进而形成吸金的无底深坑且税收很难填平这种坑,英国经济深受其害,20世纪英国经济始终投资不足,病根在此。其二是官僚坑。19世纪以前,政治主要处理宪制、外交、军事、宗教等事务,社会事务由民间和教会负责。新型自由主义改革后,政治的头等大事是处理社会问题,并因此诱发机构臃肿、公职人员巨额工资包袱等并发症。1980年代,撒切尔(Margaret Thatcher)反思20世纪英国的衰落并对比19世纪的辉煌时,一语中的——"根本没有社会这回事"。② 其三是埋葬自己的墓坑。新型自由主义者达工党所愿,满足了麦克唐纳这类工党温和派的社会经济诉求,并以实践向他们证实改革而非革命完全可以实现社会主义。一旦工党羽翼丰满,必取自由党而代之,践行更纯粹的社会主义。

新型自由主义者绝非社会主义道路上的孤军。19世纪晚期,自由党、基督教派、马克思主义政党、费边社、独立工党以及工党都按各自理解的社会主义或集体主义行事。保守党也无法独善其身,索尔兹伯里的社会政策是迪斯累利社会改革的继续。保守党人恪守低税政策,不搞一刀切的社会主义,给予各部门、各地方量力而行之自由,然而正是保守党的社会改革在事实上宣告了

---

① 迈克尔·弗里登:《英国进步主义思想》,第184页。
② 见本书第二十六章。

社会主义时代的来临。保守党内还有以米尔纳为代表的有如怪物的社会帝国主义者(Socialist Imperialists),他们诚如韦伯预判,相信只有社会主义才能克服个人主义、阶级对抗以及党争之弊,进而凝聚国民众志成城对抗外族并保卫帝国。张伯伦因伯明翰市政社会主义声誉鹊起,他比新型自由主义者更激进,他的关税改革不仅是帝国焦虑的反应,也是对失业等社会危机的回应。19、20世纪之交,绝大多数英国人都在不同程度上拥护社会主义。哈尔库特1894年称"我们都是社会主义者了"绝非耸人听闻;一位心明眼亮的自由党议员兼经济学家敏锐指出:"从1865年到1900年这个时期……可以被称为不自觉的社会主义的时期。20世纪则开启了自觉的社会主义的时期。"①维多利亚时代的自由贸易只是与基督教具有同等魅力的信条,到了20世纪,社会主义则取代了伊甸园成为多数英国人心之所向。草根拥抱社会主义不难理解,但费边派、各教派教士、新型自由主义者、社会帝国主义者、市政社会主义者都可谓精英。大批精英卷入社会主义运动洪流并带头实践社会主义,他们把英国导向福祸难料的社会主义道路的同时,也为社会主义抹上了温和的英国特色。

　　自由党裹挟民意大刀阔斧改革并不意味着国泰民安时代自动到来,战前几年,困扰英国的既有老难题,也有新麻烦。老难题是爱尔兰自治运动,新麻烦则是工人罢工和妇女争取选举权。宪制危机期间,爱尔兰民族主义者隔岸观火,时时准备乘机渔利。爱尔兰议员寄希望于用支持自由党政府换取后者许诺自治,劳合·乔治等人一再避免爱尔兰问题升温,尽量减少对爱尔兰议员之依赖,但阿斯奎斯还是向雷德蒙承诺宪改闯关后政府将提出新的爱尔兰自治议案。1912年4月11日,阿斯奎斯向下院抛出"第三部爱尔兰自治议案"(Third Home Rule Bill)。议案授权在都柏林成立一个两院制议会专门处理爱尔兰事务,爱尔兰在联合王国议会中的议席由103减至42个。议案在下院通过,如巴尔福所愿,连续两年被上院否决。1914年,议案第三次被上院否

---

　　①　迈克尔·弗里登:《英国进步主义思想》,第58、81页。

决,根据《1911年议会法》,上院两年缓冲期已过,如国王批准,议案便能生效。国王为难,政府更是搬起石头砸自己的脚,再无上院替其挡灾。伦敦的精英和权贵为自治话题激辩时,爱尔兰岛上气氛紧张,战争一触即发。北爱的乌尔斯特居住着大量新教徒,他们与多数信仰天主教的爱尔兰人积怨已久,担心自治后遭都柏林官方压迫。以卡森(Edward Carson)为首的统一主义者自发集会,签署盟约,招募并组建统一志愿军(united volunteer force),反对爱尔兰自治并随时准备血溅沙场。丘吉尔和劳合·乔治等人高度重视乌尔斯特的特殊性,但无力设计一份既让雷德蒙满意也让卡森心平气和接受的理想方案。1914年3月的库拉夫血案(Curragh Accident)已点燃内战引线,尽管世界大战暂时将冲突双方的注意力转移到法国北部和比利时的战壕里,内战阴霾并未完全散去。

工党的支持令自由党宽慰,但劳工并不温顺。大战爆发前几年是劳工大觉醒时代,罢工浪潮令政府疲于应付。罢工原因主要归为以下几点。一、20世纪头十年基督教加速衰落,工人不再理会牧师惯常宣扬的向善、克制、忍耐等教导。与此同时,劳工运动理论,特别是辛迪加主义(syndicalism)以及马克思主义阶级斗争理论急速传播,"在产业工人中产生了更广泛的影响",唤醒了劳工抗争意识。[1] 激进工人不相信工党代表工人阶级利益,坚信只有抗争才能改善自身处境。阶级意识逐渐取代地域观念和宗教情感,驱动并指引工人斗争。辛迪加主义者鄙视费边社的改良路径和麦克唐纳的议会策略,否认阶级调和的可能性,认为阶级战争才能彻底改变不公的现实。伦敦码头工人领袖蒂莱特一向游离在工党之外,他罢工期间号召工人以暴制暴,像阶级斗士一样控诉"资本主义就是资本主义,正如猛虎就是猛虎,两者对弱者同样凶残且毫无怜悯之心"。[2] 二、20世纪最初十年英国经济整体走势不错,但物价涨幅远超实际工资涨幅,劳工生活水平下降,要求雇主加薪。三、工人、工会、工党三者关系含混不清,均无权威约束工人罢工。19世纪以来的英国工会组织要比19世纪以前的英国教派构成更加复杂。英国经济一向多元化,大企业虽不

---

[1]　Henry Pelling, *A History of British Trade Union*, p. 139.

[2]　G. R. Searle, *A New England?* p. 445.

断扩张,但个体户、小作坊、小公司吸纳的就业人口仍占多数,这些单位的劳工绝大多数并未加入任何工会,也即工会并不能代表多数工人。工会虽有全国性机构并定期召开工会大会,但并非所有行业工会都接受全国总工会领导,即便行业工会也分为地域性分会,同一地区的各行业工会又可能组成地方性综合工会。当时隶属工党的工会会员比例并不高,工党不能号令工会,却离不开工会支持。当工党开始发展个人党员后,工党和工会关系更加复杂。工党不能代表工会,工会不能代表工人。工人成千上万,工会鱼龙混杂,工党组织松散,这是现代英国政治社会的最大特色。四、新型自由主义者反对工会要挟政府、虚耗国力,也同情工会和罢工工人。与工人直接打交道的劳合·乔治以及丘吉尔知道法院和上院均厌恶工会,若由司法机构裁决劳资纠纷,工会必遭严厉经济制裁,故主张政府调解。1907 和 1911 年,劳合·乔治两次成功调解铁路工人大罢工,在草根中威信越来越高。官方督促雇主加薪并保障工人权利,变相为罢工推波助澜。劳工部分诉求得到满足,尝到了罢工甜头后却无收敛之意。1912 年后,需要保护的不再是工会,而是雇主。①

　　上述四类原因导致 1910 至 1914 年罢工此起彼伏,浪潮汹涌。1910 年 9 月初,南威尔士罗达河谷(Rhondda Valley)矿工揭开罢工序幕,这次罢工持续近一年。1911 年夏秋,起初在南安普顿,随后全国主要港口城市发生水手大罢工,造船业和渔业均蒙受巨额损失。随后兰开夏和约克郡铁路工人联合罢工。罢工期间,利物浦等大城市出现严重骚乱。时值阿加迪尔(Agadir)危机,英德关系高度紧张,政府担心内乱外战伴生上演,已转任内政大臣的丘吉尔派遣两千多人的部队前往默西塞德(Merseyside)维稳,8 月 14 日竟上演了枪战,8 人受伤。次日国王致电丘吉尔:"利物浦方面的陈述表明当地的状况更像是起义,而不是罢工。"②丘吉尔的强硬等于火上浇油,阿斯奎斯亦"没有和解技巧",劳合·乔治亲往处理,承诺满足工会要求才使工人复工。③ 1911 年底至1912 年初,大不列颠矿工联盟(Miners Federation of Great Britain)发动为期五周的联合大罢工,矿业、铁路、运输等部门几近瘫痪,外交大臣格雷惊之为

---

①　Ian Packer, *Liberal Government and Politics*, p. 160.

②　罗伊·詹金斯:《丘吉尔传》,第 181 页。

③　Henry Pelling, *A History of British Trade Union*, pp. 135 - 136.

"革命之肇始",阿斯奎斯被迫同意出台《矿工最低工资法》(Miners' Minimum Wage Act)安抚工人。1913 年,罢工规模缩小,但频率更高,是年总计 1497 次罢工。[①]

罢工深刻改变了政局。工会是罢工最大受益者,罢工期间工会组织迅速壮大。1910 至 1914 年,工会会员增加了 60％,超过 400 万人,其中 260 万依附于工党。[②] 上院操纵 1909 年的奥斯本案判决(Osborne Jugdement),裁定工会不得利用手中资金参与政治竞选。工会会员痛斥上院和官方动机卑鄙,以不正当手段打压工党政治竞争力。其后几年,工人不断呼吁推翻奥斯本案判决并用罢工迫使政府作出了较大让步。《1913 年工会法》(Trade Union Act of 1913)允许工会向其会员收取政治会费(political levy)。工会拓宽了筹资渠道,政治上更活跃。工党因工会的壮大直接受益,它有较多资金扩张组织,陆续成立地方分支机构,政治吸附力陡然增强。

悖论是,工会扩张和工党壮大反而导致组织松散的劳工运动内部裂隙更深。多数劳工并未对政府的善意报以掌声,仍抱怨官方对工人苦难充耳不闻,对不公经济秩序视而不见。除了拥护麦克唐纳的议会工党,一切工人派别都对现状不满。年青一代工会会员和工党党员身上体现出更独立的阶级意识、政党认同及好斗精神,他们要求冲破"自由党—工党"藩篱,走工党自己的政治路线。工党基层激进、高层温和,致使普通党员不满尤甚,这种不满致使党内矛盾尖锐,进而削弱了领导层权威。工党起初并无领袖,哈迪是主席;1908 年,亨德森出任党主席;1911 年麦克唐纳当选主席,亨德森转任组织干事。当时工党实行集体领导,工党全国执委会(National Executive Committee, NEC)决定党的重大政策。1910 年时工党执委会总计 16 名委员,其中 11 人是工会领导。[③] 当时工会和工党一样,领导层温和,基层激进。激进主义者和独立工党在工党高层话语权不大有利于脾性温和的麦克唐纳开展议会工作,他说服工党议员支持国民保险计划,换取政府为议员发放工资。自此不承担

---

① G. R. Searle, *A New England?* p. 442.

② Martin Pugh, *Speak for Britain!* p. 85.

③ Ross Mckibbin, *The Evolution of the Labour Party*, *1910 - 1924*, Oxford University Press, 1974, p. 2.

行政职务的议员享受400镑年薪,这为工党议员参政解除了经济上的后顾之忧。

这一时期基层工党不断壮大,但议会工党席位反而略有下降。这看似矛盾的现象源于工党领导层的低调而为。1910年大选中,工党谨慎推出78名候选人,只在工党自认为有把握的选区参与竞争,他们赢下40席,不过在24个与自由党竞争的选区,他们全部败北。[①] 随后几年补选工党亦表现不佳。麦克唐纳据此认为工党远不足以挑战两大传统政党,仍需自由党庇护。他尽力在政府和工人之间周旋,但工党的扩张削弱了他的话语权。独立工党和议会工党的左翼代表谴责麦克唐纳毫无底线地讨好自由党,忘却了工党党性。这些人希望工党保持政治独立性,哪怕丧失议席,也不甘为自由党婢女。工会并不完全认同议会工党,独立工党和特立独行的少数激进劳工代表对议会工党的温文尔雅极尽挖苦,指责议会工党背叛了社会主义。海德曼1906年斥责议会工党"在英国人民大会(English Popular Assembly,指下院)未提哪怕一项社会主义要求";原被寄予厚望的哈迪"在党内亦被架空","雄心不再"。面对上述奚落,麦克唐纳反驳称:"工党或社会主义者只能投票支持工党或社会主义议员,着实荒谬。"[②]其言下之意是工党与自由党合作甚欢,无关阶级及主义,他无意把工党和工人阶级绑定,亦不想党被左翼绑架。

麦克唐纳的高傲姿态进一步触怒了工党和工会左翼,他们急于摆脱工党领导层束缚,甚至故意高唱反调。桀骜不驯的格莱森(Victor Grayson)1907年依靠左翼势力支持赢得补选,他吹嘘胜选是"纯粹的革命社会主义的划时代胜利",与工党领导层并无关系。由于得不到议会工党支持,格莱森1910年败选,次年他与部分社会民主联盟成员建立英国社会党(British Socialist Party)。[③] 1910年代,激进主义者对这个党一度趋之若鹜。汤姆·曼认为议会工党已被权贵集团收买,没有资格再为劳工代言,他索性直接拥护辛迪加主义。另一位劳工运动大佬蒂莱特鄙视议会工党甘为自由党陪衬,嘲讽支持禁酒的斯诺登之流装腔作势、道貌岸然。1909年,蒂莱特在工党代表大会上提

---

① Ross Mckibbin, *The Evolution of the Labour Party*, p. 12.

② Martin Pugh, *Speak for Britain!* pp. 67–68.

③ Martin Pugh, *Speak for Britain!* pp. 70,78.

议工党此后不得支持两大传统政党，他的提议被 113000 对 78800 票否决。①
不过票数对比显示支持蒂莱特者将近 40%，反对"自由党—工党"合作者比比
皆是。1913 年夏，莱斯特地区矿工及当地工党组织均对议会补选跃跃欲试，
麦克唐纳和全国执委会强力抑制当地工党活跃分子，生怕破坏"自由党—工
党"合作，让保守党坐收渔利。当地工党虽放弃参选，但毫不客气抨击工党领
导层"伤害了工人阶级运动"，"尽其所能讨好自由党人，激起了莱斯特地方工
党深深且强烈的怨恨"。②

　　工党基层组织迅速扩张令部分激进主义者确信党的实力已今非昔比，"自
由党—工党"合作已成工党发展障碍。大战爆发前，渴望单飞的工党乐观派估
计，若 1914 年大选，工党有望推出 130 名左右候选人；若大选推至下年，可推
出约 150 名候选人。③ 工党蓄势待发，自由党反倒里外不讨好，保守派指责政
府同情罢工，纵容过激运动，致使经济失序，国力受损。乐观的工党激进派相
信党已破茧成蝶，即便无力与两大传统政党比肩而立，亦足以搞垮自由党。他
们明白，与其说自由党提携工党，倒不如说自由党更需要工党帮衬。1910 年，
保守党已稳住下院阵脚，而其得票率恒定在 46% 以上。一旦工党拆台，自由
党政府必垮。劳合·乔治意识到了危险，1914 年初，他提议把麦克唐纳等工
党中坚分子揽入政府，增强工党政治存在感。麦克唐纳盛情难却，不过以哈迪
为代表的激进派坚决反对，麦克唐纳只好婉拒劳合·乔治美意。④ 此事实则
拷问工党领导层，面对变化了的政治形势，党何去何从？继续维持进步联盟，
还是与自由党分道扬镳？举棋不定之际，世界大战帮他们拨开了迷雾。

①　Martin Pugh，*Speak for Britain*！p. 77.

②　Ross Mckibbin，*The Evolution of the Labour Party*，p. 66.

③　Ross Mckibbin，*The Evolution of the Labour Party*，p. 75.

④　G. R. Searle，*A New England*？p. 454.

第二十一章　一战与政党洗牌(1914—1924)

　　1914 年 6 月 28 日,奥匈帝国皇储在波斯尼亚首府萨拉热窝(Sarajevo)遇刺身亡,点燃了第一次世界大战导火索。在 6 月底至 8 月初通常所谓的七月危机期间,列强紧盯事态发展,激烈博弈,均不退让,致使危机不断升级。奥匈和其盟友德国姿态强硬,无视俄国在巴尔干利益,沙皇以保护其斯拉夫远亲为由决意不惜一切代价对抗同盟国。俄国人的孤注一掷得到了法国鼎力支持,早在 1892 年法俄两国便缔结了秘密军事协定并明确了各自军事义务,连出兵数量都写得一清二楚。表面看,无论欧陆列国往昔矛盾还是近日争吵均与英国无直接关系,但实际上英国人的世界帝国时时需与它们打交道,早已身不由己卷入了它们的恩怨情仇。日俄战争期间,英法两国为回避正面军事对抗,达成谅解,均不武力支持各自的盟友日本和俄国。战前十年,英法殖民地冲突也逐一化解。1904 年,《英法协约》(法方称 *Entente Cordiale*)订立,法国承认英国占领埃及换取英国承认它在摩洛哥的特殊利益。两次摩洛哥危机期间,英国均力挺法国,遏制了威廉二世野心。英法还互派军事教官,关系可谓融洽,不过英国并未承诺在未来的战争中支持法国,也没有明确义务支持法国参与的任何战争。1907 年,俄国和英国围绕中国西藏以及幅员辽阔的中亚争执缔结了《英俄协约》(Anglo-Russian Convention)。伦敦和圣彼得堡承诺协商解决亚洲内陆冲突,两者共同目的是将德国挡在波斯和中亚之外并防止其向土耳其渗透。

　　《英俄协约》和《英法协约》均是公开条约且无关军事互助,分别用的是convention 及 entente 这两个词,前者指开会协商,后者指友好谅解,与法俄或德奥等国的同盟(alliance)性质不同，何况英、法、俄从未签订三方条约。即便认同"三国协约"(Triple Entente)真实存在，大战如若爆发，英国最多受它与法国和俄国的协约牵制，但无参战义务。直到7月底，英国"全然忙于爱尔兰事务"，外交只是附带话题。① 巴尔干已历多次危机，英国人早习以为常，根本没由皇储毙命联想到世界大战。英国政府希冀各方效仿1878年外交斡旋解决危机，而非诉诸武力。7月20日前后，奥匈为寻找开战理由，决定将一份明知塞尔维亚政府不会接受的最后通牒发向贝尔格莱德。当然，通牒发出前已得到德国明确支持，奥匈也象征性知会英、俄等国。鉴于通牒严重侵害塞尔维亚主权，7月23日，英国间接通过德国驻英大使电报通知柏林，不支持上述通牒，丘吉尔谓之"现代世界从未见过的最后通牒"。② 英方稍显强硬的姿态仍无法让人联想到参战，英国人更不可能预见二流国家奥匈和小国塞尔维亚会搅乱世界。24日，阿斯奎斯还致信国王称："很高兴，看起来我们没有理由不作壁上观。"③不过随着国际形势急转直下，部分英国外交家和政客逐渐意识到英国也许无法完全置身事外。27日，外交大臣格雷首次提醒下院英国有可能参战，但伯恩斯和莫利等主和派在当天内阁会议上警告，若参战他们会辞职；麦肯纳等摇摆派认为静观待变符合英国根本利益；故格雷当天晚些时候又敦请德国奉劝奥匈勿轻举妄动。德国人置之不理。29日，贝尔格莱德炮声响起，英国内阁仍"决定不做决定"。④ 主和派和好战派仍在激烈争执，31日，莫利等人欲公布一份宣言，明确"大不列颠无论在何种情况下都不会卷入战团"，格雷以辞职威胁他们不要说话不留回旋余地。⑤ 阿斯奎斯害怕政府分裂，迟迟不愿表态，不过丘吉尔这个好战分子明知内阁还无定论，便开始动员海军，

---

① Zara Steiner and Keith Neilson, *Britain and the Origins of the First World War*, Palgrave Macmillan, 2003, p. 246.

② 温斯顿·丘吉尔：《第一次世界大战回忆录，第一卷：1911—1914》，南方出版社，2002年，第105页。

③ Roy Jenkins, *Asquith*, p. 324.

④ Zara Steiner and Keith Neilson, *Britain and the Origins of the First World War*, p. 239.

⑤ Zara Steiner and Keith Neilson, *Britain and the Origins of the First World War*, p. 249.

"根据是德国海军正在动员,我们必须同样做"。①

情势在8月1日随着德军侵入卢森堡骤转急降。德军为绕开重兵布防的法国东境,决意借道比利时。2日,英国内阁决定限制德国海军在英吉利海峡自由行动。格雷当天向德国发出通牒,要求其"尊重比利时中立",否则英国有义务"倾尽全力捍卫比利时中立"。② 德国人仍置之不理。3日,比利时国王与英法高层通气后,拒绝了德军过境要求,德军随即直接侵入比利时。对英国来说,这是和战的转折点。侵犯比利时威胁了海峡安全,触犯了英国核心利益,"使绝大多数大臣联合起来",而此前内阁"至少四分之三成员已下定决心不让英国被拖入欧洲的争吵,除非英国本身受到攻击(这不大可能)"。③ 只要英国本土"不大可能"受到攻击,政府中的摇摆派就无法支持战争,若宣战,"一大批大臣可能辞职",这是阿斯奎斯绝对不允许的。故德军入侵比利时给英国政府解围了,为困扰自由党人的"窘境提供了答案"。④ 4日,英国对德宣战;5日,决定向法国派遣远征军(British Expeditionary Force)。7月底还决心置身事外的英国不到十天便草率卷进战团,为世人始料不及。参战前一周的事态发展的确很关键,但并不能解释全部。与德国这样的强敌作战需以举国之力百分之百应对,高层只能宣战,作战须靠民众。全面剖析决策层动机以及民众战争热情才能理解如此草率的参战。

新型自由主义者需要缓和阶级矛盾,阻止爱尔兰独立,确保帝国太阳不落,他们长期为这些难题背负着巨大的身心压力。大战前,矿工、铁路和运输三大工会正在讨论成立"三大联盟"(Triple Alliance)。⑤ 政府已从单个行业罢工中领教了工人的凶悍,三大工种如若联手,足以使国家瘫痪。爱尔兰岛已至临界状态,国王如坐针毡,7月21日,乔治五世在白金汉宫召开的会议上警

---

① 温斯顿·丘吉尔:《第一次世界大战回忆录,第一卷》,第121页。

② Zara Steiner and Keith Neilson, *Britain and the Origins of the First World War*, pp. 254 - 255.

③ 温斯顿·丘吉尔:《第一次世界大战回忆录,第一卷》,第109页。

④ Zara Steiner and Keith Neilson, *Britain and the Origins of the First World War*, pp. 252 - 253.

⑤ Henry Pelling, *A History of British Trade Union*, p. 141.

告群臣："我的臣民中，最有责任心、最冷静的人嘴上都挂着内战。"①自由党已使尽解数，仍无力化解内部危机，只能转向外部，他们需要借民粹主义宣传明确一个国际敌人来转嫁国内矛盾、转移民众视线并给自己减压。丑化外敌成本低廉且收益巨丰。透过于外、内压外释是古今一切统治集团的惯用伎俩。丘吉尔点评一战前夕的内外政策关联时指出："经历了近 20 年连续不间歇的党派斗争……直到最后看来必须乞灵于军刀来冷却沸腾的热血和普遍存在的激情。"②新型自由主义者大都是新帝国主义者，在他们目光转向外部的过程中，瞄准了德国。早在索尔兹伯里时代，英国人便感受到了德国的威胁，德国人散布大英帝国崩溃论并大声叫嚣与英国争霸，英国人全力应付，开启了十余年英德海军竞赛。即便这种竞赛在 1912 年时已经趋向缓和且竞赛并不必然导致战争，但在竞赛过程中英国人形成并固化了仇德和恐德心理。无需教导，稍有常识的英国人都晓得，与法国及俄国和解均源于德国的咄咄逼人。统治者不遗余力丑化德国并突出英帝国的荣光，民众因精英的欺骗性宣传热血沸腾。宣战后根本无需政府动员，"不列颠民族已满怀古老的勇武之气沸腾了起来。整个帝国已迅速地拿起了武器"。③"呼唤声的背后是十年下意识的备战，德国就是备战中的英国劲敌；如外交部坚持认为，和平主义者只是一小撮人。"④"大多数人，不管阶级或政治派别，都将德国视为敌人，……可以有说服力地认为，国家已在心理上准备好了战争。"⑤

树立德国这个死敌的同时，精英也在持续锻造好战意识。布尔战争的指挥官罗伯茨元帅赞助的国民服役联盟（The National Service League）宣扬全民征兵制，"所有健康公民，无论阶级与财富，都应受训以保卫家园"。他 1907年出版的《全民皆兵》（*A Nation in Arms*）"是最畅销的民族主义读本"，《泰晤士报》等主流媒体高度赞扬罗伯茨在培育民众爱国主义和尚武精神方面所

---

① Roy Jenkins, *Asquith*, p. 260.

② 温斯顿·丘吉尔：《第一次世界大战回忆录，第一卷》，第 31 页。

③ 温斯顿·丘吉尔：《第一次世界大战回忆录，第一卷》，第 124 页。

④ Zara Steiner and Keith Neilson, *Britain and the Origins of the First World War*, p. 257.

⑤ Zara Steiner and Keith Neilson, *Britain and the Origins of the First World War*, p. 271.

起的表率作用。① 1908 年,巴登-鲍威尔(Robert Baden-Powell)成立"童子军"(scout boy),强健青少年体格,向他们灌输血洒疆场的勇气,旨在将他们磨炼成"精力旺盛的爱国者"。两年后"童子军"数量超过 10 万。巴登-鲍威尔理解的征伐杀戮只是一种常规娱乐,他甚至说"足球是有益的赛事,但杀人比足球和其他任何比赛都更好"。② 这种变态论调导致"民族的美德,被其统治者歪曲或误导,变成自己毁灭和遭受巨大灾难的原因"。③ 威尔斯(H. G. Wells)这样的知识分子也凑热闹,出版多部科幻战争小说宣扬科学的军事意义并赋予杀戮浪漫色彩。④ 民粹主义宣传和沙文主义论调在激发民众爱国本能的同时,也向他们灌输扭曲的爱国意识,结果帝国主义的狂热性和沙文主义的好战性叠加起来,形塑了一种反智、嗜血、疯狂的军国主义大众文化。坚决反战的麦克唐纳无奈感慨一战是"这个国家打过的最受欢迎的战争"。⑤ 丘吉尔战后写道:

> 在 1914 年 8 月向战争走去的千百万人中,只有一小部分是不情愿离家的。激动的颤栗传遍了世界,甚至最单纯的民众的心也会听从军号的呼唤。……一种更伟大更壮丽的生活似乎将要在世界上开始了。但事实上只是死亡。⑥

丘吉尔对参战国民众情绪的这番回顾当然也包括他的同胞。

好战心理与战斗对象都已具备,只欠决策者一声令下。战前内阁虽分为主和、摇摆和主战三派,但三派权势和影响力并不对称。丘吉尔自不必说;劳

---

① Zara Steiner and Keith Neilson, *Britain and the Origins of the First World War*, p. 171.

② Zara Steiner and Keith Neilson, *Britain and the Origins of the First World War*, p. 169.

③ 温斯顿·丘吉尔:《第一次世界大战回忆录,第一卷》,第 21 页。

④ Zara Steiner and Keith Neilson, *Britain and the Origins of the First World War*, p. 166.

⑤ Zara Steiner and Keith Neilson, *Britain and the Origins of the First World War*, p. 248.

⑥ 温斯顿·丘吉尔:《第一次世界大战回忆录,第四卷:东线战争》,第 932 页。

合·乔治担心战争加重财政负担,但按其一贯的民粹作风,不可能出言反战而令民众扫兴;阿斯奎斯是 1890 年代成长起来的自由帝国主义者的代表,他很少插手外交和军事,但在外交上一向信任格雷,若格雷要战,他不会阻止。首相和外交大臣权势无需赘言,丘吉尔和劳合·乔治在内政改革中已博得名望。在历代史家笔下,格雷对英国参战所负责任远超首相。格雷来自著名的辉格世家,他的家庭环境、教育背景、世界观、处理公务的机制都与时代脱节。他反感且担心 20 世纪初的阶级斗争、社会改革,但从未公开挞伐自由党对内政策,新型自由主义改革引起的党争与他关系不大。他在十年外交大臣任上硕果累累,民众却感觉不到他的存在。他不认为外交与民众有何干系,也不许别人干预他的职权。他的外交部和他的人际圈一样封闭。他公务之余的消遣与爱好就是养鱼观鸟。[①] 他的生活是墨尔本式的,处理公务则是索尔兹伯里式的。保守党人更熟悉他的精神世界。他的外交观是 19 世纪正统。他本着欧陆均势和帝国安全原则,机关算尽,与法、俄缔约又规避明确的军事义务,欲以最小代价为英国获取最大实惠。然而德国早已打破了欧陆均势,格雷仍按旧思维出牌,欲"用理性和良好认知去避免战争",这在被情绪支配的帝国主义时代显然无法奏效了。[②] 与法、俄缔约让英国负有至少道义上支持它们的义务,规避军事义务又无法充分发挥英国的威慑力量,变相鼓励德国人冒险。结果格雷"既是他自己的(外交)体系的受益者,也是其囚徒",国家亦被他引以为豪的"浮动角色"所累。[③] 德国如果彻底摧毁欧洲旧的力量平衡,格雷精密构织的外交体系就是竹篮打水一场空,他无法接受这种尴尬,积极主战并苦觅英国出兵理由,而德军入侵比利时给他送上了理由。摇摆派没有理由继续摇摆。主和派恪守格拉斯顿和平主义传统,他们人数不少,但话语权和名望均无法望上述四位主战派之项背。宣战后,伯恩斯等四位大臣辞职,但没有荡起涟漪,没有冲击政府,甚至没被国人注意到。

---

① Zara Steiner and Keith Neilson, *Britain and the Origins of the First World War*, p. 159.

② Zara Steiner and Keith Neilson, *Britain and the Origins of the First World War*, p. 161.

③ Zara Steiner and Keith Neilson, *Britain and the Origins of the First World War*, p. 242.

在野的保守党人对战争更负有不可推脱的责任。布尔战争、反爱尔兰自治，甚至关税改革都让民众觉得保守党更爱国。然而世纪初的保守党在激进主义和社会主义洪流冲击下显得相当被动，内政方面拿不出任何建设性方案，抵制社会改革和宪制改革亦被指控违逆民意、对抗历史潮流。三次连续败选更是加剧了保守党人的危机意识。结果，对外强硬以保卫帝国便成了保守党必须抓住的唯一救生筏。七月危机来临时，保守党人更迫切希望民众目光从爱尔兰自治和国内阶级斗争转至域外。保守党中没有反战者，"所有人都同意有必要为与德国必然的争斗作准备，其中多数有帝国意识，是关税保护主义者且支持某种形式的全民征兵制"。保守党内以米尔纳为代表的更接地气的社会帝国主义者对国家效率低下心急如焚；对内渴望与自由党人争夺社会改革主导权，"拓宽支持他们的阶级基础"；对外主张继续扩张，增强帝国自身造血能力并强硬回击他国之挑战。[①] 7 月 30 日，当政府为和战争长论短时，博纳·劳和卡森要求阿斯奎斯暂停"爱尔兰自治修正案"（Home Rule Amending Bill）二读，全力应对国际危机。[②] 8 月 4 日，下院再次激辩英国有无派遣远征军义务时，巴尔福和米尔纳两位保守党人给政府施加的压力最大。多数保守党人对自由党没有好感，但与格雷气息相投。格雷之所以无视自由党主和派意见，正因为有热切期盼开战的保守党人为其撑腰。

到 1914 年夏，一条合理的参战逻辑链形成。尖锐的阶级斗争致使英国劳工和多数精英拥护社会主义，社会经济政策急速左转。然而新型自由主义改革并不足以平息民众不满，遂以帝国主义转移视线，缓解压力。保守党人举双手赞成，他们对爱尔兰独立和德国的挑战比自由党人更焦虑，社会改革和上院失权更令他们感到制止国内革命的唯一办法就是一场对外大战，在大战的心理准备和民意打造方面他们比自由党人做得更多。结果精英阶层虽然仍在为社会主义争执，但已就疯狂的帝国主义和嗜血的沙文主义达成共识。这种化解危机之径实乃以毒攻毒，致使几乎全体国民都变成了内左外右的怪物。绝

---

① Zara Steiner and Keith Neilson, *Britain and the Origins of the First World War*, p. 270.

② Zara Steiner and Keith Neilson, *Britain and the Origins of the First World War*, p. 240.

大多数人在近似人格分裂的病态心理驱动下,期待着血战。在极端的20世纪形成过程中,英国人与其仇敌一样负有不可推卸的责任。议会和政府的决策精英多年来反复向民众保证,他们有能力维护英帝国,有决心与德国殊死一战。欧陆炮声震耳,德国人来了,就在家门口,且无视英国的通牒和警告。英国如作壁上观,决策集团无法向国人交代,过去十余年的极端民族主义宣传就会被视为欺骗。政客在向民众灌输扭曲的爱国主义过程中反被民众裹挟,被帝国主义者和民粹主义者绑架,不得不战。民粹是烫手好牌,但决策精英使用这张牌时稍不谨慎就会被推上炽热烤架。表面看英国仍可坐山观虎斗,实际上当狂野的民族主义劲风和沙文主义妖风疾吹密布的战云时,多数民众迫不及待走向战场,毕竟枪林弹雨比狂风暴雨更刺激!

德军开战后迅速穿越比利时攻入法国北部。1914年9月初,英军总参谋长弗伦奇(John French)将军率领英国远征军与霞飞(Joseph Joffre)指挥的法军在马恩河(Marne)沿岸与德军血拼。10至11月间,英军又在伊普雷斯凸角(Ypres Salient)浴血阻止德军进攻。到年底,英法军队构筑的血肉长城成功挡住了德军前进的脚步,迫使德国最高统帅部在1915年初放弃原定计划,转将精锐调至东线,力图彻底打垮俄军,摆脱腹背受敌处境。

开战之初,英军仅配合法军作战,战斗减员相对法军并不惊人。至1914年底,英军总伤亡仅3万人左右,而法军伤亡数已达50万。① 法军不仅死伤惨重,且主战场位于法国工农业发达区域,经济损失惨重,元气大伤。这预示英军在后续陆战中肩责更重。战争初期,英国只派陆军协助法军,军资向海军倾斜,希冀在海上对德国人来一场一百一十年前的特拉法尔加凯旋。1914年底,皇家海军在福克兰群岛打垮了从青岛回援的德国海军分队,但德国海军主力龟缩港内,拒与英国海军对决。英军只能封锁德国物资海路进出口。以长远看,封锁足以伤害德国经济并消耗其战力,但短期内难以撼动德国陆军令人

① G. R. Searle, *A New England?* p. 667.

折服的韧性。英国要想充分发挥自身战略优势,必须另辟蹊径,而近东局势误导他们相信胜利唾手可得。

1914 年 11 月奥斯曼帝国对英宣战。近东不仅是连接帝国本土与印度的交通枢纽,达达尼尔海峡也是俄国生命线,若能击败土耳其人,控制这条水道,英国弹药与物资就能畅通无阻运至俄国腹地,增强俄军在东线的牵制作用。1915 年 1 月,劳合·乔治在军事会议(War Council)上建议从西线抽调部分兵力派往近东,以期"一劳永逸地结束战争"。[①] 丘吉尔鼎力支持这一建议,但阿斯奎斯和弗伦奇均反对开辟新战场,他们认为英军肩负捍卫比利时利益的高尚使命,声称英军主力调离西欧主战场后若法国战败,英国本土会失去安全屏障。[②] 值此战略分歧关键时刻,海军司令(Admiral)费舍尔(John Fisher)力挺丘吉尔和劳合·乔治,他们都期待英军在近东表演一场构思已久的两栖作战。丘吉尔想当然认为:一支装备普通的海军配合小股陆军便足以击败土耳其人;东地中海军事行动还能引诱巴尔干各民族倒向协约国,它们都想瓜分奥斯曼帝国领土;法国也不会反对这一计划,因为"我们和法国都将从土耳其人的死尸上分得一大块"。[③] 2 月 19 日,英军强攻加利波利(Gallipoli)半岛。丘吉尔预估的外交和军事连锁反应果然出现,希腊军队和法军为英军助阵,保加利亚和意大利也浑水摸鱼,欲分割巴尔干其他民族领土。然而丘吉尔严重低估了土耳其人战斗力和海峡的地理复杂性并高估了巴尔干小国的作用。小国实力有限,未来几年战事会证明,大国盲目与小国结盟不仅会分散自身兵力,且徒增防御负担。1915 年 4 至 5 月,加里波利军事远征被迫中止,丘吉尔受到军政两界指责。与此同时,英军在西线上演的第二次伊普雷斯战役中伤亡惨重。费舍尔和弗伦奇均抱怨弹药不足,负责军需的战争大臣基切纳成为众矢之的。

高层因惨重伤亡及军资紧缺互相攻讦,各路人马纷纷指责阿斯奎斯昏聩无能。5 月 15 日,费舍尔愤而辞职意味着阿斯奎斯必须调整内阁,劳合·乔治乘机要权。战前他调解劳资纠纷并操刀社会改革,出尽了风头。战时财政

---

① Trevor Wilson, *Myriad Faces of War: Britain and the Great War 1914‑1918*, Oxford University Press, 1986, p. 105.

② Trevor Wilson, *Myriad Faces of War*, p. 106.

③ Trevor Wilson, *Myriad Faces of War*, p. 119.

相较军事,重要性下降,财政大臣的权力已无法满足像他这样的野心家之胃口。他不断挑刺,松动阿斯奎斯权力根基,以便适时取而代之。他在这样干时"毫不在意传统规则,无论人际关系规则还是他的自由党同僚倾心的经济自由运营规则"。① 保守党领袖博纳·劳认为祖国面临一场事关存亡的大战,各党派必须精诚合作。他不赞成搞垮当前政府,但提议对其改组,以建立一个囊括各党派的联合政府。他私下拜会劳合·乔治,声称政府必须对费舍尔辞职"有一个明确的交代",还"就政府的战争政策进行了攻击"。② 劳合·乔治对改组政府迫不及待,对博纳·劳的表态求之不得。他后来回忆此次会晤说,两人共同"认为为了战争,筹划党派间更彻底的合作是确保团结御敌的唯一可行之路"。③ 阿斯奎斯和自由党中坚害怕改组政府破坏进步联盟,但随着战事迁延,他们意识到了改组在所难免。面对劳合·乔治与博纳·劳联手施压,阿斯奎斯索性顺势而为,于 5 月 17 日重组内阁。劳合·乔治负责新成立的军需部(Ministry of Munitions),财政部交由麦肯纳打理。阿斯奎斯本打算让博纳·劳出任财政大臣,但博纳·劳担心自己往昔的关税改革主张令自由党反感,仅出任殖民大臣。巴尔福取代丘吉尔出任第一海军大臣。为团结劳工阶层并彰显工党的存在感,亨德森出任教育大臣(President of the Board of the Education)。他是第一位跻身内阁的工党议员。他认为英国统治精英和德国军国主义者都是战争挑起者,但英国公民有责任挫败德国人"不道德的"武力扩张。④ 教育在战争年代并不算要务,但亨德森高就有利于安抚工会、争取劳工支持战争。改组后,首相、财政、军需三个重要部门仍在自由党手中,但纯粹的自由党政府变性为联合政府。

劳合·乔治权势大增以及保守党加入政府导致高层战略分歧更大。劳合·乔治想从巴尔干地区打开缺口,直捣同盟国腹地;博纳·劳主张从加利波利撤军;前印度总督寇松(Lord Curzon of Kedleston)认为撤军必致近东失

---

① A. J. P. Taylor, *English History*, *1914-1945*, London, Penguin, 1970, p. 57.

② 高岱:《英国政党政治的新起点:第一次世界大战与英国自由党的没落》,北京大学出版社,2005 年,第 82 页。

③ *War Memoirs of David Lloyd George*, 2Vols, Odhams Press, 1938, Vol. Ⅰ, p. 136.

④ Ross Mckibbin, *The Ideologies of Class*, p. 50.

控,有损英国在殖民地的威望,动摇帝国根基。7 月,内阁决定火力继续向西线集中,同时收缩近东战线。① 这表明保守党人的战略话语权逐渐增强,因为多数保守党人主张兵力和资源主要向法国北部投放。不过国际局势瞬息万变,攻入土耳其的军队还未下火线,希腊等国便局势大乱。1915 年 10 月,英法军队发动所谓的萨洛尼卡远征,但损失惨重,1916 年 1 月,英军被迫撤出加利波利。西线战事亦进展不顺,1915 年 9 至 10 月间,英军在里尔附近的洛奥(Loos)进攻德军,惨败收场。为提高决策效率,值此前后成立的战争委员会(War Committee)包括首相本人、巴尔福、劳合·乔治和麦肯纳四人。但不久劳合·乔治便与博纳·劳串通,要阿斯奎斯把基切纳赶出军部。阿斯奎斯调整军职,弱化了基切纳的作用。军人不满,高级军官拒绝向战争委员会以及内阁呈报前线军情,阿斯奎斯再次强调内阁而非战争委员会拥有绝对军事权威。劳合·乔治鄙视阿斯奎斯出尔反尔,更肆无忌惮拆台。1915 年底,政客和军官大都卷入激烈权斗,最后罗伯森(William Robertson)与海格(Douglas Haig)指挥西线战事,此二人背后有保守党支持,他们高就意味着保守党在战略上开始唱主角。基切纳、弗伦奇、丘吉尔等在战争初期位高权重的指挥官被迫辞职或转任闲职。基切纳曾在非洲犯下滔天罪行,是一战前二十年英帝国标杆式武将,然而用丘吉尔的话说,"这位伟大人物晚年在这种严峻形势下作为一名组织者和执行者的局限性"暴露无遗,他担任"英国安全的守护人站在最前面的庄严时代已经结束了"。②

军职调整后战局并无起色,物资和弹药仍极度匮乏,前线严重伤亡亦致兵源不足。1915 年底至 1916 年 4 月,征兵制是高层主要矛盾。保守党议员呼吁出台征兵令,明确所有公民均有义务为国作战。阿斯奎斯对征兵制并无强烈抵触情绪,也意识到征兵制势在必行。战争开始后,政府已征用客船、火车等交通工具"为国服务",征兵制与之相比不算过火。③ 然而征兵制与自由党的治国理念背道而驰,多数自由主义者认为大战是遏制普鲁士军国主义的自由战争,公民当自愿出战,官方不能强迫他们穿上戎装。参战已致部分自由党

① Trevor Wilson, *Myriad Faces of War*, p. 266.
② 温斯顿·丘吉尔:《第一次世界大战回忆录,第二卷:1915》,第 536—538 页。
③ Trevor Wilson, *Myriad Faces of War*, p. 215.

人退出政府,强制征兵必致军内矛盾升级。阿斯奎在下院反复强调,征兵制实施前,需说服民众认识到公民有义务服兵役。[①] 不过丘吉尔和劳合·乔治这两位好战分子不以为然,他们叫嚷国事为上,党派理念须让位国家利益。12月27日,劳合·乔治甚至以辞职威胁政府推行征兵制。29日,阿斯奎斯被迫说服内阁同意征兵计划,拟出"军役议案"(Military Service Bill)提交议会表决。"军役议案"明确十八至四十一岁未婚男性和鳏夫须服兵役。议案以403对105票通过,60名爱尔兰议员、11名工党议员和34名自由党议员投票反对。[②] 阿斯奎斯知道这意味着什么,他抱怨劳合·乔治和丘吉尔是"党内最不值得信任之人"。[③] 此二人不仅拆散了自由党,且劳合·乔治名望的上扬令阿斯奎斯压力倍增。劳合·乔治在"军役议案"生效过程中的作用有目共睹,加之他先前负责军需生产表现优越,民望超过了阿斯奎斯。长期以来,自由党内众所周知的事实是,劳合·乔治与阿斯奎斯各自的支持者社会背景差异较大。与阿斯奎斯往来频密的大多是家境殷实、履历光鲜的上流人士,劳合·乔治的拥趸主要是不从国教者和社会中下层,没有名牌公学及大学学历,甚至没有接受完整教育。这两个群体本有嫌隙,"军役议案"只是把他们的矛盾公诸天下而已。恪守经典自由主义的自由党人现在不仅要面对党无情分裂这个事实,还要尽力去适应一种新的国家治理方式。征兵制表面看只是战时特殊举措,实际标志着意识形态和国家治理哲学的双重转向。国家权力加速向私人领域渗透,个人主义让位于集体主义,国家强制取代了自愿选择。经典自由主义彻底逝去。

1916年初,德军为打破西线僵局在凡尔登猛攻法军,法德两军主力在此血拼三个月,伤亡惨重。是役后,英军在西线肩责更重。法德两军鏖战时,为减轻法军压力,1916年4月,英国内阁授权海格捕捉战机,主动出击。7月初,海格发起索姆河战役(Battle of Somme),英军付出惨重代价,但只夺取了几个村庄。至11月19日战役结束时,协约国军队仅前推了7英里。此战法军损失近20万,英军战死40余万,德军损失超过60万。英法两国拥有相对的

---

① Hansard, 2 November 1915, Cols. 521 - 522.

② G. R. Searle, *A New England?* p. 686.

③ Roy Jenkins, *Asquith*, p. 374.

人力优势,德军更难承受如此重创。此后西线均势略微倾斜,德军已无力发起大规模攻势,只能死守阵地,靠新构筑的兴登堡防线(Hindenburg Line)阻止英法军队反攻。陆上对垒未分胜负,5 月 31 日的日德兰海战(Battle of Jutland)也未能改变海上形势。开战以来,德国海军一直被封锁在沿海军港,无法出航,只能靠潜艇给英国海军制造有限麻烦。1915 年 5 月,德国潜艇击沉了载客 1200 余人的"路斯塔尼亚号"(Lusitania)商船,招致美国强烈抗议,为美国参战提供了潜在借口。为打破封锁,德国海军决定引诱英国海军决战,用非常成功的战术以相对较小代价重创英军,但未能打破英军海上封锁。英军海上优势足以继续将德国海军锁于港内,迫使德方不久后孤注一掷,启动无限制潜艇战,最终将美国拖入战团。

陆军在西线一筹莫展,海军损失惨重,近东战事更令局面雪上加霜。早在 1914 年 11 月,英国政府便命令一支驻防印度的部队进攻伊拉克,欲从侧翼威胁土耳其人。1916 年 4 月底,在伊拉克指挥英军的汤申将军(Charles Townshend)及其 1000 余人部队被土耳其人逼入绝境,缴械投降。[1] 英德交火,多大代价都在预料之中,向病夫土耳其人投降却是国人无法忍受的奇耻大辱。政府威信一落千丈。爱尔兰人趁机挑事,复活节期间,爱尔兰民族主义者举旗起义,宣布成立爱尔兰自由国(Irish Free State)。起义军打死 100 多名政府军,官方在镇压起义时也打死 400 多名爱尔兰人。其后劳合·乔治代表政府与爱尔兰人谈判,允许爱尔兰南方 26 郡立即自治。得悉自治消息后,龙格(Walter Long)等统一党人立马向政府施压。爱尔兰又一次成为政治痛点。与爱尔兰自治一道困扰政府的还有财政和民政问题。麦肯纳指出战争每天消耗 500 万镑,据此推算,1917 年初赤字可能高达 20 亿镑,然而无人理会债务和赤字。[2] 德国潜艇袭击英国商船,英国贸易萎缩,粮食进口锐减。食物短缺导致人心惶惶,悲观主义和厌战情绪亦弥漫开来。1916 年 4 月,第二部兵役法明令十八至四十一岁的男性公民,无论婚否,均须服兵役,民众抵触情绪更浓。6 月,国人心目中的英雄基切纳病故,悲观情绪进一步蔓延。一切都表

---

① Trevor Wilson, *Myriad Faces of War*, p. 379.

② John Turner, *British Politics and the Great War: Coalition and Conflict, 1915-1918*, Yale University Press, 1992, p. 84.

明，阿斯奎斯不是称职的战争统帅，各部自行其是的放权式领导无法应对艰危时局。

1916 年 7 月，劳合·乔治逼迫阿斯奎斯成立专门委员会调查伊拉克之败，并附带调查先前在加利波利的损兵折将，逼宫之意跃然纸上。他靠军需大臣职务掌控了物资分配权，还乘机窃居基切纳空出的战争大臣职位，对前线攻防指手画脚，俨然成了头牌政要。阿斯奎斯进退失据，他原打算借第二部兵役法扩充兵员，回击保守党指责，然而 20 余名自由党人在第二部兵役法表决时投票反对，加速了自由党分裂。兵员不足，军工部门人手亦极为紧缺。11 月，战争委员会要求五十五岁以下的公民必须随时候命待遣，也即政府有权强制五十五岁以下公民服从生产安排。劳合·乔治火上浇油，建议将服从调配的公民年龄上限提高到六十岁。英国变为名副其实的大兵营，实行统制式管理，习惯了自由主义和个人主义的国民啧有烦言。这种管理还严重干扰了正常的生产和贸易，麦肯纳预言，英国难以承受如此不计代价的战争，迟早沦为美国经济上的附庸。①

不管阿斯奎斯和麦肯纳等人感受如何，劳合·乔治和博纳·劳已分别成为英帝国这辆巨型战车的发动机和底盘，左右着政治进程。两年来的战争已把前者塑造为救世主，后者则有保守党议员支持。博纳·劳强调砸锅卖铁也要将战争打到底，破产总要好过战败。11 月 25 日，劳合·乔治、博纳·劳以及代行保守党下院组织工作的卡森私自碰头，拟成立一个由三人组成的规模更小的战争委员会，劳合·乔治出任主席，成员定期议事，决定国策；阿斯奎斯仍是阁揆，但不能干预战事。这种绕开绕内阁、架空首相的阴谋实同政变。12 月 1 日，他们向阿斯奎斯摊牌，阿斯奎斯承认目前的战争委员会"人数太多"，"拖延、回避并经常因部门利益妨碍有效决策"，但明言"无论战争委员会的构成和功能发生何等改变，首相必须担任其主席"。② 如不能担任主席，他宁可让贤也不愿担任有名无实的首相。12 月 2 日，劳合·乔治提交辞呈并确信博纳·劳也会率保守党高官退出内阁。阿斯奎斯重压之下一度屈服。3 日晚，

---

① John Turner, *British Politics and the Great War*, p. 127.

② *War Memoirs of David Lloyd George*, Vol. I, p. 588.

他与劳合·乔治已开始讨论改组政府,孰料次日又因两件事反水。其一是寇松等保守党要员希望维持政局不变,他们拒绝在劳合·乔治麾下效命,这等于给首相打气。其二是《泰晤士报》4 日刊登了一篇极度有损阿斯奎斯威严的文章。该文实乃卡森主意,因劳合·乔治一向与《泰晤士报》负责人关系要好,阿斯奎斯误以为劳合·乔治表里不一,故意捣鬼。他当即中断了与博纳·劳以及劳合·乔治关于政府改组事宜的商讨,以强硬姿态奋力反驳《泰晤士报》刊文。5 日一早,劳合·乔治和博纳·劳一道辞职,多名保守党人随后挂冠而去。阿斯奎斯只能向国王递交辞呈,多数自由党高官随他辞职。

乔治五世随后在白金汉宫召集各党领袖开会,商讨新首相人选。议会第一大党领袖博纳·劳显然是最佳人选,不过他希望阿斯奎斯及其追随者辅佐。阿斯奎斯认为屈居博纳·劳之下是奇耻大辱,他说:"我已坐了八年头把交椅,难道受邀去当二把手?"①结果劳合·乔治如愿拜相,爬到权力之巅。自身才干与保守党的支持共同成就了他的权势。然而他的个人胜利与自由党的死亡实为一枚硬币之两面,也标志着自由党内两种社会背景的群体彻底划清界线。支持阿斯奎斯的自由党大佬一概拒绝供职新内阁,而支持劳合·乔治的 49 名自由党议员"在身份和脾性上更粗糙,绝大多数是激进不从国教者,白手起家,在战争中靠毛纺和工程发财,无一银行家、商人或金融大腕,也没有一个伦敦人。他们上演了一出地方对伦敦政治和文化主导地位的姗姗来迟的反叛,这是代表工厂和车间的反叛,而战争要靠工厂和车间才能打赢"。②

劳合·乔治政府本质上是保守党人唱主角的联合政府。组阁时他欲兼顾三点:一、讨保守党欢心;二、提高政府决策效率;三、囊括各党派以彰显执政为公并减轻自己对自由党瓦解所负的责任。新内阁只包括劳合·乔治、博纳·劳、寇松、米尔纳以及亨德森五人。博纳·劳出任财政大臣及下院领袖;寇松

---

① Roy Jenkins, *Asquith*, p. 457.

② A. J. P. Taylor, *English History*, p. 103.

因巴尔福斡旋不再抵制劳合·乔治，担任上院领袖；米尔纳的帝国履历有助于维系民众的爱国狂热。工党在最后时刻表态支持劳合·乔治，亨德森入阁担任总会计，他的实际任务仍是协调工会和政府。为劳合·乔治入主唐宁街立下大功的卡森并未入阁，仅任海军第一大臣。前首相巴尔福任外交大臣。

劳合·乔治压缩内阁规模，甚至将外交大臣排除在外，标志着首相权力相对于各部大臣明显增强，导致行政权力不断扩张，还为后世强势首相集权树立了先例，提供了参照。即便手握近似于美国总统之大权，劳合·乔治仍贪心不足，他还专门设立内阁办公室（Cabinet Office），其秘书处（Secretariat）包揽了外交和军事大权，其他阁僚无权过问战事。各方对劳合·乔治的领导风格褒贬不一。丘吉尔说劳合·乔治"几乎不受传统和习惯的干扰"，"天生具有管理民众和行政机构的干练能力……制定战时政策的高度平衡能力……把本岛和帝国都有效地组织起来以适应战争"。① 丘吉尔的评价似乎在为二十年后他本人领导二战彩排。不过寇松很快对劳合·乔治的强势作风表示不满，在上院抱怨传统内阁制"无可挽回地垮掉了"。② 劳合·乔治能够强势领导亦非偶然，他不惜一切代价打赢战争的决心让保守党人看到了胜利希望；部分自由党人对其奉若神明；即便追随阿斯奎斯的自由党后座议员也静观局变，不能冒天下之大不韪立即挑战新政府权威。

劳合·乔治裹挟民意大肆集权，但也要看保守党后座议员脸色行事，这从他对两位前线指挥官罗伯森以及海格的态度可见一斑。他抱怨这两位战将无视大量英国青壮年生命，采用的攻防策略损耗过高，却不敢撤换他们，以免保守党议员抗议。劳合·乔治只能加强内阁对前线战事的干预，他要求海格配合法军新指挥、霞飞的继任者内维尔（Robert Nivelle）作战。1917 年春，他对内维尔发动的反攻寄予厚望，当内维尔在 4 月发动攻势后，他敦促海格给予策应，在阿拉斯（Arras）反攻德军，这种不顾战地实情的遥控指挥让英军付出了惨痛代价，伤亡 15 万人，"除了把敌人赶退几英里，一无所获"。③ 劳合·乔治后来回忆此战时，反诬罗伯森和海格不听指挥，嫁祸阿斯奎斯和少数保守党

---

① 温斯顿·丘吉尔：《第一次世界大战回忆录，第三卷：1916—1918》，第 678 页。

② Hansard, 19 June 1918, Cols. 263 - 266.

③ *War Memoirs of David Lloyd George*, Vol. Ⅱ, p. 1287.

人制造将帅不和,他说:"阿斯奎斯领导的反对派力挺他们……他们也能够得到一股保守党人强力支持,这些保守党人有些就在政府中。"①内维尔攻势几无进展,法军又一次换帅,贝当(Philippe Pétain)出任新指挥。劳合·乔治也信心渐失,7月16日,他同意改变战略,下令海格提高机动性,切勿再打一场像索姆河战役一样"拖沓且无法起到决定性作用的战争"。② 陆上战事继续胶着,敌人的无限制潜艇战在海上频频重创英国商船队,海格决定摧毁德军在比利时境内的潜艇基地。为此,1917年10至12月,英军先后发动了第三次伊普雷斯战役和康布雷(Cambrai)战役。这两战均不如海格所愿,既未挫伤德军士气,也没夺取任何有价值的战略要地。《泰晤士报》12月12日呼吁将海格革职,劳合·乔治有心无胆,他不仅忌惮保守党议员抗议,也担心惹火烧身。退出政府的奥斯汀·张伯伦认为文官过度干预战事导致了海格之败,呼吁劳合·乔治勿再插手排兵布阵,以保证军队独立性及机动性。③

　　1917年战事不利致使政府威信大幅下滑,更令官方疲于应付的则是物资和人力匮乏以及越来越刺耳的反战声音。战时物价陡涨,特别是直接关乎民生的食品及房租涨价致使民怨载道。1915年的《房租限制法》(Rent Restriction Act)与1917年的《谷物生产法》(Corn Production Act)就是为房租和食品量身制定的。前者限制城市房东随意提高房租,后者明确规定地租及农业工人工资,以确保谷物生产与供应秩序井然。由于大量工人转到军工或后勤行业,民用工业部门劳动力短缺,国民服务部(Ministry of National Service)负责人张伯伦(Neville Chamberlain)对此束手无策,被劳合·乔治免职。前线的僵持战局和恶化的国内经济浇灭了民众的战争热情,焦虑和忧郁逐渐取代1914年时的乐观,反战情绪不断滋长。

　　劳合·乔治不仅要应付反战者制造的麻烦,还得回击各路貌合神离的政客的挑战。工党虽继续支持战争,但亨德森与劳合·乔治在内政外交方面均存在严重分歧。1917年初,亨德森主动请缨负责工业重组,遭劳合·乔治轻蔑拒绝。6月,亨德森访俄,政府原指望他给俄国临时政府打气,继续拖住东

---

①　*War Memoirs of David Lloyd George*, Vol. II, p.1370.

②　Trevor Wilson, *Myriad Faces of War*, p.463.

③　G. R. Searle, *A New England?* pp.718-719.

线德军。亨德森在俄国处处感受到百姓厌战。回国后,他支持英国劳工代表参加当年 9 月在斯德哥尔摩(Stockholm)召开的欧洲社会主义者反战大会。7 月底,亨德森与反战斗士麦克唐纳一道去巴黎,就参加反战大会事宜征询法国工人意见。亨德森解释他代表工党而非政府,但劳合·乔治担心英国工人被欧陆反战情绪传染。8 月 1 日,内阁会议讨论亨德森之"过失",劳合·乔治不许亨德森参会并让他在"会议厅门口的擦鞋垫上"等了一个多小时。① 8 月 12 日,亨德森愤而辞职,取而代之参加政府的工党党员巴恩斯(George Barnes)党内影响力微弱,政治价值观更倾向自由党。亨德森的去职表明工党与劳合·乔治政府渐行渐远。1918 年夏,一些激进工人在利兹集会,号召英国劳工效仿布尔什维克,建立苏维埃。② 工党逐渐疏远政府的同时,自由党与政府的关系也未见好转。为拓宽政府党派基础,1917 年 5 月,劳合·乔治派人游说阿斯奎斯重返政府,阿斯奎斯却贬斥劳合·乔治心术不正,"在思想和性格上都有无法治愈的毛病","完全不合适"担任首相。③ 劳合·乔治索性不再顾及阿斯奎斯任何颜面,放开手脚拉拢其他自由党议员。他的努力没有白费,1917 年 7 月,丘吉尔出任军需大臣,蒙塔古(Edwin Montagu)出任印度事务大臣。阿斯奎斯的铁杆越来越少。

劳合·乔治明白,打赢战争才是王道,其政府合法性完全基于战事,而非党派。1918 年 1 月,他向国内外阐述英国的战争目标,要旨包括:德国将阿尔萨斯和洛林还给法国,允许奥匈帝国统治下的各民族独立,对德国海外殖民地实行托管,建立一个国际机构确保战后世界和平。3 月,德国逼迫布尔什维克政府缔结城下之盟,根据《布列斯特—立托夫斯克条约》(Treaty of Brest-Litovsk),德军不仅解除了东部之忧,将东线兵力调至西线,还坐拥原沙俄控制的波兰以及乌克兰等地的资源。德军统帅鲁登道夫(Erich Ludendorff)"是一个大胆的赌徒,只要还有大笔赌注可赌的时候,他是不可能洗手不赌的"。④ 他决定利用在东欧新得到的赌资发起迈克尔行动(Operation Michael),以期

---

① 高岱:《英国政党政治的新起点》,第 110 - 112 页。

② G. R. Searle, *A New England?* p. 711.

③ John Turner, *British Politics and the Great War*, p. 212.

④ 温斯顿·丘吉尔:《第一次世界大战回忆录,第三卷:1916—1918》,第 792 页。

在大规模美军投入战场前打垮协约国军队。3 至 7 月,英军作为协约国军队主力以惨重代价顶住了德军攻势。

前方将士在硝烟弥漫的阵地上苦战时,议会和政府中的权力斗争同样火药味十足。1917 年 11 月,劳合·乔治以协调各兵种和各国部队为名,在巴黎成立战时最高委员会(Supreme War Council),实际意图是削弱军方权力。1918 年 2 月,劳合·乔治如愿迫使罗伯森辞职,继而不择手段撤换海格副官。军人强烈不满。5 月初,被劳合·乔治免职的罗伯森旧属莫里斯将军(Frederich Maurice)指控内阁向议会撒谎,瞒报前线军情,致使英军 3 月份损失惨重。阿斯奎斯死揪不放,要求调查莫里斯的指控。劳合·乔治移花接木,索性要求下院议员直接表决是否信任政府。议员们对莫里斯指控不置可否,但他们认为在战争紧要关头搞垮政府会激起民愤。后来晋封为伯肯海德伯爵的史密斯(F. E. Smith, 1st Earl of Birkenhead)提醒各界:"与劳合·乔治针锋相对者必须清晰、认真三思,否则后悔莫及。"[1] 5 月 9 日,下院对政府发起信任表决,293 人支持劳合·乔治,106 人支持阿斯奎斯。[2] 刨去 9 名工党议员,支持阿斯奎斯的自由党议员不足百人,70 余名位卑权轻但都在现政府任职的自由党议员支持劳合·乔治。保守党乐于维持政府,其议员大多支持劳合·乔治;自由党则分崩离析,其议员必须在劳合·乔治与阿斯奎斯之间选边站队。

劳合·乔治在莫里斯事件中裹挟民意,向反对派极限施压,成功摆脱了纠缠,他的个人威望随着前线战局改观进一步上扬。8 月 8 日,英军以 9000 人伤亡为代价俘虏 1.5 万余德军,鲁登道夫称这是"德军历史上最黑暗的一天"。8 月下旬至 9 月下旬,英军沿索姆河稳扎稳打,不断压缩德军阵地,配合作战的美军也在凡尔登附近大败德军。9 月底,鲁登道夫认为德方必须签订停战协定,玩命再战,最终可能被迫无条件投降。10 月,马克斯·巴登亲王(Prince Max Baden)任德意志帝国首相,解除了鲁登道夫兵权。11 月 9 日,威廉二世退位。两天后,柏林请求美国以十四点计划(Fourteen Points)为基础从中斡旋,停战协定正式签署。西线捷报频传的同时,英军在巴尔干和近东也相继击

---

① A. J. P. Taylor, *English History*, p. 147.
② G. R. Searle, *A New England?* p. 731.

溃奥匈和奥斯曼等国军队,迫使土耳其人签订投降协议。11 月 11 日上午劳合·乔治在唐宁街外宣称:"11 点钟这场战争将会结束。我们取得了一场伟大胜利,我们有资格欢呼雀跃。"①劳合·乔治功成名就,有理由欢呼,然而普罗大众脸上写满了失落、焦虑和迷茫。战争改变了社会结构,改变了政党格局,改变了政府职能,也改变了民众心理。

战争对贵族群体冲击最大,甚至可以说摧毁了贵族阶层。战争爆发时,贵族的战争热情明显高于其他阶层。他们自认为血统高贵并且肩负更重的家国责任,但在阶级斗争声浪中被指控为社会寄生虫,承受着巨大的道义压力,他们必须用血洒沙场来证明他们配得上荣誉。贵族子弟踊跃参军,奋勇杀敌,伤亡比例也高于来自其他阶层的军人,"社会地位越高,伤亡率也越高",毕业于贵族学校伊顿公学的参军者,20.7％战死,26.2％负伤。牛津和剑桥的毕业生伤亡率也远高于普通大学的毕业生。五十岁以下的服役贵族和贵族子弟,18.95％在大战中丧生,而全体官兵的伤亡率只有 11.76％。② 贵族财富也在大战期间急剧缩水。贵族财产一般体现为乡村地产和大城市房产。贵族战死后,其财产继承人须交纳高额遗产税。尽管战时谷物价格一度高涨,然而《房租限制法》和《谷物生产法》设置租金上限,相对飞涨的物价,贵族租金收入实际下降了。索尔兹伯里等贵族世家战后已无力支付伦敦物业的豪宅税,被迫将其改造为营利性宾馆。③ 1914 年英国的宣战书可解读为其贵族的墓志铭。

战争对资本家及中产阶层的冲击要比贵族阶层复杂得多。个体户、职业白领、公务员这几大中产群体参军比例远高于体力劳动者。以 1918 年的伦敦为例,先前从事制造业的劳动者服兵役比例为 45％,金融和商业人士服兵役比例达 63％,而银行职员服兵役比例高达 80％。④ 中产阶级士兵的伤亡率也

---

① G. R. Searle, *A New England?* p. 737.

② G. R. Searle, *A New England?* p. 795.

③ G. R. Searle, *A New England?* pp. 795 - 796.

④ G. R. Searle, *A New England?* p. 796.

远高于体力劳动者。来自伦敦制造业的士兵伤亡率为 5％,而银行员工伤亡率为惊人的 16％。[1] 就财富得失看,资本家群体几家欢乐几家愁。煤炭、钢铁、造船、橡胶、石油等与战争休戚相关行业的企业主战时生意兴隆。租地农场主也因食品价格高涨获利颇丰。外贸从业者因进出口受限生意萎缩。靠固定租金为主要收入来源的城市房东因租金限制以及通货膨胀收入下滑。律师、记者、工程师等中产阶级职业精英情况不一而论,但他们全都要交纳沉重个税。战前英国年收入 3000 镑以上者需交 6％的个税,到 1918 年,年收入2500 镑以上者个税税率高达 30％。[2] 面对日益攀升的生活成本,大多数中产家庭必须接受消费降级。

工人阶级是战争最大获益者。"财富向下层转移"是战时收入分配的显著特征,终端受益者是底层民众,也就是"非熟练工人阶级"。[3] 首先,战时人力短缺,失业率大幅下降,人力的无止境需求促成 1915 年失业率仅 1.2％,其后三年均不及 1％。[4] 熟练工人得到政府特殊关照,可免服兵役;无一技之长的工人,只要身体健康便可轻易找到薪酬不错的工作。熟练工人工资涨幅基本可以抵消通货膨胀追加的生活成本。相较生活成本的攀升,建筑业和铁路系统的熟练工人实际收入略有下滑,采煤及棉纺业熟练工人实际收入略有提高,电子行业熟练工人实际收入涨幅最大。半熟练和非熟练工人的实际收入显著提高。就半熟练工人而言,机械制造业和采煤业工资涨幅分别为 319％和325％,建筑、铁路和棉纺等部门的工资涨幅都在 330％左右。[5] 工种技术含量越低,收入涨幅越大。"贫困逐步减少",连"无业游民也逐渐变少,对偷盗的指控和证实也减少了"。[6] 当然,为弥补人力不足,工人劳动强度远超过往。战时男性劳工每周工作时间平均增加了 10 小时,女工增加了 7.5 小时。许多工

---

[1]　G. R. Searle, *A New England?* p. 797.

[2]　G. R. Searle, *A New England?* p. 799.

[3]　Ross Mckibbin, *Parties and People: England, 1914-1951*, Oxford University Press, 2010, p. 41.

[4]　G. R. Searle, *A New England?* p. 801.

[5]　Bernard Waites, *A Class Society at War: England, 1914-1918*, Berg Publishers, 1992, p. 132.

[6]　G. R. Searle, *A New England?* p. 803.

人因超额劳动所得生平首次拥有积蓄。国家也将他们列为纳税对象。1916
年,个税门槛从原来的年收入 160 镑调为 130 镑,纳税人数量陡然翻了 3 倍。
战争结束时,个税缴纳者比 1914 年多了 600 万。①

　　战争缩小了阶级鸿沟和性别差异,低收入者和女性政治地位提高。战前,
大约 40% 成年男性和全部女性均无选举权。尽管女性战前已发起声势浩大
的争取选取权运动,但当时多数政要认为女性容易感情用事,不适合从政。战
时女性在后勤和生产部门用辛勤劳作证实了她们是不可或缺的半边天,理应
和男性一样拥有参政权。战前不符合选举条件的男性和战争期间成长起来的
年轻人在世界各地为捍卫英帝国利益英勇战斗。连米尔纳这样的老派保守党
人也被普通士兵和底层民众的英勇表现和爱国情怀感化,察觉战壕中的同胞
情谊完全压到了阶级对立,承认不畏牺牲和默默奉献的弱势群体配得上选
票。② 因此,战争加快了近似普选的民主制提前确立。1917 年 6 月,下院表决
通过大幅扩充选民之议案,上院领袖寇松默认改革。1918 年初生效的《改革
法案》(Representation of the People Act of 1918)可以说是大战的产儿,它授
予二十一岁以上成年男性和三十岁以上符合一定资质的女性选举权。英国选
民数从战前的 700 余万暴增至 2100 多万,女性占选民总数的 43%。

　　战争剧烈冲击了政党结构。自由党结局惨淡,保守党绝处逢生。两大传
统政党运势判若天渊,原因有三。一、自由党理念与战时的非常措施互相矛
盾。战争爆发后的海上封锁与自由贸易原则背道而驰,随后逐渐加码的征兵
制以及政府主导的资源配给和经济管制都与自由主义原则格格不入。自由党
人必须在优先考虑军事和恪守自由主义原则这两个相互矛盾的选项中抉择。
阿斯奎斯仅能忍受适当的国家干预,劳合·乔治则彻底抛弃了自由主义原则。
从这个角度说,战场上的枪炮声就是自由党的丧钟声。二、劳合·乔治个人因
素。他是当之无愧的国之英雄,也是自由党的千古罪人。他的张扬个性、炽盛
权欲以及救世主姿态全是政党团结的大忌。党的利益和自由主义原则相对于
他的个人权势和前程一文不值,任何人都是他的棋子,任何组织都是他的垫脚

---

① G. R. Searle, *A New England?* p. 802.

② Martin Pugh, *Speak for Britain!* p. 114.

石。讽刺的是,保守党却借劳合·乔治这颗棋子闯过了危机。战前,自由党如日中天,工党羽翼渐丰,保守党沉沦迷茫。保守党借大战止住了颓势,并在1916年劳合·乔治组阁时确立起牢固优势,"巧妙利用合宪手腕实现了政变"。① 劳合·乔治政府除了形同摆设的亨德森和负责军工生产的阿迪逊(Christopher Addison),其他重臣皆为保守党人,是"除了名称的保守党政府"。一战前后的保守党既无因应时局的良策,亦无魅力型领袖,它靠自由党的分裂幸运获得喘息之机,赢得了调整时间。它还从选举改革和议席调整中获益良多,在争取妇女选票方面也获得了"意想不到的好处"。② 三、宗教因素。自由党对不从国教徒的依赖远甚保守党对国教徒的依赖。大战加速了宗教的衰落,但对国教和不从国教的冲击烈度不同。国教至少保留了从君主到基层牧师的人员构架,主教区和堂区运转如常。不从国教派向来主要靠信念凝聚信徒,并无层层服从的神职人员和由上至下的管理结构。面对世俗化,国教徒仍有外壳用于寄托情怀,而不从国教者无所适从,渐趋沉寂。中央层面,宗教与政治逐渐分离,但在选区层面宗教仍对个人投票意向有明显影响。绝大多数妇女依恋国教,投票时乐于支持长期忠于国教的保守党。新增的底层劳工选民宗教观念淡薄,大多倾向工党,部分支持保守党,但均不待见自由党。

工党在战争中茁壮成长。战争爆发后,麦克唐纳高举人道主义及和平主义旗帜,坚决反战。他颇似笃信福音主义的格拉斯顿,终生反战。这在一定程度上也佐证了他是隐蔽的激进自由党人。不过英国劳工战前已民粹化了,其多数发自肺腑支持战争。韦伯和科尔(C. D. H. Cole)等工党顶级知识分子也察觉反战不合时宜。麦克唐纳颇感尴尬,辞去党主席,让位亨德森。亨德森是不情愿的战争支持者,他在心理矛盾中配合政府做了大量爱国主义工作。劳工用英勇壮举和无私奉献践行爱国主义和社会主义,淡化阶级差异。阶级斗士格莱森说"战争把我们史无前例团结为一个民族",讴歌"贵族的高贵鲜血染红了法兰西大地"。工会为了生产也克制罢工,罢工次数从1913年的1400多

---

① Ross Mckibbin, *Parties and People*, p. 26.

② John Ramsden, *The Age of Balfour and Baldwin*, *1902 - 1940*, Longman, 1978, p. 122.

起骤然降至 1915 年的 600 余起。① 由左、中、右各派劳工组成的战时全国工人应急委员会(War Emergency Workers National Committee)是政府与草根的衔接器,承担督促生产、调配住房、规制租金等工作。当无限制潜艇战导致粮荒时,克里尼斯(J. R. Clynes)首创食品配给制。为提高工作效率,工会组织迅猛扩张,工会会员数量从 1914 年的 4117000 增加到 1918 年的 6461000,1919 年进而扩大到 7837000。② 劳工组织有序的志愿行动与政府主导的社会经济政策都在为社会主义背书,以至于霍布森称"战争把国家社会主义提前了半个世纪"。③ 劳工认知和工会意识形态在战争中悄然转变,战前多数工会会员还是看重工资但轻视意识形态的劳工主义者,战后他们大多变成了社会主义者。工党领导层此时仍尊奉模糊不清的意识形态,对社会主义欲拒还迎,但必须顾及劳工,尤其是工会会员的社会主义诉求,因为工党的集体党员多与工会唇齿相依。④ 工会支持工党党员进占地方政府要职,政府也高度依赖工党对劳工的号召力以及工会的生产组织力量。工党党员在地方为官,学习行政管理技能,为将来执政积累经验。英国劳工在战时实践中逐渐相信,无需布尔什维克式革命,也可走向社会主义;韦伯夫妇也从中看到了国家管制的可行性以及集体主义的力量,萌发了撰写 1918 年工党新章程第四条之灵感。

亨德森退出政府时仍号召工党支持政府,同时也萌生了将工党建设为第二大党的念头。1917 年底,他大胆表态工党将在下次选举中推出 500 位候选人。亨德森尤其注重提高党的理论水平,游说知识分子入党,建议他们以工党候选人角逐议席。1918 年 1 月,工党在诺丁汉召开大会,亨德森和麦克唐纳等人努力克服了工人阶级各行业和团体的重重矛盾,取得了两项重要成就。一、选举产生了新的工党全国执行委员会。二、通过了由韦伯主笔的新章程,其中第四条称:"为保证体力和智力劳动者能够占有他们辛劳的成果以及最公平的分配方式成为可能",英国工党将以"生产资料的公有制为基础",尽最大

---

① Martin Pugh, *Speak for Britain!* pp. 104 - 106.

② G. R. Searle, *A New England?* p. 802.

③ Kenneth O. Morgan, *Consensus and Disunity: The Lloyd George Coalition Government, 1918 - 1922*, Oxford University Press, 1979, p. 21.

④ 刘成:《英国现代转型与工党重铸》,北京三联书店,2013 年,第 175—177 页。

可能推行"民众管理并控制每一行业与服务部门"。① 第四条表明工党要奉行
一种远比进步联盟激进的为政宗旨。"公有制"和"控制每一行业与服务"带有
浓浓的政府干预色彩,但第四条并未出现社会主义这个词,也未明确公有制到
底是国有化、集体所有,还是团体所有。因此,韦伯所写的公有制只是费边派
原本坚持的通过有偿购买土地进行国有化这种方式的拓展,也是大战期间国
家管制措施的某种延伸。它与马克思主义关联不大,亦非布尔什维克之启示,
当时布尔什维克夺权才两个月,根本没有明确的社会经济政策。第四条避谈
阶级斗争、暴力夺权、社会主义,也未澄清公有制表现形式,但白纸黑字写明工
党欲采用公有制并承诺公平分配,吸引了大批劳工,壮大了工党队伍。

　　1918 年 6 月,韦伯以第四条为要点,拟出《工党与新社会秩序》(Labour
and New Social Order),工党奉其为执行纲领。这是工党的第一份正式纲领,
也被后世视为工党的最早党章。纲领致力于促进就业,进一步提高工资,声称
将土地、铁路、矿山、煤矿以及电子工业等国有化,公民根据能力纳税,向富人
征收财产税清偿战债,在教育、住房、医疗卫生等方面实施惠民政策。② 至此,
工党在宏观和细则上都绘出了清晰的国家建设蓝图。工党改革自身组织、勾
勒未来的同时,1918 年《改革法案》也提振了其信心。工党不承认自己是阶级
政党,选民的阶级认知也不是他们投票意向的决定性因素,但工党精英普遍相
信草根在选举中会首选工党。停战后,工党召开大会,投票表态是否支持现政
府,200 余万人希望工党退出联合政府,继续支持与政府合作的票数只有 81
万。③ 普通党员的表态让工党领导层意识到与自由党分道扬镳、冲破进步联
盟的时机已经成熟。

　　1918 年 12 月的大选正是在上述党派格局下举行的。劳合·乔治认为此
届议会已逾八年,领导国家打赢战争的英雄须顺势而为,稳固联合政府,继续
为国领航。反感劳合·乔治的保守党后座议员比比皆是,他们认为联合政府
只是为战争服务的临时政府,理应随战事结束自行解散,重建政党政府。劳

---

① G. R. Searle, *A New England?* p. 829.

② Andrew Thorpe, *A History of the British Labour Party*, Palgrave Macmillan, 2008,
p. 49.

③ G. R. Searle, *A New England?* p. 828.

合・乔治知道,回归政党政治后,他本人必遭遗弃,遂以战争需要善后以及抵御工党为由,鼓惑保守党维持联合政府,而保守党大佬的确担心终止联合政府会给工党可乘之机。保守党还有另一尴尬,他们推不出可与劳合・乔治比肩而立的领袖,寇松傲慢,博纳・劳魅力不足,龙格直言"我看不到（党内）任何人能够号令国家"。① 投票前,政府将印有劳合・乔治和博纳・劳二人签名的信件派发给各地候选人,游说他们继续支持联合政府,故这次选举又称"联票选举"(Coupon Election),它是"战争政治的现实结果"。② 投票时民众还在分享胜利的喜悦,殷切等待劳合・乔治兑现他已许诺的严惩德国、索要赔款等政策。海外服役士兵厌战,怀疑战争意义,然而他们多数并未将选票邮寄回国。③ 159 名支持劳合・乔治的自由党候选人和 359 位保守党候选人收到了签名信,他们多数胜选。保守党成为最大赢家,获 332 席。劳合・乔治的自由党获 127 席;阿斯奎斯的自由党一败涂地,他们推出 277 位候选人,仅 37 人胜出,阿斯奎斯本人也丢掉席位。工党赢得 57 席,比 1910 年大选多出 15 席,不是第二大党,却是最大的反对党。工党主要惊喜是收获了 21.5% 的选票,1910 年它得票率仅 6.4%。支持联合政府的爱尔兰议会党仅获 7 席,而拒绝在威斯敏斯特就职的辛芬党(Sinn Féin)获 73 席,爱尔兰独立难以挽回。

若只看选举结果,联合政府依然前景可期。劳合・乔治必须让对内政策尽快回归常态,按照他欣赏的新型自由主义改革施政,然而现在实际掌权的是保守党,进步联盟已经解体,劳工也变得更加激进,改革尺度须把控得当。"联票选举"前,劳合・乔治和其助手阿迪逊便草定了战后社会改革计划,内容涉及住房、医疗、养老、劳资矛盾调解机制等方方面面。战后,阿迪逊先后以地方政府委员会主席和卫生大臣身份协助劳合・乔治落实政策。1919 年出台的《住房与城镇规划法》(The Housing and Town Planning Act)要求各地方政

---

① John Turner, *British Politics and the Great War*, p. 304.
② Kenneth O. Morgan, *Consensus and Disunity*, p. 32.
③ Martin Pugh, *Speak for Britain!* pp. 123–124.

府资助建筑公司为百姓提供廉价住房,其后几年,17万套住房拔地而起。同年政府创建卫生部(Ministry of Health),医疗服务水平显著提升。1920年的《失业保险法》(Unemployment Insurance Act)在战前失业保险的基础上,继续扩大失业救助覆盖范围,大约3/4的英国劳工得以享受失业保险。领取养老金的门槛进一步降低。新设立的惠特尼委员会(Whitley Councils)主要针对退伍军人就业,也负责调解劳资纠纷。

劳合·乔治和平政府将战前的新型自由主义改革进一步推向深入,社会中下层大都或多或少受益。然而这些改革既不足以安抚工人阶级,更遭保守派抵制。相比战前,战后罢工浪潮更加汹涌,而社会改革耗费的大笔资金又让保守派愤怒难遏。战争期间工会实力迅速增强,组织扩大。1920年,大约50％的男性劳工和25％的女性劳工隶属各类工会。工会几乎在所有涉及劳工利益的问题上都与政府尖锐对立。1920年夏,英国经济陷入了大萧条之前十年中的最糟境地,到1921年5月,失业率达22％。[1] 高失业率源于两点。首先是1919至1920年工人每周劳动时间缩短了13％;其次是物价下跌,企业因利润下滑而压缩生产,致使"充分就业成为不可能"。[2] 煤矿工人率先站出来闹事,战时矿工工资因国家管制包含特殊补贴。1920年8月,政府决定放弃煤矿管制,这意味着矿工工资必将下调。1920年10月,矿工要求加薪并降低煤价。煤矿停工造成了严重经济损失。矿工还呼吁铁路工人和运输工人共同组建战前已提上日程的"三大联盟",计划于1921年4月16日发起联合大罢工,政府如临大敌。铁路工人和运输工人后来并未卷入罢工,矿工单独行动,于3月31日发动罢工。政府拒绝接管煤矿,但同意给予矿工工资补贴。7月1日,矿工复工。更令政府头疼的是,战后工会意识形态激进化,不仅关注切身经济利益,还高度关注与工资及福利等并无直接关系的政治议题,在关税改革和外交等方面都与政府唱对台戏。工会作为有组织的政治力量开始显示威力,无时不干扰国家决策。1920年5月,伦敦码头工人呼吁政府停止援助正与布尔什维克交战的波兰人物资,为此他们扣押了一艘开往波特兰的船只,

---

[1]　Andrew Thorpe, *A History of the British Labour Party*, p. 54.

[2]　罗伯特·斯基德尔斯基:《凯恩斯传》,三联书店,2006年,第367—368页。

迫使政府放弃干涉俄波战争,令反共先锋丘吉尔等人恼火万丈。

保守党顽固派及后座议员猛烈抨击因执行社会改革而激增的财政支出。顽固派恪守 19 世纪低税传统,连番向政府施压;他们人数并不多,但煽动力强。财政大臣奥斯汀·张伯伦制定 1919 和 1920 年预算时,因债务严峻且支出庞大,不得不征收超额利得税(excess profits duty),更令顽固派怒不可遏。1920 年,丘吉尔等人建议向战争期间大发横财的商人征收资本税(capital levy),顽固派呼吁保守党后座议员齐力抵制,否决了资本税议案。① 1921 年,罗瑟梅尔(Viscount Rothermere)成立反浪费联盟(Anti-Waste League),呼吁政府减税并紧缩开支。反浪费联盟成员在当年议会补选中连番获胜,证明他们有坚实的民意基础。迫于压力,劳合·乔治当年 10 月任命前交通大臣盖德兹(Eric Geddes)成立专门委员会研究接下来两年缩减开支之细则。盖德兹委员会给出的方案包括削减军费以及压缩教育、医疗、住房等项目资金。公共开支被砍数额不菲,紧缩方案遂得名盖德兹之斧(Geddes's Axe)。这柄利斧时刻警告劳合·乔治切勿招惹保守党后座议员。

劳合·乔治不甘被保守党束缚手脚,他打算利用保守党党内矛盾做文章。战前政党体系已被摧毁,自由党支离破碎,保守党亦内讧不断。劳合·乔治身为"没有政党的首相",权势犹如水上浮萍,所幸政府高层大多害怕动荡,希望利用他的激进形象和英雄光环彰显施政为公。1920 年 6 月召开的一次内阁会议强调:现存政府"努力在各阶级之间公正公平地维系平衡",政府要向国民证明它"既不在工人阶级掌控之中,也不维系于资本家的庇护"。② 然而联合政府毕竟有违政党内阁传统,何况"英格兰不喜欢派系联合"是政治家的常识。有鉴于此,劳合·乔治急欲打造一个强大、团结且服膺自己的新式政党或准政党,但性质和群众基础与战前的进步联盟完全相反。随着年龄增长以及战后政治环境变化,劳合·乔治开始怀疑工人阶级政治理性。罢工肆虐令他确信草根不可教化,施舍他们一定的恩惠并不能换得他们安分守己。他谴责工人和工会乱纪坏法并指控工党为他们撑腰,营造惶恐气氛以便撺掇自由党与保

---

① Kenneth O. Morgan, *Consensus and Disunity*, pp. 240 - 241.

② Kenneth O. Morgan, *Consensus and Disunity*, p. 174.

守党并肩对抗工党,将支持自己的自由党人以及保守党中的某些派系"合流"（fusion）为一个新政党,最终将"联合政府变为一个联合政党"。[1] 保守党高层支持合流。大法官伯肯海德以及多数内阁大臣均对工党勃兴坐卧不安,期待合流。奥斯汀·张伯伦视工党为洪水猛兽,与布尔什维克同类,他不仅赞同劳合·乔治的战后社会改革,也是最积极的合流分子,确信自由党和保守党精诚合作才能防止工党掌权。博纳·劳起初也支持合流,他致信巴尔福称:"我并不喜欢完全合流这种念头,……但我已意识到,正如你已意识到的那样,如果联合政府要继续存在,（完全合流）实属必须。"[2]1921 年 3 月,博纳·劳因病辞去保守党领袖,奥斯汀·张伯伦接任,合流看起来更有把握。合流论者大言不惭,声称要重构一个代表国民而非阶级利益的新政党,基于这个新政党的政府会比现政府拥有更牢靠的群众基础。然而普通自由党党员及保守党地方代表大都反对合流,他们本就把联合政府视为战争的偶然结果,且一眼看穿劳合·乔治动机不纯。最终劳合·乔治以及奥斯汀·张伯伦两位党魁像"没有士兵的将军"一样孤立无援,合流不了了之。[3]

合流虽失败,内阁仍团结一致。劳合·乔治仍有信心维系政府。不过1921 年后情况越来越不乐观,持续罢工和自 1920 年夏季开始的经济萧条导致全国弥漫着悲观情绪,政府拿不出因应策略,民众更不知何去何从。内政困难重重,外交和帝国亦挑战不断。"联票选举"后,辛芬党铁心要求爱尔兰独立,内阁成立爱尔兰事务委员会寻找对策。鉴于爱尔兰南北两方文化、民族和宗教尖锐对立,1920 年 12 月,以龙格为主席的爱尔兰事务委员会制定的《爱尔兰政府法》（Government of Ireland Act）将爱尔兰分为南、北两块,北方的贝尔法斯特和伦敦德里等地组成北爱尔兰,南方二十六郡成为南爱尔兰,南、北爱尔兰均设立两院制议会。[4] 除军事、外交、货币等,南、北爱尔兰均高度自治。爱尔兰总兵在南、北爱尔兰均手握行政大权,但不向两地的议会负责。以瓦内拉（Éamon de Valera）和辛芬党创始人格里芬斯为代表的爱尔兰民族主

---

① Kenneth O. Morgan, *Consensus and Disunity*, p. 180.
② Kenneth O. Morgan, *Consensus and Disunity*, p. 187.
③ Kenneth O. Morgan, *Consensus and Disunity*, p. 188.
④ Paul Bew, *Ireland*, p. 395.

义者拒绝祖国一分为二,他们领导的爱尔兰共和军与英军在 1920 年底和 1921 年上半年激烈交火,是为爱尔兰独立战争。1921 年夏,双方停火谈判,年底《英爱条约》(Anglo-Irish Treaty)生效。根据条约,爱尔兰以自由邦身份留在帝国,与加拿大和南非等地一样享有自治领地位。爱尔兰议员须同时向爱尔兰自由国及英王宣誓效忠。最敏感的一条关涉北爱,它允许北爱六郡自行决定是否留在爱尔兰自由邦。《英爱条约》加剧了爱尔兰岛内冲突,但厘清了英爱关系。1937 年南爱尔兰宣布自己是主权独立国家,1949 年与英国完全切割。保守党后座议员以及顽固派对政府承认爱尔兰自由国极为不满,抱怨政府对待爱尔兰民族主义者太过温慈,控诉劳合·乔治将他们拼命抵制了半个世纪的爱尔兰自治当作人情慷慨送给了爱尔兰人。

在帝国东方,印度也有失控迹象。印度在大战期间对英帝国贡献巨大,印度士兵在战场上的作用有目共睹。不过战争也培育了印度人的民族意识,刺激他们强烈要求自治。战后印度群情躁动,群体性事件和暴力冲突频发。1919 年 4 月 13 日,在印度北部旁遮普省(Punjap)的阿姆利则市(Amritsar),英军向集会群众开枪,死伤过千。英国政要对阿姆利泽惨案看法不一。阿斯奎斯强烈谴责军方野蛮,要求调查惨案的元凶戴尔将军(Reginald Dyer)。10 月,印度事务大臣蒙塔古宣布成立专门委员会调查惨案。蒙塔古颇似格拉斯顿,视人道主义和自由平等为英帝国共同价值观,痛斥戴尔血腥残暴。沙文主义者为戴尔辩护,傲慢声称铁腕高压才能维护帝国长久统一。戴尔不堪道义压力辞职,但被大批民众捧为家喻户晓的英雄,各类团体向其捐赠大量金钱。顽固派和民粹派的诘难令蒙塔古在内阁处境越来越尴尬,1922 年 3 月,他因对劳合·乔治土耳其政策不满辞职。英国朝野围绕印度激烈争吵时,埃及华夫脱(Waft)运动也开始挑战英国在北非的权威。1918 年底,华夫脱派要求英军撤出埃及。1919 年初,英国政府明确拒绝了他们的要求,华夫脱派遂号召同胞战斗,开罗上演巷战,乡村游击队不时袭击英军并破坏交通。是年 12 月,英国政府派米尔纳为首的调查团前往埃及摸查当地实情。1920 年 10 月,米尔纳完成调查并向政府提交报告,建议终止埃及的保护国身份,适度满足埃及民族主义者诉求。经一年多持久讨论,1922 年 2 月,劳合·乔治政府决定将埃及内政交由埃及人处理。爱尔兰是家门口的肥肉,埃及是帝国枢纽,印度是帝国皇冠。然而联合政府对此三地政策一再退让,致使爱尔兰和埃及事实上独立,对印度的统治亦根基松动。表面看,一战后英帝国面积更大,实际上已摇摇欲坠。在一向坚定维护帝国统一的多数保守党人看来,劳合·乔治是这一切的罪魁祸首,再任由其折腾,迟早会把祖辈艰辛创立的帝国基业葬送殆尽。

联合政府外交政策更让保守党中坚忍无可忍。劳合·乔治1919年上半年忙于凡尔赛会议,"几乎从国内政治领域中消失了"。[1] 他在巴黎大出风头并在事实上把原本位于伦敦的"整个外交部实际上转移到了凡尔赛"。[2]《凡尔赛和约》严厉限制德国陆海两军规模,英国短期内不必担心德国再度发动战争并且接管了它在非洲的部分殖民地。法国当时强烈希望肢解德国,一劳永逸消除自己的安全隐患,但劳合·乔治联手威尔逊对克莱孟梭施压,而克莱孟梭不仅重视英法友谊,也知道法国没有单独行动的实力。结果德国基本保住了战前拥有的领土,从民族视角看,和约对它的边界划定也相对公正。"联票选举"前,劳合·乔治便知晓英国民众对德国深怀怨恨,希冀严惩德国并期盼战争索赔。劳合·乔治当时为拉票,默认民众的赔款诉求。然而参加和会的英国代表团无意向德国强索巨额赔偿,他们在会上奉行淡忘过去、着眼未来的进步精神,优先考虑复兴欧洲并相信经济健康的德国对欧洲复兴以及世界经济繁荣都是必不可少的。英方反对过度削弱德国也植根于一种陈旧的欧陆均势思维,它既不乐见法国在西欧一家独大,更把德国看作抵御布尔什维克的前哨。劳合·乔治提议"冷静评估"德国偿债能力,间接指使凯恩斯(John Maynard Keynes)撰文《和约的经济后果》阐述向德国索取高额赔偿的危害。他的对德仁慈令国内民众失望,1919年4月,200多名保守党议员向他发电报抗议"对德软弱",迫使他回国安抚下院。此外,劳合·乔治积极响应威尔逊的国际联盟(League of Nations)倡议,支持创设一个国际权威机构以阻止国际社会的无政府状态引发新战争。英国在有名无实的国联中唱主角导致此后二十年自己身背沉重的道义负担。英国民间并不理解政府的复杂考量,对和约怨气冲天,不过劳合·乔治做足了议会工作,下院对和约表决时仅4票反对,

[1]　Kenneth O. Morgan, *Consensus and Disunity*, p. 179.

[2]　A. J. P. Taylor, *English History*, p. 179.

其中 3 票来自故意捣乱的爱尔兰议员。①

劳合·乔治对俄政策始终遭左右两派口诛笔伐。左派攻击他的资产阶级本性和沙文主义思维，右派非难他纵容共产主义"流毒"在欧洲蔓延。大战结束后，大量原本协助俄国人作战的英军滞留俄境。他们很快被俄国白军利用，或心甘情愿帮助白军反扑布尔什维克。如何与新生布尔什维克政权打交道，内阁意见不一，议会各党亦莫衷一是。丘吉尔是反共先锋，就敌视布尔什维克而言，用张伯伦的话说，当时还是自由党人的丘吉尔"比托利派大臣更托利"。② 丘吉尔呼吁对布尔什维克进行外交孤立、经济封锁，并怂恿英国出兵襄助白军。劳合·乔治和内阁多数无意卷入俄国内战。1919 年底，俄国境内英军全部撤出。次年，劳合·乔治着手与俄国建立超越意识形态分歧的经济和商业联系。俄波战争期间，英国拒绝派军援波。1921 年 3 月，英俄签订正式贸易协定。不干涉俄国内战以及恢复英俄贸易暂时让工党在外交方面闭嘴，贸易额虽不大，企业家起码多了一条财路。劳合·乔治将贸易协定视为正式承认俄国新政权的铺垫，不过这个问题他还要与其他大国，特别是法国共同磋商。在 1922 年 4、5 月间召开的热那亚会议（Genoa Conference）上，除了讨论国际经济复兴，调整对俄国和德国的政策才是劳合·乔治预想的重头戏。赴会前，内阁认真磋商对俄之策，但没形成一致意见。会议期间，劳合·乔治设法与俄国代表套近乎，欲重塑英俄关系，遭法国代表强烈抗议。德国抱怨《凡尔赛和约》有失公允，俄国更与和约无关，俄德两国代表绕开会议私定《拉巴洛条约》（Treaty of Rapallo）导致所谓的国际和平精神荡然无存。大国各打算盘以及英国国内反共情绪致使"劳合·乔治的对俄示好一无所获"，而"热那亚的失败也加速了首相的垮台"。③

压垮联合政府的最后一根稻草是恰纳卡莱（Chanakkale）危机。1922 年夏，基马尔（Mustafa Kemal）领导的土耳其国民军向入侵的希腊军发动最后反攻。9 月 9 日，土军攻下伊兹密尔（Izmir），兵锋直抵英法军队驻扎的恰纳卡莱。15 日，英国内阁命令将士坚守恰纳卡莱。16 日，内阁称英国会不惜一切

① A. J. P. Taylor, *English History*, pp. 182 - 185.

② Kenneth O. Morgan, *Consensus and Disunity*, p. 310.

③ Kenneth O. Morgan, *Consensus and Disunity*, pp. 314,316.

代价捍卫《色佛尔条约》(Treaty of Sèvres)，正是这个条约授权英军进驻伊斯坦布尔周边的中立地带。令劳合·乔治难堪的是，内阁的强硬立场既无国际社会认可，亦得不到国内民众支持，更遭保守党抵制。基马尔此前已与法国总统彭加莱(Raymond Poincaré)达成谅解，法国承诺不久从土耳其撤军。俄国支持基马尔自不必言。巴尔干国家亦厌恶希腊仗英国之势分割土耳其地盘，他们宁肯土耳其收复国土，也不愿希腊狐假虎威。意大利密切关注近东局势，亦勉强可算大国，但此时它内政混乱，无暇顾及希土战争。大多数英国人此时活在一战留下的心理阴影中，这种阴影是两次世界大战之间英国和平主义盛行的主要原因。民众不仅知道战争残酷，更知道英国此时在亚非仍拥有广袤殖民地，守住这些殖民地并充分利用其资源最务实，坚决反对介入任何与本国核心利益无关的新战争。加拿大等自治领亦表示不会再像八年前一样盲目参战。加拿大首相还宣称此后加拿大不再唯伦敦马首是瞻，只根据自身利益制定独立自主外交政策。澳大利亚和新西兰等自治领遂争相效仿加拿大，宣称外交自主。最后，劳合·乔治还必须看保守党人脸色行事。自19世纪初希腊独立战争起，自由党一向偏爱希腊，而保守党至少从迪斯累利时代便倾向支持土耳其。保守党后座议员认为劳合·乔治故技重施，要把英国卷入国际战争，煽动民粹，继续操控政局。保守党世家纷纷警告勿轻燃战火。第十七代德比伯爵表示，如若开战，他便"与联合政府中断关系"；第四代索尔兹伯里侯爵则称，战端一开，"联合政府更不可避免垮台"。[1] 外交大臣寇松力劝劳合·乔治和谈。养病中的博纳·劳在10月6日的《泰晤士报》上撰文称"我们不能单独当世界警察"。[2] 重压之下，劳合·乔治放弃强硬姿态，派寇松与土耳其人谈判。10月11日，英土两国达成和平协议，英国同意土耳其占有东色雷斯地区，土耳其军队暂不进攻恰纳卡莱。

和平协议来得有点晚了，劳合·乔治已败光保守党借给他的资本并导致保守党后院起火。1921年3月保守党换帅后，奥斯汀·张伯伦对劳工运动和社会主义提心吊胆，鼓噪两大传统政党在下届大选中携手对付工党。他迷信

---

① Kenneth O. Morgan, *Consensus and Disunity*, p. 316.

② A. J. P. Taylor, *English History*, p. 250.

劳合·乔治的个人魅力,对保守党单独选举能否胜利亦不抱信心,指责欲与劳合·乔治撇清关系的保守党人"活在愚人的天堂中"。① 实际上他自己活在愚人天堂里,完全没察觉到保守党后座议员以及地方精英已对劳合·乔治忍无可忍。联合政府被控无一是处,对俄示好令保守派反感,帝国政策让统一主义者愤愤不平,对失业和经济萧条束手无策,间接助推工会和工党起势并直接成全工党在这一时期的补选中势不可挡。保守党中坚分子认为这一笔笔账不该算在劳合·乔治一人头上,奥斯汀·张伯伦更需担责。

如果起初只是顽固派对联合政府不满的话,那么商贸大臣鲍德温(Stanley Baldwin)的辞职则释放了明确信号——保守党温和派受够了劳合·乔治和奥斯汀·张伯伦。10 月 12 日,鲍德温表示:他"不能也不愿""在劳合·乔治旗帜下"参加大选;若劳合·乔治继续主导大选后产生的新政府,他拒绝担任任何行政职务。② 保守党内部分歧彻底公开化。奥斯汀·张伯伦早就知道议会内外的保守党员均对联合政府以及劳合·乔治总统式擅权不满,不过他固执己见,坦诚自己是"坚定且无怨无悔的联合主义者"。③ 他不仅高估劳合·乔治魅力,也高估自己威望,自以为能镇住保守党内异见分子。19日,保守党下院议员在卡尔顿俱乐部(Carlton Club)召开大会,奥斯汀·张伯伦在会上老调重弹,苦劝与会者继续坚持联合政府以对抗工党,还携巴尔福等内阁重臣企图逼迫他们就范,然而他的陈词滥调无法说服后座议员,霸道作风徒增他们反感。④ 许多党员不惜"断送自己的前途以挽救他们的政党",鲍德温是其中的先锋,他毫不留情炮轰劳合·乔治会像当初毁掉自由党一样毁掉保守党,任其搅和必致"古老的保守党分崩离析,在毁灭中失败"。⑤ 极富涵养的博纳·劳也委婉批评劳合·乔治和奥斯汀·张伯伦,他指出,以联合政府名

---

① Stuart Ball, *Portrait of a Party: The Conservative Party in Britain*, 1918 - 1945, Oxford University Press, 2013, p. 481.

② Philip Williamson and Edward Baldwin, eds, *Baldwin Papers: A Conservative Statesman*, 1908 -1947, Cambridge University Press, 2004, p. 71.

③ Kenneth O. Morgan, *Consensus and Disunity*, p. 347.

④ Stuart Ball, *Portrait of a Party*, p. 482.

⑤ John Ramsden, *The Age of Balfour and Baldwin*, pp. 166 - 167.

义角逐大选将导致保守党分裂,而党的分裂是"无法接受的牺牲"。① 保守党大党鞭威尔逊(Leslie Wilson)综合各方意见,提议后座议员立即表决党是否以联合政府名义迎接即将来临的大选,计票结果显示 185 人反对、88 人支持。② 奥斯汀·张伯伦旋即辞去党魁。自此,保守党内逐渐形成了后座议员自愿参加的非正式组织——1922 委员会(1922 Committee),它有权提议更换领袖。

　　保守党内变局意味着劳合·乔治已被扫地出门,他主动向国王递上辞呈。国王要求博纳·劳组阁,博纳·劳最初不知能否得到党内多数支持,也不清楚寇松、索尔兹伯里等人意向,直至 10 月 23 日再度正式当选党领袖,才同意组阁。联合政府多名重臣随奥斯汀·张伯伦辞职,博纳·劳只能启用一拨政治素人。鲍德温是摧毁联合政府的排头兵,出任财政大臣;寇松担任外交大臣兼上院领袖;其他阁员要么资历尚浅,要么自带老迈的贵族气息。前枢密院主席伯肯海德讥讽新内阁是一群"智力欠缺"的人,丘吉尔亦嘲笑它是由"11 位鼠辈构成的政府"。③ 政敌和旁观者的冷嘲热讽只反映了他们自己的轻浮无知。表面看,博纳·劳内阁"缺乏才智、社交技巧以及有思想的人",事实上,此时英国人心思安,保守党也有散伙的风险,它要以尽可能小的震荡为代价完成换血,以适应全新的政治环境。④ 博纳·劳稳如泰山,他赏识的"鼠辈"中不乏正在成长的英才,伍德(Edward Wood)、霍尔(Samuel Hoare)、张伯伦等政治新秀获得了历练机会,保守党未来二十年不缺干才。

　　博纳·劳甫一组阁,便宣布解散议会迎接大选。1922 年 11 月大选时,奥斯汀·张伯伦并未另立山头与博纳·劳分庭抗礼,减少了新首相的麻烦。自由党分裂为劳合·乔治的国民自由党(National Liberal)和阿斯奎斯的正统自

① Kenneth O. Morgan, *Consensus and Disunity*, p. 350.
② Stuart Ball, *Portrait of a Party*, p. 483.
③ John Ramsden, *The Age of Balfour and Baldwin*, p. 168.
④ John Ramsden, *The Age of Balfour and Baldwin*, p. 169.

由党，两派互挖墙脚。保守党拿下总计 615 席中的 344 席，自由党两派总共只赢得 115 席，工党收获 142 席。工党席位第一次超过自由党各派总和，成为名副其实的第二大党。博纳·劳这位被阿斯奎斯蔑称为"无名首相"的人，任职不到七个月，未出台任何政策以博人眼球，同时期议会也未制定任何重要法案，但绝不能据此指责他思想守旧，尸位素餐。[1] 自由党分崩离析殷鉴不远，保守党内奥斯汀·张伯伦动向不明，这两点都提醒博纳·劳谨慎行事。大选前，他避谈关税改革，以免刺激保守党分裂；他知道劳合·乔治垮台根源是经济疲软，故当务之急是稳定人心、恢复经济、解决就业，而非标新立异。博纳·劳作为党魁，极具亲和力；身为首相，低调且不贪权，给予各部大臣充裕的自主空间。鲍德温拥有与美国谈判债务的全权，寇松可以根据自己的判断处理外交，卫生大臣内维尔·张伯伦可以畅想修建 30 万套住房。除了博纳·劳与鲍德温为争取美国贷款小有摩擦，内阁气氛相当融洽。只有一点令人担心，那就是博纳·劳的健康。3 月，他病情恶化，一度无法在下院发言。5 月，他确诊喉癌，被迫辞职，半年后病逝。博纳·劳两度担任保守党领袖累计十年，支持联合政府打赢世界大战；积极配合劳合·乔治应对战后重重危机；继而在保守党内讧时带病出山主持大局，以平稳政策和诚恳态度维系党之团结和国家稳定，尽显党国情怀。他领导有方，尊重同侪，倾听后座议员和选区党员意见，为保守党打造出优秀人才梯队。他是英国史上的"无名首相"，但"肯定不是无名党魁"。[2]

博纳·劳辞职前并未指定继任首相人选，无意在寇松和鲍德温之间厚此薄彼。寇松的贵族气息和高傲姿态令同僚不快，德比拒绝在其手下任职。乔治五世担心寇松以上院领袖身份组阁招致民众怨恨，更倾向谦和有礼、为人坦率的鲍德温，坚信他会继续贯彻务实稳健的政策。鲍德温在博纳·劳帐下主管内政，熟谙政情，而寇松长期活跃在外交战线，欠缺内政经验。最重要的是，没有鲍德温，寇松无法组阁，而鲍德温组阁不必依仗寇松。5 月 23 日，乔治五世令鲍德温组阁。

---

[1]　John Ramsden, *The Age of Balfour and Baldwin*, p. 172.

[2]　John Ramsden, *The Age of Balfour and Baldwin*, p. 174.

鲍德温拜相后无意大幅调整内阁。内维尔·张伯伦三个月后出任财政大臣只是意外的人事变动。第一届鲍德温政府内政外交鲜有亮点。他上任时，法德因鲁尔危机再结新仇，英国不赞成法国兴师动众，英法 1904 年以来的友谊面临考验。此时英国经济极不景气，失业率居高不下。农场主呼吁政府积极保护农业，应对萧条。政府为农业减税招致工党和自由党齐声谴责，对丝织品等商品征收进口税的建议也被否决。权衡利弊后，鲍德温决定启动关税改革。博纳·劳当初承诺不会在下次大选前改革关税，但鲍德温不再顾及前任的承诺，愿就关税豪赌一把，其动机有三。一、与工党争夺选民。工党这一时期蒸蒸日上正源于大批失业工人之支持。鲍德温新官上任，急需政绩，提供就业既可彰显政绩，亦能阻止选民继续倒向工党，而时人大多误认为关税保护是化解失业的王牌武器。二、鲍德温风闻劳合·乔治将与奥斯汀·张伯伦一道抛出关税改革方案，尽管他对此半信半疑，但可以肯定，政府抢先出手必有助于松动劳合·乔治与奥斯汀·张伯伦的暧昧关系并激化自由党内讧。三、各自治领在 1923 年 10 月的帝国经济会议上呼吁关税互惠，鲍德温认为母国应起表率作用。

10 月 25 日，鲍德温在普利茅斯演说时表示他想"保护国内市场"以增加就业，但"没有武器"，释放了关税改革信号。而两天前他已告诉内阁将解散议会重选，选战主题便是关税改革。鲍德温要借大选"确立他自己的权威，恢复动力，并向工人阶级证明保守主义有能力提供一份建设性的、'全民性的'、不带阶级色彩的、可以替代社会主义的方案"。[1] 德比和索尔兹伯里都对大选不予置评，寇松则坚决反对。接下来两周，内阁继续为大选争长论短。保守党备选工作粗糙，不少阁员担心败选。鲍德温却急不可耐，他的意见最终占了上风。11 月 13 日，他解散议会并宣布 12 月 6 日选民投票。部分阁员对鲍德温的鲁莽提心吊胆，又不敢在大选前夕高唱反调，以免分裂政府和党。内阁之外，奥斯汀·张伯伦欢迎关税改革，极力说服伯肯海德等人支持鲍德温。这次选举增进了保守党团结，原本或许就是鲍德温拉拢奥斯汀·张伯伦的戏法，毕

---

① 　Philip Williamson, *Stanley Baldwin: Conservative Leadership and National Values*, Cambridge University Press, 2007, p. 29.

竟张伯伦家族关系网盘根错节,朝野影响力极大,政府和保守党均需其支持。劳合·乔治也觉得机不可失,欲用反关税改革撮合自由党各派破镜重圆。分裂多年的自由党再次团结在阿斯奎斯麾下参与角逐。鲍德温显然低估了国人根深蒂固的自由贸易情结。保守党中央与地方选区沟通不畅;许多候选人仓促上阵;竞选宣传未澄清关税保护执行细则;加之距上次大选不到一年,民众怀疑如此频繁的选举不过是政客的弄权伎俩。开票后,保守党支持率明显下降,在米德兰和北方工业区不受选民待见,这两地城市妇女担心食材价格上涨拉低她们的家庭消费水平。[1] 保守党仍是第一大党,但席位降至 258;自由党反弹,收获 158 席,但其高层貌合神离,随时可能散伙;工党战绩傲人,拿下 191 席,不仅在北方工业区表现强势,在伦敦和东南部亦收获不菲。

1918 至 1923 年是工党壮大的黄金五年。麦克唐纳 1918 年败选后感慨自己因反战"在人民心中变成了神话中的恶魔"。[2] 亨德森退出政府被认为对战争不热心,1918 年大选时也遭选民冷落而败北。议会工党接下来四年理论上是最大反对党,但下院席位太少且没有大佬号令,在议会中有如沉默羔羊。悖论是,他们的沉默和亨德森等人的院外努力共同成就了工党的极速扩张,这主要体现为以下三点。一、大量同胞认识到工党是有责任感的温和政党。议会工党不挑事,下院其他党派即便指控工党危险激进,也难觅口实。亨德森等人败选后反倒有更多时间和精力在院外为工党塑造平和克制的形象。工党抵制激进主义,远离 1920 年夏成立的英国共产党(British Communist Party);工会领导人贝文(Ernest Bevin)和托马斯罢工期间置身事外,是挫败矿工的间接力量。工党和工会领导为国家卸去了革命风险,向国民证明工党忠于宪制,克里尼斯后来说"随着工党力量的成长,革命的威胁减小了"。工党在 1919 至 1922 年赢得 13 次补选,是选民对它温良特质的褒奖。[3] 二、工党撬走了两大传统政党的许多精英。工党越温和,保守党越无必要联合劳合·乔治抑制工党,这加快了劳合·乔治的垮台和自由党的分裂。屈威廉(Charles Trevelyan)等对自由党崩盘绝望者纷纷转投工党并以之寄托情怀,因为工党支持自由贸

---

① Stuart Ball, *Portrait of a Party*, pp. 132-133.

② David Marquand, *Ramsay Macdonald*, Jonathan Cape, 1977, p. 236.

③ Martin Pugh, *Speak for Britain!* p. 133.

易以及社会改革,这两点与自由党一脉相承。[1] 工党还招揽了少数对现状不满的保守党人。部分保守党人认为国家干预是抵御布尔什维克和共产革命的良方,战争期间国家对生产的统筹与部门的协调已被证明行之有效,工党党章第四条所写的"公有制"、行业"控制"、"公平的分配方式"等只是一种升级版的国家干预,是去除阶级革命威胁的可行之路。莫斯利(Oswald Mosley)是投奔工党的保守党人代表。[2] 他的贵族家世可追溯到约翰王时代,他迎娶寇松之女时,乔治五世都卖面子出席婚礼。1918 年,他年仅二十一岁便当选保守党议员,但因爱尔兰自治以及关税保护等问题与保守党决裂,愤而转投工党并成为 1920 年代最活跃的费边主义者。三、工党在地方市政机构选举中表现不俗,控制了达勒姆、伯明翰等城市市府,在伦敦几乎可与保守党平分秋色,首都好几个政区在工党手中,兰斯布里及工党第二代大佬艾德礼、莫里森这一时期均在伦敦担任区长。他们心照不宣按费边主义和改良主义施政。莫里森成就最大,他注意改善民生,打造亲民形象。他关注住房、电力、文娱,要求工党活跃分子展示绅士形象,以便让民众认识到工党并非土鳖和泥腿子,而是文质彬彬的公务员。

一战后,工党普通党员和工会等附属团体相当激进,少数人甚至因布尔什维克感召而宣扬阶级斗争和暴力革命学说,然而英国工党和工人阶级并未走上暴力夺权之路,这主要是因为以下几点。一、英国当时财富分配固然不公,但草根多能吃饱穿暖,远不至于像俄国底层民众一样忍饥挨饿。二、一人一票制民主令大多数英国草根相信他们可以用选票将代表送进下院,进而通过逐条立法和渐进改革促进社会公平公正。三、工党党内公开拥护社会主义者不在少数,但他们理解的社会主义植根于基督教友爱精神和费边主义改良思想中,体现为战前的新型自由主义改革以及战时的管制措施。即便党章第四条的"公有制"等内容也与马克思主义旨趣大异。在布尔什维克宣传中,社会主义意味着阶级矛盾不可调和,但在绝大多数英国人认知中,社会主义意味着改良与和谐,不是你死我活的阶级斗争,而是人道的、温情脉脉的社会经济政策

---

[1] Martin Pugh, *Speak for Britain!* p. 156.

[2] Martin Pugh, *Speak for Britain!* p. 157.

之总和。四、工党领导层和理论家一再模糊党的阶级属性,回避社会主义争议。韦伯撰写党章时对社会主义和阶级斗争只字不提。莫里森等地方市府的工党精英也用为政举措证明工党不是为哪个阶层服务,而是为人民服务。一位工党活跃分子说:"如果有人反对说,工党没有为社会主义事业服务,甚至没有为工人阶级的'真正'利益服务,答案是它从未打算那样做。"[1] 1920 年前后,亨德森在《曼彻斯特卫报》等媒体撰文称:"工党从事政治,不是为了阶级利益,而是为了推进作为整体的共同体之利益;工党是……国人的政党";有产阶级不必对工党产生"没有根据的恐惧"。[2] 工党领导层以人民和国家利益代言人自居,尽力争取多数同胞信任,这是它振翅高飞并靠近舞台中心的秘诀。1922、1923 和 1924 年三次大选,工党得票率均在 30% 左右,其群众基础已相当牢靠。[3]

工党蓄势待发时,麦克唐纳及时回归。1922 年大选后麦克唐纳重回下院,是年年底工党议员投票决定由他再度担任党领袖。工党媒体欢呼他适时归来"足以改变我们在议会中的地位,我们可以再次发出必须被倾听的声音了"。[4] 麦克唐纳的回归多少反映了战后几年英国人的心态变化并预示着政策转向,反战厌战情绪突然取代了大战时的嗜血精神,外交寄希望于集体安全,内政更愿意接受国家适度干预。麦克唐纳曾是反战运动牺牲品,如今他的牺牲得到了补偿,反对英国介入希土战争是他胜选的重要原因。他一贯坚持工党是全体国民的政党而非工人阶级政党,平添了温和选民对他的好感。反战立场和温和脾性均助推他占据道义制高点。鲍德温欣赏他绝非偶然,两人在 1920 年代中后期和 1930 年代前期的唐宁街轮流坐庄,抚慰战争留给民众的心理创伤,减缓不确定因素带给国家的一波波震荡。

1923 年大选后,下院三党鼎力。其中鲍德温伸缩空间最大,他可辞职,亦可留任。以伯肯海德为代表的顽固派希望巴尔福或奥斯汀·张伯伦领头与自由党组建联合政府,围剿正强势崛起的工党。但鲍德温及其支持者厌恶合流,

---

① Martin Pugh, *Speak for Britain!* pp. 245,247.

② Ross Mckibbin, *The Ideologies of Class*, p. 55.

③ Colin Rallings and Michael Thrasher, *British Electoral Facts*, pp. 24 - 26.

④ David Marquand, *Ramsay Macdonald*, p. 283.

不惜一切代价守护保守党"艰难赢得的独立性"。① 鲍德温明知关税保护极富争议以及选民怀疑政府动机,仍力排众议决议大选,目的就是将奥斯汀·张伯伦等合流论者拉回纯粹的保守党阵营,彻底斩断他们与劳合·乔治的联系。即便国王积极撮合联合政府,鲍德温亦置之不理,他"坚决反对任何联合政府,他已经扼杀了一个联合政府,绝不会加入另一个"。② 在 1923 年底至 1924年初充满变数的一个月里,鲍德温并不急于辞职,而是相机行事,用这种方法成功扼杀了任何可能的联合政府。在他看来,自由党反弹只是假象,工党崛起已板上钉钉,新的两党制已水到渠成,工党组阁是早晚之事。鲍德温乐见工党取代自由党重构稳定的两党制。他坚信不到 200 席的工党即便组阁也无力颠覆宪制,反倒有利于它边缘化党内的激进主义者和极端主义者,助其快速成长为尊重传统和宪制的新式党派。自由党已无力翻天,阿斯奎斯身为第三党领袖,只能"搞毁第一大党并将第二大党扶上正位",除此"别无选择"。③

1924 年 1 月 22 日,鲍德温离职。部分工党活跃分子期待组阁,搞社会主义试验或与自由党组建联合政府。麦克唐纳知道悬浮议会(Hung Parliament)无法作为,更不愿联手自由党,他和鲍德温一样,希望彻底瓦解自由党,形成工党与保守党分庭抗礼之局面。然而工党高层又担心逃避责任会被国人指责缺乏担当精神,最终麦克唐纳极不情愿组建了少数派政府。22 日中午他晋见乔治五世时,后者抱怨几天前听到了工党人高唱《马赛曲》。谈到对俄关系时,国王还希望麦克唐纳"不要强迫他与他亲戚的谋杀者握手"。④ 乔治五世的确对工党政府不太放心且误以为工党是纯粹的社会主义政党,他

①　John Ramsden, *The Age of Balfour and Baldwin*, p. 182.

②　Philip Williamson and Edward Baldwin, eds, *Baldwin Papers*, p. 71.

③　John Ramsden, *The Age of Balfour and Baldwin*, p. 183.

④　David Marquand, *Ramsay Macdonald*, p. 304. 乔治五世与被布尔什维克杀害的末代沙皇尼古拉二世都是丹麦国王克里斯蒂安九世外孙。

在当天日记中写道:"二十三年前的今天,亲爱的祖母去世,我想知道她怎样看待一个工党政府!"几周后,他致信太后称:"他们(新大臣)与我们观念不同,因为他们是社会主义者,但他们应得到机会,应被公平对待。"①国王牢记对所有臣民公正之古老传统,政府要员则极力守护传统宪制,在国王面前表现得谦恭有礼,着西装、打领带,尽显绅士风度。要知道,第一位工党议员哈迪当年步入下院履职时坚持穿工装而非西装,以彰显他的工人阶级本色。

第一届麦克唐纳政府主角是所谓的工党五巨头(Big Five)。麦克唐纳身兼首相、下院领袖、外交大臣三职,克里尼斯担任掌玺大臣兼下院副领袖,经济专家斯诺登担任财政大臣,亨德森、托马斯(J. H. Thomas)、韦伯分别担任内政、殖民、商贸大臣。为舒缓民众对激进主义的畏惧,只有两位独立工党党员进入政府,其中之一是卫生大臣惠特尼(John Wheatley)。政府要员出身寒微,为打消富人戒心,新首相启用了部分从自由党或保守党转投而来的政客,海军大臣切姆斯福德子爵(Viscount Chelmsford)则是脱离了保守党的无党派人士。这种用人反映了工党顶层的良苦用心,他们要明确告诉国人:工党无意改天换地,各级文官和军人无需辞职,这个国家一切照旧。②

新政府想方设法避免被视为工人阶级政府,无意推行布尔什维克式国家改造,只想加快经济复兴,并着手从国内外两个方面营造有利投资环境。在政治宣传中,一战后英国民众被人为分为所谓的"劳动者"(producer)和"食利者"(rentier)两类。前者包括从事实业的资本家以及为生计艰苦奋斗的普通劳动者,后者指巧夺豪取、投机钻营并在战争中发财,战后靠租金和利息生活的所谓社会寄生虫。工党一度放风向"食利者"开战,扬言征收资本税(capital levy),但招致两大传统政党以及一般民众共同批评,其后循序渐进和低调务实成为党内高层共识,1922 年工党官方不再按"劳动者"和"食利者"划分社会群体。③ 斯诺登更像一位格拉斯顿式财政大臣,维系自由贸易,不仅未向"食利者"征收重税,反倒为刺激投资削减 1400 万镑直接税和 2900 万镑间接

---

① A. J. P. Taylor, *English History*, p. 270.

② Martin Pugh, *Speak for Britain!* pp. 174 - 175.

③ Ross Mckibbin, *Parties and People*, p. 52.

税。① 和劳合·乔治一样,斯诺登认为英国经济高度依赖世界市场,世界经济复兴对英国大有裨益。1924 年夏,英国与苏联就恢复双边贸易多次谈判,工党政府对苏联表露的热情令国民惴惴不安,引起了自由党疑虑并授保守党攻击以口实。政府如履薄冰,仍遭反对党指责且无法令党内各方满意。党内左派攻击政府应对失业无方,工党高层刻意疏远工会又削弱了党的团结。除了惠特尼负责的卫生部努力促成了一部《住房法》(Housing Act),政府没有采取任何福利扩张措施,社会主义者、激进分子以及工会会员大失所望。工党施政与共产主义毫无关联,面对社会主义也羞羞答答。

　　麦克唐纳天性悲天悯人,这种脾性在痛丧爱妻后困扰着他的余生。拜相完全是一种责任,而非权欲驱动。主政不久,有人指控他与一家苏格兰饼干厂老板有权钱交易,他相信清者自清,未予理会,然而流言蜚语严重损害了他的声誉。上任不到半年他便心灰意冷,只想早日解脱。自由党如若明智,应支持工党政府维系一段时间政治稳定,为自身争取疗伤时间。然而自由党误以为工党政府须看其脸色行事,不仅指责政府未能替在俄国丧失财产的英国人讨回公道,还揪住坎贝尔(J. R. Campbell)事件大做文章。坎贝尔是英国共产党报刊《工人周报》(Workers Weekly)编辑,1924 年 7 月 25 日,他在该报撰文呼吁英国士兵不要镇压罢工工人,应将枪口指向压迫民众的垄断资本家。8月初,下院指控坎贝尔煽动暴乱,执意严惩之。迫于工党后座议员反对,政府未追究坎贝尔责任。自由党和保守党此时均相信激进左派已控制工党,污蔑一切政策都在亲善苏联。工党上台后就承认了苏联,且此时正张罗给俄国人提供贷款,这两点似乎又坐实了反对党的污蔑。10 月初,阿斯奎斯提议成立委员会调查政府有没有干预司法以及是否涉嫌包庇坎贝尔,他想借保守党之手搞垮政府,自己组阁。麦克唐纳和鲍德温都不愿阿斯奎斯小人得志,在关于是否成立调查委员会的表决中,政府以 198 对 364 票失利。② 麦克唐纳旋即在乔治五世授权下解散议会,迎接新大选。

　　大选前四天,也即 1924 年 10 月 25 日,《每日邮报》(Daily Mail)声称截

---

① Martin Pugh, *Speak for Britain!* p. 178.

② David Marquand, *Ramsay Macdonald*, pp. 376 - 377.

获一份共产国际主席季诺维也夫(Grigory Zinoviev)写给共产国际英国执委会的信件,内容是呼吁英国共产党造反革命,在英国发展壮大列宁主义。信件实由流亡的俄国白军与保守党联手伪造,但《每日邮报》借机攻击麦克唐纳"就像克伦斯基(Krensky)一样为红色分子打掩护"。① 信件对大选结果影响几何,史家至今莫衷一是。工党获得151席;保守党大选前放弃关税保护主张,大批原自由党选民转而支持保守党,助其奇迹般拿下412席;自由党惨败,只剩40席,丧钟已敲响。这次大选是两次世界大战之间保守党绝对优势的见证。鲍德温非常满意,他说:"有段时间,我感觉到情势正在向自由党消亡的方向发展,但我没认为会来得这么快。下一步必须利用工党消灭共产主义者。然后我们便拥有两个政党了——右派的(保守)党和左派的(工)党。"②工党喜忧兼有,它损失40席,出人意料的是,其得票率从30.7%上升到了33.3%。③工党选票增加、席位减少事出有因,大批自由党选民转投保守党,等于原自由党选民和保守党选民联合对付工党。保守党并未卷走工党选票,而是踏着自由党的死尸迈向了辉煌。工党领导层还可将选举结果归咎于伪造的季诺维也夫信件,他们有理由让选民相信工党政策无误,只是中了保守党的卑鄙暗算,毕竟工党已成功证明自己与共产主义毫不沾边,对社会主义也遮遮掩掩,甚至比主流保守党更保守。

---

① Martin Pugh, *Speak for Britain!* p. 182. 克伦斯基是1917年俄国临时政府首脑,他严重低估了布尔什维克的力量和革命决心。

② Philip Williamson, *Stanley Baldwin*, p. 152.

③ Andrew Thorpe, *A History of the British Labour Party*, p. 65.

第二十二章　安全至上(1924—1939)

　　1920 年代中期,英国人仍未摆脱一战之梦魇,尽管可以确信工党不会走布尔什维克的革命之路,也未采取国有化等被视为社会主义的措施,但政局晦暗不明,各党都无法为未来绘制清晰蓝图,人民难免焦虑。值此关键时刻,鲍德温挺身而出,担起了抚慰民心和稳定时局之重任。他彻底斩断保守党内部分要员与劳合·乔治的暧昧关系,为党排除了分裂隐患;他顺应潮流,努力形塑全新的党派结构;他支持工党组阁,又纵容甚至煽动各种势力抹黑工党政府,致使工党执政草草收场。1924 年大选后,政局一目了然,鲍德温成了政坛最大赢家,由其带领重回正轨的保守党组阁水到渠成。

　　1924 年底鲍德温成立的新政府不仅是纯粹的保守党政府,且囊括许多曾在劳合·乔治联合政府中担任要职的保守党大员。二十年前投奔自由党的丘吉尔如今回归保守党担任财政大臣。鲍德温不想再让丘吉尔主管他曾经负责的殖民事务,担心他的孤行己见给帝国添乱。党内不少同僚担心丘吉尔的自由贸易观与保守党关税保护主张相左,但鲍德温自信他能驾驭丘吉尔。奥斯汀·张伯伦出任外交大臣,这让自视外交专家的寇松愤愤不平。鲍德温希望继续维持英法和睦,奥斯汀·张伯伦恰是亲法派,而寇松督办外交部极有可能恶化英法关系。伯肯海德出任印度事务大臣。内维尔·张伯伦原是各方看好的财政大臣,但他认为政府能否继续赢得民心主要取决于社会政策,卫生部恰是处理社会事务的关键部门。他已在这个部门历练多年,愿继续担任卫生大臣。这些干将都曾与劳合·乔治是一路人,如今重回政府担任要职。此时的英国人仍活在一战留下的心理阴影中,但保守党已成功克服了大战及战后的内外纷扰,悄然回归常态,成为团结在鲍德温麾下的和谐政党。这有利于鲍德温选贤任能,进而提高政府效率。奥斯汀·张伯伦说:"除了劳工大臣,我认为所有大臣都胜任其职,其中一些格外优秀。"①劳工大臣斯蒂尔-梅特兰(Steel-Maitland)确实人微言轻,鲍德温任命此人一方面缘于私人交情,一方面是为自己干预劳资纠纷这颗不定时炸弹预留空间。

诚如奥斯汀·张伯伦所言,新内阁人才济济,也非常稳定,直到1929年大选,阁员面孔没什么大变化。鲍德温在党内和新内阁中均是精神领袖,也为党和大多数同胞及时送上了一份能够平复心境的保守主义。这种保守主义在国内外环境双双剧变的年代稳住了大批若即若离的骨干党员,帮助保守党躲过了降临在自由党头上的噩运。鲍德温的保守主义和治国特色可概括为以下几个方面。

第一,保守党内气氛和谐,关系融洽,鲍德温脾性温和、不喜张扬,他故意弱化党魁的强势形象。劳合·乔治喜欢镁光灯,结果成了光杆司令;奥斯汀·张伯伦作风强势,忽视后座议员与基层党员的意见,很快被拉下马。鲍德温亲眼目睹了上述二人的惨淡结局并时刻引以为戒,他认为保守党的领袖、议员、选区党员三者间良性互动才能确保党之团结,他长期不倒正是因为注意这三方力量的平衡。身为首相,鲍德温也尊重同侪意见,从不搞一言堂。内阁议事时,鲍德温"很少主导讨论";他对"政策制定之细节只有阵发性兴趣,更少关心政策执行与实施";对部门之事,他"建议主管大臣自拿主意"。②

第二,鲍德温向来从容不迫并主张以德服人,如卫道士般标榜道义优先并强调责任先于权利。他的名言是"把你的责任摆在首位,然后再思考你的权利"。③ 他在1924年的一次演讲中辩称:

> 认可民众的权利并不能给他们带来面包。唯有使民众尽职尽责方能让政府实践取得成功,在这一点上我们比世界上其他任何民族做得都要出色。④

---

① John Ramsden, *The Age of Balfour and Baldwin*, pp. 267 - 268.

② Philip Williamson, *Stanley Baldwin*, p. 62.

③ Stuart Ball, *Portrait of a Party*, p. 39.

④ John Ramsden, *The Age of Balfour and Baldwin*, p. 210.

面对一战后宗教的加速衰落，鲍德温和这个时代的精英均担心世俗主义价值观诱惑民众放纵、堕落，助推百姓情绪化、极端化；他们希望基督教自带的爱心、教导的自律与克制继续规范社会秩序，纠正阶级斗争论者的暴力倾向。鲍德温还把基督教包装的道德伦理体系当作争取自由党选民的秘密武器。不从国教者在宗教衰落后淡化教派门户之见，但仍重视宗教的化民育德功能，鲍德温头顶的道义光环正好成了吸引他们转投保守党的磁石。到 1920 年代后期，不从国教者支持保守党已司空见惯。①

第三，用阶级调和及利益整体论回击阶级对抗论。1922 年，面对肆虐罢工和风靡欧洲的阶级斗争论，鲍德温在下院指责阶级斗争论者和工会自私自利，均将局部利益摆在国家和国民利益之前。他说："我们需要培育共同体意识，妨碍工业生产就是妨碍我们的昌盛……我们为所有人而不仅仅是我们自己工作，……生产故意停工就是要故意降低我们人民的生活水平。"②按其逻辑，煽动罢工或激化劳资矛盾的人都在刻意挑拨是非，毁坏和谐，有损全体人民之福祉。鲍德温避免出台阶级色彩鲜明的政策，连言论也回避阶级对抗。他在曼彻斯特的一次演讲中说：

> 我们没有部门性的、狭隘的、派系的以及阶级的政策。我们的责任是要整个国家、整个帝国团结一致，根据这种广泛基础，我们乐于实践由同一种精神激发出来的所有人之间的合作。

鲍德温推销社会有机论并用阶级阶级斗争论抹黑社会主义者，他把阶级斗争论者和社会主义者混为一谈并声称"社会主义分裂，统一主义协作"。③1925 年 1 月，他再次强调："我感觉只有一件事值得我全力以赴，就是让我们民族的各个阶层团结一致，努力奋斗，在某种意义上说，就是让这个国家生活得更好。这是我毕生从事政治活动的目的和目标。"④

---

① Stuart Ball, *Portrait of a Party*, pp. 130 - 131.
② Hansard, 11 May 1922, Cols. 2424 - 2425.
③ John Ramsden, *The Age of Balfour and Baldwin*, p. 211.
④ John Ramsden, *The Age of Balfour and Baldwin*, p. 266.

第四,经典自由主义与适度的国家干预相结合。鲍德温早年支持稳货币、紧缩开支的传统财政政策。1923 前后,他逐渐认同张伯伦当时执行的住房和养老金改革并察觉只有改革才能"避免疏远'工人'"。不过改革需要巨额资金支撑,如若压缩开支,也只能由各阶层共同'牺牲',鲍德温的"公平奉献"思想值此前后孕育成熟。① 这种思想实乃阶级调和论的另一种表述,意在提醒国民,富人不能为富不仁,穷人也不能过分依赖国家。鲍德温支持国家帮助民众改善处境,但不能像社会主义者一样让人民依赖国家。丰裕的失业救济金"可能对国家造成无法弥补的伤害",会让"大部分人习惯于无所事事"。1925 年,谈到养老金时,他说:"国家干预本身是糟糕的,但国家帮扶是对个人奋斗的必要补充。"②为了在大众民主时代为党拉到尽可能多的选票,鲍德温还极力打造亲民形象。他呼吁保守党人改变在草根中的傲慢形象,展现绅士风度但不摆绅士架子;既要从大局着眼增强为国为民服务之意识,也要深入民间与百姓积极互动。

鲍德温博采众长,把保守党弥足珍贵的个人自立精神和 19 世纪晚期兴起的社会有机论融为一体,为保守党形塑了一种符合时代气息的执政理念。索尔兹伯里、巴尔福、博纳·劳治国理政都是对迪斯累利社会改革的修修补补,鲍德温用一种表面的无为而治锤炼出一份全新的保守党气质。他锻造的保守主义没有华丽辞藻,没有宏伟蓝图,甚至可以说是一份大杂烩,有迪斯累利的敢为天下先,有索尔兹伯里的气定神闲,也有博纳·劳的低调内敛,还有些许巴尔福的心灵平静。这份大杂烩没有新食材,民众却食之有味,非常契合一战后英国人稳字当头的心理需求。

鲍德温欲以他的保守主义指导国民维持和谐,不仅是各阶层和阶级之间的和谐,也包括保守党和政府各部门之间的和谐。为了党内和谐他甚至重用

---

① Philip Williamson,*Stanley Baldwin*,pp. 169 - 171.

② Philip Williamson,*Stanley Baldwin*,p. 183.

极受非议的丘吉尔为财政大臣。这项任命引起的疑虑很快变成事实。丘吉尔上任便与海军部发生冲突，他希望削减个人所得税并压缩军费；海军部担心日本在远东扩张导致英日战争，海军高层认为英国至少要在一年内建造六艘巡洋舰才能震慑并遏制日本。丘吉尔驳斥海军部耸人听闻，坚持削减军费。海军司令布里奇曼（Francis Bridgeman）挺身抗议，其他军官也跟风附和。双方互不相让，鲍德温及时出面调解，他赞同削减海军军费，但允诺未来一年半而非一年内建造六艘巡洋舰。这种典型的和事佬处事风格保住了丘吉尔面子，也平息了海军将领的怒气。丘吉尔在关税问题上也与其他阁员尖锐对立。1925 年 5 月，议会要求出台政策保护本国钢铁工业。冶铁炼钢关联诸多产业，阁员们担心牵一发动全身，建议同时保护多个行业。丘吉尔强烈抗议，甚至以辞职相威胁。鲍德温是贸易保护主义者，但他认为全面启动关税保护的时机还未成熟。12 月，他声明眼下保护钢铁工业不合时宜。内维尔·张伯伦曾在 1925 年 8 月底致信鲍德温称丘吉尔"尚未达到我们对他的预期值"且"反复无常……这个词最能准确地描述出他的秉性"。[1] 不过鲍德温既然重用丘吉尔，就不会拆他的台，认可 1925 年预算并同意丘吉尔提议的复归金本位制。历史证明复归金本位制严重失策，部分史家甚至认为金本位制而非几年后的大萧条才是 1930 年前后大面积失业的罪魁祸首。"大部分的失业是由于1924—1925 年间恢复金本位以后，英国对外贸易的条件由于英镑价格的上升而发生了不利的变化"；英国商品价格偏高，"失去出口市场"。[2] 兰开夏棉纺业承受着来自日本的巨大竞争压力。凯恩斯在复归金本位制当年便指出"英格兰银行在金本位制度各项规则的逼迫之下，不得不紧缩信贷"，结果"扩大失业"且"抑制正在开始的繁荣"，故"利用通货紧缩来助长萧条的人，真该受到诅咒！"[3]丘吉尔是人才，但财政非其所长。

　　张伯伦兄弟在各自主管领域如鱼得水，政绩斐然。1924 年 11 月，内维尔·张伯伦向内阁提交了一揽子社会改革计划，涉及住房、医疗以及地方政府改革等方方面面。鲍德温积极支持这些改革，期间英国社会保障覆盖范围进

① 罗伊·詹金斯：《丘吉尔传》，第 355 页。
② 罗伯特·斯基德尔斯基：《凯恩斯传》，第 486—487 页。
③ 约翰·梅纳德·凯恩斯：《通向繁荣之路》，中国人民大学出版社，2016 年，第 13 页。

一步扩大。奥斯汀·张伯伦放弃了劳合·乔治为相时期企图靠国联捍卫欧洲安全的政策，转而支持多边谈判，1925 年的《洛迦诺公约》（Locarno Pact）是他引以为豪的杰作。根据公约，英国、法国、德国、意大利、比利时五国均表态尊重他国边界，不使用武力更改领土现状。五国一致同意，一旦其中某国领土受到侵犯，缔约国均有义务出兵捍卫公约精神。后世嘲笑《洛迦诺公约》完全是一纸空文，其保障的和平仅是幻象，但它当时的确带给了英国人前所未有的安全感。其后几年，英国政府不再担心欧陆战端再起，高层也能腾出手来处理帝国事务。奥斯汀·张伯伦功成名就，喜获嘉德骑士勋章，还与人分享了当年的诺贝尔和平奖。

鲍德温只求岁月静好，"想让他自己及他的国家过一种平静的生活"。①草根却不遂其愿，随时准备罢工。保守党始终对《1913 年工会法》恨之切骨，因为工党根据该法收取政治会费，筹措重要活动经费。为抑制工党竞争力，1922 年大选时，很多保守党候选人便把废除《1913 年工会法》当作选战主题。是年，默西-汤普森（Edward Mersey-Thompson）向下院提案废止政治会费，议案二读时被自由党和工党齐力否决。鲍德温 1922 年时强烈赞成默西-汤普森的提案，1924 年二度组阁后，多数保守党议员要求再议政治会费，鲍德温却三缄其口。他知道，废除《1913 年工会法》必被工党及其选民视为恶意报复，激化党争和阶级矛盾与他的社会和谐理念格格不入。

作为阶级调和论者，鲍德温对工会的理解也与众不同。他认为工会是企业规模化的必然产物。19 世纪中前期，英国小企业和家庭企业居多，在那些企业中，乡情、亲情以及共同的宗教信仰确保劳资关系和睦。19 世纪晚期，大企业时代来临，工厂里人情味消失，阶级对抗取代了教派情谊，具体表现就是工会的政治化。鲍德温认为工会本身并非敌人，工会和资本家自发成立的机构都是"约束并替自己说话的组织"，正确引导并善加利用有利于营造井然的工业秩序。②善加利用的前提是政府对工会和企业界不偏不倚。鲍德温时常埋怨自由党政府和劳合·乔治联合政府一战前后频频介入罢工，加速了工会

---

① A. J. P. Taylor, *English History*, p. 301.

② Philip Williamson, *Stanley Baldwin*, p. 194.

的政治化,致使企业和工会都希望政府替它们争取不当利益,而政府调解往往两头不讨好。

1925 年 2 月 27 日,鲍德温就《1913 年工会法》存废征询每位阁员意见,苦口婆心奉劝同僚尽量不要激怒工会。3 月 5 日,他在伯明翰演讲声称,“我们成功在全国范围内打造了这样一种形象:我们拥护稳定的政府和全国范围内社会各个阶级之间的和平”;“无论如何,我们绝不首先发难,我们拥护和平,我们努力消弭国内猜疑”。① 鲍德温精彩演讲后,多数保守党议员不再纠缠废除《1913 年工会法》了。12 日,鲍德温又在利兹发表主题相似的演讲,奉劝保守党上下争取温和工会会员支持政府;他精辟指出,废除《1913 年工会法》必将工会中的温和派推向政府对立面,刺激他们向共产主义靠拢,这对保守党无益,对国家更有害。鲍德温在议会、伯明翰和利兹的三次演讲随后被编成小册子,命名为《工业中的和平》(*Peace in Industry*),接下来短短三个月,其销量超过五十万册。

保守党顽固分子仍抗议鲍德温怀柔工会,斯坦利·杰克逊(Stanley Jackson)指责他“为了政治上的权宜之计”,不惜“牺牲正义”。② 更令鲍德温难堪的是,工会并未领情,反而得寸进尺,迫使政府出台工资补贴政策。1925 年初,因鲁尔危机终结及金本位制恢复,英国煤炭出口大幅下滑。为继续保持煤炭市场竞争力,矿主只能下调工资。矿工反对降薪,吁请政府介入。财政部给予煤炭业专项补贴,期限至 1925 年 7 月。补贴期限快要截止时,政府决定不再续补。矿工闻讯后,联合其他行业工人,并在工会支持下准备以大罢工向政府施压。鲍德温一再呼吁劳资双方都直面糟糕经济现状,勿寄希望于政府,但工人置之不理,党内保守派借机挖苦鲍德温纵容工会并自食其果。7 月 30 日,内阁开会商讨对策。多数阁员态度强硬,反对向矿工让步,但鲍德温在丘吉尔和内维尔·张伯伦的支持下毅然决定延长补贴九个月。这便是工人运动史上的“红色星期五”(Red Friday)。在保守派眼里,“红色星期五”是官方奇耻大辱,更坐实了鲍德温的软弱无能。实际上,鲍德温及其支持者仅把让步当

---

① John Ramsden, *The Age of Balfour and Baldwin*, p. 276.

② John Ramsden, *The Age of Balfour and Baldwin*, p. 278.

作权宜之计,他们希望接下来九个月内成立专门的调查委员会认真研究煤炭业行情,寻找妥善对策。鲍德温还相信,让步会使民众意识到政府体恤民情且勇于担责;如果将来冲突再起,政府必占据道义制高点;届时政府即便态度强硬也能得到民众理解与支持。鲍德温处理此事看似软弱,实则给自己预留了弹性极大的空间,他的原则是:政府"不会率先开枪",但不等于"不开最后一枪"。①

1926 年 4 月底,延长补贴日期即将截止,迫于党内巨大压力,鲍德温决意不再向矿工让步。5 月 3 日,采煤、铁路、运输、印刷、钢铁行业工人同时发动声势浩大的罢工。工党担心大罢工酿成革命,愿意从中调解,但无人理睬。罢工前,右翼团体和政府已做好应急准备,成立了一系列专门机构,其中最实用的"维持供给机构"(Organisation for the Maintenance of Supplies)主要负责道路畅通和食品供应;政府还招募了大批志愿者,号召他们用爱国行动抵制罢工,进而告诉世人,国家秩序如常,民众生活并无大碍。工会夹在罢工工人和政府之间左右为难。罢工前,政府曾与工会举行多次谈判,希望工会高层制止工人罢工。工会领导贝文和希特林(Walter Citrine)不能对矿工利益受损坐视不管,但也奉劝他们谨慎克制。大罢工开始后,工会仍声称工人有权罢工并支持他们所提部分诉求,但更担心罢工失控致使国家瘫痪。工会领导以微妙态度发文称:"工会并未准备罢工。它既无资金也无机构去维持一场针对社会其他成员的战斗,这种战斗寄希望于政府会像先前历届政府一样屈服的信念。"②面对乌烟瘴气,鲍德温不无遗憾陈情下院:"两年半来……我的一切努力此时此刻都化为齑粉",但他坚信政府已仁至义尽,是工会胡搅蛮缠搞得政府再无退让余地。③ 他准确判定主流民意会坚定支持政府,工会也不会袖手旁观,任由罢工者和政府闹得鱼死网破。不出其所料,5 月 12 日,工会领导人前往唐宁街十号向政府承诺说服工人复工,但要求政府不得惩罚和报复罢工者。运输、印刷等行业的工人旋即复工,矿工继续死扛。直到 11 月,多数矿工才同意复工,而此时他们必须接受延长工时和降低工资两大残酷事实。

所有英国人都不愿重翻 1926 年大罢工这一页,它没有赢家。挫败罢工

---

① John Ramsden, *The Age of Balfour and Baldwin*, p. 280.

② John Ramsden, *The Age of Balfour and Baldwin*, p. 282.

③ Hansard, 3 May 1926, Col. 73.

后,党内顽固派和多数议员主张乘胜追击,废止《1913年工会法》,彻底剥夺工会过去二十余年的一切胜果。鲍德温无意报复,更不想废除《1913年工会法》。他认为罢工既已平息,各方应相安无事,政府绝不挑衅。他后来搞外交绥靖或许从他对内安抚工会便可窥见蛛丝马迹,因为安抚和绥靖在英文中都是appease这个词。顽固派奚落鲍德温是"半社会主义者"(semi-socialist),下层人民痛恨他不理解民间疾苦,右派和顽固分子抨击他意志薄弱。[1] 这都是他追求社会和谐的代价,正如他后来为追求国际和平付出的代价。按理说,鲍德温和他的政府抢占了道义高点,挫败罢工不至理亏。然而鲍德温并不想要这苦楚的胜利,大罢工是对他的安抚政策的无情嘲讽,粉碎了他的政治信念,有如一盆冷水浇灭了他的政治热情。他开始怀疑草根可否教化,拷问"道义"、"责任"价值几何,加之在党内和政府中的威信双双下滑,他再无底气和耐心阻止保守派对工会穷追猛打。1927年7月29日生效的《行业纠纷及工会法》(Trades Disputes and Trade Union Act)意在遏制工会政治化,还工会以本来面目——经济组织,也是一部报复色彩极强的政斗立法,"颠覆或修改了工会自1913年以来赢得的所有法律上的豁免权",遭工会和工党强烈抵制。该法禁止总罢工,明言组织、号召罢工亦属违法,还制定新条框限制工会向其会员收取政治会费,从源头上封堵工党收入渠道。工党抨击它是无耻的"阶级立法",以卑鄙手段确保保守党在政治竞争中拥有"不正当的党派优势"。[2]

不管大罢工责任在谁,罢工的失败以及《行业纠纷与工会法》的出台加深了劳工对执政党的敌意,劳工阶层铁心要用选票惩罚保守党。鲍德温已因大罢工和《行业纠纷及工会法》与多数保守党员产生分歧,政府其他政策同样众口难调。1929年大选前,保守党备选工作极不充分,竞选宣言味同嚼蜡。1923年大选前鲍德温曾大打关税保护牌,不过那只是他临时使用的障眼法,他坚信经济复苏而非关税保护才是化解失业的良药。大罢工后经济缓慢复苏,鲍德温不想关税争议打断经济向好势头,1929年大选前,他对关税改革三缄其口。对关税改革迫不及待的埃莫雷(Leo Emery)等人牢骚满腹。埃莫雷

---

① John Ramsden, *The Age of Balfour and Baldwin*, p. 284.

② John Ramsden, *The Age of Balfour and Baldwin*, p. 285.

1927 至 1928 年在帝国巡视半年多,回到伦敦后鼓吹帝国内部互惠贸易,保护本土工业,保障就业。鲍德温对他的呼吁置之不理,对丘吉尔继续坚持自由贸易也不予评论,在关税改革派和自由贸易派之间小心保持平衡。表面看,鲍德温的关税政策墨守成规,事实上他的四平八稳至少暗藏两重考量:一是防止保守党分裂,二是争取正在倒向工党的大批劳工选民支持,毕竟现行自由贸易政策有利于底层民众获取廉价食品。

工党领导人政见甚至比保守党更温和。这毫不奇怪,1924 年首次执政已证实工党只想平稳改造国家,1926 大罢工期间工党高层仅在外围观望,未曾公开声援罢工者。把工党塑造为大多数选民乐于接受的温和政党而非布尔什维克式的共产主义政党是麦克唐纳毕生宏愿,他比鲍德温更担心激进口号吓跑选民。工党大知识分子托尼(R. H. Tawney)起草的竞选宣言——《工党和国家》(Labour and the Nation)遭激进工人强烈抵制。《工党和国家》对当前的失业问题含糊其词,更不敢明言国有化。1928 年伯明翰工党大会上,独立工党批评《工党和国家》与社会主义背道而驰,罔顾工人阶级利益。一位激进主义者调侃《工党和国家》漫无边际地构想了"长达五十年甚至一百年的一系列理想主义政策",而工人只想知道"未来五年"工党要做什么。[①] 显然,工党和保守党内均有大量异议分子,但两党领袖都不温不火,一意求稳。这使得1929 年大选似乎不是工党和保守党的竞争,而是两党联手绞杀自由党,给劳合·乔治及其自由党最后的致命一击。[②]

阿斯奎斯于 1928 年 2 月病故,劳合·乔治再次成为自由党党魁。考虑到他的煽动力以及一战赋予他的英雄光环,麦克唐纳和鲍德温均不敢轻敌。劳合·乔治察觉保守党的安全至上政策死气沉沉,无法吊起选民胃口。他更明白,自由党要想卷土重来,必须在战前新型自由主义改革的基础上加大国家干预力度;他还利用大罢工后工人的受挫心理围绕失业大做文章,用民生工程诱惑工人阶级。劳合·乔治投机天性难改,但不可否认他已清晰看见国家治理哲学的转变方向。大选前他发表《英国工业的未来》(*Britain's Industrial*

① Andrew Thorpe, *A History of the British Labour Party*, p. 69.

② Philip Williamson, *The National Crisis and National Government: British Politics*, *the Economy and Empire*, *1926 - 1932*, Cambridge University Press, 1992, p. 54.

Future)以及《我们能够战胜失业》(*We Can Conquest Unemployment*)两本小册子阐述自由党的政策构想,主旨是用公共工程解决失业。这类工程包括建造住宅和大规模修筑公路。凯恩斯盛赞劳合·乔治的方案"将会使当下陷于失业困境的全部劳动力量重新获得就业机会,从而增进国民财富",同时不忘攻击保守党政府"所信守的真正格言"是"消极、束缚、懈怠"。① 劳合·乔治知道仅有凯恩斯这样的文人鼓噪远远不够,为打好选战,他不惜重金改善自由党的组织体系。他出售了报社财产筹措竞选资金,塞缪尔(Herbert Samuel)雄心勃勃放话称自由党将推出 500 余名候选人,比 1906 年大选还多。自由党一些高级代表还远涉重洋,前往美国学习 1928 年的总统竞选经验。讽刺的是,美国 1928 年胜选的总统胡佛(Herbert Hoover)比鲍德温更欣赏无为而治。

劳合·乔治志在必胜,但明智之士都知道他在虚张声势。大多数自由党人清楚,党目前并无实力挑战保守党,恢复昔日与之分庭抗礼之局面无异于痴人说梦;超越工党成为议会第二大党也希望渺茫;党应调低预期,力争扮演能够改变下院力量平衡的第三党。头脑清醒的自由党人对本党竞选宣言中的公共工程计划提心吊胆,深知它严重背离了自由主义传统,既无法吸引已倒向工党的激进工人,也必遭有产者唾骂。劳合·乔治高唱自由贸易,而西蒙等人已开始思考关税改革之必要性了。自由党不仅无法就政纲达成共识,党内还充斥着怨恨及猜忌。阿斯奎斯虽死,但他的尸骨填不平党内裂隙;劳合·乔治只是挂名党魁,他在政治上早已被判死刑。在自由派认知中,他心术不正,为实现个人野心不择手段,是"没有原则的冒险家,自由党的颠覆者";部分忠诚党员提醒同仁加强对其防范意识,因为党只是他实现"个人目的"的"政治工具"。②

鲍德温对自由党的诸多弱点洞若观火,他不会错过任何摧毁自由党的机会,他期待已久的由保守党和工党对垒的新型两党制已水到渠成。右派的保守党和左派的工党将踩着自由党的尸体并肩而行,在鲍德温这种左右划分中,自由党没有任何社会基础,大选结果基本符合他的判断。三大党在当年 5 月的选举中都推出了 500 多名候选人,这在英国史无前例,大有三分天下之势。

---

① 约翰·梅纳德·凯恩斯:《通向繁荣之路》,第 107、110 页。

② Philip Williamson,*The National Crisis and National Government*,p. 31.

开票后,工党和保守党平分秋色,大多数自由党候选人发现自己只是陪跑。工党斩获 289 席,跃升为第一大党;保守党保住 260 席,屈居第二,但勉强可与工党抗衡;自由党只赢得 58 席,比上届席位稍多一点,远谈不上复兴,何况它的英格兰席位零星分布在西南边陲以及东部农业区,它已被人口集中的伦敦和北方工业区选民无情抛弃了。[①] 务实的自由党人以这 58 席聊以自慰,指望它改变悬浮议会走势。

1929 年 6 月 5 日,麦克唐纳组建第二届工党政府。他本人兼任下院领袖;斯诺登向来是党内公认的财政专家,财政大臣非其莫属;克里尼斯担任内政大臣。麦克唐纳原打算安排性格温和的托马斯任外交大臣,以便自己主导外交,同时希望深得劳工信赖的亨德森担任负责就业的掌玺大臣。然而毫无外事经验的亨德森执意担任外交大臣,麦克唐纳只好迁就他,托马斯只能勉为其难担任掌玺大臣了。上述诸位便是时人口中的工党五巨头,实则麦克唐纳、亨德森和斯诺登权势远在克里尼斯和托马斯之上。这届政府和第一届工党政府颇多相似,都是少数政府,难有作为;阁员大多出身寒微,没有一人毕业于名牌公学或大学。从 1924 到 1929 年,工党壮大过程中,基层党员和支持者阶级意识显著增强,政治诉求也更激进,但工党顶层这批寒门政治家一如既往地温良,诚如斯诺登所说,内阁"主要由(工人)运动的右翼组成"。[②] 工党政府既想照顾劳工利益,又想维护既定体制,而这两者不可兼顾。工党亦时运不济,上台不久,史无前例的经济危机来袭。工党本就治国经验不足,面对危机一筹莫展,痛苦挣扎两年后分崩离析。无能而又倒霉是第二届工党政府留给后世的直观印象。

组阁之初,经济正缓慢复苏,当政者无理由标新创异。麦克唐纳遂将政务焦点放在外交方面。1929 年 10 月,他出访美国,与胡佛举行一系列会谈,不

---

①　Stuart Ball, *Portrait of a Party*, p. 137.

②　A. J. P. Taylor, *English History*, p. 343.

过双方没有触及任何实质性问题。麦克唐纳终生反战,主政期间为世界和平及国际裁军煞费苦心,1930 年的伦敦海军会议以及接下来与印度代表讨论自治的圆桌会议均由他担任主席。然而民众对他在外交舞台上的活跃身影并不买账,他们昼思夜想的是就业和面包,政府偏偏在经济方面无所建树且很快祸从天降。1929 年 10 月美国爆发的大萧条迅速波及全球,英国经济形势急转直下,工农业生产均严重萎缩,进出口贸易大幅下滑。经济普遍萧条,工资率却几无变化,企业只能压缩生产,裁员减人。恶性循环致使失业率直线上升,到 1930 年底,英国失业人数高达 270 万。当时主流经济学家所开药方是关税保护和财政紧缩。关税保护能在一定程度上保护本国工商业,但也一定会抬高日用品和农产品价格。当时盛行的一种被阶级斗争理论误导的观点认为,关税保护只会令资本家受益,却让穷人原已清贫的生活雪上加霜。面对危机,各部大臣病急乱投医。托马斯鼓惑同胞移民并敦促加拿大等自治领扩大进口英国产品份额,无眼正视各自治领亦为萧条所苦。[1] 斯诺登跳不出经典自由主义之窠臼,过度强调收支平衡,把稳英镑当作头等大事,次年的英镑贬值证明他的理财思维严重落伍。麦克唐纳主张启动有选择的关税保护,遭斯诺登反对,亨德森为维护工人利益也痛斥关税保护。[2] 麦克唐纳忠告亨德森,执政的工党应淡化党派和阶级意识,着眼全国乃至整个帝国,但亨德森丝毫不为所动。政府最有权势的三驾马车分歧甚巨,迟迟无法出台有效政策,只能靠借贷和压缩开支得过且过。

1930 年 1 月,不管大臣莫斯利提交一份详细备忘录,建议国家掌控外贸并统筹工业生产,用信贷及赤字刺激经济复兴。莫斯利的建议比关税保护更激进,比凯恩斯和劳合·乔治的策略更具国家干预色彩,堪比法西斯的统制经济或共产主义计划经济。斯诺登对莫斯利的备忘录嗤之以鼻,内阁在 5 月几无争议地否决了莫斯利方案。莫斯利愤而辞职,不久又以议员身份向下院提交类似方案,被 202 对 29 票否决。莫斯利仍不气馁,1930 年 12 月,他发表"莫斯利宣言"并得到 17 名工党议员支持。[3] 次年 2 月,他宣布成立新党

---

[1]　Martin Pugh, *Speak for Britain!* pp. 209 - 210.

[2]　Philip Williamson, *The National Crisis and National Government*, p. 104.

[3]　Andrew Thorpe, *A History of the British Labour Party*, p. 75.

(New Party),继续鼓吹统制经济学。工党高层不胜莫斯利之扰,更害怕他破坏党的温和形象,将其开除出党。不管给莫斯利扣法西斯主义帽子还是贴国家主义标签,他的建议对拯救近乎崩溃的英国经济或许是一条可行之路。凯恩斯当时对莫斯利计划深表认同,1931年初,他借广播讲话鼓励家庭主妇花钱并建议伦敦兴建"商业区"和"大马路",搞"标志性工程"。凯恩斯把这当成解决就业的良方,他说,不这样干的话,"难道让人们整日无事闲荡,靠领取救济金过活更好吗?"不过政府担心公共工程导致债务走高,加剧危机,无视莫斯利计划,亦对凯恩斯建议充耳不闻。凯恩斯不无遗憾表示:"工党对那些有新思想、能够有效管理的人,比如劳合·乔治先生和奥斯瓦尔德·莫斯利爵士等不屑一顾,其中还有贝文先生和我本人。"[1]工党高层顽固原因有二。其一,在1920和1930年代的意识形态争夺战中,保守党总指控工党是颠覆性的革命政党,工党为自证清白,一味坚持正统,不愿越雷池半步。其二,自由主义经济模式成就了英国的19世纪盛世,早已变成圣经般信条,而任何一个民族不可能一遇挫折便及时纠偏,接受一种全新的经济发展和社会治理模式;"英国人民还需要若干年的经济学辩论和另一场大战的影响,才能摒弃回归维多利亚时代的信念"。[2]

面对严酷现实,政府仍指望传统的节流开源之法。1931年1月,内阁会议同意加税并紧缩开支,不过阁员对紧缩手段及幅度仍存较大分歧。负责预算制定的斯诺登提议将个人所得税提高到每镑4先令6便士,同时对高收入者开征附加税(surtax)。由于经济萎靡和大面积失业,即便提高税率,政府预期收入也不会增加多少。群臣都明白,堵住失业救济金这个大窟窿才能从根本上解决问题。斯诺登号召举国共克时艰,奉劝富人接受加税,开导穷人理解削减福利之必要,特别是失业救济金。实际上他兜售的只是鲍德温提倡的"公平牺牲"原则。卫生大臣格林伍德(Arthur Greenwood)反对削减失业救济金,他认为富人并不会因多缴一点税而破产,失业工人却会因失去救济而忍饥挨饿,对斯诺登的预算设想颇有异议。直至亨德森在反复纠结和权衡利弊后

---

① 罗伯特·斯基德尔斯基:《凯恩斯传》,第496、534页。
② A. J. P. Taylor, *English History*, p. 360.

表态支持斯诺登,内阁才勉强就预算达成一致。[①] 预算交由议会讨论时,大多数保守党人批评预算对关税保护只字不提、福利削减额度太小,指控预算挖肉补疮、隔靴搔痒,断言其根本无法平衡收支。顽固派更是对新增税项火冒三丈。政府必须争取自由党支持以确保预算通过,所幸党派意识淡薄的劳合·乔治警示各方须以大局为重,最终预算靠自由党人支持勉强过关。

预算辩论时,自由党议员麦克莱恩(Donald Maclean)提议成立一个独立的调查委员会向政府提供削减开支的咨询性意见。斯诺登赞同这一建议。委员会由三大政党各派两名代表组成,乔治·梅(George May)出任调查委员会主席。梅委员会经过近半年调查,于 7 月 31 日提交了两份详细报告。其中自由党和保守党的四名成员撰写的报告被称为多数报告,而不同意他们意见的两位工党代表撰写的报告被称为少数报告。多数报告评估下一财政年度赤字将达 1.2 亿英镑,建议加税填补其中 2400 万镑,但仅靠加税无济于事,余下 9600 万镑必须靠削减支出。[②] 多数报告不仅建议削减 20% 的社会福利,还要求医生、军官以及教师等公职人员接受降薪。[③] 少数报告也承认赤字严峻,但不建议大幅度削减社会福利,主张向国债持有者以及坐拥雄厚固定资产的富豪征税。梅委员会提交报告后,政府决定成立以麦克唐纳为首的经济委员会于 8 月 25 日开会讨论报告内容。

政府要员以及各党党魁对危机习以为常,并相信局面并未完全失控,心安理得外出度假了。他们在外逍遥时,世界经济形势的恶化引发了更严重的金融危机,世人普遍怀疑英国能否继续维持收支平衡,对英镑信心锐减。7 月下旬和 8 月上旬,国内外均出现了英镑挤兑风潮,银行的高贴现率对阻止英镑外流并不起效,英格兰银行行长诺曼(Montagu Norman)强烈要求政府介入,拿出应对策略,否则金融崩溃不可避免。各部大臣只得提前结束休假,匆匆赶回伦敦商讨对策。斯诺登在 8 月 19 日的内阁会议上警告:因国内外普遍的不信任,赤字已由先前预估的 1.2 亿镑恶化为 1.7 亿镑。由于亨德森反对在原预算基础上再大幅削减失业救济金,紧缩开支只能减少 7850 万镑支出,这个数

---

①　Philip Williamson, *The National Crisis and National Government*, p. 220.

②　Andrew Thorpe, *A History of the British Labour Party*, p. 79.

③　Philip Williamson, *The National Crisis and National Government*, pp. 267 - 268.

字比梅委员会多数报告建议的 9600 万镑还少;另 8850 万镑窟窿只有进一步把个税提高到每镑 6 便士并将附加税提高至 10%才能填补。[1] 亨德森认为如果按照梅委员会的建议削减 20%的失业救济金,大量工人家庭极有可能断炊,一向反对开征关税的他此时主动提议关税保护;斯诺登一如既往反对开征关税? 自由贸易是他那"激进主义的不可动摇的基石"。[2] 亨德森甚至游说保守党议员支持开征关税,然而麦克唐纳和斯诺登呼吁保守党和自由党议员支持削减失业救济金。

削减福利还是开征关税? 工党三大权臣争执不下,内阁产生尖锐分歧。亨德森倔强事出有因,部分自由党人支持他,工会也为其撑腰,而工会是工党力量源泉。工会两大领袖贝文和希特林都强调削减失业救济金于事无补,他们声称英镑危机根源并非失业救济金支出过高,而是资本投资性障碍以及货币政策的失误。有工会鼎力支持,亨德森理直气壮向麦克唐纳和斯诺登叫板。麦克唐纳担心过度迁就工会导致工党在国民心目中乃至国际金融界形象大打折扣,进而坐实丘吉尔早年所言——工党代表一个阶层而非国民利益,没有资格组建代表国民利益的政府。虑及此点,麦克唐纳坚决不向工会屈服,否则工党失多得少,他个人几十年呕心沥血打造一个不受阶级意识羁绊的工党的努力也将付诸东流。

21 日,内阁继续讨论紧缩方案,仅同意削减失业救济金 800 万镑,教师薪水从原计划削减 20%改为 15%,两项措施总共只能节省 5600 万镑支出,这个数字比 19 日建议的 7850 万镑又少了 2250 万镑。麦克唐纳和斯诺登知道,仅凭这小幅紧缩无法获得美国贷款,美国银行家指出英国高额失业救济金会破坏收支平衡,担心贷款风险过高。残酷现实是,如无美国贷款,英国根本无法克服眼下危机。鉴于内阁无法就削减 20%的失业救济金达成一致,麦克唐纳另辟蹊径,寻求党外力量帮助。张伯伦认为麦克唐纳只有两个选择,要么让金融崩溃,要么让政府垮台,而后组建联合政府,各党派同舟共济应对时艰。自由党的塞缪尔和雷丁等人欢迎成立联合政府。他们向麦克唐纳承诺,只要他能防

---

[1] Philip Williamson, *The National Crisis and National Government*, pp. 304 – 305.

[2] Philip Williamson, *The National Crisis and National Government*, p. 308.

止金融崩溃，自由党和保守党将一致给他"力所能及的支持"，搞垮工党政府。①

23 日，内阁表决美国贷款条件，争执焦点仍是失业救济金削减额度。麦克唐纳、斯诺登以及托马斯同意按美国人所开条件削减支出，而亨德森、格林伍德等九人反对。② 内阁分裂且势均力敌，已无法用调整阁员职位来打破平衡。其中亨德森立场和态度对工党及其政府的前行方向最具决定性意义。他担心削减福利触怒工人和工会，造成劳工分裂，和 1917 年一样，关键时刻不愿抛弃主流劳工无愧他在工人阶级中的至诚形象。③ 麦克唐纳埋怨亨德森拆台，毁掉了工党作为国民政党而非工人阶级政党的形象，两人自此反目成仇。一般认为工党史上这出悲剧源于亨德森激进，而麦克唐纳相对温和。这种解释并不准确，上述二人精神世界实际上相去不远，本质上承袭的都是一战前的激进自由党人价值观，植根于基督教的人道主义和平等精神而非阶级斗争学说驱动他们为劳工利益投身政治。这在亨德森身上体现得尤为明显，他体谅工人阶级源于福音主义者和不从国教者对弱势群体的一种天然怜悯心，矢志向劳工灌输一套中产阶级信条，以期改造他们的世界观，帮助他们去除赌博、酗酒等恶习。然而 19 世纪晚期以来，英国劳工阶级意识以加速度觉醒，他们虽不崇尚暴力革命，起码也不相信温文尔雅的工党领导层能改变不公现实。亨德森与劳工的认知差异导致他"从不能将他的思想强加给他的党"，也注定了他在其后一年多的工党领袖任内无法与广大劳工形成心灵碰撞。④

23 日内阁散会后，麦克唐纳与鲍德温、张伯伦等人碰面，保守党高层希望麦克唐纳留任，尽管张伯伦知道这对麦克唐纳"意味着死刑"。⑤ 24 日上午，麦克唐纳向乔治五世递交辞呈，国王意有所指提示道："在这样的危急关头，首相留任，其地位和名声都要比放弃国之政府更能得到强化。"当天中午，麦克唐纳主持了最后一次工党内阁会议，他在会上表示，"鉴于形势严峻，为应对当前紧急情势，除了襄助成立立于广泛基础上的政府，他感觉别无他途"；"他如此深

---

① 　Philip Williamson, *The National Crisis and National Government*，pp. 322 - 324.

② 　Philip Williamson, *The National Crisis and National Government*，p. 339.

③ 　Martin Pugh, *Speak for Britain!* p. 213.

④ 　Ross Mckibbin, *The Ideologies of Class*，p. 65.

⑤ 　David Marquand, *Ramsay Macdonald*，p. 635.

情宣布并说他知道代价,但不能拒绝国王之邀"。① 当晚国王召见麦克唐纳、鲍德温以及塞缪尔,为他们打气,相信"三党领导人定能团结一致找到解决办法"。② 麦克唐纳忠君为国之心天地可鉴;鲍德温不可或缺,没有他新政府无从谈起;至于塞缪尔和追随他的自由党人,盼望这个机会已经多年,只有联合政府才能为他们提供行政职位。

　　1931 年 8 月 24 日成立的国民政府有十名阁员。首相麦克唐纳和财政大臣斯诺登等四人来自工党,枢密大臣鲍德温和卫生大臣张伯伦等四人属于保守党,内政大臣塞缪尔和外交大臣雷丁是自由党人。从阁员党派构成看,国民政府名副其实。最初各方仅认为这个政府是紧急情势下的个人联合,既未摸查各党普通党员态度,也没广泛征求各党议员意见,远远低估了它对主流政党和政客仕途的影响。自由党获益最多,占有与其下院实力并不相称的内政和外交两部大臣职位,士气大受鼓舞并借机向同胞展示危急之秋的主动担当精神。保守党未经大选就摧毁了工党政府,国民政府无疑仰其鼻息行事。不过既要支持国民政府,又要维护保守党团结,对鲍德温来说也非易事。埃莫雷为首的保守党关税保护派对保守党仅得四个阁位不满,还吁请国民政府迅速放弃自由贸易,构筑关税壁垒。在他们看来,若不废除目前的货币政策和贸易准则,任何权宜之计都是白搭。鲍德温知道如立即就关税问题摊牌,必惹怒自由党的塞缪尔和工党的斯诺登等自由主义者,拼凑的新政府很可能轰然倒台。他凭十余年积攒的党内威望苦劝埃莫雷等人暂搁关税分歧,全意支持政府化解财政危机。工党受害最甚。莫斯利仅打响了分裂工党的第一枪,并未动摇工党根基,而国民政府的成立对工党来说近乎一场劫难。追随麦克唐纳的十几名工党议员自称国民工党(National Labour),亨德森率领多数工党议员坐上反对席并宣布把支持国民政府的工党议员驱逐出党。独立工党早就受够了

①　David Marquand, *Ramsay Macdonald*, pp. 636 - 637.

②　Philip Williamson, *The National Crisis and National Government*, p. 342.

工党与建制势力的暧昧,值此前后宣布与工党一刀两断,好在这个党本来就是工党的配角,没有能力搅局,也没有坚实群众基础,其多数党员在政坛连续碰壁后只能以个人身份回归工党。

工会和工党将麦克唐纳、斯诺登、托马斯定性为三大叛徒。麦克唐纳的昔日同道讥讽他虚荣心作怪,甘当资本家鹰犬和保守党傀儡,比劳合·乔治更下作,劳合·乔治虽不爱他的党,起码未曾叛党。即便在新同事张伯伦眼中,麦克唐纳也是一个"无力赢得支持的滑稽角色",一个"为了拿薪水,赖着不辞职"的保守党玩偶。[1] 麦克唐纳一直想把工党形塑为代表全体国民的政党,如今他终于有一个名曰"国民"的政党了,然而这个国民工党只是保守党不起眼的陪衬,遑论代表国民利益。面对苦涩现实和冷嘲热讽,麦克唐纳无怨无悔,誓以行动和政绩证明他忍辱负重留任首相并非迷恋权势,而是为国为民的责任心之驱使。

国民政府首要任务是实现收支平衡,在麦克唐纳和斯诺登的努力以及鲍德温的鼎力支持下,内阁很快就财政政策达成一致。新政策本着各党已热议过的"公平牺牲"精神,不再举债发放失业救济金并停止支付偿债基金;国王和王储分别带头削减5万镑和1万镑生活专款。斯诺登起草的"经济议案"(Economy Bill)把个税从每镑4先令6便士上调至5先令,大幅削减失业补助金和公职人员薪资,为免争议,议案避谈关税改革。9月11日,下院就"经济议案"激辩,工党强烈抵制,但政府事先评估已得知议案能以较大优势通过。[2] 同一天,英国放弃了错误执行了七年的金本位制。

经济政策刚调整完毕,大麻烦又从天而降。9月14日,官方得悉,印度爆发通货危机并触发了当地政治危机。与此同时,因削减工资引发的因弗戈登(Invergordon)水兵骚乱有进一步蔓延之危险。对国民政府不满或与麦克唐纳有旧怨的人质疑政府的合宪性。为让国民政府名正言顺,许多保守党人呼吁提前大选。他们盘算大选不仅能提高行政效率,也能扩大保守党下院优势。保守党主流认为关税保护刻不容缓,又担心关税保护触怒选民,欲用大选为关

---

① 伊恩·麦克劳德:《张伯伦传》,商务印书馆,1990年,第138页。
② Philip Williamson,*The National Crisis and National Government*,pp. 367 - 368.

税保护壮胆。工党上下也希望用大选证明选民与他们同气相连,工党高层仍异想天开,误判人民会因反对削减福利而用选票报复保守党和政府。只有麦克唐纳此刻害怕大选。他担心工党获胜导致刚通过的一揽子政策统统作废,而他眼下只想利用政府既定优势尽快克服经济危机。此外,解散议会的理由以及国民政府的竞选宣言也令麦克唐纳极度尴尬。宣言如过分体现保守党意志,工党指控他是保守党傀儡的说法便自动坐实了。25 日,他私下写道:"毫无疑问,托利派司令部为了得到支持关税改革的多数而策划大选,……无论如何,我不当托利派的工具。"①可悲的是,保守党丝毫不顾他的感受,执意大选,而工党全国执委会 28 日正式宣布,任何支持国民政府的人都"自动且立即"中止工党党员资格。② 麦克唐纳贵为首相,既被工党鄙视又遭保守党无视,像个无根可依的政治弃儿。当天,他以个人而非政府名义发表一份措辞含混的声明,不谈具体政策,只笼统呼吁大选后产生的新政府应有足够行政权威以应对危机。他用声明巧妙摆出超党派姿态,以期继续忠君报国。

10 月 27 日,选民投票。开票后,国民政府收获 554 席,其中保守党 470 席;反对党仅得 56 席,其中工党 46 席。全面关税保护与压缩开支成为主流民意,成全了国民政府的大胜。③ 工党为分裂所累,民众亦不信任它的执政能力,工党内阁过去两年除了无休止争吵,没有任何事迹值得史家记录。多数工党候选人选战时散布激进言论,声称大萧条是资本主义垂死之兆,只有国有化和计划经济才能克服危机。斯诺登抨击他的昔日同道拥护的是"疯狂的布尔什维克主义,而非社会主义"。④ 亨德森领导无方,他诚心为劳工仗义执言,但不支持激进主义,无法与劳工打成一片,是工党史上有名的弱势领袖,他本人也在这场选举中丢掉议席。唯一可令其聊以自慰的是工党获得 660 多万张选票。这个数字比 1929 年略有下降,但仍占选票总数的 30.4%;尽管只比保守党选票数的一半稍多一点,但远多于自由党票数。亨德森相信工党下次选举便能卷土重来,其民意基础大体上完好无损。这一判断基本正确,工党的灾难

① David Marquand, *Ramsay Macdonald*, p. 662.
② David Marquand, *Ramsay Macdonald*, p. 663.
③ Stuart Ball, *Portrait of a Party*, p. 139.
④ Martin Pugh, *Speak for Britain!* p. 216.

性失败源于党的分裂、领袖平庸以及应对危机的无能,但它的群众基础 1920 年代已经夯实,假以时日必重见天日。自由党获得 71 席,其中 67 席属于国民政府。从席位看,"自由党再次成为第二大党",复兴指日可待,然而党内三个板块互不买账这个严酷事实基本上堵死了它的复兴之路。追随西蒙的自由党人呼吁关税改革;以塞缪尔为首的自由党人恪守贸易自由;劳合·乔治只有几名支持者,习惯了孤家寡人的他靠个人名望仍能保持党内乃至全国影响力。自由党三大派得票总计 200 余万张,只有工党得票数的 1/3,遑论恢复昔日与保守党抗衡的局面。塞缪尔等人或许可以辩解自由党得票少是因为推出的候选人少,候选人少则因为党组织涣散以及竞选资金不足。然而他们更应反思组织涣散的原因是什么,企业家不愿为他们出资的原因又是什么。显然,自由党已失去民众基础,其传统选民要么转向工党,要么被保守党吸纳。大萧条只是一道磨砺工党的天赐之坎,它无情埋葬的是自由党。

保守党是最大赢家,其优势比 1906 年的自由党更炫目,它推出的 510 多名候选人绝大多数当选。时人甚至惊呼"下院已经变成了另一个上院"。[1] 保守党内仍有分歧,以丘吉尔为代表的另类反对印度自治并抵制关税改革,不过支持鲍德温和张伯伦的主流保守党人居绝对支配地位。鲍德温十余年来矢志不渝要将保守党打造为代表民众而非贵族地主和特权者的政党。这次大选证明他大功告成,保守党得到了包括工人阶级在内的多数选民的热忱拥护。保守党与哪个阶级无关,否则无法解释它为什么在 1923 和 1929 年失利,却在 1922、1924、1931、1935 年大获全胜。阶级不可能如此瞬息万变。保守党 1920 和 1930 年代得票率恒定在 40% 以上,若支持它的选民是中产阶级,那中产阶级的标准恐怕太低了。党的形象、选举的时局以及许诺的政策共同决定党能否吸引选民。

起初,各方均视国民政府为临时政府或紧急政府,仅为克服当下危机,并

---

① Philip Williamson, *The National Crisis and National Government*, p. 482.

无长期存在的可能性及必要性,然而它在走出初期的风雨后,历经两次大选,更换多位首相,1940年才被丘吉尔的联合政府取代,直到1945年英国才重新建立政党内阁。国民政府初期的党派联合色彩并不惹眼,各党领导人的私人联合意味更浓。麦克唐纳、鲍德温、张伯伦以及塞缪尔等人为组建政府,均在各自党内受到严厉指责,甚至唾骂。保守党普通党员也对本党仅有四个阁位牢骚满腹。大选后,新一届国民政府顺理成章调整内阁。最大变化是张伯伦取代斯诺登出任财政大臣,斯诺登改任掌玺大臣;较为欣赏保守党政纲的自由党人西蒙取代雷丁任外交大臣。20名新阁员中的11名来自保守党,关税保护主义者同时在下院和内阁占据多数。[1] 除了一向特立独行的丘吉尔,保守党已就关税保护形成共识。鲍德温1923年呼吁关税保护得罪了米德兰和北方工业城市选民,教训深刻,此时他并未贸然就关税政策表态,但倾向保护。更重要的是,关税保护现在已有坚实民意支撑。面对百业萧条和悲惨失业,北方工业城市选民也呼吁关税保护。[2] 英国工业产品国际竞争力下降,英国在世界经济体量中占比缩小,加之大萧条刺激1930年代经济民族主义化、民粹化,越来越多的英国人意识到自由贸易应寿终正寝了。张伯伦是保护派代表,他明白紧缩开支和加税并非长远之策,关税改革势在必行。关税改革者所持论调与三十年前的约瑟夫·张伯伦大同小异,有利于保护国内市场、复兴工农业、创造更多就业机会;关税收入可抵偿直接税,缓解企业税负;帝国内部互惠贸易还能增强自治领的帝国认同感,拉近彼此情感距离。

关税保护水到渠成,争论仅限保护范围和力度。1931年11月,张伯伦已说服来自自由党的商贸大臣朗西曼对部分进口商品开征高额关税。朗西曼出任商贸大臣原本是为了在贸易保护派和自由派之间维系平衡,现在他同意对工业制成品和半制成品征收关税,农产品可继续豁免。斯诺德和塞缪尔对朗西曼背离初衷怒不可遏。1931至1932年冬,内阁就关税税率和开征范围反复唇枪舌战,斯诺登和塞缪尔一度以辞职相威胁。麦克唐纳提醒他们以大局为重并警告:如果他们辞职,"他将被迫用保守党人来填补空缺"。[3] 战争大臣

---

① John Ramsden, *The Age of Balfour and Baldwin*, p. 318.
② Stuart Ball, *Portrait of a Party*, pp. 485 - 486.
③ 伊恩·麦克劳德:《张伯伦传》,第142页。

黑尔什姆勋爵(Douglas Hogg，Lord Hailsham)建议"和而不同"(agreement to differ)。按英国政治游戏规则，公开反对现行政策的大臣一般会主动辞职，但斯诺登等贸易自由派当时本着求同存异精神，持保留意见继续任职，以彰显国民政府代表广泛民意。[①]

1932年2月4日，张伯伦在下院提出《进口税法》(Import Duties Act)，工党和32名自由党议员反对，不过这并不妨碍法案以454对78票巨大优势过关。3月1日，法案正式生效。此法授权政府对他国输入英国的商品征收10％关税，少数进口商品关税可加至33％，与各自治领的贸易规则由拟召开的帝国经济会议另行磋商。《进口税法》标志着经济政策的根本性转向，其意义不亚于废除金本位制，在国内外引起空前反响。贸易保护主义者由衷欣慰，说约瑟夫·张伯伦的灵魂可"在天国安息了"。[②] 这年年底，伯明翰的保守党人赠送张伯伦一个银盘，其上铭刻一句拉丁文——"三十年后，儿子完成了父亲开拓而未竟之业"。[③]

有了这些激励和褒扬，张伯伦接下来制定1932年预算也顺风顺水。他本着"公平牺牲"精神，一手削减福利，一手向企业家和高收入者征收重税。重税遭保守党后座议员强烈抗议，但张伯伦一向体恤民情，他的政策首先考虑的是国民利益而非上层阶级感受。就收支看，他仍遵循传统理财思路，预算严谨且较为合理。此后经济好转，公众信心逐步恢复。张伯伦趁热打铁，6月又在下院宣布将短期贷款利息从5％下调到3.5％，开启廉价货币(Cheap money)时代。可以说，货币贬值、低息贷款和关税是张伯伦重振经济的三项利器。[④] 张伯伦认为高利率不仅妨碍投资和消费，下调贷款利息每年还能为政府节省2000余万镑利息支出。他不久还在当年召开的洛桑(Lausanne)会议上呼吁取消一切战争借款和赔款，仅因法国强烈抗议建议未被采纳。洛桑会议结束后，张伯伦就与鲍德温、朗西曼等人马不停蹄赶往渥太华参加帝国经济会议。会议期间，英国、各自治领以及印度之间多番讨价还价，艰难确立了贸易互惠

---

① John Ramsden, *The Age of Balfour and Baldwin*, p. 321.

② Philip Williamson, *The National Crisis and National Government*, p. 507.

③ 伊恩·麦克劳德：《张伯伦传》，第148页。

④ A. J. P. Taylor, *English History*, p. 418.

原则。加拿大和澳大利亚承诺不保护它们国内的低效产业，英国商人取得与自治领商人对等的贸易优惠。张伯伦对自治领代表直言，即便英国商人财路拓宽，自治领的受益也远多于英国从自治领所得益处。最后就农产品，特别是肉食品谈判时，各方分歧极大。加拿大和澳大利亚当时是重要的农产品和肉食品出口国，希望英国继续对它们的食品免征关税并限制他国向英国出口肉食品。张伯伦知道限制他国向英国出口肉食品和农产品会抬高国内食品价格，推高民众生活成本。托马斯和朗西曼明确表示，如若征收肉食税，回国后他们便辞职。鲍德温和张伯伦面对重重压力，只能同意暂不开征肉食税，勉强与各自治领签订了商约。

关税保护及帝国贸易互惠都体现了贸易保护主义者意志，自由主义者愤愤不平。斯诺登指责这些政策必致民生艰难，保护措施亦会激起他国报复，触发关税战争。麦克唐纳认同斯诺登分析，但他相信贸易报复造成的损失要少于死抱自由贸易的损失，支持两害权衡取其轻。在他看来，"昔日经济政策的基础已不复存在"，贸易保护顺应历史潮流。斯诺登也非善茬，抨击麦克唐纳已彻底沦为保守党傀儡，"不是首相，而是托利派内阁的主席"。[①] 麦克唐纳与斯诺登及塞缪尔政见分歧越来越大，个人嫌隙也越来越深。不过他早有心理准备，甚至上年11月组建政府时，他就意识到与斯诺登及塞缪尔迟早分道扬镳。果不其然，1932年9月28日，斯诺登和塞缪尔双双辞职。其后斯诺登在政坛进无前路，退失归途，靠写自传并炮轰麦克唐纳打发时光；塞缪尔领导一小撮自诩正统的自由党议员回到反对席；支持政府的西蒙自由派进一步向保守党靠拢，二战后并入了保守党。

斯诺登和塞缪尔分别是工党和自由党在政府中的代表，他们去职意味着自由主义经济政策随风逝去，政府"国民性"也显著褪色，各小党政治参与度降低；保守党占据更多阁位且拥有压倒性下院优势，政府反而稳定。鲍德温在政府中只担任荣誉性的枢密大臣，很少插手各部门事务，不过他是保守党的精神领袖和国家的定海神针。财政大臣张伯伦1933年出任保守党党魁，兢兢业业维系着国民政府的运转，他是社会经济政策的操盘手。麦克唐纳并非挂名首

---

① Philip Williamson, *The National Crisis and National Government*, pp. 510, 513.

相,他在外交舞台较为活跃,多次抱病参加世界会议。日内瓦裁军大会、伦敦世界经济会议、斯特雷萨(Stresa)会议都留下了他的身影。

迄今为止,学界对张伯伦的政策调整与经济复苏的关联性仍激烈争论,不过可以肯定的是,1932年开始的复苏势头一直持续到1937年。得益于大萧条导致的物价下跌,居民消费提振,市场找回了信心。1933年,世界经济整体复苏和英镑贬值均助推英国外贸兴隆。随着政府收入增加,1933年预算把个税调回到每镑4先令6便士,重新发放失业补助金,公职人员工资部分回调,到1935年完全恢复到1930年水平。居民收入不断增加自然会提振消费。"个人消费的增长把英格兰带出了大萧条",电子、汽车和纺织业受益最大,而"建筑业的繁荣是30年代复苏的主要原因",为1932至1935年就业贡献了30％的增长。[①] 政府大力推动住房建设,为建筑公司提供低息贷款,方便购房人办理按揭。1933年《租房法》(Rent Act of 1933)把几十万套市政公屋推向租赁市场。1931至1939年,大不列颠总共新建了250万套住房。[②] 乔迁新居者又推动家电和家居产品畅销。住房配套设施也逐渐完善,政府领头兴建学校、道路和商场。1935年,卫生部启动环境大整改,王室、各级政府、志愿者均积极参与绿化、清污等公益事业。条件稍好的工薪族认为购置私房比租住公屋更划算、更舒适,房地产市场持续兴旺。张伯伦长期为卫生、环境、住房等操劳,深受国民拥戴绝非偶然。

大萧条后政府对社会领域的干预更频繁了,主要体现在失业保障方面。1930年代的失业是英国人挥之不去的持久噩梦,最要命的是北方工业区的失业并未随着经济复兴有所缓解,以往吸聚大量劳动力的采矿、棉纺两大行业仍半死不活,迟迟看不到复苏迹象。这一时期,无家可归者遍地游走,到处都是饥肠辘辘、排队领取救济品的失业大军。政府担心失业刺激共产主义和法西斯蔓延。1934年《失业法》(Unemployment Act of 1934)授权各级部门成立专门机构监管失业保险,把失业保险覆盖范围从十六岁降到十四岁。此外,政府按《失业法》执行差异化保险,勤勉工作者一旦失业可领取定期定额发放的

---

① A. J. P. Taylor, *English History*, pp. 426-427.
② Pat Thane, *Foundations of the Welfare State*, p. 199.

保障金,未曾工作或长期待业者只能享受类似传统《济贫法》提供的不稳定救济。1936 年,失业救助局(Unemployment Assistance Board)在民众压力下上调失业保障金,一对失业夫妇每周可领取 24 先令救助,如有未成年子女,还可享受额外补贴。1937 年的调查显示,竟有 2.3% 的男性和 5.2% 的女性就业工资低于失业者领取的保障金。[①] 精英人士普遍担心覆盖范围如此宽泛且数额不菲的失业保障金助长民众惰性。

透视国民政府的经济和社会政策,不难发现,大萧条不仅改变了英国的现实,也彻底改变了国家治理观念。政府对经济和社会的干预力度前所未有,自由主义只剩意识形态遗产。保守党人对凯恩斯主义不置可否,但以行动宣告凯恩斯主义付诸实践。凯恩斯这位超级经济学家在凡尔赛会议时仍恪守古典经济学理论,1925 年公开谴责金本位制和 1926 年发表《自由放任主义的终结》标志着他的经济学理论彻底转向。[②] 1933 年 3 月,凯恩斯在《泰晤士报》发文多篇,为将于 6 月参加伦敦世界经济会议的国际政要支招。[③] 这些文章很快被汇编为小册子《通向繁荣之路》,这是"凯恩斯革命史上的一份核心文献",自此"公众开始理解凯恩斯革命"。[④] 凯恩斯认为削减开支应对危机只会加剧倒闭潮和失业潮,进而弱化国民购买力,形成恶性连锁反应。国家应鼓励私人资本扩张,大规模启动公共工程,增加就业。凯恩斯主义精粹是国家干预,货币和预算是两大干预工具,其应对萧条之策 2020 年代仍不过时。1936 年出版的《就业、利息和货币通论》把凯恩斯理论推至巅峰。该书指出,遏制经济危机"唯一可靠的办法是让私人只有两种选择,要么把全部收入消费掉,要么选择他认为前途最为美好同时又有能力购买的特殊资产,向别人订货";"多消费,少投资""也要比既不消费又不投资,满怀疑虑为好"。[⑤] "投资量的增加(或减少),必然引起消费量的增加(或减少)";"公众的行为有这样的特征:就是只有当收入增加(或减少)时,他们才愿意扩大(或缩小)其收入与消费之间

---

① Pat Thane, *Foundations of the Welfare State*, pp. 168, 171.
② 约翰·梅纳德·凯恩斯:《通向繁荣之路》,第 47—73 页。
③ 约翰·梅纳德·凯恩斯:《通向繁荣之路》,第 115—131 页。
④ 罗伯特·斯基德尔斯基:《凯恩斯传》,第 549、551 页。
⑤ 约翰·梅纳德·凯恩斯:《就业、利息和货币通论》,华夏出版社,2004 年,第 124 页。

的差额。"①凯恩斯用合理推演和深奥经济学模型为人们指引了一条投资、生产、消费之间的良性循环之路。

国民政府为建筑、码头、航运、电子等行业提供低息贷款,鼓励民众按揭购房,推动环保、绿化等公益事业以创造就业岗位。居民热情消费更是不自觉为凯恩斯主义背书。张伯伦仍把经济复兴归功于关税、货币贬值和收支平衡。②然而关税保护本身就标志着自由放任经济模式退出历史,用英镑贬值刺激消费就是凯恩斯主义的实践。张伯伦不搞预算扩张,但除了重视收支平衡,他的其余政策不管有无意识,都符合凯恩斯主义。这个时代接受国家干预的保守党人比比皆是,年轻的麦克米伦(Harold Macmillan)1938年出版数百页的《中间道路》(*The Middle Way*),公开鼓吹国家干预,倡议计划经济,并认为只有国家统筹计划才能彻底解决失业。政学两界对此书好评如潮。麦克米伦是年4月27日在下院说:

> 今天的所有现代化政府,不管是左的还是右的,都必须是生产方面的合伙者,而且必须共同计划生产和分配。
>
> ……在议会和民主政治的制度下,我们能比任何别的制度更有效地组织生产体系,……政府和工业之间没有任何冲突:在国家的各阶级之间存在着一种合伙关系。③

正统保守党人听了麦克米伦这席话一定会把他视为异端,后世一切英国社会主义者听了这席话恐怕都不敢再说民主社会主义是工党的独创。贝弗里奇(William Beveridge)正是目睹了大萧条时的民生之艰才萌发了全面社保构想。在野的工党从凯恩斯主义中受益最大。工党两次执政都在传统的社会经济政策框架内打转,但凯恩斯主义为工党拥护国家干预式的社会主义措施背书并壮胆。1935年大选前,艾德礼为拉票这样写道:

① 约翰·梅纳德·凯恩斯:《就业、利息和货币通论》,第190页。

② Robert Self, *Neville Chamberlain: A Biography*, Ashgate, 2006, pp. 212,215.

③ 哈罗德·麦克米伦:《麦克米伦回忆录,1:风云变幻》,商务印书馆,1980—3年,第509、515页。

人们现在普遍同意：必须对社会的经济生活进行计划，而不应由若干竞争性大企业的相互作用来实现工业的偶然发展。国家不是在参加比赛的选手之间作裁判员，以维持一定的秩序，而必须成为一个积极的参加者和领导及组织的力量。……

一个工党的政府不仅要把为少数人赚取利润的工业转变成为为大多数人服务的工业，而且要用征税方法来降低较富裕的阶级的购买力，并且通过增加工资和建立社会服务事业，来扩大群众的购买力。①

艾德礼对生产、分配的设想与凯恩斯主义几乎一致，并且他诉诸的不是马克思主义的阶级斗争，而是经济学的购买力。1945年后的二十年中，凯恩斯主义被运用到极致毫不奇怪，因为彼时主政者正是此时已小有名气的艾德礼和初露锋芒的麦克米伦。凯恩斯主义反对者要么是过气的政客，要么是特立独行的知识分子，哈耶克(F. A. Hayek)这种级别的自由主义理论大师只能隐迹校园或书斋。

国家干预无疑有助于稳定社会、复兴经济，然而隐患无穷。从1918年到1938年，英国人均社会支出由2.4镑涨至12.5镑，总支出从占GNP的2.4%增至11.3%。更要命的是，这些支出主要用于失业救济，穷人获益却让富人买单。1937年一份统计表明，得益于政府照顾，工人阶级收益增加了8%到14%，这"主要靠牺牲年入2000镑以上者"实现的。② 悖论是，1920年代的两届工党政府都小心谨慎，即便面对大萧条也不敢越传统之雷池半步；反倒是保守党口口声声自称托利派后裔，自诩保卫传统并抵制社会主义，却把英国变成了"半社会主义"国家。鲍德温的阶级调和论和保守主义为"半社会主义"政策铺陈舆论，张伯伦之流按凯恩斯主义负责实践。在1930年代英国社会经济政策转折的十字路口，带头转向的不是工党，而是保守党。1950年代，保守党并未顽固抵制社会主义实践，而是调整政策，完善社会主义，其中伏笔战前已经埋下。

① 克里门特·艾德礼：《走向社会主义的意志和道路》，商务印书馆，1961年，第20、21页。
② Pat Thane, *Foundations of the Welfare State*, p. 203.

一般认为,国民政府应对经济社会危机表现称职,其帝国政策略有争议,而外交政策可谓灾难。帝国当时最大麻烦来自印度。1920年代国大党的发展、甘地(Mohandas Gandhi)个人魅力以及日渐高涨的印度民族主义一道催生了印度自治要求。1928年,保守党政府便同意成立由西蒙为首的调查团调研治印新策。西蒙调查团于1930年提交了关于印度地方自治的报告,对是否授权印度中央政府自治措辞含糊。不过1929年即将离任的总督尔文(Edward Wood,Lord Irwin,Earl of Halifax)在西蒙报告公布前就承诺给予印度自治领地位。尽管总督和调查团对自治步骤和范围存在分歧,但英国高层给予印度自治的态度基本明了。1930年10月至次年4月,尔文和印度代表举行伦敦圆桌会议,探讨自治方略,甘地起初因非暴力不合作运动遭羁押,尔文迫于人道主义压力将其释放并允其参加圆桌会议。以丘吉尔为首的帝国狂热分子和少数保守党后座议员反对印度自治,谬称主奴平等谈判贻人笑柄。国民政府成立后,丘吉尔等人认为搞垮国民政府是阻止印度自治的唯一途径。1933年,一拨顽固派成立保卫印度联盟(India Defence League),迅速得到许多曾在印度任职的旧官僚力挺。这个联盟首要目标是抵制由两院代表以及高级官员组成的联合选举委员会(Joint Select Committee)。鲍德温、奥斯汀·张伯伦等都是该委员会成员,他们也欢迎丘吉尔和顽固派加入,共商国是。丘吉尔却对霍尔说:"我看不出加入你们的委员会有什么好处,你们挑选出来的知名人士占压倒性的多数,我只不过是等着被他们否决罢了。"[1]他继续煽动沙文主义并通过院外串联向政府和保守党施压。印度事务大臣霍尔(Samuel Hoare)认为丘吉尔志不在印度,而是利用自治争端煽动民粹,实现个人野心。他致信印度新总督威灵登(Lord Willingdon),称丘吉尔就是要"把我们赶下台"并像"墨索里尼统治北非一样统治印度";另一位保守党人则提醒民众丘吉尔

---

① 罗伊·詹金斯:《丘吉尔传》,第408页。

投机本性难改,勿忘其朝秦暮楚、叛党变节的恶俗履历。①

鲍德温不希望看到任何动荡,他早就受够了丘吉尔的特立独行,既然丘吉尔仍不收敛,索性彻底把他搞臭,让一切所谓的极端主义者彻底闭嘴。鲍德温此时处境与立场颇似1830年代的墨尔本,最大政敌不是反对党,而是党内异见分子。1934年底,当印度事务白皮书(White Paper)提交下院讨论时,丘吉尔再度大放厥词,还跑到曼彻斯特煽动棉纺从业者给政府施压,称一旦印度不保,兰开夏纺织业必遭灭顶之灾。霍尔在丘吉尔和顽固派重压下一度考虑辞职。鲍德温对印度本无兴趣,但他知道霍尔一旦辞职,国民政府必遭重创,何况多数保守党人正在准备大选,印度自治若成选战议题,国必动荡,保守党亦可能分裂。② 为防止治印方略搅局,鲍德温反复给霍尔打气并强硬回击丘吉尔,否则印度可能蹈美洲独立战争之覆辙。他把丘吉尔比作乔治三世和柏克的合体,既冥顽不化又巧舌如簧。鲍德温和主流保守党人轻易挫败了丘吉尔,1935年6月,《印度政府法》(India Government Act)以317对78票通过三读。③ 法案通过后,麦克唐纳与鲍德温互换职位,霍尔因功官升外交大臣。主流保守党人和丘吉尔的矛盾加剧了,不过丘吉尔已习惯了被边缘化,此后几年继续与政府唱对台戏。无独有偶,1940年搞垮张伯伦政府的保守党主战派正是以丘吉尔为首的当年反对印度自治的一小撮党内异见分子。

随着国际局势恶化,自1933年起,国民政府外交亦牵动人心。广播、报刊等现代媒介方便民众通过各种渠道关注外交,即便与本国关系不大的外交事件如若处理不当,也可能招致灾难性政治后果。英国国势日衰,决策层须以最小代价维护本国最大既得利益。政治家应对外交时既要顾及舆情,也要立足现实,更要与他国有效沟通,共同管控风险。1930年代的英国政要被这几项不可兼顾的任务折磨得精疲力竭,执行的政策更遭后世严厉指责。1933年10月,德国退出日内瓦裁军大会,一周后退出国际联盟。欧洲上空战云再起。1935年1月萨尔公投,德国未费吹灰之力重新占领莱茵河下游这片战略缓冲要地。两个月后,希特勒宣布实行征兵制,将德国陆军扩充到30万人。4月,

---

① Nick Smart, *The National Government*, *1931-1940*, Macmillan, 1999, pp. 76-77.

② Nick Smart, *The National Government*, p. 79.

③ Nick Smart, *The National Government*, p. 89.

英、法、意三国代表在斯特雷萨会晤,商讨应对德国正在复萌的侵略姿态。然而两个月后英国为安抚希特勒,竟违背斯特雷萨协议,与德国单独缔结《英德海军协定》(Anglo-German Naval Agreement),允许德国拥有不超过英国海军规模35％的海军。朝三暮四的外交政策显示英国人对纳粹好战天性毫无防范意识,一厢情愿依靠有名无实的国联和空中楼阁式的集体安全。从1934年秋开始,英国人先入为主,大张旗鼓搞所谓的"和平民意测验"(Peace Ballot)。1150余万成年人回应了这场非官方民意测验,当时英国选民总数才2200万左右。受访者被问是否支持国际裁军以及集体安全,包括必要时动用武力制止侵略。到1935年6月28日公布测验结果时,裁军问项已无意义,675万受访者支持武力制止侵略,200余万反对,另200万不置可否。可见还没完全走出一战心理阴影的英国人欲稳上加稳,把集体安全当作国防和外交的"第五个车轮"。[1] 鲍德温三度拜相不到一个月,墨索里尼便蠢蠢欲动,欲用一场侵略战争提升他的国内威望,把矛头指向了曾让意大利蒙羞受辱的非洲唯一独立国家埃塞俄比亚。鲍德温不能不顾所谓的民意测验结果,表态集体安全是外交基石,声明国联是不可替代的国际冲突仲裁机构。当年的英国防务白皮书也明确强调要加强军备应对国际挑战,变相警告意大利勿轻举妄动。

不管国民政府有无实力保卫和平,至少它摆明的反侵略姿态在1935年春夏不断向民众传递一种保卫和平和秩序的信心及雄心。鲍德温等人这么做的首要目的是迎合国民厌战心理。一战的心理创伤、1921和1926年的大罢工、大萧条时期的缺衣少食、摇摇欲坠的世界帝国均导致大多数人不想国内外再生任何变数,民众迫切需要哪怕是虚幻的和平保证。"和平民意测验"与1935年11月大选都证明了这一点。这次大选是典型的鲍德温式操作,主流媒体当时就称它是"现代史上最平和的选举"。[2] 各党竞选宣言都枯燥乏味,一心求稳。鲍德温已提前排除意大利侵略战争对英国舆情的干扰,经济正全面复苏,多数选民对现状满意。国民政府累计赢下427席,其中387席属于保守党;国民工党一败涂地,麦克唐纳丢掉席位;自由党只获21席;极端的法西斯党和激

---

[1]　A. J. P. Taylor, *English History*, pp. 467-468.

[2]　John Stevenson and Chris Cook, *The Slump: Britain in the Great Depression*, Routledge, 2013, p. 265.

进的共产党分别收获 2 席和 1 席。鲍德温并不认为 1935 年大选的主要对手是工党,法西斯和共产党才是大敌。选举结果证明他达到了目的——安全至上并防止极端主义。工党本指责国际联盟是战胜国炮制的不公正仲裁机构,但从 1934 年开始奉行集体安全,力主制裁墨索里尼,抢夺道义高点。1932 年10 月,亨德森辞去工党党魁,继任者兰斯布里外交态度骑墙,遭党内主流指责。兰斯布里不堪压力,于大选前一个月辞职,艾德礼临时领导工党应付大选。临阵换帅对工党影响并不大。1931 至 1935 年间工党高层的震荡并不妨碍它的元气恢复,大选前两年工党在补选中连连得胜。本次大选,工党史无前例推出 552 名候选人,比保守党还多,赢下 154 席,低于预期,不过得票率高达38%,基本恢复到了 1929 年水平。[①] 与保守党相比,工党未能争取到原自由党选民支持,自由党选民察觉少了麦克唐纳和斯诺登的工党出现了较为明显的左倾倾向,误把工党与社会主义画等号的中产阶级主动与工党保持距离。[②]工党收复部分失地,在伦敦表现亮眼,这主要是莫里森功劳,他长期本着为民服务精神在首都培育一种温文尔雅的工党文化,深得当地部分选民认可。大选后,莫里森一度被看好担任工党党魁,但中北部产业工人认为他是隐蔽的资产阶级代言人,早晚步麦克唐纳后尘,故四平八稳的艾德礼被推为正式新领袖。低调平和的艾德礼庇护着工党稳步前行,恢复中的工党忌讳猛药,不需要孤胆英雄式党魁。1935 年大选波澜不惊,在英国政党史上却有里程碑式意义,从选民基础看,新的两党制定型并长期支配此后英国政局。

　　鲍德温政治生涯的收官之作是巧妙化解爱德华八世个人问题触发的宪制风波。1936 年初,乔治五世驾崩,王位继承人爱德华八世爱上了一名颇富争议的美国女人。不过直到年底,只有少数政要风闻国王私事。鲍德温告诉国王,与这位美国女人结婚有悖宪政,王位和女人只能选一。工党也要求国王严守宪制,借此向国人表明工党积极捍卫传统。丘吉尔又一次与政府唱反调。他在一战后就与当时还是王储的爱德华八世建立了厚实私交。12 月初,丘吉尔在报上撰文呼吁给国王多一点"时间和耐心",政敌耸人听闻,攻击他藐视宪

---

①　Colin Rallings and Michael Thrasher, *British Electoral Facts*, p. 32.

②　John Stevenson and Chris Cook, *The Slump*, p. 274.

制,企图打造"保王派"。① 随后,丘吉尔在下院受到铺天盖地的指责。尽管他以能言巧辩把声誉损失减至最小,仍遭工党和主流保守党人共同鄙视,仕途更加黯淡。相比之下,"鲍德温处理此事的策略、精妙、历史意识以及责任感都名垂后世"。② 1936 年底,还未及举行加冕礼的爱德华八世宣布弃位,其胞弟乔治六世继位。次年 5 月,鲍德温圆满退休,张伯伦接任首相。

斯特雷萨会议上的友好气氛让墨索里尼误以为英国会对他在非洲的军事行动听之任之。1935 年 10 月 3 日意军侵略开始后,英国政府一方面忙于即将来临的大选,另一方面的确没下决心武力制止墨索里尼,然而民众对国联寄予厚望并相信它能发挥作用。政府必须考虑民众的国联情结,即便英国没有做好在非洲与意大利战争的准备,政府也不能不顾民众的义愤填膺而对意军侵略漠然置之。英国官方硬着头皮谴责意大利并对其实行物资禁运,然而最重要的战略物资——石油不在禁运之列。政府既要封堵悠悠众口,又担心引火烧身。这种尴尬导致英方接下来设计的和平方略近乎荒唐。1935 年底,英国外交大臣霍尔与法国外长赖伐尔(Pierre Laval)私拟惯称的《霍尔—赖伐尔协定》(Hoare-Laval Pact),劝诱埃塞俄比亚让出部分领土满足墨索里尼的虚荣心,英国允诺从索马里划出一块地补偿埃塞俄比亚。12 月初,一份法国报刊爆料协定内容,两国政府都因纵容意大利受到国内外强烈谴责。协定流产,霍尔被迫辞职,艾登(Anthony Eden)接任外交大臣。《霍尔—赖伐尔协定》反映了这个时代英法无力制止侵略,但两国政府均被厌战的国内民众裹挟,起码得象征性保卫和平。

1936 年 5 月,意大利在军事胜利后单方面宣布吞并埃塞俄比亚,届此国联已死,英国外交政策"基石已被摧毁"。③ 艾登对集体安全情有独钟,即便恢

---

① 罗伊·詹金斯:《丘吉尔传》,第 449—450 页。

② Nick Smart, *The National Government*, p.141.

③ Maurice Cowling, *The Impact of Hitler: British Politics and British Foreign Policy, 1933-1940*, Cambridge University Press, 1992, p.143.

复国联地位、维护和平的希望日益渺茫，他也不愿目睹意大利轻易得到埃塞俄比亚。他本能地厌恶墨索里尼这位十足的战争贩子，欲升温英德关系孤立意大利。德国和意大利为奥地利南部的蒂罗尔领土归属长期对立，这是公开秘密，艾登企图借其离间德意，用希特勒牵制墨索里尼。1936年夏，艾登与德国外长里宾特诺夫（Joachim Von Ribbentrop）在伦敦签署一份泛泛而谈的和平计划，双方同意互不侵犯，协商解决分歧，共同维护当下欧洲和平。

姑不论艾登亲德远意是否明智，首先这不入张伯伦法眼。张伯伦拜相后，立即把工作重点转向外交，发誓要在一个月之内取得比鲍德温过去半年还要炫目的外交成就，一位内政好手被外交毁掉清名的悲剧拉开帷幕。1937年夏，张伯伦在国内发表巡回演讲，呼吁民众支持重整军备。不过张伯伦并不打算恢复国联，他宁可寄希望于战前的力量均衡（balance of power），也不相信凡尔赛炮制的集体安全。国联与英帝国的利益不完全一致，"有限度的集体安全"更符合英国利益，这是张伯伦的认知与行动之基础。[1] 他坚信保守党不该像自由党或工党为世界和平瞎操心，英国没必要、也无力在与本国没有直接利益关联的区域承担军事义务，不必为无关英国的国际冲突浪费精力。鄙视国联且不相信集体安全是张伯伦与艾登无法长久共事的首要原因。

张伯伦也知道德意矛盾可加利用，不过他主张拉拢意大利以遏制德国。20世纪上半期的国际政要均无19世纪晚期俾斯麦或索尔兹伯里之英明，全都高估了意大利实力并为此作出战略误判。1937年夏，张伯伦释放与墨索里尼和谈之愿。他敦促内阁认清埃塞俄比亚的既成事实，承认意大利的埃塞俄比亚帝国，换取墨索里尼从西班牙撤出帮弗朗哥（Francisco Franco）打内战的法西斯分子。张伯伦盘算，如与墨索里尼和解，"德意之间表面的联系"将被削弱，届时英国与德国交锋会处于更有利位置。[2] 他知道艾登厌恶墨索里尼近乎偏执，故有意绕开艾登，重用曾在处理印度事务时有上佳表现的尔文勋爵，此君现已受封哈利法克斯伯爵，张伯伦赞誉他是"当前英格兰最重要的政治家"，艾登则是毁坏首相和平计划的异见分子。[3] 8月10日，哈利法克斯召开

---

① Maurice Cowling, *The Impact of Hitler*, p. 151.

② Maurice Cowling, *The Impact of Hitler*, p. 163.

③ Maurice Cowling, *The Impact of Hitler*, p. 171.

一场外交官专门会议,拟为张伯伦与墨索里尼会谈渲染气氛。艾登因被架空愤愤不平,也对张伯伦与墨索里尼套近乎嗤之以鼻。他认为迁就墨索里尼以保障和平纯属异想天开,即便承认意大利的埃塞俄比亚帝国,英国也捞不到任何实惠,对阻止德奥合并更无功用。[①]

1937 年底至 1938 年初,奥地利形势愈发难以预测,德奥合并的消息不胫而走,张伯伦认为英国不必再多费唇舌得罪墨索里尼,应抓紧时机利用意大利制止德国吞并奥地利。1938 年 2 月 17 日,意大利外长齐亚诺(G. G. Ciano)通过非正式渠道表示意方愿与英方谈判。张伯伦不会错过这等机会。19 日,他向内阁通报意见并说服多数阁员表态支持。艾登当场唱反调,但"无人支持",他随即提出三条辞职理由。一、他反对与意大利和谈;二、张伯伦无视外交大臣的存在;三、英国外交政策被德意等国牵着鼻子走,已丧失主动性。[②]张伯伦后来一再声称艾登辞职与己无关,但他架空艾登且过度干预外交部证据确凿,即便后世为他辩护的人也不否认"张伯伦不是那种让别人来决定他的政策的人"。[③]

艾登不信任墨索里尼相当明智,但他主张恢复国联并指望希特勒钳制墨索里尼极不切实际。后人对他的同情主要建立在丘吉尔的二战回忆录之上,而丘吉尔 1950 年前后撰回忆录时,艾登是其副手和继承人,为清算绥靖而贬抑张伯伦之流并对艾登堆砌溢美之词是人之常情。实际上,艾登丢官反倒是一种幸运,不必背负绥靖恶名。此人禀赋平平,离职前唯一值得肯定的外交成果是《尼翁协定》(Nyon Agreeement)。1937 年夏秋,因西班牙内战,航经地中海的船只常遭不明国籍潜艇袭击,实为意大利所为,但意方嫁祸西班牙。9 月 10 日,英法诸国为此在法国尼翁开会商讨对策,同意成立英法海上联合巡逻舰队防范潜艇袭扰,有效制止了意大利海上暴行。丘吉尔赞扬艾登以"坚决而巧妙的手腕"解除了意大利潜艇威胁;艾登孤立无援时,丘吉尔坚决为其撑腰,

① Maurice Cowling, *The Impact of Hitler*, p. 167.
② Maurice Cowling, *The Impact of Hitler*, p. 173.
③ 伊恩·麦克劳德:《张伯伦传》,第 209 页。

如其所言："到 1937 年秋，……我在下院中总是支持他的。"①美国总统罗斯福（Franklin D. Roosevelt）1938 年初力促民主国家联手制止侵略，张伯伦担心这会给希特勒或斯大林提供战争口实，拒绝了罗斯福建议。艾登针锋相对，认为宁冒战争风险，也不应冷拒美国善意。丘吉尔继续力挺艾登，抨击张伯伦谨小慎微，谴责他"目光短浅而且对欧洲局势又不熟悉"，"拒绝了从大西洋彼岸伸过来的援助之手"，"表现得毫无分寸，甚至连自卫的观念也没有"。② 艾登辞职后，丘吉尔盛赞"他代表英国民族的全部希望"。③ 此后议会辩论时，丘吉尔仍为艾登痴迷的集体安全政策辩护，他说："前外交大臣恪守我们久已置之脑后的传统的旧政策。首相和他的同僚却采取另一种新政策"；"旧政策的内容就是极力在欧洲建立法律秩序，通过国际联盟建立有效地防止侵略者的力量"，而新政策却用"屈服来和极权国家妥协"。④ 不管丘吉尔所言源于习惯性挑刺还是一种为反对而反对的策略，他不断为艾登洗白可间接佐证艾登的确是张伯伦眼里的异见分子。

艾登去职后，张伯伦"感觉如释重负"。⑤ 哈利法克斯顺理成章出任外交大臣，他谨言慎行，中规中矩，无半点艾登般执拗。张伯伦扶正了一位唯其马首是瞻的外交大臣，将英德关系决定权牢牢攥在自己手中了。意大利在随后的德奥合并中袖手旁观，张伯伦也不懊恼，德奥合并远未搅乱国际关系，对英国几无影响。英国外交政策仍按张伯伦思路朝前发展。其后国际冲突焦点转移到捷克斯洛伐克（本章下文简称"捷克"，但非今日捷克）。该国西部的苏台德地区（Suteden）居住着 300 多万日耳曼人。此地纳粹党人与希特勒公开勾结，欲使苏台德脱离捷克并入德国，这种践踏捷克主权的分裂行为造成德捷关

① 温斯顿·丘吉尔：《第二次世界大战回忆录（第一卷：风云紧急）》，南方出版社，2003 年，第 203 页。

② 温斯顿·丘吉尔：《第二次世界大战回忆录（第一卷）》，第 210 页。

③ 温斯顿·丘吉尔：《第二次世界大战回忆录（第一卷）》，第 212 页。

④ 温斯顿·丘吉尔：《第二次世界大战回忆录（第一卷）》，第 218 页。

⑤ Maurice Cowling, *The Impact of Hitler*, p. 177.

系迅速恶化。英国固然同情捷克,但为避战要求捷克政府向苏台德地区日耳曼人让步,允许苏台德脱离出去。张伯伦为了欧洲和平可以把捷克抛入虎狼之口,就像将埃塞俄比亚扔给意大利。1938 年 3 月 24 日,张伯伦告知议会,内阁已决定,如果法国因它与捷克的军事协定卷入对德战争,英国不能保证给予法国关键性帮助。[1] 4 月,英法两国代表在伦敦会晤,张伯伦再次强调英国远征军准备不足,即便派往中欧也无法决定战局走势。总之,英国不会为捷克流血,和谈化解危机方为上策。张伯伦的示弱导致法国不敢诉诸武力为捷克撑腰,只能劝诱捷克人向德国人让步、屈服。

1939 年 5 月,德军大量集结于捷克边境,希特勒文攻武吓,欲迫使捷克就范。捷克政府面对大兵压境没有屈服,希特勒迫于国际舆论谴责暂时放弃武力吞并苏台德。张伯伦随之产生一种幻觉,误以为英国有效震慑了希特勒。这种幻觉令他相信英国仍在中欧享有巨大影响力,应利用这种影响力积极调停,阻止战争。希特勒虽暂弃武力夺取苏台德,但吞并此地是其夙愿。张伯伦清楚,苏台德问题仍是欧洲国际关系死结。1938 年夏,他派出以朗西曼为代表的调停团前往布拉格试水探路。朗西曼根本摸不清希特勒意图,实际上也没有人能摸清。希特勒处理政务不靠内阁会议,更不靠帝国议会,而是与个别官员秘密协商。无人知晓这位神秘独裁者的下一步行动,朗西曼不知道希特勒的真假虚实,张伯伦更不知道。

首相、内阁和调停团白忙了一个夏季。其后内阁才理出工作思路,首要任务是摸清希特勒的真实想法和他能接受的解决方案。9 月 12 日,希特勒在纽伦堡纳粹党代表会议上咄咄逼人的造势让各国政要都误以为战争已如箭在弦。纽伦堡会后,苏台德地区纳粹分子向捷克政府发出了最后警告。一个国家的一小撮人向他们的政府提出荒谬的警告,欧洲政界的精英们不予谴责,反被牵着鼻子走。张伯伦就是这些政治精英的排头兵,他和哈利法克斯此时才明白,苏台德并入德国才能满足纳粹分子。13 日,张伯伦决定前往德国会见希特勒。14 日,英国驻德大使询问德方希特勒愿否会晤张伯伦,德方表示欢

---

[1]　Maurice Cowling, *The Impact of Hitler*, p. 181.

迎。[1] 15 日,七十岁高龄的张伯伦飞抵位于阿尔卑斯山脚下的希特勒别墅。他动身前,英国内阁还未就苏台德问题达成一致意见。他原打算先与希特勒商谈英德关系,16 日再讨论苏台德问题,希特勒却迫不及待将苏台德问题摆上台面。张伯伦告诉希特勒"他个人认可苏台德与捷克分离的原则",同时表示还需与内阁大臣以及法国商量并尽量说服他们接受分离原则。[2] 返回伦敦后,英国内阁连续多日就苏台德问题开会,多数阁员认为只能按"民族自决"原则劝说捷克放弃苏台德。与此同时,法国总统达拉第(Edouard Daladier)告诉英国政府,法国远未做好战争准备。法国人消极避责,"只想从他们认为不可能尽责的义务中脱身"。[3] 英国更没理由为了捷克与德国交兵,内阁认为"贝奈斯只是法国的朋友,并非英国的盟友",英国为何要冒险逞能呢? 18 日,英法两国照会捷克政府,劝其接受公投解决苏台德主权归属,英国愿为苏台德地区的移民安置提供一定数额的贷款,英法承诺苏台德问题解决后会联手捍卫残存捷克的安全。

即便捷克同意英法提议和空头保证,希特勒态度还不知晓。22 日,张伯伦二度赴德会晤希特勒。希特勒坚持德军必须先占领苏台德,然后才能举行公投,还当场在地图上详细圈画出德军应占领的领土范围。[4] 23 日,希特勒又搞极限心理施压,他告诉张伯伦德军至迟在 9 月 26 日占领苏台德。张伯伦建议希特勒高抬贵手给点宽限时间,希特勒同意军事占领最后期限延至 10 月1 日。张伯伦表示英国内阁难以接受军事占领后的公投,他必须再次与内阁商议才能给出明确答复。24 日中午,他两手空空返回伦敦。

28 日,张伯伦建议英、德、法、意就苏台德问题举行四方会谈,希特勒也表示欢迎。29 日,张伯伦第三次飞往德国,在慕尼黑(Munich)会晤希特勒、达拉第、墨索里尼。30 日下午,上述四方达成如下协议:希特勒承诺不会动武;苏台德划给德国,部分有争议区域将举行公投;最后的边界争端将由与会四大国

[1] Maurice Cowling, *The Impact of Hitler*, p. 186.

[2] Maurice Cowling, *The Impact of Hitler*, p. 190.

[3] Maurice Cowling, *The Impact of Hitler*, p. 190.

[4] Zara Steiner, *The Lights That Failed: European International History*, *1933 - 1939*, Oxford University Press, 2005. p. 617.

加捷克代表组成的委员会裁决；德军占领将于 10 月 1 日启动，10 日结束；英法保证残存的捷克领土安全。这便是臭名昭著的《慕尼黑协定》。

慕尼黑方案招致保守党内以丘吉尔为代表的强硬派严厉谴责。张伯伦对指责充耳不闻，继续挥舞和平旗帜，让法西斯国家感觉即便侵略加码，英国也不会真正出手相阻。1939 年 1 月初，张伯伦访问罗马时，齐亚诺在日记中记载了墨索里尼如下一段感慨："这些人同创造了大英帝国的弗朗西斯·德拉克船长和其他伟大冒险家不是用同样材料做成的人。说到底他们不过是富贵世家的没出息的末代子孙而已。"[1]张伯伦在罗马的言行令墨索里尼和齐亚诺确信英国人不想打仗，他们很快也把张伯伦的态度转告给了德国人。张伯伦不惜一切代价维护和平只会继续助长德国人和意大利人的嚣张气焰，无怪乎他同父异母的兄长奥斯汀·张伯伦早在 1935 年就曾提醒他："内维尔，你必须牢记你对外交事务几乎一窍不通。"[2]

慕尼黑会议后，希特勒煽动捷克境内德意志人和斯洛伐克人挑衅政府。1939 年 3 月初，鉴于德军在捷克边境频繁调动，有议员建议张伯伦警惕德国武力征服残存捷克，但张伯伦认为那是德军正常调动，无关侵略。3 月中旬，捷克被肢解，张伯伦只轻描淡写对内阁说"捷克已自行分崩离析"。[3] 英国当时不可能为捷克出兵，张伯伦自然也不会承认自己有错，但他从捷克命运中看清了希特勒的言而无信，慨叹堂堂德国元首竟能无耻到"让所有的保证随风逝去"。[4] 鉴于抽象空洞的道义和白纸黑字的条约均不能限制纳粹侵略，张伯伦不再顾及希特勒的颜面与感受，公开称"任何以武力主宰世界的企图都必定遭到民主国家的抵制"。[5] 不过这种泛泛谴责绵软无力，更衬托了英方的无奈，英国高层都知晓英国当下战备根本无法捍卫和平。霍尔直言不讳："没有更强大的武力作后盾，与希特勒谈判或达成协议毫无长远价值。"[6]好在英国政府

---

[1]　温斯顿·丘吉尔：《第二次世界大战回忆录（第一卷）》，第 279 页。（"德拉克"即本书第四章的德雷克）

[2]　Robert Self, *Neville Chamberlain*, p. 275.

[3]　Robert Self, *Neville Chamberlain*, p. 351.

[4]　Robert Self, *Neville Chamberlain*, p. 352.

[5]　A. J. P. Taylor, *English History*, p. 539.

[6]　A. J. P. Taylor, *English History*, p. 540.

已开始增拨军费，改善防务，提升战力。

捷克亡国后，东欧其他小国均战战兢兢，担心成为下一只被宰羔羊。罗马尼亚首先向英国表露了这种忧虑。3 月 19 日，张伯伦提议英、法、苏、波诸国联合抵制纳粹的进一步侵略。尽管这极有可能仅是安抚东欧诸小国的空泛之谈，波兰却回拒了张伯伦的建议，拒绝在德国和苏联之间选边站队。波兰领导人夜郎自大，自认为有实力保家卫国。考虑到德军正在靠近波兰的边境频繁活动，英国政府担心希特勒用武力强迫波兰倒向德国。3 月 31 日，张伯伦告诉波兰人，一旦他们的独立受到威胁，"国王陛下政府和法国政府将立即给予全力支持"。① 这种许诺不仅是空头支票且恶化了波兰处境。许诺首先建立在英法密切合作基础上，若法国不愿行动，英国便无计可施，而捷克亡国已证实法国不可能为其东欧盟友真正出头。接下来几个月，英法既未给波兰任何资金，也未援一枪一炮。希特勒擅长从错综复杂的外交形势中寻觅行动借口。得悉英国给予波兰口头保证后，他迅速调整德波关系并反将英国一军。德国与波兰曾于 1934 年签订一份互不侵犯协定，希特勒现在借口波兰败约在先，顺势废止了德波协定；他还以英国干预德国外交为由撕毁了 1935 年签订的《英德海军协定》。

张伯伦声援波兰时心猿意马，但在国内明显加快了备战节奏，提议实行义务兵役制。工党高调反战，指责张伯伦企图推行军国主义，艾德礼大声嚷嚷"满足将军们的愿望是非常危险的"。② 他对下院说：

> 本院对于政府违背诺言背弃志愿入伍的原则深表遗憾。……本院认为现在所提出的措施，实有考虑不周之处。非但不能显著增强国防实力，反而会招致分裂，并且使全国的努力遭受挫折。这进一步证明政府在这紧急时期所采取的措施不能取得全国人民和本院的信任。③

① A. J. P. Taylor, *English History*, p. 541.
② A. J. P. Taylor, *English History*, p. 544.
③ 温斯顿·丘吉尔：《第二次世界大战回忆录（第一卷）》，第 292 页。

工党的刁难并未严重干扰政府决策,下院随后以 380 对 143 票表决支持义务兵役制。

工党反对义务兵役制,但不能不顾道义而纵容侵略,遂建议英苏结盟,保守党的丘吉尔等人积极附和。政府也想用公开与苏联合作威慑希特勒,外交官开始与苏联断断续续谈判。4 月 16 日,苏联提议英、法、苏结成联合阵线,对受到德国侵略的国家提供安全保证。波兰人和罗马尼亚人对这种保证分外恐惧,他们忧心德军犯境,但更恐惧苏联借口对德作战蹂躏他们的家园。8 月 14 日,苏联谈判代表伏罗希洛夫(Kliment Voloshilov)追问"红军为了抵御敌人能否从波兰北部……以及加利西亚通过"时,波兰人明确回绝,波兰外长说"这就是一次新的瓜分波兰"。[1] 波兰高层头脑清醒,然而半个月后的事实证明仅对敌国清醒并不足够,更需清醒认识本国实力。英国政府不愿违背波兰和罗马尼亚意愿,强迫它们接受苏联援助。只有波兰等国确实遭德国侵略并自愿接受苏联援助,英国才能与苏联联合行动。波兰诸国态度仅是英苏合作失败的一个因素,英国谈判代表三心二意更源于意识形态偏见。英国朝野普遍厌恶苏联,丘吉尔呼吁英苏合作仅迫于战略之需,而非信任苏联。张伯伦在 1939 年 3 月底的一封私信中坦承他"极不信任俄国","亦不相信其有能力发起有效的进攻";更怀疑苏联"动机","这些动机与我们的自由理念几无关联"。[2]

英国政要戴着有色眼镜打量俄国人,并以一战时俄军的拙劣表现为据低估苏联实力。他们低估国门紧闭的苏联或许情有可原,但在评估波兰和德国时双双犯了不可饶恕的错误,与波兰政客一样误判波兰有自卫能力且完全不了解希特勒的疯狂个性和纳粹的好战天性。7 月下旬张伯伦在另一封私信中竟荒唐地说:

> 希特勒已得出结论,发动大战的时机还不成熟。……随着我们完善并建立盟友间的防务,战争被推迟得越晚,其爆发的可能性就越小。这是丘吉尔……从未认识到的。你无需进攻足以赢得完胜。[3]

---

[1] A. J. P. Taylor, *English History*, p. 547.

[2] Robert Self, *Neville Chamberlain*, p. 366.

[3] Robert Self, *Neville Chamberlain*, pp. 371‐372.

偏见和误判导致英国高层全都患上了拖延症，希特勒却急不可待，斯大林也相机而动。8 月 23 日，苏德两国外长莫洛托夫与里宾特洛甫在莫斯科签订《苏德互不侵犯协定》（Molotov-Ribbentrop Pact）。公开协定背后还有一份秘密附属议定书，这份苏德约定平分波兰的秘密议定书直到纳粹战败才为世人所知。为摆脱一战时德军腹背受敌之窘境，希特勒可暂与斯大林共存并分享波兰等东欧小国。

从慕尼黑阴谋到二战爆发这十一个月是张伯伦永远洗刷不掉的耻辱，他挥舞着《慕尼黑协定》走下飞机的场景被相机定格为永世笑柄。然而针对他和绥靖政策的批评都是肤浅的事后聪明。不否认张伯伦对他国动机和实力的判断有误，但他对本国民意的评估相当精准，而外交政策首先要考虑的是本国民意。绥靖归根结底是英国人心厌战的现实反映。经历了一战的惨痛教训后，厌战反战成了英国人的普遍心态，大多数民众首先关注自己的日常生活，如就业、住房、工资、社保等，不再轻易被军国主义鼓惑或煽动，反感甚至抵制任何形式的战争。战争意味着惨烈伤亡，须以高税收去支撑，会打乱大多数人的生活节奏，甚至要每一个人接受社会经济管制，凡此皆有违民众的和平意愿。"慕尼黑是张伯伦人气和威望的顶点"，当他带着和平协定书归国时，民众夹道欢迎，国王不久也特予嘉奖，这一切充分说明绥靖是朝野所期。反绥靖的丘吉尔等人如散兵游勇，人气惨淡，时人指责他们与极左派、共产主义者、社会主义者一样为反对而反对，唯恐天下不乱并企图乘乱实现政治野心。[1]

从国际看，英国背负着维护和平的沉重包袱，但又没有实力保障欧洲，遑论世界和平。两次世界大战间国际冲突迭起且不断升级，根源在于各国实力与责任的错位。实力最强的美国孤立主义仍占上风，迟迟不愿卷入世界争端；实力仅次于美国的苏联关起门来搞社会主义建设，几乎与世隔绝。然而斯大林从未忘记沙皇曾经主宰东欧，他的红色沙皇梦无时不在作祟。一旦希特勒愿助其圆梦，他绝不会让机会溜走。如果说张伯伦为了和平忽视了原则，希特勒和斯大林则为了东欧地盘同样无视原则，甚至可以说没有原则就是他们的原则。在 1939 年夏的德苏龌龊交易中，以张伯伦为首的英国高层消极无为当

---

① Stuart Ball, *Portrait of a Party*, pp. 493 - 494.

受谴责,但无需担责,毕竟中东欧地盘划分主导权不在他们手中,何况斯大林待价而沽,当希特勒向斯大林秘密开出豪奢条件后,英方即便真心与苏谈判也不会有何结果。绥靖也不存在所谓的祸水东引,英国综合国力下降,但仍支配一个资源无限的大帝国,是当时世界格局的最大受益者,东欧乃至全球相安无事最符合它的利益。

两次世界大战期间,英国主流政治家为缓和阶级矛盾、应对大萧条、防止极端主义,奉行安全至上的社会经济政策并向民众灌输温和的意识形态。外交从来都是内政的延伸。英国政府对外奉行的息事宁人的绥靖政策只是其国内安全至上思维的产物,是厌战求稳心态在外交和军事上的投射,看起来也是一个国力日衰的大帝国以最小代价维护最大既得利益的上佳选择。英国固然不甘心东欧小国纷纷落入德国或苏联手中,但奥地利、捷克等亡国并未伤及英国核心利益,英国没必要为中东欧小国把自己的大好青年派去送死。即便波兰亡国,英国仍无理由及时止损,因为彼时它仍无严重损失。然而当战火烧到西欧,尤其是北海周边出现敌军时,英国人已无稳可求,只能拼死一战。

第二十三章 从二战到福利社会主义国家
（1939—1951）

英国得悉苏德缔结互不侵犯协定后宣布它对波兰的保证继续有效。8月25日，英国与波兰签署正式军事互助条约，其中含有对但泽（Danzig）的秘密保证。之所以秘密而非公开，是因为英国官方仍不想触怒希特勒。聊胜于无的英波条约迫使希特勒推迟原打算8月25日晚进攻波兰的军事计划，转而要求波兰代表前往柏林谈判。不管希特勒葫芦里卖的什么药，波兰高层坚持领土问题无谈判空间。哈利法克斯在大战爆发前作了最后一次努力，劝说波兰人坐到柏林的谈判桌前，波兰人未予理睬。9月1日晨，德军入侵波兰，英国内阁随后草拟了一份没有最后期限的通牒书，不设最后期限是因为不知法国何时才能就战事与英国达成一致。因为没有最后期限，该通牒书只相当于"警告而非最后通牒"。[1] 英国人都知道战争已避无可避，张伯伦仍希冀谈判化解德波战争，不急于发出通牒书。意大利外长齐亚诺建议各方在9月5日召开国际会议，详细磋商。希特勒对意方建议充耳不闻，而英国政府坚持德军撤出波兰方有谈判可能。此时最重要的不是意大利态度，而是法国立场。法国迟迟不能决定是否参战，英国大多政客厌倦了法国的习惯性拖沓，一向对张伯伦言听计从的霍尔此时坚信"公众看法已无法接受进一步的延误"。[2] 9月2日晚，鉴于主战阁员和议员越来越多，张伯伦被迫同意最迟于次日上午发出措辞

---

① Robert Self，*Neville Chamberlain*，p. 378.

② Robert Self，*Neville Chamberlain*，p. 379.

已变强硬的通牒书。3日上午,英国驻德大使内维尔·亨德森(Neville Henderson)将最后通牒书交给德方。通牒书明言德国须在上午11时停火,否则英国自动对德宣战。稍后,法国也发出类似通牒书,德方均不作理会,故英法当天都对德宣战了。张伯伦心碎承认:"我长期以来为赢得和平所做的所有努力都失败了,你可以想象这对我来说是多么痛苦的打击。"除了悟到"德国统治者所说的任何话都不足为信",这位凄苦老人还庄严表示:"只有一件事留待我去做了,那就是尽我力量和权力去赢得胜利,为这一事业我们已牺牲太多。"①张伯伦焦虑关注着欧陆风云变幻,英国朝野忧心忡忡,与一战爆发时的群情亢奋反差极大。

宣战当天,张伯伦简单改组内阁。改组只限于党内,工党和自由党均遭无视。最大人事变动是丘吉尔以第一海军大臣入阁。丘吉尔过去十余年以独立身份针砭时弊,屡在外交和帝国政策上无所顾忌指摘政府,招致保守党人普遍厌恶。张伯伦为内阁团结,始终拒绝给丘吉尔一官半职。战争爆发后,出于军事需要并迫于民众呼吁,张伯伦必须揽丘吉尔入阁。1939年5月,民意调查已显示56%的人希望丘吉尔入阁。② 丘吉尔后曾这样分析张伯伦当时的矛盾心理:"他很明白,如果战争爆发,他就会找我帮忙,而且他也准确地相信我一定会答应的。但是,另一方面,他又怕希特勒见我参加政府就认为是一种敌对的表示,因而会使仅存的和平机会也消失了。"③丘吉尔的分析非常到位,张伯伦招其入阁并非求贤若渴,而是安抚之需,正如张伯伦自己所言:"如果他游离于内阁之外,他将成为最令人厌烦的肉中之刺。"④

然而张伯伦更应该清楚,丘吉尔无论为官还是在野都不会安分守己,挑刺是他的天性,甫一入阁他就抱怨阁员年龄太大:"我们岂不是一个老人队了吗?六个人的年龄总数,竟达三百八十六岁或平均六十四岁以上! 仅比领取养老金的年龄差一岁!"⑤他建议把艾登和自由党的辛克莱尔揽入内阁,彰显朝气。

---

① Robert Self, *Neville Chamberlain*, pp. 381 - 382.

② Paul Addison, *The Road to 1945: British Politics and the Second World War*, Pimlico, 1994, p. 77.

③ 温斯顿·丘吉尔:《第二次世界大战回忆录(第一卷)》,第293页。

④ Robert Self, *Neville Chamberlain*, p. 387.

⑤ 温斯顿·丘吉尔:《第二次世界大战回忆录(第一卷)》,第329页。

国人也认为改组的内阁并未注入新鲜血液,仍老气横秋。然而重用曾经甩袖而去的艾登对张伯伦来说无异于自打脸庞,提拔他为自治领大臣已算格外开恩,揽其入阁免谈。张伯伦不愿据时局变迁满足民众心理预期,对势单力孤的自由党置之不理情有可原,但对人多势众的工党视若无睹就过于死板了。他像鲍德温一样始终注意内阁和谐和保守党团结,强调政党作为政治运行载体的重要性,但他没有鲍德温的临场应变能力,在需要工党支持时,仍拒绝递上橄榄枝,致使政府民意支持率持续下滑。这一切都说明张伯伦"缺乏一个成功的战争领袖所必需的必要活力、灵活头脑以及分外紧迫的意识"。①

　　张伯伦紧迫感不足源于他对时局的误断。他已不再相信希特勒的谎言,但还未领教纳粹的军国主义疯狂,更不可能理解希特勒的扭曲世界观。他仍以经验和常规思维推演德国的下一步举动。军事理论家哈特(Lidell Hart)等人纸上谈兵,鼓吹马其诺防线固若金汤,以陈旧战略思维误导张伯伦相信,即使战火烧到西欧,英法联军足以像上次大战一样狙击德军。张伯伦对纳粹计划经济的高效一无所知,以管理英国经济的成功经验误推德国经济脆弱,无法支撑长期战争,英国海上封锁足以使德国经济瘫痪。希特勒在瓜分波兰后的半年中忙于消化战果,加之冬季不便于大规模军事行动,张伯伦据此确信德国的侵略已偃旗息鼓,英国的"静坐战"和"假战"(phoney war)初见成效,反复念叨"希特勒错过了巴士"。② 半年的宣而不战令张伯伦心烦意乱,但他对英国仍置身战事之外勉强感到满意。一战前的教育履历致他对没有波兰和捷克斯洛伐克这些国家的老地图可能更熟悉。到 1940 年 2 月他仍说:"我们没有任何理由对战争开局阶段感到不满意。"③

　　1939 年冬和 1940 年春的风平浪静只是风暴来临前的假象。4 月 9 日,德军进攻挪威。挪威对北海居高临下,英国人要拼命保卫它。丘吉尔协调陆海空三军行动,欲控制特隆海姆(Trondheim)和卑尔根(Bergen)这两个港口城市。但英军行动不力,4 月 26 日,内阁不得不同意从挪威撤军。丘吉尔后来吹嘘英军重创德国海军,"德国人在和英国海军孤注一掷的战斗中,……断送

---

①　Robert Self,*Neville Chamberlain*,pp. 389 - 390.

②　意指希特勒错失战机。

③　Robert Self,*Neville Chamberlain*,p. 413.

了他们自己的海军",德国海军在后续战斗中"已不再成为一个重要的因素"。① 然而挪威落入敌手是不争事实且丘吉尔当负主要责任,毕竟这与政治无关,是纯粹军事问题。张伯伦甚至抱怨丘吉尔帮倒忙,他说:"尽管温斯顿只想帮忙,但他比我的同僚中所有其他人给我制造了更多的麻烦。"这麻烦不仅是军事的,也是政治的。

丘吉尔固然指挥有误,但其顽强斗志赢得了民众掌声,这掌声足以抵消质疑其战略的抱怨声。张伯伦就没那么幸运了,一者部属犯错首相也须担责,二者人心惶惶,民众埋怨首相并对其失去了信心。5月初民调显示张伯伦的支持率"骤然降到了令人惊愕的 33%"。② 5 月 7 日议会开幕后,反对党不断以"希特勒错过了巴士"嘲讽张伯伦,张伯伦无言以对。与他的沉默相反,7 至 8日上演了 20 世纪英国下院"最激动人心"的辩论,堪比 1831 年对改革议案以及 1886 年对爱尔兰自治议案的激辩,几乎全部下院议员都在质询挪威失利时发言。艾德礼说挪威惨败耗尽了反对党和民众耐心,他把责任主要算在张伯伦而非丘吉尔头上,称"挪威只是将很多令人不满的事件推向了顶点",而祸根在捷克斯洛伐克和波兰已经埋下。③ 辛克莱尔代表自由党火上浇油,对张伯伦大加鞭挞。一位在海战中表现英勇的高级军官直陈海军将士对目前局势"极为不快"。张伯伦已失尽军心和民心,连他的老友、出道于伯明翰的埃莫雷也沉不住气了,模仿当年克伦威尔对残缺议会的霸道口吻说:"让我们和你们一刀两断;以上帝的名义,滚!"④劳合·乔治这位已沉寂多年的一战功勋也庄严声明:"首相应该以身作则,首先做出牺牲,因为在这次战争中,没有比首相牺牲自己的职位,更能对胜利作出贡献了。"⑤5 月 8 日下午,各路反对派一致提议对政府进行信任表决。计票结果显示信任票 281、反对票 200,约 40 名保守党议员投了反对票,另有至少 30 人弃权。

信任表决对张伯伦而言是糟糕的"道义性失败"。⑥ 不过局面还有回旋余

---

①　温斯顿·丘吉尔:《第二次世界大战回忆录(第一卷)》,第 541 页。

②　Robert Self, *Neville Chamberlain*, p. 420.

③　罗伊·詹金斯:《丘吉尔传》,第 516—517 页。

④　Robert Self, *Neville Chamberlain*, p. 423.

⑤　温斯顿·丘吉尔:《第二次世界大战回忆录(第一卷)》,第 595 页。

⑥　Paul Addison, *The Road to 1945*, p. 98.

地,毕竟他还有 81 票多数,他的支持者认为改组政府即可捱过此关,连丘吉尔也不认为张伯伦必须下台。部分投反对票的后座议员依然自视张伯伦的政友,他们并非想轰他下台,只为敦促其改组政府。① 棘手难题正是改组政府。工党参与组阁方能建立真正联合政府,但工党一贯厌恶张伯伦,拒绝与之合作。8 日当晚,达尔顿(Hugh Dalton)和莫里森告知保守党人,"工党对张伯伦的怨恨太深",不考虑加入他的政府。② 工党立场决定了张伯伦命运,因为谁人为相并非争议焦点,将工党纳入政府才是当务之急。9 日,张伯伦、哈利法克斯、丘吉尔等人碰头商讨新首相人选,张伯伦希望哈利法克斯入主唐宁街,他也知道工党更倾向于哈利法克斯。但丘吉尔不愿屈居哈利法克斯之下,迟迟不表态。哈利法克斯和张伯伦都知道,丘吉尔不入阁将激起"全国性的愤怒"。③ 哈利法克斯遂借口自己贵族身份不便领导下院,退出竞争。张伯伦下台已成定局,不过 5 月 10 日德军横扫比利时与荷兰时,他还想以战事紧迫为由继续维系政府,有人甚至提议暂停改组政府。然而伍德(Kingsley Wood)等人毫不留情要求张伯伦立即下台,与此同时,艾德礼也告诉张伯伦在伯恩茅斯召开的工党大会已决定工党不会支持他,只愿加入一位新首相的内阁。张伯伦当晚晋见乔治六世,请辞相职,丘吉尔顺利接手政府。张伯伦不像 1916年的阿斯奎斯那么小气,愿在丘吉尔麾下任职,并在辞职演说中呼吁各方"团结在新领导周围,齐心协力,以不可动摇的勇气去战斗"。④

丘吉尔取代张伯伦并非因为保守党鼎力支持他。5 月 13 日议会开幕后,保守党议员仍对丘吉尔分外冷淡。丘吉尔也说这些人"一致起立"对张伯伦"热烈表示同情和敬意";"张伯伦先生是他们推选的领袖,……我的一生是在同保守党的摩擦或实际斗争中度过的"。考虑到张伯伦的人脉和党内威望,丘吉尔请他继续担任下院领袖,但艾德礼表示这会导致"工党工作不容易"。⑤丘吉尔游离成性、鄙视政党令保守党议员提心吊胆。在他们看来,如果劳合·

---

①　Robert Self, *Neville Chamberlain*, p. 427.

②　Robert Self, *Neville Chamberlain*, p. 428.

③　A. J. P. Taylor, *English History*, p. 577.

④　Robert Self, *Neville Chamberlain*, p. 430.

⑤　温斯顿·丘吉尔:《第二次世界大战回忆录(第二卷:最光辉的时刻)》,第 22 页。

乔治是为了打赢一战毁掉自由党的千古罪人，丘吉尔很可能就是为赢得二战而要拆散保守党的危险分子。少数保守党人甚至认为丘吉尔比劳合·乔治更危险，劳合·乔治起码未曾变节，丘吉尔则两次叛党。保守党主流与丘吉尔心存芥蒂，工党在情感上更不待见他。工党和工会永远无法原谅他在 1926 年大罢工期间的敌对立场，他对过去两届工党政府的蔑视实同侮辱，他敌视共产主义、叫嚣干涉苏俄革命都是他仇恨工人阶级的铁证。① 工党与其说支持丘吉尔，不如说更厌恶张伯伦，所作选择仅是两害相权取其轻。此外，丘吉尔永不服输的性格以及不受党派羁绊的超然姿态都适合领导战争内阁，工党担心出于私怨破坏大局必遭民众唾骂。

丘吉尔能量的基础是群众，不是政党、政要以及议员。时局之艰迫使他必须建立强力且能得到广泛支持的联合政府。保守党仍是联合政府的顶梁柱。伍德和哈利法克斯分别继续担任财政大臣和外交大臣；霍尔作为替罪羊被打发到西班牙担任大使；张伯伦出任枢密院主席协调经济和社会事务，他在联合政府中依然有很大能量；艾登作为丘吉尔助手担任战争大臣；首相密友比弗布鲁克（William Beaverbrook）负责飞机生产，8 月 2 日跻身内阁。工党也是政府不可或缺的台柱。一场事关国家存亡的战争"不能没有劳工运动及其政治代理——工党"的支持。② 艾德礼负责食品配给和住房调配，格林伍德掌管工业生产，贝文以崇高声望荣膺劳工大臣，达尔顿监管战争经济。莫里森担任供应大臣（Minister of Supply）是丘吉尔刻意安排，因为"需要一个精通城市生活之道的伦敦人"主管内政，莫里森长期深耕首都，自然是上佳人选。③ 工党占据这些要职，至少在内政领域标志着"30 年代居于主导地位的保守主义突然且无预见性地被摧毁"。④ 自由党迫不及待把张伯伦拉下马，但在权势分配中受益不大，仅辛克莱尔任空军大臣。从政府职位构成看，保守党主要负责战争和外交，工党操控了内政。两党分工明确，这种分工对战争后期的政治走势影响深远。

---

① Paul Addison，*The Road to 1945*，pp. 76 - 77.

② Ross Mckibbin，*Parties and People*，p. 121.

③ 罗伊·詹金斯：《丘吉尔传》，第 568 页。

④ Ross Mckibbin，*Parties and People*，p. 122.

丘吉尔上任第三天就在下院慷慨陈词，表达了战斗到底的决心。他说："我只有热血、辛劳、眼泪和汗水贡献给大家"；"我们的政策就是用上帝所能给予我们的全部能力和全部力量在海上、陆地上和空中进行战争"；"我们的目的是……胜利——不惜一切代价去争取胜利"。① 激情洋溢的演说传递着必胜信念，但前线败局已定。由于法军行动迟缓，英法两国军队协作不灵，德军5月中下旬击溃法军主力。27日，英国政府电令远征军司令戈特(Lord Gort)尽可能撤退以保存有生力量。撤退指挥有条不紊，军民齐心，加之天气良好，到6月3日，约34万将士从敦刻尔克安全撤至英国本土，其中包括14万法军。全世界目光聚焦海峡时，丘吉尔和哈利法克斯有一场至今细节晦暗不明的激烈争执。5月25日，哈利法克斯在内阁直言："我们必须面对事实，如今的形势已经不是完全战胜德国的问题，而是保护我们大英帝国独立性的问题了。"②26至28日，内阁三天内开了"9次气氛紧张的会议"，哈利法克斯希望意大利从中斡旋，与纳粹讲和，至少确保英国本土免遭兵燹之祸。丘吉尔坚决反对。艾德礼立场不明，格林伍德倒是坚决支持丘吉尔，但如果张伯伦挺哈利法克斯，局情仍难预料，毕竟下院保守党人大多仍听张伯伦号令，丘吉尔当时位子还未坐稳。所幸张伯伦至少认为此时英方没有与德国谈判的筹码，"三天马拉松式的内阁会议结束时他倒向了丘吉尔"。③

法国的抵抗彻底崩盘，英伦三岛士气低迷，即便丘吉尔也于6月4日警醒议员不要把敦刻尔克"说成是胜利"，因为"战争不是靠撤退赢得的"。④ 不少达官贵人和富商巨贾已忙于朝美洲和大洋洲转移家属和财产，英国前途未卜。丘吉尔此时展现了高超政治技巧。首先，他知道怎样鼓舞士气，他引导民众认

① 温斯顿·丘吉尔：《第二次世界大战回忆录(第二卷)》，第33—34页。
② 乔纳森·施内尔：《拯救不列颠：温斯顿·丘吉尔与他的战时内阁(1940—1945)》，上海人民出版社，2018年，第85页。
③ 罗伊·詹金斯：《丘吉尔传》，第536—540页。
④ 温斯顿·丘吉尔：《第二次世界大战回忆录(第二卷)》，第104—105页。

识到帝国无限资源是这场战争的坚实后盾并以帝国荣耀来激发同胞的斗志,诚如其在下院所说,即便法国崩溃,英国也有能力和责任抵御顽敌,"以便在英帝国和它的联邦存在一千年之后,人们也可以说'这是他们最光辉的时刻'"。① 其次,丘吉尔将陆海空三军指挥权牢攥于自己一人之手。他本人兼任国防大臣,"这个头衔授权他指挥参谋部高官并据此控制战场部队",其后各军种之协调更为顺畅。② 再者,丘吉尔奉劝同胞忘却过去、着眼未来,有效凝聚了民心并利用不久后的政府改组平息了民众对绥靖政策的怨气。当时埋怨和要求清算张伯伦的民众不在少数,党派攻击和个人恩怨弥漫朝野。敦刻尔克撤退期间,一群记者合撰了一本名为《罪人》(the Guilty Men)的小册子,指责鲍德温、张伯伦等为灾难的罪魁祸首,攻击他们疏忽国防、误判外交。大众观察(mass-observation)调查显示 62% 的人希望张伯伦滚出联合政府。③ 然而张伯伦是许多后座议员精神支柱,把他踢出政府必疏远保守党主流,丘吉尔必须牢记劳合·乔治的前车之鉴,兼顾战事及保守党之团结。他更知道,国难当头,纠缠孰是孰非只会激化国内矛盾,削弱战力。放任民众肆意攻击,张伯伦及其铁杆可追根溯源,指控左派、工党和工会组织更须对当下危局负责,正是他们长期高举和平旗帜,拒绝配合政府加强战备,酿成了灾难性结局。如今的张伯伦不过是他们排遣愤怒的替罪羊,毕竟迁怒政客是民众最廉价的泄愤渠道。张伯伦重压之下健康恶化,9 月 22 日辞职,五十天后病故。丘吉尔顺势调整内阁,安德森(John Anderson)接任枢密院主席,莫里森升任内政大臣。丘吉尔当仁不让担任保守党领袖,不过他明确表示"各个党派都必须牺牲党派利益和党派情感,在这方面保守党绝不会落于下风"。④ 丘吉尔舍党为国,在国难当头时尽显领袖风范,也弱化了保守党主流在议会和政府中的声音,进一步摆脱了绥靖保守党人的羁绊。年底,他又借驻美大使病故将哈利法克斯打发去了华盛顿。艾登接任外交大臣,政府中再无绥靖干将。

丘吉尔的大局观保证了各党派、各部门精诚合作。比弗布鲁克负责的空

① 温斯顿·丘吉尔:《第二次世界大战回忆录(第二卷)》,第 192 页。
② Angus Calder, *The People's War: Britain*, *1939-1945*, Pimlico, 1992, p. 88.
③ Paul Addison, *The Road to 1945*, p. 110.
④ 乔纳森·施内尔:《拯救不列颠》,第 140 页。

军生产部门开足马力运转,短短几个月比原计划多制造了 650 架飞机,为不列颠空战做足了准备。① 在 8 至 9 月的闪电空袭(Blitz)中,德国空军狂轰滥炸伦敦、伯明翰和考文垂等城市,大量房屋损毁,数万百姓丧命,肯特郡境内的机场几近瘫痪。铁路运输屡屡中断,货物运量迅速下滑;英国商船队也遭德国潜艇致命袭击,海外贸易严重萎缩;物资、住房、食品、药品均极度匮乏。伍德采纳凯恩斯建议,推行赤字财政。1941 年预算成为今后几年预算的范本,财政部对凯恩斯主义的运用日臻成熟。政府全面监管商业和生产。工会和企业家都意识到自由放任的市场原则无法应对战争巨大破坏,遂赞成管制经济。政府官员、商业精英、知识分子、工会代表等同舟共济,通力配合。工会领袖贝文请缨负责全部人力资源调配,内阁毫不犹豫委其权力。在贝文高效组织下,工人自发为战争尽其所能,各部生产井然有序,失业率大幅下降。贝文协调生产的能力获举国认可,跻身内阁是对他的合理嘉奖。莫里森负责的供给部门积极配合伍德的财政政策,确保物资配给合理,食品分发到位。物资并不充裕,但民众基本生活仍能保障,孕妇、学生等群体的生活必需品供应充足,营养亦达标。为躲避敌机轰炸,莫里森有条不紊组织各地民众疏散并从中积累了丰富的社会管理经验,"最危险的时期反而造就了社会政策的硕果累累"。② 贝文信心十足称:"战后,为共同体提供服务以及社会安全将成为国家生活的主要目标。"③丘吉尔也承认这是大势所趋,他在 1940 年底对哈罗公学师生说:

> 战争胜利后(一定会胜利的),我们的目标是建设这样一种社会:在这种社会里,优先权和特权将被许多人所分享,将被全体年轻一代所分享。而迄今为止,它却只被一小撮人所享受。④

工党左翼理论家拉斯基(Harold Laski)欲趁热打铁,呼吁在战时体制基础上实现"同意的革命",而国家统筹和计划一切是"同意的革命"的两条要旨。

---

① Angus Calder, *The People's War*, p. 146.
② A. J. P. Taylor, *English History*, p. 612.
③ Paul Addison, *The Road to 1945*, p. 124.
④ Paul Addison, *The Road to 1945*, p. 126.

他说:"不能把计划社会的目的问题拖下去,……战争的气氛允许甚至迫使人们做出种种革新和尝试,而它们在和平恢复后却是办不到的";"为战争的胜利实行计划,必然使人民群众期望在和平到来后为增进物质福利进行计划";"等到被严重危机引起的激昂情绪低落以后再来试图改革,就是坐失行动良机"。① 尽管工党领导层时常批评拉斯基太过激进,但他鼓吹的"同意的革命"释放了战后共识政治之信号,共识和同意在英语中都是 Consensus 这个词。

民众心态在无间合作中悄然转变。人们普遍淡化所谓的生而自由,乐见政府采取部分非常举措。1940 年 5 月政府授权内政部拘禁任何"可能危害国家安全的人";莫斯利被逮捕下狱,他的英国法西斯联盟(British Union of Fascists)亦被解散;同年 7 月的 1305 号令(order 1305)明确"罢工与关停工厂为非法",工会并未表示异议。② 政治生活中已被边缘化的宗教界人士国难当头时也挺身而出。1940 年圣诞节前夕,以滕普(William Temple)为首的四位高级主教在《泰晤士报》刊登的一份联名信中指出:"财富及其占有的极端不公正当被废止",所有公民享有平等教育机会,国家为每个家庭提供社会安全保障。③ 滕普在 1941 年和 1942 年连续发表《公民与教民》(*Citzen and Churchman*)和《基督教与社会秩序》(*Christianity and Social Order*)两本小册子,阐发一种既符合时代潮流又有利于战争的社会哲学,那就是信仰和身份认同共同构成一国国民的情感纽带。滕普认为利益多元化时代,教会和志愿机构都无力协调利益冲突,培育民众的互助合作意识尤为紧迫;若个体连起码的人之尊严都无法维护,整体的社会和谐也就无从谈起;个人自由意识、基督教的关爱与互助传统、现代公民精神这三组要素同等重要,它们协调发挥作用才能凝聚共识,释放民族潜能,赢得战争,为国家勾勒远景。滕普是短命大主教,却是最后一位给英国意识形态留下明显印痕的大主教,他象征着"'人民战争'的社会期许以及公正社会的图景"。④ 文艺界人士也争相创作讴歌祖国和人民的优秀作品鼓舞士气。取材闪电战的影片《战火点燃》(*Fires Were*

---

① 拉斯基:《论当代革命》,商务印书馆,2018 年,第 40、199、201、412 页。
② Angus Calder, *The People's War*, pp. 115,133.
③ Angus Calder, *The People's War*, p. 482.
④ Angus Calder, *The People's War*, p. 486.

Started)和赞扬流水线女工的影片《百万同胞》(*Millions Like Us*)均能拨动民众爱国心弦。由考沃德(Noel Coward)编剧、1942 年上映的《与帝国同在》(*In Which We Live*)以克里特战斗为背景,虚构英国海军士兵的英勇机智。该片是"不列颠及其海军的优秀宣传,在英美均取得商业成功",出演此片的无名演员也一炮走红。战前美国大片在英国影视市场独占鳌头,但战争结束时一位文艺评论家称:"1940 年以来,英国特色电影业出现了非凡的复兴。"[1]雅俗共赏的剧作家普里斯特利(John B. Priestley)将百余万自发投身医疗、消防、治安的志愿者称为民兵(militant citizens),并从他们的自我牺牲和无私奉献中看到了一种"新型民主"。[2]

　　"人民战争"短时间内便在三个层面上改变了英国人。一、它深化了民众对民主和平等的认知。普里斯特利所说的"新型民主"不是基于自然权利的生硬哲学,也不是不从国教者根据上帝之下人人平等的推演,而是各条战线上感人的奉献精神和暖心的同胞情谊共同孕育出来的信念,是即将全面来临的民主社会主义实践的意识形态根基。二、它淡化了英国人的阶级意识。19 世纪晚期以来,英国人阶级意识迸发,少数激进阶级斗士欲暴力摧毁现存秩序,大多数温和社会主义者则主张走改良之路。他们都没能从根本上解决阶级冲突,然而令人意想不到的是,阶级意识在一场纳粹强加的残酷对外战争中急速淡却,"在英格兰每个地方,人们都不再去追问他人的背景,只关心他正在为战争做什么"。[3] 三、它改变了英国人的心境。大战中的正能量宣传将 1920 和 1930 年代的迷惘、沉闷乃至颓废气息一扫而光,进而导致二战时的民众心路历程与一战时完全颠倒过来。一战初期,群情亢奋,后期则迷失、愤懑;二战爆发后,民众很快熬过了初期的焦虑与恐惧,进而顿感云开雾散并乐观憧憬未来。

　　正是靠"人民战争",英国顶住了灾难性的轰炸并对来犯之敌予以坚决还

---

① Angus Calder, *The People's War*, pp. 367 - 369.

② Angus Calder, *The People's War*, p. 193.

③ A. J. P. Taylor, *English History*, p. 617.

击。空军在不列颠空战中击落了大量德国飞机。这场空战虽是平局,却"是古往今来最具有决定意义的平局之一"。① 它心理上无疑更有利于英国,因为德国海军不是英国对手,如其空军也占不到便宜,没有优势空中掩护的陆军不可能登陆英国本土。1940 年底,英国人军事上稳住了阵脚,但短期内没有条件反攻德军,唯一能做的就是以牙还牙式空袭德国。英军的轰炸未能重创德国工业,反而损失了不少飞机和优秀飞行员。英军苦于无计可施时,墨索里尼在东地中海的贸然行动为英军找回了些许自信。1940 年 6 月意大利对法宣战后,埃及和地中海的英军顺理成章对意开战。当时驻扎在地中海世界的英军数量不少,但陆海空三军协调能力差,指挥混乱。部分将官甚至建议将地中海海军撤回英吉利海峡,应付可能来临的德军登陆战。然而英国政府不可能轻易放弃地中海。地中海和苏伊士运河是帝国咽喉,是连接印度和远东的交通要道。丘吉尔一战时已流露浓厚的地中海情结,此时他正忙于拉拢法属非洲以及土耳其共同对德、意作战。此外,在反拿破仑战争以及第一次世界大战中,英国始终在地中海维系强大兵力,英国战略家认为控制地中海不仅是战略传统,更能从侧翼威慑敌人。基于以上考虑,英军不仅没有放弃地中海,且对意军予以大规模反击。从 1940 年 11 月至次年 2 月,瓦维尔(Archibald Wavell)指挥英军在塔兰托海域打垮了意大利海军,旋又在北非俘获十几万意军,控制了从阿尔及利亚至埃及的北非沿海地区。英军还在巴尔干援助希腊和南斯拉夫(Yugoslavia),帮它们打击意军。

英军胜利令希特勒不安,他担心德军未来进攻苏联时被英军从巴尔干拦腰斩断。1941 年春,悍将隆美尔(Erwin Rommel)统率第三帝国非洲军团开赴北非鏖战英军。到 4 月初,英军先前战果全部化为乌有,德军推至亚历山大里亚附近。德军的所向披靡反衬了英国陆军素质低劣、坦克性能差劲。德军在东南欧也让英军毫无招架之功,5 万多英军在希腊成为德军俘虏,不久后没有舰艇的德军单凭伞兵夺取了战略要地克里特岛。非洲和巴尔干战事不利折损了丘吉尔威望,所幸他并未遭遇挪威失利后张伯伦面对的千夫所指。在 5 月 7 日的议会表决中,政府得到了 477 张信任票,反对票仅 3 张。为挽回颜

① 罗伊·詹金斯:《丘吉尔传》,第 564 页。

面,丘吉尔命令瓦维尔于 6 月初发动反击,但被德军挫败。丘吉尔盛怒之下将瓦维尔调往印度,令奥金莱克(Claude Auchinleck)将军负责北非战事。英国人聊以自慰的是他们还有意大利这个软柿子可捏,5 月初将意军逐出埃塞俄比亚,瓦解了墨索里尼的东非帝国。更值一提的是,英国海军战力不俗,击沉了德国战列舰"俾斯麦号",德军所剩唯一战列舰"蒂尔皮茨号"(Tirpitz)躲入海港,高挂免战牌。

　　东非和海上胜利不能抵偿主战场北非和巴尔干的惨败。就在英军哀鸿遍野时,希特勒于 1941 年 6 月 22 日全面进攻苏联。英国在欧洲和非洲摆脱了单独与法西斯作战的窘境。8 月 14 日,丘吉尔与罗斯福联合发布《大西洋宪章》(Atlantic Charter)。根据宪章,美国并未承诺给予军事援助,但英国人知道美国不仅通过《租借法案》(Lend-Lease Act)为他们提供物质援助,在道义上也坚定支持反法西斯。美国海军实已在大西洋与德军交火,美国对日强硬态度迫使日军铤而走险。1941 年 12 月 7 日,日本海空两军孤注一掷,偷袭美国在夏威夷的军事基地珍珠港,重创美军太平洋舰队并导致严重人员伤亡。太平洋战争爆发。美国备战不够充分,加之夏威夷军事基地遭受重创,1941年底和 1942 年上半年,日军在西太平洋和东南亚频频得手。英军在东南亚不缺舰船和士兵,但没有充足驱逐舰和战斗机,军舰直接暴露在日军轰炸范围内。12 月 10 日,日军击沉了英军在远东地区的两艘主力战舰"威尔士亲王号"和"反击号"(Repulse)。远东军事指挥官菲利普斯(Tom Phillips)殉国。敦刻尔克不是至暗时刻,1941 年 12 月 10 日才是英军二战中"最黑暗的一天"。[1] 1942 年 2 月 15 日,新加坡沦陷,6 万士兵举旗投降,这是英军作战史上"规模最大的投降",它在与伦敦万里之遥的马来半岛留下了最耻辱的记录。[2] 英军在东南亚一溃千里,在非洲也前景堪忧。6 月 20 日,德军攻陷托卜鲁克(Tobruk),3 万英军投降,亚历山大里亚危在旦夕。

　　尽管各个战场传来的都是败军之报,但放眼全球,苏联已把德军精锐吸困于东欧,太平洋战争则使美国彻底卷入战团。同盟国综合实力远超轴心国,战

---

① A. J. P. Taylor, *English History*, p. 656.

② A. J. P. Taylor, *English History*, p. 657.

争胜利只是时间问题。丘吉尔得知德苏开战，立即无保留支持苏联，将反共情绪暂时压到心底。他在6月22日的广播演说中称：

> 在过去的二十五年中，没有一个人像我这样始终一贯地反对共产主义。我并不想收回我说过的话。但是，这一切，在正在我们眼前展现的情景对照之下，都已黯然失色了。过去的一切，连同它的罪恶，它的愚蠢，它的悲剧都已经一闪而过了。①

丘吉尔爽快告知同胞"俄国的危难就是我们的危难"，而德苏开战前他已私下表示："如果希特勒入侵地狱，[我]至少就有理由在下议院为撒旦说点好话了。"②这位毕生反共的急先锋现在为俄国打气，把俄国人当成同一战壕里患难与共的兄弟，普通民众祝福并感激俄国更是真情的自然流露。起初人们怀疑苏军战力，但到1941年8月中旬，《泰晤士报》称"俄国用她的抵抗令世界，尤其是敌人感到震惊……我们不能忽视任何能帮俄国的事情"；负责飞机生产的比弗布鲁克9月下旬专门辟出"'为俄国生产坦克'周"；月底英方克服天险将450架飞机和大批物资从北冰洋运往俄国；斯大林从英国人众口相传的魔鬼变成了亲切的"乔叔"。③ 1942年上半年，英国人人吟唱"因俄国而感谢上帝"。④ 当年6月，英苏结盟一周年之际，英国各地上演盛大庆典。1943年2月，苏联红军建军二十五周年之际，英国也举行了声势浩大的庆典仪式，向顽强英勇的苏军致敬。战前抨击苏联和共产主义的各色人等都哑口无言了，许多政客和知识分子甚至否认大清洗，转而称颂苏联为世界进步力量，讴歌其丰功伟绩。官方一度查禁奥威尔（George Orwell）的小说《动物庄园》（*Animal Farm*），因为该书旨趣与时下政治气氛太不合拍。⑤ 对苏情感转变直接改变了英国人对社会主义、集体主义乃至共产主义的态度。这一时期英

---

① 温斯顿·丘吉尔：《第二次世界大战回忆录（第三卷：伟大的同盟）》，第323页。
② 罗伊·詹金斯：《丘吉尔传》，第590页。"撒旦"是丘吉尔妖魔化斯大林的说法。
③ Angus Calder, *The People's War*, pp. 261-262. "乔"（Joe）是斯大林名"约瑟夫"（Joseph）的昵称。
④ Paul Addison, *The Road to 1945*, p. 134.
⑤ Paul Addison, *The Road to 1945*, p. 135.

国共产党不断壮大,甚至在补选中拿到两个下院议席。普里斯特利等人在1942年托卜鲁克陷落后创建的财产共有党(Common Wealth Party)与共产党旨趣神似,该党疾呼只有"立即沿着社会主义前进"才能赢得战争,它突出"财产公有"和"政治中的道义",在高光时刻甚至发展了1.5万名党员。[①]

亲苏气氛弥漫全国时,1941年底,克里普斯(Stafford Cripps)带着对苏联的美好印象从莫斯科高光归来。若论反复无常及自以为是,此人就是弱化版的丘吉尔。他来自富豪之家,1929年加入工党,因与英国共产党走得太近而于1939年被逐出党。1940年5月,丘吉尔派他出任驻苏大使,以免他在国内扰乱民心。一年半的苏联履历强化了克里普斯对社会主义的执着,使苏成就也平添了他的政治资本。1942年2月,他跑到布里斯托尔等地高调呼吁加大援苏力度,强化英苏战略合作,激起民众强烈共鸣。性情乖张的克里普斯变成了炙手可热的明星,有人甚至建议将内政要务交予他掌管,好让丘吉尔集中精力应付战争。当时民调显示,丘吉尔如遇不测,艾登是最热门首相人选,克里普斯仅次于艾登位居第二。[②] 克里普斯的高调与英军士气低迷形成强烈反差,各个战场哀鸿遍野,人心不稳,丘吉尔当时压力极大。鉴于克里普斯人气爆棚,2月23日,丘吉尔揽其入阁出任掌玺大臣兼下院领袖。表面看,克里普斯坐上了"政府里的第三把交椅",但"他所占据的要职基本上只是徒有其表,没有多少实质意义",何况"他不会用心安抚下议院,他的身后没有强大的党派队伍支持"。[③]

克里普斯很快便自感无趣,丘吉尔也找到了将其支走的契机。日军侵占缅甸后,兵锋直抵印度边境,丘吉尔担心印度生变。少数印度人放言借日本之力赶走英国人,实现独立。国大党更硬气,要求彻底独立,否则不再与英军并肩御敌。英印矛盾又一次升温。克里普斯立场较左且与国大党领袖私交甚笃,是赴印灭火的最佳人选。他在印所提折中方案既让战时内阁失望,也无法令国大党满意。1942年8月,印度再次爆发大规模非暴力不合作运动。克里普斯逮捕一批包括甘地在内的国大党领导人。他的强硬与毛躁激起更大骚动

①　Angus Calder, *The People's War*, pp. 547 - 548.

②　Paul Addison, *The Road to 1945*, p. 200.

③　罗伊·詹金斯:《丘吉尔传》,第612页。

和叛乱，千余人丧生。克里普斯在印有辱使命，在国内挑战丘吉尔亦不太识趣。托卜鲁克陷落后，少数议员指责丘吉尔领导不力。一位爵士说丘吉尔"应当隐退"，"过去两年来的一系列灾难，都是由于我们战时行政中枢存在有基本缺点而造成的"，提议对首相信任表决；一位老资格议员跟风起哄，敦促丘吉尔"自我否定"，主动下台。① 最刻薄的攻击来自工党左翼代表比万（Aneurin Bevan）。此人是1940和1950年代工党激进派的偶像，天生叛逆，和克里普斯一样自以为是且自不量力，以下院反对派议员领袖自居。他是阶级斗争妄想狂，即便战火纷飞，也不忘攻击丘吉尔代表资产阶级利益，怀疑艾德礼能否为工人阶级仗义执言。他在7月2日的议会辩论中说"首相赢得了一场又一场辩论，却打输了一场又一场战斗"。② 克里普斯也想借国内民怨和海外溃败向丘吉尔施压，他在内阁会议上发难，直陈军官思想守旧、战机和坦克技术落后等弊端，建议丘吉尔改革军事。他还建议压缩内阁规模，丘吉尔主持内阁工作，但须辞去国防大臣，以便内阁真正拥有军事决策权而非丘吉尔的一言堂。③ 不论克里普斯是否有过取代丘吉尔的野心，就其咄咄逼人架势看，显然高估了自己实力。丘吉尔只要身体健康，就是独一档的存在，任何人跟他都不属同一量级。7月2日，对政府的信任投票动议被475对25票否决。④

军队和其统帅一样，挺过1942年上半年的低谷后转入战略反攻。7月下旬，英军在阿拉曼（Alamein）顶住了德军攻势。与此同时，罗斯福承诺美军将登陆北非配合英军作战，指派艾森豪威尔（Dwight Eisenhower）担任英美联军司令。8月，丘吉尔将亚历山大（Harold Alexander）从缅甸调往非洲取代奥金莱克，特派蒙哥马利（Bernard Montgomery）赶赴非洲指挥第八军。蒙哥马利是威灵顿公爵后唯一具备大战略素养的英国军人。8月30日，隆美尔最后一次猛攻阿拉曼，无功而返。此后，英美军队从东西两个方向不断向人数和武器均处于明显劣势的德军施压。10月底至11月初，蒙哥马利反攻，成为阿拉曼战役决胜者。此后丘吉尔地位更加稳固。克里普斯退出内阁，接替比弗布鲁

---

① 温斯顿·丘吉尔：《第二次世界大战回忆录（第四卷：命运的关键）》，第347—348页。
② 乔纳森·施内尔：《拯救不列颠》，第230页。
③ Paul Addison, *The Road to 1945*, p.207.
④ 温斯顿·丘吉尔：《第二次世界大战回忆录（第四卷）》，第355页。

克负责飞机制造。阿拉曼胜利是英帝国的第二次世界大战转折点，也是英国内政的拐点。民众确信英帝国已安全无虞，击败纳粹并不急于一时，人们期待回归正常生活，更关注家园重建以及事关民生的社会经济政策。然而丘吉尔在伦敦市中心演讲称"现在并非结束，甚至不是结束的开始，也许只是开始的结束"。[1] 领袖眼里的战争才刚刚开始，而民众已兴味索然，领袖与民众已不在同一频道。

　　讨论战后重建，贝弗里奇是绕不开的关键人物。他深受著名慈善家族朗特里(Rowntrees)影响，关注贫困，自由党人的同情心和精英的社会责任感齐聚其身。大萧条助其认识到失业已取代工资低廉成为贫困主因，从闪电战中他又看到了国家应对社会问题的必要性和优势。1941 年，受格林伍德委托，贝弗里奇负责调查社会问题并撰写应对报告。1942 年底，他提交了详尽的《社会保障和相关服务》(Social Insurance and Allied Services)，中文一般简称《贝弗里奇报告》。[2] 这份报告是福利国家的奠基石，在世界社会政策史上具有里程碑式意义。它勾画了社会保障体系的宏伟蓝图，建议国家用强制缴费确保个人最低安全保障，敦促政府向威胁个人安全的贫穷、疾病、愚昧、肮脏和懒散五大恶敌宣战，特别强调将失业率控制在 3% 以内。[3] 贝弗里奇的革命性贡献体现在废除战前采用的带有侮辱性质的"资力审查"(means-test)，让社会保障覆盖全民。报告遭丘吉尔和财政大臣伍德阻挠。丘吉尔认为战时讨论这样一份包罗万象的文件为时过早，提前向民众许诺美好未来的政治效果可能适得其反。他还强调，战争胜利后政府应集中精力巩固国防、发展生产、复兴贸易。伍德则认为报告会给政府带来"无法执行的财政任务"。[4] 不过报

---

　　① Angus Calder, *The People's War*, p. 305. 丘吉尔原话是"Now this is not the end. It is not even the beginning of the end. But it is, perhaps, the end of the beginning"。

　　② 《贝弗里奇报告——社会保险和相关服务》，中国劳动社会保障出版社，2004 年。

　　③ 《贝弗里奇报告——社会保险和相关服务》，第 3、193 页。

　　④ Paul Addison, *The Road to 1945*, p. 220.

告得到重建委员会(Reconstruction Committee)热心支持。表面看,保守党和工党在重建委员会中平分秋色,安德森担任其主席,贝文、莫里森和伍德都是委员。由于贝文和莫里森人望高,能力强,重建委员会权势天平明显向工党倾斜。丘吉尔为此向艾德礼抱怨他的人马在重建委员会中居绝对主导地位,而"来自保守党阵营的成员大多经验不足或党派意识不够"。[①] 1943年2月,内阁讨论《贝弗里奇报告》,丘吉尔和多数保守党后座议员担心执行报告构成巨大财政压力并助长民众惰性,建议暂时搁置。不过以霍格(Quintin Hogg)为首的一批年轻保守党人表示认同,霍格如此评论报告:"它不是《圣经》或万灵药,但是一面钉在旗杆上的旗帜、一种象征、一个善意之人的联结点,最主要的是托利党重建社会良心的机会。"[②]这些批年轻保守党人当下声音微弱,但他们的态度昭示了战后保守党的政策转向。

　　工党领导层和普通党员对《贝弗里奇报告》态度不一。领导层发现:"左边是自己隶属的政党,右边则是同朝为官的保守党大臣,他们真实夹在中间,左右为难。"[③]艾德礼说服了工党阁员维护联合政府团结,建议暂不执行报告,但必须为此承受本党议员和基层党员的双重围攻。工党内激进派多如牛毛,以比万、拉斯基和格林伍德为代表,他们对艾德礼甘为丘吉尔马前卒愤愤不平。格林伍德1942年2月退出内阁,全力打理工党党务,深受工人阶级拥戴,甚至连他的嗜酒贪杯也被认为与底层劳工气息相投。拉斯基自诩工党理论大师,对工党高层以战争大局为重的稳妥之见不以为然,呼吁激进改革。他当选为工党主席也足见工党基层在战争中越发左倾。他还不止一次私下怂恿同仁把艾德礼赶下台,由比万取而代之。政府可对拉斯基的书生气置之不理,但不能无视比万这个刺头。德苏开战后,比万每每为苏联鸣不平,攻击英国政府和盟友敌视工人阶级掌权的苏联,故意不开辟第二战场,不愿为苏联减压。[④] 他怀疑工党领导层已被保守党的糖衣炮弹腐蚀,艾德礼等对《贝弗里奇报告》的保

---

① Stephen Brooke, *Labour's War: The Labour Party During the Second World War*, Oxford University Press, 1992, p. 168.

② Angus Calder, *The People's War*, p. 530.

③ 乔纳森·施内尔:《拯救不列颠》,第300页。

④ Martin Pugh, *Speak for Britain!* pp. 266–267.

留态度似乎证实了他的怀疑。鉴于丘吉尔和艾德礼都不愿执行《贝弗里奇报告》，由格林伍德牵头，121名议员在1943年2月18日投票反对政府，其主力是97名工党后座议员，另有3名独立工党议员、1名共产党员、11名独立议员以及包括劳合·乔治在内的9名自由党议员。① 政府和工党对《贝弗里奇报告》均有严重分歧，但分歧"实际上有利于工党"，因为它清楚显示工党更乐意替普罗大众发声。② 工党高层只能好言劝慰反叛议员，内政大臣莫里森最后模棱两可的总结发言起到了一定的安抚作用，他承诺出台法案执行《贝弗里奇报告》，同时又表示："我们无法给出制定这一法案的具体日期……我们会服从优先要求，那就是打赢这场战争。"③

1943年9月，伍德病故，丘吉尔失去了一条平衡党派权势分配的膀臂，内阁权力天平进一步向工党倾斜。丘吉尔重组内阁，安德森担任财政大臣；艾德礼出任枢密院主席兼副首相，为他干预内政提供了更大便利；比弗布鲁克重回内阁任掌玺大臣，他对丘吉尔的影响越来越大，反复提醒丘吉尔留意内政工作，对战后继续维持联合政府不抱信心。④ 丘吉尔计划让比弗布鲁克进入重建委员会，但遭艾德礼和其他工党大臣强烈反对。艾德礼始终以大局为重，反感工党激进派。然而他在选区工党的话语权不及比万等激进派，只好迁就党内激进派，阻止比弗布鲁克。战争后期，围绕社会政策和重建方案，两党分歧越来越大，工党在争执中明显占据上风，除教育，针对就业以及社会补助等热点事项的解决方案都明显体现了工党意志。1944年5月，《就业白皮书》在内阁通过；1945年的《家庭补助法》(Family Allowance Act)规定给予每个家庭一周5先令补贴。

阿拉曼胜利后，英美盟军在北非进展顺利，11月7日，登陆法属北非。为免维希政府生变，德军占领了法国南方，部分反感纳粹的法国将士偷偷凿沉了停泊在土伦港的法军舰船。1943年1月14至25日，丘吉尔和罗斯福在卡萨布兰卡(Casablanca)会晤。5月中旬，德军被逐出非洲，直布罗陀与埃及恢复

---

① Paul Addison, *The Road to 1945*, p. 224.
② Andrew Thorpe, *A History of the British Labour Party*, p. 113.
③ 乔纳森·施内尔：《拯救不列颠》，第306—307页。
④ Paul Addison, *The Road to 1945*, p. 241.

通航。7月9日,英美联军登陆西西里。9月7日,意大利签署停战协议。希特勒命德军迅速占领意大利中北部地区,德军与英美军队在亚平宁半岛的对峙还将持续一段时间。丘吉尔也不急于将德军逐出意大利,此时他已开始谋划遏制苏联向中欧腹地扩张的对策。他紧盯巴尔干,欲在那里开辟第二战场,以便把东南欧作为将来遏制苏联的前哨。斯大林极力反对他的构想,罗斯福也对他的反共激情毫无兴致,结果他的方略在1943年11月28日至12月1日的德黑兰(Teheran)会议上被否决。罗斯福向斯大林承诺至迟次年5月1日在西欧开辟第二战场,还决定将地中海的美军主力调往英国准备登陆。这样意大利战事就交由英军负责了。1944年上半年,亚历山大指挥英军在意大利中部与德军艰苦鏖战,以惨重代价拿下罗马。夺取罗马战略意义不大,因为几天后英美联军便在诺曼底成功登陆。不过丘吉尔认为英国在地中海北侧屯集重兵意义非凡,至少让他手握与斯大林讨价还价的筹码。1944年10月9日至17日,他前往莫斯科与斯大林以递字条方式达成了精致利己的"百分比协定"。罗马尼亚的90%属于俄国势力范围,希腊的90%属于英国势力范围,双方在匈牙利和南斯拉夫各占50%。为防止世人指控他们"用这种草率态度""处理与千百万人生死攸关的问题",丘吉尔建议把"字条烧掉算了",斯大林却要丘吉尔保存字条。① 他可能想让后人以字条在丘吉尔手中为据,将这桩不光彩交易的主要责任算在英国人头上。双方还就波兰战后前景进行磋商,不过未达成一致,波兰遂成战后敏感区域。

战事总体顺利,经济也在明显好转。这主要是因为德国潜艇威胁日益解除。美国为英国提供了大量驱逐舰和运输机,英国货物进出口显著恢复。不过这种复兴的关键力量是美国。1943年的英国并无重大战事,但正是这一年它将海上主导权让与了美国。英国已非海上霸主,甚至连大国称号也名不副实,"大不列颠只有靠美国帮助才能在战争期间继续保持大国地位,且战后似乎看不到任何维系大国的希望"。② 美国和苏联已理所当然成为世界舞台主角,英国却前景黯淡。在1944年的诺曼底登陆中,英美军队都是主力,但登陆

---

① 温斯顿·丘吉尔:《第二次世界大战回忆录(第六卷:胜利与悲剧)》,第212页。

② A. J. P. Taylor, *English History*, p. 687.

的武器和物资主要由美国人提供,英国人只能充当配角。蒙哥马利这位脾气极坏的军事天才常为登陆后的战略部署与艾森豪威尔吵得不可开交,好在争吵并未严重妨碍英军在荷兰、比利时和德国北部的行军作战。

英国人以高昂代价打赢了战争。36万人死于非命。得自海外的年收入从战前的2.48亿镑降至1946年的1.2亿镑,而海外开销每年高达2.95亿镑,帝国严重入不敷出。[1] 1945年的商船队规模只有战前的30%,出口价值也降至战前的40%,外贸严重萎缩。政府战争期间大量拍卖海外固定资产,致使帝国虚有其表。以1938年价格计算,大战中英国损失近46亿镑财富,占当时国民财富的18.6%。[2] 经济领域中稍令英国人聊以自慰的是战争为他们的工业转型奠定了基础。

> 大战爆发前,大不列颠仍试图复兴他们的陈旧产业。战后,她则依赖新兴工业。电子、摩托车、钢铁、机械工具、尼龙织品以及化学工业均蓄势待发,所有这些产业的人均产值均稳步增长。[3]

战争对阶级结构的冲击和一战基本相似。低端就业人口工资上涨且能得到相关补助;熟练工人和专业技术人员靠一技之长衣食无忧;贸易萎缩和政府变卖海外资产导致资本家商机锐减,他们好日子一去不返;财阀和贵族因高额不动产税大放血。总体看,财富天平向中下阶层倾斜,上流社会财富缩水,政治话语权进一步被压缩。

战争弱化了阶级意识,强化了国民身份认同。拉斯基写道:

---

① A. J. P. Taylor, *English History*, p. 726.

② Roderick Floud and Paul Johnson eds, *The Cambridge Economic History of Modern Britain*, Vol. Ⅲ, *Structural Change and Growth*, *1939 - 2000*, Cambridge University Press, 2004, p. 24.

③ A. J. P. Taylor, *English History*, pp. 726 - 727.

连最盲目的人也清楚地看到,英国有丧失独立国家地位之虞。这种觉悟使得举国一致的重要性比英国历史上任何时期都来得明显。它使得连最保守的英国人也懂得,为了争取胜利,任何代价都不会过高,它的力量胜过十年喋喋不休的辩论,甚至胜过十万难民的血泪申诉。在 1940 年的夏天和秋天,有一种现象不能不称之为英国民主的再生。斗争的性质被用这样一些字眼来确定,使得人民之间的同一性百倍重要于使人民分裂的各种差别。①

长期尖锐的阶级矛盾不经意间缓和了,阶级观念和认知与对共同体和国家的忠诚相比,变得无关紧要了,"阶级与共同体之间的冲突问题以有利于后者的方式有力地得以解决"。② 克里普斯 1942 年 2 月 8 日借 BBC 演讲称:"一个充满崭新价值观,消除了种种旧有的弊端,让所有阶层、宗教、民族和肤色的人民都获得完整而自由的人性尊严的世界……就是我们决意要从这场可怕的战争中获取的积极成果。"③阶级鸿沟和身份差异缩小,各阶级并肩御敌时展现的是无私奉献和无畏牺牲精神。每个群体都从战时的民众疏散、经济管制以及食品配给等非常措施中意识到,阶级怨恨、身份敌视与国难当头时的同舟共济相比,纯属偏见。

"人民之间的同一性"必然要求国家维护每个人的"人性尊严",继而将英国人浸骨入髓的平等信念升华到新的层次。自 17 世纪平等派登上历史舞台,英国人便持之以恒追求不同教派信仰权利的平等以及政治事务中投票权利的平等,到 19 世纪后期,他们基本实现了这两种平等,但与此同时,平等的裁量标准变成了财富分配是否公正以及怎样派发事关人人的福利。20 世纪初的新型自由主义改革和大萧条时应对失业的政策在一定程度上回应了大众对这种平等的诉求,然而直到二战,绝大多数人才认识到系统的社会安全保障才能从根本上维护体现为"人性尊严"的平等。战时特殊举措启迪民众要求以国家名义实现充分就业,建立社会安全保障体系。保守党内抵制《贝弗里奇报告》

---

① 拉斯基:《论当代革命》,第 170 页。
② Stephen Brooke, *Labour's War*, p. 273.
③ 乔纳森·施内尔:《拯救不列颠》,第 203 页。

者只能以战争优先去搪塞，无法从理论上驳斥报告；大战结束后，工党顺应时势执行报告深得民意。可以说，二战后的社会政策在大战中已孕育成熟。

充分就业是社会安全保障的重中之重。两次世界大战期间，英国人普遍为失业所苦，大萧条时的失业尤令人心有余悸，然而二战中国家统筹人力资源调配，失业率降低有目共睹。这种反差必然刺激人们反思经济管理方式，结果在民意急速左转的大环境中，计划经济洗脱了"罪名"。过去计划经济总与共产主义一起遭丑化，但战争不仅导致民众对苏联善意满满，且苏联的韧性和实力似乎证实计划经济和社会管控行之有效，部分民众自然而然将英国战时的经济管制和物资配给看作计划经济的预演。[①] 多数英国人不愿尝试布尔什维克式的党国合一体制，但对计划经济已无敌意并从战时经验中察觉其完全可行。计划经济体制下，劳动者免受资本家剥削，也不必担心失业。拉斯基倡议全面管制社会经济并使之固化，民众对此半信半疑，但对莫里森宣讲的所有制形式充满期待。1943 年上半年，莫里森在伯明翰、伦敦等地巡回演讲，炫耀国家管制的成就并吹嘘称："管制已经在战争中促进生产最大化。它帮助我们解决了物价和工资的问题……也必将帮助我们解决战后面临的许多类似问题。我们必须在管制和混乱中二选一。"他明言"对我们的社会制度修修补补是不够的"，"根本问题就在于由谁来主导工业生产"。为打消保守党和工党右翼的疑虑，他提出了一种实为混合所有制的折中经济改造方案，对"集中化的行业"进行"社会主义化"，同时允许小企业及零售运营。[②] 他说："真正的社会主义和真正自由的企业切实可行地结合，其完全基于且进而支持国家的社会和工业福利政策。"他亦坚信，"在合适的领域践行公有制并鼓励对其他领域实行公共控制"，利国利民。[③] 莫里森的方案因比较温和而遭党内左派批评，但也因相对温和而受到保守党的霍格、麦克米伦等人大加赞许。保守党一份著名杂志盛赞莫里森为国家"确立了一种新信仰"。老派保守党人反感社会主义教条，疑虑国家计划，但支持以"共同体"名义适度管控经济，在兼顾市场与计划的前提下将

---

① Martin Pugh, *Speak for Britain!* p. 274.

② 乔纳森·施内尔:《拯救不列颠》,第 325—328 页。

③ Angus Calder, *The People's War*, p. 533.

部分产业国有化。① 战后国有化运动正是莫里森方案的升级版实践。

战时经验和民众认知决定了社会政策和经济模式即将大幅转向,这必然导致国家治理体制全方位转变。小政府、大社会是英国传统治理模式,这种模式自有其魅力,但其缺陷在 19 世纪晚期已为人知。1870 年代迪斯累利和一战前自由党人已适度纠正这一缺陷。大萧条放大了个人主义和经济自由放任的危害,政府纠偏力度加大,但二战爆发才彻底凸显国家统管一切的必要性,国家角色转变的民众心理基础在战争中确立了。面对巨额物资调配和无序人力分配,传统的志愿机构、教会和慈善组织、工会等仍能发挥一定作用,但相对于国家它们都被边缘化了。战争胜利不仅是政治家和军队的胜利,更是一种体制的胜利。民众期待战后继续保留战时紧急措施,如食品配给、医疗服务、住房调配、妇婴照顾等。多数英国人产生这样一种信念:既然国家自上而下的统筹和计划能打赢战争,一定也能以之建设美好可期的新时代。《贝弗里奇报告》称:"我们赢得胜利的目的是生活在一个更美好的世界,而不是继续生活在旧世界中";"制定美好生活的计划"才能跟紧时代的脚步。② 拉斯基说:"国家计划不但能消灭失业,而且哪怕在战争条件下也能使人民的健康维持在比和平时期资本主义民主国家的自由经济所维持的更高的水平上。"战争不仅使人民适应了"国家对财政机构、物价、消费以及产品的管制权的改变";"战争的费用使赋税上升到了哪怕在上次大战中也会被认为不可能的高峰";"所有这一切都以革命的规模大大破坏了熟悉的习惯"。拉斯基对未来的构想略显天真,但对过去的总结非常中肯——"'传统'的英国于 1939 年 9 月 3 日成了历史的陈迹"。③

纳粹把英国炸得到处都是断壁残垣,但也炸出了一个治理迥异、民心陡转的新国度。战争重新诠释了平等主义并引导民众认可乃至期待国家管控社会经济,激励战后执政的工党大胆推进福利国家建设。如果说国有企业和福利保障是英国民主社会主义的两块招牌,那么这种社会主义是由战火淬炼而成的,正是在大战中英国社会主义奠定了意识形态基础并完成了准备性实验。

---

① Angus Calder, *The People's War*, p. 534.
② 《贝弗里奇报告——社会保险和相关服务》,第 193 页。
③ 拉斯基:《论当代革命》,第 173—174、330 页。

在英国迈向社会主义这关键一环中,工党发挥着主导作用,自由党的贝弗里奇、凯恩斯,保守党的年轻后辈,无党派的宗教界、文艺界、学术界也是推手。这些精英愿意且能够把国家导向社会主义,根源在于多数国民自愿成为社会主义国家机器的一颗螺钉。在与纳粹和法西斯的生死较量中,大多数英国人不约而同站到了他们理解的社会主义门槛上,只需顺手轻推,便可跨入他们憧憬的新时代。

德国投降后,丘吉尔估计对日战争还将持续一年半左右,他试图继续维持联合政府,直到对日战争结束。不过工党厌倦了联合政府,两党摊牌近在咫尺。两党本都赞同战时管制措施,工党眼里的管制是战后社会经济政策的序曲;保守党高层认为它只是权宜之计,结束战争就应取消管制,还人民以自由。两党外交和帝国政策在战争临近尾声时也分歧日甚。丘吉尔曾说他"不想成为主持英帝国解体的第一位首相"。[1] 出于帝国使命感的召唤,他力主在巴尔干开辟第二战场,与斯大林在东南欧划分势力范围。令他失望的是,多数英国人对世界事务已无兴致,紧盯关切自身利益的教育、住房以及社会安全事项,就连政府在希腊的干预行动也在国内激起强烈抗议。工党及其支持者厌恶帝国主义,憎恶旧统治集团的沙文主义,希望战后英国长久和平,回避世界纷争与冲突。1944 年 10 月,工党激进派对丘吉尔解散希腊共产党武装极为不满,工党全国执委会宣布欧战结束后尽早大选,绝不重复 1918 年的"联票选举"。[2] 工党领导层当时猜测丘吉尔会效法 1918 年的劳合·乔治,携胜利余威顺势而为并稳操胜券。艾德礼等一度考虑 1945 年秋大选,以避开丘吉尔的最高光时刻,但设想落空。一方面,丘吉尔表示要么等彻底战胜日本再选,要么击败德国后立即大选。另一方面,工党基层要求速战速决,工党在 1943 和 1944 年补选中的强劲表现令基层党员相信工党有实力与保守党一较高下,

① A. J. P. Taylor, *English History*, p. 712.

② Andrew Thorpe, *A History of the British Labour Party*, p. 116.

1945 年 5 月 21 日在布莱克浦召开的工党年会以计票表决支持立刻大选。面对普通党员施加的压力，"比起新的党派联合和可能由此引发的工党分裂，工党的领导人更愿意领导一个彻底的反对党"。[①] 实际上两党精英都没意识到民意剧烈左转，更未料到大选结果。

1945 年 5 月，工党公布竞选宣言《让我们面对未来》（Let Us Face the Future）。宣言不再对社会主义遮遮掩掩，光明正大以社会主义为奋斗目标；明言将英格兰银行、能源与钢铁等企业收归国有；承诺全面促进就业，保障社会安全，建设全民医疗服务体系并贯彻 1944 年《教育法》（Education Act 1944）。宣言重视民生而非权贵阶层特权，宣称"食品价格必须受到限制"，强调建造"民众住房"而非"高楼广厦"、生产"大众生活必需品"而非"少数人的奢侈品"。宣言还声明以《贝弗里奇报告》为施政指南，用科学预算及财政手段调节社会经济，凯恩斯主义气息浓厚。贝弗里奇和凯恩斯都是自由党知识分子且前者还以自由党候选人参选。工党偷梁换柱，盗用他们的思想。就此维度看，1945 年大选是气数已尽的自由党和工党联手对抗保守党。自由党选民大多转投工党，壮大了工党选民队伍。麦克唐纳若泉下有知必深感欣慰，他毕生追求的工党—自由党合作以此种怪异方式变为现实。

保守党竞选宣言《丘吉尔先生对选民的政策宣言》（Mr. Churchill's Declaration of Policy to Electors）也承诺力促就业，确保社会安全，但都是泛泛之谈。保守党主流对国有化三缄其口，暗示国有化就是共产主义经济政策，严重威胁个人自由。保守党高层没有读懂民众心声，在竞选过程中一再给工党候选人扣社会主义帽子，殊不知选民正翘首企盼社会主义。保守党将丘吉尔大名赫然列于竞选宣言标题，无疑想借这位英雄头顶的光环为选战助威。这本无可厚非，丘吉尔却弄巧成拙。他的盖世太保演说（Gestapo Speech）把工党类比为纳粹，徒增民众反感。6 月 13 日，他在广播讲话中提到即将执行的多项行动：对日战争，军人复原，重振工业，恢复贸易以及关于食品、工作和住房的计划。他没有察觉同胞已厌倦任何战争，将民众最关心的工作与住房问题列在最末，把对日作战摆在头条，似乎坐实了工党对他的指控——穷兵黩

---

① 乔纳森·施内尔：《拯救不列颠》，第 351 页。

武的战争狂魔。

　　7 月 5 日,选民开始投票,为等待海外士兵邮寄选票,7 月 25 日才开票。工党获 1200 万张选票,拿下 393 席,保守党只赢得 210 席,自由党已成散兵游勇。丘吉尔后来愤愤不平称:战争期间保守党"完全去掉党派活动",工党却"不受阻拦地继续开展党派活动",毫无顾忌地突出"党派的色彩";胜利在即时,保守党"站在非常不利的地位",工党却搞"一整套新的标准诱惑选民"。① 丘吉尔所言基本准确,只是夹杂着一丝酸味。工党战争期间负责民事,急民所急,想民所想,处处展示亲民形象。艾德礼的弱势领导反倒有利于工党激进派不顾工党领导层意见,在基层放手发动群众,壮大组织。工党大会每年如常召开,选区工党亦注重民事工作、家园恢复与战后重建的连续性。自阿拉曼胜利开始,英国朝野实已启动系统的重建工作,这等于给了负责内政的工党两年半时间向选民营销战后社会经济政策。若选票是月,选民是水,那工党就是近水楼台。反观保守党,丘吉尔和副手艾登忙于军事和外交,无暇顾及党组织建设和官民互动。保守党生力军本来都是张伯伦一路的,然而张伯伦已死,鲍德温已退,霍尔和哈利法克斯分别在马德里和华盛顿消磨时光。保守党资深党员与后座议员与丘吉尔关系生疏,大选前消极观望。麦克米伦和霍格等少数人感觉到了时代的嬗变,但他们毕竟是小字辈,还没有资格扛旗。在这样充满变数的换血期,保守党看起来有一位光彩照人的世界级领袖,实则上下不一、首尾脱节。1944 年,一名保守党资深议员抱怨"从来没有哪个党像如今的保守党一样群龙无首"。② 丘吉尔是民族领袖、世界反法西斯联盟领袖之一,但生性党派意识淡薄,甚至鄙视党争,几乎忘了自己还是保守党领袖。他不仅忽视了党组织建设,也未察觉民众一战后只想过太平小日子的心理,他对一战后同胞心理的理解远不如鲍德温和麦克唐纳透彻,对二战中民心的把握更不如艾德礼和莫里森准确。莫里森 1943 年鼓噪社会经济改革时,丘吉尔语带厌烦反诘:"您为什么要这么不安生呢?"③丘吉尔也忘记了人民对这场敌人强加给英国的战争本无兴趣,而他以一位老派贵族子弟领导国家,眼里只有军事、帝国

---

① 温斯顿·丘吉尔:《第二次世界大战回忆录(第六卷)》,第 508 页。

② Stuart Ball, *Portrait of a Party*, p. 472.

③ 乔纳森·施内尔:《拯救不列颠》,第 330 页。

以及荣誉。他或许会对拉斯基这段批评他的言辞照单全收并引以为豪:

> 在丘吉尔先生的心目中,这次战争和过去历次大战在本质上没有什么不同;他就是大战路易十四的马尔伯勒或大战拿破仑的皮特。他对战争的社会意义不感兴趣。①

战争打到 1942 年底时,重建已压倒军事。民众殷切期待战争的社会意义,丘吉尔却引导他们远望欧洲大陆,甚至遥远的亚洲,民心所愿与领袖所想南辕北辙。波茨坦会议上,丘吉尔被艾德礼取代释放出颇值玩味的信号——英国人对世界事务已失去兴趣,做好了回归小国寡民的准备;本土太平便万事大吉,至于帝国这份祖宗基业随时准备拱手让出。这也是英帝国战后和平解体的心理前提。1945 年保守党败选对丘吉尔并不全是坏事,起码他不会成为"主持英帝国解体的第一位首相"。最后,大选是以政党而非领袖的名义举行的,保守党当时仍身背绥靖的骂名,工党选战时不时朝保守党旧伤口撒盐,提醒民众勿忘可耻的绥靖。绥靖对保守党荣誉的伤害就像大萧条对工党名声的伤害一样持久,麦克米伦后来语带夸张地说:"1945 年大选中失败的不是丘吉尔,而是张伯伦的幽灵。"②

抹黑对手或坐等对手犯错并不能赢得大选,工党绘制了一幅清晰的社会主义蓝图,而经过战火洗礼的选民正期待全面实践民主社会主义,这才是工党胜选的关键。除了具备碾压性优势的选票和议席,以下三点尤令工党骄傲。其一,工党较为激进的政策深得年轻选民拥护。1935 年大选时,2/3 选民出生于 1900 年以前,而 1945 年大选时,一半选民出生 1900 年后。工党在年轻选民中的优势转化成了实实在在的胜果。③ 其二,英格兰盛行保守主义,工党在往届选举中不受英格兰人欢迎,但 1945 年大选工党在英格兰首次表现得比苏格兰更出色。其三,工党不仅掳走了大量工人选票,也将相当一部分中产,

---

① 拉斯基:《论当代革命》,第 367 页。中译本"马尔伯勒"和"皮特"分别译为"马尔巴罗"、"庇特"。

② 哈罗德·麦克米伦:《麦克米伦回忆录,3:时来运转》,第 40 页。

③ Ross Mckibbin, *Parties and People*, p. 110.

尤其是中产下层的选票收入囊中。胜选的 393 名工党议员仅 150 人是字面意义上的工人阶级，另有 44 名律师、49 名教师、25 名新闻记者、15 位医生、18 名企业主管。① 这些人既是专业精英，也是典型中产，他们的学识、职业和收入确保工党不会过度左倾。"工党既是受过教育的中产阶级的政党，也是工人阶级的政党"，它可理直气壮自称代表不列颠人民而非某个特定阶层的利益了。②

1945 年建立的工党政府成就非凡，在工党执政史上堪为典范。它在外交方面迈出了从大英帝国回归纯粹岛国的第一步；它确立的经济模式一度克服了尖锐的阶级斗争并化解了噩梦般的长期失业；直至今日，英国社会政策也很难突破这届政府构建的框架。众所周知，百余年的英国工党史从不缺内讧。无论早年的哈迪与麦克唐纳还是 1930 年前后的麦克唐纳与斯诺登等人均互相拆台，背后捅刀；1945 至 1951 年，艾德礼和莫里森互不待见，党内高层钩心斗角，但主要领导人政治理念总体一致且尽力彰显权势平等、关系融洽。政府最显赫的五巨头分别是首相艾德礼、外交大臣贝文、枢密院主席兼下院领袖莫里森、财政大臣达尔顿、商贸大臣克里普斯，他们分工明确，配合亦相对默契。

追问什么是英国社会主义，了解艾德礼其人或许能得到最佳答案。他自称社会主义者且毕生为之奋斗，但不定义什么是社会主义。他的从容不迫有如现代英国政治史的波澜不惊，更似无需流血及革命的英国社会主义之徐徐演进。他爱国、保王、守宪，甚至怀疑阶级斗争的存在。他支持国有化，但不阐释国有化意义何在。他无趣沉闷，1935 年当选党魁，直到 1945 年在军政两界仍默默无闻。工党战时主导内政，贝文和莫里森出尽风头，贵为副首相的艾德

---

①　Kenneth O. Morgan, *Labour in Power*, *1945 - 1951*, Oxford University Press, 1985, p. 60.

②　Ross Mckibbin, *Parties and People*, p. 142.

礼实无具体职责,很少进入民众视界,媒体谓之"看不见的人"。[1] 大选胜利后,仍有不少人建议由莫里森取代艾德礼执掌新政府。莫里森亦曾试探性表示:"在议会工党重新确认艾德礼的领袖地位或者选举别人(比如他自己)担任领袖之前,就算受到国王召见,艾德礼也不应当去觐见。"艾德礼则反诘:"如果国王要求您去组建一个政府,您只能回答'行'或者'不行',而不能回答'我过后再告诉您'。"[2]艾德礼机智且强硬回击莫里森的不轨之意仅仅是捍卫自己的正当地位,他已连任十年工党领袖,指挥工党赢得了 1945 年大选的完胜。贝文坚决抵制莫里森,丘吉尔辞职时也向国王举荐低调的艾德礼,而艾德礼很快以公私分明的用人证明他配得上为国掌舵。比万长期诋毁、鄙视艾德礼,但艾德礼以德报怨,仅因比万"能力强"便任用他负责医疗和住房两大民生板块。1945 年 10 月,当比万着手创建 NHS(国民医疗服务体系)却遭遇专业医生抵制时,艾德礼为其打气,勉励他"在极大的困境中"顶住压力前行。[3] 除了统筹协调,艾德礼主要负责帝国和外交事务。他不擅长处理经济与社会事务,但创设了 150 多个委员会分门别类处理经济、外交、住房等问题,显著提高了政府专业化水平。[4] 艾德礼的领导艺术至少确保了党和政府在 1945 至 1947 年间团结一致,所有部门各司其职,内外工作有条不紊推进。

贝文领导工会的经验与技巧家喻户晓,他本是各界看好的财政大臣,只因偶然原因才执掌外交部。出人意料的是,接下来几年贝文处理外交事务得心应手。工党政府奠定了整个冷战期间英国外交政策的基石,其中贝文功劳最大。就形塑一种外交范式而言,贝文的作用"自帕麦斯顿以来"无可匹敌。[5]枢密院主席莫里森实际等同副首相,操刀国有化。早在 1933 年,他便出版一本小册子《社会化与运输业》(*Socialism and Transport*),畅想工业国有化,国有化运动最初两年,他是无可替代的主心骨。达尔顿原觊觎外交大臣职位,直到组阁前,艾德礼才令其打理财政。他负责的财政部为经济复兴搭建了良好

---

[1] John Bew, *Clement Attlee: The Man Who Made Modern Britain*, Oxford University Press, 2017, pp. 309-310.

[2] 乔纳森·施内尔:《拯救不列颠》,第 391—392 页。

[3] John Bew, *Clement Attlee*, pp. 395,397.

[4] Kenneth O. Morgan, *Labour in Power*, p. 49.

[5] Kenneth O. Morgan, *Labour in Power*, p. 49.

平台,他制定的预算帮助英国挺过了 1947 年初的财政危机。达尔顿慧眼识英才,重用卡拉汉(James Callagham)、盖茨克尔(Hugh Gaitskell)等后起之秀,为工党打造出以老带新的合理人才梯队。克里普斯不再飞扬浮躁,重回工党负责进出口贸易,1946 年他的印度之行亦表现不俗,1947 年接任财政大臣,为英国经济复兴所做贡献首屈一指。

除上述五巨头,内阁还包括其他一些重量级人物。艾迪逊勋爵(Lord Addison)任上院领袖,他在贵族中人脉甚广,下院表决的议案不必多费周折便能在上院过关。[1] 大法官约维特曾担任重建委员会委员,深孚众望。嗜酒如命的格林伍德任掌玺大臣,是福利国家建设不可或缺的大员。工党主席、左派理论大师拉斯基没得到行政职位。他大选后仍藐视艾德礼权威并到处鼓吹亲苏外交,艾德礼斥之曰:"你无权代表政府说话,外交事务在能干的厄内斯特·贝文手中,我确信党内普遍憎恶你的行为,你闭嘴一段时间会受到欢迎。"[2]打压拉斯基这种书生意气的左派分子不代表艾德礼忽略左派心声,能源大臣(Minister of Fuel and Power)辛维尔(Emanuel Shinwell)、卫生大臣比万以及食品大臣(Minister of Food)斯特拉齐(John Strachey)都是左派。他们虽不省事,但都是独当一面的干才且无意动摇五巨头权威。内阁最初有如张伯伦的战时内阁,年龄偏大。1947 年政府改组后,三十一岁的威尔逊(Harold Wilson)接替克里普斯担任商贸大臣,盖茨克尔荣膺能源大臣,他们高就为政府带来了朝气。

政府人才济济,绝大多数工党议员对政府忠心耿耿,多数议题不必担心议员反叛。当选的近 400 名工党议员半数以上是专业技术人员,为充分发挥他们的业务专长,莫里森将议员分为 17 个小组,每个小组专门应对特定领域具体事务。[3] 议员俗务缠身,没有过多时间和精力参与议会辩论,政府也省了不少麻烦。所谓的"左倾集团"人数寥寥,不时发声刁难政府的经济和外交政策。经济领域,他们反对混合所有制,主张效仿苏联推行全盘国有化。外交方面,以奇利亚库斯(Konni Zilliacus)为代表的反美集团主张远美亲苏;克

---

[1]　Andrew Thorpe,*A History of the British Labour Party*, p. 131.

[2]　Martin Pugh, *Speak for Britain!* p. 282.

[3]　Kenneth O. Morgan, *Labour in Power*, p. 60.

罗斯曼(Richard Crossman)等人要求在美苏之间中立。艾德礼毫不留情痛斥他们无事生非且幼稚可笑,批评奇利亚库斯"对事实之缺乏了解令人震惊"。① 1948年,奇利亚库斯等几名反叛议员被逐出党,他们在1950年大选中纷纷落败。

工党总干事菲利普斯(Morgan Phillips)组织能力极强。他特别注意维护党在中产阶级心目中的形象,反对高税收并抵制过左政策。菲利普斯主持工党全国执委会工作,与工会积极沟通并赢得了工会的支持与信任。战争期间出台的罢工禁令直到1951年才废除,工会并未提出异议。工会温顺,菲利普斯功不没,而战后的高就业率和覆盖全民的社会安全网令大多数工会会员满意,他们没有闹事理由。运输与通用工人工会(Transport and General Workers' Union,TGWU)、市政工人总工会(General and Municipal Workers' Union,GMWU)、全国矿工联合会(National Union of Mineworkers,NUM)均反对左倾,积极配合政府工作。② 其他影响稍次的工会,如铁路工人工会(National Union of Railwaymen)、销售工人工会(Shop Workers' Union)也大体对政府保持"持久的忠诚"。③

内阁团结、阁员精干、工会鼎力支持、工党议员忠诚,这些无形资产均为政府大展宏图提供了可靠保障。工党从丘吉尔手中接过的不仅是政府,更是一个大国前途未卜的命运。海外帝国摇摇欲坠,本土百废待兴;如何调整外交,怎样复兴经济,能否在维护传统宪制的前提下建设社会主义,都是考验工党的棘手难题。

工党起初欲继续维系战时形成的英、美、苏三国合作机制,然而时局骤变很快证明这不切实际。苏联和美国不再视英国为平起平坐的伙伴。1946年,英苏关系出现明显裂痕,三国外长会议不欢而散。"左倾集团"将此归咎于贝

---

① John Bew, *Clement Attlee*, p. 393.

② Kenneth O. Morgan, *Labour in Power*, p. 77.

③ Kenneth O. Morgan, *Labour in Power*, p. 79.

文的对苏成见,他们希望英国在美苏两极之间保持超然姿态,联络包括捷克斯洛伐克、波兰等国在内的欧洲国家组成所谓的"第三方力量"。不过苏联的行动很快让这一构想胎死腹中。1948 年,苏联导演捷克斯洛伐克政变,蹂躏中东欧之心昭然若揭;共产党情报局(Communist Information Bureau)的成立意味着解散了的共产国际已成功借尸还魂;旋即而至的柏林危机证实苏联要与美国争霸。英国民众如梦方醒,极左派也看清了苏联真面目,只能无条件倒向美国。然而《租借法案》的中止以及美方提供贷款的苛刻条件证明美国人对英国人并无特殊感情,英美特殊关系只是英国人的一厢情愿。面对冷峻现实,1947 年 1 月,内阁秘密会议决定独立研发核武器,达尔顿和克里普斯以经费紧张为由反对研发,结果失去参与内阁秘密会议资格。[1] 战时丘吉尔将巴尔干和近东视为英国势力范围,工党高层起初误以为满目疮痍的苏联短期内无力蚕食巴尔干和中东,英国仍有望控制东地中海的战略要津,贝文甚至把"保持英国在东南欧和东地中海的影响力视为理所当然"。[2] 然而英方很快察觉苏联对近东和伊朗等地鹰视狼顾。掂量轻重后,1947 年 2 月,贝文知会美国,英国已无力维持土耳其和希腊秩序,杜鲁门随后游说国会提供巨资抚平希、土两国骚动。杜鲁门游说被视为冷战宣言,标志着美国正式接棒英国,主导世界秩序。8 月,美国同意停止英镑与美元自由兑换,算是对英国网开一面;次年马歇尔计划(Marshall Plan)雪中送炭,它并非针对英国的小灶,但迅速到位的资金大大缓解了财政压力。1949 年 4 月,北约(NATO)成立,英国防务迅速与美国绑定。即便今日北约内部嫌隙频生,与美国一起利用北约捍卫国家利益仍是英国外交政策基石。

两次大战中,英国均与法国并肩御德,战后希望与法国继续保持合作,但法国与德国筹建欧共体(European Community)时并没有把英国视为不可或缺的成员,英国也对法德亲和甚感尴尬。此时英国除了想与美国保持特殊关系,还对自身整合帝国资源以扮演世界一极抱有一丝希望,无奈帝国土崩瓦解速度之快超乎意料。二战之后,亚非民族独立运动风起云涌,首先冲击的自然

---

① Kenneth O. Morgan, *Labour in Power*, p. 282.

② Kenneth O. Morgan, *Labour in Power*, p. 235.

是老朽的英帝国。英国高层审时度势,主动从南亚和巴勒斯坦抽身。工党政府最初希望将印度升格为自治领,继续留在帝国之内。1946年,克里普斯率领的代表团前往印度与当地民族主义者磋商。印度人的要价和四年前几无二致——彻底独立。1947年3月,英国政府同意印度完全独立,军政人员至迟于当年8月撤出印度。考虑到印度教徒和伊斯兰教徒的世仇,英国人撤离前将南亚次大陆划分为以印度教徒为主体的印度和以伊斯兰教徒为主体的巴基斯坦两个国家,以免当地将来上演大规模民族冲突和宗教仇杀。客观说,英国无需对后世印巴领土纠纷及军事冲突负主要责任,但它是今日巴以冲突的罪魁祸首。早在第一次世界大战期间,英国便宣布支持犹太人在他们的祖籍巴勒斯坦复国,其后,世界各地犹太人陆续涌向巴勒斯坦。1948年5月,英国不负责任地仓促结束了对巴勒斯坦的托管,犹太人借机宣布"复国",而巴勒斯坦地区多是阿拉伯人,巴以冲突自此无法消停。退出南亚和巴勒斯坦后,英帝国重心转移到了非洲,部分英国人相信若有效开发中南非洲,他们仍能支配丰富资源。随后几年,英国在坦葛尼喀(Tanganyika)等地开垦了大量种植园,试图用英镑维系它与非洲各族,准确说是各部落的感情。不过英国人很快就发现开发东非和南非成效甚微,收不抵支。

工党亟需展示经济管理能力,以证明1931年的垮台纯属时运不济。不过战争结束时的英国经济残破,谓之"经济上的敦刻尔克"并不为过。[①] 经济面临从战时向常态的艰难转变。《租借法案》确保英国战时不必过分担心物资不足,但也加深了对美依赖。战后不久美国中止了《租借法案》,英国经济雪上加霜。1945年8月23日,凯恩斯在列席一场内阁紧急会议后写道:"我们事实上处于破产状态。公众期待中的那种经济基础并不存在。"[②]年底,以凯恩斯为首的代表团赴美申请贷款。杜鲁门乐意继续帮扶英国,但国会议员对英国

---

① Alec Cairncross, *Years of Recovery: British Economic Policy*, 1945-1951, London, Methuen, 1985, p.10.

② 罗伯特·斯基德尔斯基:《凯恩斯传》,第846页。

"新的社会主义政府极不信任",指责它"浪费""奢侈"。① 美国和加拿大承诺放贷,条件是一年内实现英镑与美元自由兑换。英方明知这必致英镑外流,加剧经济风险,但为解燃眉之急必须低头。英国靠美国贷款暂缓危机,较大规模的商品进口保证市场上生活必需品充足,百姓生活水平没有出现断崖式下降。因生育率走低及战争伤亡,战后英国劳动力短缺,绝大多数工人免遭失业困扰。

1947 年 1 至 2 月,英国经历了 20 世纪最寒冷的冬天,冰雪长期覆盖大地,许多区域连续十多天不见阳光。煤矿本就人力不足,加之矿工自 1946 年起实行一周五天工作制,能源和燃料奇缺。煤炭存储量一度下跌至 400 万吨,逼近国家生存的警戒线。② 冰天雪地致使运输中断,工厂关门,村庄与外界失去联系,牲畜成群冻死,饥寒交迫的百姓为停电所苦,甚至连广播也无法收听。政府信誉严重受损。英国国内生产不足,过度依赖商品进口,但这需要足够硬通货作后盾。1947 年 3 月,达尔顿警告"灾难的阴影已隐约可见"。③ 几个月后果然上演英镑挤兑风潮,货币体系几近崩盘,"不列颠看起来正走向破产"。④ 政府被迫于 8 月 20 日强行中止美元与英镑之兑换六个星期。⑤

达尔顿难辞其咎,克里普斯顺势取代他担任财政大臣。艾德礼地位也岌岌可危,莫里森的喽啰鼓噪首相主动让贤。艾德礼靠贝文鼎力支持以及对克里普斯的巨大让步才保住相位。为报复莫里森,艾德礼成立经济事务部(Department of Economic Affairs)并委任克里普斯兼管此部,全权负责"(生产)计划及出口"。艾德礼的借口是让莫里森集中精力领导下院,实则把他手握的经济大权剥夺殆尽。克里普斯在这次权斗中自愧"像一只肮脏的狗",但权势大增,风头日盛。⑥ 凭借手握权力,他"不仅能够制定国内经济政策,同时

---

① Eric Shaw, *The Labour Party since 1945*, Blackwell, 1996, p. 21.

② Kenneth O. Morgan, *Labour in Power*, p. 332.

③ Alec Cairncross, *Years of Recovery*, p. 131.

④ Kenneth O. Morgan and *Labour in Power*, p. 345.

⑤ Roderick Floud and Paul Johnson eds, *The Cambridge Economic History of Modern Britain*, Vol. Ⅲ, p. 143.

⑥ John Bew, *Clement Attlee*, p. 457.

掌控了出口和外贸"。① 克里普斯严格限制消费,开启了长达数年的紧缩时代。这位曾与英国共产党授受不亲的怪人本来就是一名清教徒。他的素食主义、虔敬信神和不修边幅都与严厉紧缩非常般配。他限制进口,强推实物配给制,导致大众生活水平普遍下滑,肉类和蔗糖配给量甚至比战时更低,政府信誉再打折扣。他还开征购买税压制民众消费欲望,甚至谴责女性穿长裙,理由是短裙节省布匹。② 他奉劝同胞减少对美依赖,敦促他们认清英国需要增加出口以带动复苏,进而增强自身造血功能。他尤为重视预算的调节作用,刻意引导资本向生产领域流动,是第一位真正贯彻凯恩斯主义的英国财政大臣。③到 1948 年,节流开源止住了经济颓势,马歇尔计划提供的资金为克里普斯拓宽了调整财政和经济结构的空间。1949 年,英镑再遇危机,克里普斯因病修养,盖茨克尔代管财政,他和威尔逊强烈建议英镑贬值。内阁接受了他们的意见。1949 年 9 月 18 日,每英镑从 4.03 美元贬为 2.80 美元,贬值幅度达30%。④ 这是英国国力衰落的痛苦写照,也说明工党领导人敦本务实,毕竟货币贬值有利于出口。克里普斯措施得当,美国援助及时到位,英镑适时贬值,这一切共同助推英国经济走出了困境,步入了未来十余年平稳运行的健康轨道。

工党大选时便将国有化当作拉票大招,承诺战后推行混合经济管理模式。1946 年,英格兰银行和民航部门率先完成国有化。1947 年,煤炭、陆路运输以及无线电行业实现了国有化。采煤业的尖锐纠纷深深印刻在不愉快的劳资关系史上,加之战后能源短缺、矿工不足,工党政府希望通过国家统筹改善煤矿管理,矿工则以"更真诚且发自内心的热情洋溢"对国有化报以掌声。⑤ 结果,煤炭工业几无争议地完成了国有化,可谓国有化的金字招牌。国有化并非出于马克思主义的财产公有制理论,也不照搬苏联强行将私人企业收归国有或

① Kenneth O. Morgan, *Labour in Power*, p. 355.

② Kenneth O. Morgan, *Britain since 1945: The People's Peace*, Oxford University Press, 2001, p. 73.

③ Kenneth O. Morgan, *Labour in Power*, p. 364.

④ Roderick Floud and Paul Johnson eds, *The Cambridge Economic History of Modern Britain*, Vol. Ⅲ, p. 145.

⑤ Kenneth O. Morgan, *Labour in Power*, p. 105.

无偿充公。工党用公平补偿从资本家手中购买企业,交由政府管理。资本家把补偿所得投入股市、商业、房产等领域,结果"富人变得更富"。[1] 工会在国有化进程中只是配角,工会会员也鲜有机会进入国有企业决策层。多数国有企业并未大幅改组生产工序,仅用"专断的公共官僚"取代原先"不负责任的私营资本家"。[2] 国有化只局限在一定部门,并未波及棉纺等行业;零售、饮食等服务行业因操作不便从来不在国有化日程表上。1948年,电子工业和煤气国有化后,国有化明显后续乏力。钢铁工业国有化遭遇强烈抵制,只能等下届大选后再行议定。在极左派看来,国有化尚待深入,而在右派眼中,国有化已经过火。19世纪以前的英国人在宗教和政治上喜欢妥协,部分辉格主义史家甚至说妥协是政治的灵魂;二战后的混合所有制模式则把妥协精神应用到了经济领域中,进一步印证了不列颠民族行事适可而止的天性。

　　后世多指控国有企业是二战后英国加速衰落的罪魁祸首,悖论是,国有化的原初目的是提高企业生产效率。英国工业生产率低下,19世纪晚期已饱受诟病,20世纪仍无改观;工党相信国家管控能实现资源优化配置,进而提高企业竞争力。工党政府推行国有化绝不是为了公平分配财富,也即"经济而非社会信条"才是国有化主要驱动力;国有化后企业仍以市场需求为生产指南,而非盲目执行计划经济。[3] "国有化从未与计划经济观念捆绑",市场仍是经济运行的指挥棒。[4] 国有企业的真正缺陷是忽略了就业与经济兴衰的关联性。20世纪上半叶,深受失业所苦的两代英国人大都相信国有企业能确保就业,使工人免遭资本家过度压榨。这种认知掺杂着明显的基尔特社会主义色彩。贝弗里奇认为失业是致贫首因;工党把"充分就业"视为社会主义是否优越的晴雨表;即便凯恩斯对政府是否有财力长期维系社会安全体系存疑,但在他的经济学分析中,就业与经济好坏相为因果。细究国有化动因,可以说它是凯恩斯主义和基尔特社会主义的共同产儿,是英国民主社会主义的经济基础。当然,国有化也有战略层面的考量,战时经历表明,私营企业的无序经营有碍国

---

[1]　Kenneth O. Morgan, *Labour in Power*, p. 136.

[2]　Kenneth O. Morgan, *Labour in Power*, p. 96.

[3]　Kenneth O. Morgan, *Labour in Power*, p. 96.

[4]　Alec Cairncross, *Years of Recovery*, p. 464.

防,关涉国计民生的企业最好掌握在国家手中。①

战后工党政府留给后世的最大遗产是覆盖全民的福利体系,工党更愿称之为社会安全保障体系。工党战时和大选中已绘出这个体系的草图,战后迅速制定了一揽子社会政策。除"充分就业","中央政府为所有社会成员提供公共安全网",民众享受"平等且免费的医疗和教育"。② 医疗是最难啃的骨头,工党甫一主政,内阁便向议会提交一份医院国有化议案。英国医学会(British Medical Association)和全科医生(GPs)强烈抵制,他们担心职业自由受到威胁。比万为笼络高级医师,被迫承认他们的技能价值(merit awards),将他们纳入医疗管理系统的同时允许他们开设私人诊所,用比万自己的话说就是医生"理应全面参与他们自己职业之管理"。1948 年正式创设的 NHS 是政府与医生妥协的产物。现有医院全部转为公营医院,医生在 NHS 系统享受优渥待遇,收取诊断费,医院也有权收取床位费。③ NHS 是工党福利国家建设成就的典范,是比万眼中的社会主义"试金石"。④ 在成功构建医疗体系过程中,比万声誉鹊起,成为左派偶像,但也付出了巨大政治代价,甚至赌上了自己的政治前途。为了 NHS,他不仅与保守党唇枪舌战多年,对医师妥协,也与党内要员交恶。工党高层普遍担心医疗支出破坏财政健康,比万为筹措医疗资金与财政部矛盾迭起,后又与国防部吵架,在党内高层逐渐被边缘化。格里芬斯(James Griffiths)主导的《国民保险法》(National Insurance Act)于 1946 年通过。该法要求所有参加工作者均需扣除部分工资作为领取养老金、医疗保险以及失业补助金的前提。1948 年生效的《国民救助法》(National Assistance

---

① Eric Shaw, *The Labour Party since 1945*, p. 24.

② Howard Glennerster, *British Social Policy: 1945 to the present*, Blackwell, 2007, pp. 5 - 7.

③ Rodney Lowe, *The Welfare State in Britain since 1945*, Macmillan, 2005, pp. 184 - 185.

④ 钱乘旦等:《英国通史(第六卷):日落斜阳,20 世纪英国》,江苏人民出版社,2016 年,第 74 页。

Act)为低收入者或完全没有收入来源的人提供适度救助,为国民构织了一张至少不至于忍饥挨饿的"安全网"。①

福利体系带给普通民众充分安全感,然而它与一战前的新型自由主义改革以及大萧条时代的国家干预一样,从长远看必然加重政府财政负担,造成公共机构臃肿膨胀,助长民众对国家的依赖性。即便就眼前看,它的诸多规定也不尽合理。首先,扣除的各类投保费用占了低收入者工资的很大份额,严重影响了他们的眼下生活。其次,战后社会安全政策是在失业率较低的前提下出台的;一旦遇到大规模失业潮,低收入者必无力缴纳名目繁多的保费,届时政府如何填补资金缺口不得而知。再者,单一比率(flat-rate)的缴费模式极不合理,难以持久,这在养老金项目上体现得非常明显。1950 和 1960 年代,保守党欲在国家基本养老金基础上改革养老制度,使其与个人收入挂钩,可谓切中时弊。②

工党起初豪情万丈,力争兑现竞选宣言的重要承诺——修建住房,实现居者有其屋。因战争毁坏以及年久失修,战后初期房屋短缺,大批民众流离失所,各大城市周遭布满了贫民窟。由于资金短缺、劳力不足以及住建材料匮乏,至 1947 年底,各级政府只修建了不足 20 万套住房。其后经济好转,从1948 到 1951 年,政府每年都能保证 20 万套住房竣工。③ 比万要求公屋建设水准向商品房看齐,不得偷工减料。经举国努力,"几百万人住上了新建或翻新房屋,……是一项可观成就"。然而与 1934 至 1938 年间每年修建 36.1 万套住房相比,工党住房政绩仍略显逊色。1951 年,全国仍缺 100 多万套住房。④

工党标榜施政为公,但它没有把全新的社会经济政策理解为大尺度劫富济贫,而是有条不紊引导国家逐步从战时向常态回归。经济上的严厉紧缩与覆盖全民的社会安全网铺构看似矛盾,政府却巧妙让两者并行不悖。面对残破家园和失序经济,工党高层发现他们许诺的"新耶路撒冷"比地表的耶路撒冷更遥远,只能立足实际,先恢复生产、积累财富,而非大手撒钱兑现福利。政

---

① John Bew, *Clement Attlee*, p. 404.

② Howard Glennerster, *British Social Policy*, p. 38.

③ Andrew Thorpe, *A History of the British Labour Party*, p. 130.

④ Kenneth O. Morgan, *Labour in Power*, p. 180.

府发放"资力审查"性质的补助,加之当时失业率较低,实际补助对象并不多,"用于社会安全网的公共开支被压得很低"。工党执政六年,福利开支占 GDP 的比重仅从 10% 涨到 14%。[1] 1946 到 1952 年,英国 GDP 增幅达 14.5%,消费增幅只有 5.9%,商品和服贸进口增幅仅 14.5%,对应出口增幅却高达 77.3%,国内固定资本投资增长了 57.9%。[2] 这些数据充分印证了努力生产、抑制消费的成就。1945 至 1951 年主政的工党高层是一战前后成长起来的工人阶级,他们热切憧憬平等和富足,但没丢弃老一辈工人勤俭持家的品质,在物资奇缺、百废待兴的劣境中兼顾福利与效益,他们的节衣缩食为保守党 1950 年代的挥霍攒下了本钱。

在国有化和社会安全体系构建过程中,中央政府权力越来越大,几乎无孔不入。地方政府本在医疗、教育以及市政服务等领域的自主权逐渐丧失,今后奉命行事即可。医院管理与地方脱钩了;民用燃料和电力供应无需地方政府操心;1945 年的一项法案规定地方政府贷款须经财政部批准,地方财政丧失灵活性。[3] 短短几年,地方政府惯常行使的权力所剩无几。英国治理体制悄然改变,宪制外壳仍一如既往。麦克唐纳时代,工党已经定调,它只想在既定宪制基础上改造国家;1945 年后启动的少许宪制改革对国体几无影响,甚至可以说"艾德礼政府在宪制事务上比后来的任何工党政府都更加保守"。[4] 取消大学议席无关大局,1948 至 1949 年的调整选区反而导致下届选举对工党极为不利。1949 年,上院延置下院议案的期限从原来的两年缩短为一年。工党拥戴王室,认可爵位制,支持本党翘楚接受贵族封号跻身上院。

战后重建政绩斐然,福利制度合乎民心,经济稳步复苏,外交政策也给民

① Jim Tomlinson, *Managing the Economy, Managing the People: Narratives of Economic Life in Britain from Beveridge to Brexit*, Oxford University Press, 2017, p. 29.

② Jim Tomlinson, *Managing the Economy, Managing the People*, p. 33.

③ Andrew Thorpe, *A History of the British Labour Party*, p. 132.

④ Brian Harrison, *Seeking a Role: The United Kingdom, 1951-1970*, Oxford University Press, 2009, p. 106.

众安全感。1950 年初,艾德礼踌躇满志宣布 2 月 23 日大选。这场大选平淡无奇,各党竞选宣言均味同嚼蜡。工党有意淡化国有化,只强调复兴经济、完善福利以及保证充分就业。莫里森特别强调党要继续巩固在中产阶级职业精英和技术官僚中的阵地,重视赢得家庭主妇的支持。丘吉尔在爱丁堡发表演说抨击贝文外交政策,艾登、巴特勒、麦克米伦等保守党骨干对丘吉尔大放厥词提心吊胆,所幸外交并非本次大选热点话题。更重要的是,在艾登和麦克米伦等新生代生力军努力下,保守党上下反思 1945 年惨败,在过去五年中大幅改善党组织,转变了执政思路,高度重视民生,默认工党多数政策,尊重工会,树立了亲民形象。选战过程中,保守党尤为重视争取原自由党选民的支持,收到了一定实效。工党收获 13266176 张选票,保守党获得 12492404 张选票。单就选票数看,工党无疑是大赢家。但它只赢得 315 席,保守党却赢得 298 席。自由党推出了 500 多名候选人不过是虚张声势,因竞选经费奇缺,它的候选人大都滥竽充数,毫无竞争力,只赢得 9 席,该党已被选民遗忘。工党席位与选票数较不对称,主要原因是选区调整误伤自己,起码导致工党少得 30 席,它赢得 60 个人口最多的选区中的 50 个足以佐证这一点。[1] 工党政策也有值得检讨的瑕疵,它在工人阶级的大本营兰开夏、约克郡、伯明翰、考文垂、谢菲尔德等地仍独占鳌头,但保守党在大伦敦都市区卷土重来,拿下多数席位,而大伦敦都市区是典型中产阶级聚居区。工党和保守党分别主导英国北部和南部的格局一目了然。全国范围内,白领阶层对工党的支持率由 1945 年的 28% 降为 23%。[2] 工党温和派指责比万的激进主义疏远了中产阶级,而比万埋怨选举时机不宜,莫里森亦附和比万,批评艾德礼把大选安排在冬季昏聩至极。

　　下院微弱多数预示着不久还得重新选举,但艾德礼镇定自若,自信其第二届政府有能力应对一切叵测风云。1950 年,英国经济爆发性好转,与 1947 年相比,工业产值高出 30%,外贸出口增加了 60%,财政盈余达 2.29 亿镑。[3] 经济全面复苏,克里普斯稍微放松了先前的紧缩政策,意在刺激消费。商品供

---

[1] Kenneth O. Morgan, *Labour in Power*, p. 405.

[2] Andrew Thorpe, *A History of the British Labour Party*, p. 137.

[3] Kenneth O. Morgan, *Labour in Power*, p. 411.

应日渐充裕,保守党不断呼吁"还民自由"(set the people free),克里普斯顺势而为,取消了部分商品的配给制。1950 年 10 月,克里普斯因病辞职,比万渴望填补空缺。艾德礼担心比万执掌财政部疏远中产阶级,结果,资历和威望均不如比万的盖茨克尔接任财政大臣;左派倍受打击,威尔逊一度认为自己的政治前途将笼罩在盖茨克尔阴影之下。盖茨克尔高升激化了党内矛盾,埋下了比万反叛的祸根,但艾德礼的选择极富洞见,盖茨克尔理财精神契合 1950 年代英国经济状况和民众消费观念。

战后第二届工党政府带领同胞盲目卷入朝鲜战争并给自己招来一系列不必要的麻烦。1950 年 6 月 25 日,朝鲜战争爆发,两天后英国内阁声明,支持美国反对共产主义朝鲜进攻南韩,强化所谓的英美一致。7 月下旬,英国参谋部决定向朝鲜派兵,其中包括著名的格洛赛特营(Gloucestershire Regiment)。1950 年 10 月,中国志愿军入朝参战,中英军队多次正面交锋,格洛赛特营死伤惨重。战争干扰了中英关系,工党政府对华政策并不完全对美亦步亦趋,它本不仇视代表工农利益的中华人民共和国,愿与中国建交,然而考虑到两军交战及美国态度,英国承认中国是主权国家但中英未正式建交。1950 年 12 月上旬,艾德礼飞赴华盛顿与杜鲁门及艾奇逊(Dean Acheson)磋商远东战事。艾德礼奉劝美国不要轻易使用核武器,以免触怒亚洲其他刚刚独立的民族主义国家;他还告诫美方,将中华人民共和国拒之联合国门外既不公正,亦不明智;他通透指出,敌视中国只会导致中苏抱团更紧,离间中苏方为上策。艾德礼见识高远,不过美国当时拒不采纳他的建议。在与杜鲁门的联席记者会上,艾德礼称"我们双方在不事先告知对方的情况下,不会使用核武器",艾奇逊当场解释这"并非两国的正式承诺"。[①] 艾德礼回国后吹嘘正是他的由衷劝告阻止了美国使用原子弹,实则他和格洛赛特营一样,对朝鲜战局的影响微乎其微。艾德礼美国之行的正面意义在于释放了这样一种信号:工党掌权的英国与大战前的英国大不相同,乐于承认新生民族独立国家。这种外交暗含的哲学逻辑是,人与人之间的平等应当推演出民族与民族以及国家与国家之间的平等,而以往在英国掌权的帝国主义右派并无这种认知。

---

① John Bew, *Clement Attlee*, p. 495.

朝鲜战争对英国内政和工党高层的剧烈冲击超乎预期。英国自愿绑上美国这辆巨型战车,并希望美国以平等伙伴视之,彰显它仍是世界大国。国际关系的残酷现实是,冒充大国也要支付巨额成本。美国要求英国将 1951 至 1954 年的军费和防务开支增加到 60 亿镑,内阁研究后承诺最多只能增至 47 亿镑。[①] 为筹措这 47 亿镑,盖茨克尔被迫削减医疗开支 2000 万镑,然而这 2000 万镑对于庞大军费开支只是杯水车薪且给了比万强烈抗议的把柄。比万把执掌多年的卫生部视为独立王国,以医疗成就自鸣得意,容不得任何人染指他的地盘。他还担心削减医疗支出先例一开,将来保守党政府若依例行事,肆无忌惮拿卫生部开刀,工党必理屈词穷。由于艾德礼和莫里森均积极支持盖茨克尔,1951 年 1 月 25 日,内阁议定 47 亿防务开支不变。此事在工党史上具有分水岭意义,将本已存在的左、右矛盾放大了,高层和谐的假象荡然无存。[②] 工党左右两派未来几十年将围绕国防开支尖锐对立,左派主张民生高于军事,右派则坚持两者平衡。比万并未立即辞职,他转至劳工部任职到 4 月。他在新职位上又针对“1305 号令”与内阁继续较劲。该令原为战争期间防止工人罢工而出台,战后未曾明令撤销。1951 年 1 月,内阁决定延长此令。比万反对无果,与威尔逊一道辞职。此后工党悲剧性地分裂为盖茨克尔派和比万派,长期内耗。

工党政府已迷失方向,阁员备位充数,一心守成。1951 年 2 月,钢铁企业国有化充满争议,自此国有化也面临祛魅。人们普遍发现“国有化却要以国有企业降低生产效率为代价,没有解决好公平与效益的矛盾”并“产生了一种新的专制主义”。[③] 经济领域的管制越来越不得人心,黑市屡禁不止反衬管制之不便,这一时期口碑极高的电影均嘲讽管制经济。[④] 奥威尔的小说《一九八四》风靡一时充分说明民众恐惧共产主义且高度质疑管制措施。47 亿巨额防务开支超出财力上限,而且未能显著提升国防力量,不足以为外交活动壮胆。1951 年初,伊朗政府宣布将阿巴丹(Abadan)的英伊石油公司收归国有。3 月

①　Kenneth O. Morgan, *Labour in Power*, p. 433.

②　Kenneth O. Morgan, *Labour in Power*, pp. 457 - 458.

③　刘成:《英国现代转型与工党重铸》,第 205 页。

④　安德鲁·玛尔:《现代英国史》(上),东方出版社,2020 年,第 116—118 页。

取代贝文的外交大臣莫里森毫无外交经验且对中东历史和地缘关系几乎一无所知。他和防务大臣辛维尔叫嚣武力保护英国在伊利益。艾德礼和达尔顿无意逞强，美国也反对英国挑起战争。英国人只能灰头土脸撤出阿巴丹，唯一一丝慰藉是伊朗政府同意阿巴丹油田继续为英国供应石油。对伊让步的连锁反应很快出现，1951 年 10 月，埃及单方面宣布废除 1936 年的英埃盟约，该盟约当初同意英国在埃及驻军以保卫苏伊士运河。英埃关系骤然紧张，莫里森同样主张武力逼迫埃及继续履约，艾德礼和达尔顿和上次一样反对动武；直到政府垮台，内阁也没就对埃政策达成一致。

军费增加导致 1951 年下半年出现了 4.28 亿镑赤字。[1] 失去阿巴丹油田后，外汇收入锐减，外交蒙辱让原本只有微弱下院优势的工党政府一筹莫展。艾德礼孤注一掷，决定大选。盖茨克尔认为时下经济低迷，大选有操之过急之嫌，莫里森也对大选反应冷淡，艾德礼却以国王乔治六世即将去非洲考察为由坚持己见。乔治六世因病并未实现远足非洲之宏愿，1952 年初驾崩。这次大选完全是艾德礼的"个人决定"，从策略上看也是个"错误"。[2] 假若大选推至次年夏秋，工党或许能连续第三次胜选，因为 1952 年后赤字阴霾散去，伊朗和埃及的麻烦也淡出国人视线。工党竞选宣言主要称颂过去六年政绩，了无新意，没提国有化，只含糊其词称国家将接管效率低下的企业。明智之士多预感工党失利已成定局。

保守党主席沃尔顿（Lord Woolton）直击工党软肋，利用民众对经济管制的不满削弱工党，丘吉尔放话废除社会主义管制以便"还民自由"。保守党为证明它不是所谓的有产阶级政党，还宣布对高收入者征收超额利润税（excess profits tax），承诺每年修建 30 万套住房。麦克米伦大选前睿智指出，工党利用选民对失业、削减福利和战争等的恐惧心理赢得了 1945 和 1950 年大选，因此保守党要让选民知晓它不仅能兼顾福利与就业，也非战争贩子。[3] 1945 年大选前丘吉尔大打战争牌弄巧成拙，殷鉴不远，这一次保守党拉票时反复强调丘吉尔只是关心帝国荣耀，绝非工党指控的战争狂魔。保守党靠大力抨击食

---

① Kenneth O. Morgan, *Labour in Power*, p. 477.

② Kenneth O. Morgan, *Labour in Power*, p. 480.

③ 哈罗德·麦克米伦：《麦克米伦回忆录，3》，第 338—340 页。

品配给制拉票,高呼"还民自由",轻易掳走了厌倦排队购买食材和日用品的大多数家庭主妇的选票。[1]

工党果若所料败北,但避免了达尔顿担心的惨败。它收获近1400万张选票,创下工党选票记录峰值,即便1997年横扫全国也未收获如此多选票。保守党战绩也不差,得票率仅比工党低0.8%。不过两党席位数与选票数并不对称,工党只拿下295席,保守党收获321席。这次选举是战后两党制的代表作,两大党总共收割了96.8%的选票,小党全被遗忘。[2] 工党在威尔士和苏格兰依旧优势明显,其票仓英格兰北方仍固若金汤,与1945年大选相比,它的损失主要在米德兰和伦敦周边地区。与1950年大选一样,中产阶级对工党的支持率进一步下滑。保守党并未松动工党营盘,它的反弹源于自由党奄奄一息。自由党本次只推出109名候选人,赢得区区6席,其选民纷纷转向保守党。保守党小胜,前景亦不乐观,它原本估计至少可拥50席多数,实际只有17席多数,而大刀阔斧改革一般得有40席多数作支撑。[3] 当时的一份杂志评论称:"几乎和上次选举一样陷入僵局,……这个国家摒弃了它不喜欢的政党,但选择了一个它也不信任的政党。"[4]评论所说的"僵局"是未来二十余年英国政治常态,也就是通常所说的共识政治。它主要体现为两党势均力敌,轮流执政且政策大同小异。

---

① Jim Tomlinson, *Managing the Economy, Managing the People*, p. 33.

② Colin Rallings and Michael Thrasher, *British Electoral Facts*, p. 37.

③ 哈罗德·麦克米伦:《麦克米伦回忆录,3》,第343页。

④ Kevin Jefferys, *Retreat from New Jerusalem: British Politics, 1951–1964*, St. Martin's Press, 1997, p. 12.

第二十四章 共识政治(1951—1964)

一战后的英国人无论在内政还是外交上都迟迟找不到前进方向;二战后仅用五年他们就体验并认可了福利社会主义之路,继而从中获得了充分的安全感和满足感。外交方面,1950年代的冷战气氛看起来比1920和1930年代忧郁的和平危险得多,实则几乎未曾干扰英国人日常生活及乐观心态。当保守党接过权杖时,人民丝毫不担心福利社会主义国家会被颠覆。1945至1951年,保守党高层相当稳定,几乎全是老面孔,但悄然转变了为政理念,重新掌权后无意改弦更张,至多打算对福利社会主义制度修修补补。若非大英雄丘吉尔重新出山为相,人们可能意识不到政府已经换届。这一切皆因共识政治架构已定,保守党要做的就是让现行制度长期平稳运行。

组阁时,丘吉尔仍是无可替代的党魁和首相。艾登重操旧业,担任外交大臣。丘吉尔原打算安排二战时在重建委员会中任职多年的里特尔顿(Oliver Lyttelton)执掌财政部,但里特尔顿自由主义情结偏浓,丘吉尔担心他削减福利,故起用较为温和的巴特勒。战时已初露头角且在战后保守党重塑中劳苦功高的麦克米伦负责住房建设。丘吉尔脾性不改,绝不按党派原则组阁,委任几位党外人士以要职。令人咋舌的是,曾在看守政府短暂任职、1945年后才加入保守党的蒙克顿(Walter Monckton)官居劳工大臣,丘吉尔指望他维护工业生产秩序。蒙克顿"善于调节矛盾",他的高就意味着对工会"政府可以做出一切让步"。[1] 当时仍在执行食品配给制,劳合·乔治之子吉威林(Gwilym

---

[1] 罗伊·詹金斯:《丘吉尔传》,第761页。

Lloyd George)任食品大臣,后又荣升内政大臣。《经济学家》杂志评论这"不是保守党内阁,而是丘吉尔的内阁"。① 丘吉尔当初抱怨张伯伦战时内阁弥漫着老人政治的倦怠气息,而今艾登和巴特勒等人则批评他完全无视保守党的后起之秀。当年轻的卫生大臣麦克劳德(Ian Macleod)在议会发言时,丘吉尔竟不识此人。②

丘吉尔的超然姿态令艾登和巴特勒等人牢骚满腹,而丘吉尔只拿他们当小字辈,尤不信任巴特勒。关于经济,丘吉尔更愿听取私人经济顾问、牛津大学教授柴维尔(Viscount Cherwell)高见。他还委任无党派人士萨尔特(Arthur Salter)为国家经济事务部大臣,给巴特勒工作带来极大干扰。1951年底至1952年初,经济下行,进口剧增给英镑造成巨大压力,黄金不断外流。为减小风险,巴特勒决定限制进口、紧缩通货并削减公共开支;在一群英格兰银行系统的专家建议下,他抛出了所谓的Robot计划。该词是支持该计划的几位官员的姓氏首字母拼接,其核心内容包括减少政府支出、执行浮动汇率、由市场决定英镑对美元汇率。③ 柴维尔痛批Robot,他认为英国当前困难主要源于经济增长缓慢以及出口贸易不足,而执行浮动汇率很可能重现1930年代的失业潮。1952年2月底内阁讨论Robot时,巴特勒鲜有支持者。阁员普遍担心经济政策急速转向催生政治变数。柴维尔敬告丘吉尔:Robot"定然会让保守党在一代人的时间内处于在野状态,即使(在议会中)拥有较大多数的政府也无法承受如此突然且彻底的政策转变"。④ 艾登自视下任党魁,害怕自由主义经济措施带来政治风险,保守党下台必然毁掉他个人的政治前程。保守党上下全都希望"还民自由",但无改曲易调的勇气,害怕触怒选民的政治考量已压倒对自由传统的尊崇。连丘吉尔也提醒艾登,如必须削减支出,只能削减防务开支,勿打房屋建设资金主意。⑤ 结果财政部只能围绕原工党政府拟

---

① Kevin Jefferys, *Retreat from New Jerusalem*, p. 14.

② Kevin Jefferys, *Retreat from New Jerusalem*, p. 14.

③ Alec Cairncross, *The British Economy since 1945: Economic Policy and Performance*, 1945‑1990, Blackwell, 1992, pp. 121‑122.

④ Kevin Jefferys, *Retreat from New Jerusalem*, p. 18.

⑤ Kevin Jefferys, *Retreat from New Jerusalem*, p. 19.

定的47亿防务开支做文章,接下来三年防务总支出仅38.78亿镑。[1]

　　巴特勒在各种抵制声中望而却步,奉行鸵鸟政策。Robot流产以及削减国防支出表明,保守党主流为笼络选民优先考虑内政,外交和军事往后摆。保守党按共识政治架构施政,认可工党的国有化并尽职维护社会安全体系,有如丘吉尔1951年大选拉票时礼赞:"我们有一张很好的安全网,有全世界最优秀的社会'救护车'服务体系。"[2]选战结束后,政府换了面孔,但国有企业和福利体系一概如常。半个世纪后,史家回顾丘吉尔和平政府时仍说:"这届政府在私有化方面作为多么有限,同样没有受到太大触及的还有国家医疗服务体系和其他主要社会保障措施。"[3]共识还体现为政府与工会和谐相处。蒙克顿纵容工会,丘吉尔甚至为政府能与工会妥协而深感幸运。纵容导致工会权势大涨,"更加年轻、更富有战斗精神的工会代表的权力变得越来越大","更加左倾的工会领导人的地位逐渐上升"。[4]　工党理论家克罗斯兰(Anthony Crosland)1956年说:"发生了一场平和革命。现在,人们已经无法想象政府同雇主结成像1921年、1925—1926年或1927年那样的紧密同盟,共同对抗工会"。面对劳资纠纷时,官方只会顺从工会,"一名保守党部长公开指责一家公司没有提前同工会协商就宣布裁员;还有一位保守党部长当需要在全国矿工工会与支持自己的压力集团之间做出抉择的时候,他毫不犹豫地选择了前者"。工会甚至能够左右立法和司法判决,"企业立法,也只有在和工会充分协商之后才能提上日程。……保守党政府……坚决拒绝将非官方罢工'宣布为非法'"。[5]

　　工会无视经济法则,蛮横要求政府确保充分就业并为工人加薪,降低了企业效益,拖累了国家效率;好在工会治国仅初现端倪,当时罢工频次不高,加之从1952年夏开始,世界贸易普遍兴旺,1953年则是西方世界公认的经济奇迹年。进口商品价格大幅下跌,政府收支渐趋平衡;巴特勒挣脱了财政紧箍咒,

①　Kenneth O. Morgan, *Labour in Power*, p.460.
②　罗伊·詹金斯:《丘吉尔传》,第750页。
③　罗伊·詹金斯:《丘吉尔传》,第760页。
④　安德鲁·玛尔:《现代英国史》(上),第178页。
⑤　安东尼·克罗斯兰:《社会主义的未来》,上海人民出版社,2011年,第14页。

可放开手脚斧正工党遗留的弊政了。1953 年预算出台前,丘吉尔提醒巴特勒,工党留下了"膨胀的政府",其税率是"任何和平政府连做梦都难以想象的",保守党不能听之任之。① 巴特勒如丘吉尔所愿,大幅削减个税、购买税并承诺废除超额所得税。1954 年预算继续减税并进一步缩减开支。巴特勒乐观期待税改红利刺激投资,他在当年的保守党年会上宣布"未来二十五年让民众生活水平翻番"。② 与此同时,执行了十余年的管制措施多遭废除,经济工作重点从生产转向消费。1954 年夏,食品配给制彻底废止,没有任何党派和群体表示抗议,巴特勒终于"还民自由"了。保守党在此期间赢得一系列补选也证明政策颇合民心。

1953 年夏,丘吉尔中风长达一个月。这非首次发病,1949 年他便轻度患过中风。③ 因报界大亨比弗布鲁克保密得当,民众对丘吉尔 1953 年中风一无所知,议会也被蒙在鼓里。艾登和巴特勒等均盼丘吉尔颐养天年,丘吉尔却"很快就恢复了他那快活和幽默的特性"。④ 和过往一样,他的活跃主要表现在外交界。他于 1951 年 12 月底下令在南太平洋引爆英国首枚核弹,1954 年又批准氢弹研制计划。这位以铁幕演说宣告两极世界来临的伟人到 1950 年代突感有必要缓解美苏对峙,毕竟苏军难以进攻美国本土,但可直接轰炸英国。他欲效仿 1878 年柏林会议时的迪斯累利,退休前留下浓墨重彩之笔,遂撺掇大国领导人召开峰会保障世界和平。姑不论美苏愿否理会,仅丘吉尔属下便对英国出头毫无兴趣。保守党中坚分子均担心这位贪权恋位的高龄之人下届选举给党带来负面影响。1954 年下半年,艾登、麦克米伦、沃尔顿以集体辞职威逼丘吉尔传位艾登,但丘吉尔指责这群小字辈僚属管得太宽。他不惧任何人辞职,甚至主动倡议改组政府。丘吉尔不胜艾登之扰,以罗斯贝里和巴尔福为例忠告他"尾巴政府通常都不会取得成功"。⑤ 1955 年 3 月 14 日,艾登向丘吉尔摊牌,直言内阁不能接受他以党魁领导即将到来的大选。丘吉尔反

---

① Kevin Jefferys, *Retreat from New Jerusalem*, p. 24.
② Jim Tomlinson, *Managing the Economy*, *Managing the People*, p. 34.
③ 哈罗德·麦克米伦:《麦克米伦回忆录,3》,第 456 页。
④ 哈罗德·麦克米伦:《麦克米伦回忆录,3》,第 460 页。
⑤ 罗伊·詹金斯:《丘吉尔传》,第 791 页。

斥此事决定权在保守党大会而非内阁。艾登告诉沃尔顿,丘吉尔若固执己见他就辞职,沃尔顿和巴特勒等人所见略同。面对少壮派集体施压,丘吉尔被迫于 4 月 5 日辞职。辞职前一天,首相设宴,伊丽莎白女王御驾亲临,以示敬重。

　　在 1950 年代的共识政治氛围中,内政没有再塑余地;国际上英国已衰,表演舞台狭窄。丘吉尔二度拜相,内政外交均"平淡无奇",实乃一场"多余的谢幕演出"。① 不过这无损丘吉尔的伟大。他和劳合·乔治一样,中途接棒打赢大战,战后和平政府没有维系到底便被赶下台;他又和劳合·乔治不一样,他不会为了权力而舍弃信念,他只会鼓舞民心而不屑煽动民粹。英帝国日薄西山时,他在孤独守护;选票压倒一切时,他不随波逐流;政党成为权斗工具时,他保持着贵族的超然。他是一个传统的英国人,并未融入现代政党政治和普选机制。参加丘吉尔辞职宴会的麦克米伦说人们"对这位盖世无双的人物的伟大和崇高将会永志不忘"。② 此言非常中肯,丘吉尔不仅功劳"盖世无双",品质亦"伟大"、"崇高",因为他怀疑民主、鄙视党争,他的身上散发着 19 世纪以前的英国贵族特有的气息。

　　艾登出身富贵之家,相貌堂堂,三十八岁已官居外交大臣,尽管在张伯伦麾下干得憋屈,但这份憋屈反倒让他免受绥靖之累并转化为无形的政治资本。1945 年后,艾登在保守党复兴事业中居功至伟,1951 年后负责外交亦功勋卓著。艾登内政经验固然不足,但他拥护"基于财产的民主"(property-owning democracy),把 19 世纪以前英国政治的精粹与民主时代的权利平等思想糅合到一起,深受中产阶级青睐。头顶多道光环的艾登拜相后并未大幅调整内阁,他想把外交部交给第五代索尔兹伯里侯爵,但索尔兹伯里身为上院议员管事不便,结果由麦克米伦填补艾登留下的空缺。政府其他要员俱为原班人马。

　　艾登不满两党在下院的均势严重束缚自己的手脚。和平年代的政治程序

---

① 安德鲁·玛尔:《现代英国史》(上),第 174 页。
② 哈罗德·麦克米伦:《麦克米伦回忆录,3》,第 526 页。

一般是大选造就新首相，艾登反其道行之，匆匆宣布 5 月大选。这需要无比勇气，保守党若败北，艾登将成为到那时为止英国史上任期最短的首相。不过他自感胜券在握，当时经济兴旺、失业率极低，执政党胜算更大。巴特勒 4 月中旬制定的预算再度削减个人所得税，舆情振奋。工党正在严重内讧，不足为惧。艾登预判基本准确。保守党在 1955 年大选中获得 1331 万张选票，占选票数的 49.7％，拿下 345 席。工党赢得 1240 万张选票，占选票数的 46.4％，席位降至 277。两大党仍包揽 96％以上的选票，与 1951 年相比，工党选票少了 150 万张，不过它的群众基础仍然坚实，在英格兰北方以及农业为主的选区地位依旧稳固。保守党扭转了 1945 年以来选票数连续三次少于工党的颓势，下院优势更是扩大到 60 席。① 保守党小胜合乎情理，过去几年国民生活水平不断提高，幸福感满满的民众无意更换政府。第二届丘吉尔政府毫无下限迁就工会，工资涨幅是物价涨幅的 3 倍。选民拥护保守党继续执政，担心工党掌权后食物配给和经济管制故态复萌。

按常理，40 席多数即可保证政府大刀阔斧改革，因此艾登本有舒展自如的政策调整空间，然而不到两年他便黯然离职。苏伊士运河危机只是压垮他的最后一根稻草，他的政府从一开始就根基不牢，财政压力和阁员矛盾是两大隐患。巴特勒对经济的乐观过于盲目，1954 年下半年他预感 1955 年上半年收不抵支，经济过热也暗含风险。1955 年夏，英镑危机和通胀双双来袭，艾登和巴特勒都承认入不敷出，但两人的应对策略各说各话。巴特勒主张加税并压缩开支，大幅削减建房资金，同时对日常生活用品征收购买税。艾登认为巴特勒的这些政策有悖言犹在耳的大选承诺，盖茨克尔借机炮轰保守党大选时故意掩盖潜在的经济风险，欺瞒选民。

丘吉尔退后保守党失去了主心骨。艾登和巴特勒都是政坛老面孔，但两人性格内向，均非独当一面的帅才。麦克米伦与二人相较，资历稍浅，但深谙权力之道，结果后来居上。三驾马车互不买账。巴特勒公开说艾登不懂内政，社会经济政策当以自己意见为准；艾登则默认沃尔顿的建议——将巴特勒解

---

① Colin Rallings and Michael Thrasher, *British Electoral Facts*, p. 38.

职。① 麦克米伦在外交部展现的强势作风导致艾登相当被动,两人以外事工作为名明争暗斗,艾登抱怨"与个性如此强烈的哈罗德·麦克米伦共事太困难了"。② 1955 年底,艾登没有征询同侪意见便决定重组内阁。他认为巴特勒在财政部已江郎才尽,而对和平时期的民主政府来说,财政工作是重中之重。巴特勒不愿背负盖茨克尔指控的欺骗选民之恶名,执意在财政部继续证明自己。麦克米伦在外交部干得游刃有余,甚至认为艾登改组内阁是出于对他外交成就的嫉妒。艾登深耕外交数十年,外交方面的"渊博知识"和"丰富经验""使他觉得他能发挥一个首相通常所能发挥的影响",因此"他喜欢一个权力不太大的大臣",而不是麦克米伦这种老道的能吏。③ 此时麦克米伦在外交部如鱼得水,然而财政部的权力诱惑略大于外交部,因此甘当艾登棋子,支持他改组内阁。12 月 21 日,政府发布改组宣言。麦克米伦出任财政大臣,巴特勒出任掌玺大臣兼下院领袖,多年追随艾登在外交部任职的劳埃德(Selwyn Lloyd)接任外交大臣。在党政两界已小有名气的麦克劳德出任劳工大臣,他是此后十余年保守党内出类拔萃的活跃分子,他 1961 年所著《张伯伦传》是最早为张伯伦翻案之作。

艾登任相仅半年就仓促大幅改组内阁,绝非祥兆。他面临的经济难题和1951 年丘吉尔的难题如出一辙,巴特勒所提对策也大同小异。不同的是,丘吉尔当初能凭无可撼动的威望压制巴特勒的 Robot 计划,艾登却迫不及待地选择改组政府这种冒进策略,给高层权斗平添了巨大变数。巴特勒时常违拗艾登,但绝无搞垮艾登的野心。他年纪尚轻,即便艾登干满一到两届也不耽误他接掌帅印,但这次改组后他拜相的希望渺茫了。麦克米伦年长艾登三岁,年长巴特勒八岁,本不被看好,但职位变动导致他的权势水涨船高。一旦艾登遇到麻烦,麦克米伦将捷足先登,最有希望接任首相。巴特勒毫不隐晦地说,这次改组后丘吉尔和索尔兹伯里等保守党大佬决定扶正麦克米伦。④

艾登让麦克米伦出任财政大臣本想一石二鸟,既把他从外交部支开,又逼

① Kevin Jefferys, *Retreat from New Jerusalem*, p. 41.
② Kevin Jefferys, *Retreat from New Jerusalem*, p. 43.
③ 哈罗德·麦克米伦:《麦克米伦回忆录,3》,第 662 页。
④ Kevin Jefferys, *Retreat from New Jerusalem*, p. 45.

迫他拿出财政妙招。麦克米伦效法巴特勒，开源节流并调整利率，但为显示自己能干，同时也为要权做铺垫，他故意夸大财政困难，他后来说自己一到财政部便发现"情况比我担心的还要糟糕，……而且储备不断在下降"。[①] 1956 年 1 月 24 日，内阁会议就削减支出和提高利率达成笼统一致，但在细节上首相和财政大臣争执激烈。艾登反对取消面包和牛奶补助，麦克米伦以辞职胁迫艾登让步。双方在 2 月中旬勉强达成妥协，"从二点五便士的面包补助中减掉一便士，剩下的以后再减"，"牛奶补助延至 7 月份"再按麦克米伦的建议处理。[②] 这份妥协无疑还是麦克米伦意见占了明显上风。随后制定年度预算时，两人再度龃龉，麦克米伦主张加税，特别强调提高收入所得税，但艾登不能再退让，巴特勒也为他撑腰。麦克米伦只能对烟草等商品征税。艾登在预算方面的小胜掩饰不了麦克米伦的咄咄逼人。在两人连续两轮交锋中，阁员大多察觉艾登权威摇摇欲坠，麦克米伦随时可能逼宫。朝野普遍认为艾登软弱，无力控制内阁，1956 年夏天的经济复兴也被媒体宣传为麦克米伦的功劳。面对风言风语，艾登如坐针毡。他渴盼在自以为熟悉的外交阵地打一场翻身仗。苏伊士运河危机正好不期而至。

印度独立以及英国与伊朗关系恶化后，中东对英国战略地位下降，为免卷入中东复杂纠纷，英国在 1954 年决定把苏伊士运河地带的驻军撤到塞浦路斯。英军全部撤离埃及后，埃及总统纳赛尔（Gamal Nasser）于 1956 年 6 月突然单方面废止当初与英法诸国签订的关涉运河的条约，宣布将运河收归国有。这一行动不仅无视英国对运河的股权，还将切断西欧诸国的大部分原油供应通道。艾登指控纳赛尔以阿拉伯民族领袖自居，脚踩美苏两只船，借阿拉伯民族主义行侵略之事。他抨击纳赛尔违反国际法并把他与墨索里尼相提并论，而绥靖墨索里尼在东地中海周边肆意侵略殷鉴不远，英国决不能忍气吞声。墨索里尼幽灵在艾登脑子里二十年仍未散去。当年他因为反对与墨索里尼和谈被免外交大臣，这次他要为反对一个被他比作墨索里尼的人而丢掉相位。10 月，英法两国秘密勾结以色列，怂恿以色列侵略埃及，而后英法军队将以调

---

① 哈罗德·麦克米伦：《麦克米伦回忆录，4：乘风破浪》，第 6 页。
② 哈罗德·麦克米伦：《麦克米伦回忆录，4》，第 14 页。

节巴以冲突为由乘机攻占运河地带。11 月初,英军占领了约 1/3 运河地带便遭遇铺天盖地的道义指责与严重财政危机。联合国中只有西德、南非、澳大利亚和新西兰支持英法,美苏均强烈谴责英法侵略行径。美国的反对尤为致命,艾森豪威尔厌恶旧式领土型帝国主义,更担心纳赛尔倒入苏联怀抱,为苏联控制中东提供便利。美国威胁中止对英贷款,而一旦失去贷款,英镑无法承受当下汇率,英国经济恐难挺住。11 月 7 日午夜,英国灰头土脸宣布停火。

保守党旋即分裂,先前提醒艾登用外交谈判解决运河危机的人指责他轻举妄动,致使英国丢人现眼;而支持动武的议员虽然对停火恼怒万分,仍坚定维护艾登相权。艾登在 11 月 8 日的信任投票中没有重复张伯伦 1940 年的命运,不过他因巨大压力身心俱疲,被迫于 23 日远赴牙买加疗养,将烂摊子扔给了巴特勒和麦克米伦。巴特勒本支持动武,虽然他私下指责艾登总揽的军事行动拖泥带水,致使政府进退维谷。不过他甘替艾登背锅,任劳任怨筹谋撤军、修复英美关系、愈合党内裂痕。麦克米伦也负有不可推卸的责任,他不仅错估了美国立场,更没预计到美国经济制裁的严重后果,只能怨恨“美国政府竟然几乎在每一个问题上都难为我们”。[1] 当美国明确以中止贷款相逼后,麦克米伦乱了方寸,以辞职逼迫艾登宣布停火。他对财政评估非常悲观,认为赢得美国贷款比赢得战争更重要。至于他到底有没有故意误导艾登,众说不一。

12 月 24 日,艾登暂时康复,归来伦敦,不过威望一落千丈。保守党议员虽未反叛,但对他反应冷淡,鄙视他缺乏魄力,埋怨他没有决心战斗到底却贸然开战。他去牙买加养病又被不怀好意的舆论解读为自乱阵脚、毫无担当。艾登的确疾病缠身,医生不久透露,如果继续工作他的健康会进一步恶化。巴特勒、麦克米伦以及索尔兹伯里在 1957 年 1 月 9 日凌晨得知艾登身体已垮,他们还未及磋商应对之计,几小时后艾登便宣布辞职了。若非健康所累,艾登能否顶住压力继续维系政府?世人不得而知。除大选初战告捷,艾登不足二十个月的唐宁街之旅没有任何美好回忆。此人名高难副,枉费丘吉尔长期悉心栽培。运河危机暴露英国已无单独行动的大国实力,各殖民地不再服膺英

---

[1] 哈罗德·麦克米伦:《麦克米伦回忆录,4》,第 168 页。

国的宗主地位，这种心理反应加速了帝国解体进程。麦克米伦也深刻领悟到经济实力才是外交和军事的后盾，主政后，他主动调整殖民政策，降低殖民成本和道义负担；军事方面，不再看重军队规模，转而强调它的现代化水准以及作战机动性。[①]

运河危机直接把艾登拉下马，但它只是保守党历史上"一桩相对来说微不足道的小事"。[②] 艾登下野仅是其个人命运之浮沉，保守党只要保证经济稳定，捍卫福利国家成果，并无倒台之虞。麦克米伦在接受组阁命令时曾惴惴不安向女王表示他"担保不了新政府能够维持六个星期以上"，实则他以卓越表现执政六年有余。[③] 麦克米伦上任伊始便大幅重组内阁，吉威林和蒙克顿这两位当初藉丘吉尔特殊赏识才进入内阁的大臣离职。巴特勒希望补上麦克米伦腾出的财政大臣职位，但被麦克米伦赶去内政部；新首相故意任命资历尚浅的索尼克罗夫特（Peter Thorneycroft）执掌财政部，以便自己在幕后操控经济政策。麦克米伦认为劳埃德在运河危机期间的表现还算称职，允其留任外交大臣。麦克米伦还提携了一批新阁员，他的老友霍格 1950 年承袭父爵成为黑尔什姆勋爵，后被提拔为党主席。几周后，麦克米伦打算与肯尼亚以及尼亚萨兰（Nyasaland）的民族主义者和谈，释放了他准备推进非洲去殖民化的信号，上院领袖索尔兹伯里以退出内阁表达无声的抗议。此人在丘吉尔和艾登时代是受人尊敬的保守党元老，但他的离职并未掀起波澜，塞西尔家族已没落，政治影响力几可忽略。这个家族帝国情结浓厚，是"党内右翼帝国主义者"的代表。[④] 而今索尔兹伯里淡出政界减小了帝国政策转变的阻力，也给麦克米伦布局人事提供了更大空间；霍姆爵士（Douglas Home）领导上院，他在苏伊士

① Brian Harrison, *Seeking a Role*, p. 106.

② John Ramsden, *The Winds of Change: Macmillan to Heath*, *1957-1975*, Longman, 1996, p. 2.

③ 哈罗德·麦克米伦：《麦克米伦回忆录，4》，第 186 页。

④ D. R. Thorpe, *Supermac: The Life of Harold Macmillan*, Pimlico, 2011, p. 390.

运河善后工作以及事关非殖民化的问题上交出了令首相满意的答卷。

麦克米伦是最后一位出生于19世纪的英国首相,身上弥漫着爱德华七世时代的怀旧气息,深受一战前的文化熏陶,钟情于伊顿公学求学时耳濡目染的生活方式。然而麦克米伦用身体力行诠释了怀旧与功利并不矛盾,但凡有利于巩固权势的策略均可无所不用其极。他不是裹足不前的落伍之人,特别在意自己的公共形象,尤善于利用电视采访推销自我;他明白20世纪的英国主政者必须以不断提高的生活水平去回馈选民,为此哪怕违背经济规律也在所不惜。

麦克米伦每次演说都传递着饱满信心,但他清楚那只是政客的装腔作势。作为一位精明政治家,他知道当下英国虽无结构性危机,但小麻烦多如牛毛。他接受女王任命时所说的未必能让政府维系六周并非十足的谦辞。保守党在1957年遭遇的多次补选失利表明,民众对政府的信任危机并没有随着运河危机的化解而烟消云散。劳工大臣麦克劳德一味绥靖工会不断助长工会嚣张气焰。内政大臣巴特勒主导的《凶杀法》(Homicide Act)大幅缩小了死刑适用范围,弘扬了人道主义,但这部装点门面的立法赢得的掌声很快淹没在《租房法》(Rent Act)激起的巨大抗议声中。《租房法》旨在减少政府对房屋租赁的干预,鼓励租房市场化,以刺激私人投资建造更多新屋缓解住房紧缺。工党和工薪阶层害怕房租上涨降低生活质量,群起抵制,结果《租房法》加速恶化了政府在补选中的不利形势。保守党欲改革养老金并重新引入领取福利所需的资力审查,然而"人民想低税但不想服务减少",改革遂不了了之。①

上任第一年,麦克米伦固然为社会政策劳心费神,但外交才是他的工作重心,为苏伊士运河危机善后并修复英美关系。1957年3月,他与艾森豪威尔在百慕大会晤;美国为安抚英国,同意在英国部署部分先进导弹并允许英国分享相关技术。这年10月,苏联人造卫星上天,麦克米伦当月23至25日访美,英美为缓解战略压力发表《共同目标宣言》(Declaration of Common Purpose),意在强化两国核武器合作。② 只有英美关系修复,麦克米伦才能踏

---

① Howard Glennerster, *British Social Policy*, pp. 90 - 95.

② D. R. Thorpe, *Supermac*, pp. 394 - 395.

实处理经济问题。1957年上半年的通货膨胀已激起巨大民怨。当年预算出台前,麦克米伦将自己意志强加给财政大臣索尼克罗夫特,而后者原打算抑制通胀,增强英国商品国际竞争力。法郎夏天贬值引发国际金融震荡,英镑急速外流,国际金融界普遍认为英镑危机近在咫尺。索尼克罗夫特和其副手、时任财政部金融大臣(Financial Secretary to the Treasury)鲍威尔(Enoch Powell)判定有必要紧缩通货并提高利率。急功近利的麦克米伦断难接受他们的建议,因为通货紧缩必致失业率高涨,松动政府根基。麦克米伦无视金融风险,决定1957年底至1958年初造访英联邦国家并为此提前议定下一年度财政开支。财政部高官全都建议削减下一年度公共开支,而麦克米伦不容权威受到任何质疑,警告下属"欲对福利体系开支作某些削减"是"政治上难以办到的"。① 首相甚至怀疑索尼克罗夫特及其助手"正在搞阴谋挑战其领导权";麦克劳德和党的总干事希斯(Edward Heath)为讨好首相,跳出来指责索尼克罗夫特思维僵化、不懂变通;希斯危言耸听,说索尼克罗夫特企图搞垮麦克米伦。② 1958年1月6日,索尼克罗夫特和鲍威尔等人辞职,麦克米伦旋即任命商人阿莫里(Derick Amory)为财政大臣。这位商海精英主管财政有利于提振商界信心,其政治经验不足亦有利于麦克米伦私下干预经济。此外,当时政府各部门都在等钱花,麦克米伦知道,继续使用索尼克罗夫特必令其余各部大臣失望,不利政府团结。

　　财政部换人产生了政治和经济的双重后果。政治上,首相权力更大,财政部和外交部都由他的忠实马前卒坐镇,满足了他的总统式领导胃口。劳埃德后来回忆说:"他(麦克米伦)笃信总统式政府,他以美国总统为榜样,与下属而非同僚相处……他把内阁视为供其玩弄的工具,一个按其意志锻造的团队。"③更换财政大臣经济方面影响更深远,意味着麦克米伦"选择的是前程似锦的通货膨胀之路",根本不管金融和货币政策是否稳健合理。正如鲍威尔后来所言:"1958年是大转折年,它开启了真正的麦克米伦时代。……国民收入

---

① 哈罗德·麦克米伦:《麦克米伦回忆录,4》,第364页。
② D. R. Thorpe, *Supermac*, p. 400.
③ D. R. Thorpe, *Supermac*, p. 393.

中国家享用的部分，自 1951 年一直在下降，此时再度开始上升且此后一直上升。"①不过麦克米伦从不承认他忽视通货膨胀，1957 年夏天一次著名演讲足证此点。

> 让我们坦白地说吧：我国的大部分人民从来没有过这样的好日子。……一种从来没有过的繁荣景象，这种情况我一生里还从来没见过，在我国历史上确实也是空前的。我们现在有些人开始担忧的倒是："是不是好得令人难以相信是真的？"或者更确切地说是："是不是好得难以持续下去？"因为，……物价不断在上涨。现在我们经常关心的是：我们是否能够在不断扩张经济和维持充分就业的同时，使物价保持稳定？我们是否能控制住通货膨胀？这就是我们今天存在的问题。

麦克米伦抱怨这次演讲被"曲解"和"断章取义"，因为他仅仅是借"好得令人难以相信"打开话匣，重点强调的恰是抑通胀，而抑通胀的终极目的是稳就业："如果通货膨胀把我们挤出世界市场，……我们将回到失业的噩梦里。"②如果说共识政治的首要任务是"维持充分就业"，那么麦克米伦的确可与共识政治画等号。

麦克米伦霸道逼辞几位财政高官并将此事轻描淡写为"局部的小麻烦"。辞职的几位大臣腹有怨言，但没倒向反对阵营。麦克米伦为平息怨气，两年后又找回索尼克罗夫特，先后命其担任航空和国防大臣。内阁依然稳固，毕竟巴特勒、麦克劳德、希斯等权臣仍拥护首相权威。麦克米伦镇定自若，如期开启了他的英联邦之旅，先后在印度、巴基斯坦、马来西亚、新加坡和大洋洲等地频

---

①　John Ramsden, *The Winds of Change*, p. 33.
②　哈罗德·麦克米伦：《麦克米伦回忆录，4》，第 351 页。

频现身，受到各地民众热烈欢迎。他后来回顾和总结这次远行时写道："从旧殖民帝国向新的英联邦的转变，除了加纳之外，只局限于亚洲。但是那时就很明显，这个进程很快也将在非洲和地中海开始。换句话说，我们不久将碰到这样一种进退两难的局面：或者是允许殖民帝国的其余部分也追随同样的潮流，或者是设法用武力来维护旧的体制。"①这段话充分佐证麦克米伦政治嗅觉灵敏，而对"进退两难"，将武力维系的旧帝国变成兄弟情谊连接的英联邦是代价最小的务实选择，两年后他的非洲之旅以及在南非煽起的"变革之风"不过是这一务实作风的延续。

麦克米伦为期六周的英联邦之行博得了国内外民众普遍好感，其本人也产生了一种英国重回世界舞台中心的幻觉并为此扬扬得意。然而保守党在国内补选中接连失利令他颇感尴尬，迫使他迎难而上，出台补救措施扭转局面。5月，麦克米伦接受一位美国著名记者电视采访，在电视日渐普及的时代，这次采访极大提高了他的人气。6月，政府挫败伦敦公共汽车工人罢工，提振了战胜工会的信心。自左派分子卡辛斯（Frank Cousins）1957年当选运输工会领导人后，保守党主要领导人均寻机利用卡辛斯的过左立场做文章；麦克劳德出色完成了这一任务，迫使工人在6月21日终止罢工。保守党不再继续1956年之前的绥靖工会政策，首次局部纠正民主社会主义体制弊端。经济学家杂志刊文称：运输工会的失败"有助于减缓工资上涨速率"，而要求涨工资是"大战以来这个国家经济问题的根源"。②挫败运输工会确保了社会生活秩序稳定，也节约了交通改造的成本。随着摩托车和汽车的普及，政府重点投资现代公路建设。大规模筑路潮不仅带来了经济繁荣，也为民众出行提供了切实便利，成为俘获民心的重要筹码。

在麦克米伦统筹下，阿莫里制定1958年度预算时，遏制通胀并减税，博得了中产阶级欢心；1959年预算进一步缩减所得税和消费税，累计达3.6亿英镑。③政府全方位增加基础设施投资以刺激增长，凯恩斯主义被运用到极致。从1958年下半年起，政策刺激、低息贷款以及进口价格下降共同促成了百业

---

①　哈罗德·麦克米伦：《麦克米伦回忆录，4》，第412页。

②　Kevin Jefferys, *Retreat from New Jerusalem*, p. 75.

③　D. R. Thorpe, *Supermac*, pp. 423 - 424.

兴旺。民用汽车持有数从 1955 年的 350 万辆增加到 1959 年的 500 万辆,电视机也进入寻常百姓家。[1] 投资与消费形成了良性互动,失业率再次下降,通货膨胀也保持在可控区间。索尼克罗夫特担心的入不敷出并未出现。

阶级结构在经济高速增长中悄然改变。1950 年代,手工劳动者的数量下降了 50 万,白领数量增加了 100 万。[2] 新增白领是麦克米伦政策的最大受益者,他们中的部分人还不算真正中产阶级,但争相效仿中产阶级生活方式。他们受教育程度不高,也谈不上文化品位,不过"从消费角度看"与中产阶级"差距已经不大"。[3] 这个群体人数的上升以及体力劳动者的减少弱化了传统的阶级斗争。1958 年,威廉斯(Redmond Williams)在其成名作《文化与社会》(*Culture and Society*)中提醒左派:物质消费能力趋同并不能模糊资产阶级和工人阶级之本质区别;但他并不否认"工人阶级正在变成'资产阶级',因为他们穿着中产阶级的服装,住着半独立的房子,拥有着汽车、洗衣机和电视机"。[4] 麦克劳德在 1959 年 3 月的一次演说中称:多数选民"已经拥有汽车、电视,也许还有冰箱和洗衣机";他们"正在翻阅色彩斑斓的旅行手册并计划着他们的度假";他们"在繁荣和扩张的经济中领取高薪";保守党"可以给他们渴望的机会而非他们鄙视的平等"。[5] 一位工党候选人在大选失利后坦承:"事实很简单,托利派将他们等同于工人阶级,这一点他们比我们做得更好。"[6]麦克米伦的"全国托利主义"(one nation toryism)正从理念变为事实。共识政治下,两党政策大同小异,但施政理念相去甚远;工党的民主社会主义有相对系统的理论阐释,致力于把源于抽象哲学的平等精神付诸实践;保守党的"全国托利主义"轻视理论阐释,基本照搬迪斯累利的"全国保守主义",适当援引鲍德温的阶级调和论,在既定体制下用实实在在的物质和福利回馈、满足选民。

麦克米伦物质主义战略大功告成,他不负"超级麦克"(Supermac)美誉。1959 年夏,《经济学家》杂志刊文称:"自 1955 年盛夏以来,艳阳首次高照不列

---

① Kevin Jefferys, *Retreat from New Jerusalem*, p. 78.

② John Ramsden, *The Winds of Change*, p. 57.

③ 钱乘旦等:《英国通史》(第六卷),第 199 页。

④ 雷蒙·威廉斯:《文化与社会》,第 456 页。

⑤ John Ramsden, *The Winds of Change*, p. 58.

⑥ John Ramsden, *The Winds of Change*, p. 58.

颠人潮拥挤的海滩,在一种舒适的假日自满氛围中,摇摆选民没有生变的强烈意愿。"①麦克米伦乘风破浪,决定抓住有利时机举行大选,强化保守党下院优势。他大打亲民牌,躬身深入厂矿、街巷了解民生;他尤其重视摇摆选区的舆论宣传,为部分保守党候选人量身制定选战策略;选民投票前一个月内,他奔波2500英里,发表74次演说。尽管电视已经成为竞选宣传的主要媒介,麦克米伦以及保守党候选人仍重视传统的上门游说拉票。此举极富成效,投票当天,约1/4选民受到了保守党候选人近距离鼓动,在竞争激烈的选区,这一比例还要更高一些。②

1959年10月8日选民投票。开票后,保守党收获1375万张选票,占总选票数49.4%;工党对应数字是1222万和43.8%。保守党拿下365席,工党只赢得258席,另有9席属于自由党。相较1955年大选,保守党多得20席,下院优势近百席。③ 两党南北地理分野一如既往,保守党的南方阵地稳固,它的主要胜果来自两党竞争激烈的米德兰地区;工党在北方的优势仍不可撼动,保守党在苏格兰比1955年甚至少得了4席。保守党胜选根源在于经济繁荣以及民众对现状高度满意。1959年几乎没有令人沮丧的大面积失业,而失业率越低的选区,保守党胜率就越高;反之亦然。工党惯于指责保守党的机会主义政策必定引起大规模失业,扩大贫富差距,但麦克米伦没让对手抓住失业这个命门,民众也不相信贫富差距在扩大。一份保守党的评论称:"保守党的主题——保守党治下生活更美好——成为赢家;相反,工党的主题——只有少数人从保守党的繁荣中获益,一般情况下,多数民众依旧贫困——不足为信,因为那不合事实。"④由此可见,工党提不出建设性方案,只苍白攻击对手难以激起选民共鸣。10月5日,陆军元帅蒙哥马利说投票支持工党的选民"当被关进精神病院"。工党大员克罗斯曼选后也承认"托利选民害怕下一届工党政府远甚于工党选民害怕下一届托利派政府"。⑤ 各家分析和评议均表明,保守党

---

① D. R. Thorpe, *Supermac*, p. 439.

② John Ramsden, *The Winds of Change*, p. 61.

③ Colin Rallings and Michael Thrasher, *British Electoral Facts*, p. 40.

④ John Ramsden, *The Winds of Change*, p. 66.

⑤ D. R. Thorpe, *Supermac*, pp. 444, 446.

选民坚决支持政府,工党选民也不急于改变现状。

麦克米伦表现超级,保守党人才济济,党的高层关系融洽且分工明确。巴特勒兢兢业业为首相打理琐事,任劳任怨充当副手,在首相缺席时主持内阁会议。麦克劳德和希斯年富力强,是出类拔萃的干才。霍姆领导的上院也极力配合政府。党主席黑尔什姆才高八斗,他曾在1957年援引历史称:保守党或其先祖曾被圆头党人、辉格派、自由党轮番攻击,但始终屹立不倒,而攻击者相继作鸟兽散,淹没在历史废墟堆里。面对工党的批评与指责,他的回击更是妙语连珠:"我们现在又遭工党攻击,我们无需任何不安便会意识到,有一天我们或我们的后继者将头戴绉布沉痛站在他们(工党)的荒冢前;正如他们的先辈,这些墓穴是社会主义者为他们自己而掘。"①黑尔什姆辛辣嘲讽工党并未耽误他为保守党培养后备军。他负责全国保守党活跃分子的串联工作,发展年轻党员。早期的报春花同盟已式微,但新崛起的青年团(Bow Group)生气勃勃,为保守党源源不断注入活力和新鲜血液。② 1959年保守党推出的候选人普遍比工党候选人年轻,胜选的保守党议员有104人首次当选。③ 保守党已成功换血,丘吉尔时代暮气沉沉之貌焕然一新。

保守党连续三次胜选,麦克米伦踌躇满志,志在巩固既有政绩的基础上进一步满足民众物质期待。不过阿莫里清楚,两年来的物质丰裕部分建立在透支基础上,如不削减福利开支,就得加税。他制定1960年预算时提议加税并紧缩通货,然而麦克米伦不想大选刚胜利就改弦易辙,斥责他"非常愚蠢"、"极不诚实"。④ 阿莫里无法违拗上意,结果只象征性小幅调高了烟草税。几周后,他又提醒麦克米伦进口剧增必加速通胀,建议提高利率抑制进口。麦克米

---

① John Ramsden, *The Winds of Change*, p. 47.

② 青年团后来发展为右翼性质的智囊团,1980年代以后的许多保守党骨干与该组织渊源极深。

③ John Ramsden, *The Winds of Change*, p. 61.

④ Kevin Jefferys, *Retreat from New Jerusalem*, p. 87.

伦不情不愿的同意导致两人关系愈发紧张,阿莫里遂借口年事已高辞职走人。5月,麦克米伦令劳埃德接管财政,此君能力平平却连任外交和财政大臣,真乃天生贵人。霍姆转任外交大臣。劳埃德与霍姆都唯首相马首是瞻,麦克米伦对内阁的掌控更加牢靠,他不断干涉各部门具体事务,实为"他所有大臣政策的负责人"。①

国内如日中天的权势并不能完全满足麦克米伦的权欲,他还要借国际高光为自己增色。苏伊士运河危机后,麦克米伦承认帝国的丧钟之声很快会响彻非洲,加快从英帝国向英联邦转变的步幅方能保证英国利益最大化。1958年初的英联邦之旅后整整两年,麦克米伦又开启了长达一个月的非洲之旅。在加纳和南非发表的演讲中,他坦陈"变革之风已经吹遍这个大陆,不管我们喜不喜欢"。② 英国愿意在尊重新独立国家主权的基础上用英联邦捍卫其成员国共同利益。麦克米伦为顺利完成帝国的角色转换,特令行事干练的麦克劳德出任殖民大臣。麦克劳德认为,除了加快非殖民化进程,"任何其他政策都将导致非洲发生可怕的流血冲突",担任"最后一位殖民大臣"来化解这种冲突令其倍感荣耀。③ 麦克米伦和麦克劳德顺应民族主义潮流,造就了尼日利亚、坦葛尼喀、乌干达、肯尼亚、罗德西亚(Rhodesia)等一批独立非洲国家。④ 留恋帝国的鲍威尔酸楚感慨:"帝国已终结,其巅峰时期出生的一代人不再面对事实欺骗自己。"⑤麦克劳德在帝国向联邦转型中立下首功,1961年2月,他被提拔为保守党主席兼下院领袖。朝野均认为他是下任党魁的热门人选。

英联邦与英帝国毕竟性质迥异。平起平坐的联邦兄弟国家固然可以慰藉帝国瓦解时英国人的心理失落,但他们不免追问:失去帝国后英国如何定位自己的新角色? 1962年底,美国前国务卿艾奇逊在一次演讲中称:"大不列颠已失去帝国却没找到新角色",它"想单独行动,作为美国和俄国的中间人,似在

---

① John Ramsden, *The Winds of Change*, p. 131.

② 哈罗德·麦克米伦:《麦克米伦回忆录,5:指明方向》,第190页。

③ John Ramsden, *The Winds of Change*, p. 147.

④ 坦葛尼喀与罗德西亚分别是当今坦桑尼亚与津巴布韦之大部分。

⑤ John Ramsden, *The Winds of Change*, p. 150.

执行一种如其军事实力一样脆弱的政策"。艾奇逊据实而言刺痛了多数英国人神经,但保守党干将毛德林(Reginald Maudling)承认艾奇逊所说"基本正确"。① 麦克米伦和麦克劳德知道英联邦不过是个皮囊,文化收益或许可观,但经济价值不大,英国融入欧洲才有前途。舒曼计划(Schuman Plan)提出以来,欧洲一体化成就有目共睹,而英国已被特殊的帝国情结耽误了十余年,与欧共体渐行渐远。曾给英国带来无上光荣的浩渺大洋如今似乎成了一片苦海,欧洲大陆才是充满希望的新彼岸。1961 年 6 月,内阁会议决定申请入欧(Brentry),然而一百来名保守党议员立即表示反对,他们担心加入欧共体损害英国农场主利益。"反共同市场联盟"(Anti-Common Market League)的成立让人不由自主想起当年的"反《谷物法》同盟",麦克米伦担心入欧分歧令党重复 1846 年的分裂悲剧,伤及党的元气,他私下告诉霍姆,"政府的运数,可能包括其生命"全部系于入欧事宜。② 皮尔为了废除《谷物法》丢掉相位,麦克米伦不会冒失,在他看来,既然入欧阻力巨大,那就暂缓讨论,集中精力去解决经济麻烦。

麦克米伦用人一大昏招是让外交大臣劳埃德转任财政大臣。他本想一位有外交经验的大臣主管财政可拓宽财政部国际视野,加速入欧进程,无奈劳埃德所为完全不入他的法眼。此人制定 1961 年预算时,内阁同意他缩减开支并加税,麦克米伦也容忍他紧缩通货并提高利率。鉴于工人工资上涨幅度远超实际经济增速,1961 年夏,劳埃德冻结工资(pay pause)以平衡收支,令工人阶级以及教师和公务员极度不满。严厉紧缩致使 1961 年经济低迷并附带产生了严重政治后果。保守党在 1962 年上半年的几次补选中形势堪忧,3 月,它丢掉了奥宾顿(Orpinton)选区,仅靠微弱优势在一向被视为本党营盘的北布莱克浦选区险胜。尽管对保守党构成威胁的是自由党而非工党,但这掩盖不了选民对政府失望。在 6 至 7 月的几次补选中,保守党颓势仍无改观,在西德比郡等选区相继落败。③ 奥宾顿失利后,麦克劳德分析认为调整经济政策才能扭转败局,首相亦多次与劳埃德单独谈话并提点他顾及政治影响。麦克劳

---

①　D. R. Thorpe, *Supermac*, pp. 500 - 501.

②　John Ramsden, *The Winds of Change*, pp. 153 - 154.

③　D. R. Thorpe, *Supermac*, pp. 517 - 518.

德和黑尔什姆等阁员要求 1962 年预算摒弃紧缩政策,劳埃德却画饼充饥,把经济复兴希望寄托在当年秋天英国入欧带来的商机之上。除了向糖果和冰激淋加税,1962 年预算没有重要调整措施,朝野戏称之"太妃糖预算"。劳埃德是专家型官僚,他的眼里只有经济学理论和统计数据,对紧缩的政治后果熟视无睹,拒绝再通胀并指望市场自我调节;政治挂帅的同僚抱怨"他无法有效解释他要干什么以及为什么这样干"。①

麦克米伦认为财政政策已事关政治安全,越来越无法容忍劳埃德的拙劣表现。7 月 12 日,东北莱斯特选区的补选成了压垮劳埃德的"最后一根稻草",保守党在这场补选中得票率仅排第三。麦克米伦告诉劳埃德"必须走人",还说"党内有一个反对他的阴谋"并暗示劳埃德是"阴谋的一部分"。② 此时麦克米伦已决定亲自操盘经济,指导思想是所谓的中间道路。他认为"实际的政治家……力图走一条中间道路"。③ 他所说的中间道路本质就是市场调节和政府干预相辅相成。早在 1930 年代他便因中间道路名声大噪,三十年后,他终于有条件开动国家机器去实现自己年轻时的情怀了。1962 年 6 月,他向内阁提交了一份长达 6000 余言的文稿,笼统称其经济新计划,要旨是兼顾充分就业、物价平衡、持续增长,他乐观预估工薪阶层和中产阶级都会从中受益。新计划招致多方抵制,许多保守党分子埋怨新计划的国家干预色彩太浓,与保守主义传统相悖;劳埃德以及财政部其他官员都认为新计划纸上谈兵;麦克米伦坚信它起码可保就业,而他毕生"认为失业是比无法控制的通胀更坏的敌人"。④

巴特勒和麦克劳德鼎力支持麦克米伦拿劳埃德开刀,7 月中旬两人敦促首相快刀斩乱麻。麦克米伦原本只打算把劳埃德革职,由于《每日邮报》得到了要改组内阁的消息,而劳埃德也将首相与其谈话内容透露出去,麦克米伦担心媒体大肆渲染导致政府失控。⑤ 7 月 12 至 13 日,他一口气把以劳埃德为首

---

① John Ramsden, *The Winds of Change*, p. 158.
② D. R. Thorpe, *Supermac*, p. 521.
③ 哈罗德·麦克米伦:《麦克米伦回忆录,4》,第 686 页。
④ D. R. Thorpe, *Supermac*, p. 524.
⑤ John Ramsden, *The Winds of Change*, p. 166.

的七位大臣赶出内阁。清洗速度和规模均令人震惊,时人将其与1934年纳粹的"长刀之夜"(night of long knives)相提并论。战后成长起来的年轻一代对麦克米伦内阁老气横秋颇多指责,四十三岁的肯尼迪1961年出任美国总统吸引了全世界眼球;麦克米伦从中读到了党和政府换血的紧迫性,"长刀之夜"后,他大力提拔一拨后起之秀。毛德林出任新财政大臣,鲍威尔、约瑟夫(Keith Joseph)以及波义耳(Edward Boyle)均成为内阁新面孔。被清洗的七位大臣平均年龄高达六十岁,补入者平均年龄只有四十九岁。麦克米伦告诉女王,他对波义耳和约瑟夫这类"积极活跃、精力充沛的年轻人"跻身内阁"非常高兴"。①

"长刀之夜"实现了内阁年轻化,保守党人才储备精良,麦克米伦地位更加稳固。然而他很快发现依托中间道路构建的新计划太过笼统,即便如愿将其付诸实践,短期内也难见成效,英国人需要向外看。入欧成了1962年下半年英国政府重点工作事项。希斯从1962年底至1963年初长驻布鲁塞尔负责谈判,面对法国的刁难,英国被迫做出一系列让步;麦克米伦预料,即便谈判成功,政府恐怕也难以说服民众接受法国所开苛刻条件。就在他为此心焦时,1963年1月14日,戴高乐政府否决了英国入欧申请,联邦德国与法国意见一致。在反美意识浓烈的戴高乐看来,入欧的英国必然是欧共体内"美国的'特洛伊木马'"。② 他说:"如果英国加入,欧洲最终将被并入一个依赖美国而且被美国控制的大西洋共同体。"③

法国作梗致使英国入欧失败,尽管麦克劳德说"建立统一的欧洲"仍是"我们面对的伟大任务和冒险",但麦克米伦清楚,入欧扩大商机的希望已化作泡影,面对苦涩现实,他不由哀叹:"我们所有的国内外政策都被毁了","(英国)错失了一次重大机遇,试图掩盖或淡化这个事实并无益处"。④ 然而通观全局,当时比入欧遇挫更难掩盖或淡化的是内政面临的重重挑战。1963年上半

① John Ramsden, *The Winds of Change*, pp. 167 - 168.

② Stephen George, *An Awkward Partner: Britain in the European Community*, Oxford University Press, 1998, p. 35.

③ 布伦丹·西姆斯:《千年英国史:英国与欧洲,1000年的冲突与合作》,中信出版社,2021年,第198页。

④ John Ramsden, *The Winds of Change*, pp. 175 - 176.

年,经济极不景气,大面积失业死灰复燃。希斯建议改革劳资关系,整治工会,同时用现代管理学知识提高企业效率。毛德林制定 1963 年预算时拟定了一揽子刺激方案。麦克米伦也打算发表电视演说,兜售施政新策略,向选民传递复兴经济的信心。无奈政府还未踏上新征程,便被两桩丑闻搞得极度被动。

瓦塞尔(John Vassal)曾于 1952 年出任驻苏使馆武官,克格勃(KGB)利用其同性恋污点作要挟,逼迫他为苏联提供英国海军情报。1956 年,瓦塞尔回到英国海军部工作,将大量军事机密泄露给俄国人。1961 年,一位叛逃美国的苏联克格勃官员将瓦塞尔事迹抖露出去。1962 年 9 月,瓦塞尔被捕,对自己所为供认不讳。政府极为难堪,海军大臣引咎辞职。不久爆料的又一桩丑闻比瓦塞尔事件威力更大。1961 年,战争大臣普罗甫姆(John Profumo)曾与应召女郎基勒(Christine Keeler)发生皮肉交易,基勒同时还与一位苏联间谍保持不正常男女关系。1963 年初,基勒为挣稿费,打算将她的风流韵事透露给杂志社。普罗甫姆事件逐渐发酵。3 月,面对下院质询,普罗甫姆矢口否认这桩龌龊往事,几周后被迫承认谣言属实,辞职并退出下院。[①] 黑尔什姆怒斥普罗甫姆严重玷污了保守党声誉和形象;麦克劳德力图将事件定性为个人性质,以免过分冲击政府;麦克米伦起初极力为普罗甫姆开脱,后来又冒天下之大不韪,称自己"不会因为一桩性丑闻辞职",也"不会被两个妓女扳倒"。[②] 工党揪住这个绝好题材痛批政府。在 1960 年代初的冷战高潮阶段,哪怕间接牵扯到苏联间谍的事件也会令英国人毛骨悚然。工党领袖危言耸听,称事件已关乎国家安危。媒体也借机炒作,对政府口诛笔伐。6 月 11 日,《泰晤士报》刊文称"保守党十一年的统治让这个民族在心理上和精神上堕落到了极致"。[③]

没有足够证据证明普罗甫姆把军事情报泄露给俄国人,麦克米伦总算顶住了巨大压力继续维持政府。然而瓦塞尔丑闻和普罗甫姆事件严重抹黑了保守党及政府的形象,也折损了首相威望。保守党议员仍支持麦克米伦,但对他推脱责任以及处理普罗甫姆事件的拙劣手法颇有微词,敦促他严惩有伤风化

---

① D. R. Thorpe, *Supermac*, pp. 540–544.

② John Ramsden, *The Winds of Change*, p. 193.

③ John Ramsden, *The Winds of Change*, p. 187.

的堕落分子和涉嫌犯罪的违法分子,为保守党和国家清除败类。巴特勒认为麦克米伦年老昏聩,已丧失政治敏感性。地方上的保守党党员也对麦克米伦产生了严重信任危机,1922 委员会部分会员奉劝他主动让贤。麦克米伦无意退场,他在伍尔弗汉普顿演说时宣布:"一切都还不错,如果健康和精力有所保证,我希望领导党参加大选;当然我必须得到党的支持,而且我也相信会得到支持。"① 狡黠的政客总善于利用外交成就缓解国内压力,8 月,《部分禁止核试验条约》(Partial Test Ban Treaty)在莫斯科签署,麦克米伦从中挽回了一些人气,看起来他仍有雄心和信心领导保守党迎接 1964 年大选。

　　工党领袖威尔逊有言——"政治上,一周时间太长"。麦克米伦体尝了1963 年 10 月 8 日的冰火两重天后有充分理由感慨:不是一周,而是一天的时间太长。当日一早,他还通知内阁他会在布莱克浦的保守党大会上宣布领导党参加下届大选,不料前列腺疾病迫使其当晚必须住院治疗。住院期间,麦克米伦请辞首相和党魁,委托霍姆捎上自己的亲笔信至布莱克浦党会现场代为朗读。信称:"现在很清楚,无论我先前的情感如何,我不可能带着身体负担领导党的下一次大选";呼吁全党考虑党的"未来领导权"。② 麦克米伦突然退休且从未认真培养衣钵传承者,保守党当时也无公认副领袖,这一切陡然增添了新党魁人选的悬念。希斯和麦克劳德锋芒初露,但资历尚浅,没在外交、财政、内政三大部担任过一把手。财政大臣毛德林也是小字辈,入阁还不到两年。时人评议巴特勒或黑尔什姆可能性最大,但几乎无人察觉霍姆正缓步走向舞台中心。霍姆履历平平,他的胜出既是麦克米伦一手操作,更是时局使然。霍姆的古板风格与麦克米伦的恋旧情结易产生共鸣,霍姆接掌帅印能把"麦克米伦主义的贵族风貌"延续下去。③ 针对霍姆不懂内政的批评,麦克米伦表示自己一旦康复,愿任内政大臣予以辅佐。这等于告诉世人他中意霍姆。麦克米

① John Ramsden, *The Winds of Change*, p. 193.

② D. R. Thorpe, *Supermac*, p. 563.

③ John Ramsden, *The Winds of Change*, p. 209.

伦倾力扶植霍姆更因巴特勒和黑尔什姆都不够出彩。巴特勒早在艾登时代已被麦克米伦挤开，早已习惯党内二号角色；同僚多认为他不善言辞，不适合担任党的领袖和国家领导人；1922 委员会多数会员直言巴特勒难以服众。黑尔什姆长于鼓动，但口无遮拦，对政敌的刻薄奚落常令工人阶级反感；党员普遍担心，他若主政，下届选举恐失去工薪族选票。麦克米伦综合考虑后，认为"巴特勒和黑尔什姆都会有大量反对者，而霍姆则意味着团结，是可妥协的候选人，一位迟来的博纳·劳"，"唯一（在那个阶段）不会不被接受的人选"。① 当麦克米伦亮明态度后，内阁大臣半数支持霍姆。保守党当时还未形成议员投票选举领袖制度，但议员可就领袖人选举行建议性投票。霍姆在建议性投票中得到 87 票，巴特勒 86 票紧随其后，黑尔什姆和毛德林只分别得到 65 票和 48 票。② 这更坚定了麦克米伦扶正霍姆的决心。10 月 18 日，女王去医院看望麦克米伦，后者当着女王的面朗读了精心拟定的备忘录，逐一点评潜在接棒者的优缺点，措辞明显偏向霍姆。③ 鉴于巴特勒当时仍呼声甚高，女王并未立刻命令霍姆组阁，而是询问他是否愿意组阁。次日，霍姆正式拜相。

霍姆品性纯良，但"不合时宜"，也"不甚聪明"，指望他为保守党长期扛旗"完全是无稽之谈"。④ 他为期一年的首相履历黯淡无光，他的唐宁街岁月比无名首相博纳·劳更加无名。博纳·劳起码领导保守党经受住了一战前后的风雨洗礼，霍姆连党内地位也备受质疑。他风格守旧，不喜抛头露面，不屑装腔作势，认为电视采访不仅是精神负担更有哗众取宠之嫌。除一流板球技艺，他的所有行迹都未给世人留下深刻印象。霍姆是上院贵族，拜相后他迅速放弃爵位，匆忙参加议会补选。议会夏季休会时原定 10 月下旬重开，为等候首相补选结果，只能推迟至 11 月中旬才召开。新政府人选也迟迟难产。毛德林愿意继续打理财政，巴特勒也同意掌管外交，但麦克劳德自诩党内进步派代表，拒绝在霍姆麾下任职并辞去党主席，鲍威尔也扬长而去，党的团结蒙上隐忧。最令霍姆难堪的是，各部大臣似乎都不把他放在眼里，他"只能恳求同僚

---

① D. R. Thorpe, *Supermac*, pp. 572 - 573.

② John Ramsden, *The Winds of Change*, p. 203.

③ D. R. Thorpe, *Supermac*, p. 579.

④ John Ramsden, *The Winds of Change*, p. 215.

为其服务",以免分裂更甚。①

英国经济已被德日等同等级别国家拉开差距,振兴经济刻不容缓。霍姆政府有志为国家发展提速并将现代化作为施政指导思想。更便利的是,麦克米伦的新计划出炉不久,新政府萧规曹随即可。毛德林制定1963年度预算时,继续赤字财政并对烟草、饮料等商品加税。入夏后经济向好势头不减。霍姆政府唯一政绩是废除了零售业中的"转售价格限制"(resale price maintenace)。这条陈规规定:转卖商必须按生产厂家或货源商规定的价格范围销售商品,否则厂商以及货源商均有权拒绝向零售商供货。商贸大臣希斯认为它有悖自由市场理论,抑制了竞争精神,在下院提议将其废除,但遭强烈抵制。工党倾力维护"转售价格限制";许多商贩靠其赚钱,而商贩是保守党在基层的铁杆支持者。下院围绕"转售价格限制"之存废激辩时,霍姆一度打起退堂鼓。希斯奉劝霍姆,这是一场提振士气的关键硬仗,必须打赢,否则后续工作无从开展。霍姆只能硬着头皮为希斯撑腰。最终下院以微弱多数通过了《转售价格法》(Resale Prices Act)。不过该法表决时,40余名保守党议员反对或弃权,占保守党议员的1/5,上演了"张伯伦倒台以来托利派后座议员最严重的反叛"。②希斯促成新法时作风强势,盖住了霍姆的光环且加深了保守党内裂隙,不利于霍姆领导即将来临的大选。

霍姆瞻前顾后事出有因,他主政不到一年就得迎接大选。自5月始,保守党便以铺天盖地的宣传为大选造势。报刊和媒介高调夸赞保守党执政十余年的丰功伟绩,大吹特吹住房建设成就。保守党组织完善,竞选资金充裕,经济好转也平添了其胜选的筹码。然而它也有三个短板。一、竞选宣言《有目标的繁荣》(Prosperity with a Purpose)只顾总结已有成就,鲜有新意。二、一系列丑闻的负面影响短期内无法清除。三、霍姆表现实在令人不敢恭维。当年夏天,他不辞辛劳赴各地体察民情,竞选期间积极深入社区、厂矿拉票。然而其人格局小气,眼界狭窄。他热衷接见具体的小团体,不愿与普罗大众近距离接触。他不懂利用电视演讲清晰阐述保守党的施政计划,回避与工党领袖威尔

---

① John Ramsden, *The Winds of Change*, p. 208.
② Kevin Jefferys, *Retreat from New Jerusalem*, p. 186.

逊公开辩论，而威尔逊恰是工党史上第一位投机型领袖。

霍姆的守旧风格和沉闷气息与这个时代英国的结构性障碍以及精神氛围也非常合拍。1960 年代初，英国堕落为众所周知的"停滞的社会"。停滞首先表现为各类经济指标乏善可陈，与老对手法国以及德国等大陆国家相比，英国经济增速缓慢。1952 年成立的英国生产力委员会（British Productivy Council）两年后撰写的一份报告详细对比了英国与西欧各国以及美国的生产力水平及发展趋势，不无忧虑地指出："当下并无太多可见的乐观理由"，"长此以往，英国将与二流工业国家相去不远"。① 1954 年底，时任贸易大臣索尼克罗夫特在提交给同僚讨论的一份文件中亦指出，当下的繁荣并不能掩盖生产力发展潜力不足。朝鲜战争结束后，世界贸易兴旺，英国从中获益匪浅，但1954 年的一份文件指出："海外买方市场的回归给了国内经济两项特别暗示（implication）——工业生产力必须提高且成本和价格必须压低。"鉴于英国经济高度依赖进出口以及英国世界贸易份额下滑，贸易部 1957 年得出结论："英国正为一种竞争力的总体丧失所苦"。② 经济学家和财政专家催促加大投资，升级工业技术，但麦克米伦的物质主义战略"把个人消费当作关键目标"致使投资不足，生产力水平渐与他国拉开差距。部分保守党人抱怨经济领域计划色彩过浓，妨碍竞争。麦克米伦无动于衷，仍为保就业而坚持走他的中间道路，"强烈批评劳动力市场化"。1961 年后经济增速进一步放缓，麦克米伦仍无意革故鼎新。1963 年一份民意调查显示：53％的民众对英国经济能继续繁荣表示悲观，21％不能确定，只有 26％表示乐观。③

"停滞的社会"更反映在精神层面。社会安全网免除了所有人后顾之忧，特别是就业保障让国民失去了紧迫感和危机感，锐意进取精神不足，全社会弥漫着懒散气息，死于安乐就是这个时代英国人的生活哲学。政治家得过且过

---

① Jim Tomlinson, *Managing the Economy*, *Managing the People*, p. 50.

② Jim Tomlinson, *Managing the Economy*, *Managing the People*, p. 52.

③ Jim Tomlinson, *Managing the Economy*, *Managing the People*, pp. 54, 59 - 60.

时,忧心忡忡的知识分子纷纷站出来警醒同胞切勿醉生梦死。文人论政容易浮想联翩,但从逻辑上看似又无懈可击、发人深省。知识界不仅对福利社会主义大加鞭挞,还将矛头指向了英国的传统。有人甚至抱憾英国未曾经历1789、1848、1917、1918诸年降临在欧陆各国头上的剧烈革命洗礼,保存完好的古老等级制和价值观成了进步的绊脚石。一位保守党议员称:"除了老挝、沙特阿拉伯,也许还有也门,没有哪里像英国这样,自18世纪的纽卡斯尔公爵时代以来,其经历令世界上任何国家都难以匹敌。"①《金融时报》(*Financial Times*)主编香克斯(Michael Shanks)在《停滞的社会》(*The Stagnant Society*)一书中认为英国人的怀旧心灵与现代世界格格不入,致使英国屡屡错失引领20世纪世界潮流的机遇。桑普森(Anthony Sampson)在《剖析英国》(*Anatomy of Britain*)一书中针砭教育怪现象:伊顿和哈罗等著名公学以及牛津、剑桥这两所资金最雄厚的大学吸纳了大批优秀子弟;然而这些承担精英教育的学校偏重语法、艺术、考古等学科,轻视工程技术研发;名校尖子生毕业后热衷从政,不愿去企业发挥创新潜能。科斯特尔(Arthur Koestler)在其所著《一个民族的自杀?》(*Suicide of A Nation?*)中把问题上升到了文化层面。他认为,19世纪中后期英国人形成了一种对标士绅生活方式的维多利亚文化;收入稍高者附庸风雅,过度在意社交礼仪、饮食起居、闲情逸致;大花园、老古董、下午茶等被视为生活的标配、身份的符号。他进而指出,英国工人阶级和工会从未践行革命捣毁旧体制;通过个人奋斗脱颖而出的优秀人才被维多利亚文化同化,未被同化者则习惯于用粗暴罢工要挟企业和政府,降低了企业竞争力并拖累了国家治理效率。美国学者马丁·威纳综合各家分析,于1981年出版《英国文化与工业精神的衰落》一书,受到世人广泛重视。②

　　两党精英均积极回应经济疲弱和社会停滞,但工党回应更积极并用回应

---

①　John Ramsden, *The Winds of Change*, p. 133.
②　马丁·威纳:《英国文化与工业精神的衰落,1850—1980》,北京大学出版社,2013年。

转移了党内左右矛盾。1951 年 10 月大选惜败后，工党上下依旧非常乐观，党的民意基础仍旧坚实，自信不久便能卷土重来。然而十三年后它才险胜保守党，重执权柄。如此长久在野，除了保守党政策得当，工党自身也应检讨它的两项弱点。其一是迷失了前进方向。国有化已无魅力，福利体系成功构建，民主社会主义框架定型，但无巩固和完善这个框架的清晰方案。其二是党又陷入习惯性内讧。1951 年败选后，艾德礼垂垂老矣，但为阻止莫里森继任领袖，迟迟不愿退位。两位年轻骨干盖茨克尔与比万互掐，艾德礼听之任之，致使 1950 年代初成为"工党历史上最阴郁的几个时期之一"。[1] 1952 年，比万因联邦德国再武装问题与党内主流意见不一。当年秋天在布莱克浦召开的工党大会上，老资格的莫里森和达尔顿双双落选全国执委会，左派的克罗斯曼和威尔逊当选，右派和工党多数议员倍感受挫，冲上讲坛对左派大打出手。此后几年两派积怨更深，1955 年比万公开挑衅艾德礼，而盖茨克尔和工党议员差点把比万开除出党。[2] 1955 年 12 月大选工党再败，艾德礼退休，盖茨克尔击败比万当选党魁。盖茨克尔穿名牌，赶时尚，高调追捧中产阶级生活方式。如果说保就业是麦克米伦共识政治的精粹，那么时尚和消费则是盖茨克尔共识政治的标签。盖茨克尔的温和立场更受 1950 年前后的选民认同，他的党内地位日益稳固，比万不再与之争锋，自甘配角。比万失势并不令人意外，左倾路线当时并不受选民欢迎，他炮轰右派外交政策更是招人厌烦。比万偏执，易被情绪支配，缺少领袖的沉稳气质，号令不了同为左派的威尔逊、克罗斯曼等人。比万亦无意识形态建树，无法为党和国家勾勒未来图景。盖茨克尔的突出贡献是为党指明了奋斗新方向，这一方向借克罗斯兰在《社会主义的未来》(*The Future of Socialism*)一书中阐释的民主社会主义理论令人心动。

克罗斯兰的论调首先建立在英国已非资本主义国家这个判断之上。他说：

> 鉴于经济的快速增长以及经济权力结构的巨大变化，我们可以

---

[1] Andrew Thorpe, *A History of the British Labour Party*, p. 143.

[2] Eric Shaw, *The Labour Party since 1945*, p. 61.

说,战前社会主义讨论的知识框架已经变得不合时宜了。

　　……

　　资本主义一词的准确定义,就是特指具有英国在 19 世纪 30 年代到 20 世纪 30 年代间的基本社会、经济和意识形态特征的社会。可以肯定地说,1956 年的英国不再是这样的社会了。[1]

克罗斯兰高度肯定工党执政六年后的英国已实现了老一辈社会主义者的梦想:

　　(英国)的确是一个具有非凡优点和品质的社会了。对于许多社会主义先驱者来说,这简直就是天堂了。贫困和无保障日益消失。生活水平快速提高;对失业的恐惧逐步减弱;普通年轻工人对未来所拥有的希望是他们的父辈所不能想象的。社会不公正大大减少了,经济有效运转;选民……无意于要求大规模的变革,当然也无意于要求推翻现存制度。[2]

然而克罗斯兰又发现工党带领英国人战胜资本主义后却迷失了方向。党的老一套陈词滥调已吊不起选民胃口,当保守党接受共识政治并保卫英国人的生而自由时,工党不受选民待见了。克罗斯兰提醒同仁:不能指望保守党"鲁莽行事","我们也不可能仅仅通过周期性反攻就能收复失地而不需要更新我们的地形图"。[3] 此话实则明示:从 1945 到 1955 年,保守党被迫接受工党政策,眼下轮到工党学习保守党对自由选择的尊重了。克罗斯兰认为,工党囿于理论窠臼,把手段与目标混为一谈。在经典社会主义信条中,国有化是克服资本主义经济危机和贫富分化的唯一手段。然而二战前后的经验表明,凯恩斯主义的货币和财政调节能够掌控需求,避免经济起落并保障持续增长和充分就业。国有化可辅助凯恩斯主义实践,但过度国有化会导致过度集权,限制

---

[1]　安东尼·克罗斯兰:《社会主义的未来》,第 21、39 页。
[2]　安东尼·克罗斯兰:《社会主义的未来》,第 76 页。
[3]　安东尼·克罗斯兰:《社会主义的未来》,第 66 页。

民众选择自由,妨碍竞争,抑制人的创造性。私有制下财富难免分配不公,但税收和福利的灵活调节足以防止贫富差距过大。税收支撑的福利扩张能长期保证工人过好日子,与好日子比,生产资料所有制形式并非根本;社会主义与自由竞争并行不悖,更无需担心私有制毁掉社会主义既定成就。克罗斯兰说:"不管采取何种经济生产方式,事实上,经济权力总是属于政治权力的所有者。而且,如今政治权力的所有者,肯定不是原来的资本家阶级了。"民选政府的权力来自人民,"无论谁控制着威斯敏斯特,有组织的工人都将掌握着企业的实际权力";因此,"一个完全混合所有制的社会——一个具有多样的、分散的、多元的、不同质的所有制形式的社会",而非"国家垄断",应是常态。① 概言之,民众手握选票,因而掌控着所有制形式、生产、分配、税收,进而确保社会主义之根本——平等及福利。

克罗斯兰勾勒的社会主义不止物质,还有更高精神追求。他说:"所有(社会主义)思想流派所共有的一点就是基本理想和基本道德价值";"社会主义并不是一个准确的描述性词汇,……它只是描述了一系列价值或理想";"物质水平已经发展到一定程度,以致我们可以将更多精力、更多资源用于美和文化方面"。② 克罗斯兰高度重视教育并认为教育是人公平释放自身潜能的主要渠道。他坚信,民主社会主义体制下,人的物质有所保障,潜能得到释放,人的尊严自然得到维护,人的价值自动展现。

克罗斯兰的体系建立在人生而平等且可无限完善这种错误假定之上。他玩弄概念,大谈特谈"价值""理想"这类比"社会主义"更模糊、更不着边际的词语。他忽略了一切所有制形式的企业都必须接受全球化时代的残酷竞争。他乐观认为,英国已战胜所谓的资本主义,人们不必恐惧资本市场的狼性竞争以及这种竞争带来的不确定性。他说:"今日之英国显然不再是一个世纪以前那样的竞争性社会了。……竞争性行为规则明显受到约束。……进攻性的本能已经受到教化和限制。"他还说:"今天的英国社会和企业,远不是滋生强势自我之地,而是在心理上更倾向于安全感、集体团结、稳定的市场,以及安静的生

---

① 安东尼·克罗斯兰:《社会主义的未来》,第 11、27、323 页。
② 安东尼·克罗斯兰:《社会主义的未来》,第 65、144、344 页。

活——有长长的周末，能经常打高尔夫，以及在乡下有个住所。"①克罗斯兰在勾勒他的田园牧歌式社会主义图景时，显然是以前文所说的维多利亚生活文化为参照。无论民主社会主义是否已战胜资本主义，不可否认，工薪族大都在模仿或憧憬资产阶级生活方式。当桑普森、科斯特尔等人在批判这种社会风气的危害时，克罗斯兰并未提醒工薪族看清小资光鲜背后的辛酸，更不愿承认小资靠的是摸爬滚打而非国有化和福利体系。

《社会主义的未来》出版后不到二十年，民主社会主义理论便破产，但这一理论在 1950 年代起码解决了当时党内关于所有制教条的争论。工党 1959 年大选再败，无人对盖茨克尔横加指责，撼动当时如日中天的麦克米伦无异于天方夜谭。不过工党得票率进一步下降被解释为党的意识形态仍然偏左，不受选民欢迎。盖茨克尔为了撇清民主社会主义与马克思主义的关系，建议废止 1918 年党章之第四条。左右两派意见不一，左派认为删除第四条党便失去特色，退变为历史上的自由党，难保工人阶级利益。鉴于左派反对，右派若一意孤行，党便会再次分裂。盖茨克尔最后同意保留党章之第四条，左派则默认第四条只具字面意义，不强求以其指导实践。对外政策上，盖茨克尔与保守党针锋相对，反对入欧，以免其破坏英美特殊关系；工党党内当时疑欧派(Eurosceptic)甚多，少数左派甚至坚信欧共体就是国际垄断资本家控制的跨国公司，对盖茨克尔反对入欧报以掌声。盖茨克尔的经济管理水平早得到验证，拥奉的对外政策清晰，连言行举止也散发着 1960 年代的新潮气息。他衣着考究，欣赏爵士乐，绅士派头及小资情调与传统工人阶级的土气、粗鲁、拘谨毫不搭边。盖茨克尔再次点燃了工党希望之光，然而天意弄人，1963 年 1 月，年仅五十六岁的他猝然长逝。时人甚至将他的故去与美国总统肯尼迪遇刺相提并论，两国希望之星同一年非正常陨落，令人扼腕。②

盖茨克尔死后，威尔逊、卡拉汉、乔治·布朗(George Brown)三人竞争领袖，工党下院议员把时年四十七岁的威尔逊推至前台。威尔逊早年追随比万，是十足左派。比万沉寂后，威尔逊思想也发生巨大转变，意识到公平社会需有

---

① 安东尼·克罗斯兰：《社会主义的未来》，第 67、150—151 页。
② Andrew Thorpe, *A History of the British Labour Party*, p. 158.

丰裕物质支撑。他欣赏新时代技术官僚,信奉能人治理(meritocrat)。他在1963年的工党全国代表大会上明确指出国之未来只能靠科学技术革命,继而炮制了一份科学社会主义理论。他声称:"如果有一个名词我可以用来说明现代社会主义,那就是'科学'";"工党要以社会主义来充实科学,以科学来充实社会主义"。他还为科学引领并完善社会主义制定了四步走战略。一、"造就更多的科学家",二、"成功地把他们留在本国",三、"更加明智地使用他们",四、"把科学研究的成果应用到我们的全国生产事业上面去"。[1] 科学社会主义理论的阐释在当时一举两得。一、舒缓了民众对英国衰朽停滞焦虑的心理;二、转移了工党党内生产资料所有制之争,在一定程度上弥合了党内左右分歧。[2] 威尔逊强调,只有科技革命的白热化(white heat)浪潮才能引领英国走出"停滞的社会",并把英国导向完美的社会主义。他承诺用科学打造一个"新英国",这"新英国"与肯尼迪的"新边疆"一样令人振奋,这"新英国"将为"有用的人"创造展露才华的空间。[3]

经克罗斯兰、盖茨克尔、威尔逊等人共同努力,工党终于迎来一段小阳春。1964年大选时,工党汲取上次败选教训,不再质疑保守党治下的繁荣与富庶,转而强调自己也能高效治理国家并不断提高民众生活水平。[4] 工党竞选宣言《新英国》(The New Britain)亦令人耳目一新,承诺促进国家治理"更加高效",誓言加速推进全方位的"革新和现代化","为英国注入一种新生活方式"。[5] 工党擘画的美好未来与保守党治下的了无生气反差鲜明,正如威尔逊的朝气蓬勃与霍姆的墨守成规一样比照强烈。

保守党难觅帅才,困境重重,已成强弩之末,但民众仍能享受物质丰裕。工党势头强劲,但无必胜把握。两党在1964年10月15日的大选中势均力敌。工党获1221万张选票,得票率44.1%;保守党获1200万张选票,得票率

---

[1]　哈罗德·威尔逊:《英国社会主义的有关问题》,商务印书馆,1966年,第38—41页。

[2]　Jim Tomlinson, *Managing the Economy*, *Managing the People*, pp. 56 - 57.

[3]　Steve Fielding, *The Labour Governments*, *1964 - 1970*, Vol. Ⅰ, *Labour and Cultural Change*, Manchester University Press, 2003, pp. 77 - 78.

[4]　Kenneth O. Morgan, *Britain since 1945*, p. 237.

[5]　Iain dale ed., *Labour Party General Election Manifestos*, *1900 - 1997*, Routledge, 2007, pp. 124 - 125.

43.4%。工党掳走了相当一部分中产阶级选票,但也流失了部分底层选民。工党的新潮和进取风貌颇受年轻人追捧,妇女和老年人依旧更青睐保守党。① 工党拿下 317 席,保守党赢得 304 席,自由党分走 9 席。工党丢掉 5 个原有席位,但斩获 61 个新席位,其中 2 席夺自自由党,另 59 席夺自保守党。工党引以为豪的是,它在英格兰南方地区新增了 20 多席,而南方一向是保守党票仓;工党在米德兰地区只增加 9 席,主因是工党支持移民,而当地选民担心移民威胁社区安定,亦害怕移民抢他们饭碗。保守党震惊的是,它丢掉了纽卡斯尔和利物浦两地的大部分议席,特别是利物浦,该地几十年来因宗教之故一直是保守党的铁打营盘,而选民如今"更愿意支持他们的阶级而非他们的宗教了"。② 相较 1959 年大选,工党可谓翻身了,时隔十三年重新掌权,但只有 4 席多数。

---

① Steve Fielding, *The Labour Governments*, *1964 - 1970*, Vol. Ⅰ, pp. 79 - 80.

② John Ramsden, *The Winds of Change*, p. 230.

第二十五章　沉沦与危机(1964—1979)

　　1964 至 1979 年的英国沉闷压抑,这十五年既无丘吉尔式英雄亦无麦克米伦式政治强人。这一时期危机不断,工人罢工与经济萧条有如 1920 年代,给一代人留下了久难抚平的心理创伤。危机折射英国经济和社会体制已运转不灵,但政治家宁在泥淖中扑腾挣扎也不愿刮骨疗毒。得过且过是这个时代多数英国人的处世心态,两度为相的威尔逊把这种心态展现得淋漓尽致。

　　威尔逊掌权最初也曾意气风发。一般而言,下院 10 席多数方能维系政府,40 席多数才能大刀阔斧改革。威尔逊不信这个邪,欲凭 4 席多数搭建大展宏图的舞台。[1] 当选工党议员中,科学家、经济学家以及大学教师不在少数,威尔逊欲利用他们的专业知识推动社会改革和经济现代化,围绕"白热化"这个"政府政策的中心"做到人尽其才。[2] 为贯彻科学社会主义,威尔逊政府首创技术部(Ministry of Technology),激进工会领袖卡辛斯担任该部大臣。此项任命意在安抚卡辛斯,望其勿再挑动工人闹事。1947 年,艾德礼为削弱莫里森实权,创设经济事务部,保守党掌权后关闭了这个部门。威尔逊如今以经济工作至关重要为名,复设经济事务部并任命觊觎外交大臣职位的工党副领袖乔治·布朗担任该部大臣,分割财政大臣卡拉汉实权。[3] 令人费解的是,丢失议席的沃克尔(George Walker)官居外交大臣,次年 2 月补选他再

---

　　① Harold Wilson, *The Labour Government*, *1964 -1970: A Personal Record*, Weidenfeld and Nicolson, 1971, p. 21.

　　② Ben Pimlott, *Harold Wilson*, Harper Collins, 1992, p. 526.

　　③ Kenneth O. Morgan, *Britain since 1945*, p. 243.

度失利，被迫辞职，斯图尔特（Michael Stewart）接掌外交部。

威尔逊疑神疑鬼，总以为反对他的阴谋无处不在。这导致他的政府有以下几个特点。一、顾问和秘书位卑权大。威尔逊不信任各部大臣，只信赖一小撮心腹顾问，其中包括谣传中与他关系暧昧的女秘书威廉斯（Marcia Williams）。他创设的旨在绕开阁僚而决策的顾问制度影响深远。二、重要阁员走马灯般频频换岗，多数部门政策缺少连贯性。斯图尔特出任外交大臣后，克罗斯兰填补了他原来负责的教育部。克罗斯兰在中学教育中推行激进改革，支持综合性学校取代传统的语法学校。他力图"摧毁英格兰、威尔士以及北爱尔兰的每一所可恶的语法学校"，结果综合性学校学生数量从 1964 年到 1970 年间增加了 3 倍。[①] 教育增强了应用特色，培养了更多专业技术人才。詹金斯（Roy Jenkins）起初负责航天部，1965 年 12 月后转任内政大臣，他积极推动刑法改革，废止了绞刑等野蛮刑罚，不久又废除了死刑。三、威尔逊刻意在党内左右两派之间搞平衡，他本人立场中年后逐渐偏右，但也重用克罗斯曼等昔日比万的死忠。保守党已把钢铁企业私有化，威尔逊为讨好左派再度将其国有化。

保守党政府留给了卡拉汉近 8 亿镑赤字，威尔逊又坚决反对英镑贬值，卡拉汉只好一手加税，一手向国际货币基金组织（International Monetary Fund）借贷。为支付数额庞大的养老金以及其他名目繁多的福利开支，进口商品附加税、个人所得税、资本所得税（capital gains tax）、汽油税等统统成为卡拉汉增收之举。加税导致英镑迅速外流，政府将贷款利率提高到 7%，又向德国和美国等国申请总值约 3 亿镑贷款，方才稳住英镑汇率。其间，威尔逊与英格兰银行负责人分歧尖锐，后者要求政府削减福利开支，特别是养老金和医疗支出，威尔逊以解散议会重选威胁他们闭嘴。形势固然严峻，不过威尔逊对乔治·布朗负责的经济事务部寄予厚望；该部接受一群牛津和剑桥经济学家的建议，制定了一揽子刺激方案，信心十足地宣称未来六年国民生产总值有望增加 1/4，也即年均增长率可达 4%。[②] 乔治·布朗声称要用高科技提高生产效率，进而带动出口增加，忽悠政府高层支持他专门搞了一个好大喜功的"国家

① Steve Fielding, *The Labour Governments*, 1964 - 1970, Vol. I, p. 90.

② Kenneth O. Morgan, *Britain since 1945*, p. 245.

计划"(National Plan)。"国家计划"是凯恩斯主义的经典产儿,一度被视为第一届威尔逊政府的标志性工程。① 它旨在在不干预市场秩序的前提下,依托"制度化政府与工业合作""增强英国工业在国内外市场的竞争力",乔治·布朗对其抱有"使徒般"热情。然而关于这个计划的所有措辞都模棱两可,两年后,当英镑危机来袭时,政府为保英镑汇率,几乎放弃了工业投资。② "国家计划"制定时就没说清楚要搞什么,被抛弃时也没留下什么后遗症。乔治·布朗还试图说服工会接受减薪,工会置之不理。1965 年底,经济事务部雄心勃勃的一揽子方案胎死腹中,次年这个部门亦名存实亡。政府上台第一年便要面对严峻财政形势的考验,卡拉汉紧缩通货并在 1965 年 4 月的年度预算中削减部分支出。7 月,他进一步强化英镑兑换监管并抑制商品进口,叫停许多公共工程项目。然而经济继续下行,英镑加速外流。是年秋,威尔逊亲自与美国代表商谈,恳请美国出手稳定英镑汇率。美国承诺施以援手,但条件相当苛刻,强令经济与军事挂钩:英镑不能贬值,英国还得继续在其新加坡军事基地驻军,也不能推卸在苏伊士运河以东地区的防务责任。

加税以及美国援助均非长远之计,但政府暂时摆脱了英镑危机,1965 年底勉强实现了收支平衡。威尔逊决定抓住这个稍纵即逝的良机举行大选。工党在 1966 年 3 月的大选中收获 1306.5 万张选票,得票率47.9%,比 1964 年大选多得 80 万张选票;保守党收获 1141.8 万张选票,得票率 41.9%。工党赢得 364 个下院席位,保守党和自由党分别赢得 253 和 12 席。工党拥有 99 席多数。它在牛津、剑桥、萨塞克斯等保守党传统票仓战果累累,不仅受到中产阶级青睐,也赢得了工薪阶层和穷人支持。威尔逊一心想把工党打造为无阶级、代表所有劳动者利益的政党,这次选举结果是对他多年努力的回报。就选民年龄和性别结构看,工党在年轻人和男性中的表现继续强劲,在妇女中的表现也好过 1964 年,赢得了 48%的女性选票。③ 多重因素促成了工党的压倒性胜利。首先,威尔逊宁可借贷和加税,也不削减福利开支,寅吃卯粮遗患无穷,却是笼络民心的高招。其次,保守党刚完成领袖换届,党内关系还未理顺。

---

① Ben Pimlott, *Harold Wilson*, p. 361.

② Eric Shaw, *The Labour Party since 1945*, pp. 74 - 76.

③ Steve Fielding, *The Labour Governments*, *1964 - 1970*, Vol. I, p. 63.

保守党以往大选胜利后,一般先由国王任命一位首相,这位首相随后就是公认的党魁。霍姆 1964 年败选辞职后,保守党效法工党,由本党议员选举党魁;希斯在 1965 年 7 月 27 日首轮投票中以 150 对 133 票领先毛德林,鲍威尔仅得 19 票;毛德林还可竞逐次轮较量,但他主动退出,希斯当选新党魁。[1] 希斯沉闷无趣,难以激起选民共鸣。他的当务之急是树立党内威望,没有精力和能力去勾勒全新的施政图景。其三,自由党 1960 年代略有反弹,但竞选资金奇缺,推出的候选人寥寥无几,工党坐收渔利,把原本支持自由党的部分选票收入囊中。[2]

一般来说,下院压倒性优势足以保证政府扬帆起航、大干一场,但 1966 年的工党政府麻烦不断,政策混乱不堪,高层人事变动频繁。是年 5 月,卡拉汉提交年度预算时,新设令人匪夷所思的选择性就业税(selective employment tax),向服务业征收高额税,欲把服务业从业人员引向工业,刺激生产,增加出口。这一逆经济规律而动的下策导致金融、销售、餐饮、文旅等行业乱象丛生。5 月 16 日开启的海员大罢工立即使运输业和进出口贸易瘫痪了,威尔逊捕风捉影,称海员大罢工是一小撮极端共产主义分子暗中捣乱,"考验政府维持既定收入政策的决心",其刚硬态度导致他与运输工人代表琼斯(Jack Jones)的谈判不欢而散。[3] 7 月 1 日,政府做出部分让步,罢工暂告结束。为约束非法罢工,随后出台的《价格与收入法》(Prices and Incomes Act)规定政府有权决定工资及红利之涨落。该法等于剥夺了企业与工会的收入话语权,工会抗议,党内左派亦不满。以劳工利益捍卫者自居的卡辛斯愤而辞职,"标志着工党与工会之间历史悠久的联盟出现了日益扩大的鸿沟"。[4] 工会与工党关系从来模糊不清,历史上工党主流和工会均自诩代表工人利益,两者大多数情况下互

① Philip Ziegler, *Edward Heath*, Harper Collins, 2010, p.159.

② Steve Fielding, *The Labour Governments*, *1964-1970*, Vol. I, p.81.

③ Harold Wilson, *The Labour Government*, p.296.

④ Kenneth O. Morgan, *Britain since 1945*, p.255.

相提携。《价格与收入法》终结了这种默契，标志着工党通盘考虑国策；工会如再闹事，损害国家利益，工党将撇清两者关系。然而工会会员是工党群众基础，工党在未来劳资纠纷中角色更加尴尬。

海员罢工不仅妨碍经济，还挫伤了民众对经济的信心，英镑恐慌性外流，美元以及黄金储备严重不足。卡拉汉后来回忆说："坐在财政大臣办公桌旁，看着存储货币沿着空洞一天天汩汩外流，不知何时才是尽头，在我待过的所有职位中，没有什么比这更令人沮丧的。"[1]提高利率也于事无补，政府只剩英镑贬值一个选项。威尔逊知道：1931 年和 1949 年的两次英镑贬值都严重损害了工党信誉；贬值对仅有少量存款的中产阶级下层和工薪阶层的伤害要大于对拥有巨额固定资产的上层阶级的伤害；贬值对那些将英镑作为存储货币的英联邦国家也会造成伤害，有损联邦大哥形象。[2] 基于诸多考虑，威尔逊反对英镑贬值，他似乎也没把经济形势想得多么严峻，竟在如此紧要关头饶有兴致前往莫斯科与苏联部长会议主席柯西金（Aleksei Kosygin）讨论越南和平事宜，力图"阻止那里的形势升级到危险的程度"。[3] 一战以来的英国政治家始终在犯同一错误——为与英国几不沾边的国际冲突四处奔波，而事实上英国早已丧失国际关系主导权。威尔逊和麦克米伦一样虚荣心作祟，梦想充当美苏的调停者。尽管越南与英国毫无干系，威尔逊并不认为他的莫斯科之行纯为虚名，因为改善对苏关系、关心越南和平有助于安抚国内左派，换取他们支持《价格与收入法》。

威尔逊访苏归来后察觉事态严重，与各部大臣和经济顾问商讨对策，但群臣对劳资纠纷和经济形势各执己见。卡拉汉希望紧缩通货保护英镑，而非贬值；詹金斯和克罗斯兰等强烈要求贬值；商贸大臣杰伊（Douglas Jay）认为危机源于罢工，工人一旦复工，危机便自动化解，英镑贬值实乃缘木求鱼。威尔逊当时仍反对英镑贬值，但 7 月 20 日同意未来一年半缩减 5 亿镑开支，相当于国民收入的 1.5%。《经济学家》称："自凯恩斯经济学兴起以来，这也许是

---

① Jim Callaghan, *Time and Chance*, Harper Collins, 1987, p. 167.
② Andrew Thorpe, *A History of the British Labour Party*, p. 168.
③ Harold Wilson, *The Labour Government*, p. 329.

一个发达工业国家加于自身的最大紧缩方案。"①具体措施主要包括压缩国防和政府开支,对汽油等商品加税,半年之内不许加薪等。几天后,国有企业和地方政府也被要求减少总计 1.4 亿镑支出。在这史无前例的严厉紧缩政策下,1966 年下半年收支渐趋平衡,出口贸易也略有起色。卡拉汉制定 1967 年度预算时不再考虑充分就业,首次释放工党与凯恩斯主义决裂的信号。然而好景不长,1967 年 6 月初,第三次中东战争爆发,苏伊士运河关闭,欧洲各国出口贸易严重受阻,英国受害最甚。衰退波及全球,德国和美国经济大幅下行;英国出口额直线下跌,英镑再遇危机,失业率反弹。10 月,伦敦和默西塞德两地的码头工人大罢工成为压垮英镑的最后一根稻草,罢工令本已严重萎缩的出口贸易雪上加霜。11 月 16 日,内阁做出英镑贬值的艰难决定;两天后,政府宣布每英镑从 2.8 美元贬值为 2.4 美元,贬值率达 14.3%。英镑作为国际存储货币的确是一种荣耀,但英国国民产值并不能支撑英镑坚挺,国际市场轻微震荡或美国略做手脚都可能引起英镑危机;英镑维持较高利率亦妨碍投资,而贬值不仅能卸掉英国人长期背负的心理包袱,更有利于制造业和出口贸易。

卡拉汉对贬值不满,旋即请辞。詹金斯接任财政大臣,卡拉汉转而负责内政部。克罗斯兰出任国务大臣,协助詹金斯处理经济事务,负责商贸与工业生产。詹金斯和克罗斯兰都是右派,按威尔逊搞平衡的惯例,左派的克罗斯曼在内阁中的地位也显著上升,主管社会事务。这次职位调整后,威尔逊老部下卡斯特尔(Barbara Castle)由交通大臣改任就业与生产力大臣(Secretary for Employment and Productivity),这名以知性美著称的唯一女阁员的艰巨任务是与粗暴的工会谈判。

詹金斯学富五车,他为阿斯奎斯等名人撰写的传记畅销一时,他对一战前后英国政局的历史研究颇富洞见,他浸淫政坛几十年,著作等身,官学两不误,

---

① Kenneth O. Morgan, *Britain since 1945*, p. 264.

晚年所著《英国简史》和《丘吉尔传》已有中文版本。身为工党大臣,詹金斯思想更近乎自由主义者。他效法克里普斯1947年应对危机方案,紧缩通货并将利率提高到8%。他制定的1968年预算全部关乎税收,变本加厉执行购买税、选择性就业税,把摩托车、汽油、烟草、酒水等统统列入高额税目表,1968至1969年财政年度总税额达9.23亿镑。[1] 詹金斯本指望税收所得以及英镑贬值带来的利好能帮助政府早日实现收支平衡,然而他的杀鸡取卵之策导致企业效益急速滑坡,资本外流,投资环境恶化。更要命的是,相较庞大公共开支,上述税收仍是杯水车薪,国家照旧入不敷出。詹金斯只开源、不节流,他掌管财政半年,政府赤字达到13.52亿镑,远高于1964年保守党下台时的7.76亿镑。[2] 接下来两年,詹金斯继续加税,不仅开征公司税(corporation tax),还将选择性就业税税率提高了28%。他还向国际货币基金组织借款10亿美元。直到1969年秋,世界贸易复苏,英国对外出口恢复增长,工党政府才勉强实现收支平衡。这也说明只有经济持久增长才能治本。詹金斯严厉的税收政策被视为克里普斯幽灵再现,但两者效果不可同日而语。没有长期向好的经济增长,货币调节与收支手段均徒治其表。

在英国漫长且痛苦的衰落过程中,如果一定要划出一个标志性节点,威尔逊执政的六年最恰当不过。就经济体量、军事实力和实际控制的疆土看,英国已彻底沦落为二流国家。威尔逊上台时,高喊科学社会主义口号,欲以技术革新为英国重铸辉煌。但他首鼠两端,始终为经济动荡所扰。这六年年均经济增长率仅2.2%,英镑疲软,被迫贬值。大量钱财消耗在了福利上面,国内投资和生产均不足,经济严重依赖外部贷款和世界贸易,几乎每一次国际经济震荡,抑或局域的出口下降,都会导致牵一发而动全身的危机。国之虚弱一目了然,民主社会主义弱点暴露无遗。卡拉汉刚着手纠错便被码头工人泼了一头冷水,詹金斯治标不治本,威尔逊有心无力看着国家沉沦。不列颠气数已尽。

军事方面,这一时期英国不断收缩战略防御范围。国防大臣希利(Denis

---

①　Harold Wilson, *The Labour Government*, p. 650.

②　Kenneth O. Morgan, *Britain since 1945*, p. 279.

Healey)是 1964 至 1970 年威尔逊政府中为数不多的未曾挪职的阁员。希利视野开阔、作风务实,鉴于国力下降,他认为缩减防务开支是明智之举,1965 和 1966 年的防务白皮书都大幅压缩军费开支。希利强调有限的财力当用于国防现代化,重视领先军事技术研发。上文已提及,为争取美国财政援助,英国必须在东南亚和中东地区承担一定军事义务。不过英镑贬值暴露了英帝国虚有其表,詹金斯指出,英国不能逞强承担所谓的国际义务,他认为英国的未来在欧洲,而不是虚幻的世界强权。从东南亚和亚丁湾撤军的心理条件成熟了。1968 年 1 月,威尔逊在内阁会议上宣布摈弃苏伊士运河以东的旧帝国负担。是年 8 月上任的外交大臣乔治·布朗尽管脾气暴躁,缺乏外交官必备的冷静和左右逢源之智慧,但他也意识到应当"尽我们所能,迅速且彻底地从中东抽身"。① 英国在新加坡拥有橡胶种植园、锡矿以及炼油厂,但李光耀(Lee Kuan Yew)要求新加坡彻底独立,英国被迫同意最迟于 1971 年底完全撤出马来半岛。对旧帝国在非洲遗留的问题,威尔逊政府无力顾及所谓的英联邦荣誉。在尼日利亚爆发的复杂种族战争中,英国支持尼日利亚中央政府,但无助于缓解那里残酷的种族屠杀。更让威尔逊倍感棘手的是帝国在非洲最后一块重要殖民地南罗德西亚(South Rhodesia),即今津巴布韦的独立问题。1965 年 1 月,借出席丘吉尔葬礼之机,威尔逊与南罗德西亚领导人史密斯(Ian Smith)谈判,无果而终。10 月,史密斯单方面宣布罗德西亚独立,英国随即宣布对南罗德西亚执行石油禁运等经济制裁。它原以为这种制裁将迅速迫使史密斯屈服,然而南非和莫桑比克等地的物资仍源源不断输入南罗德西亚,制裁毫无成效。其后英国对南罗德西亚的种族歧视和部族冲突一筹莫展,遂听之任之。到 1970 年代,除了香港,英国丢了所有重要海外殖民地,也放弃了在东南亚、印度洋和非洲的所有重要军事据点,直布罗陀和塞浦路斯成了两个离伦敦最远的军事基地。从军事和疆土看,英国连表面的大国都算不上了,只是一个普通的欧洲国家。

和保守党一样,工党必须审视英国的新角色定位,入欧是无可回避的话题。麦克米伦时期,盖茨克尔一直反对入欧,威尔逊政府最初两年也强调与欧

---

① Kenneth O. Morgan, *Britain since 1945*, p. 280.

洲自贸区(European Free Trade Association)以及英联邦的商贸联系。欧洲自贸区只包括丹麦、瑞典、瑞士等小国,英国从中所获经济裨益不足齿数,更何况1966年5月卡拉汉的重税令自贸区各国对英国心生疏离。经历了1966年夏的严重经济危机后,乔治·布朗、詹金斯、克罗斯曼等痛定思痛,承认入欧才有出路。鉴于法德等国经济增速当时明显高过英国,他们期待入欧把英国经济带入快车道。此外,1960年代英国出口越来越偏向欧洲市场,政府高层相信入欧必能刺激进出口贸易。[1] 然而工党内疑欧主义者比比皆是,杰伊认为"资本主义的、垄断控制的欧共体"与社会主义的英国道不同难相为谋。[2] 1967年4、5月间,内阁艰难协商后勉强达成申请入欧决定。无奈戴高乐仍对英国避而远之,11月,他语带鄙夷公开宣布"看不出英国做好了加入如今的欧共体之准备"。[3] 英国像一个被全世界抛弃的耄耋老人,丢掉世界帝国后,这只世人眼中的美国跟屁虫又被欧洲冷漠拒之门外,它继续在寻觅新角色的道路上迷茫徘徊。

经济疲弱、外交受辱、族群冲突(见下文北爱局势)等搞得威尔逊政府焦头烂额,但给其造成最致命伤害的是劳资关系的恶化。1966年的《价格与收入法》并不能规制劳资关系。1968年的多诺万调查委员会(Donovan Royal Commission)建议中央政府尽量少干涉工会事宜,也不要轻易惩罚合法罢工者。这间接助长了工会的好斗性。1968年12月6日,"疯狂星期五"这一天,英国因罢工损失了100万镑财富,谣言一度盛传威尔逊和詹金斯将辞职,连女王也做好了逊位的最坏打算。[4] 1969年初,激进好斗的费瑟尔(Victor Feather)当选为工会大会总干事预示着工会将更敌视政府。就业大臣卡斯特尔谴责多诺万调查报告偏袒工会,坚信矫枉必须过正。1969年1月她向内阁提交名为《消弭冲突》(In Place of Strife)的白皮书,建议政府不要理睬工会诉求,严打罢工者以便"规范劳资关系并减少非法罢工"。[5] 威尔逊本不想挑

① Brian Harrison, *Seeking a Role*, pp. 119-120.

② Kenneth O. Morgan, *Britain since 1945*, p. 273.

③ Stephen George, *An Awkward Partner*, p. 38.

④ Harold Wilson, *The Labour Government*, pp. 740-741.

⑤ Steve Fielding, *The Labour Governments*, 1964-1970, Vol. I, p. 97.

衅工会,无奈此时保守党故意放风称:如若掌权必打压工会;威尔逊明知罢工不受欢迎且工会已严重抹黑了工党形象,但为即将来临的大选计,他违心表态支持《消弭冲突》并把它"当作击败希斯的精妙武器"。[1]

卡斯特尔的强硬以及威尔逊的将计就计恶化了劳资关系,加剧了政府高层矛盾及工党党内分裂。工会强烈抵制《消弭冲突》,已当选为运输工会总干事(General Secretary of TGWU)的琼斯以及工程师联合会主席(President of the Amalgamated Engineering Union)斯坎隆(Hugh Scanlon)号召工人抵制《消弭冲突》,工党全国执委会也投票将其否决。1969年劳动节期间,工人用浪潮迭起的罢工发泄他们对《消弭冲突》的愤怒之情。以卡拉汉为代表的部分政府高官也把乱局归咎于《消弭冲突》。卡拉汉信誉已被英镑贬值毁掉,他迫切需要笼络工会,如果威尔逊此时倒台,他很可能在工会支持下组阁。50余名工党后座议员也反对《消弭冲突》,党鞭警告威尔逊:《消弭冲突》若赋予表决,政府必垮无疑。[2]卡拉汉和上述意欲造反的后座议员等于给工会撑腰,工会更有恃无恐。威尔逊无计可施,一度考虑与支持严惩工会的保守党组建联合政府,重演1931年麦克唐纳与亨德森的决裂。希斯却隔岸观火,对工会拆工党的台幸灾乐祸,无意为威尔逊解围。6月中旬,走投无路的威尔逊与费瑟尔达成"庄严约定"(solemn and binding agreement),承认工会大会不仅负责解决"工会内部问题",亦有权处理"非合宪性罢工"。[3]《消弭冲突》被束之高阁,"庄严约定"继续助长工会的嚣张气焰,成为接下来几年愈加肆虐的罢工催化剂。1970年上半年英国因罢工损失了约600万个工作日,是1969年上半年的两倍。[4]1971至1972年的罢工几乎使国家瘫痪。十年前桑普森等人指控的罢工幽灵更加猖獗,朝野对其谈虎色变。

卡斯特尔左右不讨好,成为替罪羊。威尔逊却把让步当作一种苦楚的胜利。政府用屈服换来了短暂的太平,工党没有重复1931年的分裂。1969年下半年,工会暂时不闹了,贸易复苏,1970年上半年政府财政有望实现5亿镑

---

[1] Ben Pimlott, *Harold Wilson*, p. 528.

[2] Ben Pimlott, *Harold Wilson*, p. 540.

[3] Harold Wilson, *The Labour Government*, p. 833.

[4] Kenneth O. Morgan, *Britain since 1945*, p. 304.

盈余。詹金斯获得喘息之机,1970 年预算终于有减税空间了。托尼·本(Tony Benn)负责的技术部倾力推动创新,广泛采用计算机和电子领域新技术,为死气沉沉的英国注入了些许活力。1969 年 8 月,威尔逊的民意支持率一度跌到了 26%,但两个月后惊人回弹至 43%,大幅甩开希斯。[1] 威尔逊绝不会浪费这难得出现的好局面,1970 年预算公布后,他便决定 6 月举行大选。

大选前民调显示工党得票率领先保守党十余个百分点,看起来胜券在握。1970 年 1 月,保守党在塞尔斯顿公园宾馆(Selsdon Park Hotel)开会检讨政纲。希斯表态在经济中引入更多竞争机制,承诺减税并立法规范劳资关系,然而保守党右翼知道他只是坐而论道。敌对媒体捕风捉影称保守党欲拆毁福利国家,重回自由竞争老路。威尔逊朝已被媒体煽动的舆情怒火上继续添柴,宣称保守党试图用"给所有人提供自由取代福利国家","颠覆二十五年的社会革命进程",把英国导向"更不公平"境地。[2] 保守党本无新颖政策,竞选宣言措辞含糊,威尔逊的过度渲染误导民众觉得两党政策差异极大:工党主张社会安全第一,强调福利建设的成就;保守党力主减税,还市场以权力。共识政治在舆论战中已经瓦解。

开票后,工党只获 1220.9 万张选票,得票率 43.1%;保守党却获1314.5万张选票,得票率 46.4%。工党只赢得 288 席,保守党将 330 个席位收入囊中,自由党分走 6 席。大选结果与朝野预期反差极大,这既有竞选期间的偶然因素,也是工党政绩差劲的必然结果。工党竞选宣言《英国现已强大——让生活于其中的我们将其变得伟大》(Now Britain's Strong—Let's Make It Great to Live in)标题冗长,内容空洞。[3] 威尔逊拉票时发表电视演讲称:"我相信社会主义首先意味着用我们的全部资源把英国变得更适于生活,对工党政府而言,这意味着用一种公平公正的方式分享繁荣。"[4]然而过去几年民众并没有尝到繁荣的甜头。投票日前两天,威尔逊预想的收支盈余化为泡影,一场新经济危机似乎正在降临。工党包容移民和少数族群,向保守党内以鲍威尔为代

①　Ben Pimlott, *Harold Wilson*, p. 547.

②　Steve Fielding, *The Labour Governments*, *1964 - 1970*, Vol. Ⅰ, p. 218.

③　Iain dale ed, *Labour Party General Election Manifestos*, p. 155.

④　Harold Wilson, The Labour Government, pp. 988 - 989.

表的种族主义者开火,抨击他们的种族歧视威胁文明社会价值观,但亚裔和非裔移民大量涌入不仅滋生复杂社会问题,也威胁了本土民众就业,进而导致工党因反种族主义选战策略引火烧身。威尔逊向工会屈服并未真正赢得工会会员谅解,部分体力劳动者欲以选票警示工党切勿吃里扒外。结果,"被想当然地视为工党支持者"的传统工人阶级不愿投工党候选人的票,这是对民主社会主义的莫大讽刺。① 科学社会主义理论吊不起年轻选民胃口,他们更乐意支持保守党。妇女一如既往倾向保守党,特别是希斯的单身汉身份吸引了不少女性选票。

　　希斯三年半唐宁街经历饱受诟病,除了褒贬不一的入欧事宜,希斯政府多数举措难逃虎头蛇尾之指责。他在任期间招致工会和北爱民族主义者唾骂,屈辱下台后又遭本党同僚清算。1990 年代以来部分学者欲为其正名,他们不否认希斯的性格缺陷,但声称他是时代的牺牲品,他面临的困境在和平时代可谓史无前例。希斯帐下缺少能吏,主要阁员多是麦克米伦执政后期成长起来的庸官,只有麦克劳德可堪大用。麦克劳德和希斯本可互补,麦克劳德锋芒过露,常招致同僚记恨,需希斯提携和庇护;希斯需要善辩的麦克劳德替其站台,更指望麦克劳德的自由主义风貌为政府装点门面。就业大臣卡尔(Robert Carr)认为麦克劳德是保守党不可或缺的"鼓号手",是唯一能够清晰阐明政策的大臣。② 然而麦克劳德出任财政大臣一个月后暴病而亡,造成了"令人震惊的损失";希斯不得不在"两个月内重组"政府,酿成了"极大灾难"。③ 填补麦克劳德职位的巴贝尔(Anthony Barber)无足轻重,仅是希斯附庸。年事已高的前首相霍姆任外交大臣,不过他只是个摆设,外事方面最重要的申请入欧交涉由希斯走卒里彭(Geoffrey Rippon)负责。毛德林贵为副首相兼内政大臣,理论上是政府二把手,实则无权,两年后因涉经济丑闻黯然离职。下院领袖怀

---

① Steve Fielding, The Labour Governments, *1964 - 1970*, Vol. Ⅰ, p. 221.

② Philip Ziegler, *Edward Heath*, p. 256.

③ John Ramsden, *The Winds of Change*, p. 321.

特洛(William Whitelaw)立场居中,他的主要精力耗在了北爱问题上。约瑟夫理论水平甚高,是保守党 1970 年大选宣言主笔,堪称保守党文胆。希斯命其主掌新成立的卫生与社会安全部(Secretary of State for Health and Social Security),负责医疗、养老保险等社会服务。然而约瑟夫固守新自由主义,并非希斯同道中人,逐渐被晾到一边。住房大臣沃克尔(Peter Walker)和教育大臣撒切尔是两张新面孔,还处在政治历练阶段。希斯用人一大失策是命戴维斯(John Davies)担任技术部大臣,技术部与原商业部不久后合并为工商部(Department of Trade and Industry)且继续由戴维斯主管。

希斯乐见阁员平庸,这更便于他左右政策。希斯和威尔逊一样,不信任各部大臣,每遇要事,乐与政府顾问而非内阁大臣闭门磋商。罗斯柴尔德勋爵(Lord Rothschild)和阿姆斯特朗(William Armstrong)是希斯主要智囊,希斯对阿姆斯特朗言听计从,朝野认为此人才是真正的"副首相"。[①] 久之,希斯与同僚关系疏远,日益孤立。阁员们在各自主管部门没有实权反倒有利于政府稳定。希斯倒台时,1970 年任命的 18 位阁员中的 14 位仍为阁员,且一半以上不曾调岗。[②]

希斯执政之初摆出与过去决裂姿态,他在 1970 年 10 月的保守党大会上称"我们回归政府是为了改变这个国家的历史进程",扬言颠覆部分已执行了二十年的基本国策,兑现塞尔斯顿承诺。[③] 政府首先决定矫正劳工政策。然而希斯还没设计出劳工新政策细节,码头工人便以罢工给了他当头一棒。劳工大臣卡尔对罢工不闻不问,任由劳资双方自行解决。工商大臣戴维斯也信誓旦旦表示他不会刻意拯救效益低下的企业,决意"让破产企业自行消亡"。[④]戴维斯是一名成功商人,长期在商海打拼积累了丰富的企业管理经验,然而他缺乏高官应有的灵敏政治嗅觉,把商业经验套用到行政管理,给政府带来了始料未及的麻烦。财政大臣巴贝尔试图恢复自由市场在经济运行中的主导作用。1971 年预算大幅下调个人所得税;为压缩公共开支,房租补贴、学

① Philip Ziegler, *Edward Heath*, p. 250.

② John Ramsden, *The Winds of Change*, p. 321.

③ John Ramsden, *The Winds of Change*, p. 325.

④ John Ramsden, *The Winds of Change*, p. 347.

生牛奶支出等统统下调。威尔逊指责上述举措将会瓦解福利国家并导致大面积失业,但希斯和巴贝尔不为所动。威尔逊所言很快变为事实。1972 年 1 月,失业者超过 100 万,而经济却找不到增长引擎。加速的通货膨胀导致工资购买力在 1970 年和 1971 年连续下降。英国经济陷入了令人绝望的滞胀(stagflation)。

面对困境,希斯政府贯彻紧缩政策和自由主义不到一年,被迫改弦易辙。1971 年,英国最著名的飞机发动机生产商劳斯莱斯(Rolls-Royce)公司濒临破产,按戴维斯关注效益而非所有权之思维,劳斯莱斯公司应自行破产。然而公司业务涉及国防要害,政府只能出台一种令人啼笑皆非的所谓两全之策:接管该企业关涉飞机生产的部门,但汽车等生产部门继续由私人掌控。针对政府的言不由衷,一位保守党后座议员称:"政府公开宣布的政策与它处理劳斯莱斯事件的手法并不一致。"①接踵而至的是上克莱德造船厂(Upper Clyde Shipbuilders)的同样难题。该厂因为效益低下难以运营,当政府决定将其关闭时,4000 余名面临失业的工人群起抵制。政府担心罢工再起,决定给上克莱德造船厂 3500 万镑补贴助其渡过难关。撒切尔认为这是"不大但值得铭记的耻辱性事件"。②

处理上述两家大公司的手法表明戴维斯的破产哲学已胎死腹中。希斯也意识到紧缩政策只会雪上加霜,遂决定不惜一切代价刺激经济增长,巴贝尔不敢违拗希斯,结果 1972 年预算出现了"自二战以来最大幅度的扩张"。③ 巴贝尔轻如鸿毛,他的副官诺特(John Nott)说希斯"完全无视财政部,他越来越依靠威廉·阿姆斯特朗的意见,……巴贝尔无能为力"。④ 因此,所谓的"巴贝尔繁荣"实为张冠李戴,背后都是希斯和其高参阿姆斯特朗在操作。到 1973 年初,巴贝尔已彻底变成办事员,希斯只与阿姆斯特朗以及工会领导人秘商经济政策,作出决定后通知内阁照办即可。首席智囊和工会领导人比下院议员和政府高官话语权大得多。1973 年预算继续海量投放货币,允许英镑执行浮动

---

① Philip Ziegler, *Edward Heath*, p. 343.
② Philip Ziegler, *Edward Heath*, p. 345.
③ Philip Ziegler, *Edward Heath*, p. 357.
④ Philip Ziegler, *Edward Heath*, p. 401.

汇率以刺激信贷流通,鼓励政府采购,要求各部门增加支出以激活社会需求。约瑟夫的卫生部和撒切尔的教育部纷纷制定了宏伟扩张计划,国防部和住房部等不甘落后,所有国家部门展开花钱竞赛。消费繁荣酿成两个恶果。其一是物价再度飞涨,房价两年内上升了 70%。[1] 连希斯也在 1973 年夏表示"是时候轻一点踩油门了"。[2] 其二是超发货币都用于消费而非工业投资或技术研发,实体经济虚弱如故。"巴贝尔繁荣"只消费、不生产,并非正宗凯恩斯主义,它标志着塞尔斯顿誓言随风逝去。

政府能靠繁荣假象一时愚弄民众,但在劳资关系上变不出高明戏法,而劳资关系恶化是虚假繁荣的必然结果。希斯主政不久便向下院提出一份劳资关系议案,1971 年 2 月,伦敦 14 万工人游行以示抗议,但希斯和卡尔顶着压力知难而进,3 月,议案三读后变成法律,是为 1971 年的《劳资关系法》(Industrial Relations Act)。[3] 该法是"1945 年以来提出的最激进的劳工法案",旨趣类似三年前卡斯特尔的《消弭冲突》,意在遏制罢工。[4] 它指定有关部门抽调人手成立劳资关系委员会(Industrial Relations Commission)和全国劳资关系法庭(National Industrial Relations Court)。劳资关系委员会负责评估罢工风险及危害程度,有权批准或禁止罢工;全国劳资关系法庭有权起诉并审判非法罢工者。

工会强烈不满,工会大会号召各行业工会抵制《劳资关系法》。政府与工会关系极度紧张,而希斯却认为政府在与工会的斗争中初战告捷并因此胃口变大。1971 年秋,政府试图抑制矿工工资上调。全国煤矿工会(NUM)副主席麦克贾西(Mick Mcgahey)认为:矿工工资已显著落后于其他行业工资水平,政府偏拣软柿子捏;他号召煤矿工人罢工,逼迫政府为矿工加薪。国家煤炭局(National Coal Board)承诺给矿工加薪8%,矿工并不知足。1972 年 1 月 9 日,天寒地冻之际,矿工开始了无限期罢工。由于煤炭存储不足,许多地区

①　John Ramsden, *The Winds of Change*, p. 351.

②　Philip Ziegler, *Edward Heath*, p. 407.

③　John Ramsden, *The Winds of Change*, p. 331.

④　Anthony Seldon, *The Heath Government in History*, in Stuart Ball and Anthony Seldon eds, *The Heath Government*, *1970 - 1974*, *A Reappraisal*, Routledge, 1996, p. 4.

电力和燃料供应突然中断，希斯被迫宣布实行一周三天工作制。罢工期间，各地矿工还成立纠察队，威胁恐吓愿意复工的少数矿工，禁止煤炭运输。生性好斗的马克思主义者斯卡吉尔（Arthur Scargill）网罗了一支 1.5 万人的工人纠察队，封锁米德兰境内一处大型焦炭存储基地，阻止仓储焦炭外运。① 希斯后来回忆称这次劳资纠纷是"对法治最显眼、直接和令人恐惧的挑战"，但他不敢诉诸刚刚设立的全国劳资关系法庭，生怕触怒观望中的温和矿工。② 政府无计可施，一个月后，被迫任命由威尔伯福斯勋爵（Lord Wilberforce）领衔的调查委员会了解矿工意向，与他们谈判。政府最终接受了矿工所提一切要求，同意给矿工加薪，允许矿工带薪休假并提高养老金。希斯生于 1916 年，对大萧条时代悲惨失业的记忆刻骨铭心，他"坚信每个人都有工作权利且政府有责任让民众工作成为可能"。③ 从保就业压倒一切看，希斯是凯恩斯主义忠实信徒，亦是当之无愧的麦克米伦接班人。当然，从希斯身上还能看到鲍德温影子，至少在 1972 年前，希斯相信"只要有耐心和善意，雇主、工人、政府三方有朝一日终能确立良好合作"，而"对抗只会加剧分歧并撕裂国家"。④

　　向矿工无条件屈服招致党内同道严词批评，希斯也痛心疾首，他在全国广播演说中声称"没有人真正赢得胜利，所有人都是输家"。⑤ 无人相信希斯的说辞，矿工不仅是赢家且变得更加贪得无厌。1972 年 3 月，他们又以进口商品价格大涨为由，要求加薪 16%，政府已成惊弓之鸟，好言安抚才以 13% 工资涨幅暂时稳住矿工。⑥ 矿工如愿以偿实现了两次大幅加薪，一跃成为体力劳动者中的高收入者。然而他们的称心如意建立在政府和大多数同胞的痛苦之上，他们在大罢工期间展示自己的好斗性与狠劲时无视道德底线，而纠察队暴力威胁政府更是为将来的罢工者树立了可资模仿的恶劣先例。斯卡吉尔一夜间成为家喻户晓的明星，被罢工者捧为楷模。工会地位进一步上升，政府变成了憋屈的受气包，旨在遏制罢工的法律及政策全都成了一纸空文，而大多数民

---

① Kenneth O. Morgan, *Britain since 1945*, p. 326.

② Philip Ziegler, *Edward Heath*, p. 350.

③ Philip Ziegler, *Edward Heath*, p. 345.

④ Philip Ziegler, *Edward Heath*, p. 352.

⑤ John Ramsden, *The Winds of Change*, p. 354.

⑥ Philip Ziegler, *Edward Heath*, p. 360.

众似还没有充分意识到工会治国的危害性。1972 年底,连任成功的尼克松(Richard Nixon)在电话中向希斯献计:启动大选增强政府公信力并以之打压矿工,希斯回话慨叹:"工会非常邪恶,但这个国家 70% 的人支持它";尼克松不信 70% 这个数字,希斯以实相告:"我们刚做的民意调查,的确如此"。①

希思对劳工让步的一个重要原因是他对入欧期望过高。他认为入欧必带来无限商机,到时就业机会剧增,劳资矛盾自然化解。入欧是希斯矢志不渝的宏愿,"他真心相信民族国家时代已终结,准备把对英国有重大意义的一系列事务的最后话语权让予欧洲"。② 入欧最大外部障碍因戴高乐下台已经扫除。英国和欧共体代表在布鲁塞尔展开多轮谈判,鉴于双方在货币、商业、防务等方面仍存分歧,1971 年 5 月 20 至 21 日,希斯亲自出马,赴巴黎与法国新总统蓬皮杜(Georges Pompidou)闭门磋商。蓬皮杜表示他会尊重英国与英联邦国家的情感联系,也不要求英国立即疏远美国,而是等英国入欧后再议英、欧、美三方关系。会谈后的记者会上,蓬皮杜还特意安抚法国人,称英国入欧诚意十足,绝非捣乱分子。③ 此后不久,在布鲁塞尔负责谈判的里彭敲定了入欧细节。入欧近在咫尺,希斯余下任务就是说服国内疑欧派接受政府意见了。起初大约 40 余名保守党议员反对入欧,但赞同的保守党党员在下院和地方选区都占绝对多数,希斯有信心消弭党内分歧,说服党内疑欧派更改立场。1971 年 10 月,保守党大会投票表态支持政府入欧决定;除以鲍威尔为代表的极少数异见分子,党内障碍已基本扫除。工党远未就入欧达成一致。詹金斯一如既往热心,而以福特(Michael Foot)和托尼·本为首的左翼担心入欧后农产品价格上涨损害工薪阶层利益,不遗余力从中作梗,他们试图与保守党内异见分子联手搅黄入欧大计。工党两大巨头威尔逊和卡拉汉担心入欧争议加剧党的分裂,含糊其词,静观事态发展。

1971 年 10 月 28 日,英国下院就入欧进行初次表决,赞成票比反对票多112 张;39 名保守党议员反对,67 名工党议员支持。④ 绝大多数保守党议员

---

① Philip Ziegler, *Edward Heath*, p. 369.

② Philip Ziegler, *Edward Heath*, pp. 280 - 281.

③ Philip Ziegler, *Edward Heath*, p. 282.

④ Philip Ziegler, *Edward Heath*, p. 288.

支持入欧,多数工党议员则反对。进入 1972 年后,托尼·本等继续对入欧细节吹毛求疵,不择手段刁难政府并与党内中右派唱反调。他们的冥顽不化刺激工党内讧升级,詹金斯辞去副领袖以示愤怒,威尔逊也不再沉默,提议全民公决。福特大放厥词,辩称入欧会模糊英国民族属性并危及不列颠文明传统,这种理由与鲍威尔意见如出一辙,极左派和极右派臭味相投在历史上司空见惯。1972 年夏,"入欧议案"(European Community Bill)下院三读仅以 17 票微弱多数勉强通过。[①] 1973 年 1 月 1 日,英国正式成为欧共体一员。

部分英国人对超国家的欧共体不抱信心,或许与他们在超民族联合王国内体尝的痛苦经历有关。爱尔兰独立后,北爱境内民族主义者与统一主义者不时爆发零星冲突。民族主义者希望脱离联合王国加入爱尔兰共和国,他们主要是天主教徒;统一主义者多为不列颠移民后代,主要是新教徒,也是保王派。双方人口大体对等,表面看势均力敌。但统一主义者在经济和行政方面均占优势,尤其是负责地方安全的王家乌尔斯特警察(Royal Ulster Constabulary)几乎由清一色新教徒组成。许多民族主义者自感受到了不公正压制。1960 年代后期,两派冲突升级。民族主义者要求统一主义者控制的政府勿再歧视天主教徒,在住房和就业等方面公平对待一切北爱公民。1966 年 3 月,民族主义者举行声势浩大的游行高调纪念 1916 年的复活节起义五十周年,统一主义者认定这是业已解散的爱尔兰共和军幽灵再现。狂热的统一主义者佩斯利(Ian Paisley)组建的乌尔斯特新教志愿军(Ulster Protestant Volunteers)摩拳擦掌,誓将民族主义者锉骨扬灰。佩斯利抨击北爱最高长官奥尼尔(Terence O'Neill)在处理民族主义者的示威中表现得太过软弱,呼吁将其驱逐出境。1966 年 5 月,统一主义者射杀了一位天主教徒。民族主义者还以颜色,于 1967 年 1 月成立了北爱民权协会(Northern Ireland Civil Rights Association)。各类有序组织和协会助推冲突双方敌对情绪更烈,身份差异更

---

① Kenneth O. Morgan, *Britain since 1945*, p. 339.

大,斗争的血腥味也越来越浓。

　　1968年8月,民族主义者抗议政府住房分配不公,再度游行。10月,王家乌尔斯特警察驱散在德里游行示威的民族主义者时,场面混乱,百余人受伤。为声援德里示威者,几天后,主要由学生组成的人民民主党(People's Democracy)在贝尔法斯特成立。1969年元旦,人民民主党发动为期四天的从贝尔法斯特到德里的游行示威。统一主义者沿途袭击示威者,乌尔斯特警察还带头暴力冲击民族主义者在德里的聚集地伯格希德区(Bogside)。是年3至4月,保王派制造多次爆炸并嫁祸于共和主义者;奥尼尔不堪压力,宣布辞职。8月中旬,两派在伯格希德区的武斗中一度使用汽油弹等暴力装置。爱尔兰总理林奇(Jack Lynch)在电视讲话中谴责王家警察并动员爱尔兰军队做好准备,必要时给予北爱民族主义者人道主义支持。与此同时,威尔逊政府也派遣正规军进入德里和贝尔法斯特维持秩序。这轮冲突造成8人死亡,700余人受伤。年底,英国政府宣布王家乌尔斯特警察以后在维持秩序时不得使用武器。这既没博得民族主义者好感,更令统一主义者失望。乌尔斯特志愿军埋怨政府软弱,指望不上,继而以自救为名屡屡制造暗杀宣泄愤懑。

　　希斯上台后,北爱云谲波诡的局面更趋复杂。1969年底成立的爱尔兰临时共和军(Provisional Irish Republican Army)自称“天主教徒的保卫者”,誓以武装斗争摆脱伦敦统治,实现爱尔兰岛统一。政府军则在贝尔法斯特等地执行宵禁,1971年政府又授权军队可以不经审判监禁违法者。然而被拘禁者绝大多数为民族主义者。政府军的选择性执法以及爱尔兰临时共和军的暴力倾向使得警民冲突升级为军事战斗。伦敦方面认为北爱局势已经失控,北爱地方政府已无力维持秩序。1972年3月,希斯政府宣布统一主义者控制的北爱议会(Stormont Parliament)暂停运转,北爱直接遵照伦敦的行政命令治理。希斯原希望在伦敦直接治理期间达成一份各方都能接受的和平协议,但暴力愈演愈烈,仅1972年爱尔兰临时共和军就打死了100多名政府军成员。最恐怖的是,当年7月21日临时共和军袭击贝尔法斯特平民区,致7位平民和2名士兵死亡,制造了骇人听闻的“流血星期五”(Bloody Friday)。十天后,英国政府决定在北爱实行军事化管理。1973年3月,英国政府发布北爱问题白皮书并就北爱去留组织当地民众公投,98.9％的北爱民众支持留在英国之内。6月,北爱立法会(Northern Ireland Assembly)成立,其成员由北爱公民选举产生。10月,北爱、爱尔兰以及英国代表在伯克郡境内的苏宁戴尔(Sunningdale)举行三方会谈。根据会谈达成的协议,1974年1月伦敦方面结束对北爱的直接治理,其后北爱事务交由北爱立法会以及据其产生的执委会处理。苏宁戴尔协议是"迄1990年代在北爱问题上最大胆的创新",旨在确保北爱民族主义者在北爱享有与其人口对等的立法权和行政权。[①] 然而协议没有满足民族主义者胃口,统一主义者也拒绝与信奉天主教的民族主义者分享权力。1974年大选中,北爱统一主义者投票报复保守党,直接导致希斯政府垮台。威尔逊当初将北爱难题扔给希斯,希斯一番精心努力泡汤后,难题又甩回给了威尔逊。

希斯执政以来,除初期几个月,保守党在议会补选中连败多阵。1971年,保守党与工党较量时难掩颓势,还面临自由党强力挑战。盖洛普(Gallup)民意测验显示,1972和1973年,自由党群众基础不断扩大,大有三党并驾齐驱之势。自由党在多次补选中夺走了原由保守党把持的议席,主要原因是中产阶级对居高不下的物价不满,对执政党失去了信心。令希斯稍感欣慰的是,1973年初,失业率下降,物价也有望回落,经济出现好转迹象。自1972年春开始,罢工浪潮暂时退去,政府和工会相安无事。工会领导还尽力配合政府平抑物价,限制工资涨幅。1972年11月初,政府决定分三个阶段控制工资和物价。第一阶段冻结物价、工资、红利和租金三个月。1973年1月,第二阶段启动,低收入者可实现一定工资涨幅,但高收入者获益不多。1973年10月,工资和物价控制进入第三阶段。工会领导人对限制工资不满,但愿意配合政府施政,只有矿工意见非常大。为防矿工捣乱,11月初,希斯约见全国矿工联盟领导人以为安抚,继而向内阁通报:与矿工领导人会见气氛"相对良好,……至少真诚影响了多数温和矿工领导人"。[②] 希斯的努力扭转了保守党颓势,全党上下对下一次胜选充满信心。在很多保守党人看来,自由党不过是重复1962至1963年的短暂亢奋,其强劲势头不久就会因为经济复苏偃旗息鼓。保守党中坚分子确信"眼下自由党的威胁将被证明仅是又一只纸老虎"。[③]

---

① Anthony Seldon, *The Heath Government in History*, p. 5.

② Philip Ziegler, *Edward Heath*, pp. 403,411-414.

③ John Ramsden, *The Winds of Change*, p. 367.

工党此时为入欧利弊吵得不可开交。工党党内的左倾最近几年急剧增强，党主席托尼·本和福特的得势充分说明了这一点。托尼·本出身贵族，少时在英国最好的私立公学接受教育，甚至一度承袭父爵，后为进入下院替人民代言而主动放弃了爵位。福特也来自殷实之家，饱读诗文并长期活跃于新闻界。英国社会主义运动史中有一种看似奇怪的现象：出身优渥的激进社会主义者数不胜数，而拥护残酷市场竞争的工党右派往往来自寒门。这可能因为豪门子弟自幼衣丰食足，不知柴米之贵，加之他们求学的私立公学注重哲学、文艺教育，向他们灌输道德、良心、社会责任心以及理想主义，甚至是完美主义，进而导致他们大都具有兼济天下的情怀。寒门子弟无论学业有成还是发家致富都需从残酷竞争中脱颖而出，往往更欣赏自我奋斗并享受残酷竞争；他们的成长环境往往也会启迪他们形成一种有失偏颇的认知，那就是穷人固然可怜但更有可恨之处。托尼·本以其格瓦拉式的人格魅力呼吁扩大公有制经济比重，强化国家对经济生活的干预，推进工会管理更加民主化。其疯狂改革建议还包括废除上院、退出欧共体、脱离北约、奉行单边主义中立外交。托尼·本不仅在党内吸聚了大批追随者，且博得多数工会会员阵阵喝彩。他给工党带来的麻烦比二十年前的比万有过之而无不及。威尔逊明知托尼·本和工会都成了工党的选举负担，然而面对党内强劲的左倾旋风，他只能尽力"让（工党）这只大船不至沉没，而不管船上所载货物为何"。①

希斯稳住了矿工并对工党的短板看得一清二楚，正当他以为一切已步入正轨时，1973年10月爆发的"赎罪日战争"（Yom Kippur War）一夜间让难得出现的好局面戛然而止。中东石油禁运导致英国油价飙升，煤炭开采和运输价格随之陡然上涨。财政部预估1974年工资缺额达30亿镑，国民总产值将萎缩4.5%。② 抑制工资与物价的第三个阶段已无法按预期执行。为减少能源消耗和工资支出，12月13日，希斯在下院宣布来年执行一周三天工作制，实施石油配给制，甚至切断电视转播信号，降低行车速度。政府欲借这些荒唐举措向民众证实，贪得无厌的矿工才是时局艰难的唯一元凶。矿工态度强硬，

---

① Kenneth O. Morgan, *Britain since 1945*, p. 346.
② Philip Ziegler, *Edward Heath*, p. 416.

不断找碴,他们有备而来,在 11 月便大幅减少煤炭开采,以便在罢工后制造煤炭奇缺之景象。麦克贾西直言不讳告诉希斯,他的真实意图已非加薪而是搞垮政府。希斯也在谋篇布局,他任命促成苏宁戴尔协议的怀特洛担任就业大臣并指示他与工人周旋。琼斯认为怀特洛是最有可能设计出"劳资关系和解政策的人",而希斯的"劳资关系知识并不够"。[①] 然而希斯不给怀特洛实权,他任用怀特洛只为制造和谈假象,以便为政府反击争取时间。19 日,工会领导人来到唐宁街指责一周三天工作制并抱怨政府事先未与他们商量此事。从12 月中旬到次年 1 月中旬,多数工会领导人愿意谈判,1 月 9 日,他们甚至建议"把矿工当作特殊案例",奉劝政府与其他工种和解,但希斯毫无谈判诚意。[②] 他把冲突定性为政治的,而非经济的,处心积虑把矿工描绘成欲壑难填的元凶,并判断矿工嚣张已超出民众容忍下限,执意豪赌一把,将矿工与政府的纠纷交由全国人民裁决,提前大选,由选民决定"谁治理英国"。然而工会也已识破政府在用一周三天工作制等荒唐政策营造惶恐气氛,以矿工的刁钻蛮横丑化所有工种,妄图一棒打晕所有工人。一位温和工会领导人说:"希斯的猪脑袋拒绝接过工会大会递去的橄榄枝,……这是他最大的错误。"[③]

更要命的是,希斯运筹政治也和治理经济一样,言不由衷,首鼠两端,放话诉诸大选后竟打起了退堂鼓。为应付危机而临时担任能源大臣的党主席卡灵顿(Peter Carrington)以及副主席普莱尔(James Prior)敦促希斯速战速决,赶在罢工火焰燎原前将其扑灭,大选就是最好的灭火器。救火司令怀特洛认为在北爱问题还未尘埃落定之际举行大选并不明智,保守党很可能失去北爱统一主义者的支持。他的意见干扰了希斯的决择。次年 1 月初,一位年轻睿智的保守党人赫德(Douglas Hurd)提醒希斯:工会好斗令人生厌,政府无德无能亦是不争事实,选举结果取决于工会和政府哪个更不受欢迎。[④] 1 月 17 日,希斯知会阁僚 2 月初选民投票,但不久又将投票日后推至 2 月 28 日。对希斯的朝令夕改,普莱尔后来抱怨说:"我们已经将部队开到山顶,做好了战斗准

① Philip Ziegler, *Edward Heath*, p. 418.
② Philip Ziegler, *Edward Heath*, p. 420.
③ Philip Ziegler, *Edward Heath*, p. 422.
④ John Ramsden, *The Winds of Change*, p. 373.

备,然后却把它撤下山来;若想第二次让部队开到山顶就难比登天了。"①希斯提前大选本就是以攻为守,当察知保守党并无胜算后,他竟天真指望工党温和派为政府解围,去提点矿工意识到他们的非理性已不是与政府为敌,而是与人民过不去。威尔逊巴不得矿工与政府斗个你死我活,对大选一拖再拖更是暗自窃喜,因为每拖一天,保守党就会流失一批选民。2月9日,矿工大罢工正式开始,希斯只能用大选予以还击。

这场大选不是保守党与工党的竞逐,而是政府与工会的对决。保守党竞选宣言指责"工会中一小撮好战的极端主义者操控并滥用工会的独断权力给国家造成无法计算的损失"。② 希斯在电视演说中恳请民众用选票裁决矿工和政府谁是谁非。应该说,多数选民是同情政府的。直到投票日前两天,保守党一直相信胜券在握,盖洛普民意测验也显示3/4的保守党选民认为他们会是赢家。开票后,政府却不得不面对苦涩结果。保守党收获1187.2万张选票,只领先工党1164.6万张选票0.7个百分点。保守党仅赢得297席,工党成为第一大党,拥有301席。自由党的反弹引人注目,尽管它只赢得14席,但收获606万张选票,占选票总数19.3%。与1970年大选相比,自由党多得400万张选票,保守党少得100多万张选票,工党得票数也少了几十万。两大党群众基础日益薄弱,民众既鄙视保守党当断不断,也不相信工党能克服时艰,战后共识政治寿终正寝。保守党是输家,工党也称不上赢家。工党37%的得票率创下了1931至1970年间的最低纪录。③

大选期间,保守党已察觉自由党强势反弹,却乐观认为自由党无力搅局,然而恰恰是自由党抢走了许多原本属于保守党的选票。希斯应对失利负主要责任,他对矿工口诛笔伐,却无针对采矿业的合理方案;他忙于逞口舌之快,忘记了选民满腹牢骚的物价和就业等问题。狡黠的威尔逊是当时英国"最优秀的电视演说者",选战期间充分利用镜头和荧屏向选民展现温和形象,既不像

① John Ramsden, *The Winds of Change*, p. 374.

② Iain Dale ed., *Conservative Party General Election Manifestos*, *1900 - 1997*, Routledge, 2013, p. 204.

③ Vernon Bogdanor, *The Crisis of Old Labour*, in Anthony Seldon and Kevin Hickson eds, *New Labour*, *Old Labour: The Wilson and Callaghan Governments*, *1974 - 1979*, Routledge, 2004, p. 6.

希斯一样有失风度,也不像麦克贾西一样招人怨恨。① 两党领袖气质和策略均高下立判。大选可谓希斯的个人决定,保守党决策层没有认真评估并防范意外因素干扰,甚至被党内异见分子搞得极度被动。进口价格,尤其是油价暴涨导致 2 月的贸易赤字陡然走高,达到近 4 亿镑。这加剧了中产阶级对执政党的不满。投票前夕,原本站在政府一边的英国工业协会(Confederation of British Industries)突然要求取消 1971 年的《劳资关系法》,指责该法是最近几年之乱源。鲍威尔继续唱他的对台戏。选战关键时刻,他公开声明自己拒绝作为保守党候选人竞选西南伍尔弗汉普顿选区的席位,转而支持该选区的工党候选人。他对入欧久难释怀,在媒体上称:入欧后英国成为"一个超级欧洲国家的一个行省",这个"超级国家"对"我们长期以来视为理所当然的政治权利和自由一无所知"。② 鲍威尔对欧共体天然的仇恨激起不少选民共鸣,导致米德兰地区的选举形势极不利于保守党。这个地区的选民一向排外,害怕外来劳工与他们争抢饭碗。保守党原以为一半以上的乌尔斯特统一主义者会继续支持政府,也是明显失算。

败选后希斯仍不言弃,一度向索尔普(Jeremy Thorpe)抛出橄榄枝,希望与自由党组建联合政府,可叹没有回音。希斯见识不凡,但魄力不够,政治嗅觉亦不灵敏。他在执政初期的新尝试碰壁后,突然来了个 U 型大转弯,严重损害了自己声誉和政府形象并助长了工会气焰;自作聪明的大选设计和一系列始料未及的内外不利因素提前结束了他的首相任期。当然,部分史家认为希斯的性格缺陷和政策失误只是他失败的表象,当时英国已弊病丛生,滞胀、罢工、北爱三大问题积重难返并且同时在 1970 年代初显示威力,注定了希斯政府情有可原的悲惨命运。

> 最终它无法令其同党满意,也未能在经济、工业以及社会领域制
> 定出持久的或者能够解决长期问题的政策。然而将这届政府作为失
> 败者对待不过是陈词滥调且言非其实。1964 至 1970 年以及 1974

---

① Ben Pimlott, *Harold Wilson*, p. 567.

② John Ramsden, *The Winds of Change*, p. 380.

至 1979 年的工党政府面对同样困难,也没干得更出色。[1]

威尔逊的少数政府不仅"没干得更出色",其命途甚至比希斯政府更为多舛。当时英国各阶层、各党派、各群体对经济、外交、劳资纠纷等均存在尖锐分歧;工党左翼、中间派、右派之利益与意见更难协调。威尔逊按 1964 年老规矩组阁,尽可能让党内各派权重平衡且相互牵制。卡拉汉担任外交大臣,上届工党政府的国防大臣希利荣膺财政大臣,詹金斯出任内政大臣。此三人属于工党中的自由主义者。左翼方面,福特担任就业大臣,托尼·本负责工商业,卡斯特尔负责医疗卫生与社会保障。大臣们对所管部门多有清晰政策构想,唯独威尔逊此时变成了吊儿郎当的犬儒主义者。他本没料到工党有机会组阁,再次拜相亦无多少喜悦。他的身上已看不到十年前锐意进取之风貌,相位对他来说似已变成负担,而非施展抱负的平台。面对朝小野大以及党内政争,他躺平数日,得过且过。他不再干预部门事务,任由各部大臣自行其是,自己最多充任部门冲突的缓冲器。威尔逊酷爱足球,喜用球员角色类比自己,他坦承自己在 1964 至 1970 年试图胜任"守门员、前锋、后卫"中的任何角色,然而1974 年的他只想做一名"拖后中场",仍是球队节拍器,但进攻时无需冲刺,防守时不担重责。在财政大臣希利眼中,威尔逊已"成为艾德礼",并非国之舵手,而是政府"代表"。[2] 一位学者说威尔逊是"1970 年代的斯坦利·鲍德温",害怕英国人"过平静生活的希望"破灭。[3] 这类比对鲍德温相当不敬,因为鲍德温奉行真正的无为而治,威尔逊则是消极怠工。

威尔逊懒政,政府自然没有宏伟施政计划,只能就事论事。威尔逊在1974 年 2 月大选前就意识到工会的左倾和暴力倾向已激起选民极大反感,但无论考虑到历史渊源还是现实需要,他都不敢贸然斩断工党与工会的特殊关系。工党 2 月的竞选宣言白纸黑字写明进一步推动国有化,但上台后,威尔逊

①　Anthony Seldon, *The Heath Government in History*, p. 19.
②　Ben Pimlott, *Harold Wilson*, p. 617.
③　Vernon Bogdanor, *The Crisis of Old Labour*, p. 5.

和卡拉汉都极力回避国有化议题,他们决定首先解决劳资纠纷问题。搞垮希斯政府的《劳资关系法》定然无法维持了,何况工党大选时已承诺要将其废除,取而代之处理劳资关系的是所谓的"社会契约"(Social Contract)。托尼·本在 1970 年的一本小册子中首先借用"社会契约"这个词,卡拉汉在 1972 年工党大会上宣称"英国需要的是一项新'社会契约'";与此同时工党和工会大会各派代表成立一个联络委员会(Labour-TUC Liaison Committee),该委员会承诺:工党一旦上台将废除《劳资关系法》并努力控制物价,增加食品和住房补贴以及养老金支出等。琼斯也认为工党与工会须加强合作而非相互猜忌,因为工会"希望废除《劳资关系法》",而只有工党领导人才能完成这个任务"。[1] 1973 年初,威尔逊和工会干事费瑟尔联合发表《经济政策以及生活成本》(*Economic Policy and the Cost of Living*)一文,文章称:"为控制通胀并实现生活水平的持续提高",工党和工会应"进一步培养强烈的互信感"。[2] 1974 年初,"社会契约"要旨形成:工党承诺捍卫工人利益;工会表态尽可能保持克制,慎以罢工威胁工党政府。"社会契约"部分内容也被写进 1974 年 2 月的工党竞选宣言。

威尔逊第二次步入唐宁街时,经济跌至谷底。希斯政府 1972 年后的扩张政策留下了巨额赤字,工党又恰好在战后世界经济最萧条时刻接管了政府。由于国内投资不足,英国从国际市场进口的货品越来越多,从 1970 年至 1974 年,国内市场进口商品比例从 15% 上升至 22%,而英国却没有足够的出口平衡贸易逆差。面对令人沮丧的滞胀,希利埋怨称:"我的前任给我留下的是一种处于灾难边缘的经济。"[3]抑通胀及践行"社会契约"两大任务导致希利能采取的措施极为有限。1974 年 3 月制定年度预算时,他不顾广泛失业,出台了不太严厉的紧缩政策。他加征公司税并将个人所得税税率提高了 3%,还向纽约及伦敦的一些银行举债。为兑现大选时的承诺,政府补发了 12.4 亿镑养

---

① Robert Taylor, *The Trade Union Question in British Politics: Government and Unions Since 1945*, Blackwell, 1993, p. 224.

② Robert Taylor, *The Trade Union Question in British Politics*, p. 226.

③ Jim Tomlinson, *Economy Policy*, in Anthony Seldon and Kevin Hickson eds, *New Labour, Old Labour*, p. 56

老金、5 亿镑食品补贴和 3.5 亿镑住房补贴。[1] 同期工人工资涨幅达 22%，而物价指数只上升了 17%。[2] 希利加税和借贷所得只能勉强应付开支，通胀丝毫没有缓解，制造业依然哀鸿一片。好在措施在未加剧赤字的前提下兑现了"社会契约"的承诺，威尔逊对此心满意足。他就是要满手撒钱换取选票，至于经济和财政的结构性问题，待新大选结果揭晓再从长计议。

2 月选举未决出胜负，要打破下院僵局必须重选。经八个月努力，年初的混乱局势渐趋平稳，9 月 18 日，威尔逊宣布 10 月 10 日大选。这场大选在英国现代史上与上次大选间隔最短，工党靠透支未来占据上风，而保守党危机重重，人才凋零。希斯自顾不暇，鲍威尔继续对他不屑一顾，约瑟夫则炮轰他背弃了"纯粹的自由市场"，"向'社会主义'投降"。[3] 工党收获 1145.8 万张选票，得票率 39.3%，拿下 319 席。保守党成绩惨淡，仅获 1046.2 万张选票，得票率 35.8%，赢得 277 席。自由党得票 534.7 万张，得票率高达 18.3%，尽管它只拿下 13 席。[4] 就得票数看，1974 年两次大选大同小异，两党绝对得票数都呈下降态势，这再次证明选民对两大党信心继续下滑。工党总算在下院拥有 3 席多数了，但政局更加复杂，主要原因是各小党话语权提升，诉求不容忽视，北爱 12 个议席以及苏格兰民族党(Scottish National Party)的 11 个议席都是不确定因素。唯一可令威尔逊聊以自慰的是，总共 39 个小党议席大都"与托利派几无关联"。[5]

下院微弱多数不足以支撑大尺度改革。对社会经济政策，威尔逊一如既往，不求革新除弊，只求平安无事，但他决定给争议极大的入欧一份定论，以回击朝野对其懒政之指责，顺带让党内左派闭嘴。工党政府 1967 年申请入欧，非但受挫，还加剧了党内矛盾。工党和工会主流当时反对入欧。1971 年，福特和托尼·本利用反欧情绪挑战詹金斯的副领袖地位，詹金斯仅在第二轮投

①　Eric Shaw, *The Labour Party since 1945*, pp. 127 - 128.

②　James E. Cronin, *New Labour's Pasts: The Labour Party and Its Discontents*, Longman, 2004, p. 157.

③　David Denver and Mark Garnett, *British General Elections Since 1964: Diversity, Dealignment, and Disillusion*, Oxford University Press, 2014, p. 54.

④　Colin Rallings and Michael Thrasher, *British Electoral Facts*, p. 47.

⑤　Ben Pimlott, *Harold Wilson*, p. 646.

票后才保住副领袖地位,而疑欧派也从中看到入欧并不受欢迎。① 保守党内反欧情绪更浓,民众更未因 1972 年入欧雀跃欢呼。1974 年两次大选,保守党都没把入欧当作吸引选民的政治资本。1974 年 2 月,58％的人认为入欧是错误行动,1975 年初仍有 50％的人持此看法。② 詹金斯和卡拉汉是坚定的亲欧派,威尔逊也认为留在欧共体利多弊少,但让党内疑欧派心悦诚服接受入欧既定事实并非易事,更何况右派也都不是善茬。在对欧问题上,威尔逊做不到兼顾左右,只能非左即右,"如果他让英国退出欧共体,罗伊·詹金斯及其追随者会拂袖而去;然而如果留在欧共体内,他又会冒犯本"。③

威尔逊启动入欧公投前要求德国总理施密特(Helmut Schmidt)和法国总统德斯坦(Giscard d'Estaing)同意就英国入欧条件重新谈判,以便用有利于英国的英欧新协议向同胞证明留欧利多弊少。外交大臣卡拉汉无法强迫共同体各国在农业政策上对英让步,但说服它们同意英国以优惠条件继续进口新西兰乳制品、西印度的蔗糖等商品。1975 年 3 月,在都柏林召开的欧共体领导人峰会上,英国获得减免对欧义务的特殊优待;英国谈判代表团还争取到了区域发展专项资金,用以补贴和扶持威尔士和北爱工农业。3 月 18 日,内阁以 16 对 7 票表决支持与欧共体达成的新条件,继之把谈判结果提交议会表决。4 月,议会以 396 对 170 票通过了对欧谈判协议。政府首先应感谢"反对党的支持",因为工党议员中仅 137 人支持协议,反对者却多达 145 人。④ 公投前夕,工党左翼托尼·本和保守党极右翼鲍威尔抱团抵制欧共体。与之针锋相对的是,工党的詹金斯、保守党的希斯、惠特劳、赫德以及自由党的索尔普等积极奔走,呼吁民众支持留欧。威尔逊未公开表态;撒切尔不想刚当选保守党党魁就加剧党的分裂,也不表态。6 月 5 日,英国历史上的第一次全民公投模糊了党派分野,极左和极右派联手与中间派展开扣人心弦的较量。计票结果显示 67％的人愿意留欧,威尔逊对此非常满意,因为"它意味着十四年的全

① Ben Pimlott, *Harold Wilson*, p. 591.

② James E. Cronin, *New Labour's Pasts*, pp. 159 - 160.

③ Ben Pimlott, *Harold Wilson*, p. 655.

④ James E. Cronin, *New Labour's Pasts*, p. 161.

民争论结束了"。①

公投体现了威尔逊高超政治技巧,然而工党内部矛盾并未解决,反而放大了。早在 3 月,米卡多(Ian Mikardo)便签署了一份由卡斯特尔、托尼·本等起草的备忘录,呼吁工党全国执委会拒绝支持在都柏林达成的谈判协议。托尼·本公投前煽动民粹称:欧共体各级权力机关不是由英国民众选举产生,故而不能保证它不损害英国主权;这些机关也非由成员国民选产生,因此直接威胁民主制度;为"保存英国民主"以及维持"民族独立",英国理应坚决抵制欧共体。② 公投后,左翼指责威尔逊和卡拉汉背叛了工党,围绕其他事项无理纠缠,而工党支持退欧议员居多等于给他们壮胆。前文已述及工党 1974 年 2 月大选前曾承诺进一步推进国有化,但威尔逊和希利无意兑现诺言。1974 年 7 月,党内左派强迫政府发布名曰《重振英国工业》(*Regeneration of British Industry*)的白皮书,主张继续推进国有化。威尔逊认为强推国有化不仅拖累经济且徒增选民反感,他要求重写白皮书,突出混合所有制并强调国有化应基于企业及员工自愿。托尼·本反对改写或重写白皮书,毕竟身为工业大臣,白皮书内容主要出自其手;外交方面,他炮轰威尔逊的南非政策、亲欧立场以及操控公投为自己政治私欲服务的伎俩。威尔逊必须与偏执的托尼·本做一了断,公投结果正好给他撵走托尼·本壮了胆。1975 年夏,威尔逊重组内阁,将托尼·本调至能源部担任大臣。为保住托尼·本面子,也为免过分触怒左翼,威尔逊让托尼·本继续留在内阁,但与托尼·本志趣相投的另一位左翼大臣哈特(Judith Hart)离开了政府。托尼·本是诚挚的左翼斗士,其言行全然发自内心,即便屈居能源部也不计较个人得失,忍辱负重留在内阁继续为左翼事业战斗。托尼·本与威尔逊较劲时,另一位左翼大佬福特冷眼旁观。工党左派从非铁板一块,各人左的程度也不尽相同,政策主张各有千秋,公投前还有疑欧把他们串接在一起,公投后左派大佬各自为战。工党从来都是党内有派,派内有帮,钩心斗角司空见惯。

托尼·本离开工业部并不意味着工业领域的难题迎刃而解。劳资冲突和

①　Ben Pimlott, *Harold Wilson*, p. 660.

②　James E. Cronin, *New Labour's Pasts*, p. 162.

经济滞胀植根于积弊极深的体制设计,不是一位大臣的职务调动可以化解的。1974 年 12 月,莱兰(Leyland)汽车公司效益低下,濒临破产。政府全方位权衡利弊后,决定将公司收归国有并拨款 5000 万镑予以救助。政府为莱兰公司开小灶起了极坏示范效应,美国克莱斯勒(Chrysler)汽车制造厂在苏格兰境内的子公司威胁大幅裁员以减轻债务压力。托尼·本要求政府一视同仁拯救克莱斯勒汽车厂;威尔逊谴责莱兰公司的"敲诈行为",主张企业自行调整并提醒托尼·本分清"负债企业"与"倒闭企业"。[①] 然而克莱斯勒大幅裁员必致大批工人失业,届时不仅劳资关系恶化且苏格兰民族主义势必抬头。掂量轻重后,威尔逊态度很快软化,同意为克莱斯勒汽车厂提供 1.62 亿镑补助。政府斥巨资救助低效企业对经济有害无益,企业也并未起死回生,克莱斯勒汽车厂不久还是撤离了苏格兰,政府不得不过问该厂员工生存问题,将其分流到相关企业。工党政府工业政策步希斯后尘,无视经济规律和竞争法则,不计代价保工人饭碗,生怕所谓的"社会契约"破产。

工业政策被"社会契约"束缚了手脚,财政政策也无法伸缩自如。当时经济领域出现一系列灾难性问题,"高失业率与高通胀结合"及"公共部门赤字的增长"自不必言,希斯抑物价与工资的三阶段方略以及工党的"社会契约"均要求"工资涨幅和通胀看齐",致使政府无法削减工资。[②] 1974 年 10 月大选后,财政大臣希利继续大幅增加支出,换取工会支持。形势继续恶化,到 1974 年底,赤字已达 37.5 亿镑,通货膨胀率蹿升到 25%。[③] 希利必须开源节流,1975 年 1 月,他在利兹发表演说,痛陈"工资是通货膨胀的主要根源"。[④] 4 月,希利抛出的预算大幅加税并缩减 10 亿镑支出。他在议会中为政策转弯辩护称:以往"把失业当作中心问题"并指望"刺激国内消费增长……尽可能快地降低失业率","我不再相信这是明智的"。[⑤] 削减支出标志着经济工作重点从保就业转向抑通胀,是摆脱凯恩斯主义魔咒的大胆尝试。党内左翼旋即站出来发难,

---

① Ben Pimlott, *Harold Wilson*, p. 672.

② Jim Tomlinson, *Managing the Economy, Managing the People*, p. 65.

③ Robert Taylor, *The Trade Union Question in British Politics*, p. 234.

④ Robert Taylor, *The Trade Union Question in British Politics*, p. 235.

⑤ *Hansard*, 15 April 1975, Col. 282.

托尼·本惊呼"这一削减意味着我们正在放弃'社会契约'",部分工党中坚分子跟风响应托尼·本的抗议。[1] 所幸紧缩预算最后还是在下院通过。以詹金斯为首的自由派鼎力支持希利,许多中间派议员也认为只有紧缩开支才能避免经济崩盘。工会领导人此刻也相对克制,没有鲁莽与政府蛮干。这并非因为他们理性分析时局,而是他们明白:搞垮工党政府,撒切尔的保守党政府必然采取严厉措施打击工会。5月初,在工人中威望甚高的琼斯告诫在伯恩茅斯集会的运输工人接受政府拟定的统一工资涨幅(flat rate wage increase)。威尔逊及其政策顾问团积极回应琼斯,赞其顾全大局。6月底,工会大会以19比13的团体投票结果接受每周6镑的统一工资涨幅。[2] 政府获得了较长喘息时间,从 1975 年 7 月到 1976 年 7 月,工资涨幅与物价涨幅基本持平;从 1976 年 7 月到 1977 年 7 月,工资上涨 8.8%,物价却暴涨了 17.6%,实际工资下降了 6.8%。[3] 这绝非祥兆,民众收入下滑若长期得不到回应,更大风暴必然来袭。

　　工资压力暂缓,但赤字仍是悬在希利头顶的利剑。1975 年底,他建议 1977 年再削减 37.5 亿镑支出,克罗斯兰表示只能削减 25 亿镑,威尔逊介入调解,奉劝双方各退半步,希利最终敲定 30 亿镑削减额。[4] 1976 年 2 月,削减方案以白皮书形式公布,但内阁左右两派远未就其达成共识。白皮书交由下院表决时,部分工党议员投票反对,致使削减方案流产。此事正好发生在威尔逊六十寿诞前夕,浇灭了他残存的最后一丝政治热情,心灰意冷之下,3 月 16 日他突然宣布辞职。4 月 5 日晚,女王赴唐宁街出席威尔逊告别晚宴,威尔逊是继 1955 年丘吉尔之后首位享此殊荣的首相,至于他能否配得上这份殊荣就言人人殊了。威尔逊做了十三年党魁,领导工党赢了五次大选中的四次,两度为相,累计八载,危机无数但总能逢凶化吉,最后主动辞职而非被扫地出门。然而他把一个本未病入膏肓的国家搞得信誉尽失、风雨飘摇。他是"精明的策

---

① James E. Cronin, *New Labour's Pasts*, p. 169.

② Robert Taylor, *The Trade Union Question in British Politics*, p. 237.

③ Robert Taylor, *The Trade Union Question in British Politics*, p. 244.

④ Ben Pimlott, *Harold Wilson*, p. 673.

略家,但没有战略";他的经典名言是:"政治上,一周时间太长。"①老部下希利
对他的评价虽显刻薄但鞭辟入里:"他没有方向感,很少考虑几个月后的事情;他
短视的机会主义外加一种自我欺骗的能力……常把政府搞得一团糟。"②

威尔逊辞职后,工党左右两派围绕党魁和相位展开角逐,直到第三轮无记
名投票,卡拉汉才以 176 对 137 票战胜福特。卡拉汉当选原在意料之中,福特
立场偏左且资历较浅。卡拉汉比威尔逊年长四岁,但此时也就六十出头,对政
治家来说仍在黄金岁月。威尔逊 1964 年让卡拉汉担任外交大臣已有提携之
意。如果有什么令 1974 年后的威尔逊感到欣慰,那就是卡拉汉最有可能成为
下任党魁。③ 卡拉汉掌管过财政、内政和外交三个顶级部门,行政经验丰富。
他在内外政策上均秉持温和立场,党内左翼满意,右派也无挑刺理由。卡拉汉
有意效仿威尔逊在左右两派间搞平衡,入主唐宁街后,除了将自以为是的卡斯
特尔赶出社会服务部,他既没大幅调整内阁,也无政策大转弯。詹金斯竞选领
袖失败,备受打击,离开了政府。克罗斯兰填补卡拉汉空出的外交大臣职位,
福特继续担任就业大臣并兼任下院领袖,他深得工会信赖,相当于"工会在内
阁中的耳目及喉舌"。④

卡拉汉走马上任,希利便出台了 1976 年预算。为刺激投资,希利将所得
税税率从 35％调为 33％。他苦口婆心劝说内阁同意继续削减支出,然而通胀
肆虐致使失业保障和社会安全方面的支出继续水涨船高。为维系"社会契
约",预算有意兼顾"稳定公共支出"和"有条件减税"两个相互矛盾的目标。⑤
希利和英格兰银行高层同时警告庞大支出随时可致英镑崩盘,但左派充耳不
闻,卡拉汉亦无能为力。到 6 月,政府只能大幅举债来维系"社会契约"了。借

① Eric Shaw, *The Labour Party since 1945*, pp. 104,107.

② Dennis Healey, *The Time of My Life*, W. W. Norton, 1989, p. 331.

③ Ben Pimlott, *Harold Wilson*, p. 653.

④ James E. Cronin, *New Labour's Pasts*, p. 176.

⑤ Jim Tomlinson, *Economy Policy*, p. 59.

贷对象美国和美国控制的国际货币基金组织均察觉借款给英国风险太高,有意为贷款设定重重限制。希利无奈之下只能于 7 月底再次削减 10 亿镑支出并向投保人的国民保险金收取 2% 的附加税。① 这些措施招致普遍怨恨,投保人抨击希利劫富济贫,工会则指控他毁坏福利,遭卡拉汉弃用的卡斯特尔在工党全国执委会中痛斥政府背叛工人阶级。10 月底,工党正在布莱克浦召开全国代表大会时,英镑危机再次来袭,已到达希斯罗机场、准备飞往马尼拉参加国际货币基金组织会议的希利被迫折返会场将险情向全党以实相告。他在会场有口难辩,成为众矢之的。卡拉汉设法为希利解围,在大会演讲中提醒全党:"承诺给我们的美好世界一去不返了,⋯⋯减税、赤字消费以及安逸的世界已成往事。"卡拉汉还一针见血指出失业是"由于支付给我们的(薪资)多于我们所生产的价值引起的"。② 他告诫全党勿再自欺欺人:

> 我们习惯认为,可以靠减税和鼓励政府花钱走出衰退并增加就业。我要坦白告诉你们,这种选择已不存在了,迄今为止它之所以存在并能起作用,是因为大战之后每一次都向经济注入了更大剂量的货币,接踵而至的是更大幅度的失业。③

卡拉汉的直白演讲被解读为工党决定放弃凯恩斯主义,迎战肆虐的通胀,不再把就业和福利视为不能触动的天条。工党有意去故纳新,但知易行难,它在陈旧偏颇的体制泥淖中陷得太深,接下来两年它仍在老路上徘徊。

左右两派尖锐对立、内阁与工会相互猜疑、政府和其潜在债主分歧极大,这三重矛盾相互交织且试图解决其中任何一项都会恶化另外两项。10 月底,英镑对美元跌至 1 比 1.7,利率提高到 15% 仍不能阻止黄金外流,政府只有向国际货币基金组织借贷一条路可走。11 月 1 日,国际货币基金组织代表来到英国,就贷款事宜与内阁谈判,他们要求英国政府在接下来两个财政年度分别削减 30 亿和 40 亿镑支出,约占政府社会总开支的 7%,政府表示只能削减 20

① James E. Cronin, *New Labour's Pasts*, p. 177.
② James E. Cronin, *New Labour's Pasts*, p. 180.
③ Jim Callaghan, *Time and Chance*, p. 426.

亿镑。卡拉汉此时希望利用他与联邦德国总理施密特以及美国总统卡特（Jimmy Carter）和国务卿基辛格（Henry Kissinger）的私人关系，向国际货币基金组织代表施压，说服他们理解英国之难。卡拉汉还敲打美国人，声称政府若垮掉，托尼·本组阁可能性最大，届时英国政府会主动亲苏，累及整个北约体系。国际货币基金组织高抬贵手，最终接受了 25 亿镑削减额，这个数字是战后历次缩减之最。工党左翼借机挑事。托尼·本将困难归咎于政府多年来的经济失策和资本主义经济制度之衰朽，他和福特等人抛出所谓的替代性经济战略（Alternative Economic Strategy），建议使用大幅国有化、加税以及限制进口三大措施刺激投资。左翼不可能承认他们建议的这些逆经济规律而动的政策正是英国经济危机之祸根。中间派和右派反讥左派缘木求鱼，以多诺修（Bernard Donoughue）为首的首相政策顾问团也驳斥替代性经济战略方枘圆凿。他们预言：这种战略将使英国在国际经济体系中陷于孤立，欧盟也不会接受，而加税必适得其反，挫伤投资者信心。12 月 1 日，替代性经济战略被否决。左翼仍反对削减 25 亿镑支出，卡拉汉和希利需靠克罗斯兰来压制左翼。克罗斯兰起初也不愿接受国际货币基金组织的提议，他认为该组织代表夸大危机，英国经济远未烂到不可收拾的地步。斗争白热化时，卡拉汉要求克罗斯兰"必须决定支持哪一方"。[1] 面对威尔逊和卡拉汉的施压，克罗斯兰为维护党的团结违心支持希利的紧缩方案。最后，福特也不愿看到 1931 年工党分裂悲剧重演，不再与首相和财政大臣较劲。福特是在工会中威信最高的政府要员，他告诉工会，政府若垮掉，全国将面对大选，他奉劝工会领导掂量后果，工会遂不再抗议。12 月 2 日，希利推出终极版一揽子削减计划。1977 至 1978年度将削减 10 亿镑支出，下一年度继续削减 15 亿镑。[2] 政府还拟出售英国石油公司 5 亿镑股份，希利是第一位执行私有化的工党财政大臣。

接受国际货币基金组织之要求意味着政府"保证负责任经济管理"（a guarantee of responsible economic management）。[3] 政府拿到了贷款，但惨遭国际货币基金组织羞辱。1976 年底的经济危机是一桩"悲怆而又具有毁灭性

---

[1]　Jim Callaghan, *Time and Chance*, p. 439.

[2]　James E. Cronin, *New Labour's Pasts*, pp. 181 - 183.

[3]　Dennis Healey, *The Time of My Life*, p. 435.

的事件","英国屈辱地向一个疑虑而又挑剔的世界暴露了其债务人处境"。①
执行了三十余年的凯恩斯主义饱受质疑。克罗斯兰离世前目睹了民主社会主
义的穷途末路,他的信徒罗杰斯(Bill Rogers)和威廉姆斯(Shirley Williams)
对社会主义的信念自此动摇。托尼·本因对现实失望和愤懑变得更加极端。
卡拉汉和希利痛定思痛,开始实践后来被货币主义者奉为圭臬的政策,他们顶
着压力和非议又一次帮助工党及其政府渡过难关并看到了一丝似是而非的光
明。工党政府应对通胀和赤字看似已步入正途,卡拉汉地位更稳固,希利亦有
信心把经济导向正途。接下来两年,劳动生产率虽然低下,但经济运行平稳,
加之北海油田帮助英国实现了原油自给,进口压力骤降。长期以来,英国因企
业效益低下饱受出口成本高昂和进口价格居高不下双重折磨,这种痛楚今后
有望大幅缓解。从1975年到1978年底,通货膨胀率从23.7％降到9％,赤字
从国民生产总值的4.6％降为4.4％且赤字主要是希斯政府留下的,公共支出
占财政总支出比例从46.6％降到43.3％。② 43.3％的公共支出比仍然偏高,
但对于被工会绑架的工党来说,上述成就相当亮眼。

公共支出偏高的病根在福利体制,要改革福利制度必须把工会打倒,然而
首先挑事的不是政府而是工会。6％的统一工资涨幅维系两年后,多数工人忍
耐达到极限,他们的工资涨幅远跟不上物价涨幅。随着经济略好,工人期待大
幅涨薪。卡拉汉和希利却打算继续抑通胀,1977年12月内阁初议把下一轮
工资涨幅控制在5％以内,随后卡拉汉借广播采访把工资方案公布于众。内
阁既未就此深入讨论,也未与工会大会磋商执行细节。以琼斯为首的工会领
导人知道工会会员不会接受5％工资涨幅,但他们从大局考虑开导工人称:卡
拉汉将会在1978年10月举行大选,把工资涨幅限定在5％之内可向选民表
明政府并未被工会绑架,这既能助力工党竞选,也能改变工会在国民心目中的
负面形象;他们还给工会会员画大饼,声称只要大选后工党继续执政,大幅涨
薪指日可期。失策的是,卡拉汉不久取消了提前大选,他预判经济会继续好
转,政府有把握在1978年底和1979年初进一步提高民众生活水平。按此推

---

①　Kenneth O. Morgan, *Britain since 1945*, p. 385.

②　Jim Tomlinson, *Economy Policy*, pp. 64 - 65.

演,1979 年大选工党胜算更大。然而推迟选举彻底激怒了工会会员,卡拉汉为他的变卦付出了"惨重代价"。[①] 为顾及大选,工会会员已接受了 5% 工资涨幅,推迟大选导致他们普遍相信被政府忽悠了,何况工会底层会员本就怀疑工会领导人勾连政府共同欺骗他们。结果本就勉强维系的工会与政府的脆弱互信瞬息崩断,卡拉汉后来也承认自己的考虑欠周严重损害了"政府的道义威信"。[②] 希利回顾此事始末时并未指责工会,而是埋怨卡拉汉轻率,他说:"没有工会大会支持,我们限定了 5% 工资涨幅的傲慢遭了报应。"[③]

在布莱顿召开的工会大会上,工人对工会领导人和政府的不信任达到顶点,"工会活跃分子发现他们国家层面的领导人认同的三年收入政策严重限制了他们的行动"。[④] 工会此时刚刚换届,琼斯和斯坎隆退休,工会顶层出现了"巨大权力真空"。[⑤] 有人说琼斯曾这样吹嘘自己的权势:"他提出的意见会变成法律,政府会拉拢他,要他当大臣或晋封爵位,达官贵人对他侧目而视,女王及各国元首都会与他谈笑风生。"[⑥]琼斯的炫耀有据可凭,他既能号令 200 万运输工,又能与政府高层打交道,在工人与政府间穿针引线游刃有余,关键是他懂得何时进退。然而接替琼斯出任运输工会(TGWU)总干事的埃文斯(Moss Evans)以及机师工会新领导人杜菲(Terry Duffy)既无威望,也无智慧安抚各行业工会。在 1978 年秋召开的工党年会上,来自利物浦的工人代表要求政府承认工会权利并授予工会代表工资决定权。这次年会对卡拉汉来说简直就是一场灾难,但他认为局势还未完全失控,埃文斯也在作最后努力,力争促成一份工会和政府都能接受的工资协议。遗憾的是,11 月 14 日,工会大会总会议(TUC General Council)以投票方式决定不再与政府谈判,"工会大会与政府达成一项至少表面的和解的最后机会也丧失了"。[⑦]

三天后,福特汽车公司(Ford Motor Company)工人发起为期九周的罢

① James E. Cronin, *New Labour's Pasts*, p. 190.
② Jim Callaghan, *Time and Chance*, p. 533.
③ Dennis Healey, *The Time of My Life*, p. 462.
④ Dennis Healey, *The Time of My Life*, p. 467.
⑤ Robert Taylor, *The Trade Union Question in British Politics*, p. 252.
⑥ 钱乘旦等:《英国通史》(第六卷),第 231 页。
⑦ Robert Taylor, *The Trade Union Question in British Politics*, p. 255.

工,要求工资上调 16.5％；油罐车司机紧随其后,以罢工威胁政府上调工资 25％。工会领导人与领导机构形同虚设,各类好斗的普通车间工人主宰了工会,工会领袖仅是"替他们与政府各部门传递信息的男童"。① 经艰难谈判,政府满足了福特汽车公司工人诉求并同意上调油罐车司机工资 20％。油罐车司机的胜利立马吊起了公路和铁路运输司机的胃口,他们 1 月 3 日发动罢工并成立纠察队,中断食品及事关民生的重要物资运输。或许是习惯了罢工,卡拉汉此时故作轻松,1 月上旬,他如期前往法属西印度的瓜德罗普岛与法、德、美等国领导人讨论全球经济与北约防务。10 日,当他返抵伦敦,倦容满面走出机场时,有记者问他如何应对危机,他竟粉饰太平,轻描淡写反问："危机?什么危机?"②然而危机全面来袭后,内阁束手无策,听之任之。多诺修后来如此回忆内阁议事场景："唐宁街十号一片死寂,气氛完全令人绝望,就像一艘破船正在沉没,文官和大臣们均一筹莫展,不知何去何从。"③下院辩论时,保守党火力全开。撒切尔历数政府的种种错误,奚落卡拉汉尸位素餐,要求他和工党为准备强力打压工会的保守党"让位"。④

僵持一段时间后,政府屈膝投降,承诺为卡车和火车司机涨工资 21％,但 5％工资涨幅仍对公职人员有效,这意味着即便 1979 年通货膨胀可以控制在 8％左右,公职人员实际收入仍会缩水。⑤ 1 月 22 日,由全国公共雇员工会(National Union of Public Employees)领头,各类公共服务部门从业者纷纷大罢工,要求最低周薪不少于 60 镑。在这个寒冷且"不满的冬季"(winter of discontent),教师抛却斯文集体罢课,医生面对病人无动于衷,清洁工对街头堆积如山的垃圾视而不见,利物浦殡葬工人不再掩埋尸体,部分医院救护车竟然拒绝救死扶伤。国家彻底瘫痪,全民为之心寒。卡拉汉无奈之下亡羊补牢,同意成立一个由沃维奇大学教授、杰出的工会史专家克莱格(Hugh Clegg)主持的委员会,授权该委员会与工会代表协商工资,同时承诺公职雇员工资涨幅

① Robert Taylor, *The Trade Union Question in British Politics*, p. 255.
② Kenneth O. Morgan, *Britain since 1945*, p. 419.
③ James E. Cronin, *New Labour's Pasts*, p. 193.
④ Hansard, 16 Janunray 1979, Col. 1541.
⑤ Jim Tomlinson, *Managing the Economy, Managing the People*, p. 67.

不低于9％。2月23日,政府与工会大会联合发布一份和解协议(Concordat)。政府表示愿意继续与工会就工资问题每年协商,工会同意在每年对经济形势进行评估后与政府议定工资涨幅。双方都表示,到1982年,希望看到通货膨胀率降到5％以下。工会大会知道自身无力控制各行业工会,但主动表示愿为解决劳资纠纷提供指导性意见,还建议各行业工会发动罢工和成立纠察队前需进行无记名投票,征询其会员意见。①

"不满的冬季"在性质上与经典的阶级斗争毫不沾边。罢工者威逼对象不是资本家,而是政府以及依赖公共服务部门的普通民众。罢工的最大受害者是老弱病残等弱势群体。罢工挑战良善之人的心理底线,非理性胁迫给整个民族留下了久难抚平的心理创伤。卡拉汉后来称,利物浦殡葬工人的"无情和冷血……激起了深深的反感并进一步伤害了工会主义事业,这事业是我和其他许多人毕生自豪捍卫的"。② 包括公职人员在内的劳工已变成目无法纪的泼皮无赖,而1929年大萧条时,他们的先辈大多安分守己、默默承受。1970年代,工人实际收入缩水是不争事实,但远不至于忍饥挨饿,什么原因导致他们丧失底线、良心泯灭? 答案在于政治文化和民众认知的变化。战后二十余年,英国物质丰裕,工人阶级生活水平普遍提高,社会保障体系日趋完善。然而民主社会主义不仅无法维持长久的经济增长,其更大危害是在民众潜意识中培育一种祸国殃民的政治文化。物质繁荣以及从摇篮到坟墓的福利保障免除了一切人的后顾之忧,也日复一日地助长民众惰性和依赖性。战后成长起来的工人阶级抛弃了先辈清教徒式勤俭自律,崇尚消费,追求享乐,甚至荒淫纵欲。习惯了政府包揽就业与福利的民众稍不如意便怨天尤人,指望政府施以援手而不从自身找原因。民众品性堕落必然导致他们蔑视权威,罔顾公德。在1960年代的所谓"文化革命"中,极端个人主义取代了阶级忠诚,叛逆自我取代了克己奉公,一切消极有害的观念叠加在一起大幅削弱了政党和工会本来具备的社会经济治理功能。工党领导人在工人阶级中威信尽失,工会大会对各行业工会毫无约束力。③ 1960年代的社会运动和1970年代的非理性罢

---

① Robert Taylor, *The Trade Union Question in British Politics*, p. 259.

② Jim Callaghan, *Time and Chance*, p. 537.

③ Robert Taylor, *The Trade Union Question in British Politics*, p. 261.

工均是伤风败俗的政治文化在现实层面上的投射。克罗斯兰早在 1956 年就先知般提醒人们防止"敌基督者以及恶棍"混入社会主义运动。历史学家霍布斯鲍姆(Eric Hobsbawm)敏锐察觉 1970 年代的罢工与经典工人运动形同质异:

> 工会在 70 年代日益明显呈现出来的好战性,主要只着眼于己方成员的狭隘经济利益;……工人正日益分裂成各种派系和团体,并且不顾他人而各自追寻己身的经济利益。在新式的混合经济体制下,各团体所仰赖的并非罢工对资方造成的潜在损失,而是这些活动可能为公众带来的不便,借此逼迫政府出面解决。就事论事来看,这种做法不仅助长了工人团体之间的潜在摩擦,更可能进而削弱工运的整体凝聚力。①

工会绑架政府不是为自己正当利益而战,惨遭胁迫的普通民众难免会质疑工会的合理性和合法性。盖洛普民意测验显示,1972 年,43%的受访者认为工会掌控了工党决策权;1975 年,60%的受访者认为工会在工党政策中最具发言权,只有 15%认为工党领导人还能主导政府政策。② 罢工者在"不满的冬季"中表现的冷血无情深深伤害了民心,激起了民众对工会的强烈反感。1979 年的一项调查显示,84%的受访者认为工会势力过大,58%的受访者认为工会邪恶。③ 工会无视道德底线为难同胞是在自掘坟墓,为撒切尔将来驯服工会铺垫民意基础。

卡拉汉捱过了"不满的冬季",但没迎来明媚的春天,原因如其所说:"我们在一个领域失去权威导致其他领域的不幸,就像雪崩一样,速度越来越快,席卷了一切。"④大罢工令工党在即将来临的大选中极度被动,与工会纠缠不清

---

① 艾瑞克·霍布斯鲍姆:《霍布斯鲍姆自传:妙趣横生的 20 世纪》,中信出版社,2016 年,第 344—345 页。

② Vernon Bogdanor, *The Crisis of Old Labour*, p. 13.

③ Robert Taylor, *The Trade Union Question in British Politics*, pp. 370 - 371.

④ Jim Callaghan, *Time and Chance*, p. 540.

的关系严重抹黑了工党形象，而保守党在罢工期间"愿意与工会好斗分子较量一番"的立场"转变成了一个优势"。[①] 民调显示，1979 年 1 月两党支持率基本持平，但保守党 2 月和 3 月领先十多个百分点。[②] 卡拉汉迟迟不愿宣布投票日期，他还心存侥幸，毕竟保守党内质疑福利国家和民主社会主义的号角已经吹响，撒切尔的锋芒令部分选民恐惧。按五年期议会惯例，卡拉汉还有半年多调整时间。然而围绕苏格兰和威尔士权力下放举行的公投把政府逼入了绝境。威尔士公投结果显示多数威尔士人暂不要求中央政府放权；苏格兰人举行了要求伦敦下放权力的公投并以微弱优势通过，但投票率不足 40%，公投结果无效。两地权力下放事宜只能暂时搁置。苏格兰民主主义者火冒三丈，苏格兰民族党议员提议对政府进行信任投票，保守党议员起哄附和。政府在3 月 28 日的信任表决中以一票之差丧失执政资格，撒切尔当场朝卡拉汉伤口撒盐，控诉他纵容工会并把工会当作"权力垫脚石"，祸国毁己。[③] 卡拉汉无言以对，在嘲讽与奚落声中宣布 5 月 3 日大选。

---

① 玛格丽特·撒切尔：《通往权力之路：撒切尔夫人自传》，国际文化出版公司，2005 年，第364 页。

② David Denver and Mark Garnett, *British General Elections Since 1964*, p. 61.

③ Hansard, 28 March 1979, Col. 468.

第二十六章　破旧立新(1979—1990)

  书写 1980 年代的英国史,冠名撒切尔时代或撒切尔主义几乎成为惯例,著者仅因本书所有章节标题均未出现首相姓名才不遵上述惯例。姓名或爵位之后加上"主义"一词并被广泛承认,现代英国首相中,只有撒切尔与迪斯累利享此殊荣。麦克米伦、格拉斯顿的主义只局限于学术研究,民间罕有传颂。撒切尔蜚声世界,关于她的中文传记目前已达十余种,受关注度比肩丘吉尔,遥遥领先其他英国政要。丘吉尔是两次世界大战的英雄,撒切尔只是和平时代的首相;丘吉尔纵横天下半个世纪,撒切尔活跃政坛仅二十年。这对比更彰显撒切尔超群绝伦。撒切尔时代在英国史上极具转折性意义,即便后来的新工党也不过是沿着撒切尔开创的路径继续前进。新工党是全新的工党,但所谓的新英国肇始于撒切尔。

  荣膺党魁后的撒切尔并未清晰勾勒党和国家之未来,直到 1979 年国家被罢工蹂躏和糟蹋后,她才逐渐感觉有必要壮士断腕。工党在 1979 年大选中被视为捍卫现状的一方,其竞选宣言承诺三年内将通胀抑制到 5%,但依然主张用谈判而非市场解决工资争端;竞选宣言也没提出抑制罢工的新颖良策,依旧将维持维持充分就业视为不能触碰的天条;对外政策方面,工党仅笼统宣称利用英国影响力维系世界和平并消除世界贫困。[①] 民主社会主义已弊病丛生,但工党"稳妥"的竞选宣言表明它并无勇气突破自己的传统内外政策。保守党被视为引领变革的一方,用撒切尔的话说就是"如此明确地把'现在已经进行

---

① Iain Dale ed. , *Labour Party General Election Manifestos*, pp. 218 - 219.

变革'作为竞选的主题"。① 按撒切尔当时意旨，保守党不仅要在经济领域来一次彻底变革，还应铆足全力向工会开战。然而1979年保守党竞选宣言是否激进，当时的政策解读者和后来的史家言人人殊。宣言承诺削减所得税，严格限制货币供应，逐步实现住房私有化。但撒切尔知道无论政纲多么堂皇，首先必须赢得权力，后来她把回忆录1979年前的部分命名为《通往权力之路》亦可佐证当时她对权力如饥似渴。迎接大选时，她"为了战术而放弃了思想和出自本能的嗜好"，"决定对工会采取温和政策"，"做出的承诺相当温和，缺乏挑战性，而且含有共识政治的成分"。② 拉票时，党主席索尼克罗夫特建议撒切尔把一份演讲稿中抨击工会的词句删掉，撒切尔极不情愿照做了。③ 至于限制货币供应、推动私有化，卡拉汉和希利已开始尝试。总体看，保守党在经济政策上并未大尺度标新立异，亦"未提议更改主要社会政策"。④

保守党许诺的国防和外交政策远比工党强硬，主张"强化英国防务"，强调"与盟友合作以便在一个日益受到威胁的世界中捍卫我们的利益"。⑤ 撒切尔身为英国史上第一位女性党魁而备受瞩目，她的独特行事风格更是政坛奇异风景线。然而在她最初展示与共识政治决裂时，选择的切入点并非内政，而是国防和外交。1975年元旦，她在肯辛顿市政厅发表演讲称："苏联人早对称霸世界垂涎三尺……对他们来说，枪炮比黄油重要，而我们这里则是一切高于枪炮，……在人权和经济方面，他们一事无成。"这番挑衅言论触怒了苏联人，《红星》怒斥她为"铁娘子"，没料到她却格外享受这个当时语含贬义的诨号。⑥ 她口无遮拦攻击共产主义流弊丛生，否认英国已非世界大国。她以反共急先锋姿态呼吁进一步密切英美合作，遏制共产主义。⑦ 就个人魅力而言，撒切尔当时远远落后于幽默老成且风度翩翩的卡拉汉，极力回避卡拉汉提议的电视辩

---

① 玛格丽特·撒切尔：《通往权力之路》，第373页。

② 雨果·杨格：《铁女人撒切尔夫人传》，西北大学出版社，1995年，第121页。

③ Richard Vinen, *Thatcher's Britain: The Politics and Social Upheaval of the Thatcher Era*, Simon & Schuster, 2009, pp. 91 - 92.

④ Howard Glennerster, *British Social Policy*, p. 174.

⑤ Iain Dale ed., *Conservative Party General Election Manifestos*, p. 267.

⑥ 约翰·坎贝尔：《铁娘子：撒切尔夫人传》，长江文艺出版社，2015年，第65页。

⑦ Andrew Gamble, *The Free Economy and the Strong State*, *The Politics of Thatcherism*, Palgrave Macmillan, 1994, pp. 96 - 97.

论,但她另辟蹊径,以反共斗士形象推销自我。此招成效显著,充分说明她具备伟大政治家的本能性精明——国内打不开局面就利用外交蛊惑人心,迎合民众本能的爱国心理。大选前夕,撒切尔密友尼夫(Airey Neave)遭爱尔兰民族解放军暗杀,尼夫是撒切尔伯乐,是 1975 年将她推上领袖宝座的关键人物,他的飞来横祸拉高了选民对撒切尔和保守党的同情分,不少游移选民投票支持保守党候选人。

保守党支持率从一开始就领先工党,选举结果与民意测验基本一致。保守党获得 43.9％的选票,比 1974 年 10 月高出近 8 个百分点;工党得票率仅 36.9％,相较 1974 年两场大选继续走低;自由党失去了 1974 年的强劲势头,不过仍掳走了 14％的选票。保守党下院席位增至 339,工党席位降为 269,自由党拥有 11 席。其他各小党累计占有 16 席,其中苏格兰民族党是搞垮卡拉汉政府的始作俑者,但该党得不偿失,失去了原有 11 席中的 9 席。① 撒切尔个人风采恰是决定这次大选结果的关键因素:

> 撒切尔不受传统保守党人待见,也不受工党死忠欢迎,这两点无关紧要,因为这两群人都不大可能改变投票意向。然而撒切尔对一小撮重要选民有吸引力,他们以前不支持保守党,但如今正在考虑支持。②

上述"一小撮重要选民"就是英格兰南方的熟练工人,他们勉强跻身中产,以前支持工党,但这一次转而支持保守党,正是他们帮保守党获得了 40 余席多数。这份优势对首次领导大选的英国史上首位女党魁来说超乎预期,足以激励她扬帆启程大干一场。

撒切尔及其影子内阁上台前就明确了执政的三条指导原则。一、保守党政府要做的"所有事情都必须服从于扭转英国的经济衰退这一总体战略";二、"超出公共计划开支"的政策"不能获得批准";三、不管实现变革的道路何

---

① David Denver and Mark Garnett, *British General Elections Since 1964*, p. 64.
② Richard Vinen, *Thatcher's Britain*, p. 97.

等艰辛,"实现根本的转变"这个目标绝不动摇。[①] 这些原则首先体现在撒切尔的人事布局中,"她的第一次组阁充分体现了振兴经济的原则"。[②] 众所周知,撒切尔在1975年领袖选举中获胜并非她的人望多么高,也并非她的能力博得了党内中坚认可,而是因希斯在1974年两次大选中表现差劲。多数保守党人对希斯失去信心,厌倦了他的固执己见,要不惜一切代价将他赶下台,外加约瑟夫中途退出领袖竞选,撒切尔才因同道错爱荣膺领袖。为投桃报李,撒切尔影子内阁多数成员仍是在希斯帐下担任过要职的遗老。1979年大选前后,保守党中坚定的撒切尔主义者屈指可数,党内多数大佬都是守旧派。履历平平的撒切尔在组阁时不可能也不敢将这些守旧派晾在一边,她只能在照顾遗老感受的同时尽可能将能拼敢打的革新派安插到机要位置。现代英国政府结构中,与经济事务密切相关的部门就是机要部门,撒切尔准确料到"最艰苦的战斗将会发生在经济政策这一战场上"。[③] 为此,她必须"小心翼翼地从总体上把她的支持者安插到重要经济部门"。[④]

为人低调的豪(Geoffrey Howe)担任财政大臣。豪不善言辞,也未参与撒切尔主义的设计,但首相欣赏他埋头苦干的精神和淡泊名利之胸襟。鉴于豪的经济学理论素养不高,撒切尔安排经济学专业出身的年轻新秀比芬(John Biffen)出任财政部秘书长(Chief Secretary to the Treasury)以襄助豪。财政部秘书长职位1962年首设,其后重要性与日俱增。比芬不仅跻身内阁且是坚定的货币主义者,他厌恶计划经济,痛恨国家管制。撒切尔指望他运用渊博经济学知识反击凯恩斯主义者和社会主义者的冷嘲热讽。约瑟夫是撒切尔主义的理论设计师,也是撒切尔的思想引路人,当初正是他的退场成全了撒切尔的领袖梦,理应被委以重任。时人预想他是财政大臣不二人选,但撒切尔考虑到他悲天悯人的性格弱点,任命他为工业大臣。当然,相比财政大臣制定预算,改造英国传统工业之任务要艰巨得多,这或许是此项人事任命的另一层考虑。

---

① 玛格丽特·撒切尔:《唐宁街岁月:撒切尔夫人自传》(上),国际文化出版公司,2009年,第16页。

② 雨果·杨格:《铁女人撒切尔夫人传》,第129页。

③ 玛格丽特·撒切尔:《唐宁街岁月》(上),第26页。

④ Dennis Kavanagh, *Thatcherism and British Politics: The End of Consensus?* Oxford University Press, 1987, p. 256.

能源部事关经济政策成败,撒切尔任命豪威尔(David Howell)掌管该部。豪威尔当年反对希斯 U 型大转弯,他不是货币主义者,但 1979 年后渐向撒切尔靠拢。进出口数据最易统计,也是经济好坏的最直观反映,撒切尔命中规中矩的诺特执掌商贸部,为自己干预外贸预留空间。

为减少非议,撒切尔要在表面上尽力"维持影子内阁和现在的真正内阁之间的高度一致性"。[①] 希斯时的下院领袖怀特洛荣膺副首相兼内政大臣。卡灵顿担任外交大臣,他处理国际事务的经验无人可及。皮姆和吉尔默分别担任国防大臣和掌玺大臣。两位对撒切尔主义嗤之以鼻的保守党大佬沃克尔和普莱尔分别担任农业大臣和就业大臣。沃克尔从不掩饰他对撒切尔"经济战略的敌意",撒切尔起用他目的有二:一、"对付明显荒谬的欧共体农业政策",二、向天下人展示"她准备把保守党的各种观点都包容进新政府中"。普莱尔对工会态度温和,与工会领导人关系密切,是稳住工会的最佳人选。卡拉汉的下场已说明"如果得不到工会的默许,政府是无法管理这个国家的",对工会全面开战的时机远未成熟,任用普莱尔是"保持理性的标志"。[②]

撒切尔连任首相十一年,这份记录在英国史上仅次于 19 世纪初的利物浦伯爵。她与劳合·乔治、丘吉尔被视为 20 世纪最杰出的三位首相。前两人非经大选,而是在事关民族存亡的战争年代被推举出来力挽狂澜的强力舵手,撒切尔则是在和平时代通过一场波澜不惊的大选走进唐宁街十号。上任前,她已形成明确政治信念,这份信念源自她的生活阅历,源自战后三十余年英国国力的每况愈下,亦源自己被系统论证的政治哲学和经济学理论。撒切尔 1925 年出生于英格兰中部格兰瑟姆小镇的普通商人家庭,其父杂货店小本经营,但也有来自美洲和印度等地的商品,她从杂货店的小世界感受到自由贸易带来的巨大生活便利。1943 年战火燃烧时,撒切尔入牛津大学学习化学。在学期间她曾担任牛津大学保守党协会主席,由此可见她至少在大学时代就对政治萌发了浓厚兴趣。牛津求学时,柏克和哈耶克等人的作品是撒切尔重要的精神食粮。她认为柏克的自由是贵族式的,普通民众很难接受、消化,而哈耶克

---

① 玛格丽特·撒切尔:《唐宁街岁月》(上),第 27 页。

② 玛格丽特·撒切尔:《唐宁街岁月》(上),第 28 页。

作品中既有日常生活的烟火气息,也有透彻清晰的理论分析。她感恩称,哈耶克的《通向奴役之路》"对社会主义所做的无可辩驳的批判对我的思想产生了影响"。① 终其一生,她对哈耶克的景仰之情始终溢于言表,哈耶克战后出版的《自由宪章》是撒切尔治国理念的智慧源泉。

撒切尔秉持坚定信念,但不急于擘画未来,在她看来,左派和社会主义者才会用令人心动的宏伟蓝图诱惑普通选民。她和迪斯累利、麦克米伦等保守党先辈政治家一样强调随机应变,是"没有原则的机会主义者"。② 机会主义者审时度势、进退有度,然而审时度势往往意味着随波逐流,正是这种随波逐流导致保守党在 20 世纪一直被工党牵着鼻子走,身陷集体主义和社会主义泥潭无法自拔。希斯向工会屈服且讳疾忌医,接连被选民和党扫地出门,撒切尔自然不想蹈其覆辙。③ 不过她并不鲁莽,上台后她并不急于公布政策,而是重复大选前策略,攻击现存体制弊端,间接向选民传达治国思路。首当其冲的便是她嗤之以鼻的共识政治。她抨击保守党三十年来因共识政治与社会主义妥协,而社会主义是一切危机与不幸之根源。她坚信英国目前遭遇的"不是资本主义危机,而是社会主义危机"。④ 她指责社会主义无孔不入的国家干预危及个人自由,压缩公民自由选择空间,致使社会越来越僵化,甚至把道德败坏也归咎于社会主义。国有企业是撒切尔瞄准的第二个标靶。她认为国有企业的管理层和流水线劳工均失去了责任心;基于财产权的经济自由是个人摆脱国家控制的前提,没有财产自由,其他自由都是无稽之谈;国有化恰恰是藐视财产自由的罪魁祸首。⑤ 如此,它便把攻击现状与保卫英国的悠远传统巧妙结合到一起。共产主义是撒切尔死揪不放的第三个敌人,尽管英国没有共产主义,但诋毁共产主义是英美政治家最廉价的招牌,既不会引起国内选民反感,还能凸显自己的斗士形象。

撒切尔并未说自己有什么主义,但配得上一份主义。至迟到 1981 年,撒

---

① 玛格丽特·撒切尔:《通往权力之路》,第 45 页。

② Andrew Gamble, *The Free Economy and the Strong State*, p. 141.

③ Andrew Gamble, *The Free Economy and the Strong State*, p. 152.

④ Robert Saunders, 'crisis? what crisis?': *Thatcherism and the Seventies*, in Ben Jackson and Robert Saunders eds, *Making Thatcher's Britain*, Cambridge University Press, 2012, p. 31.

⑤ Robert Saunders, 'crisis? what crisis?': *Thatcherism and the Seventies*, p. 35.

切尔主义一词已频频出现在媒体和学术研究中。各家对撒切尔主义的界定大同小异。劳森(Nigel Lawson)1981年便在一次演讲中阐释撒切尔主义,后在回忆录中作了少许修正。他说:"自由市场、财政管束、对公共开支的严格控制、减税、民族主义、'维多利亚价值观'〔塞缪尔—斯梅尔斯式(Samuel-Smiles)〕、私有化以及些许民粹主义,这些东西的混合就是(撒切尔主义)的准确定义。"①劳森的定义基本符合实情,因为撒切尔政策的核心在经济;若加上价值判断,那就是维多利亚价值观,维多利亚时代的社会救济严格区分值得救济的人和咎由自取的人;如果把外交也囊括进来,还应加上以盎格鲁-撒克逊为中心的民族主义和民粹主义,民族主义和民粹主义都与被苏联人视为人类终极归宿的共产主义全然不同,也与欧共体标榜的世界大同精神格格不入。撒切尔这些内外政策及认知之所以有资格被冠以主义,是因为每个方面都要与1970年代之前决裂并且在1980年代的实践中取得了不菲成就。

　　1979年6月12日,新政府制定了它的第一份预算,预算制定过程和内容均彰显了撒切尔执政方式。她指令豪牵头组织机要人员和经济专家绕开内阁拟出预算草案,再由自己把关、拍板。随后出笼的预算主要包括以下两方面内容。一、通过紧缩货币和缩减公共开支遏制通胀,将公共借贷需求(PSBR)降至82.5亿镑,拟削减15亿镑公共开支并将最低借贷利率从12%提高到14%。二、变更税收体系,大幅减税并加速从直接税向间接税的转变。个税从33%降为30%,最高所得税税率(top rate of income tax)从83%降至60%。②削减公共开支并不足以弥补减税额,故预算将增值税(VAT)统一提高到15%,汽油税上调为每加仑7便士,豪还打算出售10亿镑国有资产。③ 预算公布后,群臣普遍震惊,他们预计商品零售价格会暴涨,通胀率会继续走高,很

① Nigel Lawson, *The View from No. 11: Memoirs of a Tory Radical*, 1993, Bantam Press, 1992, p. 64.

② Andrew Gamble, *The Free Economy and the Strong State*, p. 108.

③ Alec Cairncross, *The British Economy since 1945*, p. 237.

可能要达到 20%,失业率也会继续攀升。大臣们的忧虑和异议完全在撒切尔意料之中,经济继续恶化也在她的预估范围内,然而她相信英国已因三十年的社会主义从头到脚烂透了,预算这副猛药是迫不得已的以毒攻毒。

除了预算释放的强烈变革信号,撒切尔在经济领域还推出了其他一些锐意改革措施。1979 年下半年,政府废除了限制货币兑换的一切条条框框,执行自由兑换政策,以便吸引国外资本到英国投资。取消外汇管制可能是第一届撒切尔政府“最重要的举措”。① 撒切尔及其智囊并非不知道货币自由兑换之风险,幸运的是北海油田从 1979 年开始大规模产油,英国一跃成为石油出口国。政府迫不及待在北海油田践行私有化,当年 10 月将其部分股份推向市场。有石油支撑,英镑硬气了许多。货币自由兑换很快收到回报。全球资本争相涌向伦敦,短短数年,伦敦就甩开了法兰克福和巴黎,成为比肩纽约和东京的欧洲第一金融中心。1979 年 7 月 17 日,政府宣布将在三年内削减对地方政府 23 亿镑的财政支持,拉开了撒切尔与地方政府十余年博弈的序幕。

撒切尔坚信社会主义和共识政治导致英国积重难返,革故鼎新当无所不包,文官制度改革尤刻不容缓。国家过度干预经济和社会事务致使文官数量在 1960 和 1970 年代急剧膨胀。1961 年文官为 64 万人,1979 年增至 73.2 万人。② 裁减文官有多重用意。在英国根深蒂固的绅士文化熏陶下,著名大学高才生往往把文官作为职业首选。1979 年初,驻法大使亨德森(Nicholas Henderson)打算在《经济学家》杂志上刊登一篇剖析英国衰落的文章。文章本为卡拉汉政府所写,核心观点是英国高智商的年轻人热衷从政而非在工商界打拼。撒切尔一向鼓励优秀人才去企业创造财富,反对他们在百无聊赖的政府衙门和管理职位上虚度人生。她赏识亨德森之高见,上台后破格任命已到退休年龄的亨德森担任驻美大使。③ 两年后,马丁·威纳的《英国文化与工业精神的衰落,1850—1980 年》出版,为撒切尔重振英国企业家精神提供了更坚实的学术论据。文化导致英国衰落的论调风行一时。当代英国政治家一旦

---

① Richard Vinen, *Thatcher's Britain*, p. 108.

② 玛格丽特·撒切尔:《唐宁街岁月》(上),第 45 页。

③ Richard Vinen, *Thatcher's Britain*, p. 187.

荣膺首相,其母校一般会主动授予其荣誉博士学位。然而撒切尔认同马丁·威纳对英国教育弊端的剖析触怒了牛津和剑桥不少教授,牛津大学教授委员会连续五年投票否决授予撒切尔荣誉博士学位。撒切尔也不在乎博士虚名,在她眼中,研究古典学和哲学就是浪费社会资源。她对人文和社科类教授的分析及见解大多不屑一顾。撒切尔故意区分所谓的"做事者"(doer)和蛀虫,前者指创造财富的劳动者,干实事;后者尤指行政服务人员,不创造产值且消耗纳税人的劳动果实,是健康社会之赘瘤。她提醒"公职人员必须牢记他们对财富创造者的经济依赖",着手裁汰冗员并纠正他们积习已久的懒散作风。[①] 1979年9月和次年1月,撒切尔两次躬身考察文官部门,"许多最糟糕的担心都被证实了",文官散漫成性,只有"维持原状的愿望",以至于她开始考虑"应当把文官部的职责重新划归到财政部或者内阁办公室"。[②] 撒切尔就像奥利弗·克伦威尔一样性急,急于改变现状,然而全国文官都习惯了按部就班和松松垮垮,对改革推三阻四且认为撒切尔不过是新官上任三把火。

撒切尔爱憎分明、生性好斗的性格注定了她与内阁成员摩擦不断。内阁是英国政治运行的中枢,撒切尔却是"游离于内阁之外"的首相。[③] 第一次组阁她只是把政见相同者安插到经济部门,即便这些人当时也谈不上是她的心腹。对共识政治余情未了的所谓威特派(Wets)从一开始就对撒切尔的财政政策不以为然。威特这个词至少在1976年前后已频频使用,指那些追随过麦克米伦和希斯的大臣,留恋"全国保守主义"和共识政治,反对冒进,持"温和、谨慎、中庸的政治观点"。[④] 威特派几乎成了撒切尔执政前期政斗的代名词。威特派也是货币主义者,但对削减公共开支导致大规模失业忧心忡忡,他们也不看好撒切尔的改革前景。威特派势力不容小觑,为减少无聊的口水仗,撒切尔决策时干脆回避内阁。"控制内阁议事日程以及确保重大决定非由全体内阁会议做出"是撒切尔惯用的伎俩,威特派虽通过媒体和讲坛表达不满,但"他

---

① Dennis Kavanagh, *The Reordering of British Politics: Politics after Thatcher*, Oxford University Press, 1997, p. 123.

② 玛格丽特·撒切尔:《唐宁街岁月》(上),第46—47页。

③ Dennis Kavanagh, *Thatcherism and British Politics*, p. 243.

④ 雨果·杨格:《铁女人撒切尔夫人传》,第187页。

们从未联手公开对抗她",致使"撒切尔能够逐一收拾他们"。①

随着权势巩固,撒切尔继续边缘化内阁并减少内阁文件的派发,对各部门事务的干预远超以往首相。如何干预? 一、成立专门的内阁委员会,而她自己亲自主持负责外交和经济两个委员会。二、信赖私人顾问以及专任秘书。内阁秘书阿姆斯特朗(Robert Armstrong)、私人秘书惠特莫尔(Clive Whitmore)以及新闻秘书英厄姆(Bernard Ingham)的话语权不亚于任何大臣。1981 年,撒切尔从美国请来经济专家沃尔特斯(Alan Walters)担任经济智囊;1982 年,她又指令帕森斯爵士(Anthony Parsons)为外交事务出谋划策。首相还特别重视政策小组(policy unit)功能。这个机构由威尔逊 1974 年成立,撒切尔不但没废除它,反而将其作用发挥到极致。政策小组一般有八九名成员,负责首相与各部门之间的单线联系。1982 年前,霍斯金斯(John Hoskyns)主持政策小组日常工作,他成立一个计算机专业团队处理与货币、开支、就业等相关的数据。撒切尔时代,"内阁被降低为通报决定的场合,并非制定决策的机构"。②她的私人顾问也不否认"重要决定是在撒切尔的厨桌旁而非正式的内阁会议上做出的"。③ 这种轻视内阁、依赖智囊和秘书的理政风格便于高效决策,但严重背离了英国政治传统,她迟早要为此付出代价。

财政紧缩和货币主义搞得百业萧条,架空内阁、疏远议会招致严词批评,文官改革收效甚微。入主唐宁街第一年,撒切尔政绩惨淡,但锐意改革的气质和精神风貌大白于天下。就像丘吉尔接手政府的头一年,局势未有丝毫改观,但撒切尔和 1940 年的丘吉尔一样,愈挫愈勇,迎难而上。第二份预算再度淋漓尽致体现了她的执拗脾性。1979 年底,许多公司严重亏损,企业家叫苦不迭,指望新预算纾困减压。1980 年 3 月下旬,豪公布了他的第二份预算,"通过设立企业区,给予税收减免等措施来鼓励风险投资",并为小型工厂提供补贴。④ 不过当年预算调整重点并非税收,而是货币主义指导的货币政策。货币主义肇兴于美国,英国人也不陌生,卡拉汉和希利已适度控制货币供应,而

① Richard Vinen, *Thatcher's Britain*, p. 119.

② 约翰·坎贝尔:《铁娘子》,第 253 页。

③ Richard Vinen, *Thatcher's Britain*, p. 5.

④ 玛格丽特·撒切尔:《唐宁街岁月》(上),第 89 页。

撒切尔和劳森早在 1970 年代就呼吁减少货币发行。保守党人不喜欢理论抽象,他们虽践行货币主义,但不想这个词语及相关争论过度干扰政策。豪说货币主义"已被尖酸的理论争执搞得如此模糊费解,当然,这种词语最好不要变成政治滥用"。① 劳森索性把货币主义视为凯恩斯主义以前的金本位制,按黄金储备发行货币。货币主义主要体现在中期财政战略(Medium-Term Financial Strategy)之构思中。中期财政战略对汇率只字未提,反而强调压缩公共借贷,招致经济学家广泛诋毁及批评。撒切尔不为所动,她认为:战后历届政府"寻求控制产出和就业"来确保财政政策稳定性的努力均付诸东流,唯有控制"货币供应和公共借贷"才能奏效,因为产出和就业难以控制,而货币和借贷则在政府掌控之中。② 中期财政战略是撒切尔掌政时货币政策的基石,其核心目标是要通过"不依赖于行政控制的财政政策工具"抑制通胀,确保1984 年前的年货币投放增速在 6% 左右波动。然而事与愿违,高失业率下,公共开支不降反升,原估算 1980 年公共开支为 85 亿镑,实际达 125 亿镑,通胀蹿至 18%。1980 年秋,经济触底。高油价令企业利润锐减,高利率和货币投放不足致使企业流动资金奇缺,世界竞争力惨遭削弱。大量企业濒临绝境,制造业产值下滑了 16%;200 多万人失业,比大萧条时代更触目惊心。③

企业利润低,无力提高工资待遇;普通人为通货膨胀所苦,生计艰难,怨声载道。威特派担心撒切尔迷途不知返,毁掉保守党。早在 1980 年 2 月,中期财政战略公布前,吉尔默就在剑桥大学发表演讲反对削减公共开支,政府大臣含沙射影攻击首相和财政部引起舆论哗然。吉尔默却自以为是,他确信撒切尔要么下台,要么悬崖勒马,回归"正道"。年初,普莱尔已因对待工会态度与首相频发冲突。沃克尔则相信 U 型大转弯只是时间问题,政府给予莱兰汽车公司大量补贴似乎正在证实他的判断。由于 1980 年预算以及中期财政战略和上年的预算一样,公布前对威特派守口如瓶,威特派更有理由抱怨撒切尔的专断作风和派系成见。他们对 1980 年雪上加霜的经济形势既忧心如焚,又多少有些幸灾乐祸,似乎都在等待欣赏一场撒切尔自趋灭亡的好戏。

---

① Geoffrey Howe, *Conflict of Loyalty*, Macmillan, 1994, p. 162.
② 玛格丽特·撒切尔:《唐宁街岁月》(上),第 90 页。
③ Alec Cairncross, *The British Economy since 1945*, pp. 241–244.

期待撒切尔出丑并非病态心理作祟，新政策已把国民经济搞得千疮百孔，坚定的货币主义者也开始长吁短叹。1980 年 10 月 10 日在布莱顿召开的保守党年会上，沃克尔、普莱尔以及下院议长诺曼·史蒂瓦斯（Norman St John-Stevas）轮番上台，旁敲侧击批评现行政策。撒切尔承认"全党都很忧虑，我自己也是如此"，但随后在演讲中告诉那些等待 U 型大逆转的人："想逆转你们自己逆转去吧，撒切尔夫人是不会逆转的。"①7 到 11 月间，围绕公共开支，政府和保守党高层口诛笔伐，争执不休。10 月 30 日的内阁会议原本要讨论下一年度公共开支，结果变成了互相攻讦，连豪似乎也要打退堂鼓了，"垂头丧气，一点信心也没有"。② 威特派"声称缺乏足够的信息来判断总体的经济战略是否有充足的依据"，言下之意是撒切尔一意孤行完全由其冥顽不化的性格使然。撒切尔的反唇相讥则是十足的人身攻击，她指责威特派是一群"窝囊废"，缺胆少识，只能卑鄙地针对她的性别和出身阶层恶语中伤，毫无男子汉气概。平心而论，威特派背后拆台并非出于私怨，他们代表的是主流看法。为数众多的企业家和英国工业联合会不约而同向政府施压，连比芬都承认自己对中期财政战略"没有什么热情"。③ 1922 委员会也表露不满。这个委员会主要由后座议员构成，活跃分子不多，但代表保守党主流意见，有实力撤换领袖并更改党的政纲。

也许是 1922 委员会透露的信号让撒切尔意识到了问题的严重性，她决定改组政府敲山震虎。诺曼·史蒂瓦斯成为第一个牺牲品，撒切尔认为"他以政府的政策为代价乱开玩笑"，"对待政治原则极不慎重"。④ 皮姆出任下院议长，诺特取代皮姆出任国防部长，比芬接替诺特主持商贸部，比芬空出的财政部秘书长则由布里顿（Leon Brittan）填补，年轻新秀台比特（Norman Tebbit）被派往工业部协助约瑟夫。这次内阁改组主要是职位调整，并未触动威特派权势。接下来一年威特派以及他们的媒界盟友对首相的批评更为刻薄并将矛头对准 1981 年预算。

---

① 玛格丽特·撒切尔：《唐宁街岁月》（上），第 114 页。
② 雨果·杨格：《铁女人撒切尔夫人传》，第 194 页。
③ 玛格丽特·撒切尔：《唐宁街岁月》（上），第 119—121 页。
④ 玛格丽特·撒切尔：《唐宁街岁月》（上），第 120 页。

　　中期财政战略是 1981 年预算的指导思想,政府咬定不会就货币政策让步。豪提出当年的公共借贷数额为 105 亿镑,相比上一年度少了 20 亿镑。压缩借贷额,公共开支却丝毫不能削减,政府只能加税,而撒切尔担心加税加重企业家负担。豪遂提出折中方案,按通货膨胀率增加直接税,撒切尔勉强得到一丝心理平衡。预算还将利率从 14％降回 12％。[1] 英国经济正在忍受 1945 年以来的最痛苦煎熬,为遏制通胀而变相加税必迎来更大规模的失业潮。预算公布不久,多达 364 位经济学家签名的公开信发表在《泰晤士报》上,信件指出:用抑制需求治理通胀"缺乏经济学理论基础",现行政策只会"加剧萧条",滋生"社会和政治动荡","抛弃货币主义政策"刻不容缓。[2] 首相不为所动,她一向鄙视文科知识分子的书生之见,强调自己"是在杂货店里长大的,对他们的话将信将疑",还嘲讽道:"那些花了研究经费就必须拿出研究成果的经济研究机构是不是想把我们引入歧途。"[3]

　　撒切尔对经济早晚起死回生深信不疑,但眼下她必须面对冰冷现实。工业产值继续下滑,失业人数逼近 300 万。1981 年 4 月中旬,伦敦南部的布里克斯顿(Brixton)发生了令人惶恐的暴力冲突,158 位警察和 58 名群众在流血事件中受伤,200 余人被捕。布里克斯顿地区种族复杂,聚集着大量黑人,多数黑人没有稳定工作。有人指控经济政策是暴力温床,但撒切尔矢口否认流血事件源于经济萧条,将其归结为种族冲突。她在下院回击质疑者称"任何试图用失业率来解释这次事件发生的原因的愿望都是徒劳的"。[4] 7 月初,利物浦和曼彻斯特发生了更大规模的暴乱,暴徒纵火、抢劫并袭击警察。撒切尔于7 月中旬相继巡视布里克斯顿和利物浦等地。巡视过程中,她极力避谈暴乱原因,反而对警察英勇行为大加褒奖。应该说,暴乱根源的确不是失业,因为失业更严重的约克、纽卡斯尔和苏格兰并未上演暴乱。撒切尔后来在回忆录中剖析乱源时所作分析虽略显上纲上线,但切中时弊。她说:"国家的福利制度鼓励了依赖性并降低了责任感,电视也破坏了通常的道德价值观,结果男青

---

[1] Alec Cairncross, *The British Economy since 1945*, p. 245.

[2] Richard Vinen, *Thatcher's Britain*, pp. 113 - 114.

[3] 雨果·杨格:《铁女人撒切尔夫人传》,第 206 页。

[4] 雨果·杨格:《铁女人撒切尔夫人传》,第 221 页。

年中的犯罪和女青年中的未婚怀孕现象不断增加";"各种权威的衰落使那些潜在的暴徒认为即使犯下罪行也可能不会受到惩罚"。① 总之,撒切尔坚信暴乱是道德颓废和权威丧失引起的"公共秩序问题",而道德滑坡和权威失效恰恰是福利社会主义的必然结果。② 这是她秉持一生的政治逻辑。

威特派,也就是撒切尔眼中的那群"窝囊废"在1981年7月23日的内阁会议上几乎以反叛口吻威逼她实行U型大转弯。皮姆强调失业大军而非通胀才是症结所在,吉尔默要求她正视政策的后果。普莱尔在工会问题上与首相互呛,撒切尔主张立法冻结工会资金,普莱尔却强调工会有能力摧毁任何法律。不属于威特派的人也觉得受够了,环境大臣赫塞尔廷(Michael Heseltine)建议冻结工资;老资格的黑尔什姆耸人听闻,强调居高不下的失业率恰恰是当初纳粹兴起的温床;连德高望重、为1979年大选立下汗马功劳的党主席索尼克罗夫特也向首相发难。当时与撒切尔同孔出气的只有怀特洛、豪以及约瑟夫三人,连撒切尔当初信任的比芬和诺特也对豪恶语相向、横加指责。会议表明"内阁大臣在经济战略上的意见分歧"以及首相和普莱尔"在工会改革问题上的分歧都已经不是表面现象,而是根本性的分歧了"。③ 辞职走人抑或U型大转弯? 按撒切尔性格,即不辞职,也不转变,而是清洗内阁,放手一搏。

第一位遭清洗的是吉尔默。普莱尔调任北爱事务大臣,尽管他还是内阁成员,但只能在爱尔兰海另一侧的荒远之地消磨时光了。台比特接替普莱尔出任就业大臣。豪威尔负责交通部,他原先掌管的能源部由中期财政战略的起草者劳森接管。约瑟夫心仪文化氛围浓厚的教育部,撒切尔慷慨满足了他的愿望。工业部现由詹金(Patrick Jenkin)负责。索尼克罗夫特也辞去党主席,由帕金森(Cecil Parkinson)接任。撒切尔一直对帕金森另眼相看,把他当作自己的同道。这次内阁清洗规模之大可与麦克米伦二十年前导演的"长刀之夜"相提并论。清洗的最大特点是能源部、就业部以及工业部这几个主要经济部门的一把手全换成了撒切尔信徒。撒切尔后来说台比特出任就业大臣是

---

① 玛格丽特·撒切尔:《唐宁街岁月》(上),第136—137页。

② Andrew Gamble, *The Free Economy and the Strong State*, p. 117.

③ 玛格丽特·撒切尔:《唐宁街岁月》(上),第140页。

这次清洗"最重要的变化",因为台比特敌视工会左翼。[1] 撒切尔已在为未来布局,威特派溃不成军后,枪口必然瞄准工会。威特派人数众多,且不乏群众基础。除了遇到一位强势首相这份不幸,自身缺乏团结才是他们靠边站的根源。威特派全在各自负责的部门单兵作战,没有共同政策立场,亦无相互沟通。[2] 普莱尔主张绥靖工会,吉尔默、皮姆反对削减公共开支,沃克尔游移不定。怀特洛喜好在首相和威特派之间找平衡,但关键时刻支持首相。威特派是一群道德高尚的过气之人,他们反对撒切尔并非出于私怨,而是担心保守党被毁。出于对党的忠诚,他们反对首相和财政部,但拉帮结派、互挖墙脚不是保守党传统,是工党的习性。正如普莱尔所说:"我们觉得组成一个帮派是危险的,因为那样就会被贬斥为制造阴谋,反对领袖。我们都不敢冒如此大的风险。"[3]

清洗之后,保守党多数后座议员仍支持撒切尔,1922委员会也默认了清洗,但撒切尔的压力有增无减。既然把政策异见者大多赶走,那她就得拿出政绩。1981年夏制造业稍见复兴势头,但失业率继续攀升,不出意外1982年将会有300多万人失业。1981年底,政府民意支持率在保守党执政史上创下新低,撒切尔也成为战后"最不受欢迎的首相"。[4] 内阁中的威特派普莱尔、皮姆和沃克尔仍视撒切尔为眼中钉,希斯在1981年底召开的保守党年会上痛斥撒切尔刚愎自用。1982年预算依然恪守中期财政战略,将公共借贷进一步压缩到95亿镑;不过相比前三份预算,税收政策作了较大调整,个税上调2%,国民保险附加税(national insurance surcharge)下调1%,增加间接税填补公共开支缺额。[5] 预算公布后,没人相信会有U型大转变了,也没人相信撒切尔能支撑多久了。撒切尔只能以坚韧毅力苦撑,等待运气眷顾和峰回路转。英雄与凡夫俗子的差别有时就是毅力,永不言弃往往能等来柳暗花明。

---

① 玛格丽特·撒切尔:《唐宁街岁月》(上),第141页。

② Dennis Kavanagh, *Thatcherism and British Politics*, p. 261.

③ 雨果·杨格:《铁女人撒切尔夫人传》,第192页。

④ Andrew Gamble, *The Free Economy and the Strong State*, p. 118.

⑤ Alec Cairncross, *The British Economy since 1945*, p. 249.

1982 年上半年,外部世界的风云变幻彻底改变了撒切尔命运。其一是世界经济普遍复苏。在新自由主义理论支撑下,美国经济迎来了一波快速增长,进而刺激了世界需求。需求上扬反过来大幅提振了英国国内消费。撒切尔后来吹嘘经济复苏是货币主义的功劳,其实不然,真正带动增长的是世界贸易复兴。① 其二是一场从天而降的战争。南大西洋上的福克兰群岛在西班牙语中又称马尔维纳斯群岛,英国和阿根廷长期以来都宣称对该岛拥有主权。二战后,英国根据民族自决原则,曾提议马岛的 1000 余名英国居民自己决定其未来。1979 年,外交部派里德利(Nicholas Riddley)前往马岛协调。里德利建议以岛上居民生活方式不变为前提,将该岛租借给阿根廷。1980 年,里德利在下院公布他的方案后,遭到包括首相在内的多数议员严厉斥责。英国政府已多年未曾重视马岛防务,国防大臣诺特为了压缩军费,1982 年 3 月将"忍耐"号破冰巡洋舰撤出该岛,这让阿根廷加尔铁里(Leopoldo Galtieri)军人政府觉得有机可乘。4 月 2 日,阿根廷官兵攻上马岛。英国群情愤怒,要求对阿开战。外交大臣卡灵顿不堪压力引咎辞职,下院议长皮姆兼任外交大臣。撒切尔反感皮姆这个老威特派,但知道皮姆曾是影子内阁外交大臣,外事协调能力强,可堪大用。为确保指挥效率,撒切尔效仿劳合·乔治当年的战时内阁,只与几位机要人物商讨军事。5 月 2 日,英军击沉了阿根廷的"贝尔格拉诺号"(Belgrano)战舰,两天后,英国海军的"谢菲尔德"号驱逐舰连同 21 名士兵葬身大海。5 月 21 日,英国远征军登陆马岛,6 月 15 日,阿根廷投降。

马岛战争规模不大,伤亡也不惊人。它本不在外交和军事日程之上,它的胜利对英国外交走向的影响微乎其微:

> 就英国世界地位而言,马岛战争并不标志任何转折点。它是根据"自卫"这种极度非帝国主义的原则而打的。……最重要的是,马

---

① Andrew Gamble, *The Free Economy and the Strong State*, p. 120.

岛战争并未改变英国对其他附属领土之战略。①

　　然而战争对内政,尤其对撒切尔个人权势意义非凡。向 8000 英里外的水域派军显示了撒切尔捍卫国家利益的决心。战后她自豪宣称:"我们不再是一个日薄西山的国家。相反,我们找到了新的自信,这种自信诞生于国内的经济斗争中,并在 8000 英里以外的战场上得到了证实。"②经济复苏与战争胜利双喜临门,几个月前还前途不卜的首相及其政府一扫全部阴霾,终于扬眉吐气了。民意测验显示,1982 年 3 月,只有 33.3％的选民乐意支持保守党政府,5月,支持率上升到了 45.8％,6 月继续攀升至 47％。③ 二战后,英国人一次次被动消化丧失殖民地的酸楚,久未品尝胜利滋味了,直到此时他们才有机会分享久违的胜利带来的自信和喜悦。撒切尔个人威望扶摇直上,一夜间从最不受欢迎的首相变成了救世主。马岛战争是"国内政治的分水岭",直接铺就未来八年内撒切尔的个人地位,而且"小型内阁运作的速度与便利,越来越多地引导她越过全体内阁,通过钦点的专门委员会与个人顾问做出决策"。④

　　马岛战后,撒切尔对自己在国际舞台上的形象愈发自信,外交活动应接不暇。作为一名冷战斗士,撒切尔视苏联为全球威胁。1979 年苏联入侵阿富汗,撒切尔立场分明支持美国,跟风美国抵制 1980 年莫斯科奥运会。1981 年初,与撒切尔志趣相投的里根(Ronald Reagan)就任美国新总统,撒切尔更有底气亲美远欧。她与里根之间妇孺皆知的私人交情无疑更有利于深化所谓的英美特殊关系。双方不仅互相欣赏对方的国内社会经济改革,在国际舞台上也是美唱英和,互捧臭脚。马岛战争期间美国对英军的武器和信息支持价值连城,撒切尔由衷感谢美方的善意,对英美特殊关系更笃信不疑。1982 年 7月,里根访英,对议会两院发表演讲。撒切尔称里根的演讲标志着"我所希望的反对社会主义,特别是苏联的社会主义的斗争进入了一个决定性的阶

①　Richard Vinen, *Thatcher's Britain*, p. 221.
②　玛格丽特·撒切尔:《唐宁街岁月》(上),第 216 页。
③　David Denver and Mark Garnett, *British General Elections Since 1964*, p. 77.
④　约翰·坎贝尔:《铁娘子》,第 146—147 页。

段"。① 撒切尔自信她已赢得欧美各国领导人认可,但还想将个人影响力扩展到东方世界。为减少英日贸易摩擦,1982年秋,她对日本进行国事访问。她对日本并不陌生,1979年上台后的首次重要外交亮相便是到东京参加G7峰会。日本之行结束后,她顺道抵达北京,欲携马岛胜利之余威,"以香港岛的主权来换取对整个殖民地的长期治理权"。② 尽管香港的经济和战略地位远非马岛可比,但撒切尔明白中国不是阿根廷,中国领导人明确告诉她主权问题没有谈判空间。这次会谈没有取得实质性进展,双方仅象征性发表一份确保香港繁荣和稳定的声明。

1982年底,撒切尔把工作重心移回国内,准备提前大选。她对胜利信心十足,马岛胜利效应以及经济复苏迹象有理由让她乐观,何况工党已不战自溃。1979年大选失利后,工党远未陷入不可救药的悲惨境地,然而随后几年接连发生的内讧把工党折腾得支离破碎。1980年10月,卡拉汉在布莱克浦工党大会上请辞党领袖,托尼·本竞选领袖失败。会场上演了工党习惯性的武斗,出身威尔士矿工家庭的金诺克(Neil Kinnock)当时立场偏左,但还没左到愿意支持托尼·本,在遭到极左派人身攻击后,金诺克愤而还手,在厕所把人打得头破血流。③ 希利和福特在领袖竞选中杀进决赛,希利在第一轮投票中微弱领先,但在第二轮投票中以129对139票遗憾败北。希利属党内右派,理财有方且能言善辩,其辩才在工党内屈指可数。福特立场中间偏左,本无优势,但党内右派故意把他推上头把交椅,以加剧工党左倾,好让党早死早超生。④ 福特是学究式政治家,不屑电视辩论,不修边幅,不懂包装自我。他的当选给工党未来发展埋下了诸多隐患。福特当选后,民意测验显示工党支持率持续走低。更致命的是,福特无法驾驭工党左翼。托尼·本多年来一直指责以卡拉汉为代表的党内中间派背叛了工人阶级利益,他不仅多次挑战党的副领袖希利,还与其喽啰轮番向福特施压,将销毁核武器并关闭美国在英军事基地上升为工党政纲,又在1980年工党大会上撺掇疑欧分子以投票方式声明

---

① 玛格丽特·撒切尔:《唐宁街岁月》(上),第235页。
② 玛格丽特·撒切尔:《唐宁街岁月》(上),第237页。
③ 安德鲁·玛尔:《现代英国史》(下),第491页。
④ Eric Shaw, *The Labour Party since 1945*, p. 164.

工党支持退欧。① 工党全国执委会还独揽了制定工党竞选宣言的权力。1981年初,工党特别大会做出一项颠覆性决定,不再由工党议员而是由新的选举团选举党领袖。选举团40%权重属于工会,30%属于选区工党,只有30%留给议会工党。② 托尼·本领导的左翼操控了工党大政方针,福特变成无足轻重的摆设。

工党急剧左转令党内温和派绝望。1981年3月,党内右派代表欧文(David Owen)、克罗斯兰生前的门徒罗杰斯和威廉姆斯决定自立门户,他们联合前财政大臣詹金斯宣布成立社会民主党(Social Democratic Party)。三男一女,是为英国的"四人帮"(Gang of Four)③。13名工党议员追随"四人帮"加入社会民主党。三个月后,社会民主党和自由党结盟,欲吸引各色中间派,挑战保守党和工党垄断的二元政治格局。左倾的工党遭选民冷落,自由—社会民主党联盟似乎有机可乘,1981年下半年,其民意支持率一路上升。威廉姆斯在当年9月的补选中从保守党手中夺走克罗斯比(Crosby)席位,1982年3月詹金斯又在格拉斯哥希尔黑德(Hillhead)的补选中战胜保守党候选人。自由党领袖斯蒂尔(David Steel)雄心勃勃期待着三分天下。

撒切尔并没有因自由—社会民主党的高歌猛进乱了方寸。她认为工党会因单方面裁军、退欧、全面国有化及进一步迁就工会而"比以往更容易被击败";自由—社会民主党联盟"试图在左翼和右翼之间有意寻求中间道路",注定徒劳无功,因为它态度骑墙,不可能提出"新的理念和激进的主张"。④ 撒切尔所言一针见血,社会民主党既无基层架构和选区活跃分子支撑,更因支持打压工会不受工会会员欢迎。保守党把英国内政外交均已导入正轨,其竞选宣言除了明确进一步减税,不再强调具体经济政策,意在统筹全方位的经济体制改革,承诺加速私有化并把主要国营企业推向市场出售。保守党竞选宣言声明推进地方政府改革,还婉转表露打击工会左派之设想,承诺推进工会民主化

---

① Anthony Forster, *Euroscepticism in Contemporary British Politics: Opposition to Europe in the Conservative and Labour Parties since 1945*, Routledge, 2002, p. 68.

② James E. Cronin, *New Labour's Pasts*, p. 218.

③ "四人帮"这一译法参见阎照祥《英国三大政党政治思想史》(河南人民出版社,2023年)第350—351页。

④ 玛格丽特·撒切尔:《唐宁街岁月》(上),第241—242页。

改革,给予"工会会员投票选举工会管理机构的权力",限制没有得到工会会员"公正且秘密投票支持的罢工之法律豁免权"。①

工党没有抓住高居不下的失业率和史无前例的通货膨胀率攻击政府,反而毫不识趣地推销本方的偏颇政策。退欧、废核、增加公共开支均是工党历次大选宣言的老调重弹,早已味同嚼蜡。工党竞选组织工作毫无章法,很多承诺根本未经仔细斟酌,也没征得党内大佬一致同意,卡拉汉和希利对工党防务主张摇头叹气、无可奈何。相反,保守党主席帕金森精心构织选战策略,提前把通胀和失业问题公之于众以供讨论,待投票日临近,再强调本党的成就以及施政新计划。就领袖形象而言,撒切尔虽不招人喜欢,但多数选民相信她有能力把英国导出困境。福特表现却令人绝望,他是1939年《罪人》的执笔人之一,是指控张伯伦搞绥靖的排头兵。张伯伦虽一再避战,起码还重视军备,福特如今被左派裹挟,连军备也放弃了。他内心抗拒强加给他的竞选宣言,但无力挣脱左派钳制。② 部分工党候选人预估本党必败无疑,不理会福特言行,只求保住个人议席。③

为如此多的不利因素所累,工党惨败全在情理之中。它只得到27.6%的选票,创下了1918年以来的最低纪录,只获209席,托尼·本也丢掉了议席。自由—社会民主党联盟收获25.4%的选票,几乎可与工党一较高下,但所获议席与得票率极不相称,仅23个,远不能满足斯蒂尔期待的三足鼎立局面。威廉姆斯和罗杰斯双双落选,"四人帮"在下院中降格为"二人转"。保守党赢得42.4%的选票,比上次大选下降了1.5个百分点,然而得益于简单多数制,它夺得650个总席位中的393个。④

撒切尔决定在第二届任期内大力推进私有化,解构社会主义并打击工会。

① Iain Dale ed. , *Conservative Party General Election Manifestos*, p. 289.

② James E. Cronin, *New Labour's Pasts*, p. 236.

③ David Denver and Mark Garnett, *British General Elections Since 1964*, p. 79.

④ David Denver and Mark Garnett, *British General Elections Since 1964*, pp. 80 - 81.

完成这些任务"还需要一场革命",但政府中的"革命者数量却太少",必须进一步"吸收革命者"入阁。① 豪仍不可或缺,他转任外交大臣,撒切尔后来为此感到遗憾,指斥豪有"模糊的欧洲主义"。撒切尔原本中意的外交大臣是党主席帕金森,然而帕金森在此期间因婚外情是非缠身,被迫卸任党主席,首相只能忍痛割爱,弃用此人。赫塞尔廷大选拉票时驳斥工党单方面裁军功不可没,国防大臣是对他的犒劳。威特派大多被赶走了,只剩沃克尔负责能源部。沃克尔长期不倒始终是迷,一般认为,撒切尔需要一名威特派安抚后座议员,且沃克尔一直叫嚣对工会强硬,撒切尔正好利用他对付工会,如果他搞砸了,再赶走他也不会招致非议。1983年内阁重组时,最显眼的是资历尚浅的劳森平步青云,荣膺财政大臣。首相尤其欣赏劳森起草的中期财政战略,把他当作铁杆同道。奇怪的是,劳森对撒切尔并不存在个人忠诚,他有独立价值判断,他比撒切尔小七岁,是最合适的接班人,但他从没认真争取。布里顿接任多年来任劳任怨的怀特洛任内政大臣。10月,撒切尔再度调整内阁,台比特负责工业部,里德利入阁担任运输大臣,金(Tom King)出任就业大臣。朝野戏谑布里顿是撒切尔亲儿子,而台比特和里德利"都鄙视1974年前的政治秩序并对撒切尔保持强烈的个人忠诚"。② 他们高升全仰赖首相个人赏识。至此,年富力强的撒切尔派占据了内阁大部分要职,首相如虎添翼,向一切顽敌开战的时机成熟了。

　　撒切尔厌恶工会并非直接源自于她与工会的摩擦,而是因为对哈耶克学说笃信不疑。哈耶克认为:市场若想发挥它应有的作用,首先必须恢复正常的价格机制的有效性,而工会垄断劳动力,"妨碍了竞争成为一切资源配置的有效调节器",是市场经济的死敌。③ 撒切尔在哈耶克的经济学分析之上,又给工会罗列了诸多政治罪名。她抨击工会中的左翼"都是些革命分子,无论通过什么途径,付出什么代价,他们都要把马克思主义的体系强加给英国"。④

　　第一届首相任期内,考虑到经济萧条和威特派掣肘,撒切尔并没有足够底

① 玛格丽特·撒切尔:《唐宁街岁月》(上),第281页。
② Richard Vinen, *Thatcher's Britain*, p. 179.
③ 弗雷德里希·奥古斯特·哈耶克:《自由宪章》,中国社会科学出版社,1999年,第424页。
④ 玛格丽特·撒切尔:《唐宁街岁月》(上),第310页。

气向工会全面开战。然而她并不掩饰自己对工会的厌恶之情，懒得与工会领导人打交道，工会联合会总干事默里（Len Murray）在 1984 年辞职之前只得到了两次造访唐宁街十号的机会。就业大臣普莱尔认为面对工会的威胁，政府退避三舍才是明智之举，否则必然重蹈希斯和卡拉汉之覆辙。他提倡循序渐进（step by step）并据此起草 1980 年"就业议案"。议案建议：纠察行动只能局限于罢工场所，禁止罢工者鼓动和怂恿未罢工的工人罢工，政府给予未参加罢工但由于工厂关闭而利益受损的工人工资补偿，雇主不得妨碍工会会员以合法投票方式选举或撤换工会领导人。[1] 普莱尔议案还没提交议会表决，钢铁工人大罢工浪潮便席卷各地。撒切尔及各右派团体强烈要求普莱尔修改议案，严惩罢工组织者和带头人，严禁罢工声援行径。然而普莱尔顶住各方压力，确保 1980 年的《就业法》（Employment Act 1980）尽显温和色彩，当然，这也导致该法对限制罢工几无作用。1981 年初，煤矿工人以关闭矿井相威胁，迫使撒切尔及其政府接受由全国矿工工会、国家煤炭局以及政府三方代表共同参与的会议处理采煤业纠纷。时任全国矿工工会主席戈姆利（Joe Gormley）是一名曾与希斯共同治理英国的左派妄想狂，他的理想社会是每个男人"都开捷豹去上班并配备一辆小汽车载着妻子去购物"。[2] 政府不敢招惹戈姆利，只能把煤炭进口降至最低限度，保护国内煤价。这有如 19 世纪施行《谷物法》，《谷物法》不正当保卫地主贵族利益，而现行政策不正当保护矿工利益，充分证实"工会治国"所言非虚。撒切尔对上述屈辱久难释怀。1981 年秋，台比特接替普莱尔担任就业大臣，抛弃了循序渐进战略，呼吁限制罢工工会的司法豁免权。1982 年的《就业法》（Employment Act 1982）授权法院对非法罢工的工会处以罚金并没收用于罢工的资金。[3] 这部就业法最突出的新意是用经济惩罚限制工会罢工；声援罢工也将受到严厉制裁，只有雇工针对其雇主的罢工才能享有豁免权；法案还保护雇主的用人权以及非工会会员的就业权。

　　1983 年大选后，工会左翼从政府的较大下院优势和撒切尔的人事布局中

---

① Robert Taylor, *The Trade Union Question in British Politics*, p. 285.

② Richard Vinen, *Thatcher's Britain*, p. 158.

③ Robert Taylor, *The Trade Union Question in British Politics*, p. 289.

察觉摊牌近在咫尺。上一年接替戈姆利的斯卡吉尔与撒切尔一样厌恶妥协和共识且天性好斗。他曾是英国共产党员,一位满腔热血的阶级斗士,喜好回味1972年迫使希斯屈服的大罢工并炫耀自己在那场罢工胜利中的功劳。斯卡吉尔立场在他竞选全国矿工工会主席的宣言中表达得直截了当:"当我们矿工利益受到侵犯时,我们既不应害怕雇主,也不必恐惧政府。"如今他要求政府书面保证国家煤炭局永远不以效益低下为由关闭任何矿井,除非矿井安全不达标;矿工最低工资为每周100镑;实行一周四天工作制。[1] 斯卡吉尔漫天提价,蛮横出言威胁搞垮政府,这已不是劳资纠纷,而是政治问题;连多数矿工都讥讽他胃口太大,不切实际。撒切尔自1981年在矿工面前受挫后,一直在伺机报复。当年她便指示时任能源大臣的劳森存储煤炭,同时增设核电站以及用石油发电的电厂;扬言只要能打垮矿工,决不计较烧油成本。[2] 1983年,马歇尔(Walter Marshall)和麦克格雷格(Ian Macgregor)分别被任命为中央发电局负责人和国家煤炭局主席。前者是个不计成本的刚硬派;后者曾长期混迹于美国,晚年回到故土为撒切尔效犬马之劳,他应付1980年钢铁工人罢工时娴熟自如。

　　1984年初,麦克格雷格以提高经济效益为由,拟议关闭20余口矿井。按矿工工会规章,罢工需在会员无记名投票中确保55％支持率,3月4日,斯卡吉尔未经会员投票便草率发起罢工。他的违章之举立即导致矿工分裂。诺丁汉地区矿工有强烈的地域意识和敬业精神,忙于提高采煤业劳动生产率。[3]他们反对全国矿工工会的极左政策,呼吁就是否响应罢工举行全国性投票,然而斯卡吉尔操控的矿工全国执委会无视他们的诉求。诺丁汉地区矿工执委会无奈之下自行投票决定继续采煤并将罢工支持者逐出该地矿工领导机构。斯卡吉尔只能驾驭约克郡和苏格兰境内的矿工,无法号令全国矿工统一行动。到4月中旬,约1/4矿井仍正常作业。诺丁汉、莱斯特和德比郡南部地区形成著名的米德兰三角带,这几个地方的矿工组建新的民主矿工联合会(Union of

---

① Robert Taylor, *The Trade Union Question in British Politics*, p. 292.

② 玛格丽特·撒切尔:《唐宁街岁月》(上),第312页。

③ David Howell, *Defiant Dominoes: Working Miners and the 1984 - 5 Strike*, in Ben Jackson and Robert Saunders eds, *Making Thatcher's Britain*, p. 154.

Democratic Mineworkers),希冀打破斯卡吉尔操控的全国矿工工会对罢工指挥权的垄断。[1] 斯卡吉尔从他的发家之地约克郡派出大量飞行纠察队,恐吓、威胁在岗矿工及他们的家属。政府早有应对,征调大批警察维持秩序,警察装备相比 1972 和 1974 年也大幅更新。5 月,警察在谢菲尔德境内与纠察队爆发的武斗中明显占据上风。斯卡吉尔既无矿工全体支持,也无法赢得其他行业工会鼎力声援。7 月 9 日,全国运输和通用工人工会呼吁码头工人举行全国性罢工,然而"普通码头工人好像并不太愿意支持可能危及他们工作的行动",铁路工人以及"起决定性作用"的卡车司机也冷眼旁观。[2] 加之政府为瓦解运输工人与矿工结盟做了大量细化工作,7 月 20 日,全国运输与通用工人工会宣布取消罢工。各行业工会普遍不满斯卡吉尔暴戾恣睢。首先他们认为未得到 55％矿工支持的罢工不合规章;其次是飞行纠察队无法无天,触碰了道德底线,他们在威尔士境内将一辆载运矿工去上班的出租车掀翻,致使司机身亡。斯卡吉尔既不尊重全国矿工意见,对其他行业工会领导人亦粗暴无礼,辱骂拒绝罢工的钢铁工人工会领导人瑟斯(Bill Sirs)是历史悠久的三大联盟的"耻辱"。[3]

得不到其他行业工会支持,斯卡吉尔按常理应拿出和谈诚意,在 7 至 9 月的一系列谈判中,麦克格雷格也给他提供了体面抽身的机会。麦克格雷格凭整顿钢铁公司的经验相信,只要矿工复工,他就有信心重组煤炭产业。然而斯卡吉尔偏执顽固,屡屡错失保住颜面的好时机。10 月底连续发生了几件对政府有利的事情。10 月 24 日,全国煤矿监工、代理人和爆破工协会(National Association of Colliery Overmen, Duputies and Shotfirers)决定不罢工,该协会有权确定哪些煤矿符合安全生产标准,可以安全为由关闭矿井。另外,法庭开始发挥它应有的作用,加大了干涉力度。出于对斯卡吉尔及其飞行纠察队的不满,约克郡境内两名矿工起诉全国矿工工会,法院判定这两名矿工胜诉。斯卡吉尔对判决不屑一顾。结果法院又判他藐视法庭,并对他和全国矿工工会分别罚款 1000 镑和 20 万镑;全国矿工工会拒缴罚款,最终法庭宣布扣押其

[1] David Howell, *Defiant Dominoes: Working Miners and the 1984 - 5 Strike*, p. 156.

[2] 玛格丽特·撒切尔:《唐宁街岁月》(上),第 324—326 页。

[3] Richard Vinen, *Thatcher's Britain*, pp. 168 - 169.

部分资产。① 值此前后，有关罢工者与卡扎菲(Gaddafi)上校以及苏联人暗中接触、获取他们资金支持的消息传得沸沸扬扬。民众无论是否同情为保饭碗而罢工的矿工，决不能容忍同胞在内斗中寻求动机不纯的境外势力干预。国家煤炭局宣布，凡是11月19日复工的矿工都能领取一大笔圣诞奖金。此后矿工陆续复工。1985年初，沃克尔宣布能源毫无压力；斯卡吉尔及其马仔每天起早打开所有机器耗电，欲制造电荒，但徒劳无功。② 1985年2月底，全国矿工工会一半以上会员停止罢工。3月3日，全国矿工工会召开代表大会，投票决定复工。斯卡吉尔苦吞败果，其"顽固的极端主义与阿根廷的加尔铁里将军一道"为撒切尔的功成名就"增光添彩"。③

　　媒体自始至终多把罢工渲染为撒切尔与斯卡吉尔的个人缠斗，实则这是一场牵涉极广的"群殴"，斯卡吉尔失败的伏笔早已埋下。首先，工人缺乏团结。不服斯卡吉尔号令的矿工频频请求官方机构施以援手，各行业工会则袖手旁观，斯卡吉尔和一小撮矿工孤军奋战，怎有胜算？ 其次，对比双方策略，政府尽显老道，而斯卡吉尔只知蛮干。选择3月初开启罢工可谓愚蠢，此时天已回暖，煤炭需求日减，而政府早已存储了大量煤炭。撒切尔及其心腹高明老辣，起初都摆出一副置身事外的姿态，将罢工视为雇主与雇员之间的劳资纠纷，抢占了舆论制高点。当纠察肆虐时，政府又果断让法庭和有备而来的警察及时干预。再者，放眼全英，罢工自始至终缺乏群众基础。民意调查显示，1984年7至12月间，同情雇主者从40％增至51％，而同情矿工者从33％降至26％；同一时期，反感纠察者从79％增至88％。④ 最后，煤炭产业不仅面临产能过剩和生产率低下双重危机，在能源供给结构中的比重也日益下滑。北海丰富油气产出吸引不少行业把石油作为首选动力源，核电技术正日臻成熟，关闭矿井、压缩煤炭产能是符合经济规律的理性措施。

　　罢工失败在英国工运史乃至国家治理史上都具有转折性意义，工会权力

---

①　玛格丽特·撒切尔:《唐宁街岁月》(上)，第337页。

②　Richard Vinen, *Thatcher's Britain*, p. 166.

③　雨果·杨格:《铁女人撒切尔夫人传》，第362页。

④　Robert Taylor, *The Trade Union Question in British Politics*, p. 294.

受到遏制,国家权威得以恢复。① 工会作为特权机构决定国家政策的反常现象得到匡正,里德利后来说撒切尔摧毁的"不仅是一场罢工,而是一种符咒"。② 1984 年出台的就业法规定罢工必须得到工会会员无记名投票通过,否则罢工者须为他们造成的损失承受罚款。其后五年,全国矿工工会会员从20 万骤减至不足 4 万。③ 工会会员从 1979 年的 1300 万降到 1986 年的 1000万,从占总劳动力的 54% 降至 46%。④ 面对超过 300 万的失业大军,各行业工会丧失了与政府叫板的底气。公务员、教师以及各公职部门工会也沉寂下来。各行业工会分裂态势加剧,并肩作战渐无可能。新型工会丧失了对用工的垄断,劳动力市场恢复自由竞争。

驯服工会,撒切尔赢得了属于她个人的胜利,一场快意的复仇,"对所有工会以及整个左翼的决定性胜利"。然而这并未激发百姓对她的景仰之情。民众不支持矿工,也不喜欢撒切尔,认为她和斯卡吉尔一样,"也是个缺乏灵活性、不合人群的阶级斗士"。⑤ 矿工固然粗暴,但身上散发着质朴气息,而政府却精心备战、屡布陷阱,非常"不英国"(unenglish),其手段之阴狠堪比不久前的波兰政府对付团结工会(Solidarity)。⑥ 对矿工的胜利把又一批弱势群体撵入失业大军行列。民意调查显示,1985 年春,撒切尔的支持率下降了。不过她早已习惯不受欢迎,继续思索如何把浸骨入髓的信念全部付诸实践,国有企业便是与她的执念背道而驰的罪恶之一。

艾德礼政府的国有化奠定了战后英国经济结构,其后三十余年,无论保守党还是工党执政,这种结构一成不变。1980 年,国有企业在国民经济中占比11.1%,吸纳了 8.2% 的从业人口,社会总劳动力的 30% 为国有企业或与之关联的公共职能部门服务。⑦ 国有企业劳动生产率经历了二十余年平稳发展,

---

① Andrew Gamble, *The Free Economy and the Strong State*, p. 192.

② Richard Vinen, *Thatcher's Britain*, p. 155.

③ Robert Taylor, *The Trade Union Question in British Politics*, p. 297.

④ Dennis Kavanagh, *Thatcherism and British Politics*, p. 237.

⑤ 约翰·坎贝尔:《铁娘子》,第 229 页。

⑥ Richard Vinen, *Thatcher's Britain*, p. 176.

⑦ Roderick Floud, Paul Johnson eds., *The Cambridge Economic History of Modern Britain*, Vol. Ⅲ, p. 85.

到 1960 年代后期陷入蹒跚不前的困境,钢铁、煤炭、汽车、邮政等行业均出现了生产率负增长。[①] 撒切尔及其信徒认为:国有企业的政治任务压倒了经济目的,为保就业,置资源之优化配置以及劳动力之自由竞争于不顾,是英国衰落的罪魁祸首。他们根据新自由主义理论乐观预估私有化将产生以下积极效应。首先,市场机制能充分发挥作用。其次,私有化有利于创造基于财产而非基于抽象权利平等哲学的现代民主,能克服民主社会主义因过于强调平等而忽视效率的弊端。再者,私有化有利于精简公共机构,减轻政府财政负担。最后,出售国企资产会给政府带来可观收入,缓解公共借贷压力。[②] 保守党 1979年大选宣言虽没明确私有化目标与步骤,但言及国企改革势在必行。撒切尔上台后,迫不及待开启了私有化改革之尝试。1979 年和 1981 年,政府两次出售英国石油公司(British petroleum)股份,将其国有份额从 51％降至 39％,经过 1984 年第三次出售,英国石油公司的国有股份仅占 31.7％。[③]

在第一届任期内,撒切尔的私有化还有诸多顾忌,一是党内有异议,二是工党反复强调它若上台必然再度国有化,而私人资本不愿冒风险反复折腾。1983 年大选后,党内阻力变小,私企亦对保守党长期主政抱有信心,私有化进程加快,幅度远超经济学家预期。政府效法石油公司抛售股权,将港口、造船厂、货运、大东电报公司(Cable and Wireless)、国家石油公司(Britoil)、航空公司等国企的股份统统抛向市场,减持国有股份。不涉及国民经济安全的部门,譬如全国巴士公司(National Bus Company),则完全出售给私人。持股者占成年人比例从 1979 年的 7％扩大到 22％。[④] 政府还将公屋推向市场,住房市场化成为常态。1980 和 1984 年,政府分别出台了两项《住房法》(Housing Act),允许三年(后改为两年)以上的租客以低价优先购买其租住的公屋。部分房客甚至以 30％市场价格购得房屋。从 1980 到 1988 年,房市持续升温,100 多万人购买了住宅。1980 年全英住房抵押贷款额不足 10 亿镑,1988 年

① Roderick Floud, Paul Johnson eds., *The Cambridge Economic History of Modern Britain*, Vol. Ⅲ, p. 93.

② Alec Cairncross, *The British Economy since 1945*, pp. 268 - 269.

③ Dennis Kavanagh, *Thatcherism and British Politics*, p. 223.

④ Jim Tomlinson, *Managing the Economy, Managing the People*, p. 80.

接近 500 亿镑。[1] 此后因政府加息及经济下行，房屋交易进入低潮。

出售公屋和国有资产造就了大量持股人和业主。拥有可观财富的中产人数迅速增加，他们主要聚集于大伦敦地区，支持市场机制，反对国家干预，拥护保守党遵奉的基于财产的民主制度。[2] 公民持有房产比例越高社会越安定，这是保守主义信念的一部分，撒切尔亦笃信不疑。[3] 政府出售国有资产获得了巨额资金，同时甩掉了部分财政包袱，不必再为公屋建设资金发愁。到 1987 年底，政府总计从私有化中捞取了 250 亿镑财富，1988 年出售国有资产所得足以抵消当年的公共借贷。[4] 私有化也为政府瘦身，部分公共服务部门被砍或被推向市场，上百万从业人员从国企或公共部门转移到私人领域。企业和住房私有化过程中，贫富差距拉大了，基尼系数从 1978 年的 0.23 上升到 1980 年代后期的 0.34。[5] 银行家、富商巨贾和行业精英不仅受个税照顾，从私有化中获益也最大；普通股民数量庞大但持股份额微不足道；购买公屋的主要是勉强跻身中产的熟练劳工；底层穷人无钱，也不愿购买建筑质量和居住环境极差的公屋，他们的藏身区与贫民窟的界线逐渐模糊。

学术界对私有化与经济增长的关联始终争论不断，但有一点确定无疑，那就是从 1983 年起英国经济持续高速增长。1983 年 GDP 增幅达 4%，接下来两年受大罢工影响，GDP 上涨略微放缓，不过年增长率仍接近 3%，1986 年再度恢复到 4%，1987 和 1988 年甚至高达 4.5%。[6] 高增长为政府减税创造了前提，1984 年，劳森废除了投资所得附加税以及国民保险附加税。其后几年政府连续下调个税，至 1988 年，个税已从 1979 年的每镑 33 便士下调到 25 便士，最高所得税税率也降到了每镑 40 便士。撒切尔对劳森的减税措施，尤其是最高所得税税率之下调赞不绝口，坚信这有利于吸引"那些在各国之间迁移的天才"来英就业，继而对英国经济转型起到"非常关键的作用"。[7] 精心设计

[1] Alec Cairncross, *The British Economy since 1945*, p. 259.

[2] Andrew Gamble, *The Free Economy and the Strong State*, p. 219.

[3] Jim Tomlinson, *Managing the Economy, Managing the People*, p. 81.

[4] Alec Cairncross, *The British Economy since 1945*, p. 271.

[5] Jim Tomlinson, *Managing the Economy, Managing the People*, p. 78.

[6] Alec Cairncross, *The British Economy since 1945*, p. 256.

[7] 玛格丽特·撒切尔：《唐宁街岁月》（下），第 615—616 页。

的中期财政战略也彰显成效。1983年,通货膨胀率降到了3.7%,其后两年轻度反弹,但1986年夏降至1980年代最低点,仅2.4%。除失业率仍在高位徘徊,其他经济数据全部向好。高失业率本在预料之中,原因有三:一、抑通胀与就业短期内不可兼得;二、失业率是一项滞后指标(clagging indicator),比其他经济因素复兴要晚;三、新兴企业更重视技术含量和服务特色,文化素质低的男性劳动力很难就业。1980年代中前期,失业者始终在300万人左右徘徊,不过这并未严重伤害政府信誉,因为抑通胀成功,物价平稳,300万失业者只占劳动力不到一成,但物价关系每一个人。

　　撒切尔的经济改革重塑了英国经济结构,制造业在国民经济中的比重大幅下降。1979至1981年,制造业产值下滑了14%,1987年才恢复到1979年的产值;与制造业相关的贸易也极不景气。撒切尔的工业战略就是利用国际市场为竞争力强的企业拓展机会,任由效益低下的企业破产,高能耗以及技术含量低的传统工业被淘汰在所难免。① 除农业和国防工业,政府拒给任何行业特殊关照,刻意推动制造业发展由数量向质量转变,结果制造业产值下降,劳动生产率却提高了。1980年代,制造业生产率年均增幅达4.2%。产业转型和升级过程中,政府利用全球化、数字化以及电脑化刺激服务业发展。工业革命以来,以伦敦为核心的英国东南部一直是商业、金融业和服务业的中心,曼彻斯特和伯明翰等中北部城市则是工业中心。而今制造业萎缩,服务业扩张,大伦敦区坐享撒切尔改革红利,南盛北衰的二元经济格局日益刺眼。制造业吸纳的劳动力自1979至1986年下降了28%,约200万人从制造业转移到其他行业,主要流向伦敦周边。② 性别与就业之关联也悄然转变,女性以及兼职劳动者岗位剧增,全职男性就业机会减少了。

　　加尔铁里屈膝投降,斯卡吉尔黯然离场,经济繁荣兴旺。撒切尔尽情享受

---

① Andrew Gamble, *The Free Economy and the Strong State*, p. 194.

② Andrew Gamble, *The Free Economy and the Strong State*, p. 232.

连续胜利的荣光和无可匹敌的威望。然而接踵而至的胜利也让她更加傲慢,愈发自以为是,鄙视甚至恫吓同侪。自我膨胀很快导致她差点阴沟翻船。撒切尔拜相以来,内阁中才华横溢、正能量满满的赫塞尔廷始终保持着他特立独行的行事风格,他既不是撒切尔心腹,也非老式威特派。环境大臣和国防大臣六年任内,他的能力赢得普遍认可,特别是 1983 年大选期间他与工党针锋相对的反单方面裁军宣传为保守党稳住了大批支持者。然而两位强势人物很难长久共事,赫塞尔廷身上的自我主义令首相不快,他对首相频频插手国防部事务也甚为反感。撒切尔痴迷里根总统的战略防御计划,赫塞尔廷却认为那不过是美国人的虚张声势。撒切尔拒绝向赫塞尔廷透露战略防御计划细节,赫塞尔廷身为国防部长对首相一手遮天大为不满。1985 年的威斯特兰事件(Westland Affair)很快为他们的公开较量点燃了导火索。

威斯特兰公司是英国唯一生产直升机的企业,它的发展前景直接关涉英国国防工业。1985 年,这家小公司为摆脱经济困境四处寻找新合作伙伴,首相以及前不久调任的贸易与工业大臣布里顿撮合公司与美国西科尔斯基(Sikorsky)公司合并,赫塞尔廷却坚持与欧洲武器制造商合作。分歧折射的是保守党内亲美与亲欧之争,也大体上可以说是疑欧与亲欧之争,这种将来把保守党搞得元气大伤的争论此时已经公开化了。撒切尔是公认的亲美派,赫塞尔廷也毫不掩饰自己亲欧。更令撒切尔无法容忍的是,赫塞尔廷擅自与德、法、意等国代表召开一次国家军备主管会议,会议决定禁止各国购买欧洲以外生产的直升机。撒切尔为了阻止赫塞尔廷的欧洲方案,起初打算用内阁会议否定军管会议决定,但随即假惺惺称政府不应插手公司事务,由公司董事会自行决定招标对象,但她完全知道公司董事会乐意接受美国财团收购。赫塞尔廷在 12 月 12 日召开的内阁会议上要求内阁深入讨论威斯特兰问题,撒切尔冷言冷语称"在没有书面文件的情况下不能讨论这件事"。12 月 13 日下午是公司宣布重组方案的最后期限,赫塞尔廷原指望当天上午再召开一次内阁会议,但撒切尔置之不理。赫塞尔廷抱怨内阁变成了首相的一言堂,并称大臣有权将部门事务提交内阁讨论;撒切尔后来辩称"大家并没有决定召开这次会议,实际上也没有必要"。①

赫塞尔廷愤愤不平,决意抗争到底。1986 年 1 月 3 日,他将自己与欧洲商业银行家来往信件内容透露给媒体,大意是威斯特兰公司并入西科尔斯基公司后将失去欧洲的订货单。撒切尔盛怒,认为赫塞尔廷"已经无视内阁的集体责任,而且正在公开蔑视我作为首相的个人权威",因为几天前她还亲自去信威斯特兰公司董事会主席,向他保证即便公司由美方收购,"政府当然还会把它当作一个英国的公司,……因此也会支持它在欧洲范围内寻求英国的利益"。② 撒切尔暗中游说副检察长梅休(Patrick Mayhew)致信赫塞尔廷,劝其浪子回头。由于梅休信件中提到赫塞尔廷提供给媒体的部分信息"实质性不准确",贸易与工业部很快把梅休信件透露给媒体,引发轩然大波。③ 国防大臣与首相的冲突并不是什么秘密,撒切尔索性利用吃瓜群众的猎奇心理彻底搞臭赫塞尔廷。她纵容属下故意泄露梅休信件,以便让民众相信赫塞尔廷与欧洲银行家往来信件所谈是一派胡言,他公布给媒体的信息存在严重误导倾向。在这场双方均求助媒体的舆论战中,赫塞尔廷一败涂地,狼狈不堪。撒切尔乘胜追击,在 1 月 9 日召开的内阁会议上,她要求所有人遵守一条新的政治规矩——"各部门对问题的答复都要通过内阁办公室进行"。赫塞尔不反对这条新规,但里德利火上浇油,强调新规"同样适用于重申过去发表的声明"。赫塞尔廷旋即宣布辞职,并在几个钟头后发表的声明中称"内阁政府已经完全垮台"。他的辞职声明长达 2500 言,句斟字酌,显然早已准备妥当。撒切尔在赫塞尔廷辞职后经短暂休会便宣布杨格(George Younger)为新任国防部长,"从来没有一位辞职大臣被如此迅速地接替过",这足以说明撒切尔早已物色好了赫塞尔廷的替代者④

赫塞尔廷指责撒切尔破坏内阁制,危及宪制,首相因此承受了巨大压力,不过麻烦才刚刚开始。梅休对自己信件被泄露一事纠缠不休,因为没有他的同意,政府擅自将其信件内容透露给媒体有失妥当。法律咨询意见必须保密,

---

① 玛格丽特·撒切尔:《唐宁街岁月》(上),第 393—394 页。
② 玛格丽特·撒切尔:《唐宁街岁月》(上),第 395 页。
③ 约翰·坎贝尔:《铁娘子》,第 266 页。
④ 约翰·坎贝尔:《铁娘子》,第 266—267 页。

这是一切律师及检察官的神圣职责和权利。梅休强迫首相成立调查委员会，揪出泄密者及幕后主使。撒切尔只能让内阁秘书阿姆斯特朗展开为期十天的调查，演一场饰非掩过的把戏。阿姆斯特朗后来把罪责推到布里顿身上，首相私人秘书英厄姆以及贸易与工业部信息总监鲍(Colette Bowe)小姐也牵涉其中。布里顿在保守党后座议员施加的压力下引咎辞职。工党不依不饶，继续追究英厄姆以及鲍小姐滥用文官职权罪。撒切尔一度神经紧绷，因为"信件泄露这件小事似乎已经暴露出在政府的核心中存在着操纵及欺骗的文化"，如果这种文化的确存在，首相应辞职以谢天下。然而工党领袖金诺克1月27日在下院指控撒切尔时，词不达意，带着党派成见"向空中开炮"，撒切尔侥幸脱身。① 此后撒切尔仍稳坐唐宁街，但威斯特兰事件不仅导致两位内阁大臣离职，还给她的声誉造成了极坏负面影响。她"误导下院，让一位不幸的同事为由她开始的欺诈行为承担过错"，丢掉了"正直的声誉"，"永远无法完全重获道德高地"了。②

　　威斯特兰事件平息后，撒切尔工作重点转向迎接新大选。保守党内当时盛行的看法对其极为不利，许多希望继续执政的保守党人认为她已是负资产，她的好斗性格由于失去明确战斗对象已变成一种负担。但撒切尔就像阿拉曼战役后的丘吉尔，坚信大事未了，当下仅是"开始的结束"。她早已在潜意识中将自己的政治抱负分为以下三个阶段：第一阶段是复苏经济并战胜工会，第二阶段是"前所未有地扩大了财富和资本所有权"，第三阶段应当"使普通民众能够像富人那样也享有选择公共服务的种类和质量的权利"。③ 前两个阶段的胜利已板上钉钉，但第三阶段还在运筹中，而教育、医疗、住房等社会事项以及地方政府改革是这个阶段的重头戏。公共服务改革刻不容缓，公共开支形同无底洞，"从1951到1976年，英国经济增长之2/3竟被用于扩张公共服务"。④ 在1986年10月伯恩茅斯召开的保守党年会上，撒切尔刻意回避大权独揽之象，让一批年轻新秀登台亮相，既显示政府和党朝气蓬勃，也借机告诉

---

① 约翰·坎贝尔：《铁娘子》，第269页。
② 约翰·坎贝尔：《铁娘子》，第270页。
③ 玛格丽特·撒切尔：《唐宁街岁月》(下)，第522页。
④ Howard Glennerster, *British Social Policy*, p.173.

公众政府和党均空前团结和睦。拉蒙特(Norman Lamont)在年会上畅谈进一步私有化计划,福勒(Norman Fowler)描绘了雄心勃勃的医院建设蓝图,赫德宣布刑法改革一揽子方案,劳森道出两份惊喜——通货膨胀零增长和进一步减税设想。撒切尔的大会总结演讲涵盖外交和内政两个方面,外交上,她攻击工党的无核化国防政策,强调无核化将导致苏联认为英国不再享有北约和美国的核保护伞;内政方面,她承诺"我们保守党是要把权力归还给人民",这些权力涉及教育、医疗、税收和住房等。① 伯恩茅斯年会后,政府支持率小幅回升。撒切尔趁热打铁,将年会上提出的各项承诺作为选战主旨。1987 年 5 月 11 日,她晋见女王,请求解散议会并于一个月后大选。

当年大选绝不像媒体浮夸的事后评议,称撒切尔轻而易举上演了帽子戏法。与 1983 年大选相比,保守党中央与地方沟通不畅,备战工作略显敷衍。拉票期间,台比特与大卫·杨(David Young)爆发激烈冲突,撒切尔则被突如其来的牙痛折磨得坐卧不宁。工党卷土重来的论调一度甚嚣尘上。1983 年惨败后,福特请辞工党领袖。托尼·本虽有足够的左派支持,但左派败选后理屈词穷,行迹收敛,何况托尼·本丢掉席位,不再适合竞争新领袖。威尔士人金诺克与党内左派渊源颇深,他一向反对工党全国执委会操纵竞选宣言,成为左右两派都能接受的人物。在 1983 年 10 月的工党领袖竞选中,金诺克以 70% 的选票压倒性胜出。② 金诺克明白,工党首要任务是找回选民信任。1983 年惨败已证明极左政策不受欢迎,当年的竞选宣言绝非金诺克和福特等人的肺腑之言,而是工会和党内活跃分子操纵工党全国执委会强加给工党高层的。工党不能指望改变选民,只能改变自身去适应变化了的社会风貌和政治文化。金诺克上任后便试图将极左分子逐出全国执委会,他在 1984 年的工党大会上建议,废止各类党团推选工党议会候选人制度,改由党员个人以"一人一票制"(one member, one vote)选举产生。金诺克勉强说服工党全国执委会接受这种改制,但党内活跃分子和工会强烈抵制,"一人一票制"在党代会上被 399.2 万对 304.1 万张投票否决。③ 不过金诺克并未气馁,他在 1985 年

---

①　玛格丽特·撒切尔:《唐宁街岁月》(下),第 519—520 页。

②　James E. Cronin, *New Labour's Pasts*, p. 247.

③　Eric Shaw, *The Labour Party since 1945*, p. 172.

的工党大会上成功地将部分好斗分子和活跃分子逐出全国执委会。这是他改造工党的第一项重大成就，让工党看到了一丝曙光，因为工党竞选宣言由全国执委会起草并定稿。

为迎接 1987 年大选，金诺克做了两份极有意义的工作。其一是认可撒切尔的部分政策，默认出售市政公房。工党 1987 年竞选宣言强调不会把已私有化的企业或服务重新国有化，也不再叫嚷退欧。其二是成立专攻宣传的机构并由一群主张革新工党的新面孔负责，其中包括电视制片人曼德尔森（Peter Mandelson）以及传媒达人古尔德（Philip Gould）。曼德尔森相信"企业和政党一样，如果你忘记了你的顾客，不知道他们在如何变化，而且不能与他们有良好的沟通，他们很快就会忘记你"。[1] 这种露骨且市侩的论调显然把政治变成了轻视德行和原则的交易，但也道出了工党症结之所在。民主体制下，选民便是政党的顾客，而工党恰恰忘了选民需要什么以及乐意听什么。古尔德一针见血指出："工党与其潜在的支持者之间出现了裂隙"，并且这裂隙是"一条无法跨越的鸿沟"；工党在"高谈阔论国有化、单边主义以及高税收"，选民却在竞相"购买公屋以及股票"并"陶醉于英国军事力量的成功复兴之中"。[2] 以曼德尔森和古尔德为代表的革新派挖空心思重塑工党形象，拉近了工党与选民的距离。曼德尔森在 1986 年的布莱克浦工党大会上用一束鲜艳红玫瑰取代红旗作为党的标识，各界反响强烈，撒切尔则冷嘲热讽。曼德尔森洋洋自得，他的创意之举营造了一种欢愉、浪漫的生活气息，表达了工党期待焕然一新的美好愿景；用他自己的话说，红旗象征着"社会主义、国有化和国家控制"，而"玫瑰唤醒了整个英格兰花园，它暗示着一切在新鲜的泥土中成长，象征着阳光和乐观"。[3]

金诺克和革新派给工党注入了多股新鲜血液，竞选宣言勾画的内政措施也不再为选民诟病，但囿于党内左派根深蒂固的成见，工党国防政策继续奉行

---

[1] 彼得·曼德尔森：《拯救工党：与布莱尔一起的峥嵘岁月》，中国人民大学出版社，2013年，第 34 页。

[2] Philip Gould, *The Unfinished Revolution: How the Modernisers Saved the Labour Party*, Abacus, 1998, pp. 49-50.

[3] 彼得·曼德尔森：《拯救工党》，第 43 页。

单边主义核裁军。这不仅令国内选民扫兴,在国际上也毁誉参半,遭美国政府鄙视。大选前,金诺克和希利造访美国,里根只给了他们十五分钟见面时间,且白宫谴责单边核裁军将对北约造成破坏性影响。保守党机敏抓住工党国防政策这根软肋大做文章。选战开始时,仅 20%选民认为国防兹事体大,但到投票前一周,60%选民热议国防,绝大多数人认为工党国防政策极不靠谱。[①]保守党竞选宣言亮点不少,争议也多,不过经济强劲,通胀走低,失业率亦缓步回落。手握多张好牌,保守党胜选完全合乎情理,它获得 42.4%的选票,与1983 年大致持平;赢得 376 席,比 1983 年少了 20 余席,但仍有百余席绝对优势。工党战绩比 1983 年显著有起色,收复部分失地,得票率回升至 30.8%,拿下 229 席,比 1983 年多得 20 席。工党的新增选票主要来源于社会民主党和自由党的损失,自由—社会民主党联盟的得票率从 1983 年的 25.4%降至22.6%,1988 年,这个联盟更名为自由民主党(后文简称自民党)。

大选后,撒切尔迅疾重组政府。内政大臣赫德、外交大臣豪以及财政大臣劳森均官居原职,但一批年轻新秀被委以重任。比芬和台比特离开了政府,帕金森重返内阁担任能源大臣。福勒改任就业大臣,他空出的卫生大臣职位由摩尔(John Moore)填补。贝克(Kenneth Baker)上年便取代离职的约瑟夫担任教育大臣。里德利这位最忠实的撒切尔主义者继续担任环境大臣,负责深化住房改革。表面看,摩尔、贝克以及里德利都是撒切尔欣赏的青年才俊,急欲让撒切尔主义在社会每个角落生根发芽,但阁僚中也有数位立场居中的务实主义者,包括赫德、福勒以及财政部秘书长梅杰(John Major),他们的存在使得撒切尔这匹野马在推动社会改革时不至于完全脱缰。

撒切尔社会改革的终极目标是帮助民众自立,引导他们摆脱对国家的依赖。1987 年秋,她在接受一份妇女杂志采访时因声称“根本没有社会这回事”而招致铺天盖地的批评。她后来驳称杂志社为博人眼球断章取义,她的初衷

---

① David Denver and Mark Garnett, *British General Elections Since 1964*, p. 88.

旨在告诫民众"社会不是一个借口,而是责任的源泉",因为那句话后她还强调"社会是由个体的男人、女人和家庭组成的,人们必须首先学会自立"。然而撒切尔的辩白听起来是不打自招,"责任"、"自立"这类词语证明她的社会哲学厚古薄今。她尤为推崇维多利亚时代,彼时对"'值得帮助'和'不值得帮助'的穷人进行了区分"。本着这种认知,撒切尔欲把20世纪的英国社会治理原则与维多利亚时代对标,刻意将需要帮助的人分为两种:一种是"真正陷入困境,需要给予支持才能帮他们摆脱困境的人","另一种则是失去了工作的意愿或者习惯、不思进取的人"。她还特别声明,政府帮助"不是鼓励人们得过且过,而是要恢复他们的自律,进而恢复他们的自尊"。① 毋庸讳言,撒切尔坚信英国衰落原因是政府管得太宽泛了,19世纪晚期以来的一轮又一轮社会改革致使治国的主要任务变成了治理社会,从根本上拖累了国家效率。她以古鉴今,旨在将政治与社会分离,让社会而非政府管社会的事。就内政思想言,她是皮尔和格拉斯顿的衣钵传承者,是一种伟大英国传统的承继者,然而在她的党内外政敌看来,她泥古违今,注定要碰得头破血流。

由贝克提出、1988年7月在议会通过的《教育改革法案》(Education Reform Act of 1988)包括设立全国性课程,授权学校摆脱地方政府控制以及改革大学等内容。该法涉及的每项改革都事关重大,付诸实践意味着现行教育体系须推倒重建,结果各级教育部门群起抵制,下院竟为其展开了长达370个小时的冗长辩论,分歧足以说明"在教育世界中几无共识"。② 里德利主导的《住房法》(1988 Housing Act)规定租住市政公屋者亦有权摆脱地方当局的各种限制,将租赁期分为"确定型(assured)"以及"短期持有型(shorthold)",鼓励私人资本进军租赁市场。但租客不信任私人资本,大都不愿搬离公房。为推动医改,1988年7月,政府将卫生与社会保险部一分为二,摩尔任社会保险大臣,克拉克(Kenneth Clarke)任卫生大臣。医改关涉全民,敏感复杂,直到1989年初,克拉克才公布医改白皮书《为病人服务》(Working for Patients)。医改方案欲效仿美国式私人购买保险,拟将医院分为独立经营、公

---

① 玛格丽特·撒切尔:《唐宁街岁月》(下),第572—573页。
② Howard Glennerster, *British Social Policy*, p. 201.

营和 NHS 信托机构几类,所有医院都要以服务质量和性价比招揽病患,概言之,就是要在医疗系统引入竞争机制。首先,医改方案授权医院自愿转化为"NHS 信托机构",政府为其提供主要资金并严格管控其预算。其次,鼓励医生转变为"全科医生基金持有者",自行管理预算,替病人购买合适的医疗服务。然而绝大多数英国人笃信医疗服务的"非商业伦理和哲学",连"医生和NHS 官员也拒绝考虑竞争性机制"。① 除了医生替病人购买服务受欢迎,其他各类改革均遭抵制,加剧了医患矛盾。1990 年代,部分医院转变为信托机构,但"全科医生基金持有制"备受冷落。

民众和学术界对撒切尔的教育、住房和医疗改革褒贬不一。教育改革内容庞杂,多数措施半途而废。住房改革虽受中产阶级青睐,但出售市政公屋导致部分无家可归者流浪街头;1988 年后利率提高,部分资不抵债的购房者也加入了流浪汉行列。医改同样触怒了穷人,因为持有基金的富人享受了更好医疗待遇。富有同情心的卫道士指责社会撒切尔主义嫌贫爱富,罔顾穷人之生死。这些批评无疑有夸大之嫌,改革并未触动福利体制,社会安全网仍完好无损。大多数买不起房的穷人仍有公屋可住,低收入者基本医疗服务仍有保障,失业者的救济金也没减少。撒切尔执政之初,欲"抑制国家"(rollback the state),但从 1979 至 1984 年,因发放的失业补助太高,公共开支总额不降反升,1985 年后公共开支基本持平,从占 GDP 的约 47％降至约 39％。② 这份成就虽值得一书,但民众并未明显转向"新自由主义方向","医疗和教育领域民众观念转变最不明显",撒切尔"'抑制国家'的目标只取得了非常有限的成功"。③ 改革不畅并非因为政策设计有误,亦非执行力度不够,而是因为战后建立的社会安全网络深得民心,大部分人依赖这张网络提供的基本服务,这导致"社会政策是一颗极难砸碎的坚果",在一人一票民主制下,谁也没有胆量和能量解构福利体系。④ 撒切尔信奉的维多利亚社会哲学无法治愈 20 世纪的英国社会病,改革时武断强推中央统筹的一刀切政策,出现了官僚机构不减反

---

① Howard Glennerster, *British Social Policy*, pp. 206 - 207.
② Jim Tomlinson, *Managing the Economy*, *Managing the People*, pp. 76 - 77.
③ Jim Tomlinson, *Managing the Economy*, *Managing the People*, pp. 85 - 86.
④ Howard Glennerster, *British Social Policy*, p. 190.

增的反常现象,但不应据此完全抹杀改革的意义。她的继任者梅杰和后来的工党政府颠覆了她的教育政策,但改革住房和医疗时沿着她开辟的道路继续前进,毕竟有些改革并非完全出于党派成见或个人偏见,而是对体制的纠偏。

真正把撒切尔推到悬崖边缘的是石破天惊的人头税,她本人更喜欢称之社区税(Community Charge)。她在回忆录中毫不掩饰自己"反感财产税",因为"地方政府依靠财产税作为主要收入来源","不断超支","大肆挥霍"。她还指责社会主义者通过控制市议会乱征财产税,"榨干了当地的企业";控诉"社会主义秘而未宣的目标,就是增加人们的依赖思想";坚信改革税制才能终止上述恶性循环。早在1985年3月撒切尔已形成基本税改思路,用她的话说就是:"应该废弃家庭财产税,并代之以对所有成年人征收标准统一的人头税。"①1986年1月,贝克在下院宣布惯行的财产税将逐步向人头税转变。是年底,议会立法拟从1989年4月率先在苏格兰开征人头税。因担心人头税激起民愤,1987年大选中保守党没提英格兰和威尔士也会开征人头税。大选后,人头税事项才全面铺开。除贝克和里德利,多数保守党大员担心人头税招致怨恨,劳森及近半后座议员对人头税反应冷淡。为减轻党内阻力和道义压力,撒切尔和里德利承诺给予低收入者一定比例的人头税返还。1988年7月,女王批准税制改革方案,从1990年4月1日起,英格兰和威尔士执行新税制。

在从女王批准到全面开征的将近两年内,人头税一波三折、阻力重重。1989年,苏格兰民族党煽动拒缴抗议,保守党后座议员极度紧张,他们向撒切尔施压,呼吁返回双轨制。为平息众怒,撒切尔调彭定康(Chris Patten)任环境大臣。彭定康费力研究过渡期减免方案,以便将每个家庭每周的损失控制在2英镑之内。然而从1988年开始,经济增速放缓,部分经济指标大幅下滑,财政部无力提供减免方案所需的补贴。更糟的是,评估的人头税税额不断上涨,到1990年初,环境部对人头税的评估已升至人均每年340镑,而地方政府很可能继续扩大开支15%左右。如此推算,人均每年所交人头税至少还要再增加20镑。对此,撒切尔气愤驳称:"并不是我们要征这么多的税,而是因为

---

① 玛格丽特·撒切尔:《唐宁街岁月》(下),第588—591页。

地方政府花了这么多的钱。"①

反人头税高潮出现在 1990 年春季。2 月,牛津和约克两郡的保守党市级议员表示,宁可辞去党内职务,也要搅黄人头税。3 月 22 日,保守党在中斯塔福德郡的补选中惨败,而该选区多数选民向来偏好保守党。补选惨况惊醒了保守党上下,他们大多不想为人头税付出高昂政治代价。3 月 31 日,特拉法尔加广场上演了反人头税的大规模示威抗议,近 400 名警察在暴乱中受伤。撒切尔也承认自己当时进退维谷。她的懊恼不是上述抵制和暴乱,而是事与愿违。她起初一厢情愿以为,地方政府若继续挥霍,只能用高额人头税应对开支,届时公众必谴责地方政府。但民众思维远非政治家那般复杂,他们只会谴责直接导致他们不幸的人或事。最令撒切尔难过的是,穷人坐享不菲返还,勤勉中产却成了人头税主要承担者。② 1990 年 4 月 1 日,英格兰和威尔士全面开征人头税,每人每年 363 镑。拒缴者比比皆是,7 月,彭定康被迫从财政部挤捏资金兑现返还补贴,并把享受减免的人数扩大至 1100 万,占总纳税人口近 1/3。人头税至此已名存实亡,1991 年底梅杰政府将其彻底废除。

人头税是撒切尔政治生涯中的最大败笔,她以近乎偏执的方式妄图让"所有阶层的人"都"对社会负责","不要只充当依赖别人生活的人"。③ 然而选民、媒体、反对党,甚至保守党内富有同情心的政客都埋怨她无视贫富差距这一冰冷事实,企图在经济和社会领域中践行政治哲学中的权利平等和责任同担。他们抱怨十年胜利已把原来那个逻辑缜密、行事靠谱的女强人变成了一位走火入魔、刚愎自用的冷酷女巫。毋庸讳言,撒切尔正在犯保守主义者时刻引以为戒的错误——按抽象的观念而非经验和事实施政。她试图恢复英国伟大的传统——权利和责任对等,然而在一人一票制民主体制下,穷人手握投票权,却无力承担社会责任。撒切尔的强势性格、执着信念和刚硬政策与一人一票制民主存在着不可调和的矛盾,她像一名孤胆英雄在为社稷之未来只身战斗,但民众并不理解,也不认同她的苦心孤诣,而她的那些仅把从政当作饭碗的同僚和同党为了个人前程大都察觉是时候与她割席了。

---

① 玛格丽特·撒切尔:《唐宁街岁月》(下),第 601、604 页。

② 玛格丽特·撒切尔:《唐宁街岁月》(下),第 602 页。

③ 玛格丽特·撒切尔:《唐宁街岁月》(下),第 603 页。

◇　◇　◇

　　亲美疏欧贯穿着撒切尔外交行动的始终。她警惕欧共体的联邦主义,对欧洲政治家也缺乏应有的尊重。然而她也明白,英国既然已是欧共体一员,那就在不引起国内政治动荡的前提下尽可能利用欧洲为英国经济服务,同时减少英国对欧义务。1970 年代后期,英国国内甚嚣尘上的看法是英国对欧预算贡献远超它应承担的份额,撒切尔借势反复宣称要索回"属于我们的钱"。从1979 年的斯特拉斯堡欧洲理事会到次年的卢森堡理事会上,她强词夺理要求德国总理施密特和法国总统德斯坦同意返还英国大笔资金。亲欧派认为撒切尔锱铢必较把原本若即若离的英欧关系搞得更微妙复杂,因小失大。然而撒切尔盘算的不是区区几亿镑,更想以死磕欧共体展现自己的斗士风采。由于当时国内经济凋敝,撒切尔须以对欧强硬衬托她的爱国形象,以期转移民众视线。在 1984 年的枫丹白露欧洲理事会上,密特朗(François Mitterrand)和科尔(Helmut Kohl)"好男不跟女斗",撒切尔如愿以偿为英国索回 4 亿镑。对欧预算争议阶段性了结后,撒切尔一度诚意推动英欧互信与合作,1985 年初上任的欧共体主席德洛尔(Jacques Delors)也在踌躇满志规划单一市场。德洛尔到处渲染欧洲单一市场的魅力,憧憬商品、服贸、资本以及人力资源流动对欧洲经济发展的益处,撒切尔也想把欧共体变成名副其实的自由贸易区,以便在欧洲范围内弘扬自由企业经济理念。然而德洛尔是狂热的联邦主义者,他所构建的欧洲单一市场不过是通向欧洲联盟的前奏,而撒切尔对与自由贸易无关或关联不强的货币、司法以及边界控制等高度敏感。在保留对上述事项否决权的基础上,1986 年 2 月,英国议会批准了《单一欧洲法》(Single European Act)。该法极大强化了欧委会和欧洲议会的权力。撒切尔很快意识到以法德为首的欧洲各国不单单在积极推动经济一体化,还在畅想更宏伟的政治和社会一体化。联邦主义危险近在咫尺,《单一欧洲法》墨迹未干,她便与欧共体,特别是其主席德洛尔干上了。

　　德洛尔认为早在 1972 年欧共体便确立了创建经济与货币联盟的长远目标,《单一欧洲法》仅重申这一目标。撒切尔的反驳理由是单一法案并不意味着必然发行单一货币,更没必要设立统一的欧洲中央银行。她和多数疑欧派坚信英镑是英国的伟大标识,单一货币不仅会削弱英国人国家认同感,还会损害英国主权。与过去十年的经历一样,撒切尔认定她再次遭遇一群人围攻,因为德洛尔背后有科尔和密特朗两座靠山。更凶险的是,先前敌人要么是国外的,要么是英伦三岛的,而这一次她身受国内外政敌夹击。以撒切尔脾性,纵使大陆上的所有欧共体成员国都支持德洛尔,她也不会屈服,更藐视国内政敌羁绊。内阁中,除帕金森和最坚定的撒切尔主义者里德利,所有重臣都对她的偏执及顽固不以为然。内政大臣赫德一向亲欧;外交大臣豪渴望迅速加入欧洲汇率机制(Exchange Rate Mechanism)以便强化英国作为欧共体主要成员国的话语权;财政大臣劳森虽不关心英国在欧共体的地位,但他认为加入汇率机制更有利于稳定英镑。1979年成立的欧洲汇率机制旨在让马克、法郎、克朗等币种涨跌一致,以防止投机客钻空,也可以被视为单一货币的彩排,撒切尔自然对其心存排斥。1988年6月,科尔力促各方授权成立一个由德洛尔任主席的专门委员会,着手筹建欧洲中央银行。撒切尔猜测欧洲央行只是替欧洲中央政府提前探路的婢女。7月,德洛尔得寸进尺,倡议建立欧洲政府的雏形并预言:"十年之内,80%的经济立法(也许还有税收以及社会立法)将直接源于共同体。"几周后,德洛尔受邀在伯恩茅斯对英国工会联合会发表演讲,他以动听诺言为英国劳工勾勒美好图景,声称欧共体内部市场将施惠于"共同体的每位公民","必然改善工人的生活水平和工作环境","为他们的健康以及安全工作提供更好的保护"。[①] 英国劳工从德洛尔画的大饼中看到了就业机会的增多和劳资纠纷的迎刃而解,这在很大程度上改变了英国工党和工会的敌欧立场。

　　既然工党和工会态度反转了,撒切尔立场也及时反转,毕竟她与工党及工会天生相克。她不仅反斥德洛尔倡议过于超前,还指责他干涉英国内政。为反击德洛尔,撒切尔解除了英国驻布鲁塞尔高级专员科克菲尔德(Lord Cockfield)的职务,代之以布里顿。韦斯特兰事件后,撒切尔总感觉欠他一份人情,但布里顿到任后,和科克菲尔德一样,认为权力更加集中的布鲁塞尔对

---

① Stephen George, *An Awkward Partner*, p. 193.

共同体各国均有裨益。比更换高级专员更具转折意义的是撒切尔9月在布鲁日（Bruges）发表的著名演讲。演讲内容事先没有知会任何人，甚至可能是撒切尔的即兴而作。她首先强调《罗马条约》原初的经济性质，旋即开始了漫无边际的攻击，欲将欧共体和社会主义一并清算："那些视欧洲一体化为推进社会主义之工具的人"公然违背罗马精神；保守党政府还未完全"将英国从社会主义的无能中解救出来，却发现它从布鲁塞尔的中央管制和官僚体系之后门爬了进来"。[1] 她强调建设欧共体的最佳途径是主权国家的积极合作，特在演讲末尾大声提醒欧洲政治家记住北约的极端重要性："为我们共同的欧洲而努力但又不忘记各国原来的身份……一个眼光向外而非向内的欧洲，一个把大西洋两岸都包括在内的大西洋共同体。"[2]

布鲁日演讲一直被视为撒切尔欧洲政策的转折点，措辞及语气有如泼妇骂街，震惊全球。一位著名时事评论员认为撒切尔已失去理智，她的演说借题发挥，近乎挑衅，"仅为了让我们的欧洲伙伴感到痛苦和压抑"，但实际上"可能已经对我们自己的国家利益造成了持久的伤害"。[3] 欧洲政治家可能对撒切尔习以为常，并未因布鲁日演讲放缓一体化步伐，相反撒切尔却陷入了腹背受敌之窘境。包括科尔在内的多国基督教民主党领导人无视布鲁日演讲，宣称继续为中央银行、共同安全政策以及社会与劳工权利等跟进协调，积极倡议召开政府间会议商讨共同体的宪法与法律改革。更刺激撒切尔的是，德洛尔任期将满，但欧共体委员会决定把他的任期延长两年，以褒奖其丰功伟绩。布鲁日演讲对英国最致命的影响是"疑欧主义及其论据"从先前的无关紧要演变成"英国高层政治的主流问题"，疑欧派和亲欧派的关系愈发紧张。[4] 外交大臣豪是亲欧派干将，1988年底，他周游共同体列国，口头保证英国不会在即将召开的罗德岛（Rhodes）会议上制造麻烦，还表示会力尽所能为英国加入欧洲汇率机制营造有利条件。

撒切尔本不是疑欧派，她和她领导的保守党主流在1975年公投中支持留

---

① Stephen George, *An Awkward Partner*, p. 194.

② 玛格丽特·撒切尔：《唐宁街岁月》（下），第681页。

③ Stephen George, *An Awkward Partner*, p. 208.

④ Anthony Forster, *Euroscepticism in Contemporary British Politics*, p. 77.

欧，决定了当年公投结果。掌权最初几年，她与欧共体的争吵仅限于预算，缘何到 1980 年代中期她要对欧共体全面反攻倒算？原因有三。一、欧洲一体化进程加速，破坏了欧共体本来纯粹的经济属性。二、施政成就令其确信新自由主义是普世真理，小政府大社会高效，而欧共体的政治和社会一体化必致无所不包的大政府。三、性格使然。她是天生的"斗士"，时刻需要敌人，苏联接连释放善意后，欧共体就成了她最合适的天敌。

　　撒切尔首相任期的最后两年，世界政治格局发生了惊天之变。1989 年上任的美国总统布什（George Bush）不再像前任那样对撒切尔另眼相看。里根政府留下的大量赤字迫使布什节衣缩食，缓和美苏关系。与此同时，东欧剧变突然上演，布什政府希望欧共体在维系东欧转变方面发挥积极作用。撒切尔长期反苏亲美的外交架构瞬间成了空中楼阁，全然失去现实基础。法国担心统一后的德国冷落欧共体，敦促德方尽早启动欧洲政治一体化进程。英国政要大多主张摒弃冷战思维，放眼未来，撒切尔却认为即便戈尔巴乔夫（Mikhail Gorbachev）的苏联不再那么令人恐惧，再次统一的德国难免又是折磨英国的幽灵。1990 年 3 月，她邀请一群知名历史学家在首相别墅研讨德国统一的后果。在她看来，1945 年前的局面"正从史书向当代政治回归"。[1] 这种臆想狂认知导致她不仅与欧洲政治家摩擦不断，也与内阁龃龉连连。1989 年 4 月，德洛尔委员会提出分三步实现货币联盟。撒切尔也意识到了被动处境，她在 1989 年 6 月召开的马德里欧洲理事会上勉强同意了德洛尔三步走方案的第一步，也即推动成员国在经济与货币政策上大而化之的协作。然而对货币联盟及《社会宪章》（Community Charter of the Fundamental Social Rights of Workers），她的态度没有丝毫软化。理由很简单，宪章全名曰《欧共体工人基本社会权利章程》，对一位坚信"根本没有社会这回事"的首相来说，承认工人基本社会权利就是对自己社会经济改革成就的全面否定。她在会上说："英国在此声明，无论是迈向第二步的进程还是第二步的时间或者内容，都不存在任何的'自动性'"，结果，马德里理事会在英欧领导人"都不满意的气氛中落下了

---

　　① Richard Vinen，*Thatcher's Britain*，pp. 247 - 248.

帷幕"。① 是年底,在斯特拉斯堡召开的欧洲理事会上,她又单独否决了《社会宪章》。

马德里理事会前夕,撒切尔与劳森以及豪均已形同陌路。临会前,她宁可咨询私人顾问,也不愿倾听上述二人心声。豪与劳森无奈之下向撒切尔递交了一份联合备忘录,要求她在会上承诺英国在某个时间段内加入欧洲汇率机制。撒切尔无视两人意见,指责他们提交备忘录施压是"策划阴谋","对我进行了伏击",并断言豪是"主谋"。② 她贬斥"豪的目的和分析已经不像以前那么清晰了",不再胜任外交大臣;她还坚信内阁必须大改组,理由如下:"如果一个首相已经在位十年,他或者她必定对政府整体表现出的疲态和暮气沉沉的现象更加敏感",不能"让我的政府给人民留下这种印象"。撒切尔把副首相这个"在宪法上没有多大意义的头衔"给了豪,但似乎并不解气,因为豪"仍然占据着一个能够给我制造麻烦的位置,而且内阁中的力量对比现在甚至更加左倾了"。资历尚浅的梅杰接替豪担任外交大臣。撒切尔在回忆录中否认此时已把梅杰"定为我的接班人",但又指出"如果他日后有希望担任保守党的领袖,最好还是在三个大部之一加以历练"。其他重要职位调整包括:彭定康接替里德利担任环境大臣,里德利改任贸易与工业大臣,教育大臣贝克改任党主席,拉蒙特首次进入内阁担任财政部秘书长。这次改组是撒切尔在外交、税制以及社会改革多线受挫时的搏命之举,期待它能与1981年的大改组一样翻开历史新篇章。然而时移世易,改组无法挽大厦于将倾,反而加剧了内阁矛盾。新提拔的干将中,只有拉蒙特属于撒切尔所说的"右派",但左右之争是假,权力斗争是真,正如撒切尔坦言:"在发生能够危及我的权威的危机之前,这些都算不上什么大事。"③

恶化的经济形势令首相和财政大臣关系雪上加霜。1989年10月,德意志联邦银行提高利率,劳森也将英镑利率提高到15%,以便英镑币值保持在3马克以上,但考虑欠周,英镑价格不升反降。撒切尔的财政顾问沃尔特斯一直在她耳边吹风,毁谤劳森误国殃民。沃尔特斯还在《金融时报》撰文称撒切尔

① 玛格丽特·撒切尔:《唐宁街岁月》(下),第687页。
② 玛格丽特·撒切尔:《唐宁街岁月》(下),第648页。
③ 玛格丽特·撒切尔:《唐宁街岁月》(下),第689—693页。

一直坚持与欧洲汇率机制保持距离,该文等于把首相与财政大臣的尖锐矛盾公诸天下。10 月 19 日,劳森在下院称沃尔特斯的文章"很显然不是政府的观点",撒切尔却闪烁其词,不愿声援劳森。[1] 劳森倍感屈辱,10 月 26 日,他向撒切尔摊牌,"沃尔特斯走,要么就是他辞职",撒切尔冷言告之"沃尔特斯不会离开"。[2] 劳森愤而辞职并借语带煽动色彩的辞职演说谴责撒切尔偏听偏信,破坏内阁制。远在美国的沃尔特斯虑及撒切尔难处并意识到自己角色尴尬,卸任财政顾问。

劳森辞职后,梅杰接任财政大臣,赫德接掌梅杰仅待了三个月的外交部。撒切尔原以为梅杰高升全仗自己提携,会对自己感恩戴德、言听计从,然而梅杰一再催促她加入欧洲汇率机制。赫德不是"反撒切尔派",但坚信英国需要深度融入欧洲。财政大臣和外交大臣面孔换了,但主张依旧。内阁中最后一位撒切尔派里德利和首相一样对德国统一杞人忧天。1990 年 7 月,他在接受一份杂志采访时称货币联盟不过是"德国企图控制欧洲的阴谋",而法国人表现得像"德国人的贵族犬"。[3] 里德利出言不当,撒切尔正要为人头税激起的公愤寻找替罪羊,借机将里德利赶出政府,不过自己也成了名副其实的孤家寡人。她躲过了豪与劳森的"伏击",却遭梅杰和赫德夹击,"但她绝对没有资本失去另一位财政大臣或者解雇另一位外交大臣",必须认真考虑梅杰与赫德的诉求。[4] 与此同时,工党积极倡议英国加入欧洲汇率机制,撒切尔刻意在工党大会闭幕的前一天,也就是 10 月 5 日,同意英国加入汇率机制。梅杰宣称这一决定完全出于经济考虑,但撒切尔动机显然是不想让工党抢走风头。对汇率机制姗姗来迟的让步不过是国内政斗之需,而非她对欧态度的真实转变。1990 年 10 月底,意大利在罗马欧洲理事会上要求 1994 年 1 月 1 日前启动德洛尔三步走方案的第二步,得到欧共体 12 国中 11 国的支持,只有撒切尔投了否决票。[5] 这张否决票成了压垮她的最后一根稻草。

---

[1] Stephen George, *An Awkward Partner*, p. 226.

[2] 玛格丽特·撒切尔:《唐宁街岁月》(下),第 654 页。

[3] Stephen George, *An Awkward Partner*, p. 223.

[4] 约翰·坎贝尔:《铁娘子》,第 324 页。

[5] Stephen George, *An Awkward Partner*, p. 228.

　　早在上一年,劳森的辞职演说以及他随后在电视荧屏上所作的自辩已严重动摇了撒切尔权威。来自威尔士的梅耶爵士(Sir Anthony Meyer)是保守党内一名有自由主义倾向的议员,支持撒切尔的社会经济政策,但马岛战争时谴责撒切尔奉行沙文主义。梅耶也是诚挚的亲欧派,反感撒切尔口无遮拦的对欧言论。1989 年 11 月,梅耶试图借劳森辞职激起的波澜挑战撒切尔。支持梅耶的 33 名保守党议员已经愤怒到了"除撒切尔之外的任何人"都可以担任领袖的程度。[①] 梅耶没有耀眼履历,在议会中也无团队支持,他的失败并非因为撒切尔牢不可摧,而是自身人微言轻。一旦遭遇位高权重的挑战者,撒切尔毫无把握稳操胜券。赫塞尔廷至少是一位曾经的位高权重者,如今他等到了复仇机会。这机会是豪直接给他创造的。撒切尔归国后在下院为自己在罗马理事会上投否决票所作的辩护令豪怒不可遏。11 月 13 日,豪递交辞呈并在辞职演说中称:"忠诚的悲剧性冲突也许困扰了我太久,现在该是其他人考虑如何回应这种冲突的时候了。"[②]这话无异于煽动反叛。

　　豪只是反叛的号手,赫塞尔廷借机挺身而出,担任叛军带头大哥,宣布参与领袖角逐且自信满满称:"就领导保守党赢得第四次大选以及避免出现一个工党政府的灾难性结局而言,我确信我会比撒切尔夫人做得更好。"[③]赫塞尔廷来者不善且直触要领,那就是保守党若想继续主政就必须抛弃撒切尔。1980 年代的英国经济活力四射,但民众生活成本也节节攀升。多数议员来自中产阶层,议员薪金以及建立在政治影响力之上的官商往来是他们维系体面生活方式的主要收入来源,一旦落选,他们必须另谋生计。除里德利和台比特这样为数极少的撒切尔死忠,多数保守党人把"对党的忠诚"置于"对领袖的忠诚"之上。[④] 领袖可以退场,普通议员还须为稻粱谋;欧洲仅是表象,党的前途也是借口,个人生计才是根本。

　　面对赫塞尔廷的咄咄逼人,撒切尔沉着应战,她故作镇静,在领袖选举期间前往巴黎参加欧安会(Conference on Security and Co-operation in

---

① Richard Vinen, *Thatcher's Britain*, p. 265.

② Richard Vinen, *Thatcher's Britain*, p. 258.

③ Richard Vinen, *Thatcher's Britain*, p. 268.

④ Richard Vinen, *Thatcher's Britain*, p. 271.

Europe)。11 月 20 日选举结果揭晓,撒切尔得票 204 张,赫塞尔廷得票 152 张,另有 16 张弃权票。根据保守党当时领袖竞选规则,胜者须得到过半下院保守党议员支持且得票率要领先第二名 15%。保守党当时有 372 名下院议员,领先 15% 的硬性要求意味着撒切尔须比赫塞尔廷多得 56 张票,也即她缺票 4 张。远在巴黎的撒切尔旋即宣布她将继续为第二轮竞选努力。然而即便她最忠实的支持者,包括她的夫君都知道她该退场了。回到伦敦后,撒切尔逐个征求内阁大臣意见,她在回忆录中抱怨:"几乎所有的人都是一个说法:他们个人当然会支持我,但遗憾的是,他们不相信我能获胜";"明明是背叛了我,但他们却用些含糊其词的话把自己描述为坦率直言和关心我的命运"。① 得不到内阁支持意味着大势已去。11 月 22 日上午,她公开声明:"我辞职并让内阁其他同事参与党魁角逐更有利于团结全党以赢得未来的大选。"遭此打击,她并不否认"那天的大部分时间以及后来的几天,我都像是在梦游一样",但她依然认真主持了最后一次内阁会议,并于当天下午在议会为自己十一年首相生涯做肯定性辩护。当然,她要在谢幕前不惜一切代价阻击赫塞尔廷,扶持梅杰接班。既然不能披挂上阵,那就确保一位能在自己退场后继续挥舞撒切尔主义旗帜的新领袖,至少当时的撒切尔相信梅杰"能够继承我的衣钵并将我们的政策继续推向深入"。②

---

① 玛格丽特·撒切尔:《唐宁街岁月》(下),第 778、782 页。
② 玛格丽特·撒切尔:《唐宁街岁月》(下),第 783—786 页。

第二十七章　保守党分裂与新工党形成
（1990—1997）

英国自诩老牌政党政治国家，不仅因为政党是其政治运行的载体，更因它的主流政党均有相对强大的自我调整和应变能力。除了一战后的自由党一蹶不振，1886年的自由党、1906和1945年的保守党、1931年和1980年代的工党都在经历了至暗时刻后很快奇迹般起死回生，而如日中天的政党也可能几年间便半死不活。撒切尔时代保守党对工党具有碾压性优势，然而到1990年代中期，两党在民意支持率上便互换角色，各自运势起伏之大近乎不可思议。

撒切尔下台后，保守党新领袖角逐在梅杰、赫塞尔廷以及赫德之间展开。撒切尔提点自己先前的支持者投梅杰的票，但梅杰并非撒切尔主义者，更非右派。为了"让一个支离破碎的党团结起来"，在欧洲问题上，梅杰表示英国必须奉行"渐进主义"和"实践性"；对于人头税，梅杰指出它存在问题，但不急于言明其存废。淡化欧洲以及人头税争议的同时，梅杰承诺"推进改革以便把整个国家变成一个真正的无阶级社会"。这一切表明，上台伊始梅杰就站在"温和的，也许稍微偏中左的立场上"。[1] 接受电视采访时，梅杰自称"一个国家"保守党人，旨在澄清自己是迪斯累利以及麦克米伦传人，而非撒切尔门徒。这是"一种精心策划的争取中左选票的努力"，也是梅杰政治价值观的真实表露。[2] 然而时人普遍认为这不过是梅杰为拉票而放的烟雾弹，左翼尤不相信

---

[1]　John Major, *The Autobiography*, Harper Collins, 1999, p.193.

[2]　安东尼·塞尔登:《梅杰传》,新华出版社,2000年,第95页。

梅杰的自我标榜,好在撒切尔当时没有表示异议,本青睐她的议员此时自然转向梅杰,外加大多数中间派议员支持,梅杰胜利水到渠成。11 月 27 日保守党议员选举领袖,梅杰获得 185 票,赫塞尔廷 131 票,赫德 56 票。理论上还要第二轮投票,但赫塞尔廷和赫德随即宣布退出竞争,梅杰自动成为新党魁。

撒切尔轰然倒台造就了梅杰这匹黑马,他既没时间也没胆量大幅改组内阁。有限调整中,极具争议的是拉蒙特出任财政大臣。拉蒙特只有一年财政部秘书长履历,不少人认为他才不配位,但他是梅杰竞选党魁的军师,梅杰也相信他的理财能力。贝克改任内政大臣。赫塞尔廷因主动放弃竞争得到梅杰阵营热情拥抱。为显示保守党已恢复团结,梅杰不顾赫塞尔廷与撒切尔的新仇旧恨,敦请赫塞尔廷官复原职,担任环境大臣。[①] 彭定康由环境大臣改任保守党主席。梅杰政府由于缺乏女性而被指轻视妇女权益,不过政策小组组长(Head of Policy Unit)萨拉·霍格(Sarah Hogg)女士的位卑权重有力回击了这种指责。

梅杰入主唐宁街最初两个月为海湾战争(Gulf War)在世界各地奔波。撒切尔在去职前的最后一次内阁会议上,决定将英国在海湾地区驻兵增加一倍,达 3 万人,以配合美国主导的打击萨达姆(Saddam Hussein)政权行动。1990 年 11 月 29 日,联合国安理会通过 678 号决议,要求伊拉克来年 1 月 15 日前从科威特撤军。12 月中旬,梅杰飞往美国与布什政府商讨战争方案,表态英国坚决支持尽早对伊拉克动武。1991 年 1 月初,梅杰前往沙特慰问前线官兵并参观海军演习。1 月 15 日,梅杰在下院游说各党派支持战争。与 1982 年不同,反对党议员指责政府是战争贩子,大多数民众也强烈反战。梅杰知道,这场并不涉及英国攸关利益的战争关乎新政府声誉,必须力排众议打下去。从 1 月 16 日至 2 月 28 日的海湾战争最后以萨达姆接受联合国全部决议为条件结束。20 余名英国士兵在这场战争中丧命,战事总体进展顺利,一时间梅杰蜚声国际政坛。

战争结束后,梅杰立即着手处理积压成山的国内事务。撒切尔主义的社会改革激起了广泛的道德争议,新政府意在营造和谐氛围,给社会注入欢愉气

---

① John Major, *The Autobiography*, p. 208.

息并彰显同情心,以稀释种族歧视和贫富分化等造成的冲天戾气。梅杰坦陈自己没有任何种族偏见,甚至愿意包容同性恋者,然而本着这种价值观的改革之路并不坦荡。梅杰不是撒切尔主义者,但世人皆知撒切尔希望梅杰能捍卫她的改革成果。撒切尔主政最后几年已失道寡助,但议会和政府中的撒切尔主义幽灵仍上蹿下跳,背离撒切尔主义的任何改革都可能招致党内同僚严批苛评。新首相必须冒着风险展示改错纠偏的勇气和能力,彻底废除在党内饱受争议、在选民中已成众矢之的的人头税。1991年3月保守党的议会补选失利加快了梅杰的行动步伐,在拉蒙特及赫塞尔廷配合下,政府果断废除了人头税。梅杰多年后仍对人头税心存怨念,认为此税激起的民愤导致1991年举行大选的计划落空了。①

经济方面,梅杰政府继续推动铁路和煤炭行业的私有化。矿工势力已不足为惧,政府关闭矿井、裁减职位并未遇到大的阻力。然而铁路私有化方案迟迟难产,政府最终把铁轨售卖给了私企,同时成立交通部领导的监督机构定夺票价,协调运营。结果,运输服务改善了,铁路系统升级了,民众出行成本也提高了。梅杰的社会政策并不打算对撒切尔亦步亦趋,而是另起炉灶。他反对社会服务私有化,曾说:"在我看来,把我们的前途完全压在私有化上,太过理想主义,也缺乏远见和抱负。"②教育和医疗是两项最核心的社会服务,亦是民意风向标,非但不能私有化,还必须改善服务质量。王家邮政也不应私有化。梅杰出身寒微,深知底层民生艰难。他体恤民情,相信教育是穷人晋升的最佳阶梯,主政后立刻把教育改革作为头等大事来抓,诚如他所言:"我个人议事日程的第一件事是教育,教育是所有人开启新路之关键。"③梅杰主张把地方政府操控的教育权力还给学校以及学生家长。1991年5月,教育大臣克拉克牵头撰写的教育白皮书明确了1990年代教育改革方向,其要领在1992年大选宣言中再次得到阐述。梅杰抱怨公职人员领取高薪,却散漫慵懒,对社会服务敷衍塞责。更让他揪心的是,公职人员素质良莠不齐,不仅浪费公帑,且拖累经济增速并降低服务质量,因此要给公共服务部门注入"纪律和效率"。政府

---

① John Major, *The Autobiography*, p. 218.

② John Major, *The Autobiography*, p. 248.

③ John Major, *The Autobiography*, p. 212.

智囊遂草拟《公民宪章》(Citizen's Charter)以供梅杰参考。1991年3月，梅杰在对保守党中央会议(Central Council)讲话中首次使用公民宪章这一术语，尽管他对这个充斥着法国大革命气息的术语多少心存排斥。7月，以宪章精神为指导的服务改革白皮书提交议会讨论，梅杰希望借此推动"公共服务质量和态度之转变，给我们的公民群体带来实惠"。[1] 白皮书强调公民"选择的权力"，旨在用这种选择权把竞争意识导入公共服务部门。截至1997年，政府每年都会公布《公民宪章》取得的成就以及下一年度改革目标。梅杰的社会服务改革产生了良好反响，工党在转变过程中积极吸纳《公民宪章》的思想精粹，形成了更为细化的工作思路。

社会改革没有遭遇太大阻力，海湾战争也算不上真正考验。对欧交涉才是梅杰面临的巨大挑战，正是欧洲直接导致了撒切尔垮台以及保守党严重分裂。1990年2月，外交大臣赫德在卢森堡的一次演讲中称欧洲应对自身防务承担更大职责。这与撒切尔先前反复强调北约重要性的论调截然不同。梅杰推波助澜，在总结1990年下半年的对欧工作时，他公开宣称英国应当热心建设新欧洲，"需要恰当地居于共同体的心脏，与成员国密切合作"。[2] 1991年3月，梅杰在波恩(Bonn)与科尔会面，重申上述立场，希望修补被撒切尔破坏的英德关系。撒切尔此时已把梅杰视为叛徒，与一众疑欧派指责他正滑向联邦主义的黑暗深渊。梅杰后来辩称："居于欧洲的心脏"并非亲欧主义，而是面对现实的务实选择；英国既是欧共体一员，就应与其通力合作，抢夺话语权"以保护我们的利益"。[3] 对于单一货币，梅杰从不把话说死，因为单一货币有利于拓展商贸是不争事实，然而单一货币也可能破坏国内低税政策，布鲁塞尔方面也会以单一货币为工具扩张权力，损害英国主权。《社会宪章》当时倒不是麻烦，因为绝大多数英国政客对其嗤之以鼻。鉴于疑欧派势力强大，为维护党之团结，赴马斯特里赫特(Maastricht)参加欧共体成员国政府首脑会议前，梅杰强调内阁集体责任并尊重议会意见。这既可免蹈撒切尔一意孤行之覆辙，也可在遭遇挫折时推脱责任。1991年11月20日，下院辩论确立了英方对欧谈判

---

① John Major, *The Autobiography*, p. 258.
② Stephen George, *An Awkward Partner*, p. 239.
③ John Major, *The Autobiography*, p. 269.

的三条底线,分别是:拒绝单一货币和《社会宪章》,反对联邦主义,外交和内政均完全自主。这些底线在下院表决中以 101 票多数通过,仅 6 名保守党议员投票反对。① 可见,疑欧派非常担心梅杰在马斯特里赫特"出卖"英国权益,撒切尔甚至以后座议员身份提议公投,搞得梅杰极度难堪,只能顶着压力对公投诉求不予理睬。

12 月 8 日,梅杰携赫德及拉蒙特抵达马斯特里赫特。欧委会主席德洛尔知道英方不会接受单一货币,早在当年夏天已为英国量身定制选择退出(opt-out)权利,意思是:单一货币是《马斯特里赫特条约》(Maastricht Treaty,下文简称马约)草案要旨,但任何成员国都可暂不加入单一货币联盟。根据下院设置的底线,梅杰在马斯特里赫特直言英国还没做好加入货币联盟的准备。法国代表团提议 1999 年前所有满足经济条件的国家自动加入货币联盟,极力敦促将这一提议写进正式条约。负责货币谈判的拉蒙特以退会相抗议,欧共体轮值主席国荷兰首相吕贝尔斯(Rudd Lubbers)向梅杰和拉蒙特保证,条约附加草案准允英国享有退出货币联盟之权,给英国预留一道"特制的安全阀门"。② 吕贝尔斯专留这道货币阀门有更深层考量,他希望在《社会宪章》上为英国开通第二个安全阀。梅杰知道一旦英国接受《社会宪章》附属的另一道安全阀,《社会宪章》就会包括在马约草案之内,而非单独文件,这显然越过了议会设置的谈判底线。好在吕贝尔斯和科尔都不愿强梅杰所难,其他 11 个成员国同意将《社会宪章》以独立文件交给各国表决,当然它也成了一份与英国无关的文件。对马约谈判结果,梅杰在自传中称:英国"没有通过任何实质性磋商就得到了选择退出的权利";"此项权利是在伦敦制定的,……提交到马斯特里赫特",在吕贝尔斯等人"让步"下,最终得到与会代表认可;《社会宪章》"仅适用于其他 11 国,……不会影响到我们"。③

从马斯特里赫特归来后,12 月 11 日,梅杰向下院通报马约谈判始末。工党领袖金诺克批评"选择退出"让英国与欧共体关系显得若即若离,而多数保守党议员对这种批评喜闻乐道,他们对谈判结果大体满意,以撒切尔为首的疑

---

① John Major, *The Autobiography*, pp. 274 - 275.
② 安东尼·塞尔登:《梅杰传》,第 142 页。
③ John Major, *The Autobiography*, pp. 286 - 287.

欧派隐约察觉梅杰在欧洲泥潭中越陷越深,不过当时难觅挑刺理由。各大媒体送给梅杰铺天盖地的褒誉,赞扬他既让英国位于"欧洲的心脏",同时保持随时与欧共体一刀两断的灵活性,用梅杰自己的话说,当时同胞的欢呼就像一场"现代版罗马凯旋式"。① 马约是外交和政治上的双重胜利,这胜利巩固了梅杰在党内和政府中的地位。

1991 年整年梅杰都在捕捉大选时机,但经济萧条及党内矛盾导致保守党在民意测验中表现不佳。舆论经常把梅杰与霍姆相提并论,认为两人都是在保守党连续掌权十余年、气数将尽时的过渡性人物;都非通过大选上台,注定是唐宁街匆匆过客。但梅杰至少有一点与霍姆不同,霍姆接替麦克米伦时已年逾六十,梅杰还在不惑之年,是罗斯贝里以来最年轻的唐宁街主人,刚刚开启政治之旅,不可能轻言放弃。马约的成功造就了难得的党内和谐气氛,举国上下的赞赏增强了梅杰的胜算把握,机不可失,何况现存议会快满五年,没有理由再拖。1992 年 3 月 11 日,内阁会议将投票日定在 4 月 9 日。确定投票日后,霍格为首的政策小组便公布了保守党竞选宣言《未来可期》(The Best Future for Britain)。宣言调和了各部大臣意见,"缺乏整体的内聚力,而且没有提供充分的长期方针的意向"。② 相较于竞选宣言之绵软,经济萧条才是令保守党前景黯淡的更大隐忧。1992 年上半年,经济步入寒冬期,失业人数回到 250 万。许多购房者因资不抵债而失去物业,加入流浪汉行列。这种情况在伦敦周遭普遍存在,而那里正是支持保守党的中产阶级聚居区。为疏导经济衰退激起的民愤,财政大臣拉蒙特 1992 年 3 月 10 日公布了专门应对大选的预算,纳税人收入的前 2000 英镑只需缴纳 20% 个税,这大约能惠及 400 万低收入者。媒体和选民盛赞减税方案,梅杰后来辩称这不仅是"大选前的诡计",且实现了保守党志在把个税基本税率减至 20% 这个奋斗目标之第一

① John Major, *The Autobiography*, p. 288.
② 安东尼·塞尔登:《梅杰传》,第 155 页。

步。① 大选宣言刻意强调"通向 20％个税税率的道路已经开启"。② 工党原以为保守党会一刀切将个税基本税率从 25％下调 1 个百分点,影子财政大臣史密斯(John Smith)本打算提出 20％的个税税率,结果被拉蒙特打了个措手不及。加之预算在宣布投票日前一天公布,它给民意测评中处于劣势的保守党提振了一丝士气。

总体看,保守党已成强弩之末,工党在民意测评中稍占优势。金诺克领导的工党在过去五年内完成了脱胎换骨之蜕变。吞下 1983 和 1987 年惨败苦果后,金诺克和党内精英痛定思痛,认识到工党要想东山再起,必须"与马克思主义的过去彻底决裂,拥护市场"。③ 撒切尔的新自由主义改革重塑了英国,工党必须接受这个事实。采煤和炼钢等传统大规模生产部门在国民经济中的比重逐步下降,计算机和信息化时代来临了。工人阶级结构也随之改变,计算机、信息技术、金融等领域的新一代从业者文化素养较高,收入不菲。阶级斗争吊不起他们的兴趣,他们对串联罢工感到索然无味,对工党没有认同感,与工会组织亦无瓜葛。吸聚大量女性的服务业急速扩张,肌肉型工会运动魅力不再。新型工人不是聚集在矿井和车间的蓝领,而是散居在都市区和英国东南部的白领和专业技术人员。工党若想再造辉煌,必须赢得他们支持,工党革新派遂鼓吹:"少一点社会主义,少一点集体主义,少一点对财产所有权和个人奋斗精神的敌视。"④为把新意识形态注入工党,金诺克特别重视政策评估团(Policy Review)的作用,这个团体是党内具备新思维的多个专门研究机构的统称,金诺克亲自遴选每个研究机构的人选和主席。政策评估团高度重视下院工党议员意见,刻意与工党全国执委会保持距离。1989 年,政策评估团阶段性重要成果《迎接挑战、实现变革》(Meet the Challenge, Make the Change)在党的全国代表大会上通过。这份综合性文件承认私有化成效,赞扬市场在经济中的决定性作用,积极倡议与欧共体合作,敦促英国尽快加入欧洲单一市场。届此,工党虽然还不算严格意义上的新工党,"但它也不是 1983 年金诺克

① John Major, *The Autobiography*, p. 295.

② Iain Dale ed. , *Conservative Party General Election Manifestos*, p. 362.

③ Dennis Kavanagh, *The Reordering of British Politics*, p. 189.

④ James E. Cronin, *New Labour's Pasts*, p. 306.

继承的同一个工党了"。①

改造工党的另一任务是重建其组织结构。金诺克首先应该感谢撒切尔,是撒切尔而非金诺克自己让托尼·本及其铁杆失去了对抗金诺克的底气。金诺克固然没能赢得1987年大选,但其领导权此后更加稳固,这给了他充分集权之勇气以及用铁腕铲除党内极左派和活跃分子的硬气。早在1984年金诺克就提倡推举议会候选人时采用"一人一票制",1987年败选后,工党大会决定推选议会候选人时,工会最多拥有40%权重且允许所有党员参与议会候选人角逐。1990年,工党大会最终实现了推举议会候选人的"一人一票制"。与此同时,工党全国执委会委员的产生方法也采用"一人一票制"。"一人一票制"有效遏制了极左派和活跃分子的党内权势,把工会、党团和地方党组织操控的权力分散到党员个人手中。工会和党团权力削弱变相增强了领袖话语权。② 拨乱反正过程中,金诺克党内人事话语权日渐看涨。1989年,他大幅调整影子内阁,两位三十出头的年轻新秀——布朗(Gordon Brown)和布莱尔(Tony Blair)脱颖而出,分别负责工业和就业政策。布朗在1990年的工党大会上认可市场对经济发展的决定性作用,承诺政府不会干预而是"帮助"企业增强在自由市场中的竞争力。布莱尔更显得离经叛道,不仅呼吁工党主动疏远工会,还要迫使工会认识到罢工和纠察对解决劳资纠纷无济于事。接下来两年,布朗和布莱尔深入企业与车间,直面各界企业家及流水线工人,向他们兜售工党新思维、新战略。③

重塑意识形态以及改造工党组织结构让工党焕发出新的生机。工党1992年竞选宣言《复兴英国时不可待》(It's Time to Get Britain Working Again)中的诸多承诺就是这种生机的体现。工党摒弃了国有化,承认现代政府"不是取代市场,而是确保市场正常运转"。④ 工党竞选宣言刻意围绕医疗和教育做文章,承诺至少投入10亿和6亿镑分别用于改善医疗服务以及推动

---

① James E. Cronin, *New Labour's Pasts*, p. 298.
② Dennis Kavanagh, *The Reordering of British Politics*, p. 191.
③ James E. Cronin, *New Labour's Pasts*, pp. 314 – 315.
④ Iain Dale ed., *Labour Party General Election Manifestos*, p. 320.

教育现代化。① 对欧方面,工党谋求英国在欧共体的领导角色并发挥汇率机制的作用。国防政策上,工党放弃了单边核裁军战略。工党揣着这份内政外交都堪称无懈可击的宣言信心满满迎接大选。

两党都不再纠缠所有制、产业结构和货币政策,这表明多数国民接受了撒切尔的经济改革。两党领袖梅杰和金诺克的表现都不尽人意。梅杰只是一位看起来中规中矩的普通邻家男子,但选民不信任金诺克胜过不待见梅杰。金诺克演讲冗长乏味,形象及气质与当代政治家相去甚远。他欠缺稳重且经常自曝其短,大选期间,竟在谢菲尔德的一次集会上提前庆祝工党胜选。保守党选战策略更老练,对准工党许诺的财政收支平衡有的放矢,点中了工党死穴。保守党在满街张贴的海报中将工党丑化为税收炸弹(tax bombshell),并煞有其事称工党若主政,纳税人每年将增加 1000 镑以上的税额。② 梅杰"一本正经"忠告选民:如果工党获胜,"我警告你们不要变得优秀,不要成功,不要买股票,不要自创营生,不要提升自我,不要存款,不要买养老金,不要购房"。③ 极尽夸张的抹黑收效显著,选民心中工党的高税收政策历历在目,小康之家,尤其是借撒切尔改革跻身中产的选民,担心工党政府会让他们再遭打劫。工党虽已破茧重生,但若想赢得选民充分信任还需耐心等待。

民调显示大选后很可能出现悬浮议会,但保守党意外赢得 336 席,工党赢得 271 席,比 1987 年多出 42 席,自民党声势浩大,但只赢得 20 席。保守党席位减少了 40,选票仅比上次大选少了 0.4%;工党选票增加了 3.6%,自民党得票率从 1987 年的 22.6% 下降到 17.8%。约 2% 的保守党选民转而支持工党,部分自民党选民也转投工党。就地域看,英格兰北方约 2.1% 的选民转而支持工党,包括伦敦在内的东南部地区有 2.8% 的选民转而支持工党。这主要因为 1990 年后的经济衰退令东南部中产阶级不满现状。④ 工党表现出色,战绩不俗,选票数和席位数都可观增加,但不仅没能成为议会第一大党,连预想的悬浮议会也未出现。工党一位要员哀叹"这是党史上最令人绝望的"失

① Iain Dale ed. , *Labour Party General Election Manifestos*, p. 319.

② James E. Cronin, *New Labour's Pasts*, p. 320.

③ John Major, *The Autobiography*, p. 297.

④ David Denver and Mark Garnett, *British General Elections Since 1964*, p. 81.

利,一次"不必要的和不该得的失利"。① 梅杰对大选结果也不甚满意,保守党得票率领先工党 7 个百分点,但只有 21 个"可怜的多数席位"。② 下院微弱优势导致首相将来面对后座议员反叛时底气不足,讨价还价空间太窄。

大选后梅杰改组内阁,他对拉蒙特怨言渐多,原想启用彭定康出任财政大臣,无奈彭定康在巴斯选区败北,丢掉议席,连党主席也保不住了。梅杰与彭定康私交甚笃,赏识他的才华,即使彭定康不能在国内政坛发挥作用,也不能让他赋闲在家,遂委任其为末代港督。香港 1997 年将回归中国,为顺利交接,梅杰一直高度重视香港问题,1991 年便专为香港到访北京一次,其在北京的言行有干涉中国内政之嫌,但就香港新机场建设与中方达成了协议。由于没有合适替代人选,梅杰只能继续让拉蒙特执掌财政部,但后来悔称拉蒙特的留任"对我们两人都是不幸"。③ 克拉克取代贝克担任内政大臣,赫塞尔廷转任他两年前渴望的贸易与工业大臣。两位女性博顿利(Virginia Bottomley)和谢泼德(Gillian Shephard)入阁分别任卫生大臣和就业大臣。其他重要人事安排还包括:福勒出任党主席,霍华德(Michael Howard)任环境大臣,牛顿(Tony Newton)担任下院领袖,李尼(Peter Lilley)改任社会保险大臣,里夫金德(Malcolm Rifkind)由运输大臣转任国防大臣。人员变动频繁,但新面孔并不多,特别是财政大臣和外交大臣故人依旧。总体看,改组并没引起多少异议,梅杰"最大限度地保持了自己的计划","作出的改动是谨慎的"。④

1992 年夏季是梅杰执政七年中罕有的美好时光。大选算不上完胜,但能带领保守党第四次连续胜选,已创下了不起纪录。经济逐渐向好,内阁至少表面团结一致,对马约不满的后座议员暂无发难口实,工党继续舔舐伤口,自民党忙于检讨过错。梅杰春风得意,身影频现国际舞台。5 至 8 月,他连续出访东

---

① James E. Cronin, *New Labour's Pasts*, p. 319.

② John Major, *The Autobiography*, p. 307.

③ John Major, *The Autobiography*, p. 308.

④ 安东尼·塞尔登:《梅杰传》,第 169 页。

欧及美洲诸国,继而参加在慕尼黑召开的G7峰会以及在赫尔辛基(Helsinki)召开的欧安会,旋又以东道主身份主持伦敦会议,商讨波黑问题。梅杰呼吁塞尔维亚停止入侵波黑,以难民和人权为由向塞族施压,还承诺向巴尔干派出1800名英国士兵加入在那里执行任务的维和部队。

就在梅杰志满意得的短暂夏天里,两个不祥征兆初现端倪。其一是丹麦公投否决了马约,政治嗅觉灵敏之士从中隐约感觉到英国批准马约注定波折连连。其二是英镑利率虚高。加入汇率机制后,为保持英镑对马克的汇率,英镑价格一直虚高。此外,由于德意志联邦中央银行执行高利率,英国也只能调高利率,因为当初加入汇率机制时,英国曾承诺英镑兑马克汇率将保持在每镑2.77—3.12马克。[1] 梅杰多次向德国政府施压,要求其降息。德国政府却以德国宪法为挡箭牌,称利率由德意志联邦银行制定,政府无权干涉。投资者因高利率收益微薄,市场信心不足。疑欧派借机指责英国经济疲软的罪魁祸首是汇率机制,内阁中也有人建议英镑贬值或降息。梅杰担心贬值或降息既损害英镑信誉,还会造成新一轮通胀,这对一个刚刚胜选的政府冲击太大。综合考虑后,梅杰力排众议,拒绝英镑贬值和降息,他"正在进行近年来英国政治史上最危险的赌博之一"。[2]

一个月后,梅杰便输掉了这场赌博。9月13日,意大利总理致电梅杰,告知意大利里拉(lira)必须贬值。梅杰回应称英镑不会贬值。里拉贬值后,投机者立刻盯上了英镑,开始抛售英镑,坐等英镑贬值后再以低价购回。14日晚间,拉蒙特向梅杰建议英国退出汇率机制。梅杰不想自打脸庞,当初正是他作为财政大臣将英国带入汇率机制的。15日,梅杰临时取消前往塞维利亚参加92博览会的行程,人心惶惶,媒体将这一决定同1976年希利从希思罗机场掉头回来处理英镑危机相提并论。当天德意志联邦银行行长火上浇油,在讲话中暗示英镑本该与里拉一起贬值,德国人的乌鸦嘴致使英镑形势更凶险。几小时后,英镑跌破了2.77马克底价。16日(星期三)上午,拉蒙特向梅杰建议加息,梅杰担心"任何利率的提升都会被那些疑欧派拿来作为英国为何不应更

---

[1] John Major, *The Autobiography*, p. 313.

[2] 安东尼·塞尔登:《梅杰传》,第173页。

多地卷入欧洲的证据",但他还是被迫同意加息两个百分点。[①] 然而此举为时已晚。全球上演英镑抛售潮,国内有贷在身的业主和小公司因加息而无力付息,股价大跌。多米诺骨牌效应上演。内阁重臣分为两派,拉蒙特及其领导的财政部反对继续加息,他们认为退出汇率机制才是可行之策。赫德、赫塞尔廷、克拉克诸人则主张进一步加息。梅杰斟酌再三,站到亲欧派一边。下午,英格兰银行宣布加息至15%。然而情势已经失控,怎样加息都于事无补。重臣病急乱投医,克拉克甚至辩称高利率和低汇率是双重灾难,提议退出汇率机制并将利率降回10%。傍晚,拉蒙特宣布终止英国的汇率机制成员国身份,15%利率暂不执行。两年前加入汇率机制是梅杰拜相前最亮眼的政绩,而今狼狈退出成为全世界笑柄。

梅杰回忆称"英镑崩盘是灾难性的失败","黑色星期三"是"痛苦难忘的一天"。他当天支持15%的利率显得极为草率,而后又决定暂不执行,证实他既不懂经济,又没主见,更犯了朝令夕改之大忌。他自认为首相生涯已至尽头,怀疑自己政治生命还能否"从货币贬值中恢复过来"。[②] 媒体起初对梅杰还算客气,仅呼吁拉蒙特辞职,拉蒙特后来称梅杰希望他继续留任以便替政府背锅。接下来几天,梅杰焦急等待法国公投结果。9月20日,法国公投以微弱多数通过了马约,这对梅杰来说又是一个尴尬结果。法国若否决马约,马约构建的大厦自动坍塌;若以较大优势通过,等于给梅杰支持马约壮胆;微弱多数反而助推英国疑欧派理直气壮宣称马约不得人心。24日,议会召开,梅杰及其政府受到铺天盖地的指责。工党领袖史密斯和疑欧派干将台比特均将汇率机制比作金杯毒酒,讥讽梅杰甘之如饴。梅杰鄙视这些伪善之徒出尔反尔,因为工党大会1989年已明确拥护英国加入汇率机制,而最后的加入也是撒切尔拍板的。现在这帮人倒打一耙,全不认账。然而不管过错在谁,领袖必须担责。梅杰只好在议会孤独地为汇率机制辩护,声称英国加入汇率机制旨在抑通胀并取得了实效,从1990年秋至1992年夏,英国通胀率从10%以上降到了3.5%。"汇率机制是治病良药,但其本身并非疾病",梅杰多年后依然如是说。[③]

---

① 安东尼·塞尔登:《梅杰传》,第184页。

② John Major, *The Autobiography*, pp. 334-335.

③ John Major, *The Autobiography*, pp. 340-341.

与 34 亿镑经济损失相比,"黑色星期三"的政治冲击就无法用数字衡量了。首先,梅杰威信荡然无存。工党领袖史密斯嘲讽梅杰是"一届失去价值的政府中的一位没有价值的首相";疑欧派"对梅杰的领导地位进行攻击时开始变得肆无忌惮";"内阁中权力的天平开始偏离梅杰";在选民中,"梅杰的个人支持率陡然下降";此后"他再也没能完全摆脱缺乏控制和脱离实际的公众形象"。① 其次,疑欧派把"黑色星期三"视为亲欧的罪证,保守党分裂更甚。10月 6 日,布莱顿保守党年会召开,各路势力轮番宣泄。台比特利用主权和移民等敏感问题抨击马约;拉蒙特避谈自己的财政政策失误,痛陈欧共体才是祸根。梅杰在会上已无勇气宣布任何具体政策,无论对欧政策还是国内经济措施,都只泛泛而谈,试图展现自己一贯的中间派立场。布莱顿年会既没明确如何复兴经济,也没确定对欧新方针,政客经历的和媒体报道的全是无情攻讦和恶毒谩骂。

布莱顿会议后,智囊团建议梅杰尽快公布一份经济复兴方案,向民众传递政府没有丧失恢复经济的信心。梅杰难处在于他与拉蒙特分歧太大。拉蒙特认为经济祸根是汇率机制,现在退出了汇率机制,政府不必再以任何方式胡乱刺激。他为财政部定制了两个工作目标。其一是本届议会把通胀限制在1%—4%,新货币政策必须为这一目标服务。其二是政府必须削减公共借贷。在拉蒙特要求下,政府重新制定公共开支分配方案,今后内阁决定总开支金额,政府各部大臣必须通过竞争获得资金支持。梅杰将眼下经济困境归咎为制造业衰退,意欲纠正撒切尔倚重服务业而忽视制造业的短视政策。② 梅杰也支持限制公共开支,但他更强调通过保障性投资和公共建设驱动经济增长,这表明他并非撒切尔主义者,试图让凯恩斯主义和新自由主义并行不悖。由于经济低迷且政府没能做到严控开支,1993 年初,公共借贷蹿至 500 亿镑。制定 1993 年预算时,政府只能加税,汽油增值税遭千夫所指,然而只能硬着头皮强征。

加税戳穿了梅杰大选时的减税谎言,也恶化了他与拉蒙特的关系。"黑色

---

① 安东尼·塞尔登:《梅杰传》,第 191 页。

② 安东尼·塞尔登:《梅杰传》,第 222 页。

星期三"以来,拉蒙特比梅杰承受的压力更大,朝野呼吁他辞职的声音不绝于耳。保守党主席福勒告诉梅杰,拉蒙特已成为负资产,他的存在等于给反对党树立了显眼的标靶。5月27日,梅杰下定决心迫使拉蒙特辞职,要求拉蒙特出任环境大臣。拉蒙特宁愿回到后座议席也不愿屈居环境部,他对自己被解职愤愤不平,两周后在下院抨击梅杰此前拿他当"黑色星期三"的"挡箭牌",如今又将他当作经济失败的"替罪羊"一脚踢开。亲欧的内政大臣克拉克接任财政大臣,为安抚疑欧派,梅杰又提拔环境大臣霍华德为内政大臣,"以求平衡对克拉克的任命"。① 农业大臣等人也相应调整职位。这次内阁重组幅度并不算小,但政府工作没有变得更顺畅,公众和媒体亦反应冷淡。

从1992年底到1993年夏,政府为批准马约费尽了周折。10月中旬,欧共体成员国首脑在伯明翰开会,为年底的爱丁堡理事会预热。梅杰在会上提议限制欧委会权力以缓和疑欧派的敌对情绪。此举在国内外都没赢得好感,德国抱怨英国对欧共体缺乏信心和诚意,疑欧派指责梅杰限制欧委会权力的措辞不够强硬。伯明翰会议一事无成,但梅杰仍希望在爱丁堡理事会召开前让欧共体各国吃下定心丸,至少确保英国议会通过关于马约的准备性动议(Paving Motion)。此时保守党内亲欧与疑欧两派营垒分明,赫德、赫塞尔廷以及克拉克是亲欧派,梅杰自称中间派,实则略微亲欧。疑欧派鱼龙混杂,遍布朝野。内阁中的疑欧派包括拉蒙特、霍华德、李尼以及财政部秘书长波蒂洛(Michael Portillo),这些被梅杰骂作"王八蛋"(bastards)的人无论是否公开唱反调,私下都在不遗余力破坏马约。② 后座议员中的疑欧派比比皆是。撒切尔在马斯特里赫特会后彻底与梅杰反目,梅杰则声称此时下院结成了"撒切尔-台比特轴心"。③ 撒切尔派将撒切尔奉为疑欧殉道士,他们组成"布鲁日友团"(Friends of Bruges Group),在撒切尔倒台后的两年内有130余名保守党后座议员与该组织有染。另一疑欧派组织是著名的"新征程集团"(Fresh Start Group),其成员包括斯皮泽(Michael Spicer)、卡什(Bill Cash)等50余名后座议员,他们同气相连,俨然成为"党内之党",不惜一切代价颠覆马约。

---

① 安东尼·塞尔登:《梅杰传》,第230—231页。

② John Major, *The Autobiography*, p. 342.

③ John Major, *The Autobiography*, p. 362.

从 1991 年底到 1993 年夏,保守党内总计成立了 27 个疑欧组织,处心积虑给政府添堵。① 1992 年 11 月 4 日,下院进行两项重要表决。第一项由工党提出,欲将批准马约之事延期至爱丁堡理事会会后,政府以 6 票微弱优势获胜。第二项是关于马约的准备性动议,梅杰承认如果动议被否决,那么他将"地位不保",只能辞职。所幸准备性动议靠自民党支持,以 3 票优势通过。② 梅杰压力稍减,以东道主及欧共体轮值主席国领导人身份主持 12 月的爱丁堡理事会。这次会议决定接纳波兰和匈牙利等国入欧,同意丹麦退出防务及单一货币联盟,以确保丹麦第二次公投通过马约。最重要的是,梅杰在会上为英国"获得了每年 20 亿英镑的预算返还款",不久向议会通报参会成果时,"保守党的两翼议员都没有为难他"。③

爱丁堡会议部分挽回了梅杰声誉,但确保马约在下院通过才是最难啃的骨头。1993 年上半年,此事几乎占据了首相及各部大臣全部议事日程。马约进入议会的委员会阶段后,"23 个全部工作日内的 200 多个小时中,总共就 600 多条修正和新条款进行辩论"。④ 保守党疑欧派议员与反对党串通一气,穷尽手法刁难政府。3 月,工党提出一项无关宏旨的修正案,保守党疑欧派积极附和。随后工党继续吹毛求疵,提案要求在马约生效前就英国有权单独选择退出《社会宪章》进行表决。与工党两项提案同样令人心烦的是疑欧派的公投呐喊。4 月 22 日,委员会阶段最后一天,政府靠反对党支持挫败了公投提案。梅杰当晚讲话重申英国需"居于欧洲心脏",他还不留情面指出:马斯特里赫特不过是"对欧洲各种莫名恐惧的替罪羊",疑欧心理则是"对我们不再是世界强国的恼怒"。⑤ 接下来近一个月,亲欧派和疑欧派都在等待丹麦第二次公投结果。如丹麦否决了马约,疑欧派反叛底气更足;如马约在丹麦通过,疑欧派还可再要求英国举行公投。5 月 18 日,第二次丹麦公投通过了马约。两天后,靠反对党支持,马约三读在下院以 180 票优势通过,46 名保守党议员投了

① Anthony Forster, *Euroscepticism in Contemporary British Politics*, pp. 86-88.
② John Major, *The Autobiography*, p. 368.
③ 安东尼·塞尔登:《梅杰传》,第 209 页。
④ John Major, *The Autobiography*, p. 371.
⑤ John Major, *The Autobiography*, p. 376.

反对票。工党政纲早已确定支持马约,时下刁难纯属为反对而反对,向政府及保守党伤口上撒盐,加深它们的痛苦。工党并不想让法案流产,保守党反叛议员对此心知肚明,但甘愿被工党当枪使。

7月20日,上院通过了马约,王室也表达了对马约的支持。然而政府还有一项扫尾工作要做,那就是对工党3月的两项提案进行表决,梅杰早已预估它们将给政府带来巨大麻烦,现在果然应验了。7月22日,下院就工党3月所提修正案进行表决,政府以1票优势惊险过关。然而当日晚间关于英国有权单独退出《社会宪章》表决时,政府以316对324票失利,23名保守党议员反叛政府。① 组织秘书投票前已告知梅杰政府可能失利,梅杰遂破釜沉舟,提议对政府进行信任表决,他算准反叛议员不敢过于放肆。民调显示眼下大选保守党必败无疑,若此,保守党疑欧派议员不仅要背负搞垮政府的恶名,还得面对一届更加亲欧的工党政府。梅杰当晚向内阁通报次日信任投票前的讲话内容,其中有言"议会已对女王陛下政府在社会政策上采纳《社会宪章》表达了信任"。② 话外之意是疑欧派不仅与国王以及政府作对,且违背下院意志,无视民意。梅杰指示唐宁街新闻办公室提前将讲话内容公布于众,希冀各选区选民向反叛议员施压。他的策略收效良好,政府在7月23日的信任投票中以38票多数得以维系,多数疑欧派后座议员在"搞垮政府和忠诚于党两者之间做选择"时,对党的忠诚压倒了对欧洲的疑虑。③ 梅杰以相位和党的前途作赌注,用极限施压把马约变为法律,然而这是一场"代价高昂的胜利",保守党同室操戈,政府施政空间越来越窄。④

马约虽未盖棺定论,至少暂时尘埃落定。梅杰可以腾出手来应付其他麻烦了。保守党已掌权十几年,进入1990年代,部分保守党议员及政客卷入腐

---

① Anthony Forster, *Euroscepticism in Contemporary British Politics*, p. 89.

② John Major, *The Autobiography*, p. 383.

③ Anthony Forster, *Euroscepticism in Contemporary British Politics*, pp. 103 - 104.

④ 安东尼·塞尔登:《梅杰传》,第237页。

败,丑闻缠身。为重塑保守党精神,改善政府形象,同时也为稀释撒切尔时代贫富差距扩大造成的怨气和戾气,梅杰在1993年的布莱克浦保守党大会上倡议"回归基本观念"(Back to Basics)。1993年底到次年夏天,梅杰主要忙于这场思想匡正运动。他察觉世风日下,个人道德滑坡,"职业智慧背离公共精神以及现实"引发了诸多社会弊病,志在纠正"犯罪、卫生、教育以及社会工作"领域低俗颓废的价值理念,营造风清气正之象。[①] "回归基本观念"涉及刑法、医疗、教育、家庭等方面的工作思路和方法。由于它涵盖范围过于宽泛,且观念属于行而上学范畴,政府始终未曾澄清怎样"回归基本观念"。极具讽刺的是,就在大张旗鼓呼吁"回归基本观念"时,1994年上半年,保守党和政府官员身涉的腐败、婚外情、鸡奸等伤风败俗行为被连桩曝光,刊登于媒体头条。到1994年夏,梅杰寄予厚望的"回归基本观念"运动便偃旗息鼓了。公众对这场道德运动几无反应,各部大臣和保守党后座议员则置身事外,甚至奚落这是梅杰在经济和外交方面黔驴技穷后,为转移民众视线导而不演的一场空洞无物的噱头。"回归基本观念"没有提高梅杰分毫声誉,他再次陷入一筹莫展、腹背受敌之窘境。这种被动局面的根源是"他无法在左翼和右翼之间找到任何共同基础来团结本党","马约结下的仇敌没有原谅他"。[②]

　　疑欧派时时作梗,处处找碴。拉蒙特1994年初接受《泰晤士报》采访时不假辞色批评梅杰的领导软弱无力、令人绝望。财政部秘书长波蒂略视马约为洪水猛兽,抨击梅杰在马约上所犯的错误不可饶恕。媒体充斥着绘声绘色的猜测,话题是波蒂略正在策划阴谋,企图取梅杰而代之。5月的地方选举和6月的欧洲议会选举将是考验梅杰能否渡过难关的试金石。地方选举前夕,波蒂略无视集体责任内阁,在一家电视台上称英国永远不会签署单一货币协议。梅杰恼火万丈,却没胆量将波蒂略免职。一些后座议员甚至希望保守党在地方选举中惨败,这样就会加速梅杰垮台。不出所料,内讧导致保守党在这次选举中全线溃败,"407个地方议会中,仅有13个还掌握在保守党手中"。面对惨况,梅杰直言不讳宣称"欣然接受"任何人的挑战。[③] 不过当时并没有人公

---

①　John Major, *The Autobiography*, p. 387.

②　安东尼·塞尔登:《梅杰传》,第259页。

③　安东尼·塞尔登:《梅杰传》,第270、310页。

开挑战他,各方还在静等欧洲议会选举结果。在欧洲议会选举前的一个多月中,为拉拢右派和疑欧派并缓和民众不断升温的疑欧情绪,梅杰故意倾斜对欧立场,从一贯的中间路线"越来越明显地滑向疑欧派"。5月下旬在布里斯托尔的演讲中,他抨击工党的欧洲政策无法充分保障英国在欧利益,声称"不列颠是1100年前由韦塞克斯国王建立起来的帝国",相信选民不会"投票给一个持有欧洲中心论的政党"。违心演讲改变了部分选民投票意向,6月12日欧洲议会选举结果揭晓,保守党获得18席,比1989年少了14席,但比梅杰预想情况要好,至少不是一败涂地。欧洲议会选举结束后,欧盟12国紧接着在希腊科孚岛(Corfu)召开首脑会议,讨论德洛尔的继任者。法德两国支持的比利时首相德阿纳(Jean-Luc Dehaene)是热门人选,但此人浓烈的联邦主义情结令英国疑欧派高度警惕。德阿纳来自基督教社会民主党,排斥市场经济,因在比利时推行赤字财政闻名于世。他的国内执政履历平添了英国疑欧派对他的反感。在后座议员压力下,梅杰动用否决权排除了德阿纳当选的可能性,回国后在下院通报自己否决德阿纳的前后经过时,一度赢得后座议员阵阵掌声。①7月15日,在布鲁塞尔召开的欧盟成员国首脑会议上,英方勉强同意卢森堡首相桑特(Jacques Santer)当选为欧盟新主席。

梅杰在科孚岛的成就并没有从根本上缓解疑欧派对他的怨恨,而他对疑欧派的安抚与让步又疏远了亲欧派,在两派间左右逢源的结果便是里外非人。是年12月埃森欧盟领导人会议后,梅杰不赞成修改《社会宪章》,也不支持扩大欧洲议会权力,还明确英国不会在1997年前加入单一货币体系。与此同时,梅杰设法笼络9名反对增加欧盟预算的保守党反叛议员,希望他们积极支持政府,但9名反叛议员中的8人因台比特和撒切尔怂恿拒绝向政府靠拢,而梅杰屡次向疑欧派抛橄榄枝徒增亲欧派鄙夷,赫德与克拉克这两位亲欧派向外界透露他们希望英国加入单一货币体系。一切迹象表明,梅杰对内阁已失去掌控,相位岌岌可危。

位于悬崖边的梅杰"不愿再忍受煎熬,准备用领袖身份冒险":若被保守党下院议员遗弃,便可卸掉"肩扛的维护保守党团结的责任";若再次当选领袖,

① Stephen George, *An Awkward Partner*, p. 261.

则能以"更强有力的地位"继续执政。他对一切党内政敌直言:"要么站出来挑战,要么闭嘴。"①第一轮投票定在 7 月 4 日。梅杰要求他的竞选班子尽量囊括党内各派,以增加胜算把握。挑战者并非传言中的拉蒙特或波蒂略,而是威尔士事务大臣雷德伍德(John Redwood)。波蒂洛和赫塞尔廷均表示,若第一轮投票决不出胜负,他们将参加第二轮角逐。领袖竞选期间,梅杰身影频现国际场合,将精力集中到外交事务上既有助缓解压力,也有意通过外交活动为自己加分。他如期飞往新斯科舍参加 G7 峰会,旋又马不停蹄赴戛纳(Cannes)参加欧盟领导人会议。梅杰外访期间,雷德伍德阵营公布了竞选纲领,要旨是削减公共开支以及反对英国加入单一货币体系,纲领其他内容并无新意,除了疑欧派,很难打动后座议员。

6 月 27 日梅杰揣着外交成果从戛纳归来,面对例行的下院质询,他表现得自信且得体,不屑于低三下四拉票,"不愿用戏言蜜语讨好反对派"。② 与梅杰的低调与冷静相反,雷德伍德的嚣浮轻巧招致中立派反感。他的竞选班子在下院散发的传单大言不惭称:"维持现状等于错失良机,……为了拯救你们的议席、你们的党以及你们的国家,请投票支持约翰·雷德伍德。"③中立派议员担心雷德伍德获胜导致保守党在下次大选中丧失更多议席,这种仇快亲痛的自相残杀只会让工党渔翁得利。正是这种担心造就了梅杰的险胜。梅杰得票 218 张,比他设定的底线多出 3 张,比他希望的票数少 1 张。雷德伍德得票 89 张,另有 8 张弃权票和 12 张废票。④ 顽固疑欧派及少数青睐赫塞尔廷的议员支持雷德伍德,"忠诚的右翼成员和中左派议员则支持梅杰"。⑤

胜利的梅杰没有丝毫喜悦,也没有激情的即兴讲话,只例行公事般宣布党的分裂时期已结束。接下来首要任务是内阁重组。赫塞尔廷被任命为副首相,负责几个内阁专项委员会的工作。由于赫德在领袖竞选期间辞去外交大臣,梅杰安排里夫金德执掌外交部。疑欧派的内政大臣霍华德觊觎外交部已

---

① 　John Major, *The Autobiography*, p. 616.

② 　John Major, *The Autobiography*, p. 637.

③ 　John Major, *The Autobiography*, p. 638.

④ 　John Major, *The Autobiography*, p. 645.

⑤ 　安东尼·塞尔登:《梅杰传》,第 318 页。

久,但愿望落空,不满自不必言。为平息疑欧派怨气,梅杰让波蒂略接管里夫金德空出的国防部。疑欧派后起之秀、年仅三十四岁的黑格(William Hague)被任命为威尔士事务大臣。梅杰依然在小心维系着疑欧与亲欧两派的微妙平衡,但右派指责改组的政府明显带有左转印痕,因为位高权重的财政大臣、外交大臣都是亲欧派,而亲欧的赫塞尔廷尽管在领袖竞选期间态度骑墙,梅杰依然让他官拜法理上的二号人物副首相。在疑欧派和右派眼中,"忠于梅杰的中左派人物"控制了各经济部门,"见不到一个主张自由市场的人"。① 再考虑投票支持雷德伍德者多达89人,梅杰在府院两大机构中仍会处处碰壁,好在他知道领袖选举和内阁重组仅结束了"党内狂乱,而非冲突",因为"欧洲分歧如此根深蒂固,以至于无法正本清源"。②

10月,布莱克浦保守党大会召开前夕,豪沃斯(Alan Howarth)宣布转投工党,这一爆炸性新闻立刻成为媒体炒作素材,令梅杰沮丧难堪。豪沃斯叛党后,保守党多数席位从9席降为7席。12月,多数席位又因1名保守党议员去世减至6席。豪沃斯退党产生的负面影响远超预期。尼克尔森(Emma Nicholson)于12月底宣布加入自民党;1996年2月,特纳姆(Peter Thurnham)退党,保守党只剩区区3席多数了。工党和自民党齐头并进,不断诱惑心灰意冷的保守党员改换门庭;疑欧派大富豪戈德史密斯(James Goldsmith)在1994年11月成立的全民公决党(Referendum Party)则对保守党直接施压。全民公决党党纲纯粹简单——公投决定英国是否退欧。1995年9月,该党宣布参加1997年大选,狂妄宣称将推出600位候选人,不仅挑战支持单一货币的候选人,且挑战任何反对举行退欧公投者。③ 或许为了回击全民公决党的挑战,在1996年3月7日的内阁会议上,梅杰及多数阁员同意未来由全民公决裁定英国是否加入单一货币体系。这触碰了财政大臣克拉克神经,他不仅是亲欧派,更忧虑全民公决伤害代议制政体。梅杰被迫与赫塞尔廷联手对克拉克软硬兼施,说服其同意全民公决。为安抚克拉克,梅杰也对公决前提作了限定:如果保守党赢下1997年大选,那么下届议会期间英国是否加入单一货币体系

---

① 安东尼·塞尔登:《梅杰传》,第319—320页。

② John Major, *The Autobiography*, p. 646.

③ Anthony Forster, *Euroscepticism in Contemporary British Politics*, p. 120.

由全民公决裁定,其后则另作他议。①

梅杰为党的团结用心良苦,然而他越是在亲欧与疑欧两派间和稀泥,就越是要忍受更多夹板气,疯牛病赤裸裸证实了这一点。1996 年 3 月 20 日,政府公布一种牛脑病与人体的某种疾病可能存在关联。3 月 27 日,欧盟兽医委员会(European Union Veterinary Committee)宣布禁止进口英国牛肉以及牛肉制品。几天后,梅杰在都灵欧盟首脑会议上呼吁解除禁令,除欧盟主席桑特表示口头同情,余者皆无动于衷。火上浇油的是,欧盟为扩大自身的肉食品市场伤额,竟在欧盟之外禁售英国牛肉。疑欧派怒不可遏,痛骂欧盟的长臂管辖损人利己,批评梅杰与欧盟打交道时软弱无能,近乎丧权辱国。4 月中旬,保守党在东斯塔福德的补选中失利,下院仅剩 1 席多数。内政外交的双重挫折为疑欧派提供了万千宣泄渠道。雷德伍德与戈德史密斯在媒体上为退欧公投大造声势;保守党疑欧派议员史密斯(Iain Duncan Smith)在下院提案,要求赋予英国议会否决欧洲法院裁决结果之权力,66 名保守党议员予以支持。② 尽管梅杰政府承诺认真甄别和屠宰病牛,但看不到欧盟松动禁令的丝毫迹象。5月 20 日,欧盟兽医委员会投票否决了解除针对英国牛胶和牛脂的禁令。英方此前所作的保证和努力付诸东流,疑欧派与亲欧派均把兽医委员会的否决视作对英国的羞辱。梅杰的忍耐也到了极限,5 月 21 日,他在下院批评欧盟"任性置英国利益于不顾"、"背信弃义",誓言动用"可供支配的政治手段"与欧盟博弈,暗示会在不久召开的佛罗伦萨理事会上否决一切需要欧盟成员国一致同意的政策。③ 6 月 17 日,梅杰在佛罗伦萨与欧盟各国达成了解除禁令的苛刻条件,其中包括:英国必须扩大甄别病牛范围,在欧盟严格监督下宰杀67000 头病牛。夏秋之际,梅杰腆着老脸到各地游说农场主宰杀病牛。牛被杀了成千上万,然而直到 1999 年 8 月 1 日欧盟才解除禁令。

"疯牛病事件给一位脆弱的首相和一个脆弱的政府造成了最严重的损害",它重创了英国畜牧业、乳制品和食品加工业,令首相及政府无地自容。④

---

① 安东尼·塞尔登:《梅杰传》,第 347 页。
② 安东尼·塞尔登:《梅杰传》,第 350 页。
③ John Major, *The Autobiography*, pp. 653 - 654.
④ 安东尼·塞尔登:《梅杰传》,第 353 页。

在疑欧派眼中,这全部源于梅杰昏聩无能的对欧政策,他们更有理由疑欧。卡什不假辞色警告:英国若遵守佛罗伦萨协议,而欧盟仍拒绝解除禁令,那么梅杰将会"遇到来自保守党后座议员的严重麻烦"。[1] 这些麻烦致使梅杰在首相生涯的尾声阶段碌碌无为,连备战1997年大选都消极怠工。

金诺克领导工党连续两次败选后请辞。他是工党史上一位毁誉参半的领袖。他大体上号准了时代的脉搏,在工党转型过程中不可或缺。古尔德评价金诺克时写道:"没有他就没有现代工党","他将1983年继承的悲惨的、无法参选的工党"变成了"位于执政边缘的政党"。[2] 曼德尔森认为,没有金诺克1983年后的领导就没有工党的改革。然而金诺克并非魅力型领袖,毫无大将风范,临场应变能力不足,常在关键时刻掉链子。1992年7月,前影子财政大臣史密斯当选为工党新领袖,贝克特(Margaret Beckett)出任副领袖,普雷斯科特(John Prescott)担任影子就业大臣,布朗和布莱尔分别担任影子财政大臣和内政大臣。贝克特和普雷斯科特与党内左派渊源较深,而布朗和布莱尔是革新派代表。布朗频繁与工商界代表接触,向他们保证工党将放弃高税收政策,减少对企业的干预。布莱尔全力以赴打击犯罪,"跟犯罪作斗争"应该"超越过去的左派和右派",这种可与中产阶级产生共鸣的工作思路巩固了他在"党内和国内的地位"。[3] 史密斯不是大胆革新派,他小心翼翼在党内革新派和守成派之间维系平衡;布朗、布莱尔以及曼德尔森一干人等"完全相信他永远不会对党进行根本性的变革",史密斯则将这些革新派"视为麻烦",抱怨他们喜欢"无事生非"。[4] 古尔德从不相信史密斯会启动实质性改革,因为"他的天性是维护团结,而非现代化"。[5] 革新派均对史密斯心存不满,但他们当

① John Major, *The Autobiography*, p. 657.

② Philip Gould, *The Unfinished Revolution*, p. 142.

③ 托尼·布莱尔:《旅程:布莱尔回忆录》,译林出版社,2011年,第48—49页。

④ 彼得·曼德尔森:《拯救工党》,第88页。

⑤ Philip Gould, *The Unfinished Revolution*, p. 161.

时都没有公开挑战史密斯的实力,只能在各自专属领域滚动工党的革新车轮。史密斯也并非一味守成。金诺克治党期间,工党议会候选人推选采用"一人一票制"。1993 年,史密斯废除了工会的团体投票制(bock vote),工会会员在党的大会上也享有一人一票权,扩大了党内民主。1988 年底,史密斯险些死于心脏病,重返政坛后,他的健康成了众所周知的潜在隐患,布莱尔自称冥冥中预感史密斯会突然离世,从而把自己推到舞台中心。① 1994 年 5 月 12 日,史密斯心脏病再次猝发,旋即辞世。

史密斯猝死决定性改变了英国历史进程。早在 1992 年领袖竞选期间,部分革新派就曾怂恿布朗挑战史密斯。考虑到自己资历尚浅,布朗当时公开声明不参与领袖角逐。如今史密斯突然病故,布朗自然渴望引领工党前行。然而过去两年内布莱尔人气迅速攀升,革新派干将大都希望他能坐上头把交椅。布朗的苏格兰背景在现代化者看来也是负担,他们担心这会疏远英国中南部中产阶级。曼德尔森为扶正布莱尔忙得不亦乐乎,他在《星期日泰晤士报》(Sunday Times)上放风称:"只有一个现代化者"参加领袖竞选,而且这位"现代化的候选人应该确保工党赢得广泛的、全国性的支持基础"。布莱尔毫无疑问就是曼德尔森所说的理想"候选人",因为"一系列的民意调查显示,选民、党员甚至工会会员都强烈支持托尼"。② 古尔德坚信布莱尔是天选之子,他说:"史密斯去世前,布莱尔已经取代布朗,成为理所当然的下一任领导者";布莱尔若退出竞争,"这个国家以及工党内都会产生巨大的失望"。③ 古尔德清晰看到了布莱尔的后来居上,不过他担心布莱尔错失良机纯属多余。布莱尔雄心万丈,怎肯将机会拱手相让! 史密斯葬礼后,布莱尔和布朗在伦敦的格兰尼塔(Granita)餐馆和爱丁堡的朋友家里多次密谈。布莱尔不仅自诩是"最能赢得全国民心的人",而且向布朗承诺将来会"帮助他成功接任"。④ 5 月 31 日晚间,两人在格兰尼塔餐馆通过密谈达成了权力交易。谈话细节迄今不为人知,当事双方长期守口如瓶,即便退休后各自的回忆录也语焉不详,且两人所说相

---

① 托尼·布莱尔:《旅程》,第 53 页。
② 彼得·曼德尔森:《拯救工党》,第 90 页。
③ Philip Gould, *The Unfinished Revolution*, pp. 195 - 196.
④ 托尼·布莱尔:《旅程》,第 60 页。

互矛盾。能大致肯定的是,布朗首次表示他为了党的团结放弃竞争;布莱尔保证布朗一定会在未来的工党政府中担任财政大臣,且有权遴选与经济有关的各部门人选。布莱尔许诺在一定期限后主动让贤并力助布朗上位,问题是"一定期限"可长可短,这埋下了两人日后无数恩怨的祸根。当时的政治交易无可厚非,布莱尔成功说服布朗退出竞争,确保了党内现代化者在领袖竞选中团结一致,不会分散选票。7月21日,布莱尔以压倒性优势击败普雷斯科特和贝克特,当选工党新领袖。

布莱尔在就任领袖讲话时仅笼统称"已进行变革的工党有远见和信心在变革的世界中领导英国",实已迫不及待加快工党革新步伐。① 三个月后在布莱克浦工党年会上,布莱尔发表题为《新工党、新英国》之演讲,正式宣告新工党诞生。新工党不仅是工人阶级的政党,也是"多数人的党",理应"跨越民族,跨越阶级,跨越政治界限","重新成为英国政治生活中多数人的党","重新代表英国说话,再次作为全人民的党"。新工党着眼建设立基于社区的新型社会,因为新工党是"个人的政党",是"社区的政党"。新工党对"马克思或国家控制的社会主义"不感兴趣,它构建的新英国蓝图建立在"机会、责任、公平、信任"这四大支柱之上。新工党创造竞争机制下的机会,强调个人对社会的责任,反对个人对国家和社会无休止的索取,因为"一个民族的自立在于工作,而不是依靠福利"。② 新工党"是生机勃勃的政党,而非历史纪念碑",它抛弃了旧工党的诸多条框和原则,因为那些原则在新时代已"不再是原则而是僵化为教条"。③ 布莱尔演讲的关键词是个人、家庭和社区,而非阶级,因为工党长期用"不公正和古旧的阶级体系界定国家"并因此"背负沉重的历史包袱"。④ 他阐释的新工党刻意与威尔逊和卡拉汉领导的旧工党切割关系,没有国有化,没有社会契约,没有托尼·本以及斯卡吉尔。⑤

---

① 托尼·布莱尔:《新英国:我对一个年轻国家的展望》,世界知识出版社,1999年,第41页。

② 托尼·布莱尔:《新英国》,第43—56页。

③ 托尼·布莱尔:《新英国》,第59页。

④ Geoffrey Evans and James Tilley, *The New Politics of Class: The Political Exclusion of the British Working Class*, Oxford University Press, 2017, p. 124.

⑤ James Cronin, *New Labour's Pasts*, p. 382.

　　新工党认可撒切尔的社会经济改革成就并迎合新自由主义意识形态,借用撒切尔反复强调的"社区"、"责任"等概念培育一种新型政治文化。然而拾人牙慧远远不够,要真正赢得选民支持,工党还必须展现更彻底的革新风貌。布莱尔在工党年会演讲结束时,"冒着大规模党内斗争的风险",提议"改写工党党章中的目标和价值观念",然而工会对党章异常敏感,迫使与会代表"通过了一项重申第四条款的决议"。[①] 以布莱尔为代表的现代化派没有被工会咄咄逼人的气焰吓到,他们分析认为:随着东欧共产主义阵营的解体以及柏林墙的倒塌,国有化和计划经济已寿终正寝,工党新的意识形态必须围绕公平、公正、责任以及自由选择等重建;如果工党仍坚持国家主导生产资料的分配及交换,新工党的新颖之意将大打折扣。从 1994 年 10 月至次年 3 月,布莱尔倾注全力修改党章并为此四方奔波,游说各地方党组织予以支持。革新派的努力取得了两项重要胜果,首先是副领袖普雷斯科特谨慎同意修改党章第四条,他的表态对安抚党内传统派至关重要。其次是苏格兰工党会议在 1995 年 3 月同意重写第四条。苏格兰是工党重要营盘,旧工党根基极深,当地工党的态度反转让革新派更加确信重写党章第四条胜利在望。1995 年 4 月 29 日,新第四条在党的特别会议上以 65％的支持率通过,90％的选区党支持新第四条,但在包括工会在内的其他工党附属机构中仅获得 55％的支持率。[②]

　　新第四条仅在开头部分保留"民主社会主义"一词,继而申明党"为每一个人创造可以发挥真正潜能的条件,为我们所有人营造一个社区,使权力、财富和机会握在大多数人、而非少数人手里,使我们享受的权利反映我们承担的责任,使我们能够在团结、宽容和互相尊重的氛围中自由自在地生活在一起"。与旧第四条相比,新第四条重头戏是否定"国家扮演主要经济角色",可谓旧工党向新工党转变的里程碑。[③] 为缓释守旧派抵触情绪,布莱尔在当天的特别会议上强调新第四条与工党立志改革的悠远传统一致,"它固然激进,但也贴切、合理、符合时代——绝对新颖;绝对具有工党风格"。[④] 布莱尔意在说服

①　托尼·布莱尔:《旅程》,第 74 页。
②　Philip Gould, *The Unfinished Revolution*, p. 230.
③　托尼·布莱尔:《旅程》,第 75 页。
④　托尼·布莱尔:《新英国》,第 67 页。

全党:工党曾经拥奉的激进主义推动英国走过了两次世界大战时代,并在二战后建立了民主社会主义,但民主社会主义已山穷水尽,浴火新生的新工党将在新思维驱动下引领英国迈向新世纪。"新的第四条远不仅仅是一个工党进行变革的象征",也是"国家希望的象征"。①

重写党章第四条后,新工党高层接下来一年的主要任务是"给新工党这一概念填充实质性内容";"让新工党赢得选举并掌权,这也是未完成的革命之焦点所在"。② 布莱尔和布朗不约而同强调"社区"在新工党话语中的分量,试图用社区取代阶级,提炼一份紧跟潮流且贴近生活、充满烟火气的意识形态。1995 年 7 月中旬,布莱尔在澳大利亚的讲话首次表露了一种超越左与右的第三条道路观:

> 我认为旧左翼和新右翼都无法为那些关键问题提供一整套解决方案。如果——我承认这是一个真正的挑战——左翼能从过时的观念中解脱出来,并根据时代的需要提取出自己的基本价值观,那么一条中左的现代道路将能在外界变化中给人以安全;
>
> ……这条中左的新路并不只是对右翼的一种迎合,而是要尽力将政治争论超然于左右翼旧有的界限之上。③

与盖茨克尔及克罗斯兰等老一辈修正主义者相比,布莱尔青出于蓝而胜于蓝。他不再强调左派,而是大谈中左派,甚至不时流露对撒切尔的景仰之情。他对托尼·本以及斯卡吉尔之流避之不及,与自由主义者套近乎,欢迎詹金斯这样的叛党分子为新工党建言献策。他淡化工党的劳工主义传统,强调党与自由主义的渊源,以之佐证工党不是某个阶级的代言人,而是一切进步力量的代表。这种意识形态重塑成功吸引了非工人阶级选民,特别是自民党的支持者。

考虑到第三条道路这个术语理论色彩太强,布莱尔试图为其注入更多具

---

① 托尼·布莱尔:《新英国》,第 68 页。
② Philip Gould, *The Unfinished Revolution*, p. 230.
③ 托尼·布莱尔:《新英国》,第 242—243 页。

体实在的内容。众所周知,工党 1970 和 1980 年代因担心国际资本冲击国内就业而反对全球化,布莱尔急欲祛除封闭排外给党造成的负面影响。1996 年 1 月 5 日,他在东京演讲称"当今经济变革的驱动力是全球化,……资本和技术是流动的",工党"拥抱全球化并抵制极右和极左派的孤立主义"。① 搭乘全球化便车是当时非常时髦的前沿姿态,布莱尔不仅紧跟这股全球化旋风,还向保守党的基于财产的民主思维靠拢。1996 年 1 月 8 日,他在向新加坡企业界发表的讲话中提出了"相关利益者的社会"(stakeholder society)这一政治关键词,其要旨是,"确保每个公民在国家中持有一份利益","如果人们感觉社会中没有与之相关的利益,人们就觉得对社会没有多少责任,就没有多少动力为社会的成功而努力"。十天后,布莱尔在一次国内演讲中又高谈所谓的"相关利益者的经济"(stakeholder economy):

> 相关利益者的经济是让人们和企业为巨大的经济和技术变革做好准备的关键。它指的并非是向企业、工会或利益集团赋予权力,而是把权力交给你——独立的个体。它指的是给予你机会,帮助你发展,从而也帮助英国获得发展:它指的是一份工作,一项技能,一个家,一次机会——实现英国的强盛这一我们共同的愿望所能带给你的一份利益。②

布朗担心"相关利益者"这个术语导致底层民众抱怨新工党嫌贫爱富,结果它并没有被提炼为新工党话语表述的关键词,但多数革新派认为高频使用该术语利大于弊。古尔德盛赞"相关利益者"完善了新工党的"连贯政治规划"并据此乐观评价新工党已被形塑为"一个国家的政党","奠定第三条道路之基础的标志线已经划定"。③ 从布莱尔、古尔德等人的用词选择中,人们可以清晰读出新工党贩卖的主要是敌对政党的货物,即便有工党的东西,那也仅仅是一种人类共有的对穷人的本能怜悯。一位当代历史学家称布莱尔的新工党

---

① Jim Tomlinson, *Managing the Economy, Managing the People*, pp. 98 - 99.
② 托尼·布莱尔:《新英国》,第 337—338 页。
③ Philip Gould, *The Unfinished Revolution*, pp. 255 - 256.

是"撒切尔主义的经济学和自由党以及工党的社会同情心的混合物"。①

在为新工党注入实质性内容的过程中,曼德尔森、古尔德以及大卫·米利班德(David Miliband)等人全部功不可没。1996年夏,曼德尔森与他人合作炮制出《布莱尔的革命》(*The Blair Revolution*)一书,该书痛陈威尔逊和卡拉汉政府弊病丛生,重新定义"公平、社会正义、平等",分析它们"暗示的政策选择";书中阐释的所谓"中左派政府的需要"与布莱尔超越左与右的构想如出一辙;书中的勾画就是看似平坦、实则未必好走的第三条道路。②

布莱尔对党内派系纷争痛心疾首,对工会和激进分子时常绑架领袖深恶痛绝。幸运的是,金诺克和史密斯已有效遏制了工会和激进分子在党内的话语权,特别是"一人一票制"消除了激进分子操控工会会员威胁领袖的积弊。布莱尔出任党魁后,想方设法强化领袖在党内不可撼动的权威。1996年,工党高层专门制定一份文件,明言决策"要经过一系列受控过程、经过政策组长时间的辩论和讨论而产生",结果工党全国执委会和工党年会的权力"被大幅削弱"。布莱尔还多次指示影子内阁,"要避免破坏性的简报和消息泄露,停止自相残杀"。③ 在布莱尔的强力干预以及现代化者的鼎力支持下,党的理论阐释和决策流程都避开了工会以及工党全国执委会的干扰,分工及程序如下:布莱尔首先深思熟虑,继而与党内的现代化者讨论,再由大卫·米利班德领班的政策研究小组精雕细琢,再由曼德尔森和阿拉斯泰尔精心包装,最后通过媒介兜售给选民。自诩开放、开明的新工党在权力游戏时反而变得专断、封闭。工党全国执委会以及全国代表大会不仅失去了党政方针决策权,连建言权也几乎被蚕食殆尽。这一点在大选宣言制定过程中体现得淋漓尽致。

"黑色星期三"后,工党民调一直领先保守党,无论梅杰将大选推迟到何时,保守党都无力回天。布莱尔的朝气和活力与梅杰的四平八稳比照鲜明。

① Kenneth O. Morgan, *Britain since 1945*, p. 542.
② 彼得·曼德尔森:《拯救工党》,第102页。
③ 托尼·布莱尔:《旅程》,第89页。

自 1994 年始,选民和媒体便争相热议并憧憬新工党主政。然而有 1992 年的前车之鉴,工党上下大选前夕谨言慎行,为免蹈覆辙,党内现代化派刻意低调,"禁止有把胜利当作理所当然的谈论,当然也禁止有关大获全胜的谈论"。[①]工党高层为大选做足了功课,真正做到了人尽其才。曼德尔森与古尔德这两位老练的媒体人改进民调分析法,借助最先进的网络技术,广泛收集民意,进行整体分析,克服了各选区党单独研究民意的不足。古尔德早在 1996 年就建议大选宣言须彰显党"与人民为伴","积极与选民互动",勿把选民当成"被动的信息接受者"。[②] 阿拉斯泰尔听取上述建议,认真铺设"完成宣言的道路",库克(Robin Cook)负责起草宣言初稿,大卫・米利班德与库克讨论宣言所有细节,最后交由布莱尔统稿。

经济政策始终是工党最大短板,经高层反复讨论和仔细斟酌,新工党向选民保证:"工党将严厉限制政府支出和借贷,确保低通胀,为增强经济尽可能维持低利率。"[③]税制是经济政策的重中之重,也是工党 1992 年败选的致命原因。工党不能被同一问题绊倒两次,须未雨绸缪,以防保守党再次制作杀伤力极大的"税收炸弹"。不过布朗的税收政策一直模棱两可,直到 1997 年初,他仍打算将最高所得税税率从每镑 40 便士增加到 50 便士。布莱尔担心这会触怒中南部的中产阶级。所幸两周后布朗改口宣布,由于过去几年经济不景气,工党"既维持基本税率不变,也会保持最高所得税税率不变"。[④] 布莱尔如释重负,保守党无法揪工党的税收小辫了。古尔德赞称布朗的表态就像一把"政治大锤"砸得保守党晕头转向,工党在税收防御战中取得了"令人愉悦的胜利,与 1992 年的惨状形成非凡对比"。[⑤]

工党锐意进取的精神以及朝气蓬勃的风貌体现于大选宣言《新工党:因为英国理应更好》(New Labour: Because Britain Deserves Better)的字里行间。宣言承诺:将"教育置于头等重要的地位",提升教育经费在国民收入中的比

---

① 彼得・曼德尔森:《拯救工党》,第 108 页。

② Philip Gould, *The Unfinished Revolution*, p. 264.

③ Philip Gould, *The Unfinished Revolution*, p. 269.

④ William Keegan, *The Prudence of Mr. Gordon Brown*, John Wiley & Sons, 2003, p. 148.

⑤ Philip Gould, *The Unfinished Revolution*, p. 290.

重;不会提高税率;为经济注入活力,确保低通胀前提下的平稳增长;增加 25
万青年就业,力助他们摆脱对福利的依赖;压缩行政经费开支,改善国民卫生
服务;严厉打击犯罪;重振家庭和社区在道德生活中的作用;涤除政治生活中的
贪腐和污垢。[1] 工党竞选组织井井有条,党总部所在地米尔班德(Millband)与
所有选区均能利用网络和电子邮件保持信息及时、畅通。保守党中央办公室
和各级党组织沟通不畅,也难觅沟通话题。媒体态度与前几次大选大相径庭。
自 1995 年起,由阿拉斯泰尔牵线,传媒大亨默多克(Rupert Murdoch)对新工
党不断堆砌溢美之词,他控股的《太阳报》两次单独采访布莱尔并欢迎布莱尔
为其撰稿。大选中,九家主流媒体中的六家支持布莱尔,《太阳报》和《泰晤士
报》的善意尤其明显;即使《每日邮报》和《每日电讯报》(Daily Telegraph)支
持梅杰,语气也不温不火。[2]

　　平心而论,梅杰国内政绩差强人意。自 1993 年起,经济开始复苏且复苏
趋势此后不曾中断。多年后梅杰对自己的经济成绩依然自鸣得意:"在我履职
首相期间,利息从 14% 降到 6%;我上任时,失业人数达 175 万,我离任时已降
至 160 万并且还在继续下降;……1990 年经济增长率只有 0.5%,1997 年已
经恢复到 3.5%;……1990 年 11 月,通货膨胀率高达 9.7%,而 1997 年 5 月只
有 2.6%。"[3]然而经济的缓慢复兴并没有抹去选民对"黑色星期三"的惨痛记
忆,也不足以抵消政府外交争议和保守党党内分歧造成的负面影响。梅杰的
致命弱点,用布莱尔的话说,"犯了工党在 20 世纪 80 年代犯过的同一个错误:
他追求(党的)统一,而不是选民的支持"。[4] 梅杰缺少撒切尔舍我其谁的魄
力,无力绕开党内反对派掣肘,面对派系分歧和政策争议时习惯性和稀泥;他
也没有布莱尔整合派系、压制顽固分子的灵活手腕,他只是保守党领导人,从
来不是领袖。他镇不住疑欧派,也慑服不了亲欧派,五年煎熬后俨然沦落为孤
家寡人。3 月 17 日,梅杰宣布 5 月 1 日选民投票。他故意将选战时间拖长,
期待工党如 1992 年再现纰漏。不过就算工党出现细节性失误,保守党也回天

[1]　Iain Dale ed., *Labour Party General Election Manifestos*, p. 349.

[2]　David Denver and Mark Garnett, *British General Elections Since 1964*, p. 119.

[3]　John Major, *The Autobiography*, p. 689.

[4]　托尼·布莱尔:《旅程》,第 88 页.

乏术。保守党已被派系倾轧折腾得支离破碎,士气低落,它推出的650名候选人中,有300余人反对英国加入单一货币体系。[1] 保守党的祸起萧墙与1983年的工党相比,有过之而无不及。它的竞选宣言《你只能信任保守党》(You Can Only Be Sure with the Conservatives)了无新意,给选民留下敷衍了事、不思进取之印象。

工党赢得将近1352万张选票,占选票数的43.2%;保守党只获得960万张选票,占总票数的30.7%。保守党得票率惨淡,工党得票率也没有超过1945至1966年的任何一次选举,这主要是由两个原因造成的。其一是自民党以及苏格兰民族党等小党分散了选票,其二是1997年大选投票率只有71.4%,刷新了1945年后议会选举最低投票记录。[2] 与前两次大选相比,工党支持率上升态势一目了然,全国范围内都出现了保守党选民反转支持工党的景况。在英格兰东南部,特别是大伦敦区域这一现象更加明显。无怪乎5月2日布莱尔振奋宣称:"我们赢得了这个国家各行业、各阶层、各角落的支持。"[3]比得票悬殊更醒目的是工党在下院中的压倒性优势,它赢得418席,而保守党只保住165席。单就席位看,保守党的惨败比1906年和1945年更让人绝望。包括外交大臣里夫金德以及国防大臣波蒂略在内的5位内阁大臣丧失了议席。保守党在苏格兰和威尔士全军覆没,在英格兰城市战绩惨淡。它在大伦敦区丢掉了60多席,在伯明翰、利物浦、曼彻斯特、利兹以及谢菲尔德这些中北部城市也惨遭腰斩,"被赶到了英格兰的乡村以及较为富裕的城郊残存阵地中"。[4] 1992年后,自民党在阿什顿(Paddy Ashdown)领导下一度风生水起,在议会补选和地方选举中连下多城,甚至吸引了数位保守党人慕名来投。自民党此次大选后席位猛增至46,创下了劳合·乔治辞职后的最佳纪录。不过自民党得票率比1992年下降了1个百分点,只有16.8%,因为随着布莱尔声誉鹊起,遗弃保守党的选民更乐意支持新工党而非自民党。苏格兰

① David Denver and Mark Garnett, *British General Elections Since 1964*, p. 119.

② David Denver and Mark Garnett, *British General Elections Since 1964*, p. 120.

③ Andrew Rawnsley, *Servants of the People: The Inside Story of New Labour*, Penguin, 2001, p. 12.

④ Kenneth O. Morgan, *Britain since 1945*, p. 543.

民族党在苏格兰境内拿下6席。戈德史密斯的全民公决党声势不小,推出了547名候选人,仅收获不到3%选票,未拿下任何席位。两个月后,戈德史密斯病亡,全民公决党作鸟兽散。最后要说的是,女性身影是这场大选中一道道亮丽风景线,120名女议员胜选,不仅创造了史无前例的性别记录,且这120名女议员中的101人隶属工党。[①] 服务业和文化创意产业的繁荣提高了女性职场地位和参政活跃度,保守党在女性中的优势成为历史,工党则去除了男性政党标签,与肌肉型工会以及低端产业工人渐行渐远。

---

① Kenneth O. Morgan, *Britain since 1945*, p. 544.

第二十八章　新工党施政（1997—2005）

英国人常说,从伊丽莎白一世到伊丽莎白二世,不列颠转了个大圈后回到了原点。伊丽莎白一世时代,英国迈步引领世界潮流;其后国势蒸蒸日上,直到19世纪中叶傲视全球;再其后英国尽显疲态,两次大战之后只剩帝国这副空皮囊;伊丽莎白二世1952年继位后,英国综合国力进一步下降,帝国土崩瓦解,到1990年代似已变回一个16世纪普通西欧岛国。伊丽莎白一世在位四十五年,寿至七十。1997年,伊丽莎白二世为君亦四十五年且岁过七十,但她神采奕奕,毫无老态,而主政近二十年的保守党气数已尽,国家似也迷失了航向。女王和其臣民期待有人为政坛注入新血液,激发国之活力。布莱尔和他的新工党不负众望,及时刮起了青春风暴。布莱尔晋见女王时,女王欣慰赞其是首位出生于自己继位后的首相,年轻有为。放眼政坛,新产生的下院议员平均年龄比大选前小了二十岁,新阁员平均年龄比上届阁员小了十岁,四十三岁的布莱尔更是自利物浦以来最年轻的首相。布莱尔率新工党誓以蓬勃朝气迎接新世纪。他的唐宁街就职讲话承诺:"我们以新工党赢得职位,也将以新工党治理国家";全体同胞均可分享英国拥有的"世界一流教育体系";推动NHS现代化;布局建设具有全球竞争力的经济;"在领导权方面,向海内外传递力量和信心,尤其是欧洲"。最后,他总结到:"十八年来,漫长的十八年,我的党在野,它只能说,不能做;今天,我们担负起政府的厚重责任;今天,说得够多了,现在是时候干事了。"[1]就职演讲简洁实在且不失感染力和亲和力。民众和女

---

① John Rentoul, *Tony Blair: Prime Minister*, Faber, 2013, pp. 323-324.

王均对这位干练新秀充满了期待。

布莱尔切身体会过长期在野的苦楚,始终担心为旧工党负面形象所累,而自民党向以新潮和前卫著称,布莱尔对其领袖阿什顿的欣赏亦发自肺腑,一度有意携手自民党组阁,以减少民众对旧工党的成见并彰显新工党海纳百川之胸襟。然而自民党组织松散,纪律性差,且工党下院优势极大,无需外界帮衬,撩拨自民党只会激起工党同仁不满。为免是非,布莱尔只能组建纯粹的工党政府。普雷斯科特官拜副首相并兼管环境和交通运输。贝克特担任下院领袖。斯特劳(Jack Straw)担任内政大臣。布莱尔的铁杆布伦基特(David Blunkett)担任教育与就业大臣。莫·莫兰(Mo Mowlam)和多布森(Frank Dobson)分别担任北爱事务大臣和卫生大臣。库克出任外交大臣,布莱尔并不是很信任他,大幅压缩他的对欧事务发言权。负责对欧交涉的亨德森(Doug Henderson)是布朗推荐的人选,这部分说明对欧事务布朗和布莱尔均有话语权。布朗不是常规意义上的财政大臣,他认为独掌经济和社会事务大权是对当年退出领袖之争的补偿。布莱尔认可布朗是内阁经济事务委员会主席,但布朗胃口更大,他理解的政府是双头制,他有自己的独立王国,他的人马尼克·布朗(Nick Brown)担任工党党鞭,尼克·布朗则帮助布朗在不同部门安插次官。布朗公开美誉不入布莱尔法眼的社会安全大臣哈曼(Harriet Harman)和多布森之流,还坚持其马仔惠兰(Charlie Whelan)入阁。布莱尔极度反感从英国共产党转投工党的惠兰,但布朗直言世人皆知惠兰是他的马前卒,惠兰若不入阁,是对"我作为财政大臣权威的重创"。[①] 布莱尔嫌弃惠兰和尼克·布朗碍眼,仍违心迁就布朗。他本还指望用曼德尔森抑制布朗的帮派权势,但曼德尔森未能入阁,仅任不管大臣。人事任命足证布朗理解的二元政府基本属实。

老派政治家一度担心新内阁经验不足。1924 年,工党首次组阁时,也有亨德森曾在劳合·乔治战争内阁历练过,而 1997 年布莱尔政府竟无一人拥有内阁履历。布莱尔对此并不在意,或许他窃喜的正是阁员没有经验,因为他根本就没打算让内阁发挥正常作用。布莱尔上台后处处展现总统式领导风格,

① Andrew Rawnsley, *Servants of the People*, pp. 20 - 21.

强化首相办公室和内阁办公室权力。大卫·米利班德领导的政策研究小组既为布莱尔提供政策咨询，又对其唯命是从。曼德尔森甚至建议把首相办公室更名为首相部(Prime Minister's Department)，为减少非议，布莱尔仅默认首相办公室变成"公职人员总署"(corporate headquarters of the civil service)。布莱尔很少用内阁议事，而是和私人顾问商定后直接指示各部门贯彻落实，如需要某个部门参与讨论，也是单线联系，无关部门和大臣不必与会。内阁开会时，内阁办公室主任(chief of staff)鲍威尔(Jonathan Powell)、新闻官坎贝尔(Alastair Campbell)以及首相私人秘书均列席会议。布莱尔还严格控制新闻，极为倚重绰号"攻击犬"的坎贝尔；各部门发布信息前，必须知会坎贝尔，由其协调相关部门与首相办公室意见，防止口径不一扰乱政府工作思路。布莱尔还有一位有如管家的特别助理亨特(Anji Hunter)，负责他的出行、衣饰、用车等。特别助理与首相如影随形，还能决定什么人在什么时候能够见到首相。坎贝尔和亨特出镜率远高于各部大臣。首相私人顾问权势亦可比肩阁员。私人顾问原由威尔逊1974年始创，领取薪资，当时名曰政治顾问。撒切尔绕开内阁重用私人顾问曾招致广泛批评，布莱尔并不打算引以为戒，他不仅确信封闭的圈子讨论比内阁会议高效得多，还搞了一大创新，那就是把原来的政治顾问细化为特别顾问(special advisers)。各部大臣都可招聘一两名特别顾问，但首相有个顾问团队。布莱尔上台前，唐宁街十号仅130名行政人员，两年后猛增至199名，其中25人为特别顾问。①

　　布朗批评坎贝尔和鲍威尔等人行使权力不合规矩，但他在财政部也贯彻类似机制，要让唐宁街十一号向十号看齐，"布莱尔有的任何东西，布朗也必须有，而且越大越好"。② 布朗也不与各部商量重大财政政策，而是与他的私人顾问鲍斯(Ed Balls)等人关门私议。他还在财政部搞"综合开支审查"(comprehensive spending review)，各部门必须说清正当用钱理由，花销需接受财政部监督。财政部审核各部花钱细节并考核其绩效，完不成任务的部门不仅无法继续获得积极财政支持，还要受到追责。财政部秘书长达灵(Alistair Darling)主要

　　①　John Rentoul, *Tony Blair*, p. 536.
　　②　Andrew Rawnsley, *Servants of the People*, p. 153.

工作就是主持财政审核会议。2001 年后,布莱尔也效仿布朗搞部门绩效考核,实以考核为名行集权之实。外交、行政、人事等事项由首相与特别顾问议定,财政部则是布朗的一言堂。当然,重大国策和官员任免一般得布莱尔和布朗闭门密议,共同点头,部分顾问列席议事。内阁形同摆设,"沙发政治"(Sofa Politics)变为常态。这种畸形决策没有固定程序,就是领袖及其心腹的非正式讨论,且连讨论记录也不留下。① 一位苏格兰议员"把布莱尔的唐宁街十号比作路易十四的宫廷"绝非耸人听闻。② 新工党主政初期,布莱尔和布朗尽可能步调一致,以便掩盖"沙发政治"弊端。

新政府第一项重大政策是以壮士断腕之气魄改革金融。布莱尔本打算把英格兰银行独立作为 1997 年大选加分项目,布朗当时担心这会导致市场动荡。大选后,两人火急火燎同意银行独立,全球化大大削弱了政府左右经济的能力,政府操控资本和市场弊多利少,尽可能少干预政府无力把控的领域是两人的共识。布朗说:"政治家不能再为党派利益决定利息,独立的银行能为民族利益制定政策";布莱尔或许已在为英国加入欧元区提前部署金融政策。③ 两人都坚持给予英格兰银行决定利率权,希望它像德意志联邦银行及美联储一样发挥作用,大幅遏制政府在借贷、赤字、通胀等事项上的权力。英格兰银行此后由新创设的货币政策委员会(Monetary Policy Committee)管理。委员会计九人,五人来自银行系统,包括行长、两位副行长以及银行的金融市场执行官和首席经济学家;另四人由财政部提名,为彰显开放姿态,布朗任命的人选中包括两名外国人。5 月 6 日,布朗代表政府宣布英格兰银行独立。坎贝尔提醒布莱尔,这是国策而非纯粹经济事务,布朗超阶越次必致首相"被理解成一个仅仅是用来摆场面的人",财政大臣则变成民众眼中"勤奋工作、管理国家的人"。布莱尔答曰:他故意让布朗站到前台是因为布朗"有这个资格",对"打破独角戏的场面很有好处",而"不这样做会造成相当紧张的气氛";他"丝

---

① Anthony Seldon ed. , *Blair's Britain*,*1997 -2007*, Cambridge University Press, 2007, p. 11.

② Gordon Brown, *My Life*,*Our Times*, London, Bodley Head,2017, p. 208.

③ Gordon Brown, *My Life*,*Our Times*, p. 119.

毫不担心自己会黯然失色或者沦为傀儡"。①

　　布莱尔起码表面上彰显布朗地位,但布朗并未回之以礼,他制定第一份预算时基本未让布莱尔插手。新政府第一份预算直到7月2日才公诸天下。难产原因在于布朗想执行工作家庭税收减免(working families tax credit),给愿意工作以减轻对国家依赖的人优惠政策,后来才发现其中涉及太多细节和技术性难题,只能来年再详细斟酌。预算并未严格恪守新工党大选前的减税承诺,中止了原来的投资所得税(investment income)优惠,但没开征针对富人的所谓横财税(windfall tax)。精英阶层对预算好评如潮,草根也挑不出毛病,时人甚至将其与劳合·乔治的"人民预算"相提并论。下院辩论预算时,布莱尔也夸赞布朗"具备劳合·乔治的品质"。媒体借题发挥,调侃劳合·乔治凭"人民预算"积累的政治资本几年后逼宫阿斯奎斯,布莱尔需当心布朗如法炮制。② 布莱尔笑对各界调侃,也未介意布朗独揽财政大权,至少在执政初期,他尽显风度,既为政府和谐,也为笼络布朗。

　　实际上,布莱尔也无时间细问财政。5月16日,他巡访北爱,开始构思北爱和解出路;23日,赴荷兰参加欧盟领导人峰会;27日,在巴黎见证北约与俄国签署一份安全协定,为日后对塞尔维亚动武做好铺垫。两天后,克林顿(Bill Clinton)访英。两国领导人志趣相投,惺惺相惜。6月下旬,布莱尔赴美国丹佛(Denver)参加G7会议,旋又在纽约联合国总部倡议环保,应对气候变化;7月初,其身影出现在香港,见证香港回归中国。布莱尔承认他对香港"有点依依不舍","怀念昔日的大英帝国"。他由衷佩服江泽民对莎士比亚的理解比自己更透彻。③ 他啧啧赞叹中国国力今非昔比,后又在不同场合多次高度肯定中国改革开放的成就并以之为例奉劝英国旧工党阶级斗士解放思想。

　　意气风发的布莱尔让世界各国领导人印象深刻,国内民众亦认可他在国际舞台传递兼济天下的正能量,但夏季休假后的一场突发事件才首次真正检验他应对危机的能力。8月31日凌晨,戴安娜王妃(Princess Diana)在巴黎因车祸香消玉殒。王妃多年来备受争议,她与生俱来的超级明星风范与王室的

---

① 托尼·布莱尔:《旅程》,第100页。

② John Rentoul, *Tony Blair*, pp. 337 - 338.

③ 托尼·布莱尔:《旅程》,第110页。

保守古板形象南辕北辙。她并不卷入政治漩涡和政党纷争，但人气远在女王和首相之上，她是英国乃至全世界上镜率最高的名人之一。她把君主制的高贵及神秘与大众文娱完美结合到一起，她无时不给王室增光添彩，但王室其他成员仅是能够行走的僵硬符号，无时不在担心她有越格之举。她的身份也是一种矛盾，与查尔斯王子（Prince Charles）婚姻已破，但还保留王妃头衔且是两名王孙的生母。处理这位特殊人物的后事成为朝野难题，需准确拿捏分寸。布莱尔当天上午发表煽情演讲，称戴安娜是"人民的一员"、"人民的王妃"。①然而王室有苦难言，与王妃一起命丧车祸现场的不是王室成员，而是她的异族情人。正在爱丁堡度假的女王迟迟不愿公开讲话，自有苦衷。然而民众早习惯王妃的时尚、优雅以及亲民路线。新潮且喜好猎奇的大众与谨慎刻板的王室之间的矛盾突如其来，考验着英国宪制。布莱尔担心宫廷冷漠激起民变，给屡遭非议的王室带来更多压力。他敏锐察觉自己的任务是"保护君主体制，在愤怒转化为狂暴之前进行开导，使整件事基本上能够得到一个积极、团结的结局，而不是沦为紧张、分裂和苦难之源"。②他致电查尔斯王子，劝其敦请女王公开哀悼王妃。9月5日，女王领着查尔斯王子和两位王孙在白金汉广场公开致哀，国家也降半旗。葬礼期间，布莱尔接待各国来宾娴熟自如。大众政治时代，突发事件比宏伟政纲更博人眼球。布莱尔不仅成功"防止君主制遭遇18世纪的衰落和耻辱"，应对突发事件之沉稳得当足证他有天生的操控舆情之禀赋，民意调查显示他当时的支持率高达不可思议的93％。③

王妃葬礼并不在原定施政日程表上，北爱和平才是布莱尔眼里的当务之急，也是他为相首年交出的最有分量答卷。1973年的苏宁戴尔协议只停留在字面上，北爱族群冲突、派系仇恨、宗教敌视一如既往。1979年8月，爱尔兰共和军炸死海军元帅蒙巴顿（Louis Mountbatten），给新相撒切尔来了个下马威。撒切尔把共和军犯人关进监狱，即便他们在狱中绝食而死，亦不予理睬。铁娘子的刚硬无法迫使共和军服软，1984年10月，他们炸毁保守党在布莱顿开会的驻地宾馆，欲直接谋杀撒切尔本人。1985年的《英爱协定》

---

① 托尼·布莱尔：《旅程》，第123页。
② 托尼·布莱尔：《旅程》，第125页。
③ John Rentoul, *Tony Blair*, p. 346.

(Anglo-Irish Agreement)承认爱尔兰共和国在北爱问题上拥有较大话语权。协定不仅无助问题解决,还触怒了统一主义者,此后他们对和平的干扰比共和派更大。1986 年,统一主义者中的极端分子甚至暗杀王室卫队以刺激新教徒关注他们的痛苦。梅杰上任不久便领教了共和军之疯狂。1991 年 2 月,共和军直接向唐宁街十号发射火箭炮,而梅杰当时正在开会。共和军的猖狂反倒提醒梅杰:高压无用,和谈才是出路。他要求新芬党说服共和军停止施暴,坐下谈判。新芬党领袖亚当斯(Gerry Adams)为和谈在共和军和政府之间奔波。1994 年 8 月底,共和军宣布暂时停火。次年英国政府答应从北爱撤走英军,但共和军必须交出武器。共和军认为交出武器等于投降,更担心交出武器后遭报复和严打,和平进程停顿。1996 年 2 月,共和军发动新一轮恐袭,招致国际社会,尤其是美国谴责。北爱平头百姓亦上街游行,抵制暴力,呼吁和平。共和军在巨大道义压力下同意了梅杰的倡议——北爱各党派选举代表进行和谈。6 月,北爱多党谈判开启。梅杰还是坚持新芬党必须说服共和军交出武器才有资格谈判。新芬党领导人未能说服共和军交出武器,被剥夺谈判资格。冲突的最大死结仍未解开,但梅杰打开了和谈之门,布莱尔要做的是把新芬党也拉到谈判桌前。

　　布莱尔拜相后首次外出巡访目的地就是北爱,他还指示北爱事务大臣从伦敦迁往贝尔法斯特办公,足见他对北爱的重视。他与北爱各派代表人物接触后才明白问题比预料的更棘手。在一次与共和派二号人物麦吉尼斯(Martin McGuiness)的谈话中,后者对挂在首相别墅中的奥利佛·克伦威尔画像仍感恐惧;布莱尔提醒他克伦威尔早已作古,麦吉尼斯竟回答"我可没这么肯定"。[1] 这简短对话足见共和派对统一主义者戒心十足。布莱尔凭天生政治灵性迅速理出谈判三大要点:责权下放后"如何治理北爱尔兰"、英国与北爱关系、爱尔兰和北爱关系。[2] 简言之,英国、爱尔兰和北爱三方都愿接受的方案才能成功。爱尔兰总理艾伦(Bertie Ahren)表态支持和平,极大便利了各方协调和沟通。1997 年 9 月,鲍威尔开始联络各方谈判,美国前参议员米

---

① 托尼·布莱尔:《旅程》,第 135 页。
② 托尼·布莱尔:《旅程》,第 144 页。

切尔(George Mitchell)志愿担任谈判主席。然而反对谈判者不断制造恐袭,真正相信谈判有用者为数寥寥。布莱尔很快意识到各方汇聚一堂集体谈判纯属天方夜谭,宿怨导致他们已无法坐到一张桌子周围。英国政府需与北爱各方单独谈判,首先达成各方均能接受的大致原则。细碎的准备工作完成后,1998年4月7日,布莱尔飞赴贝尔法斯特亲自挂帅谈判,走下飞机对媒体即兴演讲时,他说:"历史之手此刻就搭在我们的肩膀上。"[1]演讲这一妙语似乎具有神秘的感化力,原已陷入僵局的谈判迎来转机。4月9日,和平原则达成:民族主义者认可北爱是联合王国一部分,不强求与爱尔兰共和国统一;统一主义者同意与民族主义者分享北爱地方权力;官方释放在押犯罪分子。

上述粗略原则并未超越苏宁戴尔协议。和平的难点在细节,涉及语言、传统、新仇旧恨等方方面面。所有细节中,最事关谈判成败的是爱尔兰共和军的武器处理,梅杰因不善变通没有找到关于这个问题的妥善之策,布莱尔需用妙手才能解开共和派的心结。古往今来的族群冲突中,人数较少的一方总是更团结。共和主义者人少,但精诚团结,共和军则紧握武器不愿松手。人数较多的统一主义者就非铁板一块了,他们时任领袖特林布尔(David Trimble)不是冥顽不化之人,但他的同党佩斯利和多纳森(Jeffrey Donaldson)等人不断向他施压,要求把共和军解除武装作为"新芬党人加入北爱政府的首要前提"。[2]4月10日,布莱尔在谈判眼看破裂的紧急关头当场给特林布尔手书一信,向他保证,若和平协议达成半年内新芬党人不能劝说共和军收起武器,中央政府将把新芬党人逐出拟定成立的北爱议会(Northern Ireland Assembly)。也即布莱尔主张新芬党人先加入政府,然后再劝说爱尔兰共和军收起武器。考虑到美国人在爱尔兰族群中有天然的影响力,当天布莱尔还致电克林顿,恳请他向特林布尔施压。布莱尔的人格魅力、谈判技巧以及细密心思均对达成《耶稣受难节协定》(Good Friday Agreement)至关重要。他是注重效率的领袖,领袖做事当主次分明,无须事必躬亲,但对和平协定,他斟词酌句,反复推敲每个字眼,用"收起武器"(decommissioning)替代"交出武器"(handing up of arms)

---

[1] 托尼·布莱尔:《旅程》,第145页。
[2] John Rentoul, *Tony Blair*, p. 407.

可谓神来之笔,大幅舒缓了共和派的抵触情绪,松懈了他们的防备心理。[①]

《耶稣受难节协定》被各方接受的根源在于它本着平等精神尊重各方,诚如布莱尔所说:"以和平换取权力分享和平等身份……(共和派)统一爱尔兰的愿望也会得到认可。"[②]协定包括多项内容,最重要的是各方同意成立北爱地方议会,任何法案不仅需该议会多数同意,还需该议会中的民族主义者和统一主义者各自半数支持,即著名的"同步多数"(Concurrent-Majority)原则。只有如此,任何一方才不会感到委屈。保守党领袖黑格(William Hague)称协定迎来了"历史性时刻",梅杰亦盛赞它为实现和平"迈出了伟大的一步"。[③]1998 年 8 月 15 日,极端共和分子在奥马(Omagh)制造恐袭,29 人冤死。与以往不同,恐袭并未妨碍《耶稣受难节协定》落实。佩斯利和亚当斯都强烈谴责恐袭,以恐袭阻挠和平进程已然失效。为落实协定,爱尔兰和北爱尔兰首先分别举行公投,确保爱尔兰岛上多数人支持协议。艾伦专门为公投修改爱尔兰宪法,明确表示爱尔兰不索取北爱主权。公投计票显示:94％的爱尔兰人支持协议,放弃北爱主权要求;北爱 71％投票者支持协议,但统一主义者对协议的支持率只勉强过半,预示佩斯利及其支持者仍会找碴。[④] 部分统一主义者自感被特林布尔出卖了,佩斯利在统一党内影响力越来越大,他领导的北爱民主统一党(DUP)逐渐势压特林布尔的乌尔斯特统一党(UUP)。直到 2007 年初,佩斯利才与麦吉尼斯和解,两者分别出任北爱正、副行政长官。布莱尔离任前,有幸见证他们的和解。不过直到那时,北爱警察机构改革和人事布局仍困扰着伦敦和贝尔法斯特两地政要。《耶稣受难节协定》还有一个巨大隐患,它明确规定:北爱多数人将来若同意加入爱尔兰,爱尔兰岛将变成一个统一的爱尔兰人国家。21 世纪初,北爱天主教徒比例持续上升,不排除北爱将来并入爱尔兰的可能性。真到那一步,即便伦敦割舍北爱,统一主义者也必然会殊死抗争。

苏格兰和威尔士两地早在 1928 年和 1925 年就分别成立了苏格兰民族党

---

①　Anthony Seldon ed., *Blair's Britain*, p. 520.

②　托尼·布莱尔:《旅程》,第 159 页。

③　Andrew Rawnsley, *Servants of the People*, p. 139.

④　Andrew Rawnsley, *Servants of the People*, p. 141.

及威尔士民族党(Plaid Cymru)。两党纲领本质相同,都要争取各自民族独立。两党在成立后的四十年中均无力兴风作浪。到1970年前后,两地民族主义纷纷抬头,尤其是苏格兰。卡拉汉政府被迫严肃考虑权力下放。1979年,威尔士关于权力下放的公投未过,而苏格兰公投因投票人数不合规定亦没了下文。1980年代,苏格兰民族党和威尔士民族党一度失去了1970年代迅猛发展的势头,也很难赢得下院议席。但1990年前后,全球民族独立或自治运动井喷式爆发,来自威尔士的工党领袖金诺克更青睐地方自治,工党甚至把权力下放列为白纸黑字的政纲。1997年9月,工党兑现两地再次公投承诺。公投结果与十八年前大相径庭,多数苏格兰人支持设立分权议会,还同意它享有部分征税权。威尔士人也以微弱优势同意成立分权议会。1999年,苏格兰议会(Scottish Parliament)、威尔士议会(National Assembly for Wales)以及与它们对应的分权政府开始运行。[①] 威尔士历史上与英格兰几乎没有宗教仇恨,语言和习俗的同化程度较深,民族记忆模糊,分离主义倾向暂可忽略。苏格兰人不同,他们总强调自己是比盎格鲁-撒克逊人更正统的不列颠人,三百年前自愿组成联合王国,分家理由充分。保守党从不指望赢得威尔士和苏格兰多数议席,但其主流维护国家统一的使命感有如百年前的巴尔福一样强烈,在1997年公投时批评工党任性胡为。工党为讨好两地选民置国家统一于不顾,且主动培育潜在竞争对手。苏格兰民族党一旦壮大,首先将夺走工党在苏格兰长期拥有的议席。布莱尔贯彻权力下放就像格拉斯顿19世纪晚期推动爱尔兰自治,伤害的不仅是国家,还有自己的党。

执政第一年,布莱尔政绩亮眼,风头出尽,但部分高官、民众和媒体热议布朗才是政府总舵主,有人甚至戏言首相就是名誉主席,财政大臣才是首席执行官。布莱尔镇定自如,他告诉助手:"我坐在切克斯花园里,沐浴在阳光中,我

---

① Anthony Seldon ed. , *Blair's Britain*, p. 492.

知道谁是首相";"即便戈登措辞有点左倾,那又怎样,这让党更和谐"。① 这番中肯客观的分析显示了布莱尔的高度自信,也说明他没有被胜利冲昏头脑。新工党靠中产赢得执政,但没有本钱失去普通劳工支持,布朗的左倾并不全是坏事,布莱尔必须平衡左与右,以便维护党和政府两个层面的团结。然而到1998年初,一墙之隔的唐宁街十号和十一号的距离好像越来越远。重大事件布莱尔只与自己核心团队商量,布朗不遑多让。两人喽啰亦营垒分明。布莱尔抱怨"夏利·惠兰只按布朗命令办事",一门心思想着怎样解雇此人。他还说:布朗天性敏感,"脆弱且缺乏安全感,他有这些心理缺陷";"我们执政以来的真正灾难……均源于财政部"。② 布朗不屑人身攻击,而是以实际行动予以回击,他命令财政部上下不得向布莱尔及其顾问透露1998年财政预算细节。③ 1998年3月公布的预算宣布未来三年将为教育和医疗增投400亿镑,议员和民众齐声喝彩。实际上,400亿镑分三年投入,再考虑到通货膨胀,年均经费开支增幅并不大。合理预算和数字游戏致使布朗飘飘然,1998年7月14日他告诉下院:"每个部门都与财政部达成一致,事实上,为革新公共服务与财政部达成了契约。各部门只有遵守契约,才能得到钱。"此话等于向世人声明,财政部手握平级部门的生死符,给各部大臣戴上了紧箍咒。布朗甚至以财务为由召集普雷斯科特、多布森、布伦基特等重臣开会,好似各部大臣对财政大臣而非首相负责。④

　　总体看,布朗的预算严控开支,相当谨慎,布莱尔并无异议,他恼火的是,布朗越权行事且把钱袋管得太紧,他坚信教育、医疗等民事而非行政和外交才能体现新工党精粹,但布朗强硬控制钱袋致使内政改革无从下手。1998年春夏,布莱尔越来越担心新工党当初许诺的改革泡汤,更担心民众对改革失去耐心和信心。"住院病人等候名单上还有一百三十万人,大多数已经等了不止六个月",有些人等待"长达十二个月,十八个月,甚至更久"。"减少婴幼儿班级的人数"也成了空话,"百分之四十的十一岁儿童在小学毕业之后无法正确地

---

① Andrew Rawnsley, *Servants of the People*, p. 144.
② Andrew Rawnsley, *Servants of the People*, pp. 149 - 150.
③ Andrew Rawnsley, *Servants of the People*, p. 156.
④ Andrew Rawnsley, *Servants of the People*, p. 162.

读和写"。"伦敦的中学，只有三十所能够做到百分之七十以上的学生达到普通中等教育证书要求的五门学科评优"。统计的失业人数减少了，但"掩盖了丧失劳动力补贴领取人数增加的问题"。布莱尔把"一百七十万（数目还在增加）领取丧失劳动力补贴、不再为生活而工作、连一点点出去找工作的动机都没有的人"定性为"不能融入社会的人"。① 他和撒切尔一样坚称两大弊政致使社会问题积重难返。其一是福利制度日益助长民众的惰性和依赖性。上台不久布莱尔便声明："过去的政府只满足于施舍钱财，……那不是我们的方法。我们相信福利国家的角色是帮助人们自助，给人们自立手段。"②其二是文官体系出了问题。布莱尔批评文官已成固化利益集团，"什么也不做"；他还特别指出，文官不是左翼所说的潜伏在暗处随时准备看工党笑话的右派权势集团，文官与党派无关。

布莱尔急于扫除制度障碍，1998 年夏，他和新任内阁秘书长（Cabinet Secretary）威尔逊（Richard Wilson）着手文官体系改革，试图纠治公共服务部门无忧患、怕竞争心态。布莱尔希望"私营企业供应商"参与公共服务，鼓励"优秀独立供应商"投资医疗、教育等公共事项，他特别强调国家"并不需要所有服务都由公有企业来进行垄断经营"，志在对社会服务体系进行一场"投资与改革并行"的大手术。③ 布朗并不否认福利制度利弊并存，但排斥大尺度改革，文官体系改革更提不起他的兴趣。遭布莱尔歧视的"不能融入社会的人"在布朗眼里是没有一技之长的弱势群体。布朗还说，技术日新月异，普通人的工作技能面临周期性更新，政府有义务协助他们跟上时代的步伐。为此，布朗大力推行"新政"（New Deal），给予积极工作者补贴，帮助青年提升技能，创建环保等工作岗位，用他自己的话说就是为人们疏通"工作道路"（pathway to work）。他后来吹嘘：从 1997 至 2008 年，就业人口增加了 300 万，"新政"为青年增加了 20% 的工作机会，180 万人直接因"新政"就业，每年创造 5 亿镑财富。④ 布朗对私立学校三缄其口，中小学教育方面，他高度重视所谓的"确保

① 托尼·布莱尔：《旅程》，第 177—178、184 页。
② Rodney Lowe, *The Welfare State in Britain since 1945*, p. 400.
③ 托尼·布莱尔：《旅程》，第 175 页。
④ Gordon Brown, *My Life, Our Times*, pp. 129-131.

起点"(Sure Start),关爱贫困儿童,防止他们输在起跑线上。布朗还坚信,"确保起点"必须由政府主导,官方财政投入"不可或缺",私人资本必致儿童起跑线先后不一。①

布莱尔认为"新政"扬汤止沸,对系统性公共服务改革心急如焚,但布朗只满足于精打细算的财政政策和针对性较强的"新政",无意触动体制。布莱尔和他的核心团队热情万丈,财政部和多数大臣冷眼旁观,甚至以种种理由阻挠。在教育大臣布伦基特等人怂恿下,1998 年夏,布莱尔调整内阁。尼克·布朗由党鞭转任农业大臣,理由是他的同性恋性取向曝光。布莱尔后来称尼克·布朗因调岗而"得救了",但他迫不及待将有断袖之癖的曼德尔森招入内阁担任工贸大臣(Secretary of State for Trade and Industry),这种虚伪的道义双标引起极大争议。② 哈曼和福利改革大臣菲尔德(Frank Field)经常在内阁会议上吵架,均被布莱尔逐出政府。这次内阁调整规模不大,但布莱尔毫不留情赶走了布朗的部分亲信,委曼德尔森重任,还在财政部安插了不少中层官员,此后"来自财政部的情报将会增多"。《每日邮报》以显眼标题称"布莱尔用手术刀告诉布朗谁才是老大"。③ 为彰显"老大"权威,布莱尔乘势追击,不想搬起石头砸了自己的脚。他早就怀疑财政部总会计师罗宾逊(Geoffrey Robinson)涉嫌腐败,布朗一再说他需要罗宾逊,布莱尔仍执意将其拿下。然而曼德尔森曾从罗宾逊那里搞了几十万镑无息贷款用于购房,只有当事两人知道。1998 年底,布朗圈子的人揭发此事。布莱尔称:"这是政治谋杀,目的是毁掉彼得(曼德尔森名);同时也为了打击我,狠狠打击我,而完全不顾对政府造成的冲击。"④事关贪腐,布莱尔不敢再搞双标,只能语带安慰表示,曼德尔森"离开对我们所有人来说都是最好的"。⑤ 曼德尔森丢掉乌纱帽,但布莱尔为出恶气,把罗宾逊和惠兰两人蛮横赶走。

你来我往、互有胜负的权力斗争以及局部的人事任免均不能从根本上解

---

① Stephen Driver and Luke Martell, *New Labour*, Polity Press, 2006, p. 99.

② 托尼·布莱尔:《旅程》,第 191 页。

③ Andrew Rawnsley, *Servants of the People*, pp. 164 - 165.

④ 托尼·布莱尔:《旅程》,第 192 页。

⑤ 彼得·曼德尔森:《拯救工党》,第 134 页。

决问题,布莱尔需另辟蹊径,为他的改革设计高大上的理论。1998 年 9 月,他的小册子《第三条道路》(*The Third Way: New Politics for the New Century*)刊行,书中有言:

> 第三条道路⋯⋯致力于实现社会主义和中左派的目标,但它灵活、富有革新性且向前看。⋯⋯它建基于盛行了一个多世纪的民主、自由、正义、相互责任、国际化等引领进步政治的价值之上。但第三条道路决定性超越了旧左派和新右派。旧左派过于倾注国家控制、高税收和劳工利益;新右派视公共投资,特别是'社会'和集体奋斗这些概念为邪恶,并试图摧毁它们。①

简言之,第三条道路就是在民主社会主义和新自由主义之间折中,效率和公平兼顾。布莱尔自认为他的立论有历史和现实的双重基础。全球化时代,资本的国际流动性和逐利性注定支撑民主社会主义的高税收无以为继,为维系福利,高税收逼走了国际资本,致使英国经济脆弱疲软。撒切尔用残酷的新自由主义除旧布新,硕果累累,但加剧了贫富分化。新工党不能囿于旧式社会民主,比万和克罗斯兰的理论和实践均已过时;新自由主义不顾弱势群体死活,唯利是图和金钱至上导致人情冷漠、道德滑坡,社会出现价值危机。第三条道路就是布莱尔在资本全球化时代为英国所开的药方,或者说就是要把民主社会主义改造为自由社会主义。1999 年 7 月,布莱尔又借唐宁街讲话简洁概括了第三条道路的三组要素——"社会正义和经济活力、雄心与激情、公平公正与企业精神"。②

布莱尔绝不是第三条道路上的独行侠。1990 年前后,东欧剧变和苏联解体一度让形形色色的社会主义者和社会民主派困惑迷茫,自由主义甚嚣尘上。然而好景不长,新自由主义弊病尽显。这导致了看似奇怪的悖论:右派击溃或瓦解了东欧共产主义,但中左派在欧美政坛尽兴分赃。各国社会党和自诩的

---

① Andrew Rawnsley, *Servants of the People*, p. 310.

② Andrew Rawnsley, *Servants of the People*, p. 311.

进步势力相继得势,克林顿、布莱尔、施罗德(Gerhard Schroder)接连在美、英、德三国给中左派奉上盛宴。布莱尔和当时享誉全球的理论大咖吉登斯(Anthony Giddens)官学互动,此唱彼和。吉登斯自命不凡,要为后冷战时代的全球治理提供"一种思维框架或政策制定框架","试图超越老派的社会民主主义和新自由主义","寻找个人和社会之间的一种新型关系、寻找一种对于权利和义务的重新定义",用"'社会投资国家'"取代"福利国家","尽量在人力资本上投资,而最好不要直接提供经济资助"。[1] 客观说,吉登斯切中了民主社会主义病脉,那就是,民众手握选票向政府索要福利,但大多数人没有能力或不愿承担社会责任。布莱尔对吉登斯的理论分析和所给解决方案推崇备至,然而理论炮制容易推销难,老派政客一眼便能看出第三条道路是似曾相识的1980年代社会民主党人论调,反对党认为它是一位狡猾政客为讨好社会每个群体而特制的一副迷魂药,党内也有人讥讽它是为了掩盖工党传统与现实的矛盾而"裱糊的墙纸",一捅就破。[2] 在少数冥顽不化的阶级斗士眼中,政治路径非左即右,第三条道路注定是一条歧路。左翼文化泰斗霍布斯鲍姆轻蔑指出,布莱尔兜售的仅是披着工党外衣的撒切尔主义,"资本主义"成色十足,不可能真正惠及劳工。

> 它(指新工党)接受了撒切尔主义的思考逻辑与实际结果,并蓄意放弃了一切能够让中产阶级主力选民联想到工人、工会、国营企业、社会正义、平等之类的东西,更遑论是社会主义。我们想要的是一个改革后的工党,而非穿长裤的撒切尔。[3]

最令人尴尬的是,第三条道路自诩不左不右,似又可左可右,即便布莱尔笼统指称的中左派对其理解也各有侧重。中派认为第三条道路的要义是为个

---

[1]　安东尼·吉登斯:《第三条道路:社会民主主义的复兴》,北京,三联书店,2000年,第27、68、122页。

[2]　Andrew Rawnsley, *Servants of the People*, p. 312.

[3]　艾瑞克·霍布斯鲍姆:《霍布斯鲍姆自传》,第357页。

人发挥潜能提供均等机会,左派则把分配公正视为正义之首。① 布莱尔从嘈杂的争议中发现第三条道路就像正在进行的科索沃(Kosovo)战争,并没有给自己的政绩加分。民众对理论空炮和巴尔干的隆隆炮声均置若罔闻,却把铺天盖地的赞誉送给了财政部。布朗的1999年预算进一步削减个税,废除已婚夫妇津贴(marries couples allowance)和抵押税减免(mortgage tax relief),还划拨专项资金用于治贫。②

1999年7月6日,布莱尔对一群企业家讲话称,一定要把企业家精神注入公共服务部门。他后来这样回忆自己当时的忧心如焚:"公共部门的人更习惯于这样一种观念——既然一直这样做,那就必须这样做下去";"为推动公共部门和公共服务改革","我执政两年来一直忍受着背疮,天晓得再忍受下去会发生什么"。③ 布莱尔抱怨普雷斯科特、莫·莫兰、多布森等人阻拦改革,这群人则非议他的总统式领导。布莱尔索性大改政府,让他们见识什么叫强势。普雷斯科特是老资格工党人,在北方劳工中一呼百应,布莱尔不敢轻易动他。多布森和莫·莫兰就没那么幸运了。布莱尔用米尔本(Alan Milburn)替换了多布森,他说:多布森"认为新工党只不过是为了赢得胜利的一步妙棋而已",抵制真刀实枪的改革,觉得引入私人资本和竞争服务"与NHS作为一个机构的基本公平性是水火不容的"。④ 在布莱尔眼里,女流之辈莫·莫兰言行之出格近乎有辱妇道而且自视甚高,面临调岗时自荐出任外交大臣,结果可想而知。莫·莫兰扬长而去,多布森转而构思竞选伦敦市长这盘大棋。工党党内对本党的市长候选人分歧极大,布莱尔看衰多布森,但布朗和普雷斯科特均支持此人。结果在党内提名中,布莱尔欣赏的利文斯通(Kenneth Livingstone)惜败多布森。利文斯通决定单干,以独立候选人参选且如愿当选伦敦市长,其中布莱尔一直暗地为其助阵,"没有人比布莱尔、布莱尔的助手以及同伙对利文斯通的起死回生贡献更大"。⑤ 这场伦敦市长竞选波折和结果足证布莱尔

---

① Stephen Driver and Luke Martell, *New Labour*, p. 53.
② Gordon Brown, *My Life*, *Our Times*, p. 145.
③ Andrew Rawnsley, *Servants of the People*, p. 298.
④ 托尼·布莱尔:《旅程》,第230页。
⑤ Andrew Rawnsley, *Servants of the People*, p. 370.

有知人之智，但也与工党主流渐行渐远。

布莱尔在 1999 年 9 月伯恩茅斯工党大会上火力全开，作了针对"保守势力"的演讲。他抨击的"保守势力"明面上指支持乡村猎狐以及反对采用欧元的保守党人，但他话中有话，要求工党

> 担当击败保守势力的进步力量，因为 21 世纪不是资本主义与社会主义之战争，而是进步力量与保守势力之战争。那些保守力量抑制了我们的国家，保守力量不仅在保守党中，也在我们（工党）之中，在我们的国家中。①

布莱尔话外之音是，工党亟需摆脱资本主义与社会主义的陈旧二元对立，保守力量没有党派标签，工党党内保守力量也是进步绊脚石。然而布朗在大会上唱反调，盛赞工党传统，避谈新与旧、进步与保守这类抽象对立，大谈特谈两年多的经济成就，而世人皆知经济成就主要记在他的功劳簿上。② 2000 年初，布莱尔在工党百年庆典讲话中公开强调领袖的决定性作用并抨击党内传统激进主义抬头，部分党员当场喝倒彩；布莱尔夫妇离开后，会场红旗高飘，领袖在场显然妨碍了与会者狂欢。③ 2000 年 5 月，布朗公开批评布莱尔及其心腹"过多地宣扬了新旧工党，而事实上没有人真正知道新工党的英国和旧工党的英国之间的界限是什么"；布莱尔"陷入谴责声中"，"他力图讨好所有人的做法就意味着没有信念"。④

冷落和质疑并未干扰布莱尔的战略定力，他有意绘制一份全面改革蓝图作为第二任期的施政纲要，无奈党内高层远未就改革方向和目标达成一致。布莱尔后来回顾 2000 年夏秋的党内分歧和自己的孤立时，这样说：布朗和鲍斯并不认为"市场化是一个褒义词"；"约翰·普雷斯科特显然不偏向新工

---

① 　John Rentoul, *Tony Blair*, p. 443.

② 　Andrew Rawnsley, *Servants of the People*, pp. 318 - 319.

③ 　Andrew Rawnsley, *Servants of the People*, p. 363.

④ 　阿拉斯泰尔·坎贝尔:《布莱尔时代:阿拉斯泰尔·坎贝尔日记选》,南京大学出版社, 2014 年,第 419 页。

党……在任何情况下,戈登的首要目标都是获取连任,他一直担心任何艰难的事都会破坏连任";至于外交大臣库克,"在困难时刻,你不能指望他";内政大臣斯特劳"很支持,但并不是一线力量"。①

从 2000 年夏开始,新工党便开始备战大选。执政党最怕大选前夕出现黑天鹅事件,政府慎之又慎,却百密一疏。2000 年 3 月,布朗制定该年年度预算时,把燃油税(fuel tax)税率从 3％提高到 5％,布莱尔也认同这是顾全环保和财政平衡的必要之举;如不增加燃油税,只能另开新税或增加既定税项税率,民众同样不满。布莱尔和布朗忽视了民怨,低估了反对党的挑事能力。保守党人立马抓住燃油税上调煽动民众闹事,夏季法国渔民抗议燃油税的情绪也传染了英国人。9 月初,英国抗议者开始行动,高度依赖汽车的农村和城郊居民最为活跃。几天后,抗议者控制了英国九大炼油厂中的六个,主要燃油存储站亦关闭。② 媒体火上浇油,把抗议者描绘为"街头英雄——为了民众的利益,与麻木不仁的政府作斗争"。媒体煽动恶化了局面,自行车因油荒畅销一时;部分区域运输中断,民用物资紧缺,商场出现抢购潮。布朗欲向民众解释,油价高源于欧佩克(OPEC)大幅提高原油价格,加税只是次要因素。米尔本一度献策,围绕 NHS 机构做文章,让民众看到医院因能源短缺无法正常运行,帮助政府抢占道德制高点。抗议者轻易识破了米尔本的馊主意,他们宣布会在紧急情况下保证 NHS 系统用油。布莱尔为尽快平息事态,准备效仿撒切尔对付斯卡吉尔,下令调集军队,用军车开道保证燃油供给。普雷斯科特及时警告布莱尔切勿火上浇油,同时利用自己在北方工人中的威信,躬身与运输和通用工人工会(Transport and General Workers' Union)谈判,好言相劝运输工复工。布莱尔厌恶工会威胁民生的老伎俩,但选举在即,为了息事宁人,他承认油价过高,承诺下调油价。③ 直到 9 月 13 日,局面才基本恢复正常。

① 托尼·布莱尔:《旅程》,第 251、264 页。
② Gordon Brown, *My Life*, *Our Times*, p. 142.
③ John Rentoul, *Tony Blair*, pp. 571-572.

燃油税抗议一度致使工党民调落后保守党8个百分点，不过它只是一桩具体事件，一个月后，工党便夺回民意优势。其中布莱尔和布朗的补救举措双双收到实效。布朗随后把油税从占油价总值的85%下调至68%，当时正在热议环保和清洁能源的欧盟多数成员国指责布朗变相纵容污染，布朗则机智反斥欧盟企图借环保操控英国经济政策。[1] 老龄化时代的选举必须争取老年人的选票，为此，布莱尔在2000年的工党大会上为养老金政策道歉。英国一向按通货膨胀同比调整养老金，20世纪最后几年，英国通货膨胀率低，1999年养老金只提高了0.5镑。养老金领取者多有怨言，工党中坚担心来年大选失去老年人选票，布莱尔对养老金领取者素无好感，仍违心低头致歉。[2] 布莱尔的务实还体现在他对挚友曼德尔森的是非处理上。1998年底离职后仅半年，曼德尔森又回归政府官拜北爱事务大臣。两年半前，他为千年穹顶（Millennium Dome）项目募资时，允诺向一对印度商人兄弟颁发护照，换取他们为项目捐资100万镑。曼德尔森无法澄清他已向时任移民大臣知会这桩交易。下院保守党议员火力全开，曼德尔森身陷囹圄。布莱尔"不希望媒体没完没了地报道"此事，直接告诉曼德尔森"事态已经超出了控制，必须要做一个了断"。[3] 曼德尔森再次辞官，几周后，他洗清冤情，布莱尔只轻描淡写称"此事已处理完毕"。[4] 曼德尔森是公认的新工党干将，为1997年工党胜选立下大功，但如今坎贝尔已取代他成为布莱尔第一心腹，曼德尔森只能感慨世态炎凉。向燃油税抗议者示弱、为养老金政策致歉、目送曼德尔森离职，这三件事共同佐证在布莱尔心目中面子和友谊都比选票廉价得多。

2001年春夏之交，英国为口蹄疫困扰，所幸兽医专家很快控制住疫情，备选活动未受太大干扰。5月8日，议会解散，6月7日，选民投票。21世纪英国首场大选胜负并无悬念，但新世纪英国选举政治的两大新特征已表现得一目了然。其一是选民对各党派政策兴趣锐减，转而过多关注领袖个人风采。领袖必须向民众传递信心，其一举一动都可能导致选情波动。5月中下旬，布

---

[1]　Gordon Brown, *My Life, Our Times*, pp. 142 - 143.

[2]　托尼·布莱尔:《旅程》，第263页。

[3]　彼得·曼德尔森:《拯救工党》，第156页。

[4]　Andrew Rawnsley, *Servants of the People*, pp. 577 - 578.

莱尔连续发表六场演讲,内容涵盖执政理念、经济与社会政策、对欧政策、公共服务改革等方方面面。[①] 然而媒体反复报道伯明翰一位癌症患者的家属粗鲁指责首相,首相要兜售的内外政策却无人问津。事出偶然的噱头比政策更博人眼球。布莱尔和布朗起初担心选民诘问工党承诺的改革会不会导致加税,然而普雷斯科特在威尔士拉票时殴打一位向他投掷臭鸡蛋的选民,他的粗暴举动立马吸引了媒体和选民的眼球,布莱尔和布朗暗自窃喜无人继续追问税收政策。[②] 其二是政党的阶级标签急速褪色,政党与阶级的关系愈发模糊。草根不再相信政客的忽悠,中产也不关注政党对未来的期许,只根据过往成败评估各党派治理经济的能力。这非常有利于工党,过去四年经济平稳增长是工党保住中产选票的秘诀。

工党丢失了少数工人阶级选票,但成功保住了东南部中产选票。它得票10724895 张,得票率 40.7%,比上届大选下降了 2.5%。不过得益于简单多数制,工党仍收获 412 席,仅比 1997 年少了 6 席。保守党表现与 1997 年比毫无起色,未能将工党流失的选票收入囊中,只多得了 1% 选票,净增 1 个议席。保守党仍在为对欧政策内讧,其领袖黑格更适合治学而非从政。影子财政大臣莱特温(Oliver Letwin)透露保守党要缩减 200 亿镑开支,民众对这个天文数字惊恐万状,保守党同道甚至对莱特温所言不作置评。工党失去的选民以及对保守党绝望的部分选民大都转投自民党,该党在下院净增 6 席,总席位达到 52 个。[③] 下院总体格局变化不大。这次大选最引人深思的是投票率创下战后新低,仅 59%。1997 年支持工党的部分工人阶级选民没有转向保守党,但也不愿继续支持工党,而是不投票,他们对布莱尔的新工党热情渐失。[④] 布朗等人为此焦虑,他们确信新工党分歧已从高层蔓延到基层。布莱尔所见截然相反,他把 2001 年胜选归功于新工党政策深得人心,更坚信"保持撒切尔主义的精髓都是正确的选择"。[⑤] 他后来这样概述新工党在世纪之交的内外政

---

① David Butler, Dennis Kavanagh, *The British General Election of 2001*, Palgrave Macmillan, 2001, p. 97.

② David Butler, Dennis Kavanagh, *The British General Election of 2001*, p. 95.

③ David Butler, Dennis Kavanagh, *The British General Election of 2001*, pp. 261 - 262.

④ Geoffrey Evans and James Tilley, *The New Politics of Class*, pp. 171, 176.

⑤ 阿拉斯泰尔·坎贝尔:《布莱尔时代》,第 431 页。

策:"保持个人所得税率的稳定(或是降低),但同时增加投资;鼓励企业精神,也鼓励工作中的公平竞争(而不是偏向工会);改革并斥资于公共服务;在法律与秩序以及福利责任方面采取更为严厉的手段;和美国保持牢固的关系,在欧洲也要保有一席之地。"①这些政策大体上稳住了工薪阶层,也符合中产胃口;所作的许诺部分已经实现,未实现的看起来也指日可期。

连胜的布莱尔更有信心按新工党思路施政。不过他痛心自己在党内高层形单影只,"副首相、财政大臣、外交大臣、内政大臣、没有一个是由彻头彻尾的现代主义者来担任的"。② 改组政府既为深化改革布局人事,也是大选胜利后的常规操作。斯特劳转任外交大臣,布伦基特晋级内政大臣。原社会安全部更名为工作与养老金部(Department of Work and Pensions),由达灵负责。布莱尔当时痛苦纠结于能否撤换布朗。布朗财政成就有目共睹,布莱尔撤换他必遭非议且被指嫉贤妒能,何况找不到布朗的合适接棒者。实际上,凭布朗功劳、在劳工中的影响力以及党内地位,布莱尔根本不敢动他,否则工党和政府都要地震。布莱尔提点布朗"必须好好合作",布朗则用轻蔑回怼讥讽布莱尔有心无胆。③

党和政府中的保守派无时不与布莱尔作梗,"9·11"恐袭也打乱了他的节奏。他后来说,在1997年5月阳光灿烂的日子里掌权时,自己一心所想就是国内改革,不料短短数年竟把英国带入了多场战争。一场场战争没给他的政治旅程加分,伊拉克和阿富汗战争反而变成了沉重道义包袱。1999年初,布莱尔和知音克林顿联手在科索沃战争中打击塞尔维亚时,一种格拉斯顿式的道义逻辑支配着他,他眼里的塞族人和阿族人分别是格拉斯顿眼里的土耳其人和亚美尼亚人。在他看来,"教训"米洛舍维奇(Slobodan Milošević)不仅是制止所谓的"种族清洗",更是一种外交思想实践。为此,他在英美炮轰巴尔干时专程跑到芝加哥经济俱乐部发表演讲,阐释似是而非的"外交关系准则",表态反对"狭隘的国家利益",还承诺战后"不能随意离开"科索沃,建议英美军队

---

① 托尼·布莱尔:《旅程》,第295页。

② 托尼·布莱尔:《旅程》,第295页。"内政"译本写作"内务"。

③ 托尼·布莱尔:《旅程》,第299页。

担负当地战后重建任务。① 科索沃战争时定型的外交思维此后继续支配布莱尔的对外行动。"9·11"后,他迫不及待向小布什(George W. Bush)许诺"并肩作战",不到一个月,英国作为美国的首要盟友就对塔利班(Taliban)发动进攻,年底便击溃了塔利班主力,迫使其残余力量躲进山区或隐匿到民间。不过阿富汗仍是恐怖分子的训练场和基地,英美扶植的阿富汗临时政府无力维系当地秩序,两国军队必须长期驻扎该国。阿富汗从此成为英军地狱,每一名士兵的受伤或阵亡都会给布莱尔增加一个污点。

打击塔利班有联合国授权且被说成清剿丧心病狂的恐怖分子,打击伊拉克却极具争议。海湾战争后,英美一直认为萨达姆并未彻底屈膝,伊拉克仍是所谓的"流氓国家"。塔利班垮台后,布莱尔和小布什假想伊拉克正在变成恐怖活动的新温床,全球恐怖分子将与萨达姆一道研制大规模杀伤性武器威胁全世界。多年后,布莱尔仍说:"流氓国家和恐怖主义组织之间正在结成某种联盟",直接针对"西方国家以及西方国家在阿拉伯世界的同盟"。② 2001年9月,美国强行坚持武器核查员进入伊拉克。美国人已因"9·11"变得神经质,听风是雨。小布什是工党普遍反感的右派,英国民众也对用兵伊拉克存在严重分歧,2003年2月15日,伦敦上演大规模反战示威。为减轻来自同胞的反战阻力,布莱尔在对伊战争一触即发之际力劝美国以联合国名义发兵。但美国人态度蛮横,完全不管有无联合国决议。2002年11月,联合国1441号决议批准武器核查员进入伊拉克,萨达姆也接受了决议。负责武器核查的瑞典人布利克斯(Hans Blix)并未发现杀伤性武器,但这位有严重政治倾向的偏执狂猜测伊拉克已把大规模杀伤性武器隐藏起来。法、德、俄三国明确表示武器核查员提供的证据不足,拒绝对伊开战。布莱尔不可能得到联合国开战决议了,但仍执意对美亦步亦趋。他的强势首先引起党内震荡,部分工党后座议员鄙视他跟风共和党人小布什,连金诺克也提醒他三思后行。外交大臣斯特劳称,没有联合国决议对伊开战,首先垮掉的不是萨达姆政权,而是布莱尔自己的政府。③ 库克和国际发展部(International Development)大臣肖特(Clare

---

① 托尼·布莱尔:《旅程》,第216—217页。
② 托尼·布莱尔:《旅程》,第341页。
③ 托尼·布莱尔:《旅程》,第380页。

Short)"猛烈反对"英国出兵,断言军事行动"会导致灾难"。① 布朗态度最为关键,他本人有英美特殊关系情结,不过主要限于金融和经济合作,外交和军事他也不想插手,"他的担心是党的分裂";他正等着布莱尔让贤,党若分裂,定给他主政造成巨大麻烦;综合考量后,他不情不愿登上了布莱尔的战车。② 布伦基特和雷德(John Reid)等人也反战,但布莱尔若倒台,接掌政府的一定是布朗,而他们无法忍受在布朗帐下当职。人心各异致使党内高层无论是否支持开战,多数必须支持布莱尔个人。③

3月18日,布莱尔对下院激昂陈词,夸大大规模杀伤性武器的危害性,并把2003年的形势与1933年进行不恰当类比,提醒议员勿忘当年纵容希特勒酿成的苦果。老油条议员们反应不一,但年轻的保守党议员卡梅伦(David Cameron)由衷佩服布莱尔的鼓惑力和煽情本领,赞其"是大将之才"。④ 其后,下院以412对149票通过开战决议,149名反战议员中的139人属于工党。⑤ 1940年张伯伦倒台时也没遭到这么多党内议员反对。布莱尔的命运已不在英国,而是在伊拉克。保守党人当时若能找到借口发起信任投票,布莱尔随时可能倒台。好在战事顺利,英军主要负责伊拉克南方的行动,他们立下首功,及时保护油田,防止了污染。4月中旬,伊军主力溃败,英军以不到30人伤亡的代价控制了伊拉克南部。和阿富汗一样,伊拉克秩序恢复才是严峻挑战。最令布莱尔被动的是,英美没从伊拉克找到大规模杀伤性武器,这给反战者提供了更有力反诘把柄。他们抨击对伊战争是一桩蓄意炮制的阴谋,一场被偏执心理支配且与英国毫无利益纠葛的疯狂之举,打着反恐和人道的幌子制造了更多的恐袭和人道灾难。世界各地,包括英国的穆斯林相信这是一波伪装成反恐的新十字军运动。

---

① Andrew Rawnsley, *The End of the Party: The Rise and Fall of New Labour*, Penguin, 2010, p. 157.

② Andrew Rawnsley, *The End of the Party*, pp. 161-162.

③ Andrew Rawnsley, *The End of the Party*, pp. 166-167.

④ 弗朗西斯·艾略特、詹宁斯·汉宁:《卡梅伦的崛起之路》,上海人民出版社,2014年,第142页。

⑤ Andrew Rawnsley, *The End of the Party*, p. 171.

◇　◇　◇

战争几度搅乱布莱尔的改革,不过他早已绘好包罗万象的改革蓝图,改革雄心一如既往。2001年后,布莱尔很少再高谈阔论第三条道路,但改革指导思想仍是他和吉登斯鼓吹的老一套,把竞争视为生存法则,开创所谓的"积极福利",意即"福利开支将不再是完全由政府来创造和分配,而是由政府和其他机构(包括企业)一起通过合作来提供"。① "改革服务系统的整体性质;引进竞争机制;模糊政府单位与民营单位之间的界限;挑战传统按照工种与既得利益划分行业与工会的界限;并在总体上试图让系统更富自由度,鼓励创新,区别对待,给系统以新的活力并令其可以伸展拳脚"。概言之,布莱尔就是要让私人资本参营公共服务。然而"每一项改革都受到了无情的攻击、批评与反对"。②

布莱尔对英国中小学教育积弊痛心疾首并认为根源在于公立学校教师不负责任。2000年夏,年轻的牛津大学博士阿多尼斯(Andrew Adonis)以布莱尔的教育高参身份策划了一份详尽教育改革方案,布莱尔决定据此方案增设允许私人参股的信托学校(trust school),这种学校教学质量过硬,收费虽高却受家长欢迎。布朗和普雷斯科特诸人认为信托学校是为有钱人子弟服务的贵族学校,他们对高等教育的看法也与布莱尔相去甚远。2001年大选时工党承诺不提高大学学费,但这仅是布莱尔的选战策略。他坚信私营资本的参与是美国高校和科研院所不断创新之秘诀,而他对英国高校的分析与撒切尔如出一辙——浪费公帑。布莱尔主张增加学费并鼓励高校拉赞助。布朗担心背弃大选承诺毁掉政府信誉。布莱尔抨击布朗当时只想着领导下次大选,"不希望有任何东西钳制他的计划或让他不得人心",对一切改革均"有策略地加以拖延"。③

为加快高校改革进程,布莱尔于2002年10月任命重理工、轻文史的克拉克(Charles Clarke)为教育大臣并听从阿多尼斯意见,提议扩大高校自主权,

---

① 安东尼·吉登斯:《第三条道路》,第132页。
② 托尼·布莱尔:《旅程》,第427—428页。
③ 托尼·布莱尔:《旅程》,第430页。

允许大学增收学费,上限为每生每年 3000 镑。学生预付 1150 镑,余下部分可申请贷款,校方激励学生争取奖学金,银行允许学生毕业后偿还贷款。就额度言,"3000 镑并不能产生布莱尔渴望的市场,但这是工党下院议员能够支持的上限"。① 布朗接受 3000 镑上限,但建议压低或免除贫困学子学费,还试图推行"毕业税"(graduate tax),此税拟规定:贷款学生毕业后根据收入多寡按比例偿还学费,从事教育、公益事业的收入不高的毕业生所需偿还的比例相应下调。布朗没有料到学生反感还没毕业就被政府假定为纳税人,原为贫困生着想的"毕业税"激起了普遍抵触情绪。更麻烦的是"毕业税"细碎琐屑,缺乏可操作性。结果,布莱尔的学费改革方案占了上风。然而以其方案草拟的《高等教育法》(Higher Education Bill)2004 年 1 月在下院表决时仅以 316 对 311 票的微弱优势通过,71 名工党议员反对此法,另有 19 人弃权。面对法案的不得人心以及党的严重分裂,"布朗伸出五个指头在布莱尔面前比划",布莱尔尴尬"耸了耸肩"。②

　　表面看,布莱尔迟迟不退致使他与布朗凶终隙末,实则关于 NHS 改革的分歧早已导致他们形同陌路。新工党执政最初两年紧捂钱袋,到 1999 年,布莱尔和布朗均认为回馈选民的条件成熟了。2000 年,布莱尔接受采访时承诺未来几年逐渐把 NHS 支出提高到 GDP 的 8.5%。布朗并无异议,他稍有不满的是,布莱尔应同时讲清这需加税,否则民众会感激首相慷慨,抱怨财政部开税。是年 7 月,布莱尔决定按照米尔本提交的 NHS 改革方案启动医疗服务市场化改革。10 月,米尔本代表政府与独立医疗保健协会(Independent Health Care Association)签署合作协议。到 2003 年 5 月,私营医疗机构操刀的手术近 20 万例,首次把手术等待者降到布莱尔期待的 100 万人以下。③ 2002 年预算承诺未来五年 NHS 支出每年增加 7.3%,累计增额为 400 亿镑。布莱尔认为仅增加开支不足以解决医疗问题,市场化改革才能治本,他未与布朗商量就以内阁名义公布了 NHS 改革新方案,要旨是为医生提供新合同。布朗认为新合同下医生薪资太高,财政不堪重负。米尔本推波助澜,主张基金会医院(foundation hospitals)不隶属财政部管辖,有权自定费用。布朗认为这等于让私立医院承担公共服务,人为把 NHS 系统分成有钱人享受的优先服务(premium service)和面向公众的基本服务,严重背离平等精神。布朗坚决不信私人资本在乎民众健康和福祉,他还担心,基金会医院若经营不善,财政部需替其收拾烂摊子。米尔本意见遭否决,愤而辞职,雷德接任卫生大臣。布莱尔攻击布朗为"守成者和反现代化者",行动上却难奈其何。[1] 最终双方各退半步,布朗不反对私人资本介入 NHS,但声明基金会医院账目必须接受财政部监督。布朗对抗布莱尔时底气十足,党内同僚、工党后座议员大多对私人资本怀有戒心。2003 年,作为折中意见产物的《健康与社会保健法》(Health and Social Care Act)通过后,政府仅剩 17 席下院优势。[2]

领袖不仅要表现得无所不能,且天性追求完美,布莱尔也不例外。他看不惯世风日下,急欲提振道德、打击犯罪,他倡议刑事及司法改革,提议简化给轻微犯罪定罪的流程并授权警察当场开具罚单。内政大臣布伦基特按布莱尔意旨认真起草反社会行为令,还试图推行身份证并为警方采集公众 DNA 辩护。布朗对这一切毫无兴致,他的圈子抨击布莱尔的改革"只是为了创造出领袖凌驾于党之上的感觉而人工发明出来的"。[3] 布莱尔抱怨:"我在奋力向前推进;戈登在阻止。"他后来在回忆录中这样替自己洗白:如果布朗全力支持改革,自己会"在选举之前离开,把权力移交给他"。2003 年 11 月 6 日晚,也就是两人为大学学费和 NHS 水火不容时,布莱尔约定布朗在海军部普雷斯科特公寓详谈,他承诺干两届就退,但要求布朗"必须停止对改革计划持续设置障碍与有意封堵"。布朗否认设障及捣鬼并声称一切皆为财政考虑。布莱尔承认,当时若把布朗解职,不仅政府难保,还会把布朗逼成"一股更为左倾、更具破坏力的势力的傀儡领袖"。[4] 海军部密谈没达成明确交易,但据布莱尔说,布朗迫不及待告诉下属:"托尼说他要走了","普雷斯科特这次不许他食言"。[5] 2004

[1] Gordon Brown, *My Life, Our Times*, pp. 164 - 170.

[2] Stephen Driver and Luke Martell, *New Labour*, p. 128.

[3] 托尼·布莱尔:《旅程》,第 432 页。

[4] 托尼·布莱尔:《旅程》,第 441—445 页。

[5] Andrew Rawnsley, *The End of the Party*, pp. 228 - 229.

年上半年,布莱尔打算抛出一份深化改革的五年计划并要求布朗给予支持,但布朗对布莱尔"张牙舞爪"并叱问"你已经同意走了,那还有什么好说的"。布莱尔更恼火的是,他确信布朗在其圈内散布海军部谈话内容并将其曲解为首相承诺让贤,刺激下属加快夺权步伐,逼迫布莱尔"直接对抗或者投降"。当然,布莱尔阵营的人也没闲着,他的前经济顾问登报刊文大肆攻击布朗。布莱尔否认文章与己有关,但公众认为他是幕后主使并同情布朗。[①]

布莱尔和布朗在内政上针锋相对,外交方面也明争暗斗,对欧分歧贯穿他们共事之始末。1997 年大选前,布朗就设定了英国是否采用欧元的五项标准,分别是成员国是否有处理股市的灵活性、是否有利于增进英国与欧元区各国经济融合、是否对英国金融、投资以及就业有利。布莱尔上台前称,是否加入欧元区最好由公投决定。英国是 1998 年的欧盟轮值主席国,执政后的布莱尔希望借机加快英国融入欧元区的步伐,时任外交大臣库克以及布莱尔身边红人曼德尔森也对加入欧元区相当乐观。不过对欧政策毁掉梅杰的惨痛教训历历在目,布莱尔和布朗都担心疑欧派指责英格兰银行独立只是虚晃一枪,政府真实目标是为采用欧元铺路搭桥,为欧洲央行控制英国经济提前敞开方便之门。1997 年秋,布莱尔仍不愿明确英国是否加入欧元区,屡番含混声称"时机合适时加入",媒体借机渲染英国即将采用欧元。为防止谣言扰乱人心,布朗认为有必要明确政府说法,他于 1997 年 10 月声明:英国不会在本届议会期间加入欧元区,除非提前大选,否则 2001 年前都不会加入。[②]《泰晤士报》随即刊出醒目报道《布朗为本届议会排除了单一货币》。然而直到那时,布莱尔与布朗并未就欧元政策详细交流,而是由他们的喽啰坎贝尔和惠兰通气。布莱尔得悉布朗声明后,立即回应称"这不是我想要做的"。[③] 10 月 27 日,布莱尔欲单独发表一份关于欧元的声明,布朗及时提点他"这是财政部的事"。[④]布莱尔当时正忙于筹备在爱丁堡召开的英联邦首脑会议(Commonwealth Prime Ministers' Conference),不便过多争执。首相和财政大臣对欧元一开

---

①　托尼·布莱尔:《旅程》,第 451—452 页。

②　Gordon Brown, *My Life, Our Times*, pp. 176 - 179.

③　阿拉斯泰尔·坎贝尔:《布莱尔时代》,第 234 页。

④　Gordon Brown, *My Life, Our Times*, p. 180.

始就各说各话。到1999年初,关于对欧政策,"布朗在竭力维持一种操控程序,而他感觉托尼却在强力推进这个程序"。①

布莱尔在2000年工党年会上倾力兜售欧元的各种诱惑,2001年大选前,他声明两年内加入欧元区。布朗仍坚持他的五项指标,民意测验也加剧了他对欧元的疑虑。1998年5月,支持欧元者仅34%,反对者却占48%;2000年11月,支持者降到了18%,反对者却攀升至71%。② 2003年春夏,布莱尔迫切希望用欧元修复因伊拉克问题疏远的英法及英德关系。布朗担心采用欧元导致英国房地产、工资、物价震荡,届时欧洲央行加息必损害英国制造业,降息又会导致经济过热,加剧金融风险,最可怕的是,失去货币调节手段后,英国只能任人宰割。布朗坚信他比布莱尔更懂经济且内阁多数也支持他的判断,因此把两人因欧元交恶的责任推给布莱尔,他后来说:"回首往事,关于欧元的决定不仅是经济也是政治的转折点,我和托尼的关系再也无法完全恢复。"布莱尔则攻击布朗抵制全球化和现代化。有流言说布朗以采用欧元换取布莱尔让贤,布朗后来说布莱尔以退位为谎言诓骗他同意英国加入欧元区。布朗还说,当时他的五项检测指标中有四项未达标,绝不会为一己权欲牺牲国家利益,更何况以妇女、老年人和低收入者为代表的弱势群体最为抗拒欧元,而工党绝不能失去他们的选票。③ 这多少验证了布莱尔所言:急等上位的布朗一心求稳,生怕得罪任何群体。布莱尔痴迷欧元则源于两个判断:欧元象征着全球化;英国和法、德联手,融入欧洲,才能自诩世界一极。对全球化的过度乐观、对英国世界地位的过分在意以及自诩普世实则褊狭的道德判断驱动布莱尔在千禧年前后的世界政坛忙忙碌碌。

到2004年春夏之交,布莱尔和布朗矛盾彻底公开化。布莱尔当时得出两个结论。其一是"并不相信戈登会继续执行改革计划","从一个人周围是什么样的人你可以看出许多东西,在戈登周围的人不同意改革计划"。其二是改革成效显著,巴伯(Michael Barber)2001年大选后负责的监管实施小组(Delivery Unit)追踪重点项目,及时收集数据,以便政策调整。公共服务改革

---

① 阿拉斯泰尔·坎贝尔:《布莱尔时代》,第340页。
② Anthony Seldon ed.，*Blair's Britain*，p. 192.
③ Gordon Brown，*My Life，Our Times*，pp. 182 - 184.

初见成效,教育改革硕果累累。① 但布莱尔认为改革刚刚步入深水区,值此关键时刻离去会被嘲笑为逃兵,需"赢得第三次大选";"不能把权力移交给戈登"并"收回了对五年计划的管理权"。② 最令布朗恼火的是,布莱尔本已默认由布朗统筹工党的 2005 年大选备战,但夏季休假归来后不顾布朗尊严突然任命米尔本为 2005 年大选负责人。党内主流看法是,布莱尔贪权恋位,鬼话连篇,败光了工党家底且造成党严重分裂,布朗领导大选更合适。2004 年 9 月,布朗赴美参加世界银行会议,布莱尔在国内接受媒体采访,放话要再干一届。采访前一小时,布莱尔才知会内阁,而布朗当时在飞机上,当然不方便告知。布朗说布莱尔搞的是"非洲国家领导人"惯用的政变。布莱尔此时还酝酿把财政部一分为二以削弱布朗财权,剥夺他对公共事项的资金管理权。如若如此,布朗说"即便他不赶我走,我也会请辞"。③

　　2004 年底至 2005 年初,布莱尔诸事不顺。他的亲信布伦基特与人通奸生子,遭媒体曝光,引咎辞职。2005 年 1 月 1 日生效的《信息自由法》(Freedom of Information Act)在布莱尔看来就是纵容媒体肆无忌惮歪曲拟推行的政策,进而带偏舆论,助推媒体治国。部分媒体则报复性宣称,若由布朗领导大选,工党选票会大幅增加。党内左右两派均议论是否可以扔掉布莱尔这个"包袱","而让戈登当领袖"。工党毫无把握胜选,布莱尔压力极大,多年后仍恼怒"2005 年的大选很肮脏"。④ 鉴于年初民意测验显示工党选情很不乐观,布莱尔如梦方醒,及时调整策略。其一是极力淡化伊战。4 月 5 日,大选启动当天,布莱尔的唐宁街讲话只字不提伊战,高谈"艰辛赢得的经济稳定"和日渐增多的"公共服务部门投资"。⑤ 尽管布莱尔设法避免伊战"左右选举结果",投票前一天,前线损失一名士兵的消息还是把选举"淹没在伊拉克问题的海洋中",工党"百分之三至百分之四的选票丢给了自由民主党"。⑥ 其二是布莱尔明知自己"不能与布朗共存,但又发现不能没有布朗"。为笼络布朗

---

① Richard Glennester, *British Social Policy*, p. 244.
② 托尼·布莱尔:《旅程》,第 453—454 页。
③ Gordon Brown, *My Life, Our Times*, p. 186.
④ 托尼·布莱尔:《旅程》,第 457 页。
⑤ Andrew Rawnsley, *The End of the Party*, p. 305.
⑥ 托尼·布莱尔:《旅程》,第 471 页。

替他挡伊拉克之灾,布莱尔重新委任布朗组织大选,4月6日还公开盛赞布朗是"近百年最成功的财政大臣"。[①] 为彰显工党团结,拉票期间,布莱尔特意购买两支冰激淋并把其中一支递给布朗,摄像机争相捕捉他的作秀镜头,各家媒体都想通过揭露政客的虚伪来提升自己的卖点。重用并肯定布朗等于宣布:工党若再次胜选,布朗还是财政大臣,布莱尔仍需忍受"背疮"之痛。

2005年的工党克服诸多不利赢得355席,仍保有60席优势,但其得票率仅35.2%,比2001年大幅下滑了5.5个百分点,在怀疑战争的穆斯林和痛恨高学费的大学生两个群体中流失了大量选票。保守党增加了30余席,但总数只有198席。霍华德领导的保守党犯了工党1950和1980年代的错误,提不出建设性方案,苍白攻击对手难以奏效。受益最大的是自民党,其席位数增至62,取得1930年代以来的最好成绩。工党在英格兰得票率甚至比保守党还低0.2%,靠在苏格兰赢下40席才保住执政地位。[②] 然而这绝非祥兆,一旦苏格兰民族党俘获苏格兰民心,工党前景堪忧,政局恐要动荡。21世纪的苏格兰极可能像19世纪的爱尔兰一样反复冲击联合王国。

---

① Andrew Rawnsley, *The End of the Party*, p. 303.

② Colin Rallings and Michael Thrasher, *British Electoral Facts*, pp. 57 - 58.

第二十九章　新工党逝去与保守党回归
（2005—2014）

　　"新工党"毫无疑问是千禧年前后英国政治话语中的关键词，然而没有人知道新工党到底是一个新政党还是一个仅仅加了"新"字以作点缀的旧工党。布莱尔说新工党是全新的政党，但这个党完全靠工党原有组织架构运转；左派认为新工党只是换装的原来工党，时尚靓仔布莱尔仅是招揽选民的前台。无论布莱尔借鸡生蛋还是旧工党中坚借布莱尔标榜的"新"字走了一步赢得选举的妙棋，新工党上下从未形成哪怕口头的共识，因此狂奔一阵后很快后劲不足，甚至迷失方向。一位与党内骨干分子同床异梦的领袖坚信自己须负重前行，而大多数属下认为他只是权欲作怪。2005 年胜选后，党内毫无喜悦，所有人都明白不是工党成绩优越而是反对党表现更烂成全了前者有如鸡肋的胜利。迷失和压抑注定工党在接下来的垃圾时间内不是主政和享受，而是继续内斗和煎熬。

　　投票日当晚，布莱尔和布朗的逢场作戏戛然而止，关系"迅速恶化"，布莱尔坚决不让布朗的应声虫鲍斯等人入阁，他的强势致使党内后座议员愤愤不平，"明显地变得心胸狭窄"，"议员中那些最后认为自己不会得到什么好处的人有了不满的反应"。① 布莱尔的改革自然也要面对更大阻力。他本想以 2005 年 11 月特纳（Adair Turner）草拟的方案推动养老金改革，维持"基本国家养老金"，同时养老金随个人收入浮动，把养老责任"从国家向个人倾斜"，然

---

① 托尼·布莱尔：《旅程》，第 472 页。

而布朗坚持"重新平衡贫富"。① 布莱尔希望进一步挖掘民办学校潜能,不料金诺克也跳出来大声呼吁"用戈登代替"布莱尔,武断声称"民办学校是为精英服务的"。布朗阵营的人拒绝为改革松动钱袋,布莱尔慨叹:"想要从财政部拿到任何东西,都需要不停地挥动一把大弯刀,砍开他们日复一日设置的反对的重重枝叶。"②布莱尔原指望利用外交聚拢人气,然而从天而降的恐袭打乱了一切。2005 年 7 月 6 日,国际奥委会宣布伦敦主办 2012 年奥运会。布莱尔当时正借申奥成功之高光在苏格兰小镇格伦伊格尔斯(Gleneagles)主持 G8 领导人峰会。次日他与胡锦涛会谈刚开始,伦敦遭遇特大恐袭,52 人死亡,700 余人受伤。布莱尔在苏格兰与伦敦之间来回奔波,疲于应付。恐袭之后,布莱尔提议严密监视嫌疑分子,"要求赋予警察不经起诉羁留恐怖嫌疑人最长达九十天的权力"。③ 党内外反对派均认为恐袭根源不在国内,是伊拉克和阿富汗战争招惹全球恐怖分子报复英国,他们联手抵制布莱尔的反恐倡议,以 323 对 290 票挫败了他的一揽子反恐立法(anti-terror legislation)倡议。④

　　第三届任期首年,布莱尔政绩惨淡。2005 年底生效的《民事伴侣关系法》(Civil Partnership Act)承认同性婚姻合法,保守派和虔诚教徒均指责它有伤风化。2006 年以便于反恐为由生效的《身份证法》(Identity Cards Act)被指过度侵犯个人隐私,在争议中运行四年后作废。在激烈内斗中,权势和政策的边界愈发模糊,政策已无对错之别,争权夺势才是要点。丑闻揭发取代了政策辩论。2006 年初,普雷斯科特与其女秘书私通之事被媒体放大,但布莱尔没有勇气把副首相兼党内第三号人物赶走。布朗公然把丑闻当作权力交易的筹码。2006 年 3 月 15 日的《星期天泰晤士报》揭露一桩惊天丑闻。工党资金筹措人曾提议,授予向工党捐款并被提名为 2006 年上院候选人的捐款人世袭贵族爵位,他们的捐款将被登记成贷款,因为捐款人需落款,贷款人则不必。布莱尔一再否认自己曾承诺"金钱换荣誉",但工党财务主管称"从来没人告诉过他此事,因此需要对此进行调查"。布朗当天原打算与布莱尔及养老金大臣赫

---

① 托尼·布莱尔:《旅程》,第 523—524 页。

② 托尼·布莱尔:《旅程》,第 516—517 页。

③ 托尼·布莱尔:《旅程》,第 521 页。

④ Andrew Rawnsley, *The End of the Party*, p. 341.

顿(John Hutton)一起讨论养老金改革,得知丑闻后,他怀疑布莱尔故意埋设"定时炸弹",给自己接掌政府后留下"可怕的丑闻"。布朗威胁由工党全国执委会启动调查,但又露骨直言:布莱尔若放弃养老金改革,就不调查。① 其中可见党的财务主管和全国执委会都听布朗号令,至少自 2004 年起,布朗控制着钱袋和党,并有后座议员支持。布莱尔只有政府,2006 年 5 月,他改组政府,试图扭转被动局面,斯特劳被免,毫无外事经验的贝克特转任外交大臣,病急乱投医式改组恶化了本已紧张的高层关系且降低了行政效率。

　　2006 年夏,布莱尔权势继续下滑。英军负责维系秩序的巴士拉(Basrah)很不安全,什叶(Shia)反对派甚至有能力用地对空导弹击落英军直升机。秋,一架军用飞机在阿富汗坠毁,机上 14 人全部殒命,这是马岛战争以来英军最惨烈的集体性伤亡。军备不足是灾祸主因,布朗抱怨战争已掏空国库,自己还要替布莱尔背锅。② 普雷斯科特逼迫布莱尔明确离任日期,要求至少给布朗两年时间准备下次大选;他还威胁称,布莱尔如不辞职,自己将在秋季工党大会上宣布辞职并把海军部密谈公诸世人,且会说是布莱尔不守信诺。布莱尔好言安抚普雷斯科特并承诺 2007 年夏辞职,普雷斯科特则爆粗反呛:"戈登不会信你,我他妈的也不信你。"③布朗此时大张旗鼓准备上位,私下已开始封官许愿。布莱尔困兽犹斗,考虑借公开采访强力反击。8 月 21 日,阿多尼斯给了他一封打气信。这位官学两栖的现代史专家在信中警示:一旦明确交权日期,首相权威必迅速下降;布朗上位定与"左派妥协";"体面的隐退"和"有秩序的过渡"均为"妄想"。他还说:劳合·乔治、丘吉尔、撒切尔都硬撑到山穷水尽;"体面退休"的索尔兹伯里、鲍德温、威尔逊均不得后世好评;麦克米伦因突如其来的疾病让位霍姆,但"在其后的二十三年里都为此后悔";领袖宁被轰走也不能"体面退休"。他怂恿布莱尔坚持到 2008 年,当务之急是制定"进一步改革计划",向国人传递积极信号。④

　　不管阿多尼斯点评先贤是否客观,他的书生之见坚定了布莱尔放手一搏

---

①　托尼·布莱尔:《旅程》,第 543—545 页。

②　Andrew Rawnsley, *The End of the Party*, pp. 376 - 378.

③　Andrew Rawnsley, *The End of the Party*, p. 388.

④　托尼·布莱尔:《旅程》,第 548—550 页。

之决心。布莱尔在回忆录中全文公开此信，足见其分量。几日后接受《泰晤士报》采访时，布莱尔明确表示自动交权不合惯例，工党领袖当由选举产生；至于自己退休，根本"不会设定日期"。① 采访彻底激怒了布朗的人马。9月4日，布莱尔在约克巡访，数十名工党议员开始传阅一份劝退信，还有一名大臣沃特森(Tom Watson)在信上签名。布莱尔次日赶回伦敦与布朗面谈。布朗矢口否认知晓原委，但又直说"除非一连串要求得到满足，否则他不会伸一个指头阻止"。② 布莱尔断定"戈登绝非仅仅知道这件事，他就是组织者"。③ 果不其然，媒体很快曝光，劝退信出现前，沃特森曾登门拜访布朗。布朗的人马还表示，布莱尔若赖着不走，他们会有下一步行动。布莱尔把沃特森撤职泄愤，但反叛议员如此之多且非针对某特定议案，意味着大势已去。9月7日，他借考察一所学校公开声明不会参加下年工党年会。中立的工党议员立即表态欢迎布莱尔的声明。布朗逼宫得逞。

布莱尔仍有半年多时间主政，他要为倾注心血的新工党再添新意，"在养老金、福利、NHS、学校以及法律与秩序方面，我们为将来规划了一套完全合情合理的政策方向，留给愿意实行它们的人"。10月下旬，他构筑"通往未来之路"，"要把戈登的领导设想界定为既有所改变又与前面的做法一脉相承的继往开来，而最重要的是新工党的概念"。这一切更坐实了他的控制狂秉性，布朗阵营认为这纯粹是"好大喜功"，"是正在离去的领袖在决定即将接手的领袖的前途"。④ 2007年3、4月间，布莱尔在全国发表巡回演讲，营销他的政治思想。然而媒体和民众兴趣已转向未来领袖，无心理会过气之人的自说自唱。

布莱尔十年唐宁街履历创下迄今还未被打破的工党领袖秉政时长记录，即便最后倒台，他也是被党内分子赶走，而不是输掉了选举。他领导的新工党配得上"新"字，没有重复旧工党的通胀、失业和罢工，成就可圈可点。在承袭撒切尔改革的基础上，布莱尔以革新精神和理性政策推动英国在千禧年前后大步前进。布莱尔为相时，英国GDP年均增长率达2.4%；通胀率较低，英镑

---

① 托尼·布莱尔：《旅程》，第550页。
② Andrew Rawnsley, *The End of the Party*, p. 390.
③ 托尼·布莱尔：《旅程》，第555页。
④ 托尼·布莱尔：《旅程》，第560、570、574页。

升值了 14％;失业率也不高。① 从 2000 年开始,政府不再吝啬,惠民福利和来自中国的廉价生活用品让多数民众感到他们生活在"满意的时代"。布朗甚至吹嘘经济"震荡已中止"(end of boom and bust),持久且平稳的增长拓宽了政府收入渠道,开支并未形成财政压力,从 1997 到 2007 年,债务占 GDP 之比从 43％降至 36.5％。② 这一切诠释了为什么新工党背着不得人心的战争包袱却能赢得 2005 年大选。当然,新工党治下,实体经济空心化和投资不足愈演愈烈,英国经济越来越依靠服务业和金融业。国际资本,尤其是俄罗斯和中东的资本大量涌入伦敦,英国搭资本全球化快车享受富足,但经济抗风险能力变弱了,贫富分化也加剧了。富人不仅财富增速较快,且在绝对差距上把穷人甩得更远:

> 按 2005 年的不变价格计算,最富有的 1％人群的平均市场财富从 1976 年的 70 万镑增至 2005 年的 223 万镑,增长了两倍多。相比之下,处于社会底层的 50％人群的平均财富在同一时期仅从 5000 英镑增至 1.3 万镑。③

布莱尔立志摆脱阶级窠臼,超越左与右。然而阶级并未弱化,低收入群体从过往的车间、厂矿转移到了服务业。1999 至 2007 年,英国一百家最大公司 CEO 实际收入翻番,普通劳动者收入却停滞不前。④ 阶级并非不存在了,而是布莱尔讳疾忌医,对其视而不见,避而不谈。他打造的新共识政治与 1950 和 1960 年代的共识政治本质不同。1950 和 1960 年代,两党仅政策趋同,各自意识形态和群众基础仍泾渭分明。当时工党历次大选宣言均不忘弘扬社会主义,保守党则强调"社会和谐"和"全国保守主义",尽量回避"社会主义"字眼。布莱尔的新工党基本不谈社会主义,变相承认"根本没有社会这回事"。1964 年,90％民众认为保守党是中产阶级政党,85％受访者认为工党是工人

---

① Anthony Seldon ed. , *Blair's Britain*, pp. 186,210.
② Jim Tomlinson, *Managing the Economy*, *Managing the People*, p. 102.
③ 马克·萨维奇等:《21 世纪英国的社会阶级》,社会科学文献出版社,2021 年,第 68 页。
④ Geoffrey Evans and James Tilley, *The New Politics of Class*, p. 22.

阶级政党。到 2001 年，多数选民认为工党更代表中产阶级利益。来自工人阶级和工会的工党议员几近绝迹，党的高层只有普雷斯科特是纯粹工人出身。工党议员来自牛津和剑桥两所大学的比例甚至比保守党议员更高。到 2015 年，只有 38％民众认为工党代表劳工利益。① 新工党疏远了穷人，遗弃了弱势群体，这是工党中坚为什么倾向布朗而不待见布莱尔的根源。

布莱尔的领导方式和劳合·乔治、丘吉尔、撒切尔非常相似，在党或国家陷入危机时接掌帅印，以个人魅力迎合选民，绕开党和内阁羁绊发号施令，高效执政，成就非凡，最后虎落平阳，怅然离去。布莱尔不是"政治的个人化"的开山鼻祖，但加快了它的进程。② 大众民主时代，政治家眼里的选民就像商店老板眼里的顾客，是上帝。布莱尔认为党员既是资产，也是负担，党往往会被传统支持者和资深而又顽固的党员绑架，领袖迁就党员有时吓走的却是选民。党要赢得选举，根据选民意愿而非党员意见制定政策。布莱尔退休后反思当代政治时说："传统的政治方法，即具有确定党员、活动家、一般委员会、执行委员会和所有 20 世纪政治竞选基本结构的党组织，现在已经过时了"；"应该抛弃传统的党员身份与政党结构的概念，把支持者等同于党员对待，让他们参与关键问题的决定"。③ 布莱尔言行不一，但思行合一，上述思考可以说就是对他治党经验的总结。传统政党是组织有序、层级分明、意识形态清晰的稳定机体，布莱尔要把这种机体变成对一切临时性的支持者开放的松散俱乐部。首先，他淡化并模糊党的意识形态，以便党的大门向尽可能多的选民敞开。即便第三条道路也并非纯粹的意识形态表述，而是一种政策导向。其次，他极力凸显领袖作用和风采，欲以领袖魅力乃至魔力吸附所谓的支持者。再者，他边缘化党的常设机构，故意废弛党的各级组织，以便领袖集权。自 19 世纪晚期开始，英国主要政党的选区党组织越来越不受重视，每临大选，党的中央政策才是选民投票的风向标，眼里只有选票的布莱尔自然无心正视党的基层组织。党的全国执委会和各层级党团经常妨碍领袖，布莱尔不断弱化执委会功能，不断解构党团，诱导党员更加认可和服从领袖，最好能让领袖直接联系每一名党

① Geoffrey Evans and James Tilley, *The New Politics of Class*, p. 132.
② Anthony Seldon ed., *Blair's Britain*, p. 149.
③ 托尼·布莱尔：《旅程》，第 571—573 页。

员,而网络和自媒体勃兴恰好为他提供了联系的便利渠道。弱化党组织和党团必然导致党员对党的忠诚度降低。布莱尔执政后,工党党员数量急剧减少,但这正合其意,因为他要的"不是党员,而是支持者",甚至可以说,他只是在借用而非依靠工党。[①]

布莱尔是当代英国政党政治异化的始作俑者,他模糊意识形态,弱化党组织,渲染领袖魅力,迎合选民而非党员,欲把自称代表劳工利益、笃信平等精神的工党变成仅仅为选举服务的工具。连续以压倒性优势赢了两场大选后,他更有信心携民意强迫党内同僚接受他的决策,绑架他们支持战争。然而当战争不得人心,他的政策也被认为有失偏颇时,他个人,包括新工党的悲剧就诞生了。工党后座议员大多认为:布莱尔游离在党外并且把个人意志凌驾于党之上;他的外交和军事全是负资产,他的内政无视普通劳工利益,甘为保守党和有钱人代言;为了党、普通党员以及党的传统支持者,是时候更换领袖了。布莱尔犯的大忌是,他带领工党与保守党争夺选民,同时也与工党骨干分子争夺选民并与他们产生尖锐矛盾,而在现代英国政治游戏中,执政党领袖首先必须赢得本党骨干,尤其是本党下院议员支持。与布莱尔反目的工党骨干分子并不仅仅反对所谓的新工党路线和策略,他们中的相当一部分也要靠选民支持才能赢得公职,保住从政这个饭碗。

一人一票制民主之下,领袖、党团骨干、选民三者关系异常复杂。领袖必须深谋远虑,通盘考虑全局,制定并实施利国利民之良策。党团骨干靠从政谋生,要对所在选区选民负责,倾听其心声。选民利益分散,大多并无觉悟及兴趣顾及政策的长远后果和整体利弊。上述三方利益冲突且无法协调时,不可能更换选民,也很难真正撤换党团骨干,因此只能更换领袖。悖论是,布莱尔的个人化政治操作,或曰民粹伎俩,起初能够成功正是因为他巧妙利用了一人一票制民主,然而当他忽略劳苦大众利益,不受党内骨干待见时,他又反过来质疑民主。他说:在"政策才是关键问题的时代里,重要的往往不是采取左派或右派的做法,而是……采取正确或者错误的做法",但"民主"往往是采取正

---

① Anthony Seldon ed. , *Blair's Britain*, p. 158.

确做法的"显著的不利因素"。① 他与 1945 年的丘吉尔一样不解:一心为国为民的领袖为什么被百姓抛弃了呢? 答案在于一人一票制民主有天然的缺陷,正如布莱尔自己所言:"最好的领袖……并不是知道公众想要什么并尽力令其满意的领袖,而是知道……公众最大的利益之所在,并尽力去做。"②执政十年,过足了权瘾后,布莱尔似乎从一个对选票饥不择食的急功近利之人变成了思考大是大非的哲学家,然而政治如能与哲学完全吻合,那历史就只兴不衰了。

2007 年 6 月 27 日,布莱尔离职。早前几天,布朗在曼彻斯特工党大会上没有遇到竞争对手,自动成为新党魁。哈曼以微弱优势击败阿兰·约翰逊(Alan Johnson),当选副领袖。普雷斯科特和贝克特这两名老资格工党人退休,达灵出任财政大臣,大卫·米利班德升任百年来最年轻的外交大臣,杰奎·史密斯(Jacqui Smith)荣膺第一位女性内政大臣。布朗为栽培鲍斯,特命其主管新成立的儿童、教育及家庭部(Department for Children, Schools and Families),以便积累处理社会事务的经验。政府新面孔不多,但职位变动幅度较大。布朗还装腔作势搞全才内阁,招揽部分自民党人参政,还聘请保守党议员伯考(John Bercow)担任政府顾问。③

布朗刚上任,伦敦西部发现恐袭证据,政府高度戒备,将其挫败,新首相应急能力得到肯定,应对 7 月底的洪灾和 8 月的口蹄疫也算称职。最初两月,政府平稳运行,首相口碑也不错,决策圈和智囊团均有意大选,布朗战略顾问利弗莫尔(Spencer Livermore)催促称,经济可能在年底恶化,大选不宜推迟。民调亦显示工党小幅领先。然而布朗迟迟拿不定主意,欲等 9 月下旬工党大会召开后再做决定。党鞭胡恩(Geoff Hoon)未敢苟同,他预估大选拖至 10 月或 11 月,寒冷夜间拉票徒增选民反感。布朗在伯恩茅斯工党大会上的发言均

① 托尼·布莱尔:《旅程》,第 576 页。
② 托尼·布莱尔:《旅程》,第 592 页。
③ Gordon Brown, *My Life*, *Our Times*, p. 186.

是老生常谈,教育、就业、社会政策了无新意,呼吁净化社会风气和梅杰当年倡议"回归基本观念"一样,不着边际。举国关注大选,布朗却遮遮掩掩。他接受BBC采访时称"时机成熟时自然明晓"。多年后他仍说直到 9 月 30 日才与鲍斯、大卫·米利班德等人严肃考虑大选。① 10 月 2 日,布朗飞往伊拉克,承诺年底缩减该国驻军 1000 人,当晚便返回伦敦;旋风式远行显然是要减少伊拉克对大选的负面影响,但公众认为他在作秀,而且作秀技能拙劣。

　　布朗飞赴伊拉克当天,保守党年会在布莱克浦开幕,大会盛况标志着保守党已走出十年内乱。2001 年,领导保守党四年的黑格下台,他给保守党留下的极富争议的遗产是新的领袖选举制度。黑格接掌帅印不久,为稳固地位,制定了新的党魁产生程序。一、在下院议员投票中得票前两名者才能竞选领袖,继而再由全国登记在册的保守党员从前两名中选出领袖。二、挑战领袖必须得到 15％本党议员支持,而非原来的 10％。这两条新规加大了挑战领袖的难度,抬高了竞选领袖的门槛,也给未来领袖选举增添了更多变数;此后,领袖以及领袖的挑战者不敢与普通党员过度脱节,这有利于重树保守党的亲民形象,进而提高党的选举竞争力。② 2001 年,史密斯当选保守党新领袖,这位后来因反华而被中国政府列入制裁名单的顽固右派讲话东拉西扯,行动拖泥带水,掌舵两年便被赶下台。其后上位的霍华德在 2005 年大选中表现失职,权势不保,但他拒绝辞职,强力阻击自视甚高的戴维斯(David Davis),苦苦寻觅一位可堪大任的后起之秀,不断调整影子内阁,重点提携几位年轻的现代化者。霍华德起初看中的是初入政坛的奥斯本(George Osborne),但奥斯本以自己资历太浅为由主动放弃与卡梅伦竞争。卡梅伦努力展示现代化者姿态,高谈所谓的中右派道路,营销"有现代感和同情心的保守主义",强调"人类生活除了挣钱与花钱之外,还有更多的东西"。他提醒同仁:勿在撒切尔主义窠臼中顾影自怜,党需要彻底的改变而非"华而不实的换装"。③ 卡梅伦就像 1994 年的布莱尔,给各自所属的党吹来了一股清新之风。当时觊觎保守党领袖职位的

　　① Gordon Brown, *My Life*, *Our Times*, p. 219.

　　② Tim Bale, *The Conservative Party: From Thatcher to Cameron*, Polity Press, 2016, pp. 68 - 69.

　　③ 弗朗西斯·艾略特、詹宁斯·汉宁:《卡梅伦的崛起之路》,第 183—189 页。

除了热门人选戴维斯,还有前财政大臣克拉克、武夫福克斯(Liam Fox)、前国防大臣里夫金德等老油条,但卡梅伦表现惊艳,一路过关斩将,在议员投票中对戴维斯取得微弱优势,12月初又在全国保守党员投票中以巨大优势夺魁。

卡梅伦有王室血统,资藉豪富,年轻自信,可谓成色十足的魅力型领袖。保守党经历了黑格时代的徘徊不前、史密斯时代的昏昏沉沉和霍华德时代的原地打转后,已到了生死攸关时刻,连续三次大选失利为卡梅伦改造党提供了充分理由。党的改造绝非朝夕之事,但卡梅伦的改造方向大体无误。他以领袖身份发表首份演讲时,便以点睛之句"社会是社会,和国家有很多不一样"含蓄批评撒切尔主义。[1] 2006年,他在伯恩茅斯保守党年会上大谈所谓"社会责任"并以如下词句结束演讲:

> 多年来,这个国家想要——迫切需要——一个明智的中右翼政党以明智的方式解决问题。很好,我们如今就是这样的政党。过去十个月,我们已回归本党的成功赖以建立的基础——英国政治的中心基础。我们还要待在这基础上。[2]

卡梅伦积极向布莱尔取经,他和布莱尔一样政治嗅觉灵敏,他身上散发的布莱尔气息比撒切尔气息更浓烈。竞选领袖期间,卡梅伦在私人聚会场所说要当"布莱尔继承人",面对非议,他进而声称布莱尔应被"置于保守主义之传统中",承袭其志无可厚非。布莱尔下台时,卡梅伦号召保守党议员起立鼓掌致敬,激起更大争议。[3] 无论如何,卡梅伦并不掩饰他尊奉布莱尔而非撒切尔政纲之意图。领袖已无原则,意识形态更是空话,一切只为选票。卡梅伦在这一点上与布莱尔相比青胜于蓝。正是这种没有原则、只为选票的投机策略开启了保守党复兴之路。

卡梅伦照顾保守党大佬们感受,把影子内阁多数职位给了他们,但命奥斯本担任影子财政大臣。2007年10月3日,奥斯本为迎接传言中的大选特意

---

[1] 弗朗西斯·艾略特、詹宁斯·汉宁:《卡梅伦的崛起之路》,第197页。

[2] Tim Bale, *The Conservative Party*, p. 295.

[3] 弗朗西斯·艾略特、詹宁斯·汉宁:《卡梅伦的崛起之路》,第210页。

宣布:保守党若执政,将废止价值100万镑以下房产的继承税并减免首次购房者的印花税。富人和中产欢欣雀跃,穷人也不损失什么,保守党民调大幅攀升。布朗乱了阵脚,抨击奥斯本不负责任地讨好选民并于5日指示核心团队取消选举。6日,布朗再次接受BBC采访,称眼下太忙,无暇顾及大选。他后来辩称工党当时欠银行3000万镑债务,竞选资金没有着落。[1] 事实是,早在8月,党内已经讨论过资金不足,高层当时认为,若速战速决,资金不是障碍。取消大选闹了一出超级政治乌龙。大卫·米利班德已开始起草竞选宣言,发给各选区和游说选民的信件、海报等已准备妥当,所耗资金已过百万镑。布朗的退堂鼓严重损毁了自身形象。他上位时未经党内pk,如今又无胆接受选民检验,他的合法性更受质疑。

　　半途接手一位政治强人留下的政府从不是好事,战后的艾登、霍姆、卡拉汉、梅杰都是前车之鉴,要么草草收场,要么饱受煎熬。布朗很快名列他们之后。新政府有如无头苍蝇,发布了《施政报告》(*The Governance of Britain*),但百姓弃之如敝屣;布朗叫停布莱尔之前启动的海边赌场广告和曼彻斯特超级赌场计划,民众也不置褒贬。政策上的难处情有可原,连布朗性格是否适合掌舵也成了疑问。他不屑煽情,亦不懂得包装自己。大众政治时代政治参与者素质远低于精英政治时代,但布朗讲话充斥着专业术语和连串数据,令人昏昏欲睡。布朗信誓旦旦还权各部门并给议会更多议事权。他把财政部工作经验移植到首相办公室,很快就把内阁办公室搞成一团乱麻。财政部每年只有制定预算一件大事,但内阁和首相两个办公室日理万机。布朗做事主次不明,常为琐事劳神。一位唐宁街十号老员工称:"(布莱尔)让他的文官读报并给出决策选项,上午就会做出决定;布朗来后,派人去取报纸并亲自读至深夜,然而第二天早上他又派人去取更多报纸。"[2]

　　布朗主政第一年,获得好评的只有《气候变化法》(Climate Change Bill)。一项反恐议案拟把原本授权警察拘禁嫌疑分子的期限从九十天降为六周,借北爱民主统一党帮助,该议案在下院通过,但被上院否决。2008年5月,地方

---

[1]　Gordon Brown, *My Life, Our Times*, pp. 221-223.

[2]　Andrew Rawnsley, *The End of the Party*, p. 524.

政府选举，工党一败涂地，保守党明星约翰逊（Boris Johnson）当选伦敦市长。考虑到布朗体恤民情且做事勤恳，人们起初并未对其苛全责备。但到 2008 年夏，党内同僚越来越无法忍受他的僵化刻板。民调显示，两党半斤八两，都不受民众待见，但两党领袖悬殊较大，卡梅伦个人魅力完全碾压布朗。首相与财政大臣矛盾也浮出水面。2007 年，布朗以财政大臣身份最后一次制定预算时，为彰显减税精神，调低了所得税基本税率，为填补缺口，他又下调个税起征点，致使低收入者生计倍艰。他本人后来也承认 2007 年个税调整失策。[①] 达灵和鲍斯都抱怨 2007 年预算后遗症导致 2008 年预算空间太窄。大卫·米利班德和就业与养老金大臣普内尔（James Purnell）阴谋扳倒布朗，至少 1/3 政府要员支持他们。[②] 2008 年 9 月，布朗在曼彻斯特工党大会上孤傲声明"我并不打算成为我不是的人"，意即自己不屑做两面人，还在会上贬损卡梅隆乳臭未干，称"没有时间给新人练手"，实则警告企图挑战其领袖地位的大卫·米利班德勿有非分之想。[③] 10 月，布朗从布鲁塞尔召回英国驻欧盟专员曼德尔森，命其管理工商业，个中用意或许是意识到地位不稳，启用昔日缔造新工党的"第三人"对抗躁动不安的后起之秀。然而曼德尔森丑闻前科一箩筐且远离权力中枢多年，布朗重用他令人咋舌，仅因当时经济领域出现诸多不祥之兆，但各界对危机的议论声淹没了对布朗用人的质疑声。

达灵对 2008 年经济工作本已不满，布朗还要强势插手 2009 年预算。如按布朗指示制定预算，2009 年至少需借款 1750 亿镑。达灵担心不负责任的借贷毁掉外资信心，布朗却痛斥达灵"不懂得从政治上考虑问题"。达灵推算，即便假定的经济增长如期实现且未来加税和紧缩开支并行，至少也要十年才能恢复收支平衡，而他"不想成为一名灾难性的工党财政大臣被载入史册"。[④] 2009 年 5 月，普内尔要求内阁"检讨一下公共财政和消费计划"，被布朗单独带到一间屋里"斥责了一通"。[⑤] 6 月初，工党在当年地方选举和欧洲议会选

---

① Gordon Brown, *My Life, Our Times*, p. 150.
② Andrew Rawnsley, *The End of the Party*, p. 557.
③ Andrew Rawnsley, *The End of the Party*, pp. 550 - 551.
④ Andrew Rawnsley, *The End of the Party*, p. 641.
⑤ 彼得·曼德尔森：《拯救工党》，第 234 页。

举中形势极不乐观,大臣们心中积郁终于总爆发。4日,普内尔公开表示他对布朗失去信心,宣布辞职并把辞职信复印件交给各大媒体。布朗和曼德尔森如临大敌,担心大臣跟风辞职搞垮政府。曼德尔森"立刻给每一个大臣打了电话",安抚他们。最关键的人物大卫·米利班德承诺不辞职,但不假辞色贬损布朗"不清楚自己的方向以及缺乏对未来的憧憬和清晰的规划"。[①] 布朗在四面楚歌中给布莱尔打电话,请他规劝所谓的"布莱尔派"不要作乱。[②] 他当初逼宫赶走布莱尔,现在却低头恳求布莱尔劝阻各部大臣逼宫,可谓报应。布朗本打算用鲍斯取代心灰意冷的达灵,无奈鲍斯冤家太多,布朗只好安抚达灵留任。他后来在回忆录中只轻描淡写称:"因被詹姆士·普内尔企图搞垮我的辞职阴影笼罩,我对内阁的重组是有限的。"[③]政府保住,曼德尔森居功至伟,荣膺枢密院主席,实同副首相。乱党及时打住,是因为他们没有合适备选领袖,布朗倒台不仅要重新选举党魁,很可能还要马上启动大选,工党时下毫无胜算。麦克米伦当年的"长刀之夜"劈开了一片新天地,布朗的电话之夜徒增屈辱,此后他再也不敢对各部大臣发号施令且随时可能再陷绝境。大臣及工党议员均对布朗表示绝望,直到2010年初,前党鞭胡恩和布莱尔的铁杆赫维特(Patricia Hewitt)仍在联络部分下院议员,策划"雪天阴谋"(snowplot),力争在大选前换帅。

布朗还被接连曝光的丑闻所累。新工党执政之初,便爆出一级方程车大赛老板贿赂丑闻,布莱尔处理得当,把负面影响降至最低。曼德尔森的两次是非也被视为非典型个案。然而自"金钱换荣誉"起,一波又一波腐败与丑闻浮出水面并于2009年春夏达到高潮,政府和公职人员的廉洁倍受质疑。首先是内政大臣杰奎·史密斯的丈夫用她的议员专项津贴消费成人电影,杰奎·史密斯引咎辞职。史密斯夫妇之下流腐败仅为冰山一角,议员损公肥私早已是家常便饭。根据"额外生活补贴"(Additional Cost Allowance),在议会大厦附近没有住房的议员可为租房申请房租、物业和交通等补贴。部分议员已购房屋却隐瞒不报,继续谎报租金骗补,少数议员甚至用补贴装修自购物业。涉嫌腐败的

①　彼得·曼德尔森:《拯救工党》,第238—239页。

②　Andrew Rawnsley, *The End of the Party*, pp. 655-658.

③　Gordon Brown, *My Life, Our Times*, p. 352.

议员不限于工党，但执政党从来要为腐败埋单。工党执委会扬言严惩腐败分子，结果惹恼了部分议员，削弱了政府实力。议长马丁（Michael Martin）竟指责向媒体透露信息的议员目无党纪、家丑外扬，还抱怨《信息自由法》给了揭发者和媒体过度自由。马丁出言不当，被迫辞职。2009 年 6 月 22 日，伯考当选新议长，他一干就是十年，爱岗敬业一度使得他被公认为英国史上人气最高的议长，有报道称他总共喊了 14000 多次肃静（order）。然而退休三年后，他被指控霸凌属下并因此被禁止步入下院。他的表里不一一方面说明了人性的复杂，另一方面也证实当代英国政坛猎巫无处不在，公众人物的污点很容易被无限放大，上线上纲，进而给政治增添无穷多的意外变数。

◇　◇　◇

布朗既为摇摇欲坠的政府担惊受怕，又被腐败和丑闻干扰，不过与面对经济大危机的束手无策相比，这些苦恼都是癣疥之痒。2007 年 9 月，主营英格兰北方信贷业务、总部位于纽卡斯尔的北岩银行（Northern Rock Bank）请求政府救助，大批储户闻讯后排队取现又加速了银行资金链断裂。11 月，北岩银行股价大跌 20%。2008 年 2 月 17 日，政府宣布北岩银行国有化。英格兰银行行长金（Mervyn King）极力反对国有化，但政府认为过高杠杆（overleverage）普遍存在，官方大力融资才能保证市场信心，否则全国信贷都要崩溃。北岩银行敲响了金融业警钟，各大银行收紧贷款且不愿互相扶持。2008 年复活节前后，英美房地产市场萎靡，依赖按揭业务的银行前景不妙。夏天的经济数据显示全面衰退不可避免。达灵宣布小额房产交易免除印花税。布朗认为融资治标不治本，刺激才是王道，他说："政府额外花钱（财政刺激）和调低利息或印钱（货币刺激）是适度恢复增长所必须的。"①英格兰银行最初拒不降息。9 月 15 日，美国雷曼兄弟公司（Lehman Brothers）倒闭，仅其伦敦分公司就一次性导致 5000 人失业。② 巴克莱（Barclays）银行靠卡塔尔

---

① Gordon Brown, *My Life, Our Times*, p. 305.
② 安德鲁·玛尔：《现代英国史》（下），第 759 页。

(Qatar)资金勉强支撑,但苏格兰王家银行(Royal Bank of Scotland)悲惨倒闭了。9月25日,纽约联合国大会上,各国领导人一致认为财政刺激和政府融资刻不容缓。布朗为防投机,本不打算立即宣布英国政府刺激和融资策略;不过次日他与小布什会谈时,国内来电称部分银行必须国有化,银行体系崩溃在即;布朗立刻回复:"融资"是唯一出路,不愿接受国家整改的银行得不到流动资金。[①] 10月9日,政府出资500亿镑收购银行资产和股票,提供2500亿镑为银行清偿债务,另为银行准备2000亿镑额外流动资金。[②] 英格兰银行不情不愿把利息从5％降到4.5％。直到2009年,美联储连续降息,英格兰银行才连续下调利率,直至0.5％。

2009年4月,伦敦G20峰会是布朗的高光时刻。布朗在国内高调筹备峰会,还于3月赴美会见奥巴马并在美国国会演讲,之后马不停蹄去巴西、智利(Chile)等国协调即将到来的峰会精神及议题。布朗在峰会上呼吁各国携手应对全球气候变化,建立长效机制规避金融风险。他认为全球金融,特别是英美金融已融为一体,任何国家都无力单独应对金融危机。他的分析头头是道,但所给建议空泛,无人理会;他在当时各国领导人中经济学知识最渊博,但英国救市方法并不比别国高明。2009年,全球为救市总计投入15万亿美元。布朗走的是凯恩斯主义老路——花钱和印钱。赤字拾级而上,到他离任时,政府债务占GDP比重高达65.2％,而他拜相时的对应数字只有36.9％。[③] 下台后多年,布朗仍为大水漫灌政策辩护,他说:

> 2008至2009年极不正常的萧条状况使得财政手段成为任何复兴的必要元件。凯恩斯主义并非永远无误,但这一次是正确的。
>
> 保守党人贬抑我们的政策"鲁莽",但我们执行赤字政策为了如下目的:它在经济上和道德上都是正确的,不仅缓冲震荡,而且推动复兴。我相信,它是唯一考虑周全的路径。[④]

---

① Gordon Brown, *My Life, Our Times*, pp. 312-314.

② Gordon Brown, *My Life, Our Times*, p. 316.

③ Jim Tomlinson, *Managing the Economy, Managing the People*, p. 112.

④ Gordon Brown, *My Life, Our Times*, p. 359.

布莱尔下台前反复说要做"正确的事",布朗则称:"挑战在于,不仅要做正确的事,还要与人民在一起",意即把保就业当作大衰退时的头等大事,也符合他所说的"道德"。[1] 然而2010年大选前失业数字在250万人左右徘徊。他要与人民在一起,人民却不待见他了。议会已近五年,布朗无法重演三年前的临阵退缩,只能硬着头皮迎接大选。他在2010年春季工党大会上吹嘘政绩,罗列对弱势群体的政策倾斜、社会治安的改善及公共服务改革成效。尴尬的是,这些成就大多是布莱尔为相时取得的。4月初,大选启动,布朗反复强调他的政策把就业排在首位,但庞大失业大军无时不在驳斥他的无能。2001年大选出现的新特征到2010年已见怪不怪:领秀风采乃至其伴侣形象受到高度关注,政策却遭忽视,有些选区近半选民不知各党政策差异。布朗的绵软无力与卡梅伦的干练抖擞形成鲜明反差,就像1997年的梅杰与布莱尔判若云泥。4月28日,布朗拉票时诅咒一位养老金领取者为"偏执老妇",因麦克风技术操作疏忽,咒词传遍全国。布朗当天下午向老妇登门认错并称自己"罪孽深重",重压之下还发邮件向全党道歉。[2] 布朗抱怨工党竞选资金只有3000余万镑,而保守党竞选资金多出3倍。[3] 主流报刊对工党极不友好,10家日报中仅《每日镜报》挺工党。海报和宣传画册等选战工具重要性明显下降,网络和社交媒体更受重视。这次大选首次引入电视辩论,自民党领袖克莱格(Nick Clegg)与布朗、卡梅伦同台亮相。[4] 凭选民基础,克莱格并无资格与两大主流政党领袖比肩而立。一般认为,电视辩论对小党有利,小党领袖出镜会大幅提高其知名度,弥补竞选资金劣势,从未执政的小党也不会有什么污点;而大党领袖的些许瑕疵常被无限放大,稍不谨慎便会马失前蹄。也有分析认为,小党领袖因出镜经验不足更易翻车。电视辩论是否对小党有利还有待长期观察。

5月5日选民投票,次日开票。工党只赢得29%的选票,与1945年以来的历次大选相比,仅比1983年得票率略高,得益于简单多数制,它还能保住

---

① Gordon Brown, *My Life, Our Times*, p. 363.

② Dennis Kavanagh and Philip Cowley, *The British General Election of 2010*, Palgrave Macmillan, 2010, pp. 174-175.

③ Gordon Brown, *My Life, Our Times*, p. 370.

④ Dennis Kavanagh and Philip Cowley, *The British General Election of 2010*, pp. 331-334.

258 席。保守党赢得 36.1％的选票和 307 个议席。它仍是简单多数制的受害者,得票数和得票率均高于五年前的工党,但席位数未能过半。自民党得票略有增加,席位却比 2005 年少了 5 个,只有 57 席。① 1974 年以来首次出现悬浮议会。布朗形象气质不佳,但工党败选主因是它应对经济危机不力,经济越差的选区,选情越对工党不利。保守党的严厉紧缩承诺吓走了部分低收入者和担心降薪的公职人员,但针对民生艰难和经济萧条有的放矢,"让布朗为经济衰退背锅"这一选战策略狠狠击中了工党要害。②

计票还未结束,有些媒体已迫不及待轰赶布朗走人,《太阳报》公开羞辱他"赖在唐宁街十号"。③ 布朗本应主动宣布放弃组阁、守住下台前的尊严,但他还寄希望于自民党支持,再联合部分小党继续执政。自民党竞选宣言承诺增加公共开支,布朗据此认为它不大可能与保守党合作。几天后,即便克莱格告诉布朗"所有人都觉得你们工党在这个位子上待了十三年已经彻底没劲了",布朗还要与克莱格讨论组阁之事,克莱格为了向保守党抬价,也不急于明确拒绝布朗。④ 布朗想法不切实际,工党议席太少,组阁难度太大;多数工党议员不想继续挣扎且认为党已元气耗尽,只有"回到反对席,才能迅速重建"。⑤

保守党席位不够半数,但作为第一大党且有卡梅伦这样的精明领袖,不可能给布朗留任机会。7 日,卡梅伦承诺给自民党一份"巨大、公开、丰厚的礼包"。⑥ 以奥斯本为首的保守党代表与以劳斯(David Laws)为首的自民党代表就联手组阁谈判,保守党表示严厉紧缩开支没得谈,毕竟卡梅伦和奥斯本早在 2009 年就庄严告诉同胞,保守党如若当政,绝不胡乱花钱、滥发货币。自民党内对开支本无定论,但银行行长金此时疾呼要过紧日子,而电视正在直播希腊破产,自民党担心英国变成另一个希腊,决定接受紧缩政策。保守党放弃调

① Dennis Kavanagh and Philip Cowley, *The British General Election of 2010*, p. 351.
② Dennis Kavanagh and Philip Cowley, *The British General Election of 2010*, pp. 83,418.
③ Gordon Brown, *My Life, Our Times*, p. 377.
④ 彼得·曼德尔森:《拯救工党》,第 286 页。
⑤ Gordon Brown, *My Life, Our Times*, pp. 384 – 385.
⑥ Anthony Seldon and Peter Snowdon, *Cameron at 10: The Verdict*, William Collins, 2011, p. 23.

整财产继承税,而自民党放弃了原本坚持的部分国防政策。最后,两党就选择性投票(Alternative Vote)公投和固定议会议期(Fixed-term Parliament)达成一致。两党均是简单多数制的受害者,支持选择性投票制度。这种制度超级复杂,选民可在一张选票上对多位候选人进行排序,如第一、第二、第三等。这样同一名候选人可能出现在不同选票上,但排序不一样。第一轮计票结束后,如有排位第一的候选人得票过半,便决出胜负。如无排位第一候选人得票过半,排位第一但得票最少者出局,其排位第一的选票自动让渡给排位第二者,再重新计票,不断淘汰,直至产生得票超过 50% 的赢家。自民党不想只为他人做嫁衣,更害怕半途被弃,提出固定议会议期,明确首相或执政党不能随意解散议会重选。举国政要都无联合政府经验,没几个人认真品读过迪斯累利名言"英格兰不喜欢派系联合",谈判总体顺利。参与谈判的黑格说自民党"天真"并准确预言"我们可能已经毁了自民党"。① 其实保守党内意见分歧才是组阁最大障碍,党内普遍担心卡梅伦向自民党让步太多。卡梅伦于 10 日晚间召集保守党议员开会,忽悠他们,称工党也在和自民党谈判并且很可能就选择性投票公投达成一致。新当选的保守党议员中 147 人是新面孔,他们大多不想坏了卡梅伦的好事,1922 委员会主席也奉劝老议员机不可失。② 11 日,一切明了,布朗辞职。卡梅伦当晚在唐宁街讲话称"悬浮议会"无力应对"巨额赤字、深层社会问题及急需的政治改革",他有志"组建保守党和自民党恰当且全面合作的政府"并认为"这是达成我们需要的强力政府的最佳途径"。③ 12日,卡梅伦携克莱格宣布新政府成立。

　　诚如布莱尔分析,新工党只有少数精英真心拥护革新,其主体和高层多数仍是旧工党人。新工党的选民也分为大小两个板块,大板块由失落的传统劳工和无法融入新自由主义竞争机制的弱势群体构成,小的板块是参与分享新自由主义改革红利的中产阶级,布朗和布莱尔分别代表这两个板块,两人的斗争既是党内也是选民两个板块矛盾的反映。布莱尔下台标志着新工党已死,但工党政府还能苟延残喘。布朗本不是乱花钱的主,直到 2007 年,他仍奉行

---

① Anthony Seldon and Peter Snowdon, *Cameron at 10*, pp. 23 - 24.

② Anthony Seldon and Peter Snowdon, *Cameron at 10*, p. 25.

③ Anthony Seldon and Peter Snowdon, *Cameron at 10*, p. 3.

低税政策,花销有度,但大危机来临后为保就业,他折返旧工党超发货币、大手花钱的老路,这条老路根本应付不了深卷全球化的英国经济结构性危机。工党政府在 21 世纪首场经济危机来临时不仅给民众造成了视觉上的审美疲劳,还面临贫富两界不讨喜的尴尬。布莱尔嫌贫爱富疏远了草根,他的离去意味着旧工党死灰复燃,布朗应对萧条的策略更是加深了中产对工党经济治理能力的质疑,结果有产阶级和财富精英纷纷弃工党而去,就像 1886 年的辉格派弃自由党而去。布朗的赤字扩张在 2010 年大选中为工党稳住了部分草根,但不足以保住政府。工党又要面对新一轮漫长、激烈并且似曾相识的内讧。

　　联合政府人事果如部分保守党议员预计,卡梅伦把很多职位给了自民党人。克莱格无争议出任副首相,为照顾自民党财政发言权,原影子财政部秘书长(Shadow Chief Secretary)哈蒙德(Philip Hammond)被支到交通部,本该他得的财政部秘书长职位让给自民党议员劳斯。劳斯上任不到一月便因丑闻离职,另一位来自苏格兰的自民党议员亚历山大(Danny Alexander)填补空缺。对政府而言,这是“从天而降的意外之喜”,亚历山大易于合作,且支持更严厉的财政紧缩。[①] 财政大事通常由上述四人共同决议,他们被称为“四巨头”(Quad)。这种戏谑至少在财政事宜上名副其实,毕竟他们是正、副首相及财政部一、二把手。奥斯本掌管钱袋,卡梅伦手握拍板权,克莱格和亚历山大规劝自民党议员配合政府。“四巨头”都认为紧缩开支刻不容缓,零星分歧只限于细枝末节。卡梅伦与奥斯本是天作之合,前者信任后者,后者尊敬前者。此前二十余年撒切尔与劳森、梅杰和拉蒙特、布莱尔和布朗、布朗和达灵之间轮流上演的唐宁街十号和十一号的猜忌与攻讦未再重演。奥斯本也很照顾克莱格感受,上任后立马为克莱格的选区所在地谢菲尔德专拨一笔钱,当地金属锻造行业资金吃紧。克莱格婉辞不受,拒搞特殊,他的选区民众对他的所谓顾全

---

① Anthony Seldon and Peter Snowdon, *Cameron at 10*, p.37.

大局褒贬不一。①

6月22日,新政府迫不及待公布了紧急预算(Emergency Budget)。奥斯本借希腊破产制造恐慌气氛,为削减赤字正名。当天他在下院称只有"采取具体措施"才能"保住国际市场上的信誉"。② 压缩开支占赤字削减额的80%,另20%靠加税对冲,仅增值税就从17.5%提高到20%。媒体惊呼出现了"三十年来最严厉预算",国人普遍担心国家破产,并未公开抗议。紧急预算只是"A计划"(即 austerity plan)的序曲,重头戏是秋季的开支评估(Spending Review)。这种每年都执行的评估要求各部门精打细算、细水长流。史密斯抱怨资金不足会打乱他致力推行的通用津贴(Universal Credit),克莱格和教育大臣戈夫(Michael Gove)均抗议削减中小学教育经费,加之 NHS、中小学教育、养老金都是公认的不能动的福利体系支住,压缩国防和外事开支遂成不得已之选。卡梅伦和奥斯本均认为国防及外交开支与英国战略需要及经济实力不相匹配,"拒不认同削减防务开支会导致英国世界地位下降"。政府裁减外交人员并削减外交部开支24%,国防部减少花费,警务和地方政府开支也被压缩,大学学费增加。③ 10月20日,奥斯本向下院公布开支评估时说:"今日英国悬崖勒马,直面为十年负债买单的议案……它是一条艰辛之路,但会导向更好的未来。"④12月9日,各地大学生齐聚伦敦抗议学费上涨。极具干扰力的异见声称削减开支妨碍经济复苏,前首相布朗就认为经济迟迟不见好转的根源在于他主政时的赤字政策被抛弃了。卡梅伦和奥斯本顶住一切抗议和非议,坚定贯彻"A计划"。

联合政府最初半年政策不受欢迎,却也没遭遇严重危机,直到2011年才被一系列偶发事件和政策争议搅得不得安宁。首先是卡梅伦的新闻秘书库尔森(Andy Coulson)卷入电话窃听丑闻。人们最初普遍看好这位《世界新闻周刊》(*News of the World*)的前编辑,认为他的能耐不亚于布莱尔的"攻击犬"坎贝尔,但库尔森2007年已有窃听前科,此时公私两路仇家打算对他新旧总

① Anthony Seldon and Peter Snowdon, *Cameron at 10*, p. 36.
② Hansard, 22 June 2010, Col. 166.
③ Anthony Seldon and Peter Snowdon, *Cameron at 10*, pp. 40‑45.
④ Anthony Seldon and Peter Snowdon, *Cameron at 10*, p. 44.

账一起算。工党领袖埃德·米利班德(Ed Miliband)要求独立调查窃听始末，《世界新闻周刊》员工及卡梅伦媒界好友布鲁克斯(Rebekah Brooks)亦牵扯其中。有一百六十八年历史的《世界新闻周刊》停刊，库尔森辞职，奥利弗(Craig Oliver)接任新闻主管。然而辞职不等于了事，库尔森当年夏天被捕，等待牢狱之灾。其后两年，一次又一次调查、问讯搞得卡梅伦心烦意乱。

丑闻只是无聊之人的闲时消遣，有心之士关注的是联合政府成立时议定的选择性投票公投。自民党人长期抱怨简单多数制对他们不公，1992 年以来，该党每次大选得票率都在 20% 以上，与两大党差距仅 10% 左右，但议席只在 50 上下波动。卡梅伦为维系政府默默迁就自民党，拒绝就选择性投票公投表态，何况他算定工党不会支持选择性投票，即便公投政府也稳操胜券。然而1922 委员会、党鞭和奥斯本等忠告他有备无患。多数保守党议员埋怨卡梅伦向自民党让步太多，尤对 2011 年初的《议会固定议期法》(Fixed-Term Parliaments Act)耿耿于怀。根据此法，除非情况特殊或得到 2/3 议员同意，否则每五年一次大选，首相不得随意解散议会。自民党高层知道参与联合政府激起了较大的党内争议，不想短期之内大选，克莱格诸人更不想被卡梅伦随意抛弃，执意用上述法案约束首相和保守党。保守党内很多人认为卡梅伦被自民党绑架了，他们更痛恨选择性投票，担心这种投票毁掉两大党的优势，致使宪政前路不明。1922 委员会警告卡梅伦"可能会以最后一名保守党首相载入史册"；奥斯本就选择性投票公投直言："我们必须赢下这桩糟心之事，谁会管克莱格怎么想？"[1]2011 年 2 月 18 日，卡梅伦重压之下表态反对选择性投票，说其"对民主有害"。实际上，选择性投票自带投票程序复杂、计票麻烦、选举成本高昂等弊端。5 月 5 日公投时，选民以 67.9% 对 32.1% 的绝对优势否决了选择性投票。[2] 同一天地方选举揭晓，自民党惨败，克莱格无地自容，媒体和同道均嘲笑他被卡梅伦玩弄于股掌之中。羞愤难当的克莱格只能故作平静，声称联合政府利国利民，他本人舍党为国无怨无悔。自民党高层只求短期内不要大选，平安熬过党的震荡期。原本可能冲击联合政府的公投严重挫伤

---

① Anthony Seldon and Peter Snowdon, *Cameron at 10*, pp. 117 - 118.

② Anthony Seldon and Peter Snowdon, *Cameron at 10*, p. 122.

了自民党人士气,他们没有心情再去纠缠卡梅伦。然而卡梅伦没有时间喘息,联合政府眼下虽高枕无忧,联合王国却遇到了考验。苏格兰民族党在这次地方选举中大获全胜,苏格兰人嚷嚷独立,卡梅伦必须想出万全之策来对付苏格兰独立派。

2011年春,卡梅伦在外交和军事上举棋不定。全球关注席卷西亚北非的阿拉伯之春,利比亚内战爆发后,法国总统萨科齐(Nicholas Sarkozy)力主干涉,怂恿卡梅伦帮衬。北非是法国南方门户,也是亚欧交通枢纽、英国能源供给通道。卡梅伦认为利比亚不仅事关英国商贸,还牵涉国际道义,他摩拳擦掌,积极附和萨科齐。英国主要大臣和保守党多数议员均督促卡梅伦行动,国防大臣福克斯(Liam Fox)尤为狂热。英美联合出动空军间歇性轰炸卡扎菲部队,但未发起地面军事行动。工党主流反战且美国表示只能给予辅助性援助,卡梅伦需掂量轻重,毕竟布莱尔被伊拉克毁掉声誉殷鉴不远。在他观望之际,利比亚局势迅速失控,福克斯不久后因腐败丑闻去职,主战派折了干将,利比亚遂淡出英国人视线。

布莱尔高调宣扬中左派路线,卡梅伦则要构筑一条顺应潮流的中右派道路。他倾力推动的保守党现代化就是适度偏离撒切尔的新自由主义轨道,兼顾良心、道德与经济增长。2010年前后,保守党内对欧分歧一如既往,但曾经敌视梅杰的老右派影响力大不如前,党的转向阻力减小。卡梅伦师法1990年代初的布莱尔,淡化意识形态争论,想方设法集权并积极营销新概念。他既无实力亦无必要效法布莱尔修改党章,但有执政的总体构思——“大社会”(Big Society)。“大社会”刮起的旋风远不及第三条道路强劲,但在2010年前后也曾令人耳目一新。其主旨思想是让社会承担部分国家功能,适度纠正撒切尔所谓的“根本没有社会这回事”,同时尽可能迎合党内右派胃口。卡梅伦企图用“大社会”搭起一顶“大帐篷”,包容左右两派,广纳贤才。保守党前领袖黑格官居外交大臣,史密斯负责就业与养老,霍华德则是首相的伯乐。党内分歧和下院格局决定了卡梅伦没有条件搞总统式领导,但上述人事安排减小了老资格保守党人对政策的干扰。卡梅伦不是布莱尔式控制狂,也不像布朗一样扭扭捏捏。他本人掌舵,大臣在各自主管领域拥有极大主动权。各部大臣才尽其能,但也没几个人把“大社会”真当回事。

　　"大社会"设计师希尔顿(Steve Hilton)性格乖张,书生意气,痛恨权力暗箱操作,但才华横溢,是"卡梅伦这部火箭的助推器"。卡梅伦急于引导保守党从过去二十年的经典右派立场向"都市化的、负有同情心的、具备自由主义视野的"新方向转变,指望希尔顿站在这种转变的"前沿"扯嗓鼓噪。2009年11月10日,卡梅伦借一场讲座阐释他的社会治理思路,讲稿由希尔顿起草,"大社会"就是这时包装出来的。"大社会"抨击国家管得太宽、太死,建议家庭、社区、地方政府,甚至邻里等承担更多社会责任。"后官僚时代""去中央集权""透明""信息自由"等都是"大社会"中博人眼球的关键词。① "大社会"也被列入保守党2010年大选宣言,只不过党的主流当时把削减赤字视为主要得分点,卡梅伦当时没敢大肆渲染"大社会"。联合政府成立后,除少数知识精英嗅到了"大社会"的别致气息,民众并不清楚"大社会"铺设的究竟是什么样的社会改革路径。十分欣赏"大社会"的首相本人执政初期主要忙于安抚自民党,只能偶尔挤时间去营销"大社会"。唯有希尔顿热情洋溢,他只当幕僚,不求任何具体职位,生怕职位给他打上官僚化印记,他一门心思研究家庭怎样充分发挥作用。7月1日,唐宁街公职人员开会讨论希尔顿阐释的三组要素:透明、大社会、家庭。前影子财政大臣、现任政策部长(Minister for Government Policy)莱特温与会捧场。7月19日,卡梅伦跑到利物浦演讲,承诺出台一套行政"新方法",号召民众"作为志愿者"担起社会治理责任。② 左派攻击"大社会"就是政府掩饰削减支出、推卸社会责任的烟雾弹。2011年2月,卡梅伦又在伦敦萨默塞特大厦(Somerset House)演讲,鼓励用慈善和捐赠弥补公共资金不足,还承诺搞"国民服务"(national citzen service),为青少年提供技能培训。演讲未掀起任何波澜,即便"国民服务"也被视为炒十年前工党"新政"的冷饭。5月23日,卡梅伦在米尔顿凯恩斯(Milton Keynes)又一次宣讲志愿服务的重要性,甚至呼吁政府大臣每年抽出一天躬身志愿服务。③

　　卡梅伦起初的确对"大社会"寄予厚望,期待它配合公共职能部门提高公共服务质量,缓解政府资金压力。然而"大社会"既抽象又庞杂,在绝大多数公

①　Anthony Seldon and Peter Snowdon, *Cameron at 10*, pp. 147,149.

②　Anthony Seldon and Peter Snowdon, *Cameron at 10*, pp. 151-152.

③　Anthony Seldon and Peter Snowdon, *Cameron at 10*, pp. 154-156.

职人员眼里就是个笑料。希尔顿恃才放旷且容易情绪化,在智囊团中形单影只。起初他与库尔森水火不容,库尔森走后,他与新闻署其他人关系亦无改善。政策小组组长科比(Paul Kirby)不停向"大社会"泼冷水;内阁秘书长海伍德(Jeremy Heywood)本赏识希尔顿,但很快也无法忍受他的神经质。希尔顿抱怨卡梅伦支持力度不够,殊不知卡梅伦日理万机,已见缝插针多次为"大社会"造势。克莱格担心希尔顿书生误国,奥斯本更明智,从一开始就反对希尔顿列席"四巨头"会议,后来干脆连重要文件也不让他看,财政政策对其守口如瓶。2011年7月,希尔顿撰写一篇文章并以卡梅伦名义发表,呼吁劳动力市场自由化,结果触怒了自民党和工会。希尔顿为了做到有的放矢,也曾闭门静心梳理工作事项。然而卡梅伦逐渐察觉他成事不足,败事有余,原本欣赏"大社会"的莱特温也意识到希尔顿已成联合政府定时炸弹。夏秋之交,伦敦发生骚乱。祸源一般被视为削减支出导致民众需要泄愤。希尔顿重视家庭和社会在维系道德和稳定方面的作用看来证据确凿,他本应抓住这个机会把理论派上用场。然而10月底他在保守党年会上大放厥词,呼吁去中央集权化。这种场合连卡梅伦讲话都得谨慎,希尔顿却口无遮拦、天南海北。反恐是这次年会重要议题,党内普遍认为中央集权才能协调反恐行动,希尔顿却毫不识趣制造刺耳杂音。年底,他强烈建议把文官砍掉70%,海伍德认为他的荒唐幼稚已不可理喻。即便如此,卡梅伦仍在包容希尔顿。然而圣诞前后希尔顿竟以一介幕僚对高层人事指手画脚,要求卡梅伦把科比解职。深知人事微妙的卡梅伦忍无可忍,撕掉礼贤下士之伪装,怒呛希尔顿:"如果你要我激进,你就应帮我赢得一场大选胜利。"①2012年3月,希尔顿远走美国,"大社会"销声匿迹。社会改革,这个连撒切尔和布莱尔都半途而废的难题,希尔顿一介书生企图用文字游戏去推动,实乃痴人说梦。至于卡梅伦,为相两年后才明白,对社会改革望而却步并不丢人。

---

① Anthony Seldon and Peter Snowdon, *Cameron at 10*, pp. 160-161.

卡梅伦无意把自己意志强加给各部大臣,甚至不过问各部门政策细节,医疗、福利和教育是公认的三大社会事项,但三部门大臣不必理会"大社会",他们有足够空间各显神通。二战后的医疗政策就像一战前的宗教政策,是左右政治走势的最大变量。医疗政策得不到民众信任的政党不可能执政,1950年以来每次大选,工党都不忘标榜它的 NHS 成就并指责保守党欲出卖 NHS。工党指责并非空穴来风,卡梅伦在2008年春的保守党论坛上曾承诺给全科医生更大自主权和资金支配权,让职业医生管理 NHS。2010年大选时保守党改口向民众保证不会更改 NHS 为民服务本质,巧妙蒙混过关。联合政府成立后,卫生大臣兰斯利(Andrew Lansley)迫不及待推出一揽子改革方案,关键内容有二。一是扩大全科医生自主权;二是成立专门委员会,负责 NHS 日常管理。两项内容目的一致——"NHS 去政治化"。① 兰斯利在7月匆匆向内阁会议提交改革白皮书《公平且优秀:解放 NHS》(Equity and Excellence: Liberating the NHS)。白皮书与布莱尔的卫生大臣米尔本设计的改革路径一脉相承。布莱尔的遭遇已证明这种改革难于撼山。莱特温提醒兰斯利,白皮书在自民党这一关便会卡主,兰斯利却说"我是政府大臣,我勇往直前"。《金融时报》一篇文章称白皮书"不是要把(布莱尔方案)撕毁,而是要全力践行之"。②

莱特温的提醒和媒体评论预示兰斯利改革前路凶险。卡梅伦起初支持改革,克莱格也没阻挠。奥斯本和黑格首先跳出来反对。财政大臣只想卫生部着力减少病人等待时间,担心大刀阔斧改革触怒选民。兰斯利反驳说:"下次大选人民就会感受到改革裨益","你不必兜售改革,它自有买家"。他还说改革方案执行后,年可节省200亿镑医疗支出。2011年初,"健康与社会护理议案"(Health and Social Care Bill)在下院通过二读后进入委员会阶段,遭各路

① Anthony Seldon and Peter Snowdon, *Cameron at 10*, p. 182.
② Anthony Seldon and Peter Snowdon, *Cameron at 10*, pp. 185,187.

1119

反对力量拼命围剿。唐宁街战略负责人库珀（Andrew Cooper）和新闻主管奥利弗提心吊胆，料定议案必招致多数选民抗议。卫生部公职人员带头反对，改革不仅削弱他们权力且改革后他们便无事可做，沦为吃闲饭的冗员。布莱尔当年说公职人员是改革最大阻力，可谓一针见血。英国医学界和二十年前反撒切尔医改一样抵制改革。工会更不必说。3月中旬，反改革者在自民党大会上居绝对多数，克莱格迫于压力告诉卡梅伦，自民党议员不会支持医改议案。舆情沸反盈天，痛斥保守党果如工党所言，欲出卖 NHS。保守党后座议员乱了方寸，要求兰斯利"停下反思"。4月6日，改革按下暂停键。专家和政要花了几个月修改议案。奥斯本意见实际上取代了兰斯利初衷，医改重点变成缩短病人等待时间，不得用信托机构取代基金会医院。6月7日，卡梅伦公开承诺不触动 NHS 的"完整性及普遍性"。9月7日，大幅修改的议案在下院通过，但上院又强势干预并增添大量细节修改。直到 2012 年 3 月 19 日，议案才最终通过。① 尽管议案被改得面目全非且未破坏基本医疗服务，保守党民意还是大幅下滑。2010 年，保守党在 NHS 单项民意测验中快要追平工党，2013 年春，差距复归 10％以上。② 9 月，兰斯利调任下院领袖，中庸且温顺的亨特（Jeremy Hunt）接任卫生大臣。医改失败之因与撒切尔及布莱尔时代如出一辙——选民有选票威胁政府不得动摇 NHS。卡梅伦从这场流产医改中汲取了教训：大臣自行其是易出乱子，布莱尔总统式领导极有必要。

兰斯利医改遇挫并不能吓阻史密斯改革福利之雄心。史密斯是资深保守党员、前党领袖、诚挚的福音主义者，道德使命感强烈。他认为福利不是撒钱而是帮扶人们自立，福利当与工作挂钩。上任伊始，他就哀叹 500 万人领取失业救济金，其中 140 万人过去十年有九年未曾中断领取。失业救济已从福利变成毒药，成为助长惰性的恶源。他还认为养老金若要细水长流，必须鼓励人们自愿延迟退休，六十五岁以上者当继续工作。2011 年底，他宣布福利领取须与一定水准的兼职收入挂钩，长期待业者有可能失去福利。他的改革招牌是通用津贴。这种津贴旨在把各种福利及税收减免简化为单一支付方式，积

---

① Anthony Seldon and Peter Snowdon, *Cameron at 10*, pp. 187 - 190.
② Tim Bale, *The Conservative Party*, p. 387.

极工作者能领到相对高的福利,反之可能丧失领取资格。奥斯本认为史密斯太过理想化,抱怨福利改革初期阶段需投入更多资金。他此时的心态和2001年前后的布朗相似:精打细算且等着接班,抱怨其他大臣不懂财政,实则担心改革节外生枝、吓跑选民。好在卡梅伦支持史密斯,首相在《太阳报》撰文称:"我已记不清有多少人抱怨说:'我早起去工作,途径邻舍,邻居却窗帘下拉在鼾睡,因为他们可选择靠福利为生。'"[1]史密斯主导的《福利改革法》(Welfare Reform Act)经上院大幅修改后于2012年生效。许多被削减福利的人必须依靠食品银行(food banks)过活。英国红十字会(British Red Cross)称"饥饿程度令人揪心"。2014年初,27位主教联署发信谴责福利削减致使穷人更依赖食品银行。史密斯还削减空房津贴(spare room subsidy),致使原居住不属自己的闲置房屋并可申请领取津贴的穷人此后领取额度将会减少,工党炮轰此举变相开征床位税(bedroom tax)。[2] 史密斯把福利与工作紧密挂钩饱受非议,但改革在一定程度上纠正了体制弊端,弘扬了正气,到2014年,为享受福利而出门工作或兼职增收者明显增多。

联合政府把主管教育的部门从布朗时代的繁琐名称"儿童、教育及家庭部"复名为言简意赅的教育部(Department for Education)。教育大臣戈夫从不安分守己,他的教育改革比NHS和福利改革更激进。戈夫崇尚精英教育,恨不得立马将所有中学都变成伊顿公学,把所有大学都升级为牛津级别的招牌大学。他比兰斯利和史密斯幸运得多,同时得到首相和财政大臣支持。他还有愤世嫉俗的卡明斯(Dominic Cummings)及历史学家布尤(Paul Bew)等青年才俊襄助。戈夫从不掩饰对布莱尔的崇拜之情,志在完成布莱尔未竟的教改事业。新教育改革方案无需另起炉灶,已有阿多尼斯的现成版本。借此便利,改革启动初期一帆风顺,《私立学校法》(Academies Act)在2010年议会夏季休会前生效。该法允许公立学校私有化,弱化地方政府教育权力,授予学校课程设置和考核方式更大自主权。卡明斯还打算废除中等教育资格证书(General Certificate of Secondary Education)。[3] 地方政府和白厅建制派官

① Anthony Seldon and Peter Snowdon, *Cameron at 10*, p. 299.
② Anthony Seldon and Peter Snowdon, *Cameron at 10*, pp. 300 - 301.
③ Anthony Seldon and Peter Snowdon, *Cameron at 10*, pp. 398 - 399.

员齐力反对教育改革,戈夫的下属教育总监(chief inspector of schools)反对削弱政府的教育监管权。高校和工会也群体抵制,2013 年 4 月,全国教师工会(National Union of Teachers)呼吁戈夫辞职。自民党抨击戈夫改革人为把学生划成不同等级,要社会倒退至 1950 和 1960 时代;卡明斯则埋怨卡梅伦没有魄力与自民党一刀两断。

戈夫自称敢为天下先,抨击各级行政机构和公共服务部门被既得利益裹挟,缩首畏尾。他骂天咒地,指责梅(Theresa May)主管的内政部反恐不力。戈夫早在 2006 年就写了一本颇有学术水准的专著,反思 2005 年伦敦大恐袭,全面剖析当代恐怖主义,强烈建议对一切形式的伊斯兰激进主义开战。2010年代,简称 IS 的"伊斯兰国"(Islamic State)崛起给了戈夫更多煽风点火、叫嚣开战之理由。到 2014 年初,卡梅伦认为戈夫树敌实在太多,必须调岗,此时帮保守党筹备大选的克罗斯比(Lynton Crosby)告诉卡梅伦"戈夫已成政治上有害人物"。[①] 卡梅伦不轻易改组政府,他曾说改组政府造成的麻烦比所能解决的问题更多,无奈戈夫逼迫他破例而为。[②] 2014 年夏,戈夫调任党鞭,摩根(Nicky Morgan)接管教育部。环境大臣帕特森(Owen Patterson)时常表露极右情绪,被卡梅伦赶走。黑格主动请辞,哈蒙德接任外交大臣。这是卡梅伦为相六年仅有的一次幅度较大的内阁改组。

褒贬不一的医疗、福利和教育改革都由主管大臣操刀,但卡梅伦亲力而为的同性婚姻改革面临更多非议。同性婚姻是当代非伊斯兰国家普遍面临的麻烦。布莱尔时代的英国已承认同性婚姻合法,但激进主义者认为"异端的权利"仍不完整。2011 年,库珀怂恿卡梅伦公开支持同性婚姻,以彰显开放姿态和包容精神。库珀还提醒首相,不要被正在张罗扩大同性恋者权利的自民党抢了风头。民众支持同性婚姻者居多,但保守党员和保守党铁杆选民大多反对。时任下院保守党议员多半是社会保守派,社会自由派不到 1/3,政府大臣中社会保守派也占多数。各路保守派疾呼同性婚姻会毁掉婚姻和家庭,对一个珍视传统并尊崇国教的老派政党来说,同性婚姻就是挑战伦理底线,伤风败

---

① Anthony Seldon and Peter Snowdon, *Cameron at 10*, p. 403.

② Anthony Seldon and Peter Snowdon, *Cameron at 10*, p. 407.

俗。基层保守党员不断向他们所在选区的议员施压,吁请他们挫败"同性婚姻议案"(Gay Marriage Bill)。保守党女议员多丽丝(Nadine Dorries)说同性婚姻"应与上院改革一道被扔进垃圾桶"。2013年2月,"同性婚姻议案"二读时,至少136名保守党议员反对,支持者仅127人。卡梅伦却违拗党内主流看法,认为保守党应"与时俱进"。① 议案在自民党和工党支持下通过,这对卡梅伦来说利弊未知。

上院改革也充满争议。上院在历史长河中一直是保守党的盟军,绝大多数保守党人都反对改革上院。上院民选必致上、下两院冲突,布莱尔早就说过,上院多为专业人士,耗费时间和精力去分心拉票会妨碍他们发挥专才。不过改革上院一直是自民党的招牌,卡梅伦为保政府团结不便公开反对。克莱格在2011年5月的地方议会选举惨败后,为挽回颜面和平息党内怒火,全力以赴推动上院改革。然而保守党人此时念叨的宪政改革是选区边界调整,他们相信,调整选区边界后,保守党有望在下届大选中多赢20席。来自赫尔福德的保守党议员诺曼(Jesse Norman)攻击卡梅伦想以支持上院改革换取自民党支持选区边界调整,斥责这是无视原则的肮脏政治交易并提醒卡梅伦:保守党不该欠其他党派人情,更不能被其他党派掐脖子。卡梅伦告诫诺曼勿挑拨离间,继而于2012年8月说服克莱格撤回"上院改革议案"(Lords Reform Bill),心照不宣的"肮脏政治交易"告吹了,选区边界调整也变得遥遥无期。② 卡梅伦在保守党和自民党之间左右逢源,却两边不讨好,维系联合政府代价不菲,他在为入主唐宁街还债!

卡梅伦上台时,经济正为衰退所苦。政府当时狠命削减赤字,故连布朗在任最后几个月大肆花钱营造的虚假繁荣也迅速褪去。2011年经济仍无起色,该年第四季度GDP萎缩了0.2%。奥斯本打算削减最高所得税税率刺激消费,当时这项税率还是达灵2009年设定的50%,奥斯本欲借2012年预算把它下调至40%,卡梅伦认为45%更合适,不过他并未过度干预奥斯本权责;克莱格也不反对把最高所得税税率调为45%,但声明必须向富豪加税,豪宅税

---

① Tim Bale, *The Conservative Party*, pp. 390 - 391.
② Tim Bale, *The Conservative Party*, pp. 384 - 385.

首当其冲,以彰显联合政府执政为公。3 月 12 日,奥斯本主持"四巨头"扩大会议,议定最高所得税税率为 40%。库珀当时就提醒与会政要,调低最高所得税税率会被认为照顾富人,是"政治错误"。卡梅伦和奥斯本均未提高警觉。3 月 15 日,自民党部分与会人员把调低最高所得税税率的消息散布出去,舆情哗然。更糟的是,为弥补收入不足,预算又拟对馅饼、活动板房以及慈善家和慈善机构征税,甚至盯上了教会不动产。3 月 21 日,预算公布,埃德·米利班德斥其为"富豪预算","为全国 1% 的最富之人削减个税"却无视民间疾苦。① 馅饼税、活动板房税、慈善税这些名目繁多的税项致使 2012 年预算被讥为"糊糊预算"(omnishambles budget),大扫女王登基六十周年庆典之兴。4 月下旬,数据评估显示一季度 GDP 又下滑了 0.2%,经济步入至暗时刻。国际货币基金组织积极介入,建议英国放弃紧缩,刺激投资和消费。当时还在伦敦的希尔顿埋怨卡梅伦任由奥斯本乱作胡为,保守党后座议员因民调下滑指责卡梅伦"何不食肉糜"。5 月底,奥斯本被迫取消部分食品税并下调不移动的活动板房税,这种琐碎调整导致整个税收体系乱套了。他还语出惊人称慈善家多为富豪,故慈善税实同"富豪税"。7 月,奥斯本又谋算以基建拉动增长,卡梅伦一度天真认为修筑高速公路与收取养路费可以形成永久性良性循环。有人提议建屋盖房,但政府担心乡村保守党人以环保为借口予以抵制,何况专家警示,基建推动增长对发达国家难以奏效。奥斯本哀叹:"我无法忍受二季度经济继续负增长。"②

天无绝人之路,夏季奥运带动的消费增长和当年出售 4G 号码所得暂解燃眉之急,奥斯本一时不必去打燃油税主意,但 2013 年初的统计数据表明,2012 年第四季度经济复又下行,奥运繁荣昙花一现。③ 所幸奥斯本未雨绸缪,奥运结束后,他便放缓削减赤字步伐,宣布一系列基础设施投资,他口口声声贬抑凯恩斯主义,却偷偷摸摸践行。④ 为刺激消费,2013 年预算削减啤酒税、公司税和小企业保险税,冻结燃油税,为购房者提供净值贷款和按揭担保,

---

① Anthony Seldon and Peter Snowdon, *Cameron at 10*, p. 210.

② Anthony Seldon and Peter Snowdon, *Cameron at 10*, pp. 204 - 215.

③ Anthony Seldon and Peter Snowdon, *Cameron at 10*, p. 307.

④ Jim Tomlinson, *Managing the Economy, Managing the People*, p. 126.

鼓励民众购买低排汽车。① 春夏之交,曙光微现,国家统计局(Office for National Statistics)公布的数据显示 2013 年前两个季度 GDP 分别增长了 0.3% 和 0.6%。2014 年 6 月,国家统计局评估 2013 全年 GDP 增长了 1.8%。② 经济全面复苏,紧日子熬到头了。

奥斯本制定 2014 年预算时底气十足,他谨防经济果实用于福利挥霍,为生产部门和储户着想,废除了储户原需交纳的 10% 储蓄所得税,直言预算是"一份为制造商、生产者和储户制定的预算"。预算还包含一项杰作——重振北方(Northern Powerhouse)。从利兹经曼彻斯特到伯明翰的传统北方工业区现已变成锈斑带。2014 年 6 月 23 日,奥斯本刻意在象征北方往昔辉煌的曼彻斯特科学和工业博物馆(Museum of Science and Industry)发表重振北方演讲。卡梅伦也说 2014 年 5 月北方失业率比南方高 5%,振兴北方刻不容缓。2014 年 12 月 3 日,奥斯本在下院发表秋季声明(Autumn Statement),总结年度财政并展望下年预算,大吹四年经济成就,洋洋自得声称缩减了 40 亿镑开支。他还评估 2014 年经济增长率可达 3%,新增就业岗位 50 万个,乐观憧憬 2018 年实现收支盈余。③ 奥斯本性格偏软,做事常留尾巴,但知晓理财两大秘诀——精打细算并让资本有利可逐。

得能吏奥斯本襄助,卡梅伦有更多精力谋划全局。人们时常指责卡梅伦天性投机,而不去理解他的无奈。他承受着党政两方面的压力,小心谨慎、八面玲珑才不至翻船。保守党与自民党组建的可以说是史上最怪异的联合政府。1895 年的联合政府旨在维护国家统一,1931 年的联合政府为了应对大萧条,1916 和 1940 年的联合政府为了打赢大战,而 2010 年的联合政府没有明确任务,缺少凝聚力,两党随时可能各奔东西。卡梅伦更是无力号令保守党。2010 年前后的保守党下院议员大致可分为三派。其一是撒切尔派,约占

① Anthony Seldon and Peter Snowdon, *Cameron at 10*, p. 310.
② Anthony Seldon and Peter Snowdon, *Cameron at 10*, pp. 314-315.
③ Anthony Seldon and Peter Snowdon, *Cameron at 10*, p. 447.

36%,他们疑欧、反移民并认为环保有碍经济发展。其二是正统保守派,约占38%,对税率和公共开支敏感,支持适度的宪制调整。前两派均担心甚至反感卡梅伦把左翼的东西渗入党内,破坏原汁原味的保守主义。其三是只占25%左右的保守党自由派,受新工党影响较大,相对年轻、开明,不囿于老式成见,和卡梅伦志趣相投,是政府铁杆。① 布莱尔至少可以在2001年以前得到工党议员一致支持,但卡梅伦步入唐宁街时便受保守党议员前挤后压,对内从无十拿九稳之策,对外则吃力不讨好,徒惹一身骚。

早在梅杰时代,卡梅伦当记者和秘书时就明白了一个道理:不能让英欧关系左右政策,尽量回避对欧争执,无法回避就拖,拖一天算一天。2006年,竞选党魁时,他自然不会言明对欧政策,只明确一点——保守党要退出欧洲人民党团(European People's Party),模糊的滑头之策助他战胜了戴维斯和福克斯。2009年,保守党退出欧洲人民党团并推动成立欧洲保守与改革党团(European Conservatives and Reformists)。当年11月4日,卡梅伦在伦敦一家政治俱乐部演讲时借《里斯本条约》(Lisbon Treaty)炮轰工党政府误国害民,还说将来欧盟从英国拿走任何权力都需公投批准。《里斯本条约》是欧盟创建以来的最重要条约,它的生效在英国引起极大争议。卡梅伦所做的花样文章适度平息了疑欧派怒火,外加当时举国忙于应付经济危机,围绕条约的争议才没有升级为激烈政治对抗,但在疑欧派心中,这笔账迟早要算。卡梅伦深得布莱尔真传,连对欧策略也一样。布莱尔1997年上台前拒就欧元表态,动辄以公投搪塞公众。卡梅伦也把公投许诺当作挡箭牌,闪烁其词且承认选民至上,用意一目了然:无论民众作何选择,领袖不必担责。然而保守党内对欧分歧远大于工党,卡梅伦难以靠圆滑和套路摆脱指责,疑欧派埋怨他没尽全力抵制《里斯本条约》。无论在野还是主政,保守党领袖的最大压力都来自党内疑欧派。

2010年当选的保守党下院议员中,新老疑欧派不在少数,卡梅伦主政后压力有增无减。议员台比特、卡斯威尔(Douglas Carswell)、莱克利斯(Mark Reckless)、欧洲议会的英国议员哈南(Daniel Hannan)、民间一呼百应的法拉

---

① Tim Bale, *The Conservative Party*, pp. 364 - 365.

奇(Nigel Farage)均可能随时发难。2011年10月24日,疑欧派在下院提出一项动议,拟投票表决是否有必要就退欧举行公投,时任保守党党鞭麦克罗林(Patrick Mcloughlin)好言相劝亦不能阻止动议提出。下院以483对111票否决了动议,但至少81名保守党议员支持公投。① 卡梅伦既要安抚形形色色朝野疑欧派,又要迎合反对动摇英欧关系的自民党。为保政府,他只求维系英欧关系现状,以免对欧分歧过度冲击政局。他得利用有限职权防止欧盟以预算为名从英国拿走疑欧派所说的冤枉钱;还要保护金融利益,毕竟伦敦数万金融从业者依赖欧盟。

卡梅伦执政初期除了安抚党内外疑欧派,也曾把部分赌注押在默克尔(Angela Merkel)身上,希望她理解英国民心,体谅英国政府难处,适度照顾英国利益以封堵疑欧派嘴巴。卡梅伦拜相十天后就去柏林拜会默克尔,后者对卡梅伦带领英国保守党退出欧洲人民党团心存不满,但不失大国领导人风范,给予卡梅伦高规格礼遇并于当年10月30日回访英国,与卡梅伦相谈甚欢,只可惜英欧关系并没有因英德领导人第一轮你来我往取得实质性改善。2011年,欧盟面临的大难题是南欧四国,也就是所谓"欧猪国家"(PIGS,葡萄牙、意大利、希腊、西班牙四国国名英语拼写的首字母)债务危机,德法两国主导的欧洲财务部门正研究一揽子方案帮"欧猪国家"化解危机,防止欧元被拖垮。卡梅伦看衰欧元区前景,但为免触怒默克尔仅委婉表示:"我的意思不是反对欧洲(债务)计划,我只想要欧洲改革。"②他要改革的毫无疑问是英欧财务关系。11月18日,他要默克尔同意英国有权据当时正在讨论的《财政协议条约》(Fiscal Compact Treaty)惩罚财政不负责任的欧盟成员国,好给英国民众交代。但默克尔要求卡梅伦理解她的身不由己,她的国内压力不比卡梅伦小,还得考虑欧盟大家庭和谐。12月初,英方发给默克尔一份要求保护英国金融利益的文本,默克尔和萨科齐商量后予以拒绝,萨科齐直斥英国"为伦敦要求的特权太多";时任英国驻欧大使达诺切(Kim Darroch)早已料到结果,他说:"布鲁塞尔伏击已准备妥当,默克尔和萨科齐不会向我们屈服。"12月6日,卡

① Anthony Seldon and Peter Snowdon, *Cameron at 10*, p. 169.
② Anthony Seldon and Peter Snowdon, *Cameron at 10*, p. 171.

梅伦致电默克尔,威胁动用否决权给欧盟捣乱。自撒切尔时代开始,英国的否决票在欧盟眼里早是家常便饭,默克尔不吃卡梅伦那一套,还强势声称上诉欧洲法院(European Court of Justice)裁制英国的任性妄为。次日,意大利总理蒙蒂(Mario Monti)帮腔表示,英国的诉求会削弱《财政协议条约》的效力。局面僵死了,默克尔让步,欧盟就会分裂,但黑格也及时提醒卡梅伦:"你若在这个问题上让步,保守党就会分裂。"卡梅伦岂会不懂外交只是内政的延伸?他拒签《财政协议条约》,理由是其"会改变欧盟性质"。① 和 1992 年的《社会宪章》情形相似,条约生效,但无关英国。卡梅伦归国后,1922 委员会在下院盛赞其英明,疑欧派元老卡什也报以掌声。卡梅伦知道喝彩和掌声均是金杯毒酒,他比谁都清楚:自民党对他拒签条约心生怨恨,而疑欧派把他捧得越高,他的对欧政策空间就会越窄。

默克尔没办法满足卡梅伦,但真正把卡梅伦逼到墙角的是党内疑欧派。拒签《财政协议条约》聚攒的人气很快就消耗完毕,而欧盟为化解债务难题集权力度有增无减,给了疑欧派更多口实。2012 年 5 月 21 日,卡梅伦、黑格以及卡梅伦对欧事务秘书卢埃林(Ed Llewellyn)在从北约峰会返国飞机上得出结论——几年之内公投避无可避。6 月底和 7 月初,新一轮英欧矛盾爆发。6月 27 日,议员巴伦(John Baron)发出联名信,提议立法确保下届议会期间公投。卡梅伦一边努力平息事态,一边展现对欧强硬姿态。6 月 29 日,他在欧盟理事会上抵制欧盟试图管控和监督各国大银行;7 月 1 日,在《星期天电讯报》(Sunday Telegraph)撰文称:"我们必须清楚对英国最有益的最佳路径。"②一般认为,这是卡梅伦首次对公众释放公投信号。疑欧派把薪助火,以加快首相做决定。10 月底,53 名保守党议员联合工党把一项关涉 2014 至2020 年英国对欧预算的修正动议强加给政府。③ 11 月初,卡梅伦指令卢埃林秘密起草承诺公投的声明。7 日,他与来访的默克尔再度讨论政策回旋空间,默克尔一如既往表示爱莫能助,卡梅伦遂怒称英国 1973 年加入的是共同市场

---

① Anthony Seldon and Peter Snowdon, *Cameron at 10*, pp. 172 - 175.

② Anthony Seldon and Peter Snowdon, *Cameron at 10*, p. 259.

③ Anthony Seldon and Peter Snowdon, *Cameron at 10*, p. 260.

而非欧盟。① 2013年1月23日晨,卡梅伦在彭博社(Bloomberg)伦敦总部演讲,重点突出欧盟丰功伟绩,但也声明:下届大选后继续与欧盟谈判且无论谈判结果如何届时英国都会公投决定去留。演讲主要针对三类听众。一是需要安抚的党内疑欧派;二是英国商界精英,卡梅伦希望他们积极行动,提前聚拢留欧力量;三是欧洲各国和欧盟领导人,演讲旨在提醒他们:英国政府已别无选择,要动真格。

卡梅伦演讲完毕便飞赴达沃斯(Davos)参加世界经济论坛。他在达沃斯及随后的欧盟理事会上巧妙周旋,利用奥朗德(François Hollande)新官上任为英国争取到了对欧预算少许削减。然而疑欧派认为彭博社演讲只是虚张声势,削减的对欧预算还不够打牙祭。戈夫明确表示,一旦公投,他会毫不犹豫支持退欧;环境大臣帕特森直言"我们必须拥有在议会中制定我们自己法律的能力"。② 5月7日,前财政大臣劳森在《泰晤士报》撰文称卡梅伦争取到的欧盟让步"无足轻重"。数日后,年轻议员沃顿(James Wharton)提出一项议案——确定2017年公投。议案在下院零反对,上院建议不要操之过急,暂将其否决。卡梅伦知道指望上院挡枪绝非长久之策,他已使尽解数并尽量淡化对欧争议及分歧,但疑欧派对他的殚精竭虑毫不领情,更不买账。

对欧政策众口难调,对欧盟之外的政策亦遭指责。卡梅伦和布莱尔一样,认为英国应担负一定的道义责任,在全球弘扬人道主义,积极反恐,打击各种极端主义。2013年,IS肆虐中东,卡梅伦和奥巴马以叙利亚总统阿萨德(Bashar al-Assad)庇护IS恐怖分子为由,扬言出兵推翻阿萨德政权。与2003年对伊战争不同,美国不愿单独行动,如无他国积极参与,美国不会出兵,故英国态度和行动就直接决定战争是否再起。工党坚决反战。埃德·米利班德称,没有联合国授权或安理会决议被俄国否决,工党都不会支持出兵,亦反对利用导弹发动远程打击。③ 2013年8月29日,卡梅伦效仿2003年3月18日的布莱尔,对下院煽情,称出兵推翻阿萨德政权不是干涉叙利亚内政,而是报复"最令人憎恶的化学武器之使用"以及对"战犯的回应"。然而下院以285对

---

① Anthony Seldon and Peter Snowdon, *Cameron at 10*, p. 265.
② Anthony Seldon and Peter Snowdon, *Cameron at 10*, pp. 268 - 269.
③ Anthony Seldon and Peter Snowdon, *Cameron at 10*, p. 335.

272 票否决了出兵动议,保守党的戴维斯等 30 人投票反对,卡什和多丽丝等 26 人弃权。[①] 卡梅伦无地自容,反对党不给面子可以理解,党内同道也自行其是。2014 年 6 月 10 日,IS 打下摩苏尔(Mosul),伊拉克政府请求英美施以援手。此前英国目光紧盯叙利亚境内的努斯拉(Al-Nusra),IS 恐怖分子和反阿萨德武装正激烈争夺此地。摩苏尔易手后,IS 更加嚣张,其滔天罪行激起全球愤怒,英国舆情反转,支持发兵讨之。9 月 25 日,卡梅伦在联合国大会上呼吁国际协作挫败恐怖主义。次日,下院以 524 对 43 票授权英军空袭 IS,仅 6 名保守党议员和 23 名工党议员反对。英方没有派遣地面部队,卡梅伦过了一把战争瘾后适可而止,2015 年 1 月,他出访美国时向奥巴马表示,下次大选前英军能做的只是象征性军事打击。[②]

卡梅伦没有深趟叙利亚浑水可谓明智,他可以把精力集中于内政。在 2012 年经济至暗时刻,卡梅伦声望也跌至低谷,不过他还是借奥运积攒的人气在当年秋季曼彻斯特保守党年会上激情演讲,他没有再提“大社会”,转而承诺让英国在“全球竞赛”中“更富竞争力”,还说:政策当给人“期待”(aspiration),“努力工作渴望自我提升者”理应得到回报。[③] 演讲反响良好,“全球竞赛”和“期待”这两个关键词自带满满正能量。2013 年 10 月初,保守党年会仍在曼彻斯特召开,人们原以为卡梅伦讲话很难再有新意,但他晾出了高铁 2 线(High Speed 2)草图。他说:“高铁 2 线旨在靠全民努力把南北连接起来”,“这个国家长期以来太过以伦敦为中心,这就是为什么我们需要一条贯穿南北的铁路干线”。[④] 人们期待高铁 2 线能与撒切尔治下的海峡隧道以及布莱尔时代的高铁 1 线形成双引擎。直到卡梅伦倒台,高铁 2 线仍停留在图纸设计阶段,然而不可否认它为奥斯本制定 2014 预算提供了极大财政伸缩空间,也令民众相信卡梅伦英明能干,选民的认可和强劲复苏的经济均是保守党迎接下年大选的好牌。

[①] Anthony Seldon and Peter Snowdon, *Cameron at 10*, pp. 340 - 341.

[②] Anthony Seldon and Peter Snowdon, *Cameron at 10*, pp. 468 - 469.

[③] Anthony Seldon and Peter Snowdon, *Cameron at 10*, pp. 248 - 249.

[④] Anthony Seldon and Peter Snowdon, *Cameron at 10*, p. 349.

第三十章 撕裂的国家与混乱的治理 (2014—2022)

布莱尔说他上台时未曾料到任内要领导三场对外战争,卡梅伦上台时恐未想到要领导三场公投。2011年的选择性投票公投在联合政府成立时已经议定,造成的影响仅似茶杯里的风波,无碍大局。2014年的苏格兰独立公投被指拿国运当儿戏,好在卡梅伦胸有成竹,没有出现闪失。2016年退欧公投揭晓后,卡梅伦一夜间输光了政治资本,当即撂挑子走人,留下了难以收拾的烂摊子,致使英国内政外交持久动荡,朝野乌烟瘴气。卡梅伦倒台被讥玩火自焚,是投机成性应得的报应;世人多指责他主持的退欧公投加剧了联合王国地域、阶级、政党、族群乃至文化和信仰等方方面面的对抗,彻底撕裂了国家。公投确有鲁莽冒失之嫌,但奚落和指控对卡梅伦并不完全公正,退欧公投早有1975年先例,何况2016年公投时联合王国已全方位撕裂,形形色色不满现状者急欲揪住欧盟这只替罪羊尽情宣泄,英欧关系的了断只能诉诸公投。

所有英国首相均知联合王国统一兹事体大。2010年7月1日,卡梅伦到北爱发表演讲,为1972年的"流血星期日"公开道歉,称当年惨剧是"无法辩护也不能辩护的"(unjustified and unjustifiable)。[①] 诚恳致歉收揽了北爱民心。卡梅伦对苏格兰的重视远超北爱,上任第三天,即2010年5月14日,他便巡访苏格兰并在苏格兰议会演讲,支持权力继续下放。这次巡访不仅展现亲民形象,还向苏格兰人明示,尽管保守党在联合王国最北方这片区域从来捞不到

---

① Anthony Seldon and Peter Snowdon, *Cameron at 10*, p.51.

选举方面的好处,但新首相绝不会冷落苏格兰人。国人当时普遍认为北爱仍是联合王国心病,但不到一年,苏格兰就取代北爱成为王国头等麻烦。细究其因,这不难理解。"撒切尔领导的保守党政府在没有得到苏格兰多数选民支持的情况下推行了一系列不得人心的社会和经济政策",布莱尔时代大不列颠南北经济的不平衡发展等导致苏格兰人日渐失落,而权力下放以及苏格兰议会选举均加速唤醒了苏格兰人沉睡已久的民族意识。[①] 苏格兰民族党在2011年地方选举中赢下苏格兰地方议会129个席位中的69个,底气十足要求独立公投。卡梅伦确信,即便公投,多数苏格兰人也支持留英;奥斯本坚信爱丁堡等大城市的中产阶级不可能拥护独立。2012年初,唐宁街高层初步议定公投准备工作:保守党和中央政府都不能主持公投,代表中央政府的组织"统一更好"(Better Together)的领导者应由苏格兰人担任,最好来自工党,因为下院苏格兰议员多属工党。前首相布朗是最佳人选,但布朗故作清高,卡梅伦请不动这尊大神。前财政大臣达灵资历和人缘都合适,且乐于为政府分忧,自民党人也敬重他,故受托担任"统一更好"的领军人,负责统派公投动员。埃德·米利班德应卡梅伦之邀为公投细节和组织动员建言献策。[②] 两大政党围绕内外政策处处互呛,但在维护国家统一问题上均感义不容辞。政府信心十足,政要均知道民族党并无获胜希望,其领袖萨尔蒙德(Alex Salmond)仅想借公投敲诈伦敦的中央政府,攫取更多权力和利益。经一年半讨价还价,2012年10月15日,卡梅伦和萨尔蒙德在苏格兰地方政府所在地圣安德鲁斯宫(St Andrews House)达成《爱丁堡协议》(Edinburgh Agreement)。协议主要内容有三:公投暂定于2014年秋;十六、十七岁公民可以投票;只设独、统(yes/no)两个选项,无任何附加条件。老辣的卡梅伦坚决不给萨尔蒙德任何敲诈机会。

卡梅伦当时放话称公投会在一代人时间内令苏格兰分离主义者闭嘴,但朝野贤良指责他拿国运赌个人前程。到2014年初,公投迫近时,卡梅伦自嘲:若输掉公投,自己必然会像被控丢失美洲的18世纪首相诺斯勋爵一样背负万世骂名。[③] 众所周知,工党和自民党在苏格兰较受欢迎,保守党不受待见,为

---

① T. M. 迪瓦恩:《苏格兰民族》,第850页。

② Anthony Seldon and Peter Snowdon, *Cameron at 10*, pp. 130 - 133.

③ Anthony Seldon and Peter Snowdon, *Cameron at 10*, p. 409.

舒缓苏格兰人抵触情绪,官方摆出超民族、超党派姿态。工党干将达灵统筹公投,奥斯本予以协助。亚历山大和 2013 年上任的苏格兰事务大臣卡米切尔(Alistair Carmichael)负责拉票,重用这两名苏格兰人意在营造苏格兰人管理苏格兰事务之气象,弱化民族党的独立理由。卡梅伦当然不能袖手旁观,2014年前 9 个月,他总计去了 12 趟苏格兰,发表多次演讲。但他把最重要的一次演讲安排在伦敦奥林匹克公园(Olympic Park),意在表明,苏格兰人投票,但统独关涉全体君民。他还借国际政要之口为统派架势,6 月初到访的奥巴马公开祝愿联合王国"强大、稳固、统一"。卡梅伦运筹帷幄,举措妥当,春夏之交的民调显示统派稳操胜券。奥斯本就没那么老练了,他在格拉斯哥和爱丁堡等地演讲,以近乎恐吓的语气渲染独立后苏格兰将面临的经济灾难,特别强调苏格兰独立后无权使用英镑,其论调和语气徒增苏格兰人反感。相反,上院代表、苏格兰人斯特拉奇克莱德勋爵(Lord Stratchclyde)等德隆望重之人姿态谦和,承诺给苏格兰更多自治权,笼络了人心。[1] 8 月,公投进入决战阶段。当月 15 日,达灵在与萨尔蒙德的电视辩论中占得上风,但十天后两人二次辩论时,萨尔蒙德无中生有称 NHS 对苏格兰不公,民意随之反转。9 月初,独派民调追得更紧。素来冷静的女王意有所指表示"我希望人民认真考虑未来"。[2] 卡梅伦坐不住了,着手大打经济牌。当时业务涉苏的大企业股价下跌,甚至出现撤资潮。苏格兰人顿感后果严重,1707 年正是预期的商业便利促成了两地统一。卡梅伦还联络苏格兰商界大亨,敦促他们向民众澄清利弊。[3] 9 月 10 日,卡梅伦跑到苏格兰寡妇(Scottish Widows)这家著名的保险公司演讲,吁请苏格兰人不要把对保守党的成见国家化,澄清公投不同于大选,它"不是决定未来五年,而是未来一个世纪"的大事。15 日,他在爱丁堡警告:公投"没有回头路,它是反水不收(once and for all)的决定"。[4]

　　相比卡梅伦亲自上阵,布朗及时出山作用更大。布朗在苏格兰以及工党

---

① Anthony Seldon and Peter Snowdon, *Cameron at 10*, pp. 411 - 413.

② Anthony Seldon and Peter Snowdon, *Cameron at 10*, p. 414.

③ Anthony Seldon and Peter Snowdon, *Cameron at 10*, p. 415.

④ Tim Shipman, *All Out War: The Full Story of How Brexit Sank Britain's Political Class*, William Collins, 2017.

内均是偶像级大佬,9 月 18 日公投前一天,他不再卖关子,公开呼吁民众维系国家统一。布朗有浓郁的乡土情怀,永远揣着一颗苏格兰赤子之心,理解苏格兰人的民族主义情感,但他并不支持英苏分离。他说:

> 终我一生,我都是诚挚的苏格兰家园主义者。我从不试图掩饰我对苏格兰以及我的苏格兰根脉的挚爱,但我从未发现我的家园主义与我对联合王国统一的信念之间有何冲突。

布朗维护王国统一的责任心天地可鉴。数年后,他仍强调:"我认为苏格兰不属于苏格兰民族党,亦不属于统派或任何政客,我们的家园属于每个人。"①布朗的表态决定性改变了摇摆民众投票意向。投票率高达 85%,统独两派分别得票 55% 和 45%,独派仅在苏格兰 32 个投票区中的 4 个得票居多。不过 45% 的独派足证苏格兰分离主义随时可兴风作浪,况且格拉斯哥和邓丁(Dundee)两大城市独派居多。卡梅伦有惊无险过关,萨尔蒙德认输,不过他和独派的措辞颇值玩味,他说"苏格兰多数人决定,不会在当前阶段成为独立国家",话外之音是将来如何还得走着瞧。苏格兰暂不独立,但公投助推民族主义情绪和身份认同,又一次加速唤醒苏格兰人民族记忆。将来以格拉斯哥为中心的独派与以爱丁堡为中心的统派矛盾极有可能升级。卡梅伦不仅无视王国分裂和苏格兰内耗的危险性,还推波助澜,公然讨论所谓的"英吉利选票捍卫英吉利法"(english votes for english laws)。生活在苏格兰西洛锡安地区(West Lothian)的一批英格兰人后裔长期受苏格兰人歧视,卡梅伦带头为他们抱打不平。无论报复心理作祟还是为了讨好党内右翼,卡梅伦都扬言要把西洛锡安培育为一根苏格兰人的肉中刺。西班牙首相拉霍伊(Mariano Rajoy)对民族矛盾危险性的体验与洞察比卡梅伦深刻得多,他祝贺卡梅伦保住了国家统一时不忘提醒他别再玩火,"勿再打开潘多拉之盒(Pandora box)"。②

---

① Gordon Brown, *My Life*, *Our Times*, pp. 397, 405.
② Anthony Seldon and Peter Snowdon, *Cameron at 10*, p. 422.

公投后不到十天,卡梅伦便遭当头一棒。9月27日,保守党高层前往伯明翰参加党的年会途中收到糟糕消息,莱克利斯转投英国独立党(UKIP),加上一个月前已投奔过去的卡斯威尔,不免让人忆起1996年场景,当时保守党议员连番变节,继而便是1997年大选惨败。卡梅伦尽量冷处理莱克利斯叛党风波,强打精神在年会上传递正能量,向各界保证坚决维护NHS基本功能,声称保守党是"具有同情心和维护社会正义的真正党派"。① 发言内容大都是2010年大选前的老调重弹,但关于NHS的表态先发制人,预防工党借NHS在2015年大选中抹黑保守党。

保守党备选工作相当充分,卡梅伦还觅到了杰出的选举职业策划师澳大利亚人克罗斯比帮忙。卡梅伦智囊团中不缺专才,但要么如希尔顿闭门造车,要么像卢埃林埋头写稿,要么如库珀格局太窄。克罗斯比曾帮澳大利亚首相上位,曾助约翰逊连任伦敦市长,2012年后,他有如及时雨出现在卡梅伦身边并成为智囊团第一红人。自2013年起,多数重大决策都少不了克罗斯比幕后策划。卡梅伦重用克罗斯比的意图相当明确——赢得下次大选。克罗斯比认为经济是关键,经济向好才能保障福利和就业。2013年底,克罗斯比为卡梅伦设计了着眼大选的五点方案,分别是削减赤字、降低个税、创造更多就业岗位、管控福利和移民、为年轻人提供最好的教育和技能培训。② 除第四点,做好其他四点并不难。保守党选战宣传主要吹嘘经济成就,规划未来发展方略;大伦敦都市区繁华一片,不必过多操心,但北方锈斑带选民失落。为了拉票,2015年1月,卡梅伦和奥斯本在曼彻斯特联袂登台,为重振北方造势,声言依托"材料科学、生物医药、超级计算机和能源",把北方打造为"科技革新的全球中心"。③ 2015年3月15日,奥斯本公布了一份专为迎接大选的预算,高调自夸成就可比肩格拉斯顿。他说:"经济在每个方面都比我们接手时更强大;

①　Anthony Seldon and Peter Snowdon, *Cameron at 10*, pp. 444 - 445.

②　Anthony Seldon and Peter Snowdon, *Cameron at 10*, p. 293.

③　Anthony Seldon and Peter Snowdon, *Cameron at 10*, pp. 378 - 379.

……生活水平在提高,不列颠蒸蒸日上,……英国回归了。"[1]反对党指责预算对 NHS 只字不提,挑刺声称复苏拜国际油价下跌之赐,是高杠杆房贷及超前消费制造的虚假繁荣。然而英国经济 2014 至 2015 年在发达国家中一枝独秀是不争事实。

到 2015 年大选前,卡梅伦交出了差强人意的政绩,经济已全面复苏,联合政府稳固如初,NHS 亦无致命软肋。对欧分歧和移民仍困扰着政府和保守党,然而工党对欧政策也不靠谱,还要对移民涌入这个老难题负更大责任。卡梅伦不敢保证大选完胜,但保住议会第一大党不成问题,只要继续笼络克莱格,他还是唐宁街主人。克莱格反感奥斯本,对令人心动的振兴北方计划没有提及他的选区所在地谢菲尔德腹有怨言,但这位甘为配角的自民党领袖对卡梅伦佩服得五体投地。联合政府五年政绩白璧微瑕,而工党上下看起来都在自杀。保守党乐观派坚信胜券在握,因为"米利班德的工党不是新工党,而大卫·卡梅伦和梅杰不一样,不是与托尼·布莱尔竞争"。[2]

2010 年 9 月 25 日,埃德·米利班德以 50.65％对 49.35％的微弱优势击败其兄大卫·米利班德当选工党党魁,他的胜选主要归功于工会力量。21 世纪,财富急剧流向了富商巨贾和金融专家腰包,普通民众生计倍艰,通胀肆虐加剧了财富分配不公。埃德·米利班德认为 2008 年大衰退已敲响新自由主义丧钟,新工党只是披着劳工外衣的新自由主义拥护者和践行者,普通百姓正期待一场重新分配财富的社会经济革命。为顺应民心,他私下表示"想埋葬新工党",加大国家对经济干预力度。[3] 埃德·米利班德打破以往由工党议员选举影子内阁成员的传统,改由党魁任命。鲍斯原是人人看好的影子财政大臣,但埃德·米利班德讨厌鲍斯自以为是,任命阿兰·约翰逊为影子财政大臣,然而他很快便与阿兰·约翰逊无法共处,被迫于 2011 年带着怨气和憋屈启用鲍斯为影子财政大臣。影子内政大臣耶维特·库珀(Yvette Cooper)和外交大臣道格拉斯·亚历山大(Douglas Alexander)均是布朗系人马,布莱尔信任的

---

① Anthony Seldon and Peter Snowdon, *Cameron at 10*, p. 496.

② Philip Cowley and Dennis Kavanagh, *The British General Election of 2015*, Palgrave Macmillan, 2016, p. 66.

③ Philip Cowley and Dennis Kavanagh, *The British General Election of 2015*, pp. 69 - 70.

布伦基特、米尔本以及与布朗对着干的达灵等人或离开或被边缘化。工党急速左转。如果说布朗搞凯恩斯主义主要为了保就业,埃德·米利班德则要把工党导向均贫富的极左路向。他和鲍斯在性格上难以相处,但一致认为眼下经济困难源于大衰退,而非布朗的政策失误,何况改弦易辙等于纠错,而纠错必给保守党更有力的回击武器。他们盛赞布朗把大量新发货币用于民众福利,不相信财政紧缩能让经济起死回生,毕竟直到2013年,货币刺激仍被政商两界主流视为经济复苏的法宝。埃德·米利班德还宣扬一战前后第一代工党人耳熟能详的过左论调,他在2011年工党年会上把企业分为"掠夺"和"生产"两类,并称前者无视道义、不顾民众死活,而后者兼顾盈利与公益。2012年他攻击"糨糊预算"为富豪预算情有可原,但2013年他又语出惊人,要"限制市场",冻结地租和房租,开征富豪税,拆散大银行。① 民众从中读到的讯息是工党仇视市场经济;有产阶层不再信任工党的经济治理能力,更担心高税收和毫无节制的凯恩斯主义刺激导致经济崩盘和国家破产。

埃德·米利班德喜左厌右,傲慢专断,从不顾及自己的言行举止给党带来的负面影响,甚至被控缺乏教养。工党开明人士哀叹埃德·米利班德战胜其兄实属党之不幸,保守党人则普遍庆幸由他领导工党。2014年9月底的工党曼彻斯特年会为埃德·米利班德提供纠正极左路线的合适时机,但他脱稿演讲遗漏了如何应付赤字这项重要内容。大选在即,选民急待了解工党财政政策,埃德·米利班德事后却轻描淡写称在记者会上澄清即可。② 遗漏赤字问题并不奇怪,或许埃德·米利班德有意为之,因为他从不承认赤字有错,即使表态削减赤字也是口是心非。政客都是人精,埃德·米利班德固执自有盘算。削减赤字会招致左派怨恨,极左路线至少可以保住工党基本盘,守住基本盘就不至全面溃败,而新工党的危险性在于它争取到了部分中产却疏远了工人。布莱尔主政十年后,工薪阶层不再相信工党高层体谅他们的痛苦,21世纪英国新阶级政治基本特点已经形成:主流政党与阶级均无对应关系,都是富人代言人。埃德·米利班德刻意左倾,有望留住旧工党忠实铁杆。两党民调不相

---

①　Philip Cowley and Dennis Kavanagh, *The British General Election of 2015*, pp. 78 - 79.

②　Philip Cowley and Dennis Kavanagh, *The British General Election of 2015*, p. 91.

上下绝非幻觉，部分工党人甚至乐观估计联合小党有望把埃德·米利班德送进相府。不过金诺克提醒他们：1992 年工党民意测验也很乐观，却苦吞败果，连预估的悬浮议会也未出现。①

工党真正的危险在苏格兰。早在 2014 年 11 月民调就显示苏格兰民族党能拿下苏格兰 59 个议席中的 45 个。保守党本来在苏格兰只有 1 个议席，故民族党崛起必削弱工党实力。保守党重点针对工党的乐观和民族党的强势大做文章，收效极佳。卡梅伦和约翰逊反复提醒选民提防工党和苏格兰民族党共同破坏王国统一，还声称它们一旦联手，19 世纪晚期爱尔兰人绑架自由党的悲剧将会重演，届时工党必然以苏格兰高度自治乃至独立换取执政权柄。约翰逊借《太阳报》采访呼吁选民抵制"米利班德和苏格兰民族党组建消极、无用、联邦主义性质的政府"。② 亲保守党的媒体聚焦苏格兰民族党领袖司特琴（Nicholas Sturgeon）在电视辩论中展现的强势风采，描绘工党甘愿被苏格兰人勒索、进而接受王国分裂的可怕图景。③ 保守党资金充裕、组织有序，2013 年上任的政策小组组长、约翰逊胞弟乔·约翰逊（Jo Johnson）制定的竞选宣言很有针对性——稳固 2010 年从工党手中夺取的议席并主攻自民党席位。④ 此举极不厚道，但收益颇丰。自民党奄奄一息，2014 年欧洲议会选举仅获 1 席，党内有人策划以喀布尔（Vince Cable）取代克莱格领导大选，而克莱格也一度考虑辞职。⑤ 保守党只有管束移民不力一项弱点，然而工党甚至没有管束移民的意愿。领袖魅力比拼，卡梅伦亦压倒埃德·米利班德。奥斯本后来说经济复苏和领袖魅力是保守党关键得分项，不完全是邀功请赏，也不是盲目拍卡梅伦马屁。⑥ 保守党领袖可靠，政绩不俗，策略得当，竞选宣言针对性强，对工党的攻击招招致命，胜利实至名归。

5 月 7 日选民投票。开票后，普遍预测的悬浮议会并未出现，保守党赢得 650 个总席位中的 331 个，下院 12 席优势相比 2010 年不足半数可谓质的飞

① Philip Cowley and Dennis Kavanagh, *The British General Election of 2015*, p. 204.
② Philip Cowley and Dennis Kavanagh, *The British General Election of 2015*, p. 194.
③ Tim Bale, *The Conservative Party*, p. 417.
④ Tim Bale, *The Conservative party*, p. 404.
⑤ Philip Cowley and Dennis Kavanagh, *The British General Election of 2015*, p. 108.
⑥ Anthony Seldon and Peter Snowdon, *Cameron at 10*, p. 517.

跃。工党得票比 2010 年多 70 万张,席位数却降至 232,原因在于苏格兰变天了;民族党拿下苏格兰 59 个议席中的 56 个,与 19 世纪晚期的爱尔兰民族党一样,成为下院第三大党。工党的英格兰席位比 2010 年还多出 15 席,但 2010 年它在苏格兰多达 41 席,而今只剩 1 席。苏格兰民族党的崛起意味着工党今后必须在英格兰表现更优秀才能与保守党抗衡。工党在苏格兰的战绩比 2010 年略有起色,但远未打动多数劳工。早在 2001 年,工党已开始流失工人阶级选票,2005 年大选只有约 1/3 工人阶级支持工党,2015 年只有不到 1/4 工人阶级支持工党。余者要么不投票,要么转投他党。底层民众对选举越来越没兴致,85% 以上中产阶级在这次大选中投票,但工人阶级投票率仅 48%,低学历者投票欲望最低。下层民众已找不到政治代言人。[①] 布莱尔所说的"不能融入社会的人"正在变成隐入尘烟的弃民。自民党遭遇重创,仅得到 8 席,选票数从 2010 年的 680 多万降至 240 余万,得票率也从 23.3% 断崖式跌至 7.9%。[②] 独立党是大选中一道独特风景线,收获 300 多万张选票,就选票数看它才是第三大党。2010 年大选时独立党得票率仅 3%,如今高达 13%。除苏格兰,独立党遍地开花,在失业严重或白人工薪族聚集的区域特受欢迎。保守党、工党、独立党都参与瓜分自民党选票,但独立党也掳走了工党和保守党部分传统选民,且对工党的伤害略大于保守党。原因在于:保守党至少有疑欧情绪,而工党和自民党与欧盟太过暧昧。独立党自带扎眼民粹色彩,组织无序,得票虽多但极为分散,在简单多数制下仅一名候选人胜出,而它原本有两名下院议员。[③] 这次大选暴露英国政治面临以下几个严峻挑战。一、独立党兴起预示英欧关系必须做一了断。二、苏格兰民族党已经坐大,联合王国前景堪忧。三、保守党和工党在英格兰平分秋色,支持工党极左政策的选民不在少数,应对新阶级冲突的办法是左倾的社会主义还是右倾的民粹主义,有待长期实践去检验。

---

① Geoffrey Evans and James Tilley, *The New Politics of Class*, pp. 153,174.

② Philip Cowley and Dennis Kavanagh, *The British General Election of 2015*, pp. 433, 436.

③ Philip Cowley and Dennis Kavanagh, *The British General Election of 2015*, pp. 372, 374,382.

　　胜选后卡梅伦意气风发,甩掉了自民党,拓宽了施政空间,还腾出更多职位用于犒劳或收买党内后座议员。卡梅伦无需大改政府,财政、内政、外交三部大臣均为原班人马,只有戈夫出任司法大臣这一项重要人事任命。政府和谐,文官称职,行政效率自有保障。保守党大选中已承诺大力发展经济,给民众"更光明且安全的未来",单独掌权后,政策自然要从紧缩开支转向改善民生,百姓对好日子拭目以待。2015年10月初,卡梅伦在曼彻斯特保守党年会上重点指出当下主要任务是战胜贫困、抑制极端主义、推动教育改革、促进社会和谐。2016年初,他在北伦敦一场针对贫困的演讲中继续宣扬其秉持多年的"有良心的"中右派道路。在一个严重撕裂的国度中,自称兼顾公平与效率、实则和稀泥的中右派道路绝非康庄坦途,但起码能部分消解民间怨气和戾气,延缓动荡的来临。2016年初的英国表面看经济强劲,政通人和,卡梅伦正在百尺竿头,实际上他比谁都清楚,朝野暗流涌动,大批民众在热切等待退欧公投,难以预测的公投结果极有可能导致艰辛赢取的大好形势戛然而止。

　　众所周知,卡梅伦长期为对欧政策苦恼,保守党疑欧派有如幽灵长期困扰着他,到2014年,党内疑欧派更有理由向他加大施压力度,因为独立党已开始动摇政府根基和保守党群众基础。独立党,顾名思义,就是要挣脱所谓的欧盟枷锁,为英国拿回真正的内外政策自主权。它成立于1993年,起初被全民公决党抢去风头。1997年,全民公决党作鸟兽散,独立党迎来转机。它在1999年欧洲议会选举中产生3名欧洲议会议员,其中之一便是法拉奇。21世纪前十年,该党实力稳步上升,分别在2004和2009年的欧洲议会选举中拿下12和13席,两次得票率均超16%。从2009年开始,该党开始积极参与内政。2009至2013年它多次角逐地方市政机构选举,表现不俗。不过此时独立党仍无力竞逐下院议席。2010年大选中,它仅获得3%选票,候选人全部败北。然而就在这一年,法拉奇当选党魁,独立党井喷式勃兴。法拉奇瞄准移民大做文章,俘获广泛民心。他在2014年欧洲议会选举造势时称:移民"是这个国家面临的最大问题,移民影响经济、NHS、教育、公共服务和赤字,但建制派

(establishment)二十年来避谈移民,独立党现在打开话匣"。独立党直接告诉民众:"移民和欧洲是同一个问题。"①拉票期间克莱格和法拉奇同台辩论,法拉奇的激情煽动完全压到了克莱格的文质彬彬。独立党在选举中取得了"关键性突破",收获 27.5％的选票和 24 个欧洲议会议席。自民党一败涂地,工党表现惨不忍睹,但保守党得票数竟排在工党之后。②

　　独立党狂飙突起绝非偶然,更非法拉奇的民粹主义煽动富有魔力。首先,民众对官方及主流政党管束移民失去信心。卡梅伦及保守党根本拿不出移民涌入的因应之策,彭博社演讲流露的亲欧情绪徒增民众失望之情;自民党加入政府饱受非议,其部分党员和忠实选民心生怨念,转投独立党宣泄愤懑;工党是移民难止的罪魁祸首,其支持者成群结队转投独立党。与其说独立党受欢迎,倒不如说大批排外的选民在欧洲议会选举中故意支持独立党,以之惩罚主流政党。其次,内政外交已无法适应社会经济的急速变迁。弱势群体本已对现状不满,而 2008 至 2012 年的大衰退以及随之而来的通胀加剧了贫富分化,恶化了民生,大量民众反全球化,转向封闭主义。独立党"认同银行超额利润、公司贪婪、经济不平等和社会不公是主要问题",道出了民众心声。③ 最后,新媒体和"信息过量"便利民粹主义小党以低廉成本宣传和推销政策。

　　一向鄙视独立党为乌合之众的卡梅伦终于在 2014 年欧洲议会选举中领教了它的凌厉。三个月后,卡斯威尔和莱克利斯转投独立党更是对卡梅伦的直接羞辱。卡梅伦以无奈的官腔告诫疑欧派:心浮气躁无济于事,叛党只会"适得其反",即便退欧,也应等下届大选后由保守党政府有序组织公投。卡斯威尔和莱克利斯继续向卡梅伦伤口撒盐,代表独立党直接与保守党竞争议会补选。10 月 9 日,卡斯威尔在克拉克顿(Clacton)选区以压倒性优势胜出。卡梅伦惊慌失措,短期内五次前往罗彻斯特-斯特鲁德(Rochester and Strood)选区狙击莱克利斯,但徒劳无功,莱克利斯以 3000 票优势赢得补选。卡梅伦只能继续向疑欧派重复他的陈词滥调:欲速不达,退党并不能实现退欧,保守

---

① Harold D. Clarke, Matthew Goodwin and Paul Whiteley, *Brexit: Why Britain Voted to Leave the European Union*, Cambridge University Press, 2017, p. 89.

② Harold D. Clarke, Matthew Goodwin and Paul Whiteley, *Brexit*, p. 138.

③ Harold D. Clarke, Matthew Goodwin and Paul Whiteley, *Brexit*, pp. 101,121.

党才有能力领导公投,组织松散的独立党只会添乱。① 然而严酷事实是,独立党因两名议员加入和补选胜利士气高涨,在英国下院有了代言人且在欧洲议会中扎稳了"规模可观的营盘"。②

卡梅伦国内受辱,国外亦遭无视。2014 不仅是欧洲议会选举年,也是欧委会(European Commission)和欧洲理事会(European Council)换届年。理事会一般由成员国首相或总统组成并推举一位任期两年半的主席,权力更大的欧委会主席一般由理事会推举,再由欧洲议会选举产生,任期五年。欧委会主席需得到欧洲议会席位占多数的党团支持,至少得有最大党团支持。此时的欧洲议会试图略去理事会推举而直接选举产生欧委会主席。卢森堡首相容克(Jean-Claude Juncker)是热门人选,他和当年的德洛尔相似,拥奉联邦主义,热衷政治一体化。英国人对他高度警惕。卡梅伦仍天真指望默克尔帮忙阻止容克当选。2014 年 2 月 27 日,访英的默克尔得到高规格礼遇,会见女王并在英国议会演讲,不过她在演讲中明言,指望自己阻止容克恐怕会让英国人"失望"。卡梅伦继续纠缠,默克尔敷衍表示等欧洲议会选举落幕再说。5 月22 日,欧洲议会选举揭晓,欧洲人民党团席位第一,英国保守党所在的欧洲保守与改革党团只获得 751 个议席中的 70 席,不足 1/10。容克出任欧委会主席看来板上钉钉。默克尔国内所属的德国基督教民主联盟(Christian Democratic Union,简称基民盟)及友党巴伐利亚基督教社会联盟(Christian Social Union,简称基社盟)均支持容克,向默克尔施压要她力挺容克,勿被卡梅伦带偏。德国主流媒体告诫默克尔"不要忍受他的敲诈";英国疑欧派则嘲笑卡梅伦被人戏耍,不知默克尔一直在利用他阻止来自中左派的社会与民主进步联盟(Progressive Alliance of Socialist and Democrats)候选人舒尔茨(Martin Schulz)当选欧委会主席。卡梅伦一度病急乱投医,联络瑞典首相赖因费尔特(Frederik Reinfeldt)等小国领导人阻止容克,徒劳无功。③ 6 月中下旬,卡梅伦在欧洲多家媒体发文抨击容克,又在 6 月 26 日第一次世界大战百年纪念日质疑容克,不过当时各国领导人相聚目的是铭记欧洲分裂与对抗的

---

① Anthony Seldon and Peter Snowdon, *Cameron at 10*, pp. 388 - 391.

② Harold D. Clarke, Matthew Goodwin and Paul Whiteley, *Brexit*, p. 128.

③ Anthony Seldon and Peter Snowdon, *Cameron at 10*, pp. 429 - 433.

血泪教训,卡梅伦的刺耳杂音与主旋律完全不合拍。27 日,欧洲理事会以 26 对 2 票推举容克为欧委会主席,只有卡梅伦和另类的匈牙利总理奥尔班 (Viktor Orbán)反对。卡梅伦白忙多场,法拉奇嘲讽他幼稚可笑,抨击他是 "一个不吸取教训的失败者"。① 卡梅伦努力将功补过,立撑图斯克(Donald Tusk)出任欧洲理事会主席,并争取到英国人希尔(Jonathan Hill)进入欧委 会高层主管金融。然而这点滴成就不可能封住疑欧派嘴巴。

卡梅伦内外承压,只剩一招——正视移民。自 2004 年始,移民便是英国 朝野第一话题。2005 年大选时,布莱尔就曾高度担心保守党指控工党管束移 民不力。2009 年英国净移民达 20 万人,2010 年预估达 25.2 万人。② 卡梅伦 上台伊始极力回避移民争议并尽可能甩锅工党政府,而非主动制定管制策略。 然而移民对资源构成压力并导致巨大安全隐患,限制势在必行,争议仅在于幅 度把控,朝野对限制力度远未形成共识。自民党的商业大臣喀布尔明确反对 限制移民。梅的内政部收紧政策,限发留学生签证,关闭野鸡大学,限制非欧 移民成效卓著。但从 2013 年始,来自欧盟的移民压力超过非欧移民。英国经 济向好吸引大量欧盟工人;英国政府给欧盟公民优渥福利;语言便利也是一大 诱因,哪怕受过中小学教育的人也能听说几句简单英语。保加利亚和罗马尼 亚 2007 年加入欧盟,当时英国政府为限制这两国移民制定了专门措施,但措 施到 2013 年期满,必须出台新对策。2013 年,英国驻欧永久代表坎利夫(Jon Cunliffe)向时任欧洲理事会主席范龙佩(Herman von Rompuy)交涉福利旅 居(benefit tourism,专为享受福利滞留英国),白费口舌。当年 10 月,内政部 主导的一项法案试图限制医疗旅居(health tourism,专为医疗留驻英国),亦 流于形式。③

妇孺皆知加强边界控制是阻止移民的主要手段。梅以内政大臣身份强行 宣布英国不再遵守欧盟部长会议(Eu Council of Ministers)确立的部分规制, 但对阻止移民基本无用。移民加速涌入英伦导致卡梅伦在 2014 年和 2015 年 上半年昼思夜虑,害怕疑欧派和反对党死揪移民问题猛批政府无能,进而改变

---

① Anthony Seldon and Peter Snowdon, *Cameron at 10*, p. 425.
② Anthony Seldon and Peter Snowdon, *Cameron at 10*, p. 453.
③ Anthony Seldon and Peter Snowdon, *Cameron at 10*, p. 455.

2015 年大选的选民投票意向。2014 年 10 月中旬，从布里斯班（Brisbane）G20 会议归国途中，卡梅伦与助手讨论并得出结论：与欧盟谈判既解决不了移民，也无助于边界控制。11 月 25 日，他告诉各部大臣："如不处理移民问题，我们就要面临大规模反叛。"①重臣意见不一，梅和新任外交大臣哈蒙德都建议强力制止移民。奥斯本认为移民有助于经济繁荣，指责内政部把大量优秀人才，尤其是来自中国的人才，拒之门外。奥斯本此时已志在下任保守党领袖并视梅为潜在竞争对手，处心积虑挑她的毛病。值此前后，政府还请前首相梅杰去柏林演讲。梅杰在柏林称英国医疗、教育和住房等已因移民不堪重负，欧盟若不体谅难处，英国退欧与留欧可能性大致对等。11 月 28 日，卡梅伦跑到斯塔福德郡发表关于移民的演讲。他首先肯定移民的经济贡献，继而声明：移民进入英国四年之内福利受限，半年之内若无法就业将被驱离。法拉奇当即指责演讲措辞和所给措施都绵软无力，工党自然不忘跟风起哄。② 2015 年 4 月中旬，两艘偷渡船在地中海倾覆，千余人丧生。卡梅伦在选战关键时刻仍抽身去布鲁塞尔研讨对策，但他表示英国无力为难民提供庇护，只能派军舰参与搜救，协助打击蛇头。卡梅伦的演讲以及在布鲁塞尔的表态稍稍平息了疑欧派怒气，大选在即，党内疑欧派也适当收敛。2015 年大选时，保守党未受移民所累，但从长远看，移民演讲只是隔靴搔痒。

卡梅伦 2013 年初的彭博社演讲和保守党 2015 年大选宣言均已承诺公投。大选后，公投立刻提上日程。5 月 28 日，哈蒙德代表政府向下院提出退欧公投议案，除苏格兰民族党，各党均无异议。9 月 7 日，议案通过下院三读。12 月中旬，上院和女王批准议案，《公投法》（European Union Referendum Act）生效，据其条文，英国至迟于 2017 年底公投决定是否退欧。卡梅伦接下来须竭力为留欧拉票，为此，他一方面佯摆姿态与欧盟谈判，另一方面告诉选民，政府会千方百计阻止移民并限制移民享受福利。2015 年 11 月 10 日，卡梅伦在伦敦查塔姆大厦（Chatham House）发表重要演讲，承诺以下四点：捍卫不属于欧元区但英国所在的单一市场利益、增强欧盟整体经济竞争力、确保英

---

① Anthony Seldon and Peter Snowdon, *Cameron at 10*, p. 457.
② Anthony Seldon and Peter Snowdon, *Cameron at 10*, pp. 459 – 460.

国主权不再受侵蚀、控制移民。① 与此同时,他致信图斯克,开列了与上述演讲内容大致相同的几条要求:欧盟非欧元国利益和欧盟整体利益不应顾此失彼,所有欧盟成员国的司法和主权不应再受侵害,限制成员国公民流动。一次次演讲、一份份承诺以及一轮轮对欧交涉充分证明卡梅伦已做到极限。然而2016年2月英欧达成的一项草案只笼统称不再强求成员国"进一步的紧密联合",对移民这一关键争议只字不提。欧盟高层坚持成员国民众自由流动是雷打不动的天条。老疑欧派雷德伍德认为草案对"收回边界控制"全然无用,戴维斯煽动疑欧派抨击草案丧权辱国,史密斯直斥草案乃"一坨垃圾",《太阳报》大骂草案"臭不可闻"。② 卡梅伦身心俱疲,硬着头皮于2016年2月20日宣布6月23日公投。他说"这是我们一生中这个国家将面对的最重大决定"并警告民众:"我们应清楚,退欧会危及我们的经济和国家安全。"他继而奉劝民众冷静:"那些想退欧者并不能告诉你们英国公司能否进入欧洲自由贸易的单一市场,劳动人民的工作能否保障,物价涨幅多少,他们能提供的一切在不确定的时代都是危险的。"最后他用德比对1867年议会改革的经典点评——"一步迈入未卜之境"表达自己的深深忧虑。③

公投战役打响时,威斯敏斯特和唐宁街的政要阵营分明。绝大多数议员立场明确,约480名下院议员支持留欧,其中包括约185名保守党议员、222名工党议员、54名苏格兰民族党议员和8名自民党议员。余下约140名保守党议员、10名工党议员、1名独立党议员和8名北爱民主统一党议员支持退欧。政要中,首相、外交和财政大臣均是留欧派,但史密斯、戈夫等6名内阁大臣以及刚卸任伦敦市长的约翰逊为退欧派。史密斯和约翰逊铁心退欧,政府

① 　Anthony Seldon and Peter Snowdon, *Cameron at 10*, p. 545.
② 　Harold D. Clarke, Matthew Goodwin and Paul Whiteley, *Brexit*, pp. 23 - 25.
③ 　Harold D. Clarke, Matthew Goodwin and Paul Whiteley, *Brexit*, p. 30.

无法争取，但卡梅伦没有说服戈夫支持留欧，可谓失策。① 这帮退欧高官是名副其实的"尊贵退欧派"（respectable leavers），不屑与大富豪班克斯（Arron Banks）以及法拉奇领导的草根退欧派合作。不过纷纷攘攘的草根退欧派在班克斯等人组织和号令下，形成了声势浩大、席卷全英的"退欧坏家伙"（Bad Boys of Brexit），煽动力远超"尊贵退欧派"。② 留欧派也鱼龙混杂，既有达官贵人、前朝遗老和手握权柄的政要，也有贩夫走卒。全国党派、朝野完全被打乱，每个人都不受党派及政令约束，根据个人意愿投票。2016 年初的主流民调显示留欧派略占优势，但争取摇摆选民支持才能胜出。摇摆选民想退欧但又担心经济受到过度冲击，他们纠结于"心灵告诉我们应该退欧，但头脑又告诉我退欧太危险"的两难决择中。③

为争取摇摆选民，留欧派围绕经济话题大做文章。4 月 15 日，政府给每户派发一份传单，写明欧盟是英国最大贸易伙伴，帮助英国吸纳大量外资并造就 300 多万工作岗位。奥斯本和达灵两任财政大臣均出示具体数据论证退欧的经济负面影响。卡梅伦和奥斯本极力夸大退欧经济伤害，他们说仅伦敦金融业就要丢掉 10 万份工作，还警告退欧意愿最浓的养老金领取者：退欧后经济不振，养老金无法足额发放，保健人手亦不足。奥斯本还说退欧后必须加税应对经济危机。鉴于公投是全国统一计票，留欧派不遗余力在威尔士人和北爱尔兰人中制造恐慌，声称威尔士和北爱尔兰将丧失欧盟例行给予的工农业贸易补贴，新贸易壁垒严重阻塞北爱和爱尔兰贸易。有人振振有词称退欧后每包香烟会涨价 3 镑，福克兰群岛居民为了生计必须与阿根廷套近乎。卡梅伦还从安全方面为留欧辩护，他说法国和比利时境内静静矗立的无数墓碑就是欧洲分裂的见证。英美两国部分政要称退欧削弱北约战力，英国分享军事情报的权力受限。卡梅伦甚至说"只有弗拉基米尔·普金（Vladimir Putin）和 IS 欢迎退欧"。卡梅伦危言耸听，漫无边际夸大退欧危险性，视其为世界末日，一名天空电视台记者当面半调侃式问他："退欧后，第三次世界大战和全球

---

① Tim Shipman, *All Out War: The Full Story of How Brexit Sank Britain's Political Class*, William Collins, 2016, p.148.

② Harold D. Clarke, Matthew Goodwin and Paul Whiteley, *Brexit*, pp.30-31.

③ Harold D. Clarke, Matthew Goodwin and Paul Whiteley, *Brexit*, p.32.

经济衰退到底哪个先爆发?"①

　　大公司、国际政要、跨国组织等亦加入论战。2016年初,英格兰银行行长卡尼(Mark Carney)警告资本必因退欧撤离英国;后又预言:"汇率、需求和供给"全盘震荡;"家庭不敢消费,公司延缓投资";"全球金融状况"不容乐观。②英国煤气公司、汽车协会、旅游业组织均预估损失惨重、生活成本攀升。百余名英国商业大腕中的83%支持留欧。G20会议和国际货币基金组织均奉劝英国人留欧。美国财政专家预测退欧后伦敦将失去世界金融中心地位。造访英国的奥巴马说退欧后英国在与美国的贸易谈判中"靠后站"。日本首相安倍晋三在唐宁街称数千家日本公司之所以在英国投资,正因为英国是"通向欧盟的门户"。③ 两位工党前首相也称退欧危险至极,布莱尔警告退欧导致联合王国分裂,布朗则说退欧会把"英国工业心脏区"变成"工业废区"。④ 布朗早在2015年初就警示退欧后英国会落得"朝鲜的下场,将自己置身严寒之中,没有朋友,没有影响力,没有新的贸易,甚至鲜有新投资"。⑤

　　除了布莱尔点出政治风险,绝大多数留欧派只打一张经济牌,而退欧派却可以围绕移民、恐袭、医疗、福利等火力全开。戈夫原助手卡明斯利用媒体聚焦在科隆被揭发的移民性侵案震慑国人;福克斯直接称移民为恐怖分子;保守党议员博尼(Peter Bone)借古喻今,称"罗马遭焚,首相却束手无策"。退欧派还曲解对欧预算,谣称每周要给欧盟送去3.5亿镑,继而攻击布鲁塞尔的欧盟官僚机构挥霍英国人民血汗钱,福克斯说"不应每周把3.5亿镑送去布鲁塞尔"。⑥ 退欧派3月底举例论证50名最危险的欧盟刑事犯中的45人曾在英国作恶,其中包括9桩谋杀和7宗强奸案。退欧派还大打NHS牌,称移民"医疗旅居吸干了NHS资源之血"。保守党女议员帕特尔(Priti Patel)说:"当下移民潮对我们的公共服务构成难以承受的压力,我们发现NHS在这种压

---

① Harold D. Clarke, Matthew Goodwin and Paul Whiteley, *Brexit*, pp. 44 - 45, 50 - 51.

② Harold D. Clarke, Matthew Goodwin and Paul Whiteley, *Brexit*, p. 46.

③ Harold D. Clarke, Matthew Goodwin and Paul Whiteley, *Brexit*, pp. 36, 44 - 46.

④ Harold D. Clarke, Matthew Goodwin and Paul Whiteley, *Brexit*, pp. 37, 52.

⑤ 布伦丹·西姆斯:《千年英欧史》,第220页。

⑥ Harold D. Clarke, Matthew Goodwin and Paul Whiteley, *Brexit*, pp. 34 - 35, 40.

力下嘎吱作响。"①退欧派发布录像称卡梅伦支持土耳其加入欧盟,戈夫遂借题发挥说 2020 年土耳其等国入欧后,500 万移民会迅速涌入英国,相当于 4 个伯明翰大区人口,届时伯明翰地方医疗机构难堪重负,殃及全体国民。关注子女教育的中年人大都对一些老师的抱怨耳熟能详——同一个教学班里无法听说英语的移民子弟严重妨碍了正常教学。福克斯耸人听闻称每六分钟就要建一所房屋用于安置移民。法拉奇说 IS 成员和"圣战"分子(jihadists)正伪装成移民潜入英国,公投前他跑到博尔顿、纽卡斯尔、诺丁汉等工党传统票仓巡回演讲,恰巧 10 余名非法的阿尔巴尼亚移民此时被阻止在肯特沿海,法拉奇信手可拈的证据又多了一份天赐筹码。一位民粹因法拉奇的煽动丧失理智,枪杀了留欧派工党女议员考克斯(Jo Cox)。② 约翰逊与戈夫为首的"尊贵退欧派"还为疑欧派画大饼。他们说退欧后英国会效仿澳大利亚对移民进行英语测试;还承诺把不必再交的欧盟会费用于国内建设,每年为 NHS 增投 50 亿镑。他们不仅把移民与恐袭混为一谈,还为选民规划退欧后的国家治理,而民众根据他们丰富的行政经验确信未来可期。③

公投投票率高达 72.2%,退欧派得票 51.9%,留欧派得票 48.1%。英格兰和威尔士退欧票分别占 53.4% 和 52.5%,苏格兰和北爱尔兰退欧票仅分别占 38% 和 44.2%。④ 人口占联合王国绝大多数的英格兰足以决定胜负。退欧派胜利并非偶然。

一、退欧有广泛群众基础,绝非一帮"坏家伙"透过于外的煽动。英格兰和威尔士境内,仅跨国企业云集的伦敦都市区、人才荟萃的大学所在地以及少数依赖旅游业或期待欧盟农牧业补贴的区域留欧者居多。⑤ 老龄化社会中,老年人投票意向往往左右胜负。老年人很难接受全球化时代出现在英国的诸多新现象,反感乃至恐惧安宁和谐的古老家园涌入大批信仰殊异、肤色不同、语言不通的外族。害怕被移民抢走工作机会、抱怨财富分配不公的白人低薪族

---

① Harold D. Clarke, Matthew Goodwin and Paul Whiteley, *Brexit*, p. 48.
② Tim Shipman, *All Out War*, p. 381.
③ Harold D. Clarke, Matthew Goodwin and Paul Whiteley, *Brexit*, pp. 53 - 55.
④ Harold D. Clarke, Matthew Goodwin and Paul Whiteley, *Brexit*, p. 150.
⑤ Harold D. Clarke, Matthew Goodwin and Paul Whiteley, *Brexit*, p. 173.

是退欧主力军。低学历者踊跃投票支持退欧毫不奇怪。2009 年的调查便已显示,大学毕业者收入是没有任何正规教育资格证书者两倍;没有教育资格证书者失业率为 17%,有教育资格证书者失业率仅 3%。[①] 2014 年前后,大学毕业生中的财富精英占 15%,不稳定无产者仅 3%;非大学毕业生中的财富精英仅 3%,而不稳定无产者高达 18%。[②] 没有学历证书者,72% 支持退欧,而有学历资格证书者仅 35% 支持退欧。低端从业者 63% 支持退欧,而从事通常被视为中产职业的群体,仅 44% 支持退欧。[③] 失去国内政治代言人的低收入者在这次公投中的投票率远高于最近几届大选。庞大退欧大军绝非朝夕形成,而是 1980 年代之后全球化和产业结构调整的总结果。撒切尔和布莱尔时代已经凸显的贫富差距在卡梅伦治下加剧了。奥斯本经济成就光鲜,但严厉紧缩伤穷人最甚。公共支出从 2010 年 7640 亿镑降至 2015 年 7470 亿镑,考虑到经济增长,公共开支占 GDP 之比从 2010 年的 45.3% 降至 2015 年的 40.8%,地方政府同期人均开支缩减了 23.4%。养老金和医疗支出分文不能少,削减公交补贴、家庭补贴等对穷人影响较大的福利项目反倒成了奥斯本省钱诀窍。[④]

二、退欧者组织并不差,动员力甚至更强。他们投票前民调已基本追平留欧阵营。一般认为,选民若全部投票,留欧派会以微弱优势胜出,但退欧派动员更卖力,效果更佳;若非考克斯惨遭不幸伤害了退欧派道义,他们得票率会更高。法拉奇拉票功不可没,约翰逊更吸睛。早在 2 月 9 日,卡梅伦为笼络约翰逊,邀其至唐宁街十号密谈,许诺任他挑选政府"排名前五的职位"并支持他与奥斯本公平竞争下届保守党领袖。[⑤] 约翰逊不为所动并于 2 月 21 日宣布支持退欧,致使卡梅伦遭受"2015 年大选后的最大打击"。[⑥] 这位以写历史题材畅销书成名的前伦敦市长颇有迪斯累利遗风,志向高远且擅长攻心,他故意"高调、口无遮拦","迅速把自己打造为退欧派的非官方领袖",是"退欧阵营的

①　Geoffrey Evans and James Tilley, *The New Politics of Class*, pp. 26‑27.

②　马克·萨维奇等:《21 世纪英国的社会阶级》,第 209 页。

③　Geoffrey Evans and James Tilley, *The New Politics of Class*, p. 202.

④　Jim Tomlinson, *Managing the Economy, Managing the People*, pp. 112,129‑130.

⑤　David Cameron, *For the Record*, William Collins, 2019, pp. 652‑653.

⑥　Anthony Seldon and Peter Snowdon, *Cameron at 10*, p. 548.

一份主要资产"。① 他拉票时金句不断，5月中旬接受《星期天电讯报》采访称："拿破仑、希特勒、形形色色人等试图统一欧洲，都悲剧性失败了，欧盟也试图以不同方法干这份勾当。"②

三、主流政党允许各自党员及支持者尽随其便。党员对党的忠诚度以及党的统筹意愿和能力都与1975年不可同日而语。保守党政府中立，卡梅伦倾向留欧，但不强迫公职人员顺从己意，亦无力号令保守党，连他的心腹戈夫都自行其是，遑论福克斯和史密斯这些老资格疑欧派。工党留欧者居多，前领袖布莱尔、布朗，前高官阿兰·约翰逊、达灵等都是留欧派，其中阿兰·约翰逊还代表官方承担留欧动员和组织重任，不过工党内也有菲尔德这样的昔日大员支持退欧。新任党魁科尔宾（Jeremy Corbyn）态度飘忽不定是留欧失败的重要原因。卡梅伦原指望科尔宾动员工党党员和铁杆选民为留欧积极投票，但科尔宾是工党疑欧派。他的疑欧情绪与民粹不同，植根于根深蒂固的左翼思维，认为欧盟是国际资本利益代言人，是普罗大众天然的阶级敌人。科尔宾既不开罪工党主流，又不明言支持留欧。自民党新领袖法伦（Tim Farron）无足轻重。苏格兰民族党局限于北方一隅。因此约翰逊、法拉奇之流的个人风采比一切党组织对选民投票意愿影响更大。

四、2016年的欧盟与1975年的欧共体有天壤之别。欧共体最初只谈经济，但时移世易，2016年的欧盟管辖事项早已不止经济，可谓无所不包。它的欧陆色彩的中央集权与英伦的岛国气质极不协调，它接纳了大批经济相对落后、信仰东正教的斯拉夫人国家，还在考虑土耳其、阿尔巴尼亚等伊斯兰国家入盟。在英国疑欧派看来，如不退欧，只会有更多异族、异教的移民涌入国境，带来更多的麻烦及挑战。

总之，退欧派手握反全球化、保卫主权、制止移民、维护福利、防范恐袭等多种武器，留欧派只有经济一项理由，即便这个理由亦有待观察。

---

① Harold D. Clarke, Matthew Goodwin and Paul Whiteley, *Brexit*, p. 71.
② Tim Shipman, *All Out War*, p. 279.

公投次日,卡梅伦辞职。约翰逊野心路人皆知,伦敦市长政绩和公投时吸聚的人气足够拜相。然而留欧派保守党人反感他,戈夫认为他锋芒过露,无法团结全党,不适合掌舵,遂亲自上阵参选领袖。失去戈夫支持,约翰逊胜利无望,退出竞争。梅在公投期间违拗卡梅伦指示,不愿为留欧派站队,言辞含混称退欧固然伤害经济,但"若真退欧,天也不会塌下来"。显然,她已为竞选领袖预留后路。[①] 奥斯本因对卡梅伦亦步亦趋,毁了前途,朝野很难接受一位留欧派主导退欧大戏。另外三位参选者分别是环境大臣李德森(Andrea Leadson)、就业与养老金大臣克拉布(Stephen Crabb)、原国防大臣福克斯。7月初,经保守党议员几轮无记名投票,只剩梅和李德森两位女性角逐。梅优势明显,但花落谁家取决于全国保守党员偏好,毕竟卡梅伦当年就是靠全国保守党员支持摘得党之桂冠。李德森几天后在接受媒体采访时口无遮拦称,与梅相比,自己的优势是"一位母亲"。单身汉希斯为相四载,终身未婚的小皮特更是一代贤相,何况梅只是膝下无子嗣,李德森口不积德,失了道义,两天后退出竞争,梅自动当选。

梅没有卡梅伦的显赫家世,但也是保守党内的所谓现代化派,抛却撒切尔主义,认可新工党的多数政策,奉行中间道路,反对极端,是疑欧和退欧两派都能接受的人选。哈蒙德接替奥斯本任财政大臣,内政部由拉德(Amber Rudd)主管,约翰逊不可或缺,官居外交大臣。鉴于退欧是头等大事,梅专设退欧部并安排戴维斯任退欧大臣(Brexit Secretary),同时在退欧部安插常任秘书(Permanent Secretary)罗宾斯(Olly Robbins)分散戴维斯权力。为了能在退欧后顺利拓展贸易新天地,梅未雨绸缪,特设国际事务部,任命福克斯为国际贸易大臣(International Trade Secretary)。与最近几任首相一样,梅高度依赖智囊和唐宁街行政人员,秘书及顾问重要性不亚于任何阁僚。在梅的智囊

① Philip Cowley and Dennis Kavanagh, *The British General Election of 2017*, Palgrave Macmillan, 2019, p. 43.

团中,蒂姆希(Nick Timothy)尤为显眼,被称为"梅的大脑",此君刻意蓄胡,在形象上模仿19世纪晚期的首相索尔兹伯里,对其表示尊崇。梅的首次唐宁街讲话就明言公投已证实国家已被巨大的贫富不公撕裂,"极度不公"(burning injustice)亟需纠治,政府要"施政为公","而非照顾少数权势集团利益"。① 在10月初的保守党年会上,梅再度强调"我们奉行中间道路"。但也许是为了表露一丝与退欧相辉映的民粹色彩,她敲打那些只顾逐利的资本家:"如果你认为你是一位世界公民,你就不属于任何地方。"这种强调本国优先的言论把布莱尔和吉登斯的世界大同论调抛到了九霄云外。② 梅在特殊情况下半路接手政府,肩责是完成退欧,指望她启动全新的社会经济改革并不现实。梅既无雄心也没精力更改卡梅伦的社会经济政策,仅把奥斯本精心炮制的"振兴北方"计划在口头上扩展至全国,毕竟英国不止一个曼彻斯特。

民众也知道"施政为公"只是套话,"振兴北方"更非朝夕之功,他们更关注如何退欧。梅在领袖竞选期间为争取各派支持,只笼统称"退欧就是退欧"。③ 资本家没有闲心揣摩政治家的搪塞之词,9月底,尼桑(Nissan)公司 CEO 称,退欧后除非政府给公司关税补偿,否则不会在桑德兰公司基地追加投资。尼桑公司代表了工商界普遍心态,希望政府尽早澄清退欧事宜。梅在党的年会讲话中称要收回司法权并加强移民管控,其言没有明确但意味着退出单一市场。退欧看起来已经启动,不料法院系统横插一脚。11月初,三位高等法院(High Court)法官宣称只有议会才有权启动退欧,最高法院(Supreme Court)若支持他们所言,各方必须耐心等待下院通过启动退欧的法案。史密斯斥责高等法院故意挑起"宪政危机",《每日邮报》则刊登三名法官照片并斥责他们为"人民之敌"。④ 英国宪制的模糊性增加了退欧的麻烦和不确定性。2017年1月24日,最高法院果然裁定高等法院有理。直到2月9日,标志着退欧启动的"里斯本第50条议案"(Article 50 Bill)才以494对122票在下院通过,

① Philip Cowley and Dennis Kavanagh, *The British General Election of 2017*, pp. 50 - 51.
② Tim Shipman, *Fall Out: A Year of Political Mayhem*, William Collins, 2017, pp. 17 - 18.
③ Tim Bale, *The Conservative Party after Brexit: Turmoil and Transformation*, Polity, 2023, p. 19.
④ Tim Shipman, *Fall Out*, p. 51.

苏格兰民族党和52名工党议员是主要反对者。[①] 高等法院挑事时,梅通过1月17日的兰开斯特府演讲明确了退欧基调。当时朝野热议的英欧关系有三种。其一是"挪威模式"(Norway model),英国退欧但留在单一市场和关税联盟内,须缴纳会费并允许成员国公民流动;其二是英国与欧盟一刀两断,双方根据WTO原则开展经贸关系;第三是所谓的"加拿大方案"(Canada option),英国退出单一市场但与欧盟签署双边贸易协定。英国要退出硬性规定"商品、服务、资本及人"四大要素自由流动的单一市场,毕竟退欧主要为了"控制由欧盟进入英国的民众数量"。退欧后英国寻求与欧盟达成"一份新的、全面的、大胆且雄心勃勃的自由贸易协议"。毫无疑问,梅中意折中的"加拿大方案"。[②] 退欧派和留欧派当时都认可她的演讲。

退欧启动阶段磕磕绊绊,但政府并未遭遇严峻考验。保守党微弱下院优势算是卡梅伦留给梅的最大财富。梅上台之初反复表态不会提前大选,何况2017年初经济倒春寒,实无必要冒险找事。但梅与智囊及主要大臣匆匆讨论后,于4月18日突然宣布6月8日大选。她想用闪电选举扩大下院优势,而工党看似不堪一击又给了她信心。

工党2015年大选失利后,埃德·米利班德请辞领袖,新党魁选举一波三折。工党领袖过去由议员、工会和附属党团各占1/3权重产生,2014年,副领袖哈曼为了让工党充分体现民意,决定党魁改由党的支持者一人一票选出。参选领袖者必须得到一定数量的工党议员提名。科尔宾是党内数十年来的著名极左派,无人料到他有朝一日出任党魁;他也无意参选,仅因党内当时推不出合适左翼代表,才被推到前台。他在候选人报名截止期限几分钟前才得到35名议员提名,获得竞争资格。贝克特这类工党大佬提名科尔宾本只想让他象征性代表左翼发声,但接下来剧情超乎所有人预料。工党领袖竞选时,适逢下院辩论一项福利改革议案,该议案建议对有三个或三个以上未成年子女的家庭福利设限。多数工党议员不想反对该议案,以免被保守党指控不当家不知柴米贵。议案表决时,包括耶维特·库珀在内的多名党魁角逐人弃权;科尔

---

① Tim Shipman, *Fall Out*, p. 118.

② Tim Shipman, *Fall Out*, pp. 99 - 100.

宾一如既往不睬议会工党主流意见,坚决反对议案,博得了穷人喝彩。科尔宾一贯反战,屡为委内瑞拉、古巴等长期受到英美打压的国家抱打不平,甚至被批与巴勒斯坦恐怖组织有染。对内政策方面,科尔宾高擎反建制大旗,抵制新工党,鄙视议会工党,要求扩大公有制份额,反对财政紧缩。竞选期间,他主张大学免费,保障全民免费教育。科尔宾虽显另类,但即便政敌也承认他不是脸谱化的伪君子,他的真诚打动了许多底层民众,而他又利用社交媒体迅速吸聚了大批粉丝。2015 年 9 月 12 日,科尔宾高票胜选,民粹分子和工会会员的支持成就了他的胜利。[①] 科尔宾依靠社交媒体一夜爆红,本质上与布莱尔路数一样,绕开党的常设机构,直接与支持者互动,只不过他极左,而布莱尔偏右。两位政治理念完全背道而驰的工党领导人都能网罗到大批拥趸充分证实,从1990 年代到 2010 年代初,英国社会经济变革何等剧烈,政治文化思潮彻底反转。工党党群矛盾在退欧公投中已暴露无遗。工党议员 2015 年前主要来自支持退欧者居多的中北部工业区,但在 2016 年公投中他们大多支持留欧。工党上层贵族化、精英化了;工党议员与他们的传统选民各说各话,不再替其选民发声。科尔宾参选实属阴差阳错,胜出却非歪打正着。

科尔宾虽鄙视议会工党,最初也只能从他们中挑选多数影子阁员,然而工党议员多不屑科尔宾的政策,致使影子内阁矛盾重重,多次改组后亦无改观。不过科尔宾在工党高层并非彻底的孤家寡人,麦克多内尔(John Mcdonnell)与其志趣相投,是极左政纲的幕后策划人。2015 年当选的工党副领袖、2006年参与逼宫布莱尔的沃特森也是科尔宾知音,他不辞辛劳重建工党基层组织,倾听草根心声。2016 年 6 月底,工党议员与科尔宾矛盾总爆发,他们以 172对 42 票表决不信任科尔宾。科尔宾自称是合法选举的领袖,拒绝辞职。结果多数影子阁员请辞,科尔宾一时竟找不到合适人选填补空缺。连沃特森此时也考虑是否要用一位与科尔宾立场相近的人取而代之。7 月,欧文·史密斯(Owen Smith)挑战科尔宾,此时的科尔宾甚至找不到足够议员提名他反击欧文·史密斯,好在工党全国执委会裁定现任领袖无需提名,自动参与竞争,就像世界杯东道主不打预选赛。也许为了找平衡,全国执委会又决定把党的支

---

① Philip Cowley and Dennis Kavanagh, *The British General Election of 2017*, pp. 68 - 72.

持者的登记费从3镑提到25镑。工党赞助方不满执委会决定,致使高等法院介入,裁定执委会的决定无效,但上诉法院又推翻了高等法院的裁决。工党在2016年夏完全乱套,但混乱盖不住一个扎眼事实,那就是科尔宾以62%对38%的巨大选票优势击败了欧文·史密斯。[①] 科尔宾连胜表明议会工党严重脱离了民众,也给了他信心和胆量大力提拔蕾贝卡(Rebecca Long-Bailey)等左翼分子,可汗(Sadiq Khan)等温和干将离开影子内阁另谋出路。工党政策更左,麦克多内尔建议铁路国有化、大学免费、向富人开征重税,均得到支持者拥护。支持者并不相信科尔宾能带领工党赢得下届大选,只希望他完成第一步——与新工党彻底决裂。大选来临时,科尔宾团队只求保住现有议席,为改造工党争取时间。工党多数议员希望工党彻底大败,以便送走科尔宾,毕竟1987年之后没有哪位工党领袖在选举失利后能够留任。工党如败选且科尔宾拒不辞职,他们就效仿当年的"四人帮",另立门户。工党乱成一锅粥,各级党员均承认党处于调整期。民意测验显示保守党领先工党,梅个人民调亦大幅领先科尔宾。保守党高层期待一场大胜,工党议员则在等待换帅,但所有人都没猜到结局。

首先,当代民调并不靠谱。民调大都由精英策划,受访者往往是都市白领,农村和城市体力劳动者鲜有机会接触精英阶层的调查,布莱尔所说的"不能融入社会的人"自然也不是调查对象。"精英阶级占据着媒体和社会研究的中心地位,而不稳定无产者却淡出了人们的视野",民调越来越偏离实际投票结果。[②] 其次,梅和她的团队接连犯错。大选突如其来,亦未广泛征求党内意见。梅智囊团中的干将多为儒生,缺少实战经验。梅拒绝参加各党领袖电视辩论,反对党抨击她不尊重选民和对手,借机抹黑她未战先怯;党内有识之士也担心这样会把科尔宾推到镁光灯下。[③] 本书反复强调,医疗是当代英国首要政治议题。保守党竞选宣言提及改革医疗支出,科尔宾添油加醋称:过去个人医疗年支出2.3万镑左右即可享受免费医疗,改革后免费医疗门槛将提至

---

① Philip Cowley and Dennis Kavanagh, *The British General Election of 2017*, pp. 84 - 85.

② 马克·萨维奇等:《21世纪英国的社会阶级》,第307页。

③ Philip Cowley and Dennis Kavanagh, *The British General Election of 2017*, pp. 212 - 215.

10万镑。医疗改革首先冲击老年人,工党借机把保守党意欲推行的医疗、冬季燃料补助及养老金政策称作"对养老金领取者的惩罚"。① 克罗斯比警告梅,保守党会因医疗政策失去大批选民。首相、智囊团、保守党总部工作人员争论多日后决定采取补救措施。为免公开承认大选宣言考虑不周伤及党和领袖形象,梅决定在拉票时公布一份咨询文件(consultation paper),声明对"人们需要支付的医疗费用予以绝对限制";期间媒体一再追问医疗政策细节,梅又极不耐烦宣称"一切不变",出尔反尔搞得选民一头雾水。② 最后,两场恐袭搅乱了选战并严重毁坏了执政党形象。5月22日,20余人在曼彻斯特特大恐袭中丧生,选举造势暂时中断。6月3日,伦敦桥上演又一出严重恐袭,选举再次中断。蒂姆希本欲围绕梅个人形象大做文章,姑不论梅有何形象可做,选民都在谈论恐袭。工党借机指控政府无能,反恐不力。

两大政党选票数都比2015年大幅提升,占总选票数82%,1940至1970年代的两党制看起来回归了。这主要是因为公投后独立党完成使命,其支持者回归主流政党,而自民党仍在舔舐伤口。保守党只拿下650席中的318席,没有压倒性胜利,连半数也不够。工党比两年前多得30席,自民党收获12席。工党在苏格兰反弹致使苏格兰民族党只保住39席。③ 工党战绩谈不上优秀,但科尔宾及其支持者足可宣称工党起死回生了。科尔宾激进政策的确吸引了不少选民,尤其是大学免费赢得大批学生选民,但工党回避退欧话题也导致其部分传统选民倒向保守党。本次大选,退欧选民越多的区域越是青睐保守党,工党则在留欧选民居多的区域屡屡收获意外之喜。保守党在老年人和低学历者居多的区域成绩占优,而工党在年轻人居多的大伦敦都市区表现亮眼。④ 百年来的英国选举地理决定性反转,保守党票仓北移,米德兰和北方工业区支持退欧者在2017年转投保守党者不知凡几,而赞成留欧的伦敦选民支持工党者居多。

---

① Tim Shipman, *Fall Out*, p. 300.

② Tim Shipman, *Fall Out*, pp. 308 - 309.

③ Philip Cowley and Dennis Kavanagh, *The British General Election of 2017*, p. 497.

④ Philip Cowley and Dennis Kavanagh, *The British General Election of 2017*, pp. 454 - 456.

选举结果对梅来说简直是灾难,保守党已无法单独维系政府,只能指望小党帮衬,当时愿意合作的只有北爱民主统一党,该党 10 个席位勉强可保政府下院优势。6 月 9 日,梅在唐宁街外宣称"只有保守党和统一党有维系稳定的合法性及能力",继之奉劝保守党人支持她携手北爱民主统一党。26 日,两党签署合作协议,北爱民主统一党承诺在政府信任投票、财政政策、预算、退欧立法以及国家安全等方面支持保守党;作为回报,北爱得到 10 亿镑额外财政拨款。① 北爱民主统一党不加入政府,两党合作类似于历史上多次出现过的自由党—工党合作。梅的更大考验在党内,保守党多数议员认为她"已权威尽失",有人公开讨论选举新领袖。6 月中旬,格伦费尔大厦(Grenfell Tower)发生火灾,死伤惨重,梅和政府难逃指责。与北爱民主统一党签署合作协议当天,梅担心党内议员捣乱,致电卡梅伦施以援手,卡梅伦在推特(Twitter)上发文呼吁"所有保守党人支持协议"。② 即便如此,人们仍不时听到用约翰逊或戴维斯取代梅的闲言杂语。保守党一盘散沙,刺头林立;一名失去权威的领袖要靠本党议员辅佐完成退欧,难比登天。

2017 年 6 月 19 日,戴维斯正式与欧盟代表巴尼尔(Michael Barnier)谈判退欧事宜,英方一开始便显被动,因为戴维斯和巴尼尔的联合记者会表示将按"欧盟偏爱的时间表"行事。③ 公民权利、金钱分摊和北爱边界是谈判桌上的三大议题。欧盟方面设置的谈判原则极为苛刻,成员国不单独与英国谈判,退欧协议敲定前不讨论英欧新经贸关系,而英国希望在达成退欧协议的过程中就谈妥双方未来经贸关系,比欧盟更期盼早日达成协议。

关于公民权,欧盟要求在 2019 年 3 月 29 日双方关系过渡期限截止日前,

---

①　Philip Cowley and Dennis Kavanagh, *The British General Election of 2017*, pp. 248, 252.

②　Tim Shipman, *Fall Out*, pp. 467, 474.

③　Robert Ford, et. al, *The British General Election of 2019*, Palgrave Macmillan, 2021, p. 31.

居住在英的 300 多万欧盟公民享有公投前的权利，受欧洲法院保护；当然，其他成员国境内的 100 多万英国公民待遇对等。英方害怕大批欧盟公民在过渡期涌入国境，起初不想答应欧盟所提的公民待遇，尤其不愿承认在英其他成员国公民的家属享有公投前的权利，欲以卡梅伦在任时设定的收入水准限制他们领取福利，疑欧派更不想承认欧洲法院有权裁决公民权利引起的纠纷。梅在 2017 年 9 月 22 日的佛罗伦萨演讲中同意英国法院和欧盟法院共同裁决相关纠纷，欧盟公民若不服英国法院裁决，可上诉欧洲法院。戴维斯、里斯-莫格（Jacob Rees-Mogg）等强硬退欧派（hardline brexiters）对梅所言强烈不满。[①]其后欧盟小幅让步，承诺退欧协议达成后，在讨论双方经贸协议的阶段，英欧均有权决定对方公民的配偶在己方辖境内是否享有福利保障。

至于分手费，梅在佛罗伦萨声明"英国会光荣兑现作为成员国期间的承诺"，这意味着英国估计要支付 200 亿欧元剩余的预算款项。[②] 欧盟得寸进尺，要求英国再承担部分欧盟债务，而英国人认为欧盟资产也有英国份额，如何折算众说纷纭。梅更难缠的敌人是同胞，大批保守党要员不买她的账，不承认她的佛罗伦萨演讲合法有效。约翰逊重复着每周向布鲁塞尔送去 3.5 亿镑的谎言，还说英国不该为将来能够进入单一市场提前买单。退欧派多数期待在 2017 年 10 月的欧盟理事会召开期间谈论未来经贸关系，英国政府却担心，若理事会 12 月仍不同意启动经贸谈判，英方就没有充裕时间去达成一份理想的英欧经贸协定，进而冲击商业信心，导致跨国公司迁走。综合考量后，政府希望以金钱让步换取对英有利的退欧协议以及英欧经贸关系，但钱的事还没算清，更麻烦的北爱与爱尔兰的边界问题已摆到各方面前。

北爱与爱尔兰约 400 公里边界是英国与欧盟仅有的陆界，这条陆界成为接下来双方谈判的主要绊脚石。1998 年的《耶稣受难节协定》明确规定南、北爱尔兰在医疗、电力、教育、旅行等方面畅通无阻合作。爱尔兰西北部居民非常依赖伦敦德里的医疗资源，救护车到达伦敦德里要比都柏林更便捷。爱尔兰不愿授受硬边界，担心其妨碍英爱经贸合作和社会服务共享。欧盟要防止

---

① Tim Shipman, *Fall Out*, p. 503.

② Anthony Seldon with Raymond Newell, *May at 10: The Verdict*, Biteback, 2020, p. 341.

英国退欧后美国冻鸡肉、亚洲新兴国家商品等从北爱走私入境,损害己方关税收入,但它必须考虑爱尔兰意见,故一位资深北爱民主统一党党员说爱尔兰是欧盟的"阿喀琉斯之踵"。梅政府也不想要硬边界,但虚张声势,一度扬言在爱尔兰和北爱之间设置硬边界,实际上是放大北爱硬边界的筹码作用,利用欧盟和爱尔兰的利益分歧,逼迫欧盟适当让步。然而英方有自己更讨厌的阿喀琉斯之踵——北爱。北爱是世人皆知的走私贸易天堂。2017 年夏,欧盟反欺诈局声称发现大量亚洲纺织品借道北爱进入欧盟,安倍上年的警告——英国是进入欧盟的门户——可谓全世界的常识。北爱长年大发走私贸易财,肯定不欢迎硬边界,共和主义者更不能接受他们和爱尔兰人之间出现一堵墙或一道铁丝网。

　　梅政府和留欧派盘算:英国离开关税联盟或单一市场,借道北爱与欧盟开展"无摩擦"贸易,把北爱当作特洛伊木马。2017 年 8 月中旬,英方发布立场报告,建议用相机和车辆尾号跟踪等技术发挥硬边界作用,约翰逊等人谓之"最大化便利"(maximun facilitation)原则。按此原则,英方可灵活管辖边境,对欧盟输入英国的货物或经由英国输入欧盟的货物征税,亦可在边界为过境货运开绿灯。爱尔兰和欧盟政要一眼识破英国人的小九九,以技术缺陷和操作不便为由否定了"最大化便利"原则。此时英方与欧盟激烈交锋,但前者主要任务是说服北爱民主统一党尽力支持政府,后者则要尽早让爱尔兰人吃下定心丸。欧盟不能弃爱尔兰于不顾,要做到这一点,它就得更改最初设定的谈判原则,把退欧协议和未来英欧经贸关系放在一起讨论。9 月 21 日,欧盟明确两点:一、北爱和爱尔兰之间不设硬边界,二、欧盟整体的贸易规则不能受损。12 月 1 日,图斯克在都柏林向爱尔兰总理保证:无论如何,"退欧后爱尔兰岛上都不会出现硬边界,爱尔兰的诉求就是欧盟的诉求"。梅政府为了如期退欧,不想再为细枝末节浪费时间。12 月 8 日英欧双方发表《联合报告》(Joint Report),报告第 49 段称北爱和爱尔兰之间不设硬边界,退欧不会妨碍南、北爱尔兰的合作;第 50 段则明言"北爱和联合王国其余部分不设具有监管权的壁垒"。两段合在一起等于否定了任何边界保障(backstop)。① 鉴于《联

---

① Anthony Seldon with Raymond Newell, *May at 10*, p. 411.

合报告》明确说明英国会继续留在单一市场,留欧派充满期待,但退欧派,尤其是强硬退欧派怒不可遏。他们放话称,将来任何与欧盟达成的退欧方案都必须接受议会"严肃的表决"(meaningful vote)。①谈判第一阶段结束时英国政府已遭里外夹击,亲欧派、疑欧派、北爱民主统一党、爱尔兰人、欧盟各有诉求,最要命的是,他们的诉求完全不可调和。梅前路凶险。

2018 年 1 月 29 日,欧盟同意把过渡阶段延至 2020 年 12 月 31 日,在此之前英国仍享受单一市场待遇,但无权参与欧盟政策决定,还必须保障在英欧盟成员国公民权利并偿付预估 500 亿欧元左右的会费,比最初估计的 200 亿欧高了 300 亿镑。强硬退欧派立刻炮轰梅软弱无能,甘被敲诈。不过欧盟执意要设置的边界保障仍比公民权利和金钱麻烦得多,可以说,其后一切谈判都卡在了这个问题上。2 月 28 日,欧盟发表边界保障草案,要旨包括:北爱和欧盟遵守共同商贸规制,北爱是欧盟关税区的一部分,大不列颠输入欧盟的货物需接受边检。英国朝野哗然,梅指斥欧盟草案把北爱和大不列颠分为两个关税区,危及英国主权及宪制完整。3 月 20 日,梅在伦敦金融城的市长官厅(Mansion House)发表演讲,表达鱼和熊掌兼得之愿,既要经济便利,又想保卫主权和宪制。② "便利关税安排"(facilitated customs arrangement)在这次演讲后慢慢孕育成形。其后几个月,梅与政府高层反复磋商,想把"便利关税安排"打磨得更精巧且更符合本国利益。6 月 7 日,英国政府提议以临时性的联合王国范围的保障(UK-wide backstop)取代北爱边界保障,既然爱尔兰和北爱之间、北爱和大不列颠岛之间都不能设置硬边界,索性取消硬边界。总之,英国希望退欧后英欧经贸关系一概如常,同时把移民和他国劳工挡在门外。毫无疑问,欧盟不理会"便利关税安排"并指控英方只想"采摘樱桃"。随后英国政府又抛出一份建议,主要内容包括:英国继续受欧洲法院管辖且承担欧盟预算份额;英国仍留在单一市场内,英欧之间的大宗商品贸易享受关税豁免;服贸和资本不进入对方市场。这份建议以及上述"便利关税安排"由梅带头设计,主要在首相别墅切克斯中完成,两者内容不久被整合到一起,各界惯

① Tim Bale, *The Conservative Party after Brexit*, p. 64.
② Anthony Seldon with Raymond Newell, *May at 10*, pp. 413 - 414.

称之切克斯方案。

姑不论欧盟对切克斯方案的反应,即便英国政府高层也为其吵得不可开交。据此方案,英国退欧后仍与欧盟保持一致贸易规则和标准,英国将对运往欧盟的商品征收欧盟关税,对销往本国的商品征收己方关税。操作繁琐的切克斯方案明摆着要软退欧,其唯一优点是北爱和大不列颠不会被区别对待,而疑欧派对其两大弱点怒不可遏。其一是英国继续受欧洲法院管辖;其二是贸易要遵守欧盟的"规则手册"(rulebook),这意味着英国无法保护本方优势产业,如生物医药和人工智能等。约翰逊痛斥方案为"一坨大粪"和"棺材里爬出的僵尸",会把英国变成欧盟的"附庸国"。① 7 月 6 日,梅把重臣召至切克斯,强迫他们同意方案并发表声明称:"我们的建议将创立英国—欧盟自由贸易区……既免于贸易摩擦,又保护工作和生计,还符合我们对北爱的承诺。"②梅知道疑欧派大臣心中不服,会前特别明确:如有大臣因反对而辞职,走出切克斯后不得享用公车,必须自驾车或购买车票回家。或许戴维斯为了省油钱,离开切克斯一天后才宣布辞职。约翰逊本已口头同意支持切克斯方案,但闻悉戴维斯辞职时,"他感觉如果他不辞职,戴维斯可能成为(保守党)新领袖"。③结果约翰逊旋即跟风辞职。切克斯方案导致梅失去了外交和退欧两大重臣,顶替他们的亨特与拉布(Dominic Raab)咖位明显不够。政府及首相权威均大打折扣,党内和国内的反对派进一步无视梅的存在。7 月 16 和 17 日,强硬退欧派轮番提议修改按照切克斯方案制定的贸易议案,他们目的已不是搅黄切克斯方案,而是要"使政府不稳定,干掉梅,自己主导退欧"。④

欧盟也强烈反对切克斯方案。巴尼尔说:"欧盟不可能,也不会把关税政策和规则之运用、增值税和消费税的征收让予不受欧盟政府机构管辖的非成员国。"⑤9 月 3 日,巴尼尔和其副手魏安德(Sabine Weyand)告诉英国下院退欧委员会:既然爱尔兰岛上不能设置硬边界,而英国又决意离开关税联盟和单

　　① Anthony Seldon with Raymond Newell, *May at 10*, pp. 434 - 435.
　　② Anthony Seldon with Raymond Newell, *May at 10*, p. 439.
　　③ Ben Riley-Smith, *The Right to Rule*: *Thirteen Years*, *Five Prime* Ministers *and the Implosion of the Tories*, John Murray, 2023, p. 175.
　　④ Tim Bale, *The Conservative Party after Brexit*, p. 67.
　　⑤ Robert Ford, et. al, *The British General Election of 2019*, p. 39.

一市场,唯一办法就是对从北爱入境爱尔兰的商品进行检查;如不接受检查,英国只能无协议(no deal)退欧,因为欧盟不会让安全成疑的货品入境流转。欧盟担心,北爱边境畅通无阻会导致自身在未来贸易战中被动,没有武器对入境货物,尤其是来自亚洲的工业制成品进行反倾销。此外,输入英国或欧盟的第三方出口货物若不安全,譬如亚洲进口虾的抗生素不合标,切克斯方案并无应对后手。

到 2018 年 9 月中旬,英国政府仍坚持联合王国范围的保障,而欧盟则要把北爱置于欧盟关税区并放话称,若谈不妥,英国将在 2019 年 3 月 29 日自动退欧,届时两者经贸按 WTO 原则办即可。梅政府此时仍痴迷于无摩擦贸易,招致里斯-莫格、约翰逊等强硬退欧派群起攻击。9 月 9 日,约翰逊猛烈炮轰所谓的"无摩擦贸易"给了欧盟"敲诈"的硬气,他说:"解决不了爱尔兰问题,就意味着整个联合王国必须留在关税联盟和单一市场内,这意味着我们无法进行自由贸易交易,意味着我们成了一个附庸国。"9 月 30 日至 10 月 3 日,保守党年会在伯明翰召开,梅的大会讲话大谈内政,以减少退欧争议,但约翰逊死揪退欧痛批政府,疑欧派像欢呼"摇滚明显"一样对其报以掌声。[1] 2018 年秋冬,退欧和留欧两派都极化(polarized)了,前者在约翰逊和戴维斯鼓噪下,呼吁无协议退欧;后者则在一群新工党老兵带领下抵制无协议退欧,要求二次公投。布莱尔早在 2017 年就公开号召二次公投,新工党老兵依然对这位已卸职十年的前首相敬若神明,打着他的旗号给科尔宾制造麻烦,结果,是否支持二次公投成了 2018 年秋工党年会的讨论主题。保守党高层也有人支持二次公投,交通大臣乔·约翰逊与其兄对欧意见相反,主张留欧,11 月 9 日,他呼吁二次公投。

面对混乱局面和各方夹击,梅仍在与欧盟苦谈且 9 至 10 月间转机似现。因爱尔兰拒不接受硬边界,欧盟方面放弃强硬立场,巴尼尔讲软话称,如找不到令爱尔兰满意的方案,英国仍是欧盟关税同盟的"事实伙伴",直至各方达成满意策略。11 月 14 日,梅根据欧盟让步信号拟出退欧协议(Withdrawal Agreement)草案供内阁讨论。协议主要内容包括:英国享有欧盟关税联盟成

---

[1]　Tim Bale, *The Conservative Party after Brexit*, pp. 70 - 71.

员权利,北爱暂时留在欧盟关税区且接受欧盟贸易监管,至于留在其中多久,则由欧盟说了算,英国政府无权单独决定北爱退出欧盟关税区。自此,争议焦点变成了英国怎样让北爱将来在恰当时机自由退出欧盟关税区。① 保守党内疑欧派对协议草案根本不买账,他们认为欧盟布下陷阱,英国则被"锁在欧盟经济框架内",成为欧盟经济游戏规则的俘虏。外交大臣亨特在 13 日的内阁会议上明确告诉梅:"首相,如果你给出这份协议,你的相权就结束了,它不会在议会通过,你也会倒台。"梅无奈表示:"我想我做不到更多了。"②本就是临时工的退欧大臣拉布认为协议草案对英国是"民族性的羞辱",愤而辞职,就业与养老金大臣麦克维(Esther McVey)等 6 位大臣随他辞职。③ 梅盛邀戈夫接任退欧大臣,但戈夫强梅所难,要求协议草案剔除关于北爱的条款,梅只好任命巴克莱(Stephen Barclay)担任新的退欧大臣。15 日,梅向下院推销她的退欧协议草案,她说:"我们可以无协议退欧;我们也能冒险不退欧;我们还可团结支持能谈成的最佳方案,就是这份方案。"然而她的苦口婆心在疑欧派看来只是令人厌烦的婆婆妈妈,梅杰时代便以对欧强硬而著称的老疑欧派卡什在议会直斥 585 页的草案是"对欧盟可鄙的投降"。④ 里斯-莫格为首的欧洲研究小组(European Research Group)铁心与梅杠到底,这个小组包括了部分给梅杰和卡梅伦制造过无穷麻烦的疑欧老兵,现在打算把梅也赶下台,已着手启动对梅的领袖地位进行信任投票。⑤ 特朗普政府搬弄是非称,英国若被欧盟束缚了手脚,英美未来建立良性贸易关系的前景不太乐观。美国人论调等于给疑欧派助威。⑥ 保守党留欧派哭笑不得,他们发现按草案退欧和留欧几无差别。

鉴于协议草案维护南、北爱尔兰既存的所有合作且不设硬边界,11 月 25 日,欧盟领导人在峰会予以接受。世人皆知,梅以牺牲政府团结并遭一切疑欧派唾弃的代价换来的这份退欧协议毫无希望在下院过关,虑及此点,12 月 11

---

① Anthony Seldon with Raymond Newell, *May at 10*, p. 484

② Anthony Seldon with Raymond Newell, *May at 10*, p. 489.

③ Anthony Seldon with Raymond Newell, *May at 10*, p. 490.

④ Robert Ford, et. al, *The British General Election of 2019*, pp. 48 - 49.

⑤ Anthony Seldon with Raymond Newell, *May at 10*, p. 499.

⑥ Anthony Seldon with Raymond Newell, *May at 10*, pp. 501 - 502.

日，她宣布圣诞节后再对其进行表决。次日，梅的领导权便遭挑战。她在保守党下院议员信任表决中以 200 对 117 票过关，但比 1995 年的梅杰得票更少，威严扫地。[1] 梅里外非人，仍负重前行。为增加下院批准协议的概率，2019年 1 月 15 日，政府宣布加大力度做好无协议退欧准备，以震慑大商业公司，刺激它们向强硬退欧派施压。然而下院当天便以 432 对 202 票否决退欧协议，政府遭遇了"现代议会史上最严重的失败"，118 名保守党议员投了反对票，与不久前的领袖信任投票大致相符。[2] 有人随即提议对政府进行信任表决，但提议又被 325 对 306 票否决。保守党绝大多数议员不希望梅倒台，因为倒台后可能要大选，部分议员担心席位不保。接下来两个月，僵局几无改变，要求二次公投的声音一浪高过一浪，不过严肃的政治家都知道不能二次公投，否则可能会有三次乃至更多次公投，若此，公投岂不成了儿戏？

2019 年 1 月 29 日，1922 委员会主席布拉迪（Graham Brady）提出一份修正案，意在知会欧盟，英国暂时接受关于北爱的边界保障，但北爱须有自由退出欧盟关税区之权，或由欧盟为其设定留在关税区时长，也即边界保障不能无限期存在。这就是双方将来达成的终极版退欧协议之要旨，可惜欧盟方面当时不予理会。其后，梅又遣总检察长考克斯（Geoffrey Cox）去布鲁塞尔劝说欧盟保证英国不会永远被北爱边界保障条款束缚，但考克斯白跑一趟。3 月12 日，英国下院二次表决退欧协议并以 391 对 242 票将其否决。北爱民主统一党和欧洲研究小组反对是表决失利主因。13 日，梅剑走偏锋，威胁无协议退欧，但无协议退欧动议又被 321 对 278 票否决。[3] 无协议退欧表决堵死了梅的退路，她需要再与欧盟协商新方案，同时欧盟也不必担心无协议退欧。其实欧盟方面更担心无协议退欧或梅被赶下台，那样它极可能要面对一位难缠、强硬的英国首相。18 日，议长伯考称，根据惯例，一份遭否决的议案内容若无大修，同一议期不得再表决；退欧协议已两次被卡，本议期不再表决。[4] 梅仍不言弃。20 日，她致信图斯克要求将退欧过渡期延至 6 月 30 日，次日亲赴布

[1] Anthony Seldon with Raymond Newell, *May at 10*, p. 511.

[2] Anthony Seldon with Raymond Newell, *May at 10*, pp. 524 - 525.

[3] Anthony Seldon with Raymond Newell, *May at 10*, pp. 570 - 572.

[4] Anthony Seldon with Raymond Newell, *May at 10*, pp. 578 - 579.

鲁塞尔争取欧盟领导人同意延迟退欧期限。24 日,梅马不停蹄赶回伦敦,随后约见 1922 委员会领导人并承诺:只要下院放退欧协议过关,自己立马辞职。其诚恳姿态争取到了早有不轨之心的约翰逊和里斯-莫格等人支持,同时考克斯等又说服伯考为第三次表决破例。然而 3 月 29 日的表决以 286 对 344 票失利,34 名保守党后座议员和北爱民主统一党议员投了反对票。①

4 月初,政府一度与工党接触,欲借工党之力助协议过关,工党不愿成人之美且保守党要员史密斯和里斯-莫格等人强烈鄙视梅向科尔宾俯首。跨党派谈判无果,4 月 10 日,梅再赴布鲁塞尔请求欧盟给予时间宽限,欧盟特别会议本打算给予九个月甚至一年的宽限,但法国总统马克龙(Emmanuel Macron)担心英国乱局刺激法国民粹闹事,反对大幅延长期限,最终欧盟只同意过渡期延至 10 月 31 日。英国人未必能在半年内达成一份退欧协议,还得参加 5 月 23 日的欧洲议会选举。在这场英国人最后一次参与的欧洲议会选举中,法拉奇新成立的退欧党(Brexit Party)强势收获 31.6% 的选票,自民党得票第二,工党位居第三,而保守党仅得票 9.1%,比绿党得票还少。② 这充分证明选民在退欧问题上对两大主流政党尤其是保守党丧失了信心。

梅为退欧鞠躬尽瘁,但功亏一篑,白忙一场。5 月 24 日,她站到相府门口,老泪纵横,宣布辞职:

> 我今天宣布,我将于 6 月 7 日星期五辞去保守党和统一党领导人职务,以便选出继任者。我一直深感遗憾的是,我未能实现退欧。我的继任者将寻求一条尊重全民投票结果的前进道路。③

梅政府一开始就没有明确退欧方案,也未设置清晰谈判程序,对欧交涉的各部门甚至权责不清,政府与欧盟高层沟通不畅。梅在谈判过程中反复无常,始终被局势牵着鼻子走,最后屈辱向工党求救只是自掉身价。然而退欧技巧层面的缺陷只是梅失败的表象,保守党下院优势不足、党内疑欧派作梗、北爱

---

① Anthony Seldon with Raymond Newell, *May at 10*, p. 595.
② Anthony Seldon with Raymond Newell, *May at 10*, p. 622.
③ Anthony Seldon with Raymond Newell, *May at 10*, pp. 624 - 625.

民主统一党难伺候也都不是无法逾越的障碍,公投计票显示的退欧派与留欧派的势均力敌早已注定退欧是一场持久拉锯战。梅留给继任者最有价值的遗产就是用凄苦失败证明:在王国全面撕裂的情况下,常规退欧路径根本走不通。

保守党新领袖角逐时,约翰逊为争取最广泛支持,论调略有收敛,声称"无意无协议退欧",但强调"努力并认真为无协议做准备才是负责任的"。在保守党议员前几轮投票中,约翰逊均大幅领先竞争对手。7月22日,约翰逊在近16万党员投票中以66.4%对34.6%的绝对优势战胜亨特。① 无论在保守党高层还是在普通党员中,约翰逊支持者多为退欧派,而亨特支持者多为留欧派或支持梅退欧协议者。24日,约翰逊正式就任首相,撤换了11名原政府大臣并接受6人辞职,政府变动之剧远超1962年麦克米伦导演的"长刀之夜"。疑欧派尽占高位,拉布、贾维德(Sajid Javid)、帕特尔分别出任外交、财政和内政大臣。约翰逊组阁后尽显政客本质和赌徒本色,改口称不排除无协议退欧且不按常理出牌。8月28日,他请求女王下令议会从9月10日休会至10月14日,以阻止议会干扰他的无协议退欧运筹。其后三个月英国政坛大戏连台。反对党、留欧派、反对无协议退欧者竞相指控约翰逊胁迫女王,企图政变,颠覆宪制,各级法院纷纷站出,欲联手绞杀约翰逊。议会全然不睬约翰逊,9月2日后正常开会并于4日通过由工党议员本(Hilary Benn)提出并根据其姓氏命名的《本法案》(Benn Act),成功制止无协议退欧。11日,三位苏格兰法官首先裁定议会休会不合法;12日,贝尔法斯特法院裁定约翰逊所为危及北爱和平;24日,最高法院法官全体一致裁定议会休会违宪。

支持《本法案》的21名保守党人一度被约翰逊开除出党,包括两任前财政大臣克拉克、哈蒙德和莱特温等留欧派,而议员李(Phillip Lee)干脆转投自民党。约翰逊的非常之举令退欧派欢欣鼓舞,他失去了部分同党的支持但俘获

---

① Robert Ford, et. al, *The British General Election of 2019*, p. 5.

了人心,而其形形色色政敌之论调有理却无用,毕竟他们都拿不出可行的退欧方案。约翰逊随后向默克尔求救,敦促欧盟方面成全他尽快退欧,默克尔提示他爱尔兰人才是解铃人。10 月 10 日,约翰逊与爱尔兰总理瓦拉德卡(Leo Varadkar)在利物浦闭门会谈并达成初步共识。17 日,欧盟召开特别峰会,宣布达成包括《北爱议定书》(Northern Ireland Protocol)在内的修订版退欧协议。议定书规定:英国退出欧盟单一市场和关税区,从不列颠运往北爱的商品要接受边检;北爱法理上而非事实上离开欧盟单一市场和关税区,北爱议会将来可每四年一次表决是否事实上离开单一市场。这份操作复杂的议定书被指责有损英国主权且遭北爱民主统一党强烈反对,但它毕竟将撤销北爱边界保障的主导权攥在了自己人手中。

约翰逊若认为万事俱备、只欠议会表决,他就大错特错了。为阻止约翰逊退欧协议通过,19 日,议会破例在星期六开会,表决莱特温提出的修正案。修正案要求完成施行退欧协议的立法(legislation implementing brexit)后,议会才能表决退欧协议。在北爱民主统一党议员支持下,莱特温修正案以 322 对 306 票通过。为摆脱北爱民主统一党、重建保守党下院优势,约翰逊 9 月便呼吁大选,把 21 名议员逐出保守党后,他更需要借大选立个人之威。然而据 2011 年的《固定议期法》,提前大选须有 2/3 现任下院议员支持。约翰逊几次提议大选,留欧派和反对无协议退欧的议员都不偿其愿,要求他放弃 10 月 31 日退欧再谈大选。走投无路之下,约翰逊写信请求欧盟将退欧期限延至 2020 年 1 月 31 日。约翰逊并未在信件上签名,他说这是"议会的信,不是我的信"。① 10 月 28 日,各方确证退欧期限延至 2020 年 1 月 31 日;29 日,下院以 438 对 20 票同意 12 月 12 日闪电选举。此次选举,保守党收获近 1400 万张选票和 365 个议席,创下撒切尔倒台后的最好战绩。工党得票 1026 万张,比 2017 年下滑了近 8 个百分点;只赢得 202 席,创下 1935 年以来最差战绩。苏格兰民族党大幅反弹,其领袖司特琴在大选中明确要求留欧,呼吁选民抵制英格兰人强加给苏格兰的退欧及退欧协议,民族党拿下苏格兰 59 个总席位中的 48 席。苏格兰与英格兰渐行渐远,英苏未来关系更紧张,卡梅伦所说的 2014

---

① Tim Bale, *The Conservative Party after Brexit*, p. 124.

年公投会让苏格兰人在一代人时间内闭嘴看来太乐观了。自民党高举留欧牌,选战表现半死不活,仅保住 11 席,其党魁斯文森(Jo Swinson)丢掉议席充分说明留欧不受欢迎。北爱各民族主义小党收获 10 席,而北爱民主统一党仅保住 8 席,北爱未来增添变数。

这是一场了却退欧的选举,就选票地域分布、选民年龄、职业、学历看,它延续着 2017 年大选基本态势。底层民众拥抱民粹,期待退欧,支持保守党,米德兰和英格兰东北部选民是保守党胜出的关键。保守党在低学历选民中有优势,工党在高学历选民中略受欢迎,较受大学生青睐。工党在三十五岁以下年轻人中有优势,保守党受六十五岁以上老年人欢迎,老年人本来就多,他们 77% 和年轻人 53% 的投票率导致总投票结果对保守党极为有利。[1] 被称为"红墙"(Red Wall)的工党传统票仓在这次选举中纷纷坍塌恰拜老年人所赐。"红墙"里的居民大多是老一辈机械、采矿和铁路工人,部分参加过 1980 年代大罢工,现已步入暮年,成为退欧主力军,支持保守党并不意外。保守党到处高喊"完成退欧"(Get Brexit Done),不仅鼓舞了退欧派士气,还吸纳了大量中立选民乃至留欧派选票,毕竟退欧的拖沓已耗尽民众耐心。科尔宾 2017 年的相对成功源于工党对退欧含糊其词,但 2019 年选民要求必须就退欧做一了断。退欧弱化了选民对党派的忠臣,平头百姓和高官显贵此时均认为退欧事大,党派忠诚只排第二。退欧要求主流政党做选择,在野的工党看似可以回避,实则退留两难,高层也知道必须明确立场,"但工党担不起做选择的选举成本"。[2] 工党欲退还留的骑墙姿态导致它无法讨好留欧派或退欧派的任何一方。社会经济政策方面,"保守党竞选宣言提供了足够的慷慨来吸引厌倦了紧缩政策的选民,但并没有表现出对公共资金的鲁莽"。[3] 工党重复着两年前大把撒钱的承诺,不过选民大多相信约翰逊比科尔宾更擅长治理经济。两大政党内部都不和谐,但深得约翰逊器重的卡明斯把保守党选战工作组织得井然有序,而工党党内矛盾在大选中甚至被放大了。从布莱尔时代开始,领袖形象就成了摇摆选民投票的第一风向标。约翰逊在一切方面都摆出"不满现状"姿

---

[1] Robert Ford, et. al, *The British General Election of 2019*, p. 499.

[2] Robert Ford, et. al, *The British General Election of 2019*, p. 553.

[3] Robert Ford, et. al, *The British General Election of 2019*, p. 552.

态,成功甩掉了梅给保守党留下的刻板形象和负面影响。选民普遍相信约翰逊比科尔宾靠谱,比梅能干,相信他不仅能成功退欧,更有可能重绘社会经济蓝图。鉴于工党 2017 年大选成绩不俗,温和选民,其中包括很多留欧派选民,甚感有必要狙击科尔宾,他们与其说支持约翰逊,倒不如说更讨厌科尔宾。①工党惨败后,党内温和分子和右派要求检讨极左社会经济政策,但科尔宾及大批左派并不承认他们的社会经济政策有错并将败选归结为留欧与退欧的两难。2020 年 4 月,科尔宾卸职,斯塔默(Keir Starmer)出任工党新领袖,他需要顶着压力和争议为党拨乱反正。

大选尘埃落定,退欧豁然开朗。2020 年 1 月 9 日,约翰逊的退欧协议通过下院三读,23 日,女王签署,正式生效。31 日,欧洲议会的英国议员卷铺走人,欧盟总部降下英国国旗。英国朝野唇枪舌战四年,退欧大戏落下帷幕。约翰逊退欧协议仍沿爱尔兰海划定英欧贸易边界,联合王国还是被分成了两个关税区,主权和宪制完整并未得到捍卫。然而约翰逊为其协议加上了点睛之笔,那就是把北爱边界保障存废的主动权攥在英国人手中。他的成功不仅源于天生的干练利落和随机而变能力,更是时局使然。朝野全都厌倦了退欧的拖拖拉拉,留欧派和退欧派政客都明白,继续扯皮只会激起更大民怨。

退欧是历史、文化、阶级、族群等方方面面冲突的总结果。它能适度阻挡移民并缓解公共资源压力,但指望它解决英国的结构性矛盾并不现实,甚至可以说它实际解决的问题不足以抵偿滋生的危险后果。首先,英欧旧账并未算清,英国已无资格在布鲁塞尔发声,很难谈成一份对己有利的英欧经贸关系。退欧后英国需要重塑对外政策并为此承担经济风险。其次,退欧加剧了联合王国族际冲突。公投中留欧者居多的北爱尔兰人和苏格兰人将会形成更殊异的身份认同感。司特琴在大选结束后便迫不及待要求苏格兰再次举行独立公投。北爱局面本已高度复杂,《北爱议定书》赋予了北爱更特殊的政情,北爱民主统一党愤怒难抑,以退出北爱政府相抗议。边界保障争端牵一发动全身,暗含诸多隐患。1998 年《耶稣受难节协定》规定北爱前程由北爱人决定,新芬党等北爱民族主义小党在 2019 年大选已形成对民主统一党优势,一旦这些小党

---

① Robert Ford, et. al, *The British General Election of 2019*, p. 556.

在北爱地方选举获胜,北爱冲突恐再掀高潮。总之,21世纪初,贫富分化和移民涌入导致老朽的英国全面撕裂,退欧后偏安海角孤岛无法缩小贫富差距,无助于缓和阶级矛盾,能否阻挡移民也无定论,但可以肯定:王国原有族群因为退欧矛盾激化了,情感疏离了。比这一切更危险的是,退欧公投是民粹的演练,它只会加剧而非缓和民粹运动。英国人偏好按惯例行事,但愿公投不要成为一种惯例。

对欧分歧接连搞垮了撒切尔、梅杰、卡梅伦、梅四位保守党首相,最终成全了约翰逊。2019年的约翰逊比1979年的撒切尔拥有更大的下院优势,他在快速完成退欧后,理应乘风破浪给全面撕裂的国家注入一针强心剂,然而他还没配好强心剂药方,便发现民众亟需注射的是新冠(Covid-19)疫苗。2020年初,新冠大流行席卷全球,英国自难独善其身。约翰逊当时在应急科学咨询小组(SAGE)建议下,出台一系列举措遏制疫情。然而英国在欧洲主要国家中最后关闭学校、禁止公共活动并下令封锁,其防疫政策以及病毒检测和追踪效率均遭批评。2020年3月上旬,约翰逊不顾应急科学咨询小组发出的切勿握手并尽量减少身体接触之警告,连续与部分住院病人握手。3月20日,约翰逊被迫宣布关闭酒吧、餐馆、健身房、博物馆等,但他遗憾表示"我们正剥夺生而自由的英国人去酒吧的古老且不可剥夺之权利";贝克(Steve Baker)等极右翼顽固派附和称:封锁是"荒谬的,令人恐惧的,专横的"。① 3月23日,全英封锁。25日,查尔斯王储感染。27日,约翰逊个人监测呈阳性,4月上旬被迫转入重症监护室并接受紧急吸氧治疗。其间外交大臣拉布代行相权。5月,约翰逊首席政治顾问卡明斯被曝光3月封锁期间违反政令携家人前往达勒姆,但约翰逊拒绝解雇卡明斯,公众据此怒斥政府高层带头破坏封锁令,《柳叶刀》(Lancet)甚至以"卡明斯效应"抨击其恶劣影响。明知新冠感染率2020年秋冬会大幅上升,约翰逊却拒绝应急科学咨询小组要求9月实施第二轮封

① Tim Bale, *The Conservative Party after Brexit*, p. 152.

锁的呼吁。据称他还咆哮："再不搞令人讨厌的封锁,让尸体堆积如山吧!"①然而面对病毒肆虐,政府10月31日宣布第二轮全国封锁。不久英国步入噩梦般的寒冬,2021年1月6日,全英实施第三轮封锁。该月英国感染人数和单日死亡人数均创纪录,政府开始研究入境检疫程序。1月26日,约翰逊承认全国因新冠死亡10万人以上并表示他深感愧疚且愿承担全责。2021年7月,新任卫生大臣贾维德宣布:"我们无法消灭病毒,相反,我们只能学会与其共存。"接下来半年变种病毒的感染者继续增加,但政府仅建议而非强制民众接受严格防疫措施。2022年2月10日,查尔斯二次染疫且很可能传染了九十五岁的女王。2月21日,白金汉宫宣布女王感染新冠。

　　2020年11月中旬,首相办公室内讧,卡明斯不久离职。内讧始末迄今不详。一般认为,约翰逊比先前所有首相更依赖幕僚和顾问;卡明斯在退欧和2019年大选中劳苦功高,但他性格反复无常,狂放不羁,比主子更爱出风头,这导致他与约翰逊只能维持"权宜性的蜜月"。卡明斯因违反防疫规定被千夫所指时,约翰逊为保他"损耗了大量政治资本"。其后卡明斯在决策团中渐被边缘化,约翰逊有无卸磨杀驴之意不得而知,但卡明斯愤而辞职并撂话声称要报复约翰逊。② 约翰逊低估了卡明斯的报复欲,为此付出了沉重代价。2021年4月,卡明斯指控约翰逊曾安排捐赠者秘密支付首相府私人住宅的翻修费用。他在社交媒体上抨击约翰逊的操作"不道德、愚蠢,可能是非法的","几乎可以肯定违反了政治捐款的适当披露规则"。自此直至2021年底,翻修工程款争议有如幽灵困扰着约翰逊、政府和保守党,消耗了他们巨大精力,严重抹黑了首相和政府形象。5月26日,卡明斯向议会举证时详细爆料称:约翰逊"不适合(首相)这份工作",在新冠大流行早期,"数以万计之人本不必死亡";卫生大臣汉考克(Matt Hancock)误导政府,致使唐宁街发生了"犯罪、可耻的行为";约翰逊试图淡化新冠之威胁并谎称新冠在大流行早期阶段"只导致八十岁以上的人死亡"。约翰逊有口难辩,因为他的确说过:"感染新冠,活得更久。六十岁以下者几乎不去医院……这个国家至多有300万(需针对性照顾

①　Tim Bale, *The Conservative Party after Brexit*, p. 168.
②　Ben Riley-Smith, *The Right to Rule*, pp. 230 - 233.

的)八十岁以上的人。"①

约翰逊被指防疫失职,被控采购和分配防疫物资时任人唯亲,绕开常规竞标流程,致使官商合同不透明,他还涉嫌庇护违法议员。前环境大臣、时任保守党议员帕特森曾代表两家公司进行有偿游说,被控滥用其议员影响力。2021年11月,有人提出动议,要求成立专项委员会启动对帕特森之调查。包括约翰逊在内的多数保守党议员拒绝支持动议,但13名保守党议员不愿屈从党鞭和约翰逊,和反对党一起搅和,外加媒体强烈谴责,政府只得宣布对帕特森是否应被停职进行表决。帕特森宣布卸任议员后其所在选区举行了补选,34%选民更改投票意向致使自民党候选人大获全胜。这直接说明约翰逊2019年为保守党吸聚的人气已经散去,党的下届大选极不乐观。

2021年12月初,有报道称,政府和保守党工作人员于2020年圣诞节前在唐宁街举行违反防疫规定的社交聚会。2022年1月10日,独立电视台(ITV)根据一份收到的电子邮件爆料,第一轮封锁期间,政府要员与部分家属在2020年5月20日举行派对,唐宁街工作人员在十号花园"开怀畅饮",而当时人们在户外最多只被允许与另外一个家庭的成员见面。两名目击者声称约翰逊出席了派对。约翰逊起初予以否认,但12日改口就封锁期间参加聚会向下院议员道歉,同时自辩那是"一次工作活动"并敦促议员们耐心等待独立调查结果。反对党立即呼吁他辞职,苏格兰保守党领袖罗斯(Douglas Ross)等同党议员也敦促他下台。19日,保守党议员韦克福德(Christian Wakeford)叛投工党。前退欧大臣戴维斯呼吁约翰逊辞职并引用埃默雷1940年呼吁张伯伦辞职的话大吼:"以上帝的名义,滚!"②埃默雷之语本为援引克伦威尔1653年遣散残缺议会时所说的话。25日,警方宣布将会调查过去两年唐宁街和白厅潜在的违反防疫规定的行为。31日,关于约翰逊带头违规的报告指出首相存在领导失误。2月初,包括约翰逊幕僚长在内的四名高级助手辞职。4月12日,唐宁街承认警方已查清约翰逊在封锁期间以身试法,向他开具一张50英镑固定罚单,其妻和财政大臣苏纳克(Rishi Sunak)也在被罚之列。约翰

---

① Tim Bale, *The Conservative Party after Brexit*, p. 167.

② Tim Bale, *The Conservative Party after Brexit*, p. 227.

逊成了英国史上第一位因在任期间违法而受制裁的首相。据唐宁街知情人士透露,约翰逊还曾参加另一场聚会,发表演讲并为工作人员斟酒。工党副领袖雷纳(Angela Rayner)揪住此事抨击"首相亵渎他的职位"。4月19日,议长霍伊尔(Lindsay Hoyle)宣布,下院议员将于4月21日投票决定是否调查约翰逊有没有故意误导议会。舆观(You Gov)、《独立报》(*The Independent*)等机构值此前后所给民调显示,2019年大选时支持保守党的选民中,有27%的人表示,约翰逊如继续担任领袖,他们不太可能继续支持保守党;约65%的选民认为约翰逊应该辞职;63%的人认为他的道歉缺乏诚意;只有28%的人认为他参与唐宁街派对时不知道自己犯法;而63%的人,包括52%的保守党选民认为他在撒谎。2022年5月英国地方选举后,党内要求约翰逊辞职的呼声更高。

约翰逊帅位摇摇欲坠。截至6月6日,至少54名保守党议员已向1922委员会主席布拉迪致信,要求对约翰逊发起信任表决且达到了表决所需党内议员数量之门槛。约翰逊以211票赞成、148票反对过关,但得票率比2018年的梅更低,即便对其友好的媒体也宣称"约翰逊权威坍塌",约翰逊却故作平静,宣称表决结果"意味着作为一个政府,我们能继续前进,聚焦我认为与人民切实有关的事务"。[1] 看来只有更猛烈的暴风雨才能让掩耳盗铃的约翰逊认清现实。6月23日,保守党在三场补选中均告失利。次日,前党魁霍华德直言约翰逊已失去魔力,变成了党的累赘,他说:"(约翰逊先生)最大资产一直是他赢得选票的能力,但我担心,昨天的结果表明他不再有这种能力了。"霍华德所言有理有据,因为三场补选计票显示,工党正在夺回"红墙"内的选民,自民党也在强势复兴,照此态势,保守党下届大选必然惨败。[2] 约翰逊垂死挣扎,26日,他表示正积极考虑第三个任期,还大言不惭声称有志任职至2030年代中期。然而几天后他又要面对一场道义灾难,保守党副党鞭平彻(Chris Pincher)被控性侵两名男子,被迫于2022年6月30日辞职,而约翰逊平时惯称平彻为帅哥。平彻丑闻曝光后,约翰逊重复着先否认再道歉的固定模式,起

---

[1]　Tim Bale，*The Conservative Party after Brexit*，pp. 252 - 253.

[2]　Tim Bale，*The Conservative Party after Brexit*，p. 256.

初自称毫不知情,后又被批早已收到平彻被指控的报告而佯为不知。这成了压垮他的最后一根稻草。

7月5日,苏纳克和贾维德在几分钟内相继辞职,接下来二十四小时,其他11名大臣辞职;大批后座议员公开表示不再支持约翰逊,平彻事件令他们确信约翰逊已无可救药。6日,各路报道称约翰逊可能面临另一次信任表决。按惯例,针对同一名领袖的两次信任表决间隔不应少于一年,但1922委员会考虑最快在当晚修改信任表决规则。截至6日下午,共31名高官辞职。7日中午,约翰逊宣布辞职,但承诺照管看守政府至9月,届时保守党会选出新党魁。

约翰逊任内忙于退欧和防疫,并无太多精力处理外交。2020年1月英国正式退欧后,政府断断续续与欧盟进行贸易谈判,以期在2020年12月31日前就双方未来关系达成一致。与经济利益以及领海主权均有关联的渔业成为谈判主要障碍,约翰逊故技重施,2020年10月16日,为了对欧施压,他公开表示英国必须做好与欧盟达不成任何贸易协议之准备。直到2020年12月24日,双方才达成《欧盟—英国贸易与合作协定》(EU-UK Trade and Cooperation Agreement)并同意该协定来年1月1日临时生效,5月1日正式生效。不久英法因渔业权再起纠纷,而英国为把变种新冠病毒挡于门外,不愿放松边境检查,致使英欧双方更不信任。2022年5月,约翰逊准备了一份意在单方面更改《北爱议定书》部分内容的草案,理由是英国反对在医疗用品及食品安全方面遵从现有欧盟法规。欧盟拒绝让步并声称英国单方面推翻议定书等于违约。英欧关系之外,约翰逊本无宽广表演空间。英国于2021年9月加入美国带头炮制的奥库斯(AUKUS)防御联盟,不仅恶意针对中国且破坏了澳大利亚采购法国潜艇的既定计划,引起法国不快。2022年初,俄乌冲突爆发后,英方拱火浇油,将俄罗斯定性为侵略者并带头对其发起制裁。约翰逊后来宣布英国将在2022年底前逐步停用俄罗斯石油。为转移国内民众视线,约翰逊内压外释,冒着战火连续访乌。4月9日,他现身基辅会见泽连斯基(Volodymyr Zelenskyy)。5月3日,约翰逊成为俄乌冲突爆发后首位在乌发表演讲的外国领导人。8月,他又大放厥词,将新出现的全球能源危机归咎于普京并称普京欲以能源胁迫英国和欧洲。

　　约翰逊不修边幅,很接地气,是名副其实的民粹型领袖。他的相机而动而非长远规划,与民粹时代变数无穷的政治纷扰高度契合。他不可能靠一己之力把全面撕裂的国家导向正轨;面对突如其来的新冠,他的防疫政策虽有争议,但远未激起民愤。就维护英国利益看,他的内外政策总体上并无太大过失。然而约翰逊成也民粹,败也民粹。正是在吵嚷的民粹哄闹中,政党政治异化了,选民变得刁钻刻薄了,约翰逊的个人品德问题也被无限放大了。他谎话连篇,全身布满道德污点。当这一缺陷被党内外反对派针对时,他使尽浑身解数亦无法自度,在喧嚣的政治猎巫声中下台。约翰逊肯定不是理想的首相人选,但他起码善于乱中取胜,而他的继任者只会乱上添乱。

　　2022年9月6日,保守党新党魁选举揭晓,特拉斯(Liz Truss)以较大优势战胜苏纳克。特拉斯施政理念如其所言:"我一直是一名奉行低税政策的保守党人。我的意思是说,低税政策是我的DNA……我从根本上怀疑政府……我相信人民能过好他们自己的生活。"[1]她在形象和肢体语言方面刻意模仿撒切尔,迎合部分民众重拾撒切尔辉煌的心理,志在将撒切尔的新自由主义还原本色,大幅减税,优化营商环境,取缔不合理的行政和金融监管。就职演讲时,特拉斯列出了复兴经济、应对能源危机以及改善医疗服务三大优先事项;鉴于反对党和政敌非议新政府经验不足,她吁请朝野保持耐心和信心,她说:"尽管风暴可能很强大,但我知道英国人民更强大","我确信我们能够一起挺过风暴"。[2] 然而政府还未完全摆好阵势去抵御特拉斯所说的风暴,考虑欠周的经济政策首先爆雷了。

　　9月23日,政府抛出的"迷你预算"(mini-budget)包含半个世纪以来最激进的减税方案,大幅削减印花税,财政大臣克沃腾(Kwasi Kwarteng)还宣布取消45%的最高所得税税率并将个税基本税率从20%降至19%,减税总额

---

①　Ben Riley-Smith, *The Right to Rwle*, p. 278.

②　Ben Riley-Smith, *The Right to Rule*, p. 285.

预估达 450 亿镑。然而面对严峻失业、能源短缺以及通胀,政府还须增加支出。如此,政策必加剧通胀并致政府债台高筑。更令人焦虑的是,特拉斯无法交代资金缺口如何填补。全球政客和经济学家都对预算存疑,工党、美国总统拜登(Joe Biden)、国际货币基金组织,甚至戈夫等保守党大佬均严词批评预算闭门造车。接踵而至的是汇债动荡。26 日,政府债券价格大幅下跌,英镑对美元跌破 1.04。国家到了破产边缘。所幸英格兰银行并不盲从政府,通过加息缓冲震荡。特拉斯于 10 月 14 日召开记者会承认预算走得"比市场预期过远、过快",继而将克沃腾解职,任命温和中间派亨特为新财政大臣。[1] 17日,亨特撤销了大部分减税措施,英镑和政府债券价格以及股市逐渐反弹。18日,特拉斯被迫公开认错,但为时太晚,1922 委员会毫不留情要求她下台。20日,任职仅四十五天的特拉斯宣布辞职,成为英国史上任期最短首相。

遥想 1980 年前后的撒切尔也曾多次站到悬崖之边且拒绝勒马,但时移世易,2022 年的英国政治游戏规则与四十年前不可同日而语。首先,1980 年代政党没有异化,当时保守党尤为团结,后座议员和大佬很少公开质疑领袖权威。其次,1980 年英国产业还未空心化,而 2022 年的英国高度依赖服务业和国际金融业,经济抗风险能力较差,政策稍有不慎就会被全球投机客盯上。最后,媒体唯恐天下不乱,终日炒作首相何时下台;社交媒体散布难辨真伪的消息刺激群氓,无时不向首相施压。1980 年代平头百姓大多没有途径直接对高层政治评头论足,而 21 世纪民粹浪潮中的选民轻浮狂躁,易被居心叵测的政客煽动,导致政府或政党动辄换帅。

一心要扮演撒切尔的特拉斯虽被讽东施效颦、浮而不实,但她态度决绝事出有因,至少在经济上,英国需要一位新撒切尔。疫情对高度依赖服务业的英国经济冲击极大。2020 年前两个季度 GDP 分别负增长 2.6% 和 21%;因政府刺激和封锁解除,报复性消费使得第三季度增长了 16.6%,但远不足以抵消前两个季度的萎缩;第四季度仅增长 1.2%。2021 年第一季度 GDP 又负增长 1.2%,第二、三、四季度分别增长 6.5%、1.8%、1.6%,2021 年底经济仍未恢复到疫前水平。2022 年前两个季度 GDP 增速缓慢,第三季度因政府动荡

---

① Tim Bale, *The Conservative Party after Brexit*, p. 280.

及特拉斯政策失误负增长 0.2%。2021 和 2022 年,财政大臣苏纳克为保民生,总计增加支出 3440 亿镑,政府债务规模急剧扩大,物价飞涨。2021 年,赤字达到 GDP15%,自 1970 年代后期至 2019 年,除布朗当政的 2009 年,政府一直严控债务规模,疫情期间谨慎政策被抛诸脑后。2022 年夏秋,消费者价格指数(CPI)达 10.1%,通胀回到了 1970 年代后期之高位,超发货币、赤字财政以及政策鲁莽导致英镑价格大跌,信誉受损,整体经济形势比 1970 年代后期更黯淡。

特拉斯请辞后,新党魁选举不按常规程序走,以便快速产生首相,工党则呼吁大选。约翰逊再度跃跃欲试,但只有 58 名议员愿意支持他,而保守党官方民意调查显示 2/3 以上普通党员不支持他,结果被认为有经济管理经验的苏纳克出任党魁和首相。[1] 苏纳克没有约翰逊的魔力和煽动力,更无自己的政治班底,他非经大选上位,党内议员支持者还不及半;副首相拉布、财政大臣亨特等政坛老油条并不把他放在眼里。他富可敌国但被斥无视民间疾苦,有人甚至仇视他的移民后裔身份。尴尬的是,这位印度裔首相上任前后英国 GDP 被印度反超,跌至世界第六。苏纳克仍放话支持乌克兰,但无心思效仿约翰逊在国际上作秀,他坦白说当下要务是复兴经济并促进保守党团结。然而他比谁都清楚,让一盘散沙的保守党复归团结只是官腔套话,复苏经济更是道阻且长。

众所周知,振兴英国经济无非以下几个办法。其一是以增加出口带动复苏和增长。然而英国产业早已空心化,高新技术产品在国际市场上并无明显优势,拿什么出口?退欧后,英国与其传统贸易伙伴欧盟围绕渔业权和边境管制纠纷不断,理顺两者经贸关系恐非易事。其二是大幅减税并压缩开支。特拉斯的惨淡结局证明此路当前不通。其三是抑通胀,恢复民众信心。然而减少货币投放这种休克疗法短期内必致 GDP 萎缩以及工资,尤其是公职人员实际工资缩水。苏纳克上台后几个月内便目睹了铁路、民航、邮政、边检、医疗等行业公职人员大罢工。2023 年初的英国是暖冬,不少人却感觉到了飕飕寒气,护士和救护车司机罢工一度令人想起 1979 年的"不满的冬天"。苏纳克定

---

[1]　Time Bale,*The Conservative Party after Brexit*, pp. 284 - 285.

力不错，坚持抑通胀不动摇。2024 年初，英国经济迎来了正增长，通胀回到低位。然而这并不能让早该下台的保守党起死回生。工党虽然也不受欢迎，在 2024 年 7 月的大选中得票率仅 34％，但靠简单多数制下的赢者通吃规则收获 411 个下院议席。保守党到了名副其实的存亡之刻，仅保住 121 席且惨败配得上它的拙劣政绩。用工党的话说，保守党主政的英国怎一个"乱"字了得！

民粹当道、政府动荡、经济疲弱、社会撕裂、族群分化、外交迷失，这一切乱象在那些曾对二战时的众志成城感深肺腑、对二战后共识政治下的太平社会恋恋不忘、相信 20 世纪末的新英国已重振雄风的超高龄老人眼里全都不可思议。伊丽莎白二世就是超高龄老人之一，面对这陌生新世界，她似乎极不适应。2022 年 9 月 8 日，她在守护英国并维系英联邦七十年后仙逝。优雅、敬业、克己奉公的女王堪为君主之楷模，无愧"现代英国之基石"这份美誉。她用美德和行动证明君主制不存在是否适应历史潮流的问题，因为它永不过时。女王的无量功德令这个星球上的大多数人景仰，她的葬礼云集了大批世界政要，为王室这份软实力增值。女王毕生在为全体臣民提供一种国家认同感，确保联合王国一体。接过王冠的查尔斯三世被认为品行有瑕疵，有否其母的智慧也有待检验。他要面对的最大风险是联合王国可能的解体。退欧搅起的浑水与民族主义乃至民粹主义洪流共同刺激倾向共和的北爱新芬党人以及家园意识强烈的苏格兰重新思考各自的民族属性，联合王国的统一面临严峻挑战。尽管英国最高法院裁定，未经中央政府授权，苏格兰人不能举行公投，但指望一纸判决阻挡苏格兰人独立并非久远之策。新芬党在 2022 年 5 月的北爱地方议会选举中以 27 席超越了北爱民主统一党的 24 席，北爱风云叵测。当下的英国位于历史的转折关头，一切迹象表明它的来日并不乐观。但愿疾病缠身的耄耋新君查尔斯三世能作为精神领袖带领臣民经受住乱世风雨的洗礼。

回顾与思考

16 世纪初，英格兰国家机器较为粗陋，但相对中世纪正趋完善，王权业已巩固，教俗两界和谐相处。在教俗二元体制之下，国王、贵族、士绅和教士四个群体共享权力，奉行精英治国。此时英格兰仍位于主流文明的边缘地带，军事力量远无周边的西班牙和法国强大，经济亦相对落后，文化上更需向已步入文艺复兴尾声阶段的欧陆国家学习。新教改革在德意志兴起时，英王亨利八世无意挑战教皇，以免教派纷争扰国乱政。然而 1530 年前后，亨利因个人婚姻及王朝继承发动宗教改革，打倒了教廷在英格兰的权威并将自己树为代表上帝治理人间的宗教首脑，创设了英格兰国教，削弱了本土教会经济实力和政治影响力并强化了王权。改革启动后，宗教冲突取代王权与贵族的冲突成为政争焦点，部分利益受损的教俗精英频频打着恢复传统宗教之旗帜犯上作乱，而多数民众即便认同国王的宗教权威，短期内也无法适应教义和礼仪的急速转向。亨利统治后期意识到了宗教政策更迭过快相当危险，刻意引导教义和礼仪适度回归传统，大体上稳住了局面并留下了君主身兼教会首脑这份最大遗产。然而这遗产暗含两个隐患。一是宗教与政治裹得太紧，增多了政治变数；二是王冠易主极有可能导致宗教混乱。果不其然，16 世纪中叶英格兰宗教政策历经反复，并与王位继承变数乃至王朝命运交织在一起。幼主爱德华六世时代，贵族当权，有重现中世纪贵族乱政之迹象。贵族或为私利，或为投王所好，大幅输入加尔文主义，加速了英格兰新教化进程。第一位女王玛丽仅凭个人喜好便全方位回归天主教，搞得臣民晕头转向，究问女性可否治国。

伊丽莎白一世继位后审时度势，以天生智慧重树君主宗教权威，规制详细礼仪,把加尔文主义植入教规教义,形塑结构稳固、内容丰富、特色鲜明的英格兰国教。国教是新教一个宗派,它承袭了中世纪教阶体系并把教会领袖从教皇换成了君主。君主在国教体制中居绝对主导地位,能任免高级教士并拥有教义教礼争执之最高裁决权。英格兰世俗和精神权威自此合于一体且都握于君主之手,这教政合一体制便于整合国家资源、凝聚民心,大幅提升了国家效率。民众借此体制获得身份认同,民族得以凝聚力量,继而在与国内外天主教徒的斗争中释放能量。新教的英格兰与天主教国家势如水火,天主教强国神圣罗马帝国、西班牙等均欲灭之而后快,处境凶险的英吉利人迫切需要证明自己是上帝选民,同时得与天主教徒殊死搏斗。证明自我的急切心理和求生的忧患意识激励英吉利人以反天主教和保卫新教为名英勇战斗,而击败西班牙进一步坚定了他们的新教信仰并为英伦后来居上奠定了基础。一个民族或国家兴起过程中,强敌环伺不尽是坏事,若无强邻,假想敌人也能鞭策自我不断完善并释放潜能。

在反天主教过程中,英格兰人不断丑化天主教,与天主教徒不共戴天同时也是国教会潜在威胁的清教徒趁势而起。清教徒是纯粹的加尔文主义者,信念偏执,蔑视权威,与国教建制乃至既定宪制格格不入。他们整体文化素质较高,经济上大多小康,是典型社会中间阶层,人数不多但战斗力强,有能力兴风起浪。伊丽莎白一世和詹姆士一世分别靠恩威并济和精明圆滑成功抑制清教徒,然而查理一世不断援引阿米尼乌主义元素改造国教,激怒了清教徒并令部分国教徒不满。查理尤讨厌清教徒藐视秩序和王威,关闭了英格兰清教徒赖以表达诉求的议会,处心积虑打压他们。查理在英格兰的个人统治相对成功,但严重低估了不列颠宗教一体化之阻力,当他把国教秩序和教义强加给由其统治但有独立信仰体系的苏格兰人时,英伦内战爆发了。清教徒和仇视国教会但与清教徒信念相似的苏格兰人联手击败了查理,结束了第一次内战。清教徒推倒国教后,激进清教军人还欲践行更彻底的加尔文主义以及更具平等色彩的宪制,结果革命派分裂了,大部分苏格兰人亦倒向查理。查理欲利用革命派内讧以及苏格兰人与英格兰人的矛盾反败为胜,但事与愿违;二次内战结束后,激进清教徒势力进一步坐大,他们清洗议会并处死查理,建立共和国。此时大多数英格兰人仍是国教徒,而共和国靠武力强推清教改革,其军事独裁比查理无议会统治更令人窒息。共和后期,保守派和无冕之王克伦威尔看清了共和国困境,欲以可世袭的护国公制重建秩序,在宪制上主动向传统体制回归。

克伦威尔死后,保守派找回传统议会,复辟王政,保守势力迅速重整,国教复辟水到渠成。清教革命光大了不从国教者影响力,培养了他们更加蔑视权威的气质,而革命失败又使得英格兰人免于在极端主义漩涡中长期打转,毕竟国教比清教宽容得多。复辟后,散居各地的形形色色不从国教徒沉寂下来,但誓不屈服,他们手攥自由主义火种,默默孕育一种终会开花结果的多元主义政治文化。复辟君主查理二世和詹姆士二世不愿效仿亨利八世和伊丽莎白一世,利用自身的教会首脑地位去巩固王权,一味将革命和动荡归咎于教派林立激起的纷争,模仿当时欧陆霸主法国,执意重树天主教为官方信仰,导致复辟后期英格兰人终日生活在天主教阴谋的惶恐气氛中。同为国教徒的托利派和辉格派、同为新教徒的国教徒和不从国教者为了反天主教这项共同事业联手行动,借信仰新教的外族荷兰人之力赶走了詹姆士二世,是为光荣革命。至此,清教的革命党和天主教的国王在17世纪挑战或颠覆国教均告失败。

光荣革命后的英格兰通过立法重申国教是官方信仰,也给予大部分不从国教徒生存空间,确立起弹性十足的新教国家体制。在适度宽容、相对宽松的宗教政策下,各新教教派和平共处,竞相发展,争夺信众。国教居支配地位,导引国家航向;不从国教者也有释放潜能、证明自我的环境,没必要再走极端或诉诸暴力,国家迎来了长治久安。层级分明的国教会与对抗权威的不从国教派在共同的新教信仰链接下,构建起既能凝聚民众共识也能激发民众创造力的宽松意识形态。这意识形态与世俗层面上由君主、贵族、士绅、平头百姓构成的等级秩序合理对接,高度兼容,相辅相成,确保英格兰政治稳定、社会活力四射,还缓释了苏格兰人对英格兰人的敌视及疑惧心理,促成了不列颠岛走向统一,进而成就了英国18世纪的蒸蒸日上和19世纪的傲视全球。

光荣革命没有流血,但固化了辉格和托利两派的党争。好在光荣革命也把英伦卷入复杂的欧陆战争,在一定程度上转移了国内派系矛盾。为防天主教法国和流亡中的詹姆士党人威胁新教国家,不列颠岛民重复着伊丽莎白一世时代的老套路,借保卫新教与外敌——尤其是法国长期争霸,并以多轮胜利在18世纪中叶建立了世界帝国。光荣革命后,不列颠人从欧陆迎来威廉三世、乔治一世和乔治二世三位长期在位的不奉国教但信仰新教的君主,他们没有斯图亚特男性君主的天主教执念,能被国教徒接受,更受不从国教者欢迎,亦能勉强得到苏格兰人认可。这三位乡情浓烈的君主频频返乡,时刻盘算利用英伦资源保卫故土,为此甚至主动向英国权贵让权,甘当弱势君主。弱势君主并不意味着王权衰落,但无意间促进了议会权力增强并培育出内阁制。弱势君主时代,君臣行政冲突烈度骤降,新教国家体制稳健,民众恐天主教心魔减轻,宗教宽容主义盛行,不从国教派没有理由滋事生非。这一切外加沃波尔高超政治技艺共同促成了18世纪中前期的英国政治稳定,教派和谐,轻而易举挫败两次詹姆士党人起事并在对外战争中大放异彩。然而托利派和高教会容不得英格兰教国一体制受到任何伤害,他们固守教国联盟,反对宗教自由主义,亦反对战争资源过多向欧陆倾斜,大力打造爱国君主论,表达对外交、军事以及国内宗教过度宽容之不满;部分虔诚国教徒不满国教会疏忽灵魂关怀,转向拥抱福音主义,寻求心灵慰藉,其中卫斯理宗最为活跃。

18世纪中期,斯图亚特复辟危险消逝,光荣革命后的派系政治在两场对外战争冲击下解体了,乔治三世继位后巧妙利用时局和王政复古思潮强化了王权。不过他对移居北美的清教徒鞭长莫及,两者矛盾本质上是17世纪国教徒和清教徒的冲突,尽管换了战场,失败的仍是国王。乔治复兴王权触怒了长期掌权的辉格派贵族,继而因丢失美洲威严扫地,加之焕发新生的不从国教者鼓噪,他的治国能力乃至王权本身均遭质疑。小皮特费心尽力为乔治保驾护航时,法国革命爆发了。这场革命比美洲独立对英国冲击更大,面对共和主义、民权平等思想以及无神论,英国人以保卫宗教信仰及君主制为由将席卷大西洋两岸的共和革命成功挡在门外,用保王主义、爱国主义、宗教虔诚以及首屈一指的工商业实力最终挫败法国。其中国教徒居功至伟,是抵御革命袭扰的主力军;绝大多数不从国教者也积极贡献己力,宗教虔敬激励他们反对革命;乔治亦因带头抵制革命华丽转身,毕竟保王与保教密不可分,因为国王就是国教会首脑。

在19世纪早期四海升平大环境下,受植根于启蒙哲学的福音主义及自由主义反哺,英格兰不从国教派蓬勃发展。此时的不从国教派已不同于它们偏执的17世纪先辈,相对开明、宽容,对新兴阶层和群体更有新引力,它们成功吸纳了工业时代的资本家、中产精英、小业主和熟练工人,声势日盛。国教却面临危机和分裂,顽固国教徒恪守祖制,开明国教徒拥抱福音主义和自由主义。到1830年前后,光荣革命确立的新教国家体制松动了,官方主动废除了打压不从国教者的陈规旧法并解放了天主教徒,各教派从此大体上公平竞争。国教丧失官方信仰地位及特权,作为国教首脑的君主受害最甚,其神圣性大打折扣,精神力量大幅削弱。行政层面上,乔治三世紧攥不容置疑的首相任免权,但因健康不佳等原因,在其统治中后期,次要臣属人事权转移到了首相手中。其后几位君主各有弱点,乔治四世下作、威廉四世软弱、维多利亚女王早年不谙世事都为政府蚕食君权提供了便利。19世纪前半叶君权急剧衰落,议会权势直线上升,权臣利用下院派系格局组阁的技能日渐娴熟。英国从无成文宪法,分配权力时特别强调惯例之效力,当拥有下院多数席位的派系组阁成为惯例后,君主便失去了遴选大臣的权力,最终退变为虚君,而代议制的平稳运行以及国家的繁荣兴旺似乎又佐证虚君制利国利民。

国教处境困厄导致长期掌权的托利派在解放天主教徒时分裂了,辉格派获得了秉政机会。辉格派向以开明自诩,上台便启动议会改革迎合民意。1832年议会改革后,工业城市获得议席,工商精英获得选举权。辉格自由派继而推动一系列即便在本派内部也充满争议的自由主义改革。经典自由主义在思想上主要体现为宗教不服从精神,在经济上奉行自由贸易,在政治上倡导扩展民权,代表的主要是不从国教徒的利益。不从国教徒到19世纪中叶已与国教徒比肩而立,他们和国教徒中的自由派联手致力于彻底解构教会与国家联盟,立法粉碎国教会残存的特权并为中等阶级选举权而战。不从国教派和国教福音派坚信抽象的权利平等学说,支持自由贸易,他们联手废除了《谷物法》,还呼吁清除印刻着宗教派别的身份歧视。在此过程中,不从国教派和国教福音派在政治上日益靠拢并吸纳了部分激进派,最终形成自由党。自由党在国内主张彻底砸烂国教,实现公民政治和社会权利的真正平等;对外输出福音主义,寻觅商机,拓展治域,把英国带入了如日中天的维多利亚时代。

自由主义高歌猛进,自由党改革硕果累累,而一向以保卫国教会为本职的托利派几乎拿不到掌权机会。自惭形秽的托利派在1830到1850年代调整思路,顺应时代潮流,革除教会弊病,默认教会与国家分离,支持自由贸易,关注民生福祉,继而锻造出成熟的保守党。1866至1867年,当自由党人格拉斯顿倡议的议会改革陷入僵局时,现代英国政治的鼻祖迪斯累利为了掌权,主动迎合民众,设计出更激进的议会改革方案,完成了第二次议会改革。1884年,两党高层又联手促成了第三次议会改革,给予大多数成年男性选举权,把英国变成了准民主国家,英国人政治权利渐趋平等。

在经典英国史叙事中,中世纪英国人已拥有财产和人身权,近代主要争取宗教信仰自由权利,19世纪初斗争旨趣逐渐转向政治权利,尤其是选举权。19世纪晚期和20世纪初,阶级抗争取代教派对立成为主要政治矛盾,强调抽象权利平等并力避国家干预的经典自由主义无法应对时代难题,聚焦民生的社会改革遂成压倒性政治议题。迪斯累利号准了时代脉搏,把施政重点转移到社会和帝国两大世俗问题上,形塑了一种关注民生和国家荣耀而非国教会的保守主义。与此同时,基督教没落,社会主义思潮涌动,两大政党以及各教派的知识精英积极宣扬流派各异的社会主义学说;过气的福音主义无力再驱动自由党前进,由福音主义推演出的普世平等理论还导致自由党人在面对爱尔兰自治争议时严重分裂了。如果说自由主义在19世纪中前期引领潮流并迫使保守派转型,那么19世纪晚期则是迪斯累利启动的社会改革、指引的帝国主义逼迫自由党向保守党看齐。结果,世纪之交的两党新生代政治家不约而同加码社会改革,宣扬帝国主义;民间激进主义运动与自上而下的所谓新型自由主义改革此呼彼应,疯狂的帝国主义则把民众带进了大战的深渊。

正是在一轮轮不断扩大选民比例的议会改革中,民主制取代了精英治国传统;正是在民主制倒逼的一波波社会改革中,福利国家肇始,民众也形成了一种错误的认知,那就是靠选票而非劳动就可以改变自己的处境。给予劳工阶级选票与授权他们治国实为一枚硬币之两面,因为劳工可用选票挑选政客,用罢工威胁政府及资本家。在被阶级斗争指引并折磨的政治环境中,在普选游戏规则下,往昔国教徒的忠于职守、不从国教者的勤勉自立、卫斯理宗的任劳任怨全部随风逝去,资本家和劳工双双失去工作的热情和生产的欲望。资本家宁到海外投资或放贷也不愿投资国内产业,而劳工把选票当作财富分配的利器与资本家以及政治家讨价还价,不断索要福利并动辄诉诸罢工。民主化、福利制度发端、英国衰落,这一切叠加在一起发生于19世纪晚期到20世纪初,绝非偶然。

普选制下,决策者不仅要在内政方面满足选民诉求,连外交也被选民牵着鼻子走。1914至1945年,英国三十年内以主要角色经历了两次大战,都以惨胜收场。表面看,决策集团做出了鲁莽参加一战和消极绥靖法西斯以及纳粹的错误选择,实际上,他们被手握选票的选民绑架了,制定外交和军事政策时,首先要迎合民众的情绪需求,而非考虑政策是否符合国家长远利益。一战爆发时,面对同胞的参战狂热,统治精英只能鼓动他们争先恐后奔赴战场;反战主义者不仅被控不爱国,还极有可能丢掉议席或丧失公职。经历或目睹了惨痛伤亡的民众在1920和1930年代悲观、迷惘、厌战、反战,决策集团为迎合这种新的民众心理需求转而奉行安全至上,欲以成本较低的集体安全和绥靖政策维系松动的帝国并为民众提供和平的幻觉。结果,消极避战的鲍德温、张伯伦大受选民欢迎,而积极主战的丘吉尔成了不受待见的另类,长期游荡在主流政治圈外围,直到民族生死存亡之刻才被托付重任。

两次大战打衰了英国世界地位,政党重新洗牌,国家治理模式也相应改变了。辉格派、托利派、自由党、保守党最初均有宗教情怀,心系某一教派或政教关系。一战前后,随着世俗化加速,政党渐与宗教剥离。保守党向来宣扬爱教就是爱国,靠爱国主义和基本完好的国教外壳熬过了震荡期。过分依赖不从国教派的自由党随着不从国教徒散去迷失了方向,难以适应背离自由主义的战时管制,在劳合·乔治个人权欲冲击下迅速瓦解。工党在喧嚣的阶级斗争声浪中迎来了跳跃式发展。劳工一战中地位提高,加之战后实现彻底普选,工党迅速壮大,取代自由党,与保守党分庭抗礼。工党成立时不愿与任何主义及阶级绑定,历经一战洗礼后,它宣称要把英国建成社会主义国家,党纲写明要实现生产资料公有制,但实际上工党领导层在二战前的两次短暂主政中并未启动任何激进改革。保守党主流为争取工人选票表现得相当亲民、务实。两次世界大战时代,保守党表面上占据着政坛绝对主导地位,事实上非常被动,需要用实际行动证明自己比工党更体恤民情。鲍德温打造急民所急、想民所想的保守主义,对外维护英帝国,对内防范动荡及革命,力争给所有人安全感。大萧条来临时,欠缺经验的工党领导层束手无策,保守党人临危受命,转变治国思路,一战后有所放缓的社会改革在大萧条时代以凯恩斯主义为指引重新提速,全方位的国家干预自此成为常态。随后到来的二战把国家功能发挥到极致并导致意识形态及社会经济政策根本性左转,战后英国顺理成章确立起万民所期的社会主义。

英国社会主义是基督教和费边主义的共同产物,与马克思主义关联不大。最初,它的对立面并非资本主义,而是 19 世纪的竞争主义和个人主义;其内核是基于基督教友爱精神和怜悯心理的人道主义和集体主义,而非暴力革命和共产主义。英国社会主义是超阶级、跨党派的全民参与的产物,它从肇始到成熟历经半个多世纪,大体可分为以下六个阶段。19 世纪晚期到一战,社会主义思想蔓延,社会改革令人眼花缭乱;一战证实特殊时期国家管制实有必要;一战后工党把国有化写进党章,在实践中奉行费边主义,针对具体事项实施点滴改良;应对大萧条的凯恩斯主义是国家推动的覆盖全局的社会主义,或曰保守党人的社会主义;二战淡化了民众阶级意识,大多数人要求把国家管制常态化,把国有化推向更广层面;二战后,政府国有化了采矿、运输、石油等重要产业,成功构筑起完善的社会安全保障体系。

英国社会主义的本质是民主社会主义,顾名思义,它的两大关键词是民主和社会,一人一票制民主是前提,社会公平公正是宗旨。英国选民相信可以利用人手一张的选票把自己的利益代言人送进下院,进而通过公正立法和公平施政践行他们的诉求。这些诉求就是体现为社会安全保障和福利项目的一揽子政策,因此英国社会主义又可谓福利社会主义。长远看,英国社会主义拖累了国家效率,但它一度以和平方式化解了尖锐阶级矛盾,以较小代价防范住了各类极端主义。现代英国未发生任何阶级革命,没上演法西斯,连社会暴动也没有。英国社会主义基本符合其温良先驱韦伯、麦克唐纳和亨德森等人初衷,也在大多数温和保守党人预期之中,曾被揶揄为"半社会主义者"的鲍德温顶着"罪人"污名活到 1947 年底,有幸见证同胞生活在一种以不流血方式建立的社会主义制度中。

工党政府 1945 至 1951 年推行合乎民意的全方位体制改革,补齐了民主社会主义的所有环节。保守党无意抵制全新的民主社会主义体制,1950 和 1960 年代的共识政治形成。这一时期尽管英国国家效率不及多数发达国家,国际地位亦一落千丈,但社会和谐,就业充分,民众在完善福利保障体系下享受丰裕物质,相当一部分工人阶级自认为物质上已跻身中产。然而国有企业竞争机制不灵,民众缺乏忧患意识,醉生梦死,社会停滞,国家了无生气。更麻烦的是,完善福利保障体系必须建基于一定经济增速之上,而国有企业的效益低下和沉重福利包袱很快导致经济增速放缓,继而停滞。成本高昂的福利社会主义国家运行二十余年便难以为继,到 1970 年代,英国如死水一潭,经济滞胀,工会治国。英国修正社会主义理论大师克罗斯兰曾说:在福利体系和国有企业庇护下,"今日之英国显然不再是一个世纪以前那样的竞争性社会了"。①这位诚挚的社会主义先贤引以为豪的制度设计恰恰是英国二战后沦落为国际竞争失败者的罪业——回避竞争。

1970 年代后期,英国有识之士普遍认识到过重的福利包袱压弯了国家的腰身,政府无钱投资,企业家投资意愿不足,连平头百姓也厌倦了没有底线的罢工。减轻国家负担、恢复市场竞争机制、培育个人自立意识均刻不容缓。拥护新自由主义的撒切尔大刀阔斧改革,向福利社会主义全面开战,摧毁了国有企业和工会,让市场调节产业和就业,靠金融业、服务业和新兴高科技产业部分恢复了国家活力。工党 1990 年前后转变思维,调整党纲,并于世纪之交主政。自诩新生的工党行撒切尔之策,搭全球化便车,确保经济继续走在高增长赛道上。撒切尔和布莱尔为英国经济迎来了一段小阳春,他们也曾试图重构福利体系及其运行机制,但阻力重重,半途而废。他们不仅没能替国家甩掉福利包袱,而且低估了改革的负面后果。完全以市场为导向的改革造成经济过度依赖金融业和服务业,实体产业空心化,经济抗风险能力减弱,贫富分化加剧,阶级斗争再起。21 世纪初,新自由主义退潮,新工党隐去。2008 年的大衰退重挫经济,扩大了贫富鸿沟。面对现实,工党政府走回凯恩斯主义老路,但毫无建树且留下了巨额赤字。2010 年回归的保守党政府在节衣缩食的同时宣扬有同情心的保守主义,意在经济健康和社会公平兼顾,但言多行少,穷人状况毫无改善,压缩开支甚至恶化了底层民众生活。面对阶级矛盾,政客绕开传统党团机构和报刊电视,利用社交媒体煽动民粹主义或极左社会主义。他们毫无诚意去寻找新的政治共识,都进行短视操作,奉行私利优先,造成政党政治进一步异化,加快民主走向其必然的归宿——民粹。

退欧是上述贫富分化的民愤宣泄。英国二战后无力维系其老旧帝国,体面把帝国变为松散的英联邦后,它需要找准自己在世界舞台上的定位,申请入欧一波三折,直到 1973 年才加入当时的欧共体。英国人入欧本就心猿意马,

---

① 安东尼·克罗斯兰:《社会主义的未来》,第 67 页。

入欧后自然少不了吵吵嚷嚷、唇枪舌战。入欧本为经济考虑,但 1980 年代新一轮全球化加速,入欧的红利多落入富人和精英腰包。欧盟社会政策还导致无数文化、语言、信仰和价值观迥异者涌入英国。普通英国人埋怨移民抢走了工作机会,分割福利蛋糕并滋生社会乱象,反全球化、排外恐外等心理汇集为民粹,大行其道。形形色色疑欧派在部分保守派及野心家煽动下,要求退欧;随着 21 世纪欧盟开始实质性侵蚀英国主权,他们行动更坚决,最终在 2016 年公投中得偿所愿。群魔乱舞和退欧的拖拖拉拉将不同群体的身份敌视和利益矛盾暴露得淋漓尽致,全民参与且手段无所不用其极的一轮轮内斗恶化了党争,进一步撕裂了国家。部分疑欧派生拉硬扯,把退欧与亨利改教进行类比,相信两者构成了五百年的轮回;他们为英国又一次挣脱所谓的欧陆枷锁欢欣鼓舞,诡称伴随退欧的混乱只是开启新旅程前的阵痛。然而冰冷事实是,这阵痛和新冠造成的创伤注定要给一代英国人心灵留下两重无法抹去的黑色记忆。

纵览全书,近五百年英国史可以分为升降势头截然相反的两个阶段。

第一阶段从 16 世纪初至 19 世纪中叶,这个阶段困扰英国人的主要是教派矛盾。自亨利改教始,英国便形成了错综复杂、千变万化的教派矛盾。这个矛盾在 16 世纪搞得人心惶惶,在 17 世纪甚至激起了内战。光荣革命后,英国人化弊为利,确立以国教为官方信仰,同时包容不从国教派的新教国体。这种国体的制度设计与当时的教派结构以及教徒实力高度契合,以新教信仰凝聚起最大限度的民众共识,成就了君民同心、上下一体的太平局面。更奇妙的是,在灵活的新教国体下,各教派地位有高低之别,但愿意和平共存,争相释放各自潜能,共同推动国家屡创辉煌。国教徒拥有绝对优势,是新教国体的主心骨、国家稳定的中流砥柱;二等公民不从国教徒也有呼吸新鲜空气的窗口,他们心有不满但并不感到过度压抑和窒息。在宽松的政治和宗教氛围中,国教徒和不从国教徒均在急切证明自己是上帝选民的心理鞭策下,锐意进取,虔敬自律,两者的良性竞争促成了 18 世纪和 19 世纪中前期的英国秩序与活力兼得,权威与自由并行。然而在权力分配方面,这个阶段的君主身兼世俗和精神双重权威,国教教士与贵族及士绅默契配合,构成权力垄断集团,管理国家并主导其航向。不从国教徒只能隐蔽信仰才能在少数高级部门任职,或以低调方式在基层事务中发挥作用,大多数不从国教徒和底层民众被排除在决策和管理层之外。然而到 1830 年前后,国教会和世俗权贵的权势遇到了挑战,原因在于新教国体下国教徒和不从国教徒的实力对比并非一成不变,而是此消彼长的。1820 年代后期,新教国体瓦解,其后不从国教徒以加速度壮大势力,到 19 世纪中叶大力清扫国教会残存的特权,大尺度扩展民众选举权,以和平手段实现了他们的先辈在 17 世纪中叶用暴力和流血的革命未能达成的夙愿。然而当时他们并未看到,向大众乃至草根下发选票就是把英国引向一条国力每况愈下的歧道。

第二阶段从 19 世纪晚期至 21 世纪初,这个阶段英国人面对的主要是世俗化时代以贫富分化为首要特征的社会矛盾,他们为化解这个矛盾践行的民主社会主义毁誉参半。民主社会主义把国策的重点从传统的重视生产转向了重视分配,在一定历史时期缓和了阶级对抗,为英国规避了流血革命,使得英国的传统外壳能以最为完好的形式保存到今天。然而民主社会主义自带诸多先天缺陷。它过于依赖国家功能,造成公职部门急速扩张,推高了国家治理成本。民主社会主义最大危害是人手一张选票会导致国民品性整体性堕落。当选民发现挥舞选票便能挑选政客,进而索要价值高于自己劳动应该所得的福利时,人性决定了他们只会变本加厉去使用选票,甚至梦想不劳而索,最终丢弃由他们的新教徒先辈传承下来的自律上进、吃苦耐劳等优秀品质。从政者为了拿到权力游戏的入场券,必须首先满足选民所求,其次才会考虑民众所求是否合理、可行、可持续。结果政坛出现劣币驱逐良币现象,权欲熏心、急功近利的政客往往比品端行正、德才兼备的政治家更受选民青睐。20 世纪晚期,当新自由主义为纠正民主社会主义弊病而产生了不可避免的贫富差距时,大批选民并未提升自我去适应新的工作要求,而是迁怒他者,习惯性把选票当作交易的筹码和抗议的武器;政客为一己权欲火上浇油,操弄民粹以收割选票。当代英国民粹洪流是时局危困的写照,更是普选制与生俱有的弊病累积而成的必然结果。

政治的任务是为国家提供良性治理,而良性治理的前提是精英与大众良性互动。精英在互动中当占据主动,时刻倾听民众心声,疏导民众情绪,必要时还应辅以强制。然而普选制下,千千万万选民以选票绑架精英,占据了主动,造成躯体支配脑袋、脑袋为躯体提供快感的本末倒置。追根溯源,普选制建立在人人绝对平等这个抽象的哲学假说之上,忽视人与人之间先天和后天都事实上必然存在的差异;其似是而非的逻辑基础和迷而不返的一次次实践导致英国在 20 世纪艰难跋涉,在 21 世纪前途不卜。

时下竟然有人以英国民众仍能享受高水平生活和完善福利而否认其衰落,无视它曾引以为豪的开拓进取精神、领先全球的技术发明和一枝独秀的产业兴旺均成了遥远的回忆。还有人以英国在衰落过程中表现得心平气和且无剧烈震荡而称之为优雅衰落,这更是聊以自慰的自欺欺人。高水平福利能否持久维系早成疑问,日益严酷的民粹则是对所谓优雅衰落的无情讽刺。当下异化的党争、萎靡的经济、悬殊的贫富、撕裂的族群、喧嚣的民粹通通预示着英国已深陷体制性危机,一场政治、经济、社会、意识形态等叠加起来的史无前例的总危机。

面对眼前危机和悲观未来,有人抗争,有人焦虑,还有大批迷茫无措者空余怀旧。现代世界,没有哪国国民比英国人更喜欢怀旧。他们的怀旧文化形成于 19 世纪晚期,那正是英国由盛转衰的节点。从那时起,目睹国势无情衰落的几代英国人在对比今古时,难免产生巨大心理落差,他们感时伤世时需要从历史中寻找慰藉。因此,与其说英国人怀旧,倒不如说他们怀念曾经的光辉岁月,尤其是笑傲全球的 19 世纪中叶。然而仅凭怀旧并不能再现辉煌,英国人应该知晓 19 世纪中叶他们的大多数先辈没有选票,没有福利,但崇德敬神,克勤克俭;彼时他们的大知识分子密尔坚信人理论上完全平等,然而他并不认同理论上的平等可以推演出实践层面的普选。密尔的后辈应该用心品读他在 1859 年写下的这段反对普选的文字:

> 如果有人声称,对于每一种由社会所认可的权力,所有人都应该是平等的,我的回答是:只有当所有人在人的价值方面同等时才是这样。事实是,一个人并不同另一个人一样优秀。试图根据同事实不符的一项假设提出一种政治结构,这违背所有理性行动的规则。①

---

① 约翰·密尔:《密尔论民主与社会主义》,吉林出版集团有限责任公司,2008 年,第 235 页。

征引文献

一、史料及政论等

(一) 中文

马修·阿诺德:《文化与无政府状态:政治与社会批评》,北京三联书店,2012 年。

克里门特·艾德礼:《走向社会主义的意志和道路》,商务印书馆,1961 年。

沃尔特·白芝浩:《英国宪法》,商务印书馆,2005 年。

《贝弗里奇报告——社会保险和相关服务》,中国劳动社会保障出版社,2004 年。

埃德蒙·柏克:《美洲三书》,商务印书馆,2012 年。

埃德蒙·柏克:《法国革命论》,商务印书馆,2010 年。

托尼·布莱尔:《旅程:布莱尔回忆录》,译林出版社,2011 年。

托尼·布莱尔:《新英国:我对一个年轻国家的展望》,世界知识出版社,1998 年。

弗雷德里希·奥古斯特·哈耶克:《自由宪章》,中国社会科学出版社,1999 年。

霍布豪斯:《自由主义》,商务印书馆,1996 年。

霍布斯:《利维坦》,商务印书馆,1985 年。

艾瑞克·霍布斯鲍姆:《霍布斯鲍姆自传:妙趣横生的 20 世纪》,中信出版社,2016 年。

安东尼·吉登斯:《第三条道路:社会民主主义的复兴》,北京三联书店,2000 年。

约翰·梅纳德·凯恩斯:《通向繁荣之路》,中国人民大学出版社,2016 年。

约翰·梅纳德·凯恩斯:《就业、利息和货币通论》,华夏出版社,2004 年。

阿拉斯泰尔·坎贝尔:《布莱尔时代:阿拉斯泰尔·坎贝尔日记选》,南京大学出版社,2014 年。

安东尼·克罗斯兰:《社会主义的未来》,上海人民出版社,2011 年。

拉斯基:《论当代革命》,商务印书馆,2018 年。

哈罗德·麦克米伦:《麦克米伦回忆录》(六卷),商务印书馆,1980—1983 年。

彼得·曼德尔森:《拯救工党:与布莱尔一起的峥嵘岁月》,中国人民大学出版社,2013 年。

约翰·密尔:《密尔论民主与社会主义》,吉林出版集团有限责任公司,2008 年。

潘恩:《潘恩选集》,商务印书馆,2012 年。

温斯顿·丘吉尔:《第一次世界大战回忆录》(四卷),南方出版社,2002 年。

温斯顿·丘吉尔:《第二次世界大战回忆录》(六卷),南方出版社,2003 年。

玛格丽特·撒切尔:《通往权力之路:撒切尔夫人自传》,国际文化出版公司,2005 年。

玛格丽特·撒切尔:《唐宁街岁月:撒切尔夫人自传》(上、下),国际文化出版公司,2009 年。

《圣经》,中国基督教两会出版,2008 年。

哈罗德·威尔逊:《英国社会主义的有关问题》,商务印书馆,1966 年。

雷蒙·威廉斯:《文化与社会:1780—1950》,商务印书馆,2018 年。

约翰·卫斯理:《约翰·卫斯理日记》,甘肃人民美术出版社,2013 年。

肖伯纳主编:《费边论丛》,三联书店,1958 年。

(二) 英文

Wilbur Cortez Abbott, *Writings and Speeches of Oliver Cromwell*, 4Vols, Harvard University Press, 1937 - 1947.

Gordon Brown, *My life, Our Times*, London, Bodley Head, 2017.

Burnet, *Bishop Burnet's History of His Own Time*, 6Vols, Oxford, 1823.

Jim Callaghan, *Time and Chance*, Harper Collins, 1987.

David Cameron, *For the Record*, William Collins, 2019.

Census of Great Britain, 1851, Religious Worship in England and Wales, London, 1854.

Earl of Clarendon, *History of the Great Rebellion and the Civil Wars*, 6Vols, Oxford, 1888.

Cobbett's Parliamentary History of England from the Earliest Period to the Year 1803, 36Vols, London, 1806 – 1820.

Iain Dale ed. , *Labour Party General Election Manifestos, 1900 – 1997*, Routledge, 2007.

Iain Dale ed. , *Conservative Party General Election Manifestos, 1900 – 1997*, Routledge, 2013.

English Historical Documents [C. H. Williams, Vol. V , 1485 – 1558; Ian W. Archer and F. Douglas Price, Vol. V (A), 1558 – 1603; Barry Coward and Peter Gaunt, Vol. V (B), 1603 – 1660; Andrew Browning, Vol. VI, 1660 – 1714; D. B. Horn and Mary Ransome, Vol. VII, 1714 – 1783; A. Aspinall and E. Anthony Smith, Vol. VIII, 1783 – 1832; G. M. Young and W. D. Handcock, Vol. IX, 1833 – 1874; W. D. Handcock, Vol. X , 1874 – 1914], Routledge, 1996 – 2011.

John Fortescue, *The Correspondence of King George the Third from 1760 to December 1783*, 6Vols, Macmillan, 1927 – 1928.

John Foxe, *The Acts and Monuments*, eds, by S. R. Cattley and George Townshend, Vol. V – VII, London, 1838.

Philip Gould, *The Unfinished Revolution: How the Modernisers Saved the Labour Party*, Abacus, 1998.

Edward Hall, *Hall's Chronicle: Containing the History of England, during the Reign of Henry the fourth, and the Succeeding Monarchs, to the End of the Reign of Henry the Eighth*，London，1809.

英国议会辩论记录（Hansard Parliamentary Debates）在线阅读网站：https://api. parliament. uk/historic-hansard/index. html.

T. E. Hartley, *Proceedings in the Parliaments of Elizabeth* Ⅰ，3Vols，Leicester University Press，1981－1995.

W. S. Hathaway, *The Speeches of the Right Honourable William Pitt in the House of Commons*，4Vols，London，1806－1808，1817.

Dennis Healey, *The Time of My life*，W. W. Norton，1989.

John Hervey, *Some Materials towards Memiors of the Reign of King Geroge* Ⅱ，3Vols，ed. by Romney Sedgwick，London，1931.

Geoffrey Howe, *Conflict of Loyalty*，Macmillan，1994.

P. L. Hughes and J. F. Larkin eds, *Tudor Royal Proclamations*，3Vols，New Haven，1964－1969.

James F. Larkin, Paul L. Hughes eds, *Stuart Royal Proclamations*，Vol. Ⅰ：*Royal Proclamations of King James* Ⅰ，*1603 － 1625*，Oxford University Press，1973；Vol. Ⅱ：*Royal Proclamations of King Charles* Ⅰ，*1625 -1646*，Oxford University Press，1983.

Richard Hooker, *Of the Laws of Ecclesiastical Polity*，ed. by Arthur Stephen McGrade，Cambridge University Press，1989.

W. K. Jordan, ed. , *The Chronicle and Political Papers of King Edward* Ⅵ，Cornell University Press，1966.

J. P. Kenyon, *The Stuart Constitution*，*1603 － 1688*，Cambridge University Press，1986.

Nigel Lawson, *The View from No. 11: Memoirs of a Tory Radical*，1993，Bantam Press，1992.

John Major, *The Autobiography*，Harper Collins，1999.

Sir Robert Peel, *The Speeches of the Late Right Honourable Sir Robert Peel Delivered in the House of Commons*，4Vols，London，1806 － 1817.

Ivan Roots, *Speeches of Oliver Cromwell*, Phoenix, 2002.

Johann P. Sommerville, *King James Ⅵ and Ⅰ: Political Writings*, Cambridge University Press, 1994.

John Vnicent, *Disraeli, Derby and the Conservative Party*, *Journals and Memoirs of Edward Henry*, *Lord Stanley*, *1849－1869*, Harvester Press, 1978.

Horace Walpole, *Memoirs of King George Ⅱ*, 3Vols, ed. by John Brooke, Yale University Press, 1985.

Horace Walpole, *Memoirs of King George Ⅲ*, 4Vols, ed. by Derek Jarrett, Yale University Press, 2000.

War Memoirs of David Lloyd George, 2Vols, Odhams Press, 1938.

Philip Williamson and Edward Baldwin, *Baldwin Papers: A Conservative Statesman*, *1908－1947*, Cambridge University Press, 2004.

Harold Wilson, *The Labour Government*, *1964－1970: A Personal Record*: Weidenfeld and Nicolson, 1971.

二、研究论著(析出文献不再单列)

(一) 中文

高岱:《英国政党政治的新起点:第一次世界大战与英国自由党的没落》,北京大学出版社,2005年。

刘成:《英国现代转型与工党重铸》,北京三联书店,2013年。

刘城:《英国教会史论文集》,首都师范大学出版社,2014年。

刘金源:《现代化与英国社会转型》,北京三联书店,2013年。

刘新成:《英国议会研究:1485—1603》,人民出版社,2016年。

孟广林:《英国"宪政王权"论稿:从〈大宪章〉到"玫瑰战争"》,人民出版社,2017年。

钱乘旦:《工业革命与英国工人阶级》,南京出版社,1992年。

钱乘旦等:《英国通史(第六卷):日落斜阳——20世纪英国》,江苏人民出版社，2016 年。

舒小昀：《分化与整合：1688—1783 年英国社会结构分析》，南京大学出版社，
2003 年。

王觉非主编：《近代英国史》，南京大学出版社，1997 年。

阿克顿：《近代史讲稿》，上海人民出版社，2007 年。

弗朗西斯·艾略特、詹宁斯·汉宁：《卡梅伦的崛起之路》，上海人民出版社，
2014 年。

罗伊·波特：《创造现代世界：英国启蒙运动钩沉》，商务印书馆，2022 年。

特雷西·博尔曼：《托马斯·克伦威尔：亨利八世最忠实的仆人鲜为人知的故
事》，社会科学文献出版社，2019 年。

A. V. 戴雪等：《枢密院考》，上海三联书店，2017 年。

H. T. 狄金森：《十八世纪英国的大众政治》，商务印书馆，2015 年。

T. M. 迪瓦恩：《苏格兰民族：一部近代史》，社会科学文献出版社，2021 年。

迈克尔·弗里登：《英国进步主义思想：社会改革的兴起》，商务印书馆，
2018 年。

查尔斯·弗思：《克伦威尔传》，商务印书馆，2002 年。

安格斯·霍金斯：《维多利亚时代的政治文化：合情顺理》，北京大学出版社，
2019 年。

约翰·坎贝尔：《铁娘子：撒切尔夫人传》，长江文艺出版社，2015 年。

拉塞尔·柯克：《保守主义思想：从伯克到艾略特》，江苏凤凰文艺出版社，
2019 年。

J. C. D. 克拉克：《1660—1832 年的英国社会》，商务印书馆，2014 年。

琳达·科利：《英国人：国家的形成，1707—1837 年》，商务印书馆，2017 年。

艾德蒙·柯蒂斯：《爱尔兰史》（上、下），江苏人民出版社，1974 年。

保罗·莱：《英国共和国兴衰史》，天津人民出版社，2021 年。

安德鲁·玛尔：《现代英国史》（上、下）：东方出版社，2020 年。

约翰·马图夏克：《亨利八世与都铎王朝："多面暴君"和他的传奇帝国》，中国
友谊出版公司，2020 年。

伊恩·麦克劳德：《张伯伦传》，商务印书馆，1990 年。

梅特兰:《英格兰宪政史》,中国政法大学出版社,2010 年。

J. E. 尼尔:《女王伊丽莎白一世传》,商务印书馆,1992 年。

杰弗里·帕克:《腓力二世的大战略》,商务印书馆,2010 年。

G. M. 屈威廉:《英国革命,1688—1689》,商务印书馆,2017 年。

马克·萨维奇等:《21 世纪英国的社会阶级》,社会科学文献出版社,2021 年。

安东尼·塞尔登:《梅杰传》,新华出版社,2000 年。

乔纳森·施内尔:《拯救不列颠:温斯顿·丘吉尔和他的战时内阁(1940—1945)》,上海人民出版社,2018 年。

罗伯特·斯基德尔斯基:《凯恩斯传》,三联书店,2006 年。

劳伦斯·斯通:《贵族的危机,1558—1641 年》,上海人民出版社,2011 年。

A. J. P. 泰勒:《争夺欧洲霸权的斗争,1848—1918》,商务印书馆,1987 年。

E. P. 汤普森:《英国工人阶级的形成》(上、下),译林出版社,2001 年。

马丁·威纳:《英国文化与工业精神的衰落,1850—1980》,北京大学出版社,2013 年。

迈克尔·沃尔泽:《清教徒的革命》,商务印书馆,2016 年。

布伦丹·西姆斯:《千年英欧史:英国与欧洲,1000 年的冲突与合作》,中信出版社,2021 年。

雨果·杨格:《铁女人撒切尔夫人传》,西北大学出版社,1995 年。

杨国伦:《英国对华政策(一八九五—一九〇二)》,中国社会科学出版社,1991 年。

罗伊·詹金斯:《丘吉尔传》,北京时代华文书局,2019 年。

(二) 英文

Paul Addison, *The Road to 1945: British Politics and the Second World War*, Pimlico, 1994.

Stephen Alford, *Kingship and Politics in the Reign of Edward Ⅵ*, Cambridge University Press, 2002.

G. E. Aylmer, *Rebellion or Revolution? England, 1640 - 1660*, Oxford University Press, 2002.

Tim Bale, *The Conservative Party: From Thatcher to Cameron*, Polity Press, 2016.

Tim Bale, *The Conservative Party after Brexit*, Polity Press, 2023.

Stuart Ball, *Portrait of a Party: The Conservative Party in Britain, 1918 – 1945*, Oxford University Press, 2013.

Stuart Ball and Anthony Seldon eds, *The Heath Government, 1970 – 1974: A Reappraisal*, Routledge, 1996.

D. W. Bebbington, *Evangelicalism in Modern Britain: A History from the 1730s to the 1980s*, Abingdon, Routledge, 1993.

Michael Bentley, *Lord Salisbury's World: Conservative Environments in Late-Victorian Britain*, Cambridge University Press, 2001.

G. W. Bernard, *The King's Reformation: Henry VIII and the Remaking of the English Church*, Yale University Press, 2005.

G. W. Bernard, *The Late Medieval English Church: Vitality and Vulnerability before the Break with Rome*, Yale University Press, 2012.

George L. Bernstein, *Liberalism and Liberal Politics in Edwardian England*, London, Allen & Unwin, 1987.

Mark Bevir, *The Making of British Socialism*, Princeton University Press, 2011.

John Bew, *Clement Attlee: The Man Who Made Modern Britain*, Oxford University Press, 2017.

Paul Bew, *Ireland: The Politics of Enmity, 1789 – 2006*, Oxford University Press, 2007.

Jeremy Black, *Robert Walpole and the Nature of Politics in Early Eighteenth Century England*, New York, St. Martin's Press, 1990.

Jeremy Black, *British Politics and Foreign Policy, 1727 – 1744*, Ashgate, 2014.

Jeremy Black, *George III: America's Last King*, Yale University Press,

2001.

Robert Blake, *Disraeli*, St. Martin's Press, 1967.

Kenneth Bourne, *The Foreign Policy of Victorian England*, *1830 - 1902*, Oxford, Clarendon Press, 1970.

Michael Braddick, *God's Fury*, *England's Fire: A New History of the English Civil Wars*, Allen Lane, 2008.

Richard Britnell, *The Closing of the Middle Ages? England*, *1471 - 1529*, Blackwell, 1997.

Michael Brock, *The Great Reform Act*, London, Hutchinson, 1973.

Stephen Brooke, *Labour's War: The Labour Party During the Second World* War, Oxford University Press, 1992.

David Brown, *Palmerston: A Biography*, Yale University Press, 2002.

Stuart J. Brown, *The National Churches of England*, *Ireland*, *and Scotland*, *1801 - 1846*, Oxford University Press, 2007.

David Butler and Dennis Kavanagh, *The British General Election of 2001*, Palgrave Macmillan, 2001.

Alec Cairncross, *Years of Recovery: British Economic Policy*, *1945 - 1951*, London, Methuen, 1985.

Alec Cairncross, *The British Economy since 1945: Economic Policy and Performance*, *1945 - 1990*, Blackwell, 1992.

Angus Calder, *The People's War: Britain*, *1939 - 1945*, Pimlico, 1992.

John Cannon, *Fox-North Coalition: Crisis of the Constitution*, *1782 - 1784*, Cambridge University Press, 2008.

John Cannon, *Parliamentary Reform*, *1640 - 1832*, Cambridge University Press, 1972.

Ian Cawood, *The Unionist Party: A History*, I. B. Tauris, 2012.

Owen Chadwick, *Victorian Church*, Part I, New York, Oxford University Press, 1966; Part II, London, Adam & Charles Black, 1970.

Malcolm Chase, *Chartism*, *A New History*, Manchester University Press,

2007.

S. B. Chrimes, *Henry Ⅶ*, Yale University Press, 1999.

Ian R. Christie, *Wars and Revolutions: Britain, 1760 - 1815*, Harvard University Press, 1982.

J. C. D. Clark, *The Dynamics of Change: The Crisis of the 1750s and English Party Systems*, Cambridge University Press, 1982.

Harold D. Clarke, Matthew Goodwin and Paul Whiteley, *Brexit: Why Britain Voted to Leave the European Union*, Cambridge University Press, 2017.

P. F. Clarke, *Lancashire and the New Liberlism*, Cambridge University Press, 2007.

Tony Clayton, *William Ⅲ*, Longman, 2002.

Patrick Collinson, *The Elizabethan Puritan Movement*, Jonathan Cape, 1967.

Patrick Collinson, *Religion of Protestants: The Church in English Society, 1559 - 1625*, Oxford University Press, 1982.

David R. Como, *Radical Parliamentarians and the English Civil War*, Oxford University Press, 2018.

Steven Conway, *The British Isles and the War of American Independence*, Oxford University Press, 2000.

Chris Cook and John Stevenson, *A History of British Elections since 1689*, Routledge, 2014.

Barry Coward, *The Cromwellian Protectorate*, Manchester University Press, 2002.

Philip Cowley and Dennis Kavanagh, *The British General Election of 2015*, Palgrave Macmillan, 2016.

Philip Cowley and Dennis Kavanagh, *The British General Election of 2017*, Palgrave Macmillan, 2019.

Maurice Cowling, *The Impact of Hitler: British Politics and British*

Foreign Policy, 1933 - 1940, Cambridge University Press, 1992.

Pauline Croft, *King James*, Palgrave Macmillan, 2003.

James E. Cronin, *New Labour's Pasts: The Labour Party and Its Discontents*, Longman, 2004.

Eveline Cruickshanks and Howard Erskine-Hill, *The Atterbury Plot*, Palgrave Macmillan, 2004.

Richard Cust, *Charles I : A Political Life*, Longman, 2005.

Richard Dale, *The First Crash: Lessons from the South Sea Bubble*, Princeton University Press, 2004.

Martin Daunton, *Trusting Leviathan: The Politics of Taxation in Britain, 1799 - 1914*, Cambridge University Press, 2001.

David Dean, *Law-Making and Society in Late Elizabethan England: The Parliament of England, 1584 - 1601*, Cambridge University Press, 1996.

David Denver and Mark Garnett, *British General Elections Since 1964: Diversity, Dealignment and Disillusion*, Oxford University Press, 2014.

Stephen Driver and Luke Martell, *New Labour*, Polity Press, 2006.

G. M. Ditchfield, *The Evangelical Revival*, University College London Press, 1998.

G. M. Ditchfield, *George III : An Essay on Monarchy*, Macmillan, 2002.

Eamon Duffy, *Fires of Faith: Catholic England under Mary Tudor*, Yale University Press, 2010.

Christopher Durston, *Cromwell's Major-Generals: Godly Government during the English Revolution*, Manchester University Press, 2001.

John Edwards, *Archbishop Pole*, Routledge, 2016.

Steven G. Ellis and Christopher Maginn, *The Making of British Isles: The State of Britain and Ireland, 1450 - 1660*, Routledge, 2014.

John Ehrman, *The Younger Pitt: The Years of Acclaim*, New York, E. P.

Dutton，1969.

John Ehrman, *The Younger Pitt: The Reluctant Transition*，Stanford University Press，1983.

John Ehrman, *The Younger Pitt: The Consuming Struggle*，Constable，1996.

G. R. Elton, *Reform and Reformation: England*，*1509 - 1558*，Harvard University Press，1977.

G. R. Elton, *The Tudor Revolution in Government: Administrative Changes in the Reign of Henry Ⅷ*，Cambridge University Press，1969.

Eric J. Evans, *The Forging of the Modern State: Early Industrial Britain*，*1783 - 1870*，Longman，2001.

Geoffrey Evans and James Tilley, *The New Politics of Class: The Political Exclusion of the British Working Class*，Oxford University Press，2017.

Steve Fielding, *The Labour Governments*，*1964 - 1970*，Vol. Ⅰ，*Labour and Cultural Change*，Manchester University Press，2003.

Kenneth Fincham and Peter Lake, *The Ecclesiastic Policy of King James Ⅰ*，*Journal of British Studies*，Vol. 24, No. 2. (Apr. 1985)，pp. 169 - 207.

Kenneth Fincham and Nicholas Tyacke, *Altars Restored: The Changing Face of English Religious Worship*，*1547 - c. 1700*，Oxford University Press，2007.

Anthony Fletcher, Diarmaid MacCulloch, *Tudor Rebellions*，Longman，2008.

Roderick Floud and Paul Johnson, eds, *The Cambridge Economic History of Modern Britain*，Vol. Ⅲ，*Structural Change and Growth*，*1939 - 2000*，Cambridge University Press，2004.

Robert Ford, et. al, *The British General Election of 2019*，Palgrave Macmillan，2021.

Anthony Forster, *Euroscepticism in Contemporary British Politics: Opposition to Europe in the Conservative and Labour Parties since 1945*, Routledge, 2002.

Alexandra Gajda, *The Earl of Essex and Late Elizabethan Political Culture*, Oxford University Press, 2012.

Andrew Gamble, *The Free Economy and the Strong State*, Palgrave Macmillan, 1994.

Norman Gash, *Lord Liverpool: The Life and Political Career of Robert Banks Jenkinson, Second Earl of Liverpool, 1770 – 1828*, Faber, 2016.

Norman Gash, *Aristocracy and People: Britain, 1815 – 1865*, Harvard University Press, 1979.

Richard A. Gaunt, *Sir Robert Peel: The Life and Legacy*, I. B. Tauris, 2010.

Ian Gentles, *The New Model Army in England, Ireland and Scotland, 1645 – 1653*, Blackwell, 1992.

Stephen George, *An Awkward Partner: Britain in the European Community*, Oxford University Press, 1998.

William Gibson, *The Church of England, 1688 – 1832: Unity and Accord*, Routledge, 2001.

Alan D. Gilbert, *Religion and Society in Industrial England: Church, Chapel and Social Change, 1740 – 1914*, New York, Longman, 1976.

Howard Glennerster, *British Social Policy, 1945 to the Present*, Blackwell, 2007.

Michael A. R. Graves, *The Tudor Parliaments: Crown, Lords and Commons, 1485 – 1603*, Longman, 1985.

Edward Gregg, *Queen Anne*, Yale University Press, 2001.

John Guy, *Tudor England*, Oxford University Press, 1988.

Christopher Haigh, *English Reformations: Religion, Politics and Society under the Tudors*, Oxford University Press, 1993.

Tim Harris, *Restoration: Charles II and His Kingdoms*, *1660 – 1685*, Allen Lane, 2005.

Tim Harris, *Revolution: The Great Crisis of the British Monarchy*, *1685 – 1720*, Penguin, 2007.

Tim Harris, *Rebellion: Britain's First Stuart Kings*, *1567 – 1642*, Oxford University Press, 2014.

Brian Harrison, *Seeking a Role: The United Kingdom*, *1951 – 1970*, Oxford University Press, 2009.

Ragnhild Hatton, *George I*, Yale University Press, 2001.

Angus Hawkins, *The Forgotten Prime Minister: The 14th Earl of Derby*, Vol. II, *Achievement*, *1851 – 1869*, Oxford University Press, 2008.

Angus Hawkins, *British Party Politics*, *1852 – 1886*, Basingstoke, Macmillan, 1998.

David Hempton, *Methodism and Politics in British Society*, *1750 – 1850*, London, Routledge, 2012.

Brian Hill, *The Growth of Parliamentary Parties*, *1689 – 1742*, George Allen & Unwin, 1976.

Christopher Hill, *The Century of Revolution*, *1603 – 1714*, New York, Routledge, 1980.

Christopher Hill, *God's Englishman: Oliver Cromwell and the English Revolution*, New York, the Dial Press, 1970.

Christopher Hill, *The World Turned Upside Down: Radical Ideals during the English Revolution*, Penguin, 1991.

Boyd Hilton, *A Mad, Bad and Dangerous People?: England*, *1783 – 1846*, Oxford University Press, 2008.

Derek Hirst, *England in Conflict*, *1603 – 1660: Kingdom*, *Community*, *Commonwealth*, Arnold, 1999.

Geoffrey Holmes and Daniel Szechi, *The Age of Oligarchy: Pre-industrial*

Britain, 1722 - 1783, Routledge, 1993.

K. Theodore Hoppen, *The Mid-Victorian Generation, 1846 - 1886*, Oxford University Press, 1998.

Julian Hoppit, *A Land of Liberty?: England, 1689 - 1727*, Oxford University Press, 2002.

Henry Horwitz, *Parliament, Policy and Politics in the Reign of William III*, Manchester University Press, 1977.

Ronald Hutton, *Restoration: A Political and Religious History of England and Wales, 1658 - 1667*, Oxford, Clarendon Press, 1985.

Ronald Hutton, *Charles the Second: King of England, Scotland and Ireland*, Oxford University Press, 1989.

Ronald Hyam, *Britain's Imperial Century, 1815 - 1914: A Study of Empire and Expansion*, London, B. T. Batsford, 1976.

K. S. Inglis, *Churches and the Working Classes in Victorian England*, Routledge, 2007.

Ben Jackson and Robert Saunders eds, *Making Thatcher's Britain*, Cambridge University Press, 2012.

Kevin Jefferys, *Retreat from New Jerusalem: British Politics, 1951 - 1964*, St. Martin's Press, 1997.

Roy Jenkins, *Asquith*, Collins, 1978.

T. A. Jenkins, *Gladstone, Whiggery and the Liberal Party, 1874 - 1886*, Oxford University Press, 1986.

J. R. Jones, *Country and Court: England, 1658 - 1714*, Harvard University Press, 1978.

Peter d'A. Jones, *The Christian Socialist Revival, 1877 - 1914: Religion, Class and Social Conscience in Late-Victorian England*, Princeton University Press, 1968.

Dennis Kavanagh, *Thatcherism and British Politics: The End of Consensus?* Oxford University Press, 1987.

Dennis Kavanagh, *The Reordering of British Politics: Politics after Thatcher*, Oxford University Press, 1997.

Dennis Kavanagh and Philip Cowley, *The British General Election of 2010*, Palgrave Macmillan, 2010.

N. H. Keeble, *The Restoration: England in the 1660s*, Blackwell, 2002.

William Keegan, *The Prudence of Mr. Gordon Brown*, John Wiley & Sons, 2003.

K. J. Kesselring, *The Northern Rebellion of 1569: Faith, Politics and Protest in Elizabethan England*, Palgrave Macmillan, 2007.

Peter Lake, *Anglicans and Puritans?: Presbyterianism and English Comformist Thought from Whitgift to Hooker*, Allen & Unwin, 1988.

Paul Langford, *A Polite and Commercial People: England, 1727-1783*, Oxford University Press, 1992.

Stephen M. Lee, *George Canning and Liberal Toryism, 1801 - 1827*, Boydell Press, 2008.

Stanford E. Lehmberg, *The Reformation Parliament, 1529 - 1536*, Cambridge University Press, 1970.

Patrick Little and David L. Smith, *Parliaments and Politics during the Cromwellian Protectorate*, Cambridge University Press, 2009.

David Loades, *Politics and the Nation: England, 1450-1660*, Blackwell, 1999.

David Loades, *The Reign of Mary Tudor*, Longman, 1991.

David Loades, *Intrigue and Treason: The Tudor Court, 1547 - 1558*, Longman, 2004.

Roger Lockyer, *The Early Stuarts: A Political History of England, 1603 - 1642*, Longman, 1999.

Rodney Lowe, *The Welfare State in Britain since 1945*, Macmillan, 2005.

Wallace MacCaffrey, *The Shaping of Elizabethan Regime*, Princeton

University Press，1968.

Wallace T. MacCaffrey，*Queen Elizabeth and the Making of Policy*，*1572 -1588*，Princeton University Press，1981.

Wallace T. MacCaffrey，*Elizabeth I : War and Politics*，*1588 - 1603*，Princeton University Press，1992.

Peter Marshall，*Heretics and Believers: A History of the English Reformation*，New Haven，Yale University Press，2017.

Diarmaid MacCulloch，*The Later Reformation in England*，*1547 - 1603*，Palgrave Macmillan，2001.

Ian Machin，*The Catholic Question in English Politics*，*1820 - 1830*，Clarendon Press，1964.

G. I. T. Machin，*Politics and the Churches in Great Britain*，*1869 to 1921*，Oxford University Press，1987.

Peter Marsh，*Joseph Chamberlain: Entrepreneur in Politics*，Yale University Press，1994.

David Marquand，*Ramsay Macdonald*，Jonathan Cape，1977.

H. C. G. Matthew，*Gladstone*，*1809 - 1874*，Oxford University Press，1988.

H. C. G. Matthew，*Gladstone*，*1875 - 1898*，Oxford University Press，1995.

Norman McCord and Bill Purdue，*British History*，*1815 - 1914*，Oxford University Press，2007.

Ross Mckibbin，*The Ideologies of Class: Social Relations in Britain*，*1880 - 1950*，Oxford，Clarendon Press，1990.

Ross Mckibbin，*The Evolution of the Labour Party*，*1910 - 1924*，Oxford University Press，1974.

Ross Mckibbin，*Parties and People: England*，*1914 - 1951*，Oxford University Press，2010.

Hugh McLoed，*Religion and Society in England*，*1850 - 1914*，New York，

Macmillan，1996.

John Miller，*Popery and Politics in England，1660 - 1688*，Cambridge University Press，2008.

John Miller，*James II*，Yale University Press，2000.

L. G. Mithcell，*Charles James Fox*，Oxford University Press，1992.

L. G. Mitchell，*Lord Melbourne，1779 - 1848*，Oxford University Press，1997.

Paul Kleber Monod，*Jacobitism and the English People，1688 - 1788*，Cambridge University Press，1989.

W. F. Monypenny and G. E. Buckle，*The Life of Benjamin Disraeli，Earl of Beaconsfield*，Vol. IV - VI. London，John Murray，1916 - 1920.

Kenneth O. Morgan，*Consensus and Disunity: The Lloyd George Coalition Government，1918 - 1922*，Oxford University Press，1979.

Kenneth O. Morgan，*Labour in Power，1945 - 1951*，Oxford University Press，1985.

Kenneth O. Morgan，*Britain since 1945: The People's Peace*，Oxford University Press，2001.

John Morley，*The Life of William Ewart Gladstone*，3Vols，London，Macmillan，1903.

John Morrill，*The Nature of the English Revolution*，Longman，1993.

Rory Muir，*Wellington: Waterloo and the Fortunes of Peace，1814 - 1852*，Yale University Press，2013.

Lewis Namier，*England in the Age of American Revolution*，London，Macmillan，1961.

Ian Newbould，*Whiggery and Reform，1830 - 1841: The Politics of Government*，Stanford University Press，1990.

Edward Norman，*The Victorian Christian Socialists*，Cambridge University Press，1987.

Frank O'Gorman, *Voters, Patrons and Parties: The Unreformed Electorate of Hanoverian England, 1734 - 1832*, Oxford University Press, 1989.

Andrew Jackson O'Shaughnessy, *The Men Who Lost America: British Leadship, the American Revolution and the Fate of the Empire*, Yale University Press, 2014.

John B. Owen, *The Rise of Pelhams*, Methuen, 1957.

Ian Packer, *Liberal Government and Politics, 1905 - 1915*, Palgrave Macmillan, 2006.

Jonathan Parry, *The Rise and Fall of Liberal Government in Victorian Britain*, Yale University Press, 1993.

Henry Pelling, *Origins of the Labour Party*, Oxford University Press, 1966.

Henry Pelling, *A History of British Trade Union*, Macmillan, 1976.

Marie Peters, *The Elder Pitt*, Longman, 1997.

Ben Pimlott, *Harold Wilson*, Harper Collins, 1992.

Steve Pincus, *1688: The First Modern Revolution*, Yale University Press, 2009.

J. H. Plumb, *Sir Robert Walpole: The King's Minister*, London, The Cresset Press, 1960.

John Prest, *Lord John Russell*, Macmillan, 1972.

Martin Pugh, *The Making of Modern British Politics, 1867 - 1945*, Blackwell, 2002.

Martin Pugh, *Speak for Britain! : A New History of the Labour Party*, London, Bodley Head, 2010.

Colin Rallings and Michael Thrasher, *British Electoral Facts, 1832 - 2006*, Ashgate, 2007.

John Ramsden, *The Age of Balfour and Baldwin, 1902 - 1940*, Longman, 1978.

John Ramsden, *The Winds of Change: Macmillan to Heath, 1957 - 1975*,

Longman，1996.

Andrew Rawnsley，*Servants of the People: The Inside Story of New Labour*，Penguin，2001.

Andrew Rawnsley，*The End of the Party: The Rise and Fall of New Labour*，Penguin，2010.

John Rentoul，*Tony Blair: Prime Minister*，Faber，2013.

Ben Riley-Smith，*The Right to Rule: Thirteen Years*，*Five Prime Ministers and the Implosion of the Tories*，John Murray，2023.

Craig Rose，*England in the 1690s: Revolution*，*Religion and War*，Blackwell，1999.

George Rudé，*Wilkes and Liberty: A Social Study of 1763 to 1774*，Oxford University Press，1965.

Conrad Russell，*The Causes of the English Civil War*，Oxford University Press，1990.

Conrad Russell，*The Fall of the British Monarchies*，*1637 – 1642*，Oxford University Press，1991.

James Sack，*From Jacobite to Conservative: Reaction and Orthodoxy in Britain*，*c. 1760 – 1832*，Cambridge University Press，1993.

Robert Saunders，*Democracy and the Vote in British Politics*，*1848 – 1867: The Making of the Second Reform Act*，Ashgate，2011.

J. J. Scarisbrick，*Henry Ⅷ*，Methuen，1981.

Paul W. Schroeder，*The Transformation of European Politics*，*1763 – 1848*，Clarendon Press，1994.

G. R. Searle，*A New England?: Peace and War*，*1886 – 1918*，Oxford University Press，2005.

Anthony Seldon and Kevin Hickson eds，*New Labour*，*Old Labour: The Wilson and Callaghan Governments*，*1974 – 1979*，Routledge，2004.

Anthony Seldon ed. ，*Blair's Britain*，*1997 – 2007*，Cambridge University Press，2007.

Anthony Seldon and Peter Snowdon, *Cameron at 10: The Verdict*, William Collins, 2011.

Anthony Seldon with Raymond Newell, *May at 10: The Verdict*, Biteback, 2020.

Robert Self, *Neville Chamberlain: A Biography*, Ashgate, 2006.

Richard Shannon, *Gladstone*, Vol. Ⅱ, *Heronic Minister*, *1865 – 1898*, Penguin, 1999.

Richard Shannon, *The Age of Salisbury*, *1881 – 1902: Unionism and Empire*, Longman, 1996.

Eric Shaw, *The Labour Party since 1945*, Blackwell, 1996.

Tim Shipman, *All Out War: The Full Story of How Brexit Sank Britain's Political Class*, William Collins, 2016.

Tim Shipman, *Fall Out: A Year of Political Mayhem*, William Collins, 2017.

Brendan Simms, *Three Victories and a Defeat: The Rise and Fall of the First British Empire*, *1714 – 1783*, Allen Lane, 2007.

Nick Smart, *The National Government*, *1931 – 1940*, Macmillan, 1999.

E. A. Smith, *Lord Grey*, *1764 – 1845*, Oxford University Press, 1990.

F. B. Smith, *The Making of the Second Reform Bill*, Cambridge University Press, 1966.

Hannah Smith, *Georgian Monarchy*, *Politics and Culture*, *1714 – 1760*, Cambridge University Press, 2009.

Paul Smith, *Disraelian Conservatism and Social Reform*, Routledge, 1967.

Paul Smith, *Disraeli: A Brief Life*, Cambridge University Press, 1996.

W. A. Speck, *Tory and Whig: The Struggle in the Constituencies*, *1701 – 1715*, Macmillan, 1970.

W. A. Speck, *The Butcher: The Duke of Cumberland and the Suppression of the '45*, Oxford University Press, 1981.

W. A. Speck, *Reluctant Revolutionaries: Englishmen and the Revolution of 1688*, Oxford University Press, 1988.

John Spurr, *English Puritanism, 1603 - 1689*, Palgrave Macmillan, 1998

David Steele, *Lord Salisbury: A Political Biography*, Routledge, 1999.

Zara S. Steiner and Keith Neilson, *Britain and the Origins of the First World War*, Palgrave Macmillan, 2003.

Zara Steiner, *The Lights That Failed: European International History, 1933 - 1939*, Oxford University Press, 2005.

John Stevenson and Chris cook, *The Slump: Britain in the Great Depression*, Routledge, 2013.

R. N. Swanson, *Church and Society in Late Medieval England*, Blackwell, 1989.

Daniel Szechi, *1715: The Great Jacobite Rebellion*, Yale University Press, 2006.

Robert Taylor, *The Trade Union Question in British Politics: Government and Unions Since 1945*, Blackwell, 1993.

A. J. P. Taylor, *English History, 1914 - 1945*, London, Penguin, 1970.

Pat Thane, *Foundations of the Welfare State*, Routledge, 2017.

Peter D. G. Thomas, *George III : King and Politicians, 1760 - 1770*, Manchester University Press, 2002.

Andrew C. Thompson, *George II : King and Elector*, Yale University Press, 2011.

Dorothy Thompson, *The Chartists: Popular Politics in the Industrial Revolution*, London, Temple Smith, 1984.

Andrew Thorpe, *A History of the British Labour Party*, Palgrave Macmillan, 2008.

D. R. Thorpe, *Supermac: The Life of Harold Macmillan*, Pimlico, 2011.

Jim Tomlinson, *Managing the Economy, Managing the People: Narratives of Economic Life in Britain from Beveridge to Brexit*, Oxford University Press, 2017.

John Turner, *British Politics and the Great War: Coalition and Conflict*, *1915 - 1918*, Yale University Press, 1992.

Nicholas Tyacke, *Anti-Calvinists: The Rise of English Arminianism*, *c. 1590 - 1640*, Oxford University Press, 1990.

David Underdown, *Pride's Purge: Politics in the Puritan Revolution*, Oxford University Press, 1971.

Richard Vinen, *Thatcher's Britain: The Politics and Social Upheaval of the Thatcher Era*, Simon & Schuster, 2009.

Bernard Waites, *A Class Society at War: England*, *1914 - 1918*, Berg Publishers, 1992.

John Walsh, Colin Haydon and Stephen Taylor, eds, *The Church of England*, *c. 1689 - c. 1833: From Toleration to Tractarianism*, Cambridge University Press, 1993.

Michael Watts, *The Dissenters*, Vol. I, *From the Reformation to the French Revolution*; Vol. II, *The Expansion of Evangelical Nonconformity*; Vol. III, *The Crisis and Conscience of Nonconformity*, Oxford, Clarendon Press, 1985 - 2015.

R. B. Wernham, *The Making of Elizabethan Foreign Policy*, *1558 - 1603*, University of California Press, 1980.

R. B. Wernham, *Before the Armada: The Emergence of the English Nation*, *1485 - 1588*, New York, Harcourt, Bruce & World, 1966.

R. B. Wernham, *After the Armada: Elizabethan England and the Struggle for Western Europe*, *1588 - 1595*, Oxford University Press, 1984.

David Wilkinson, *Duke of Portland: Politics and Party in the Age of George III*, Palgrave Macmillan, 2003.

Penry Williams, *The Later Tudors: England*, *1547 - 1603*, Oxford University Press, 1995.

Philip Williamson, *The National Crisis and National Government: British Politics, the Economy and Empire*, *1926 - 1932*, Cambridge University

Press，1992.

Philip Williamson，*Stanley Baldwin: Conservative Leadership and National Values*，Cambridge University Press，2007.

Trevor Wilson，*Myriad Faces of War: Britain and the Great War*，*1914 - 1918*，Oxford University Press，1986.

Austin Woolrych，*Britain in Revolution*，*1625 - 1660*，Oxford University Press，2002.

Blair Worden，*The Rump Parliament*，*1647 - 1653*，Cambridge University Press，1974.

Philip Ziegler，*Edward Heath*，Harper Collins，2010.

后　记

　　2006年我首次在华南农大历史系开设《英国史》课程时，便有撰写一本兼顾学术性和可读性的英国史专著的冲动，无奈天性驽钝、才疏学浅，迟至今日才赶出这部陋作。

　　著史首当明白什么是史学。关于史学的定义，我认为王国维所言"求事物变迁之迹，而明其因果者，谓之史学"，最贴切明了。循王之言，本书旨在呈现近现代英国政治变迁之迹、阐释其中因果。历史撰述需以史料作支撑并参考既有研究成果。英国史史料浩如烟海，高水平研究作品汗牛充栋。以本书征引书目中的《亨利八世与都铎王朝》为例，这部雅俗共赏的传记作品书末所列已整理刊印的政治史史料和二手研究佳作足够一名精通英语的学者细读十年，如再加上未整理的档案文献、私人日记等，即便一位勤奋的英语国家学者穷尽一生也难将亨利八世一朝的英国政治史史料和高水平研究著作读完，遑论一名中国学者。当今中国学者获取常规英国史史料已非难事，然而对史料的取舍与解读、对英国史研究的方法与旨趣等尚存较大分歧。史学作品应有细节，但我毕竟是一名英国人眼里的他者，为免被英国学者视作越俎代疱，我尽量少谈无关宏旨的生僻话题以及碎片化人事的细枝末节，主要根据已整理出版的英国史精要史料，辅以前沿学术研究成果，梳理长时段的英国政治史脉络，总结英国治乱兴衰，力争给出一则前后连贯且环环相扣的叙事、一份证据充足且逻辑合理的解释。我希望本书能为中国的英国史学术话语权建设贡献绵薄之力，也期待它能丰富全世界的英国史叙事与解释。

　　南京大学是海内外英国史研究重镇，二十年前我有幸在那里受教三载，今天我能把习读英国史的知识积累和思考心得汇为文字交由南大出版社刊印发行,更觉荣幸。本书与任何课题或项目无关,但在写作和出版过程中,上百师友不吝相助,我既想把他们姓名书记于此,又恐拙作太陋辱了他们清誉,思来虑去,不书也罢。

书中错误概由我个人承担。

朱　亮

2025 年春于广州